스펄전 설교전집 8

시편 I

● **독자 여러분들께 알립니다!**

'CH북스'는 기존 '크리스천다이제스트'의 영문명 앞 2글자와
도서를 의미하는 '북스'를 결합한 출판사의 새로운 이름입니다.

스펄전 설교전집 8

시편 I

초판 발행 2013년 7월 15일
중쇄 발행 2020년 10월 13일

발행인 박명곤
사업총괄 박지성
기획편집 채대광, 이은빈
디자인 구경표, 한승주
마케팅 박연주, 유진선, 이호
재무 김영은
펴낸곳 CH북스
출판등록 제406-1999-000038호
대표전화 070-7791-2136 **팩스** 031-944-9820
주소 경기도 파주시 회동길 37-20
홈페이지 www.hdjisung.com **이메일** main@hdjisung.com
제작처 영신사 월드페이퍼

The Treasury of the Bible

스펄전 설교전집
시편 I

박문재 옮김

CH북스
크리스천
다이제스트

차례

시
편

제
1
장

—

진정으로 복 있는 사람

—

"복 있는 사람은 악인들의 꾀를 따르지 아니하며 죄인들의 길에 서지 아니하며 오만한 자들의 자리에 앉지 아니하고 오직 여호와의 율법을 즐거워하여 그의 율법을 주야로 묵상하는도다 그는 시냇가에 심은 나무가 철을 따라 열매를 맺으며 그 잎사귀가 마르지 아니함 같으니 그가 하는 모든 일이 다 형통하리로다." — 시 1:1-3

사람은 누구나 다 행복을 추구한다는 옛 말이 있고, 이 말은 아마도 옳은 것으로 보입니다. 그렇다면, 모든 사람이 이 시편을 읽어야 합니다. 이 시편은 최고의 행복이 가장 순수한 형태로 발견될 수 있는 곳으로 우리를 안내해 주기 때문입니다! 다윗은 "이러저러한 사람은 복이 있다"고 말합니다. 그런데 원문을 보면, 그가 사용한 "복이 있다"는 단어는 대단히 풍부한 의미를 담고 있어서, 복 있는 상태가 중첩적으로 쌓여 있는 것을 나타냅니다. 그러니까 다윗은 "이러저러한 사람에게는 복들이 쌓여 있다"고 말하고 있는 것입니다. 그리고 이 단어는 형용사인지 명사인지가 불분명하게 표현되어 있어서, 마치 복 있는 상태가 삶 전체를 장식하고 있고, 심지어 생명 자체보다도 더 낫다는 듯이 표현되고 있습니다. 최고의 행복은 복 있는 상태입니다. 그런데 에인즈워스(Ainsworth)는 본문이 "이 복 있는 상태가 겹겹이 쌓여 있는" 것으로 표현하고 있다고 말합니다. 이 행복은 인간의 마음이 열망할 수 있는 행복 중에서 최고의 것임에 틀림없습니다!

이 저녁에 우리의 마음의 귀를 쫑긋 세우고서 과연 어떤 사람이 그러한 복 있는 사람인지를 계시의 빛 아래에서 살펴봅시다. 먼저 다음과 같은 것을 살펴보는 것으로 시작하겠습니다.

1. 첫째로, 누가 "복 있는 사람"입니까?

"복 있는 사람"에 대한 본문의 설명은 간단합니다. 즉, 그는 "사람"이라는 것입니다. 도덕적인 품성들에 관한 묘사들이 나오기는 하지만, 본문에서 "복 있는 사람"에 대하여 가장 먼저 말씀하고 있는 것은 그가 "사람"이라는 것입니다. 이것은 아주 의미심장합니다. "복 있는 사람"은 인간이라면 누구나 겪는 고통과 슬픔에서 벗어나 있는 사람이 아니라 바로 그런 인간에 속한 사람이라는 것이기 때문입니다. 우리는 어떤 사람이 그리스도의 임재를 느끼는 큰 복을 받아서 거룩함과 많은 유익 가운데서 행할 수 있게 되었다는 말을 들으면, 그 사람은 보통 사람들보다 더 나은 사람일 것임에 틀림없고, 분명히 우리 같은 그런 사람은 아닐 것이라는 생각을 갖게 됩니다. 하지만 그런 생각은 큰 착각입니다! 하나님께서는 모든 사람의 마음을 똑같이 만드셨기 때문에, 만약에 어떤 사람의 마음이 다른 사람들보다 더 낫다면, 그것은 태어날 때부터 그런 것이 아니라 하나님의 은혜로 말미암은 것일 뿐입니다! 가장 복 있는 사람도 여전히 사람이라는 것입니다. "복 있는 사람"도 고통을 당하고 병을 앓으며 손실과 고난을 겪을 수밖에 없습니다. 그런데 그 모든 것에도 불구하고, 그는 "복 있는 사람"입니다.

그도 사람이기 때문에 연약한 것들이 있을 수밖에 없습니다. 이를테면, 그는 성미가 급할 수도 있고, 교만하고 오만할 수도 있습니다. 그는 게으르고 싶은 유혹을 받기도 하고, 사람들이 빠지기 쉬운 죄들에 대한 유혹을 받기도 합니다. 그는 사람이기 때문에 이렇게 연약한 것들이 있지만, 그럼에도 불구하고 여전히 "복 있는 사람"입니다. 가장 훌륭한 사람들에게는 아무런 흠이나 잘못이 없을 것이라고 생각하지 마시기 바랍니다! 그런 생각은 몽상에 불과합니다. 그 사람들에게 물어보면, 이렇게 고백할 것입니다.

> "다른 사람들과 마찬가지로
> 우리도 죄와 의심과 두려움에 맞서
> 힘든 씨름을 하고 있습니다."

아니, 한 걸음 더 나아가서, 그는 우리가 겪고 있는 것과 동일한 시험들을 겪을 수밖에 없는 것으로 보입니다. "죄인들의 길"이 흔히 그의 길을 방해합니다. "오만한 자들의 자리"가 종종 그의 옆에 있거나, 심지어 한 지붕 아래에 있기도 합니다. 그는 눈이 먼 것이 아니기 때문에 길거리를 활보하는 정욕을 보아야 합니다. 귀가 먹은 것이 아니기 때문에 밤중에 울려 퍼지는 음탕한 노래도 듣지 않을 수 없습니다. 그는 우리와 똑같은 감정들을 갖고 있고 우리와 같이 모든 점에서 시험을 당하지만, 그럼에도 불구하고 여전히 "복 있는 사람"입니다. 그는 단지 "사람"일 뿐이지만, 하나님께서 그에게 복주지 않으셨다면 그가 보여주었을 그런 모습을 훨씬 뛰어넘는 사람이 되었습니다.

또 우리가 주목할 것은 그는 어떤 높은 지위를 갖고 있지 않다는 것입니다. 시편 기자는 "왕이 복 있고, 학자가 복 있고, 부자가 복 있다"고 말하고 있는 것이 아니라, "이러저러한 사람이 복 있다"고 말할 뿐입니다. 따라서 이 복은 역사 속에서 유명한 인물이나 명성을 날리는 사람들뿐만 아니라 가난한 사람들이나 역사 속에서 잊혀진 사람들, 별 이름도 없이 살아가는 사람들도 얼마든지 얻을 수 있습니다. 백의를 입고 "사제"라는 직함을 지닌 사람만이 아니라, 무명옷을 입은 여자나 코르덴 바지를 입은 남자에게도 이 복은 주어집니다. 그가 하나님을 사랑하고 하나님께 순종하고자 하기만 한다면, 그의 지위는 이 복과 아무런 상관이 없습니다. 오직 그가 사람이라는 것만 이 복과 상관이 있습니다! 비록 하나님의 은혜가 그를 사람 이상의 존재로 만들기는 하지만, 어쨌든 그는 사람이고 단지 사람일 뿐입니다.

또한, 이 시편은 이 복을 얻은 그는 도움을 필요로 하는 사람이라는 것을 보여줍니다. 그는 나무와 같습니다. 나무가 시냇물을 마셔야 하는 것과 마찬가지로, 이 사람은 하나님의 은혜가 주어져야 살아갈 수 있습니다. 성경에서는 "그의 길이 여호와께 알려져 있다"고 말씀하는데, 이것은 하나님께서 그의 길을 인정하심으로써 그가 힘을 얻게 되었다는 것을 의미합니다. 아무리 훌륭한 사람이라고 할지라도 스스로 살아가는 것은 불가능합니다. 우리의 마음은 존 번연의 「천로역정」에 나오는 "해석자"의 집에 있는 불과 같아서, 원수는 그 불을 꺼버리려고 애쓰지만, 어떤 사람이 벽 뒤에 서서 자신의 손에 들고 있는 기름통으로부터 기름을 붓기 때문에 더욱더 활활 타오릅니다. 여기에는 은밀하고 신비로운 힘, 즉 "우리 안에서 역사하여서 우리로 하여금 하나님의 선하신 뜻을 따라 행하게 만드는" 성령의 역사가 작용하고 있습니다. 우리 자신은 그 자체로는 더할 나위 없이 연약해서, 성령께서 우리를 내버려 두시면, 우리는 금방 어떤 죄에 빠지게 될 것입니다.

하지만 이 시편에는 이 사람을 진정으로 묘사하는 한 단어가 나오는데, 그것은 그가 "의인"이라는 것입니다! 마지막 절을 주목하십시오. "무릇 의인들의 길은 여호와께서 인정하시나." 이 사람의 본성이라는 저울은 저울을 만드신 분이신 하나님에 의해 정비되어서 올바르게 조율되었습니다. 그는 전에는 모든 것이 다 고장이 나서 단 것을 쓰다고 하고, 쓴 것을 달다고 했었습니다. 그러나 지금은 그의 판단은 올바르게 바로잡혀져서, 영으로나 사람됨에 있어서나 그는 "의인"입니다. 그는 전에는 벌거벗었었고 더럽혀져 있었지만, 지금은 그리스도의 피로 가득한 샘에서 씻음을 받고서 금실과 은실로 짜진 빛나는 그리스도의 의로 옷 입고 있습니다. 이 모든 것이 믿음으로 이루어진 일입니다!

이것은 "복 있는 사람"에 관한 묘사이지만, 나는 그가 단지 사람일 뿐이라는 것을 여러분이 기억하시기를 다시 한 번 부탁드립니다. 그런 사람들 중 어떤 이들은 인생의 가장 비천한 길들에서 태어나서 정말 보잘것없는 교육을 받았지만, 그들의 주님을 위한 가장 훌륭한 증인들이자 가장 영웅적인 순교자들의 반열에 올랐습니다. 지금은 너무나 기쁘고 즐거워서 종려나무 가지를 흔들고 금으로 된 수금을 타고 있는 가장 밝은 영혼들도 단지 우리와 같이 아담의 아들들이나 딸들에 불과한 사람들이었습니다. 에스겔은 다른 어느 선지자보다도 더 많은 환상을 보는 특권을 수여받았지만, 하나님께서는 에스겔에게 그가 흙구덩이에서 만들어진 존재라는 것을 상기시키셔서 끊임없이 그를 낮추시기라도 하시려는 듯이 그를 늘 "인자(人子)"라 부르십니다. 나의 형제들이여, 여러분이 어떠한 "복 있는 사람"이 된다고 할지라도, 여러분은 여전히 복 있는 "사람"일 뿐입니다. 이렇게 나는 여러분이 처음부터 힘든 걸음을 해야 하는 것이 아니라는 것을 보여 드리기 위해서, 천국의 삶에 있어서 초보자들인 여러분에게 사다리를 놓아드리고자 애를 썼습니다. 여러분은 사람이고, 본문은 "사람이 복 있다"고 말씀하며 여러분에게 다가옵니다. 이 말씀이 우리 모두에게 그대로 이루어지기를 바랍니다! 이제 다음으로 넘어가 보겠습니다.

2. 둘째로, "복 있는 사람"은 무엇을 피합니까?

　내 기억으로는, 「무엇을 먹고 마시고 피할 것인가」라는 제목의 책이 시중에 출간되어 나온 것으로 압니다. 나는 이 세 가지 중에서 "무엇을 피할 것인가"를 다루는 부분에 저자가 단연 가장 많은 지면을 할애하였을 것이라고 상상해 봅니다. 우리가 피해야 할 것들은 무수히 많기 때문입니다. 이제 이 시편을 살펴보면, 하나님의 복을 받은 사람은 불경건한 사람들이 통상적으로 걸어가는 길들을 피하는 것으로 보입니다. 불경건한 사람들이라고 해서 반드시 술주정뱅이이거나 욕을 입에 달고 사는 사람들인 것은 아닙니다. 물론, 그런 사람들은 불경건한 사람이지만, 모든 불경건한 사람들이 그런 사람들인 것은 아니라는 것입니다. 불경건한 사람들은 여러분이 주변에서 쉽게 보실 수 있는 그런 사람들입니다. 그들은 교회에 다니는 사람일 수도 있고 그렇지 않은 사람일 수도 있습니다. 그들은 흔히 가난한 자들에게 인정을 베푸는 등 매우 존경 받을 만한 신한 이웃들입니다. 그들은 공직을 맡거나 의정 활동을 하는 사람일 수도 있습니다. 우리는 그들을 어디에서나 볼 수 있습니다. 사람들은 "불경건한" 것을 범죄로 여기지 않기 때문입니다. 이런 사람들이 범한 비극적인 어리석음과 죄는 그들이 최우선적으로 기억해야 할 것, 즉 한 분 하나님이 계시고, 그들은 그의 피조물들이며, 그의 피조물들인 까닭에 그에 대하여 살아야 한다는 사실을 무시하였다는 것입니다. 그들은 자신의 삶의 그 어떤 부분도 하나님께 내어드리지 않고, 그들의 생각 속에는 그 어디에도 하나님이 없습니다. 그들은 이웃들을 생각하고 친구들이나 지인들을 기억할 것입니다. 그들은 하나님의 율법의 두 번째 돌판에 기록된 본분들은 그래도 어느 정도 지키지만, 첫 번째 돌판에 기록된 것들은 마치 그런 것들이 전혀 기록된 적이 없었다는 듯이 무시해 버립니다!

　그러나 "복 있는 사람"은 그렇게 하는 것을 피합니다. 그는 만물을 충만케 하시는 하나님께서 자신의 생각들을 다 차지하셔야 한다는 것과 자기가 존재하는 가장 큰 목적이 "하나님을 영화롭게 해드리고 하나님을 영원히 기뻐하는" 것이어야 한다는 것을 압니다. 경건한 사람이 다른 사람들과 가장 다른 것은 바로 이 점입니다. 그가 어떤 일을 생각할 때에 가장 먼저 고려하는 것은 세상이 그 일을 어떻게 보느냐가 아니라 하나님께서 그 일을 어떻게 보시느냐 하는 것입니다. 세상 사람들이 "그 일이 지금 시대에 맞는 일이냐"고 물으면, 그는 "이 세상 풍조는 지나가 버린다"(고전 7:31 KJV, 한글개역개정에는 "이 세상의 외형은 지나감이니라"로 되어 있음)고 대답합니다. "그렇다면, 그 일이 네게 무슨 이익을 가져다주느냐?"라는 질문에 그는 이렇게 대답합니다: "아, 그런 것은 내가 사용하는 잣대가 아니다. 나는 내가 한 말을 지키고 하나님을 섬길 수만 있다면, 손해를 봐도 괜찮다." 진정으로 복 있는 사람이 가장 우선적으로 생각하는 것은 어떻게 해야 그리스도의 이름을 가장 영화롭게 해드릴 수 있는가 하는 것이고, 그렇게 함으로써 "악인들의 꾀"를 피하는 것입니다.

다음으로, 복 있는 사람은 "죄인들의 길"을 피합니다. 죄인들은 즐거움들을 위해 삽니다. 물론, 그리스도인들에게도 즐거움들이 있지만, 그것은 세상 사람들이 좋아하는 그런 즐거움들이 아니고, 세상 사람들이 좋아하는 그런 즐거움들은 그리스도인들의 새로운 입맛에 맞지도 않습니다. 죄인들은 성도들이 할 수 없고 설령 할 수 있다고 하더라도 하고자 하지 않는 수많은 일들을 하고, 그리스도인들은 죄인들이 알지 못하는 수많은 일들을 합니다. 하나님의 책에서 "죄"라고 하는 어떤 일들을 세상 사람들은 단순한 농담이나 작은 과오 정도로 여겨서 웃어넘길 수 있지만, 아무리 그 일들이 잘 단장이 되고 뗏장이 입혀져서 매력적으로 보인다고 할지라도, 경건한 사람들은 하나님께서 그 일들을 "죄"라고 하신 것을 그대로 받아들입니다.

참된 그리스도인들은 "오만한 자들의 자리"를 피합니다. 그들은 하나님의 이름이 망녕되게 일컬어지는 것을 들으면 피가 거꾸로 솟고, 악인들이 하나님의 율법에 순종하지 않는 것을 보면 경악을 금치 못합니다. 성경은 "모든 일을 시험해서 선한 것을 취하고"(살전 5:21 KJV, 한글개역개정에는 "범사에 헤아려 좋은 것을 취하고"로 되어 있음)라고 말씀하고 있지만, 그들은 아주 조금만 "시험해" 보면 어떤 일이 "선한 것"인지가 금방 드러난다는 것을 알고 있고, 그래서 그 일을 재빨리 그만두고 오직 "선한 것"만을 굳게 붙잡습니다. 어떤 교수님들은 자기들은 오만한 자들을 "잘 설득하기 위해서" "오만한 자들의 자리" 옆에 앉기를 좋아한다고 말합니다. 인류의 어머니인 하와가 그런 식으로 생각하고 행동해서 뱀의 말에 귀를 기울였다가 온 세상을 멸망의 구렁텅이로 몰아넣었고, 그때 이래로 그런 식으로 생각하고 행동한 사람들 때문에 기독교의 신앙과 순수성이 크게 훼손되어 왔습니다! 오만한 자의 자리에서 멀리 떨어져 있을수록 더 좋습니다. 오만한 자로 하여금 혼자 앉아 있게 하십시오. 그런 자리에서 멀리멀리 아주 멀리 떨어져 있으십시오! 고라와 다단과 아비람 같은 불경스러운 자들이 산 채로 음부의 구덩이로 내려갈 날이 올 것이기 때문입니다! 그런 자들로부터 아주 멀리 떨어져 있어서 그런 화를 피하게 될 사람이 "복 있는 사람"입니다. 그런 것들이 진정으로 "복 있는 사람"이 피하는 일들이고, 그런 일들은 피하면 피할수록 더욱 복된 일입니다.

다시 한 번 말씀드립니다. "복 있는 사람"은 세속적인 일들이나 일상적이고 의례적인 일들을 제외하고는 "죄인들"을 피합니다. 그는 죄인들을 친구로 삼지 않고, 죄인들과 결혼해서 멍에를 함께 메는 일은 상상할 수도 없는 일입니다! 그는 할 수 있는 한 죄인들과 어울리는 것을 피합니다. "복 있는 사람"의 마음에 맞는 친구들은 다른 곳에 있기 때문입니다. 그는 죄인들의 길과 행실과 말을 피합니다. 사람들이 전염병이 도는 지역이나 사람들을 피하듯이, "복 있는 사람"은 하나님을 모독하는 자들을 멀리해서, 그들의 불경이 자기를 더럽히지 못하게 합니다. 어떤 젊은 아들이 "아버지, 나는 이런지런 모임에 나가서 사람들과 어울려도 전혀 해를 입지 않을 수 있어요"라고 말했습니다. 그러자 아버지가 허리를 굽혀서 벽난로에서 숯 하나를 집어 아들 앞으로 내밀며 이렇게 말했습니다. "이 숯을 네 손에 쥐고서 거기에 가거라." 아들이 기겁을 하며 그 숯에서 멀찌감치 피하는 모습을 보고서, 아버지가 "애야, 왜 그러니. 이 숯은 손에 쥐어도 뜨겁지도 않고 데지도 않아"라고 말하자, 아들이 "맞아요. 하지만 그 숯을 만졌다가는 내 손이 숯 검댕이 때문에 검게 되어 버리고 말 거예요"라고 대답했습니다. 악인들과 어울리면, 비록 타버리지는 않을지라도 검게 물들고 맙니다. 악인들과 어울리는 것을 피하십시오! 여러분이 "악인들의 꾀를 따르지 아니하며 죄인들의 길에 서지 아니하며 오만한 자의 자리에 앉지 아니하는 복 있는 사람" 같이 행하지 않으면, 여러분은 결코 이 "복"을 얻을 수 없습니다.

자, 이제 본문에서 하나님이 가르쳐 주시는 세 번째 진리를 살펴보겠습니다.

3. 셋째로, "복 있는 사람"은 무엇을 즐거워합니까?

본문을 보겠습니다: "복 있는 사람은 오직 여호와의 율법을 즐거워하여." 인간에게는 어떤 즐거움, 어떤 최고의 즐거움이 있지 않으면 안 됩니다. 왜냐하면, 하나님께서는 인간의 마음이 늘 뭔가로 채워지게끔 창조하셨기 때문입니다. 만약 거기에 가장 선한 것들이 채워져 있지 않으면, 쓸데없고 실망스러운 것들이 거기에 채워지게 될 것입니다. 우리가 다른 날 저녁에 "이에 마귀는 예수를 떠나

고 천사들이 나아와서 수종드니라"(마 4:11)는 본문을 살펴보았을 때, 나는 이렇게 말했습니다: "사람은 홀로 있을 수 없습니다. 왜냐하면, 마귀가 떠나가면 선한 것이 오고, 선한 것이 내쫓기면 악한 것이 올 것이기 때문입니다." 만약 여러분의 마음이라는 됫박에 알곡이 가득 채워져 있지 않다면, 우리의 큰 원수는 거기를 가라지들로 가득 채울 것입니다. 만약 여러분의 마음이라는 강(江)에 눈부시게 반짝이는 깨끗한 물이 흐르지 않는다면, 그 강은 금세 구역질나는 오물과 하수(下水)로 채워져서 악취가 나게 될 것입니다. 여러분은 뭔가 가치 있는 것을 즐거워하시기 바랍니다! 그 어떤 즐거움도 없이 일 년을 내내 정처 없이 이리저리 떠돌며 늘 우울하게 지내는 사람들은 이 세상을 살아가기가 몹시 힘듭니다. 그런 사람들에게는 인생은 그저 지겹고 넌더리나는 짐일 뿐입니다. 초롱초롱 빛나는 눈과 웃는 얼굴은 하나님께서 지으신 인간의 본래의 모습이기 때문에, 종종 그런 눈과 얼굴을 하는 사람들만이 인생의 참된 아름다움을 깨닫게 됩니다. 그리스도인들은 세상 사람들보다도 더 그들이 "휴일들과 모닥불의 밤"이라 부르는 것에 해당하는 것들, 즉 기쁘고 즐거운 나날들, 거룩한 웃음의 때들, 넘치는 즐거움의 시절들을 가져야 합니다. 아니, 나는 그리스도인들은 늘 그런 모습으로 살아가야 한다고 생각합니다. 왜냐하면, 성경은 우리에게 "여호와를 기뻐하라 그가 네 마음의 소원을 네게 이루어 주시리로다"(시 37:4)고 말씀하기 때문입니다. 우리가 신앙생활을 사람이 약을 먹듯이 하면 별 유익이 없습니다. 어떤 사람들은 범죄자들이 태형을 맞기 위해 가는 것 같은 심정으로 하나님의 집에 갑니다. 그러나 나는 마치 어린아이들이 집으로 가듯이, 또는 사람들이 자신들에게 친근한 곳으로 가듯이, 즉 "나의 가장 좋은 친구들과 친지들이 거하는 곳, 나의 구주 하나님께서 다스리시는 곳"으로 가듯이 즐겁고 기쁜 마음으로 사람들이 하나님의 집에 가는 모습을 보는 것이 좋습니다.

참된 그리스도인들에게는 거룩한 즐거움들이 있는데, 그 중에서 으뜸은 "여호와의 율법," 즉 하나님의 말씀을 즐거워하는 것입니다. 물론, 다윗은 우리에게는 있는 성경(신약)을 갖고 있지 않았습니다. 그래서 다윗에게 있던 성경은 아주 작은 성경이었습니다. 그러나 그 성경은 도도한 강물처럼 계속해서 불어나서, 지금 우리에게 있는 이 놀라운 성경이 되었습니다. 그러므로 우리는 시편 기자보다 열 배는 더 성경을 즐거워해야 마땅합니다. 왜 그리스도인들은 성경을 즐거워하는 것입니까? 그것은 성경이 "하나님의 법"이기 때문입니다. 신자는 하나님께 속한 것이라면 무엇이든지 다 즐거워해야 합니다. 집에서 멀리 떠나 있는 아이는 자기 아버지가 그에게 준 것이라면 무엇이든지 다 몹시 기뻐합니다. 집에서 온 편지는 반갑고 기쁜 일입니다. 여기 집에서 온 편지가 있고, 이 편지는 우리에게 우리 아버지의 은혜에 대하여 말해 주며, 우리로 하여금 우리를 사랑하시는 아버지의 마음 깊은 곳에 있는 내밀한 심정들을 읽게 해줍니다. 우리가 이 편지를 즐거워하는 것은 이 편지가 하나님께서 우리에게 보낸 편지여서 우리의 마음에 확신과 기쁨을 주기 때문입니다.

전에 나는 그리스도인들이 "하나님의 율법"을 즐거워하는 여섯 가지 이유를 제시한 책을 읽은 적이 있는데, 그 책에서는 이렇게 말합니다. 첫 번째 이유는, 하나님의 율법은 아주 오래되었기 때문입니다. 많은 사람들은 아주 오래된 옛날 동전들을 좋아합니다. 어떤 사람들은 템스 강으로 내려가서 아주 오래된 녹슨 철 조각들을 삽니다. 그 철 조각들이 아주 오래되었는지 그렇지 않은지는 알 수 없지만, 어쨌든 아주 오래되었다는 이유만으로 사람들은 그 철 조각들을 삽니다. 그런데 성경이라는 책만큼 오래된 것은 없습니다! 헤시오도스(기원전 8세기경의 그리스 시인)가 처음으로 쓴 저작들은 모세의 글보다 최소한 500년 후에 나왔습니다. 그러니까 이 복된 성경 속에 들어 있는 모세의 글은 하나님이 아주 오래 전에 모세에게 쓰게 하신 것이고, 그 속에서는 하나님으로부터 온 영감이 빛을 발합니다. 그러므로 우리는 늘 여호와의 율법을 즐거워해야 합니다!

두 번째로, 우리는 하나님의 율법에는 의가 나타나 있기 때문에 그것을 즐거워합니다. 거기에는 법(法)이 계시되어 있는데, 그 법을 온전히 준행하는 사람은 누구든지 자신의 이웃을 해롭게 하지 않게 되고, 도리어 자기 자신을 사랑하듯이 이웃을 사랑하게 됩니다! 그런 사람은 자신의 지위나 신분으로 다른 사람을 심하게 억누르는 일이 없고, 도리어 다른 사람을 깊이 배려하고 축복하고자 합니다. 이 하나님의 법은 인간의 법처럼 만들어진 것이 아니어서, 그 법에 순복하는 사람은 누구나 자신의 양심 속에서 그 법이 옳고 의롭다는 것을 느낍니다.

우리가 "여호와의 율법'을 소중히 여기는 세 번째 이유는, 거기에는 지극히 고결한 지혜가 담겨 있기 때문입니다. 여호와의 율법 속에는 다른 그 어디보다도 더 많은 삶의 지혜가 있습니다. 우리는 천문학이나 지질학을 배우기 위해서가 아니라, 모든 지혜 중에서 가장 높은 지혜, 즉 하나님을 아는 지식을 얻기 위해 "여호와의 율법"을 찾습니다. "사람이 연구해야 할 합당한 대상은 사람이다"라고 말하는 교황에게는 미안한 말이지만, 사람이 고유하게 연구해야 할 더 합당한 대상은 하나님이시고, 우리는 이 하나님의 책 속에서 하나님이 예수 그리스도 안에서 우리를 얼마나 사랑하셨는지를 배우고, 하늘에 속한 가장 놀라운 지혜인 십자가에 못 박히신 구속주를 아는 지식을 얻습니다.

우리가 "여호와의 율법"을 즐거워하는 네 번째 이유는, 거기에는 진리가 담겨 있기 때문입니다. 소설을 읽고 안 읽고는 각 사람의 취향에 달려 있지만, 일장춘몽처럼 천지가 녹아져 없어질지라도 일점일획도 변하지 않을 책이 있다는 것은 우리에게 헤아릴 수 없이 큰 복입니다.

우리가 "여호와의 율법"을 즐거워하는 다섯 번째 이유는, 거기에는 유쾌함이 있기 때문입니다. 여호와의 율법에는 벌집에서 방울방울 떨어지는 송이 꿀보다 더한 달콤함이 있습니다. 우리가 "여호와의 율법"을 읽을 때, 성경은 경건한 자의 마음을 놀랍도록 고동치게 만들고, 종종 그를 독수리의 날개 위에 실어서 모세가 옛적에 서 있었던 저 비스가 산보다 더 높은 곳으로 데려가서, 요단 저편에 있는 땅, 그가 영원히 안식할 땅이자 그의 기업(基業)이 될 땅을 보여줍니다.

그리스도인들이 "여호와의 율법"을 즐거워하는 여섯 번째 이유는, 그 율법이 유익하기 때문입니다. 이 책은 최고의 부와 산더미 같이 쌓여 있는 보화들로 모든 사람을 영원토록 부요하게 해줍니다. 지금까지 나는 우리가 "여호와의 율법"을 즐거워해야 하는 모든 이유들을 다 말씀드렸습니다. 이 시점에서 나는 여기에 계신 각 사람에게 진지하게 묻고자 합니다: "당신은 이 책을 즐거워하십니까?" 나는 "당신은 이 책을 읽고 계십니까?"라고 묻고 있는 것이 아니라, "당신은 이 책을 즐거워하며 읽고 계십니까?"라고 묻고 있는 것입니다. 만약 당신이 어쩔 수 없어서 의무감에 이끌려서 이 책 앞으로 나아가신다면, 당신은 불행하게도 이 책에 담겨진 최고의 메시지들을 놓치게 될 것이고, 그런 식으로 이 책을 읽는 것은 참된 경건도 아닙니다. 이 책의 한 문장 한 문장을 마치 달콤한 사탕처럼 당신의 혀 아래 두고 음미함으로써, 당신이 병들었을 때에 이 책으로 말미암아 건강해지고, 당신이 가난할 때에 이 책으로 말미암아 부요해진다면, 그것은 당신이 "복 있는 사람"임을 보증해 주는 가장 참된 증거들 중의 하나가 될 것입니다. 만약 당신이 이렇게 하고 있지 않다면, 하나님의 도우심을 따라 당신은 기초부터 다시 시작할 수 있습니다! 죄를 회개하고 구주를 찾으십시오. 그렇지 않으면, 당신은 하나님이 계시는 곳에 결코 갈 수 없을 것입니다!

자, 그러면 서둘러서 다음으로 넘어가겠습니다.

4. 넷째로, "복 있는 사람"은 무엇에 착념합니까?

본문을 보겠습니다: "복 있는 사람은 … 그의 율법을 주야로 묵상하는도다." 그는 낮에는 잠깐씩 짬을 내서 성경을 읽다가, 일을 끝내고 휴식하는 밤에 깊이 묵상하는 시간을 갖습니다. 읽는 것은 알곡을 거두는 것이고, 묵상하는 것은 그 알곡을 탈곡하고 갈아서 떡을 만드는 것입니다. 읽는 것은 소가 여물을 먹는 것과 같고, 묵상하는 것은 되새김질을 해서 소화시키는 것과 같습니다. 읽는 것만으로는 유익을 얻기 어렵기 때문에, 그 읽은 것들을 영혼이 내적으로 되새김질을 해서 소화시키는 과정이 필요합니다. 전에 한 설교자가 내게 말하기를, 자기는 무릎을 꿇고서 성경을 20번 완독을 했는데, 거기에서 신택 교리를 찾아낼 수 없었다고 합니다. 그분이 성경 속에서 그 교리를 찾아낼 수 없었던 것은 어쩌면 당연한 일이었을 것입니다. 무릎을 꿇는 자세는 성경을 읽기에 아주 불편합니다. 만일 그분이 편안한 의자에 앉아서 읽으셨더라면, 성경을 더 잘 이해하셨을 것입니다. 무릎을 꿇고 읽는 것은 가톨릭에서 고해성사를 할 때의 자세와 같습니다. 게다가, 그분이 성경을 읽은 방식에 문제가 있습니다. 만일 그분이 성경을 20번 통독을 하지 말고, 그 대신에 한 번을 정독하면서 끊임없이 깊이 묵상을 했더라면, 그분은 성경을 더 분명하게 볼 수 있었을 것입니다.

어떤 말들은 "귀리를 씹지도 않고 삼킨다"고 합니다. 이 선한 형제도 성경을 "씹지도 않고 삼켜서" 결국 성경에 있는 자양분을 별로 흡수할 수가 없었던 것입니다. 성경을 묵상하면, 우리의 영혼이 하나님을 향하여 부요해지는데, 바로 이것이 경건한 사람이 착념해야 할 일입니다. 읽는 것은 향초를 절구에 넣는 것이고, 묵상하는 것은 그렇게 넣어진 향초를 공이로 찧는 것입니다. 그렇게 해서, 향기가 사방으로 퍼져나가게 됩니다. 여기 계신 분들 중에서 하나님의 말씀을 전혀 묵상하지 않으시는 분들이 계시지 않는지 나는 한 번 묻고 싶습니다. 만약 그런 분들이 계신다면, 다음과 같은 엄중한 생각이 우리를 엄습합니다: '당신이 하나님의 말씀에 담겨 있는 복을 얻지 못한다면, 당신은 반드시 하나님의 말씀으로 인한 화를 초래할 것입니다!' 우리는 이 점을 명심하고서, 이제 예수 그리스도의 십자가에서 시작해서, 우리의 죄를 위한 그분의 상처들의 신비를 살핀 후에, "여호와의 율법을 주야로 묵상하는" 것으로 나아가야 합니다. 이제 우리는 이 시편의 가르침의 중심에 와 있습니다.

5. 다섯째로, 이 사람이 하나님으로부터 받은 "복"은 무엇입니까?

각각의 복에 대해서 아주 짤막하게 말씀드리고자 합니다. "복 있는 사람"이 무엇보다도 먼저 받은 복은 생명입니다. 본문은 그가 마르고 수액도 없는 죽은 막대기가 아니라 "나무"와 같을 것이라고 말씀합니다. 그의 생명은 바로 그런 것이기 때문에, 거듭나지 않은 사람들은 그 생명을 전혀 알지 못합니다. 하나님께서는 그를 "거듭나게 하사 산 소망이 있게" 하셨습니다(벧전 1:3). 그 사람 안에는 하나님의 은혜의 수액(樹液)이 있습니다. 그는 자신의 뿌리이신 그리스도와 연합되어 있습니다. 그리스도께서 살아 계시고 그 사람 안에 살아 계시기 때문에, 그 사람도 살아 있습니다. "복 있는 사람"에게는 영속성이 있습니다. "복 있는 사람"이라는 나무는 심겨져 있고, 땅에 뿌리를 잘 내리고 있습니다. "악인들은 바람에 나는 겨와 같지만," 그리스도인의 생명은 영속적입니다. "견고하고 확실한 기쁨들과 영속적인 즐거움들"이 그의 분깃입니다. 그에게는 성장의 기쁨도 있습니다. 나무는 계속해서 묘목으로 있는 것이 아니라, 끊임없이 가지들을 뻗어서 위로, 아래로, 옆으로 자라갑니다. 그래서 경건한 사람은 늘 자신의 하늘 아버지로부터 계속해서 더 배워서, 주님의 형상을 더 닮아가고자 힘씁니다. 그에게는 좋은 위치를 점하는 복도 주어집니다. 그는 스스로 심겨진 나무도 아니고 바람에 실려 와서 심겨진 나무도 아니고, 하나님께서 친히 심으신 나무입니다. 그가 종이라면, 그는 하나님께서 자기를 자기가 있어야 할 곳에 심어 놓으셨다는 것을 믿을 것입니다. 가난하든 부하든, 그는 만족합니다. 왜냐하면, 그는 하나님이 심으신 나무이기 때문입니다. 그에게는 형통의 복이 주어집니다. 그에게 진정으로 좋은 것은 무엇이든지 다 주시겠다고 하나님께서는 약속하셨습니다. 그는 사막에 심겨진 나무가 아니라, 물이 그의 뿌리까지 풍부하게 적시는 곳에 심겨진 나무입니다. 그는 주께서 "여호와를 의뢰하고 선을 행하라 그리하면 네가 땅에 거하게 될 것이요 진실로 먹게 되리라"(시 37:3 KJV, 한글개역개정에는 "여호와를 의뢰하고 선을 행하라 땅에 머무는 동안 그의 성실을 먹을거리로 삼을지어다"로 되어 있음)고 말씀하시는 것을 듣습니다.

또한, "복 있는 사람"에게는 하나님이 보시기에 아름다움이 있습니다. 이 아름다움은 시들지 않는 아름다움입니다. 본문은 "그 잎사귀가 마르지 아니하리라"

고 말씀합니다. 사람의 아름다움은 나이가 들면 쇠하고, 기지(機智)와 학문의 아름다움도 죽음이 다가오면 쇠퇴하지만, "복 있는 사람"은 주님을 닮아서 젊은 감람나무처럼 영원히 아름다울 것이고, 하나님의 궁정에서 백향목처럼 계속해서 자라게 될 것입니다. 이 모든 것에 더하여, 그에게는 늘 **형통함**이 있습니다. 본문은 "그가 하는 모든 일이 다 형통하리로다"고 말씀합니다. 그는 돈을 많이 벌어서 부자가 되지 않는다고 해도, 여전히 형통합니다. 그의 배들이 에시온게벨(왕상 22:48)에서 파선될 수도 있겠지만, 그는 그것에 대해서조차도 하나님께 감사할 수 있습니다. 왜냐하면, 자신의 배들이 파선되는 환난들을 통해서 그는 하늘의 은혜를 더 간절하게 구하게 될 수 있고, 자신의 영혼이 믿음과 사랑에 있어서 부요해지고 더 큰 기쁨으로 하나님의 뜻에 순복하는 데에 부요해지기만 한다면, 자신의 재산을 잃어도 만족이기 때문입니다. 아주 길 자라서 번성하는 나무에 관한 이러한 비유는 매우 아름다운 비유입니다. 늘 푸르고 열매가 가득하며 결코 가뭄을 모르는 곳에 자리 잡고 있는 나무를 보십시오. 하나님께서 우리를 가르치셔서 우리가 그의 율법을 즐거워하게 되었다면, 바로 그 나무의 모습이 우리의 모습이요 우리의 초상화입니다. 우리가 그러한 나무입니까?

이제 끝으로 우리가 살펴볼 것은 이것입니다.

6. 여섯째로, 이 "복 있는 사람"을 지켜 주시는 분은 누구입니까?

이 사람에게 이렇게 많은 복이 있는 것을 보면, 그를 돌봐주는 어떤 분이 계시는 것이 분명합니다. 그렇지 않다면, 그는 이렇게까지 복이 있을 수는 없을 것입니다. 아, 본문에서는 이렇게 말하고 있군요: "무릇 의인들의 길은 여호와께서 아시나"(KJV, 한글개역개정에는 "… 인정하시나"로 되어 있음). 당신이 구원을 받기 위해서 그리스도를 의지한다면, 여호와께서는 당신의 길을 "아십니다." 목회자는 당신이 받는 시험들에 대해서 전혀 알지 못합니다. 당신은 당신의 사정을 목회자에게 말하고서 인도함과 위로를 받고 싶을지도 모릅니다. 그러나 목회자는 모른다고 할지라도, 여호와께서는 당신의 모든 길을 아십니다. 당신은 몹시 눌려 계십니까? 슬픔의 파도들이 당신의 영혼을 엄습해 옵니까? 그렇다면, 당신의 마음을 하나님께 쏟아놓으십시오. 하나님께서는 당신의 곤경을 아시고, 그것을 어떻게 도와야 하는지를 아십니다. 만일 우리가 아주 잘 나가는 시절에 여호와께서 우리를 돌봐 주시지 않으신다면, 우리는 엄청난 형통의 햇살을 감당하지 못하고 쓰러지고 말 것입니다. 만일 우리가 너무나 힘겹고 고통스러운 시절을 보내고 있을 때에 여호와께서 우리를 돌봐 주시지 않으신다면, 우리는 역경의 저 가혹한 혹한의 바람을 감당하지 못하고 얼어 죽을 것입니다.

"내가 어떤 식으로 시작할 수 있죠?"라고 묻는 분이 계신다면, 성경은 "여호와를 경외함이 지혜의 근본이라"(시 111:10)고 말씀합니다. 당신의 영혼을 하나님이 세우신 구주께 의탁하십시오. 그러면, 당신은 당신이 안전하다는 것을 알게 될 것입니다. 당신의 마음으로 이렇게 말하십시오:

"주님, 나는 한 마디 부탁도 드리지 않았는 데도,
주님은 나를 위해 피를 흘리셨고,
그리고서 내게 주께로 오라고 명하십니다.
오, 하나님의 어린 양이시여! 내가 주께 갑니다."

당신의 영혼이 그렇게 노래하기만 한다면, 당신은 참된 복으로 향하는 길에 들어선 것이고, 이 시편에서 노래한 모든 것이 살아서나 죽어서나 영원토록 당신의 것이 될 것입니다. 하나님께서 여러분을 그렇게 되도록 해주시기를 예수님의 이름으로 축복합니다. 아멘.

제
2
장

—

만유를 다스리시는 그리스도의 나라 : 그 나라는 어떻게 오는가

—

"내게 구하라 내가 이방 나라를 네 유업으로 주리니 네 소유가 땅 끝까지 이르리로다 네가 철장으로 그들을 깨뜨림이여 질그릇 같이 부수리라 하시도다." — 시 2:9

사랑하는 친구들이여, 하나님의 원수들은 광분하여 날뛰는 반면에, 하나님께서는 지극히 고상한 평화 속에 계시는 이 놀랍게 대조적인 모습을 주목하십시오. "이방 나라들"이 "분노하며" 광분하고, "세상의 군왕들"과 용사들이 전열을 가다듬는다고 해도, 하나님께서는 요동치 않으시고, 도리어 "웃으시며 비웃으십니다." 여러분과 나는 종종 낙심하며 풀이 죽고 암울한 예감을 느끼기도 하지만, 하나님께서는 영원한 평화 중에 좌정하셔서 잠잠히 소란과 반역을 다스리십니다. 아래 세상이 아무리 소란하고 요동친다고 해도, 여호와께서는 다스리시고 그의 보좌는 요동하지 않으며 그의 안식은 깨지지 않습니다.

하나님의 이 장엄한 고요를 똑똑히 보십시오. 이방 나라들과 그 군왕들이 여호와의 "맨 것들을 끊고 그의 결박을 벗어 버릴" 방법을 궁리하고 있는 동안에, 하나님께서는 이미 그들의 술책들을 좌절시키셨습니다. 하나님은 그들에게

"내가 나의 왕을 내 거룩한 산 시온에 세웠다"고 말씀하십니다: "너희는 내 아들이 너희를 다스리지 못하게 할 온갖 궁리를 짜내고 있을지라도 내 아들이 너희를 다스린다. 너희가 분노하며 광분하는 동안 나는 내 아들에게 왕관을 씌워 주었다. 너희가 아무리 궁리하고 술책을 부려도 다 소용없다. 왜냐하면, 내가 너희의 기선을 제압하여 내 아들을 보좌에 앉혔기 때문이다. 그가 아들의 권세로 내 '명령을 전할' 때 너희는 그의 말을 들으라." 하나님은 언제나 자신의 대적들보다 앞서 가십니다. 그래서 그들은 자신의 계획들을 실행에 옮기기도 전에 그 계획들이 다 틀어졌고 자신의 술책들이 엉망이 되어 버린 것을 알게 됩니다. 하나님의 "명령"에 의해서 영원히 찬송 받으실 지극히 높으신 이의 아들이 왕권을 수여받아 보좌에 오르셨습니다. 세상의 "통치자들"(한글개역개정에는 "관원들")은 하나님의 아들의 손에서 왕권을 상징하는 규를 빼앗을 수 없고, 그 아들의 머리에서 왕관을 벗겨 내던질 수 없습니다. 왜냐하면, 예수께서는 모든 원수들이 자기 발 아래 있게 될 때까지 다스리실 것이고, 또한 다스리셔야 하기 때문입니다. 하나님께서는 자기 아들을 "거룩한 산 시온에" 견고하게 세우셨고, 광분하는 이방 나라들은 그 아들을 끌어내릴 수 없습니다. 그들이 그런 생각을 품는 것 자체를 여호와께서는 "비웃으시고," 그들이 아무리 소란을 피워도 하나님은 미동도 하지 않으십니다. 마치 이런 소동은 싸움이 아니라 연회인 양, 왕이신 여호와 하나님은 왕의 아들, 곧 자기 오른편에 앉아 계시는 "그의 기름 부음 받은 자"에게 말씀하시고, 그 아들의 왕통을 인정하시며, 그 아들에게 최고의 존귀를 수여하십니다. 큰 연회를 열 때면 많은 군왕들이 자기가 총애하는 자에게 "내게 구하라 오늘은 무엇이든 들어주리라"고 말하곤 했다는 것은 잘 알려진 사실입니다. 크신 아버지 하나님께서도 자신의 영광스러운 아들, 저 평화의 왕에게 "내게 구하라 내가 이방 나라를 네 유업으로 주리니 네 소유가 땅 끝까지 이르리로다"라고 말씀하십니다. 하나님께서는 아들에게 "네 입을 크게 열어서 무궁한 영지(領地)를 구하라"고 명하십니다. 하나님은 그 아들에게 "땅 끝에" 있는 나라들까지, 그러니까 온 땅을 주어 아들의 나라가 되게 하고자 하십니다. 이 모든 일 속에서는 왕이 베푼 연회와 평화로운 기쁨의 분위기가 물씬 풍겨서, 대적들이 소동하며 야단법석을 피우는 것과 묘한 대조를 보여줍니다.

형제들이여, 나는 우리가 어느 정도라도 이러한 고귀하고 장엄한 평화 속으로 들어갈 수 있기를 바랍니다. 대장이 승리를 확신한다면, 병사들은 승리의 소망을 품고서 담대해지는 것이 마땅한 일입니다. 전쟁은 여호와께 속한 것이고, 여호와는 전능하신 하나님이신 까닭에, 병사들인 우리가 전쟁의 결과에 대해 격정하는 것은 어리석고 악한 일입니다. 모든 일이 여호와의 수중에 있고, 여호와의 손은 온 세상을 가루로 만들어 버리실 수 있을 정도로 능력이 있으시고, 원하시기만 한다면 그렇게 하십니다. 누가 전능자의 뜻에 맞서서 살아남을 수 있겠으며, 누가 여호와께 "지금 뭐 하시는 겁니까?"라고 말하겠습니까? 이 영원히 자족하신 이를 우리가 의지하는 것이기 때문에 우리는 염려를 그칠 수 있습니다.

삶에 지친 나의 형제여, 잠잠히 여호와의 구원을 바라보십시오. 저 두려운 언약궤를 만지기 위해 잔뜩 겁을 집어먹고 손을 부들부들 떨 필요가 없습니다. 여호와께서 자기 백성을 지키실 수 있으시다는 것을 아십시오. 당신 속에 있는 마르다의 염려들을 내려놓고, 당신의 구주의 발 앞에 앉아서 그 음성에 귀를 기울이십시오. 그가 당신에게 "여호와"가 다스리시고, "그의 기름 부음 받은 자"가 다스릴 것이라고 말씀해 주실 것입니다. 사람들의 눈에 보이는 것들이 진실이 아닙니다. 모든 것이 나빠 보일 때, 사실은 모든 것이 잘 되어가고 있는 것입니다. 하늘에 구름이 끼어 있다고 해서 해가 완전히 사라져 버린 것이 아닙니다. 밤이 되어 어둡고 한밤중이 되었다고 할지라도 아침은 옵니다. 결국 아침이 밝아올 것이고, 어둠의 세력은 동이 트는 것을 막을 수 없습니다. 여호와께서 명하여 정하신 것들은 놋쇠에 새겨진 것처럼 영원하고, 음부의 권세는 그것들 중 단 한 줄도 지울 수 없으며, 그 명령들이 집행되는 것을 단 한 가지도 막을 수 없습니다. 하나님의 "목적"은 온갖 반대에도 불구하고 반드시 현실에서 섭리로 이루어져 피어날 것이고, 그 섭리는 무르익어 구원을 가져다줄 것입니다. 하나님의 계획은 일점일획도 어긋남이 없이 다 이루어질 것이기 때문에, 이 땅에서 우리가 겁내고 두려워할 이유가 전혀 없습니다.

우리가 더 고요히 안식을 갖는다면, 우리에게 맡겨진 일을 더 잘해내게 될 것입니다. 우리가 고요함과 확신에 거할 때에 지혜와 담력이 생기지 않겠습니까? 여호와를 기뻐하는 것은 성도들의 힘입니다. 우리가 믿음의 확신으로 충만하다면, "달 같이 아름답고 해 같이 맑고 깃발을 세운 군대 같이 당당하게"(아 6:10) 앞으로 전진하게 될 것입니다. 그런데 유감스럽게도 우리는 근시안적으로 바라보고서, 겁에 질려 놀라고, 믿음이 없어 염려하며, 담대함이 없어 의심하기 때문에 쓸데없이 스트레스를 받고, 섬기는 데 힘이 없고, 대적들의 공격에 취약

합니다. 평화의 복음이라는 신발을 신지 않으면, 우리의 발은 맨발이 되어 버리기 때문에 천국을 향한 순례 길을 갈 수 없습니다. 대부분의 그리스도인들은 이 세상에서 세월의 환난들로 인해 점점 비굴해지고 겁을 집어먹고서는 바락과 싸우던 날에 르우벤 지파 사람들처럼 행하게 됩니다. 그날에 드보라는 르우벤 지파 사람들을 향하여 "네가 양의 우리 가운데에 앉아서 목자의 피리 부는 소리를 들음은 어찌 됨이냐"(삿 5:16)라고 외쳤습니다. 장독대에 숨어서 비열한 두려움에 사로잡혀 비굴하게 행하는 당신이여, 떨쳐 일어나서 용사가 되십시오. 영원한 산으로 올라가서 더 순수한 공기를 마시십시오. 하나님을 신뢰하는 띠를 띠십시오. 그러면, 당신은 "주 안에서와 그 힘의 능력으로 강건하여질"(엡 6:10) 것입니다. 하나님께서 오늘 아침에 주신 말씀이 우리를 짓누르고 있는 영향력들에서 우리를 건져내시고 일으키셔서 여호와께서 누리시고 계시는 저 고요 속으로 들어가게 해주시기를 빕니다. 여호와께서는 그 고요 속에서 웃으시며 앉아 계시고, 거기로부터 "내가 나의 왕을 내 거룩한 산 시온에 세웠다"고 말씀하십니다.

이 아침에 본문은 우리에게 이렇게 말씀합니다. 첫째, 세상 나라들과 세상 자체는 그리스도의 "유업"이라는 것입니다: "내가 이방 나라를 네 유업으로 주리니." 흠정역 번역자들이 끼워 넣은 몇몇 단어들은 이 말씀의 의미를 이해하는 데 별 도움이 되지 않기 때문에 그것들을 빼고 다시 한 번 읽어보면, "내가 네 유업, 이방 나라와 네 소유, 땅의 가장 먼 곳들을 주리라"가 됩니다. 둘째, 이 말씀을 깊이 묵상해 보면, 바로 이것이 우리가 구해야 할 것임을 알게 됩니다: "내게 구하라 내가 … 주리니." 셋째, 우리는 이 영지를 얻게 해줄 힘이 전적으로 하나님으로부터 온다는 것을 깨닫습니다: "내가 … 주리니." 넷째, 우리는 세상을 정복하는 일이 완성되기 위해서 여호와와 그의 기름 부음 받은 자, 곧 그리스도를 대적하는 모든 현재와 장래의 동맹들이 완전히 멸해지리라는 것을 알게 됩니다: "네가 철장으로 그들을 깨뜨림이여 질그릇 같이 부수리라."

**1. 첫째로, 여호와께서 그리스도에게 하늘을 그의 "유업"으로 주시고
땅을 그의 "소유"로 주시리라는 것입니다.**

나는 이 말씀을 사람이 되신 우리 주님께 하나님이 하신 말씀이라고 봅니다. 본래 하나님이신 성자(聖子)의 통치는 이미 만유에 미치고 있습니다. 하나님이신 예수의 통치는 무궁해서 거기에는 결코 그 어떤 한계도 없었고, 심지어 그

가 십자가에 달려 계실 때조차도 그것은 마찬가지였습니다. 그는 "한 아기"로 우리에게 나셨고 "한 아들"로 우리에게 주신 바 되셨을 때조차도 "영존하시는 아버지"이셨습니다(사 9:6). 우리는 하나님이자 사람이신 중보자이셨던 그리스도의 경이로운 본성(本性)에 비추어 볼 때에만 이 본문의 말씀을 이해할 수 있습니다. 말할 것도 없이, 사도 바울도 이 말씀을 그렇게 해석했습니다. "너는 내 아들이라 오늘 내가 너를 낳았도다"라는 신비한 말씀은 우리 주님이 영원하신 성자이시라는 하나님의 심오한 진리를 보여줍니다. 비록 우리가 그 진리의 실체가 무엇인지를 잘 알지는 못한다고 할지라도 말입니다. 바울은 사도행전 13장에서 그리스도의 부활에 대하여 언급하면서 이 본문의 말씀을 인용해서 이렇게 말합니다: "우리도 조상들에게 주신 약속을 너희에게 전파하노니 곧 하나님이 예수를 일으키사 우리 자녀들에게 이 약속을 이루게 하셨다 함이라 시편 둘째 편에 기록한 바와 같이 너는 내 아들이라 오늘 너를 낳았다 하셨고"(행 13:32-33). 그리스도께서는 부활의 권능으로 나타나셨고, 하나님께서는 그에게 온 땅과 거기에 있는 모든 것에 대한 통치권을 주셨습니다. 그리스도께서는 살아 계신 분으로서 죽으셨기 때문에 음부(陰府)와 사망의 열쇠를 쥐고 계십니다. 그리스도께서는 자신의 낮아지심으로 말미암아 다스리게 되신 것이고, 그리스도께서는 사망을 겪으심으로써 영광과 존귀로 관을 쓰시게 되신 것입니다. 하늘의 천군천사들은 그리스도야말로 "일찍이 죽임을 당하사 사람들을 피로 사서 하나님께 드리셨으니 두루마리를 가지시고 그 인봉을 떼기에 합당하시도다"(계 5:9)라고 선포하며 노래합니다. 그리스도께서는 만유 위에 오르셔서 만유를 충만케 하시기 위하여 이 땅에 내려오셨습니다! 그는 이 새로운 영광과 존귀로 관 쓰시고, 인자로서 만유를 자신의 발 아래에 두시기 위하여 자신의 영광을 버리셨습니다. 그러므로 우리는, 예수 그리스도는 죽으셨다가 지금은 무덤에서 다시 살아나셔서 이 땅을 떠나 저 영광스러운 새 예루살렘에 들어가신 부활하신 이라고 말합니다. 우리가 확신하는 것은 이 동일한 예수께서 장차 온 세상을 다스리시게 되리라는 것입니다. 나는 이 일이 그리스도의 재림 이전에 이루어질 것인지, 아니면 그리스도께서 영광 중에 나타나신 결과로 이루어질 것인지에 대해서는 다루지 않을 것입니다. 나는 이 종말의 완성이 그리스도의 재림 이전에 이루어질 것이라고 단언하고 싶지는 않습니다. 왜냐하면, 그리스도께서는 언제라도 오실 수 있으신 까닭에, 그리스도께서 언제 오실지를 유심히 관찰하는 것은 우리가 해야 할 일이 아닌 것으로 보이기 때문입니다. 다른 한편으로, 나는 그리스도께서 다시 오시기 전에는 복음이 온 세상에서 승리를 거둘 수 없다고 단언하고 싶지도 않습니다. 왜냐하면, 사람들은 그런 말을 듣게 되면 아예 실망하고서 그 말을 베개 삼아 낮잠이나 자고자 할 것이고, 전도에 열심을 내던 사람들도 낙심을 하게 될 것이기 때문입니다. 따라서 지금으로서는 장차 언젠가는 우리 주님께서 그 지경을 넓히셔서, 분명히 그 나라가 인간 세상의 모든 나라를 다 다스리게 되고, 온 땅이 그리스도의 영광으로 가득 하게 될 것이라고 말하는 것으로 충분할 것입니다. "여자의 후손"이 뱀의 "머리를 상하게" 하고서(창 3:15) 세상에서 그 기분 나쁜 흔적과 자취들을 지우게 될 것입니다. 우리는 하나님께서 친히 하신 말씀을 근거로 삼아야 하기 때문에, 여러분은 몇 분간 성경을 펼쳐 놓으시기 바랍니다. 첫째로, 성경은 그리스도의 나라가 온 인류를 다 포괄하게 될 정도로 확장될 것이라고 말씀합니다. 창세기 12:3에 나오는 그 나라의 범위에 관한 예언 속에서 여호와께서는 아브라함에게 "땅의 모든 족속이 너로 말미암아 복을 얻을 것이라"고 말씀하십니다. 이것은 하나님께서 믿음의 조상인 아브라함 및 그의 한 "씨," 즉 약속된 메시아 예수와 관련된 옛 언약의 약속입니다. 분명히 아직 "땅의 모든 족속"이 그리스도 안에서 "복을 얻지" 못하였고, 따라서 하나님의 이 약속의 말씀은 다 성취되지는 않았습니다. 하나님께서 이 언약 가운데서 "복"을 약속하셨을 때, 그것은 결코 가볍게 약속하신 것이 아니었기 때문에, 나는 "땅의 모든 족속이 복을 얻을 것"이라는 이 엄청난 언약이 유명무실하지 않은 것임을 확신합니다. 나는 그리스도께서 오셔서 화평을 이루기 위하여 죽으시고 그의 순전한 신앙을 전파하신 것으로 인해서 온 땅이 어느 정도는 더 나아졌다는 것을 의심하지 않지만, 무지(無知)와 우상 숭배의 두터운 어둠 속에서 살고 죽는 무수한 사람들이 이 언약의 "복"을 성취하고 있다고 할 정도로 그리스도 안에서 진정으로 "복을 얻고" 있다고는 믿을 수 없습니다. 타타르 지방과 중국과 티벳 지역이 복음으로 말미암아 얼마나 복을 얻고 있습니까? 그들이 지금까지 받아온 것보다 더 나은 그 무엇이 "장차 땅의 모든 족속"을 위하여 있음에 틀림없습니다. "땅의 모든 족속"이, 하나님이 약속하신 "자손"이 그들을 위해 사시고 죽으셨다는 것, 온갖 족속과 방언에 속한 사람들 중 일부가 그 "자손" 안에서 구원을 발견하게 되리라는 것을 알게 될 것입니다.

　야곱도 창세기 49:10에서 "실로"에 대하여 언급하면서, "백성이 그에게로 모여 오리로다"(KJV, 한글개역개정에는 "그에게 모든 백성이 복종하리로다"로 되어 있음)라고 말하였습니다. 여기에서 "백성"은 이스라엘 자손이 아니라 열방들 또는 이방 나라들을 의미합니다. 그래서 칠십인 경과 아람어 성경에는 그런 식으로 번역이 되어 있고, 실제로 그런 번역이 옳습니다. 우리의 위대한 "실로"이신 예수께서는 바벨탑을 쌓다가 흩어진 자들이 자기에게서 새로운 구심점을 발견하고, 자기 안에서 그들에게 순전한 언어가 주어지게 될 때까지, 자신의 기치(旗幟)를 높이 세우시고서 자신의 택함 받은 자들을 점점 더 많이 모으고 계십니다. "모여 오리로다"로 번역된 단어는 단순히 "모여드는" 것을 의미하는 것이 아니라, 믿음의 열매이자 경건의 표현으로서의 자발적인 "순종"을 의미합니다. 로마서 15:12에서 바울이 한 말이 이 단어의 의미를 잘 보여줍니다: "또 이사야가 이르되 이새의 뿌리 곧 열방을 다스리기 위하여 일이니시는 이기 있으리니 열방이 그에게 소망을 두리라 하였느니라." 그러므로 분명한 것은 "열방"이 와서 메시아를 믿고서 영생을 얻게 되리라는 것입니다.

또한, 모세도 바울이 로마서에서 아주 특별하게 인용하고 있는 신명기 32:21에서 "나도 백성이 아닌 자로 그들에게 시기가 나게 하며 어리석은 민족으로 그들의 분노를 일으키리로다"라고 말하면서 이방 나라들에 대하여 언급합니다. 복음의 전선이 온 땅으로 퍼져나가고 그 말씀이 "땅 끝까지" 이르고 있는 오늘날 이 예언이 성취되고 있는 것이 분명합니다. 그 결과, 전에는 드루이드교(敎)의 사제들(the Druids)이 올리던 온갖 잔인한 제사 의식들을 따라서 우상들을 섬김으로써 하나님으로부터 끊어져 있는 것으로 보였던 "어리석은 민족"이었고 야만 족이었던 우리 민족도 하나님과 언약을 맺고서 하나님을 기뻐하는 민족이 되었습니다. 하나님께서는 이스라엘로 하여금 "시기가 나게 하며 그들의 분노를 일으키시기" 위하여, 온 땅의 모든 지역에서 타락하게 살던 이방 족속들을 차례차례 하나님을 믿는 자들이 되게 해오셨고, 이스라엘이 "그들이 그 찌른 바 그를 바라보고 그를 위하여 애통하기를 독자를 위하여 애통하듯 하며 그를 위하여 통곡하기를 장자를 위하여 통곡하듯" 하고 온 마음과 뜻을 다하여 그에게로 돌아오게 될 때까지(슥 12:10), 모든 족속이 믿음 가운데서 예수의 발 아래로 모여오게 될 것입니다.

시편에 다다르면, 우리는 우리의 찬송 받으실 주님의 나라에 관한 예언을 더욱 분명하게 볼 수 있게 됩니다. 우리는 오늘의 본문을 가장 먼저 들 수 있고, 사실 이 본문만으로도 충분합니다: "내가 이방 나라를 네 유업으로 주리니 네 소유가 땅끝까지 이르리로다." 다음으로, 저 유명한 수난 시편인 시편 22편으로 가봅시다. 십자가에 못 박히신 이의 슬픔 및 고뇌를 묘사한 이 시편의 감성은 깊고 감동적입니다. 여러분은 그의 "혀가 입천장에 붙고" 그의 "마음은 밀랍 같아서" 그의 내장 속에서 "녹고" 있는 가운데에 오만한 자들의 비웃음거리인 나무에 달려 계신 그를 봅니다. 그렇지만 이 시편이 끝나기 전에, 애처롭게 호소하던 그의 모습은 승리를 기뻐하는 자의 모습으로 바뀌고, 다 죽어가던 그는 이렇게 외칩니다: "땅의 모든 끝이 여호와를 기억하고 돌아오며 모든 나라의 모든 족속이 주의 앞에 예배하리니 나라는 여호와의 것이요 여호와는 모든 나라의 주재심이로다 세상의 모든 풍성한 자가 먹고 경배할 것이요 진토 속으로 내려가는 자 곧 자기 영혼을 살리지 못할 자도 다 그 앞에 절하리로다"(시 22:27-29). 십자가에 매달려 죽어가고 계셨던 우리 주님은 나라들이 "여호와의 것"이 될 것이고 "모든 나라"가 와서 여호와께 "경배할" 것임을 내다보셨을 때에 그 마음이 기뻐지신 것이었습니다. 우리도 그러한 것을 내다보고서 마음이 기뻐져야 합니다. 여러분은 십자가에 못 박히신 주님이 바로 그런 목적을 위하여 자기가 죽으신 것에 대하여 실망하셨을 것이라고 생각하십니까? 여러분은 주님의 피가 단 한 방울이라도 헛되게 흘려졌다고 단언하십니까? 다른 모든 사람들은 주님이 자신의 큰 사랑의 마음이 "만족하게 여길" 정도로 "자기 영혼의 수고한 것을 보게" 되실 것이라고 확신했습니다(사 53:11). 하나님께서는 "내가 그에게 존귀한 자와 함께 몫을 받게 하며 강한 자와 함께 탈취한 것을 나누게 하리니 이는 그가 자기 영혼을 버려 사망에 이르게"(사 53:12) 하였기 때문이라고 말씀하셨습니다. 그리고 여러분도 여호와의 말씀이 영원히 "서게" 되리라는 것을 잠잠히 확신할 수 있습니다.

성경을 넘겨서 시편 66:4을 보십시오. 거기에서 여러분은 또다른 위로의 말씀을 만나게 될 것입니다: "온 땅이 주께 경배하고 주를 노래하며 주의 이름을 노래하리이다." 이것은 단지 열심 있는 신자의 열정적인 소망을 표현하고 있는 것이 아니라, 성령의 감동을 받은 어떤 이의 음성이 장차 모든 족속이 자신들의 창조주를 진심어린 찬송과 기쁜 노래로 경배하게 될 것이라고 분명하게 선포하고 있는 것입니다.

또한, 시편 72편의 언어도 얼마나 찬란한 빛을 발하고 있는지 모릅니다. 우리는 8절에서 시작되는 저 은혜로운 말씀보다 우리의 왕의 통치를 더 장엄하게 표현한 말씀을 과연 다른 곳에서 찾아볼 수 있을까요? "그가 바다에서부터 바다까지와 강에서부터 땅 끝까지 다스리리니 광야에 사는 자는 그 앞에 굽히며 그의 원수들은 티끌을 핥을 것이며 다시스와 섬의 왕들이 조공을 바치며 스바와 시바 왕들이 예물을 드리리로다 모든 왕이 그의 앞에 부복하며 모든 민족이 다 그를 섬기리로다"(시 72:8-11). 17절을 읽습니다: "그의 이름이 영구함이여 그의 이름이 해와 같이 장구하리로다 사람들이 그로 말미암아 복을 받으리니 모든 민족이 다 그를 복되다 하리로다." "모든 민족"에는 세상에 존재하는 가장 야만적인 족속들도 포함되고, 특히 수 세기 전에 로마의 권력을 비웃으며 광야를 떠돌던 길들여지지 않은 족속 같이 결코 한 번도 정복당해 본 적이 없다고 자랑하는 족속들도 포함됩니다. 로마의 군단들은 다른 모든 족속을 굴복시켰지만 이스마엘 족속은 징복힐 수 없었습니다. 왜냐하면, 도끼처럼 발 빠르고 젊은 노루처럼 민첩했던 이스마엘 족속은 추격자의 손길을 벗어나 사막의 모래 위를 이리저리 달려서 달아났기 때문입니다. 그렇지만 이 족속도 우리 주님 앞에 무릎을 꿇고서 기쁨으로 우리 주께 충성을 맹세하게 될 것입니다! 우리 주님은 전에는 한 번도 그 어떤 규(珪)를 인정한 적이 없던 곳에서 자신의 규(珪)로 다스리시게 될 것입니다. 우리 주님은 다른 모든 권위가 비웃음과 경멸을 당해 왔던 바로 그곳에 자신의 보좌를 세우시게 될 것입니다.

　여러분이 지루해하지 않으실 것이라고 믿고, 계속해서 시편 86:9을 보겠습니다. 거기에는 이렇게 기록되어 있습니다: "주여 주께서 지으신 모든 민족이 와서 주의 앞에 경배하며 주의 이름에 영광을 돌리리이다." "모든 민족"이 단지 외적인 경배를 드리게 되리라는 것이 아니라, "주의 이름에 영광을 돌리는" 최고의 찬송을 주께 드리게 되리라는 것입니다. 장차 "모든 민족이 주의 이름에 영광을 돌리게" 될 것이지만, 그들은 아직 그렇게 하고 있지 않습니다.

　우리는 이사야가 분명히 이런 것들에 대하여 말해줄 것이라는 기대를 갖고 있고, 그 기대는 우리를 실망시키지 않습니다. 나는 지금까지 여러분이 나의 말이 아니라 하나님의 말씀을 직접 들어보게 하고자 했습니다. 그래서 우리는 계속해서 성경을 읽어나갈 것입니다. 선지자들이 오직 이스라엘만이 "빛"을 가지고 있었던 저 옛적에 무슨 말씀을 전했는지를 아는 것은 여러분에게 힘이 되고 여러분의 마음을 유쾌하게 해줄 것입니다. 선지자들은 그 "빛"이 한 특정한 민족에 국한될 것이라고 생각하지 않았고, 그 "빛"이 "흑암에 앉은" 모든 민족에게 동터 와서, 그들도 하나님을 찾게 될 것이라고 기대하였습니다. 이사야서로 돌아가서 그 본문을 읽어보겠습니다. 이사야가 제2장에서 무엇이라고 말하고 있는지를 보십시오. "말일에 여호와의 전의 산이 모든 산 꼭대기에 굳게 설 것이요 모든 작은 산 위에 뛰어나리니 만방이 그리로 모여들 것이라 많은 백성이 가며 이르기를 오라 우리가 여호와의 산에 오르며 야곱의 하나님의 전에 이르자 그가 그의 길을 우리에게 가르치실 것이라 우리가 그 길로 행하리라 하리니 이는 율법이 시온에서부터 나올 것이요 여호와의 말씀이 예루살렘에서부터 나올 것임이니라 그가 열방 사이에 판단하시며 많은 백성을 판결하시리니 무리가 그들의 칼을 쳐서 보습을 만들고 그들의 창을 쳐서 낫을 만들 것이며 이 나라와 저 나라가 다시는 칼을 들고 서로 치지 아니하며 다시는 전쟁을 연습하지 아니하리라"(사 2:2-4).

나는 단지 몇 가지 본문들만을 예로 들 수밖에 없습니다. 구속주의 나라가 온 세상에 널리 퍼지게 될 것임을 암시하는 본문들은 이사야서 전체에 걸쳐서 풍부하게 나옵니다. 이사야 49:6-7을 보겠습니다: "네가 나의 종이 되어 야곱의 지파들을 일으키며 이스라엘 중에 보전된 자를 돌아오게 할 것은 매우 쉬운 일이라 내가 또 너를 이방의 빛으로 삼아 나의 구원을 베풀어서 땅 끝까지 이르게 하리라 이스라엘의 구속자 이스라엘의 거룩한 이이신 여호와께서 사람에게 멸시를 당하는 자, 백성에게 미움을 받는 자, 관원들에게 종이 된 자에게 이같이 이르시되 왕들이 보고 일어서며 고관들이 경배하리니 이는 이스라엘의 거룩하신 이 신실하신 여호와 그가 너를 택하였음이니라." 12절입니다: "어떤 사람은 먼 곳에서, 어떤 사람은 북쪽과 서쪽에서, 어떤 사람은 시님 땅에서 오리라." 18절입니다: "네 눈을 들어 사방을 보라 그들이 다 모여 네게로 오느니라."

오직 이사야서에만 그런 예언들이 나오는 것이 아닙니다. 에스겔은 성전에서 나온 물이 점점 더 차올라서 생명을 온 땅에 전하게 될 것이라고 예언하고 있지만, 그런 예언을 담고 있는 본문을 시간 관계상 읽지는 않겠습니다. 그리고 예레미야서에서는 이방 나라들이 우리 주님을 경배하러 나아오는 것이 그들의 진심에서 우러나온 것이 되리라는 것과 그리스도의 나라는 다른 것들은 제쳐두고라도 반드시 영적인 나라가 되리라는 것을 아주 분명하고 특별하게 증명해 주는 한 본문만을 우리가 보겠습니다. 예레미야서 3:17입니다: "그 때에 예루살렘이 그들에게 여호와의 보좌라 일컬음이 되며 모든 백성이 그리로 모이리니 곧 여호와의 이름으로 말미암아 예루살렘에 모이고 다시는 그들의 악한 마음의 완악한 대로 그들이 행하지 아니할 것이며.” 그리스도께서는 열방에 역사하셔서 그들로 자기를 경배하게 하실 때에 그들 속에서 마음의 변화가 일어나게 하실 것이고, 이것은 그들의 삶의 분명한 변화로 이어지게 될 것입니다: “다시는 그들의 악한 마음의 완악한 대로 그들이 행하지 아니할 것이며.” 구약 시대의 요한이라고 할 수 있는 다니엘도 물론 “기름 부음 받은 자”의 나라가 장차 오게 될 것을 그 누구보다도 더 분명하게 보았습니다. 다니엘이 7:18 이하에서 무슨 말씀을 전하고 있는지를 들어 보십시오: “지극히 높으신 이의 성도들이 나라를 얻으리니 그 누림이 영원하고 영원하고 영원하리라 … 옛적부터 항상 계신 이가 와서 지극히 높으신 이의 성도들을 위하여 원한을 풀어 주셨고 때가 이르매 성도들이 나라를 얻었더라 … 나라와 권세와 온 천하 나라들의 위세가 지극히 높으신 이의 거룩한 백성에게 붙인 바 되리니 그의 나라는 영원한 나라이라 모든 권세 있는 자들이 다 그를 섬기며 복종하리라”(단 7:18, 22, 27). 그 어떤 말씀이 이 마지막에 나오는 말씀보다 더 확실할 수 있겠는가?

　　선지자 스바냐가 장차 우상들이 어떻게 멸해질 것인지에 대하여 무엇이라고 전하고 있는지를 들어봅시다: “여호와가 그들에게 두렵게 되어서 세상의 모든 신을 쇠약하게 하리니 이방의 모든 해변 사람들이 각각 자기 처소에서 여호와께 경배하리라”(습 2:11). 스가랴도 동일한 취지로 이렇게 전한다: “그가 이방 사람에게 화평을 전할 것이요 그의 통치는 바다에서 바다까지 이르고 유브라데 강에서 땅 끝까지 이르리라”(슥 9:10).

　　여러분이 지치실까봐, 성경 본문을 인용하는 것은 이 정도에서 그치기로 하겠습니다. 성경 전체가 그리스도의 나라는 이 땅의 모든 지역들, 온갖 인종과 신분과 지위를 지닌 모든 사람에게 다 미치리라고 증언하고 있다는 것은 제게는 의심할 여지 없이 너무나 분명합니다. 그러므로 나는 여러분이 사람들 사이에서 널리 퍼져 있는 저 아주 그럴 듯한 주장으로 인해서 결코 절망하지 마시기를 부탁드립니다. 그런 주장을 하는 자들은 서로 다른 여러 종교들은 각기 나름대로의 종교적인 성향이 발달되면서 서로 다른 시기에 생겨난 것으로서, 사람들에게 나름대로의 유익을 주는 것이기 때문에 우리의 기독교 신앙과 공존할 수 있다고 생각합니다. 그런 자들은 기독교 신앙이 아주 뛰어나고 많은 사람들이 추종할 만하다는 것을 인정하지만, 다른 종교들도 나름대로의 장점들을 지니고 있기 때문에 멸시해서는 안 된다고 주장하는데, 이것은 그리스도의 복음보다 더 나은 것이 언젠가는 발견될 수도 있다고 말하는 것과 같습니다. 그런 주장은 오늘날 몇몇 진영들 속에서 통용되고 있고, 우리는 그런 주장을 들을 때에 즉시 끔찍함을 느껴야 합니다! 예수께서는 보좌를 다른 이들과 나누어 가지시는 그런 분이 아닙니다. 그런 신성모독적인 생각은 모조리 다 여러분의 마음속에서 혐오하며 내던져 버리십시오. 예수께서는 모든 원수들이 자기 발 아래에 놓이게 될 때까지 다스리실 것인데, 그와 경쟁하는 모든 존재들은 다 그의 원수들입니다! 예수는 왕이실 뿐만 아니라 유일하신 주권자이십니다. 그리스도인들은 오직 하나의 깃발 아래로 소집될 뿐이고, 그 깃발 옆에 다른 깃발이 나란히 있을 수는 없습니다. 그리스도인들은 다른 사람들과 왕권을 나누어갖고자 하지 않으시는 그런 왕, 자신의 나라에서 아주 일부분의 영토가 떨어져나가는 것도 용납하지 않으시는 그런 왕을 섬깁니다. 만왕의 왕이시고 만주의 주이신 그분은 영원토록 다스리십니다. 할렐루야! 그분을 사랑하시는 모든 분들은 우레가 한 번 치듯이 "아멘"이라고 말하십시오!

2. 둘째로, 여호와께서는 이 나라를 주시라고 자기에게 구하라고 하십니다.

성부께서는 자신의 영화로운 아들에게 "내게 구하라 내가 주리라"고 말씀하십니다. 사랑하는 자들이여, 예수께서는 이 "구하는" 일을 실패하지 않으셨습니다. 우리는 예수께서 아버지의 초대에 화답하셔서, 자신의 "유업"을 구하셨다는 것을 의심하지 않습니다. 이것이 이 시편이 그리스도의 왕의 직임과 아울러서 제사장 직임도 다루는 이유입니다. 예수께서는 늘 살아 계셔서 중보기도 하시고, 그가 매일 드리시는 중보기도의 한 부분이 "이방 나라"를 자신의 "유업"이 되게 해주시라고 구하는 것입니다. 자, 사랑하는 자들이여, 이것은 우리에게 한 교훈을 줍니다. 우리는 그리스도께 속해 있습니다. 우리는 그리스도를 신비한 머리로 한 저 몸의 지체들이기 때문에, 그리스도께서 하시는 일은 우리도 함께 해야 할 일이 됩니다. 그리스도께서 구하시기 때문에, 우리도 그리스도와 함께 구합니다. 예수께서 자기 백성 안에서 고난을 받으시는 것과 마찬가지로, 또한 자기 백성 안에서 간구하십니다. 우리 주님의 나라가 임하게 해주시라고 하나님께 밤낮으로 부르짖으십시오! 우리가 끊임없이 올려드리는 기도들로 지극히 높으신 이의 보좌를 두르십시오! "이방 나라"가 예수의 "유업"이 되고, 그의 "소유가 땅 끝까지 이르게" 해주시라고 주 예수를 위하여 하늘 궁정에 읍소하십시오. 우리가 그렇게 그리스도와 진정으로 하나가 될 때, 그리스도께서 품으신 연민들과 소망들이 우리의 것이 될 것입니다! 그의 영광이 우리의 영광이 되고, 그의 승리가 우리의 승리가 될 것입니다. 그럴 때에 그리스도를 위하여 간구하고자 하는 마음이 우리의 삶 속에서 매일매일 자연스럽고 자발적으로 우리에게 일어나게 될 것입니다. 우리가 그리스도와 하나가 될 때, 우리에게 한 나라가 주어지고, 그 나라는 그리스도께서 소유하신 바로 그 나라입니다. 그리스도께서는 친히 이렇게 말씀하셨습니다: "너희 아버지께서 그 나라를 너희에게 주시기를 기뻐하시느니라"(눅 12:32). 하나님 아버지께서 자기 아들을 "거룩한 산 시온에 세우신" 것이 확실하듯이, 주님께서 우리 모두를 거기로 데려가시리라는 것도 확실합니다. 그러므로 우리는 위대한 중보기도자이신 그리스도께서 구하시는 것을 그와 함께 날마다 구하는 기도를 올려드려야 합니다. 오, 주님이시여, "나라와 권세와 영광"이 주님의 것입니다(마 6:13)! 주님의 "뜻이 하늘에서 이루어진 것 같이 땅에서도 이루어지이다"(마 6:10).

이 기도는 하나님께서 친히 명하신 기도입니다. 그러므로 이것이 합당한 기도라는 것에 대해서 우리에게 그 어떤 의심도 있을 수 없습니다. 구주께서 여러분에게 "주의 나라가 임하시오며"라고 기도하라고 가르치셨습니다. 본문에서 우리는 하나님께서 자기가 사랑하는 아들에게 기도할 것 — "내게 구하라" — 을 명하신 것을 보게 됩니다. 그러므로 우리가 그런 기도를 드리는 것은 분명히 합당하고, 우리는 의심할 여지 없이 그런 기도를 하여야 합니다. 하나님께서 우리로 하여금 그런 기도를 드릴 수 있도록 허락하신 것은 우리에게 놀라운 존귀를 더하신 것입니다. 나 자신을 위해 기도하도록 허락하신 것은 하나님이 우리에게 베푸신 긍휼이고, 나의 이웃을 위해 기도하도록 허락하신 것은 은총이지만, 우리 주 예수를 위해 기도하도록 허락하신 것은 우리에게 존귀를 더하신 것이고 우리에게 더할 나위 없는 영광스러운 일입니다. 성경에서는 "그를 위하여 항상 기도하라"(시 72:15)고 말씀함으로써, 중보기도 하는 사람들에게 특별한 존귀를 더하십니다. 나를 위한 주님의 기도는 나를 구원하는 기도이지만, 주님께서 나에게 "그를 위하여" 기도하라고 명하시는 것은 나를 존귀하게 하시기 위한 것이기 때문에, 다윗은 "주의 온유함이 나를 크게 하셨나이다"(시 18:35)라고 고백합니다. 따라서 우리 각자가 중보 기도를 할 때에 다른 것들은 잊어버리고 기도하지 않을지라도 "이방 나라들"이 그리스도께 영광을 돌리게 해주시라는 기도를 빠뜨려서는 안 됩니다.

이 기도가 온전히 응답될 것임을 아는 것은 우리에게 참으로 기쁜 일입니다. 이 기도는 헛된 소망도 아니고, 흥분한 뇌의 몽상도 아니고, 하나님 자신의 무한한 지혜가 그렇게 기도하라고 명하신 것입니다. 왜냐하면, 하나님께서는 "내게 구하라 내가 주리라"고 말씀하고 계시기 때문입니다. 우리는 언약으로 인한 각각의 복에는 이런 식으로 명령과 약속이 서로 결합되어 있는 것을 발견하지만, 여기에서는 하나님께서 아주 분명하고 특별하게 "내게 구하라 내가 주리라"고 말씀하십니다. 이 일과 관련해서 하나님의 약속은 명확합니다! 그러므로 우리는 온전한 확신을 가지고서 이 기도를 드릴 수 있습니다. 우리가 사는 날 동안에 매 시간마다 하나님의 이 분명한 명령을 활용하십시오. 오, 하나님의 교회여, 그리스도를 위하여 구하십시오. 그리하면, 주 하나님께서 그리스도께 그 나라를 주실 것입니다! 하늘의 상속자들이여, 장자(長子)를 위하여 구하십시오. 왜냐하면, 장자이신 그리스도께서는 여러분을 위하여 기도하시고, 하나님은 그리스도와 여러분이 합심하여 드리는 기도를 들으셔서 그 기도에 응답해 주실 것이기 때문입니다. 이 문제를 놓고 간구할 때에 나의 마음은 확신으로 가득 찹니다. 하나님께서 "내게 구하라 내가 주리라"고 약속하셨는데, 우리에게 이것보다 더 확실한 보증이 어디 있겠습니까?

우리의 입을 크게 벌려서 온 세상을 품고 열렬히 기도하십시오. 여러분의 나라를 위해서 기도하는 것도 필요하지만, 단지 거기에서 그치지 마시고, 여러 식민지들과 미대륙과 저 멀리 있는 나라들을 위해서도 기도하십시오. 모든 "이방 나라" 사람들이 그리스도인이 되게 해주시라고 구하십시오. 온 세상이 주님의 것이 되게 해주시라고, "땅 끝까지" 주님을 찬송하는 소리가 울려 퍼지게 해주시라고 간구하십시오. 이 땅은 주님이 흘리신 피가 떨어진 곳입니다! 그 귀한 핏방울들은 다시 주워 담을 수 없고, 이 땅에는 주님의 핏자국들이 선명합니다. 이 땅은 하나님의 아들이 자신의 생명을 쏟아 부으신 유일한 별입니다. 그러니 이 땅은 주님의 것이 되어야 마땅합니다. 하나님의 아들 우리 주님께서는 골고다에서 자신을 희생 제물로 드리심으로써 이 땅을 거룩하게 성별하셨습니다. 우리 정부가 정부의 자산에 굵은 화살표 인(印)을 찍어서 그 소유를 표시하듯이,

그리스도께서는 십자가 위에서 자신의 손과 발과 옆구리에서 흘리신 피로 이 굵은 화살표 인보다 더 효력 있는 인(印)을 이 땅에 찍어서 자신의 피가 떨어진 이 땅이 자신의 소유임을 나타내셨습니다. 그러므로 이 땅은 우리 주님께서 속전(贖錢)을 주시고 사신 것이기 때문에 영원토록 주님의 것입니다. 이 땅은 잠시 "허무한 데 굴복해" 있지만(롬 8:20), 거기로부터 구속되어야 합니다. "하나님의 아들들이 나타나는" 날에 이 땅이 정결하고 아름답게 될 때(롬 8:19), 여러분은 이 땅을 몰라보게 될 것입니다. 왜냐하면, 그때에 이 땅은 "의가 있는 곳인 새 하늘과 새 땅"(벧후 3:13)이 되어 있을 것이기 때문입니다. 이 땅의 자매 별들은 오랫동안 이 땅이 침묵하거나 불화하는 것을 보고 의아하게 생각해 왔지만, 이 땅이 회복되어 이 땅 전체가 거룩한 찬양대가 된 것을 볼 때에 그들도 너무나 기뻐하며 "주께 새 노래로 노래하게"(시 144:9) 될 것입니다. 어둡고 혼란스러웠던 이 천체에서 영원한 감사의 향(香)이 기둥처럼 무수히 피어오르고 꺼지지 않는 찬송의 불길이 솟구치는 것을 볼 때, 이런 모습은 그들에게 얼마나 경이로운 모습으로 비치겠습니까! 그것은 한때 타락했던 이 세상에서 드려지는 찬송과 기도의 제사여서, 그렇지 않은 다른 세상에서 드려지는 제사보다 더 아름답습니다. 왜냐하면, 이 세상이 구속(救贖)을 받았고, 이 세상에 값없는 은혜와 자신의 생명을 던진 사랑으로 인한 놀랍고 기이한 일들이 나타났는데, 그런 것들은 그 어떤 세상도 지금까지 알지 못했던 것들이기 때문입니다. 오, 이런 일들이 속히 일어나기를 원합니다! 이 기도를 들으시고, 하나님께서 찬송을 받으시기를 원합니다! 그러나 이런 일들은 오직 하나님께서 친히 정하신 방법을 통해서만 이루어질 수 있습니다. 즉, 그리스도께서 구하시고, 교회가 간구할 때에 이런 일들이 이루어지게 된다는 것입니다. 오, 교회여, 깨어서 구하십시오! 여러분의 거룩하지 못한 나태함에서 깨어나서서, 하나님께 밤낮으로 부르짖으십시오! 산고(産苦)를 겪는 여인처럼 고통 중에 큰 소리로 외치십시오. 하나님께서 부활하신 주님께 "이방 나라"를 그의 "유업"으로 주시고, 그의 보좌를 이 땅의 왕들 위로 높이 드실 때까지 이 기도를 그치지 마십시오.

3. 셋째로, 여호와께서는 이 나라를 자신의 능력으로 이루실 것이라고 말씀하십니다.

본문을 보면, 하나님께서는 아주 분명하게 명시적으로 그렇게 말씀하십니

다: "내게 구하라 내가 주리니." 이 세상이 그리스도께 복속되는 과정에서 하나님의 능력과 은혜가 두드러지게 나타나게 될 것입니다. 그 일이 그리스도와 그의 교회의 기도에 대한 응답으로 하나님의 능력으로 말미암아 이루어진 역사(役事)라는 것을 모든 사람이 알게 될 것입니다. 형제들이여, 나는 하나님의 계획이 이루어지는 데에 사용되는 시간 중에서 상당 부분이 성령의 자리에 대신 들어선 온갖 형태의 인간의 능력을 제거하는 데에 걸리는 시간이라는 것을 믿습니다. 만일 여러분과 내가 우리 주님이 이 땅에 계시던 날에 살아 있어서 우리 손으로 모든 것을 다 주무를 수 있었다면, 우리는 논증이나 웅변으로 가이사를 즉시 회심시켰을 것이고, 우리가 사용할 수 있는 모든 수단을 다 동원해서 가이사의 모든 군대를 다 회심시켰을 것입니다. 내가 장담하건대, 만일 우리가 가이사와 그의 군대를 우리 마음대로 좌지우지할 수 있었다면, 우리는 즉시 온 세상을 기독교화했을 것입니다. 그렇지 않습니까? 그렇습니다. 그러나 그것은 결코 하나님의 방식도 아니고, 영적인 나라를 세우는 올바르고 효과적인 방법도 아닙니다. 뇌물을 주는 것이나 위협하는 것은 둘 다 똑같이 불법입니다. 유창한 말로 설득하고 육적인 논증을 펴는 것도 불법입니다. 이 싸움을 해나갈 때에 우리에게 주어진 유일한 무기는 하나님의 사랑의 능력입니다. 오래 전에 한 선지자는 "만군의 여호와께서 말씀하시되 … 이는 힘으로 되지 아니하며 능력으로 되지 아니하고 오직 나의 영으로 되느니라"(슥 4:6)고 썼습니다. 사실, 물리적인 힘이나 단순한 정신적인 힘, 또는 지위나 부귀(富貴)의 후광에 힘입어서 이루어지는 회심은 결코 참된 회심이 아닙니다! 그리스도의 나라는 이 세상의 나라가 아닙니다. 만일 그렇지 않았다면, 그의 종들이 무기를 들고 싸웠을 것입니다! 그 나라는 영적인 토대 위에 서 있고, 영적인 수단을 통해서 성장해 나갈 수 있습니다. 그런데도 그리스도의 종들은 그의 나라가 이 세상에 속한 나라이고 인간적인 능력이나 힘에 의해서 지탱될 수 있는 나라라는 잘못된 생각 속으로 점차 빠져들었습니다. 한 로마 황제는 자신의 보좌를 공고히 하기 위한 속셈으로 기독교로 개종하겠다고 선언했습니다. 그렇게 해서, 기독교는 국가의 후원과 보호를 받는 종교가 되었고, 온 세상은 기독교화된 것처럼 보였습니다. 그러나 사실은 교회가 세속화되고 이교화된 것이었습니다. 그 결과, 이루 헤아릴 수 없는 악들로 가득 찬 부조화의 극치가 된 결합인 국가 교회라는 괴물이 탄생했습니다. 국가 교회는 반은 사람이고 반은 신(神)인 괴물이었습니다. 국가 교회는 이론상으로는 너무나 매

력적인 것이었지만 실제로는 정반대의 것이었습니다. 국가 교회는 하나님의 진리가 널리 전파될 것이라는 기대감을 사람들에게 안겨주었지만, 사실은 그 자체가 하나님의 진리를 부정하는 것이었습니다. 국가 교회의 영향력 아래에서, 온갖 거짓된 종교와 무신론 자체보다도 훨씬 더 예수 그리스도의 참된 복음을 방해하는 가장 큰 장애물이 된 하나의 종교 체제가 형성되었습니다. 국가 교회의 영향 아래에서 흑암의 시대가 온 세상을 뒤덮었습니다. 사람들은 생각하는 것이 허용되지 않았습니다. 성경이나 복음을 설교하는 자는 거의 찾아볼 수 없었고, 설령 복음을 설교하는 자가 있었다고 하더라도 이미 죽어 있는 상태였습니다. 이것이 인간의 권력이 한 손에는 칼을, 다른 한 손에는 복음을 들고 와서, 교회의 오만한 권력을 로마 교황의 삼중관(三重冠)과 종교재판과 교황 무오설(無誤說)로 발전시켰을 때에 생겨난 결과였습니다. 때가 되면, 교회에 붙어 있는 이 기생충, 이 암덩어리, 이 몽마(夢魔)가 하나님의 은혜와 섭리로 말미암아 제거될 것입니다. 이 부정(不貞)하고 음탕한 체제를 사랑해온 이 땅의 왕들은 그 체제에 넌더리를 내고서 그 체제를 멸하게 될 것입니다. 그 체제가 얼마나 끔찍한 종말을 맞게 될 것인지에 대하여 알고 싶다면, 요한계시록 17:16을 보십시오. 그 체제를 만들어 내었던 자들이 그 체제를 사멸시키게 될 것입니다. 즉, 그 체제를 만들어 내었던 이 땅의 세력들은 때가 되면 그 체제를 멸하게 될 것입니다.

　　우리는 기독교 문화를 전파하면 온 세상이 그리스도께로 돌아오게 될 것이라는 말을 종종 듣습니다. 물론, 문화는 언제나 복음을 뒤따르고, 상당 부분 복음의 산물입니다. 그러나 많은 사람들이 문화를 먼저 내세움으로써 마치 말을 마차 뒤에 매는 우(愚)를 범하고 있습니다. 그들은 교역이 이방 나라들을 바꾸어 놓을 것이고, "예술"이 그들을 고상하게 만들 것이며, "교육"이 그들을 정화시켜 놓을 것이라고 생각합니다. 평화협회들에 대해서 내게는 비판할 말은 단 한 마디도 없고 칭찬할 말은 많이 있습니다. 하지만 나는 유일하게 효력 있는 평화협회는 하나님의 교회이고, 평화에 관한 최고의 가르침은 예수 그리스도 안에 있는 하나님의 사랑이라고 믿습니다. 하나님의 은혜는 세상을 파멸의 깊은 구덩이에서 끌어내서 행복과 거룩함으로 뒤덮을 수 있는 놀라운 도구입니다. 그리스도의 십자가는 이 폭풍우 치는 바다의 파로스 등대(옛날 알렉산드리아 만의 파로스 섬에 있었던 세계 7대 불가사의의 하나 ― 역주)와 같고, 무지의 어둔 밤을 뚫고서 인간의 죄라는 흉흉한 파도 위에 빛을 비쳐 주어서, 인생이라는 항해를 하고 있는 사람들로 하여금 암초에 부딪쳐서 난파당하지 않고, 평화의 항구로 들어오게 해주는 에디스톤(Eddystone) 등대와 같습니다. "이방 나라" 가운데서 십자가에 못 박히신 주님이 다스리신다고 외치십시오. 그리고 여러분이 그렇게 외치실 때에, 사람들로 하여금 그것을 믿게 하는 능력이 아버지 하나님께 있고, 그들로 하여금 그리스도 앞에 무릎 꿇게 하는 능력이 성령께 있다는 것을 믿으십시오. 사람들을 구원하는 능력은 학식이나 기지(機智)나 웅변 같은 것에 있지 않고, 오직 이방 나라들 가운데서 높이 들리게 될 하나님의 오른팔에만 있습니다. 왜냐하면, 하나님께서는 "모든 육체가 하나님의 구원하심을 보리라"(눅 3:6)고 맹세하셨기 때문입니다. 전능자의 힘이 값없이 이루고자 하시는 자신의 뜻들을 이루어 내실 것이고, 우리에게 필요한 것은 단지 기도와 믿음뿐입니다. "내게 구하라 내가 주리라." 우리가 끊임없이 기도할 수만 있다면 얼마나 좋겠습니까! 우리가 기도하고 또 기도하고 기도하면, 하나님께서는 주시고 또 주시고 주실 것입니다. 그것도 우리가 구하거나 생각하는 것보다 훨씬 더 차고 넘치게 이적들을 통해서 주실 것입니다. 주 예수께서 만물을 복종하게 하시는 역사(役事) 속에서 모든 일을 하시는 분은 하나님이십니다. 우리는 어린아이 한 명도 회심시킬 수 없고, 가장 비천한 농부 한 사람도 그리스도께로 인도할 수 없으며, 가장 장래가 촉망되는 젊은이 한 명도 평화로 이끌 수 없습니다. 이 모든 일은 오직 하나님의 영만이 하실 수 있습니다. 만약 열방들이 하루아침에 탄생하고, 무리들이 예수의 발 아래 겸손히 엎드리는 일이 벌어진다면, 그 일을 하시는 분은 주님의 영이십니다. 하나님께서 통치권을 주시지 않으면, 반역자들은 결코 굴복하지 않을 것입니다.

4. 넷째로, 구속주의 나라를 방해하기 위해 존재하는 모든 동맹들은 분쇄될 것입니다.

하나님의 능력은 이렇게 그리스도의 나라가 오게 하기 위하여 역사하기 때문에, 그 나라가 오는 것을 방해하는 모든 것들은 무너지게 됩니다. 이것을 보여주기 위해서 본문은 아주 의미심장한 비유를 사용합니다: "그가 철장(鐵杖)으로 그들을 깨뜨림이여." 그리스도께서는 이미 복속된 나라들이나 자신의 유업이 된 이방 나라들을 깨뜨리시는 것이 아니라, "여호와와 그의 기름 부음 받은 자"에 맞서서 대항하기 위하여 공모한 "세상의 군왕들"을 깨뜨리시는 것입니다. 그는 그러한 자들을 향하여 준엄한 공의와 항거불능(抗拒不能)의 능력이 담겨 있는 자신의 "철장"을 드실 것입니다. 그는 자신의 "유업"에 대해서는 은으로 만들어진 사랑의 규(珪)로 다스리실 것이고, 자신의 "소유"에 대해서는 온유하심과 은혜로 다스리실 것이지만, 자신의 대적들에 대해서는 준엄함으로 대하실 것이고, 그들에게 자신의 능력을 보여주실 것입니다. 그러니, 어떻게 그들이 그리스도에 맞서서 버틸 수 있겠습니까? 토기장이가 토기를 만들기 위해 진흙을 준비해서 잘 반죽하여 찰지고 부드럽게 만들어서는 녹로 위에서 그들 자신의 생각대로 온갖 정성을 다해서 정교하게 빚어서 토기를 만들 듯이, 그들은 주도면밀하게 동맹을 결성해서 만반의 준비를 다 갖추었습니다. 자, 보십시오. 저기에 기가 막히게 잘 만들어진 토기가 있습니다! 그렇지만 그것은 기껏해야 토기장이가 만든 토기에 불과합니다. 그 토기는 아주 좋은 진흙을 사용하고 대단히 뛰어난 도공의 솜씨로 빚어져서 모든 사람이 감탄할 만한 극상품 토기일 수는 있겠지만, 시실 흙으로 만들어진 그릇에 불과하기 때문에, "철장"으로 내려치면, 산산조각이 날 수밖에 없습니다. 그런 토기에 화 있으리로다! 주 하나님을 대항하기 위하여 만들어진 인간의 온갖 결사들과 모임들에게도 그와 같은 화가 있으리로다! 하나님을 대적하는 순간 그들은 끝장이 나버리고 맙니다. 그 순간은 너무나 짧습니다. 단 한 방에 끝나 버리는 것이죠. 주님의 대적들에게 무슨 소망이 있습니까? 그들은 철저히 산산조각이 나서 없어져 버리고, 단지 조각 몇 개만 남을 뿐입니다.

　　주님이시여, 로마의 배교(背敎)를 그런 식으로 치시고, 그 "철장"으로 마호메트의 참람함을 한 번 손보시며, 불교를 내리치시고, 힌두교라는 미신과 이방 나라들의 온갖 우상들을 치시옵소서. 그 날에 시님 땅의 신들에게 화 있으리로다! 주님께서 철장을 한 번 휘두르시면 그것들은 산산조각이 나서 모두 질그릇 조각들이 되어 날아가 버리게 될 것입니다. 그러니, 그들이 음모를 꾸미고 계획을 세운다고 할지라도, 우리가 두려워할 이유가 어디에 있겠습니까? 추기경들의 비밀회의가 열리고, "교황"이 교서들을 내려서 호통을 치며, 이슬람국의 군주들이 기독교로 개종하는 자는 사형에 처하겠다고 엄포를 놓는다고 하여도, 오만한 자들이 여전히 기독교를 욕하며 이제 기독교의 명운은 다했다고 말한다고 할지라도, 우리의 기도가 속히 응답되어 그들은 낭패를 당하게 될 것입니다. 아니 응답이 속히 오지 않는다고 하여도, 확실한 것은 주님께서 장차 자신의 철장으로 그들을 치시리라는 것입니다. 우리의 왕은 시간을 두고서 잠시 기다리고 계십니다. 서두르는 것은 연약함의 속성입니다. 주님은 강하시기 때문에 조용히 움직이십니다. 그러나 주님께서 마음을 먹기만 하시면, 여러분은 주님의 행보가 얼마나 신속한지를 보게 될 것입니다. 주님께서는 불과 몇 시간만에 십자가 위에서 세상을 구속하셨습니다. 장담하건대, 주님께서 일단 철장을 잡으시면, 자신의 대적들을 없애시고 자기를 대적하던 모든 자들을 깨끗이 쓸어 버리시고서 자신의 마음을 시원하게 하시는 데에는 많은 시간이 걸리지 않을 것입니다. 그 일이 어떤 식으로 이루어질지를 여러분은 알고 싶으십니까? 다니엘서 2:31 이하를 보십시오: "왕이여 왕이 한 큰 신상을 보셨나이다 그 신상이 왕의 앞에 섰는데 크고 광채가 매우 찬란하며 그 모양이 심히 두려우니 그 우상의 머리는 순금이요 가슴과 두 팔은 은이요 배와 넓적다리는 놋이요 그 종아리는 철이요 그 발은 얼마는 철이요 얼마는 진흙이었나이다"(단 2:31-33). 그 신상은 이상한 혼합물이었습니다. 하나님께서는 모든 제국들을 각종 금속에 비유한 "신상"의 모습으로 보여주셨는데, 이 신상은 오늘날까지도 사람들을 매혹시켜온 왕권을 구상화(具象化)한 것입니다. 선지자 다니엘은 계속해서 이렇게 말합니다: "또 왕이 보신즉 손대지 아니한 돌이 나와서 신상의 철과 진흙의 발을 쳐서 부서뜨리매 그 때에 철과 진흙과 놋과 은과 금이 다 부서져 여름 타작마당의 겨 같이 되어 바람에 불려 간 곳이 없었고 우상을 친 돌은 태산을 이루어 온 세계에 가득하였나이다"(단 2:34-35). 이 일은 반드시 이루어질 것이고, 이 환상은 날마다 이루어져가고 있습니다. 인간의 힘이나 지혜로부터 나오지 않은 복음이라는 "돌"은 이 신상을 부서뜨리고 있고, 하나님을 대적하는 모든 세력들을 흩어 버리고 있습니다. 하나님의 진리 및 의(義)를 대적하는 그 어떤 체제나 사회나 동맹이나 내각도 설 수 없습니다.

불과 엊그제 태어나서 아무것도 모르는 저조차도 현대 세계의 가장 강력한 제국들 중의 하나가 마치 아침 해 앞에서의 서리처럼 한순간에 사라져 버리는 것을 보았습니다. 나는 군주들이 단 한 사람의 세력에 의해서 권좌에서 쫓겨나고, 순식간에 자유 국가가 탄생하는 것을 보았습니다. 나는 흑인들을 영원히 노예로 붙잡아두고자 싸웠던 주(州)들이 그들이 무시하고 경멸했던 주(州)에게 져서 노예들이 해방되는 것을 보았습니다. 나는 악한 정부 아래에서 징계를 받던 나라들이 다시 소생해서 그 멍에가 부서지고 의(義)와 평화의 길로 돌아오는 것을 보았습니다. 오래 살게 될 사람들은 이런 일들의 대부분을 보게 될 것입니다.

악은 단명합니다. 그러나 진리는 결국 모든 것을 뚫고 솟아오르게 될 것입니다. 주 하나님께서는 "내가 엎드러뜨리고 엎드러뜨리고 엎드러뜨리려니와 … 마땅히 얻을 자가 이르면 그에게 주리라"(겔 21:27)고 말씀하십니다. "여호와와 그의 기름 부음 받은 자를 대적하는" 자들에게 화가 있으리로다! 왜냐하면, 그들은 형통하지 못할 것이기 때문입니다. "그런즉 군왕들아 너희는 지혜를 얻으며 세상의 재판관들아 너희는 교훈을 받을지어다 그의 아들에게 입맞추라 그렇지 아니하면 진노하심으로 너희가 길에서 망하리니 그의 진노가 급하심이라 여호와께 피하는 모든 사람은 다 복이 있도다"(10, 12절).

제
3
장

—

간절한 초대

—

"그의 아들에게 입맞추라 그렇지 아니하면 진노하심으로 너
희가 길에서 망하리니 그의 진노가 급하심이라 여호와께 피
하는 모든 사람은 다 복이 있도다." — 시 2:12

이 아침에 오늘 나의 설교를 놓고 논란이 될 수 있는 부분을 놓고 또다시 해명할 필요는 없을 것이라고 나는 생각합니다. 왜냐하면, 두 주 전에 나는 "능하신 하나님"이라는 제목으로 말씀을 전할 때에, 그리스도가 성부 하나님과 동등하시고 영원하신 "진정한 하나님"이시라는 것을 내 능력이 닿는 데까지 있는 힘을 다해서 증명하고자 했기 때문입니다. 그러므로 나는 그것을 증명하고자 또다시 시간을 허비하지 않고, 곧장 실제적인 문제로 나아가고자 합니다. 왜냐하면, 결국 실천이야말로 설교의 완성이자 끝이기 때문입니다. 허버트(Herbert)는 이것을 이렇게 말합니다:

"설교에 집중하십시오. 그러나 기도에 가장 집중하십시오.
기도는 설교의 완성이자 끝입니다."

이것은 본문 속에도 나와 있습니다. 기도하는 입술이 아니라면, 그 어떤 입술이 하나님의 아들에게 진실한 입맞춤을 할 수 있겠습니까? 따라서 나는 실제적인 결론으로 곧장 나아가겠습니다. 성령 하나님께서 우리를 도우시기를 빕니

다!

　진지하고 열심 있는 목회자들 사이에서 종종 논란이 되어온 문제가 있는데, 그것은 경고의 말씀을 발하는 우렛소리 또는 약속의 말씀을 전하는 작고 세미한 속삭임 중에서 어느 쪽이 심령들을 그리스도께로 인도하는 데에 더 효과적이냐는 것입니다. 나는 전자(前者)라고 답한 목회자들의 얘기를 들어보았습니다. 그들은 율법의 두려운 말씀들을 끊임없이 강조하고 역설했고, 분명히 그 말씀들 중 상당수는 탁월한 효과를 발휘하였습니다. 그들이 그렇게 하는 근거로 제시한 성경 본문은 "우리는 주의 두려우심을 알므로 사람들을 권면하거니와"(고후 5:11)라는 본문입니다. 그 말씀들은 "의를 따라 엄위하신 일들"(시 65:5)을 통해서 죄에 대한 하나님의 의로우신 진노하심과 심판을 선포함으로써, 은혜 없는 상태 속에서 안일하게 살아가는 자들에게 경종을 울려서, 그런 사람들로 하여금 다가올 진노를 피하도록 인도하기 위한 하나님의 손에 들린 수단들로 사용되어 왔습니다.

　반면에, 어떤 목회자들은 경고의 말씀들을 다소 폄훼합니다. 그들은 거의 전적으로 약속의 말씀들만을 집중적으로 전합니다. 사도 요한처럼, 그들의 목회는 사랑으로 가득 차 있습니다. 그들은 성경에 나오는 다음과 같은 본문들을 끊임없이 전합니다: "오라 우리가 서로 변론하자 너희의 죄가 주홍 같을지라도 눈과 같이 희어질 것이요 진홍 같이 붉을지라도 양털 같이 희게 되리라"(사 1:18); "수고하고 무거운 짐 진 자들아 다 내게로 오라 내가 너희를 쉬게 하리라"(마 11:28). 물론, 이런 말씀들도 탁월한 효력을 발휘해 왔습니다. 그들이 그렇게 하는 것의 근거가 될 수 있는 성경 본문들은 아주 많습니다. 왜냐하면, 그리스도의 사도들도 아주 빈번히 그렇게 말했고, 예수 그리스도께서도 율법의 두려운 말씀들로는 단지 자신들의 죄악 속에서 완악해지기만 하였던 자들을 향해서 차고 넘치는 긍휼과 사랑으로 눈물로 호소하셨기 때문입니다.

　그런데 본문은 이 두 가지를 적절하게 잘 결합시키고 조화시킨 본문으로 보입니다. 나는 가장 성공적인 목회는 사람들을 그리스도께로 인도하는 수단으로 이 두 가지를 잘 조화시켜 사용하는 것이라고 봅니다. 본문은 "그렇지 아니하면 진노하심으로 너희가 길에서 망하리니 그의 진노가 급하심이라"고 말씀함으로써 온갖 천둥과 번개가 빗발치듯이 내리치는 하나님의 우렛소리를 발합니다. 그러나 본문은 그런 우렛소리로 끝나는 것이 아니라, "여호와께 피하는 모든 사람은 다 복이 있도다"라고 말씀함으로써, 마치 폭풍우 뒤에 만물을 어루만져주는 부드러운 소나기 같은 말씀으로 끝이 납니다.

이 아침에 나는 이 두 가지 논조를 다 사용하고자 하기 때문에, 본문을 이렇게 나눌 것입니다. 첫 번째로, 나는 "그의 아들에게 입맞추라"는 명령을 다룰 것이고, 두 번째로는 "그렇지 아니하면 진노하심으로 너희가 길에서 망하리니"라는 논거(論據)를 다룰 것이며, 세 번째로는 본문의 끝을 장식하고 있는 "여호와께 피하는 모든 사람은 다 복이 있도다"라는 축복문입니다. 사실, 이 축복문은 우리가 첫 번째로 다루게 될 명령을 지켜야 하는 두 번째 이유이기도 합니다.

1. 첫째로, "그의 아들에게 입맞추라"는 명령입니다.

이 말씀은 네 가지의 의미를 담고 있습니다. "입맞춤"은 그 속에 많은 의미들을 담고 있고, 그 의미들은 누적적입니다. 나는 우리가 하나님의 은혜의 인도하심을 받아 한 단계 한 단계 밟아나가서, 이 명령을 실천함으로써 이 명령의 온전한 의미를 다 깨닫게 해주시기를 기도합니다.

1) 그것은 화해의 입맞춤입니다. 입맞춤은 적대관계가 해소되고 다툼이 끝이 나고 평화가 정착되었음을 보여주는 징표입니다. 여러분은 야곱의 에서가 해후하는 장면을 기억하실 겁니다. 이 두 형제의 마음은 오랜 세월 동안 서로 갈라져 있었고, 야곱의 마음속에는 늘 두려움이, 에서의 마음은 늘 복수의 칼날을 갈고 있었지만, 그들이 해후했을 때, 그들 사이에서는 화해가 이루어져서, 서로를 끌어안고 입맞춤을 했습니다. 그것은 화해의 입맞춤이었습니다. 마찬가지로, 사람들의 마음속에서의 은혜의 첫 번째 역사(役事)는 그리스도께서 자기가 죄인들과 화해하셨다는 것을 증명하시기 위하여 죄인들에게 사랑의 입맞춤을 하시는 것입니다. 탕자의 비유에서, 아버지가 돌아온 탕자에게 한 입맞춤이 바로 그것입니다. 잔치가 벌어지기 전에, 풍악이 울리고 춤이 시작되기 전에, 아버지는 탕자를 끌어안고 입맞춤을 했습니다. 그럴 때에 우리 편에서 해야 할 일은 그 입맞춤에 화답하는 것입니다. 예수께서 하나님 대신에 우리에게 화해의 입맞춤을 해주실 때, 우리는 예수께 입맞춤으로써, 그러한 행위를 통해서 우리가 "그의 아들의 죽으심으로 말미암아 하나님과 화목하게 되었다"(롬 5:10)는 것을 증명해야 합니다. 죄인인 당신은 지금까지 그리스도의 복음의 원수로 살아 왔습니다. 당신은 주일(主日)을 미워하였고, 그의 말씀을 무시했으며, 그의 계명들을 혐오하

였고, 그의 법들을 내팽개쳤습니다. 당신은 있는 힘을 다해서 그의 나라를 대적해 왔습니다. 당신은 그리스도의 도(道)보다도 "죄의 삯"(롬 6:23)과 죄악의 길을 사랑해 왔습니다. 당신에게 무슨 할 말이 있습니까? 지금 성령께서 당신의 마음속에서 싸우고 계십니까? 그렇다면, 성령의 은혜로운 감화에 순복하시고 성령에 맞선 싸움을 이제 끝내시기를 간곡하게 부탁드립니다. 당신이 반역할 때에 들었던 무기를 내던지십시오. 당신의 투구에 꽂았던 교만의 관모(冠毛)를 뽑아 버리십시오. 당신이 들고 있는 반역의 칼을 내려놓으십시오. 더 이상 성령의 원수가되지 마십시오. 당신이 무기를 내려놓는 순간, 성령은 당신의 친구가 되어 주실것입니다. 성령께서는 당신을 안아 주시기 위해서 두 팔을 활짝 벌리고 계시고, 그 눈에는 당신의 완악함으로 인하여 아파하시며 그렁거리는 눈물이 가득 차 있으시며, 당신을 불쌍히 여기시는 마음으로 충만하신 가운데, 이 아침에 나의 입술을 통해서 "그의 아들에게 입맞추라"고 말씀하십니다. 화해하십시오! 이것이복음의 메시지입니다. 복음은 "화해의 사역"입니다. 하나님께서 우리에게 명하신 대로, 우리는 이렇게 말합니다: "우리가 그리스도를 대신하여 당신에게 청하노니, 하나님과 화해하십시오." 우리가 당신께 청하는 것, 즉 당신이 당신에게가장 좋은 친구인 하나님과 벗이 되는 것이 어렵고 힘든 일입니까? 하나님께서죄인들을 위하여 자신의 피를 흘리신 그리스도와 악수하라고 명하시는 것이 바로 왕이 애굽에 있던 이스라엘 자녀들에 대하여 내린 명령 같이 가혹한 것입니까? 우리는 여러분이 사망이나 음부(陰府)의 친구가 되지 않으시기를 부탁드립니다. 아니, 우리는 도리어 여러분이 사망이나 음부와의 모든 관계를 청산하시고 끊어 버리시기를 간청합니다. 우리는 하나님의 은혜가 여러분을 인도하셔서여러분이 사망이나 음부와의 교제를 영원히 끊어 버리고 사랑의 화신(化身)이자한량없는 긍휼 자체이신 분과 화목하게 되시기를 기도합니다. 죄인들이신 여러분은 오직 여러분을 구원하고자 하시는 열망만을 지니신 분을 왜 대적하려 하시고, 여러분을 사랑하시는 분을 왜 경멸하십니까? 왜 여러분은 여러분을 속(贖)하시기 위하여 흘리신 피를 짓밟고, 여러분의 구원의 유일한 소망인 십자가를 배척하십니까? "그의 아들에게 입맞추라."

> "무릎을 꿇고 그의 아들에게 입맞추라
> 　죄인이여, 어서 오라."

화해의 입맞춤이 본문의 첫 번째 의미입니다. 어떤 사람이 이 입맞춤을 하려면, 먼저 하나님의 성령이 역사하셔서 그 사람의 마음을 바꾸어 놓아야 합니다. 나는 이 아침에 전해지는 말씀을 통해서 성령께서 완고하고 고집센 마음을 꺾으셔서, 바로 이 자리에서 여러분을 인도하셔서 여러분이 그리스도께 화해의 입맞춤을 하게 해주시기를 바랍니다.

2) 다음으로, 본문에 나오는 입맞춤은 충성의 입맞춤입니다. 신민(臣民)들이 왕의 발에 입맞추는 것은 동방의 관습입니다. 아니, 어떤 경우들에는 그들의 충성심을 표하는 예(禮)는 왕의 발 아래에 있는 흙이나 보좌의 계단들에 입맞출 정도로 극단적으로 자기를 낮추는 것이었습니다. 지금 그리스도께서는 구원 받고자 하는 모든 사람에게 자신의 통치와 다스림에 순복할 것을 요구하십니다. 어떤 사람들은 구원을 받고자 하고 그리스도를 자신의 제사장으로 모시고자 하는 열망을 가지고 있으면서도, 정작 자신의 죄악들을 버리거나 그의 명령들에 순종해서 그의 계명들을 따라 행하고 지키고자 하지는 않습니다. 그런데 구원은 이렇게 둘로 갈라질 수 없습니다. 여러분이 의롭다 하심을 얻고자 한다면, 여러분은 거룩함도 덧입어야 합니다. 여러분의 죄악들이 사함받았다면, 여러분은 죄악들을 혐오하여야 합니다. 여러분이 죄책(罪責)을 제거하기 위해서 그리스도의 피로 씻음을 받았다면, 여러분은 물로 씻음을 받아서 죄의 권세가 여러분의 감정과 삶을 지배하지 못하게 하여야 합니다. 죄인들이여, 하나님의 명령은 "그의 아들에게 입맞추라"는 것입니다. 여러분은 나아와서 무릎을 꿇고 하나님의 아들이 왕이심을 고백하고 이렇게 말하십시오: "다른 주(主)들이 지금까지 우리를 지배해 왔습니다. 우리는 우리의 정욕들과 우리의 쾌락들과 우리의 교만과 우리의 이기심을 섬겨 왔습니다. 그러나 이제 우리는 당신의 쉬운 멍에를 메고자 합니다. 우리를 취하셔서 당신의 것으로 만들어 주십시오. 우리는 기꺼이 당신의 신민(臣民)이 되고자 합니다."

> "오, 주권자이신 당신의 은혜에 우리의 마음이 순복하오니,
> 우리를 당신이 거두신 그 승리로 이끌어 주옵소서.
> 우리가 기꺼이 우리 주께 사로잡힌 자들이 되어서
> 주의 말씀의 승리를 노래하리이다."

여러분은 그리스도께 충성의 입맞춤을 하고, 그를 여러분의 왕으로 받아들여야 합니다. 이것이 어렵고 힘든 일입니까? 이것이 가혹한 명령입니까? 영국인들을 보십시오. 그들은 벌떡 일어서서 열심히 이렇게 노래합니다:

> "하나님이시여, 우리의 자애로운 여왕을 구하시고,
>   우리의 고귀한 여왕께서 오래 살게 해주소서.
>   하나님이시여, 여왕을 구하소서."

여러분과 내가 "하나님이시여, 왕 예수를 구하소서. 그의 나라를 확장시켜 주소서. 그로 하여금 만왕의 왕이자 만주의 주가 되어 다스리게 하소서. 그가 우리의 마음 속에서 다스리게 하소서"라고 부르짖는 것이 어렵고 힘든 일입니까? 그리스도의 온유한 규(珪) 앞에 무릎을 꿇는 것이 어렵고 힘든 일입니까? 공의롭고 올바르며 의롭고 사랑으로 가득한 법에 순복하라는 요구 속에 그 어떤 가혹하고 잔인한 것이 조금이라도 있습니까? "그 길은 즐거운 길이요 그의 지름길은 다 평강이니라"(잠 3:17). "그의 계명들은 무거운 것이 아니로다"(요일 5:3). 주님께서는 "수고하고 무거운 짐 진 자들아 다 내게로 오라 내가 너희를 쉬게 하리라 나는 마음이 온유하고 겸손하니 나의 멍에를 메고 내게 배우라 그리하면 너희 마음이 쉼을 얻으리니 이는 내 멍에는 쉽고 내 짐은 가벼움이라 하시니라"(마 11:28-30)고 말씀하십니다. 죄인들이여, 저 어둠의 왕에게서 떠나고, 음부(陰府)의 왕에게 등을 돌리십시오. 하나님께서 여러분에게 은혜를 더하셔서, 오늘 여러분을 속이고 미혹시키다가 결국에는 여러분을 영원히 파멸시킬 저 속이는 자에게서 여러분이 지금 도망쳐 나오게 해주시기를 빕니다. 여러분, 왕이신 "임마누엘," 하나님의 아들에게 나아와서, 여러분이 자원하여 그의 복된 나라의 신민(臣民)이 되었노라고 지금 선포하십시오. "그의 아들에게 입맞추라." 그것은 화해의 입맞춤이자 충성의 입맞춤입니다.

3) 다음으로, 그것은 **예배와 섬김**의 입맞춤입니다. 바알을 섬기던 자들은 금송아지에게 입맞추었습니다. 우상 숭배자들이 어리석게도 자신들이 숭배한 신에게 입맞추는 것은 동방의 관습이었습니다. 지금 하나님께서 우리에게 명하시는 것은 하나님이신 그리스도를 예배하고 섬기라는 것입니다. 유니테리언교도들(the Unitarian)은 "그리스도는 단지 인간에 지나지 않는다"고 여겨서 그리스도

를 하나님으로 섬기고 예배하지 않습니다. 그들은 하나님의 영원하신 아들에게 입맞추고자 하지 않습니다. 그러나 그들은 하나님께서는 자신의 복음을 그들의 그런 이단 사설에 맞추어 변개(變改)하고자 하지 않으실 것임을 알아야 합니다. 그들이 그리스도가 하나님이시라는 것을 부정하는 패역을 저지른다면, 마지막 날에 그리스도께서 "그리고 내가 왕 됨을 원하지 아니하던 저 원수들을 이리로 끌어다가 내 앞에서 죽이라"(눅 19:27)고 말하실지라도, 그들은 이상하게 여길 필요가 없습니다. 그리스도가 하나님이심을 부정하는 자들이 장차 자신들이 "그 집을 모래 위에 지은" 자들 같아서 "비가 내리고 창수가 나고 바람이 불어" 자신의 소망이 "무너져 그 무너짐이 심한"(마 7:26-27) 것을 보게 된다고 해도, 그것은 전혀 이상한 일이 아닙니다. 하나님께서는 우리에게 그리스도를 예배하고 섬기라고 명하시는데, 그리스도에게 입맞추고 그를 경배하라는 명령은 얼마나 즐거운 명령입니까! 예수를 예배하고 섬기는 것은 그리스도인들에게 최고의 기쁨입니다. 나는 다음과 같은 찬송보다 더 그리스도인들의 가슴을 즐거움으로 가득 채워 주고 그들의 영혼을 기쁨으로 떨리게 해주는 찬송을 알지 못합니다:

> "한때 죽임을 당하셨던 주님,
> 고난을 겪으시고 죽으셨던 평화의 왕,
> 다시 살아나셔서 영원히 사시며
> 전능하신 아버지 옆에서 영원토록 다스리시기에
> 합당하시도다."

천국에서 울려 퍼질 노래는 "합당하시도다 어린 양이시여"라는 노래가 될 것이고, 천군천사들은 한층 더 큰 소리로 "합당하시도다 어린 양이시여 합당하시도다 어린 양이시여"라고 외칠 것임에 틀림없습니다. 죄인들이여, 하나님께서는 여러분에게 그리스도가 당신의 하나님이심을 시인하라고 명하십니다. "그의 아들에게 입맞추라." 바로 오늘 기도로 그에게 나아가십시오. 그 앞에 무릎을 꿇고 그를 예배하십시오. 그를 대적하여 범한 여러분의 죄들을 고백하십시오. 그의 의(義)를 붙드십시오. 그의 옷자락을 만지십시오. 그에게로 피하는 여러분의 믿음으로 그를 경배하십시오. 그를 위해 살아가는 여러분의 섬김의 삶으로 그를 경배하십시오. 그를 찬송하는 여러분의 입술로 그를 경배하십시오. 그를 사랑하고 여러분의 전 존재를 그에게 드리는 여러분의 마음으로 그를 경배하십시오. 하나님께서 여러분이 이런 식으로 "그의 아들에게 입맞추는" 것을 도우시기를 빕니다. 아직 입맞춤의 네 번째 의미가 남았는데, 나는 이 마지막 의미가 이 네 가지 의미 중에서 가장 감미로운 것이라고 생각합니다. "그의 아들에게 입맞추라."

    4) 다음으로, 그것은 사랑과 감사의 입맞춤입니다. 아, 막달라 마리아여, 이 아침에 당신이 필요합니다. 마리아여, 이 자리에 오셔서 본문을 설명해 주세요. "많은 죄"를 사함 받아서 "사랑함이 많았던" 한 여자가 있었습니다(눅 7:47). 그녀는 사랑함이 많았기 때문에 자신이 사랑하는 자와 몹시 함께 있고 싶어했습니다. 그래서 그녀는 그리스도를 위한 연회가 베풀어지고 있던 바리새인의 집을 찾았지만, 자기가 죄인이라는 것을 알고 있었기 때문에 선뜻 들이가지를 못하였습니다. 그 바리새인이 그녀를 들어오지 못하게 막고서 "당장 꺼지라"고 말할 것 같았습니다. 어떻게 감히 창기가 거룩한 바리새인의 집에 들어갈 수 있었겠습니까? 그래서 그녀는 자신의 영혼이 사랑한 주님을 문틈으로라도 보았으면 좋겠다는 듯이 문쪽으로 갔습니다. 그러나 거기에 그리스도께서 식탁 옆에 비스듬히 누워 계셨고, 그 바리새인은 그리스도에게 별 신경을 쓰지 않았습니다. 이것은 그녀에게는 다행스러운 일이었습니다. 바리새인은 그리스도를 식탁의 상좌가 아니라 말석에 앉으시게 하였고, 그리스도께서는 비스듬히 누워 계셨기 때문에, 그리스도의 발은 문 바로 앞에 놓여 있었습니다. 그녀는 문쪽으로 다가왔지만, 감히 그리스도의 얼굴을 쳐다볼 수는 없었습니다. 그녀는 그리스도의 발 앞에 서서 그의 등 뒤에서 울고 서 있었습니다. 그녀가 얼마나 많이 울었던지, 바리새인이 물을 주지 않아서 씻지 못하셨던 그리스도의 발이 그녀의 눈물로 씻겨질 정도였습니다. 그녀는 자신의 정부(情夫)들을 유혹할 때에 덫으로 사용되었던 자신의 풍성한 머리털을 풀어서, 그 머리털로 그리스도의 발을 닦기 시작하였습니다. 그녀는 허리를 굽혀서 그의 "발에 입맞추기를 그치지" 아니하였습니다. 죄책(罪責)으로 가득 한 불쌍한 죄인들인 여러분, 만약 여러분이 창기(娼妓) 짓을 하였거나 다른 식으로 죄를 지었다면, 청컨대, 지금 당장 예수께 나아오십시오. 그에게 나아와서 그를 믿으십시오.

    "그의 피를 믿으십시오.

오직 그 피에만 속(贖)할 능력이 있습니다.”

이 일이 이루어지도록, 여러분은 나아와서 “그의 아들에게 입맞추고” 그의 발에 사랑으로 입맞추십시오. 만일 그리스도께서 이 아침에 여기에 계신다면, 나는 그 발에 입맞추기를 그치지 않을 것입니다. 누가 내게 그 이유를 묻는다면, 나는 이렇게 대답할 것입니다:

“나의 사랑함이 많다고요?
나의 많은 죄가 사함받았으니까요.
나는 그의 은혜를 보여주는 경이로운 기념비랍니다.”

예수여, 내가 당신의 발에 사랑의 입맞춤으로 입맞추어도 될까요? 내가 아가서에 나오는 연인처럼 그리스도께서 “내게 입맞추기를 원하니” 그 “사랑이 포도주보다 나음이로다”(아 1:2)라고 기도해도 될까요? 정말 내가 그렇게 기도해도 될까요? 그러므로 나는 당신의 이름에 영광이 있게 해 달라고 기도하기를 게을리하지 않을 것입니다. 내가 너무나 큰 은총을 받을 수 있다면, 나는 나의 무심함과 마음의 냉랭함으로 인해서 그 은총을 잃어버리지 않을 것입니다. 지금 당장에라도 나의 영혼은 깊고 진실한 사랑의 입맞춤을 드립니다.

“그래요, 나는 당신을 사랑하고 경배합니다.
오, 당신을 더욱 사랑할 수 있게 은혜를 주소서.”

“그의 아들에게 입맞추라.” 자, 이제 여러분은 입맞춤의 의미를 다 아셨습니까? 그것은 화해의 입맞춤이고, 충성의 입맞춤이며, 예배와 섬김의 입맞춤이고, 사랑과 감사의 입맞춤입니다. “그의 아들에게 입맞추라.” 이 많은 무리 중에 다음과 같이 말하는 심령이 있으십니까? “나는 그의 아들에게 입맞추고 싶지 않아요. 나는 그에게 빚진 것도 없고 덕 본 것도 없어요. 나는 그를 섬기고 싶지도 않고, 그와 화해하고 싶지도 않아요.” 아, 영혼이여, 당신을 위해 흘리는 눈물들이 있습니다. 당신의 마음이 바뀔 때까지 그리스도의 모든 백성이 당신을 위해 눈물을 흘리며 울고 있습니다. 왜냐하면, 우리가 읽은 본문 중에서 저 무시무시한 말씀이 바로 하나님께서 당신을 두고 하시는 말씀이기 때문입니다. 그리고 머지 않아 당신은 그 두려운 의미를 알게 될 것입니다. 그러나 우리는 더 나은 결과를 소망하는 것이 마땅하지 않겠습니까? 이 넓은 성전의 어딘가에 두려워 떨며 회개하는 어떤 가엾은 사람이 있어서, 자신의 눈에 눈물을 머금고서 이렇게 말하는 사람이 있습니까? "그의 아들에게 입맞추고 그와 화해하고 싶습니다. 그러나 내가 그리스도께 가까이 다가가고자 하면, 그가 내게 '너는 너무나 악하고 너무나 완악한 자로서 너무나 오랫동안 나의 말을 대적하였고 너무나 오랫동안 나의 은혜를 멸시하였기 때문에, 나는 너와 아무 상관 없으니 내게서 떠나가라'고 말씀하실까봐 겁이 납니다."

가엾은 영혼이여, 전혀 그렇지 않습니다! 예수께서는 그렇게 말씀하신 적이 한 번도 없으셨고, 앞으로도 결코 그렇게 말씀하지 않으실 것입니다. 당신이 어떤 죄들을 지으며 살아왔든지 간에, 육신을 입고 있는 한 당신에게는 소망이 있습니다. 당신의 죄책(罪責)이 아무리 크고, 당신의 범죄가 아무리 엄청날지라도, 당신이 지금 하나님과 화해하기를 원한다면, 당신으로 하여금 그것을 원하게 만드신 분은 하나님이시고, 하나님께서 그런 소원을 당신에게 주셨다면 그 소원을 반드시 이루어 주실 것입니다. 당신이 그리스도께 오고자 한다면, 당신이 그리스도께로 오는 것을 막을 수 있는 것은 아무것도 없습니다. 그리스도께서는 구원 받고자 하는 자를 단 한 사람도 내치지 않으십니다. 그리스도의 마음은 아무리 많은 사람이 계속해서 영원토록 그를 찾는다고 하여도 그를 찾는 모든 사람을 한 사람 한 사람 다 넉넉히 받아주실 정도로 크십니다. 그리스도께서도 우리처럼 더디실 것이라고 생각하지 마십시오. 그리스도께서 우리를 사랑하시기 전에는 우리는 결코 그를 사랑하지 않습니다. 우리는 그런 자들입니다. 우리의 마음이 그리스도를 사랑하게 되었다면, 그것은 실은 그리스도께서 우리를 아주 오래 전부터 사랑해 오셨기 때문입니다. 우리에게 지금 그리스도와 화해하고자 하는 마음이 있다면, 그것은 여호와의 녹아진 마음이 자신의 "에브라임"들을 몹시도 품에 안고 싶어하신다는 것을 보여주는 증표라는 것을 우리는 확신해도 좋습니다. 하나님께서 지금 이 자리에 계신 모든 사람의 심령에 복을 주셔서 이 권면을 받아들이게 해주시기를 빕니다. 하나님께 영광이 있으시기를! 이제 본문의 두 번째 부분을 살펴볼 차례입니다.

2. 둘째로, "그렇지 아니하면 진노하심으로 너희가 길에서 망하리니 그의 진노가 급하심이라"는 논거입니다.

본문을 읽습니다: "그렇지 아니하면 진노하심으로." 그가 "진노하실" 수 있으실까요? 그는 하나님의 어린 양이 아니십니까? 어린 양이 "진노하실" 수 있으신가요? 그는 죄인들을 보고 우시지 않으셨나요? 어떻게 그런 그가 "진노하실" 수 있으신가요? 그는 죄인들을 위해 죽으시지 않으셨나요? 그런데 어떻게 그런 그가 "진노하실" 수 있으신가? 분명히 그는 "진노하실" 수 있으십니다. 그리고 그가 "진노하실" 때, 그것은 진짜 "진노"입니다. 그가 진노하실 때, 그 진노는 그 누구도 감당할 수 없는 진노가 될 것입니다. 성경 전체에서 가장 끔찍한 말은 망하는 자들이 "산들과 바위들"을 향하여 지르는 저 비명소리, 즉 "우리 위에 떨어져 보좌에 앉으신 이의 얼굴에서와 그 어린 양의 진노에서 우리를 가리라"(계 6:16)고 비명을 지르는 소리일 것이라고 나는 생각합니다. "어린 양의 진노"라는 표현은 도저히 어울릴 것 같지 않은 두 단어의 무시무시한 결합을 보여줍니다! 사랑으로 가득했던 얼굴, 우리를 위해 울었던 저 눈, 피 흘린 저 손, 사랑을 쏟아냈던 저 입술, 긍휼과 연민이 가득했던 말씀들이 흘러나왔던 저 입을 지니셨던 어린 양, 어느 날 그의 눈이 눈물을 잊으시고 번개 같은 섬광들로 번쩍이며, 그의 손이 긍휼을 잊으시고 철장을 잡고 악인들을 토기장이의 그릇들처럼 부수서서 산산조각을 내시며, 그의 발이 사랑의 전령이기를 그치시고 마치 포도즙 틀을 밟는 자들이 포도들을 밟듯이 원수들을 밟아서 짓뭉개서서, 그 피가 그의 옷을 더럽히게 되는 모습을 여러분은 상상이 되고 믿으실 수 있으시겠습니까? 그렇게 어린 양이 그들을 멸하시고 나서 모습을 드러내실 때, 그들은 골고다나 겟세마네에서가 아니라 원수들의 땅인 "에돔에서 오는 이 누구며 붉은 옷을 입고" 가장 끈질긴 대적들의 땅인 "보스라에서 오는 이 누구냐 그의 화려한 의복 큰 능력으로 걷는 이가 누구냐"(사 63:1)고 놀라 묻게 될 것입니다. 그때에 어린 양은 어떻게 대답하실까요? 그 대답은 너무나 두렵고 끔찍합니다. 자신의 원수들을 짓밟아 뭉개버린 이는 누구십니까? "그는 나이니 공의를 말하는 이요 구원하는 능력을 가진 이니라 내가 노함으로 말미암아 만민을 밟았으며 내가 분함으로 말미암아 그들을 취하게 하고 그들의 선혈이 땅에 쏟아지게 하였느니라"(사 63:6). 예수님, 왜 당신은 "구원하는 일에 능한 이"(KJV, 한글개역개정에는 "구원하는 능력을 가진 이"로 되어 있음)라 말씀하십니까? 만일 "멸망시키는 일에 능한 이"라고 말씀하셨다면, 우

리가 충분히 이해가 되었을 것 같은데요! 그러나 그리스도는 "구원하는 일에 능하신 이"이시고, 이 표현은 이 말씀 전체를 생생하게 만들어 주는 핵심입니다. "구원하는 일에 능하신" 그리스도께서는 장차 자신의 원수들을 멸하실 때에는 그들을 밟아 뭉개는 일에 능하시고, 파멸시키는 일에 능하시며, 자신의 먹잇감들을 갈기갈기 찢어서 삼키는 일에 능하신 이가 되실 것입니다. 다시 한 번 말해 두지만, 나는 그리스도께서 "진노하실" 것이라고 생각하는 것보다 더 두렵고 무서운 것을 알지 못합니다. 만약 우리가 그의 긍휼하심을 거절하고 그의 희생제사를 멸시하며 끝내 회개치 않고 살다가 죽는다면, 우리는 "그의 아들에게 입맞추라 그렇지 아니하면 그가 진노하시리라"는 말씀 앞에서 두려워 떨 만한 충분한 이유가 있는 것입니다. 그리스도께서 한 번 "진노하시면", 우리의 소망이나 안식은 다 끝장이 날 수밖에 없다는 사실을 여러분은 아직도 다시 한 번 확인해 보고 싶으십니까?

여기에 옳은 길을 벗어나서 가고 있는 어떤 가련한 소녀가 있다고 합시다. 그녀는 무수히 경고를 받았는데도 고집을 부리며 자신의 죄악 된 길을 가기를 그만두지 않았습니다. 친구들이 나서서 그녀를 돕고자 했지만, 그녀가 구제불능일 정도로 악하게 되어 버리자, 그 친구들도 하나 둘씩 떨어져 나갔습니다. 다른 사람들이 나서서 그녀를 돕고자 했지만, 그녀는 끊임없이 반복해서 죄를 짓고 또 짓고 했기 때문에, 결국 그들도 나가떨어지고 말았습니다. 하지만 그녀가 아무리 잘못을 거듭해도, 그녀를 늘 품어주는 단 한 사람이 있었습니다. 바로 그녀의 아버지였습니다. 아버지는 "내가 낳은 아이를 어찌 내가 잊겠느냐? 이 아이가 죄인이지만, 그래도 여전히 내 아이가 아닌가"라고 말하며, 딸이 끊임없이 범죄하며 떠나갈지라도, 그 딸을 버리지 않고 다시 집으로 데려옵니다. 아버지는 만신창이가 되어 버린 딸에게 진심어린 애정의 입맞춤을 합니다. 마침내 그녀가 자신의 죄악된 삶을 고집하다가, 어느 날 절망 속에 빠지게 되었을 때, 누군가가 그녀에게 "죄로 인하여 고통과 괴로움의 늪에 빠져 있는 이 끔찍한 상태"에서 너를 건져줄 친구를 왜 찾지 않느냐고 묻습니다. 그녀는 "내게는 남아 있는 친구가 한 명도 없습니다"라고 대답합니다. 그 사람이 다시 묻습니다: "하지만 너의 아버지가 계시지 않느냐. 네게는 아버지도 없고 어머니도 없느냐." 그녀는 "아버지가 계시지만, 아버지는 내게 화가 나서서 나를 위해 아무것도 해주시지 않으실 것입니다"라고 말합니다. 그렇게 말하는 순간, 그녀에게 열려 있던 마지막 문은 닫히게 되고, 그녀의 소망은 끝이 나 버립니다. 그녀가 자신을 유일하게 도울 수 있는 이가 화가 나 있어서 자신의 소망은 끝이 나 버렸기 때문에 자신의 생명을 버리기로 결심하고서, "정신 나간 삶을 살다가 알 수 없는 죽음을 기뻐하여 세상 밖 어딘가로 신속하게 내던져지기를" 바란다면, 그것은 얼마나 황당한 일입니까? 그녀를 도울 수 있는 유일한 이가 그녀에게 "진노할" 때, 분명히 절망이 그녀를 엄습할 것임에 틀림없습니다.

이번에는 좀 더 간단한 예화를 들어보겠습니다. 한 비둘기가 노아의 방주에서 나와서 멀리 날아갔습니다. 그 비둘기가 피곤하여 날갯짓을 할 수 없을 때까지 오랜 시간 동안 날아갔다고 가정해 봅시다. 가엾고 불쌍한 비둘기! 뭍이 없는 바다를 오랜 시간 날았지만, 그 비둘기는 지친 발을 내려놓을 수 있는 곳을 전혀 발견할 수 없습니다. 비둘기는 마침내 노아의 방주를 기억해냅니다. 그 비둘기는 안식처를 발견할 소망을 안고서 그 곳으로 날아가지만, 노아가 그 비둘기를 활로 쏘아 죽이려고 창문을 열고 기다리고 있는 모습을 본다면, 그 비둘기에게 그 어떤 소망이 있겠습니까? 그 비둘기가 유일하게 소망을 두었던 것이 실은 사망의 문이라는 것이 입증된 순간입니다. 그 비둘기는 날개를 접고 검푸른 물결 속으로 가라앉아 죽을 수밖에 없습니다.

죄인들이여, 이 두 예화는 죄인의 친구이자 죄인을 위해 울어주는 이, 우리가 흔히 말하듯이 "내 영혼의 연인 예수" 어린 양이 "진노하실" 때에 여러분이 겪게 될 치명적인 절망이 어떤 것일지를 보여주는 그림들입니다. 그가 진노하신다면, 죄인들은 어디에, 도대체 어디에 숨을 수 있겠습니까? 그가 진노하셔서, 활을 집어 화살을 시위에 매길 때, 여러분은 어디에서 피난처를 찾으며, 여러분이 숨을 곳이 어디에 있겠습니까? 죄인들이여, "그의 아들에게 입맞추십시오." 지금 그 앞에 절하고 그의 은혜를 받아들이십시오. 그가 당신에게 "진노하셔서" 당신을 검은 절망 속에 영원히 가두어 버리시지 않도록 하기 위하여, 그의 통치를 인정하십시오. 일단 그가 진노하시면, 그 누구도 당신에게 소망이나 기쁨을 줄 수 없습니다.

자, 이제 그리스도께서 진노하실 때에 어떤 일들이 벌어지게 될지를 주목하시기 바랍니다: "너희가 길에서 망하리니 그의 진노가 급하심이라." 내가 예화를 하나 들어보겠습니다. 한 하녀가 성냥으로 불을 켜는 모습을 여러분이 보았다고 합시다. 처음에는 성냥과 불꽃이 보이고, 잠시 불이 켜진 것이 보입니다. 지속적으로 타오르는 불과 비교할 때, 그 불은 어떻습니까? 들판이 불타고 있다는 소식을 여러분이 들었다고 합시다. 여행객이 성냥으로 불을 켰고 불씨를 남겼는데, 불이 마른 풀에 옮겨 붙으면서 적은 지역이 불길에 휩싸였습니다. 이 작은 불이 대륙 전체의 절반을 삼켜 버릴 것처럼 보일 때, 그 재앙이 얼마나 클지는 여러분이 상상할 수 없을 정도입니다. 그렇지만, 주목하십시오. 본문은 "하나님의 진노가 아주 잠시 불타오를 때"(KJV, 한글개역개정에는 "그의 진노가 급하심이라"로 되어 있음), 그것만으로도 악인들을 완전히 멸하기에 충분해서 악인들은 "길에서 망하게" 될 것이라고 말씀합니다. 우리가 그 광경을 보게 될 것이라는 생각을 하는 것만으로도, 그것은 너무나 끔찍합니다. 그 광경은 마틴(Martin)의 명화들 중 하나 같습니다. 그 명화들은 뚜렷한 외곽선보다도 구름이 더 많이 끼어 있고 어둠이 짙게 내려앉아 있습니다. 그리스도께서 오직 잠시 진노하시는 것인데도, 죄인들은 다 멸망하고 맙니다. 그러나 이 광경은 어떻습니까? 검고 짙은 어둠이 영원히 내려앉아 있습니다. 여호와의 숨이 유황불처럼 도벳에 불어닥칠 때에 그 불길이 상상을 초월할 정도로 거세서 음부(陰府)의 가장 낮은 곳까지 태워버릴 것이라면, 죄인들은 도대체 어떻게 되겠습니까? 칼빈을 비롯해서 몇몇 뛰어난 주석자들은 "그의 진노가 아주 잠시 불타오를 것이라"는 어구를 "그의 진노가 아주 빨리" 또는 "잠시 잠깐 후에 불타오를 것이라"고 해석하는데, 그런 경우에 본문은 "너희가 길에서 망하리니 그의 진노가 급하심이라"고 번역될 수 있습니다. 본문은 원문을 조금도 손상시키지 않는 가운데에 얼마든지 그렇게 번역될 수 있습니다. 사람들이 하나님을 배척했을 때, 하나님의 진노는 아주 신속하게 불타오르게 된다는 것입니다. 긍휼의 기간이 다 지나갔을 때, 암울한 절망의 시간이 찾아오고, 그때에 "그의 진노"가 곧 임하게 될 것입니다. 이것은 우리 각 사람으로 하여금 우리 자신의 영혼에 대하여 생각하게 만듭니다. 하나님께서는 우리를 한순간에 데려가실 것이고, 그때에는 그 어떤 막대한 속전(贖錢)으로도 우리를 구할 수 없게 될 것입니다. 우리는 지난 주일에 하나님께서 얼마나 순식간에 한 사람을 데려가실 수 있으신지에 관한 두렵고 끔찍한 그림을 살펴보았었습니다. 클래펌(Clapham)에 있는 한 공원에서 어떤 사람이 비를 피해 포플러 나무 아래에 있다가, 순식간에 하늘에서 벼락이 떨어져서 그의 몸이 갈기갈기 찢어져서 죽었습니다. 지난 밤에 내가 번개의 불빛으로 오늘 설교할 본문을 읽을 때에 천둥이 치는 가운데에 얼마나 많은 사람들이 그런 식으로 죽었을지를 생각하게 된 것은 결코 이상한 일이 아닐 것입니다. 하나님께서는 우리도 곧 데려가실 수 있으십니다. 그런데 이상한 것은 사람들은 어떤 사람이 벼락을 맞아 죽은 바로 그 나무 아래로 지금도 여전히 별 생각 없이 몸을 피한다는 것입니다. 여러분과 나는 사람들이 순식간에 죽은 일들에 대한 소식을 듣지만, 우리는 우리도 그렇게 순식간에 죽게 될 것이라고는 생각하지 않습니다. 우리는 하나님의 진노가 순식간에 임하여서, 하나님께서 우리를 순식간에 데려가실 것이라고 전혀 생각하지 않습니다. 우리는 우리의 보금자리에서 죽게 될 것이라고 생각하고, 천천히 천수를 다하고 죽을 것이기 때문에 죽음을 준비할 시간이 아주 많이 남아 있다고 생각합니다. 아, 제발 부탁컨대, 그런 망상에 속아서 여러분의 영혼을 망치지 마시기 바랍니다. "지금 그의 아들에게 입맞추라 그렇지 아니하면 진노하심으로 너희가 길에서 망하리니 그의 진노가 급하심이라." 지금 그리스도 앞에 무릎을 꿇고서 그의 은혜를 받아들이십시오.

하지만 나는 이 본문의 옛 읽기, 즉 "그의 아들에게 입맞추라 그렇지 아니하면 그의 진노가 잠시 불타오를 때에 진노하심으로 너희가 길에서 망하리라"는 읽기로 돌아가고자 합니다. 악인들의 운명은 얼마나 끔찍합니까! 하나님의 진노가 잠시 불타오르기만 해도 그들은 죽게 되는데, 그 진노가 영원히 불타오를 때에 그들은 어떻게 되겠습니까? "우리 중에 누가 삼키는 불과 함께 거하겠으며 우리 중에 누가 영영히 타는 것과 함께 거하리요"(사 33:14). 죽지 않는 벌레가 무수한 떼로 달려들어서 저주받은 자들의 영혼을 갉아먹는 짙은 어둠과 절망의 땅이 있습니다. 그 땅에는 거세게 타올라서 몸과 영혼의 골수까지 말려 버리지만 그것들을 멸하지는 않는 불이 있습니다. 음부(陰府)의 구덩이는 바닥이 없어서, 영혼들은 결코 끝나지 않는 끝모를 절망적인 추락을 경험하게 됩니다. 영혼들이 영원한 사망 속에서 헤매지만, 부서지기만 할 뿐 결코 죽거나 없어지지 않고, 깨지기만 할 뿐 멸해지지는 않는 그런 땅이 있습니다. 불길이 물결이 되어서 끊임없이 고통과 고뇌의 해변가로 몰려오는 일이 영원히 계속되고, 그 세월은 바다의 모래처럼 헤아릴 수 없습니다. 저주받은 자들의 울부짖는 영혼들과 영원히 함께 사는 것이 여러분과 나의 운명이 되게 하고자 하십니까? 그들의 눈에서는 짠 눈물이 흘러서, 갈증을 해소해 줄 수도 없습니다. 그들의 입술은 무한한 열기로 인해서 타들어가고 바싹 말라 있습니다. 그들의 몸은 영원히 고통을 당하고, 그들의 영혼은 슬픔의 호수가 되어서, 전능자의 진노의 격류들이 검은 불길의 물결이 되어 영원토록 그 호수로 밀려듭니다. 나의 하나님, 이 아침에 내가 이 성전에도 머지않아 그런 음부(陰府)가 가 있게 될 사람들이 있을 수 있다는 생각을 해야 되는 것입니까? 하나님의 활시위가 저쪽 방향을 향해 있는 것을 여러분이 보신다면, 내가 그 활시위가 머지않아 이쪽 방향을 향할 것이라고 말한다고 해도, 여러분은 그것을 말도 되지 않는 예언이라고 생각하실 것입니까? 여러분은 "그런 일은 없을 것입니다. 활시위가 원래 향했던 방향으로 화살이 날아가는 것이 당연한 일입니다"라고 말할지도 모르겠습니다. 그러나 죄인들이여, 여러분들 중 일부는 이 날에 죄의 활에 장착되어 있습니다. 죄는 여러분을 앞으로 나아가게 하는 활시위입니다. 아니, 그것 이상입니다! 여러분들 중 일부는 죽음과 절망과 음부(陰府)를 향해서 계속해서 휘파람을 불고 있습니다. 죄는 음부로 가는 길이고, 여러분은 번개 같은 속도로 그 길에서 음부를 향하여 달려가고 있습니다. 내가 여러분이 머지않아 인생 여정의 끝에 도달해서 여러분의 영혼의 추수를 하게 되실 것이라고 예언한다고 해서, 여러분이 나를 가혹하다고 생각해서는 안 됩니다. 간절히 부탁하건대, "그의 아들에게 입맞추십시오." 여러분이 그에게 입맞추지 않고, 그의 은혜와 긍휼을 받아들이지 않는다면, 여러분은 틀림없이 망하게 될 것이고, 여러분에게는 오직 돌이킬 수 없는 절망만이 있고, 그 어떤 소망도 없게 될 것입니다. 만일 여러분이 여러분의 교만을 꺾고서 예수께 순복하지 않는다면, 여러분은 끝장입니다.

내가 더 이상 무슨 말로 내 심정을 표현할 수 있겠습니까? 그것은 데모스테네스(Demosthenes:B.C. 4세기 고대 아테네 정치가·웅변가) 같은 사람이 할 일입니다. 만일 그가 죽은 자 가운데서 다시 살아나서 회심하여, 자신의 유창한 언변으로 말씀을 전하고, 여러분에게 다가올 진노를 피하라고 권할 수 있다면, 얼마나 좋겠습니까! 이 본문은 사도 바울 같은 사람의 언변을 통해서 해설해야 할 본문입니다. 사도 바울이라면 자신의 뺨에 흐르는 눈물로 적시는 가운데 여러분에게 그리스도께 피하고 그의 긍휼하심을 붙잡으라고 간곡히 말해 줄 것입니다. 그러나 나는 내 심정을 어떻게 말로 표현해야 좋을지 모르겠습니다. 내 마음이 내 입술을 거치지 않고 직접 여러분의 영혼에 대한 나의 고뇌를 말할 수 있었으면 좋겠습니다. 여러분은 왜 죽고자 하십니까? "이스라엘 족속아 너희가 어찌하여 죽고자 하느냐"(겔 18:31). 여러분은 여러분의 침상을 음부에 두고자 하십니까? 여러분은 여러분 자신을 영원한 불길로 두르려 하십니까? 여러분은 이 세상에서 죄악의 쾌락을 누리다가 내세에서 멸망을 추수하고자 하십니까? 형제들이여, 살아 계신 하나님과 사망과 영원한 삶과 하늘과 음부의 이름으로 간곡히 청합니다. 여러분에게 탄원하노니, 제발 멈추십시오! 제발 발걸음을 멈추고서, "그의 아들에게 입맞추십시오. 그렇지 아니하면 진노하심으로 여러분은 길에서 망하게 될 것입니다." 오, 주의 두려우심을 누가 말로 다할 수 있겠습니까? 지난 밤에 하나님이 입으신 빛이 온 하늘을 휩쓸었을 때에 우리는 저 두려운 하나님의 뒷모습을 보았습니다. 하나님께서는 구름을 자신의 병거로 삼으셨고, 바람 날개를 타고 달리셨습니다. 죄인들이여, 여러분은 우렛소리를 발하시는 하나님 앞에 서실 수 있습니까? 여러분은 번개를 부리시는 하나님에 맞서 싸울 수 있습니까? 여러분은 하나님을 대적하여 그의 아들을 멸시하고 긍휼의 초대를 거절하며 그의 칼과 창을 향해 대들고자 하십니까? 오, 돌아서십시오! 지금 당장 돌아서십시오! "만군의 여호와가 이같이 말하노니 너희는 너희의 행위를 살필지니라"(학 1:5).

> "무릎을 꿇고 그의 아들에게 입맞추라.
> 오라, 환영한다, 죄인이여, 오라."

자, 이제 나는 본문의 마지막 부분을 내 힘을 다해서 전하고자 합니다. 조금만 더 내게 집중해 주십시오.

3. 셋째로, 본문의 끝을 장식하고 있는 축복문입니다.

본문을 읽습니다: "여호와께 피하는 모든 사람은 다 복이 있도다." 나는 지금까지 경고의 큰 북을 울려 왔습니다. 이제 여기에서 우리는 다윗이 켜는 부드럽고 감미로운 수금 소리, 우리를 축복하는 감미로운 수금 소리를 듣게 됩니다: "여호와께 피하는 모든 사람은 다 복이 있도다." 성도 여러분, 여러분은 여호와를 의지하고 계십니까? 우리는 하나님의 날개 아래에 둥지를 틀고 있고, 그 밖의 다른 곳에는 안전함이 없습니다. 우리에게는 그것으로 충분합니다! 이제 본문은 여호와를 의지하는 자들은 복이 있다고 말씀합니다. 먼저, 나는 그들이 진정으로 복된 자들이라는 말을 하고 싶습니다. 그 복은 꾸며내거나 상상 속에 있는 복이 아닙니다. 하나님을 의지하는 자들에게 주어지는 복은 참된 복입니다. 그 복은 시간의 시험, 불의 시험, 죽음의 시험을 다 이기고 온전히 서는 복이고, 아무리

깊이 빠져들어도 좋은 복입니다. 왜냐하면, 그 복은 꿈이 아니라 현실이기 때문입니다.

또한, 하나님을 의지하는 자들이 받는 복은 참된 복일 뿐만 아니라 흔히 자각적인 복이기도 합니다. 그들은 자신의 괴로움들 속에서 그들 자신이 어떤 복을 받고 있는지를 압니다. 왜냐하면, 그들은 시험 받는 중에도 위로를 받으며 기쁨을 누리는 복을 받기 때문입니다. 그들은 신령한 기쁨을 누립니다. 그들은 복을 받고, 자신들이 복을 받고 있는 것을 압니다. 그래서 그들은 그 복을 노래하고 기뻐하며 즐거워합니다. 하나님의 복이 그들에게 임하였다는 것을 아는 것은 그들의 기쁨입니다. 하나님의 복은 말로만이 아니라 실제로 그들에게 임하였기 때문입니다. 그들은 복 있는 남자들이고 복 있는 여자들입니다.

> "그들은 자신들의 복된 상태가 변함없기를 원한다.
> 온 세상이 그들을 선하고 크다고 할 것이기 때문에."

나아가, 그들이 받는 복은 진정한 복이자 자각적인 복일 뿐만 아니라, 계속해서 늘어나는 복입니다. 그들의 복은 늘어납니다. 악인들은 밝은 소망에서 암울한 절망으로 내리막길을 걷지만, 그들이 가는 길은 내리막길이 아닙니다. 그들의 기쁨은 줄어들지 않고, 도리어 기쁨의 강을 건너면서 그 강은 점점 더 깊어집니다. 그들은 하늘의 빛줄기가 처음으로 자신들의 눈에 비쳐지는 복을 받습니다. 그들은 자신들의 눈이 활짝 열려서 그리스도의 사랑을 더 많이 보게 되는 복을 받습니다. 그들은 은혜의 체험이 넓어지고 하나님을 아는 지식이 깊어지며 사랑이 늘어가는 복을 받습니다. 그들은 죽을 때에 복을 받습니다. 무엇보다도 좋은 것은 그들의 복이 점점 늘어나서 결국 영원한 복으로 이어진다는 것입니다. 성도들은 하나님의 우편에서 온전함에 이르게 됩니다. "여호와께 피하는 모든 사람은 다 복이 있도다." 시간 관계상 내가 이 복된 축복문을 깊게 다룰 수가 없기 때문에, 나는 여기에서 잠시 멈추고, 앞에서 "그의 아들에게 입맞추라"고 간곡하게 청함으로써 여러분에게 다가가고자 했던 것으로 다시 돌아가고자 합니다.

죄인들이여, 하나님께서는 이 아침에 여러분에게 그리스도를 의지하라고 명하십니다. 자, 이것이 여러분의 유일한 소망입니다. 여러분은 다른 많은 일들을 하실 수는 있겠지만, 이것보다 더 좋은 일은 없다는 것을 기억하십시오. 여러분은 성경에 나오는 한 여자, 즉 자신의 병을 고치려고 여러 의사들을 찾아다녔지만 자신의 전 재산만 허비하고 병이 나아지기는커녕 더 악화되기만 하였던 한 여자와 같을 것입니다. 그리스도께 피하는 것 외에 여러분에게 소망은 없습니다. 하나님의 모든 긍휼은 십자가에 집중되어 있다는 것을 믿으십시오. 나는 일부 사람들이 그리스도를 모르는 사람들에게도 하나님의 긍휼이 미친다는 얘기를 하는 것을 듣습니다만, 그런 것은 없습니다. 하나님의 긍휼은 전부 다 그리스도와 관련된 언약에 쏟아 부어져 있습니다. 하나님은 자신의 모든 은혜를 그리스도의 십자가에 쏟아 부으셨기 때문에, 여러분은 십자가 외에 그 어디에서도 은혜를 발견할 수 없습니다. 그러므로 그리스도께 "피하십시오." 그리하면, 여러분은 다 "복이 있는" 사람들이 될 것입니다. 그 밖의 다른 어떤 곳에서도 여러분은 복을 받지 못할 것입니다. 다시 한 번 여러분에게 강권합니다. "그의 아들에게 입추시고" 그리스도께 "피하십시오." 왜냐하면, 이것만이 확실한 길이기 때문입니다. 그리스도를 의지한 사람들 중에 "망한" 사람은 아무도 없었습니다. 여러분은 그리스도를 의지한 사람들 중에 단 한 사람이라도 망했다는 말을 이 세상에서도 듣지 못하실 것이고, 음부에서도 그런 말은 신성모독이 될 것입니다.

"하지만 내가 하나님의 택함 받은 자들 중의 한 사람이 아니라면 어쩌죠"라고 묻는 분이 계신다면, 나는 이렇게 대답합니다: 당신이 그리스도께 피하고 그리스도를 의지한다면, 당신은 이미 하나님의 택함 받은 자입니다. 이 대답 속에는 그 어떤 가정(假定)도 없습니다. 그 말 그대로 진실입니다. "하지만 그리스도께서 나를 위해 죽으신 것이 아니면 어쩌죠"라고 묻는 분이 계십니까? 당신이 그리스도를 의지한다면, 그는 분명히 당신을 위해 죽으신 것입니다. 그것은 검증된 사실이고, 당신은 구원을 받았습니다. 그저 그리스도께 당신 자신을 내던지시기만 하십시오. 의심이 들고 뭔가 아닌 것 같아도 막무가내로 한번 당신 자신을 그리스도께 내던져 보십시오(사실 이것은 그 어떤 위험도 없는 일입니다). 당신이 잘못 생각하지 않았다는 것, 실수하지 않았다는 것을 금방 확인하게 될 것입니다. 종종 나는 내가 과연 구원 받은 것이 맞는지에 대하여 걱정과 의심이 들 때가 있습니다. 그럴 때에 내가 그런 걱정과 의심에서 벗어날 수 있는 유일한 방법은 내가 처음 시작했던 지점으로 돌아가서 이렇게 말하는 것입니다: "저는 죄인 중에 괴수입니다." 나는 내 방으로 들어가서, 하나님의 주권적인 은혜가 없었다면 나는 벌써 망했을 비참한 자라고 다시 한 번 고백하고서, 하나님께 다시 나에게 긍휼을 베풀어 주시라고 기도합니다. 하나님의 긍휼과 은혜를 의지하십시오. 그것만이 천국으로 가는 유일한 길이자 확실한 길입니다. 만일 당신이 그리스도께 피하였고 그리스도를 의지하였는데 망하였다면, 당신은 그렇게 했다가 망한 최초의 사람이 될 것입니다. 당신은 하나님께서 단 한 사람으로부터라도, "내가 그리스도를 의지했지만, 그가 나를 속였습니다. 내가 내 영혼을 그에게 내맡겼지만, 그는 나를 품어줄 정도로 강하지 않았습니다"라는 말을 듣고 싶어하실 것이라고 생각하십니까? 제발, 두려워하지 마십시오.

　　나는 이제 이것은 열린 구원이라는 것을 지적하는 것으로 말씀을 끝맺고자 합니다. 이 세상에서 구주(救主)를 필요로 하고 구원 받기를 갈망하는 사람은 누구나 다 그리스도께 올 수 있습니다. 하나님께서 당신에게 죄를 깨닫게 하시고 당신의 곤고(困苦)함을 알게 해주셨다면, 지금 오십시오, 지금 당장 오십시오. 지금 오서서 그리스도를 의지하십시오. 당신은 "그에게 피하는 모든 사람은 다 복이 있다"는 것을 지금 곧 알게 되실 것입니다. 긍휼의 문은 조금 열려 있는 것이 아니라 활짝 열려 있습니다. 천국의 문은 단지 빗장이 풀려져 있는 것이 아니라 밤낮으로 활짝 열려 있습니다. 자, 우리가 다 함께 저 긍휼의 복된 집으로 가서, 우리의 모든 곤고함을 다 벗어 버립시다. 그리스도의 은혜는 모든 목마른 행인들에게 열려 있는 길가의 샘물과 같습니다. 믿음이라는 그릇만 준비하시면 됩니다. 물은 언제든지 차고 넘치게 흐르고 있으니, 믿음이라는 그릇을 가지고 오셔서 이 샘에서 그 그릇으로 물을 길어 마시십시오. 당신에게 다가와서, 이 샘은 당신을 위한 것이 아니라고 말할 사람은 아무도 없습니다. 당신은 "이 샘은 목마른 자를 위한 것이고, 나는 목이 마른 영혼이니, 나를 위한 것입니다"라고 당당히 말할 수 있습니다. 그러면, 마귀는 "그렇지 않다. 너는 너무 악해"라고 말할 것이지만, 걱정마십시오. 이 샘은 누구나 와서 거저 값없이 마실 수 있는 샘입니다! 이 샘의 안내문에는 "도둑들은 여기에서 물을 마실 수 없다"고 씌어 있지 않습니다. 이 샘에서 물을 마시는 데에 필요한 모든 것은 단지 당신이 목말라서 이 물을 마시기 원한다는 것입니다. 그러므로 오십시오.

　　"양심상 오지 못하겠다고 망설이지 마십시오.
　　내게 그럴 만한 자격이 있는가 하는 자격지심에

주저하지 마십시오.
하나님께서 요구하시는 유일한 자격조건은
당신이 하나님을 필요로 한다는 것을 느끼는 것이니까요."

하나님께서는 당신에게 이 샘을 주셨습니다. 와서 마시십시오. 거저 값없이 마시십시오. "성령과 신부가 말씀하시기를 오라 하시는도다 듣는 자도 오라 할 것이요 목마른 자도 올 것이요 또 원하는 자는 값없이 생명수를 받으라 하시더라"(계 22:17).

제
4
장

—

죄에서 구원 받고자 하는 사람들에게
하나님이 주시는 분명한 지침들

—

"너희는 떨며 범죄하지 말지어다 자리에 누워 심중에 말하
고 잠잠할지어다(셀라) 의의 제사를 드리고 여호와를 의지할
지어다." ― 시 4:4-5

다윗은 많은 악하고 잔인한 원수들에 의해 둘러싸여 있었습니다. 그들은 그의 신앙을 조롱함으로써 그의 아픈 곳을 찔러서, 그의 영광을 수치와 욕(辱)으로 바꾸어 놓았습니다. 그들은 그를 대적하여 온갖 거짓말을 만들어 내었습니다. 그러나 그들이 한 말들 중에서 그를 가장 가슴 아프게 만들었던 것은 "그는 하나님께 구원을 받지 못한다"는 말이었습니다. 이것은 "하나님께서 그를 버리셨기 때문에, 사람들이 그를 버리는 것은 마땅한 일이야. 여호와께 버림받은 자가 이스라엘의 보좌에 앉는 것은 합당치 않아. 그러니 우리는 그런 자 대신에 압살롬을 그 자리에 앉혀야 해"라고 말하는 것이나 다름없었습니다. 이것은 진정으로 악의적인 말이었습니다.

다윗은 먼저 기도로 하나님께 호소하였습니다. 이 점에서 그는 자신의 지혜를 나타내 보인 것입니다. 왜냐하면, 세상의 소란한 저잣거리에 가는 것보다도 하나님의 시은좌(施恩座)에 가는 것이야말로 일을 더 잘되게 하는 길이기 때문입니다. 여러분은 불경건한 자들로부터가 아니라 의로우신 주님으로부터 더 많

은 도움을 받을 수 있습니다. 사람들과 논쟁을 벌이는 것보다 골방에 들어가 기도하는 것이 훨씬 더 많은 유익을 가져다줍니다. 여러분이 하소연하실 것이 있으시다면, 그것을 세상 법정이 아니라 만민의 재판장이 주재하시는 하늘의 법정으로 곧장 가져가십시오. 다윗과 다윗의 주(主) 되시는 그리스도를 본받으십시오. "그는 육체에 계실 때에 심한 통곡과 눈물로" 아버지 하나님 앞에 "간구와 소원을 올려"(히 5:7) 드렸습니다.

다윗은 기도를 마친 후에 자신의 대적들에게 훈계하였습니다. 다윗의 첫 번째 행위는 자기가 하나님에 대하여 아들 됨을 보여준 것이었고, 두 번째 행위는 자기가 사람들에 대하여 형제 됨을 보여준 것이었습니다. 내가 여러분에게 읽어 드린 말씀 속에는 그 어떤 독기도 없고, 오직 온유한 음성만이 있습니다. 만일 대적들이 조금이라도 이치를 따라 생각할 줄 아는 자들이었다면, 틀림없이 그들은 다윗의 훈계에 귀 기울였을 것입니다. 그러나 그들은 그런 자들이 아니었습니다. 다윗은 그들에게 죄를 그치라고 강력히 권면하면서, 죄를 그칠 수 있는 길을 가르쳐 줍니다. 네 개의 문장을 통해서 그는 그들이 자신들의 악한 길에서 떠나서 더 선한 자들이 되는 것을 돕습니다. 만일 하나님의 영이 다윗의 말이 그들의 양심에 닿게 하셨다면, 그 말이 그들의 마음을 찌르고 헤집어 놓아서 몹시 아팠을 것이고, 그들이 턱뼈를 얻어맞고서 그들의 잔인한 이빨들이 부러지는 일이 일어날 필요가 없었을 것입니다. 나는 이 아침에 이 네 개의 교훈을 중심으로 성령께서 내게 전하라고 하시는 대로 말씀을 전하고자 하는데, 내가 말씀을 전하는 동안에 더 선하고 나은 삶을 살기 원하는 많은 사람들이 그 길을 발견할 수 있게 되기를 믿고 소망합니다. 그들이 하나님을 만날 수 있도록 하나님께서 그들과 만나 주시기를 빕니다. 나는 나의 말들로 여러분을 설득할 자신이 없습니다. 그렇지만 그 말들을 사용하도록 부르심을 받은 나는 나를 보내셔서 그 말들을 하게 하신 분이 그 말들에 능력을 주실 것을 믿습니다.

다윗은 범죄를 그치는 데에 도움이 될 네 가지를 조언합니다. 첫 번째는 하나님을 경외하는 것입니다: "너희는 경외함으로 범죄하지 말지어다"(KJV, 한글개역 개정에는 "너희는 떨며 범죄하지 말지어다"로 되어 있음). 두 번째는 주의 깊게 자신을 살피는 것입니다: "자리에 누워 심중에 말하고 잠잠할지어다." 세 번째는 하나님께 올바르게 나아가는 것입니다: "의의 제사를 드리고." 네 번째는 네 가지 조언 중에서 가장 중요한 것, 즉 믿음을 발휘하는 것입니다: "여호와를 의지할지어다." 이것들은 죄의 더러운 진창길을 건너도록 놓여진 네 개의 디딤돌입니다. 여러분은 하나님의 영의 도우심을 따라서 이 돌들을 차례차례 잘 디디고서 마침내 진창길 너머에 있는 안전하고 깨끗한 땅에 도달할 수 있습니다.

1. 첫째로, 하나님을 경외하십시오.

본문을 읽습니다: "너희는 경외함으로 범죄하지 말지어다." 이 본문은 "너희는 떨며 범죄하지 말지어다"로 번역될 수도 있습니다. 마음이 완악한 죄인들은 범죄하면서도 떨지 않습니다. 회개한 죄인들은 떨며 범죄하지 않습니다. 사람의 마음속에서의 은혜의 역사(役事)는 보통 "떠는" 것으로 시작됩니다. 나는 어떤 사람이 구원을 받았는데도 죄의 악(惡)으로 인해서 하나님 앞에서 떨지 않는다는 것을 믿을 수 없습니다. 타락한 본성으로 지이진 옛 집은 무너지기 진에 흔들립니다. 돌아온 탕자는 "아버지의 아들이라 일컬음을 감당하지 못하겠다"(눅 15:19)고 느껴야 마땅합니다. 만일 그렇지 않다면, 그는 결코 아들이라 불리지 못하게 될 것입니다. 탕자는 너무나 큰 죄를 지었기 때문에, 아버지의 얼굴을 뵐 생각만 해도 너무나 두렵고 떨릴 수밖에 없습니다.

경외심은 오늘날 흔한 감정이 아닙니다. 오늘날은 경박한 시대입니다. 사람들은 두려워 떨기보다는 가볍게 말하고 행동합니다. 특별한 무게감과 엄숙함을 지닌 어떤 가르침이 있다면, 그들은 어떻게 해서든지 그 부담감을 줄여서 별로 두렵지 않은 것으로 만들어 버리고자 합니다. 그들에게 죄는 그렇게 심각한 것이 아니고, 죄에 대한 벌도 그렇게 두려워할 만한 것이 아닙니다. 우리는 하나님이 얼마나 두려우신 분이신지를 사람들에게 설득하고자 하지만, 그들은 우리의 말을 듣고서 두려우신 하나님을 알게 되는 것을 원하지 않습니다. 참된 신앙에는 반드시 경외심이 있어야 합니다. "나의 마음은 주의 말씀만 경외하나이다"(시 119:161)라는 고백은 하나님을 알고 하나님과 화목을 이룬 사람만이 할 수 있는 고백입니다. 그러므로 나는, 아직까지도 자신의 영혼에 대하여 깊이 있게 생각해 보지 않았고 별 관심을 갖지 않았을 당신에게 "경외함을 가지십시오"라고 권합니다. 우리는 당신이 이 말씀을 깊이 숙고해 보시기를 간절히 원합니다.

당신이 어떻게 생각하고, 다른 사람들이 어떻게 말하든, 당신을 지으시고 당신의 호흡을 좌지우지하시는 하나님이 계신다는 것을 기억하십시오. 하늘에 앉아 계시고, 모든 인생들을 굽어보시는 하나님이 계십니다. 당신이 그런 생각을 하는 것이 너무나 싫다고 하여도, 하나님은 계시고 영원히 계실 것입니다. 그리고 당신은 머지않아 하나님을 대면하게 될 것이고, 하나님께서도 당신을 대면하시게 될 것입니다.

하나님은 어느 때든지 어디에나 계십니다. 하나님께서는 당신의 모든 악한 행실들을 다 보아오셨고, 당신의 온갖 험한 말들을 다 들어오셨습니다. 밤이 아무리 칠흑같이 어두워도, 당신의 언행이 하나님의 눈을 피할 수는 없습니다. 아무리 구석진 골방으로 숨어들어도, 당신은 하나님을 거기에 못 오시게 막을 수는 없습니다. 하나님께서는 당신의 생각과 상상들을 다 읽어 오셨습니다. 하나님께서는 그 모든 것을 다 기록하시고 하나도 잊지 않으십니다. 모든 것이 다 하나님 앞에 벌거벗은 듯이 드러나 있습니다. 당신의 젊은 날들과 성년의 나날들이 하나님 앞에 마치 책처럼 펼쳐져 있습니다. 만일 사람들이 하나님이 바로 그 자리에 계신다는 것을 깨달을 수만 있다면, 어떻게 그들이 감히 하나님의 목전에서 범죄할 수 있겠습니까? 이 순간에 이 설교를 듣고 계시는 분들 중에서 그리스도 없이 살아가시는 어떤 분의 마음이 단지 "하나님이 나를 보고 계시는구나"라는 이 단 하나의 생각으로 가득 차 있을 수 있다면, 분명히 그분은 경외함을 갖게 되실 것이고, 적어도 더 이상 범죄할 생각을 품지 않게 되실 것입니다. 설교자는 하나님이 자기를 두르고 계실 뿐만 아니라 자기 안에 계신다는 것을 느낄 때에 아주 엄숙하게 말씀을 전할 수 있게 될 것입니다. 설교를 듣는 사람이 이 순간 자기가 생각하는 모든 것들을 하나님이 하나도 빠짐없이 다 읽으신다고 느낀다면, 그 사람은 당연히 두려워 떨게 될 것입니다. 여러분이 지금 이 성전을 채우고 계시고 여러분의 집에도 계시는 하나님을 경외하게 되시기를 기도합니다. 여러분은 하나님의 면전에서 범죄하고자 하십니까? 여러분은 하나님의 면전에서 하나님을 욕하며 모독하시겠습니까? 하나님이 여러분을 똑똑히 쳐다보고 계시는데, 여러분은 하나님께 불순종하시겠습니까? 여러분이 영원하신 하나님을 경외하게 되시기를 기도합니다. 여러분은 바로 그 하나님 안에서 살고 계시고, 움직이고 계시고, 존재하고 계십니다!

어느 곳에나 계시고 모든 것을 보시는 이 하나님이 여러분을 심판하실 재판장이시라는 사실을 기억하십시오. 하나님은 순전하시고 거룩하시기 때문에 죄악을 용납하실 수 없으십니다. 하나님께서는 매일매일 악인들에게 진노하시고, 장차 그들이 저지른 죄악들에 대하여 반드시 그들을 벌하실 것입니다. 모든 죄악 된 행위는 하나하나 다 보응(報應)을 받게 될 것입니다. 그것을 의심하지 마십시오. 세상은 지금 온통 뒤죽박죽이 되어 있지만, 장차 주께서 각 사람에게 다림줄을 드리울 때가 올 것입니다. 오늘 악인들은 형통하는 듯이 보이지만, 하나님께서는 장차 그들의 운명을 완전히 뒤집어엎으실 것입니다. 의인들은 흔히 구름 아래에서 빛을 못보고 있는 것처럼 보이지만, 하나님께서는 장차 그들의 공의를 대낮같이 드러내실 것입니다. 사람들은 이 세상의 재판관들을 존경합니다. 하물며 하나님은 온 세상을 심판하실 재판장이신데, 어떻게 그분을 경외하지 않을 수 있겠습니까?

또한, 여러분의 하나님은 전능하시다는 사실을 잊지 마십시오. 하나님께서는 원하시기만 하신다면, 우리 중에서 가장 힘 센 자도 한 마리 나방보다 더 쉽게 부쉬 버리실 수 있습니다. 하나님에게서 도망가는 것은 불가능합니다. 갈멜 산 꼭대기든 바다 깊은 곳이든 그 어느 것도 하나님을 피해 달아나는 도망자의 피신처가 될 수 없습니다. 또한, 하나님과 맞설 수 있는 자는 아무도 없습니다. 왜냐하면, 하나님을 떠나서는 그 누구도 권세나 힘을 가질 수 없기 때문입니다. 여러분은 하나님의 우렛소리를 들으셨고, 하나님이 내리신 번개 앞에서 두려워 떨었습니다. 싸우시기 위해 무장하고 나오시는 하나님이 얼마나 두려우신 분이신지를 보십시오! 그런데 어떻게 여러분이 그토록 크신 하나님을 대적하여 감히 범죄할 수 있겠습니까! 하나님을 경외하십시오. 의인 욥조차도 여호와께 가까이 나아가게 되었을 때에 두려워 떨면서 "내가 주께 대하여 귀로 듣기만 하였사오나 이제는 눈으로 주를 뵈옵나이다 그러므로 내가 스스로 거두어들이고 티끌과 재 가운데에서 회개하나이다"(욥 42:5-6)라고 소리쳤습니다. 그런데 어떻게 여러분이 하나님께서 다가오시는 것을 느낄 때에 경외심으로 가득하게 되지 않겠습니까?

하나님은 한량없이 선하신 분이시기 때문에 하나님을 경외하십시오. 개인적으로 얼마 전에 하나님께서는 아주 특별하고 기억될 만한 섭리 가운데서 내게 아주 가까이 다가오셨습니다. 하나님께서 그 손을 너무나 기이하게 뻗치시는 것을 보았을 때, 나는 섬뜩함을 느꼈습니다. 그것은 겁이 나고 놀라서가 아니라, 시험을 당하는 자신의 종을 위해 자신을 낮추셔서 그토록 자애롭게 역사하실 수 있으신 분에 대한 기쁨에 찬 경외심으로 인한 것이었습니다. 나는 그분이 곤경에 처해 있던 내 영혼을 향하여 가까이 다가오셔서 놀라울 정도로 자애롭게 보살펴

주시는 모습 속에서 그분이 하나님이시라는 것을 알았습니다. 진실로 여호와는 모든 신들 위에 계신 하나님이시요 큰 왕이십니다. 그는 그를 둘러싸고 있는 자들로부터 경외함을 받으시는 것이 합당한 분이십니다. 나는 이제 왜 야곱이 벧엘에서 "두렵도다 이 곳이여 이것은 다름 아닌 하나님의 집이요 이는 하늘의 문이로다"(창 28:17)라고 말했는지를 압니다. 하나님께서 그토록 가깝게 오셨기 때문에, 야곱은 거룩한 두려움과 장엄한 경외감으로 충만하였습니다. 그러므로 나는 여러분에게 하나님은 한량없이 크시고 선하시기 때문에 하나님을 경외하시라고 말합니다. 내가 앞에서 개인적인 경험에서 인용한 예화를 나는 그냥 마음속에 묻어두고만 있을 수 없었습니다. 왜냐하면, 바로 이 시간에도 그 일은 나의 인생에서 일어난 수많은 많은 일들 중에서 가장 생생하게 기억된 일들 중 하나이기 때문입니다. 하나님께서는 나를 매우 인자하게 대해 오셨습니다. 오, 하나님의 저 큰 선하심이여! 하나님의 선하심을 생각할 때마다 내 가슴이 벅차오릅니다. 우리는 하나님께서 우리에게 행하시는 온갖 선하심을 보고서 두렵고 떨리게 됩니다. 하나님께서 우리의 죄를 사해 주시고 의롭다 하시고 신령한 삶을 살게 하시고 그 삶을 지켜주시고 풍성하게 해주신 것을 생각해 보십시오. 모든 것을 사려 깊게 미리 내다보시고 차고 넘치게 채워 주시는 하나님의 섭리를 생각해 보십시오. 하나님의 사랑을 생각할 때, 우리는 천사들처럼 경외심을 갖게 되고 회개하는 자들처럼 낮아질 수밖에 없습니다. 교만으로 인하여 뻔뻔해진 자들은 아무렇지도 않게 공의를 짓밟을 수 있기 때문에 하나님의 사랑에 대해서도 코웃음치며 무시할 것입니다. 하나님께서 우리의 죄를 사하신 것을 생각해서, 우리는 하나님을 경외하여야 합니다. 하나님의 영광을 생각하지 않는다고 할지라도, 하나님의 은혜를 생각해서라도, 가장 완악한 마음을 지닌 자들도 하나님을 경외하는 것이 마땅합니다. 나는 여러분이 하나님을 경외하여 범죄하지 않으시기를 기도합니다. 사람들의 마음속에 이런 생각들을 품고 있기만 해도, 사람들은 죄가 하나님에게 얼마나 크게 잘못하는 것인지를 분명하게 깨닫고서, 요셉처럼 "내가 어찌 이 큰 악을 행하여 하나님께 죄를 지으리이까"(창 39:9)라고 외치며, 범죄하는 것을 꺼리게 될 것입니다.

사랑하는 성도 여러분, 장래의 여러분의 운명을 생각해서라도 하나님을 경외하십시오. 여러분은 성령께서 계시해 주신 하나님의 진리, 즉 여러분이 죽으면 모든 것이 끝나는 것이 아니라 그 이후에도 계속해서 존재하게 될 것이라는 진리를 의심하지 않습니다. 장차 죽은 자들의 부활이 있을 것이고, 그때에는 의인들이나 악인들이나 모두 다 부활해서 "우리가 다 하나님의 심판대 앞에 서게"(롬 14:10) 될 것입니다. 모든 사람이 그들이 어디에 있든지 이 사실을 기억했으면 좋겠습니다. 한 군인이 팔레스타인을 정찰하는 임무를 띠고서 예루살렘 밖에 있는 여호사밧 골짜기에 있었는데, 누군가로부터 이 골짜기가 마지막 심판의 무대가 될 것이고 이곳으로 수많은 무리가 모여올 것이라는 말을 들었답니다. 그 군인은 이 말을 듣고서 "얼마나 많은 사람들이 이곳으로 몰려오겠는가! 나도 거기에 끼어 있어서, 바로 이 돌 위에 앉아야 하겠다"고 말하였답니다. 그 군인은 그 장면을 실감해 보기 위해 그 돌 위에 앉았는데, 그의 상상력이 아주 강하게 작용해서, 자기가 마치 수많은 무리들 가운데 있고 그 중앙에 심판의 백보좌를 보는 것 같은 착각에 빠졌고, 이내 졸도하여 땅에 쓰러졌답니다. 여러분은 이 일이 이상하게 생각되십니까? 우리가 우리 영혼의 깊은 곳에서 그 장면을 본다면, 우리 중에서 아무렇지도 않게 앉아 있을 수 있는 사람이 과연 있을까요? 나는 이 아침에 내가 말씀을 전하는 동안에, 여러분 중 얼마만이라도 모든 날들의 종착지인 저 엄청난 마지막 날을 그려보실 수 있게 되시기를 바랍니다. 공의가 보좌 위에 앉게 될 저 "진노의 날"(dies irae)을 바라보십시오. 미리 그 날을 그리며 바라보십시오. 그 날은 머지않아 여러분에게 현실로 다가올 것이니까요. 여러분이 지금 살아 계시는 것이 확실하듯이, 여러분이 장차 다시 살아나게 되는 것도 확실합니다. 저 최후의 심판 때에 여러분은 이 땅에서 여러분이 행한 모든 행위에 대하여 결산을 하게 될 것이고 심판을 받게 될 것입니다. 가볍게 웃어넘기지 마시기 바랍니다. 심판주께서 이미 문 앞에 와 계십니다. 그 날이 지나기 전에 우리는 하나님의 나팔 소리를 듣게 될 것입니다. 여러분은 이 생각을 떨쳐내 버리려고 하지 마시고, 도리어 적극적으로 받아들이셔서 마음속에 두십시오. 여러분의 최후의 운명을 준비하는 일은 이루 말할 수 없이 중요한 일이기 때문에, 그 일을 생각하느라고 잠시 다른 일들은 잊어버린다고 해도 괜찮습니다. 사람이 살아가면서 그 삶의 끝을 한 번도 생각해 보지 않아도 되는 것입니까? 사람이 이 땅에 사는 동안에 온통 사소한 일들에만 몰두하며 살아간다면, 과연 그것이 지혜로운 삶일 수 있을까요? 사람이 자신의 영원한 운명을 만들어가는 삶을 살고 있으면서도, 그 삶을 하나의 유희처럼 살아가는 것이 옳을 일일까요? 사람이 큰 재판장이신 하나님의 판결에 의해서 자신의 운명이 영원히 결정될 그 날을 전혀 생각하지 않는다는 것이 과연 가능한 일인가요? 사랑하는 성도 여러분, 여러분은 내세에서 계속해서 살아가야 한다는 것을 잊지 마십시오. 여러분은 십자가에서 죽으신 분이 그 날에 보좌에 앉으셔서, 모든 민족을 자기 앞에 모아서, 마치 목자가 양과 염소를 나누듯이 그들을 두 부류로 나누시리라는 것을 잊지 마십시오. 여러분이 어떻게 살았느냐에 따라서 각자의 삶에 대한 영원한 보응(報應)이 있으리라는 것을 마음에 새기시기를 바랍니다. 지금이라도 만왕의 왕이신 그리스도께서 의인들에게 하시는 말씀을 들어 보십시오: "내 아버지께 복 받을 자들이여 나아와 창세로부터 너희를 위하여 예비된 나라를 상속받으라"(마 25:34). 또한, 그 왕이 자기 "왼편에 있는 자들에게" 내리신 저 무시무시한 선고를 들어 보십시오: "저주를 받은 자들아 나를 떠나 마귀와 그 사자들을 위하여 예비된 영원한 불에 들어가라"(마 25:41). 이런 것들을 생각해서라도 하나님을 "경외함으로 범죄하지 마십시오." 이 경외심은 가장 강력한 도덕적 소독제들 중의 하나입니다. 이 소독제를 아낌없이 사용하십시오. 여러분은 이 소독제를 너무 많이 사용하는 것 아니냐고 걱정할 필요가 전혀 없습니다. 자신의 목전에 하나님을 경외함이 없는 자는 오만방자하게 범죄하지만, 여호와를 경외함은 그 삶을 순전하게 이끌어 줍니다.

**2. 둘째로, 다윗은 불경건한 자들에게
주의 깊게 자신을 살피라고 권면합니다.**

본문을 읽습니다: "자리에 누워 심중에 말하고 잠잠할지어다." 사랑하는 성도 여러분, 이 아침에 나는 설교를 하고자 하는 것이 아닙니다. 나는 여러분의 손을 잡고서 여러분을 옳은 길로 이끌 수 있게 되기를 갈망합니다. 나는 성령께서 여러분에게 내가 부드럽게 이끄는 대로 따라오고자 하는 마음을 주시기를 기도합니다. 사랑하는 친구여, 여러분은 지금 여러분 자신에 대하여 생각해 보도록 요청을 받고 있습니다: "심중에 말하고." 사람들은 일단 악의 길을 선택한 후에는 눈을 감은 채로 그 길로 달려가 버립니다. 사람들은 더 이상 깊이 생각하고자 하지 않습니다. 눈을 감고 맹목적으로 달려가는 것이 더 쉬운 일이니까요. 사람들은 세상적인 일들, 자신의 이해관계, 자기가 즐겁고 자신을 즐겁게 해주는 것들에 대하여는 생각하고자 하지만, 하나님 앞에서의 자신의 모습에 대해서는 진지하게 깊이 생각하기를 거절합니다. 친구여, 당신이 어떤 존재이고, 어디에 있으며,

무엇을 해왔고, 무엇을 하고 있으며, 그 모든 것이 어디를 향하고 있는 것인지를 생각해 보십시오. 당신은 바보라서 그런 것들을 깊이 생각하지 못하는 것입니까? 그러시다면, 방울 달린 모자를 쓰고 어릿광대 옷을 입고 당신에게 걸맞는 일을 하러 가십시오. 하지만 당신이 늘 즐겁기만 한 사람일지라도, 마지막 날에 어둠 속에서 펄쩍펄쩍 뛰며 기가 막혀 하지 않으려면, 때로는 즐거움과 함께 지혜로움도 갖춰서, 당신의 미래를 들여다보는 것이 합당할 것입니다.

특히 당신의 마음의 상태를 들여다보고 생각해 보십시오. 이것이 핵심입니다. 당신은 하나님과 잘 지내고 계십니까? 당신은 당신을 지으신 분을 섬기고 계십니까? 당신은 이전의 죄에 대하여 진정으로 회개하셨습니까? 당신은 당신의 피난처가 되시는 그리스도께로 피하셨습니까? 당신은 거듭나셨습니까? 당신은 성령의 거룩하게 하시는 은혜를 받고 있는 사람입니까? 이러한 본질적인 문제들을 놓고서 "당신 자신의 마음과 대화하십시오." 자신의 얼굴을 깨끗한 상태로 유지하고자 하는 사람은 자기 얼굴에 뭐가 묻지는 않았는지를 살피기 위해서 거울을 보아야 합니다. 마찬가지로, 자신의 마음을 깨끗한 상태로 유지하고자 하는 사람은 자신의 은밀한 잘못들을 찾아내기 위해서 하나님의 말씀이라는 거울에 자신의 마음을 비쳐보지 않으면 안 됩니다. 당신의 뺨은 붉은 빛을 띠며 건강하게 보일지라도, 당신의 마음은 병들어 있을 수 있습니다. 당신의 속을 보십시오. 당신 존재의 원천(源泉)이 어떤 상태인지에 대하여 속지 마십시오. 당신은 정말 사망에서 생명으로 옮겨졌습니까? 진리의 하나님의 영이 당신 안에 거하십니까? 이러한 질문들은 대단히 중요합니다. 나는 여러분이 마치 살아 계신 하나님 앞에서 대답하듯이 이러한 질문들에 대하여 공정하게 진지하게 자기 자신에게 대답하시게 되기를 기도합니다.

혼자서 조용히 스스로 생각해 보십시오. 나는 어떻게 해서든 여러분을 이끌어서 한두 시간 정도 여러분 자신 속에 침잠해 보실 수 있게 해드리고 싶습니다. 다른 사람들이 끼어들 여지가 없고 농담이나 일상적인 대화가 침묵하는 바로 그 시간 "자리에 누워 당신 자신의 마음과 대화하십시오." 당신이 당신 자신에 대하여 생각할 시간을 스스로 확보하십시오. 그렇게 하지 않는다면, 자신의 마음과 대화하는 일은 불가능하게 될 것입니다. 당신 주변의 모든 것이 침묵하고 어둠이 엄숙함을 만들어주는 밤 시간을 택하십시오. 잠자는 시간을 조금 줄이십시오. 당신이 줄인 그 시간이 당신을 영적인 죽음의 잠에서 깨어나게 해줄 것입니다. 침상과 잠은 무덤과 죽음을 나타내는 의미심장한 상징물들입니다. 그것들은 당신이 당신의 마음을 살피는 이 진지하고 중대한 일을 하는 것을 도울 수 있습니다. 당신은 옷을 벗고 침상으로 가듯이 당신의 육신을 벗고 일상생활의 무대를 떠나야 한다는 것을 명심하십시오. 당신은 그렇게 벗어던질 준비가 되어 계십니까? 다윗이 "밤마다 눈물로 내 침상을 띄우며 내 요를 적시나이다"(시 6:6)라고 말했듯이, 당신의 침상이 당신의 통회자복의 현장이 되게 하십시오. 당신의 마음이 눈물을 흘림으로써 밖에 있는 당신의 육신에 그 눈물자국이 있게 하십시오.

당신 스스로 생각하시고, 당신 자신에 대하여 생각하시고, 그런 후에 당신 자신을 위해 생각하십시오. 당신은 당신 주변의 사람들에게 떠밀려서 살아왔습니다. 당신은 사람들이 생각하는 것처럼 생각하고자 애써 왔습니다. 이 시대의 많은 사람들의 생각이 당신에게 영향을 미쳐서 당신도 비슷한 생각을 하며 살아왔을 것입니다. 당신 주변의 가족과 더불어서, 당신은 모든 일들을 지나치게 자신의 일과 개인적인 이해관계에 비추어서 보아 왔습니다. 그러나 이 모든 것들을 내려놓으시는 것이 지혜로운 일이 될 것입니다. 당신은 홀로 죽어서 그리스도의 심판대 앞에 홀로 서야 할 것이기 때문에, 당신을 둘러싸고 있는 모든 것들을 다 내려놓고서 "당신 자신의 마음과 대화하는" 것이 현명한 일입니다. 나는 이 본문을 즉시 실행에 옮기라고 당신에게 진심으로 권합니다. 당신이 아직 구원 받지 못한 사람이라면, 잠을 잘 것이 아니라 생각을 하십시오. 영원한 일들과 관련해서 대부분의 사람의 태도는 그런 일들을 그냥 내버려 두고 가서 잠이나 자자는 것입니다. 여러분은 제발 그렇게 하지 마십시오. 당신에게 있어서 모든 것이 잘못 되어 있는 동안에는 쉴 생각을 하지 마시라고 나는 감히 말합니다. 당신이 그런 상황에서 쉰다는 것은 불 난 집에서 잠을 자는 것과 같고, 난파되어 신속하게 가라앉고 있는 배에서 잠을 자는 것과 같습니다. 당신이 죄 사함을 받지 못한 사람이고 당신의 영혼이 영원한 멸망에 다가가고 있는 것이라면, 나는 당신에게 잠을 자지 마시고, 당신의 침상을 잠을 자는 곳이 아니라 하나님을 찾는 곳으로 사용하셔서, "당신의 침상에서 당신 자신의 마음과 대화하시라"고 강력히 권합니다. 나는 내가 잠에서 깨어났을 때에 지옥에 가 있을 것이 겁이 나서 잠자러 가기를 꺼려했던 때가 기억이 납니다. 많은 사람들이 자신의 죄를 깨달았을 때에 그리스도를 만날 때까지는 잠을 자지 않겠다고 결심하였습니다. 나는 여러분이 지금 이 시간에 바로 그와 같은 심정이 되시기를 바랍니다.

여러분이 잠잠하게 되실 때까지 계속해서 생각하십시오: "당신의 침상에서 당신 자신의 마음과 대화하고 잠잠할지어다." 여러분은 이것이 무엇을 의미하는지를 아십니까? 하나님의 구원이 임한 사람들에게는 자기 속의 모든 것이 잠잠해지는 때가 옵니다. 그들이 예전에 즐기던 것들과 원하던 것들이 잠잠해집니다. 바깥세상의 소리가 잠잠해지고, 그 침묵 가운데서 그들은 자신의 영혼 깊은 곳에서 들려오는 양심의 "세미한 음성"을 듣습니다. 바로 이 순간에 여러분이 그렇게 잠잠해지셔서 여러분의 양심이 여러분에게 경고하는 음성을 들을 수 있게 되시기를 바랍니다. 양심은 자기가 기억해 두었던 것들을 말하기 시작합니다. 양심은 하나님께서 당신의 과거를 그냥 넘어가지 않으신다는 것을 당신에게 일깨워 주기 위해서, 당신의 영혼에게 과거의 일들, 잊혀졌던 일들을 얘기해 주기 시작합니다. 사실, 이것은 하나님께서 영혼에게 말씀하시는 것입니다. 어린 사무엘이 밤중에 침상에 누워 있을 때에 여호와 하나님께서 "사무엘아 사무엘아"라고 그를 부르셨습니다. 사무엘이 자신의 이름을 부르시는 하나님의 긍휼의 음성을 들은 때는 자신의 마음이 잠잠해졌을 때입니다. 그럴 때에 여러분은 하나님의 은혜에 응답하여 "여호와여 말씀하옵소서 주의 종이 듣겠나이다"(삼상 3:9)라고 말할 수 있게 되시기를 바랍니다.

여러분의 생각이 영원한 고통의 구더기가 들끓는 곳이 되기 전에, 충분히 생각하시고 숙고할 시간을 가지시기를 부탁드립니다. 여러분이 음부(陰府)에 있던 부자에게 "얘, 기억하라"고 말씀하셨던 저 하늘의 음성을 듣기 전에 미리 기억하십시오. 당신이 세상의 풍습과 쓸데없는 일들의 노예로 살아가고 계신다면, 정말 생각하시고 숙고하시기를 부탁드립니다. 당신이 돈의 노예가 되어서 날마다 돈 벌 생각만 하고 계신다면, 잠시 멈추고 여호와 하나님께서 당신에게 무엇이라고 말씀하시는지를 들어 보십시오. 당신은 온갖 소음이 난무할 때에는 사도 바울이 울리는 저 큰 종소리를 들을 수 없지만, 그 종소리는 고요한 밤에는 아주 크게 들립니다. 좀 더 한적한 교외(郊外)에서 살아가는 우리는 밤에는 국회의사당의 큰 시계 소리를 들을 수 있지만, 그 소리는 소란하고 요란한 낮에는 거의 들리지 않습니다. 영원한 음성이 시간의 소란을 뚫고 들려올 수 있는 기회를 주십시오. 하나님을 위해서, 그리고 여러분의 영혼을 위해서 영원한 일들에 대하여 지혜가 무엇이라고 가르치는지를 들어 보십시오. 오, 주여, 사랑하는 성도들에

게 은혜를 주셔서, 그들로 그들 자신의 길들을 깊이 생각하게 하셔서 그 길들을
당신의 계명으로 돌이키게 하옵소서!

3. 셋째로, 하나님께 올바르게 나아가십시오.

우리는 다윗이 우리에게 주는 세 번째 조언을 아주 간단하게 살펴보고자 하
는데, 그 조언의 요지는 하나님께 올바르게 나아가라는 것입니다: "의의 제사를
드리고." 사실, 나는 다윗이 어떤 의도로 이런 말씀을 했는지를 아주 분명하게
알지는 못하지만, 나의 해석은 이런 것입니다: "하나님께 나아가라. 하나님께서
친히 정하신 방식을 따라 하나님께 나아가라." 이스라엘이 광야에서 하나님께서
정하신 제물들을 들고서 성막으로 나아갔듯이, 그렇게 나아가라. 그들이 제물들
을 들고 나아가서 가장 먼저 했던 일은 그 제물에 안수하고 죄를 고백하는 일이었
습니다. 그러므로 여호와께 나아갈 때에는 "상하고 통회하는 마음"을 가지고 나
아가라는 것입니다: "하나님께서 구하시는 제사는 상한 심령이라"(시 51:17). 당
신의 약점들과 범죄들을 시인하고 고백하십시오. 당신의 죄들을 덮거나 변명하
려 하지 마십시오. 골방에 들어가서, 당신이 한 일들을 하나님께 고하십시오. 당
신의 마음을 그 바닥에 가라앉아 있는 찌꺼기들까지도 다 드러나도록 다 털어서
남김없이 하나님 앞에 내어놓으십시오. 당신의 교만과 불신앙, 주일을 지키지
못한 것, 당신이 정직하지 못했던 것, 당신이 거짓되게 행하였던 것, 부모님께 불
순종했던 것, 당신이 하나님의 법을 범했던 모든 일들을 남김없이 고백하십시
오. 당신이 잘못 한 일이라면 무엇이든지 다 하나님 앞에 고백하십시오. 이런 식
으로 하나님께서 당신을 받으실 수 있는 유일한 방식으로, 즉 당신의 죄를 시인
하고 고백하는 죄인으로서 하나님께 나아가십시오.

또한, 죄를 없이해 주시는 은혜를 바라는 마음으로 하나님께 나아가서, 이
렇게 기도하며 화해를 청하십시오. "저는 더 이상 이렇게 살고 싶지 않습니다.
나는 나의 반역의 병기들을 내던지고, 나의 교만의 깃털을 뽑아 버립니다. 오, 주
여, 나는 죄인으로서 당신 앞에 섰사오니, 제발 나의 죄를 사하시고, 지금도 나를
너무도 끔찍하게 지배하고 있는 저 폭군 같은 악들을 제게서 제하셔서, 다시는
내가 범죄하지 않게 하옵소서. 내가 술주정뱅이였다면, 내가 오늘부터 술잔을
들지 않도록 나를 도와주시고, 내가 거짓맹세하는 자였다면, 내 입을 깨끗하게
씻어 주셔서, 이후로는 당신께서 열납하실 만한 말밖에는 그 어떤 말도 하지 않

게 해주옵소서. 내가 부정(不貞)한 자였다면, 내 마음을 깨끗하게 하여 주셔서, 저로 하여금 내 몸을 정결하게 지킬 수 있게 해주옵소서.” 이런 식으로 통회하는 마음으로 하나님께 나아가십시오. 여러분이 참된 회개와 죄를 이기고자 하는 진실한 결심을 가지고 하나님께 가까이 나아가게 되기를 나는 간절히 바랍니다!

하지만 하나님께 나아갈 때에 가장 중요한 것은 하나님께서 친히 정하시고 준비하신 예물을 가지고 가서 드리는 것입니다. 여러분은 그것이 무엇인지를 아십니다. 하나님이 받으시는 단 하나의 “의의 제사”가 있습니다. 여러분이 그것 외에 다른 것을 들고 가면, 하나님은 여러분을 받으실 수 없습니다. 예수 그리스도를 믿는 믿음을 가지고 하나님께 나아가십시오. 속죄의 보혈에 의지해서, “자신의 사랑하는 자들을 위하여 십자가 위에서 돌아가신 나의 주여, 당신의 방황하는 자를 빌아주셔서, 딩신이 이루신 저 구원을 통하여 우리에게 주시고자 하시는 저 회개와 죄 사함을 지금 내게 허락하여 주옵소서”라고 기도하십시오. 성도 여러분, 내가 지금 전하는 말씀이 여러분의 가슴에 와 닿습니까? 그렇지 않다면, 나는 더 이상 말씀을 전하지 않고자 합니다. 내가 단지 여러분을 정죄하는 직분을 행하지 않기 위해서는 침묵하는 편이 훨씬 더 나을 테니까요. 지금까지 자신의 주님을 잊고 살아온 심령들이여, 성령께서 여러분의 마음을 강권하셔서, 여러분이 예수의 “제사”를 통해서 오늘 이 시간에 주님께 돌아오게 되시기를 빕니다. 여러분이 그리스도를 의지해서 하나님께 나아간다면, 여러분은 결코 쫓겨나지 않을 것입니다. 아버지 하나님께서는 예수의 이름을 의지하고 오는 그 어떤 죄인도 내치지 않으시고 다 받아 주십니다. 또한, 예수께서도 여러분이 자신의 이름을 의지하기를 원하십니다. 예수께서는 우리의 죄를 위한 화목제물이 되시기 위하여 기꺼이 죽으셨습니다. 여러분이 예수를 여러분의 화목제물로 받아들이게 해주시기를 하나님께 빕니다.

여러분의 하나님께로 나아오십시오. 이것은 이 시간에 여러분이 꼭 해야 하는 일입니다. 탕자처럼 “내가 일어나 아버지께 가리라”(눅 15:18)고 말하십시오. 만일 탕자가 “내가 일어나 내 형에게로 가리라”고 말하였더라면, 그는 큰 실수를 저지른 것이 되었을 것입니다. 왜냐하면, 형은 탕자의 얼굴을 보는 순간 대문을 닫아걸어 버렸을 것이기 때문입니다. 설령 형이 온유하고 너그러운 사람이었다고 하더라도, 탕자의 죄를 용서해 줄 수는 없었을 것입니다. 죄를 사해 주실 수 있는 분은 오직 아버지뿐이기 때문입니다. 그러므로 간절한 기도로 당신의 하나님께 나아가십시오. 왜냐하면, 간절한 기도는 하늘을 움직이는 법이기 때문입니다. 또한, 낮아진 마음으로 찬송하며 하나님께 나아가십시오. 왜냐하면, 당신은 아직 살아 있고, 아직 구덩이에 던져지지 않았으므로 당신에게는 기회가 주어져 있기 때문입니다. 당신의 삶 전체를 하나님을 섬기는 일에 드리겠다는 결심을 가지고, "여호와 우리 하나님이시여 주 외에 다른 주들이 우리를 관할하였사오나 우리는 주만 의지하고 주의 이름을 부르리이다"(사 26:13)라고 기도하며, 당신의 아버지 하나님께 나아가십시오.

4. 넷째로, 믿음을 발휘하십시오.

이제 나는 마지막으로 다윗의 네 번째 조언을 말씀드리고자 하는데, 이 조언은 몇 가지 점에서 넷 중에서 가장 중요합니다. 거룩한 경외심과 주의 깊게 자신을 살핌으로써 우리가 하나님을 구하게 되었을 때, 우리는 큰 교훈인 이 네 번째 조언을 실천할 준비가 된 것입니다. "여호와를 의지할지어다"는 복음의 명령의 구약적인 형태입니다. 사람이 자신의 하나님을 의지하지 않는다면 누구를 의지하겠습니까? 우리와 동류(同類)이자 피조물인 사람을 의지하는 것이 이치에 맞는 것처럼 보일 수 있습니다. 그러나 애석하게도 사람은 연약한 존재이기 때문에, 사람을 의지했다가는 영락없이 넘어지고 말 것입니다. 그러므로 피조물을 의지하는 것은 이치에 맞지 않고, 오직 창조주를 의지하라는 것이 순수한 이성의 명령입니다. 성령 하나님께서 당신을 즉시 이끄셔서 우리의 신실하신 하나님을 어린아이 같은 마음으로 믿게 해주시기를 빕니다.

"여호와를 의지하십시오." 첫째, 여호와께서는 당신을 기꺼이 받아주시고 용서해 주시며 당신을 받아들여 복 주시고자 하신다는 것을 믿고, 여호와를 의지하십시오. 당신은 절망하고 계십니까? 당신은 "내게는 아무런 소망이 없다"는 생각이 드십니까? "여호와를 의지하십시오." 당신은 "나는 잘한 것이 없으니 구원 받기는 틀렸어"라는 생각이 드십니까? 왜 그렇게 생각하십니까? "여호와를 의지하십시오." 악한 자 마귀가 당신에게 "하나님은 너를 받아주시지 않을 거야"라고 속삭입니까? 한량없이 자비로우시고 불쌍히 여기시는 마음으로 가득하신 "여호와를 의지하십시오." 여호와께서는 이렇게 말씀하십니다: "나의 삶을 두고 맹세하노니 나는 악인이 죽는 것을 기뻐하지 아니하고 악인이 그의 길에서 돌이켜 떠나 사는 것을 기뻐하노라"(겔 33:11). 분명한 것은 긍휼하심이 영원하신 여호와는 어러분이 의지하실 만한 분이시라는 것입니다.

특히 자기 아들 예수 그리스도 안에서 자신을 계시하시는 여호와를 의지하십시오. 여러분은 예수 그리스도 안에서 하나님께서 큰 글자로 우리를 사랑한다고 쓰신 것을 봅니다. 그리스도를 믿는 자들의 모든 죄를 영원히 제거하시기 위하여 유일한 속죄 제사를 준비하신 "여호와를 의지하십시오." 하나님은 의로우신 분이시고, 믿는 자를 의롭다 하시는 분이십니다. 당신이 주홍빛 같은 죄로 물든 죄인이라고 할지라도, 그리스도의 보혈이 당신을 눈보다 더 희게 만들 수 있다는 것을 믿으십시오. 신실하신 하나님의 약속 하나에 모든 것을 거는 저 무모할 정도로 담대한 믿음을 가지고서, "내가 왕에게 나아가리니 죽으면 죽으리이다"(에 4:16)라는 마음으로 하나님께 나아가십시오. 여러분이 그리스도를 의지하지 않는다면, 여러분은 망할 수밖에 없습니다. 그러므로 하나님이 준비해 놓으신 구원의 길을 두드려 보십시오. 주 예수는 믿음으로 그를 영접하는 모든 자에게 하나님이 거저 주시는 이루 말할 수 없이 귀한 선물입니다. 하나님께서 당신의 영혼의 유일한 소망인 그 선물을 당신에게 내미실 때에 담대하게 그 선물을 붙잡으십시오. 여러분이 "여호와를 의지하게" 되시기를 부탁드립니다. 그리스도의 고뇌와 핏방울이 되어 흘리신 땀을 두고, 그의 십자가와 고난을 두고, 그의 보배로운 죽으심과 장사되심을 두고, 그의 영광스러운 부활과 승천을 두고, 나는 여러분에게 "자기를 단번에 제물로 드려 죄를 없이 하시려고 세상 끝에 나타나신"(히 9:26) 하나님의 아들을 "의지하시라"고 간곡하게 청합니다.

다음으로, 성령의 역사로 말미암아 당신을 새롭게 하실 수 있으신 여호와를 의지하십시오. 무(無)에서 세상을 창조하신 영광스러운 여호와 하나님께서는 여러분에게서도 무언가를 만들어 내실 수 있으십니다. 당신이 분노에 넘겨져 있다면, 성령께서는 당신의 마음을 가라앉히시고 사랑하는 마음을 갖게 해주실 수 있으십니다. 당신이 부정(不淨)함으로 더럽혀져 있다면, 성령께서는 당신의 마음을 순전하게 해주실 수 있으십니다. 당신이 기가 죽어 있으시다면, 성령께서는 당신을 당당하게 해주실 수 있으십니다. 이 자리에는 자기는 아무것도 해낼 수 없다고 생각하는 절망에 빠진 사람이 있을 것입니다. 나는 당신에게 하나님께서 당신에게 어떤 식으로 역사하실지를 당신은 아실 수 없다고 말하고자 합니다. 하나님은 질그릇들에 하늘의 보화를 두실 수 있는 분입니다. 하나님은 당신을 하늘의 성가대원으로 세우셔서, 천사들의 음성보다 더 감미로운 당신의 음성이 그 영원한 합창 가운데서 울려 퍼질 수 있게 하실 수 있으십니다. 하나님은 이 땅에서 당신을 자신의 자녀로 삼으셔서, 자기 백성을 이끄는 자들의 반열에 세우실 수도 있으십니다. 성령께서는 당신을 새롭게 창조하시고, 당신을 죽은 자의 모습에서 일으키셔서, 모든 선한 일에서 온전케 하여 하나님의 뜻을 행하게 하실 수 있으시다는 것을 믿으십시오. 이것을 위해서 "여호와를 의지하십시오."

결국, 모든 일에서 여호와를 의지하십시오. 가엾은 죄인이여, 당신이 하나님을 의지하기 시작할 때, 그것은 주로 당신의 죄를 사함 받기 위한 것이 되겠지만, 그 은혜를 받은 후에는 당신은 모든 일에서 계속해서 하나님을 의지할 수 있습니다. 당신의 가난, 질병, 사별, 자녀, 사업 등등을 놓고 당신은 하나님을 의지하고 바라볼 수 있습니다. 당신은 일이 있을 때마다 하나님을 의지할 수 있고, 영원토록 하나님을 의지할 수 있습니다. 작은 일들에서도 하나님을 의지하시고, 큰 일들에서도 하나님을 의지하십시오. 일단 당신이 하나님의 날개 그늘 아래 들어가셨다면, 그 그늘은 당신의 모든 것을 다 감싸줄 것이기 때문에, 당신에게 속한 것들 중에서 차가운 한데에 남겨지는 것은 아무것도 없을 것입니다. 하나님을 의지하는 것은 당신이 영원히 해야 할 일입니다. 왜냐하면, "오직 의인은 믿음으로 말미암아 살게"(롬 1:17) 되어 있기 때문입니다.

마지막으로 내가 다룰 주제는 오늘날 신학교의 몇몇 교수들이 주장한 것입니다. 그들은 우리가 단순한 지적 작용에 의한 구원, 즉 단지 어떤 교리적인 진술을 믿음으로써 얻어지는 구원을 전한다고 주장합니다. 우리는 믿음으로 말미암아 의롭게 된다는 것을 아주 분명하고 확신 있게 전하지만, 그들은 이신칭의(以信稱義)를 그런 식으로 잘못 받아들이고 있습니다. 우리는 그들이 우리의 가르침을 그런 식으로 왜곡시킨 것에 대하여 책임이 없습니다. 그러나 우리는 그런 오해를 계기로 우리의 가르침을 더욱더 분명하게 밝힐 필요성을 느끼게 됩니다. 믿음이 지적 작용인 한에 있어서, 믿음은 아주 단순합니다. 그러나 믿음이 단순하다고 해서 하찮은 것이거나 사소한 것은 아닙니다. 불은 단순한 원소이지만, 측량할 수 없는 힘을 지니고 있습니다. 믿음은 사람의 인격에 영향을 미치고 삶을 정결하게 하는 아주 강력한 힘을 지니고 있습니다. 믿음은 죄를 죽이는 모든 수단들 중에서 가장 확실한 수단입니다. 사실, 믿음에는 죄를 멸절시키는 성향이 내재되어 있습니다. 믿음에 수반되고 믿음으로부터 생겨나는 도덕적이고 영적인 변화는 가장 강력한 것입니다. 영혼 속에서의 믿음의 역사(役事)는 영원토록 놀랍고 기이한 일이고 경탄할 일입니다.

어떤 사람이 주 예수 그리스도를 믿을 때, 그가 예수께서 자기를 위해 죽으심으로 자기가 구속(救贖)을 받았다는 것을 믿을 때, 그가 주 예수께서 자기를 깨끗하게 해주셨고 자기가 구원을 받았다는 것을 믿을 때, 그 믿음이 그 사람의 마음과 삶에 가져오는 결과는 결코 평범한 것이 될 수 없습니다. 하나님이 주신 확신은 그의 본성 전체에 작용합니다. 그의 마음은 하나님을 경배하고 감사하는 것으로 가득차고, 그 감사함은 강렬한 사랑을 낳고, 이 뜨거운 사랑이 하나님의 영광을 위하여 역사해서 그의 영혼을 죄로부터 깨끗하게 해줍니다. 죄 사함 받은 죄인은 이렇게 말합니다: "나의 주 예수께서 내 죄 때문에 죽으셨습니다. 그러므로 나는 그 어떤 죄도 내 마음속에 거하지 못하게 할 것입니다. 죄야, 물러가라, 영원히 물러가라." 그가 좋아하던 어떤 죄가 "나로 하여금 네 안에 머물게 해주라"고 울부짖지만, 그는 "내가 예수를 사랑하기 때문에, 그렇게 할 수 없어"라고 소리칩니다. 죄가 우리 구주(救主)를 죽였는데, 어떻게 우리가 여전히 죄와 사이좋게 지낼 수 있겠습니까? 우리는 죄를 미워하되 절대적으로 미워합니다. 죄는 "이것은 별 일 아니지 않는가"라고 속삭이지만, 감사가 넘치는 심령은 하늘에 계신 아버지께서 모든 죄를 혐오하신다는 것을 알기 때문에 작은 죄 속에 큰 악을 봅니다. 작은 죄가 주님을 찌른 창이었고, 주님으로 하여금 그 복된 이마에 피를 흘리게 만든 가시면류관을 쓰시게 만든 주범이었습니다. 그러므로 작은 죄라도 몸서리치며 버리십시오.

> "내가 알고 있던 가장 사랑하던 우상
> 그 우상이 무엇이든지 간에
> 주님, 나를 도우셔서
> 그 우상을 내 심령의 보좌에서 끌어내게 하시고,
> 오직 주만 섬기게 하옵소서."

"값없이 주신 은혜와 우리를 위해 죽으신 주님의 사랑"에 대하여 감사하는 마음보다 우리로 하여금 죄에 대한 분노와 복수심으로 더 열렬하게 타오를 수 있게 해주는 것은 없습니다. 이것은 분명히 우리를 도덕적으로 정결하게 만드는 데에 아주 강력한 도움입니다.

하나님을 믿는 믿음은 우리의 마음을 고양(高揚)시키기 때문에 우리의 심령이 가장 고상한 목적을 품게 하는 데에 효과적입니다. 자신의 행위와 노력으로 구원을 얻고자 하는 사람은 땅에서 시작해서 땅에서 끝이 납니다. 그러나 하나님을 바라보는 것이 몸에 배어 있는 것은 그 자체가 복입니다. 그것은 그 누구도 진주를 발견할 수 없는 이 거름더미 같은 타락한 인간 세상 너머를 바라보는 것을 몸에 익힌 것입니다. 그것은 당신이 바라는 것이 하나님으로부터 온다는 것을 알기 때문에 하나님을 기다리는 것입니다. 거룩한 삼위일체를 의지하면, 우리는 우리 자신이나 이 비참한 세상 속에서 발견할 수 있는 것보다 더 고상한 것들과 친숙해지는 법을 배우게 됩니다. 천국을 붙잡는 것은 우리가 거기로 나아가는 데에 도움이 됩니다. 나는 여호와를 의지하지 않는 사람들은 결코 영적인 사람들이 아니고 천국과 교류하는 사람들이 아니라는 것을 발견하게 됩니다. 그러나 그들이 멸시하는 믿음은 그 꼭대기가 하나님께 닿아 있는 사다리에 우리의 발을 올려놓을 수 있게 해줍니다.

하나님을 믿는 믿음은 하나님의 명령들에 대한 새로운 깨달음을 가져다줍니다. 우리가 하나님을 모를 때에는 하나님의 법을 읽으면 가혹하다는 생각을 하게 됩니다: "이것은 너무 엄격해. 이것은 너무 거룩해. 어떻게 우리가 이렇게 엄한 법에 순종할 수 있겠어." 그러나 우리가 하나님을 믿는 믿음을 갖게 되면, 우리의 생각이 바뀌게 되고, 하늘에 계신 우리 아버지께서 명하신 법들은 모두 우리의 유익을 위한 것임을 알게 됩니다. 하나님께서는 우리에게 해로운 것들만을 금지하시고, 진정으로 우리에게 유익이 될 것들만을 행하라고 명령하십니다. 믿음을 갖게 되면, 우리는 하나님의 법이 사랑의 지침, 즉 인생의 항해 속에서 어떤 수로를 따라 가야 하고 어떤 암초를 피해야 하는지를 적어 놓은 항해 지도임을 깨닫게 됩니다. "그의 계명들은 무거운 것이 아니로다"(요일 5:3). 하나님께서는 우리에게서 진정한 즐거움을 단 하나라도 빼앗아가지 않으시고, 우리에게 우리를 망하게 할 무거운 짐을 단 하나라도 지우지 않으십니다. 하나님의 법에 대하여 이렇게 좋은 생각을 갖게 되었다는 것은 가치관에 있어서 정말 큰 변화가 아닙니까? 그러한 변화가 그 사람의 행실에 큰 영향을 미칠 것임은 너무나 분명하지 않습니까?

여호와를 의지하는 사람은 죄가 주는 쾌락들을 새로운 관점에서 바라보게 됩니다. 왜냐하면, 그는 우리 주님께서 십자가에 달리셔서 자신의 몸으로 우리의 죄들을 담당하실 때에 그 죄들이 우리 주님에게 가한 고통들 속에서 그 죄들에 수반된 해악을 보게 되기 때문입니다. 믿음이 없는 사람은 자기 자신에게 이렇게 말할 것입니다: "이 죄는 너무나 큰 쾌감이 있는데, 내가 그 쾌감을 놓칠 이유가 뭐야? 이 열매는 '먹음직도 하고 보암직도 하고 탐스럽기도' 하니, 분명히 내가 먹어도 될 거야." 육신은 술 속에서 달콤함을 보지만, 믿음은 술잔 속에 독이 있다는 것을 금방 알아차립니다. 믿음은 풀 속에 숨어 있는 뱀을 꿰뚫어보고 경보를 울립니다. 믿음은 사망, 심판, 큰 보응, 공의로운 벌, 그리고 영원이라는 저 두려운 단어를 기억합니다. 믿음은 처음과 끝을 봅니다. 믿음은 연회가 진행되고 있는 동안에 그 연회에 참석한 자들에게 연회가 끝나고 나서 결산이 있을 것임을 상기시켜 줍니다. 믿음은 영원히 죽지 않을 헤아릴 수 없이 귀한 영혼을 내어 주고서 이 땅에서의 덧없는 즐거움들을 살 수는 없다고 느낍니다: "사람이 만일 온 천하를 얻고도 내 목숨을 잃으면 무엇이 유익하리요 사람이 무엇을 주고 내 목숨과 바꾸겠느냐"(마 16:26).

믿음은 유혹과 시험이 지닌 힘을 파괴합니다. 사탄은 "너는 지금 곤경에 빠져 있고, 여기에 그 곤경에서 빠져나올 손쉬운 길이 있다. 단지 조금만 죄를 지으면, 너는 엄청난 이익을 얻게 될 것이다"라고 말합니다. 그러면, 믿음은 "아니, 그렇지 않다. 나를 이 곤경에서 건져 주시는 것은 하나님께서 하실 일이기 때문에, 나는 마귀에게 가서 도움을 청하지 않을 것이다"라고 말합니다. 사탄은 다시 말합니다: "특별히 너만 그렇게 하는 것이 아니라, 다른 모든 사람이 그렇게 하고 있어!" 믿음은 대답합니다: "나는 하나님 외에는 그 누구와도 상관치 않을 것이고, 옳은 일 외에는 행하지 않을 것이다." 형제들이여! 사탄이 우리에게 우리가 자신의 명령대로 행하기만 하면 이 세상의 만국을 다 주겠다고 제안한다면, 참된 믿음은 "네가 내게 무엇을 줄 수 있는데? 나는 이미 그 모든 것들을 갖고 있어. 왜냐하면, 내 주 그리스도 예수 안에서 만물이 다 내 것이니까"라고 말함으로써 사탄을 당황하게 만들 것입니다. 믿음이 올바른 위치에서 믿는 자를 지배하고 있을 때, 악한 자 사탄의 온갖 악한 제안들은 그 믿음에 의해서 포착되어서, 마치 방패에 맞고 땅에 떨어지는 불화살들처럼 무력화되고 말 것입니다. 믿음의 방패가 우리를 온갖 유혹과 시험에서 지켜 줍니다.

또한, 믿음은 언제나 우리의 본성을 새롭게 해줍니다. 이것은 우리가 결코 잊지 않아야 할 사실입니다. 거듭나지 않은 사람은 하나님을 믿는 참된 믿음을 지닌 것이 아닙니다. 하나님을 믿는 믿음은 그 사람이 거듭났음을 보여주는 첫 번째 증표들 중의 하나이기 때문입니다. 지금 당신이 새롭고 거룩한 본성을 지니고 있다면, 당신은 이전과는 달리 죄악 된 것들에 대하여 더 이상 끌리지 않습니다. 당신은 전에 좋아했던 것들을 미워하게 되기 때문에, 그것들을 좇아가지 않게 될 것입니다. 당신이 이해하기 힘든 일이겠지만, 당신의 생각과 취향은 완전히 변해 있습니다. 당신은 전에는 듣기만 해도 짜증이 났던 바로 그 거룩함을 열망하게 되고, 전에는 당신에게 기쁨이고 즐거움이었던 바로 그런 일들이 혐오스러워지게 됩니다. 주께서 우리를 새롭게 하실 때에는 대충 하시다 마는 것이 아닙니다. 그것은 총체적이고 근본적인 변화입니다. 믿음에 수반된 성령의 역사가 없고, 믿음이 단지 진리에 대한 사람들의 동의에 불과한 것이라면, 우리는 그런 믿음으로 말미암은 구원을 전한다는 비난을 들어도 할 말이 없을 것입니다. 그러나 믿음은 하나님의 성령의 은혜들에 있어서 선봉이고, 심령의 방향타이기 때문에, 우리는 믿음을 하나님이 정하신 그 본래의 자리에 갖다놓는 데에 더욱더 관심을 가지고 있고, "주 예수를 믿으라 그리하면 네가 구원을 받으리라"(행 16:31)고 주저 없이 말합니다. 여러분이 그렇게 할 때, 여러분은 죄를 사랑하는 것으로부터 구원받음으로써 죄의 권세와 죄를 행하는 것으로부터 구원받게 될 것임을 기억하십시오. 형제들이여, 나는 여러분에게 오직 믿음만으로 의롭게 된다는 가르침을 전하는 것을 두려워하지 않습니다. 예수를 바라보고 생명을 얻으시기 바랍니다! 나는 죄인에게 그 모습 그대로 예수께 나아와서, 예수를 자신의 온전한 구원으로 받아들이라고 권합니다. 우리는 당신에게 당신의 죄들을 그대로 간직한 채로 천국 갈 수 있다고 말하는 것이 아닙니다. 당신의 죄가 그칠 때까지는 당신에게 천국은 있을 수 없습니다. 우리 주 예수께서 의원(醫院)을 여셨고, 온갖 종류의 병을 앓는 자들을 다 받으십니다. 그렇지만 예수께서는, 치료를 받아서 건강하게 되고자 하지 않고 계속해서 병을 지니고 있고자 하는 자들은 받지 않습니다. 예수께서 죄악 된 자들을 받으시는 것은 그들을 거룩하게 하시기 위한 것입니다. 예수께서는 그들의 본성을 변화시키시고 그들 속에 하늘의 생명을 주입시키심으로써 사람들을 구원하십니다. 그러므로 심령에 나병이 든 자들이여, 여러분을 만지셔서 깨끗하게 하실 수 있으신 분에게로 나아오십시오. 사지(四肢)가 말라 버려서 거룩하게 행할 수 없는 자들이여, 말씀 한 마디로 여러분의 사지를 회복시키실 수 있으신 분에게로 나아오십시오. 눈먼 자들이여,

이리 오십시오. 그는 여러분을 다시 보게 해주실 것입니다. 자, 죽은 자들이여, 일어나 오십시오. 그가 여러분에게 생명을 주실 것입니다. 회개와 죄 사함은 그가 부활 승천하셔서 주고자 하시는 한 쌍의 선물입니다. 지금 그에게 나아오셔서, "그의 충만한 데서 받으십시오"(요 1:16).

여기에 모인 많은 사람들을 보노라면 죽음에 관한 생각이 내게 끊임없이 밀려옵니다. 채 한 주간이 지나기도 전에 여러분 중에서 누군가는 죽음을 맞게 될 것이니까요. 머지않아 당신의 육신은 잔디 아래에 누워 있게 될 것이고, 당신의 영혼은 영원한 곳에 있게 될 것입니다. 그리고 때가 되면, 당신은 당신이 살아온 과거를 모두 다 다시 떠올리게 될 그런 곳에 서게 될 것입니다. 당신에 관한 모든 것들이 기록된 책들이 펼쳐지게 될 것이고, 당신은 그 책들에 기록된 것들을 따라 심판을 받게 될 것입니다. 당신은 그 날에 큰 소리로 읽혀질 "여호와 앞에 있는 기념책"에 어떤 기록을 남기셨습니까! 불경건한 자들이여, 당신들은 그때에 어떻게 할 것입니까? 그리스도를 거부한 죄인이여, 당신은 온 세상이 모인 가운데에 당신의 죄상(罪狀)이 낱낱이 큰 소리로 읽혀지게 하고 싶으십니까? 만일 내가 이 강단에서 당신이 과거에 저지른 죄들 중에서 몇 가지를 큰 소리로 읽는다면, 당신은 일어나서 나가지 않으실 것입니다. 당신이 그런 식으로 행동하면, 그런 죄들을 지은 사람이 당신이라는 것을 스스로 밝히는 것이 될 테니까요. 그러나 당신은 속으로 몹시 화를 낼 것입니다. 하물며, 모든 사람의 눈이 지켜보는 가운데 하나님의 손에 의해 당신의 죄상이 낱낱이 다 발가벗겨진다면, 당신은 어떻게 그것을 견딜 수 있겠습니까? 이 세상에서 살아가는 동안에 잘 치장해서 감춰왔던 당신의 진면목이 다 드러났을 때의 저 수치심과 영원한 경멸을 당신은 어떻게 감당할 수 있겠습니까? 그런데 당신의 지난날의 모든 죄상이 다 깨끗하게 지워질 수 있다면, 그것은 이루 말할 수 없이 고맙고 감사한 일이 될 것입니다. 죄 사하시는 주님으로부터 모든 것을 사면 받는 것은 얼마나 기쁜 일입니까! 당신이 그리스도 예수를 믿음으로써 본성의 변화를 받아 새로운 삶을 살다가 마지막 날에 심판대 앞에 섰을 때에 하나님이 예수 안에서 당신을 받아 주신다면, 그것은 얼마나 큰 복이겠습니까! 예수께서 오실 때, 그의 미소가 만유를 밝힐 때, 그가 하나님의 천사들 앞에서 당신을 시인하실 때, 당신의 기쁨은 어떠하겠습니까! 지금 여기에서 당신이 낮아지신 그와 함께한다면, 장차 당신은 높아지신 그와도 함께하게 될 것입니다. 당신이 지금 이 아랫 세상에서 그를 사랑하고 섬긴다면, 장차 당신은 그의 보좌에 앉아서 영원토록 그와 함께 다스리게 될 것입니다. 당신이 그를 위하여 얼마만큼의 환난을 겪었던지 간에, 그 고난은 그때에 당신에게 주어질 "크고 영원한 영광의 중한 것"(고후 4:17)에 비하면 아무것도 아니게 될 것입니다. 당신을 공격하는 죄를 피하기 위해 당신이 겪은 마음고생과 심령의 고통이 얼마였던지 간에, 당신이 그런 고생과 고통이 당신을 영원히 온전하게 한 것을 볼 때에 그것은 다 당신의 기쁨이 될 것입니다. 우리가 사랑하는 예수님의 얼굴을 보는 복을 받은 것만으로도 그 곳은 우리에게 천국이 될 것입니다. 나는 지금 당장에라도 이 연약한 육신을 벗어 버리고서 내 영혼의 신랑 되시는 이에게로 가서 함께 있고 싶은 마음이 간절합니다.

> "내 눈이 그 날에 그를 보리라,
> 나를 위해 죽으신 하나님.
> 다시 살아난 나의 모든 뼈들이 말하리라.
> 주여, 주와 같은 이가 어디 있으리이까."

하나님의 은혜로 말미암아 여러분과 내가 후일에 이 땅에 다시 서게 되실 우리의 구속주를 뵙게 되기를 기원합니다. 아멘.

제
5
장
—

기쁨, 영원한 기쁨

—

"그러나 주께 피하는 모든 사람은 다 기뻐하며 주의 보호로
말미암아 영원히 기뻐 외치고 주의 이름을 사랑하는 자들은
주를 즐거워하리이다." — 시 5:11

"여호와께서 애굽 사람과 이스라엘 사이를 구별하는 줄을 너희가 알리라"
(출 11:7). 하나님께서는 옛적에 자신의 영원한 경륜 속에서 이런 "구별"을 하셨
고, 그런 구별은 은혜 언약의 곳곳에서 나타납니다. "여호와께서 자기를 위하여
경건한 자를 택하신 줄 너희가 알지어다"(시 4:3). 그러나 성경은 "오만한 자들이
주의 목전에 서지 못하리이다 주는 모든 행악자를 미워하시며"(시 5:5)라고도 말
씀합니다. 믿는 여러분은 이스라엘 집에 속한 사람들이고, "약속대로 유업을 이
을 자들"(갈 3:29)입니다. 왜냐하면, 믿음의 사람들은 믿음의 조상 아브라함의 진
정한 자손이기 때문입니다. 여러분은 자신의 거룩한 삶을 통해서 그런 차이를
나타내 보여야 합니다. "너희는 그들 중에서 나와서 따로 있고 부정한 것을 만지
지 말라"(고후 6:17). 여러분의 영혼이 늘 기뻐하는 것을 통해서 그런 차이를 나
타내십시오. 악취가 나는 염려와 걱정이 여러분을 잠식하지 못하게 하십시오.
성경은 "그 날에 나는 내 백성이 거주하는 고센 땅을 구별하여 그 곳에는 파리가
없게 하리니"(출 8:22)라고 말씀합니다. 하나님의 진노의 심판이 무차별적으로
임할 것이라고 두려워하거나 걱정하지 마십시오. 성경은 "이스라엘 자손들이 있
는 그 곳 고센 땅에는 우박이 없었더라"(출 9:26)고 말씀합니다. 주의 종들은 왕

의 옷을 입고 있고, 그 옷은 그 가장자리가 기쁨으로 장식된 최상품의 옷감으로 만들어져 있습니다. 여러분은 거룩한 성품과 영혼의 기쁨을 둘 다 나타내 보여야 합니다. 이 두 가지가 우리 안에 있고 풍성하게 존재한다면, 그것은 우리가 열매 맺지 못하는 자들이 아님을 증명해 주는 것입니다. 우리에게는 불신자들을 지배하고 있는 불안과 확연히 대비되는 기쁨이 주어져 있습니다. 애굽 온 땅에 짙은 어둠이 삼일 동안 임해서, "그 동안은 사람들이 서로 볼 수 없으며 자기 처소에서 일어나는 자가 없으되 온 이스라엘 자손들이 거주하는 곳에는 빛이 있었더라"(출 10:23)고 성경은 말씀합니다. 마찬가지로, 주께서 여러분에게 기쁨의 빛을 주셨다면, 여러분의 얼굴은 그 기쁨으로 빛나는 것이 마땅합니다. 하나님께서 빛 가운데에 계시는 것처럼 여러분이 빛 가운데서 걷는다면, 여러분은 사람들 앞에 나서서, 사람들로 하여금 여러분의 얼굴에서 빛을 보고, 여러분이 예수와 함께 있어서, 그에게서 그의 거룩하심은 물론이고 그의 은혜로운 평안함도 배웠다는 것을 알게 하십시오. "주 안에서 항상 기뻐하라(빌 4:4). 여러분의 주께서는 여러분의 기쁨이 충만하게 되기를 원하십니다. 주께서는 여러분에게 "빼앗을 자가 없는" 기쁨을 주십니다. 그 기쁨은 주께서 우리에게 물려주신 유산입니다. "평안을 너희에게 끼치노니 곧 나의 평안을 너희에게 주노라 내가 너희에게 주는 것은 세상이 주는 것과 같지 아니하니라 너희는 마음에 근심하지도 말고 두려워하지도 말라"(요 14:27).

오늘 아침 내가 전할 말씀의 주제는 기쁨, 믿음의 기쁨, 하나님을 믿는 믿음이라는 뿌리에서 맺어지는 성령의 열매인 기쁨입니다. 여러분이 이 시간에 단지 그 기쁨에 대하여 듣는 자들이 되는 것이 아니라, 지금 그리고 늘 그 기쁨을 누리는 자들이 되시기를 빕니다! 기쁨에 대하여 읽고 듣고 생각하는 것은 즐거운 일이지만, 믿음으로 말미암아 기쁨과 평안으로 충만하게 되는 것은 훨씬 더 만족할 만한 일입니다. 나는 여러분이 기쁨이 솟아나오는 샘을 보지만 말고, 그 샘 깊은 곳에서 솟아나오는 기쁨의 생수를 직접 마시게 되시기를 바랍니다. 그렇습니다. 일주일 내내, 한 달 내내, 일년 내내, 여러분의 남은 생애 동안 내내, 그리고 이 세상에서만이 아니라 영원토록 이 기쁨의 생수를 마시게 되시기를 바랍니다. "이스라엘은 자기를 지으신 이로 말미암아 즐거워하며 시온의 주민은 그들의 왕으로 말미암아 즐거워할지어다"(시 149:2).

1. 첫째로, 믿는 자들에게 주어지는 기쁨은 어떤 기쁨입니까?

본문을 읽습니다: "주께 피하는 모든 사람은 다 기뻐하며 주의 보호로 말미암아 영원히 기뻐 외치고 주의 이름을 사랑하는 자들은 주를 즐거워하리이다"(시 5:11).

우리가 이 기쁨과 관련해서 첫 번째로 주목해야 할 것은 그 기쁨은 주께 피하기만 하면 누구에게나 차별 없이 주어지는 기쁨이라는 것입니다: "주께 피하는 모든 사람은 다 기뻐하며." 이 기쁨은 건강한 자들만이 아니라 병든 자들을 위한 것이기도 하고, 성공한 자들만이 아니라 실패한 자들을 위한 것이기도 합니다. 이 기쁨은 새를 자기 수중에 넣은 자들만이 아니라 수풀에 있는 새를 단지 보고만 있는 사람들을 위한 것이기도 합니다. "모든 사람"이 다 기뻐하게 하라. 당신의 믿음이 적다고 할지라도, 당신이 "주께 피하여" 주를 의지하고 있기만 하다면, 당신에게는 기뻐할 권리가 있습니다. 물론, 믿음이 적은 당신이 누릴 수 있는 기쁨은 당신의 믿음이 더 큰 경우에 느끼게 될 기쁨보다는 작을 것이지만, 그래도 여전히 당신의 믿음이 진실하다면, 그 믿음은 당신이 기쁨을 누릴 수 있는 확실한 근거가 됩니다. 하나님의 은혜 안에 있는 소자(小子)들이여! 어린 믿음을 지닌 자들이여! 당신이 믿은 지 얼마 되지 않아서 애석하게도 당신의 믿음이 여린 것을 느낀다고 할지라도, 기뻐하십시오. 왜냐하면, 주께서는 자기를 경외하는 자들에게는 그들이 "큰 자이든 작은 자이든" 상관치 않으시고 다 복을 주실 것이기 때문입니다. "버러지 같은 너 야곱아"(사 41:14). "적은 무리여 무서워 말라"(눅 12:32). 이 기쁨은 갓난아이들이 먹는 젖과 같고, 그 속에 뼈가 없는 고기 같은 기쁨입니다. 왜냐하면, 주께서는 그 기쁨에 그 어떤 슬픔도 섞어놓지 않으시기 때문입니다. 무리 중의 작은 자들이 이 기쁨을 얻기 위해서 하나님의 깊은 것들을 알려고 자신을 괴롭힐 필요가 없습니다. 왜냐하면, 어린 양들이 얼마든지 건널 수 있는 단순한 진리의 얕은 시내 속에 기쁨이 있기 때문입니다. 주께서 주시는 기쁨은 연약한 자들이 먹기 힘든 딱딱한 것이 아니라 누구나 먹을 수 있는 부드럽고 연한 것입니다. 거대한 만(灣)을 가득 채우고 있는 바로 그 동일한 큰 바다의 물이 작은 샛강들로도 흘러들어갑니다. "주께 피하는 모든 사람은 다 기뻐하라." 이런저런 일로 걱정이 많은 당신이여, 당신은 기뻐해야 합니다! 낙심하여 풀이 죽어서 얼굴을 들고 다니지 못하는 당신이여, 그럼에도 불구하고 당신은 노래하는 법을 배워야 합니다. 이제 그만 포기하고 싶은 당신이여, 당신은 마지막 남은 보루 위에서 춤을 춰야 합니다. 약한 마음을 지닌 당신이여, 당신은 당신을 위하여 음악을 연주해야 합니다. 주께 피하는 사람들이 주 앞에서 기뻐하기를 원하는 것이 바로 성령의 마음입니다.

다음으로, 이 기쁨은 대상과 관련해서 차별이 없는 것과 마찬가지로 시간과 관련해서도 변함이 없는 기쁨입니다. 본문은 "영원히 기뻐 외치고"라고 말씀합니다. 비록 오후가 되어서는 울적해지긴 했지만 적어도 아침에는 기뻤다고 생각하며 자신을 위로하고 만족하려 하지 마십시오. 때때로 기뻐하는 것으로 만족하지 마시고, 변함없이 늘 기뻐하는 것을 목표로 삼으십시오. 부흥회에 가서는 기쁘고 행복했다가 집에 가서는 우울해하는 것으로는 충분하지 않습니다. 우리는 "늘 찬송하고 싶은" 마음이 되어 살아가야 합니다. 믿는 자에게는 차고 넘치게 위로를 받아야 할 이유가 차고 넘치게 있습니다. 하나님의 성도가 기뻐해야 할 대단한 이유가 없는 그런 때는 결코 존재하지 않습니다. 그가 염려할 정당한 이유가 발견될 때까지는 결코 의심하거나 걱정하지 않는다면, 그는 결코 의심하거나 걱정하지 않게 될 것입니다. "주 안에서 항상 기뻐하라 내가 다시 말하노니 기뻐하라"(빌 4:4). 왜 그렇습니까? "항상 기뻐하라"는 말씀으로 충분했을 것 같은데, 사도는 왜 "다시 말하노니 기뻐하라"는 말씀을 덧붙이고 있는 것일까요? 그렇습니다. 사도는 우리가 기뻐하고 계속해서 기뻐하며, 점점 더 많이 기뻐하기를 바란 것입니다. 형제들이여, 여러분의 기쁨을 점점 더 키워 가십시오. 여러분은 주님으로부터 복을 받은 자들이고, 주님의 복은 "영원한 산이 한 없음 같이"(창 49:26) 그렇게 무한대로 이어집니다.

다음으로, 여러분의 기쁨을 나타내십시오. 본문은 "영원히 기뻐 외치고"라고 말씀합니다. "외치는" 것은 열정적으로 표출하는 것입니다. 사람들은 승리를 얻었을 때, 노략물을 나눌 때, 추수한 것을 집으로 가져갈 때, 포도주 틀을 밟을 때, 술잔을 비울 때에 그렇게 외쳤습니다. 믿는 자들이여, 여러분은 가눌 수 없는 기쁨에 북받쳐서 "기뻐 외치는" 것이 마땅합니다. 일부 광신자들은 소리를 지르며 외칩니다. 우리는 그들을 막을 마음은 없지만, 그들이 왜 소리를 지르며 외치는지 그 이유를 더 잘 알고 그렇게 했으면 좋겠습니다. 형제들이여, 여러분은 여러분이 믿고 있는 분이 누구신지, 여러분이 무엇을 믿고 있는지, 여러분의 기쁨의 깊은 근원이 무엇인지를 알기 때문에, 그런 것들을 알고 있는 여러분은 점잔을 빼고 침묵하실 필요가 없습니다. "성전에서 소리 질러 호산나 다윗의 자손이여"

했던 "어린이들"(마 21:15)을 본받으십시오. 그들은 아는 것이 별로 없었지만, 많이 사랑했기 때문에, 이렇게 소리를 질러서, 자신들이 사랑했던 예수를 찬송한 것이었습니다. "주께 피하는 모든 사람은 다 기뻐 외치라." 그러한 열정이 많은 사람들의 마음속에 잠재해 있는 신앙심을 일깨워서 그들을 구원으로 이끌게 될 것입니다. 어떤 그리스도인들은 충분히 선한 사람들이어서, 양초들과 같지만, 거기에 불이 켜져 있지 않습니다. 제발, 거기에 불을 붙이십시오! 그럴 때에 그들은 주위에 빛을 퍼뜨릴 수 있게 될 것이고, 그렇게 해서 자신의 가족들을 섬길 수 있게 될 것입니다. "기뻐 외치십시오." 왜 기뻐 외치지 않으시는 것입니까? 질서를 중시하는 사람들은 남들이 그렇게 외치는 것을 가로막지 마십시오. 어느 날 나는 어떤 사람이 "당신의 설교를 들으면 내가 외치지 않으면 안 될 것처럼 느껴집니다"라고 말하는 것을 들었습니다. 친구여, 당신이 외쳐야 될 것처럼 느껴진다면, 외치십시오. [여기에서 한 청중이 "영광을!"이라고 외쳤다.] 우리의 한 형제가 "영광을!"이라고 외치셨습니다. 나도 "영광을!"이라고 외칩니다. 물론, 공적인 예배에서 늘 외쳐야 하는 것은 아닙니다. 늘 그렇게 외쳤다가는, 깊이 침잠해서 말씀을 듣는 것이 방해를 받게 될 테니까요. 그러나 열정에 찬 기쁨으로 주께 영광을 돌리는 외침이 주변의 사람들의 생명을 깨어나게 하는 그런 때와 장소가 있습니다. 우리는 주님을 찬양하는 외침을 많이 억제하지만, 불경건한 자들은 하나님을 모독하는 발언을 우리의 절반도 억제하지 않습니다. 그들이 어떻게 하느냐구요? 그들은 밤중에 집으로 돌아가면서 하나님을 모독하는 섬뜩한 말들을 고래고래 질러댑니다. 여러분은 자신의 마음속에서 솟아나는 성결한 기쁨을 밖으로 표출해 보지 않으시겠습니까? 우리에게는 축일들과 주일들이 있고, 우리는 그 날들에 기뻐 외치며 찬송하고, 심지어 믿지 않는 자들조차도 "주께서 그들을 위해 큰 일들을 행하셨도다"라고 말합니다.

　이 기쁨은 다양한 변주(變奏)로 반복되는 기쁨입니다. 사람들은 음악을 들을 때에 같은 곡조가 서로 다른 방식으로 연주되는 것을 듣는 것을 좋아합니다. 여러분에게 주어진 기쁨도 그렇습니다. 본문은 "기뻐하며 … 영원히 기뻐 외치고 … 주를 즐거워하리이다"라고 말씀합니다. 참된 기쁨에는 단조로움이 없습니다. 쾌락은 즐길수록 점점 무디어지지만, 참된 기쁨은 누릴수록 점점 더 생생해집니다. 하늘의 기쁨이 솟아나는 샘은 최고입니다. 그 물은 늘 신선하고 깨끗하고 생기가 넘치고, "영생하도록"(요 6:27) 솟아납니다. 기쁨의 한 줄기 빛 속에는 수많은 빛깔들이 섞여 있습니다. 어떤 때에 그 기쁨은 영광의 무게 아래에서 차분하고 조용히 앉아 있습니다. 내가 경험한 그 기쁨은 소금기 어린 눈물방울들이 아니라 달콤한 눈물을 비오듯 쏟아내며 웁니다. 여러분은 주 안에서 여러분에게 주어진 기쁨으로 말미암아 한 번도 소리내며 울어 보신 적이 없습니까? 기쁨은 어떤 때에는 말로 표현하기 어려울 정도로 너무 벅차올라서 기절할 지경까지 가기도 하고, 어떤 때에는 천사들이 부르는 것 못지않은 찬송으로 터져 나오기도 합니다. 찬송은 기쁨을 표현하는 자연스러운 언어이지만, 종종 침묵이 기쁨에 훨씬 더 잘 어울리는 때도 있습니다. 우리가 조용히 있든 외치든, 우리 주님의 발 앞에 죽은 자처럼 엎드려 있든 잔잔한 기쁨 가운데서 우리 주님의 품에 기대어 있든, 우리의 기쁨은 그리스도 안에 있습니다.

이 기쁨은 논리에 맞는 기쁨입니다. 내가 어린 시절에 학교에 가서 「'왜'와 '때문에'」(*Why and Because*)라는 책에서 배운 것이 기억납니다. 사람이 어렸을 때에 배운 것들은 기억 속에 잘 간직이 되기 때문에, 나는 "때문에"라는 단어가 들어가 있는 문장을 좋아합니다. 마침 본문도 그렇게 되어 있습니다: "주의 보호로 **말미암아 영원히 기뻐 외치고**"(직역하면, "주께서 그들을 보호하시기 때문에 그들은 영원히 기뻐 외치리이다" — 역주). 감정이 논리에 의해서 불이 붙는 것은 아니지만, 이유들을 설명하는 글들은 불을 붙이기 위한 연료를 제공해 줍니다. 사람은 자신의 슬픔을 설명할 수는 없어도 슬플 수 있고, 자기가 기뻐하는 이유들을 댈 수는 없어도 크게 기뻐할 수 있습니다. 하나님을 믿는 사람들의 기쁨은 확고한 토대를 갖고 있습니다. 그 기쁨은 아무런 토대나 근거도 없이 환상 속에서 만들어진 기쁨이 아닙니다. 믿음의 기쁨은 로뎀나무로 만들어진 숯들처럼 타오르지만, 믿는 자들은 자신들이 기뻐하는 이유가 무엇이고 기뻐하는 것이 왜 옳은지를 차분하게 설명할 수 있습니다. 기뻐하는 신자는 망상에 사로잡힌 정신 나간 사람이 아닙니다. 그는 자신의 모든 기쁨을 설명해 줄 수 있는 "이유"를 가지고 있고, 그것은 그가 밤중에 침상에서 곰곰이 생각해 보면 알 수 있는 이유이고, 그를 비웃는 세상을 향하여 자신을 변호하기 위해 제시할 수 있는 이유입니다. 우리에게는 우리가 몹시 기뻐할 수밖에 없는 타당한 이유가 있습니다: "여호와께서 우리를 위하여 큰 일을 행하셨으니 우리는 기쁘도다"(시 126:3). 철학자들은 음악이 없어도 행복할 수 있고, 성도들은 주변 환경이 어떠하든지 행복할 수 있습니다. 기쁨으로 우리는 조상 야곱이 판 우물보다 더 깊고 충만한 우물에서 물을 긷습니다. 우리의 기쁨은 세상 사람들이 느끼는 두려움만큼이나 이치에 맞는 것입니다.

다시 한 번 말해두지만, 이 행복은 마음의 문제입니다. 본문은 "주의 이름을 사랑하는 자들은 주를 즐거워하리이다"라고 말씀합니다. 우리는 하나님을 사랑합니다. 나는 내가 "주님 모든 것을 아시오매 내가 주님을 사랑하는 줄을 주님께서 아시나이다"(요 21:17)라고 말할 수 있는 많은 사람들 앞에서 말씀을 전하고 있는 것으로 믿습니다. 그것은 정말 행복한 감정이 아닙니까? 눈에 눈물이 고인 채로 "나의 하나님 나도 당신을 사랑합니다"라고 말하는 것보다 무엇이 더 달콤할까요? 아무것도 묻지 않고 아무 말도 하지 않은 채로 가만히 앉아서 오직 그 영혼이 하나님을 사랑하는 것, 이것이 하늘로부터 온 사랑이 아니겠습니까? 측량할 수 없이 깊고 말로 표현할 수 없는 사랑이 우리의 영혼 속에 있고, 우리는 그 깊은 곳에서 기쁨이라는 진주를 발견합니다. 우리의 마음이 너무나 기쁜 대상이신 영원히 찬송 받으실 하나님께 붙잡혀 있을 때, 우리의 마음은 그 어떤 것과도 비교할 수 없는 강렬한 기쁨을 느낍니다. 우리의 전 존재가 하나님을 경배하고 찬양하는 사랑 속에 깊이 잠겨 있을 때, 천국이 물줄기처럼 우리에게 내려오고, 우리는 영광에 충만하여 이루 말할 수 없는 기쁨으로 기뻐하게 됩니다. 나는 거룩한 사람들이 누리는 지극히 풍성한 것들을 제대로 표현하고 있지 못하다고 느낍니다. 여러분 중에는 이런 것들에 대하여 저만큼 알고 계시거나, 더 많이 알고 계시는 분도 많으실 것입니다. 그러나 지금 이 순간에도 내 영혼은 주님을 찬양하고, 나의 구주 하나님을 즐거워합니다. 나는 이 많은 무리 앞에서 말씀을 전하기에 합당하지 않고 자격도 없다고 느끼지만, 본문은 내게 큰 공감을 불러일으킵니다. 왜냐하면, 나는 "여호와를 기뻐하고 즐거워하기" 때문입니다.

> "오, 영원히 변치 않는 기쁨이 내게 있으니
> 그 기쁨은 하나님이 주신 순전한 기쁨이라네.
> 예수께서 내게 내가 그의 것이라 말씀하시고
> 나의 사랑하는 이가 나의 것이라네."

여러분이 지금 이 시간 주님 앞에 앉아서 여러분의 영혼에서 나오는 사랑이 하나님과 그의 아들 예수 그리스도를 향하여 흘러나가고 있고, 동시에 하늘의 기쁨이 여러분의 영혼 속으로 흘러들어오는 것을 느낀다면, 이 형편없는 설교자가 여러분의 귀에 아무리 서툴게 말씀을 전한다고 해도, 그것은 큰 문제가 되지 않을 것입니다. 왜냐하면, 여러분의 영혼은 주께서 친히 말씀하시는 것을 듣게 되실 것이고, 여러분 속에 천국이 흘러넘치게 될 것이기 때문입니다.

2. 둘째로, 우리가 살펴볼 것은 거룩한 기쁨의 근거와 이유입니다.

나는 이 문제를 다룰 수밖에 없습니다. 왜냐하면, 나는 앞에서 신자의 기쁨은 논리에 맞는 것이고, 사실들을 근거로 제시하여 변호할 수 있는 것이라고 말하였고, 또한 실제로 그러하기 때문입니다.

첫 번째는, 신자의 기쁨은 그가 의지하는 하나님으로부터 생겨난다는 것입니다: "주께 피하는 모든 사람은 다 기뻐하며." 여러분의 영혼이라는 비둘기가 수많은 힘겨운 방황을 끝내고 마침내 방주로 돌아오고, 노아가 "손을 내밀어 방주 안 자기에게로 받아들였을" 때(창 8:9), 저 가엾고 지친 피조물은 행복해집니다. 노아의 손에 받아들여져서 그의 품에 둥지를 틀게 되었을 때, 여러분의 영혼은 지극한 안도감과 지극한 평화를 느끼게 됩니다. 거친 물들과의 힘겨운 씨름을 했던 일들은 온데간데없이 잊혀지고, 오직 지금의 평안한 쉼이 얼마나 소중한지를 느끼게 해준 보조도구쯤으로 여겨지게 됩니다. 이렇게 여러분이 하나님께 "피할" 때, 여러분의 영혼은 진정으로 쉴 수 있는 곳을 발견한 것입니다. 어린 병아리는 두려워서 이리 뛰고 저리 뜁니다. 암탉은 그 병아리를 불러서, 자신의 포근한 날개로 감싸 줍니다. 여러분은 병아리들이 암탉의 날개 아래로 들어가서 그 깃털 사이로 작은 머리를 내밀고서 아주 귀엽게 밖을 보며 삐약삐약 하며 재잘거리는 것을 보신 적이 있습니까? 암탉의 품이 병아리의 천국입니다. 그 곳에 있으면, 병아리는 완벽하게 행복합니다. 그 이상의 만족은 있을 수 없을 것입니다. 그 병아리의 본성 전체는 기쁨으로 꽉 차 있습니다. 이것이 여러분이 누리는 기쁨입니다. "그가 너를 그의 깃으로 덮으시리니 네가 그의 날개 아래에 피하리로다 그의 진실함은 방패와 손 방패가 되시나니"(시 91:4). 내 본성은 하나님 안에서 안식할 때에 그 본성이 필요로 하는 것들을 공급받고 그 본성이 원하는 모든 것들에 대하여 만족을 얻게 됩니다. 당신이 그리스도 예수 안에서 하나님께 피한 적이 한 번도 없으시다면, 당신은 진정한 행복이 무엇인지를 알지 못하는 것입니다. 당신이 런던의 모든 극장들을 다 찾아다니고, 모든 음악당들, 클럽들, 술집들을 다 섭렵한다고 해도, 당신은 그것들이 주는 환락이나 쇼나 술 등 그 어떤 것 속에서도 행복을 발견하지 못할 것입니다. 참된 기쁨은 살아 계신 하나님이 계시는 곳에만 있고, 다른 곳에는 없습니다. 당신의 집에 하나님이 계신다면, 그 집이 비록 단칸방이고 당신의 식사가 보잘것없는 것이라고 할지라도, 왕궁이 아니라 바로 당신의 집이 천국입니다. 오직 하나님께로만 피하시고 하나님만을 의지하십시오. 그리하면, 당신의 기쁨은 결코 부족하지 않게 될 것입니다.

다음으로, 우리의 기쁨은 주께서 우리를 위해 행하시는 일로부터 생겨납니다. 본문은 이렇게 말씀합니다: "주의 보호로 말미암아 영원히 기뻐 외치고." 하나님께서는 그 누구의 공격으로부터도 자기 백성을 언제나 보호해 주십니다. "여호와는 너를 지키시는 이시라"(시 121:5). 천사들은 우리의 경호원들이고, 섭리는 우리의 보호자이지만, 자신이 택하신 자들을 지키시는 분은 바로 하나님 자신이십니다. "너는 밤에 찾아오는 공포와 낮에 날아드는 화살과 어두울 때 퍼지는 전염병과 밝을 때 닥쳐오는 재앙을 두려워하지 아니하리로다"(시 91:5-6). 그 어떤 요새도 하나님이 자신의 구속 받은 자들을 지켜주시는 것만큼 그 군사들을 지켜주지 못합니다. 우리의 구원의 하나님께서 우리를 모든 화(禍)와 재앙으로부터 지켜 주실 것입니다. 하나님께서 우리의 영혼을 지켜 주실 것입니다. "군대가 나를 대적하여 진 칠지라도 내 마음이 두렵지 아니하며 전쟁이 일어나 나를 치려 할지라도 나는 여전히 태연하리로다"(시 27:3).

다음으로, 우리의 기쁨은 우리 하나님을 향한 우리의 사랑에서 생겨납니다. 본문은 "주의 이름을 사랑하는 자들은 주를 즐거워하리이다"라고 말씀합니다. 여러분이 하나님을 사랑하면 사랑할수록, 여러분은 더욱더 하나님을 기뻐하게 될 것입니다. 어머니가 자신의 아기를 몹시 기뻐하는 것은 그 아기에 대한 어머니의 모성애가 아주 크기 때문입니다. 그녀의 아기는 그녀의 사랑이기 때문에 그녀의 기쁨이 됩니다. 우리가 예수를 더 사랑하게 된다면, 우리는 예수 안에서 더 행복하게 될 것입니다. 여러분은 이 둘 간의 상관관계를 볼 수 없을지도 모릅니다. 그러나 이 둘 간에는 아주 밀접한 상관관계가 있어서, 그리스도를 향한 사랑이 적으면 그리스도 안에서 누리는 기쁨도 적어지고, 그리스도를 향한 사랑이 크면 그리스도 안에서 누리는 기쁨도 커집니다. 하나님께서 그리스도로 하여금 우리 안에 충만하게 하셔서 우리로 충만한 기쁨을 누릴 수 있게 해주시기를 빕니다. 내가 전하는 말씀을 알아들을 수 있으시겠습니까? 어떤 사람이 그리스도 안에서 하나님께로 나아가서 "이 구주가 나의 구주이시고, 이 아버지가 나의 아버지이시며, 이 하나님이 영원히 나의 하나님이십니다"라고 고백할 때, 그는 모든 것을 갖게 되고, 그의 속에서 기쁨이 충만하게 될 수밖에 없습니다. 그는 자신의 과거에 대하여 두려움을 갖지 않습니다. 하나님께서 그의 모든 죄를 사해 주셨으니까요. 그는 현재에 대해서도 아무런 괴로움이 없습니다. 주께서 그와 함께 하시니까요. 그는 장래에 대해서도 걱정하지 않습니다. 왜냐하면, 주께서 이미 "내가 결코 너희를 버리지 아니하고 너희를 떠나지 아니하리라"(히 13:5)고 말씀해 주셨기 때문입니다. 여러분이 본문을 이해하고 실천에 옮긴다면, 여러분은 최고의 행복과 가장 순전한 기쁨의 기름을 얻게 될 것입니다. 자신의 곳간을 기쁨으로 여기는 사람은 그 곳간이 비어 버릴 날을 보게 될 것이고, 술통에 기쁨을 두는 사람은 그 술통이 비어 버릴 날을 보게 될 것입니다. 자신의 자녀들을 기쁨으로 여기는 사람은 그 기쁨이 무덤에 묻히는 것을 보게 될 것입니다. 자기 자신에 기쁨을 두는 사람은 자신의 아름다움이 시들어가는 것을 보게 될 것입니다. 그러나 하나님께 기쁨을 두는 사람은 "아래로 깊은 샘"에서 마시는 사람입니다. 그 샘은 늘 흘러넘칠 것이고, "여름에도 겨울에도 그러할" 것입니다(슥 14:8).

우리는 지금까지 신자의 기쁨이 솟아오르는 저 깊은 근원들에 대하여 살펴보았는데, 나는 이 기쁨이 우리에게 오는 것은 믿음으로 말미암는 것이라는 말을 덧붙이고자 합니다. 믿음은 기쁨의 근원들을 발견하게 해줍니다. 나는 지금 여러분 중에서 믿음을 지닌 분들께 말씀을 드리고 있습니다. 여러분은 그리스도를 처음으로 믿었을 때에 여러분이 구원 받은 것을 아셨고, 여러분의 죄가 사함 받았다는 것을 아셨습니다. 그리고 얼마 후에 여러분은 하나님께서 창세 전에 여러분을 택하셨다는 것을 깨닫게 되었습니다. 아, 전에 하나님께서 여러분에게 나타나사 "내가 영원한 사랑으로 너를 사랑하기에 인자함으로 너를 이끌었다"(렘 31:3)고 말씀하셨을 때에 여러분의 영혼은 얼마나 기뻐하셨습니까! 저 영광스러운 택정(擇定) 교리는 믿음으로 그 교리를 받는 사람들에게는 찌꺼기 없이 잘 걸러진 포도주와 같아서, 세상이 전혀 알지 못하는 새롭고 강렬한 지극한 기쁨을 가져다줍니다. 여러분은 하나님께서 여러분을 택하셨다는 사실을 알고 난 후에, 더 나아가서 여러분이 의롭다 하심을 받게 된 것을 보게 되었습니다: "부르신 그들을 또한 의롭다 하시고"(롬 8:30). 칭의는 얼마나 큰 보배입니까! 하나님께서는 그리스도 안에서 신자를 마치 그가 결코 범죄하지 않은 자인 것처럼 의롭게 보신다는 것입니다. 신자는 온전한 의를 덧입게 되고, 사랑하는 자 그리스도 안에서 하나님께 받아들여집니다. 우리가 제대로 이해하기만 한다면, 이신칭의 교리는 우리에게 얼마나 큰 기쁨인지 모릅니다. 또한, 우리가 그리스도와 연합되어 있다는 것을 아는 것도 얼마나 큰 복입니까! 신자들은 그리스도의 몸의 지체들, 그의 살과 뼈들입니다. 그리스도께서 살아 계시기 때문에, 우리도 살게 될 것입니다. 우리가 예수와 하나가 되어 있다니! 이것은 얼마나 놀라운 발견입니까! 또한, 하나님이 우리를 양자 삼으신 사실도 우리의 기쁨을 충만하게 해줍니다. "사랑하는 자들아 우리가 지금은 하나님의 자녀라"(요일 3:2), "자녀이면 또한 상속자 곧 하나님의 상속자요 그리스도와 함께 한 상속자니"(롬 8:17). 이렇게 믿음은 우리의 기쁨이라는 불에 쓸 연료를 계속해서 제공해 줍니다. 왜냐하면, 믿음은 하나님의 말씀 속에서 우리의 기쁨의 근원이 될 것들을 계속해서 찾아주기 때문입니다. 여러분이 성경을 더 열심히 살피고, 하나님께 더 가까이 살아갈수록, 여러분은 하나님이 자기를 경외하는 자들을 위해 준비해 두신 저 큰 선하심을 더욱더 풍성하게 누리게 될 것입니다. 비록 "하나님이 자기를 사랑하는 자들을 위하여 예비하신 모든 것은 눈으로 보지 못하고 귀로 듣지 못하지만," 하나님께서는 "오직 성령으로 이것을 우리에게 보이서서"(고전 2:9-10), 곡물과 포도주를 풍성히 거둘 때보다도 더 큰 기쁨을 우리의 마음속에 두십니다.

　나아가, 믿음은 하나님의 말씀들을 해석하는 기쁨을 줍니다. 믿음은 하나님이 우리에게 주신 두렵고 무시무시한 꿈이 사실은 우리에게 기쁜 일이라는 것을 알도록 해석해 주는 선지자입니다. 믿음은 우리에게 손해가 되는 것 같은 온갖 일들이 사실은 우리에게 유익이 되는 일들임을 알게 해주고, 우리에게 슬픔이 되는 것 같은 온갖 일들이 사실은 우리에게 기쁜 일들임을 알게 해줍니다. 성경을 제대로 읽어 보십시오. 그리하면, 여러분은 환난 중에 있는 하나님의 자녀는 더 큰 복을 향하여 나아가고 있는 중임을 알게 될 것입니다. 믿음은 환난을 소망 중에 바라볼 수 있게 해줍니다. 다윗의 경우처럼, 우리에게도 죄에 대한 징계로 슬픈 일이 우리에게 닥칠 수 있습니다. 믿음은 성경 속에서 "주께서 그 사랑하시는 자를 징계하시고 그가 받아들이시는 아들마다 채찍질하심이라"(히 12:6)는 말씀을 읽습니다. 이 세상에서 하나님의 자녀들과 더불어서 징계를 받는 것이 내세에서 "세상과 함께 정죄함을 받는"(고전 11:32) 것보다 더 낫지 않습니까! 또한, 믿음은 하나님께서 어떤 사람으로 하여금 자기 자신과, 하나님과, 약속들을 더 잘 알게 하시기 위하여 그 사람에게 환난을 보내기도 하신다는 것을 발견합니다. 믿음은 마치 불이 무엇이 정금이고 무엇이 잡된 금속인지를 드러내 주는 것처럼, 환난도 어떤 사람의 진면목을 그대로 드러내 주는 시험(試驗)으로서 아주 귀한 것임을 알게 됩니다. 믿음은 이토록 귀한 시험을 기뻐합니다. 믿음은 하나님의 진리를 면밀히 살펴서, 하나님께서 그리스도인의 삶을 성장시키기 위해서도 환난을 보내신다는 것을 알아냅니다. 믿음은 이렇게 말합니다: "아, 그렇구나! 환난을 주신 하나님께 감사합니다. '무릇 징계가 당시에는 즐거워 보이지 않고 슬퍼 보이나 후에 그로 말미암아 연단 받은 자들은 의와 평강의 열매를 맺는'(히 12:11) 것이로구나." 믿음은 온갖 쓴 잔 속에서 달콤한 사랑을 봅니다. 믿음은 하늘의 우체국으로부터 검은 봉투를 받을 때마다 그 봉투 속에 보화가 들어 있다는 것을 압니다. 하나님이 보내신 검은 말들이 우리 문 앞에서 울 때, 그 말들은 우리에게 갑절의 복을 가져다줍니다. 바로 이 순간에 "고난 받는 것이 내게 유익"이라는 사실에 대한 나의 이 무조건적인 증언을 여러분이 받아들이시기를 내가 하나님의 종으로서 간곡히 부탁드립니다. 내가 환난의 손길 아래 있지 않았을 때에는 나의 영적인 삶과 지식과 능력은 거의 성장하지 않았습니다. 나는 나의 문을 열고서 고통과 질병과 슬픔을 향하여 이렇게 말합니다: "이리로 들어오라. 너희가 복을 남기고 떠나간다는 것을 나는 잘 안다. 십자가들이여, 내게로 오라. 너희는 늘 면류관들로 변하지 않느냐." 이렇게 믿음은 환난을 즐거워하고, 역경이라는 사자(lion) 속에서 기쁨의 꿀을 발견합니다. 지금까지 나는 우리에게 고난은 다윗의 경우처럼 징계이기도 하고, 아브라함의 경우처럼 하나님의 은혜를 발견하게 하기 위한 것이기도 하고, 욥의 경우처럼 시험이기도 하다고 말씀드렸습니다. 그리고 고난은 바울의 경우처럼 예방적인 것일 수도 있습니다. 바울은 이렇게 썼습니다: "여러 계시를 받은 것이 지극히 크므로 너무 자만하지 않게 하시려고 내 육체에 가시 곧 사탄의 사자를 주셨으니 이는 나를 쳐서 너무 자만하지 않게 하려 하심이라"(고후 12:7). 하나님께서 자기 백성에게 환난과 고난을 주시는 것은 다 그들을 사랑하시기 때문이고, 다른 동기가 없습니다. 하나님께서 포도나무에 날카로운 칼을 대서서 가지들을 치시는 이유는 오직 그 포도나무로 하여금 열매를 맺게 하시기 위한 것입니다. 하나님께서 자기 자녀가 다윗처럼 "나는 종일 재난을 당하며 아침마다 징벌을 받았도다"(시 73:14)라고 부르짖을 때까지 회초리로 때리신다면, 그것은 오로지 그 자녀의 유익을 위한 것입니다. 즉, 그로 하여금 자신의 겪는 고통을 통해서 순종을 배우게 하기 위한 것입니다. 신자에게는 "모든 것이 합력하여 선을 이룹니다"(롬 8:28). 그래서 믿음은 슬픔 자체를 기쁨으로 해석합니다.

또한, 믿음은 지극히 큰 약속들을 믿습니다. 이것은 또다른 기쁨의 샘들을 열어 줍니다. 이 아침에 내가 여러분에게 그 약속들을 일일이 다 전할 수는 없지만, 하나님의 책은 그런 약속들로 넘쳐납니다. 어떻게 하나님께서 이제까지 말씀해 주신 것보다 더 많은 말씀을 해주실 수 있으시겠습니까? 하나님의 약속들은 차고 넘치고, 차고 넘칠 뿐만 아니라 아주 다양하며, 다양할 뿐만 아니라 확실하고, 확실할 뿐만 아니라 풍요롭습니다. "보배롭고 지극히 큰 약속"(벧후 1:4). 나는 "믿음 은행의 수표책"이라는 글을 쓸 때 일 년 365일 하루마다 하나님의 약속 한 가지씩을 찾아내서 써넣는 데 아무런 어려움이 없었고, 도리어 그 약속들을 추려내는 데 어려움을 겪었습니다. 하나님의 약속들은 영원토록 거룩한 곡조를 울려 퍼지게 할 우리의 대제사장의 옷들에 달린 방울들과 같습니다. 어떤 사람이 하나님의 약속 한 가지를 믿음의 손으로 붙잡아서 그것을 가지고 하나님께로 나아갈 때, 그는 기뻐하고 즐거워해야 합니다. 약속의 자녀들은 모두 다 이삭, 즉 "웃는 자"로 불리는 것이 마땅합니다. 왜냐하면, 하나님께서는 약속을 따라 살아가는 사람으로 하여금 반드시 웃게 해주셨기 때문입니다. 사람이 약속한 것들을 믿고 살아가다가는 굶어죽기 십상이지만, 하나님의 약속들을 믿고 살아가는 것은 골수를 윤택하게 해줄 것들로 가득한 기름진 것들을 먹고 살아가는 것입니다.

특히, 믿음은 영원한 상을 바라보는 눈을 가지고 있습니다. 믿음은 장차 주어질 것들을 기대하며 기뻐합니다. 믿음은 불신자들이 숲에 있다고 말하는 새들이 자신의 수중에 있다는 것을 압니다. 우리가 장차 영광 중에 그리스도와 함께 할 것이라는 소망은 우리를 부끄럽게 만들지 않을 소망이고, 믿음은 그 소망으로 기뻐합니다. 우리의 소망은 꿈이 아닙니다. 우리가 오늘 여기에 있는 것이 확실하듯이, 그리스도께 피한 우리가 머지않아 천국에 있게 되리라는 것도 확실합니다. 왜냐하면, 그리스도께서 자기가 있는 곳에 우리도 있어서 자기의 영광을 볼 수 있게 되도록 기도하시기 때문입니다. 저 복된 날을 미루고자 하지 마십시오. 우리의 혼인날이 미루어졌으면 좋겠습니까? 여러분은 그렇게 되기를 바라지 않을 것입니다. 신랑 되신 주님, 속히 오셔서 우리를 데려가옵소서! 우리의 머리가 면류관을 쓰고, 우리의 손이 승리의 종려나무 가지를 흔들 때가 곧 올 것임을 아는 것은 우리에게 얼마나 큰 기쁨이겠습니까! 형제들이여, 이것은 나에게만 해당되는 것이 아니라, 여러분, 그리고 주님께서 다시 오시기를 사모하는 모든 사람들에게 해당됩니다. 의로우신 재판장께서 여러분에게 주시려고 준비해 두신 생명의 면류관이 있습니다. 그러니 잠시만 인내하시고 묵묵히 자신의 십자가를 지십시오. 이 길을 걷는 동안에 만나는 난관들을 견디십시오. 끝이 거의 보입니다.

> "이 길은 험하지만 멀지 않네.
> 소망으로 이 길을 평탄케 하고
> 찬송으로 즐거운 길이 되게 하세."

　주께서 우리에게 믿음의 귀를 주셔서, 우리로 시간의 물소리 저 너머에서 들려오는 천국의 종소리를 듣게 하옵소서.

　믿음이 늘 기뻐하는 이유는 하나님이 늘 동일하시고 그의 약속들이 동일하며 그 약속을 이루실 그의 능력과 뜻이 동일하기 때문입니다. 변함없으신 하나님 속에서 우리는 우리가 기뻐해야 할 변함없는 이유들을 발견합니다. 하나님의 우물에서 물을 길으면, 우리가 날마다 물을 길어도 샘이 조금도 마르지 않는다는 것을 우리는 발견할 것입니다. 그러나 우리의 기쁨이 조금이라도 피조물들과 환경들에 의해서 좌우된다면, 우리는 우리의 기쁨이 저수조의 틈새들을 통해서 새어나가는 것을 발견하게 될 것입니다. 지난 주일 아침에 나는 여러분에게 "두 발을 반석 위에! 두 발을 반석 위에!"라고 외쳤는데, 그 말씀을 듣고 한 가엾은 심령이 하나님을 전심으로 믿는 믿음의 능력을 실험해 보고자 하는 마음을 먹게 되었답니다. 그것이 기쁨으로 나아가는 길이고 다른 길은 없습니다. 여러분의 샘에서 물을 마시고 다른 샘들을 찾으려고 밖으로 나가 돌아다니지 마십시오. 여러분에게 주님만으로 부족합니까? "나의 모든 신선한 샘들이 주께 있습니다"라고 말하는 것으로 부족합니까? 당신이 당신의 기쁨을 오직 하나님 안에서 발견한다면, 생명이나 죽음이나 가난이나 질병이나 사별이나 비방이나 사망 그 자체도 당신의 기쁨을 없앨 수 없습니다.

3. 셋째로, 이 기쁨을 얻지 못하는 이유들에 대하여 살펴보겠습니다.

"당신이 우리에게 신자들에게는 기쁨이 있고 기뻐해야 할 논리적인 이유들이 있다고 말하는 것은 아주 좋습니다만, 신자들 중 일부는 너무나 무덤덤하고 다른 사람들 속에서 무덤덤함을 만들어 냅니다"라고 말하는 분이 계실 것입니다. 나는 일부 그리스도인들이 그러한 반론을 위한 빌미를 제공해 주고 있다고 생각하기 때문에, 여기에서 이 문제에 대해서 아주 조심스럽게 말하지 않을 수 없습니다.

나는 반론을 제기하기를 좋아하는 분들께 이렇게 묻지 않을 수 없습니다: 당신들은 이 기쁨에 대하여 무엇을 알고 계십니까? 당신들은 불신자입니까? 만약 그렇다면, 당신들은 이 문제를 논하거나 판단할 자격이 없습니다. 당신들은 신자들의 슬픔에 대해서 알지 못하고, 신자들의 기쁨에 끼어들 수 없습니다. 당신들에게는 영적인 분별력이 없는데, 어떻게 당신들이 영적인 것들에 대하여 판단할 수 있겠습니까? 참된 신자는 천사들처럼 행복할 수 있지만, 당신들은 그 비밀 속에 들어가 있지 않기 때문에 그 신자의 기쁨을 알 수 없습니다. 당신들에게는 신령한 마음이 없고, 육신적인 마음은 신령한 것들을 분별할 수 없습니다. 나는 당신들이 이 문제에 대하여 말할 때에는 숨을 죽이며 말하라고 권합니다. 한 맹인이 왕립미술원에 가서 거기에 걸려 있는 그림들에 대하여 비평을 한다고 해도, 그의 비평은 별 가치가 없습니다. 당신들이 신령한 것들에 대하여 말할 때에도 사정은 마찬가지입니다. 당신들은 하늘에 속한 것들에 대해서는 외인(外人)들이기 때문에, 주 안에서의 기쁨이 어떤 것인지를 알지 못합니다.

안타깝게도, 신학교의 일부 교수들도 단지 신자인 체하는 사람들일 뿐이고 그들 속에 주 안에서의 기쁨이 없습니다. 그들은 자신들의 위장이 그럴 듯하게 보이게 하기 위하여, 심각한 얼굴을 하고서 아주 엄숙하게 말해야 할 필요성이 있다고 생각할 뿐만 아니라, 심지어 사람들을 절망하게 만드는 말들도 거침없이 쏟아냅니다. 기독교 신앙과 관련해서 그들은 검은 색이 천국의 색깔이라고 생각합니다. 그러나 사랑하는 친구들이여, 우리는 외식하는 자들이 일어나는 것을 막을 수 없습니다. 그런 현상은 단지 참된 신앙이 가치 있는 것임을 보여주는 증거일 뿐입니다. 여러분은 어느 날 밤에 10실링짜리 위조 금화를 받으신 적이 있으시지요? 그럴 때, 여러분은 "10실링짜리 금화는 모두 다 가짜야, 나는 이제부터 절대 10실링 금화를 받지 않을 거야"라고 말하셨습니까? 물론, 그렇게 말하지 않으셨을 것입니다. 여러분은 좀 더 조심스럽게 살피게 되셨을 것입니다. 왜냐구요? 여러분은 진짜 10실링짜리 금화들이 유통되고 있다는 것과, 만일 진짜 금화들이 없다면, 그런 가짜 금화들이 나돌지 않을 것임을 너무나 잘 알고 있기 때문입니다. 참된 그리스도인들이 없다면, 외식하는 자들이 참된 그리스도인인 체 위장한다고 해도, 그들은 별 수지가 맞지 않을 것입니다. 그러므로 당신들은 외식하며 우는 자들을 보고서 참된 신자들을 비방하지 않는 것이 좋습니다.

다음으로, 일부 사람들은 체질적으로 슬퍼하는 자들이라는 것을 기억하십시오. 그들은 태어나자마자 울었고, 이가 날 때에도 울었으며, 그 이후로 쭉 울어 왔습니다. 그들의 영혼은 대단히 우울한 상태에 있지만, 하나님의 은혜가 그들의 심령 속에 들어갈 때, 그 은혜는 그들을 매우 고양시켜서, 그들로 하여금 상당한 정도의 기쁨을 느끼게 만들어 줍니다. 하나님의 은혜가 없었다면, 그들이 어떠하였을지를 한 번 생각해 보십시오. 그들 중 많은 사람들이 믿음을 가지지 않았다면 절망 가운데서 죽고 말았을 것입니다. 하나님의 은혜가 그들을 붙잡아준 것입니다. 만일 그렇지 않았다면, 그들은 살 이유를 찾지 못했을 것입니다. 간이 좋지 않은 사람, 소화가 잘 안 되는 사람, 신경질적인 사람이 있는 것은 안타까운 일이기는 하지만, 실제로 그런 사람들이 존재합니다. 여러분은 그런 사람들을 책망할지라도 한편으로 그들을 불쌍히 여겨야 합니다. 물론, 그런 사람들이 자신들은 그런 사람이라는 것을 내세워서 자신의 불신앙을 정당화하는 것은 옳지 않습니다. 그러나 우리는 종종 마음은 진정으로 원하지만 육신이 약한 경우가 있다는 것을 기억하여야 합니다.

행복하지 않은 그리스도인들을 만났을 때, 여러분은 그들이 아주 힘든 환난 가운데에 있어서 단지 잠시 위축되어 있는 것이라는 생각을 해보신 적이 없습니까? 여러분이 거의 언제나 청명한 날씨를 자랑하는 프랑스 남부 지방에 가서 단지 이틀 동안 머무를 기회가 있었는데, 때마침 이틀 내내 비가 왔다고 합시다. 그랬다고 해서, 여러분이 그 지방은 매일 비가 오는 음울한 곳이라고 말한다면, 그것은 불공평한 말이 될 것입니다. 마찬가지로, 그리스도인들은 잠시 극심한 환난이나 압박 아래 있을 수 있지만, 그 때가 지나면 다시 큰 기쁨 중에 있게 됩니다. 나는 그리스도인들이 기쁨을 잃어버린 것에 대하여 변호하고자 하는 것이 아니라, 단지 대부분의 사람들에게는 일 년 중에 개구리들이 우는 11월이 있기 마련이라는 것을 말하고자 하는 것입니다. 어떤 사람의 하루의 모습을 보고 판단하지 마시고, 그의 영혼의 모습을 거시적으로 관찰하여서, 그가 과연 대부분의 날 동안에 하나님을 기뻐하고 즐거워하는지를 보십시오.

나아가, 나는 성도들이 별로 기뻐하지 않는 것 같다고 비난하는 사람들에게 아주 뼈아픈 말을 한 가지 하고자 합니다. 당신들이 바로 그들을 그렇게 만들고 있는 주범이라는 생각은 안 해보셨습니까? 무정하고 까다로우며 악한 술주정뱅이 남편이 "내 아내는 신앙을 가지더니 슬프고 구질구질한 삶을 살고 있어"라고 말합니다. 과연 그렇습니까? 그녀의 삶을 슬프고 구질구질하게 만든 것이 그녀의 신앙입니까? 그렇지 않습니다. 그 주범은 그녀의 남편입니다! 당신은 20명의 사람들을 충분히 불행하게 만들 수 있습니다. 당신은 당신이 어떤 사람인지를 압니다. 그러므로 당신의 아내의 눈에 눈물이 고여 있다면, 아내를 탓하지 마십시오. 당신의 아내는 당신이 지옥으로 내려가게 되고 자기와 영원히 헤어지게 될 것을 생각할 때마다 당신을 많이 사랑하기 때문에 슬퍼하는 것입니다. 어떤 비뚤어진 소년이 "엄마는 가련해"라고 말합니다. 그 말은 전혀 이상한 말이 아닙니다. 만일 그 소년이 내 아들이었다면, 나도 그 아들에게 가련해 보였을 것입니다. 여러분 중의 누가 불경건한 삶을 살고 있다면, 당신의 부모는 당신이 멸망으로 치닫는 것을 보면서 가슴 아파할 것입니다. 당신이 다른 사람을 가련하게 만들어 놓고서는 그 사람이 가련해 보인다고 그 사람을 탓한다면, 그것은 얼마나 가증스러운 일이겠습니까? 당신이 구원 받기만 한다면, 당신의 어머니의 얼굴이 얼마나 밝아지겠습니까! 당신의 아버지가 자기 아들이 주께로 돌아오는 것을 본다면, 그는 봄날의 새들처럼 행복해할 것입니다. 그런데도 당신이 자신의 잘못을 깨닫지 못하고 아버지나 어머니를 탓하고 다닌다면, 그것은 스스로를 고소하는 일이 될 뿐입니다.

당신이 일부 그리스도인들이 행복하지 않다고 말한다면, 당신은 많은 그리스도인들이 아주 행복하다는 것을 인정해야 하지 않겠습니까? 한번은 새로운 신앙을 전파하고자 하는 열망을 지닌 한 광신자가 나를 찾아왔습니다. 상당수의 사람들은 새로운 빛이 들어갈 수 있는 틈새를 지니고 있고, 이 사람은 나를 자신의 새로운 신앙으로 바꾸고자 했습니다. 나는 그 사람의 말을 다 들은 후에 "제가 당신의 말을 들어주었으니, 이제 당신이 내 말을 들어주시겠습니까"라고 그에게 말했습니다. 내가 언약의 하나님의 사랑 속에서 나의 몫과 분깃에 대하여, 그리고 그리스도 안에서 신자의 안전함에 대하여 그에게 얘기하자, 그는 "목사님, 당신이 그 모든 것을 믿는다면, 당신은 세상에서 가장 행복한 사람이 되어 있어야 합니다"
라고 말했습니다. 나는 그의 추론이 옳다는 것을 인정하고서, "나는 세상에서 가
장 행복한 사람이고, 일생 동안 점점 더 행복해질 것입니다"라고 말하자, 그는
다소 놀라는 표정이었습니다. 어떤 사람이 창세 전부터 하나님의 택하심을 받은
사람이고, 그리스도의 보혈로 말미암아 구속함을 받은 사람이고, 성령에 의해서
새롭게 소성(蘇醒)되어서 그 심령이 새롭게 된 사람이고, 그리스도와 하나가 되
어서 천국 길을 가는 사람인데도, 행복하지 않다면, 그는 행복하여야 합니다. 사
랑하는 친구들이여, 행복은 우리의 분깃이기 때문에, 우리는 차고 넘치게 기뻐
해야 마땅합니다. "여호와를 자기 하나님으로 삼는 백성은 복이 있도다"(시
144:15).

하나님의 백성이 종종 행복하지 않다면, 그들의 믿음이 그들을 불행하게 만든
것이 아닙니다. 그들에게 물어보십시오. 당신이 믿고 있는 것이 당신을 불행하게
만든 것이 아니라, 당신의 믿음이 부족한 것이 당신을 불행하게 만든 것이 맞습
니까? 어떤 사람이 의심하기 시작하면, 그는 슬퍼지기 시작하지만, 그의 믿음이
계속되는 한, 그에게는 기쁨이 있습니다. 오, 우리에게 더 큰 믿음을 주옵소서.
믿음은 기쁨을 만들어 냅니다. "이미 믿는 우리들은 저 안식에 들어가는도다"(히
4:3)라는 말씀은 모든 반론들에 대한 대답이 됩니다.

4. 넷째로, 차고 넘치게 기뻐해야 할 이유들을 살펴보겠습니다.

나는 우리의 기쁨이 풍성할 수밖에 없는 이유들을 짚어보는 것으로 말씀을
끝맺고자 합니다. 여러분은 어떤 사람을 설득해서 기뻐하게 할 수는 없지만, 그
를 행복하게 만들어줄 것들을 바라보라고 설득할 수는 있습니다.

먼저, 여러분은 본문 속에서 하나님께서 우리에게 기쁨을 허락하신 것을 볼 수
있습니다: "주께 피하는 모든 사람은 다 기뻐하며." 본문은 여러분에게 기쁨의
잔치에 들어갈 수 있는 입장권을 줍니다. 여러분은 마음껏 행복해도 됩니다. 여
러분에게는 "기뻐 외치는" 것이 하나님에 의해서 허락되어 있습니다. 행복의 내
밀한 성소가 저기에 있습니다. 여러분은 "내가 들어가도 될까요?"라고 외칩니다.
여러분이 믿음으로 "주께 피하는 모든 사람은 다 기뻐하며"라는 말씀을 붙잡는
다면, 얼마든지 들어갈 수 있습니다. 어떤 사람이 묻습니다: "그러나 내가 행복
할 수 있을까요? 내가 기뻐해도 될까요? 내가 정말 그래도 되나요? 나를 위한 기

쁨이 존재할까요?" 당신은 "주께 피하고" 계십니까? 그렇다면, 당신은 빛의 땅에서 걸어다닐 통행권을 갖고 계시는 것입니다.

본문은 단지 허락일 뿐만이 아니라 **명령**이기도 합니다. 본문이 "기뻐 외치며"라고 말씀할 때, 그것은 하나님께서 그들에게 그렇게 하라고 **명령**하고 계신다는 것을 의미합니다. 하나님으로부터 행복하라는 명령을 받는 그런 신앙을 지닌 사람은 복 있는 사람입니다: 자, 너희 슬퍼하는 자들아, 기뻐하라! 너희 불만을 품고 불평하는 자들아, 그 움막집에서 나와서, 왕의 궁정으로 들어가라! 너희의 거름더미에서 떠나서 너희의 보좌들로 오르라! 주님의 명령은 이것입니다: "주 안에서 항상 기뻐하라 내가 다시 말하노니 기뻐하라"(빌 4:4).

본문은 허락이자 명령일 뿐만이 아니라 기도입니다. 다윗이 그렇게 기도하고 있고, 주 예수께서 다윗을 내세워서 그렇게 기도하고 계십니다: "주를 기뻐하고 주 안에서 기뻐하라." 그 얼굴빛을 우리에게 비추셔서 우리로 하여금 기뻐하게 해 달라고 기도하도록 우리에게 명하신 주님께서 우리의 그런 기도를 들어주시지 않으실 리가 있겠습니까? 다윗이 기도했던 것처럼, "주의 구원의 즐거움을 내게 회복시켜 주소서"(시 51:12)라고 여러분의 기쁨을 위해 기도하십시오.

우리는 본문을 약속으로 읽을 수도 있습니다: "주께 피하는 모든 사람은 다 기뻐하게 되리이다." 하나님께서는 신자들에게 기쁨과 즐거움을 약속하고 계십니다. 신자들을 위해서 빛이라는 씨앗이 뿌려져 있습니다. 하나님은 그들의 밤을 낮으로 바꾸실 것입니다.

내가 아래에서 아주 짤막하게 얘기하게 될 그 이유에 귀 기울이십시오. 당신은 기뻐하고 즐거워할 때에만 제대로 행하고 있는 것입니다. 당신이 하나님의 택하신 사람이고 그리스도의 피로 구속 받은 사람이며 천국의 상속자가 되었다면, 당신은 기뻐하는 것이 마땅합니다. 우리는 당신이 본성과 이성을 거슬러 행하지 않으시기를 기도합니다. 하나님의 크고 보배로운 진리들에 대항하는 무모한 짓을 하지 마십시오. 당신이 고백한 것들에 의하면, 당신은 기뻐할 수밖에 없습니다.

당신이 행복하다면, 당신의 대적들은 몹시 혼란스러워하고 당혹해할 것입니다. 당신은 "여호와 앞에 잠잠하고 참고 기다리라"(시 37:7)는 말씀을 따르십시오. 그러나 대적들의 공격은 잔인할 것입니다. 의심할 여지 없이 그렇습니다. 그러나 주께서 이 모든 것을 다 아십니다. 주를 의지하는 것을 멈추지 마십시오.

당신의 마음이 하나님의 사랑으로 충만하다면, 당신은 원수가 당신에게 퍼붓는 모든 것을 쉽게 감당할 수 있습니다.

당신 안에 기쁨이 충만하게 하십시오. 그래야만 당신은 주변 사람들에게 가장 선하게 처신할 수 있게 될 것입니다. 어떤 사람이 불행하면, 통상적으로 그는 다른 사람들도 불행하게 만듭니다. 비참한 삶을 사는 사람은 일반적으로 불친절하고 때로 불의를 저지릅니다. 심기가 불편하면, 사람은 자신의 하인들이나 아내나 자녀에게서 흠을 찾아내고 트집을 잡습니다. 사람이 자기 자신과 화목하게 되면, 그는 다른 사람들과도 화목하게 지낼 수 있게 됩니다. 당신의 안을 올바르게 하십시오. 그리하면, 당신의 밖도 올바르게 될 것입니다. 좋은 성품을 만드는 최고의 묘약들 중의 하나는 하나님과 늘 교제함으로써 그 마음이 늘 기쁨을 갖게 되는 것입니다.

또한, 당신이 행복하다면, 당신은 능력 있게 될 것입니다: "여호와로 인하여 기뻐하는 것이 너희의 힘이니라"(느 8:10). 당신이 당신의 신앙 속에서 기쁨을 잃어버린다면, 당신은 하나님의 일꾼으로 일하기가 어렵게 될 것입니다. 당신은 강력하게 증언할 수 없고, 혹독한 시련을 견뎌낼 수 없으며, 능력 있는 삶을 영위할 수 없습니다. 당신이 기뻐하는 정도에 비례해서, 당신은 주 안에서 그리고 주를 위해 능력 있게 일할 수 있게 될 것입니다.

당신의 기쁨이 충만할 때, 당신은 사람들에게 신앙의 매력적인 면을 보여줄 수 있다는 것을 아십니까? 나는 외투를 재봉된 곳들이 다 드러나게 뒤집어서 입고 다니고 싶지 않습니다. 일부 광신자들은 늘 그렇게 입고 다닙니다. 어떤 훌륭한 교수님이 사람들로부터 그의 신앙이 그의 모습과 어울리지 않는 것처럼 보인다는 말을 들었습니다. 경건은 고문(拷問)하는 것이 아닙니다. 당신이 신앙 때문에 그런 고문을 당해야 한다고 느끼는 것처럼 행하지 마십시오. 그것은 먹지 않아도 될 약을 먹는 것과 같습니다. 어떤 것이 당신에게 메스꺼운 약처럼 느껴진다면, 당신은 독약을 먹은 것이고, 그 독기운이 당신에게 퍼지고 있을 가능성이 큽니다. 참된 경건은 쓴 약과 같다고 믿지 마십시오. 즐거워하는 것이 경건에 가깝습니다. "금식할 때에 너희는 외식하는 자들과 같이 슬픈 기색을 보이지 말라 그들은 금식하는 것을 사람에게 보이려고 얼굴을 흉하게 하느니라 내가 진실로 너희에게 이르노니 그들은 자기 상을 이미 받았느니라 너는 금식할 때에 머리에 기름을 바르고 얼굴을 씻으라"(마 6:16-17). 경솔하고 변덕스러운 것을 뿌리뽑

되, 기쁨을 배양하십시오. 그렇게 할 때, 여러분은 예수를 따르고자 하는 다른 사람들을 얻게 될 것입니다.

당신이 늘 기뻐한다면, 그것은 하늘의 곡조를 노래하고 있는 것임을 기억하십시오. 우리는 머지않아 그 곳으로 가게 될 것이기 때문에, 우리는 하늘의 천사들이 부르는 노래에 대하여 무지한 자가 되지 않아야 합니다. 내가 천국에 가서 많은 사람들 틈을 비집고 들어가서 내 자리에 앉았는데, 천국의 성가대장이 내게 "너는 네가 부를 대목을 아느냐"라고 물었을 때에, "저는 세상에 있을 때에 주 안에서 전혀 기쁨이 없었기 때문에 그런 노래를 한 번도 불러본 적이 없습니다"라고 대답할 수밖에 없는 처지가 되고 싶지 않습니다. 나는 천국의 성가대장에게 "예, 나는 오래 전부터 '어린 양은 합당하시도다'(계 5:12)라고 노래해 왔습니다"라고 대답하게 될 것이라고 생각합니다.

> "난 그 노래를 여기에서 시작하고 싶네.
> 　내 영혼이 날아오르네.
> 　하늘의 곡조를 타고
> 　뜨거워진 내 심령이 하늘에 오르네."

기쁨으로 우리는 노래 중의 노래, 천국의 노래를 부르는 연습을 합니다. 우리는 지금 여기에서 여호와의 보좌 앞에서 기쁨으로 예를 올립니다. 우리는 여호와께 기쁜 찬송을 올려드리고, 우리가 존재하는 한 그 찬송을 계속해서 올려드릴 것입니다. 천국의 성가대장이여, 그 악보를 내게 주셔서, 저로 하여금 내 목소리에 맞게 베이스든 테너든 알토든 소프라노든 내 파트를 맡아 노래하게 하소서. 그 노래의 기본 조(調)는 하나님 안에서의 기쁨입니다! 우리에게 어떤 파트가 맡겨지든, 그 노래는 모두 예수를 위한 것입니다.

여러분 중에 예수 그리스도 안에서 한 번도 기뻐해 보지 못한 사람이 있다면, 그의 보혈로 씻음을 받음으로써 오늘 그를 찬송하는 법을 배우게 되시기를 빕니다. 당신이 오래 전부터 예수 그리스도를 찬송해 왔다면, 지금부터 영원까지 당신에게 주어진 악보를 더 잘 보고, 그 노래를 더 잘 부르는 법을 배우게 되시기를 빕니다. 아멘.

제
6
장

—

돌이키든지 불타든지

—

"사람이 회개하지 아니하면 그가 그의 칼을 가심이여 그의
활을 이미 당기어 예비하셨도다." — 시 7:12

본문은 "사람이 회개하지 아니하면 그가 그의 칼을 가심이여"라고 말씀합니다. 하나님께서는 "칼"을 가지고 계시고, 사람이 범한 죄로 인해서 사람을 벌하실 것이라는 말씀입니다. 이 악한 세대는 하나님에게서 그 공의의 칼을 뺏으려고 애써 왔습니다. 그들은 하나님이 결코 "악과 과실과 죄를 벌하지" 않으실 것이고, "벌을 면제해" 주실 것임을 그들 자신에게 증명하기 위해 애써 왔습니다. 200년 전에 설교 강단에서 선포된 말씀은 주로 두려움을 주는 말씀이었습니다. 설교 강단은 마치 시내 산과 같아서, 백스터(Baxter)나 번연(Bunyan)의 입술을 통해서 하나님의 무시무시한 진노의 음성이 거기에서 우렛소리처럼 울려나왔고, 신자들은 다가올 심판에 관한 경고의 말씀들로 가득찬 무시무시한 설교들을 들었습니다. 청교도의 선조들 중 일부는 자신들의 목회 사역에서 하나님의 두려우심을 지나치게 부각시키는 쪽으로 너무 치우쳤던 것 같습니다. 그러나 우리가 살고 있는 시대는 하나님의 그러한 두려우심을 다 잊어버리고자 해왔고, 하나님이 사람들의 죄로 인해서 사람들을 벌하실 것이라는 말씀을 우리가 전하면, 사람들은 우리가 사람들을 위협해서 신앙을 갖게 만들고자 한다고 비난합니다. 우리가 사람들에게 죄는 필연적으로 멸망을 초래할 수밖에 없다고 신실하고 정직하게 말하면, 사람들은 우리가 그들에게 겁을 주어서 선을 행하게 하고자 한다

고 말합니다. 하지만 우리는 사람들이 우리를 조롱하며 우리에 대하여 무엇이라고 말하든 개의치 않고, 단지 사람들이 범죄할 때에 그들은 벌을 받게 될 것이라고 말해 주는 것이 우리의 본분임을 느낍니다. 세상이 그 죄를 포기하고자 하지 않는 한, 우리는 경고의 말씀을 멈출 수 없다는 것을 느낍니다. 그런데도 이 시대는 하나님은 자비로우시고 하나님은 사랑이시라고 외쳐댑니다. 그렇습니다. 하나님이 그렇지 않다고 누가 말했습니까? 그러나 하나님은 의로우실 뿐만 아니라, 엄격하고 단호하게 의로우시다는 것도 마찬가지로 사실이라는 것을 기억하십시오. 만일 하나님이 참 하나님이 아니시라면, 하나님은 굳이 의로우실 필요가 없으실 것입니다. 만일 하나님이 의로우시지 않다면, 하나님은 자비로우실 수도 없습니다. 왜냐하면, 하나님께서 악인들을 벌하시는 것은 나머지 사람들에 대한 지극한 자비로 인한 것이기 때문입니다. 하지만 안심하십시오. 하나님은 의로우시고, 내가 하나님의 말씀 가운데서 여러분에게 읽어드리고자 하는 말씀들도 참입니다: "악인들이 스올로 돌아감이여 하나님을 잊어버린 모든 이방 나라들이 그리하리로다"(시 9:17). "하나님은 의로우신 재판장이심이여 매일 분노하시는 하나님이시로다 사람이 회개하지 아니하면 그가 그의 칼을 가심이여 그의 활을 이미 당기어 예비하셨도다 죽일 도구를 또한 예비하심이여 그가 만든 화살은 불화살들이로다"(시 7:11-13).

그런데도 이 세대가 악해서 지옥은 없다고 말하고, 이 세대가 외식하는 세대여서 하나님이 벌하신다는 것은 꾸며낸 이야기일 뿐이라고 말하는 것은 참으로 어이없는 일이 아닐 수 없습니다. 이러한 가르침은 세상 도처에 널려 있어서, 복음을 전하는 목회자들조차도 진노의 날을 선포해야 하는 자신들의 본분으로부터 달아나고 싶어 할 정도입니다. 목회자들 중에서 다가올 심판에 대하여 우리에게 진지하고 엄숙하게 말해 주는 사람은 거의 없습니다. 그들은 하나님의 사랑과 자비를 전합니다. 그것은 하나님이 그들에게 명하신 것이기 때문에, 그들은 마땅히 그것을 전해야 합니다. 그러나 악인들의 멸망을 전하지 않는다면, 하나님의 자비를 전하는 것이 무슨 소용이 있겠습니까? 우리가 사람들에게 그들이 "회개하지 아니하면 하나님이 칼을 가신다"고 경고하지 않는다면, 말씀을 전하는 효과가 나타나기를 어떻게 기대할 수 있겠습니까? 나는 너무나 많은 곳에서 장래의 심판에 관한 가르침이 꾸며낸 이야기이자 허구(虛構)로 치부되어 배척당하고 비웃음당하고 있는 것을 우려합니다. 그러나 그 날은 반드시 올 것이고, 사람들은 그 가르침이 사실이라는 것을 알게 될 것입니다. 선지자 미가야가 아합에게 그가 결코 살아서 집에 돌아오지 못할 것이라고 예언하였을 때, 아합은 비웃었습니다. 노아 세대의 사람들은 세상이 곧 물에 잠기게 될 것이니 준비하라고 외치는 저 어리석은 영감(그들은 노아를 그렇게 생각했습니다)을 비웃었습니다. 그러나 그들이 나무 꼭대기로 올라가서 큰 물이 그들을 따라오는 것을 보았을 때에도, 그들은 과연 노아의 말이 틀렸다고 말할 수 있었겠습니까? 화살이 아합의 심장에 꽂혀서 아합이 "내가 죽을 것 같으니 전장에서 나를 데려가라"고 말했을 때에도, 과연 아합은 미가야가 거짓말을 했다고 생각했겠습니까? 그런데 이 세대의 사람들이 그렇게 하고 있습니다. 우리가 여러분에게 다가올 심판에 대하여 경고하면, 여러분은 우리가 거짓말하고 있다고 말하지만, 여러분에게 재앙이 임하고 멸망이 여러분을 덮을 그 날에도 여러분은 우리가 거짓말쟁이들이었다고 말할 수 있겠습니까? 그때에도 과연 여러분은 우리가 하나님의 진리를 전하지 않았다고 말하며, 우리를 조롱하며 우리에게 등을 돌릴 수 있을까요? 아닐 것입니다. 그때에는 여러분은 사람들에게 하나님의 진노에 대하여 가장 신실하게 말씀을 전하고 경고한 자에게 최고의 존귀를 돌리게 될 것입니다.

나는 종종 내가 이렇게 여러분 앞에 서서 끊임없이 말씀을 전하며 목회의 일을 하고 있지만, 혹시라도 내가 죽은 후에, 여러분의 영혼에 대하여 내가 신실하게 행하지 못한 것이 드러난다면 어쩌나 하는 생각을 할 때마다, 두려움이 내게 엄습합니다. 만약 내가 신실하지 못했다면, 우리가 영들의 세계에서 다시 만날 때에 우리의 만남은 얼마나 씁쓸한 것이 되겠습니까! 내세에 가서 내가 여러분에게서 다음과 같은 말을 듣는다면, 그것은 생각만 해도 끔찍한 일입니다: "목사님, 당신은 우리에게 듣기 좋은 말들만을 해주시고, 영원 세계의 엄연한 현실들에 대해서는 전혀 말씀해 주지 않았습니다. 당신은 하나님의 무시무시한 진노에 대해서 제대로 전해주지 않고, 단지 희미하고 두루뭉술하게만 우리에게 말해주었을 뿐입니다. 당신은 우리를 좀 두려워하신 것이겠죠. 당신은 우리가 영원한 고통에 대한 말씀을 감당할 수 없다는 것을 아셨기 때문에, 그런 말씀을 숨겨두고 전혀 전하지 않으신 것이죠." 만일 내가 그렇게 행하였다면, 장차 여러분은 나를 똑바로 쳐다보고 영원토록 나를 저주하실 것이라고 나는 생각합니다. 그러나 하나님의 도우심으로 그런 일이 절대 일어나지 않기를 바랍니다. 어떠한 경우라도, 내가 죽을 때, 나는 하나님의 도우심으로 "저는 모든 사람들의 피에 대하여 무죄합니다"라고 말할 수 있게 되었으면 좋겠습니다. 나는 내가 알고 있는 한 하나님의 진리를 전하고자 애쓸 것입니다. 내가 이 변덕스러운 세대에 대하여 신실하고, 하나님에 대하여 신실하며, 내 자신의 양심에 대하여 신실할 수만 있다면, 내 머리에 지금보다 열 배나 더한 수치와 욕(辱)이 쏟아진다고 해도, 나는 그것을 기꺼이 받아들이고 환영할 것입니다. 그러므로 나는 하나님의 도우심으로 내가 할 수 있는 한 온유하면서도 엄숙하게 그렇게 할 것이고, 아직까지도 회개하지 않은 사람들에게, 회개하지 않고 죽으면 장차 멸망이 기다리고 있다는 것을 아주 간곡하게 일깨울 것입니다. "사람이 회개하지 아니하면 그가 그의 칼을 가심이여."

　　우리는 먼저, 여기에서 "회개한다"는 것이 무엇을 의미하는지를 살펴볼 것이고, 두 번째로는, 사람이 회개해야 할 필요성에 대하여 살펴볼 것인데, 그 이유는 하나님이 회개하지 않은 사람들을 벌하실 것이기 때문이라는 것입니다. 세 번째로, 나는 여러분에게 사람들이 어떤 수단으로 자신의 잘못된 길에서 돌이켜 회개할 수 있는지, 그리고 사람들의 연약하고 깨지기 쉬운 본성이 하나님의 은혜의 능력으로 인해서 고침 받게 되는지에 대하여 말씀드리고자 합니다.

1. 첫째로, "회개한다"는 것은 무엇을 의미하는 것입니까?

　　나는 먼저 여러분에게 "회개한다"는 것의 본질에 대하여 설명하고자 합니다. 왜냐하면, 본문은 "사람이 회개하지 아니하면 그가 그의 칼을 가심이여"라고 말씀하는 까닭에, 회개가 무엇인지를 살펴보는 것으로 시작하는 것이 적절할 것이기 때문입니다. 여기에서 "회개한다"는 것은 가상의 것이 아니라 실제적인 것입니다. 그것은 약속하거나 맹세하는 것에서 그치는 것이 아니라 삶 속에서 실제로 행하는 것을 의미합니다. 여러분 가운데는 이 아침에 이렇게 말씀하실 분이 계실 것입니다: "주여, 내가 하나님께로 돌이킵니다. 이제부터 나는 범죄하지 않을 것이고, 거룩한 삶을 살고자 애쓰겠습니다. 나의 악들을 버리고, 나의 범죄들을 바람에 실어 날려 보내고, 나는 마음을 다해 하나님께로 돌이키겠습니다." 그러나 내일이 되면, 당신은 그런 약속이나 맹세를 까맣게 잊어버리게 될 것입니다. 당신이 하나님의 말씀을 전하는 설교를 듣고서 눈물을 흘릴지라도 내일이면 모든 눈물이 말라 있을 것이고, 하나님의 전에 왔었다는 사실조차도 까맣게 잊어버릴 것입니다. 우리 중 다수는 자신의 얼굴을 거울에 비쳐보고서는 곧장 나가서 자신의 얼굴이 어떠하였는지를 잊어버리는 자들과 같습니다. 여러분, 회개하겠다는 약속이나 맹세가 여러분을 구원해 줄 수 있는 것이 아닙니다. 엄숙한 선언이나 아침 이슬보다 더 빨리 말라 버릴 눈물이 여러분을 구원해 줄 수 있는 것도 아닙니다. 심지어 하나님께로 진정으로 돌이키는 데 한 요소로 작용하는 마음의 일시적인 감정도 여러분을 구원해 줄 수 없습니다. 오직 매일매일의 실제적인 삶과 행위 속에서 죄를 진정으로 버리고, 의로 돌이킬 때 여러분은 구원 받을 수 있습니다. 여러분은 마음으로 슬퍼하고 회개하지만, 여러분의 매일매일의 삶은 여전히 이전과 달라진 것이 있습니까? 여러분은 지금 머리를 숙이며 "주여, 내가 회개합니다"라고 고백하지만, 조금만 지나면 동일한 행위들을 다시 반복하고 있습니다. 만일 그렇다면, 그런 회개는 안 하느니만 못하고, 여러분의 멸망을 한층 더 확실하게 보장해 줄 뿐입니다. 왜냐하면, 창조주께 맹세하고 행하지 않는 사람은 전능자를 속이고 자신을 지으신 하나님을 기만하는 한 가지 죄를 더 지은 자이기 때문입니다. 참되고 복음적인 회개는 우리의 외적인 행실에 실제적인 효과를 가져오는 회개여야 합니다.

다음으로, 회개는 온전해야 합니다. 많은 사람들이 "목사님, 나는 이런저런 죄를 버리겠지만, 내가 너무나 좋아하는 몇 가지 욕망들은 못 버리겠습니다"라고 말합니다. 내가 하나님의 이름으로 분명하게 여러분에게 말합니다: 참된 회개는 한 가지 죄 또는 50가지 죄를 버리는 것이 아니라 모든 죄를 다 단호하게 버리는 것입니다. 여러분이 저 저주받은 독사들 중에서 한 마리라도 여러분의 마음속에 그냥 둔다면, 그 독사, 즉 그 욕망은 마치 배에 조그맣게 난 틈새처럼 여러분의 영혼 전체를 침몰하게 만들 것입니다. 단지 여러분의 외적인 악들을 버리는 것만으로 충분하다고 생각하지 마십시오. 여러분의 삶 속에서 좀 더 부패한 죄들을 잘라내는 것으로 충분할 것이라고 착각하지 마십시오. 하나님이 요구하시는 것은 모든 죄를 버리든지, 아니면 회개하지 않든지, 둘 중의 하나입니다. 하나님께서 "회개하라"고 하실 때, 그것은 여러분의 모든 죄에 대하여 회개하라는 것입니다. 만일 여러분이 그렇게 하지 않는다면, 하나님은 결코 여러분의 회개를 참되고 진실한 것으로 여기지 않으실 것입니다. 참되게 회개한 자는 이런저런 죄를 미워하는 것이 아니라, 모든 죄를 미워합니다. 그는 이렇게 말합니다: "오, 죄여, 나는 네가 어떤 식으로 치장하더라도 너를 혐오한다. 그래, 너를 쾌락으로 위장하고, 하늘색 비늘들을 지닌 뱀 같이 화려하게 너를 치장해 보아라. 나는 여전히 너를 미워할 것이다. 왜냐하면, 네가 아무리 아름답고 화려한 모습으로 내게 다가올지라도, 나는 너의 독을 아는 까닭에, 너로부터 도망칠 것이기 때문이다." 여러분은 모든 죄를 버려야 합니다. 그렇지 않으면, 결코 그리스도를 소유하지 못할 것입니다. 여러분이 모든 죄악을 버리지 않는다면, 천국의 문은 여러분에게 굳게 닫혀 있게 될 것입니다. 그러므로 진실한 회개가 되기 위해서는 온전한 회개여야 한다는 것을 명심하십시오.

또한, 하나님께서 "사람이 회개하지 아니하면 그가 그의 칼을 가심이여"라고 말씀하시는 것은 즉각적인 회개를 원하신다는 것입니다. 여러분은 우리의 죽을 인생이 그 마지막에 도달하고, 짙은 어둠이 깔린 내세의 경계선에 들어서고 있을 때 그때서야 회개하겠다고 말합니다. 그러나 사랑하는 여러분, 속지 마십시오. 평생 동안 죄를 짓고 살다가 죽을 때쯤 회개힐 수 있있던 사람은 극소수입니다. "구스인이 그의 피부를, 표범이 그의 반점을 변하게 할 수 있느냐 할 수 있을진대 악에 익숙한 너희도 선을 행할 수 있으리라"(렘 13:23). 죽을 때에만 회개할 것이라는 여러분의 생각을 믿지 마십시오. 여러분이 건강할 때 회개하지 않는다면, 병이 들어서도 결코 회개하지 않을 것임을 증명해 줄 무수한 근거들이 있습니다. 수많은 사람들이 세상을 떠나기 전에 자신을 돌아보는 시간을 갖고서 죄를 고백하고 회개하겠노라고 다짐했지만, 그런 시간을 실제로 가질 수 있었던 사람은 거의 없었습니다! 사람들이 길거리에서, 아니 심지어 하나님의 전에서 급사하는 경우도 있고, 일을 하다가 과로로 갑자기 죽는 경우도 생깁니다. 죽음이 서서히 찾아올지라도 그때 회개하기는 힘듭니다. 많은 신자들이 죽을 때쯤 이렇게 말합니다: "내가 지금 하나님을 찾고 하나님의 긍휼을 구하며 부르짖는다면 어떻게 될까? 회개의 고통이 없더라도, 지금의 내 고통으로도 나는 너무나 고통스럽고, 내 영혼이 회개함으로 겪게 될 고통이 아니더라도, 내 몸은 지금 찢어질 정도로 고통스러운데, 내가 어떻게 회개를 할 수 있을까!' 죄인이여, 하나님이 이렇게 말씀하십니다: "오늘 너희가 그의 음성을 듣거든 격노하시게 하던 것 같이 너희 마음을 완고하게 하지 말라 그 때에 너희 조상들이 내가 행한 일을 보고서도 나를 시험하고 조사하였도다"(히 3:15; 시 95:9). 성령 하나님께서 죄를 깨닫게 해주실 때, 결코 회개하기를 미룰 생각을 하지 마십시오. 회개할 수 있는 날이 당신에게 다시는 오지 않을 수도 있으니까요! 지혜가 말씀합니다: "그러므로 지금 즉시 회개하라." 유대인 랍비가 이런 말을 했습니다: "사람이라면 누구나 다 적어도 죽기 하루 전에는 회개하여야 합니다. 따라서 당신은 내일 죽을 지도 모르기 때문에 바로 오늘 자신의 악한 길에서 돌이켜야 합니다." 하물며 즉각적인 회개는 하나님이 명령하시고 요구하시는 것입니다. 하나님은 당신에게 지금 주어져 있는 시간 외에 당신이 회개할 수 있는 또 다른 시간을 주실 것이라고 약속하신 적이 없습니다.

게다가, 본문에서 절대적으로 필수적인 것으로 묘사되고 있는 회개는 진실이 담긴 회개입니다. 그것은 가짜 눈물을 흘리는 것이 아닙니다. 그것은 마음속으로는 즐거워하고 있으면서 겉으로만 슬픈 표정을 짓는 것이 아닙니다. 그것은 위장된 회개를 통해서 마음의 모든 창문들을 닫아걸고서 거기에 불을 켜놓고서 즐기는 것이 아닙니다. 그것은 마음의 등불들을 꺼버리는 것입니다. 참된 회개는 영혼이 슬퍼하는 것입니다. 모든 외적인 죄를 버렸다고 해서, 그것이 참된 회개인 것은 아닙니다. 참된 회개는 삶을 돌이킴과 아울러 마음을 돌이키는 것입니다. 그것은 나의 영혼 전체를 하나님께 드려서 영원히 하나님의 것이 되게 하는 것입니다. 그것은 삶 속에서의 범죄들과 아울러 마음의 죄악들을 버리는 것입니다. 사랑하는 여러분, 단지 거짓되고 가상적인 회개를 해놓고서는 진정으로 회개했다고 착각하는 분이 여러분 중에는 한 사람도 없기를 바랍니다. 보잘것없는 인간의 본성으로 행하는 것일 뿐인 회개를 마치 성령의 역사인 양 착각하지 않으시기를 바랍니다. 단지 자신의 생각을 따라 자기 식으로 돌이켜 놓고서는 하나님께 돌이켰으니 내가 구원을 받았노라고 생각하는 망상에서 깨어나시기를 바랍니다. 한 가지 악을 떠나 다른 악으로 돌이키거나, 한 가지 악에서 한 가지 미덕으로 돌이켜 놓고서, 그것으로 충분하다고 생각하지 않으시기를 바랍니다. 우리의 영혼 전체가 돌이켜야 하며, 우리의 옛 사람이 그리스도 예수 안에서 새로워져야 한다는 것을 기억하십시오. 그렇게 하지 않는다면, 우리는 본문에 나오는 명령에 부응하여 하나님께 돌이킨 것이 결코 아닙니다.

마지막으로, 이 회개는 지속적인 것이어야 합니다. 오늘 하루 동안 하나님께 돌이켰다고 해도, 그것은 참되게 회개했다는 증거가 되지 못합니다. 참된 회개는 무덤에 잠들 때까지 일생에 걸쳐서 죄를 버리는 것입니다. 일주일 동안 올바르게 살았다고 해서 그것이 구원 받은 증거라고 착각해서는 안 됩니다. 참된 회개는 악을 영속적으로 미워하고 혐오하는 것입니다. 하나님이 역사하셔서 우리를 변화시키시면, 그 변화는 일시적이거나 피상적인 변화가 아닙니다. 그 변화는 잡초의 끝을 잘라내는 것이 아니라 뿌리째 뽑아내는 것입니다. 그것은 하루 동안에 쌓인 먼지를 씻어내는 것이 아니라, 모든 더러움의 원인이 되는 것을 제거하는 것입니다. 옛적에 부유하고 인자한 군주들은 원정을 끝내고 자신의 도성에 돌아왔을 때에 도성에 있는 샘들에서 우유와 포도주가 흘러나오게 했습니다. 그러나 그 샘들은 계속해서 우유와 포도주가 흐르는 샘들이 아니었기 때문에, 그 다음 날에는 이전처럼 물이 흐르는 샘들로 되돌아왔습니다. 마찬가지로, 여러분도 오늘 집에 가서서 기도합니다. 또한, 여러분은 오늘 진지하게 말씀을 받습니다. 그리고 내일도, 그 다음 날도 여러분은 정직하고 경건한 것 같을 수 있습니다. 그렇지만 "개가 그 토하였던 것에 돌아가고 돼지가 씻었다가 더러운 구덩이에 도로 누웠다"(벧후 2:22)는 성경 말씀처럼 여러분이 이내 이전의 삶으로 돌이간다면, 그 회개는 여리분의 마음속에 하나님의 은혜가 임했음을 보여주는 증거인 것이 아니라, 도리어 여러분을 음부로 더 깊이 가라앉게 만드는 것이 될 것입니다.

　　율법적인 회개와 복음적인 회개를 분별하기는 매우 어렵습니다. 하지만 이 둘을 분별할 수 있게 해주는 몇 가지 징표들이 있습니다. 여러분이 지루해하실지도 모르겠지만, 나는 그 징표들 중 한두 가지를 말씀드리고자 합니다. 하나님께서 여러분이 자신의 영혼 속에서 그 징표들을 찾아낼 수 있게 해주시기를 빕니다. 율법적인 회개는 저주 받는 것을 두려워하고, 복음적인 회개는 범죄하는 것을 두려워합니다. 율법적인 회개는 하나님의 진노를 두려워하게 만들고, 복음적인 회개는 그 진노의 원인인 죄를 두려워하게 만듭니다. 어떤 사람이 성령의 역사를 따라 회개하게 하시는 은혜로 회개할 때는 자신의 죄악된 행위에 임할 벌 때문이 아니라 그 행위 자체를 회개합니다. 그런 회개를 하는 사람은 악인을 위해 준비된 구덩이나, 영원토록 악인을 갉아먹을 구더기나, 영원토록 꺼지지 않는 불이 없을지라도 여전히 죄를 미워할 것입니다. 여러분이 해야 할 것은 바로 그런 회개입니다. 만약 그런 회개를 하지 않는다면, 당신은 멸망 받을 자입니다. 죄를 미워하는 마음이 있어야 합니다.

　　사람이 죽은 후에 있을 영원한 형벌과 고통에 대한 두려움 때문에 회개한 것이라면, 당신은 참되게 회개한 것이라고 착각해서는 안 됩니다. 도둑들은 자기들이 붙잡혀서 감옥에 가게 될 것을 두려워하지만, 감옥에서 풀려나면 또다시 도둑질을 합니다. 대부분의 살인범들은 교수대를 보고 두려워 떨지만, 감옥에서 살아서 나가기만 한다면, 또다시 살인을 저지르고자 합니다. 회개는 형벌을 미워하는 것이 아니라 죄 자체를 미워하는 것입니다. 여러분은 자기가 그런 회개를 했다고 느끼십니까? 만약 그렇지 않다면, 여러분은 "사람이 회개하지 아니하면 그가 그의 칼을 가심이여"라는 저 우렛소리 같은 말씀에 다시 한 번 귀를 기울여야 합니다.

율법적인 회개와 복음적인 회개를 분별하게 해주는 또 한 가지 단서가 있습니다. 사람이 참되고 복음적인 회개 — 이것은 영혼 구원을 가져다주는 복음에 근거한 회개를 의미합니다 — 를 한다면, 그는 죄 자체를 미워할 뿐만 아니라, 죄에 대한 혐오감이 너무나 극심해서, 자기가 아무리 회개해도 결코 그 죄를 씻어낼 수 없다고 느끼게 됩니다. 그는 오직 하나님의 주권적인 은혜를 통해서만 자신의 죄가 씻음 받을 수 있다는 것을 인정하게 됩니다. 당신이 자신의 죄들을 회개하고 거룩한 삶을 영위함으로써 그 죄들을 제거할 수 있다고 생각하거나, 앞으로 올바르게 행함으로써 과거의 죄악들을 지울 수 있다고 생각한다면, 그것은 진정으로 회개한 것이 아닙니다. 왜냐하면, 참된 회개를 할 때 사람은 다음과 같은 찬송가 가사처럼 느끼게 되기 때문입니다:

> "아무리 애쓰고 노력해도 안 되고
> 눈물을 많이 흘려도 안 되고
> 그 어떤 것으로도 죄를 속할 수 없네.
> 내 죄를 속하여 나를 구원하실 이는 오직 그리스도뿐이시네."

여러분이 죄를 부패하고 가증스러운 것으로 여겨서 미워하고, 그 죄를 매장하여 영원히 보지 않고자 하지만, 오직 그리스도께서 무덤을 파주실 때에만 그 죄를 매장할 수 있다고 느낀다면, 그것은 죄에 대하여 진정으로 회개한 것입니다. 우리는 하나님의 진노를 받아 죽어 마땅한 자라는 것과, 우리 자신의 그 어떤 행위로도 그 진노를 피할 수 없다는 것을 겸손히 시인하여야 합니다. 또한, 우리는 오직 그리고 전적으로 예수 그리스도의 피와 그 공로만을 의지하여야 합니다. 여러분이 그렇게 회개하지 않으셨다면, 나는 또다시 다윗이 한 말을 소리 높여 외칩니다: "사람이 회개하지 아니하면 그가 그의 칼을 가심이여."

2. 둘째로, 사람이 회개하지 않을 때
하나님은 "칼을 가실" 수밖에 없다는 것입니다.

이것을 살펴보는 것은 좀 더 두려운 일이기 때문에, 사실 내 마음 같아서는 그냥 지나치고 싶은 심정입니다. 그러나 의사들이 사람들의 육신을 고치고 수술할 때처럼, 우리 목회자들은 자신의 감정을 개입시켜서는 안 됩니다. 종종 메스를 대지 않으면 환자가 죽을 것이라는 생각이 들 때, 목회자들은 메스를 들이대지 않을 수 없습니다. 목회자들이 여러분의 양심에 메스를 들이대어서 환부를 잘라내고 도려내는 것은 성령께서 여러분을 다시 소생시키기를 원하시기 때문입니다. 그러므로 우리는 "사람이 회개하지 아니하면" 하나님께서는 자신의 칼을 가서서 그 사람을 벌하실 수밖에 없다는 것을 단호하게 선포합니다. 청교도 백스터(Baxter)는 이렇게 말하곤 했습니다: "죄인이여, 돌이키든지 불디든지 하십시오. 당신에게 주어져 있는 유일한 선택권은 돌이키느냐, 아니면 불타느냐 하는 것입니다." 그렇습니다. 나는 사람이 왜 돌이켜야 하는지, 그리고 돌이키지 않으면 왜 불타게 되는 것인지를 지금부터 보여드리고자 합니다.

1) 먼저, 우리는 성경의 하나님이 죄를 벌하지 않으신 채로 묵과하실 수 있으시다고 생각해서는 안 됩니다. 그런데도 실제로 그렇게 생각하는 사람들이 있습니다. 그들은 지성과 이성이 마비되어서 공의와 상관 없는 하나님을 상상하지만, 건전한 이성과 건강한 마음을 지닌 사람이라면 공의가 없는 하나님을 결코 생각할 수 없습니다. 세상에서도 공의가 없는 왕을 선한 왕이라고 할 수 없을 것인데, 하물며 온 땅의 왕이시자 심판주이신 하나님의 품속에 공의가 없다는 것은 상상할 수도 없는 일입니다. 하나님은 온통 사랑이실 뿐이고 공의는 없으시다고 생각한다면, 그것은 하나님을 더 이상 하나님이 되지 못하게 만드는 것입니다. 만일 하나님에게 공의가 없다면, 하나님은 이 세상을 다스릴 수 없으실 것입니다. 인간에게는 하나님이 계신다면 그 하나님은 의로우실 수밖에 없다는 천부적이고 생래적인 인식이 존재합니다. 죄는 반드시 벌을 받게 되어 있다는 것을 믿지 않는 사람은 하나님을 믿을 수 없습니다. 모든 피조물 위에 뛰어나신 하나님이 그 피조물들의 불순종을 보시면서, 선한 피조물과 악한 피조물을 똑같이 편안한 마음으로 바라보실 것이라고 생각하기는 어렵습니다. 또한, 하나님께서 악인이나 의인을 동일하게 칭찬하실 것이라고 생각하기도 어렵습니다. 하나님을 생각할 때 거기에는 늘 공의가 전제됩니다. 여러분이 "하나님"이라고 말할

때, 그것은 "공의"라고 말하는 것이기도 합니다.

2) 죄에 대한 형벌은 없을 것이고, 사람은 회개 없이도 구원 받을 수 있다고 생각하는 것은 성경에 정면으로 도전하는 것입니다. 하나님의 역사(役事)들을 기록한 글들인 성경이 아무것도 아닌 것으로 보입니까? 그래도 여러분이 성경을 존중한다고 했을 때, 만일 하나님이 죄를 벌하시지 않는 분이라면, 성경은 지금과는 많이 달라져 있어야 하지 않겠습니까? 왜 그렇습니까? 그런 사람들의 생각대로라면, 하나님은 옛적에 인류의 조상인 아담과 하와를 단지 열매 한두 개를 슬쩍 따먹었다고 해서 저 복된 에덴 동산에서 내쫓으신 것이 아닙니까? 또한, 그런 사람들의 생각대로라면, 하나님이 옛적에 이 땅의 깊은 구덩이들에 묻어두신 큰 물들을 여서서 피조세계를 다 잠기게 하실 이유가 어디 있었겠습니까? 그래도 하나님이 죄를 벌하시지 않는 것입니까? 하늘로부터 소돔에 비 오듯 쏟아진 유황불은 하나님이 의로우시다는 것을 우리에게 똑똑히 보여줍니다. 땅이 입을 벌려 고라와 다단과 아비람을 삼켜 버린 사건은 하나님께서 죄인을 그냥 두지 않으실 것임을 여러분에게 경고해 주는 것이 아닙니까? 하나님이 홍해에서 행하신 저 권능의 역사들, 애굽 땅 바로에게 행하신 저 기사(奇事)와 이적들, 산헤립을 멸망시킨 저 이적은 하나님이 의로우시다는 것을 우리에게 똑똑히 보여줍니다. 동일한 이유에서 하나님의 심판이 우리 시대에 임한 것에 대해서는 내가 굳이 언급할 필요가 없겠지만, 그런 일이 과거에는 없었습니까? 이 세상은 하나님이 죄를 벌하시는 지하 감옥이 아니지만, 하나님께서 실제로 죄에 대하여 보응하신 것이라고 믿을 수밖에 없는 몇몇 사건들이 있습니다. 나는 모든 불행한 사건이 다 하나님의 심판이라고 믿지는 않습니다. 나는 극장이 무너져서 사람들이 죽은 사건이 그들의 죄에 대한 하나님의 벌이요 심판이라고 믿지 않습니다. 왜냐하면, 안타깝게도 그 일은 사람들이 하나님을 예배하고 있을 때 일어났기 때문입니다. 나는 심판은 내세로 미루어져 있다고 믿습니다. 만일 내가 하나님이 현세에서 벌하시는 것이라고 믿는다면, 하나님의 섭리를 설명할 수 없을 것입니다. "실로암에서 망대가 무너져 치어 죽은 열여덟 사람이 예루살렘에 거한 다른 모든 사람보다 죄가 더 있는 줄 아느냐 너희에게 이르노니 아니라"(눅 13:4-5). 사람들은 모든 일을 하나님의 섭리로 돌림으로써 기독교 신앙에 해악을 끼쳐 왔습니다. 예를 들어, 사람들은 주일날에 보트가 전복되어서 사람들이 죽으면, 그것을 그 보트에 탄 사람들에 대한 하나님의 심판이었다고 말합니다. 나는 분명

히 사람들이 유흥을 즐기며 주일을 보낸 것은 죄악 된 것이라고 믿지만, 그것이 하나님의 벌이나 심판이었다는 것을 부정합니다. 하나님은 대체로 사람들에 대한 자신의 벌을 내세에서의 그들의 운명을 결정짓는 용도로 사용하십니다. 그렇지만 현세에서 하나님의 섭리로 자신들의 죄로 인하여 벌을 받은 것이라고 말할 수밖에 없는 경우들이 종종 있어 왔습니다. 별로 말하고 싶은 일은 아니지만, 나는 그런 경우들 중 한 가지를 기억합니다.

나는 그 가련하고 불쌍한 자를 직접 보았습니다. 그 사람은 무모하게도 사람이 당할 수 있는 가장 끔찍한 저주들이 자기 머리에 임하게 해 달라고 빌었습니다. 그는 몹시 분노한 가운데 자기 머리가 한 쪽으로 틀어지고, 자기 눈이 안 보이며, 자기 아구가 굳게 닫히게 해 달라고 말했습니다. 그런데 잠시 후에 그가 자신의 말(馬)을 거칠게 몰며 휘둘렀던 채찍 끈이 그의 눈을 피고 들었고, 그것이 처음에는 염증이었지만 나중에는 파상풍으로 발전했습니다. 내가 그를 보았을 때는 이미 그는 자기가 빌었던 그대로 되어 있었습니다. 그의 머리는 돌아가 있었고, 그의 시력은 상실되었으며, 그의 아구는 굳게 닫혀서 말을 할 수가 없었습니다.

여러분이 기억하고 계시겠지만, 이와 비슷한 일이 드비즈(Devizes)에서도 있었습니다. 한 여자가 식당에서 음식을 시켜 먹고 나서, 돈을 자신의 수중에 쥔 채로, 자기가 음식값을 이미 지불했다고 단호하게 말했다가, 곧 그 자리에서 즉사하고 말았습니다. 물론, 이런 일들 중 일부는 우연히 일어난 사고였을 수도 있습니다. 그러나 나는 그런 일들이 우연한 사고였다고 치부해 버릴 수가 없습니다. 나는 그 일들 속에 하나님의 뜻이 작용하고 있었다고 생각합니다. 나는 그런 일들이 하나님께서 의로우시다는 것을 희미하게 보여주는 사건들이고, 하나님의 본격적인 진노의 소나기는 현세에서 사람들에게 부어지지 않을지라도, 하나님께서는 자기가 언젠가는 세상을 그 죄로 인하여 벌하시리라는 것을 보여주시기 위하여 그 소나기 중 한두 방울을 현세에 떨어뜨리고 계시는 것이라고 믿습니다.

3) 하나님께서 죄를 벌하신다는 증거를 찾아 제시하기 위해서 굳이 멀리까지 갈 필요가 없습니다. 여러분 자신의 양심이 하나님께서 반드시 죄를 벌하신다는 사실을 여러분에게 말해 줍니다. 여러분은 내 말을 비웃으며, 여러분에게는 그런 확신이 없다고 말할지도 모릅니다. 나는 여러분에게 그런 확신이 있을

것이라고 말한 것이 아니라, 여러분의 양심이 여러분에게 그렇게 말하고 있다고 한 것입니다. 사람의 양심은 사람들이 자신의 확신이라고 생각하는 것보다 사람들에게 더 큰 힘을 갖고 있습니다. 존 번연은 이렇게 말했습니다: "양심 씨는 아주 큰 목소리를 가지고 있어서 길거리에서 벽력 같이 소리치면, 이성 씨가 양심 씨의 눈을 피해 아무도 볼 수 없는 어두운 방에 틀어박혀 있어도 그 소리 때문에 그 방이 흔들리곤 하였다." 이런 일은 종종 일어납니다. 여러분은 자신의 이성으로 "하나님이 죄를 벌하시리라는 것을 나는 믿을 수 없어"라고 말하지만, 사실 하나님이 죄를 벌하시리라는 것을 알고 있습니다. 여러분은 자신이 늘 아주 단호하게 주장해 왔던 것을 포기해야 하는 상황이 올 것을 두려워해서 자기 속에 있는 은밀한 두려움들을 시인하고자 하지 않습니다. 그러나 여러분이 하나님께서 죄를 벌하시리라는 것을 믿지 않는다고 호언장담한다면, 나는 여러분이 사실은 그것을 믿고 있는 것이라고 생각합니다. 왜냐하면, 만일 여러분이 그것을 정말 믿지 않는다면, 그렇게 과장되게 호언장담하며 그런 말을 할 필요가 없을 것이기 때문입니다. 나는 여러분이 병들자마자 하나님의 긍휼을 구하여 부르짖게 될 것임을 압니다. 나는 여러분이 죽게 되었을 때에 지옥의 존재를 믿게 될 것임을 압니다. 양심은 우리 모두를 겁쟁이가 되게 하기 때문에, 하나님이 죄를 벌하실 것을 우리가 믿지 않는다고 말할 때조차도 우리로 하여금 실제로는 그것을 믿게 만듭니다. 내가 어떤 이야기 하나를 들려드리겠습니다. 이 이야기는 전에도 한 적이 있지만, 평소에 공의의 하나님을 부정했던 사람들이 위험을 당했을 때에 얼마나 쉽게 공의의 하나님을 믿게 되는지를 제대로 보여주기 때문에, 나는 여기에서 다시 한 번 그 이야기를 들려드리고자 합니다.

캐나다의 한 산골에 선하신 목사님이 살고 계셨는데, 어느 저녁나절에 이삭처럼 묵상하기 위하여 들에 나갔답니다. 이내 산자락에 도착해서 등산로를 따라 걸으며 말씀을 읊조리며 묵상하다보니 어느덧 황혼의 땅거미가 져서 이 숲에서 어떻게 한 밤을 지낼 것인지를 걱정하게 되었답니다. 목사님은 한 나무 위로 올라가서 그곳을 피난처로 삼아 이 밤을 지내야 한다는 생각에 두려워 떨었답니다. 그런데 갑자기 저 멀리 나무들 사이로 불빛이 보였고, 목사님은 산속의 오두막집에서 새어나오는 불빛이라고 생각해서, 거기에서 이 밤을 보내면 되겠다 싶어서 서둘러 거기로 갔답니다. 그런데 놀랍게도 거기에는 나무들을 베어 버리고 만든 공터가 있었고, 공터에 세워진 연단에서는 한 연사가 무리를 향해서 뭔가를 말하고 있었답니다. 목사님은 '이 어두운 산속에서 한 무리의 사람들이 이 늦은 시간에 모여서 하나님을 예배하고, 어떤 목사님이 하나님의 나라와 그 의에 대해서 말씀을 전하고 계시는 모습을 볼 수 있다니 정말 놀랍구나'라고 속으로 생각했답니다. 하지만 가까이 갔을 때 목사님은 경악하지 않을 수 없었답니다. 왜냐하면, 목사님은 한 젊은 연사가 하나님을 욕하고, 전능자에게 어디 한 번 자기에게 가장 무서운 천벌을 내려 보시라고 말하며, 분노에 차서 지존자의 공의를 부정하는 끔찍한 말들을 늘어놓고, 자기는 내세를 믿지 않는다고 아주 기세등등하게 공언하고 있는 것을 보았기 때문입니다. 그것은 너무나 기괴한 광경이었답니다. 그곳만 소나무 가지와 송진으로 만든 횃불들이 환히 비추고 있었고, 다른 곳들은 아주 깜깜했습니다. 사람들은 그 연사의 말을 경청하고 있었고, 연사의 말이 끝나자, 우레와 같은 박수갈채가 쏟아졌고, 서로 앞다투어 연사를 칭송하기에 바쁜 것 같아 보였답니다. 목사님은 '내가 이 일을 그냥 넘어가서는 안 돼. 일어나서 말을 해야지. 내 하나님과 하나님의 말씀을 욕되게 하지 않기 위해서는 꼭 그렇게 해야 해'라고 생각했답니다. 그러나 목사님은 이곳에 엉겁결에 오게 된 것이어서 무슨 말을 해야 할지를 몰랐기 때문에 선뜻 나서지를 못했답니다. 어쨌든 이때에 뭔가 다른 일이 벌어지지 않았다면, 목사님은 그 자리를 떠났을 것이었답니다. 그런데 얼굴에 홍조를 띤 한 건장한 중년 신사가 자신의 지팡이를 딛고 일어서서 이렇게 말했답니다: "친구들이여, 내가 오늘 밤에 여러분에게 드릴 말이 있습니다. 나는 이 연사가 주장한 것들을 어느 하나라도 반박할 생각이 없습니다. 나는 그가 말하는 스타일을 비판할 생각도 없고, 내가 보기에 신성모독이라고 여겨지는 그의 발언들에 대해서 그 어떤 논평을 할 생각도 없고, 단지 여러분에게 한 가지 사실만을 말씀드릴 터이니, 잘 들으시고 나서 여러분이 스스로 결론을 내려주시기 바랍니다. 어제 나는 저쪽에 있는 강변을 거닐다가, 한 젊은이가 급류 속에서 보트를 타는 것을 보았습니다. 보트는 통제가 불가능하게 되어서 급류를 타고 빠르게 휩쓸려 내려가고 있었습니다. 그 젊은이는 노를 저을 수 없었기 때문에 보트를 강변에 댈 수가 없어 보였습니다. 나는 그 젊은이가 노를 저어보려고 안간힘을 쓰는 것을 보았습니다. 하지만 그는 차츰 자신의 힘으로 살아나고자 하는 시도를 포기했고, 그러다 무릎을 꿇고 '하나님, 내 영혼을 구원하소서 내 육신이 구원받을 수 없다면 내 영혼이라도 구원해 주소서'라고 간절하고 절박하게 부르짖어 기도하기 시작했습니다. 나는 그가 지금까지 하나님을 욕하고 신성모독을 저지르며 살아왔노라고 고백하는 것을 들었습니다. 나는 그가 목숨만 살려 주신다면 다시는 그렇게 살지 않겠다고 맹세하는 것도 들었습니다. 나는 그가 예수 그리스도의 이름을 부르며 하나님의 자비를 구하면서 예수의 피로 자기를 씻어 달라고 간절하게 탄원하는 것을 들었습니다. 나는 급류 속으로 뛰어들어서 보트를 강변으로 끌고 와서 그 젊은이의 목숨을 구해냈습니다. 내가 어제 구한 젊은이가 바로 방금 이 앞에 서서 자기를 만드신 창조주 하나님을 욕하는 말들을 서슴지 않고 쏟아낸 바로 그 사람입니다. 여러분은 이것을 어떻게 생각하십니까?' 그 중년의 신사는 이 말을 하고 자리에 앉았습니다. 여러분이 충분히 짐작하시겠지만, 그 젊은이는 크게 당황해서 어쩔 줄 몰라 했고, 청중들의 반응도 일순간에 싸늘해졌습니다. 결국, 사람들은 그 젊은이가 위험이 전혀 없는 마른 땅에서는 전능하신 하나님을 욕하며 허세를 부리고 기고만장하였지만, 무덤이 코 앞에 있을 때에는 아주 비겁하게도 하나님을 욕할 생각을 할 수 없었다는 것을 알게 된 것입니다. 나는 모든 사람들 속에는 하나님이 자신의 죄를 벌하실 것임을 확신시켜 주기에 충분한 양심이 있다고 믿습니다. 그러므로 나는 본문이 모든 사람들의 마음에 반향을 일으킬 것이라고 생각합니다: "사람이 회개하지 아니하면 그가 그의 칼을 가심이여."

나는 하나님이 반드시 죄를 벌하신다는 것을 여러분에게 보여드리고자 애쓰는 이 끔찍한 일은 이제 이쯤에서 그만하고, 하나님의 거룩한 말씀이 선포하고 있는 몇 가지 것들을 전한 후에, 어떻게 하면 회개할 수 있는지에 대하여 말씀드리고자 합니다. 여러분은 지옥 불이 사실은 지어낸 이야기이고, 저 지옥 구덩이에서 타오르는 불이 단지 가톨릭에서 꾸며낸 이야기일 뿐이라고 생각하실지 모르겠습니다. 그러나 여러분이 성경을 믿는 분들이라면, 여러분은 결코 그렇지 않다는 것을 믿어야 합니다. 우리 주님께서 친히 "거기에서는 구더기도 죽지 않고 불도 꺼지지 아니하느니라"(막 9:48)고 말씀하지 않으셨습니까? 사람들은 거기에 언급된 "불"이 하나의 상징이라고 말합니다. 그렇다면, 주님께서 "오직 몸과 영혼을 능히 지옥에 멸하실 수 있는 이를 두려워하라"(마 10:28)고 말씀하신 것은 무엇을 의미하는 것입니까? 마귀와 그의 사자들을 위하여 무시무시한 고통이 준비되어 있다고 성경은 말씀하고 있지 않습니까? 그리고 우리 주님께서 "그들은 영벌에 들어가리라"(마 25:46)고 말씀하시고, "저주를 받은 자들아 나를 떠나 마귀와 그 사자들을 위하여 예비된 영원한 불에 들어가라"(마 25:41)고 말씀하신 것을 여러분도 알고 계시지 않습니까? 사람들은 이렇게 말합니다; "그렇기는 하지만, 지옥이 있다고 믿는 것은 이성적이지 않다." 하지만 나는 설령 지옥 같은 곳이 없다고 할지라도, 마치 그런 곳이 있는 것처럼 살고 싶습니다. 가난하지만 경건한 어떤 분이 전에 이렇게 말한 적이 있습니다: "저는 내 활에 쓸 두 개의 활시위를 갖고 있습니다. 만일 지옥이 없다고 하더라도, 나는 당신 못지않게 내 인생을 잘 살아온 것입니다. 그러나 만일 지옥이 있다면, 지옥이 없다고 생각하고 살아온 당신은 장차 아주 곤란해질 것입니다." 이 경건한 분이 사용한 "만일"이라는 표현을 나도 사용할 필요는 없겠지요? 여러분은 지옥이 존재한다는 것을 이미 알고 계시니까요! 이 나라에서 태어나서 교육을 받은 사람이라면 누구나 다 지옥이 존재한다는 것이 하나님이 주신 진리라는 것쯤은 알 정도로 그 양심이 깨어 있을 것입니다. 따라서 내가 해야 할 일은 여러분은 자신이 바로 지금 천국에 합당한 사람이라고 느끼는지를 곰곰이 생각해 보시라고 촉구하는 것이 전부일 것입니다. 여러분은 하나님이 여러분의 마음을 변화시키셨고 여러분의 성품을 새롭게 하셨다고 느끼십니까? 만약 그렇지 않다고 느끼신다면, 다음과 같은 진리를 깊이 생각해 보시기를 간곡하게 부탁드립니다. 그 진리는 여러분이 새롭게 되지 않는다면, 내세의 모든 두려운 고통들이 바로 여러분의 것이 될 수밖에 없다는 것입니다. 사랑하는 여러분, 이 진리를 다른 사람이 아니라 여러분 자신, 여러분의 양심에 적용하십시오. 여러분이 그렇게 하실 때, 전능하신 하나님께서 여러분을 회개에 이르게 하시기를 빕니다.

3. 셋째로, 회개의 수단에 대해서 살펴보겠습니다.

내가 아주 진지하게 말씀드리는데, 나는 그 누구도 자기 자신과 관련해서 복음적인 회개로 회개할 수 없다고 믿습니다. 아마도 여러분은 내게 "그렇다면, 왜 당신은 회개의 필요성을 증명하기 위해서 이렇게 설교하느라 애를 쓰고 계시는 것입니까?"라고 물으실 것입니다. 분명히 나는 이 설교를 통해서 그런 목적을 이루고자 온 힘을 다하고 있습니다. 죄인이여, 당신이 자신의 죄를 아무리 필사적으로 뚫어져라 본다고 해도, 스스로의 힘으로 그 죄로부터 돌이킬 가망성은 전혀 없습니다. 그러나 잘 들으십시오. 골고다에서 죽으신 주님이 높이 들리신 것은 우리에게 "죄 사함을 받게 하는 회개"(눅 24:47)의 길을 열어 놓으시기 위한 것입니다. 이 아침에 당신은 자신이 죄인이라고 느끼십니까? 그렇다면, 당신이 회개할 수 있게 해주시라고 그리스도께 구하십시오. 당신은 자신의 힘으로 회개할 수 없지만, 그리스도께서는 성령을 통해서 당신의 마음속에 역사하셔서 당신으로 하여금 회개하게 하실 수 있으시기 때문입니다. 당신의 마음이 강철 같이 완악합니까? 주님은 그 마음을 자신의 사랑의 용광로 속에 넣으셔서 녹이실 수 있습니다. 당신의 심령이 냉정하고 무자비합니까? 주님의 은혜는 아침 햇살에 녹아 없어지는 연무(煙霧)처럼 그런 심령도 얼마든지 녹이실 수 있습니다. 당신은 스스로 회개할 수 없지만, 주님은 당신을 회개하게 만드실 수 있습니다. 당신이 회개의 필요성을 느끼신다고 해도, 나는 지금 당장 당신에게 "회개하라"고 말하지 않을 것입니다. 왜냐하면, 나는 당신에게 회개하고자 하는 마음이 생겼다면, 당신이 먼저 해야 할 일들이 몇 가지가 있다고 믿기 때문입니다. 나는 먼저 당신이 범죄하였고 자신의 범죄들에 대하여 스스로 충분히 회개할 수 없다고 느낀다면, 먼저 자기 집에 가셔서 하나님 앞에 무릎을 꿇고서 자신의 죄들을 고백하실 것을 권합니다. 당신이 회개하고 싶은데 회개가 되지 않는다고 하나님께 말씀하십시오. 당신의 마음이 완악하다고 말씀하십시오. 당신의 마음이 얼음처럼 차갑고 냉정하다고 말씀하십시오. 하나님께서 당신으로 하여금 당신에게 구주가 필요하다는 것을 느끼게 해주셨다면, 당신은 그렇게 하실 수 있습니다. 그런 후에, 회개를 구하여야 하겠다는 마음이 여전히 당신에게 있다면, 나는 당신에게 회개로 가는 가장 좋은 길을 알려드릴 것입니다. 먼저, 당신의 죄들을 기억해 내고자 애쓰면서 한 시간을 보내십시오. 그렇게 해서 당신의 죄들에 대한 깨달음이 당신에게 확실해졌다면, 골고다에서 또 한 시간을 보내십시오. 사랑하는 여러분, 골고다에 앉아서, 복음서 가운데서 우리를 사랑하셔서 죽으신 하나님에 관한 이야기와 그 신비(神秘)가 기록된 장(章)을 읽으십시오. 골고다에 앉아서, 그 손에서 핏방울이 떨어지고 그 발에서 핏덩이가 쏟아지는 저 영광스러운 인자(人子)를 보십시오. 당신이 그렇게 하는 데도, 하나님의 성령의 도우심으로 회개가 이루어지지 않는다면, 나는 달리 회개할 수 있는 방법을 알지 못합니다. 한 나이 드신 목사님은 이렇게 말씀하십니다: "당신이 하나님을 사랑하고 있지 않다고 느낀다면, 당신이 하나님을 사랑하고 있다고 느낄 때까지 하나님을 사랑하십시오. 당신이 하나님을 믿을 수 없다고 생각한다면, 하나님이 믿어진다고 느껴질 때까지 믿으십시오." 자기가 회개하고 있는 동안에도 자기는 회개할 수 없다고 말하는 사람들이 많습니다. 당신이 회개했다고 느낄 때까지 그 회개를 계속하십시오. 오직 당신의 범죄들을 인정하시고, 당신의 죄악됨을 고백하십시오. 하나님이 당신을 멸하신다고 하여도 하나님은 의로우시다고 고백하십시오. 다음과 같이 진지하게 고백하십시오:

> "내 믿음이 그 손을 얹네
> 주의 저 사랑하는 머리에.
> 참회하는 자 같이 서서
> 나의 죄를 고백하네."

여러분 중에 한 사람이라도 하나님의 복을 받아 집에 가서 회개할 수만 있다면, 내가 무엇인들 내놓지 못하겠습니까? 나의 수중에 온 세상이 있고, 여러분 중에 한 사람이라도 그리스도께로 인도할 수만 있다면, 나는 온 세상을 다 주고라도 그 영혼을 살 것입니다. 나는 하나님의 긍휼하심이 내게 임하기를 바랐던 그 때를 결코 잊지 못합니다. 내게 하나님의 긍휼이 임한 곳은 여기와는 판이하게 다른 곳이었습니다. 그 곳은 특별한 계층의 멸시 받을 만한 사람들이 모인 작고 보잘것없는 예배당이었습니다. 나는 죄짐을 잔뜩 지고서 죄책감에 눌린 채로 그 곳에 갔습니다. 목사님이 설교 강단으로 올라가셔서 성경을 펴시고서는 저 보배로운 본문을 봉독하셨습니다: "땅의 모든 끝이여 내게로 돌이켜 구원을 받으라 나는 하나님이라 다른 이가 없느니라"(사 45:22, KJV에는 "내게로 돌이켜"가 "나를 보고"로 되어 있음). 목사님은 설교를 시작하시기 전에 나를 쳐다보셨는데, 나는 목사님이 내게 이렇게 말씀하시는 것처럼 느껴졌습니다: "젊은이여! '보라!' '보라!' '보라!' 당신은 '땅의 모든 끝들' 중의 하나입니다. 당신도 그렇게 느낄 것입니다. 당신은 당신에게 구주(救主)가 필요하다고 느낍니다. 당신은 구주께서 당신을 구원해 주지 않으실 것이라고 생각하기 때문에 두려워 떨고 있습니다. 구주께서는 이 아침에 당신에게 '보라'고 말씀하십니다."

그때에 내 영혼이 내 속에서 요동을 쳤습니다. '저 분이 나와 나에 대한 모든 것을 알고 계신단 말인가'라는 생각이 들었습니다. 목사님은 정말 저에 대해 모든 것을 알고 계시는 것처럼 보였습니다. 그리고 "보라"는 말씀이 내 심령에 박혔습니다. 내게 이런 생각이 들었습니다: '그래, 멸망 받든 구원을 받든, 한 번 해보자. 물에 빠져 죽든 헤엄쳐서 살아나든, 한 번 해보는 거야.' 그 순간 나는 하나님의 은혜로 소망을 갖게 되었고, 예수를 바라보았습니다. 나는 죄짐에 눌려서 좌절하여 이렇게 사느니 차라리 죽는 게 낫다고 생각하며 거의 절망에 빠져 있었지만, 바로 그 순간 새로운 하늘이 내 양심 속에서 열리는 것처럼 느껴졌습니다. 나는 집으로 돌아왔고, 더 이상 죄짐에 눌리지 않았습니다. 주위 사람들이 나의 변화를 알아차리고서, 내가 왜 그렇게 기쁜 얼굴을 하고 있는지를 물었고, 나는 내가 예수를 믿게 되었고, 성경에 "그러므로 이제 그리스도 예수 안에 있는 자, 육신을 따르지 않고 그 영을 따라 행하는 자에게는 결코 정죄함이 없나니"(롬 8:1, 4)라고 씌어 있다고 말해 주었습니다.

이 아침에 여러분 가운데서 이런 역사가 일어나기를 바랍니다. 죄인 중에 괴수요 악인 중에 악인인 당신, 당신은 어디에 계십니까? 사랑하는 이여, 아마도 당신은 지난 20년 동안 하나님의 전에 한 번도 온 적이 없었지만, 가장 검고 악한 당신의 죄악들에 짓눌려서 지금 여기에 와 계십니다. 하나님께서 말씀하십니다: "오라 우리가 서로 변론하자 너희의 죄가 주홍 같을지라도 눈과 같이 희어질 것이요 진홍 같이 붉을지라도 양털 같이 희게 되리라"(사 1:18). 이 모든 것이 예수 그리스도로 인한 것입니다. 이 모든 것이 그의 피로 인한 것입니다. "주 예수를 믿으라 그리하면 네가 구원을 받으리라"(행 16:31). 주님은 "믿고 세례를 받는 사람은 구원을 얻을 것이요 믿지 않는 사람은 정죄를 받으리라"(막 16:16)고 말씀하십니다. 죄인이여, 돌이키든지, 아니면 불타든지, 선택하십시오!

제
7
장
—

궁핍한 자를 위한 성찬(盛饌)

—

“궁핍한 지기 항상 잊이비림을 당하지 아니함이여 가닌힌
자들이 영원히 실망하지 아니하리로다.” — 시 9:18

　　이 말씀은 듣는 사람에 따라 각기 다른 반응을 불러일으킬 것입니다. 당신이 성경적인 의미에서 “가난하고 궁핍한 자”라면, 성령 하나님께서는 당신으로 하여금 이 은혜로운 말씀 속에서 많은 것을 보게 해주실 것입니다. 그러나 당신이 “나는 부자라 부요하여 부족한 것이 없다”(계 3:17)고 생각한다면, 당신은 이런 말씀에 별 관심이 없을 것입니다. 여러분도 잘 아시다시피, 어떤 심령에 대한 한 본문의 가치는 그 심령의 상태에 달려 있습니다. 나는 지금 이 순간에 우리가 하늘에서 얼마나 많은 별들을 볼 수 있는지를 알지 못합니다. 나는 여기 오기 전에 별들을 쳐다볼 생각조차 하지 못했고, 아마도 여러분도 마찬가지일 것입니다. 그러나 저 먼 바다에 나가 있는 선원은 자기가 어디쯤에 있는지를 알 필요가 있기 때문에 구름 사이로 빛나는 별 하나조차도 아주 귀하게 느껴집니다. 마찬가지로, 당신이 가난하고 궁핍한 자들에 속한다면, 이 본문 속에서 빛나고 있는 하나님의 빛은 당신의 마음에 큰 기쁨이 되어 줄 것입니다. 그러나 당신이 그런 자들에 속해 있지 않다면, 아마도 당신은 그 빛을 쳐다보려고 하지도 않을 것입니다.

　　여러분도 기억하시겠지만, 리처드 1세가 이국의 감옥에서 차갑고 암울한 담장 안에 갇혀 있었을 때, 그는 자신의 절친한 벗이 그를 찾아내기 위해서 온 유럽

을 음유시인으로 떠돌아다니며 불렀던 노래를 들었습니다. 많은 사람들이 그 노래를 들었고, 아마도 그들 중에는 그 노래가 감미롭다고 느낀 사람들도 있었을 것입니다. 그렇지만 그 노래는 그들에게 아주 특별한 의미를 지닌 노래는 아니었습니다. 그러나 감옥에 갇혀 있던 왕은 그 노래를 들었을 때에 그 후렴구를 따라할 수 있었고, 그 노래는 그에게 특별한 가치를 지닌 것이었습니다. 왜냐하면, 그 노래는 그로 하여금 바깥세상과 소통하는 길을 다시 열어 주었고, 결국에는 그를 감옥에서 풀려나게 해주었기 때문입니다. 마찬가지로, 본문에도 당신이 알지 못하는 후렴구가 있을 수 있고, 그 후렴구를 알지 못한다면, 당신은 이 본문에 별 관심을 갖지 않게 될 것입니다. 그러나 당신의 마음이 아주 가난하고, 스스로 느껴질 정도로 아주 궁핍하며, 영적인 빈곤에 처해 있다면, "궁핍한 자가 항상 잊어버림을 당하지 아니함이여 가난한 자들이 영원히 실망하지 아니하리로다"라는 이 간단한 말씀은 당신의 심령에 큰 반향을 일으켜서, 당신으로 하여금 큰 기쁨을 얻게 해줄 것입니다.

나는 여기에서 심령이 가난해서 그 마음을 낮은 자들과 함께 하는 것이 얼마나 복된 일인지를 말씀드리고자 합니다. 그러한 심령을 지닌 사람들에게 가장 좋은 일들이 일어납니다. 당신이 산꼭대기의 가장 높은 곳에 있다면, 당신은 두드러지는 위치에 있긴 하겠지만, 그 곳은 추운 곳입니다. 산꼭대기에는 삭풍이 불고 폭풍이 사정없이 몰아칠 것이 분명하지만, 골짜기에는 양 떼가 먹을 영양가 있는 풀들이 자라고, 그 호젓한 곳으로는 잔잔한 시내가 흐를 것입니다. 겸손의 골짜기에 거하는 사람은 안전이 보장된 곳에서 기뻐하며 살면서, 그 기쁨을 주신 하나님께 모든 영광을 돌리며 살아갑니다. 그 곳은 모든 사람이 좋아하고 선택하는 그런 곳이 아닙니다. 그 곳은 너무 낮은 곳에 있어서, 어떤 사람들의 취향에는 맞지 않기 때문입니다. 세상의 높은 곳들에 거하며 자기 자신을 높이는 것을 좋아하는 사람들이 있습니다. 그러나 지혜로운 사람은 주께서는 주린 자들을 좋은 것들로 먹이시고 부자를 빈 손으로 돌려보내시는 것을 알기 때문에 부자들 중의 한 사람이 아니라 주린 자들 중의 한 사람이 되는 쪽을 택합니다. 그는 하나님이 높이실 낮은 자들, 겸손하고 온유한 자들 중의 한 사람이 되기를 기뻐하고, 하나님이 그들의 "누리던 영화를 욕되게"(사 23:9) 하실 것이라고 엄숙하게 선언하신 저 교만한 자들과 함께 하기를 원하지 않습니다.

여러분이 본문을 있는 그대로 보신다면, 이 본문은 무엇보다도 먼저 하나님이 가난하고 궁핍한 자들을 돌보실 것이라는 문자적이고 자연스러운 의미를 지니고 있는 것을 알 수 있을 것입니다. 사실, 일반적으로 인간 세상에서 가난하고 궁핍한 자들은 "항상 잊어버림을 당하는" 것이 보통입니다. 과거에 많은 나라들의 법령 속에는 가난한 자들을 고려한 규정이 없었습니다. 기독교가 많은 역할을 해서, 오늘날의 정부들은 가난하고 궁핍한 자들의 권리를 어느 정도 인식하게 되었고, 또한 일정 정도 그들을 위한 규정도 마련하기는 했지만, 여전히 가난하고 궁핍한 자들에 대한 대우는 아주 냉정하고 혹독합니다. 우리나라의 빈약한 법들도 의도는 좋을지 몰라도 언제나 공정하게 집행되는 것은 아닙니다. 부자들은 더욱 부하게 되고 가난한 자들은 더욱 가난하게 되는 것을 조장하는 방향으로 모든 것이 행해지는 듯이 보이는 나라들도 있습니다. 그렇지만, 언제까지나 그렇게 되지는 않을 것입니다! 멸시 받는 자들, 가난하고 궁핍한 자들인 여러분에게 더 좋은 날들이 올 것입니다. 여러분이 직접 나서서 싸우고 애쓰고 시기하며 불화할 필요가 없습니다. 여러분을 도우실 분이 하늘에 계십니다. 그가 다시 이 땅에 강림하실 것입니다. 그가 오셔서, "가난한 백성의 억울함을 풀어 주며 궁핍한 자의 자손을 구원하며 압박하는 자를 꺾으실"(시 72:4) 것입니다. 예수 그리스도께서 다스리실 날이 멀게 느껴질지라도 정해진 때에 반드시 올 것입니다. 그 날이 올 때, 모든 폭정과 억압과 악행은 신속하게 끝나게 될 것입니다. "그의 날에 의인이 흥왕하여 평강의 풍성함이 달이 다할 때까지 이르리로다"(시 72:7). "그의 날에" 그 누구도 자신의 권리를 빼앗기지 않게 될 것이고, 그 누구도 짓밟히지 않을 것이며, 그 누구도 압제를 당하지 않게 될 것입니다: "내가 능력 있는 용사에게는 돕는 힘을 더하며 백성 중에서 택함 받은 자를 높였으되"(시 89:19). 그의 오심은 세상의 소망입니다! 그의 나타나심은 세상이 그와 그의 복음에 대적하는 모든 것으로부터 곧 건짐을 받게 될 것임을 보여주는 신호탄이 될 것입니다.

그러나 나는 본문을 영적인 의미로 이해해서, 본문의 "가난하고 궁핍한 자"를 성경적인 의미에서 "가난하고 궁핍한 자"를 가리키는 것으로 보고자 합니다. 이것은 성경에서 하나님의 백성을 가리킬 때에 아주 빈번하게 사용되는 표현입니다. 하나님의 백성은 성령의 가르침을 받아서 자신의 가난함과 궁핍함을 깨달은 사람들입니다. 그들은 자신이 그렇다는 것을 알고, 입으로 그렇게 고백합니다. 또한, 그들은 많은 궁핍들을 느낍니다. 실제로, 지금 그들은 이전보다 더 많은 궁핍들을 실감합니다. 만일 그리스도 안에 저 한량없는 충만이 없다면, 그들은 자신의 궁핍들을 알고서는 절망에 빠져 일어설 수 없을 것입니다. "가난하고 궁핍한"이라는 표현은 하나님의 가르침을 받아서 하나님 앞에서의 자신의 모습을 있는 그대로 볼 줄 알게 된 모든 사람들에 대한 적절하고 정확한 표현입니다. 나는 가난하고 궁핍한 자들에게 갈채를 보내고자 합니다. 본문은 그들과 관련해서 세 가지의 것을 말씀하고 있는 것으로 보입니다. 첫째, 본문은 그들이 겪는 두 가지 쓰라린 경험들이 끝장나게 될 것이라고 말씀합니다. 둘째로, 본문은 그들에게서 제거될 두 가지 슬픈 걱정들에 대하여 말씀합니다. 셋째로, 본문은 우리에게 두 가지 보배로운 약속을 줍니다.

1. 첫째로, 하나님의 백성이 겪는 두 가지 쓰라린 경험이 있습니다.

하나님의 백성은 특히 영적인 것들에서만이 아니라 세상적인 것들에서도 가난하고 궁핍한 경우에는 그런 쓰라린 경험들을 하게 됩니다.

그들이 겪는 첫 번째 쓰라린 경험은 잊어버림을 당한다는 것입니다. 본문은 "궁핍한 자가 항상 잊어버림을 당하지 아니함이여"라고 말씀하는데, 이것은 분명히 그들이 잊어버림을 당하여 왔다는 것, 그들을 아는 자들, 그들의 식탁에서 먹던 자들, 그들이 잘 나가던 때에 그들의 도움을 받고 그들에게 아부하였던 자들에 의해서 잊어버림을 당하여 왔다는 것을 의미합니다. 그런 자들이 지금 당신을 모른 체합니다. 당신의 옷이 달라졌고, 당신의 집이 달라졌으며, 당신의 지갑이 달라졌지만, 당신은 변한 것이 없이 이전과 동일합니다. 그러므로 그들이 당신을 그토록 열렬히 사랑했지만, 그들이 사랑했던 것은 사실 당신이 아니라 당신에게 부속되어 있던 것들이었습니다. 그리고 당신의 부속물들이 다 없어지자, 당신에 대한 그들의 사랑도 떠나간 것입니다. 나무의 잎사귀들이 시들어 가면, 여름에 모여들었던 제비들은 겨울이 오기 전에 모두 다 떠나갑니다. 많은 친구들이 바로 그런 종류의 친구들입니다. 그들의 우정은 가을의 낙엽처럼 시들고, 그들은 제비들처럼 여름을 찾아 다른 곳으로 떠나갑니다. 당신이 다시 잘 살게 되어서 또 한 번의 여름을 맞이한다면, 그들은 다시 돌아와서 당신의 환심을 사려고 할 것입니다. 그들은 개들처럼 당신에게 개들이 먹을 뼈다귀를 가지고 있는 동안에만 당신을 따를 것입니다. 그러나 개들과는 달리, 그들은 당신에게 그런 뼈다귀가 없을 때에는 당신 곁에 머물러 있지 않을 것입니다. 당신이 한때 잘 살았다가 지금은 가난하게 된 사람이라면, 당신은 틀림없이 이런 쓰라린 경험을 겪고 있을 것이고, 당신의 형편이 달라졌기 때문에 사람들로부터 잊혀져 있을 것입니다.

　어쩌면, 당신은 그리스도인이 된 후부터 사람들로부터 잊어버림을 당하게 된 것일 수도 있습니다. 당신이 남들처럼 자기의(自己義)로 살아가는 동안에는, 사람들은 당신을 알아주고 존중해 주었을 것입니다. 왜냐하면, 마치 상인들이 어음을 발행해서 서로를 재정적으로 돕듯이, 당신은 남들의 자기의를 부추기는 데 일조를 해왔으니까요. 그러나 당신은 갑자기 심령이 가난한 자가 되었고, 당신 자신의 의(義)보다 더 나은 의가 자기에게 필요하다는 것을 느끼기 시작했습니다. 사람들은 당신이 우울해지고 비관적인 사람이 되었다고 말합니다. 사실, 당신은 실제로 우울해진 것이기 때문에, 그들이 그렇게 말하는 것은 전혀 이상한 일이 아닙니다. 사람들이 큰 소리로 떠들며 웃을 일에 당신은 깊은 한숨을 쉽니다. 이렇게 당신이, 사람들의 표현을 빌자면, 청교도당에 빠져서 세상 사람들의 즐거움을 버렸을 때, 사람들은 당신을 잊었고 더 이상 아는 체하지 않습니다. 아니, 사람들은 당신을 업신여기고 멸시합니다. 사람들은 종종 "당신은 거룩한 체하는 위선자야"라고 말하기도 하고, 이와 비슷한 몇 가지 별명을 당신에게 붙여줍니다. 그들이 당신을 기억하는 것은 단지 당신을 비웃고 조롱할 때뿐입니다. 그들은 당신을 잊었노라고 말합니다. 그들이 그렇게 말해주니 그저 고마울 따름입니다. 거기에다가 당신도 그들을 잊어준다면, 그것은 또 하나의 고마운 일이 될 것입니다. 시편 45편에 시편 기자가 당신에게 전하는 메시지가 있습니다: "네 백성과 네 아버지의 집을 잊어버릴지어다 그리하면 왕이 네 아름다움을 사모하실지라 그는 네 주인이시니 너는 그를 경배할지어다"(시 45:10-11). 신앙 때문에 당신은 "그리스도의 치욕을 짊어지고 영문 밖으로 나아가야"(히 13:13) 하고, 당신이 전에 알던 사람들이나 친구들로부터 잊어버림을 당합니다. 그것은 당신에게 고통스러운 시련일 것이지만, 그 시련은 당신에게 전혀 해가 되지 않을 것입니다.

　사랑하는 친구들이여, 여러분은 종종 하나님의 백성을 위해 마련된 것들에서도 자기는 소외되고 잊어버림을 당한 자가 아닌가 하는 생각이 들었을 것입니다. 여러분은 경제적으로는 궁핍할 수도 있고 그렇지 않을 수도 있지만 여러분의 심령은 분명히 가난하기 때문에, 다른 사람들은 다 도움을 받고 건짐을 받고 있는데, 자기만 소외되고 있다고 생각하는 것입니다. 하지만 정말 그런 것이라고 생각하지 마십시오. 그러한 문제들에 대하여 아주 예민하고 민감하게 생각해 온 가난한 사람들을 나는 알고 있습니다. 그들은 모든 것이 잘 사는 자들 중심으로 돌아가고 있고, 자신들은 냉정하게 소외되고 있다고 의심했습니다. 다른 그리스도인들이 여러분보다 더 잘 나가는 것을 볼 때 그들에게 대하여 잘못된 선입견을 갖지 마십시오. 만약 그들이 교만하다면, 그것은 분명히 죄이겠지만, 여러분이 시기하는 것도 분명히 죄가 됩니다. 만약 그들이 여러분에게 냉정하였다면, 그것은 분명히 잘못이겠지만, 사실은 그들이 냉정하지 않았는데도, 여러분이 그들을 냉정하다고 생각한 것이라면, 그것도 분명히 잘못일 것입니다. 하지만 나는 여러분이 하나님의 집에서조차도 자기가 잊어버림을 당한 자라고 생각하는 일이 종종 일어나는 것을 이상하게 여기지 않습니다.

또한, 여러분은 동료 그리스도인들에 의해서 정해진 여러 가지 규율들에서도 자기는 소외되고 잊어버림을 당한 자 같이 느껴지는 경험을 했을 것입니다. 예를 들어, 한 동료 그리스도인이 모두가 하나님의 일에 쓰기 위해 헌금을 하자고 제안했고, 다른 동료 그리스도인은 자신의 수입의 1/10 이상을 내기로 하자는 제안을 해서 이 제안들이 다 통과가 되었다고 합시다. 여러분이 생각하기에도, 이 일은 선한 것이었고, 거의 누구에게나 적용될 수 있는 것이었습니다. 그러나 신자들 중에는 종종 "나는 수입이 너무 적어서 십일조를 낼 수가 없고, 내가 가진 것이 너무 없어서 한 푼도 내기가 어렵기 때문에 이 규율은 내게 너무 큰 부담이 됩니다"라고 말하는 "궁핍한" 신자가 있습니다. 그런 경우에는 여러분이 생각하기에 합당하다고 생각되는 액수를 헌금하시고, 이 문제를 놓고 고민하지 마십시오. 우리 각자의 처지는 다 다르고, 우리가 어떤 일을 제안할 때에 언제나 모든 예외를 다 고려할 수는 없습니다. 그러나 여러분은 모든 규율이나 규칙에는 예외가 있다는 것을 압니다. 우리는 단 한 사람이라도 너무 큰 부담을 느끼는 그런 규율이나 규칙을 정하고자 하는 것이 아닙니다. 성경에서 한 가난한 과부는 "두 렙돈"을 연보궤에 넣었고, 여러분도 그렇게 하면 됩니다. 이런 일들을 겪으면서 여러분은 소외되고 잊어버림을 당하였다고 느끼고 종종 괴로워할 것은 틀림없지만 걱정하거나 당혹해하지 마십시오.

또한, 심령이 가난하고 궁핍한 그리스도인은 복음이 선포되고 있기는 한데 거기에 다리를 저는 가엾은 양들, 연약한 무릎을 가진 자들, 멸망하기 직전인 자들을 위한 복음이 없는 것처럼 느껴질 때 몹시 고통스럽습니다. 나는 아주 영광스러운 경험들에 대하여 간증하는 설교들을 들을 때면 한편으로는 기쁨을 느끼지만 그 설교를 듣는 내내 이런 생각이 듭니다: '양 무리 중에서 가난하고 연약한 자들이 그런 영광스러운 경험들에 대하여 듣고, 누구나 다 그런 경험을 할 수 있고, 그런 경험이 없는 사람은 사실 진정으로 구원 받는 믿음을 가진 것이 아니라는 설교를 들을 때, 과연 그들이 무슨 생각을 하게 될까.' 그럴 때면 내 마음은 언제나 "다만 예수의 옷자락에라도 손을 대고자"(마 14:36) 하는 사람들, 또는 구주를 향하여 "주여 내가 믿나이다 나의 믿음 없음을 도와주소서"라는 말밖에 할 수 없는 사람들에게 갑니다. 내가 증언하고자 하는 것은 하나님의 모든 권속 가운데서 가장 훌륭한 자녀들 중의 일부조차도 결코 온전한 확신을 지니고 있지 못하다는 것입니다. 그들은 단지 아주 주의 깊고 깨어 있으며 민감 해서, 그들의 시극히 슬픈 마음이 그들을 그리스도께로 더 가까이 몰아가는 것뿐입니다. 그들은 자신의 연약함을 너무나 잘 알고 있고, 하나님께 범죄할 것을 두려워하기 때문에, 그들 속에 모든 두려움을 몰아내 줄 온전한 사랑이 없을지라도(그런 사랑이 그들에게 있기를 바라지만) 나는 그들을 결코 정죄하지 않습니다. 또한, 어린 양들을 자신의 품에 품고 가시며, 자신의 양 무리 중에서 모든 약한 것들에 대하여 자애로우시고 불쌍히 여기시는 주님께서도 그들을 정죄하지 않으십니다. 우리는 자신의 경험을 간증할 때 믿음이 강한 자들의 경험이 마치 연약한 자들에게도 표준이 되어야 하는 것처럼 말하지 않도록 조심하여야 합니다. 그것은 연약한 자들의 경험을 강한 자들의 표준인 것처럼 말하는 일부 그리스도인들과 마찬가지로 잘못된 일입니다. 사실은 마음의 변화를 경험하는 것과 주 예수 그리스도를 믿는 단순한 믿음을 경험하는 것 외에는 그리스도인의 삶과 관련해서 표준이 되는 경험은 존재하지 않습니다. 사랑하는 친구여, 당신이 설교를 다 듣고 나서 다음과 같이 말할 때의 그 심정을 나는 압니다: "슬프다, 나는 잊어버림을 당하고 소외되었구나. 나를 위한 것은 아무것도 없는 것 같아. 이빨이 없는 사람들을 위한 빵부스러기들은 없고, 온통 질겨서 씹기 힘든 것들만 있구나. 어린아이들을 위한 빵과 우유는 없고, 모두 다 장성한 자들을 위한 질긴 고기들뿐이구나. 내가 먹을 게 없으니 정말 내게 화로구나." 나는 당신이 그렇게 느끼는 것을 전혀 이상하게 생각하지 않습니다. 하지만 다음부터는 비록 그렇게 느껴지더라도 그렇게 생각하지 마시기 바랍니다. 왜냐하면, "궁핍한 자가 항상 잊어버림을 당할" 것은 아니기 때문입니다.

아마도 당신은 지금까지 섭리와 관련해서도 잊어버림을 당해 왔을 것입니다. 당신의 가족들은 다 세상에서 출세했는데, 당신은 그렇지 못합니다. 당신의 친구들은 다 사업에 성공해서 잘 되었는데, 당신은 그렇지 못합니다. 당신도 어떻게든 그들을 따라잡으려고 애써왔지만, 그렇게 되지 않았습니다. 어떻게 해서든지 당신은 경제적인 어려움에서 벗어나기를 원했지만, 여전히 경제적으로 어렵습니다. 당신은 하나님께서 당신을 잊어버리시고 당신만 쏙 빼놓고 은총을 베푸시는 것이 아닌가 염려될 때가 많습니다 — 적어도 섭리를 통한 하나님의 은총들과 관련해서 말입니다. 그러나 이제 나는 당신에게 그런 염려를 털어 버리시라고 권합니다. 하늘에 계셔서 자신의 모든 백성을 굽어보고 계시는 분께서 결코 당신을 잊고 계시는 것이 아님을 믿으십시오. 당신이 사람들에게 잊어버림을 당하는 일을 어느 정도 경험했지만, 하나님에게 잊어버림을 당하는 일을 결코 경험하지 않았다면, 그런 잊어버림은 영원히 지속되지 않으리라는 것을 믿으십시오.

두 번째의 고통스러운 경험은 당신이 잊어버림을 당하였다는 생각과 더불어서 그런 생각 때문에 실망을 경험해 왔다는 것입니다. 본문은 "가난한 자들이 영원히 실망하지 아니하리로다"라고 말씀합니다. 이것은 그들의 기대가 종종 실망으로 바뀌는 경험을 그들이 해왔다는 것을 보여줍니다.

사랑하는 벗이여, 당신이 그리스도인이라면, 당신은 자기가 기대했던 것들 중 일부, 아니 상당수가 이루어지지 않은 경험을 하였을 것임을 나는 압니다. 당신은 한 번쯤은 천국으로 가는 자신만의 길을 찾아낼 수 있을 것이라고 기대했을 것이고, 당신 자신의 의로 당신이 하나님께 받아들여지기를 기대했을 것이고, 하나님의 은총을 얻기 위해 필요한 모든 것을 자기가 다 할 수 있을 것이라고 기대했을 것입니다. 그런 어리석은 기대들은 영원히 망하고 말았습니다. 그렇지 않습니까? 당신의 자기의(自己義)는 누더기 옷과 같습니다. 설마 당신은 낡고 더러운 헝겊 조각들을 기워서 만든 누더기 옷을 입고서 하나님 앞에 나아가고자 하는 것은 아니겠지요?

다음으로, 당신은 예수 그리스도를 믿으면 즉시 온전한 평안을 얻게 될 것이라고 기대했을 것입니다. 그렇지만 당신의 그런 기대는 십중팔구 이루어지지 않았을 것입니다. 당신은 신자이면서도 내적인 기쁨을 많이 체험하지 못한 채 믿음으로 살아야 했습니다. 또한, 당신은 예수를 믿고 난 후에는 그 어떤 죄도 짓지 않게 되고, 더 이상 쓰라린 일들을 겪으며 괴로워하지 않아도 될 것이라고 기대했을 것입니다. 당신은 자신의 짐을 십자가 앞에 내려놓았기 때문에 천국으로 가는 순례 길을 걷는 동안 내내 노래하며 가게 될 것이라고 생각했습니다. 사실, 당신은 현세에서나 내세에서나 아주 빛나고 쾌적한 마차를 타고 다닐 것이라고 생각했습니다. 하지만 그런 기대는 실현되지 않았습니다. 그렇지 않습니까? 당신은 천국으로 가는 길은 험하고 거친 길이고, 순례자의 길에는 수많은 역경들이 있고, 싸워서 죽여야 할 거인들이 있다는 것을 알게 되었습니다. 게다가, 날마다 싸워야 할 내면의 죄들도 있습니다.

아마도 당신은 자기가 하나님의 영적 별들 중에서도 가장 밝게 빛나는 별 중 하나가 될 것이라는 아주 부푼 기대도 품었을 것입니다. 당신의 놀라운 기대들은 끝이 없었을 것입니다. 당신은 하나님의 백성을 이끄는 인도자가 될 것이고, 당신의 열심은 결코 줄어들지 않을 것이며, 당신 안에는 생명이 늘 있을 것이고, 은혜도 약해지지 않을 것이며, 기도를 소홀히 하는 것도 없을 것이라는 기대들이 있었습니다. 당신에게는 자기가 미덕의 귀감이 될 것이고, 세상을 뒤에서 밀어주며 교회를 앞에서 끌어주는 사람이 될 것이라는 기대가 있었습니다. 나는 당신의 기대들이 얼마나 하늘 높이 치솟아 올랐었는지를 알지 못합니다. 그러나 그런 기대들 중 상당수가 이미 물거품이 되었고, 당신이 스스로 생각해도 자신이 아주 평범한 사람이 되어 있다고 해도, 나는 그것을 이상하게 여기지 않습니다. 사실, 당신은 그리스도를 알게 된 이래로 조금씩 성장을 거듭해서, 결국 자기가 아무것도 아니라는 것을 깨닫게 될 정도로 낮아졌고, 지금은 아무것도 아닌 존재보다 더 못한 자로 낮아져가는 도중에 있습니다. 바로 그 밑바닥에 도달할 때, 당신은 목표 지점에 놀라울 정도로 가까이 가 있는 자신을 발견하게 될 것입니다.

사람들의 기대들 중에서 얼마나 많은 수가 사실은 한낱 바람에 불과한 것들인 줄 아십니까? 내가 본문을 연구하면서 여러 번 보고 또 보았을 때 내게 떠오르는 생각이 있었는데, 그것은 “궁핍한 자들”과 “가난한 자들”은 일반적으로 지극히 큰 기대들을 가진 사람들이라는 것입니다. 나는 많은 가난한 사람들과 대화하면서, 그들이 언젠가는 그들에게 많은 재산을 물려줄 자신만의 키다리 아저씨에 대한 기대를 가지고 있다는 것을 거듭거듭 발견하게 되었습니다. 또는, 그들은 세상 어딘가에 원래 자신들이 합법적인 주인인 큰 재산이 있어서 언젠가는 그 재산을 자기들이 되찾게 될 것이라는 기대를 가지고 있습니다. 그들은 자신의 가족 중에 누군가가 그런 재산을 남겨 놓았다는 증거들도 갖고 있습니다. 나는 그들이 찾아가기를 바라는 막대한 돈이 영국 은행의 금고에 쌓여 있는 것인지 그렇지 않은지에 대해서는 알지 못합니다. 그렇지만 그러한 기대들을 자신의 빵에 바를 버터로 생각하는 사람은 그 빵이 말라비틀어져서 못 먹게 될 날이 올 것임을 알아야 합니다. 그런 기대들이 이루어지기를 기다리는 사람은 그 기다림이 결국 헛될 것임을 알아야 합니다. 그런데도 가난한 사람들은 일반적으로 많은 기대들을 갖고 살아갑니다. 그리고 말하나 마나지만, 그런 기대들은 헛된 꿈으로 끝이 나고 맙니다. 그것은 지금까지 인생의 쓰라린 경험의 일부였고, 앞으로도 그럴 것입니다. 그러므로 우리는 그러한 쓰라린 경험을 참고 견뎌내야 합니다. 왜냐하면, 본문은 우리의 "실망"이 단지 잠시일 뿐이라고 우리에게 약속하고 있기 때문입니다.

2. 둘째로, 가난하고 궁핍한 자들의 두 가지 염려를 없애 주시겠다는 것입니다.

그들의 첫 번째 서글픈 염려는, 자기들이 하나님에게 영원히 잊어버림을 당하면 어쩌나 하는 염려입니다. 하나님이 우리를 잊어버리시기로 작정하신다면, 그 날은 우리에게 얼마나 서글픈 날이 되겠습니까! 여러분은 다윗이 다양한 일들을 겪으며 온갖 경험을 하며 산 것을 기억하실 것입니다. 한번은 다윗이 이렇게 썼습니다: "여호와여 주의 은혜로 나를 산 같이 굳게 세우셨더니 주의 얼굴을 가리시매 내가 근심하였나이다"(시 30:7). 그리고 한번은 이렇게 썼습니다: "하나님이 그가 베푸실 은혜를 잊으셨는가, 노하심으로 그가 베푸실 긍휼을 그치셨는가 하였나이다"(시 77:9). 이것은 아주 훌륭한 성도들이 종종 보여주는 모습이고, 그들의 인생의 진폭이 얼마나 큰지를 보여줍니다. 그들의 인생은 "화창한 날씨"를 보이다가도 "많은 비"와 "폭풍우"가 몰아치는 험한 날씨로 변합니다. "오직 시온이 이르기를 여호와께서 나를 버리시며 주께서 나를 잊으셨다 하였거니와"(사 49:14). 이러한 염려는 언젠가는 하나님의 자녀에게 찾아올 것입니다. 그것은 이런 형태를 띨 수도 있습니다: "하나님이 환난 중에 있는 나를 잊어버리셨으면 어떻게 하나? 하나님 외에는 이 환난에서 나를 건질 자가 없다. 나는 지쳐 쓰러져서 하나님의 위로 없이는 분명히 내가 깊은 물 속으로 가라앉게 되리라는 것을 안다. 그런데도 위로가 임하지 않고, 내게 필요한 도움도 오지 않는다. 내게는 그 어떤 출구도 보이지 않고, 여섯 달 전이나 지금이나 나는 여전히 어찌 할 바를 모르고 있다. 난 이 나의 환난을 기도 제목으로 삼아서 기도하는 가운데 하나님을 기다려 왔지만, 하나님이 나를 잊으신 것은 아닌가 종종 두려운 생각이 든다. 하나님이 나를 돕지 않으시면, 나는 어떻게 해야 하나? 하나님이 내 곁에 계시지 않았다면, 나는 오래 전에 절망에 빠져 버리고 말았을 것이다. 그러나 하나님이 이제 나를 버리시면 나는 어떻게 해야 하나? 나는 하나님 없이는 이 곤경에서 결코 빠져 나갈 수가 없다."

아마도 신자는 세상에서의 환난으로 인해서가 아니라 죄의식 때문에 괴로워힐 깃입니다. 그는 그리스도를 믿어서 기쁨과 평안을 느끼곤 했지만, 하나님과의 교제에서 멀어졌습니다. 그가 하나님을 거슬러 행하고 있기 때문에, 하나님도 그를 거슬러 행하고 계십니다. 그는 하나님 아버지의 찌푸리신 얼굴 아래에서 살아갑니다. 그는 하나님 아버지께서 회초리로 때리시는 징계를 받고 괴로워합니다. 이제 그는 속으로 이렇게 생각합니다: '하나님께서 다시는 내게 화해의 입맞춤을 하지 않으시면 난 어떻게 될까?' 그래서 그는 "주여, 주의 종을 긍휼히 여겨 주소서 '주의 구원의 즐거움을 내게 회복시켜 주소서'(시 51:12)"라고 부르짖습니다. 그런데도 그는 여전히 어둠 속을 걷고 있고 빛을 볼 수 없습니다. 그는 구름 아래에서 "내가 어찌하면 내 영혼이 사랑하는 하나님을 발견할 수 있을지를 알려나"라고 부르짖습니다. 하나님이 자기를 버리신 것이 아닌가 하는 섬뜩한 두려움과 염려가 그의 마음에 몰려옵니다. 그것은 섬뜩한 두려움이지만, 사실은 전혀 근거 없는 두려움입니다. 그렇게 두려워할 이유가 전혀 없습니다. 하나님께서 자신의 손바닥에 새겨 놓으신 택하신 자들을 잊으실 리가 없습니다. 어머니는 자신의 젖먹이를 잊을지라도, 하나님은 자기 백성을 한 사람이라도 잊으실 수 없습니다. 그들이 아무리 슬퍼하거나 죄악되다고 할지라도 말입니다.

이때 이런 생각이 들 것입니다: '나는 병들었고 나의 건강은 악화되어서 나는 하루하루 약해지고 있어. 머지않아 나는 차가운 죽음의 강을 건너야 할지도 몰라. 그때 내 하나님이 내 곁에 계셔주지 않으면 어쩌지. 고통당하는 것도 힘들지만, 죽고 나서가 더 힘들지도 몰라. 죽음은 진흙으로 지어진 이 따뜻한 집을 떠나, 육신이 없는 영으로서 미지의 세계로 들어가는 것이니까. 내 임종의 침상 주

위에 수호천사들이 아무도 없고, 세상을 떠나는 내 영혼을 받아주실 주님도 계시지 않으면 어쩌지. 결국 내 소망은 망상이었고, 내 믿음은 허구였으며, 내 경험은 꿈이었던 것으로 밝혀진다면 나는 어쩌나.' 그런 생각들이 당신의 마음을 스칠 때, 당신이 괴로움을 느끼는 것은 이상한 일이 아닙니다. 당신보다 먼저 수많은 사람들이 "죽기를 무서워하므로 한평생 매여 종 노릇"(히 2:15) 해 왔으니까요. 그러나 본문은 그러한 서글픈 염려와 두려움을 치유해 줄 수 있는 복된 치료약입니다: "궁핍한 자가 항상 잊어버림을 당하지 아니함이여."

가난하고 궁핍한 자들의 두 번째 끔찍한 염려는, 결국 그들의 기대가 수포로 돌아가지는 않을까 하는 염려입니다. 사랑하는 벗이여, 당신의 기대는 당신은 하나님을 믿기 때문에 결코 낭패를 당하지 않을 것이고, 당신은 예수 그리스도의 속죄의 피를 의지하고 있기 때문에 영광 중에 있는 성도들과 영원히 함께 하게 되리라는 것입니다. 그렇지만 당신은 종종 슬픈 얼굴로 이렇게 말합니다: "과연 내가 끝까지 믿음을 지키며 버텨낼 수 있을까? 나는 너무나 연약하고 불안정하며 넘어지기 쉬운 자라서 내게 무슨 좋지 않은 일이 일어날까봐 염려가 돼. 과연 나의 소망은 끝까지 지속될 수 있을까?' 그럴 때 주위를 둘러보면, 당신의 길을 방해하는 강력한 시험들이 있는 것이 당신에게 보입니다. 아마도 당신은 당신을 도울 그리스도인들이 거의 없는 곳에 살고 있을 것입니다. 거기에서는 모든 것이 경건한 삶을 살고자 하는 당신의 진보를 가로막는 것처럼 보입니다. 당신은 이렇게 말합니다: "나는 분명히 언젠가는 원수의 손에 죽고 말 거야. 내가 이 많은 시험들과 위험들을 뚫고 살아날 가망은 없어."

아마도 당신의 선천적인 기질이 당신에게 방해물이어서 당신은 이렇게 부르짖을지도 모릅니다: "사나운 성질, 냉정한 마음, 인색함 같은 부패한 성품들이 내 안에 이렇게 많으니 내게 화로구나. 이런 내가 과연 내 주님의 성품을 닮을 수 있을까? 너무나도 부패하고 완악한 내 심령이 녹아져서 하나님의 뜻대로 다시 빚어질 수 있으며, 밀랍 같이 녹아서 하나님의 인치심을 받을 수 있을까?' 당신은 이런 생각을 하며 두려워 떨 것입니다. 특히 당신이 전에 겪어보지 못했던 시련들이 찾아왔을 때, 당신은 이렇게 말할 것입니다: "나의 기대는 수포로 돌아가고 말 거야. 나는 하나님의 은혜로 높은 벽을 뛰어넘으며 군대를 무찌를 수 있을 것이라고 생각했어. 그 어느 피조물도 나를 돕지 않는다고 하여도, 나는 끝까지 주 하나님을 의지할 수 있을 것이라고 믿었어. 그러나 지금 나는 두렵고 떨려. 내가 지금까지 보병들을 상대했는데도 녹초가 되었는데, 앞으로 기병들과 상대할 때는 어떻게 되겠어? 무엇보다도, 요단 강물이 불면 나는 어쩌나?" 그렇습니다. 이것이 하나님의 자녀들의 마음속에서 일어나는 염려입니다. 하지만 하나님의 자녀들은 그런 염려를 단 한순간이라도 품고 있을 필요가 없습니다. 그런 염려가 여러분의 마음에 들어오지 못하도록 차단하는 것은 여러분의 의무이자 특권입니다. 왜냐하면, 여호와께서 "가난한 자들이 영원히 실망하지 아니하리로다"라고 말씀하시기 때문입니다.

3. 셋째로, 우리에게 주어진 두 가지 보배로운 약속이 있습니다.

첫 번째 약속은 "궁핍한 자"에게 주어지는 것인데, 그들이 언제까지나 잊혀진 체로 있게 되지는 않을 것이라고 말씀합니다. 아마도 여러분 중에서는 자기가 하나님의 섭리에서 잊혀지고 소외된 자였다고 생각하는 분들이 계실 것입니다. 괴로움 중에 있는 자여, 잘 들어보십시오. 당신이 오직 인내로 참고 기다리며 흔들림 없이 하나님의 구원을 바라보기만 한다면, "궁핍한 자"가 언제까지나 잊혀진 채로 있게 되지는 않는다는 것을 발견하게 될 것입니다. 당신은 가장이 대가족을 위하여 어떻게 고기를 썰어 나누는지를 본 적이 있습니까? 설마 당신은 그 가장이 단칼에 고기를 썰어서 가족들 모두의 접시를 일시에 다 채우기를 기대하지는 않을 것입니다. 가족 중에 아픈 어린 자녀가 있다면, 가장은 그 자녀의 몫을 가장 먼저 챙길 것이 분명합니다. 따라서 가장 먼저 식탁에 올려지는 것은 바로 그 아픈 어린 자녀를 위한 것이겠지요. 그런 후에 가장은 자기가 적절하다고 생각하는 순서를 따라서 다른 자녀들에게 고기를 나누어 줄 것입니다. 그리고 거기에는 순서가 있어서 먼저 받는 자녀도 있고 나중에 받는 자녀도 있을 것입니다. 내가 아는 정육점 주인은 자기가 소중히 여기는 사람에게는 고기의 가장 맛있는 부위가 나올 때까지 일부러 기다리게 합니다. 그 사람을 기다리게 하는 유일한 이유는 가장 맛있는 것을 주기 위한 것입니다. 마찬가지로, 하나님께서 당신으로 기다리게 하신다면, 당신은 얼마간을 기다림으로써 잃는 것은 아무것도 없고 오직 얻는 것만 있게 될 것입니다. 때가 되면, 당신은 인내에 대한 상을 받게 됩니다. 화물선이 더 오래 항해한다면, 그 배는 더 많은 화물을 싣고 돌아오기 마련입니다. 나무들이 여느 해보다 더 늦게 싹을 틔웠다면, 그러니까 예를 들어서 복숭아나무나 살구나무의 꽃이 평년보다 더 늦게 피었다면, 그것은 그 나무들이 열매를 맺는 데에는 한층 더 좋은 여건이 마련된 것입니다. 당신이 "먼저 된 자"가 아니라 "나중 된 자"라는 것에 만족하십시오. 왜냐하면, "나중 된 자로서 먼저 되고 먼저 된 자로서 나중 되리라"(마 20:16)는 말씀처럼, 언젠가는 "나중 된 자"가 가장 좋게 될 것이기 때문입니다. 당신이 가난한 자일지라도 언제나 잊혀져 있지는 않을 것입니다. 당신을 위해 준비된 몫이 반드시 있습니다.

하나님의 시은좌(施恩座)에서 당신은 결코 잊혀진 자가 아닙니다. 당신은 수없이 기도했지만 거기로부터 응답을 받지 못했고, 너무나 괴로워서 일곱 번을 기도했지만 거기로부터 그 어떤 응답도 오지 않았을 것입니다. "가난한 과부"가 "불의한 재판관"을 자주 찾아가서 끈질기게 자신의 억울함을 풀어 달라고 호소하였듯이, 당신도 아마 그렇게 했을 것입니다. 그런데도 지금까지 당신의 영혼이 갈망해 온 그런 속시원한 응답을 당신은 받지 못했을 것입니다. 하지만 당신은 언제까지나 잊혀져 있지는 않을 것이기 때문에, 기도를 멈추지 마십시오. 약속의 성취가 지체된다면 기다리십시오. 때가 되면, 반드시 응답될 것입니다.

하나님의 말씀 속에서 당신은 언제까지나 잊혀진 자가 되지는 않을 것입니다. 당신은 하나님의 말씀을 계속해서 읽어 왔지만, 그 어떤 약속도 당신에게 위로가 되지 않는 것처럼 보였을 것입니다. 아니, 사실 당신은 성경을 읽어 내려가는 가운데 마치 당신을 치는 듯한 쓴 말씀들만을 만났을 것입니다. 그렇지만 계속해서 읽어나가십시오! 그러면 언젠가는 성경에서 튀어나와서 당신을 맞아주는 것처럼 보이는 말씀을 만나게 될 것입니다. 그 말씀은 마치 당신에게 구애하는 것처럼 보일 것입니다. 그 말씀을 보는 순간, 당신은 거기에 사로잡혀서 "주께서 내 영혼에 이 메시지를 주시니 내가 주의 거룩하신 이름을 찬송합니다"라고 말하게 될 것입니다.

당신은 설교 강단에서도 언제까지나 잊혀진 자로 있지는 않을 것입니다. 아마도 이 자리에는 오랫동안 복음을 들어왔으면서도 슬픈 기색으로 이렇게 말하는 분이 계실 것입니다: "남들은 다 위로를 받는데, 나만 그렇지 못하구나. 하나님이 자신의 다른 모든 백성에게는 각자의 분깃을 주시면서, 오직 가련한 나에게만 분깃을 주지 않으시는 것처럼 보이네. 내가 수없이 교회를 오갔지만, 그 모든 것이 헛된 일처럼 보이니 슬픈 일이다. 나는 남들이 복 받는 것을 보고서 여기에 왔는데, 나를 위한 복과 위로는 없구나." 하지만 당신은 언제까지나 잊혀져 있지는 않을 것입니다. 머지않아 하나님께서는 자신의 종에게 당신에게 당신의 분깃을 주라고 명하실 것입니다. 어쩌면 바로 본문이 지금 당신의 심령에 하나님이 주시는 메시지일 수 있습니다.

당신은 주님의 식탁에서 언제까지나 잊혀진 자로 있지 않을 것입니다. 당신은 떡을 뗄 때 종종 자신의 종들에게 자기를 나타내시는 주님이 이 거룩한 식탁에서 당신에게 자신을 나타내시기를 기뻐하실 것이라는 소망을 갖고서 늘 성찬식에 참여해 왔습니다. 그런데도 주님은 단 한 번도 당신에게 미소를 보내신 적이 없으셨습니다. 당신은 늘 다른 사람들과 함께 왕의 식탁에 앉았지만, 당신이 앉아 있는 그 자리에 왕이 친히 오셔서 함께 하신 적은 없는 것 같습니다. 당신은 떡을 먹었지만, 주님의 살이라는 신령한 음식을 먹은 적은 없습니다. 당신은 잔을 마시기는 했지만, 주님의 보혈이라는 신령한 음식을 마신 적은 없습니다. 하지만 당신은 언제까지나 잊혀져 있지는 않을 것입니다. 당신이 예수를 진징으로 의지하고 있다면, 당신에게는 밝은 날들이 준비되어 있습니다. 그때 왕이 친히 당신을 자신의 연회 자리로 이끌어 가실 것이고, 당신 위에 걸려 있는 깃발에는 "사랑"이라는 글자가 선명하게 씌어 있을 것입니다. 당신은 그런 변화들을 보고 느끼면서 이렇게 노래할 것입니다:

> "주께서 나의 애곡을 기뻐 춤추는 것으로 바꾸시고
> 베옷 대신에 기쁨의 옷을 주셨네.
> 주의 분노는 잠시 타오를 뿐이지만
> 주의 은총은 영원하다네."

당신은 하나님께 드리는 예배에서도 언제까지나 잊혀져 있지는 않을 것입니다. 당신은 아무리 예배를 드렸어도 당신의 심령이 변화되는 것을 느끼지 못했을 것이지만, 바로 거기에서도 당신은 언제까지나 잊혀져 있지 않을 것입니다. 당신이 그리스도를 위하여 짊어지라고 부르심을 받는 고난들에 있어서도 언제까지나 잊혀져 있지 않을 것입니다. 결국 당신의 인내가 온전해지게 될 것이고, 고난은 그 소기의 목적을 이루었을 때 끝나게 될 것입니다. 아마도 당신은 박해를 받고 멸시를 당하겠지만, 언제까지나 잊혀져 있지는 않을 것입니다. 그때 당신은 그리스도를 위하여 욕을 당하는 것이 얼마나 복되고 기쁜 일인지를 배우게 될 것입니다. 당신은 한동안 잊혀진 것처럼 보일 수 있지만, 사실은 그렇지 않습니다. 성령 하나님께서는 당신을 결코 잊지 않으십니다. 성령께서는 당신을 붙들어 주시고 교훈하시며 빛을 비쳐 주시고 위로해 주실 것입니다. 성자 하나님께서도 당신을 결코 잊지 않으십니다. 당신을 위해 말로 다 표현할 수 없이 큰 희생을 치르신 성자께서 어떻게 당신을 잊으실 수 있겠습니까? 당신은 그의 신부입니다! 성자께서는 자신을 사랑하듯 당신을 사랑하십니다. 당신은 그의 일부이고 분신인 까닭에, 성자께서는 당신을 잊으실 수 없습니다. 성부 하나님께서도 결코 당신을 잊지 않으십니다. 당신은 영원 전부터 하나님의 것이었고, 성부께서는 "예수 그리스도를 죽은 자 가운데서 부활하게 하심으로 말미암아 우리를 거듭나게"(벧전 1:3) 하셨습니다. 당신은 언젠가는 죽을 것이지만, 그럴지라도 잊혀지지 않을 것입니다. 왜냐하면, 거룩한 천사들이 당신을 받들고 호위하여 당신의 본향인 천국으로 모셔갈 것이기 때문입니다. "부자"는 많은 사람들의 애도 속에 영구차에 실려가 무덤에 묻혔습니다. 그의 유언장이 공개되었고, 그의 재산을 둘러싸고 싸움이 벌어졌습니다. 이것이 그 부자에 대한 기억의 끝이었습니다. 그 부자는 사람들의 뇌리 속에서 신속하게 잊혀졌습니다. 하지만 나사로는 천사들에 의해 떠받들려져서 아브라함의 품에 안겼습니다. 천사들은 나사로를 잊은 적이 없습니다. 개들은 그의 곪은 상처를 핥았지만, 천사들은 그를 사랑했습니다. 그의 잠자리는 거름더미였지만, 아브라함의 품이 그의 보좌였습니다! 당신이 예수를 믿는 사람이라면, 영광과 관련해서 결코 잊혀진 사람이 아닙니다.

로울랜드 힐(Rowland Hill) 목사는 나이가 아주 많이 들었을 때 임종 직전의 노인들을 찾아가 만나서 이렇게 말하곤 했습니다: "당신이 천국에 도착하시거든, 거기에 있는 세 분의 영화로운 요한에게 내 사랑을 전해주시고, 가엾은 늙은 이인 로울랜드가 '나를 잊지 말아 달라'고 말하더라고 그들에게 꼭 좀 전해주세요." 머지않아 천국에 당도하게 될 여러분을 그들이 잊어버렸으면 어쩌지 하는 염려를 다 버리십시오. 그럴 일은 절대 없을 테니까요. 천국에는 오직 당신의 머리에만 맞는 면류관이 있고, 그 면류관은 당신이 천국에 갈 때까지는 주인을 만나지 못해 외롭게 거기에 있을 것입니다. 또한, 천국에는 오직 당신만이 거주하도록 예정되어 있는 영광의 "집"이 있습니다. 그런데 하나님께서 그 집이 영원히 비어 있게 놔두실 것이라고 당신은 생각하십니까? 결코 그럴 수 없습니다. 그 집에 거하기 위해서는 당신이 그곳에 있어야 하기 때문에, 당신을 위해 그 집을 예비하신 주님께서 당신을 반드시 그 집으로 인도하시리라는 것을 당신은 확신할 수 있습니다. 왜냐하면, 주님께서 천국에 가서서 자기 백성을 위한 거처를 마련해 놓으시고서는, 자기 백성이 그 거처로 오는 길에서 멸망 받게 내버려 두시는 일은 결코 없을 것이기 때문입니다.

"궁핍한 자가 항상 잊어버림을 당하지 아니함이여." 특히 그리스도께서 오셔서 그 궁핍한 자들에게 "내 아버지께 복 받을 자들이여 나아와 창세로부터 너희를 위하여 예비된 나라를 상속받으라"(마 25:34)고 말씀하실 때, 그들은 기억될 것입니다. 그들은 주님의 기쁨 속으로 들어갈 때 기억될 것이고, 그 후로 영원토록 주님에게서 결코 잊혀지지 않게 될 것입니다. 그들에게는 장차 영광이 주어질 것이기 때문에, 그들이 그 영광을 기대하고서 지금 그들에게 지워지는 모든 고난을 다 짊어지고 감당하는 것이 마땅합니다.

본문에 나오는 또 하나의 약속은, "가난한 자들이 영원히 실망하지 아니하리로다"라는 약속입니다. 예수를 믿었지만 자기는 여전히 너무나 "가난하고 궁핍한 자"라고 느끼는 당신이 "기대하는 것"은 무엇입니까? 당신은 평안을 얻게 되기를 기대해 왔습니다, 그렇지 않습니까? 때가 되면, 당신은 평안을 얻게 될 것입니다. 아주 최근에 어떤 친구가 내게 이렇게 말했습니다: "어떤 사람이 예수를 믿었는데도 즉시 평안을 느끼지 못하는 이유가 뭐지? 그 사람은 정말 자기가 구원을 받았다고 믿은 것인가? 그 사람이 구원을 받았다는 것을 보여주는 증거는 뭐지?" 나는 이렇게 대답했습니다: "하나님께서는 자기 아들을 믿는 자마다 정죄를 받지 않는다고 말씀하시기 때문에, 나는 하나님의 말씀이 옳다는 것을 확신하기 위해서 내 영혼에 평안을 주시라고 요청할 필요를 느끼지 못 해. 내가 평안을 느끼든 못 느끼든, 나는 하나님의 진리의 말씀을 있는 그대로 받아들여서, 내가 구원을 받은 것으로 믿는 것이 마땅해. 내가 그렇게 한다면, 나는 평안을 느끼게 되지. 그러나 내가 평안을 느낄 때까지 내 자신이 구원을 받았다는 사실을 믿지 못하겠다고 말한다면, 사실 나는 하나님을 전혀 믿는 것이 아니야. 그것은 내가 하나님의 말씀이라는 증거만으로는 만족할 수 없다는 듯, 추가적인 증거로 평안을 달라고 하나님께 요구하고 있는 것일 뿐이지." 사랑하는 친구여, 당신이 아직 평안을 누리지 못하고 있는 것은 당신의 믿음이 단순하고 분명해야 하는데도 그렇지 못하기 때문일 수 있습니다. 그러나 당신이 진정으로 가난하고 궁핍해서 당신 자신을 하나님의 약속들에 전폭적으로 내맡긴다면, 복음의 약속이라는 토대 위에서 올바르게 형성된 당신의 기대는 결코 "실망"으로 끝나지 않게 될 것입니다. 당신은 평안을 얻게 될 것입니다! 그렇습니다. 당신은 어느 날 온전한 평안을 얻게 될 것입니다: "모든 지각에 뛰어난 하나님의 평강이 그리스도 예수 안에서 너희 마음과 생각을 지키시리라"(빌 4:7).

또한, 당신은 죄에 대하여 승리하게 되기를 기대하고 있을 것입니다. 하나님께서는 죄가 당신을 지배하지 못할 것이라고 약속하셨습니다. 죄와의 싸움은 무척 힘든 싸움이 될 수 있고, 당신은 한동안 죄의 권세 아래 놓여 있는 것처럼 보일 수도 있습니다. 당신은 어느 정도 죄의 권세 아래 있을 수 있지만, 죄는 당신을 결코 지배하지 못할 것입니다. 죄는 사람의 영혼의 일부를 잠시 정복할 수는 있지만, 영혼이라는 성채 자체를 정복해서 접수할 수는 없습니다. 안심하십시오. "평강의 하나님께서 속히 사탄을 너희 발 아래에서 상하게 하시리라"(롬 16:20). 당신은 자신의 심령 속에서 영원하신 성령의 거룩한 능력과 힘 있는 역사를 느끼게 될 것입니다. "가난한 자들이 영원히 실망하지 아니하리로다."

또한, 당신은 환난에서 벗어나기를 기대해 왔을 것입니다. 머지않아 당신은 환난에서 벗어나게 될 것입니다. 당신은 전화위복을 기대해 왔을 것입니다. 머지않아 전화위복이 될 것입니다. 나는 당신이 언제 환난에서 건짐을 받게 될 것이라고 말해 주지는 못하지만, 성경이 "의인은 고난이 많으나 여호와께서 그의 모든 고난에서 건지시는도다"(시 34:19)라고 말씀하고 있기 때문에, 당신은 반드시 환난에서 건짐을 받게 될 것입니다. 머지않아 당신은 모든 환난에서 영원히 자유롭게 해줄 것이라는 하나님의 통지를 받게 될 것입니다. 그 날이 얼마나 빨리 올 것인지를 나는 말할 수 없지만, 그 날이 올 때까지 당신은 인내로써 참고 기다리며, 묵묵히 하나님의 구원을 소망하여야 합니다.

또한, 당신은 믿음의 온전한 확신을 갖게 되기를 기대해 왔을 것이고, 그 기대는 결코 "실망"으로 끝나지 않을 것입니다. 하나님께서 당신의 믿음을 자라게 하실 것입니다. 당신이 매일매일 겪는 일들을 통해서 당신의 믿음이 견고해지고, 당신이 겪는 어려움들과 환난들조차도 당신의 믿음을 견고하게 해주는 밑거름이 될 것입니다. 대장장이가 되기 위해서 도제로 있는 소년이 처음 몇 달 동안은 큰 망치를 휘두르느라 팔이 몹시 아플 것은 지극히 당연한 일입니다. 그러나 계속하십시오. 멈추지 말고 계속하십시오. 당신의 근육은 점점 탄탄해지고, 당신의 힘줄은 점점 튼튼해져서, 당신은 대장장이에게 필요한 만큼 힘센 자가 될 것입니다. 사랑하는 친구여, 당신의 믿음도 마찬가지입니다. 당신은 "주 안에서와 그 힘의 능력으로 강건하여질"(엡 6:10) 것입니다. 또한, 당신은 아주 특별한 영적 기쁨들을 누리게 되기를 기대해 왔습니다, 그렇지 않습니까? 당신은 당신의 영혼이 암미나답의 병거들 같이 되기를 기대해 왔습니다. 당신은 당신이 "몸 안에 있었는지 몸 밖에 있었는지"(고후 12:2) 모르는 그런 상태에 있기를 기대해 왔습니다. 때가 되면, 당신은 그 모든 것들이 이루어지는 것을 보게 될 것입니다. 왜냐하면, 하나님께서는 가장 적절한 때에 그것을 당신에게 나타내 보이실 것이기 때문입니다. 나는 주님을 사랑하는 모든 사람들을 대신해서 이렇게 말할 수 있습니다: "나는 주님이 계신 곳에 주님과 함께 있어서 주님의 영광을 뵈올 수 있기를 기대합니다. 주님께서 모든 것을 이기시고 아버지 하나님과 함께 그의 보좌에 앉으셨던 것처럼, 나는 주님과 같이 되어서 모든 것을 이기고 주님과 함께 주님의 보좌에 앉게 되기를 기대합니다." 형제들이여, 이것이 여러분의 기대라면, 그 기대는 결코 "실망"으로 끝나지 않을 것이고, 결국 복되게 실현될 것입니다. 나는 내가 존경하는 조부의 유언 중 일부를 전에 여러분에게 말씀드린 적이 있지만, 여기에서 다시 한 번 들려드리고자 합니다. 나의 한 삼촌이 조부께 이렇게 여쭈어 보았답니다. "아버지, 와츠(Watts) 박사의 이런 찬송을 아세요?"

> "나의 소망, 나의 의지가 되신 내 주여,
> 　주의 복음은 땅처럼 견고하오니
> 　내가 예수의 손에 붙들려 있는 한
> 　내 영혼은 결코 망하지 않으리."

　그러자 조부께서는 이렇게 대답하셨답니다: "제임스야, 나는 와츠 박사가 그 찬송에서 사용한 "땅처럼 견고한"이라는 비유를 별로 좋아하지 않아. 내가 딛고 있는 땅은 가라앉아 버릴 수도 있잖니. 내게는 그것보다 훨씬 더 견고한 것이 필요하단다. 그래서 난 와츠 박사의 이런 찬송이 더 좋아."

> "주의 약속은 **주의 보좌처럼** 견고해서
> 　내가 주의 손에 맡긴 것은
> 　주께서 잘 지켜 주실 수 있으시다네.

저 마지막 날까지.”

 “제임스야, 지금 내게는 이 찬송이 위로가 돼. 이것은 주님의 왕권에 관한 것
이지. 주는 왕이시기 때문에, 주의 보좌가 영원히 견고한 것처럼, 나 같은 가엾고
연약한 버러지 같은 자에게 하신 약속도 반드시 이루실 것이란다. 그러니 내가
반드시 주의 얼굴을 기쁨 중에 뵈옵게 될 거야.”

제
8
장

—

생각을 읽으시는 기이하신 하나님

"여호와여 주는 겸손한 자의 소원을 들으셨사오니 그들의
마음을 준비하시며 귀를 기울여 들으시고" — 시 10:17

무엇보다도 먼저 이 절의 논리를 주목해 보십시오. 그 논리가 아주 단순하면서도 힘있고 정확합니다. 주께서 과거에 "들으셨사오니" 장래에도 "준비하시리라"는 것입니다: "여호와여 주는 겸손한 자의 소원을 들으셨사오니 그들의 마음을 준비하시리라." 여러분은 주 하나님께서 변함이 없으시고 "어제나 오늘이나 영원토록 동일하시다"(히 13:8)는 것을 알기 때문에, 하나님께서는 과거에 행하신 대로 장래에도 그렇게 다시 행하실 것이라고 결론을 내리시는 것은 정확한 것입니다. 만일 여러분이 실수와 잘못을 범할 수 있는 존재인 사람을 상대로 해서 과거에 그렇게 했으니 장래에도 그렇게 할 것이라고 결론을 내린다면, 그것은 잘못된 결론이 되고 말 것입니다. 사람은 과거에 그렇게 했다고 하더라도 장래에 꼭 그렇게 할 것이라는 보장이 없습니다. 사람은 그런 변덕스럽고 종잡을 수 없는 피조물입니다. 그러나 신실하시고 참되시며 영원토록 변함없으신 하나님을 상대해서는, 여러분이 하나님께서 과거에 행하신 대로 장래에도 행하실 것이라고 생각을 한다면, 그것은 틀림없는 생각이 될 것입니다. 그래서 사도는 "그가 이같이 큰 사망에서 우리를 건지셨고 또 건지실 것이며 이후에도 건지시기를

그에게 바라노라"(고후 1:10)고 말했습니다.

다시 본문을 보겠습니다. 본문 속에서 여러분은 이 동일한 복된 논리가 한 걸음 더 나아가고 있는 것을 보실 수 있을 것입니다. 왜냐하면, 시편 기자는 "준비하시리라"고 말한 후에 또다시 "들으시리라"고 말하기 때문입니다: "그들의 마음을 준비하시며 귀를 기울여 들으시고." 믿음은 무엇보다도 먼저 하나님이 과거에 복들을 주셨기 때문에 장래에도 복을 주실 것이라고 결론을 내립니다. 그런 후에, 믿음은 자신의 결론을 절대적으로 확신하기 때문에 그 결론 위에 또 다른 확신을 쌓아가기를 주저하지 않습니다. 이것은 우리가 본받아야 할 고귀한 믿음입니다. 우리는 마땅히 그런 믿음을 가져야 하지만, 현실적으로 그런 믿음을 찾아보기는 쉽지 않습니다. 의심하는 심령들은 눈앞에서 일어난 일들을 근거로 해서 장래를 바라보는 것조차도 어렵습니다. 그러나 믿는 심령에게는 그런 일은 쉬운 일입니다. 아니, 믿는 심령은 거기에서 한 걸음 더 나아가서 과거에 하나님의 약속에 의지해서 가졌던 소망 위에 장래의 소망을 쌓아갑니다. 그렇게 해서 믿음은 눈에 보이지 않는 돌들로 확실한 집을 건축합니다. 믿음은 체험했기 때문에 기대하고, 기대한 것을 체험합니다. 그렇지 않을 이유가 어디 있겠습니까? 믿음은 "바라는 것들의 실상이요 보이지 않는 것들의 증거"(히 11:1)가 아닙니까? 우리가 믿는 것은 확실한 것이기 때문에 또다른 믿음의 토대가 되기에 합당합니다. 우리는 이런 찬송을 아주 좋아합니다:

> "내 입에 '새 노래'가 있어
> 그 노래를 늘 부르네.
> 아직 맛보지 않은 모든 은혜도
> 난 주께 영광을 돌린다네."

우리는 이 찬송가 가사처럼 우리가 아직 받지 않은 은혜와 긍휼에 대해서도 하나님을 찬송합니다. 본문은 "보이지 않는 것들"의 또다른 용도를 보여주는데, 그것은 믿음으로 알게 된 "보이지 않는 것들"을 하나님에 대한 한층 더 깊은 신뢰의 토대로 삼는 것입니다. 그것은 우리의 지극히 거룩한 믿음 위에 건축되어야 합니다. 이것은 허공에 성을 쌓는 것이 아니니 안심하시기 바랍니다. 왜냐하면, 우리의 믿음은 결코 망상이 아니기 때문입니다. 우리가 믿음으로 건축하는 집은 확실하고 견고한 재료로 지어지는 것이기 때문에, 오류가 없다고 생각되는 과학조차도 우리가 짓는 집에 비하면 공기처럼 가볍고 허약한 것입니다. 우리의 선한 목자께서 우리를 "푸른 풀밭에 누이셨기" 때문에, 우리는 "사망의 음침한 골짜기로 다닐지라도 해를 두려워할" 이유가 없다고 결론을 내릴 수 있고, 이 결론으로부터 "내 평생에 선하심과 인자하심이 반드시 나를 따를" 것임을 확실하게 알 수 있게 됩니다. 이러한 추론은 기하학의 공식들처럼 정확합니다. 하나님께서는 결코 우리의 소망으로 인하여 우리가 부끄러움을 당하도록 내버려 두지 않으실 것입니다. 이러한 논리를 배우십시오. 그러면 이 논리는, 여러분이 절대적으로 확실한 것을 붙들지 않으면 살 수 없을 것 같은 환난의 때에 여러분을 견고하게 지켜 줄 것입니다. 하나님은 지금 선하십니다. 그러므로 하나님은 장래에도 선하실 것입니다. 하나님은 성도들의 발걸음을 지켜 주실 것입니다. 하나님께서 그렇게 하실 것이기 때문에, 우리는 반드시 기쁨으로 하나님의 궁정에 들어가게 될 것입니다.

　　이런 논리를 기도에 적용해 보십시오. 하나님께서는 과거에 우리의 기도에 응답하셨기 때문에 장래에도 응답하실 것입니다. 이 첫 번째 명제에 대해서 우리 중 다수가 그 증인들입니다. 하나님의 이 진리에 대한 증거들은 우리의 매일매일의 체험 속에 있습니다. 우리는 기도의 능력을 보여주는 증거들을 하늘의 별들만큼이나 무수히 갖고 있습니다. 하나님께서 과거에 그의 거룩한 처소에서 우리의 기도를 들어주셨기 때문에, 우리는 장래에도 여전히 우리의 기도를 들어주실 것이라고 추론합니다. 그러므로 살아 있는 한 우리는 하나님의 이름을 부를 것입니다. 이것은 결코 시시한 것이 아닙니다. 기도를 들으시는 하나님은 여호와의 영원한 이름이고 영원한 기념비입니다. 이 땅이 없어지지 않는 한, 하나님께서 은혜의 보좌를 버리시거나 부르짖는 이스라엘의 기도에 귀를 막으시는 일은 결코 없을 것입니다.

　　이렇게 해서 나는 오늘 아침 전할 설교의 주제를 여러분에게 소개해드렸습니다. 여러분이 기도하는 것은 필수적입니다. 왜냐하면, "궁핍한 자들"은 자기를 도우실 수 있는 분에게 부르짖어 도움을 청하는 것이 마땅하기 때문입니다. 여러분이 기도하는 것은 유익합니다. 왜냐하면, 간구하는 자들의 마음은 하나님의 축복의 말씀들로 충만하게 될 것이기 때문입니다. 하나님을 기다리는 것은 헛된 일이 아닙니다. 그것은 당신의 위로가 되고 힘이 되고 생명이 됩니다. 당신이 존귀를 구한다면, 기도하는 것은 당신의 즐거움이 됩니다. 왜냐하면, 만유의 주의 응답을 얻어내는 것보다 당신을 더 고귀하게 만들어 줄 것은 아무것도 없기 때문입니다. 지존자의 들으심을 얻은 사람은 이루 말할 수 없는 존귀를 얻은 것입니다. 이 아침에 나는 본문에서 다섯 가지 대지를 뽑아내어 전하고자 합니다. 이 다섯 가지를 하나하나 전할 때마다, 성령의 역사로 말미암아 우리 각자가 유익을 얻게 되시기를 빕니다.

1. 첫째로, 지극히 낮아져서 드리는 기도야말로 가장 진실하고 열납되는 기도입니다.

이 첫 번째 대지는 본문의 표면에 그대로 드러나 있습니다. 그렇다면, 지극히 낮아져서 드리는 기도란 무엇을 의미하는 것입니까? 그것은 본문은 "겸손한 자의 소원"이라고 말씀합니다. 그것은 아브라함의 평안한 믿음의 기도도 아니고, 온 힘을 다해 씨름한 야곱의 기도도 아니고, 모세의 힘있는 중보기도도 아니고, 거룩한 사무엘의 간구도 아니고, 하늘을 닫고 여는 권능을 지녔던 엘리야의 부르짖는 기도도 아닙니다. 그것은 단지 "소원," 즉 선한 것들을 향한 마음의 움직임일 뿐입니다. 그런데도 하나님은 그 기도를 들어주십니다. 사실, 지극히 낮아져서 드리는 기도가 가장 진실한 기도일 것입니다. 왜냐하면, 모든 진정한 기도의 핵심은 "소원"이기 때문입니다. 하나님의 말씀들은 단지 기도의 밭일 뿐이고, 그 밭을 일구는 농부는 "소원"입니다. 본문을 보면, 우리는 "소원"이 바로 응답 받는 기도라는 것을 알게 됩니다. 왜냐하면, 본문은 하나님께서 무엇을 들어주신 것인지를 분명하게 보여주기 때문입니다: "주는 겸손한 자의 소원을 들으셨사오니." 다른 형태의 기도들은 사람들에게는 매력적인 것으로 보일 수 있겠지만, 살아 계신 하나님께는 아무런 영향도 미칠 수 없습니다. 그러나 이렇게 지극히 낮아져서 드리는 기도는 예로부터 언제나 응답되는 기도였습니다. 그래서 성경은 "그는 자기를 경외하는 자들의 소원을 이루시며"(시 145:19)라고 말씀하고, "의인은 그 원하는 것이 이루어지느니라"(잠 10:24)고 말씀합니다. 사실, 어떤 시인이 다음과 같이 표현하였듯이, 기도는 "소원"입니다:

"기도는 영혼의 진실한 소원이라네.
　　말로 표현되든 안 되든

가슴 속에 떨림이 있는
감춰진 불의 움직임이라네.”

　지극히 낮아져서 드리는 참된 기도는 지존자의 들으심을 얻는데, 우리에게 그것 외에 다른 그 무엇이 추가로 필요하겠습니까?

　그것은 단지 소원일 뿐이라는 것을 주목하십시오: “겸손한 자의 소원.” 소원은 말로 전혀 표현되지 않을 수 있습니다. 기도하는 사람이 자신의 소원을 말로 도저히 표현할 수 없을 수 있습니다. 그는 너무나 슬프고 감정이 북받쳐서 말문이 막혀 버릴 수도 있고, 아주 과묵한 사람이라서 말로 표현하는 일에 아주 서투를 수도 있습니다. 그는 말로 표현할 수 없는 자신의 소원을 단지 탄식 소리와 눈물로만 나타낼 수 있을 수도 있습니다. 그렇지만 하나님은 말로 표현되지 않는 “소원”도 다 들어주시기를 기뻐하십니다. 많은 사람들은 아주 멋진 표현들로 기도를 합니다. 하지만 사실 그들의 기도는 너무나 거창한 말들로 표현되기 때문에, 그들의 겉만 번지르르한 미사여구들은 하늘에서 설 자리가 없게 됩니다. 그 기도들은 사람들의 칭찬을 듣기 위한 것이기 때문에 결코 하늘 문을 통과할 수 없습니다. 하나님께서는 “그 기도들은 사람들을 의식해서 한 것들이니 사람들로 하여금 그 기도들을 듣고 즐기게 내버려 두라”고 말씀하십니다. 하나님은 사람들이 먹고 즐기다 남은 찌꺼기들을 거두시기 위하여 몸을 굽히시는 분이 아닙니다. 어떤 기도가 사람들을 위한 잔치용으로 행해진 것이면, 하나님은 그 잔치 자리에 불청객으로 가시지 않으실 것입니다. 반면에, 많은 진실한 사람들은 다른 형제들처럼 대표기도를 드릴 능력도 없는 자기 자신을 탓하고 정죄합니다. 그들은 심지어 가족 앞에서 기도할 때조차도 두려워 떱니다. 이것이 그들에게 슬픔이 됩니다. 나는 그들이 남자라면 그러한 자신감 부족을 극복함으로써 자신이 남자라는 것을 증명해야 한다고 생각합니다. 나는 그들에게 끈기 있게 결단력을 가지고 시도해 보시기를 강력히 권합니다. 그렇지만 그들이 아무리 노력하고 애써도 그렇게 되지 않는다면, 그것은 애석한 일일 수는 있겠지만, 자신을 탓하고 정죄할 일은 아닙니다. 유창한 말이 아니라 침묵이 더 좋은 기도일 수 있습니다. 지금까지 하나님께서는, 아무 말도 하지 않고 마음속으로만 기도해서 주위의 다른 사람들이 전혀 들을 수 없었던 그런 기도들을 들어주시고 응답해 오셨습니다. 하나님의 귀는 아주 밝으셔서 원래는 귀로 들을 수 없는 것조차도 들으십니다. 침묵 가운데 드려지는 참된 기도에 대해서 하나님이 침묵하시는 일은 결코 없습니다.

기도하는 사람은 마음의 소원을 제대로 의식할 수 없습니다. 왜냐하면, 그 사람의 소원은 자신의 마음 아주 깊은 곳에 있는데, 그의 의식은 거기까지 도달하기 어렵기 때문입니다. 마음의 소원은 강렬한데 표현할 길이 없을 때라도, 하나님은 그 소원을 들으실 수 있으십니다. 아마도 그 사람의 고백은 이런 식일 것입니다: "나는 낮아지기를 소원하기 때문에 나의 교만을 탄식합니다. 나는 강한 믿음을 갖기를 소원하기 때문에 나의 믿음 없음을 슬퍼합니다. 나는 신앙에 열심이 있기를 소원하기 때문에 나의 미지근한 신앙에 한숨이 나옵니다. 나는 거룩하기를 소원하기 때문에 나의 범죄들을 시인합니다. 나는 내 기도가 하나님께 열납되는 기도가 되기를 소원하지만, 내 기도가 잘못된 기도가 되면 어쩌나 두렵습니다." 그러한 고백의 기도가 참회하는 마음으로 드려지기만 한다면 응답을 받게 될 것입니다. 왜냐하면, 지금까지 하나님께서는 늘 "겸손한 자의 소원을 들으셨기" 때문입니다. 당신의 마음이 소원들로 펄펄 끓어오른다면, 그 뜨거운 증기는 하늘에 닿게 될 것입니다. 당신이 하나님 앞에 내놓는 것들이 빈 그릇들이라면, 하나님은 엘리사 시대에 한 과부의 "빈 그릇들"을 채워 주셨듯이 당신에게도 그렇게 하실 것입니다. 하나님은 당신의 모든 빈 그릇이 다 아귀까지 꽉 찰 때까지 당신이 지닌 적은 은혜의 기름을 한없이 늘어나게 해주실 것입니다.

당신에게 소원들이 있습니까? 그것들은 크고 주리고 목마른 소원들입니까? 그렇다면 그 소원들을 하나님께 가지고 나아가십시오. 당신의 소원들은 언제나 "족한 줄을 알지 못하여" 늘 "다오 다오" 소리지르는 "거머리" 같이 만족할 줄 모릅니까? 그렇다면 다윗이 그랬듯이 "나의 모든 소원이 주 앞에 있사오며"(시 38:9)라고 기도하고, 하나님께서 모든 살아 있는 것들의 소원을 만족시켜 주시리라는 것을 믿으십시오. 당신의 소원들이 깨어 있다면 안심하십시오. 당신은 기도하고 있고, 하나님은 당신의 부르짖음을 듣고 계십니다. 당신은 머지않아 "이 곤고한 자가 부르짖으매 여호와께서 들으시고"(시 34:6)라고 말하게 될 것입니다. 당신의 소원들이 각자 알아서 하나님께 부르짖으며 천국의 문을 몹시 절박하게 두드리고 있기 때문에 그 문은 열리게 될 것입니다.

다시 한 번 말씀드리지만, 이러한 소원은 그 어떤 확신과 기대를 수반하지 않을 수 있다는 것을 명심하십시오. 당신은 기도할 때 하나님의 약속을 믿고 그 약속이 이루어질 것을 기대해야 합니다. 예수의 이름으로 기도할 때, 하나님께서 그 기도를 반드시 들어주실 것이라고 믿는 것은 모든 기도하는 사람의 본분이자 특권입니다. 그러나 종종 사람들은 자기를 비하하다가 믿음을 갖지 못하게 되는 경우가 있습니다. 자신을 낮추는 것은 선한 일이지만, 그것으로 인해서 믿음을 갖지 못하는 것은 악한 일이기 때문에, 이런 것이 기도에 많은 방해가 됩니다. 지나친 겸손은 불신앙이 되어서, 이런 보잘것없고 연약한 기도는 하나님이 응답하지 않으실 것이라는 비관적인 생각에 빠지게 만듭니다. 몇몇 경우에 이러한 기대감의 결여는 기도에서 실질적인 장애물로 작용해서 응답 받는 것을 방해합니다. 그러나 자연스럽게 의기소침해지고 무거운 짐을 지게 된 심령들은 괜찮습니다. 왜냐하면, 그 심령들이 지닌 염려나 두려움은 하나님에 대한 의심이 아니라 그들을 지극히 낮추시는 하나님의 심판에 대한 것이기 때문입니다. 그것은 그들의 믿음에 결함이 있음을 보여주는 죄악된 모습이 아니라, 그들 자신의 무가치함에 대하여 살을 에는 듯 고통스럽게 아파하는 것입니다. 따라서 그들은 하나님께서 자신들의 기도를 들어주시기를 바란다고 부르짖고, 하나님이 그렇게 해주실 때까지 기다리겠다고 하면서 심히 두려워합니다. 그들은 다른 아무 곳에도 가려 하지 않습니다. 왜냐하면, 그들은 하나님의 거저 주시는 은혜와 긍휼 외에는 다른 그 어떤 곳에도 소망을 두지 않기 때문입니다. 그러나 그들은, 하나님의 약속은 확실하기 때문에 자신들이 곧 기뻐하게 되리라는 저 복된 기대감을 갖지는 않습니다. 형제들이여, 나는 여러분의 그런 불신앙을 책망하면서도 여전히 여러분이 소원들을 갖게 되시기를 바랍니다. 하나님께서는 그 소원들을 들으시기 때문에, 여러분이 그 소원들을 하찮게 여겨 무시해서는 안 됩니다. 본문은 이렇게 말씀합니다: "여호와여 주는 겸손한 자의 소원을 들으셨사오니." 하나님께서는 여러분의 겸손한 한숨소리와 신음소리를 들으십니다. 여러분은 하나님께서 여러분이 구하거나 생각한 것 이상으로 차고 넘치게 부어 주시는 것을 보고서 놀라게 될 것입니다. 하나님이 "의에 주리고 목마른" 자들에게 내려주시는 하늘 양식을 먹고서 여러분의 믿음이 놀라울 정도로 성장하게 되시기를 빕니다.

다음으로, 우리는 하나님이 들으시는 기도의 이러한 형태가 본문에서 "겸손한 자의 소원"으로 묘사되고 있는 것을 봅니다. 이러한 기도는 교만으로부터 자유로운 기도라는 이점을 지닙니다. 만약 어떤 사람들이 자신의 어리석은 마음이 원하는 것을 따라 이런 기도를 드린다면, 그 기도는 자신의 욕망을 채우기 위한 기도가 될 것입니다. 내가 이런 식으로 말씀드리는 것에 놀라지 마십시오. 내가 우려하는 것은 많은 사람들이 교만한 마음을 품은 채로 자신을 겸손하게 해 달라고 기도한다는 것입니다. 그들은 사람들로부터 칭찬받고 싶어서 겸손해지기를 원합니다. 나는 교회라는 시장에서 존중받고 대접받기 위해서 하나님의 큰 은혜를 구하는 사람들이 있다는 것을 전혀 의심하지 않습니다. 여러분은 자신의 간절한 열심이라는 거센 물살 속에 하나님이 아니라 자기 자신을 향하여 흐르는 역류를 발견한 적이 없으십니까? 우리는 전도를 잘한다는 칭찬을 듣고 싶어서 전도에 열심을 낸 것은 아닙니까? 우리는 하나님의 영광 아래에서 그 빛을 받아 빛 가운데 살기 위해서 하나님을 영화롭게 하고자 해왔습니까? 수많은 사람들이 제2, 제3의 예후가 되어서 "나와 함께 가서 여호와를 위한 나의 열심을 보라"(왕하 10:16)고 말해오지 않았습니까? 교만을 벗어 버리기가 얼마나 힘들고 어려운 일인지 모릅니다. 이 시편은 교만한 자와 압제하는 자에 관하여 많은 것을 말씀하는데, 하나님께서는 그런 자들을 혐오하시고, 장차 반드시 그들을 찾아가 심판하실 것입니다. 그러나 이 밝은 말씀은 어두운 밤에 외로운 별처럼 빛을 발합니다. 귀한 진주는 거친 굴 껍질에서는 결코 발견되지 않습니다. 우리가 겸손하다면 하나님께서 우리의 겸손을 지켜 주시고, 우리가 겸손하지 않다면 하나님께서 우리를 겸손하게 만들어 주시기를 빕니다.

그리스도인은 지금 겸손하든지 장차 겸손하게 되든지 둘 중의 하나여야 한다고 나는 믿습니다. 겸손한 것은 정말 좋은 일입니다. 천국으로 가는 여정 속에서 겸손의 골짜기보다 더 아름다운 곳은 없습니다. 그 골짜기에 사는 사람은 꽃들과 새들 가운데 거하여, 다음과 같이 노래한 목자처럼 온종일 노래할 것입니다:

"아래에 있는 사람은 떨어질 염려 없다네.
낮은 데 처한 사람은 교만의 염려 없다네.
겸손한 사람은 영원토록
하나님이 그의 인도자가 되신다네."

당신이 겸손하고자 하지 않는다면, 하나님은 당신을 겸손하게 만드실 것입니다. 하지만 그것은 결코 바람직한 일이 아닙니다. 하나님이 당신을 겸손하게 만드시고자 역사하시면, 당신은 몹시 고통스럽게 두들겨 맞고, 불경건한 자들과 경건한 자들 앞에서 수치를 당하게 될 것입니다. 머리를 꼿꼿하게 쳐들고 살아가던 사람들은 결국 그 머리가 대들보에 부딪쳐서 이마에 상처를 입고 평생을 살아가야 했습니다. "하나님은 교만한 자를 대적하시되 겸손한 자들에게는 은혜를 주시느니라"(벧전 5:5). 그러므로 하나님께서 우리를 도우서서 우리로 하나님 앞에 "겸손한 자의 소원"을 드리게 하시기를 빕니다.

"겸손한 자의 소원"은 복음의 영으로 충만해져 있기 때문에 은혜의 하나님께 열납됩니다. 나는 그 이유를 잘 알지는 못하지만, 교만은 율법에서 탄생하는 것으로 보입니다. 왜냐하면, 율법은 비난하고 정죄하기 때문입니다. 겸손은 복음의 자녀이고, 은혜의 무릎에서 자랍니다. 당신이 하나님의 자녀라면 자신을 보잘것없는 자라고 낮게 평가하여야 합니다. 하나님으로 하여금 당신의 기도를 들으시게 하고자 한다면, 당신은 궁핍하고 아무것도 가진 것이 없는 자로 하나님께 나아가야 합니다. 우리 자신을 스스로 보잘것없는 자로 여기는 것은 응답받는 기도의 동반자입니다. 자신의 가난함과 빈곤함을 시인하고 고백하고자 하지 않는 사람은 그리스도 예수 안에 있는 "충만"으로부터 무엇을 받기를 기대할 수 없습니다. "은혜 위에 은혜"는 결핍에 결핍을 느끼는 사람들에게만 주어집니다. 모든 성공적인 간구는 거저 주시는 은혜를 의지하는 기도입니다. 우리는 하나님이 마치 우리에게 빚진 분인 양 하나님께 무엇을 내놓으라고 주장해서는 안 됩니다. 왜냐하면, 그럴 경우에 하나님의 긍휼이 우리에게 주어지지 않을 것이기 때문입니다. 우리가 공의로우신 하나님께 호소했다면 공의로우신 하나님께 모든 것을 맡기고, 우리의 공로를 얘기하며 상을 요구해서는 안 됩니다. 우리는 "하나님의 긍휼하심과 성실하심으로 인하여, 그리고 하나님의 아들로 인하여 내 기도를 들어주소서"라고 부르짖어야 합니다. 이것이 제대로 된 복음의 영입니다. 우리가 이것과 다른 방식으로 간구한다면, 하나님은 우리를 빈 손으로 돌려보내실 것입니다.

하지만 이 "겸손한 자의 소원"은 제한되고 좁아지기가 싫습니다. 우리가 우리의 소원들을 우리가 받아 마땅한 것들로 국한시킨다면, 그 소원들은 아무것도 없게 되어 버릴 것입니다. 왜냐하면, 우리가 마땅히 받아야 할 것들은 아무것도 없고, 도리어 물어내야 할 것들만 있기 때문입니다. 여러분이 하나님께 구할 자격과 권리가 있다고 생각되는 것들을 따라 기도하는 것은 잘못입니다. 여러분은 공의 외에 아무것도 구할 자격이나 권리가 없습니다. 우리 중에 예수와 상관없이 자신의 힘으로 공의를 견뎌낼 사람이 누가 있겠습니까? "여호와여 주께서 죄악을 지켜보실진대 주여 누가 서리이까"(시 130:3). 여러분은 하나님이 명하신 것을 따라 기도하는 편이 나은데, 그 명령은 "네 입을 크게 열라 내가 채우리라"(시 81:10)는 것입니다. 가장 참된 겸손은 하나님의 은혜롭고 자비로운 계명들에 즉시 순종하고 하나님이 거저 주시는 것을 의심 없이 받는 것입니다. 우리에게는 그 어떤 것에 대해서도 자연적인 권리가 없습니다. 그러나 하나님께서는 우리에게 "네 입을 크게 열라"고 명하실 때, 그것은 우리에게 언약에 의해서 만물에 대한 권리를 주시는 것입니다. 사랑하는 형제들이여, 여러분에게서 겸손이 소원을 제한하고 속박해서 여러분은 큰 선물을 소원하지만 감히 구할 수 없다고 느낀다면, 여러분이 소원하는 바로 그것이 여러분의 소원이라는 것을 알아야 합니다. 여러분이 "나는 주의 달콤한 긍휼을 맛보고 싶지만, 나 같은 심령에게는 너무 과분해 보입니다"라고 말한다면, 나는 여러분의 겸손 배후에 있는 저 강렬하고 참된 "소원"을 엿볼 수 있기 때문에, 하나님께서 그 긍휼하심으로 인해서 그 소원을 들으시고 응답해 주시기를 기도합니다. 하나님의 이 첫 번째 진리, 즉 가장 비천한 것 같이 보이는 기도야말로 참된 기도라는 사실을 잊지 마십시오.

2. 둘째로, 하나님은 지극히 낮아져서 드리는 기도에 속히 응답하십니다.

이 두 번째 진리는 기도를 시작한 사람들에게 큰 위로를 줍니다: "주는 겸손한 자의 소원을 들으셨사오니." 소원들을 듣는 이 기술은 하나님의 것임에 틀림없습니다. 우리는 최근에 생각을 읽는 것에 관하여 많은 말을 들어 왔습니다. 나는 사람들 사이에서 벌어지고 있는 그런 일에 대해서는 언급할 생각이 없지만, 여기에 하나님과 관련해서 그 놀라운 예가 나옵니다: "주는 겸손한 자의 소원을 들으셨사오니." 이렇게 소원을 읽는 것은 오직 하나님의 대권입니다. 우리 자신은 우리의 소원들을 모를지라도, 하나님은 우리의 소원들을 아십니다. 이 성전에 여러분이 앉아서 뭔가를 소원하고 계시지만, 바로 옆 사람의 소원을 아는 것은 불가능합니다. 그것은 아주 당연한 일입니다. 하나님의 종 엘리가 지존자의 성소에서조차도 한나의 소원을 읽을 수 없었다는 것은 분명합니다. 그녀의 입술이 움직이고 있었기 때문에, 엘리 제사장이 그녀의 입술의 움직임을 통해서 뭔가를 알아낼 수 있었을 것이라고 사람들은 생각할지 모르지만, 엘리는 그녀가 술에 취해 혼자 주절거리는 것이라고 생각해서 그녀를 꾸짖었습니다. 한나에게는 하나님께서 그녀의 겸손한 소원을 들으시고 그녀의 모든 소원을 아셨다는 것이 긍휼이 아니고 무엇이었겠습니까? 사랑하는 자여, 하나님은 지금 당신의 생각을 읽고 계십니다. 사랑하는 자매여, 당신의 깊은 곳에서 나온 탄식 소리가 저 높은 곳에 상달되었습니다. 여러분은 자신의 내면의 감정들을 말하고 싶지 않을지도 모릅니다. 여러분의 비밀은 겉으로 말하기에 너무 고통스러울 수 있으니까요. 그러나 걱정하지 마십시오. 하나님은 아주 귀가 밝으셔서 여러분의 마음의 소원들을 들으실 수 있으십니다. 그것은 놀라운 기술입니다! 하나님께서 단지 우리가 말할 때 그 말을 들어주시기로 약속하셨다고 해도, 그것만으로 우리는 너무나 기쁠 것입니다. 그런데 그런 것을 훨씬 뛰어넘어서, 하나님은 우리가 말하지 않고 말로 표현할 수 없는 것들도 들으십니다. 여러분은 이런 능력과 자비를 들어보신 적이 있습니까? 여러분이 이 아침에 소원들을 가득 안고서 마음을 찢고 자신의 영으로 다음과 같이 부르짖을 준비가 되어 있다면, 안심하십시오: "주여, 나의 기도를 들어주소서. 주여, 내게 평안을 주소서. 나의 애곡하는 날들이 끝나게 해주소서. 내가 주께서 계신 곳에까지 나아갈 수 있도록 저로 하여금 어디에서 주를 발견할 수 있는지를 알게 해주소서." 절망 가운데서 무너지지 마십시오. 두려워할 이유가 없습니다. 여러분의 사정은 지극히 소망스러우니까요. 왜냐하면, "겸손한 자의 소원"을 들으시는 것이 주께서 하시는 일이기 때문입니다.

　그것은 하나님이 모든 세대에서 행해 오신 기술입니다. 하나님은 단지 권능을 지니고만 계시는 것이 아니라, 그것을 행사하십니다. 나는 본문을 "주는 겸손한 자의 소원을 들으셨습니다"라고 과거 시제로 번역하는 것을 좋아합니다. 본문은 단지 그럴 가능성이 있는 사건을 말씀하는 것이 아니라, 과거에 빈번하게 일어난 사실을 말씀하고 있습니다. 본문은 하나님의 권능을 단지 선언하는 것이 아니라, 그 권능이 실제로 행해진 사실을 기록해 놓은 것입니다. 인류 역사상 은혜를 입은 사람들이 살았던 곳에서 그들은 말들로만이 아니라 말이 없이 마음만으로도 하나님과 대화해 왔습니다. 하나님께서는 인간의 영혼의 맥동(脈動)들을 마치 북소리처럼 크게 들어주셨습니다. 영혼의 탄식은 마치 전쟁시에 쓰던 나팔 소리처럼 아주 분명하게 하나님 앞에 상달되었습니다. 하나님의 귀는 결코 둔하지 않으십니다. 가련한 인간의 기도는 연약하고 흠도 많지만, 하나님은 그런 간구에 싫증을 내지 않으십니다. 하나님은 환난 날에도 우리의 기도를 들어주십니다. 야곱의 하나님의 이름이 우리에게 힘이 됩니다.

> "하나님은 우리의 마음으로 기도하고 싶게 하시고,
> 그 기도를 귀 기울여 들어주신다네.
> 하나님께는 우리의 탄식은 노래이고
> 우리의 눈물은 아름다운 보석이라네."

바로 오늘 여러분의 마음의 소원들을 하나님께 드리십시오. 그 소원들을 마음속에 묻어두고서 배은망덕하게 침묵해서는 안 됩니다. 본문은 여러분이 직접 마음의 소원들을 하나님 앞에 아뢰라고 말씀합니다. 여기에 계신 분들 중에서 어떤 분들은 기회가 주어진다면, 어떻게 하나님이 자신의 소원을 들어주셨는지, 그리고 종종 자신의 심령 속에서 실제로 소원이 형성되어 있기도 전에 어떻게 하나님이 그 소원에 대하여 응답해 주셨는지를 간증하실 수 있을 것입니다. 하나님께서는 "그들이 부르기 전에 내가 응답하겠고 그들이 말을 마치기 전에 내가 들을 것이며"(사 65:24)라고 말씀하셨기 때문입니다. 우리는 어떤 소원을 살아 계신 하나님 외에 그 누구에게도 말하지 않은 채로 가슴에 묻어둔 채로 몇 주 또는 몇 달 동안 그 소원이 끊임없이 우리 가슴속에서 불타오르는 가운데 종종 탄식과 부르짖음으로 터져나오다가, 때가 되어 우리의 그런 탄식이 하나님의 마음에 상달된 적이 있을 것입니다. 기도로써 씨를 뿌렸을 때, 분명히 우리는 때가 되어서 복을 거둔 적이 있습니다. 우리 주님은 겟세마네 동산에서 "그의 경건하심으로 말미암아 들으심을 얻었습니다"(히 5:7). 이것은 그의 모든 구속 받은 백성이 암울한 때에 들으심을 얻게 될 것임을 보여주는 확실한 보증입니다. 하나님 안에 거하는 사람들은 복됩니다. 왜냐하면, 그들은 자신들이 기뻐하는 것들을 시은좌(施恩座)에서 얻을 수 있기 때문입니다. 성경은 "또 여호와를 기뻐하라 그가 네 마음의 소원을 네게 이루어 주시리로다"(시 37:4)라고 말씀하고 있지 않습니까? "전능자의 그늘 아래에 사는"(시 91:1) 여러분은 그 약속의 말씀이 이루어지는 것을 경험해 오지 않았습니까? 그러므로 나는 여러분에게 하나님의 놀라운 선하심을 경험한 일들을 입으로 다 표현하시기를 당부합니다. 여러분이 경험하신 하나님의 신실하심을 마음속에만 묻어두지 마십시오. 왜냐하면, 하나님의 자녀들이 은혜의 보좌 앞에서 응답받은 것들에 대하여 침묵할 때, 하나님은 그가 마땅히 받으셔야 할 많은 영광을 받지 못하게 되시고, 가련한 죄인들과 성도들도 기도할 힘을 받을 기회를 놓치게 되기 때문입니다.

　나는 이 아침에 여러분이 나의 설교를 듣고 지금 이 자리에서 믿음의 기도를 드리고 싶은 마음이 샘솟듯 올라오기를 바랍니다. 여러분은 "집에 가서 기도해야지"라고 말할지도 모르겠습니다. 여러분이 원하신다면 그렇게 하십시오. 그러나 나는 여러분에게 좀 더 즉시 신속하게 하시라고 강권합니다. 세리를 기억하시죠? 세리는 하나님의 전에서 기도할 때에, 감히 눈을 들어 하늘을 쳐다보지도 못한 채로 자신의 심령 속에서 탄식하고 가슴을 치며, "하나님이여 불쌍히 여기소서 나는 죄인이로소이다"(눅 18:13)라고 기도했습니다. 그렇지만 다른 사람이 아니라 바로 그 세리가 하나님에게서 "의롭다 하심을 빌고 그의 집으로 내려갔습니다"(눅 18:14). 나는 여러분이 집에 가서 기도하겠다고 미루지 마시기를 바랍니다. 여러분이 바로 지금 여기에서 구원을 받고서 "의롭다 하심을 받고" 집으로 가신다면, 그것은 얼마나 멋진 일이 되겠습니까? 여러분의 소원이 참되고, 여러분이 믿음으로 그 소원을 하나님 앞에 쏟아놓기만 한다면, 여러분은 말로 표현할 수 없는 복을 얻게 되실 것입니다. 하나님은 그런 기도를 무수히 들으시고 응답해 주셨고, 지금은 동일한 방식으로 여러분의 기도를 들어주실 차례입니다. 10월의 이 첫 번째 주일이 여러분의 영혼에게 은혜의 날이 되게 하고 싶지 않으십니까? "너희는 여호와를 만날 만한 때에 찾으라 가까이 계실 때에 그를 부르라"(사 55:6). "지금은 은혜 받을 만한 때"입니다(고후 6:2). 하나님의 영이 가까이 계십니다. 하나님께서 지금 여러분의 마음을 움직이셔서 기도하고 싶게 만들고 계신다면, 하나님의 영의 감동을 물리치지 마시고, 본문의 말씀에서 힘을 얻으셔서 담대하게 기도하십시오. 기도를 들으시는 하나님께 "나의 아버지여, '주는 겸손한 자의 소원을 들으셨사오니,' 이 시간에 나의 소원을 들으시고 내게 복을 주실 줄 믿습니다"라고 기도하십시오.

3. 셋째로, 기도에 있어서 핵심은 마음입니다.

　우리는 이것을 본문에서 아주 분명하게 볼 수 있습니다. "여호와여 주는 겸손한 자의 소원을 들으셨사오니." "소원"은 마음의 열매입니다. "그들의 마음을 준비하시며." 하나님께서 사람들에게 은혜를 주실 때에 가장 먼저 하시는 일은 그들의 "마음"을 준비시키시는 것입니다. 따라서 마음의 상태가 가장 중요한 것을 우리는 알 수 있습니다. 마음은 간구의 원천(源泉)이자 자리(seat)이자 핵심입니다. 마음이 실려 있는 기도는 기도가 있는 마음이고, 우리 영혼의 부르짖음은 우리의 부르짖음이 있는 영혼입니다.

마음이 실려 있지 않다면, 기도는 흉내만 내는 엉터리 가짜 기도일 뿐입니다. 마음이 실려 있지 않은 기도는 개 짖는 소리나 돼지가 꿀꿀거리는 소리와 마찬가지이기 때문에 거기에 하나님의 은혜는 없습니다. 하나님은 교회나 모임이나 성당에서 진실한 마음이 실려 있지 않은 기도를 들으시느니 차라리 까마귀나 어린 사자의 우는 소리에 더 귀를 기울이실 것입니다. "나는 이 아침에 내게 주어진 기도문을 읽었습니다"라고 말하지 마십시오. 여러분이 그런 기도문을 50편을 읽는다고 해도, 더 나아질 것은 아무것도 없습니다. "나는 대모(代母)에게서 배운 기도문들대로 기도를 드렸습니다"라고 말하지 마십시오. 여러분이 그런 기도를 2만 번을 드린다고 하여도, 여러분은 단 한 번도 기도드린 것이 아닙니다. 마음이 하나님을 향하여 아뢰지 않는다면, 여러분은 주기도문이나 그 밖의 다른 경건한 기도문들로 기도를 드릴지라도 조금도 유익을 얻을 수 없습니다. 아니, 여러분은 이렇게 기도하는 흉내를 냄으로써 도리어 여러분 자신에게 해(害)를 끼친 것일 수 있습니다. 나는 많은 이른바 공기도(公祈禱)나 대표기도가 외식(外飾)의 죄를 범하는 것이라는 데에 우려를 표합니다. 여러분의 자녀가 여러분에게 와서 외식하는 목소리로 여러분의 환심을 사고자 한다면, 여러분은 어떻게 하시겠습니까? 여러분의 자녀가 "사랑하는 아버지, 내가 이러저러한 것을 원합니다"라고 말하지 않고, 책을 한 권 집어들고 펴서 "사랑하고 존경하는 아버지, 내가 당신에게 이러저러한 것을 내게 주시도록 요청하오니 당신의 크신 사랑으로 내 요청을 들어주시기를 바랍니다"라고 읊조린다면, 여러분은 분명히 그 자녀의 말도 안 되는 요구를 들어주고자 하지 않을 것입니다. 여러분은 "애야, 네가 원하는 것이 무엇이냐? 있는 그대로 솔직하게 얘기해봐"라고 말할 것입니다. 그런데도 그 자녀가 계속해서 책 읽듯이 읊조린다면, 여러분은 아마 그 자녀를 발로 차서 방에서 내쫓아 버릴 것입니다. 이렇게 책 읽듯이 읊조리는 기도는 하나님에 대한 아주 심한 조롱입니다. 베드로가 주님을 향해 물 위를 걸어오다가 책 읽듯이 "주여 나를 구원하소서"라고 읊조렸다면 어떻게 되었을까 한 번 상상해 보십시오. 마음이 진정으로 하나님과 대화하고자 할 때, 사람은 책 읽듯이 읊조리는 음성으로 말하는 것은 불가능합니다. 그런 사람은 그런 쓰레기 같은 음성을 멀리 내던져 버릴 것입니다. 그렇다면, 마음을 실어서 기도하는 사람이 기도문을 사용하는 것은 있을 수 없는 일입니까? 물론, 마음으로 기도하는 사람도 기도문을 사용할 수 있습니다. 많은 사람들이 여러 해 동안 그렇게 해왔습니다. 여러분이 목발이 있어야만 걸을 수 있다면, 나는 여러분이 아예 걷지 못하는 것보다 그렇게 해서라도 걸으시기를 바랍니다. 하지만 여전히, 마음이 실려 있지 않다면, 역사상 가장 경건한 사람들이 작성해 놓은 훌륭한 기도문들이나 여러분 자신이 즉흥적으로 쓴 가장 거룩한 언어도 기도가 될 수 없습니다. 말이라는 것은 기도를 담는 가방 이상의 것이 아닙니다. 언어는 기껏해야 기도를 구체화하는 데에 필요한 몸일 뿐입니다. 기도의 생명은 마음의 소원입니다. 여러분의 마음을 살피십시오. 왜냐하면, 하나님은 바로 그 마음을 보시기 때문입니다: "그들의 마음을 준비하시며." 종종 하나님은 사람들의 입에 말을 넣어주기도 하십니다. 하나님께서는 "너는 말씀을 가지고 내게 오라"(호 14:2)고 하시면서, 사람들이 사용해야 할 말을 준비시켜 주기도 하십니다. 그러나 일반적으로 말하자면, 하나님의 주된 관심은 사람들의 마음이 기도할 준비가 되어 있느냐 하는 것입니다.

　　마음이 없이 드리는 기도는 기도를 하지 않은 것이기 때문에, 마음이 실려 있지 않은 기도는 응답받지 못합니다. "소원"이 없이 기도하는 사람은 하나님께 자신의 기도를 들어주지 마시기를 요청하는 것과 같습니다. 여러분이 기도를 드리는 동안에 여러분의 마음에 오만가지 헛된 생각들이 왔다 갔다 한다면, 여러분의 소원은 약한 것이고, 따라서 여러분의 기도는 응답받지 못할 것입니다. 기도가 응답받기 위해서는 뜨거워야 합니다. 기도가 열납되기 위해서는 열렬해야 합니다. 만일 여러분의 기도가 응답되지 않아도 여러분이 별로 슬프지 않고, 응답되어도 그렇게 크게 기쁘지 않다면, 여러분은 하나님의 긍휼의 문 앞에서 오랫동안 기다려야 그 문으로 들어갈 수 있게 될 것입니다. "천국은 침노를 당하나니 침노하는 자는 빼앗느니라"(마 11:12). 끈질김은 기도에서 반드시 있어야 할 요소입니다. 우리 주님께서는 그런 취지의 많은 비유들을 우리에게 들려주셨습니다. 장난하듯이 기도하면, 그 기도는 결코 응답받지 못하게 될 것입니다. 여러분의 마음과 영혼이 온전히 깨어 있는 가운데 여러분은 기도하여야 합니다. 졸린 상태에서 드려지는 기도는 하늘을 움직일 수 없습니다. 우리는 온 마음을 다하여 하나님을 찬송하여야 하고, 바로 그 동일한 마음가짐으로 기도하여야 합니다. 두 마음을 지닌 사람이 주님으로부터 그 어떤 것도 받기를 기대할 수 없듯이, 마음을 반만 드린 사람도 마찬가지입니다. 여러분이 하나님의 보좌로부터 속히 응답을 받고자 한다면, 다른 무엇보다도 여러분의 마음을 온 힘을 다해 지키십시오.

열렬한 마음에서 우러나오는 기도가 응답을 받습니다. 형제들이여, 심령이 뜨거워지고, 소원들이 강렬해질 때, 기도를 아끼지 마십시오. 우리가 언제나 그런 상태에 있게 되는 것이 아니기 때문에, 우리가 그런 상태에 있을 때에 기도를 많이 하여야 합니다. 우리는 기도하기 위해서 우리 자신을 준비하여야 하지만, 기도하기에 가장 좋은 조건들은 우리 마음속에 강렬한 소원들과 열망들이 있는 것입니다. 아주 배가 고플 때가 식사하기에 가장 잘 준비된 때입니다. 여러분이 배가 고프다면, 여러분에게는 가장 좋은 반찬이 준비되어 있는 것입니다. 여러분의 소원이 강렬할 때에 평소보다 더 많이 기도하는 것이 지혜로운 일입니다. 여러분은 언제나 똑같이 기도할 수는 없기 때문에, 기도하기 좋은 때가 왔을 때에 그 기회를 놓치지 마십시오. 여러분의 마음이 순풍을 만나 "소원"의 닻들이 올려져 있을 때에 전속력으로 달리십시오. 여러분의 영혼이 깨어서 활발하게 움직일 때, 개인 기도에 더 많은 시간을 할애하십시오. 머지않아 여러분은 병거의 바퀴들이 빠져 버려서 아주 힘든 시간들을 보내며 앞으로 잘 나아가지 못하게 될 수 있습니다. 여러분이 더 나은 시기를 허비하였다면, 그때 가서 여러분은 반드시 후회하게 될 것입니다. 여러분 자신과 교회와 멸망 중에 있는 세상을 위해서 무수한 복들을 얻는 일을 그치지는 말되, 여러분의 마음속에서 하나님 앞에서 영혼의 열망들이 활발하게 움직이게 하는 데에 주의를 기울이십시오.

4. 넷째로, 하나님이 친히 자기 백성의 마음을 준비시키십니다.

본문은 "주는 … 그들의 마음을 준비하시며"라고 말씀합니다. 나는 하나님이 우리의 마음을 기도하기에 합당한 마음으로 준비시키실 것이라는 이 말씀이 얼마나 기쁜지 모릅니다. 왜냐하면, 우리의 마음이 준비되는 것은 아주 많은 것들이 달려 있는 아주 중요한 일이기 때문입니다. 인생의 모든 것이 마음에 달려 있고, 마음은 특히 기도할 준비가 되어 있어야 합니다. 여러분은 침대에서 자다가 바로 일어나 나올 수 없듯이, 기도도 어떤 생각이나 묵상 없이 곧바로 언제든지 드려질 수 있는 것이 아닙니다. 여러분은 "나는 방금 전까지 불경건한 말들을 경청해 왔지만, 이제 기도할 거야"라고 말할 수 없습니다. 아무 생각도 없는 황무한 마음 밭에서 갑자기 나오는 기도는 형편없고 빈약한 기도가 될 수밖에 없을 것입니다. 우리는 하나님의 궁정에 들어가기 전에 준비를 해야 합니다. 그 곳은 거룩한 곳이기 때문에, 우리의 영혼은 신발을 벗어야 합니다. 그러나 이러한 준비는 꼭 필요한 것이면서도 종종 어려운 일입니다. 그래서 우리 하나님께서 우리 안에서 역사하셔서 그런 준비를 시켜 주시는 것은 우리에게 큰 긍휼을 베풀어 주시는 것입니다. 하나님 외에 그 누구도 우리의 마음을 기도하기에 적합한 마음으로 준비시켜 줄 수 없다는 것은 분명합니다. 옛적의 한 저술가는 큰 종을 종탑에 올리는 것이 그렇게 올려놓고서 그 종을 울리는 것보다 훨씬 더 힘든 일이라고 말했습니다. 이 저술가의 말은 맞습니다. 종이 종탑에 잘 설치가 되어있다면, 나중에 그 종을 울리는 일은 아주 쉽습니다. 그러나 종을 울리기 위해서 마음이라는 종을 기도의 종탑에 들어올려 놓는 것은 어렵고 힘든 일입니다. 연주자들은 연주하기 전에 자신의 악기가 잘 조율되어 있는지를 살핍니다. 여러분은 그런 일은 생략해도 되지 않나라고 생각하실지 모르지만, 그런 준비작업은 생략할 수 없습니다. 그것은 연주자들이 반드시 해야 하는 일들 중의 하나이니까요. 연주자가 자신의 악기를 조율하는 법을 배우기 전에 무엇을 알겠습니까? 그가 자신의 악기를 조율하기 전에 무엇을 할 수 있겠습니까? 나는 우리 모두가 하나님 앞에서 기도할 준비가 다 되어 있는 사람들이기를 바랍니다.

　　하나님께서 우리의 마음을 준비시키시는 이 과정은 오래 전부터 시작되었던 것일 수 있습니다. 오늘 이 자리에서 어떤 사람의 마음이 기도하기에 합당한 마음으로 준비되었다면, 그것은 우리의 은혜로우신 하나님이 그 사람의 마음에 20년 전부터 역사해 오신 결과일 수 있습니다. 하나님은 그 사람이 어렵고 슬플 때나 기쁘고 즐거울 때에 드렸던 기도들을 통해서 그 사람에게 역사해 오셨을 것입니다. 소네트(sonnet)를 쓰는 시인은 어느 순간에 자기에게 영감이 찾아오는 이유를 여러분에게 말해줄 수 없을 것입니다. 왜냐하면, 그런 일은 그가 평생 동안 살아오면서 형성된 그의 심령의 결과물일 가능성이 높기 때문입니다. 그 시인이 오늘 언어로 표현한 소네트는 어린 시절부터 그의 영혼 속에 숨겨져 있었던 것일 수 있습니다. 그 시인은 어렸을 때에는 그 소네트를 언어로 표현할 준비가 되어 있지 않았지만, 세월이 흐르면서 언어를 잘 사용할 수 있게 되었고, 고상한 생각들에 매력적인 언어의 옷을 입히는 법을 알게 된 것입니다. 우리의 기도도 마찬가지입니다. 우리의 기도는 우리의 일생 동안에 숙성된 포도주, 젊은 시절과 어른이 된 후의 모든 삶에서 거둔 수확물일 것이기 때문입니다. 어쨌든, 하나님은 우리에게 복을 주시고자 하실 때에 우리의 마음이 복을 받기에 합당한 마음이 되도록 준비시키십니다.

기도의 준비에 있어서 가장 어려운 일들 중의 하나는 산만한 생각들을 제어하는 것입니다. 나는 여러분들이 온갖 악한 생각으로부터 자기 자신을 얼마나 완벽하게 지켜내고 있는지를 알지 못하지만, 내 자신은 그러한 악한 생각들을 막아내는 데에 자주 실패합니다. 정직하게 말해서, 나의 육신도 다른 사람들의 육신과 마찬가지로 많은 헛된 생각들을 하며 자랑하고 뽐냅니다. 사나운 육식조(肉食鳥)들이 아브라함이 드린 희생제물에도 내려앉고자 했던 것에서 우리가 볼 수 있듯이, 그 육식조들을 쫓아내는 것은 무한한 고통을 수반합니다. 우리 마음속으로 침투해 들어오는 악한 생각들은 파리 떼처럼 우리를 둘러싸서 여기에도 있고 저기에도 있고 도처에 있습니다. 하나님께서 우리의 마음을 준비시키신다는 것은 참으로 좋은 일입니다. 왜냐하면, 이 한 가지만을 보아도, 우리가 얼마나 연약한지가 그대로 다 드러나기 때문입니다. 애굽 온 땅이 파리 떼 재앙을 겪었을 때에 애굽 왕 바로의 모든 군대를 다 동원해서도 그 파리 떼를 쫓아낼 수 없었지만, 하나님께서는 모세의 기도를 들으시고 그 파리 떼를 제거하셨을 때에는 "하나도 남지" 아니하였습니다(출 8:31). 그것은 진정한 구원이었고, 바로 그것이 하나님의 능력이었습니다. 하나님께서 그의 영으로 자기 백성의 마음을 준비시키실 때에는 모든 산만한 생각을 다 쫓아내셔서 단 하나도 남지 않게 하십니다. 전승에 의하면, 솔로몬 성전에서는 많은 희생 제물들이 태워졌기 때문에 파리들이 꼬이는 것이 당연한 일인데도, 어찌된 일인지 성소에는 단 한 마리의 파리도 없었다고 합니다. 나는 우리의 성소도 그렇기를 바랍니다. 하나님, 우리가 기도할 때마다 온갖 악한 생각들을 우리의 마음에서 몰아내어 주옵소서. 이 일은 이적입니다. 여호와 우리 하나님 외에는 그 누구도 이 일을 할 수 없습니다: "주는 … 그들의 마음을 준비하시며."

다음으로, 하나님은 자기 백성에게 자신들의 부족함을 깊이 깨닫게 하심으로써 그들의 마음을 준비시키십니다. 나는 여러분의 슬픔, 여러분의 시험, 여러분의 참담함을 알고, 여러분의 영혼이 양심의 채찍들 아래에서 부르짖는 것을 압니다. 무너지기 시작하는 사람만큼 그리스도께 잘 부르짖을 사람은 없습니다. 물고기 뱃속에서 요나의 부르짖는 기도는 그가 그때까지 드렸던 기도 중에서 가장 간절한 기도였습니다. 채찍이 여러분의 영혼에 박힐 때, 여러분은 고통 속에서 하나님께 부르짖게 됩니다. 여러분의 영혼이 사형 선고 받는다면, 그것은 여러분으로 하여금 간구하지 않을 수 없게 만드는 강력한 채찍이 됩니다. 여러분의 영혼이 슬픔으로 가득 차 있다면, 우리의 구주이신 그리스도를 바라보고서, 그분이 여러분의 영혼의 기쁨이라는 것을 발견하십시오. 우리의 소원들은 잠들기 쉽지만, 하나님께서 그의 영으로 우리에게 우리의 영적 빈곤함을 나타내 보여주실 때, 우리는 영적인 복들을 갈망하며 탄식하고 파리하게 말라갑니다.

　　사람이 자신의 마음의 고통 속에서 하나님의 긍휼을 바라고 부르짖을 때, 그는 하나님의 약속이 무엇인지를 찾기 시작하고, 그 약속을 붙들게 됩니다. 우리로 하여금 하나님의 약속을 기억하게 하는 것은 성령의 역사(役事)의 일부입니다. 왜냐하면, 성령의 역사는 그리스도에 관한 것들을 우리에게 나타내 보이는 것이기 때문입니다. 사람이 하나님의 약속을 붙잡고서, 하나님이 자기를 위해 복을 준비해 두고 계신다는 것을 확신하고, 하나님은 자신의 언약에 신실하신 분이기 때문에 좋은 것이라면 무엇이든지 주실 것임을 확신할 때, 그 사람은 참으로 복되게 기도할 수 있게 됩니다. 또한, 하나님은 우리 안에서 역사하셔서, 강한 믿음과 거룩한 인내와 고상한 기대가 우리 마음속에서 생겨나게 하십니다. 하나님은 이 모든 방식들을 통해서 우리의 마음을 기도하기에 합당한 마음으로 준비시키십니다.

　　하지만 이것이 전부가 아닙니다. 본문은 하나님께서 우리의 마음을 단지 기도하기에 합당한 마음으로 준비시키실 것이라고 말씀하는 것이 아니라, 우리의 마음이 기도 외에 다른 일들을 위해서도 준비가 되게 하실 것이라고 말씀합니다. 이것은 기도를 위해 마음을 준비시키는 것보다 더 폭넓은 역사(役事)입니다. 하나님은 응답받을 수 있도록 우리의 마음을 준비시키실 것입니다. 왜냐하면, 우리 중 다수는 하나님이 기꺼이 주시는 것을 받아 누릴 준비가 아직 되어 있지 않기 때문입니다. 여러분은 예수께서 여러분에게 당신에게 필요한 어떤 것을 주시기를 원하십니까? 그렇다면, 여러분의 마음을 성령께 온전히 맡기십시오. 그러면, 성령께서는 여러분을 준비시키셔서 그 복을 구하게 하실 것이고, 하나님이 때가 되어 그 복을 주실 때에 받을 준비가 되어 있게 하실 것입니다. "주는 …

그들의 마음을 준비하시며"라는 말씀은 하나님 입장에서는 자신을 우리의 눈높이에 맞춰 낮추시는 놀라운 일을 보여주는 것이고, 우리 입장에서는 간절한 기도를 드릴 수 있도록 우리의 마음을 준비하라는 최고의 격려임을 알아야 합니다.

5. 다섯째로, 준비된 마음에서 나온 기도는 반드시 응답됩니다.

본문은 "그들의 마음을 준비하시며, 귀를 기울여 들으시고"라고 말씀합니다. 나는 여러분이 여러분의 마음속에서 이 두 문장을 한데 묶어서, 집으로 가져가시기를 바랍니다. 이 두 종(鐘)이 함께 울려서 화음을 이루게 하십시오: "그들의 마음을 준비하시며, 귀를 기울여 들으시고." 이 종들을 계속해서 울려서, 그것들이 만들어 내는 화음이 여러분의 귀에 쟁쟁하게 하십시오.

첫째, 하나님이 여러분의 마음을 기도에 합당한 마음으로 준비시켜 주실 정도로 큰 사랑을 지니고 계신다면, 틀림없이 하나님은 여러분에게 은혜를 베푸셔서 복을 주시리라는 것입니다. 이 둘 중에서 더 어려운 것은 복을 주시는 것이 아니라, 여러분의 마음을 준비시켜서 그 복을 위해 부르짖게 만드는 것입니다. 그런데 하나님께서 더 어려운 일도 하셨기 때문에, 그것보다 더 쉬운 일도 하실 것임은 너무나 분명하다는 것입니다.

하나님의 진실하심과 신실하심과 선하심을 생각하십시오. 그러면, 여러분은 하나님께서 우리에게 주고자 하지 않으시는 복을 위하여 우리에게 기도하라고 가르치시는 것은 불가능한 일임을 알게 될 것입니다. 나는 여러분 중에서 그 누구도 자신의 자녀에게 자기가 주고 싶지 않은 것을 주겠다고 부추기고 현혹시키는 일을 하지 않으실 것이라고 생각합니다. 가난한 자들에게 그들을 구제하겠다고 제안해 놓고서, 정작 그들이 손을 내밀었을 때에 그들을 구제하지 않는다면, 그것은 그들의 가난을 조롱하는 아주 무자비한 일이 될 것입니다. 환자들을 병원에 데려다놓고 전혀 돌보지 않은 채로 거기에 방치해서 죽게 하였다면, 그것은 환자들에게 비참함을 더해주는 잔인한 일이 될 것입니다. 하나님께서 여러분을 이끌어서 기도하게 하신다면, 하나님은 여러분이 구하는 것을 주고자 하시는 것입니다. 여러분은 마음속에서 거룩한 소원을 발견하십니까? 하나님께서 그 소원을 여러분의 마음에 두셨다면, 하나님은 자신의 선하심에 먹칠을 하지 않고 자신의 크신 이름을 욕되게 하지 않으시기 위하여, 그리고 자신의 무한한 위엄이 빛나게 하기 위하여 여러분의 소원을 반드시 들어주실 것입니다. 지금 이 자리에서 기도하기 시작하는 분들에게 내가 드린 말씀이 위로가 되었습니까? 나의 설교를 듣고 계시는 분들 중에는 불안해하는 분들도 계실 것입니다. 그런 분들은 자기가 평안을 구하고 있다고, 구원에 대한 소원이 밤낮으로 여러분의 영혼의 방 전체를 가득 채우고 있다고 말합니다. 그것은 여러분 자신의 본성에서 나온 것이 아닙니다. 마귀나 옛 아담은 여러분에게 결코 기도하라고 가르치지 않습니다.

사랑하는 성도 여러분, 크신 아버지 하나님께서 여러분을 감동시키셔서 여러분으로 하여금 그분에게 부르짖어 기도하게 하셨다면, 그분은 반드시 여러분의 기도를 듣고 계신다는 것을 믿으시기 바랍니다. 하나님은 여러분의 영혼의 가장 희미한 탄식 소리조차도 "귀를 기울여 들으시고" 계십니다. 하나님이 여러분의 기도를 듣고 계신다는 것을 믿으십시오. 하나님의 사랑하는 아들의 발 앞에 여러분 자신을 내던지십시오. 예수의 상처들을 바라보십시오. 그 상처들이 여러분을 하나님께 가까이 나아오라고 초청하고 계십니다. 나는 십자가에 달리신 채로 죽어 가시는 주님의 상처들만큼 많은 것을 웅변적으로 말해 주는 입은 알지 못합니다. 그 상처들을 바라보시고 예수께로 나오십시오. 여러분을 그에게 의지하고 그의 발 앞에서 안식을 얻으십시오. 하나님은 여러분의 마음을 준비시키셔서 기도하게 하셨듯이, 이제 여러분의 기도를 들으시고 여러분에게 복을 주실 것입니다. 하나님께서 예수로 인하여 여러분과 함께 하시기를 빕니다. 아멘.

제
9
장

—

요동하지 않는 터

—

"(만약에)터가 무너지면 의인이 무엇을 하랴."— 시 11:3

우리는 이 시편의 포도원 속을 걸으며 오른편과 왼편에 있는 포도송이들을 따고 있는데, 갑자기 본문에 나오는 "만약에"(if)라는 말이 젊은 사자처럼 우리 앞을 가로막고 무섭게 포효합니다. 우리는 이 사자를 어떻게 할 수 있을까요? 우리는 삼손처럼 그 사자를 갈기갈기 찢어 버려야 합니다. 그러면, 우리는 그 사자 속에서 꿀을 발견하게 될 것이고, "먹는 자에게서 먹는 것이 나오고 강한 자에게서 단 것이 나왔느니라"(삿 14:14)는 수수께끼를 낼 수 있게 될 것입니다. 이러한 "만약에"라는 말들은 무시무시한 사자들이지만, 우리가 하나님의 은혜로 말미암아 그 사자들을 죽였을 때에는, 그것들은 "단 것"의 보고(寶庫)가 됩니다. 이스라엘 자손들이 애굽을 떠났을 때와 홍해를 건넜을 때에 애굽 사람들을 노략해서 그들을 압제하던 자들로부터 얻은 노략물들로 부유하게 되었듯이, 우리는 그리스도인의 마음을 위협해서 두려움과 의심의 사슬로 그 마음을 묶어버리고자 하는 이 "만약에"라는 말로부터 장래의 싸움을 위한 풍부한 위로와 병기를 얻어내는 것이 마땅합니다. "만약에"라는 말은 적진으로부터 우리에게 날아오는 날카로운 화살이지만, 하나님의 은혜로 말미암아 우리는 그 화살을 우리의 활에 걸어서 믿음으로 적진에 되쏘아서, 긍휼에 풍성하신 하나님의 인도하심을 따라 적군의 갑옷의 이음새를 뚫을 수 있습니다. 이 "만약에"라는 말은 처음에는 쓴 맛을 낼 수 있지만, 결국에는 우리에게 유익한 결과를 가져다 줄 것이라고 나는 확신합니다. 그렇습니다. "만약에"라는 말은 우리의 영혼에 영적인 양식이 되어 줄 것입니다. "만약에"라는 말은 단지 "사방 바람"이 우리의 집에 몰아닥치고 "포학자의 기세가 성벽을 치는 폭풍과 같을 때에"(사 25:4) 우리가 그런 시절을 잘 견딜 수 있도록 준비시켜 주는 역할을 하기 때문에, 우리는 그 말이 지닌 샅샅이 살피고 흔드는 힘을 환영할 수 있습니다. 이 거대한 공성퇴(攻城槌)인 "만약에"라는 말은 우리에게 우리의 약점과 강점을 드러내 주기 때문에, 우리는 약점을 고칠 수 있고 강점을 기뻐할 수 있게 됩니다.

우리는 이 "만약에"를 두 가지로 살펴보고자 합니다. 우리는 먼저 그것을 단지 "만약에"에 불과한 것으로서 살펴볼 것이고, 다음으로는 "만약에"보다 훨씬 그 이상의 것으로서 살펴볼 것입니다.

1. 첫째로, "만약에"는 그저 "만약에"에 불과할 뿐입니다.

본문은 "터가 무너지면 의인이 무엇을 하랴"라고 말씀합니다. 형제들이여, 하나님께서 시온에 놓으신 결코 무너질 수 없는 몇몇 영적인 "터들"이 있습니다. 그 터들은 음부의 권세도 침범할 수 없고 세월이 가도 요동하지 않으며 오직 영원토록 견고한 터들입니다. 우리가 감히 이 터들이 무너질 가능성에 대해 얘기할 때는 오직 "만약에"라는 말을 써서 가정법으로만 말할 수 있을 뿐입니다. 왜냐하면, 우리의 심령 속에는 하나님의 터들이 영원토록 견고하다는 확신이 늘 자리 잡고 있어야 하기 때문입니다. 나는 결코 무너질 수 없다는 이 터들 중에서 몇 가지를 말씀드리면서, 아울러 "만약에 그 터들이 무너진다면 어떻게 될 것인가?"라는 질문을 던져 볼 것입니다.

첫째, "터"가 되는 책이 있습니다. 이 책은 하나님께서 선지자들과 선견자들, 사도들과 복음 전도자들, 그리고 사랑하는 아들을 통해서 자신을 계시하신 것으로서 하나님의 말씀이라고 합니다. 우리는 이 책이 일점일획까지 참되다는 것을 믿습니다. 이 책이 영감 된 방식과 관련해서 어떤 견해를 취한다고 할지라도, 우리는 이 책 전체가 하나님의 영에 의한 감동으로 이루어진 것이라고 믿고, 거기에 나오는 모든 말씀을 지존자의 가르침으로 받아들입니다. 이 책의 첫 단어부터 마지막 단어까지 우리는 모든 단어가 주 여호와 우리 하나님이 우리에게 주신 말씀 그 이하도 그 이상도 아니라는 것에 "진심으로 동의합니다." 그러나 만약 그렇지 않다면, "의인이 무엇을 할 수 있을까요?" 만약 오늘날의 회의주의자들의 공격들이 어느 정도 타당하고, 그들이 하나님의 말씀 중에서 일부를 그 놓여 있는 곳에서 빼내 버려서, 높은 성탑에서 첫 번째 돌이 빠져나가고 흉벽에서 그 다음 번 돌이 빠져나가고, 원수들이 결국 그들의 큰 지렛대들로 성벽의 가장 밑에 있는 아주 귀한 초석까지 빼내 버린다면, 과연 어떻게 될까요? 형제들이여, 만약 그렇게 된다면, 의인은 무엇을 할 수 있을까요? 만약 성경이 참되지 않다면, 우리는 차라리 태어나지 않았더라면 더 좋았을 것입니다. 왜냐하면, 죄가 만들어 놓은 상처들을 치유하기 위해 바를 유일한 "연고"가 성경 속에 있고, 우리 영혼의 굶주림과 허기를 채워줄 유일한 "양식"이 성경 속에 있기 때문입니다. 하나님, 만약 성경이 참되지 않다면, 왜 당신은 우리를 창조하셨고, 무슨 까닭에 우리로 인생길에서 성경을 만나게 하셔서 마치 우리가 소망하고 소원하는 모든 것들을 들어주고, 우리 영혼의 가장 깊은 곳의 갈망들을 채워줄 것처럼 우리를 우롱하신 것입니까? 하나님, 만약 성경이 참되지 않다면, 당신이 우리를 홀리셔서 우리로 그런 달콤한 꿈을 잠시 꾸게 하신 것은 너무 잔인하지 않습니까? 그러나 사랑하는 자들이여, 다시 원래 자리로 돌아가 봅시다. 성경은 참됩니다. 성경은 참될 수밖에 없습니다. 왜냐하면, 성경은 우리의 내적인 지각(知覺)이 열망하는 것과 아주 잘 맞아떨어지고, 성경은 우리를 우리의 보잘것없고 비천한 자연적인 상태로부터 우리를 들어올려서 하늘에 발을 디딜 수 있게 해주기 때문입니다. 성경은 우리로 하여금 지존자(至尊者)와 교제할 수 있게 해주고, 지극히 기쁜 하늘의 생각들로 우리를 채워 줍니다. 성경은 참될 수밖에 없습니다. 그렇지 않다면, 우리가 무엇을 할 수 있겠습니까? 그러므로 성경의 신적 권위를 필사적으로 붙잡으십시오. 성경이 하나님의 감동으로 되었다는 사실을 믿지 못하겠다는 사람들이 있다면, 그들이 그렇게 생각하도록 내버려 두십시오. 그러나 여러분과 나는 그렇게 할 수 없습니다. 그들을 위로해 줄 다른 것들을 지닌 사람들, 즉 자신의 철학을 고집하거나 스스로 속는 길을 가는 사람들이 하나님의 확실한 약속을 내팽개쳐 버린다면, 그들이 그렇게 하도록 내버려 두십시오. 그러나 여러분과 나에게 있어서는 이 책이 참된 것이 아니라면, 그것은 생사가 걸린 절박한 문제입니다. 그렇기 때문에 우리는 어떤 희생을 감수하고서라도 성경의 신적 권위를 옹호하여야 하고, 심지어 필요하다면 그것을 위해 죽음도 불사하여야 합니다. 형제들이여, 만약 이 책이 거짓인 경우에는 우리가 목숨을 부지할 수 있고, 이 책이 참된 경우에는 우리가 죽어야 한다면, 우리는 기꺼이 후자를 택하는 것이 낫습니다. 만약 이 책의 내용이 다 허구인 경우에는 인생의 모든 기쁨들이 우리의 것이 되고, 이 책이 요동치 않는 터인 경우에는 인생의 모든 참상이 다 우리에게 임한다고 한다면, 우리는 기꺼이 후자를 택하는 것이 낫습니다. 이 진리를 여러분의 마음에 새겨두십시오. 이 진리를 여러분의 품에 안으십시오. 여러분의 삶의 위로의 핵심이고 여러분의 존재의 힘인 이 진리를 굳게 붙잡으십시오. 이 진리가 무너진다면, 의인은 절망하고 죽을 수밖에 없다는 것을 기억하십시오. 나는 우리가 늘 이렇게 노래하기를 소망합니다:

> "사람들이 하는 모든 일들은
> 　내 영혼을 기만적으로 공격하는 것일 뿐이어서
> 　난 그것들을 헛되고 거짓된 것들이라 부른다네
> 　난 오직 내 마음이 이 성경에 묶여 있기를 바라네."

　다음으로, 우리는 "터"가 되는 책에서 "터"가 되는 가르침으로 넘어가고자 합니다. "터"가 되는 가르침은 무엇을 가리키는 것일까요? 교회가 서느냐 넘어지느냐가 이신칭의에 달려 있다는 것은 모든 복음적인 그리스도인들이 다 인정하는 것이라고 내가 말한다면, 아마도 여러분은 한 사람도 충격을 받지 않을 것입니다. 이 가르침을 붙잡는 교회는 그리스도의 몸에 속해 있는 것이고, 이 가르침을 변개하는 교회는 그리스도의 몸에 속해 있는 것이 아닙니다. 내 말은 이 가르침을 단지 붙잡고 있지 않은 교회가 아니라 이 가르침을 붙잡고 있지 않다는 것이 너무나 분명한 교회는 그리스도의 몸의 일부로 인정될 수 없다는 것입니다. 오직 믿음으로 의롭다 하심을 얻는다는 가르침은 너무나 확실한 하나님의 진리이기 때문에 절대로 감춰져서는 안 됩니다. "믿으면 살리라"는 진리는 그 자체로 빛을 발하는 너무나 명료한 것이기 때문에, 이 진리를 가리는 사람은 하나님의 엄위하심에 대적하는 대역죄를 범하는 것이고, 자기 자신을 하나님 및 그 긍휼하심을 벗어나 불법을 행하는 자로 만드는 것입니다. 그러므로 우리를 서게 하기도 하고 넘어지게도 하는 위대한 가르침은 "예수께서 그리스도이심을 믿는 자마다 하나님께로부터 난 자"(요일 5:1)라는 것입니다. 그러므로 "우리가 율법의 행위로써가 아니고 그리스도를 믿음으로써 의롭다 함을 얻습니다"(갈 2:16). 우리는 그리스도 예수로 말미암아 우리가 믿음으로 하나님의 은혜를 받는다는 진리를 굳게 붙잡습니다. 그리스도를 믿는 심령은 누구든지 그리스도의 십자가의 공로(功勞)에 참여하는 자가 되고 구원을 받는다는 이 하나님의 진리를 붙잡으면, 우리에게는 놀라운 기쁨과 평안이 열리게 됩니다. 우리 가운데 어떤 사람들은 죄 사함을 받았다는 자각 속에서 살아갑니다. 형제들이여, 우리가 다음과 같이 노래할 때, 그것은 우리가 그 가운데서 헤엄치는 강입니다:

> "죄에서 자유함을 얻어 힘 있게 걸으니
> 내 구주의 피가 내 속에 넘치네.
> 내 영혼을 주의 발 앞에 누이니
> 죄인이 구원 받아 주께 영광을 돌리네."

에인즈워스(Ainsworth)가 번역한 것처럼, "허물의 사함을 받고 자신의 죄가 가려진 자"(시 32:1)에게 주어진 층층이 쌓인 복이여! 믿음으로 말미암아 의롭다 하심을 받고 하나님과 화목하게 된 사람의 저 복된 모습이여! 그러나 만약 바로 그 복이 무너지고 제거된다면, 의인이 무엇을 할 수 있겠습니까? 형제들이여, 그렇게 된다면, 의인은 아무것도 할 수 없게 됩니다. 그들은 아무것도 할 수 없고, 그들에게 주어진 평안과 기쁨과 소망들을 다 즉시 포기하여야 하고, 그런 다음에 존재 자체를 포기하여야 합니다. 만약 그것이 무너진다면, 나는 이 한 가지를 확실하게 압니다. 그것은 내가 있는 힘을 다해서 부지런히 주님의 복음을 전해 왔고 주님을 높여드리고자 애써왔지만, 중죄를 지어서 자기 나라에서 추방된 대역죄인이 자기 나라에 돌아갈 수 없는 것과 마찬가지로, 나도 그리스도의 공로 없이는 천국에 갈 소망이 전혀 없다는 것입니다. 그러나 이 보배로운 가르침이 있어서, 최근까지 많은 사람들을 죽인 죄로 사형 선고를 받고 복역 중인 저 가련한 사람도 여러분 중에서 가장 선하다고 생각되는 사람과 마찬가지로 영생을 얻을 소망을 갖게 되었습니다. 만약 이 가르침이 없다면, 그 살인자에게나 여러분에게나 다 똑같이 소망이 있을 수 없습니다. 왜냐하면, 우리는 모두 다 정죄 아래 갇혀 있는 자들이기 때문입니다. 선한 자든 악한 자든, 의로운 자든 불의한 자든, 우리는 모두 똑같이 하나님의 율법 아래에서 정죄를 받고 있고, 만약 그리스도를 믿음으로 말미암아 구원을 얻는다는 이 가르침이 참되지 않다면, 선한 자든 악한 자든, 의로운 자든 불의한 자든, 그 누구에게도 똑같이 소망이 없게 됩니다.

우리는 모두 다 함께 이 한 배에 타고 있습니다. 물론, 여기에서 우리는 믿는 자들을 가리킵니다. 믿는 우리 중에서 가장 연약한 자들도 이 배가 가라앉지 않는 한 무사할 것이고, 우리 중에서 가장 강한 자들도 이 배가 그들을 지탱해 주지 않는다면 무사할 수 없을 것입니다. 내가 오랜 세월 하나님을 섬기면서 백발이 된 성도에게 "만약 이 터가 무너진다면, 당신은 무엇을 할 수 있습니까?"라고 묻는다면, 그는 머리를 숙이며, "내 주님, 슬픕니다. 이 터가 무너진다면, 나는 절망 가운데서 죽을 수밖에 없지 않겠습니까?"라고 말할 것입니다. 내가 그리스도의 사도들 중에서 가장 용감한 사도들과 살아 계신 하나님의 종들 중에서 가장 열심 있고 지칠 줄 모르는 종들에게 "만약 그리스도를 믿었는데 구원이 주어지지 않는다면, 당신들은 무엇을 할 수 있습니까?"라고 묻는다면, 그들은 이구동성으로 "만약 우리의 유일한 소망이 사라진다면, 우리는 모든 사람들 중에서 가장 비참한 자들로 전락하게 될 것입니다"라고 대답할 것입니다. 그러나 형제들이여, 우리는 다시 원래의 제자리로 돌아가겠습니다. 우리는 예수의 피를 믿는 믿음으로 말미암아 구원을 받습니다. 우리는 이 가르침을 위한 것이라면 그 어떤 수치와 욕도 다 감당할 각오가 되어 있어야 합니다. 우리는 이 가르침을 전파하는 일이라면 그 어떤 수고와 노고도 아끼지 않아야 합니다. 우리는 이 가르침을 사방으로 퍼뜨려야 합니다. 우리는 모든 물결의 도움을 받아서 이 가르침을 널리널리 퍼져나가게 해야 합니다. 형제들이여, 우리 중에서 믿음으로 말미암아 구원을 받는다는 이 보배로운 진리를 전파하는 일에 힘쓰는 사람들을 도우시고, 여러분 스스로도 이 진리를 널리 전파하십시오. 이 진리를 문서로도 전파하십시오. 여러분의 따뜻하고 애정어린 입술을 사용해서 이 진리를 말하십시오. 시온에 이미 "터"가 놓여졌고, 하나님이 택하신 보배로운 "모퉁잇돌"이 놓여졌다는 것을 온 세상에 널리 전하십시오. "이 닦아 둔 것 외에 능히 다른 터를 닦아 둘 자가 없으니 이 터는 곧 의로우신 예수 그리스도라"(고전 3:11; 요일 2:1)라고 선포하십시오. "그를 믿는 자는 심판을 받지 아니하는 것이요"(요 3:18)라고 선포하십시오.

　이제 우리는 한 걸음 더 나아가 보겠습니다. 우리는 지금까지 터가 되는 책과 터가 되는 가르침을 살펴보았고, 이제 "터"가 되는 사실을 살펴볼 차례입니다. 우리 신앙의 터가 되는 사실은 "하나님께서 그리스도 안에 계시사 세상을 자기와 화목하게 하시며 그들의 죄를 그들에게 돌리지" 아니하셨다(고후 5:19)는 것입니다. 참된 신앙의 터가 되는 위대한 사실은 "말씀이 육신이 되어 우리 가운데

거하서서"(요 1:14) "종의 형체를 가지사 사람들과 같이 되셨고 사람의 모양으로 나타나사 자기를 낮추시고 죽기까지 복종하셨으니 곧 십자가에 죽으셨다"(빌 2:7-8)는 것입니다. 복음을 선포할 가치가 있는 것으로 만든 위대한 진리는 "그리스도 예수께서 죄인을 구원하시려고 세상에 임하셨다"(딤전 1:15)는 것, "그리스도께서도 단번에 죄를 위하여 죽으사 의인으로서 불의한 자를 대신하셨으니 이는 우리를 하나님 앞으로 인도하려 하심이라"(벧전 3:18)는 것, 그리스도께서 "친히 나무에 달려 그 몸으로 우리 죄를 담당하셨으니"(벧전 2:24), "그가 징계를 받으므로 우리는 평화를 누리고 그가 채찍에 맞으므로 우리는 나음을 받았다"(사 53:5)는 것이 말해주고 있는 진리입니다. 한 마디로 말해서, 그리스도인의 소망의 근거가 되고 있는 위대한 사실은 대속입니다. 그리스도께서는 죄인들을 대신해서 자신을 희생제물로 드리셨습니다. 그리스도께서는 죄인들을 대신해서 스스로 고난을 받으셨습니다. "하나님이 죄를 알지도 못하신 이를 우리를 대신하여 죄로 삼으신 것은 우리로 하여금 그 안에서 하나님의 의가 되게 하려"(고후 5:21) 하신 것입니다. 그리스도께서 아버지 하나님이 그에게 주셔서 그를 믿게 하신 많은 사람들 대신에 참되고 합당한 화목제와 대속의 제사를 드리셨다는 것, 이것이야말로 복음의 가장 중요한 사실입니다. 이것이 사실이라면, 우리는 무엇을 하지 않아야 하고 무엇을 해야 합니까? 우리는 이 세상에서 그리스도를 찬송하며, 영원토록 그리스도를 찬송해야 합니다. 우리는 그의 십자가 앞에 나아가 거기에 앉아서 이렇게 찬송해야 합니다:

"구주의 보배 피가 흐르는 것을 보라.
하나님이 주신 확신으로 나는 아네.
주께서 우리를 하나님과 화목하게 하셨다는 것을."

우리가 천국에 이를 때에 "우리를 사랑하사 그의 피로 우리 죄에서 우리를 해방하신 그에게 영광과 능력이 세세토록 있기를 원하노라"(계 1:5-6)고 찬송을 드리게 될 것입니다. 그러나 — 이 "그러나"라는 말로 시작되는 가정은 너무나 끔찍하지만 — 만약 이것이 사실이 아니라면, 그러니까 하나님이 육신이 되신 적이 없으시고, 하나님이 자기 아들 예수를 이 땅에 보내어 피 흘리며 죽게 하신 적이 없으며, 인간의 죄에 대하여 그 어떤 대속도 이루어진 적이 없다면, 우리는 땅을 치며 통곡하여야 마땅합니다. 사람이라면 누구나 다 산고(産苦)를 겪고 있는 여인처럼 자신의 허리에 손을 얹고 괴로워해야 하고, 아담의 자손이라면 누구나 다 슬픔이 자신의 심장을 찌르도록 해야 합니다. 왜냐하면, 하나님께서는 죄를 반드시 벌하실 것이고, 만약 그리스도께서 인류의 죄로 인하여 대신 벌을 받으신 적이 없다면, 우리 각 사람이 그 벌을 받아야 할 것이기 때문입니다. 하나님의 진노, 두려운 심판, 불 같은 노여움, 이런 것들을 두려워 떨며 기다리는 것 — 이런 것들이 장차 우리를 맞아줄 모든 것이 될 것입니다. 하나님께서는 자신의 종 선지자를 통해서 "사람이 그릇을 씻어 엎음 같이 예루살렘을 씻어 버릴지라"(왕하 21:13)고 말씀하셨는데, 만약 그리스도께서 우리를 위하여 죽으신 것이 사실이 아니라면, 하나님은 우리에게도 "사람이 그릇을 씻어 엎음 같이" 하실 것입니다. 도기장이가 철장(鐵杖)으로 그릇을 산산조각 내듯이, 만약 예수께서 우리를 위해 죽으신 것이 사실이 아니라면, 우리도 고통과 슬픔으로 가득 차서 산산조각이 나고 말 것입니다. 오, 이 터가 무너진다면, 우리가 무엇을 할 수 있겠습니까? 그러나 이 터는 결코 무너지지 않습니다. 우리는 이 터를 압니다! 우리는 이 터를 의지합니다! 우리는 이 터를 신뢰합니다! 우리의 기쁨은 이 터를 붙잡고 깨달으며 연구해서, 우리의 삶과 행실의 모든 부분에서 이 터 위에서 움직이고 행하는 것입니다. 그러나 이 터가 무너진다면, 의인이 무엇을 할 수 있겠습니까? 대속(代贖)의 가르침에 대한 직접적인 공격은 오랜 세월 동안 있어 왔고, 지금도 계속되고 있습니다. 사람들은 대속의 가르침을 용납할 수 없습니다. 사람들은 하나님의 어린 양이 인간의 죄를 짊어지셨다는 가르침에 이를 갑니다. 그러나 우리는 그런 자들에 맞서서 이 가르침을 선포하고, 그런 자들의 이빨 속에서 이 가르침을 거침없이 전파합니다. 우리는 이 가르침을 희석시키지도 않고, 변개시키지도 않으며, 그 중의 일부를 잘라내지도 않습니다. 그리스도는 여전히 인간의 죄를 짊어지시고 인류를 대신하여 고난을 당하신 대속자(代贖者)이십니다. 만약 이것이 사실이 아니라면, 우리가 무엇을 할 수 있겠습니까? 그것은 우리의 생명인데, 어떻게 우리가 그것을 포기할 수 있겠습니까?

나는 지금까지 세 가지를 들어 설명을 하였고, 이제 또 하나에 대하여 얘기하고자 하는데, 그것은 "터"가 되는 사역(work)에 대한 것입니다. 형제들이여, 하나님의 은혜의 성령께서는 우리 속에서 역사하여 예수의 보혈이 지닌 능력을 현실화시킵니다. 우리의 내적인 확신의 토대는 우리 영혼 속에서의 은혜의 역사에 있습니다. 우리 속에 있는 그 터는 회개와 그리스도를 믿는 믿음을 통해 놓였고, 우리는 그 터 위에 "나무나 풀이나 짚으로" 세우기도 하고, "금이나 은이나 보석"으로 세우기도 합니다(고전 3:12). 그런데 만약 하나님의 은혜가 역사하는 것을 그치고, 여호와의 영원한 사랑이 사라지며, 성령의 능력이 거두어진다면, 여러분과 나는 무엇을 할 수 있겠습니까? 만약 우리 안에서 은혜의 역사가 없다면, 율법을 통해서 천국에 갈 수 없는 것과 마찬가지로 복음을 통해서도 천국에 가기가 어려워지지 않겠습니까? 형제들이여, 만약 은혜의 성령이 우리 안에서 역사하지 않는다면, 시내 산이 천국에서 먼 것처럼, 골고다도 천국에서 멀어지게 될 것입니다. 만약 그리스도께서 우리 안에서 십자가에 못 박히지 않으신다면, 그가 우리를 위해 못 박히신 것은 아무 소용도 없게 될 것입니다. 왜냐하면, 우리 안에 계신 그리스도가 바로 우리의 영광의 소망이기 때문입니다. 형제들이여, 여러분은 무엇이라 말하겠습니까? 이 터가 되는 역사가 모두 다 무너진다고 가정해 보십시오. 그때 여러분이 무엇을 할 수 있겠습니까? 할 수 있으시다고요? 여러분 중에 가장 밝은 사람들조차도 불이 꺼져서 연기만 나는 심지처럼 되고 말 것인데도요? 여러분 중에서 지금 일상생활 속에서 수정처럼 순수하게 살아가는 사람들조차도 더러운 흙탕물 같이 되고 말 것입니다! 여러분 중에서 지금 하나님의 교회의 즐거움이자 기쁨인 사람들조차도 "내버린 은"(렘 6:30) 같이 될 것이고, 맛을 잃어버려서 거름으로 쓸 수도 없게 된 "소금"과 같이 될 것입니다.

우리는 단지 하나님의 은혜가 흐르는 통로들일 뿐임을 기억하여야 합니다. 우리는 하나님의 은혜가 저장되는 저수지가 아닙니다. 그러므로 우리는 늘 하나님의 은혜를 공급받아야 합니다. 우리는 모든 선한 것들의 원천이신 분과 늘 잇대어 살아가야 합니다. 그렇지 않으면, 우리는 곧 말라 버리게 될 것입니다. 새로운 은혜의 물길이 계속해서 우리 속으로 흘러들어올 때에만, 우리는 모래와 진흙으로 이루어진 마른 바닥을 드러내는 것을 면할 수 있게 됩니다. 그러나 우리는 하나님께서 우리를 결코 실망시키지 않으실 것임을 압니다. 이 샘은 저 높이 하늘의 영원한 보좌 가까이 있어서, 모든 은혜의 하나님으로부터 은혜의 방편들을 따라 콸콸콸 쏟아져 내려오고, 우리는 날마다 하나님의 충만함으로부터 은혜 위에 은혜를 받습니다. 하나님께서 살아 계시기 때문에 우리가 반드시 살 것이라는 진리는 우리에게 너무나 기쁜 진리입니다. 예수께서 사망에게 머리를 숙이지 않으시는 한, 그의 신비의 몸의 살아 있는 지체들인 우리가 기가 죽거나 실망하는 일은 결코 일어날 수 없습니다. 그의 권능은 우리의 힘입니다. 그의 자산은 우리의 결코 다함이 없는 공급원입니다. 그의 성령은 날마다 우리를 보살피고 붙잡아줍니다:

> "오, 은혜여, 날마다 나는
> 얼마나 큰 빚을 질 수밖에 없는가!"

그 은혜가 사라져 버린다면, 나는 도대체 어떻게 해야 합니까? 그러므로 여러분이 받은 것을 굳게 붙잡아서, 아무도 여러분의 면류관을 빼앗아가지 못하게 하십시오. 성령의 역사에 관한 가르침을 필사적으로 굳게 붙잡으십시오. 결코 그 가르침을 놓지 마십시오. 성령으로 시작해 놓은 일을 육체로 완성하고자 하지 마십시오. 지극적인 것을 구하지 마십시오. 사람의 지혜나 밀이 아니라 하나님의 권능 및 성령의 무적의 능력과 위엄에 여러분의 믿음을 두십시오. 여러분이 다른 곳으로 간다면, "터"가 무너질 것이고, 그때 여러분은 무엇을 할 수 있겠습니까? 오, 하나님! 주는 선한 일을 시작하셨고, 그 일을 계속해서 이루어 가실 것이며, 그리스도의 날에 그 일을 온전하게 하실 것입니다. 그리고 이 "터"는 결코 무너지지 않을 것입니다.

다음으로, 소망이라는 터가 있습니다. 우리의 기쁨과 평안이 이 소망에 아주 많이 의존하고 있기 때문에, 우리는 이 소망을 "터"라고 불리도 손색이 없을 것이라고 나는 생각합니다. 사랑하는 친구들이여, 이 저녁에 여러분과 나는 "복된 소망"이라고도 불리고 "선한 소망"이라고도 불리는 그런 소망을 소유하고 있습니다. 그것은 그리스도께서 장차 오실 것이라는 소망이고, 그가 오실 때 "그의 참모습 그대로 볼 것이기 때문"에 "우리가 그와 같을 줄을 아는"(요일 3:2) 소망입니다. 그것은 우리가 살아 있을 때 그가 오시지 않아서 우리가 잠자게 될지라도 우리는 예수 안에서 잠자게 될 것이라는 소망입니다. 우리에게는 우리의 심령 속에서 종종 새가 지저귀듯이 찬송이 되어 흘러나오는 그런 소망이 있습니다. 어떤 때 그 찬송은 이런 것입니다:

> "요단 강의 비바람 치는 강둑에 서서
> 저 복되고 아름다운 가나안 땅을
> 사모하는 마음으로 바라보니 거기에 내 분깃이 있네."

또는, 어떤 때는 이런 찬송이 흘러나옵니다:

"예루살렘, 나의 복된 본향이여
그 이름이 늘 내게 사랑스럽다네.
언제나 나의 수고가 끝나
기쁨과 평안 중에 네게로 가게 될까나."

또는 어떤 때는 우리가 이렇게 노래합니다:

"황금성 예루살렘아
젖과 꿀이 흐르는 곳.
괴로운 마음과 눌린 심령이
너를 바라보네.
우린 모른다네 정말 모른다네.
어떤 기쁨들이 거기에서 우리를 기다리는지를.
찬란한 영광의 빛,
비할 수 없이 지극한 복이 거기에 있다네."

우리가 어떤 곡조로 그 소망을 지저귀며 노래할지라도, 그 소망은 늘 동일합니다:

"그건 소망, 지극히 복된 소망
예수의 은혜가 우리에게 가져다준 소망
날이 가고 해가 가서
천국에서 그 소망을 만나게 되리."

그런데 그 소망이 무너진다면, 우리는 무엇을 할 수 있겠습니까?

"거기엔 무엇이 있어서 나를 기다릴까.
내 소망은 오직 주께 있네.

> 주께서 영광의 문을 열어주실 때
> 그 소망이 나를 주께 데려다주리."

"천국에는 내게 주님 외에 누가 있겠습니까? 그러니 나는 이 땅에서 오직 주님만을 사모합니다." 천국이 없고 내세가 없다면, 우리의 삶은 신속하게 황량한 사막이 되고, 칠흑 같이 어두운 곳이 되며, 절망이 나락이 되고 말 것입니다. 그러나 형제들이여, 그 "터"는 결코 무너지지 않습니다. 하나님께서 살아 계시니 우리도 살아 있게 될 것입니다. "아버지여 내게 주신 자도 나 있는 곳에 나와 함께 있어 아버지께서 창세 전부터 나를 사랑하시므로 내게 주신 나의 영광을 그들로 보게 하시기를 원하옵나이다"(요 17:24). 그 소망은 확실하고 변함이 없습니다. 우리는 그 소망을 우리의 좁은 생각에 가두어 두어서는 안 됩니다. 우리는 매 순간마다 소망의 날개를 펴 날아올라야 합니다. 천국의 새들인 여러분, 마치 날개를 가지지 않은 것처럼 저 아래 땅에만 붙어서 사는 것은 도대체 어떻게 된 일입니까? 아직도 한 번도 날아보지 않은 여러분의 날개를 펴서 날기 시작해 보십시오. 구름 너머로 솟아올라 모든 것이 청명한 창공이 여러분의 활동무대가 되어야 합니다. 날아오르십시오. 하나님께 더 가까이, 영원에 더 가까이, 여러분의 본향에 더 가까이, 여러분의 영원한 집에 더 가까이 날아오르십시오. 여러분은 이런 찬송가 가사를 기억하여야 합니다:

> "밤에는 장막을 치고 낮에는 전진하여
> 본향에 더 가까이 가려네."

여러분이 머지않아 "영원히 주와 함께" 있게 될 것이라는 생각을 마음에 새기고서, 하프 연주자의 손이 열 개의 줄을 만져 깨워서 우렛소리 같은 신묘한 곡조가 울려나오게 하듯이, 그 생각을 깨워 찬송이 울려나오게 하십시오. 의인들이여, 하나님을 기뻐하시고, 마음이 정직한 자들이여, 기뻐 외치십시오. 이 "터"는 결코 무너질 수 없으니 염려할 필요가 없습니다.

2. 둘째로, "만약에"로 끝나지 않는 "만약에"가 있습니다.
이제 우리는 몇 분 동안 우리의 어조를 바꿔 보고자 합니다. 무너질 수 있는

"터들"도 있습니다. 그 터들은 영적인 터들이 아니라 세상적인 터들입니다. 시민 정부라는 터, 교역과 장사라는 터, 재산이라는 터, 사람들 간의 신뢰라는 터 — 이런 터들은 무너질 수 있습니다. 이런 터들은 지난 며칠 동안 심하게 흔들리고 요동쳐 왔습니다. 전쟁이 일어날 수도 있습니다. 폭풍이 올 것임을 보여주는 많은 지표들이 있어 보이고, 독수리들이 먹잇감 주위로 모여들면, 전운은 짙게 감돌 것입니다. 국지적인 전투가 아니라 많은 나라들이 전쟁에 휘말려서 끔찍한 살육이 자행될 수도 있고, 유럽의 여러 나라들의 터들이 무너질 수도 있습니다. 또한, 혁명이 일어날 수도 있습니다. 우리는 1848년을 기억합니다. 아마도 여러분 중에는 혁명 시기를 경험한 기억이 아직도 뚜렷한 분들이 계실 것입니다. 또한, 여러분 중에는 세상을 늘 비관적인 눈으로 바라보는 까닭에 이 땅에서 아주 놀라운 혁명들이 일어나고 있는 것을 볼 수 있는 분들도 계실 것입니다. 그런 분들은 자신이 예측한 일들이 실제로 일어나기 전에 미리 고민하고 머리 아파하지 마시기 바랍니다. 그러나 어쨌든 그런 일들은 일어날 수 있습니다. 왜냐하면, 인간은 인간일 뿐이기 때문입니다. 그런 일들이 일어난다고 해서 이상한 것은 전혀 없습니다. 그런 터들이 무너진다면, 의인들은 무엇을 하게 될까요? 공포와 대혼란이 찾아오고, 사람들은 서로를 믿지 않습니다. 사람들은 길거리에서 폭도가 되어 물건을 탈취하기 위하여 점포들을 부수고서, 직접 열매를 거두어감으로써 열매를 계속해서 내는 나무를 없애버리는 어리석은 짓을 합니다. 나는 롬바드 가에서 지난 금요일에 볼 수 있었던 일보다 더 어리석은 일은 19세기에 없었을 것이라고 봅니다. 만약 어떤 사람이 천 명의 어리석은 자들을 불러 모으고자 했다면, 그는 멀리 갈 것도 없이 그 자리에서 그런 어리석은 자들을 불러 모을 수 있었을 것입니다. 지금 만약 그런 일이 있다면, 이 모든 두려움의 근거가 있는 것입니다. 왜냐하면, 인간적인 일들의 "터들"은 하나님께 속한 것들이 아니고, 단지 인간이 만들어 낸 것에 불과한 것들이기 때문에 당연히 흔들리고 요동할 수 있기 때문입니다. 최악의 사태, 즉 사회 체제가 옛 여리고의 성벽처럼 흔들리고 그 터들이 무너지는 일이 일어났다고 가정해 봅시다. 심지어 모퉁잇돌이 무너지고 있다고 가정해 봅시다. 그때 의인은 무엇을 할 수 있습니까?

　　의인은 다른 사람처럼 행할 수 있고, 다른 사람보다 훨씬 더 잘할 수 있습니다. 나는 여러분에게 의인이 무엇을 할 수 있는지를 말씀드리고자 합니다. 최악의 상황이 왔을 때 의인이 첫 번째로 할 수 있는 것은 **거룩한 평정심으로 그 일을 감**

당해 낼 수 있다는 것입니다. 의인은 "주신 이도 여호와시요 거두신 이도 여호와시오니 여호와의 이름이 찬송을 받으실지니이다"(욥 1:21)라고 말할 수 있습니다. 배가 좌초되었지만, 의인의 보화는 거기에 실려 있지 않습니다. 은행이 파산해도, 의인은 단지 약간의 쌈짓돈만을 잃을 뿐입니다. 왜냐하면, 의인의 보화는 하늘에 있어서 강도가 뚫을 수 있는 철 금고에 있지 않고, 하나님 안에 그리스도와 함께 감춰져 있고, "좀이나 동록이 해하지 못하는"(마 6:20) 곳에 있기 때문입니다. 따라서 최악의 상황이 오더라도, 의인은 여전히 팔을 벌리고 이렇게 말할 수 있습니다: "성경에 '내가 결코 너희를 버리지 아니하고 너희를 떠나지 아니하리라'(히 13:5)고 기록되었으니, 내게 먹을 양식과 입을 옷이 있는 한, 나는 해 뜨는 곳에서부터 해 지는 곳까지 지극히 높으신 주님의 이름을 송축하리이다." 사랑하는 친구들이여, 세상의 터들이 무너지는 일이 여러분에게 일어난다면, 그때 이런 식으로 여러분이 의인임을 증명하십시오. 세상 사람들은 새파랗게 질려서 자신의 이마에 손을 얹고서 "난 망했어"라고 소리지르겠지만, 여러분은 그렇게 하지 마십시오. 여러분은 결코 망할 수 없는 사람들입니다. "난 모든 것을 잃었어"라고도 말하지 마십시오. 여러분은 모든 것을 잃을 수 없는 사람들입니다. 왜냐하면, 여러분의 모든 것은 그리스도이시고, 그리스도는 결코 잃어버려질 수 있는 분이 아니기 때문입니다. 타격을 받아들이시고, 회초리에 입 맞추십시오. 여러분을 치는 손을 만지며, "내 아버지 하나님, 당신은 주이시니 찬송 받으시기에 합당하신 분이십니다"라고 말하십시오.

　　그리스도인은 최악의 상황을 인내로써 감당할 수 있을 뿐만 아니라, 다음으로 최선의 것을 기쁨으로 소망할 수 있습니다. 푸른 창공의 한 점까지도 아주 분명하게 볼 수 있는 사람이 있다면, 그것은 바로 그리스도인이라고 나는 생각합니다. 그리스도인은 이렇게 말합니다: "모든 것은 겉으로 보이는 것이 참된 모습인 것이 아닙니다. 검은 구름에는 은빛 테두리가 둘러져 있습니다. 의인은 빛을 뿌리고, 마음이 정직한 자는 기쁨을 뿌립니다." 담대한 마음을 지니는 것은 인생의 싸움 속에서 아주 중요합니다. 그리스도인들은 그렇게 할 수 있는 수많은 이유들을 지니고 있습니다. 저기 집채만한 파도가 몰려온다고 해서, 여러분이 마치 그 파도에 휩쓸려 죽게 될 것처럼 머리를 숙일 이유는 전혀 없습니다. 그런 파도는 단지 여러분에게 물을 튀겨서 여러분의 얼굴만 씻어줄 뿐입니다. 파도가 여러분에게 할 수 있는 것은 그것이 전부입니다. 파도로 인해서 여러분의 얼굴이 깨끗하게 된 후에는, 여러분은 머리를 들어 하늘을 볼 때 더러운 것이 씻겨나간 눈으로 하나님을 더 잘 볼 수 있게 될 것입니다. 그러므로 어둠 가운데서 밝은 것을 기쁜 마음으로 바라보고 기다리십시오. 겉으로 보기에 손해가 되는 모든 일 속에서 하나님은 영적인 면에서 여러분에게 참된 유익을 가져다주실 것입니다. 세상의 것들은 하나님의 연금술을 통해서 신령하고 영원한 것들로 변화되어 여러분에게 되돌려질 것이기 때문에, 여러분은 세상의 것들을 잃어도 평안할 수 있습니다. 하나님이 자기 백성에게서 뭔가를 가져가신다면, 하나님은 욥의 경우처럼 심지어 세상의 것들에서조차도 이전보다 갑절로 다시 돌려주실 것이고, 뿐만 아니라 마음에 성령의 은혜의 역사가 있게 하실 것인데, 이 후자는 "금 곧 많은 순금보다 더 사모할 것"(시 19:10)입니다. 하나님께서는 아담을 잠들게 하신 후에 그에게서 갈비뼈를 취해서 돕는 "배필"을 만드셨습니다. 하나님이 여러분에게서 어떤 것을 취해 가셨다면, 비록 여러분의 마음은 쓰리고 아플지라도, 마치 아무 소망도 없는 사람처럼 슬퍼하지 마시고 인내하며 마음을 지키는 가운데 하나님을 의지하십시오. 왜냐하면, 하나님께서는 이 모든 일을 통해서 여러분에게 영적인 힘을 주실 것이고, 이 힘은 후일에 여러분의 마음을 기쁘게 해주고, 여러분을 죄와 화로 가득한 이 세상에서 기쁨으로 다른 사람들에게 많은 선을 베푸는 자로 만들어 줄 것이기 때문입니다. 그리스도께서는 많은 사람들을 부요하게 하시기 위하여 가난해지셨습니다. 이렇게 가난해지신 그리스도께서는 털 깎는 자 앞에서 잠잠하고 입을 열지 않는 어린 양 같으셨습니다. 그리스도께서는 "내 원대로 마시옵고 아버지의 원대로 되기를 원하나이다"(눅 22:42)라고 기도하셨습니다. 하나님께서 그렇게 하셨으니, 우리도 육신의 평안을 내려놓는 것이 마땅합니다. 어리석게 하나님을 탓하지 마시고, "주신 이도 여호와시요 거두신 이도 여호와시오니 여호와의 이름이 찬송을 받으실지니이다"(욥 1:21)라고 말하십시오.

세상의 터들이 무너지면, 의인들은 무엇을 할 수 있습니까? 의인들은 한 가지, 즉 옳은 일을 할 수 있습니다. 의인들은 결과가 어떠할지는 알 수 없지만 옳은 일을 할 수 있습니다. 의인들은 자기가 하는 일이 성공할지 실패할지를 알 수는 없지만 정직하고 올바르게 행할 수 있습니다. 의인들은 이 집이 무너지거나 저 은행이 파산하면 자기가 해를 입을지 안 입을지 알 수는 없지만, 자기는 거기에서 정직하게 행하였고 신앙 인격을 흠 없이 지켜냈다고 말할 수는 있습니다. 모든 것을 잃는다고 해도 존귀함을 지키고 하나님의 은혜로 흠 없는 신앙과 삶을 지켜냈다면 별로 잃은 것이 없는 것입니다. 무명옷을 입었지만 마음이 편한 사람은 죄악이 물들은 손가락에 다이아몬드 반지를 낀 사람보다 더 부요한 사람입니다. 정직하고 올바르면 자기에게 이득이 되는 경우에는, 즉 정직하고 올바름으로써 다른 사람들의 존경을 얻고 거래에서 돈만큼이나 중요한 신용을 얻을 수 있는 경우에는 그렇게 하기가 상대적으로 쉽습니다. 그러나 옳은 일을 했을 때 오랫동안 지녀 왔던 자신과 가족의 소중한 재산과 소망과 장래를 다 잃어버리게 되는 경우에는 그렇게 하기가 극히 어려울 것입니다. 바로 이때가 사탄이 한 손에는 그의 영광과 부를 가지고, 다른 한 손에는 악행의 제안을 가지고 오는 시험의 때입니다. 사탄은 우리에게 손을 벌려 그가 주는 영광과 부를 받으라고 하면서, 만일 자신의 제안을 거부하면, 우리의 명성과 사업, 우리의 사랑하는 가족이 해를 당하고 손실을 입게 될 것이라고 위협합니다. 얼마나 많은 사람들이 어둠의 왕과 이 무시무시한 거래를 해 왔는지 모릅니다. 그들은 세상을 얻었지만 영혼을 잃었습니다. 그들은 팥죽 한 그릇에 자신의 장자권을 팔아 버렸고, 천국과 지옥을 맞바꾼 사람들입니다. 그들은 이 세상에서 누리는 짧은 인생을 붙잡음으로써 영원한 생명을 버렸습니다. 그들은 하나님의 칭찬보다 사람들의 칭찬을 더 소중히 여겼습니다. 그들은 금덩어리를 붙잡았고, 그 금덩어리는 그들의 목에 매어진 연자 맷돌이 되어서 그들을 저 깊은 화(禍) 속으로 끌고 갔습니다. 그들은 망했습니다! 영원히 망했습니다! 그들이 그 결말을 기억하고 그 결국을 깊이 생각했더라면 지혜롭게 행하였을 텐데 기억하지 않고 생각하지 않았습니다. 사람이 자신의 목숨을 무엇과 바꾸겠습니까? 무슨 일이 있더라도 하나님을 의지하여 옳은 일을 행하십시오.

　　세상의 터들이 무너진다면, 우리가 할 수 있는 또 한 가지 일이 있습니다. 그것은 우리의 남은 여력으로 다른 사람을 도울 수 있다는 것입니다. 세상의 터들이 무너지고 재앙이 모든 사람에게 미칠 때, 다른 사람들은 이기적으로 행할지라도 그때 그리스도인들은 "네 이웃을 네 자신과 같이 사랑하라"(마 19:19)는 구주의 말씀을 듣게 될 것입니다. 구주께서는 이렇게 말씀하실 것입니다: "지금은 모든 사람이 고통 받는 때다. 배가 바다에서 좌초되어 생존자가 몇 명 남았을 때, 자기 떡이라고 자기만 먹는 사람이 없고, 얼마 안 되는 물이라도 자기만 마시는 법은 없다. 적은 떡을 다른 사람들과 나눠 먹고 적은 물을 나눠 마시는 것이 옳다." 의인들은 그렇게 할 것입니다. 사정이 나쁠 때, 의인들은 "지금은 내가 조금이라도 후함을 보일 때다"라고 말할 것입니다. 떠가 좋아하는 이야기가 하나 있습니다. 어떤 사람이 기부 요청을 받고서 목사님에게 백 파운드짜리 거액의 수표를 드렸답니다. 목사님이 그 수표를 받아 나오려고 할 때, 그 상인은 자기에게 온 서신들을 열어보다가 일만 파운드에서 이만 파운드 가치가 있는 자신의 소유의 상선이 침몰했다는 사실을 알게 되었습니다. 그러자 그 상인이 목사님을 다시 불러서, "내가 서신을 하나 받고서 엄청난 손실이 내게 발생한 것을 알았으니 그 수표를 다시 돌려주셔야 하겠습니다"라고 말했답니다. 자신의 교회가 큰 곤경에 빠져 있던 그 가난한 농촌 교회 목사님은 그 말을 듣고서 얼굴이 창백해졌습니다. 그러나 상인은 이렇게 말했답니다: "내 돈이 내게서 신속하게 도망치고 있는 것을 봅니다. 아마 내가 돈을 잘 사용하지 못해서 주님이 내게서 돈을 빼앗아 가시는 것 같군요. 하지만 나는 어쨌든 그 중 일부라도 건져야 하겠습니다." 상인은 그렇게 말하고는 목사님으로부터 수표를 돌려받고 나서, 다시 오백 파운드짜리 수표를 끊어서 드렸답니다. 그 돈이 자신의 돈인 경우에 이것은 올바르게 한 것입니다. 왜냐하면, 다른 사람의 돈을 제멋대로 사용할 권리는 아무에게도 없기 때문입니다. 그러나 만약 이 돈이 그의 돈이라면, 이것은 그의 돈 중에서 일부를 안전하게 맡겨둘 수 있는 올바르고 지혜로운 방법입니다. 주님께서 다시 오셔서 자신의 금고를 여시고서, "나의 용사들이여, 와서 너희의 돈을 찾아가라"고 말씀하실 때, 그것이 얼마나 좋은 방법이었는지가 밝혀질 것입니다. 그런데 주님께서 그렇게 말씀하시고 금고를 열어 놓으시자 잠시 후에 돈을 맡겨 두었다는 영수증도 제시하지 않고 돈을 가져가는 사람이 있습니다. 영수증을 제시하고 돈을 찾아가는 사람들과는 달리 맡기지도 않은 돈을 가져가는 사람은 도둑입니다. 나는 여러분에게 형편이 어려워질 때 올바르게 투자하실 것을 권합니다. 성경은 "일곱에게나 여덟에게 나눠 줄지어다 무슨 재앙이 땅에 임할는지 네가 알지 못함이니라"(전 11:2)고 말씀하고, 그리스도께서도 "불의의 재물로 친구를 사귀라 그리하면 그 재물이 없어질 때에 그들이 너희를 영주할 처소로 영접하리라"(눅 16:9)고 말씀하셨습니다.

이런 것들 외에도 세상의 터들이 무너질 때, 의인이 할 수 있는 일이 더 있습니다. 즉, 의인은 하나님께서 결국 모든 일이 잘되게 하실 것임을 믿을 수 있습니다. 세상 사람들은 "백 년이 지나도 모든 것이 똑같을 거야"라고 말하지만, 그리스도인들은 "나는 그렇게 멀리까지 내다보고 싶지 않고, 지금 모든 것이 좋다"라고 말합니다. 바람이 불어닥쳐도 "좋습니다." 파도가 밀려와도 "좋습니다." 모든 돛이 다 부러져도 "좋습니다." 배가 바람 앞에 등불이어도 "좋습니다." 앞에 암초들이 있어도 "좋습니다." 왜 그렇습니까? "조타석에 앉아 계신 분이 이 모든 것을 다 아시기 때문입니다. 바람과 파도를 창조하신 이가 폭풍을 막아내는 법도 아시기 때문입니다. 나는 모든 것이 좋다는 것을 볼 수는 없지만 그렇다는 것을 압니다. 나는 보는 것을 의지하지 않고 믿음으로 행합니다." 그리스도인들이여, 이것이 여러분이 할 수 있는 일입니다. 세상의 터들이 무너진다면, 여러분은 믿음으로 하늘로부터 힘을 얻어 바람을 거슬러 항해해나갈 수 있습니다. 밤은 어둡고 스산하지만, 그 밤이 지나면 더 밝은 아침이 기다리고 있습니다. 신선한 아침 햇살이 달아나는 어둠을 보면서 승리의 개가를 부르며 널리 퍼져나가서 아직 어둠 속에 있는 만물을 그 찬란한 빛으로 온통 충만하게 하듯이, 마침내 하늘의 음악과 노래들이 즐겁게 울려 퍼지며 하나님의 모든 백성에게 모든 것이 합력하여 선을 이루게 할 것입니다. 그렇습니다. 황량한 3월의 바람과 스산한 4월의 비는 이제 자신의 역할을 다한 것입니다. 이제 우리는 그 후에 이어질 결과를 보고 나서가 아니라 그 바람과 비를 보는 중에도 기뻐하고 즐거워할 수 있습니다. 우리는 바울과 실라처럼 감옥에서도 찬송할 수 있습니다. 왜냐하면, 후일에 천국에 가서만이 아니라 지금 여기에서도 모든 것이 좋기 때문입니다. 그리스도를 진정으로 믿는 사람이 이 땅에서 누리는 기쁨은 오직 그 분량과 실현의 정도에서만 천국에서 누릴 기쁨과 다를 뿐입니다.

　　마지막으로, 세상의 터들이 무너지면, 의인들은 그 폐허 위에서 그리스도와 교제할 수 있습니다. 만약 우리에게 그런 환난들이 없다면, 우리는 결코 예수님과 그런 교제를 갖지 못할 것입니다. 여러분은 낮에는 별들을 볼 수 없지만, 우물 속으로 내려가면 거기에서는 별들을 볼 수 있습니다. 하나님은 종종 환난의 우물 속으로 자신의 종들을 내려가게 만드십니다. 그러면 거기에서 그들은 별처럼 빛나는 하나님의 약속들을 보게 됩니다. 낮에 반딧불을 찾아서 잡으려 해보아야 헛수고일 뿐이지만, 밤이 되면 반딧불들은 모두 다 저절로 보이게 됩니다. 성경의 위로의 말씀들도 마찬가지입니다. 개똥벌레들이 해가 져서 밤이 되었을 때 가장 밝은 빛을 내는 것과 마찬가지로, 하나님의 약속들이 발하는 빛도 외적으로 형통하는 낮이 아니라 환난의 밤에 더 잘 보이는 경우가 많습니다. 환난이라는 검은 포장지들은 하나님의 은혜라는 밝은 보석이 더 찬란하게 빛을 발하게 만들어 줍니다. 그리스도의 발자취를 따르지 않고는 그리스도를 알 수 없습니다. 우리가 가난할 때에 우리를 위해 가난해지신 그리스도를 더 잘 알게 됩니다. 우리가 병들었을 때 그 누구보다도 그 얼굴이 더 상하셨던 그리스도를 더 잘 알게 됩니다. 우리가 욕(辱)을 당할 때에 우리를 위해 욕을 당하신 그리스도를 더 잘 알게 되고, 우리가 고난을 당할 때에 우리를 위해 고난당하신 그리스도를 더 잘 알게 됩니다. 죽음은 세상에서의 우리의 "터들"을 다 무너뜨리겠지만, 우리의 죽음은 그리스도와 합한 죽음이기 때문에, 그 죽음 자체도 우리를 그리스도의 부활에 참여하게 만들어 주는 통로가 됩니다. 그러므로 사랑하는 형제들이여, "터가 무너지면 의인이 무엇을 하랴"라고 누가 묻는다면, 담대하게 이렇게 대답하십시오: "우리는 의인이 마땅히 해야 하는 일들을 할 수 있습니다. 우리는 우리에게 능력을 주시는 하나님으로 인하여 우리가 마땅히 해야 할 일들을 할 수 있습니다." 우리는 어둠에 처해 있을 때와 고난당할 때에 우리의 믿음과 신앙의 우월성이 어떻게 드러나는지를 세상에 보여주어야 합니다.

　　나는 이 설교를 해오는 동안 내내 본문은 의롭지 않은 사람들에게도 그대로 적용되겠구나 하는 생각을 했습니다. 왜냐하면, 하나님의 은혜가 사라져서 의인이 아무것도 할 수 없다면, 악인도 마찬가지로 아무것도 할 수 없을 것이기 때문입니다. 의인들이 아무것도 할 수 없다면, 악인들도 아무것도 할 수 없습니다. 따라서 최악의 상태에 있는 사람들, 즉 스스로 하나님에게서 멀리 있다고 느끼는 사람들에게도 본문은 위로가 됩니다. "터"가 무너지지 않고 서 있는 한, 모든 심령에게는 믿음의 가능성이 열려 있고, 따라서 소망이 있습니다. 당신이 최악의 상태에 있는 자라고 할지라도, 그리스도를 믿기만 한다면, 당신에게는 소망이 있게 될 것이기 때문입니다. 하지만 "터가 무너지면," 당신이 최고의 상태에 있는 자라고 할지라도, 당신에게는 그 어떤 소망도 없게 될 것입니다. 그러므로 곤경에 처해 있는 죄인이여, 오십시오. 당신이 죄악을 저지르며 보낸 세월 때문에 그 죄가 산더미처럼 쌓여 있다고 할지라도, 오십시오. 예수께로 오십시오. 그는 당신을 깨끗하게 해주실 수 있으십니다. 그를 믿고, 그를 의지하십시오. 지금 즉시 그를 믿고 의지하십시오. 그러면 당신은 구원을 받게 되고, 그가 나타나시는 날에 그의 백성으로 그를 맞이하게 될 것입니다. 이 "터" 위에 세우십시오. 그리스도 예수께서는 "경건하지 않은 자들을 위하여 죽으셨습니다"(롬 5:6). 당신을 구원하실 그를 믿고 의지하십시오. "비가 내리고 창수가 나고 바람이 불어도" 당신의 집은 결코 "무너지지 아니할" 것입니다. 왜냐하면, 당신의 집은 결코 무너지지 않는 "터"인 "반석 위에" 지어져 있기 때문입니다(마 7:25). 나는 오늘 밤 이 자리에 계신 분들 중에서 거짓되고 죄악된 길을 버리고, 우리 주 예수 그리스도께서 이루신 일 속에서 자신의 분깃을 발견하는 사람들이 나오기를 바랍니다. 여러분이 밟고 계신 길은 그 속이 비어 있는 길이어서 머지않아 무너지고 말 것이고, 그때에 여러분은 무덤으로 떨어지고 그 후에는 다시 유황불이 타오르는 호수인 저 끝도 없는 무저갱으로 떨어지게 될 것입니다. 돌이키십시오, 돌이키십시오. 여러분은 왜 죽고자 하십니까? 결코 무너지지 않는 확실한 "터"가 있습니다. 여러분이 그 터 위에 집을 짓는다면, 그 집은 결코 무너질 염려가 없습니다. 그러므로, 여러분의 죄 짐을 그대로 가지고 나아오셔서, "내게 오는 자는 내가 결코 내쫓지 아니하리라"(요 6:37)고 말씀하시는 이를 지금 즉시 믿고, 영원히 의지하십시오. "천지는 없어질지라도"(마 5:18), 그는 믿음으로 자기에게 나아오는 모든 사람을 끝까지 구원하실 것입니다. 하나님께서 예수로 말미암아 자신의 뜻을 따라 다음과 같은 말씀이 여러분에게 이루어지는 복을 내려 주시기를 빕니다. 아멘.

> "그렇습니다. 그는 나의 주이십니다. 세상의 모든 것들,
> 온갖 매력적인 쾌락과 부와 힘,
> 영웅들의 명성, 왕들의 부귀영화가
> 나를 유혹할지라도 난 주의 사랑이 없인 한시도 살 수 없습니다.
> 나는 외칩니다, '무가치한 세상이여, 가라, 네게 속한 모든 것들과 함께
> 나는 내 구주의 것이고, 주는 나의 것이니, 세상아 너는 가라.'
>
> 모든 것이 다 변해도, 주는 변함이 없으시니
> 영원히 지지 않는 빛나는 해 같습니다.
> 주는 구름과 폭풍우 위로 보이지 않게 걸으시고
> 자기 백성의 어둠 위에 감미로운 빛을 비추십니다.
> 모든 것이 나를 떠나가도, 나는 놀라거나 불평하지 않습니다.
> 나는 내 구주의 것이고, 주는 나의 것이니까요."

제

10

장

—

검증되고 증명된 성경

—

**"여호와의 말씀은 순결함이여 흙 도가니에 일곱 번 단련한
은 같도다."— 시 12:6**

이 시편 본문은 악한 세대와 대조를 이룹니다. 시편 기자는 "경건한 자가 끊어지며 충실한 자들이 인생 중에 없어지나이다"(1절)라고 탄식합니다. 그것은 그에게 큰 슬픔이었고, 그는 하나님의 말씀 외에는 그 어디에서도 위로를 발견할 수 없었습니다. 우리가 사람들에게 실망한다면, 어떻게 하면 되겠습니까? 하나님의 말씀이 있습니다. 논쟁하고 다투는 이전투구의 장을 떠나 계시의 "푸른 풀밭"으로 갈 수 있다는 것은 얼마나 위로가 되는 일입니까? 우리는 방주 안에 들어가서 바깥 세상을 지배하고 있던 사망과 황폐함을 더 이상 보지 않았던 노아와 같음을 느낍니다. 하나님의 말씀과 교제를 나누며 살아 보십시오. 심지어 그리스도인 친구들이 없더라도, 여러분은 전혀 외롭지 않을 것입니다.

또한, 본문은 불경건한 자들이 하나님을 대적하고 하나님의 백성을 압제하며 내뱉는 말들과 더욱 극명한 대조를 보여줍니다. 그들은 "우리의 혀가 이기리라 우리 입술은 우리 것이니 우리를 주관할 자 누구리요"(4절)라고 말했습니다. 그들은 자랑하고 의기양양해하고 위협했습니다. 시편 기자는 자랑하는 자의 음성을 멀리하고서 하나님의 말씀으로 향했습니다. 그는 거기에서 "순결한" 진리의 말씀이 주는 약속과 명령과 가르침을 보았고, 사람들이 모두 자기 "이웃에게 각기 거짓을 말하는"(2절) 와중에서 그런 것들은 그에게 위로가 되어 주었습니

다. 그에게는 우리와는 달리 하나님의 말씀이 그렇게 많이 주어진 것이 아니었는데도, 그는 묵상을 통해서 자신의 것으로 만든 하나님의 말씀을 "정금"보다 더 귀하게 여겼습니다. 그는 하나님의 인도하심 아래에서 말한 사람들과 사이좋게 어울림으로써 주변 사람들의 위협들을 견뎌낼 수 있었습니다. 사랑하는 친구들이여, 언제라도 여러분이 그토록 사랑하는 진리들이 멸시를 당하는 곳에 있게 된다면, 선지자들과 사도들에게 가서 그들을 통해서 주 하나님께서 무엇이라 말씀하시는지를 들으십시오. 땅의 소리들은 거짓으로 가득 차 있지만, 하늘로부터 주어진 말씀은 아주 "순결합니다." 본문의 말씀이 어떤 상황에서 우리에게 주어지고 있는가 하는 것 속에는 실천적으로 유익한 교훈이 담겨 있습니다. 그것을 잘 배우십시오. 하나님의 말씀을 여러분의 매일의 반려로 삼으십시오. 그러면 세상의 그 어떤 거짓된 교훈이 여러분을 슬프게 하더라도, 여러분은 지나치게 낙담하지 않게 될 것입니다. 하나님의 말씀이 여러분의 영을 붙잡아 줄 것이기 때문입니다.

본문을 보십시오. 무한하신 분인 여호와께서 우리에게 눈높이를 맞추시기 위해서 자신을 한없이 낮추셔서 "말씀"이라는 수단을 사용하셨다는 것이 여러분에게 놀랍고 기이한 것으로 다가오지 않습니까? 하나님께서는 자신의 지혜 가운데서 우리와 소통하는 방식으로 "말씀"이라는 수단을 선택하신 것입니다. 그러나 하나님 자신으로 말하자면, 하나님은 전적으로 영이시고 한이 없으신 분입니다. 그런 하나님께서 자신의 영광스러운 생각들을 소리와 귀와 신경으로 이루어진 좁은 통로로 흘러가게 하신다는 것이 가당키나 한 일입니까? 영원하신 지성이자 이성이신 분이 사람의 말을 사용하시다니요? 영광스러운 여호와께서 사람의 말을 사용하여 말씀하신 것입니다. 하늘들과 땅이 하나님의 입술에서 나온 것들이었습니다. 하나님에게는 자신을 지극히 낮추셔서 흙으로 지음 받은 피조물이 사용하는 비천한 모음과 자음보다는 폭풍우와 우렛소리로 말씀하시는 것이 하나님의 본성에 훨씬 더 잘 어울렸을 것입니다. 그런데 하나님은 정말 사람의 방식을 사용하셔서 사람과 소통하고자 하시는 것입니까? 그렇습니다. 하나님은 자신을 지극히 낮추셔서 우리에게 "말씀"으로 얘기하십니다. 우리는 "말씀"에 자신의 영을 불어넣으신 하나님을 찬송하고, 그것에 대하여 "내가 정한 음식보다 그의 입의 말씀을 귀히 여겼도다"(욥 23:12)라고 말할 수 있습니다. 나는 그밖의 다른 영감에 대해서 알지 못하고, 우리에게 진정으로 유익이 되는 그 밖의 다른 영감을 생각할 수도 없습니다. 우리에게는 우리가 믿음으로 합할 수 있기 위해서 분명하고 명백한 계시가 필요합니다. 만약 하나님께서 자신의 의도를 완벽하게 전달하실 수는 있지만 우리로서는 뭔가 다 이해할 수 없는 표현방식으로 말씀하셨다면, 우리는 덕 세움을 입기보다는 당혹해하고 헷갈려했을 것입니다. 왜냐하면, 사실 의심스러운 표현들로부터 참된 의미를 분리해 내는 것이 큰 일이기 때문입니다. 우리는 늘 어떤 선지자나 사도가 우리에게 하나님의 의도를 제대로 전달해 준 것인지를 걱정합니다. 말씀들을 듣고 따라 하기는 쉽습니다. 그러나 하나님의 의도를 사람들이 잘 알아들을 수 있는 말로 전달하는 것은 쉬운 일이 아닙니다. 우리는 옛적의 거룩한 사람들이 그들 자신의 언어를 사용하긴 했지만, 하나님의 영의 인도하심을 받아서 말을 사용했기 때문에 그 말은 동시에 하나님의 말씀이기도 하였다는 것을 믿습니다. 성령이 영감 받은 성경 기자의 영에 역사해서 그 기자가 하나님의 말씀들을 기록한 것이기 때문에, 우리는 그 말씀들 하나하나를 보배처럼 소중히 여깁니다. 우리에게 "하나님의 모든 말씀은 순결하고" 영혼의 자양분으로 가득합니다. "너를 낮추시며 너를 주리게 하시며 또 너도 알지 못하며 네 조상들도 알지 못하던 만나를 네게 먹이신 것은 사람이 떡으로만 사는 것이 아니요 여호와의 입에서 나오는 모든 말씀으로 사는 줄을 네가 알게 하려 하심이니라"(신 8:3). 우리는 시편 기자처럼 "여호와는 나의 분깃이시니 나는 주의 말씀을 지키리라 하였나이다"(시 119:57)라고 진심으로 고백할 수 있습니다.

자신을 지극히 낮추신 우리 하나님은 사람의 말을 사용해서 우리에게 말씀하시기를 아주 기뻐하셨기 때문에 황송하게도 심지어 자신의 독생자를 "말씀"이라고 부르셨습니다. "말씀이 육신이 되어 우리 가운데 거하시매"(요 1:14). 하나님은 마지못해서가 아니라 기쁜 마음으로 사람의 말을 사용하십니다. 하나님께서 모세를 통해서 이스라엘 백성에게 "너희는 나의 이 말을 너희의 마음과 뜻에 두라"(신 11:18)고 말씀하신 것에서 볼 수 있듯이, 하나님은 우리로 하여금 인간의 언어를 소중히 생각하게 하고자 하셨습니다.

우리는 하나님의 말씀이 우리를 위해 성경에 보존되어 있다고 믿고, 그것에 대하여 너무나 감사합니다. 만약 우리에게 이렇게 기록된 하나님의 말씀이 없었다면, 우리는 오늘날 하나님의 음성이나 예언을 들을 수 없는 아주 힘든 시대에 살고 있다고 느꼈을 것입니다. 만약 하나님께서 옛적에 하신 말씀들이 그의 인도하심 아래에서 기록되지 않았다면, 우리는 아주 힘든 날들을 보내고 있었을 것이라는 말입니다. 성경이 우리에게 있어서 그 덕분에 하나님은 2천 년 전에 하셨던 말씀을 지금도 그대로 우리에게 들려주고 계십니다. 왜냐하면, 하나님은 "그의 말씀들을 변하게 하지 아니하시는"(사 31:2) 분이시기 때문입니다. 하나님의 말씀은 영원토록 변함이 없습니다. 하나님의 말씀은 어느 한 때를 위한 것이 아니라 모든 세대를 위한 것입니다. 하나님의 말씀은 영원한 생명과 영원한 새로움으로 가득 차서 약동하기 때문에 가나안에서 아브라함의 귀에 들렸을 때나 광야에서 모세의 마음에 들렸을 때나 수금을 타며 노래하던 다윗에게 들렸을 때와 마찬가지로 오늘날 성도들의 마음에도 생생하고 강력하게 들려옵니다. 우리 중 다수가 우리 영혼 속에 다시 들려오는 하나님의 말씀을 듣는다는 것이 무엇인지를 알고 있다는 것에 대하여 나는 하나님께 감사합니다. 성령으로 말미암아 성경의 말씀은 현재적인 영감을 통해서 우리에게 들려옵니다. 성경은 단지 과거에만 하나님의 영으로 감동된 것이 아니라, 지금 여기에서도 현재적으로 하나님의 영에 의해 감동됩니다. 이 성경은 종이와 잉크로 된 단순한 책이 아니라, 우리에게 말을 겁니다. "네가 깰 때에 너와 더불어 말하리니"(잠 6:22)라는 약속의 말씀이 바로 그것을 말해 주는 것이 아니겠습니까? 우리는 사무엘처럼 "여호와여 말씀하옵소서 주의 종이 듣겠나이다"(삼상 3:9)라고 기도하는 마음으로 성경책을 펴고, 흔히 "여호와께서 나를 부르시니 내가 여기 있나이다"라는 느낌으로 성경책을 덮습니다. 이 약속의 말씀이 옛적에 처음 주어졌을 때 지극한 영광으로부터 주어진 것이 확실한 것과 마찬가지로, 하나님께서 성경을 우리의 마음과 양심에 대고 직접 말씀하시는 하나님의 말씀이 되게 하신 것도 확실합니다. 내가 한 이 말은 여기에 계신 모든 사람에게 해당되는 것은 아니지만, 적어도 다수의 사람들에게 해당되는 것이라고 할 수 있습니다. 성령께서 이 시간에 여러분에게 다시 한 번 말씀해 주시기를 빕니다!

　　본문과 관련해서 우리가 집중적으로 살펴볼 것은 세 가지입니다. 첫 번째는, 하나님의 말씀의 특질에 대한 것입니다: "여호와의 말씀은 순결함이여." 두 번째는, 하나님의 말씀의 검증에 대한 것입니다: "흙 도가니에 일곱 번 단련한 은 같도다." 마지막으로 세 번째는, 하나님의 말씀의 순결함과 그 말씀이 통과한 검증을 토대로 해서 하나님의 말씀이 요구하는 것들에 관한 것입니다. 영원하신 성령이여, 당신이 우리에게 주신 말씀을 바르게 전할 수 있도록 나를 도와주시고, 듣는 우리가 바르게 느낄 수 있도록 우리를 도와주소서.

1. 첫째로, 하나님의 말씀의 특질에 대하여 살펴보겠습니다.

본문을 읽습니다: "여호와의 말씀은 순결함이여." 본문에서 나는 먼저 하나님의 말씀들은 다 똑같은 특질을 지닌다는 사실을 알게 됩니다. 하나님의 말씀들은 단 하나의 예외도 없이 모두 다 "순결한" 말씀이라는 것입니다. 하나님의 말씀들이 모두 다 동일한 성격을 지니는 것은 아닙니다. 어떤 말씀은 교훈을 위한 것이고, 어떤 말씀은 위로를 위한 것이며, 어떤 말씀은 책망을 위한 것입니다. 그러나 하나님의 말씀들은 "순결한" 말씀이라는 점에서는 그 성격이 모두 다 똑같다고 할 수 있습니다. 나는 성경에 나오는 말씀들 중에서 어떤 말씀을 특히 더 좋아하는 것은 나쁜 습관이라고 생각합니다. 우리는 성경 전체를 하나로 보아야 합니다. 교리적인 말씀들은 좋아하지만 실천적인 말씀들은 대충 넘어가 버리는 사람들은 성경에 대하여 죄를 짓는 것입니다. 그런 사람들은 교리에 관한 설교를 들으면 "정말 좋은 설교구나"라고 감동합니다. 그들은 영원한 사랑, 값없는 은혜, 하나님의 목적에 대하여 듣기를 좋아합니다. 나는 그런 사람들이 그런 설교를 좋아하는 것이 기쁩니다. 그런 사람들에게 나는 기름 진 것을 먹고 단 물을 마시며 성경에 골수로 가득 찬 기름 진 것들이 있다는 것을 기뻐하시라고 말합니다. 그러나 옛적에 하나님의 사람들은 주의 계명들을 크게 기뻐하였다는 것을 기억하십시오. 그들은 여호와의 명령들에 대하여 경의를 표하였고 하나님의 율법을 사랑했습니다. 의무들과 규례들을 들을 때 그것들을 거부하고 도망치는 사람들이 있다면, 그들은 하나님의 말씀을 조금도 사랑하지 않는 사람들인 것은 아닌지 걱정됩니다. 하나님의 말씀 전부를 사랑하는 것이 아니라면 하나님의 말씀을 조금도 사랑하는 것이 아니기 때문입니다. 반대로, 의무들에 대한 가르침은 기뻐하면서도 은혜의 교리들에 대해서는 관심이 없는 사람들도 마찬가지로 잘못된 것입니다. 그런 사람들은 "저 설교는 일상생활과 관련되어 있기 때문에 들을 만한 가치가 있었어"라고 말합니다. 그들이 그런 마음을 갖고 있다는 것이 나는 너무 기쁩니다. 그러나 그들이 그렇게 말하면서 하나님의 다른 가르침에 대해서는 거부하는 모습을 보인다면 큰 잘못을 범하고 있는 것입니다. 예수께서는 "하나님께 속한 자는 하나님의 말씀을 듣나니"(요 8:47)라고 말씀하셨습니다. 당신이 하나님의 말씀들 중에서 일부를 들을 가치가 없는 것이라고 여긴다면 하나님

께 속한 자가 아닐 수 있고, 나는 그것을 우려합니다.

사랑하는 자들이여, 우리는 하나님의 말씀 전부를 소중히 여깁니다. 우리는 약속의 말씀들과 마찬가지로 역사(歷史)에 관한 이야기들도 거부하지 않습니다:

> "내가 사랑하는 약속의 말씀들을 통해서
> 항상 새롭게 힘을 얻는 나이지만
> 난 주의 사랑에 관한 이야기들을 읽고
> 주의 율법을 늘 내 눈 앞에 둔다네."

무엇보다도 신약이 구약보다 이루 말할 수 없이 우월하다고 생각하는 자들의 거의 신성모독에 가까운 생각에 동조하지 마십시오. 또한, 내가 구약에는 신약보다 더 많은 금광이 있다고 말한다면, 그것도 내가 앞에서 단죄한 것과 동일한 잘못을 범하는 것입니다. 나는 구약과 신약은 대등한 권위를 지니고 있고 서로를 조명해 주기 때문에 우리에게는 어느 한 쪽도 없어서는 안 된다고 말합니다. "그러므로 하나님이 짝지어 주신 것을 사람이 나누지 못할지니라"(마 19:6). 창세기부터 요한계시록까지 성경 전체에서 여호와의 말씀이 발견되고, 그 말씀들은 모두 다 늘 "순결한" 말씀들입니다.

어떤 사람이 "그리스도께서는 친히 이렇게 말씀하셨고, 이러저러한 가르침은 바울적인 것이다"라고 말한다면, 그것은 옳지 않습니다. "바울적"이라는 말은 틀린 말입니다. 어떤 것이 성경에 기록되어 있다면, 그것은 성령의 말씀입니다. 성령이 이사야, 예레미야, 요한, 야고보, 바울 중 누구를 통해 말씀하셨든 그 말씀의 권위는 동일합니다. 심지어 우리 주 예수 그리스도와 관련해서도 이것은 마찬가지입니다. 왜냐하면, 주님께서는 자기 자신과 관련해서 "너희가 듣는 말은 내 말이 아니요 나를 보내신 아버지의 말씀이니라"(요 14:24)고 말씀하시기 때문입니다. 이 문제에 있어서 주님은 자신을 하나님의 입 역할을 했던 다른 사람들과 동일하게 취급해서 이렇게 말씀합니다: "내가 내 자의로 말한 것이 아니요 나를 보내신 아버지께서 내가 말할 것과 이를 것을 친히 명령하여 주셨으니"(요 12:49). 우리는 요한이 "우리는 하나님께 속하였으니 하나님을 아는 자는 우리의 말을 듣고 하나님께 속하지 아니한 자는 우리의 말을 듣지 아니하나니 진리의 영과 미혹의 영을 이로써 아느니라"(요일 4:6)고 말한 것을 기억하고, 사도들이 전한 말들을 하나님의 말씀들로 받아들입니다. 이것은 예수의 영과 사도들 속에 거하였던 성령을 다르게 취급하고자 하는 사람들에 대하여 엄중한 심판을 선언하고 있는 것입니다. 하나님의 말씀은 누구를 통하여 왔느냐에 따라 그 가치가 달라지는 것이 아닙니다. 계시된 진리는 그 진리를 구성하는 부분들이 서로 다른 재료로 되어 있다고 해도 모두 다 동일한 특질을 지닙니다.

다음으로, 우리는 본문이 하나님의 말씀의 순결함을 증언하고 있는 것을 봅니다: "여호와의 말씀은 순결함이여." 여러분이 다 아시듯이, 시중에 유통되는 은에는 합금이 된 은이 있고 다른 금속이 전혀 섞이지 않은 순은이 있는데, 하나님의 말씀은 다른 혼합물이 섞여 있지 않은 순은이라는 것입니다. 하나님의 말씀은 "흙 도가니에 일곱 번 단련해서" 모든 혼합물이 다 제거된 "은"과 같이 절대적으로 "순결합니다." 다윗이 "주의 말씀은 진리니이다"라고 말한 것은 옳습니다.

하나님의 말씀은 악이 전혀 섞이지 않은 선이라는 점에서도 진리입니다. 하나님의 계명들은 의롭고 올바릅니다. 우리는 구약에 대한 흠정역에서 몇몇 거친 표현들을 사용한 것에 대하여 원수들이 흠을 잡고 시비를 거는 것을 종종 들어 왔습니다. 그러나 번역자들이 사용한 거친 표현들은 성령으로 인한 것이 아니라, 영어 단어들의 의미가 변해 왔고, 한 시대에 아무 문제 없이 통용되었던 표현 방식들이 다른 시대에서는 아주 거친 표현으로 변화되었기 때문입니다. 그러나 내가 단언할 수 있는 것은 내가 지금까지 만나본 사람들 중에서 하나님의 말씀이 자기에게 어떤 악한 일을 권장하였다고 말하는 사람을 단 한 사람도 보지 못했다는 것입니다. 나는 아주 많은 끔찍한 일들을 들어 왔지만, 성경 말씀을 보거나 듣고서 죄를 저지르게 된 경우를 한 번도 들어보지 못했습니다. 왜곡하는 것은 가능하지만, 성경 자체는 절대적으로 순결합니다. 성경에는 아주 악독한 범죄들에 관한 상세한 내용들이 나오기는 하지만, 그 내용들은 사람들의 마음에 그 어떤 해로운 영향도 끼치지 않습니다. 성경에 나오는 가장 슬픈 이야기도 사람들에게 경고로 작용하고 결코 유혹으로 작용하지 않습니다. 성경은 인간 세상에 현존하는 책들 중에서 가장 깨끗하고 맑고 순결한 책입니다. 아니, 성경은 소위 경전이라 불리는 터무니없는 책들과 동일한 반열에 놓고 얘기할 수 있는 그런 책이 아닙니다. 성경은 하나님으로부터 왔고, 거기에 기록된 모든 말씀은 순결합니다.

또한, 성경은 오류가 전혀 섞여 있지 않은 진리라는 의미에서도 "순결한" 책입니다. 나는 원래의 성경에는 처음부터 끝까지 잘못된 것이나 오류가 전혀 없다고 믿는다는 것을 아무런 주저함 없이 말할 수 있습니다. 번역에는 오류가 있을 수 있고, 실제로도 있습니다. 왜냐하면, 번역자들은 하나님의 영으로 감동을 받은 사람들이 아니기 때문입니다. 그러나 심지어 역사적인 사실들조차도 정확합니다. 이성(理性)을 무기로 해서 역사적 사실들에 대한 의심이 여기저기에서 종종 제기되어 왔고, 그런 의심을 단기간에 해소하는 것은 불가능하였습니다. 그러나 시간을 갖고 충분히 탐색해 보면, 저 땅 속에 깊이 묻혀 있던 돌들이 성경의 글자 하나하나가 옳다고 소리칠 것입니다. 옛 사본들, 주화들, 금석문(金石文)들은 성경 편이고, 성경에 의심의 눈초리를 보내는 것들은 이론들과 역사상의 많은 사건들이 성경 외에는 다른 기록이 없다는 사실뿐입니다. 성경은 최근에도 비평의 용광로 속에 있어 왔습니다. 그러나 그 비평은 멸시할 가치조차 없다는 사실로 인해서, 지금은 그 용광로도 많이 식어 버렸습니다. "여호와의 말씀은 순결함이여." 하나님의 말씀 전체 속에는 그 어떤 종류의 오류도 없습니다. 그 말씀들은 그 어떤 잘못이나 오류도 범할 수 없으시고 자신의 피조물들을 속이고자 하실 수 없는 분으로부터 왔습니다. 내가 성경에 전혀 오류가 없다는 것을 믿지 않았다면, 나는 차라리 성경 없이 사는 편을 택하였을 것입니다. 내가 성경을 판단한다면, 성경은 더 이상 나의 재판관이 아니게 됩니다. 내가 타작마당에 쌓인 알곡 더미처럼 성경을 선별해서 내 판단에 따라 좋은 것만 받아들이고 나머지는 제쳐둔다면, 내 자신의 마음과 생각을 신뢰할 만큼 충분한 자부심을 갖고 있지 않다면, 내게는 그 어떤 안내자도 없게 됩니다. 성경에 대한 새로운 이론은 하나님의 말씀에 오류가 없다는 것을 부정하지만, 그것은 실제로는 하나님의 말씀을 사람들의 판단에 귀속시키는 것입니다. 적어도 이것은 그들이 도달할 수 있는 무오성(無誤性)의 전부입니다. "현대 사상"의 부름을 받고 이 세상에서 일어나는 여러 인도자들보다는 하늘로부터 영감을 받은 인도자에게 내 영혼을 걸겠다는 것이 나의 항변입니다.

또한, 성경은 신뢰할 만하다는 의미에서 순결합니다. 성경 속에 나오는 약속들에는 실패가 조금도 섞여 있지 않습니다. 이것을 기억하십시오. 성경의 그 어떤 예언도 실패한 적이 없다는 것을요. 하나님이 우리에게 주신 약속들은 단 하나도 결코 단순한 빈 말로 드러나지 않을 것입니다. "어찌 그 말씀하신 바를 행하지 않으시며 하신 말씀을 실행하지 않으시랴"(민 23:19). 하나님께서 주신 약속을 주신 그대로 받아들이십시오. 그러면, 여러분은 하나님께서 그 약속의 일점 일획까지 다 지키시는 것을 발견하게 될 것입니다. 우리 중 일부는 흰 머리카락 이 꽤 생겨서 머리가 희끗희끗하다고 할지라도 아직 "백발이 성성한 노인"이라 고 불릴 나이는 아닙니다. 그러나 지금까지 살아오면서 우리는 하나님의 약속들 을 믿고 시험하고 검증하여 왔습니다. 그렇게 해온 우리가 내린 평결(評決)은 무 엇입니까? 나는 하나님의 말씀이 단 한 말씀도 땅에 떨어지는 것을 본 적이 없다 고 엄숙하게 증언합니다. 하나님의 약속은 종종 내 인내심으로 견딜 수 있을 것 같은 시간을 지나서 이루어지기도 하였습니다. 그러나 실제로는 하나님의 약속 은 빈 말로 끝나 버리는 것이 아니라 현실에서 진실하게 꼭 알맞은 때에 이루어 져 왔습니다. 여러분은 하나님의 그 어떤 말씀도 전폭적으로 의지하십시오. 그 어떤 말씀도 여러분을 넉넉히 받쳐주고 지탱해 줄 것입니다. 가장 캄캄한 시간 을 통과해 가고 있는 여러분에게 오직 하나님의 약속이라는 촛불 외에는 그 어 떤 촛불도 없다고 할지라도, 그 외로운 촛불 하나가 여러분의 캄캄한 밤을 정오 처럼 밝게 만들어 줄 것입니다. 하나님의 이름에 영광을 돌립니다! 하나님의 말 씀에는 악이 없고 오류가 없으며 실패가 없습니다.

또한, 본문은 이 첫 번째 대지(大旨)에 대하여 하나님의 말씀이 순일(純一) 하고 순결하다고 말씀할 뿐만 아니라, 하나님의 말씀은 보배롭다고 말씀합니다. 다 윗은 하나님의 말씀을 "단련한 은"에 비유하는데, "은"은 귀금속입니다. 또한, 다 윗은 다른 구절들에서는 하나님의 말씀을 "정금"에 비유하기도 했습니다. 하나 님의 말씀은 지폐에 비유될 수 있는 것처럼 보였을 수도 있습니다. 그러나 그렇 지 않습니다. 하나님의 말씀은 귀금속 그 자체입니다. 나는 내 친구 중 한 사람이 치즈를 사러 서쪽 지방들에 있는 농장을 일일이 돌아다닐 때에 꼭 아주 무거운 주화(鑄貨)를 가지고 다니곤 하였던 시절을 기억합니다. 왜냐하면, 당시의 농장 주들은 지폐를 좋아하지 않았고, 수표는 아예 거들떠보지도 않으려 했기 때문입 니다. 농장주들은 치즈 대금 전체를 주화로 지불하는 사람에게 더 기꺼이 물건 을 팔고자 했습니다. 하나님의 말씀은 허구적으로 가치를 기록한 지폐가 아니 라, 그 자체로 진리의 실질을 지니고 있는 주화(鑄貨)입니다. 하나님의 말씀은 그 자체가 금괴나 은괴와 같습니다. 여러분이 "믿음"으로 하나님의 말씀을 붙들 기만 한다면, 여러분은 "바라는 것들의 실상"을 갖게 되는 것입니다(히 11:1). 믿 음은 하나님의 약속에서 자기가 구하는 것의 실재(實在)를 발견합니다. 하나님의 약속은 이미 이루어진 것이나 마찬가지이기 때문입니다. 하나님의 말씀들 ― 그것이 교훈의 말씀이든지 실천적인 말씀이든지 위로의 말씀이든지 ― 은 자신의 믿음의 지갑 속에 그 말씀들을 어떻게 넣을 수 있는지를 아는 하나님의 사람에게 주화(鑄貨)입니다. 우리는 우리의 집 안에서 많은 물품들에 은을 사용하듯이, 우리의 일상생활 속에서 하나님의 말씀을 사용합니다. 하나님의 말씀은 수많은 용도들이 있습니다. "은"이 상인들 사이에서 통용되던 주화이듯이, 하나님의 약속들은 하늘과 땅에서 사용되는 통화입니다. 하나님의 약속들에 의거해서 우리는 하나님을 대하고, 하나님은 우리를 대하십니다. 사람들이 은으로 자신을 장식하듯이, 하나님의 말씀들은 우리의 보석들이자 우리의 영광입니다. 하나님의 약속들은 영원한 기쁨을 주는 아름다운 것들입니다. 우리가 하나님의 말씀을 사랑하고 지킬 때, 거룩한 아름다움이 우리 위에 있게 됩니다. 이것은 성품과 생명으로 우리를 치장하는 것이기 때문에 참된 장신구이고, 우리는 우리 영혼의 신랑이신 그리스도의 사랑의 선물로 그 장신구를 받습니다.

　사랑하는 여러분, 나는 여러분 앞에서 하나님의 말씀이 얼마나 보배로운지를 굳이 상세하게 말씀드릴 필요가 없을 것입니다. 여러분 중 많은 분들은 이미 하나님의 말씀을 오랫동안 소중히 여겨 오셨고, 그 가치를 충분히 검증해 오셨습니다. 나는 그리스도인인 한 독일 여성이 특히 자기에게 보배롭게 여겨진 성경 구절을 만날 때마다 성경에 표시를 해두는 습관이 있었다는 글을 읽은 적이 있습니다. 그러나 그녀는 죽을 때쯤 해서 "이제는 성경 전체가 내게 너무 보배롭고 귀하게 되었으니, 그럴 필요가 없게 되었다"고 말하고서는 그런 습관을 그만두었다고 합니다. 우리 가운데는 이 값으로 따질 수 없이 귀한 성경에 자신의 경험에 비추어서 정말 보배롭고 중요하다고 생각하여 처음부터 끝까지 줄을 친 분들이 꽤 있으실 것입니다. 성경은 전체가 다 보배롭고 지극히 귀합니다.

> "그 어떤 보화도 성경만큼 마음을 풍요롭게 해주는 것은 없으니,
> 　주의 말씀은 그 어떤 것과도 바꿀 수 없네.
> 　산더미 같은 순은이나
> 　한 수레의 정금과도 바꿀 수 없네."

　또한, 본문은 하나님의 말씀이 순결하고 보배롭다고 말씀할 뿐만 아니라, 하

나님의 말씀은 영원히 변함없다고 말씀합니다. 하나님의 말씀은 가장 뜨거운 불을 통과한 은과 같습니다. 사실, 하나님의 말씀은 오랜 세월 동안 가장 극렬한 불을 견디고 살아 남았습니다: "흙 도가니에 단련한" — 이것은 은을 단련하는 사람들이 자신의 최후의 의지처로 여기는 바로 그 도가니를 말합니다. 마귀는 만일 성경을 무너뜨릴 수 있는 가능성이 있기만 하였다면 얼마든지 지옥에서 가장 뜨거운 숯들을 가져와서 그렇게 하였을 것입니다. 하지만 마귀는 성경의 단 한 줄도 무너뜨릴 수 없었습니다. 본문에 의하면, 은을 단련하는 사람은 불을 아주 효과적으로 사용하였습니다. 그는 불이 은의 구석구석을 철저하게 단련하기 위해서 은을 "흙 도가니" 속에 두었습니다. 은을 단련하는 사람은 은에서 찌꺼기를 제거하기 위해서 자기가 알고 있는 최상의 방법으로 불을 활용합니다. 마찬가지로, 사람들은 아주 영리하고 교묘한 비평을 활용해서 마귀적인 방법으로 하나님의 말씀을 무너뜨리기 위해서 애써 왔습니다. 그들의 목적은 하나님의 말씀을 단련하기 위한 것이 아니라, "순결한" 성경이 그들에게 괴로움을 주는 까닭에, 하나님의 증언을 소멸시키고자 하는 것입니다. 그들의 수고는 헛됩니다. 왜냐하면, 성경은 어제나 오늘이나 영원토록 늘 변함없이 "하나님의 순결한 말씀"이기 때문입니다. 그러나 다행히도 성경의 의미에 대하여 우리가 오해한 것들 중 상당수는 그 불에 의해서 사라졌습니다. 하나님의 말씀은 자주 단련되어 왔고 완벽하게 단련되어 왔습니다: "일곱 번 단련한." 더 이상 단련할 것이 남아 있는지 나는 알 수 없습니다. 그러나 분명히 그러한 단련 과정은 이미 무수히 그리고 철저하게 이루어져 왔습니다. 그럼에도 불구하고, 하나님의 말씀은 여전히 변함이 없습니다. 우리 조상들에게 위로가 된 것은 우리에게도 위로가 됩니다. 우리의 청년 시절을 기쁘게 해주었던 하나님의 말씀은 우리의 노년 시절에도 우리의 의지(依支)가 됩니다. "풀은 마르고 꽃은 시드나 우리 하나님의 말씀은 영원히 서리라"(사 40:8). 이 하나님의 말씀은 견고한 터이고, 우리의 영원한 소망들은 지혜롭게도 그 터 위에 세워져 있습니다. 우리는 그 누구도 우리에게서 이 소망의 터를 빼앗아 가게 할 수 없습니다. 옛적에 사람들은 성경 읽기를 그치느니 차라리 화형 당하는 쪽을 택하였습니다. 오늘날 우리가 직면한 반대들은 그런 것보다는 덜 잔혹하긴 하지만, 훨씬 더 교묘해서 대항하기가 만만치 않습니다. 그럼에도 불구하고, 우리는 늘 영원한 말씀 곁에 있어야 합니다. 왜냐하면, 그 영원한 말씀은 늘 우리 곁에 있을 것이기 때문입니다.

　　영원히 찬송 받으시기에 합당하신 분의 말씀은 결코 변함이 없고 변할 수 없습니다. 하나님의 말씀은 세세토록 변함없을 찌꺼기 없는 은과 같습니다. 바로 그 말씀을 우리는 믿고, 바로 그 말씀을 우리는 기뻐합니다. 성경이 영원토록 변함없으리라는 것을 믿는 것은 우리가 억지로 믿어야 하는 무거운 짐이 아닙니다. 왜냐하면, 하나님의 말씀은 모든 것을 아시는 하나님이 말씀하신 것이기 때문입니다. 그러므로 하나님의 말씀 속에는 잘못이나 오류가 있을 수 없습니다. 하나님의 말씀은 모든 것을 하실 수 있는 분이 말씀하신 것입니다. 그러므로 하나님의 말씀은 반드시 실행될 것입니다. 또한, 하나님의 말씀은 영원토록 변치 않으시는 분이 말씀하신 것이기 때문에, 그 말씀은 결코 변하지 않을 것입니다. 하나님께서 수천 년 전에 하신 그 말씀들은 오늘 이 시간에도 참됩니다. 왜냐하면, 그 말씀들은 "이제니 오늘이니 영원토록 동일하신"(히 13:8) 분에게서 나온 것이기 때문입니다. 그 말씀들을 하신 분은 결코 틀리실 수 없으신 분이기 때문에, 그 말씀들은 틀릴 수 없습니다. 하나님께서 언제 틀리신 적이 있으십니까? 틀리실 수 있는 하나님이 과연 하나님이실 수 있습니까? "어찌 그 말씀하신 바를 행하지 않으시며 하신 말씀을 실행하지 않으시랴"(민 23:19). "하나님의 말씀은 순결한 말씀"이라는 것을 믿으십시오. 시간이 없어서 다음 대지로 넘어가겠습니다.

2. 둘째로, 하나님의 말씀에 대한 시험들에 대하여 살펴보겠습니다.

　　본문에서는 하나님의 말씀이 "도가니"에서 단련된 "은"과 같다고 말합니다. 하나님의 말씀은 신성모독, 조롱, 박해, 비판, 노골적인 발언에 의해서 시험을 받아 왔습니다. 나는 거창하게 하나님의 계시라는 귀금속에 대한 역사적 시험(試驗)들을 설명하고자 하는 것이 아니라, 내가 알고 있고 아마 여러분도 알고 계실 그런 일상적인 시험들에 대하여 말하고자 합니다. 그렇게 하는 것이 세련되어 보이지 않을지라도, 우리의 덕을 세우는 데에는 더 나을 것입니다. 주께서 우리를 도우시기를 빕니다.

　　죄인의 완악함을 다루면서, 우리는 하나님의 말씀을 시험해 왔습니다. 죄를 깨닫지도 못하고 말씀을 받아들여야 하는 이유를 깨닫지도 못하는 사람들이 있습니다. 그들은 모든 것을 의심하기 때문에, 사람들이 자기에게 무슨 말을 하든지, 입을 딱 다물고 믿지 않으려고 작정한 사람들입니다. 그들은 편견과 선입견이라는 두터운 갑옷을 입고 있어서, 말로는 자신의 죄를 깨닫고 싶어하고 그 점에 있어서 마음이 활짝 열려 있다고 하지만, 실제로는 아무리 날카로운 변증의 화살들도 그들의 두터운 갑옷을 뚫을 수 없습니다. 완악함의 화신(化身)이 되어 있는 수많은 사람들을 우리가 어떻게 할 수 있겠습니까? 여러분이 완악함의 화신인 사람과 대화를 하는 것은 급행열차와 대화를 하는 것입니다. 그런 사람은 자기가 달리는 길에 많은 사람들이 서 있어도 멈추지 않고 내달립니다. 하나님의 말씀이 그런 사람에게 어떻게 죄를 깨닫게 해줄 수 있겠습니까? 오늘 이 자리에도, 만일 내가 그들의 회심 이전에 그들을 알았더라면, 그들에게 복음을 전해 보아야 헛일이 되었을 그런 분들이 계실 것입니다. 그들은 죄를 너무나 사랑하였고, 하나님께 속한 것들을 너무나 멸시하였습니다. 너무나 이상하게도, 그들은 하나님의 말씀이 선포되었을 때에 그 소리를 듣고 거기에 와서 그 말씀을 받아들인 최초의 사람들 중에 있었습니다. 하나님의 말씀은 성령의 능력 아래에서 그 말씀이 원래 지니고 있던 위엄 가운데서 그들을 찾아왔습니다. 하나님의 말씀은 그들의 가장 깊은 마음 중심에 그들을 압도하듯이 들려왔습니다. 하나님의 말씀은 오랫동안 닫혀져 있었고 그 경첩들이 녹슬어 있던 문들을 활짝 열어 젖혔고, 예수께서 구원하시고 다스리시기 위하여 들어오셨습니다. 하나님을 대적하여 칼을 갈았던 사람들이 그 칼을 내던지고 전능하신 사랑 앞에 무조건적으로 항복하고서, 주 예수를 믿는 자가 되었습니다. 형제들이여, 우리가 오직 하나님의 말씀을 믿는 믿음을 가지고서 그 말씀을 있는 그대로 선포하기만 하면, 우리는 교만한 반도(叛徒)들이 굴복하는 것을 보게 될 것입니다. 아무리 그리스도를 필사적으로 대적하고 해치고자 하는 마음을 지닌 사람일지라도 하나님의 말씀의 능력 앞에 무릎을 꿇지 않을 수 없습니다. 나는 우리가 성령의 검을 있는 그대로 더 많이 사용하게 되기를 바랍니다. 나는 우리가 이 양날의 검을 칼집에 꽂아 놓고서는, 그 칼집이 아주 아름답게 잘 장식되어 있다고 자랑하고 있는 것은 아닌지 우려가 됩니다. 칼집이 무슨 소용이 있습니까? 우리는 날선 검을 무엇으론가 장식하려고 하지 말고, 그 검 자체를 들고 나가서 싸워야 합니다. 하나님의 말씀을 그대로 외치십시오. 시내 산의 두려운 일들이나 골고다의 사랑을 빠뜨리지 마십시오. 여러분이 알고 있는 그대로 아주 충실하게 말씀을 선포하시고, 지존자의 능력이 임하기를 부르짖으십시오. 그러면, 지옥에서 올라온 가장 완악한 죄인일지라도 그 앞에서 무릎을 꿇게 될 것입니다. 성령께서는 하나님의 말씀을 사용하십니다. 하나님의 말씀은 사람들의 마음속에 있는 죄와 자아라는 견고한 요새들을 무너뜨리기 위하여 성령이 사용하시는 공성퇴(攻城槌)입니다. 하나님의 말씀은 사람들이 자연적으로 지니고 태어나는 완악한 마음에 의한 시험들을 견뎌내고, 그 역사(役事)를 통해서 그 기원이 하나님께 있다는 것을 증명할 것입니다.

여기에서 또 하나의 시험이 시작됩니다. 여러분이 어떤 사람을 하나님의 말씀으로 무너뜨렸다고 해도, 그 사람은 겨우 그 길에 들어선 것에 불과합니다. 새로운 어려움이 생겨납니다. 하나님의 말씀이 참회하는 자의 절망을 이기게 될까요? 그 사람은 죄로 인해서 두려움에 사로잡히게 되고, 그 사람의 심령 속에서는 지옥이 불타오르기 시작하였습니다. 여러분이 그 사람에게 사랑을 담아서 말을 걸어도, 그의 영혼은 위로 받기를 거부합니다. 여러분이 하나님의 말씀을 전하여 그 말씀이 그에게 역사할 때까지, 그의 영혼은 "모든 음식물을 싫어하게"(시 107:18) 됩니다. 그에게 그를 위해 죽으신 구주에 대해 말해 주십시오. 값없이 주어지는 은혜와 온전한 죄 사함을 상세히 얘기해 주십시오. 아버지가 탕자를 받아들인 것과 아버지의 변함없는 사랑에 대하여 말해 주십시오. 오직 성령의 능력의 역사(役事)에 의해서 이 진리들은 흑암에 앉아 있던 자들에게 빛을 비쳐 주게 될 것입니다. 성경이 믿어질 때, 최악의 우울증도 낫게 됩니다. 나는 죄를 깨닫고서도 예수를 볼 수 없어서 신음하는 영혼을 보고서 종종 당혹해합니다. 그러나 나는 결국 하나님의 말씀이 그 죽어가는 영혼에게 위로의 잔이 되리라는 것을 한 번도 의심한 적이 없습니다. 우리는 한동안 당혹해하고 괴로워할 수 있지만, 우리의 병기인 하나님의 말씀 앞에서 절망이라는 거인은 패배하게 될 수밖에 없습니다. 당신이 벌 받게 될 것이 두려워서 종살이 하고 있다면, 나아와서 자유를 얻으십시오. 당신이 하나님의 말씀을 받아들이기만 한다면, 당신을 묶고 있던 쇠사슬은 끊어지게 될 것입니다. 우리 주님의 말씀은 그 어떤 감옥 문이라도 열 수 있는 마스터키입니다. 주님께서는 청동 문들도 부수셨고, 쇠 빗장들도 산산조각 내셨습니다.

하나님의 말씀은 정말 기가 막히게 놀라운 말씀이어서, 전투용 도끼가 되어 교만의 투구를 박살냄과 동시에, 그 즉시 사랑의 손길이 되어 피 흐르는 상처를 부드럽게 어루만져서 치유해 줍니다. 하나님의 말씀은 무너뜨리는 일에도 세우는 일에도 똑같이 효과적입니다.

어떤 경우들에 있어서 하나님의 말씀은 찾는 자의 특이함으로 인해서 시험을 받습니다. 사람들이 온 세상에서 자기들 같은 사람은 아무도 없다고 말하는 것을 우리는 비일비재하게 들어 왔습니다. 그들은 그 어떤 바다에도 없는 특이한 물고기처럼 독특한 사람들입니다. 그러나 이 말씀이 진정으로 하나님으로부터 나온 말씀이라면, 그 말씀은 다른 사람들이 아닌 바로 그런 사람들의 마음에도 와 닿을 수 있을 것입니다. 하나님의 말씀은 그러한 시험에 부쳐져 왔고, 우리는 하나님의 말씀이 그런 사람들에게 보편적으로 적용되는 것을 보고 깜짝 놀랍니다. 하나님의 말씀 속에는 정상적인 것에서 벗어난 온갖 독특한 경우들에 적용될 수 있는 그런 본문들이 있습니다. 몇몇 경우들에 있어서 우리는 성경에 왜 그런 본문이 있는 것인지를 알 수 없어서 이상한 것 같이 생각될 수 있는 본문들을 만나게 됩니다. 그렇지만 그 본문들은 특정한 사람들에게 하나님의 권위로 임하여 그 사람들을 변화시키는 특별한 용도를 지니고 있음이 분명합니다. 성경은 열쇠공이 지니고 있는 열쇠 다발에 비유될 수 있습니다. 열쇠공은 그 열쇠들 하나하나를 다 다루면서, 어떤 열쇠에 대해서 "이것은 이상한 열쇠여서, 지금까지 만들어진 그 어떤 자물쇠에도 맞지 않는다"고 말합니다. 그러나 어느 날 열쇠공은 아주 특이한 자물쇠를 열어 달라는 요청을 받는데, 자기가 가지고 있는 그 어떤 열쇠로도 그 자물쇠를 열 수 없습니다. 마침내, 그는 바로 그 이상한 열쇠를 선택합니다. 보십시오! 그 열쇠는 그 자물쇠에 들어가고, 드디어 잠겨 있던 함이 열리고, 그 함 속에는 보화들이 가득합니다. 성경의 말씀들이 하나님께서 지으신 아주 다양한 사람들에게 맞는 말씀들을 다 갖추고 있다는 것은 그것이 하나님의 말씀임을 증명해 주는 것입니다. 오늘 아침 여기에서 얼마나 다양한 자물쇠들이 모여 있겠습니까! 나는 여러분 모두가 어떤 자물쇠인지를 알 수 없습니다. 19세기 영국의 자물쇠의 달인이었던 브라마(Bramah)와 첩(Chubb)을 비롯해서 그 누구도 이러한 다양성을 만들어 낼 수 없었을 것입니다. 그렇지만 나는 하나님의 감동으로 된 이 성경책 속에는 각각의 자물쇠에 꼭 맞는 열쇠가 들어 있다는 것을 확신합니다. 나는 어렵고 괴로울 때면 성경에서 어떤 본문이 튀어나와서 내게 "나는 너를 위해 특별히 기록된 말씀이야"라고 말을 걸 때까지 성경을 읽어나가곤 합니다. 그럴 때마다 나는 마치 성경 기자가 그 본문을 쓸 때에 이미 그의 마음속에 그런 계획이 다 들어 있었던 것은 아닌가 하는 느낌을 받게 됩니다. 하나님의 감동으로 된 이 모든 성경 본문들의 배후에 계시는 진정한 저자이신 하나님의 마음속에는 이미 그런 계획이 다 들어 있었습니다. 그래서 하나님의 말씀은 각 사람의 특별한 개성에 맞춰 적용될 수 있는가라는 시험을 쉽게 통과합니다.

우리는 몹시 어렵고 힘들 때에 하나님의 말씀을 시험한 하나님의 백성들을 종종 만납니다. 나는 여기에서 하나님의 백성의 체험에 호소하고자 합니다. 여러분이 사랑하는 자녀를 잃어버렸습니다. 그때에 여러분을 기쁘게 해주는 하나님의 말씀이 없었습니까? 여러분이 재산을 잃었습니다. 그때에 성경 속에 여러분으로 하여금 그 재난을 건디게 해줄 본문이 없었습니까? 여러분이 비방을 받았습니다. 그때에 여러분을 위로해 줄 말씀이 성경 속에 없었습니까? 여러분이 몹시 아프고 눌려 있었습니다. 그때에 하나님께서 말씀을 통해서 여러분에게 위로를 주시지 않으셨습니끼? 나는 여러 기지 질문을 던지지 않겠습니다. 여기에서 단 한 가지 사실은 여러분이 높이 있을 때에도 하나님의 말씀은 여러분 곁에 계셨고, 여러분이 낮게 있을 때에도 성경은 여러분 곁에 있었다는 것입니다. 하나님의 자녀가 도랑에 있든 구덩이에 있든 동굴에 있든 심연(深淵)에 있든, 하나님의 말씀은 그를 발견해 내었다는 것입니다. 하나님의 은혜의 약속들이 매복해 있다가 인자함과 사랑으로 여러분에게 나타나서 여러분을 놀라게 한 적이 얼마나 많습니까! 나는 성경이라는 거울에 비친 하나님의 무한하신 선하심을 찬송하고 경배합니다.

또한, 하나님의 말씀은 갈피를 잡지 못하고 혼란스러울 때에 인도자라는 것이 검증되었습니다. 우리는 종종 멈춰 서서 "이것은 도대체 무엇이고, 올바른 길은 무엇이지?"라고 말하며 고민에 빠지지 않을 수 없게 됩니다. 성경은, 정신적·도덕적·영적으로 혼란스러울 때에 그 사람에게 하나님으로부터 들려오는 말씀입니다. 오, 우리가 성경을 그런 식으로 더욱더 많이 사용했으면 얼마나 좋겠습니까! 여러분이 아무리 복잡한 미로에 빠져 있다고 할지라도, 성경은 성령의 역사를 통해서 여러분을 반드시 그 미로에서 빠져나오게 도울 수 있다는 것을 믿으십시오. 성경은 인생의 바다를 항해하는 모든 선원들을 위한 나침반입니다. 여러분은 이 나침반을 사용해서 북극이 어느 쪽인지를 알게 될 것입니다. 하나님의 말씀에 거하십시오. 그러면 여러분의 길은 분명하게 될 것입니다.

사랑하는 여러분, 하나님의 말씀은 또 하나의 시험도 견뎌냅니다. 하나님의 말씀은 우리가 시험을 받을 때에 우리를 지켜 주는 보호자입니다. 여러분이 어떤 방향으로 유혹되어 끌려가는 사람을 도울 수 있는 책을 쓴다면, 바로 그 책은 정반대의 방향으로 끌리는 사람에게 힘을 주지 않겠습니까? 여러분은 모든 방향에서 어떤 사람을 둘러싸서 지켜 주는 완벽한 울타리가 될 책을 생각할 수 있습니까? 그 책은 이 방향에서는 심연(深淵)으로부터 그 사람을 지켜 줄 수 있고, 저 방향에서는 깊이 갈라진 틈으로부터 그 사람을 지켜 줄 수 있습니다. 바로 그런 책이 성경입니다. 마귀는 성경에 그 해결책이 나와 있지 않은 시험을 만들어 낼 수 없습니다. 지옥의 모든 귀신들이 함께 모여서 의논하고, 모든 악한 자들의 조언을 받아 궁리해 낸다고 하여도, 그들은 세상에 둘도 없는 이 진리의 보고(寶庫) 속에 그 해결책이 없는 술책을 만들어 낼 수 없습니다. 신자가 어떤 상태, 어떤 위치에 있든지, 성경은 신자에게 다가와서, 그를 모든 악에서 지켜 줍니다. "청년이 무엇으로 그의 행실을 깨끗하게 하리이까 주의 말씀만 지킬 따름이니이다" (시 119:9).

마지막으로, 이 점과 관련해서 성경에 대한 큰 시험이 존재합니다. 성경은 사람들이 죽는 것을 돕습니다. 나를 믿으십시오. 죽는다는 것은 어린애 장난이 아닙니다! 여러분과 나는 우리가 알기도 전에 이미 죽음 가운데에 있는 우리를 발견하게 될 것이고, 그때에 우리에게는 강력한 위로가 필요하게 될 것입니다. 나는 이 교회의 지체들 중에서 임종을 맞는 분들을 심방할 때마다 이 세상에서 믿음만큼 큰 힘이 되는 것이 없다는 것을 매번 느낍니다. 그분들이 고통 가운데에 기진맥진해서 괴로워하며 죽어가는 것을 보는 것은 아주 슬픈 일이지만, 심방하는 내가 강하게 느끼는 것은 암울함이 아니라 기쁨입니다. 나는 이번 주간에 얼굴에 암이 생겨서 아마도 머지않아 주님 곁으로 가게 될 한 자매, 여러분 중에서도 많은 분들이 잘 알고 계시는 그 자매를 심방했습니다. 그것은 끔찍한 고통이고, 실제로 겪어보지 않은 사람은 그 고통을 알지 못합니다. 그런데도 은혜 가운데 있는 그 자매에게는 불평이나 두려움이 없었습니다. 아무리 건강하고 튼튼한 사람이라도 그 자매의 입장이었다면, 그 자매보다 더 침착하고 평안할 수 없었을 것입니다. 그 자매는 온전한 확신에 차서, 자기는 살든지 죽든지 주의 것이니, 주님과 영원히 함께 있게 될 밝은 소망으로 차 있다고 내게 말했습니다. 그 자매는 말은 거의 할 수 없었지만, 그녀의 눈과 태도로 많은 것을 내게 보여주었습니다. 거기에는 흥분도 열광도 뇌에 작용한 약물의 효과도 없었고 오직 영원한 기쁨에 대한 차분하고 확신에 찬 감미로운 소망만이 있었습니다. 형제들이여, 내가 여러분에게 여러 해 동안 전한 이 오래되고 확실한 복음을 의지한다면, 우리가 이 세상을 떠나는 것은 그리 힘든 일이 아닙니다. 개인적으로, 나는 내가 여러분에게 전해 온 영원한 진리들 위에서 살 수도 있고 죽을 수도 있습니다. 그리고 이 확신이 저로 하여금 담대하게 말씀을 전하게 해줍니다. 얼마 전에 나는 임종을 앞둔 한 형제 옆에 있었습니다. 나는 그 형제에게 "죽음이 두렵지 않으신가요?"라고 물었더니, 그 형제는 기쁜 얼굴로 "제가 죽음을 두려워한다면 부끄러운 일이겠지요. 나는 여러 해 동안 목사님의 입술을 통해서 은혜로운 복음을 전해 듣고 배워서 알고 있기 때문에, 제게는 이 세상을 떠나서 그리스도와 함께 있는 것이 훨씬 더 큰 기쁨입니다"라고 대답하였습니다. 하나님의 감동으로 된 이 책이 거기에 기록된 하나님의 놀라운 말씀들로 우리가 인생의 시험들을 헤쳐 나가는 것을 돕고, 우리의 매일매일의 길들을 인도하며, 우리로 하여금 지 마지막 큰 폭풍을 뚫고 나갈 수 있게 해준다면, 이 성경이 "흙 도가니에서 일곱 번 단련된 은 같다"는 묘사 이상으로 귀하고 보배로운 것임은 분명합니다.

3. 셋째로, 하나님의 말씀이 우리에게 요구하는 것들은 무엇입니까?

하나님의 말씀이 우리에게 요구하는 것들은 많습니다. 첫째, 하나님의 말씀은 상고(詳考)할 가치가 있습니다. 사랑하는 여러분, 내가 여러분에게 하나님의 감동으로 된 성경을 끊임없이 상고하시라고 강권해도 되겠습니까? 여기에 가장 최근에 나온 소설이 있습니다. 내가 여러분에게 그 소설을 어떻게 하시라고 할 것 같습니까? 그 소설을 땅바닥에 던져 버리십시오. 여기에 아주 인기 있는 또 다른 소설이 있습니다. 내가 여러분에게 그 소설을 어떻게 하시라고 할 것 같습니까? 그 소설을 방 한 쪽 구석으로 밀쳐 놓으시든가, 아니면 대문 밖으로 던져 버리십시오. 이 거룩한 책, 성경이야말로 가장 새로운 소설입니다. 아마도 여러분 중에서 어떤 분들에게는 성경은 전혀 새로운 책일 것입니다. 독자들에게 성경을 공급해 주는 성서공회가 있지만, 우리에게 정말 필요한 것은 성경을 읽는 독자들입니다. 나는 그리스도인이라는 이름을 지닌 사람들에게조차도 성경이 자신의 서가에서 가장 읽지 않은 책인 것은 아닌가 하고 우려합니다. 어떤 사람이 한 설교자에 대하여 "설교자는 어떻게 회중을 유지합니까? 사람들에게 늘 새로운 것을 전해 주는 것인가요?"라고 말하자, 또 다른 사람이 "그렇습니다. 설교자는 사람들에게 복음을 전해 주지요. 그런데 복음은 가장 새로운 것이랍니다"라고 대답했다고 합니다. 그 대답은 아주 옳습니다. 복음은 아주 오래된 것이지만 늘 새롭습니다. 현대적인 가르침은 단지 이름만 새로울 뿐이고, 잘 살펴보면, 결국 케케묵은 이단사설(異端邪說)들과 진부한 사변(思辨)들을 뒤섞어 놓은 잡동사니에 불과합니다. 하나님이 말씀하셨다면, 귀 기울여 들으십시오! 하나님께서 어떤 책에 자신의 말씀들을 기록해 놓으셨다면, 믿는 마음으로 그 면면(面面)들을 상고하십시오. 여러분이 성경을 하나님의 감동으로 된 책으로 받아들이지 않는다면, 나는 여러분에게 그 책에 특별한 주의를 기울이시라고 초대할 수 없습니다. 그러나 여러분이 성경을 하나님의 책으로 여긴다면, 나는 그리스도의 심판대 앞에서 여러분을 만나게 될 자로서 여러분에게 부탁드립니다. 성경을 날마다 상고하십시오. 영원하신 하나님을 무례하게 대하지 마시고, 하나님의 말씀을 기뻐하십시오.

하나님의 말씀을 읽으십니까? 그렇다면, 믿으십시오. 제발, 하나님께서 하신 모든 말씀을 하나하나 다 굳게 믿으시기를 바랍니다. 하나님의 말씀을 죽은 신조(信條)로 여기지 마시고, 하나님의 말씀이 전능하신 손이 되어 여러분을 붙들게 하십시오. 하나님의 말씀들 중에서 그 어떤 말씀에도 이의(異議)를 제기하거나 논쟁하려 들지 마십시오. 의심 없이 믿으십시오. 유명한 유니테리언교도(Unitarian)인 프리스틀리 박사의 동생이 버밍엄에 있는 형의 교회에서 프리스틀리 박사 대신에 말씀을 전하게 되었습니다. 그러나 그는 논쟁이 될 만한 주제는 택하지 말라는 부탁을 받았습니다. 그는 부탁 받은 것의 문자는 그대로 지켰지만, 그 부탁의 정신에 대해서는 완전히 반기를 들었습니다. 왜냐하면, 그는 "크도다 경건의 비밀이여, 그렇지 않다 하는 이 없도다 그는 육신으로 나타난 바 되시고"(딤전 3:16)라는 말씀을 설교 본문으로 택하였기 때문입니다. 확실한 것은 우리 주 예수의 성육신이라는 영광스러운 진리에 대해서 신령한 자들 사이에서는 아무런 논란이 없다는 것입니다. 또한, 마찬가지로 하나님의 모든 말씀도 우리에게는 논쟁의 여지가 없는 절대적으로 확실한 진리들입니다. 어떤 가르침이 어떤 사람에게 절대적으로 확실한 진리가 될 때까지는 그 사람은 그 진리의 달콤함을 결코 알지 못합니다. 하나님의 진리는 온전히 믿어질 때까지는 우리의 영혼에 거의 영향을 미치지 못합니다.

형제들이여, 성경에 순종하십시오! 마음을 열고 순종하시고, 진심으로 순종하시고, 변함없이 순종하십시오. 하나님의 계명과 명령에서 떠나지 마십시오. 하나님께서 여러분으로 하여금 모든 선한 일에서 온전하게 하셔서 자신의 뜻을 이루시기를 빕니다. "무슨 말씀을 하시든지 그대로 하라"(요 2:5). 여러분 중에 아직 회심하지 않으신 분이 계시다면, 당신은 "믿고 세례를 받는 사람은 구원을 얻을 것이요"(막 16:16)라는 저 복음의 말씀에 순종하시기 바랍니다. 회개와 믿음은 하나님의 명령임과 동시에 선물입니다. 그것들을 무시하지 마시고 흘려듣지 마시기 바랍니다.

또한, 하나님의 말씀은 간직되어야 합니다. 하나님의 계시 중 단 한 줄도 버리지 마십시오. 여러분은 여러분이 맞닥뜨린 본문의 진정한 중요성을 알지 못할 수도 있지만, 하나님의 말씀의 합당한 가치를 평가할 수 있는 입장에 있지 않습니다. 하나님께서 말씀하셨다면, 여러분은 하나님이 말씀하신 것을 위해 죽을 준비가 되어 있어야 합니다. 나는 어떤 사람들처럼 과연 사람이 목숨을 걸 만한 가치가 있는 그런 진리가 있을까 종종 의문을 품어 왔습니다. 나는 그런 진리는 없다고 말합니다. 왜냐하면, 우리는 현대적인 조류를 따라 그 어떤 것도 확신할 수 없기 때문입니다. 다음 주에는 참이 아닌 것이 될 수도 있는 그런 가르침을 위해서 죽는 것이 과연 옳은 일이겠습니까? 만약 우리가 좀 더 기다려서 그 결과를 본다면, 새롭게 발견된 것들은 우리가 시대에 뒤떨어진 사상의 희생물이 되었다는 것을 보여줄 수도 있습니다. 몇 년 후에는 폐하여질 교리를 위해 성급하게 목숨을 걸거나 감옥을 간다면, 그것은 불쌍한 일일 것입니다. 형제들이여, 우리는 그런 미덥지 못한 신학을 용납해서는 안 됩니다. 하나님께서 기골이 있는 족속을 우리에게 보내 주시기를 빕니다. 무언가를 믿었다면, 자기가 믿는 것을 위해 죽을 수 있는 그런 사람들 말입니다. 성경은 거기에 담겨 있는 한 줄 한 줄을 다 지켜내기 위해서라면 우리 모두의 목숨을 다 걸 만한 가치가 있는 책입니다.

우리는 하나님의 말씀을 믿고 지키며 **선포해야** 합니다. 여름의 첫 번째 주일을 맞이해서 오늘 오후에 밖으로 나가서 길거리에서 이 책에 기록된 말씀들을 전하십시오. 소모임이나 구빈원(救貧院)이나 기숙사에 찾아가서 하나님의 말씀을 선포하십시오. 사람들은 "진리는 능력이 있어서 반드시 이길 것"이라고 말하지만, 그 진리를 사람들에게 알리지 않는다면, 진리가 이기는 일은 일어나지 않을 것입니다. 성경의 진리들을 널리 알리지 않는다면, 성경 자체는 그 어떤 이적과 기사(奇事)도 일으키지 못합니다. 주께서 십자가로부터 다스리신다는 것을 이방인들 가운데서 전하십시오. 하나님의 아들이 잃어버린 자들을 구원하시기 위하여 오셨고, 그를 믿는 자는 누구든지 영생을 얻게 된다는 것을 무리들 가운데서 전하십시오. "하나님이 세상을 이처럼 사랑하사 독생자를 주셨으니 이는 그를 믿는 자마다 멸망하지 않고 영생을 얻게 하려 하심이라"(요 3:16)는 것을 모든 사람으로 알게 하십시오. 이 일은 한 구석에서 이루어진 일이 아닙니다. 이 일을 비밀로 부쳐두지 마시기 바랍니다. 온 세계로 가서 모든 사람에게 복음을 전하십시오. 하나님께서 여러분에게 복주시기를 빕니다. 아멘.

제
11
장

—

울부짖음이 찬송으로

—

"여호와여 어느 때까지니이까 나를 영원히 잊으시나이까 주
의 얼굴을 나에게서 어느 때까지 숨기시겠나이까 나의 영혼
이 번민하고 종일토록 마음에 근심하기를 어느 때까지 하오
며 내 원수가 나를 치며 자랑하기를 어느 때까지 하리이까
… 내가 여호와를 찬송하리니 이는 주께서 내게 은덕을 베
푸심이로다." — 시 13:1-2, 6

이것은 여섯 절로 된 아주 짧은 시편이지만, 그 처음과 끝의 분위기는 완전
히 다릅니다. 처음 두 절은 극도의 슬픔과 탄식을 보여주는 반면에, 마지막 절에
가서는 극도의 기쁨으로 반전됩니다. 다윗은 자신의 많은 시편들을 탄식으로 시
작해서 찬송으로 끝내기 때문에, 피터 마울린(Peter Moulin)이 "사람들은 그러한
시편들이 상반된 기질을 지닌 두 사람에 의해서 지어진 것이라고 생각하기 쉽
다"고 말하는 것도 충분히 이해가 갑니다. 만일 누가 내게 "이 시편 속에 등장하
는 인물이 두 사람일까요 한 사람일까요?"라고 묻는다면, 나는 한 사람이긴 하지
만, 자기 안에 두 사람을 둔 한 사람이라고 대답할 것입니다. 왜냐하면, 모든 사
람, 특히 모든 영적인 사람은 누구나 다 자기 안에 두 사람을 두고 있기 때문입니
다. 사람은 자신 안에서 옛 사람과 새 사람, 또는 옛 본성과 새 본성을 발견합니
다. 그리고 새 본성 자체도 기이한 변화들을 보입니다. 그래서 사월의 날씨처럼
우리에게도 햇빛이 비칠 때도 있고 소나기가 내릴 때도 있습니다. 종종 소나기

는 햇빛이 쨍쨍 비칠 때에 쏟아져서, 햇빛은 자취를 감추고, 우리는 우울해집니다.

다윗은 변화무쌍한 경험을 한 놀라운 인물이었습니다. 하나님께서는 다윗 자신을 위해서라기보다는 이후 세대들의 유익을 위해서 그로 하여금 많은 경험들을 하게 하셨습니다. 다윗의 시편들을 들여다볼 때마다, 여러분은 그 시편들 어딘가에서 여러분 자신을 보게 됩니다. 여러분이 아주 후미진 구석으로 들어가도, 거기에 다윗이 있습니다. 내가 아주 깊이 내려가서 극도의 절망 속에 빠져 있을 때에도 거기에 다윗이 있었고, 내가 아주 높이 올라가서 극도의 기쁨 중에 있을 때에도 거기에 다윗이 있어서, 다윗은 거기에서 내가 부르고 싶다고 생각하는 바로 그 노래를 자신의 수금에 맞춰 부르고 있었습니다. 이것들은 두 장의 즉석 사진입니다. 첫 번째 사진은 우리에게 탄식하는 사람을 보여주고, 두 번째 사진은 기뻐하고 즐거워하는 사람을 보여줍니다. 나는 오늘 밤에 우리가 그런 두 장의 사진을 얻게 되었으면 합니다. 지금 여기에서 탄식하며 앉아 있던 분들이 예배가 끝나고 나서는 기뻐하고 즐거워하며 집으로 돌아가실 수 있게 된다면, 우리는 그런 두 장의 사진을 얻게 된 것입니다. 하나님께서 그렇게 해주시기를 빕니다!

아마도 여기 계신 분들 중에는 "한 사람 안에 두 사람이 있다는 목사님의 말씀이 무슨 의미인지를 모르겠습니다"라고 말하는 분도 계실 것입니다. 그래서 나는 그 점에 대해서 좀 더 자세하게 말씀드리고자 합니다. 사람이라는 존재는 한 사람 한 사람이 다 신비(mystery)입니다. 각각의 사람은 다른 사람들에게 신비이기도 하지만, 그 사람이 생각이라는 것을 하기만 한다면, 자기 자신에게도 큰 신비입니다. 만일 어떤 사람이 결코 생각이라는 것을 하지 않는다고 하여도, 그가 생각할 수 있는 힘이라는 놀라운 능력을 지니고 있으면서도 그 능력을 썩히고 있는 것 자체가 또한 신비라고 나는 생각합니다. 자기 자신을 연구하지 않는 사람은 자기가 자신을 안다고 생각하겠지만, 그것은 착각입니다. 자기 자신에 대하여 잘 알고 자기 자신을 자신의 반려로 여기며 끊임없이 자신에게 말하고 자신을 살피는 것이 습관화된 사람은 이렇게 말할 것입니다: "나는 뭐가 뭔지 모르겠다. 나는 나 자신을 정확히 알 수가 없다. 나는 이상한 혼합물이어서, 전혀 딴 사람인 것처럼 돌변할 수 있다."

사랑하는 친구여, 당신은 당신 자신을 어느 정도 알아야 합니다. 그렇지 않으면, 당신은 주 예수 그리스도를 결코 알지 못할 것입니다. 당신이 주님을 알지 못한다면, 당신은 영생이 무엇인지도 알지 못하는 것입니다. 왜냐하면, 주님을 아는 것이 곧 영생이기 때문입니다. 그런데 우리가 그리스도를 알려면 우리 자신을 꼭 알아야 하는 이유가 무엇입니까? 당신이 의사가 무엇을 할 수 있는지를 알려면, 당신은 먼저 병에 대한 어느 정도의 지식을 갖고 있어야 합니다. 또한, 이것과 관련해서 우리가 기억해야 할 진리가 있는데, 그것은 주 예수 그리스도는 인간의 모델이기 때문에, 우리가 사람에 관하여 어느 정도 알 때에만 주 예수 그리스도에 대하여 많은 것을 알 수 있게 된다는 것입니다. 시편들을 읽어 보면, 다윗이 자기 자신에 대하여 쓰고 있는 것인지, 아니면 주 예수에 대해서 쓰고 있는 것인지를 여러분이 알지 못하는 경우가 흔하다는 것은 이상하지 않습니까? 분명히 어떤 절은 오지 그리스도께만 적용될 수 있어서, 여러분은 다윗이 메시아에 대하여 쓰고 있다고 확신하고 나서, 그 다음 절을 읽어 보면, 그 절을 거의 그리스도께 적용할 수 없다는 것을 발견하게 됩니다. 왜냐하면, 그 절에는 다윗에게 적용하지 않고 주 예수 그리스도께 적용하게 되면, 주님의 인격을 손상시킬 수 있는 단어들이 발견되기 때문입니다. 진실인즉슨, 다윗과 다윗의 주(主) 사이에는 놀라운 연합 또는 하나됨이 존재한다는 것입니다. 성도와 구주, 신자와 그 신자가 믿는 분 사이에 기이한 연합 또는 하나됨이 존재합니다. 그래서 여러분은 다윗이나 주님에 관한 말씀이 어디에서 시작되어서 어디에서 끝나는지를 분명하게 말할 수 없는 경우가 많게 됩니다. 그래서 여러분에게 인간에 대한 지식이 없다면, 여러분은 인자(人子), 사람 중의 사람, 사람들의 구주, 많은 형제들 중에서 먼저 나신 자, 우리가 온전히 닮아가야 할 자에 대한 지식도 없을 것이 거의 분명합니다.

　　나는 이 자리에 계신 분 중에서 아직 구주를 알지 못하는 분은 자기 자신을 알게 해 달라고 하나님께 기도하시기를 부탁드립니다. 당신이 어떤 존재인지를 발견하게 되면, 당신은 그리스도가 어떤 분이신지를 발견하게 될 수밖에 없습니다. 자신의 헐벗고 궁핍한 모습을 진정으로 알게 되면, 당신은 자신이 부요하게 되기 위해서 주님을 찾을 수밖에 없게 됩니다. 자신의 병을 제대로 보게 되면, 당신은 자신을 고쳐 줄 수 있는 약을 구하기 위해서 주님을 찾을 수밖에 없게 됩니다. 분명한 것은 당신이 다른 모든 것을 이해하고 깨닫는다고 할지라도 당신 자신을 이해하는 것을 잊어서는 안 된다는 것이고, 당신의 서가에 꽂혀 있는 수많은 책들을 열심히 읽더라도, 그 속에 있는 단 한 권의 책, 사람들이 쓴 다른 어떤 책들보다도 당신의 절대적인 운명이 걸려 있는 이 책, 당신의 본성, 당신의 필요들, 당신의 소원들, 당신의 변화들에 대하여 말해 주는 이 책을 읽는 것을 잊어서는 안 된다는 것입니다. 하나님은 당신으로 하여금 그런 것들을 잘 알게 하시고 나서, 그런 후에 인자(人子)가 자신의 삶으로 기록한 은혜의 책도 잘 알게 하십니다.

그러면, 지금까지 내가 말씀드린 것을 하나의 서론으로 삼아서, 나는 본문을 연구하는 자리에 여러분을 초청합니다. 먼저, 여러분은 처음 두 절에서 탄식하는 사람을 보게 될 것입니다. 거기에서 세 절을 더 앞으로 나아가면, 여러분은 찬송하는 사람을 만나게 될 것인데, 우리는 이 찬송하는 사람을 두 번째로 다루게 될 것입니다. 그런 후에, 우리는 탄식하는 사람과 찬송하는 사람을 이어주는 연결고리들은 무엇인가라는 질문을 살펴보는 것으로 오늘 밤의 설교를 끝맺게 될 것입니다. 이 탄식하던 사람은 계속해서 그 길로 쭉 가지 않고, 어떻게 그 자리에서 일어나 목청을 높여 찬송하게 되었을까요?

1. 첫째로, 여기에 탄식하는 사람이 있습니다.

조금 미안하긴 하지만, 나는 여기에 나오는 사람을 울부짖는 사람이라고 부르고 싶습니다. 처음 두 절을 다시 한 번 읽어 보겠습니다: "여호와여 어느 때까지니이까 나를 영원히 잊으시나이까 주의 얼굴을 나에게서 어느 때까지 숨기시겠나이까 나의 영혼이 번민하고 종일토록 마음에 근심하기를 어느 때까지 하오며 내 원수가 나를 치며 자랑하기를 어느 때까지 하리이까"(시 13:1-2). 내가 이 사람을 울부짖는 사람이라고 부르는 것이 어울리지 않습니까? 여기에는 탄식과 의문이 가득 차 있습니다: "어느 때까지니이까 … 어느 때까지 숨기시겠나이까 … 어느 때까지 하오며 … 어느 때까지 하리이까." 이 두 절 속에 "어느 때까지"라는 말이 네 번이나 나오기 때문에, 다윗이 전에 자신의 기도를 가리켜 "내 신음 소리"(시 22:1)라고 한 말이 딱 어울리지 않습니까? 이것은 다윗의 영혼이 너무나 슬프고 괴로워서 하나님 앞에서 울부짖고 포효하며 신음하며 탄식하는 소리입니다. 우리는 이 네 번의 "어느 때까지"에 대하여 살펴보겠습니다.

첫 번째로, 여기에는 가련한 자의 비탄이 있습니다: "여호와여 어느 때까지니이까 나를 영원히 잊으시나이까." 잠시만 생각해 보십시오. 하나님이 잊으실 수 있는 분입니까? 전능자가 잊어버릴 수 있는 것입니까? 변치 않는 사랑이신 분이 과연 잊으실 수 있으시겠습니까? 무한히 신실하신 분이 잊으실 수 있으십니까? 그런데도 다윗에게는 그렇게 보였습니다. 극심한 고통 가운데 있는 사람에게는 이렇게 하나님이 자기를 잊어버리신 것처럼 보이는 경우가 비일비재합니다. "여호와여, 어느 때까지 나를 잊고 계실 것입니까?" 당신이 하나님께 긍휼을 베풀어 주시라고 여러 번 기도했는데도, 응답을 전혀 발견할 수 없을 때, 당신은 하나님이 당신을 잊어버리고 계신 것이라고 생각하게 됩니다. 당신은 여러 해 동안 응답을 기다리며 기도해 왔는데도, 하나님으로부터 응답을 발견하지 못하였다면, 당신은 하나님이 당신을 잊으신 것이라고 생각하게 됩니다. 또는, 당신은 몇 년 전만 해도 가장 행복한 사람들 중의 한 사람이었고, 당신에게 빗줄기처럼 쏟아지는 하나님의 얼굴빛을 경험하며 살았을 수도 있습니다. 그러나 지금 당신은 불행한 사람들 중에서도 가장 불행한 사람이 되었고, 하나님으로부터 아주 멀리 떨어져 있는 가운데에, 하나님께 다시 가까이 가려고 아무리 애를 써도 가까이 갈 수 없는 그런 처지가 되어 있습니다. 그럴 때에 당신은 하나님이 당신을 잊으신 것이라고 생각하게 됩니다. 또는, 환난과 괴로움이 파도처럼 끊임없이 당신에게로 몰려와서, 당신은 슬픔의 파도 위로 얼굴을 내밀고 숨을 쉴 틈조차 없게 된 것일 수도 있습니다. 그럴 때에 당신은 낙망하여 거의 죽을 지경이 되어서, 하나님이 당신을 잊으신 것이라고 생각하게 됩니다. 하지만 하나님이 당신을 잊으셨다는 것은 당신에게 그렇게 느껴지고 보여지는 것일 뿐이고, 사실은 그렇지 않고, 그럴 수도 없습니다. 하나님은 어떤 것도 잊으실 수 없습니다. 그런 일은 불가능합니다! 성경은 "여인이 어찌 그 젖 먹는 자식을 잊겠으며"(사 49:15)라고 말씀합니다. 이 말씀 속에서 사용된 표현을 눈여겨보십시오. "젖 먹는 자식"은 어머니의 품에서 자양분을 섭취하는 자녀입니다. 당신이 바로 그런 젖 먹는 자식입니다. 왜냐하면, 당신은 하나님이 당신을 잊으신 것이라고 생각하지만, 사실 당신은 여전히 하나님이 매일 당신에게 주시는 것을 먹고 살아가고 있는 것인 까닭에, 만일 하나님이 자신의 은혜와 힘을 주시지 않으신다면, 당신은 즉시 죽고 말 것이기 때문입니다. "여인이 어찌 그 젖 먹는 자식을 잊겠으며 자기 태에서 난 아들을 긍휼히 여기지 않겠느냐 그들은 혹시 잊을지라도 나는 너를 잊지 아니할 것이라"(사 49:15). 하나님의 이 위대한 진리를 붙잡으시고, 단지 겉보기에 그런 것 같을 뿐이고 전혀 사실이 아닌 것을 물리치십시오. 하나님은 당신에게 은혜를 베푸시는 것을 잊으신 적이 없고, 당신을 잊으신 적도 없습니다.

두 번째의 "어느 때까지," 즉 다윗의 두 번째 울부짖음은 그의 실제적인 괴로움과 관련된 것입니다. "주의 얼굴을 나에게서 어느 때까지 숨기시겠나이까." 이것은 여러분 중의 몇몇 분들에게도 사실일 것입니다. 하나님은 자신의 마음이나 생각이 아니라 자신의 얼굴을 당신에게서 숨기셨습니다. 하나님은 당신을 잊으신 것이 아니라, 당신에게 미소를 지으셔서 위로를 주시는 것을 잠시 거두신 것입니다. 당신은 이 밤에 "여호와여 주의 얼굴을 나에게서 어느 때까지 숨기시겠나이까?"라고 부르짖고 계십니까? 당신이 그렇게 부르신다면, 나는 기쁠 것입니다. 불경건한 자들은 하나님의 얼굴을 자기에게 비쳐 주시라고 부르짖지 않습니다. 그들은 하나님이 언제나 그들에게서 얼굴을 숨기고 계시기를 원합니다. 그들은 하나님의 얼굴도 원하지 않고 하나님의 은총도 원하지 않습니다. 그러므로 당신이 하나님의 얼굴을 뵈옵기를 간절히 원한다면, 그것은 그 얼굴이 당신에 대한 사랑으로 가득 차 있기 때문입니다. 하나님의 얼굴빛이 당신에게 비치지 않았을 때에 당신이 불행하다고 느끼는 것은 이상한 일이 아닙니다. 왜냐하면, 늘 하나님의 얼굴빛 속에서 살아왔던 사람은 그 얼굴빛을 한시라도 볼 수 없을 때에는 가슴이 찢어지는 것 같은 느낌을 받기 때문입니다. "여러 사람의 말이 우리에게 선을 보일 자 누구뇨 하오니 여호와여 주의 얼굴을 들어 우리에게 비추소서"(시 4:6). 오직 하나님께서 우리를 사랑하고 계신다는 것만을 우리로 알게 해 주십시오. 그러면 우리는 막대한 부를 가지거나 사람들로부터 최고의 칭송을 듣는 사람을 부러워하지 않을 것입니다. 하나님이 우리와 함께 하신다는 것만으로 우리는 충분합니다. 하나님의 자녀들이여, 당신의 아버지의 얼굴빛이 당신에게서 사라졌다면, 당신은 탄식하며 그 얼굴빛을 구하십시오. 그러면 그 얼굴빛을 받게 될 것이며, 아주 신속하게 하나님의 얼굴빛이 다시 당신에게 돌아올 것입니다. 당신이 하나님의 얼굴빛을 얼마나 간절하게 바라면 바랄수록, 그 얼굴빛은 당신에게 신속하게 다시 돌아오게 될 것입니다. 당신에게 간절함이 별로 없다면, 하나님의 얼굴빛이 당신에게 비치지 않는 기간이 길어질 것이지만, 당신이 간절하다면, 하나님은 당신에게 신속하게 돌아오실 것입니다. 당신은 머지 않아 하나님이 그 얼굴을 숨기신 날들이 지나고, 그 얼굴빛이 다시 당신에게 비쳐서 당신의 기쁨이 된 것을 발견하게 될 것입니다.

하나님이 그 얼굴을 숨기시는 것은 당신의 유익을 위한 것이기는 하지만,

어쨌든 그것은 당신에게 진정한 괴로움이고 큰 고통이 됩니다. 만일 언제나 낮밖에 없다면, 어떤 식물들이 자랄 수 있겠습니까? 낮만이 아니라 밤도 있어야 식물들이 자라지 않겠습니까? 형제들이여, 늘 좋은 날씨가 계속된다면, 수확을 하는 것이 과연 가능하겠습니까? "늘 해만 비치면 황무지가 되고 만다"는 아랍인들의 속담이 있습니다. 비가 전혀 오지 않는다면, 어떻게 초목이 푸르를 수 있겠습니까? 과일들이 익으려면 해도 있어야 하고 달도 있어야 합니다. 하나님이 그 얼굴을 당신에게서 숨기실 때에 슬퍼하기는 하되 절망하지 말고, 그 얼굴을 숨기실 때조차도 하나님은 당신을 여전히 사랑하고 계신다는 것을 믿으십시오. 당신에게 지금 보이지 않는 것은 사랑의 얼굴입니다. 당신은 그렇게 믿고 있습니다. 그렇지 않다면, 당신은 하나님의 얼굴을 보고자 하지 않을 것입니다. 만일 그것이 진노의 얼굴이라면, 당신은 그런 얼굴을 다시는 보고 싶지 않을 것입니다. 당신에게서 숨겨진 것은 사랑의 얼굴입니다. 그러므로 용기를 가지십시오. 당신은 점차 하나님의 사랑의 얼굴을 보게 될 것입니다.

　　세 번째의 "어느 때까지"에서 우리가 볼 수 있는 것은 속으로 근심하며 슬퍼하는 사람의 모습입니다. "나의 영혼이 번민하고 종일토록 마음에 근심하기를 어느 때까지 하오며." 그는 자기 자신에게 말합니다. 이것은 그가 자기 속에서 하는 생각일 뿐이고, 그는 그것으로부터 별 다른 도움을 받지 못합니다. 자기 자신과 대화하는 것은 종종 지혜로운 일이기는 하지만, 만일 당신이 당신 자신의 생각을 하나님의 말씀처럼 여긴다면, 그것은 결코 지혜로운 일이 아닙니다. 사람이 자기 자신과 대화를 하다 보면 결국 절망에 빠지기가 쉽습니다. 물론, 다윗이 "내 영혼아 네가 어찌하여 낙심하며 어찌하여 내 속에서 불안해 하는가 너는 하나님께 소망을 두라"(시 42:5)고 했을 때처럼, 자기 자신과 대화를 함으로써 하나님의 빛 속으로 들어가게 되는 경우도 있는데, 우리가 자기 자신과 대화하려면 그렇게 해야 합니다! 그러나 보통은 자기 자신이 은밀하게 말하고 느끼는 것을 해석해 주고 자기 자신이 잘못되게 왜곡한 것을 바로잡아 줄 수 있는 제3자, 곧 저 찬송 받으실 이가 계시지 않는다면, 자기 자신과 대화하는 것으로부터는 별 유익을 얻지 못합니다. 어떤 사람들은 자기 자신과 대화하면서 자신의 마음을 자신의 마음속에 쏟아냅니다. 당신은 다윗이 시편 42편에서 말한 것을 기억하십니까? "내가 내 마음을 내 안에 쏟아냅니다"(KJV 시 42:4, 한글개역개정에는 "내 마음이 상하는도다"로 되어 있음). 만일 물 항아리에 담겨 있는 물을 다시 물 항아리에 붓는 것이 가능하다면, 물은 여전히 거기에 있게 되지 않겠습니까? 다윗이 "백성들아 그의 앞에 마음을 토하라 하나님은 우리의 피난처시로다"(시 62:8)라고 말하고 있는 아주 좋은 본문이 있습니다. 당신의 물 항아리를 거꾸로 들어서 그 내용물을 모두 다 쏟아내십시오. 그랬을 때에 당신은 참된 평안을 얻게 됩니다. 물 항아리에 담겨 있는 것을 다시 물 항아리로 쏟는 것은 그리 좋은 방법이 아닙니다. 당신의 마음이라는 항아리에 담겨 있는 것을 모두 다 하나님 앞에 쏟아내는 것이야말로 즉각적인 평안을 얻는 좋은 방법입니다. 물론, 그렇게 해도, 당신은 그 어떤 평안도 얻지 못하고, 날마다 아침부터 저녁까지 여전히 불안함과 괴로움 속에서 지낼지도 모릅니다. 바로 그것이 본문 속에 나오는 다윗의 모습입니다. 만약 당신이 그런 모습이라면, 이 본문은 당신의 자화상이 될 것입니다.

네 번째의 "어느 때까지"는 외부로부터의 근심으로 인하여 괴로워하는 사람의 모습을 보여줍니다. "내 원수가 나를 치며 자랑하기를 어느 때까지 하리이까." 외부에 있는 누군가가 "야, 네 인생은 왜 언제나 그렇게 비참하고, 너와 가까이 하는 사람도 비참한 거야?"라고 말한다면, 그 말을 듣는 사람은 더욱더 괴로울 것입니다. 브닌나가 한나에게 자식이 없는 것을 보고서 의기양양해하며 그녀를 "심히 격분하게 하여 괴롭게 한"(삼상 1:6) 것이 바로 그런 경우입니다. 많은 그리스도인들도 누군가에 의해서, 특히 아주 "솔직하다는 친구"로부터 그런 일을 당한 경험이 있을 것입니다. 솔직하다고 하는 친구는 보통 약간의 설탕이 뿌려진 원수일 뿐이고, 그런 친구는 기회가 있으면 공개적인 원수보다도 더 야비한 말들을 늘어놓습니다. 당신의 가족 중에 그런 사람이 있을 수도 있습니다. 특히, 기회가 있을 때마다 우리의 곤경을 보고 의기양양해하며 그런 것을 즐기는 우리의 큰 대적이 있는데, 나는 하나님께서 우리를 그 대적으로부터 건져 주시기를 기도합니다. 외부로부터 오는 우리의 고통과 괴로움은, 사탄과 그 패거리들이 우리의 모습을 보고 의기양양해하며 기뻐하는데도, 우리는 마땅히 "나의 대적이여 나로 말미암아 기뻐하지 말지어다 나는 엎드러질지라도 일어날 것이요"(미 7:8)라고 말해야 하는데도, 아직 그렇게 말하는 법을 배우지 못했다는 것입니다. 이 네 번째의 모습은, 이 자리에 앉아서 "오랫동안 갈피를 잡지 못하고 방황하며 큰 고통과 괴로움 속에 빠져 있는 내가 오늘 밤에 나의 자화상을 보게 될 것이라고는 생각하지 않습니다"라고 속으로 말하고 계신 분의 모습을 우리가 살펴보고 있는 사진에 더해 줍니다. 당신이 그렇게 생각하는 것도 어쩌면 당연한 일이지만, 당신과 같은 처지에 있었던 사람이 여기에 있습니다. 다윗이 그랬고, 다윗의 주님도 그랬습니다. 이상이 첫 번째 사진, 곧 탄식하는 사람의 모습입니다.

2. 둘째로, 여기에 찬송하는 사람이 있습니다.

나는 첫 번째 사진에서 두 번째 사진으로 넘어가는 것이 기쁩니다. 다윗이라는 동일한 인물의 두 번째 사진은 6절에 나옵니다: "내가 여호와를 찬송하리니 이는 주께서 내게 은덕을 베푸심이로다". 이 사람은 우리가 앞에서 보았던 사람과 동일한 사람이지만, 자신의 울부짖음을 극복하고서 찬송으로 나아가게 되었습니다. 그 첫 번째 이유는, 그의 마음이 기뻐졌기 때문입니다. 5절을 읽겠습니다. 다윗은 "나의 마음은 주의 구원을 기뻐하리이다"라고 말합니다. 이것은 단지 겉으로만 기뻐하는 것이 아니라, 진정으로 기뻐하는 것입니다. 그의 마음이 기뻐하고 있습니다. 당신은 어떤 친구가 몹시 상심하고 슬퍼하다가 갑자기 하나님의 성령으로 말미암아 고양(高揚)되어서 몹시 기뻐하는 모습을 보고서, "아니, 이 친구가 조금 전과 똑같은 사람인 것이 맞아?"라고 말한 적이 없으십니까? 근심과 슬픔은 사람의 얼굴에 특유한 기운을 드리웁니다. 내가 어릴 때에 한 숙녀분이 내 할아버지 집에 오곤 했는데, 그 숙녀분의 얼굴은 쳐다보기가 끔찍할 정도여서, 내가 그 슬픈 얼굴을 한 숙녀분이 누구냐고 물었더니, 가족들이 "아가야, 쉿!"이라고 말하며, 그녀가 갈 때까지 내 입을 막았던 기억이 납니다. 그녀가 가고 나서야, 가족들은 내게 그녀는 자기가 용서 받을 수 없는 죄를 저질렀다고 생각하기 때문에 그 얼굴이 그렇게 어두운 것이라고 설명해 주었습니다. 나는 그녀의 얼굴에 있는 그 무엇이 내게 충격을 준 것인지를 알지 못하지만, 내가 그녀를 본 지 50년이 넘었는데도, 그녀의 얼굴은 지금도 내 기억 속에 또렷이 남아 있습니다. 반면에, 어떤 사람이 기쁨, 특히 신령한 기쁨으로 충만할 때, 그 사람의 얼굴에 어떤 변화가 일어나는지를 여러분은 보신 적이 있으십니까? 당신은 여러 번 사진관에 가서 사진을 찍어 보셨을 것입니다. 사진사는 당신의 목 뒤에 사진틀을 놓고 사진을 찍고, 그런 후에 당신은 즉시 거기에서 나옵니다. 사진 속에는 사진틀 속에 당신이 서 있지만, 실제로는 당신은 이미 그 사진틀에서 빠져나와서 거기에 없습니다. 사진에 있는 당신은 사실 현재의 당신이 아니라, 당신의 과거의 모습일 뿐입니다. 그리고 그 과거의 모습은 당신에게서 이미 사라졌습니다. 당신의 마음속에 진정으로 기쁨이 있어서 사람들이 당신의 얼굴에서 그 기쁨을 볼 수 있을 때, 당신의 눈은 빛나기 시작하고, 당신의 얼굴은 환해져 있기 때문에, 사람들은 "분명히 당신은 보통 사람일 뿐인데, 그런 마음 상태에 있는 당신에게서는 놀랍고 기이한 아름다움이 풍겨나오네요"라고 말하게 됩니다. 하나님께서는 지금 이 자리에서도 역사하셔서 당신을 변화시키셔서, 당신이 집에 돌아갔을 때에 어머니께서 "마리아야, 네가 교회에 갔을 때와는 아주 딴판이 되어서 돌아왔구나! 존아, 네가 완전히 달라졌네! 너는 시무룩하고 우울한 채로 교회에 가더니, 지금은 아주 딴 사람이 됐어"라고 말하실 지도 모릅니다. 그렇습니다. 그 비밀은 다윗의 마음이 기뻐하게 된 것처럼 당신의 마음도 기뻐하게 된 것에 있습니다.

다음으로, 다윗이 완전히 달라지게 된 두 번째 이유는, 그의 혀가 찬송을 하고 있기 때문이었습니다. "내가 여호와를 찬송하리니." 우물 아래 있는 것은 두레박에 담겨 올라오는 법입니다. 마찬가지로, 마음속에 있는 것은 반드시 머지않아 입으로 올라오게 됩니다. 그래서 행복한 신자는 찬송하기 시작하고, 아이들이 부르는 찬송이 그의 입에서 흘러나오게 될 것입니다:

> "난 온종일 찬송하고 싶고
> 내 눈물은 닦여졌다네.
> 예수께서 내 친구가 되어 주셨으니
> 난 날마다 주를 섬기려네."

하나님이 진정으로 내가 앞에서 설명한 대로 당신을 저 끔찍한 구덩이에서 건져 주셨다면, 당신이 자신의 감정을 억누르려고 해도, 당신의 감정이 완전히 억눌러지지는 않게 될 것입니다. 당신은 만일 당신이 가만히 있으면 돌들이 당신을 대신해서 소리칠 것 같은 느낌을 받게 될 것입니다. 기뻐하는 마음은 머지않아 찬송하는 혀를 만들어 냅니다.

다음으로, 다윗이 완전히 달라지게 된 세 번째 이유는, 그의 판단이 만족을 얻었기 때문입니다. 저 냉정하게 계산하는 기능인 그의 판단력은 이제 하나님의 진정한 의도를 읽어내기 시작해서, 이전에 도달했던 것과는 판이하게 다른 결론에 도달하게 됩니다. 여러분 중에서도 아이 때에 「왜, 그리고 왜냐하면」이라는 제목의 책을 읽은 분들이 계실 것입니다. "왜, 그리고 왜냐하면"이라는 질문을 던지는 것은 여러분 자신의 감정을 위해서 좋은 일입니다. 지금 다윗은 이렇게 말하고 있는 것입니다: "내가 이 일을 철저하게 달아보고 판단해 보니, 하나님이 나를 후대하시고 내게 은덕을 베푸셨다는 것을 증언할 수 있기 때문에, 나는 하나님께 찬송을 드리고자 하나이다. 나는 하나님이 나를 잊어버리신 줄로만 생각했으나, 하나님은 나를 후대하시고 내게 은덕을 베푸셨나이다. 나는 하나님이 그 얼굴을 내게서 감추셨다고 생각했으나, 하나님은 나를 후대하시고 내게 은덕을 베푸셨나이다. 나는 마음속으로 하나님이 나를 아주 가혹하게 대하고 계신다고 말했습니다. 그러나 여호와여, 나는 이제 그런 말들을 모두 다 취소합니다. 나는 내가 하나님에 대하여 늘어놓았던 고약한 말들을 이제 다 취소하고, 내가 그런 말들을 했다는 것 자체를 후회합니다. 하나님은 나를 후대하시고 내게 은덕을 베푸셨나이다." "내 영혼이 네 평안함으로 돌아갈지이다 여호와께서 니를 후대하심이로다"(시 116:7). 이 가련한 사람은 하나님이 자기를 잊으신 것이라고 생각했었지만, 이제는 하나님이 그 동안 자신의 상에 계속해서 양식을 올려놓아 주셨다는 것을 알고서, 자신의 형제들보다 훨씬 더 많은 분깃을 받았던 베냐민처럼 자기가 대우 받았다는 것을 깨닫고, 하나님이 자기를 어떻게 대해 오셨는지에 대한 그의 생각이 백팔십도로 바뀌었습니다. 그는 이렇게 말합니다: "주께서 내 원수의 목전에서 내게 상을 차려 주시고 기름을 내 머리에 부으셨으니 내 잔이 넘치나이다 내 평생에 선하심과 인자하심이 반드시 나를 따르리니 내가 여호와의 집에 영원히 살리로다"(시 23:5-6).

　이제 그의 판단은 바로잡아져서, 그의 마음과 혀와 판단이 모두 다 올바르게 된 까닭에, 그의 결심도 옳게 되었습니다. 왜냐하면, 그는 "내가 여호와를 찬송하리니"라고 말하고 있기 때문입니다. "나는 이제 찬송할 뿐만 아니라, 찬송하기로 마음을 먹을 것입니다. 나는 오랫동안 탄식하여 왔지만, 이제는 찬송할 것입니다. 나는 오랫동안 신음하며 하소연해 왔지만, 이제는 찬송할 것입니다. 나는 여호와께 찬송을 드리고자 합니다." 나는 이러한 결단을 좋아합니다. 왜냐하면, 그러한 결단은 단지 일회적으로 현재의 기쁨을 찬송으로 표출하는 것에서 그치는 것이 아니라, 평생토록 그 기쁨을 찬송으로 드리고자 한다는 결단이기 때문입니다. "내가 여호와를 찬송하리니." 나는 오늘 밤 여러분 중에서 몇몇 분들은 이 성전을 나서면서 이렇게 말하게 될 것이라고 믿습니다: "나는 찬송하렵니다. 예, 나는 찬송하겠습니다. 하나님의 도우심을 따라 내가 찬송할 것입니다. 나는 하나님을 찬송할 것입니다. 나는 나의 일터에서 찬송하고, 나의 침상에서 찬송하며, 아침에 눈을 떠서 찬송하고, 밤에 자러 갈 때에 찬송할 것입니다. 하나님이 내 입에 새 노래를 넣어 주셨으니, 나는 그 노래를 내 입에만 두고 있을 수는 없습니다. 나는 내 입을 벌려 그 노래로 찬송하렵니다. 나는 하나님을 찬송하지 않을 수 없습니다.” 나는 우리가 그런 당신을 말리려고 하지 않을 것임을 확신합니다! 우리는 당신이 가능한 한 많이 하나님을 찬송하시기를 격려할 것입니다.

이 세상에서 아무리 많이 찬송을 한다고 해도, 그것은 우리가 마땅히 드려야 할 찬송의 절반도 드릴 수 없습니다. 한 해의 이맘때쯤에 이 나라에서 이른 아침에 울려 퍼지는 노랫소리는 언제나 나를 꾸짖는 것 같습니다. 새들이 이른 아침에 깨어 날아오르면서 우리를 깨우는데, 그들이 날아오를 때에 가장 먼저 하는 일은 노래하는 일입니다. 새들 사이에서는 누가 가장 감미롭고 가장 크게 노래하는지 일종의 경쟁이 벌어지고, 새들은 저마다 상대방을 부르며 서로서로 화답합니다. 새들은 날아다닐 때에도 노래하고, 둥지를 지을 때에도 노래합니다. 새들이 그렇게 노래하며 놀라운 화음을 우리에게 선사할 때, 나는 종종 그런 작은 피조물들이 그 조그만 목구멍으로 나이아가라 폭포가 떨어지는 것 같은 소리를 낼 수 있다는 것에 놀라곤 합니다. 하나님의 백성들이 새들처럼 그렇게 더 많이 찬송할 수 있게 되기를 빕니다.

나는 빨래를 하면서 쉴 새 없이 찬송을 하던 한 여종을 기억합니다. 그녀의 여주인이 그녀에게 “제인, 왜 너는 늘 그렇게 찬송을 하는 거니?”라고 물었더니, 그녀는 “찬송을 하면 나쁜 생각들이 들지 않으니까요”라고 대답하더랍니다. 나는 거의 팔십 가까이 된 한 나이 든 감리교 형제를 기억합니다. 나는 그를 만날 때마다 어김없이 그가 길거리를 느린 걸음으로 걸어가면서 찬송가 몇 마디를 끊임없이 노래하는 소리를 듣곤 했습니다. 여러분이 그 형제가 사는 집 옆을 지나가다가 그 집에서 나는 소리를 들으셨다면, 그것은 틀림없이 그 나이 든 형제가 부르는 찬송 소리였을 것입니다. 그 형제는 하나님을 찬송하고 송축하는 소리 외에는 다른 소리를 전혀 내지 않고 살아가는 듯이 보였습니다. 우리도 그렇게 끊임없이 하나님을 찬송하며 살아간다면 얼마나 좋겠습니까!

“마음이 낙심될 때
    예수님을 찬송하세요.

즐거울 때나 슬플 때나
모든 것을 예수님께 고하세요."

그리고 당신이 그 찬송을 다 드렸다면, 또 다른 찬송을 드리십시오. 그것이 위로의 찬송이든 탄식의 찬송이든, 하나님의 이름을 찬송하는 노래를 부르시고, 오늘 밤 이 성전을 나서면서 "내가 살아 있는 동안 내 하나님 여호와를 찬송하리라"고 결단하십시오. 여기 두 장의 사진이 있습니다. 이 두 장의 사진을 여러분의 앨범에 넣어두시고서 자주 꺼내 보시기 바랍니다.

3. 셋째로, 탄식하는 사람을 찬송하는 사람으로 바꾸어 준 연결고리들은 무엇이었습니까?

어떻게 그런 변화가 일어날 수 있었습니까? 어떻게 첫 번째 사진이 두 번째 사진이 될 수 있었습니까? 이 울부짖던 사람이 어떻게 찬송하는 사람이 될 수 있었습니까? 이 사람은 도대체 어떤 과정을 거친 것입니까?

여러분이 집에 가서서 이 시편 13편을 다시 한 번 꼼꼼히 읽어 보신다면, 여러분은 다윗이 가장 먼저 했던 것은 하나님께 호소하는 일이었다는 것을 발견하게 될 것입니다. 다윗은 자신의 사정을 하나님께 고하였습니다. 다윗은 자신의 사정을 조목조목 세부적으로 고한 후에, "여호와 내 하나님이여 나를 생각하사 응답하시고 나의 눈을 밝히소서 두렵건대 내가 사망의 잠을 잘까 하오며"(시 13:3)라고 호소하였습니다. 여러분이 지금 애통하는 자들이라면, 여러분이 하나님으로부터 위로를 받기 위해서 내디뎌야 할 첫 걸음은 여러분의 문제를 하나님께 가져가는 것입니다. 여러분의 호주머니에 랍사게의 편지가 있다고 합시다. 그 편지는 여러분을 암울하게 만들기에 충분할 정도로 무시무시한 편지입니다. 내가 말씀을 전하고 있는 동안에, 여러분은 한숨을 푹푹 내쉬며 '아, 이런! 이제 집에 가면, 나는 꼼짝없이 그 편지를 읽게 될 것이고, 그러고 나서는 잠도 못자고 밤새도록 근심하게 될 거야'라고 속으로 생각할 것입니다. 여러분 중에서 다소 신경이 예민한 분들은 조그만 일에도 바늘방석에 앉아 있는 것 같이 전전긍긍할 것입니다. 여러분은 그런 일로부터 벗어날 수 없습니다.

이제 나는 여러분에게 한 가지 좋은 방법을 알려드리고자 합니다. 여러분은 집에 가시자마자 그 편지를 호주머니에서 꺼내서 하나님 앞에 펼쳐 놓으십시오.

나는 큰 괴로운 일들을 무수히 겪어 왔습니다. 그런 괴로운 일들이 없는 교회가 어디 있으며, 그런 괴로운 일들을 겪지 않는 목회자가 누가 있겠습니까? 나는 나를 괴롭히고 당혹스럽게 만드는 그런 일이 일어날 때마다 최선을 다해서 해결하고자 했지만, 그럴수록 문제는 더욱 악화되고 꼬여갈 뿐이었습니다. 그래서 마침내 나는 그런 일이 일어날 때마다 그 일을 하나님 앞에 고하고서 기도하였습니다. 그리고 나서는 나는 언제나 속으로 내 자신에게 이렇게 말했습니다: "이 일은 이제 나와는 아무 상관이 없게 된 거야. 내가 이 일을 하나님께 맡겼으니, 내가 할 일은 다 끝났어." 나는 여러분에게 내가 했던 것과 똑같은 방법을 사용해 보시라고 조언합니다. 당신의 무거운 짐을 하나님께 맡기십시오. 당신의 무거운 짐을 하나님이 관리하시는 선반에 올려놓으십시오. 당신이 그 짐을 다시 가져온다면, 당신에게 무슨 뾰족한 방법이 있는 것입니까? 당신에게는 그 짐을 처리할 방법이 없으니, 그 짐을 거기에 두십시오. 당신의 짐을 거기에 둔 것으로 당신이 할 일은 다 끝난 것입니다. 당신이 그 짐을 하나님께 맡기고 거기에서 손을 떼면, 하나님은 당신을 곤경에서 건져 주실 것입니다. 당신의 문제를 계속해서 끌어안고 있지 마시고, 기도하는 가운데서 그 문제를 하나님께 맡기십시오.

당신에게 변호사가 있고, 누가 당신을 상대로 해서 소송을 걸었을 때, 그 사람이 당신에게 와서 "당신이 어떻게 할 것인지를 듣고 싶다"고 말한다면, 당신은 그 사람에게 아무 말도 하지 않고, 다만 "내가 이 문제를 모두 다 내 변호사에게 일임했으니, 당신은 가서 내 변호사를 만나 얘기하라"고 말하기만 하면 됩니다. 여러분 중의 두 사람이 이 일을 이렇게 서로 다르게 처리한다면, 결국 어리석은 자가 누구라는 것이 밝혀지게 될 것인데, 나는 이 두 사람 중에 누가 어리석은 자가 될지를 압니다. 변호사를 두지 않고 스스로 자신을 변호하든지, 아니면 자기 대신에 이 소송을 맡아줄 사람에게 이 일을 맡겨야 합니다. 당신은 왜 개들을 키우고 있으면서, 당신 자신이 짖고자 합니까? 모든 일에서 당신 자신이 처리하려고 하지 말고 하나님께 맡기십시오. 또한, 당신이 어떤 일을 하나님께 맡겼다면, 절대로 그 일을 되찾아오지 마십시오. 그것은 참으로 어리석은 짓이 되고 말 것입니다!

나는 방금 옛 속담을 인용해서 여러분을 웃게 만들었지만, 진지하게 여러분에게 다시 한 번 권면합니다. 나의 친구들이여, 여러분이 기도 가운데서 하나님께 맡긴 일을 되찾아오고자 하는 것은 부적절한 것이니, 그렇게 하지 마십시오.

그 일을 거기에 그냥 맡겨 두십시오. 당신이 그렇게 하기만 한다면, 당신의 변호사이신 주님은 당신이 그 일을 해결할 수 있도록 당신을 도우실 것입니다. 사랑하는 여러분, 당신이 자신의 문제를 곧바로 하나님께 들고 가서 고한다면, 당신이 말하는 내용이 곧 바뀌기 시작할 것입니다. 전에는 "그래, 내가 내일 내 형제를 만나러 가야 하겠다"고 말하고서는 당신의 형제를 만나러 갔던 당신은 이제 "그래, 친구를 불러야지"라고 말하며, 세상 친구가 아니라 친구 중의 친구이신 하나님을 만나러 가게 될 것입니다. 그것이 바로 내가 여러분에게 바라는 것입니다. 당신의 친구이자 아버지이신 하나님께 당신의 고민과 어려움을 다 털어 놓으십시오. 그리고 그렇게 한 후에는 그 모든 것을 하나님께 맡기고, 더 이상 그 일에 상관하지 마십시오. 그러면 당신은 곧 찬송하기 시작할 것입니다.

다음으로, 다윗은 자신의 문제를 하나님께 가져가서 기도하고 난 후에 하나님을 의지하였다는 것입니다. 이것이 핵심입니다. 5절을 읽어 보십시오. 그러면 모든 것이 분명해집니다: "내가 오직 주의 사랑을 의지하였사오니 나의 마음은 주의 구원을 기뻐하리이다." 나는 지금 마치 온갖 괴로움 속에 있는 성도들, 마음의 깊은 고통 속에 있는 죄인들, 속으로 "나는 저 첫 번째 사진에 나오는 사람과 아주 비슷하긴 하지만, 두 번째 사진에 나오는 사람과는 전혀 같지가 않아"라고 말했던 바로 그 사람들은 다 배제시키고 말하고 있는 것처럼 보일 수도 있습니다. 그러나 결코 그렇지 않습니다. 당신이 진심으로 "내가 오직 주의 사랑을 의지하였사오니"라고 말하기만 한다면, 당신은 두 번째 사진에 나오는 사람과 같이 될 것입니다. 죄라는 질병과 마음의 질병을 고쳐줄 치료약은 바로 이것, 즉 예수를 의지하는 것입니다. 저기 주님이 십자가에 달려 계십니다. 주님을 의지하십시오. 당신은 "예수님이 나의 주님이시라는 사실을 나는 믿을 수가 없습니다"라고 말할지도 모릅니다. 그래서 그것을 믿고 깨달으시라고 내가 말씀을 전하고 있는 것이 아닙니까? 주님을 의지하십시오. "하지만 내게는 주님께 가져갈 선한 마음이 없는 것 같아요." 그래서 내가 당신의 지금의 모습 그대로를 가져가시라고 말씀드리고 있는 것이 아닙니까? 주님을 의지하십시오. 주님을 의지하십시오. 주님을 의지하십시오. 하나님의 자녀인 당신이 배워야 할 교훈이 있는데, 그것은 주님을 의지하라는 것입니다. 오랫동안 죄인으로 살아온 당신이 하나님의 빛과 평안 속으로 들어가고자 한다면, 당신이 반드시 배워야 할 교훈이 있는데, 그것은 주님을 의지하라는 것입니다.

"나는 너무나 많은 죄를 지으며 살아왔습니다." 그래도 주님을 의지하십시오. "하지만 내게는 죄를 짓고자 하는 성향이 너무 강하게 있습니다." 그러한 성향을 극복하기 위해서 주님을 의지하십시오. "나는 노력하고 있습니다." 아닙니다. 나는 노력하라고 말한 것이 아니라 의지하라고 말하였습니다. "어쨌든 나는, 나는, 나는 애쓰고 있습니다." 아닙니다. 나는 애쓰라고 말한 것이 아닙니다. "목사님, 나는 의지하려고 애쓸 것이라고 말씀드릴 수 있습니다." 나는 의지하라고 애쓰라고 말하지 않았습니다. 의지하려고 애쓰는 것은 의지하는 것의 정반대입니다. 만일 그리스도께서 거짓말쟁이라면, 그분을 의지하지 마십시오. 그러나 그분이 참되시다면, 그분을 의지하십시오. 만일 그분이 당신을 구원하실 수 없다면, 그분을 의지하지 마십시오. 그러나 그분이 전능하신 구주이시라면, 그분을 의지하십시오. 나는 주님을 의지하라는 말을 우렛소리 같이 크게 외칠 수 있었으면 정말 좋겠습니다. 영혼들이여, 율법의 도(道)는 순종하라는 것입니다. 이것은 여러분이 도저히 행할 수 없는 가혹한 요구입니다. 왜냐하면, 여러분은 너무나 연약하기 때문입니다. 그러나 복음의 도는 의지하라, 의지하라, 의지하라는 것입니다. 당신이 그 도를 배우게 되면, 당신은 머지않아 순종하는 법도 배우게 되어서, 의지함을 통해서 순종하게 될 것입니다. 그러나 당신이 먼저 해야 할 것은 의지하는 것입니다. 당신의 다리가 부러졌다면, 당신이 어떻게 걸을 수 있겠습니까? 당신을 부축해 주실 수 있는 분이신 주님을 의지하십시오. 당신이 아주 무겁습니까? 그렇다면, 더 힘껏 의지하십시오. 당신이 너무너무 무겁습니까? 그렇다면, 더욱더 힘껏 의지하십시오. 무조건적으로 의지하십시오. 눈 먼 맹인이 자기를 이끌어 줄 수 있는 사람의 손에 자신의 손을 맡기듯이, 그렇게 예수를 의지하십시오. 당신의 손을 십자가에 못 박히신 바로 그분의 손에 맡기시고, 오늘 밤 그분을 의지하십시오.

그럴 때에 당신은 저 첫 번째 사진을 치워 버릴 수 있습니다. 당신이 주님을 의지했다면, 당신은 이제 앉으셔도 됩니다. 우리는 다시 한 번 당신의 모습을 사진으로 찍으려 합니다. 나는 당신의 모습이 6절에 나와 있는 말씀과 일치할 것이라고 확신합니다. 당신은 이렇게 말할 것입니다: "내가 여호와를 찬송하리니, 찬송하며 집으로 돌아가리라. 나는 의지하였습니다. 나는 구원을 발견했습니다." 주님, 이 사람들을 이끄셔서 주님을 의지하게 하옵소서. 이 사람들이 도대체 주님을 의지할 수 없는 이유가 어디에 있습니까? 주님께서 이 사람들이 의심할 만

한 어떤 일을 하시기라도 하셨단 말입니까? 주 예수님, 만일 내 앞에 백만 명의
영혼이 있다면, 나는 주님이 그들 모두를 눈보다 더 희게 씻어 주실 수 있으시다
는 것을 충분히 납득시켜서, 그들 모두로 하여금 주님을 의지하게 하고 싶습니
다. 그러므로 사랑하는 친구들이여, 주 예수를 의지하십시오. 하나님께서 그리
스도를 인하여 여러분을 도우서서 의지할 수 있게 하시기를 빕니다. 아멘.

제
12
장

—

행복한 삶의 비밀

—

"내가 여호와를 항상 내 앞에 모심이여 그가 나의 오른쪽에
계시므로 내가 흔들리지 아니하리로다." — 시 16:8

본문 앞에 나오는 절은 "내게 줄로 재어 준 구역은 아름다운 곳에 있음이여 나의 기업이 실로 아름답도다"(시 16:6)로 되어 있습니다. 따라서 이 시편 기자는 자신의 삶을 아주 만족스러워하는 행복한 사람입니다. 자기에게 주어진 분깃을 감사하며 만족감을 두드러지게 나타내는 사람들을 세상에서 찾아보기란 그리 쉬운 일이 아닙니다. 수많은 은총들로 둘러싸여 있으면서도 자신의 처지가 어렵고 힘들다고 탄식하는 사람들을 우리는 훨씬 더 흔하게 볼 수 있습니다. 만족하는 마음을 가진 사람을 찾는 것은 추수 때에 눈발이 날리는 것만큼이나 아주 희귀한 일입니다. 자신의 아름다운 기업(基業)을 기뻐하는 사람은 우리가 눈여겨볼 필요가 있는 사람이기 때문에, 우리가 그 사람이 지닌 비밀을 배운다면, 그것은 아주 좋은 일일 것입니다. 그 사람이 이처럼 행복하다고 느낄 수 있는 것은 어째서일까요? 그 사람으로 하여금 그런 평안에 이르게 해준 길을 찾아내고, 그 사람을 그런 기쁨의 그늘로 인도해 준 실마리를 찾아내 봅시다. 아마도 그 사람이 걸어간 길은 우리가 걸어가기에도 적합한 길일 것이기 때문에, 그 길을 따라가기만 한다면, 우리는 그 사람처럼 온전히 만족하게 될 것입니다.

오, 평안을 주시는 분이신 하나님이시여, 우리가 그 길을 찾을 수 있도록 도와주소서! 그러나 먼저 이렇게 특별하게 만족을 하며 살아가는 이 사람이 누구

인지를 살펴보는 것이 순서일 것입니다. 놀랍게도 우리는 성령이 여기에서 예언을 통해서 우리 주 예수 그리스도의 이름으로 말씀하고 있는 것을 발견합니다. 그러므로 성령을 통해서 여기에서 "내게 줄로 재어 준 구역은 아름다운 곳에 있음이여 나의 기업이 실로 아름답도다"라고 말씀하신 분은 바로 우리 주님이십니다. 주님은 "간고를 많이 겪었으며 질고를 아는 자"이셨고, "멸시를 받아 사람들에게 버림받았습니다." 주님은 머리 둘 곳이 없으셨던 분입니다. 주님은 흔히 주리고 목마르셨습니다. 주님에게는 친구가 별로 없었고, 그나마 친구라는 사람들도 주님이 절박한 상황에 처하셨을 때에 신의(信義)가 없는 자들이었다는 것이 드러났습니다. 그런데 어떻게 그런 주님이 이런 식으로 말씀하실 수 있으셨을까요? 이 모든 정황들은 우리에게 한층 더 고무적인 것으로 다가옵니다. 왜냐하면, 사람들 중에서도 간고와 질고를 가장 많이 겪으셨던 주님이 그럼에도 불구하고 내적인 평안함과 달콤한 만족감을 느끼실 수 있으셨다면, 주님보다 형편이 훨씬 나은 우리가 그런 평안함과 만족감을 느끼는 것이 반드시 가능할 것이기 때문입니다. 하나님은 우리에게 죄를 속량하는 일을 맡기신 것도 아니기 때문에, 우리의 간고와 질고는 주님에 비하면 아무것도 아닙니다. 주님이 그렇게 큰 고통을 당하신 데에는 특별한 이유가 있었습니다. 그것은 주님이 우리의 간고와 질고를 대신 짊어지셨기 때문입니다. 그러나 하나님은 우리에게 죄를 속하기 위한 질고를 요구하지도 않으시고, 죄에 대한 벌로서 하나님의 손에 의해 주어진 환난들을 우리가 담당해야 하는 것도 아닙니다. 왜냐하면, 하나님께서는 이 모든 것들을 주님께 담당시키시고서는, 우리에게 그 모든 것들을 면제해 주셨기 때문입니다. 주님은 질고를 아시고 내내 통곡으로 사신 분이신 데도, "내게 줄로 재어 준 구역은 아름다운 곳에 있음이여 나의 기업이 실로 아름답도다"라고 말씀하셨다는 것을 생각할 때, 우리가 주님을 본받아서 그가 가신 길을 그대로 따라가기만 한다면, 우리도 얼마든지 주님이 가지셨던 것과 동일한 만족을 얻게 될 것임에 틀림없습니다. 그렇다면, 여기 이 땅에서 온전한 평안과 행복의 비밀은 무엇입니까? 그 비밀은 홍옥들보다도 더 값진 것인데, 우리는 그 비밀을 어디에서 배울 수 있을까요? 아이들이 동화책에서 읽는 마술 램프와 요술 반지도 이 진정한 현자의 돌, 하나님을 경외하는 자들에게 있는 이 신비한 비결에 비하면 그 가치가 아무것도 없는 것과 마찬가지입니다. 바로 이 비밀로 인해서 성도들은 "모든 지각에 뛰어난 하나님의 평강"(빌 4:7)을 누릴 수 있고, 이 비밀로 인해서 예수 그리스도로 말미암아 자신의 마음과 생각을 지킬 수 있습니다. 오, 평화의 왕이시여, 그러한 안식을 우리에게 허락하소서!

본문은 하늘 아래에서 가장 큰 행복을 얻는 비밀을 우리에게 분명하게 전해 줍니다. 사실, 본문은 이 땅에서의 그러한 행복과 즐거움의 숨겨진 원천이 위에 있다는 것, 즉 하나님의 오른편에 영원히 존재하는 원천을 보여줍니다. 이 놀라운 비밀의 첫 번째 부분은 늘 여호와의 임재 앞에서 살아가는 것입니다: "내가 여호와를 항상 내 앞에 모심이여." 그리고 두 번째 부분은 늘 여호와의 임재를 의지하는 것입니다: "그가 나의 오른쪽에 계시므로 내가 흔들리지 아니하리로다."

1. 첫째로, 평안의 첫 번째 비밀은
늘 여호와의 임재 가운데서 살아가는 것입니다.

이것에 대해서 본문은 "내가 여호와를 항상 내 앞에 모심이여"라고 말씀합니다. 이 말씀이 무엇을 의미하는지를 깨닫기 위해서는 우리는 예수의 삶을 주목함과 동시에 이 본문을 성도들에게 적용해 볼 것입니다. 이 말씀은 예수 안에서 온전히 성취된 것이기는 하지만, 지체들도 머리의 본성에 참여하게 된 자들인 까닭에, 각각의 지체도 예수께서 행하신 대로 행하여 거룩한 기쁨과 안식을 얻게 되는 경우에는 우리 주님의 기쁨 속으로 들어갈 수 있습니다. 우리 주 예수께서는 우리에게 그의 멍에를 메고서 그에게서 배우면 우리의 영혼이 안식을 얻게 될 것이라고 친히 말씀하시지 않으셨습니까?

나는 이 본문이 무엇보다도 먼저 우리가 주님의 임재를 우리에게 그 어떤 것보다도 더 엄연한 사실로 만들어야 한다고 말하는 것으로 이해합니다. 존재하는 모든 것들의 근원은 하나님이시기 때문에, 다른 어떤 것들보다 앞서 하나님이 존재하시는데, 우리는 하나님을 그런 시각에서 바라보아야 합니다. 우리 주 예수 그리스도께서도 그렇게 하셨습니다. 주님은 사람으로서 눈에 보이는 모든 것들이 존재함을 아셨지만, 다른 어떤 것들보다도 눈으로 볼 수 없는 하나님의 존재, 즉 눈으로 볼 수 없고 헤아릴 수 없는 저 위대한 영의 존재를 아셨습니다. 그리스도께서는 하나님의 존재를 늘 너무나 생생하게 느끼셨을 것임에 틀림없습니다. 왜냐하면, 주님은 아버지 하나님 안에 계셨고 아버지 하나님은 주님 안에 계셨기 때문입니다. 성자께서 우리에게 아버지 하나님을 계시하여 주셨지만, 여러분과 나는 주님과 동일한 정도로는 아버지 하나님을 보지도 못하였고 알지도 못합니다. 주님은 언제 어디서나 모든 일들 속에서 우리보다 더 온전하고 지속적으로 하나님의 임재를 아셨습니다. 그렇지만 우리도 진정으로 아버지 하나님을 보았습니다. 왜냐하면, 우리가 믿음으로 예수를 보았기 때문입니다. 우리는 독수리 날개를 타고 날아올라서 독수리의 눈으로 해를 정면으로 보았지만 눈 멀지 않았습니다. 성경은 "마음이 청결한 자는 하나님을 볼 것"(마 5:8)이라고 말씀하고 있지 않습니까? 우리는 우리 주변에 존재하는 모든 것들과 우리 주변에서 일어나는 모든 사건들 속에서 하나님을 보라고 가르침을 받아 왔습니다. 우리는 우리로 하여금 "세상에서 하나님 없이" 살아가는 자들처럼 살아가지 않게 하신 하나님을 송축하고, 성령이 우리에게 우리 아버지 하나님의 사랑의 임재가 어느 곳에나 있다는 것을 깨달으라고 가르쳐 주시는 것에 대하여 하나님을 송축합니다. 그렇지만 우리가 우리 주 예수께서 그러셨던 것처럼 그렇게 끊임없이 분명하고 생생하게 하나님의 그러한 임재를 느끼지는 못한다는 것을 나는 압니다. 주님이 산들을 바라보셨을 때, 산등성이에 비친 햇살은 아버지 하나님의 미소였습니다. 주님이 평야를 보셨을 때, 거기에서 난 소출은 아버지 하나님의 풍성하신 선물이었습니다. 주님에게 있어서는 아버지 하나님이 큰 숨을 내쉬면 폭풍으로 바다 물결이 크게 출렁거리고, 아버지 하나님이 속삭이면 바다가 잔잔해졌습니다. 주님이 많은 무리를 먹이셨지만, 주님이 그 무리들에게 주신 양식은 아버지 하나님으로부터 온 것이었습니다. 주님이 병자들을 고치셨지만, 아버지 하나님이 그 일들을 하신 것이었습니다. 주님은 자기 주변의 모든 것들 속에서 지존자의 생생한 임재를 끊임없이 그리고 분명하게 느끼셨습니다. 다른 사람들은 공중의 새들도 잘 먹고 산다고 말하였지만, 주님은 "너희 하늘 아버지께서 공중의 새들을 먹이시는" 것이라고 말씀하셨습니다(마 6:26). 다른 사람들은 백합화가 참 아름답다고 말하였지만, 주님은 "하나님은 들풀도 이렇게 입히시는" 것을 아셨습니다(마 6:30). 주님께는, 하늘의 아버지께서는 어디에나 모든 것 속에 계셨습니다. 이제 나는 우리 주님께 저 찬송 받으실 성령으로 말미암아 우리로 하여금 어디에 있든지 늘 하나님의 임재를 느낄 수 있게 해주시라고 기도합니다. 하나님은 어디에나 계시는 데도, 우리가 하나님을 어디에서나 느낄 수 있도록 우리 자신을 훈련해야 한다는 것은 우리의 본성이 얼마나 하나님을 떠나 있는지를 보여주는 서글픈 증거가 아니고 무엇이겠습니까? 자연의 모든 아름다운 것들은 하나님의 아름다움입니다. 추수 때의 햇살은 하나님의 햇살입니다. 농부를 기쁘게 하는 저

일렁거리는 알곡들은 하나님의 알곡입니다. 수많은 꽃들로부터 풍겨 나오는 저 향기는 하나님의 향기입니다. 살아 있는 보석들처럼 우리 주변에서 반짝이는 곤충들은 하나님의 생명체들입니다. 그런데도 사람들은 이 모든 것들을 창조하시고 붙들어 주고 계시는 하나님을 거의 느끼지도 못하고 알지도 못합니다. 자연이라는 성전에서 만물은 하나님의 영광을 노래하지만, 우리의 귀는 그 노래를 듣는 데에 둔합니다. 이슬방울부터 큰 바다에 이르기까지 모든 것이 하나님의 신성(神性)을 반영하고 있는데도, 우리는 대체로 그 영원한 광채를 보지 못합니다. 형제들이여, 나는 "내가 여호와를 항상 내 앞에 모심이여"라는 이 본문이 여러분의 영혼 속에서 역사해서 그대로 이루어지게 해주시라고 여러분이 기도하시기를 간절하게 부탁드립니다. 어떤 것을 보든지 그 속에 하나님이 계심을 볼 수 있게 되시기를 바랍니다. 모든 피조물들을 저 크신 창조주를 반영하고 있는 거울로 여기십시오. 여러분이 아직까지 저 위대한 창조자 자신의 임재를 느끼지 못한다면, 여러분은 만물을 창조하신 하나님을 알았다고 생각하지 마십시오. 여러분이 어떤 것 속에 하나님이 계심을 알지 못하겠다면, 여러분은 그 어떤 것을 알고 있다고 생각하지 마십시오. 왜냐하면, 하나님이야말로 그 어떤 것의 핵심이기 때문입니다. 아침에 잠에서 깨어났을 때, 여러분의 방에 계시는 하나님을 느껴 보십시오. 하나님의 선하심이 밤의 장막을 걷으시고, 여러분의 눈꺼풀에서 잠의 봉인을 벗겨내신 것이니까요. 옷들을 입을 때, 하나님의 돌보심을 느껴 보십시오. 하나님은 들의 풀들과 우리의 양들로부터 옷을 지으셔서 여러분에게 그 옷을 입혀 주신 분이니까요. 아침 식사를 하러 갔을 때, 우리에게 아낌없이 주시는 하나님을 송축하십시오. 하나님은 광야에서 여러분을 위해 상을 베푸신 분이니까요. 일하러 가서도, 그 날의 모든 일들 속에서 여러분과 함께 하시는 하나님을 느껴 보십시오. 여러분이 먹을 것을 위해 땀을 흘리거나 장사하는 일을 할 때, 여러분은 하나님의 전에 거하고 있다는 것을 늘 기억하십시오. 마침내 하루의 일과를 잘 끝마치고 나서 가정으로 돌아왔을 때, 여러분의 가족 한 사람 한 사람 속에서 주님을 보십시오. 여러분의 생명과 건강을 지켜주신 하나님의 선하심을 인정하고 감사하십시오. 가정 제단에 하나님이 임재해 계셔주시도록 구하여서, 여러분의 집이 왕의 자녀들이 거하는 궁정이 되게 하십시오. 하루의 마지막인 밤이 되었을 때, 여러분의 하나님, 또는 여러분의 구주의 품에 안겨서 잠드십시오. 이것이 행복한 삶입니다! 세상 사람들은 하나님을 잊고 살고, 죄인들은 하나님을 욕되게 하며, 무신론자들은 하나님의 존재를 부인하지만, 그리스도인들은 하나님 안에서 살아갑니다. "우리가 그를 힘입어 살며 기동하며 존재하느니라 우리가 그의 소생이라"(행 17:28). 우리는 눈에 보이는 것들을 그림자들로 여깁니다. 우리가 손으로 만지고 혀로 맛보고 손으로 다루는 것들은 쓰면 쓸수록 소멸되어 갑니다. 이 단단한 땅을 구성하고 있는 요소들도 장차 아주 뜨거운 열기에 녹아 버릴 것이지만, 우리가 눈으로 볼 수 없는 하나님의 영원하신 임재는 언제나 동일하고, 하나님의 연한(年限)은 끝이 없으며, 하나님의 존재는 우리에게 유일하게 실재하고 참되며 영원한 존재입니다. 하나님은 모든 세대에서 우리의 거처이셨습니다. 그리고 사실, 우리의 영원한 본향을 알지 못하는 것은 악한 것입니다. "산들이 예루살렘을 두름과 같이 여호와께서 그의 백성을 지금부터 영원까지 두르시고"(시 125:2) 게신다는 것을 늘 알고 있는 것이야말로 기쁨의 기름의 주된 성분입니다.

둘째로, 본문의 말씀은 하나님의 영광을 우리의 삶의 유일한 목적으로 삼는 것을 의미합니다. 달리기 경주를 할 때에 선수들이 자기 앞에 놓인 상을 바라고 달리듯이, 신자들은 인생이라는 경주를 할 때에 하나님의 영광을 바라고 달립니다. 우리의 사랑하는 구속주께서도 그렇게 하셨습니다. 주님은 이 땅에 사실 때에 처음부터 끝까지 하나님을 자신의 삶의 목표로 삼으시고 하나님을 늘 자기 앞에 두셨습니다. 여러분은 주님에게서 이기적인 동기를 조금이라도 찾아볼 수 있습니까? 주님이 한 번이라도 그 어떤 천박한 야심을 따라 움직이신 적이 있으십니까? 주님은 늘 사람들의 유익을 구하셨고, 그렇게 하심으로써 하나님의 영광을 구하신 것이 아닙니까? 아직 어린 나이에 주님은 예루살렘 성전으로 올라가셨고, 거기에서 "내가 내 아버지 집에 있어야 될 줄을 알지 못하셨나이까"(눅 2:49)라고 말씀하셨습니다. 이것은 자신의 조숙함을 과시하기 위한 것도 아니었고, 다른 아이들처럼 자기가 어린 나이임에도 지혜롭다는 것을 나타내서 사람들로부터 칭찬을 받아서 만족감을 얻기 위한 것도 아니었습니다. 나중에 주님은 공생애 사역을 위해 기름 부음을 받으신 후에, 우물가에 앉으셔서 쉬고 계셨습니다. 한 여자가 와서 주님과 대화를 나누게 되었지만, 주님은 쓸데없는 화제를 꺼내어 대화하신 것이 아니었습니다. 주님은 그 여자에게 생수에 관하여 말씀하시고, 그 생수를 구하라고 권하셨습니다. 그런 후에, 주님은 제자들에게 자기에게는 그들이 알지 못하는 먹을 양식이 있다고 말씀하셨습니다. 왜냐하면, 자기를 보내신 이의 뜻을 행하는 것이 바로 주님의 먹을 것이자 마실 것이었기 때문입니다.

주님은 아버지 하나님이 자기에게 맡기신 일을 이루시기 위하여 변함없는 불굴의 의지로 그 푯대를 향하여 나아가셨습니다. 여러분이 알고 계시듯이, 주님은 결혼식에도 참석하셨고 장례 행렬과도 마주치셨지만, 어느 경우이든 주님의 목적은 하나님의 영광을 구하는 것이었습니다. 주님이 무리들과 씨름을 하시든 골방에서 혼자 씨름하시든 두세 사람과 함께 은밀하게 죽은 자를 다시 살리시든, 또는 주님이 산속에서 홀로 기도하시든 겟세마네 동산에서 탄식하시며 기도하시든, 주님은 늘 한 가지, 곧 이 땅에서 아버지 하나님을 영화롭게 하는 일을 행하고 계신 것이었습니다. 주님은 수치당하는 것을 하찮은 일로 여기시고 세상에서의 명예를 짓밟으시고서, 오로지 하나님을 바라보고 사셨습니다. 주님은 종종 이따금씩, 또는 자신의 삶을 전체적으로 볼 때에 하나님을 자기 앞에 두고 사신 것이 아니라, 단 한순간도 예외 없이 항상 하나님을 바라보고 사셨습니다. 모든 생각과 모든 말과 모든 행위 속에서 하나님은 늘 주님 앞에 계셨고, 주님은 하나님을 위해 사셨습니다. 우리가 그렇게 될 수 있다면, 곧 우리가 먹든지 마시든지, 무엇을 하든지, 모든 것을 하나님의 영광을 위하여 행한다면, 얼마나 좋겠습니까! 우리가 하나님의 이름을 욕되게 할 짓을 감히 할 생각을 아예 버릴 수 있다면, 그리고 모든 일에서 우리를 사랑하셔서 우리를 위하여 자기 자신을 주신 이를 기쁘시게 해드리는 방식으로 행할 수만 있다면, 얼마나 좋겠습니까! 사랑하는 형제들이여, 여러분이 이것을 목표로 삼았다면, 비록 여러분이 바라고 기대한 것에는 훨씬 미치지 못했다고 할지라도, 여러분은 그 목표를 향하여 달려가는 동안에 여러분의 영혼 속에서 평안을 발견했을 것이라고 나는 확신합니다. 이것은 왕의 대로(大路)이고, 사자가 출현하지 않는 거룩한 대로입니다. 하나님이 임재해 계신다는 것을 알고 하나님의 은혜로 말미암아 하나님을 온전히 기쁘시게 해드리는 삶을 산다는 것은 너무나 즐겁고 기쁜 길입니다. 여러분이 바로 그 길로 가고 있는지를 확인하십시오. 그리스도인이라 불리는 여러분이 그리스도라는 저 거룩한 이름을 욕되게 하는 일을 한다면 말이 되겠습니까! 육신이 아무리 힘들더라도, 하나님을 섬기는 일이라면 무엇이든 반드시 행하십시오. 그러면 여러분은 주님과 같이 되어서 주님의 평안에 참여하는 자들이 될 것입니다. 이것이 사람으로 하여금 이 광야 같은 세상 속에 살면서도 하늘의 만찬을 맛보게 해주는 삶의 방식입니다. 성령께서 우리를 이끄셔서 그런 삶을 살게 해주시기를 빕니다.

　“여호와를 항상 우리 앞에 모신다”는 말씀의 또 다른 의미는 하나님의 임재가 우리의 순종의 잣대이자 지지대가 되도록 살아간다는 것입니다. 예수께서 그렇게 사셨습니다. 여러분이 아주 잘 아시다시피, 많은 경우에 종들은 자신들을 지켜보는 주인의 눈이 있어야 신경을 써서 부지런히 일을 하게 됩니다. 누가 지켜 볼 때에만 열심히 일하는 사람들과 겉으로만 일하는 체하는 사람들이 얼마나 많습니까? 주인이 지켜보고 있지 않으면, 금세 일은 잘 진척이 되지 않습니다. 사람들은 그들을 지켜보는 주인의 눈이 사라지면 일을 대충대충 하거나 아예 하지 않는 경우가 비일비재합니다. 옛 속담에 “주인의 눈이 주인의 두 손보다 더 많은 일을 한다”는 말이 있는데, 그 말은 애석하게도 사실입니다. 그러나 우리 주님의 눈이 하나님의 종들에게 큰 영향을 미치는 것이 마땅하다고 말하는 것은 틀린 것이 아닙니다. “상전의 손을 바라보는 종들의 눈 같이, 여주인의 손을 바라보는 여종의 눈 같이 우리의 눈이 여호와 우리 하나님을 바라보며 우리에게 은혜 베풀어 주시기를 기다리나이다”(시 123:2). 사랑하는 자들이여, 만일 하나님이 여러분을 지켜보고 계시는 것이 여러분에게 보인다면, 여러분은 어떻게 사시겠습니까? 하나님은 정말 여러분을 지켜보고 계십니다. 그러니 여러분은 늘 하나님의 임재 앞에서 살아가야 합니다. 여러분이 내일 하게 될 어떤 일과 관련해서 특별히 다음과 같은 경고를 받았다고 가정해 봅시다: “하나님이 여러분을 주의깊게 지켜 보실 것입니다. 전능하신 이가 자신의 모든 생각을 여러분에게 집중하셔서, 여러분의 행위를 달아 보실 뿐만 아니라, 여러분의 동기와 마음도 살피실 것입니다.” 만일 여러분이 그런 계시를 받았다면, 여러분은 어떻게 행하시겠습니까? 그런데 여러분은 항상 그렇게 행하셔야 합니다. 왜냐하면, 이 가정은 실제로 가정이 아니라 언제나 현실이고 진실이기 때문입니다. “하나님, 당신이 정말 나를 보고 계시는군요”라는 탄성은 밤이나 낮이나 매순간마다 우리의 입에서 저절로 흘러나와야 하는 탄성입니다. 여러분은 그리스도의 삶의 어느 부분을 손가락으로 가리키면서, “주님이 이 일을 하시면서는 아버지 하나님이 주님을 보고 계시다는 사실을 잊으셨구나”라고 말할 수 있습니까? 그리스도의 삶 전체는 아무리 뜯어보고 살펴보아도 하나님 자신조차도 너무나 놀라워서 끝없이 경탄하실 수밖에 없는 그런 삶이 아니었습니까? 여러분도 구주의 삶이라는 화랑(畫廊)

을 거닐 때에 각각의 장면 앞에서 멈춰 서서 너무나 놀라 "주님이 모든 일을 잘 해내셨구나"라고 경탄할 수밖에 없지 않았습니까? 여러분의 마음이 아주 경건하고 거룩해졌을 때, 여러분은 구주의 성품의 세밀한 면면들 및 구주께서 공적으로나 사적으로 행하셨던 모든 행위의 세부적인 면면들을 바라보면서 평소보다 더 경탄할 수밖에 없지 않았습니까? 아버지 하나님은 항상 주님과 함께 계셨고, 주님은 항상 하나님이 기뻐하시는 일들을 하셨습니다. 사랑하는 자들이여, 마찬가지로 하나님에게 있어서는 여러분이 행하는 모든 일에서 크신 하나님이 여러분을 지켜보고 계신다는 생생한 인식이 바로 하나님에 대한 여러분의 순종의 척도가 될 것입니다. 하나님은 계속해서 여러분을 앞뒤로 둘러싸시고, 여러분 위에 손을 얹고 계십니다. 여러분이 새벽 날개를 타고서 바다 저 끝까지 날아간다고 해도, 하나님은 거기에도 계십니다. 여러분이 아무것도 보이지 않는 어둠 속에 숨는다고 해도, 그 어둠이 여러분을 하나님으로부터 숨겨 주지 못합니다. 여러분이 지금까지 행해온 모든 일은 사실 하늘에 계신 여러분의 아버지의 임재 앞에서 행해진 것입니다. 여러분은 이것을 느끼고 계셨습니까? 여러분이 주 예수를 욕되게 하였을 때, 주님은 거기에 계셔서 그 일을 지켜보고 계셨습니다. 두 손에 못 박힌 상처가 있으신 이가 여러분의 비겁한 말들을 들으셨고, 여러분의 배신행위들을 보셨습니다. 주님은 자신의 친구인 여러분이 자기를 배신하는 행위를 하는 것을 믿지 못하겠다는 듯이 슬픈 표정으로 여러분을 물끄러미 바라보고 계셨습니다. 여러분이 불경건한 세상과 어울려서 세상 사람들 중의 한 사람처럼 살아갔을 때, 주님은 거기에도 계셨습니다. 지금 주님은 여러분에게 자신의 상처를 보여주시며, "이것들은 내가 내 친구인 너희 대신에 받은 상처들이다"라고 슬픈 목소리로 소리치십니다. 친구들의 타격들은 주님의 아픈 부분에 사정없이 꽂힙니다. 친구들이 주는 상처들은 가장 잔인한 상처들입니다. 왜냐하면, 원수들의 타격은 날카롭게 꽂히지만, 친구들의 타격은 독을 바른 단검으로 찌르는 것이기 때문입니다. 우리가 사랑한다고 고백하는 이를 욕되게 할 때, 그것은 정말 말 그대로 치욕입니다. 우리가 진정으로 여호와 하나님을 항상 우리 앞에 모시지 않으면, 우리는 하나님을 섬기는 것에 속한 일들은 행할 수 없게 되고, 반면에 하나님을 거역하는 일들은 부지런히 행하게 됩니다.

하지만 아직 본문에 대한 해설이 다 끝난 것은 아닙니다. 본문의 말씀은 우리가 여호와 하나님을 항상 우리 앞에 모시고서 환난을 당할 때마다 위로의 원천으로 삼아야 한다는 의미도 담고 있음에 틀림없습니다. 예수께서는 "내가 여호와를 항상 내 앞에 모셨다"고 말씀하실 수 있으셨습니다. 주님이 궁핍함을 겪으시면서도 단 한 번도 불평하지 않을 수 있으셨던 것은 바로 이 때문이었습니다. 주님이 수치와 침 뱉음을 당하시면서도 털 깎는 자 앞에 선 양처럼 놀라운 인내로써 묵묵히 계실 수 있으셨던 것도 이 때문이었습니다. 여러분은 아버지 하나님께서 우리 주님에게서 얼굴을 숨기시기 전까지는 주님이 소리쳐 부르짖으시는 것을 한 번도 들을 수 없습니다. 하나님께서 얼굴을 숨기시자 그때서야 비로소 주님은 "나의 하나님, 나의 하나님, 어찌하여 나를 버리셨나이까"(마 27:46)라고 부르짖으십니다. 주님은 우리의 보증(保證)이 되셔야 했기 때문에, 하나님께서는 주님에게서 자신의 은총을 거두셨고, 그때에 주님에게는 극심한 고통과 견딜 수 없는 비탄이 찾아왔습니다. 여러분과 나는 그런 고통이나 비탄을 결코 감당할 수 없을 것입니다. 하나님이 주님을 버리신 것은 주님으로 하여금 우리를 결코 버리지 않게 하시기 위한 것이었습니다. 여러분은 환난 날에 하나님이 곁에 계시는 것을 늘 발견하게 될 것입니다. 그러므로 만약 여러분이 겟세마네에 있어서, 쓴 잔을 마실 수밖에 없게 되었다면, 여러분은 주님을 여러분 앞에 모시기 바랍니다. 그러면 그 기쁜 임재 앞에서 여러분은 "나의 원대로 마시옵고 아버지의 원대로 하옵소서"(마 26:39)라고 말하고서는, 여러분에게 주어진 잔을 묵묵히 남김없이 마실 수 있게 될 것입니다. 여러분은 오늘 "나는 인생의 낙들을 더 많이 누리기를 너무도 원하지만, 그럴 만한 여건이 별로 되지 않아서, 내 마음이 몹시 무겁고 상심해 있습니다"라고 말하고 있습니까? 우리의 구주께서는 모든 면에서 우리와 똑같이 시험을 받으셨지만, 하나님을 항상 자기 앞에 두셨기 때문에, 만족함을 얻으셔서 이렇게 말씀하셨습니다: "여호와는 나의 산업과 나의 잔의 소득이시니 나의 분깃을 지키시나이다 내게 줄로 재어 준 구역은 아름다운 곳에 있음이여 나의 기업이 실로 아름답도다"(시 16:5-6). 형제들이여, 다른 모든 것들을 다 가라고 하십시오. 왜냐하면, 하나님이 여러분과 함께 계시면, 여러분은 그런 것들이 없이도 견고히 설 수 있게 될 것이기 때문입니다. 친구들이 차례차례 죽어가고, 이 세상의 낙들이 가을 낙엽처럼 사라진다고 해도, 여러분이 하나님을 항상 여러분 앞에 모신다면, 하나님의 모든 성품 속에는 충만한 기쁨이 있고, 예수의 얼굴을 한 번 볼 때마다 천국을 맛보며, 여호와의 영원한 사랑의 한 방울 한 방울 속에는 차고 넘치는 지극한 복이 있기 때문에, 여러분은 기진맥진하거나 낙심하지 않고, 도리어 아무리 거센 불길 속에서도 하나님을 찬송하게 될 것입니다. 하나님은 여러분에게 이렇게 말씀하실 것입니다: "두려워하지 말라 내가 너와 함께 함이라 놀라지 말라 나는 네 하나님이 됨이라 … 네가 물 가운데로 지날 때에 내가 너와 함께 할 것이라 강을 건널 때에 물이 너를 침몰하지 못할 것이며 네가 불 가운데로 지날 때에 타지도 아니할 것이요 불꽃이 너를 사르지도 못하리니"(사 41:10; 43:2). 하나님의 임재는 죽음조차도 즐거운 일로 만들어 버립니다: "내가 사망의 음침한 골짜기로 다닐지라도 해를 두려워하지 않을 것은 주께서 나와 함께 하심이라"(시 23:4). 여러분이 보셨듯이, 우리가 여호와 하나님을 항상 우리 앞에 모시게 되면, 우리에게는 이렇게 그치지 않는 위로가 보장됩니다.

하지만 본문의 말씀은 우리가 하나님과의 지속적인 사귐을 유지해야 한다는 것을 의미하는 것이기도 합니다. 주님께서 "내가 여호와를 항상 내 앞에 모심이여"라고 하신 것은 주님은 항상 아버지 하나님과의 사귐 가운데에 있으셨다는 것을 말씀하고자 하신 것입니다. 그러한 사귐은 기도 가운데서 이루어지는 경우가 아주 많았습니다. 복음서에는 주님이 기도하시는 모습을 묘사한 장면이 아주 많기는 하지만, 복음서에 기록된 것들은 주님이 실제로 기도하신 것들 중에서 극소수에 불과한 것이었음에 틀림없습니다. 왜냐하면, 주님은 자신과 하나님 외에는 아무도 모르게 기도하신 적이 많으셨을 것이고, 심지어 입술을 움직이지 않고도 기도하셨을 것이기 때문입니다. 주님의 공적인 기도들이나 주님이 다른 사람들이 보는 데서 하신 기도들은 당시에 주님과 함께 있던 사람들과 우리를 위해 보여주시기 위한 기도들이었기 때문에, 그런 기도들은 주님의 거룩한 삶의 토대가 되었던 엄청난 은밀한 기도에 비하면 빙산의 일각에 불과한 것이었습니다. 주님은 나사로의 무덤 앞에서 "항상 내 말을 들으시는 줄을 내가 알았나이다 그러나 이 말씀 하옵는 것은 둘러선 무리를 위함이니 곧 아버지께서 나를 보내신 것을 그들로 믿게 하려 함이니이다"(요 11:42)고 말씀하심으로써 이러한 사실을 잘 보여주셨습니다. 주님은 실제로 자신을 의탁하실 수 있는 유일하신 분이셨던 아버지 하나님과 늘 대화를 하셨습니다. 주님께서 베드로나 야고보나 요한과의 대화를 통해서 그 어떤 위로를 얻으실 수 있으셨겠습니까? 주님은, 아버지의 괴로움을 이해할 수도 없고 괴로움 중에 있는 아버지를 든든히 떠받쳐줄 수도 없는 많은 어린 자식을 거느린 그런 아버지와 같았습니다. 우리 주님은 항상 하나님과의 거룩한 사귐 가운데 계셨기 때문에, 사람들의 죄를 볼 때마다, 그것이 하나님께 얼마나 큰 근심을 끼쳐드릴지를 아셨던 까닭에 큰 슬픔을 느끼셨습니다. 주님은 아버지 하나님 앞에서 사람들의 죄를 놓고 통곡하시며 우셨지만, 마지막에 십자가 위에서 "아버지 저들을 사하여 주옵소서 자기들이 하는 것을 알지 못함이니이다"(눅 23:34)라고 기도하신 바로 그 기도를 이 땅에 사시는 동안 내내 드리시며 사람들을 위하여 끊임없이 중보기도를 하셨습니다. 주님은 늘 이렇게 사랑의 하나님과의 깊은 교감 속에서 사셨습니다.

　나는 우리 주님이 자주 찬송이라는 형식을 통해서 아버지 하나님과 대화하셨다는 것을 의심하지 않습니다. 왜냐하면, 성경은 한 군데서만 주님이 하나님을 기뻐하며 찬송하셨다고 기록하고 있지만, 주님은 틀림없이 늘 하나님을 기뻐히며 찬송히셨을 것이기 때문입니다. 순결한 본성을 지니신 주님이 여호와 하나님을 늘 기뻐하신 것이 아니라고 한다면, 그것이 말이 되겠습니까? 주님의 마음과 영혼과 생각 전체는 언제나 하나님의 마음과 하나가 되어 움직였습니다. 물론, 나는 지금 사람으로서의 주님에 대하여 말씀하고 있고, 사람으로서 주님의 마음은 하나님의 마음과 완전히 하나가 되어 있었습니다. 주님의 마음속에는 아버지 하나님의 뜻과 계획에 어긋나는 것이 전혀 없었습니다. 주님의 인성(人性) 전체는 지존자의 마음과 늘 합치하였는데, 이것이 주님이 늘 평안 가운데 계셨던 이유입니다.

　형제들이여, 하나님께서 우리에게 끊임없이 늘 하나님 자신과 대화하게 해주시기를 빕니다. 기도는 아침과 저녁에 한 차례씩 드리는 일과(日課)가 되어서는 안 됩니다. 우리의 영혼은 온 종일 내내 하나님과 대화하여야 합니다. 아버지 하나님, 당신은 우리 곁에 아주 가까이 계시는데도, 우리는 당신과 대화하는 데에 얼마나 서툰지 모릅니다. 당신의 자녀들인 우리에게 늘 당신과 대화할 수 있도록 가르치셔서, 우리가 이 땅에 있는 동안에도 마치 하나님과 천국에서 대화하듯 대화할 수 있게 해주옵소서! 하나님은 우리에게 여호와 하나님이 무슨 말씀을 하시는지를 듣기도 하고 하나님께 말씀드리기도 하면서 천국과 거룩한 소통을 할 수 있는 길을 열어 놓으셨습니다. 그러므로 우리는 성령으로 감동된 책에 기록된 말씀들을 들을 수 있는 자들이 되어야 하고, 은혜의 성령이 우리에게 주시는 권면을 우리의 마음에 깊이 새길 수 있는 자들이 되어야 합니다. 그래야만 우리의 영혼이 하나님께 말씀을 드릴 수 있게 되고, 우리 영혼이 바라는 것들을 하나님께 아뢸 수 있게 됩니다. 나는 여러분이 성령의 거룩한 기름 부음으로 말미암아 거기까지 이르게 되기를 소망합니다. 왜냐하면, 그것이야말로 행복한 삶의 엄청난 비밀이자 확고한 토대이기 때문입니다. 하나님과의 지속적인 사귐은 이 땅에서 누릴 수 있는 최고의 기쁨입니다. 여러분이 "내가 여호와를 항상 내 앞에 모심이여"라는 고백을 진심으로 드리게 될 수 있게 되었다면, 여러분은 주님의 비밀을 알게 되신 것입니다!

사랑하는 친구들이여, 내가 다시 한 번 말해 두고자 하는 것은 하나님을 가까이하는 삶 속에 우리의 기쁨이 있고 그런 삶 속에서 우리가 기쁨을 느끼는 까닭에 행복하고자 한다면, 우리는 그런 삶을 추구해야 한다는 것입니다. 다른 식으로는 우리는 결코 행복한 삶을 살 수 없습니다. 단순히 의무와 율법을 행하는 것은 우리에게 행복한 삶을 가져다주지 못합니다. "하나님과의 그러한 사귐은 얼마나 따분한 일이고, 또 하나님과 늘 동행하는 것은 얼마나 지루한 일이겠는가!"라고 말하는 사람이 있다면, 나의 대답은 당신은 그런 삶의 가장 초보적인 것들도 알지 못하는 사람이고, 그런 삶이 무엇을 의미하는 것인지를 제대로 가늠조차 하지 못하는 사람이어서 자기도 모르는 말을 하고 있다는 것입니다. 나는 그런 얘기를 당신에게 힘들여서 해보아야 아무 소용이 없을 것이라고 말하고 있는 것이 결코 아닙니다. 나는 단지 당신은 영적인 삶에 대하여, 그리고 하나님의 자녀로서의 삶을 살아간다는 것이 무엇인지에 대하여 아무것도 알지 못하는 사람이기 때문에 그런 삶을 멸시하고 무시하는 것이라고 말하고 있는 것일 뿐입니다. 당신은 거듭나야 합니다. 당신이 거듭나기 전에는, 내가 지금 얘기하고 있는 권면들은 당신에게 전혀 적용될 수 없을 것입니다. 거듭남이 없이 그저 교회만 다니는 사람들은 나의 이런 말을 비웃으며 이렇게 반문할 것입니다: "그게 무슨 말씀입니까? 우리는 늘 하나님의 영광을 위하여 살아야 하고, 오직 하나님께 영광을 돌리는 일만을 해야 한다구요? 그것은 너무 엄격한 규범을 우리에게 요구하는 것이고, 사실 천국 가는 길을 지나치게 좁은 길로 만들고 있는 것이 아닙니까?" 친구여, 당신도 그렇게 생각하십니까? 그렇다면, 나는 그렇게 말하고 생각하는 당신에 대한 나의 진지한 의구심을 솔직하게 말씀드리고자 합니다. 다시 말하면, 나는 당신이 과연 주님을 아는 사람인가에 대하여 강한 의구심을 갖습니다. 왜냐하면, 만일 당신이 주님을 안다면, 거룩한 길이 당신의 즐거움이 될 것이고, 당신은 죄를 지어도 좋다고 허락하는 면허를 요구하지 않을 것이기 때문입니다. 당신이 참된 그리스도인이라면, 나는 당신이 죄를 짓는 것에 대해서는 이해할 수 있지만, 당신이 죄를 짓는 일에서 즐거움을 발견하는 것은 이해할 수 없습니다. 참된 신자에게 있어서 세상의 즐거움들은 돼지가 먹는 쥐엄나무 열매들에 불과합니다. 그런데 세상의 즐거움들이 당신의 영혼에 맛있고 좋은 양식으로 느껴진다면, 분명히 당신은 하나님의 자녀가 아닙니다! 돼지가 쥐엄나무 열매를 먹는 것으로 만족하는 것은 옳은 일입니다. 왜냐하면, 하나님이 섭리로 그렇게 정하신 일이기 때문입니다. 그러나 하나님의 자녀는 비록 탕자라고 할지라도 결코 쥐엄나무 열매로 만족할 수 없습니다. 하나님의 자녀가 너무나 허기가 져서 허겁지겁 자신의 배를 쥐엄나무 열매로 채우는 일이 있을 수 있지만, 그런 양식으로 만족하는 것은 불가능합니다. 당신이 하나님의 자녀라면, 당신은 하나님을 가까이 하며 살아가면서 하나님을 즐거워하는 것을 기혹하고 힘든 일이라거니 지루하고 따분한 일로 여기지 않고, 당신의 영혼이 몹시 갈망하는 풍성한 삶이자 즐거운 특권으로 여길 것입니다. 당신은 다윗처럼 "내 영혼이 하나님 곧 살아 계시는 하나님을 갈망하나니 내가 어느 때에 나아가서 하나님의 얼굴을 뵈올까"(시 42:2)라고 말할 것입니다. 하나님과 가장 가까운 자리가 비록 멸시의 먼지에 뒤덮인 곳에 있거나 환난의 용광로 속에 있다고 할지라도, 바로 그 자리가 당신이 있어야 할 최고의 자리입니다. 당신이 주 예수께 철저하게 순복하게 되어서, 이제부터는 주님의 거처가 되고, 주님이 사용하시는 도구가 되며, 무엇보다도 주님의 사랑의 대상이 되는 것이야말로 당신의 야망이 될 것입니다. 나는 이 아래 세상을 하나님의 집의 일층이라 여기고, 위에 있는 천국을 하나님의 집의 이층이라 여기며, 늘 자기 집에서 살아가는 자녀처럼 영원히 하나님의 집에 거하게 될 것입니다. 하나님의 임재는 우리에게 지극한 복입니다!

그런데 우리 주님의 삶 속에 뭔가 속박이나 제약을 받고 있는 것처럼 보이거나, 자기가 원한 것과 다르게 행할 수밖에 없었던 것처럼 보이는 것이 조금이라도 있습니까? 여러분은 주님의 삶 전체 속에서 주님이 단 한 번이라도 자기가 하고 싶은 것을 억누르고 다르게 행하신 것이라고 의심될 만한 것을 찾아볼 수 있습니까? 주님의 삶이 속박을 받는 부자연스러운 삶이었습니까? 주님이 쇠사슬에 매인 자처럼 어쩔 수 없어서 행하셨습니까? 주님이 의인들의 군대에 강제로 내몰려서 편입되어, 자기가 진정으로 좋아하는 즐거움들을 버릴 수밖에 없었고, 속으로는 싫은 데도 경건의 모양들을 내보일 수밖에 없는 그런 삶을 사셨습니까? 결코 그렇지 않았습니다! 그리스도께서는 자신의 마음의 가장 깊은 곳에서 원하는 것들을 따라 사신 자유인(自由人)이셨습니다. 주님은 어디를 가시든 자신의 본성을 따라 행하셨고, 물고기가 바다에서 자유롭게 노닐고 새들이 공중에서 자유롭게 날아다니듯이 그렇게 자유롭게 행하셨다는 것을 여러분은 알 수 있습니다. "여호와를 항상 자기 앞에 모시는" 이 일에 있어서 그리스도인의 모습이 바로 그런 것입니다. 그는 강제나 강요에 의해서가 아니라 자원해서 그렇게 합니다. 왜냐하면, 주님이 그에게 하나님이 기뻐하시는 것을 기뻐하는 본성을 주셨기 때문입니다. 그는 "나는 새장에 갇힌 새 신세가 되어서, 내 삶이 엄격한 규율을 따라 살아가게 되었으니, 나는 망했고, 그런 삶이 너무 지긋지긋하다"라고 말하지 않습니다. 반대로, 그는 이렇게 말합니다: "만일 내게 세상의 기쁨들이 있어서, 내가 그런 기쁨들에 빠진다고 할지라도, 그런 기쁨들 속에는 나를 기뻐하게 해주는 것이 아무것도 없다. 헛되고 헛되니 모든 것이 헛되도다. 다른 사람들이 '누가 우리에게 좋은 것을 주나?'라고 말할지라도, 나의 단 한 가지 간구는 '여호와여, 주의 얼굴빛을 내게 비추소서'라는 것이다." 그는 "다른 사람들은 자기가 원하는 대로 할지라도, '오직 나와 내 집은 여호와를 섬기겠노라'(수 24:15)고 말합니다. 그리스도인은 그리스도의 법 아래에서 살아갈 때에 가장 큰 자유를 느낍니다. 그리스도인은 자기 자신을 부인할 때에 가장 진실한 자기 자신이 되고, 주님을 기뻐하고 오직 하나님의 영광을 위하여 살아갈 때에 가장 큰 기쁨을 누리게 됩니다. 사랑하는 형제들이여, 이것이 여러분의 모습이라면, 여러분은 기쁨의 비밀을 이미 배운 것입니다.

본문에 대한 히브리어 원문을 직역하면, "내가 여호와를 **동일하게** 내 앞에 두었다"가 됩니다. 즉, 언제 어느 때나 늘 한결같이 여호와를 자기 앞에 모셨다는 의미입니다. 시편 기자는 밤중에 혼자 있는 때를 언급하면서, "밤마다 내 양심이 나를 교훈하였다"(시 16:7)고 말합니다. 왜냐하면, 그에게 하나님이 함께 하셨기 때문입니다. 아침에 그는 "내가 깰 때에도 여전히 주와 함께 있나이다"(시 139:18)라고 탄성을 지릅니다. 우리는 기도하거나 설교를 들을 때만이 아니라 일을 할 때에도, 경건의 일들을 할 때뿐만 아니라 휴식하고 놀 때에도, 죽음의 순간만이 아니라 건강할 때에도, 모든 상황 속에서 늘 한결같이 여호와를 우리 앞에 모시고 살아가야 합니다. 여러분이 하나님의 임재가 없는 곳으로 가거나 하나님이 허락하지 않으신 일을 함으로써 하나님과의 사귐의 끈을 끊어 버린다면, 그 끊어진 끈은 다시 회복될 수는 있지만, 그 흔적은 영원히 남게 될 것입니다. 여러분은 산책길에서 서류를 잃어버린 사람과 같습니다. 여러분은 다시 되돌아가서 그 서류를 찾을 수 있을지는 모르지만, 동일한 길을 따라 다시 되돌아가기는 무척 어렵습니다. 그리고 되돌아간 후에, 다시 그 길을 따라 나아가기도 어렵습니다. 천국으로 가는 길 중에서 가장 어려운 일은 한 구간을 세 번씩이나 다시 밟아야 한다는 것입니다. 즉, 여러분은 처음에 그 구간을 별 생각 없이 걸어서 통과했는데, 깜빡 하고 잃어버린 것들을 다시 찾아오기 위해서 울면서 그 구간을 되돌아가야 하고, 이번에는 세 번째로 그 구간을 다시 가야 함과 동시에 허비해 버린 시간을 보충해야 한다는 것입니다. 잘못된 길로 가면 불행을 만나게 되지만, 하나님과 동행하면 평안이 강물처럼 끊임없이 밀려오게 됩니다. 사랑하는 친구들이여, 여기에 지극히 복된 삶을 살아갈 수 있는 비결이 있습니다. 한 번 시도해 보십시오. 그러면 그 결과는 확실합니다.

2. 둘째로, 두 번째 비밀은 하나님의 임재를 늘 의지하는 것입니다.

행복한 삶의 두 번째 비밀은 첫 번째 비밀에 이어지는 것이기 때문에, 나는 이 두 번째 비밀에 대해서는 아주 간략하게 말씀드리겠습니다. 시편 기자는 하나님에 대한 신뢰를 이렇게 표현합니다: "그가 나의 오른쪽에 계시므로 내가 흔들리지 아니하리로다." 이 말씀 속에는 하나님이 우리 가까이 계신다는 신뢰가 담겨 있습니다. 이것은 하나님이 우리를 사랑하신다는 신뢰입니다. 하나님은 단지 우리 가까이 계실 뿐만 아니라 우리를 친구로 여기셔서 우리와 교제하시기 때문입니다. 이것은 하나님이 실제적으로 우리를 도우실 것이라는 신뢰입니다. 왜냐하면, "오른손"(한글개역개정에는 "오른쪽"으로 되어 있음)은 실제로 일을 할 때에 사용하는 손인 까닭에, 이 표현은 하나님이 자기 백성 가까이에 계셔서, 실제로 그들을 도우셔서, 그들을 붙들어 주시고 환난에서 건져 주신다는 의미를 담고 있기 때문입니다. 하나님이 우리의 오른쪽에 서 계셔서, 무슨 일에서든지 우리를 돌보실 것이기 때문에 우리가 두려워할 것은 아무것도 없다는 것을 아는 것은 얼마나 복된 일이겠습니까!

다윗, 아니 다윗의 입을 빌려 그리스도께서는 "내가 흔들리지 아니하리로다"라고 말씀하십니다. 이것은 무엇보다도 먼저 "과거의 일들로 인한 후회나 자책으로 흔들리는 일이 없을 것"이라는 말입니다. 형제들이여, 우리가 하나님을 우리 앞에 항상 모시고 살아왔다면, 우리는 조용히 앉아서 지난날에 우리가 걸어온 길들을 묵상할 때에 후회나 자책이 없을 것입니다. 자기가 하나님의 면전에서 행하는 것처럼 살아왔다는 것을 아는 사람은 자기가 아에 태어나지 않았더라면 좋았을 것이라고 생각하지 않을 것입니다. 반대로, 그는 자기가 걸어온 모든 길로 인해서 늘 하나님을 송축하게 될 것입니다. 그리스도께는 많은 질고(疾苦)들이 있었지만, 후회라는 것은 전혀 없었습니다. 주님의 삶은 어떤 삶이었습니까! 그는 지난날에 한 일을 되돌아보았을 때에 단 한 가지에 대해서도 결코 후회하신 적이 없으셨습니다. 모든 일이 하나님 앞에서 하나님과 동행하며 이루어진 일들이었기 때문에, 그는 흔들림이 없으셨습니다. 전에 한 숙녀분이 어떤 목사님에게 자기가 지금 극장에 있다고 하면서 이렇게 말하였답니다: "연극을 보는 것은 내게 정말 많은 즐거움들을 줍니다. 보러 가기 전에는 기대감에 부풀어서 즐겁고, 볼 때에는 그 연극을 즐기는 즐거움이 있으며, 보고 난 후에는 그 연극을 다시 떠올리며 회상하는 즐거움이 있습니다." 그러나 그 목사님은 "부인, 한 가지 즐거움을 빼먹으셨네요. 임종 때에 그 연극이 부인에게 줄 즐거움 말입니다"라고 대답했답니다. 이 풍자적인 일화는 우리가 눈여겨볼 필요가 있습니다. 나는 여러분이 하나님을 항상 여러분 앞에 모시고 살아가야 할 가장 큰 이유는 여러분이 늙고 병들어서 죽게 되었을 때에 여러분의 그런 삶을 되돌이켜 보고 회상할 때마다 그 삶이 여러분에게 즐거움과 위로가 되어 주리라는 것입니다. 하나님의 은혜로 말미암아 여러분이 끊임없이 하나님의 임재를 느끼며 늘 하나님과의 사귐이 있는 삶을 살아갈 수 있다면, 여러분은 자신의 삶을 헛살았다고 후회하고 자책하는 일이 없게 될 것입니다. 도리어, 여러분의 지난 삶을 되돌아볼 때마다 여러분에게는 즐거움이 가득하게 될 것입니다. 여러분의 죄가 그리스도의 피로 말미암아 이미 다 사함 받고 덮어진 것은 물론이고, 여러분은 늘 하나님의 임재를 모시고서 하나님을 경외하는 삶을 산 덕분에, 마귀의 수많은 올무로부터 안전할 수 있었다는 것을 알게 될 것입니다. 그래서 지난날의 삶을 회상할 때, 여러분은 쓰디쓴 자책감과 회한으로 흔들리는 일이 없을 것입니다. 우리가 지금 하고 있는 많은 일들에서 우리는 지금은 아주 지혜롭게 잘 행하고 있다고 생각하겠지만, 장래에 그 일들로 인해서 땅을 치고 통곡하게 될지도 모릅니다. 그러나 우리가 하나님의 임재를 항상 우리 앞에 모시고 살아간다면, 하나님이 우리의 모든 발걸음을 인도하실 것이기 때문에, 우리의 발걸음은 안전할 것입니다. 심지어 어떤 일에서 실수와 잘못을 한다고 할지라도, 여러분이 진심으로 하나님을 섬기고자 하였다면, 여러분은 그것이 여러분의 판단이 잘못된 것이었지 여러분의 마음이 잘못되었던 것은 아님을 알기 때문에 위로를 받게 될 것입니다.

사랑하는 여러분, 우리는 참된 경건의 길을 흔들리지 않고 변함없이 걸어가기 위해서도 하나님을 가까이하는 삶을 살아가는 것이 좋습니다. 신앙인들 중에서도 변덕스러운 삶을 사는 사람들이 많습니다. 그런 사람들은 오늘은 대세를 따라 하나님과 동행하는 삶을 살다가도, 내일이 되면 이내 그런 삶을 버리고 어그러진 길로 가서 방황하는 삶을 삽니다. 그러다가 그들은 다시 하나님께로 돌아오긴 하지만, 또 얼마 있다가는 속이는 활처럼 곁길로 새 버립니다. 그들은 르우벤처럼 "물의 끓음" 같이 번덕스러워서 "탁월하지 못합니다"(창 49:4). 우리 주님의 삶은 단절됨이 없는 하나의 연속된 조화로운 삶이었습니다. 우리는 주님의 위대한 삶 속에서 한결같은 단일함을 봅니다. 그 삶은 주님이 입으셨던 옷, 즉 "호지 아니하고 위에서부터 통으로 짠 것"(요 19:23)과 같았습니다. 형제들이여, 여러분이 하나님을 항상 여러분 앞에 모시고 살아간다면, 여러분은 흔들리지 않을 것이고, 여러분의 길은 아침에 떠올라서 점점 더 큰 빛을 발하여 정오에 이르는 하늘의 해와 같게 될 것입니다.

하나님을 우리 앞에 모시고 살아가면, 우리는 두려움과 공포로 흔들리는 일이 없게 됩니다. 성경은 믿는 자에 대하여 이렇게 말씀합니다: "그는 흉한 소문을 두려워하지 아니함이여 여호와를 의뢰하고 그의 마음을 굳게 정하였도다"(시 112:7). 믿는 자는 사람들을 혼비백산하게 만드는 두려움에도 흔들리지 않습니다. 큰 환난이 그에게 닥쳐올지라도, 그는 하나님을 자기 앞에 모시고 살아왔기 때문에 낙심하지 않습니다. 그는 주님처럼 극한 슬픔으로 인해서 잠시 요동이 있을지라도, 이내 "내가 두려워하는 날에는 내가 주를 의지하리이다"(시 56:3)라고 기도할 것이고, 그가 두려워한 일과 관련해서 응답을 받게 될 것입니다.

그런 사람은 유혹에 흔들려서 뜻밖의 죄에 빠지는 일이 없습니다. 하나님을 항상 우리 앞에 모시고 살아간다면, 우리는 갑작스러운 유혹에 휩쓸려서 시험에 빠지는 일이 없게 될 것입니다. 죄가 와서 여러분을 넘어뜨리는 것은 여러분을 지키시는 자로부터 떨어져 있을 때입니다. 여러분이 분별없이 말하거나, 갑자기 화를 내거나, 그리스도인으로서의 여러분의 삶이 엉망진창이 되었다면, 그것은 모두 여러분의 눈이 주님에게서 떠나 있었기 때문입니다. 만일 여러분이 항상 주님을 바라보고 있어서, 시험이 오고 있는 것을 알 수밖에 없었다면, 여러분은 그 시험을 막아낼 수 있었을 것입니다. 만일 여러분이 하나님을 항상 여러분 앞에 모시고 살아왔다면, 여러분은 세상과 육신과 마귀의 공격에 늘 대비하고 있게 되었을 것이고, 악한 자의 온갖 불화살을 다 막아내었을 것입니다. 하나님 안에 거하십시오. 그러면, 하나님은 우리를 둘러싼 불로 된 성곽이 되어 주실 것입니다(슥 2:5). 하나님은 그 누구도 우리를 해하지 못하도록 순간순간마다 우리를 지켜 주실 것입니다. 하나님은 밤이나 낮이나 우리를 지켜 주실 것입니다.

여러분이 하나님을 항상 여러분 앞에 모시고 산다면, 여러분은 이리저리 흔들리는 삶을 살아서 여러분의 삶의 마지막에서 모든 것이 무너지는 일을 겪는 일이 없게 될 것입니다. 삶의 마지막 순간에 여러분이 구원 받지 못하였다는 것이 드러난다면, 여러분은 경악하며 이루 말할 수 없는 두려움에 사로잡히게 될 것이 틀림없습니다. 여러분은 분명히 회심했다고 생각했는데 그것이 사실이 아니었다는 것이 밝혀진다면, 그 날에 여러분에게 임할 두려움이 어떠하겠습니까? 거짓된 소망의 거품이 다 꺼져 버린다면, 여러분은 그 날에 속수무책이 되고 말 것입니다. 그러나 여러분이 하나님을 항상 여러분 앞에 모시고 산다면, 여러분은 그런 두려움으로 인해서 흔들리는 일이 없을 것입니다. 왜냐하면, 여러분은 여러분을 속량하신 분이 늘 살아 계신다는 것을 알게 될 것이기 때문입니다. 여러분은 하나님의 임재를 알고서, 육신을 벗어버릴 여러분의 영혼을 신실하신 창조주이신 하나님께 맡기게 될 것입니다. 여러분은 죽는 것을 두려워하지 않을 것입니다. 왜냐하면, 예수께서 말씀하신 것처럼, "나의 마음이 기쁘고 나의 영도 즐거워하며 내 육체도 안전히 살리니 이는 주께서 내 영혼을 스올에 버리지 아니하시며 주의 성도를 멸망시키지 않으실 것임이니이다"(시 16:9-10)는 약속이 그대로 이루어질 것이기 때문입니다. 그래서 여러분도 이렇게 말하게 될 것입니다: "주께서 내 영혼을 스올에 버리지 아니하실 것이기 때문에 내 육체도 안전히 살리니, 내가 비록 나의 육체의 썩음을 볼지라도, 나는 내 주님을 닮은 썩지 않은 형상으로 다시 살아나리라. 왜냐하면, 내 가죽이 벗김을 당하고 구더기가 내 육체를 멸한다고 할지라도, 장차 내가 육체 안에서 내 눈으로 직접 하나님을 볼 것이기 때문입니다." 이렇게 하나님 안에 거하고 하나님의 능력을 의지하는 삶, 하나님을 우리의 오른쪽에 모시고 살아가는 삶, 우리를 흔들리지 않게 해주는 잔잔한 신뢰 속에 거하는 삶이 우리에게 주는 기쁨을 우리가 어떻게 말로 다 표현할 수 있겠습니까!

이제 나는 네 가지만 잠깐씩 짚어보는 것으로 말씀을 끝맺고자 합니다. 첫 번째로, 여러분 중에서 불행한 사람들에게 한 말씀 드립니다. 여러분 중에서 어떤 사람들은 그리스도인들이 아니라 완전히 세상에 속한 사람들입니다. 여러분이 불행하다면, 여러분 자신을 불행하게 만드는 수많은 이유들이 여러분에게 있는 것이라고 나는 감히 말할 수 있습니다. 여러분은 마음 내키는 대로 여러분 자신을 즐기고 있는 것입니다. 여러분이 세상에서 즐기는 것 중에서 가장 해로운 것은 여러분 자신을 즐기는 것입니다. 나는 나 자신을 즐기는 것보다는 다른 사람들을 즐겁게 해주는 것을 더 잘 할 수 있습니다. 여러분 자신을 즐기려면, 여러분에게는 아주 타락한 성품이 있어야 합니다. 왜냐하면, 이기심은 더럽고 탐욕스러운 것이어서, 뱀과 같이 티끌이나 먼지를 자신의 양식으로 삼게 되어 있기 때문입니다. 여러분이 세상적인 삶 속에서 즐거움을 발견하겠다고 생각한다면, 나는 여러분에게 그런 삶을 아주 철저하게 실험하였던 한 사람을 소개해드리고자 합니다. 그 사람은 저 옛적의 솔로몬입니다. 솔로몬은 마음이 원하는 만큼의 온갖 부를 지녔고 두뇌의 용량이 허용하는 한에서 모든 지혜를 다 쓸어 담았지만, 가련하고 어리석은 사람이었습니다. 그는 기쁨을 찾아서 온 세상을 샅샅이 다 뒤졌지만, 그 어디에서도 기쁨을 발견할 수 없었습니다. 한때 그는 건축에 몰두해서 굉장한 궁전들을 지었습니다. 그런데 그런 궁전들을 다 짓고 나서, 그는 "헛되고 헛되니 모든 것이 헛되도다"(전 1:2)라고 말했습니다. 이번에는 그는 온갖 책들을 모아서 아주 열심히 연구했지만, 오랜 시간 동안 책들을 보며 연구한 끝에 그가 한 말은 "많은 책들을 짓는 것은 끝이 없고 많이 공부하는 것은 몸을 피곤하게 하느니라"(전 12:12)는 것이었습니다. 이번에는 그는 노래하는 자들을 불러다 놓고 연회를 열어 흥청망청 유흥을 즐기는 일을 시도했는데, 이런 일은 왕들이 통상적으로 즐기던 즐거움들이었습니다. 그러나 그가 이런 식으로 인간의 본성을 만족시켜 줄 가능성이 많았던 이런 일을 통해서 자기 자신을 즐긴 후에 한 말은 "헛되고 헛되니 모든 것이 헛되도다"라는 말이었습니다. 이번에는 그는 동산들을 만들고 거기에 온갖 꽃과 식물들을 심고, 수로들을 놓고, 여러 기술들을 동원해서 공사들을 행하였습니다. 그는 이렇게 어리석은 자들이 즐기는 즐거움들에 빠졌다가, 이내 지혜로운 자가 추구하는 좀 더 고상한 일에 열심을 냈습니다. 그는 학문에 정진할 때도 있었고, 유흥을 즐길 때도 있었습니다. 그는 모든 일을 다 해보았고, 세상의 모든 즐거움이 보기에는 좋아보여도 손에 쥐면 재로 변해 버리는 소돔의 사과들처럼 속이는 것들이라는 것을 발견하였습니다. 여러분이 아무리 샅샅이 뒤져보아도, 하늘 아래에 있는 것들이나 하늘 위에 있는 것들이나 그 어떤 것도 하나님을 떠나서는 사람을 행복하게 해줄 수 없습니다. 하나님을 떠나서는 여러분은 지옥을 만들 수는 있지만, 천국을 만들 수는 없습니다. 이제 어느 쪽이든 여러분이 선택하시기 바랍니다! 내가 불행한 자에게 간곡히 부탁드립니다. 당신이 이 세상에서 살아가는 것에 지쳐서 모든 것이 싫어지고 염증이 난다면, 그리고 여러분이 나이가 채 40도 되지 않았는데 벌써 노랗게 말라비틀어진 가을날의 낙엽처럼 되어 있다면, 그 노란 낙엽을 푸른 잎으로 만들어 줄 수 있는 비결이 있다는 것을 기억하십시오. 당신이 하나님을 항상 당신 앞에 모시고 살아가기만 한다면, 당신은 하나님 안에서 평안을 발견하게 될 것입니다.

두 번째로, 나는 자기는 이 세상에서 더할 나위 없이 행복하다고 생각하는 사람들에게 한 마디 하겠습니다. 먼저 나는 그런 당신을 시기하는 것이 아니라는 것을 말씀드리고자 합니다. 여전히 나는 당신이 콧노래를 부르며 이 세상이 당신에게 얼마나 지극한 행복을 주는지를 얘기하는 것을 듣는 것을 좋아합니다. 그렇지만 나는 당신의 그 동화 같이 아름다운 궁전이 얼마나 허약한 기둥들 위에 세워져 있는지를 눈여겨보시라고 말씀드리고자 합니다. 그 궁전의 토대를 이루고 있는 것은 당신이 건강하다는 것입니다. 즉, 당신의 육체가 강건하기 때문에, 당신에게 이 세상은 즐거운 것입니다. 그러나 당신이 병이 들었다고 가정해 보십시오. 또는, 머지않아 흰 머리카락이 많이 늘어서, 당신이 백발이 되었는데도, 과연 이 세상이 당신에게 여전히 오직 즐거운 곳만 되겠습니까? 또는, 당신의 재산이 날개를 단 듯이 다 날아가 버린다면, 그래도 당신은 즐겁겠습니까? 또는, 당신이 심판 날에 하나님 앞에 섰다면, 그때에도 여전히 당신은 즐겁겠습니까? 제발 부탁입니다. 그런 허약한 토대를 의지하지 마십시오. 그런 토대는 당신의 영원한 소망들을 두기에 적합하지 않습니다. 당신은 바닷가 모래사장에서 모래로 작은 집을 짓고 있는 아이와 같습니다. 밀물 때가 되어서 바닷물이 밀려들어오면, 아이는 자기가 모래로 지은 집을 버리고 바닷물을 피해 달아납니다. 당신이 거대한 돌들로 영원하고 행복한 궁전 같은 집을 지어도 결코 무너지지 않게 해줄 수 있는 그런 반석이 계십니다. 거기로 가셔서, 그 반석 위에 집을 지으십시오!

　세 번째로, 그리스도인들이신 여러분 중에 불행한 분이 계신다면, 나는 당신에게 다음과 같은 시험을 해 보시라고 말씀드리고 싶지만, 내가 당신을 대상으로 그런 시험을 직접 할 수는 없기 때문에 당신을 성령의 손에 맡깁니다. 당신이 하나님께 가까이 나아간다면, 당신은 한여름의 날들이 긴 것처럼 그렇게 오래도록 행복하게 될 것입니다. 당신의 의심과 두려움들은 멀리 달아나게 될 것이고, 공중의 새들처럼 즐거워하게 될 것입니다.

　마지막으로, 행복한 그리스도인들이여, 밝은 눈과 경쾌한 발걸음을 지닌 당신은 하나님께 한층 더 가까이 나아가서 하나님과의 더 온전한 사귐 속에 거한다면, 더욱더 행복해질 수 있을 것입니다. 당신은 이미 "순례지의 길은 얼마니 행복한 길인가"라고 노래하고 있긴 하지만, 하나님의 뜻에 더 순종하고 순복하며, 주님의 마음을 더 알고, 아버지 하나님과의 더 풍성한 사귐 속에 거한다면, 더욱 행복하고 복된 자가 될 것입니다. 이것이 이 아래 세상에서의 천국입니다! 하나님께서 그리스도로 말미암아 이 천국을 여러분에게 허락하시기를 빕니다. 아멘.

제
13
장

—

기이한 사랑

—

"주의 기이한 사랑을 나타내소서" — 시 17:7

하나님의 백성은 환난 날에 어디로 가야 위로를 받고 건짐을 받을 수 있는지를 압니다. 하나님의 가르침을 받은 그들은 자신들을 위해서 물을 담을 수 없는 "터진 웅덩이들"(렘 2:13)을 만들지 않고, 영원히 흐르는 샘이자 원천(源泉)이신 하나님께로 나아가서, 거기에 엎드려 배불리 물을 마십니다. 다윗은 이 시편을 썼을 당시에 분명히 아주 큰 고통 중에 있었기 때문에, "하나님이여 내게 응답하시겠으므로 내가 불렀사오니 내게 귀를 기울여 내 말을 들으소서"(시 17:6)라고 기도합니다. 다윗이 필요로 했던 것은 자신의 하나님이었습니다. 와츠(Watts) 박사는 이것을 이렇게 표현합니다:

> "하나님이 가장 어두울 때에 나타나시는 것이라면
> 동터오는 것은 내게 시작되었네.
> 하나님은 내 영혼의 달콤한 새벽별,
> 하나님은 나의 떠오르는 해이시네."

하나님이 신자들을 통상적으로 대하시든 이례적으로 대하시든, 신자들은 그 둘 모두로부터 위로를 얻습니다. 왜냐하면, 그들은 통상적인 것이든 이례적인 것이든 그 둘 모두를 하나님의 사랑으로 여기기 때문입니다. 나는 한 선한 자매에 관한 얘기를 들은 적이 있습니다. 한 친구가 그녀에게 하나님이 자기에게 아주 큰 은혜를 베푸신 것에 대하여 얘기하고 나서, "이 일은 너무 놀랍지 않니?"라고 물었답니다. 그러자 그녀는 "아니, 그 일은 놀랍지 않아. 바로 그것이 하나님의 모습이니까"라고 대답했답니다. 나는 그녀가 전하고자 했던 하나님의 저 위대한 진리를 인정함과 동시에 그녀의 용서를 바라면서, 이렇게 말하고자 합니다. 나는 그 일이 "바로 하나님의 모습"이라는 것이 너무나 놀랍다고 말입니다. 이례적인 사랑의 경이로움은, 하나님은 너무나 이례적이고 특별한 사랑을 아주 통상적이고 평범한 것으로 만드신다는 것입니다. 즉, 하나님은 우리에게 "기이한 사랑"을 주시면서도, 그 사랑을 너무나 자주 베푸시기 때문에, 그 사랑은 일상적인 복이 되어 있는데도 여전히 기이한 사랑으로 남는다는 것입니다. 사람들은 그러한 기이한 사랑들을 몇 번 보고나면, 그것을 경이롭다고 찬탄하기를 그칩니다. 어떤 건물을 아무리 값비싼 고급 재료들을 사용해서 지었고, 그 건축 양식이 너무나 희귀한 것이라고 해도, 그 건물을 자주 보다 보면, 사람들은 어느새 그런 것을 느끼지 못하게 됩니다. 그러나 하나님의 놀라운 역사(役事)들은 결코 여러분을 질리거나 물리게 하지 않습니다. 여러분이 몽블랑 산을 보시거나, 나이아가라 폭포를 서서 감상한다고 해봅시다. 여러분이 그 놀랍고 기이한 것들을 아무리 보아도 여전히 경이로움을 느끼게 됩니다. 사람들은 누구나 다 저 망망한 대양(大洋)의 모습이 시시각각으로 변하며 동일한 모습은 두 번 다시 오지 않는다는 것을 압니다. 대양 가까이 살면서 매일 매시간 그 대양을 바라보는 사람들은 매번 저 깊은 바다에서 하나님의 경이로운 역사(役事)들을 봅니다.

　　하나님이 날마다 우리에게 복 주시는 것은 우리에게 큰 위로가 되는 일입니다. 하나님의 통상적인 섭리들은 우리를 매료시킵니다. 본문의 바로 앞에서 시편 기자는 이렇게 말합니다: "'하나님이여 내게 응답하시겠으므로 내가 불렀사옵나이다'(시 17:6). 나는 주께서 응답하시리라는 것을 압니다. 왜냐하면, 내가 주께 구하고자 하는 복은 내가 늘 주로부터 받아왔던 것이기 때문입니다. 나는 주께서 내 말을 들으실 줄을 압니다. 왜냐하면, 주께서는 과거에 늘 내 말을 들어주셨기 때문입니다. 나의 간구를 들으시고 내 기도에 응답하시는 것은 주께서 늘 해오신 일입니다." 나는 우리도 이 시편 기자와 동일한 방식으로 하나님께 호소할 수 있게 되기를 소망하지만, 아울러 하나님의 백성은 하나님이 자신들에게 베푸시는 긍휼들이 이례적인 것이라는 사실로부터도 동일한 위로를 얻습니다.

그들은 하나님께서 자신들에게 그의 "기이한 사랑"을 보여주서서, 자신들로 하여금 그 사랑의 통상적인 모습만이 아니라 경이로운 모습도 볼 수 있게 해주시라고 호소합니다. 그들은 자신들로 하여금 하나님의 긍휼로 인한 이적들, 하나님의 차고 넘치는 사랑과 인자하심의 역사(役事)들을 보게 해주시라고 호소합니다. 나는 사도 바울이 "그가 모든 지혜와 총명을 우리에게 넘치게 하신 … 그의 은혜의 풍성함"(엡 1:7-8)과 "그리스도 예수 안에서 우리에게 자비하심으로써 우리에게 나타내신 그 은혜의 지극히 풍성함"(엡 2:7)이라 부른 것에 대하여 말하고자 할 때에, 어떤 말들을 사용해서 그것을 표현해야 좋을지를 알지 못합니다.

그래서 나는 하나님의 사랑의 이례적인 측면에 집중해서, 본문을 하나의 기도로 사용하여, 다윗의 언어로 하나님께 "주의 기이한 사랑을 나타내소서"라고 기도하기를 원합니다. 사람은 종종 하나님이 통상적인 질서를 뛰어넘는 역사(役事)를 행하시지 않으시면 자기는 영락없이 죽게 될 것이라고 느끼는 상태에 처하게 됩니다. 그가 지금 하나님의 이례적인 은혜가 자기에게 나타나지 않는다면 자기는 모든 것이 끝나게 되는 그런 궁지에 몰려 있습니다. 그런 궁지에 몰린 형제는 하나님이 자기에게 이례적인 은혜를 베풀지 않으실 것이라고 생각할 수 있습니다. 그는 뭔가 "기이한" 일이 자기에게 일어나야 한다는 생각에 괴로워할 수 있습니다. 지금 나는 그러한 불신앙의 반응을 해결하기 위해서 여러분에게 말씀을 전하고자 하는 것입니다.

1. 첫째로, 하나님의 모든 사랑은 기이하다는 것입니다.

하나님이 조금만 긍휼을 베푸셔도, 그것은 이적이 됩니다. 하나님이 죄악된 인류를 멸망시키지 않으시는 것 자체가 놀라운 긍휼입니다. 우리가 어떤 존재인지, 그리고 우리가 무슨 짓을 해왔는지를 생각해 보면, 비록 우리가 극심한 가난 속에, 또는 중병에 걸려서 살아 있는 것이라도 해도, 여러분과 내가 목숨을 부지하고 있다는 것 자체가 너무나 "기이한" 일입니다. 이 "기이한" 일이 어찌된 일인지에 대한 설명이 말라기에 나옵니다: "나 여호와는 변하지 아니하나니 그러므로 야곱의 자손들아 너희가 소멸되지 아니하느니라"(말 3:6). 만일 하나님이 인간들과 같이 변덕스러운 분이었다면, 하나님은 진작 우리 모두를 다 해치워 버리셨을 것입니다. 그러나 하나님은 은혜로우시고 노하기를 더디하시는 분이신 까닭에(출 34:6) 우리에 대하여 아주 오래 참으시는 것입니다. 우리가 하나님에게서 아주 조금이라도 긍휼을 받는다면, 그것은 정말 너무나 놀랍고 경이로운 일이지만, "사랑"이라는 이 복된 단어가 의미하는 모든 것 ― 그것은 온갖 종류의 달콤한 것들과 향기들이 혼합되어서 하나의 절대적으로 완전한 향을 만들어 내는 그런 것입니다 ― 을 생각해 보고, "사랑"이라는 단어의 의미를 곰곰이 곱씹어보면, 우리는 그 단어가 나타내는 것은 "기이한" 것임을 알게 될 것입니다.

무엇보다도 먼저, 그 "사랑"은 아주 오래된 것이기 때문에 기이합니다. 하나님께서 창세 전부터 사람에 대하여 사랑을 지니고 계셨다는 것, 택하심의 언약, 구속(救贖)의 계획, 속죄의 계획이 그때부터 있었다는 것, 하나님의 마음속에 인간이라는 이상한 존재를 향한 영원한 사랑이 있었다는 것은 참으로 기이한 일일 수밖에 없습니다. "사람이 무엇이기에 주께서 그를 생각하시며 인자가 무엇이기에 주께서 그를 돌보시니이까"(시 8:4). 우리는 "옛적에 여호와께서 나에게 나타나사 내가 영원한 사랑으로 너를 사랑하기에 인자함으로 너를 이끌었다 하였노라"(렘 31:3)는 말씀을 눈물 없이는 읽을 수 없습니다. 이 말씀이 바로 여러분을 두고 하신 말씀이라는 것을 여러분이 아신다면, 그것이 "기이한 사랑"인지 아닌지를 내게 말해 보십시오. 하나님의 마음은 우리 중 어느 한 사람의 운명, 또는 우리 모두의 운명을 전부 합한 것보다 무한히 큰 일들에 관한 생각들로 차 있습니다. 그런 하나님이 영원 전부터 우리를 사랑하셔서 우리에 대하여 생각하시기를 기뻐하셨고, 우리의 이름을 자신의 손과 마음에 새겨놓으시기를 기뻐하셨으며, 우리에 대한 생각을 끊임없이 늘 해오시기를 기뻐하셨는데, 그 이유는 하나님이 "인자들을 기뻐하셨기"(잠 8:31) 때문입니다. 하나님께서 이렇게 영원 전부터 우리에 대한 사랑을 품고 계셨다는 것은 참으로 "기이한 사랑"이 아닐 수 없습니다.

다음으로, 이 사랑은 누구에게나 열려 있다는 점에서 기이합니다. 아무리 가난한 사람에게도, 글자를 전혀 읽지 못하는 까막눈에게도, 보잘것없고 비천한 사람에게도, 아주 극악무도한 죄를 지은 사람에게도 하나님의 사랑은 열려 있습니다. 바울이 이것에 대하여 쓴 것을 기억하십시오: "형제들아 너희를 부르심을 보라 육체를 따라 지혜로운 자가 많지 아니하며 능한 자가 많지 아니하며 문벌 좋은 자가 많지 아니하도다 그러나 하나님께서 세상의 미련한 것들을 택하사 지혜 있는 자들을 부끄럽게 하려 하시고 세상의 약한 것들을 택하사 강한 것들을 부끄럽게 하려 하시며 하나님께서 세상의 천한 것들과 멸시 받는 것들과 없는 것들을 택하사 있는 것들을 폐하려 하시나니 이는 아무 육체도 하나님 앞에서 자랑하지 못하게 하려 하심이라"(고전 1:26-29). 와츠(Watts) 박사는 이것을 이렇게 표현하고 있습니다:

"영원하신 이가 하늘을 떠나서
이 땅을 찾아오실 때
오만한 왕들의 궁전은
외면하시며 멸시하시고

자신의 장엄한 병거를 타시고
하늘에서 미끄러지듯 내려오셔서
모든 겸손한 영혼을 찾아오시는데
그의 눈에는 기쁨이 가득하네."

하나님의 선택은 기이합니다! 나는 하나님께서 자신의 택하신 자들을 사랑하시는 그 사랑에 대해서 본문에 나온 것처럼 "주의 기이한 사랑"이라는 말보다 더 좋은 말을 찾을 수 없습니다.

"우리 속에 존중받을 만한 것이나
창조주를 기뻐하시게 할 만한 것이 있나요.
그런데도 하나님은 우리를 사랑하셨습니다.
이것은 오직 하나님의 기쁘신 뜻을 따라 된 것이니
우리가 영원히 찬송하는 것이 마땅합니다."

이 놀라운 긍휼에 대해서는 시편 기자가 말한 대로 "기이한 사랑"이라는 말 밖에는 우리가 다른 말로는 설명할 수 없습니다.

"하나님의 사랑이 영원 전부터 우리에게 있어서
그 활활 타오르는 불꽃이 밖으로 터져 나왔을 때
하나님은 그 사랑의 줄로 우리 각 사람을 묶어서

우리로 그의 큰 이름을 사랑하게 하셨네.”

그러므로 사랑하는 여러분, 하나님의 사랑이 영원 전부터 있었다는 것, 그리고 그 사랑이 누구에게나 열려 있다는 것을 생각하십시오. 그러면, 반드시 여러분은 경이로움에 사로잡혀 하나님을 찬양하게 될 것입니다.

또한, 하나님의 이 사랑은 자기 자신을 희생하는 사랑이라는 점에서 기이합니다. 하나님이 인간에게 자신의 마음을 두시고, 창세 전에 자기 백성을 택하셨을 때, 하나님은 자기 자신을 내어주셔야 했습니다. 그렇습니다. 하나님은 우리에게 이 세상과 자신의 섭리와 그 모든 복과 내세와 그 모든 영광을 주셨을 뿐만 아니라, 우리로 하여금 그 모든 것을 향유할 수 있게 하시기 위하여 우리를 위해 자기 아들을 죽게 하셔야 했습니다. 따라서 사도 요한이 “사랑은 여기 있으니 우리가 하나님을 사랑한 것이 아니요 하나님이 우리를 사랑하사 우리 죄를 속하기 위하여 화목 제물로 그 아들을 보내셨음이라”(요일 4:10)고 쓴 것은 지극히 당연한 일이었습니다. 그리스도께서 우리가 의로울 때에 우리를 위해 죽으신 것이 아니었습니다. 성경은 “의인을 위하여 죽는 자가 쉽지 않고 선인을 위하여 용감히 죽는 자가 혹 있거니와 우리가 아직 죄인 되었을 때에 그리스도께서 우리를 위하여 죽으심으로 하나님께서 우리에 대한 자기의 사랑을 확증하셨느니라”(롬 5:7-8)고 말씀하고, “우리가 아직 연약할 때에 기약대로 그리스도께서 경건하지 않은 자를 위하여 죽으셨도다”(롬 5:6)라고 말씀합니다. 이사야 선지자는 오래 전에 이 신비에 대하여 “여호와께서 그에게 상함을 받게 하시기를 원하사 질고를 당하게 하셨은즉”(사 53:10)이라고 기록했습니다. 여러분은 자신의 자녀를 사랑하기 때문에 그 자녀 중 한 명을 잃는다면, 그것은 죽는 것보다 더 고통스러울 것입니다. 이것을 생각해 보면, 여러분은 아버지 하나님께서 자신의 독생자를 죽음에 내어주셔서 그로 말미암아 여러분을 살게 하고자 하셨을 때에 여러분을 향한 아버지 하나님의 사랑이 어떠한 것이었을지를 조금은 깨달을 수 있으실 것입니다. 사랑하는 친구들이여, 하나님의 이 위대한 진리를 깊이 묵상하십시오. 내 입술로는 그 경이로움들을 다 표현할 수가 없기 때문에, 그 진리를 깊이 묵상하는 가운데에, 여러분을 그 진리의 높이와 깊이와 너비를 깨닫게 해주시라고 성령께 구하십시오. 하나님의 이 사랑이 영원 전부터 시작되었다는 것, 그의 구속 받은 자들을 향한 특별한 사랑이었다는 것, 자신의 독생자를 내어주신 철저히 자기희생적인 사랑이었다는 것을 생각할 때, 여러분은 "그 사랑은 정말 '기이한 사랑'이로구나"라고 말하지 않을 수 없을 것입니다.

다음으로 살펴볼 것은 이 사랑은 변치 않는 사랑이라는 점에서 기이하다는 것입니다. 어떤 이가 다른 사람을 사랑하기 시작한다는 것은 그리 놀랍거나 경이로운 일이 아니지만, 멸시를 받고 퇴짜를 맞아도 여전히 그 사랑이 계속된다는 것은 놀랍고 경이로운 일입니다. 그리스도의 뜨거운 사랑이 오래지 않아서 질투로 변하고, 그 질투가 분노로 변했어야 하는데도 말입니다. 형제들이여, 우리가 그리스도가 누구신지를 알기도 전에, 그리고 그 알지 못한 이를 미워하고 있을 때, 우리가 우리에 대한 그리스도의 사랑을 아주 희미하게도 깨닫지 못하고, 도리어 그 사랑을 조롱하거나 적어도 무시하고 있을 때, 그리스도께서는 우리를 사랑하셨습니다. 그리스도께서는 그의 사랑이 우리를 움직여서 우리가 그를 사랑하게 될 때까지 계속해서 우리를 사랑하셨습니다. 그러나 그후에도 우리의 태도는 어떠하였습니까? 여러분은 여러분에 의해서 마땅히 사랑받으셔야 될 이에 대하여 여러분이 대해 오신 것에 만족하십니까? 여러분은 여러분의 영혼의 신랑 되시는 이에 대한 여러분의 처신에 만족하십니까? 나는 여러분이 만족하지 못하고 계신다는 것을 압니다. 그렇지만 여러분의 뜨뜻미지근한 태도, 여러분이 또다시 잘못으로 빠져들고, 그의 이름을 욕되게 한 것, 여러분의 불신앙과 교만, 여러분이 그가 아니라 다른 것들을 사랑한 것에도 불구하고, 그는 여전히 여러분을 사랑하십니다. 여러분이 그와의 교제에서 멀어져 있는 지금에도, 그는 여러분에게서 그리 멀리 계시지 않습니다. 왜냐하면, 그는 여전히 "볼지어다 내가 문 밖에 서서 두드리노니"(계 3:20)라고 말씀하고 계시기 때문입니다. 그리스도께서는 여러분을 사랑하시고 계속해서 사랑하시며 여전히 사랑하십니다. 많은 물로도 그의 사랑을 끌 수 없고, 큰 물도 그의 사랑을 덮을 수 없습니다. 그 사랑은 정말 "기이한 사랑"입니다. 여러분은 "기이한"이라는 형용사 말고 그 사랑을 표현할 수 있는 더 좋은 수식어를 생각해 내실 수 있으시겠습니까? 나는 생각해 낼 수 없습니다. 그렇지만 나는 "기이한"이라는 수식어로도 우리의 모든 잘못을 품어주고 용납해 주는 이 너그러운 사랑의 경이로움을 온전히 표현할 수 없다는 것을 느낍니다. 그 사랑은 우리의 거절을 그대로 받아들여서 이젠 끝났다고 말하는 것이 아니라, 여전히 이렇게 말합니다: "내가 네게 장가 들어 영원히 살되 공의와 정의와 은총과 긍휼히 여김으로 네게 장가 들며 진실함으로 네게 장가

들리니 네가 여호와를 알리라"(호 2:19-20). 이 얼마나 놀랍고 비길 데 없고 유례가 없고 도저히 상상할 수 없는 무한한 사랑입니까! 사람의 언어로는 그 사랑을 적절하게 표현할 수 없기 때문에, 우리는 우리의 지각(知覺)으로는 도저히 이해할 수 없는 그 사랑 앞에서 잠잠하고 경탄할 수밖에 없습니다.

하나님의 사랑에는 기이한 독창성이 차고 넘친다는 점에서 우리는 거기에서 기이함을 느끼게 됩니다. 생각 같아서는, 나는 이 주제를 세세하게 하나하나 다 다루어서 영원히 이 주제에 머물고 싶습니다. 그렇지만 이 주제는 아무리 말해도 다 말할 수 없는 주제이기 때문에, 내가 그렇게 할지라도, 나는 하나님의 사랑의 경이로움을 십분의 일도 다 말하지 못할 것입니다. 그러나 어쨌든 하나님께서 그토록 독창적인 거룩한 사랑으로 우리를 사랑하신다는 것은 참으로 놀랍고 경이로운 일입니다. 우리는 하나님의 사랑을 이런저린 방식으로 늘 시험힐지라도, 하나님은 늘 우리의 유익을 위하여 뭔가를 생각하고 계시는 것으로 보입니다. 우리에게 뭔가 새로운 필요가 드러날 때마다, 그것은 오직 새롭게 은혜를 공급받을 기회가 생긴 것일 뿐입니다. 우리에게 뭔가 새로운 죄가 드러날 때마다, 그것은 오직 예수의 죄 사하시는 피로 씻음을 받을 기회가 생긴 것일 뿐입니다. 우리가 새로운 난관들이나 어려움들에 봉착하였다면, 그것은 오직 하나님으로부터 새로운 도우심을 받을 기회가 생긴 것일 뿐입니다. 나는 천국으로 가는 나의 길을 진행하면 할수록, 우리가 도달할 그 길의 종착지에 대해서만이 아니라 그 길 자체에 대해서도 더욱더 경이로움과 찬탄을 감출 수 없습니다. 「천로역정」의 저자인 존 번연(John Bunyan)은 "오, 기이한 일들로 가득한 세계여! 나는 이 말 밖에는 할 말이 없습니다"라고 말하였습니다. 사람들은 오늘날에도 세상은 진부하고 인생 속에는 그 어떤 기쁨도 없고 즐거움을 줄 만한 새로운 것도 없다고 말합니다. 아, 내가 다른 것은 잘 모르지만, 사람들은 소설이나 희곡이 흥미 있다고 말합니다. 사람들은 뭔가 새로운 흥밋거리를 찾아서 온 세상을 돌아다녀야 하고, 오늘날 많은 사람들은 새로운 즐거움을 만들어 낸 사람에게 거액의 돈을 준 티베리우스 황제와 같습니다. 그런데 사실, 그 새로운 즐거움이라는 것은 슬프게도 새로운 악덕(惡德)이거나 악덕을 실행하는 새로운 방식을 의미할 뿐입니다. 그러나 우리가 그리스도와 동행할 때에 세상의 온갖 현자들과 어울려 돌아다닐 때보다도 더 많은 기이한 일들을 경험하게 됩니다. 우리가 천국으로 가는 길에 1센티미터만 발을 디뎌놓아도, 불신자들이 통상적으로 걸어가는 길들을 다 합쳐놓은 것보다도 더 많은 기이한 일들을 경험하게 됩니다. 사람들은 자신들이 누리는 기쁨들을 "생명"이라는 이름으로 부르고, "생명을 알아야" 한다고 말합니다. 그러나 사도 요한은 "아들이 있는 자에게는 생명이 있고 하나님의 아들이 없는 자에게는 생명이 없느니라"(요일 5:12)고 우리에게 말합니다. 즉, 불신자들은 죽은 자들이라는 것입니다. 죽은 자는 썩게 되어 있고, 거기에는 여러 가지 많은 벌레들이 꼬입니다. 납골당들이 여기저기 있고, 썩는 것과 관련해서 여러 가지 과정들과 방법들이 있으며, 사람이 공동묘지에서 배울 수 있는 것이 있습니다. 사람들은 자기 마음대로 그것을 생명이라고 부릅니다. 그러나 그들이 십자가 위에 달리신 그리스도를 단 한 번 보기만 한다면, 그들은 자기들이 그때까지 눈이 멀어 있었다는 것을 알게 될 것입니다. 그들이 하나님의 사랑을 알기만 한다면, 그들은 병실에서 뼈마디가 다 쑤셔서 잠을 이루지 못해 긴 밤을 지새운다고 하여도, 그 사랑을 기뻐하게 될 것입니다. 그들은 심지어 자신의 아내와 자녀와 형제가 죽음을 맞이하게 된 때에도 그 사랑을 깨닫게 될 것입니다. 그들은 허기를 채워줄 음식이 한 상 가득히 차려져 있을 때와 추위를 막아줄 옷을 얻게 되었을 때와 일반 섭리로 인한 온갖 통상적인 복들을 받았을 때에만 하나님의 사랑을 느끼는 것이 아니라, 낙심되고 힘이 빠질 때와 결핍되었을 때와 온갖 십자가와 상실을 경험할 때에도 하나님의 사랑을 느끼고서, 변함없이 이렇게 말하게 될 것입니다: "이 모든 것은 나를 가장 유익하게 하기 위한 것이야. 모든 것이 내게 맡겨져서 내가 최선을 다해 했을 때보다도 이 모든 것이 훨씬 더 좋아. 하나님의 사랑은 얼마나 '기이한 사랑'인가." 나는 우리가 천국에 이르렀을 때에 저 영광의 땅에서 일어나는 기이한 일들 중의 하나는 우리가 걸어온 길을 되돌아볼 수 있다는 것이라고 믿습니다. 하나님께서 우리를 이끌어 오신 길을 되돌아볼 때에 우리는 기이함을 느끼게 될 것이고, 그때에 우리의 찬송가 가사처럼 이렇게 외치게 될 것입니다:

> "나는 너무나 놀라 큰 기쁨으로 노래하리.
> 하늘로부터 임한 하나님의 사랑을."

　　나는 오늘 설교의 첫 번째 대지를 이쯤해서 마치면서, 내가 지금까지 말씀드린 진리, 즉 자기 백성에 대한 하나님의 모든 사랑은 기이한 사랑이라는 것을 명심하시기를 다시 한 번 부탁드립니다.

2. 둘째로, 우리는 이 사랑을 보고자 하여야 합니다.

시편 기자는 "주의 기이한 사랑을 나타내소서"라고 말합니다. 우리는 하나님께 우리로 하여금 그 사랑을 보게 해주시라고 구하여야 합니다. 나는 우리가 그 사랑을 네 가지 방식으로 보아야 한다고 생각합니다.

첫째, 우리는 우리의 지성(知性)으로 그 사랑을 보고서 찬양하여야 합니다. 찬송 받으실 성령이시여, 우리를 도우셔서 우리로 하여금 우리 영혼에 대한 하나님의 사랑이 어떤 것인지를 보고 깨닫게 하여 주옵소서. 물론, 나는 어떤 사람들은 "주의 기이한 사랑을 깨닫게" 될 것이라고 성경이 말씀하고 있다는 것을 압니다. 주님, 나를 그러한 진정으로 지혜로운 자들 중의 한 사람이 되게 하여 주옵소서. 나를 지혜롭게 하셔서, 주의 섭리 자체는 물론이고 그 섭리의 목적과 의도도 보게 하여 주옵소서. 나를 지혜롭게 하셔서, 주께서 나의 패역함을 고치시기 위하여 주의 은혜를 어떻게 예비하신 것인지, 주께서 저로 하여금 나의 이 연약한 발로 이 미끄러운 길에서 실족하지 않고 가게 하시기 위하여 어떻게 나를 붙들어 주고 계시는지를 깨닫게 하여 주옵소서. 나의 삶 속에서 내가 도무지 이해할 수 없는 일들이 일어날 때에 거기에 종종 계시의 빛을 비쳐 주셔서, 주께서 왜 그런 일들을 행하셨는지를 내가 보고 알게 될 때까지 그 빛이 머물러 있게 하옵소서. "주의 기이한 사랑을 나타내소서." 사랑하는 친구들이여, 나는 우리가 한 사람의 삶이 보여주는 교훈들을 너무나 자주 무시하고 있지만, 사실은 우리의 마음이 충분히 조명을 받아서 각 사람의 삶 속에서 역사하시는 하나님의 손길을 깨닫게 되고, 그 손길을 통해서 하나님이 의도하신 것을 보게 되기만 한다면, 하나님의 자녀들 중에서 가장 평범한 사람 — 이를테면, 우리 주변의 도처에 있는 존, 메리, 토머스 등과 같은 사람들 — 의 삶 속에는 우리를 경이롭게 하고 경탄하게 만들기에 충분한 하나님의 사랑이 역사하고 있다는 것을 확신합니다. 하나님은 종종 복된 결과들을 만들어 내시기 위해서 우리가 보기에 이상한 수단들을 사용하십니다. 날카로운 도끼로 우리가 가장 소중히 여기는 나무들을 다 잘라내 버리기도 하시고, 회오리바람이나 토네이도(tornado)로 우리의 동산들을 황폐화시키거나, 우리의 밭들을 초토화시키기도 하십니다. 하나님께서 그렇게 하시는 것은 우리를 멸망의 도성에서 몰아내셔서, 도끼가 닿지도 않고 잎사귀가 결코 시들지도 않는 하늘의 도성으로 향하는 순례 길로 들어서게 하시기 위한 것입니다. 하나님이 우리를 다루시는 방식은 너무나 신비로워서, 우리에게는 뒤로 후퇴하는 것처럼 보이는 것이 사실은 앞으로 전진해 나아가는 것이 되고, 우리는 많은 슬픔들에 빠져 있는 것처럼 느껴서 괴로워하는데, 사실은 그것이 하나님이 우리에게 많은 복들을 부어 주시기 위한 과정이 되기도 합니다. 하나님의 역사(役事)는 이와 같이 기이하고 경이롭기 때문에, 하나님의 길이 우리에게 잘 이해되지 않는다고 해도, 우리가 본문을 따라 "주의 기이한 사랑을 나타내소서"라고 기도한다면, 우리는 하나님을 경배하게 만드는 경이로움에 충만하게 될 것입니다.

　본문의 기도가 지닌 두 번째 의미는 내가 주께 감사할 수 있도록, 주여, 주의 사랑을 내 마음에 나타내시라는 것입니다. "주여, 나는 주께서 나를 지극히 선하게 대해 오신 것을 압니다. 그러나 나는 나로 하여금 내가 주의 사랑을 받을 자격이 전혀 없는 자였다는 것을 보게 하셔서, 나에 대한 주의 선하심이 얼마나 지극히 큰 것이었는지를 내 마음에 보여주시기를 기도합니다." 시간이 날 때에 종종 조용히 앉아서, 우리 자신의 모습을 회개하는 마음으로 성찰하는 가운데 하나님이 우리를 어떻게 사랑해 오셨는지를 하나하나 묵상하는 것은 매우 유익한 일입니다. 여러분이 그렇게 하신다면, 여러분의 마음 깊은 곳에서부터 마침내 "주께서 어찌하여 내게 이 모든 긍휼을 베풀어 주신 것인가요?"라는 부르짖음이 터져나오게 될 것입니다. 내가 그리스도 안에서 사랑하는 한 형제가 있는데, 성직자인 그 형제의 이름은 컴(Curme)입니다. 그 형제는 자신의 이름을 두 음절로 나누어서, 자신을 '쿠르 메'(cur me) ― '쿠르 메'는 라틴어로 "왜 나를?"이라는 의미입니다 ― 라고 소개하면서, 자기 이름은 "주여, 주께서는 어찌하여 내게 이 모든 선하심을 베풀어 주신 것입니까?"라는 뜻이라고 설명합니다. 내가 묻고 싶은 질문도 그런 것입니다: "주여, 왜 나를?"

> "수많은 사람들이 잘못된 선택을 하여서
> 　주께로 나아오기보다는 굶주려 죽는 쪽을 택하는데
> 　어찌하여 주께서는 나로 주의 음성을 듣게 하시고
> 　주가 계신 곳으로 들어가게 하신 것입니까?"

　그런 사랑, 바로 그런 모든 사랑이 정녕 나를 위한 것입니까? 어떻게 그런 사랑이 주께서 나를 위해 준비하신 것일 수 있습니까? 이러한 성찰들은 나로 하여금 나에 대한 하나님의 "사랑"이 얼마나 "기이한" 것인지를 이전보다 더 잘 깨닫게 해주고, 내 영혼을 감사와 찬양으로 충만하게 해줍니다.

　다음으로, 우리는 주의 "기이한 사랑"을 우리의 믿음에 나타내셔서, 우리로 하여금 다시 한 번 주를 견고히 신뢰할 수 있게 해주시라고 기도하여야 합니다. 주께서 우리로 하여금 믿음의 눈을 들어 우리를 향한 주의 이 "기이한 사랑"을 보게 하신다면, 우리는 우리가 처하게 될 수 있는 모든 곤경 속에서 더욱 견고히 주를 의지할 수 있게 될 것입니다. 나의 사랑하는 벗이여, 당신은 그것을 믿으십니까? 그리스도 안에서 형제여, 당신은 하나님이 당신을 사랑하신다는 것을 믿으십니까? 당신은 당신의 자녀가 당신을 사랑한다는 것을 확신할 수 있게 되면, 그것이 당신을 얼마나 기쁘게 하는지를 알고 계실 것입니다. 당신에게 많은 것들을 빚지고 있는 당신의 자녀가 당신을 사랑하는 것은 당연한 일일 수 있지만, 그 자녀가 자신의 뺨을 당신의 뺨에 대고서 "아빠, 사랑해요"라고 말할 때, 그 말을 듣는 당신은 기쁘고 행복해질 것입니다. 그러나 당신을 그것보다 훨씬 더 기쁘고 행복하게 만드는 것은 하나님이 당신에게 "내가 너를 사랑하노라"고 말씀하시는 것을 들을 때입니다. 아가서 전체를 읽으십시오. 그리고 그 비할 바 없이 달콤한 사랑의 언어를 주님께서 당신에게 하시는 말씀으로 받기를 주저하지 마십시오. 아가서 속에서 예수께서 당신에게 "나의 사랑 너는 어여쁘고 아무 흠이 없구나"(아 4:7)라고 말씀하시는 음성을 들으십시오. "내 누이, 내 신부야 네가 내 마음을 빼앗았구나 네 눈으로 한 번 보는 것과 네 목의 구슬 한 꿰미로 내 마음을 빼앗았구나"(아 4:9). 이러한 말씀들은 관능에 민감한 사람들에게는 관능적인 것들로 들일 수 있겠지만, 영적인 사람들에게는 아주 심오한 영적인 말씀들로 들립니다. 오, 이러한 말씀들을 하나님의 그리스도로부터 우리에게 오는 말씀들로 받는 사람들은 얼마나 복된 사람들인지 모릅니다. 우리 주님이 종종 이렇게 우리에게 말씀하실 때, 우리는 너무나 기뻐서 어쩔 줄 모르게 됩니다. 단 한 시간만이라도 오직 예수님과 단 둘이 있어서, 세상의 모든 염려로부터 벗어나서 오직 나를 향하신 하나님의 사랑만을 생각하는 시간을 가질 수 있다면, 그것은 내게 최고의 휴가가 될 것입니다. 오, 하나님의 그 사랑이 지금 나의 이 가난한 심령에 충만히 임하기를 간절히 바랍니다! 이루 말할 수 없이 달콤한 하나님의 사랑만큼 달콤한 것이 세상에 무엇이 있을까요? 정말 그것은 "기이한 사랑"입니다. 여러분께 다시 한 번 묻겠습니다: 여러분은 이것을 믿으십니까? 하나님이 여러분을 사랑하신다는 것을 여러분은 확신하십니까? 하나님께서 그 사랑을 여러분의 믿음에 똑똑하고 분명하게 나타내셔서, 여러분으로 하여금 그 사랑을 절대적으로 확신하고서, 여러분에게 그 사랑이 필요할 때마다 그 사랑에 의지하게 해주시기를 기도합니다.

본문의 또 다른 의미는 주의 "기이한 사랑"을 내게, 그러니까 나의 경험 속에 나타내셔서, 나로 하여금 주를 의지할 수 있게 해주시라는 것입니다. 오, 나의 하나님, 지금 이 순간 내가 어떤 상태에 있든지 나로 하여금 그 사랑을 경험하게 하셔서, 그 사랑에 압도되어 주 앞에 잠잠히 앉아 주의 사랑의 불타는 광채를 바라보며 주를 찬양하게 하옵소서. 나는 두 번째 대지의 이 부분에 대해서는 더 이상 뭐라고 할 말이 없기 때문에, 여러분은 이 설교를 통해서 그 빈 부분을 보충해 넣으시기를 부탁드립니다. 왜냐하면, 이 부분에 대하여 마땅히 말하여야 할 모든 것을 말할 수 있는 사람은 아무도 없기 때문입니다.

3. 셋째로, 우리는 우리에게 기이한 것으로 나타나는 하나님의 이 "기이한 사랑" 을 보기를 원하여야 합니다.

사랑하는 친구들이여, 우리는 주의 "기이한 사랑"을 보고 싶어하는 것이 마땅하고, 실제로 우리 속에 종종 그런 소원이 생겨날 때가 있다는 것을 나는 말씀드리고 싶습니다.

단도직입적으로 말한다면, 주의 기이한 사랑은 무엇보다도 먼저 큰 죄를 사하시는 사랑이라는 것입니다. 지금 이 자리에 모여 계신 회중 가운데는 분명히 자신의 양심이 죄에 의해서 아주 무겁게 짓눌려 계시는 분이 적어도 한 분은 계실 것이라고 나는 믿습니다. 그런 분들이 주일 저녁 예배에 나오시는 경우는 그리 많지 않지만, 그 중의 몇몇 분들이 여기에 나오셨다면, 나는 하나님께 감사합니다. 사랑하는 벗이여, 당신의 죄는 지극히 큽니다. 당신이 느끼는 죄의식을 내가 말로 표현할 수 있는 방법은 없기 때문에, 내가 당신의 죄에 대하여 아무리 과장해서 표현한다고 해도, 그것은 결코 과장이 될 수 없습니다. 따라서 하나님이 당신의 그런 죄를 사하여 주신다면, 당신은 그 죄 사하심을 기이한 일로 느낄 수밖에 없습니다. 하나님께서 당신의 모든 죄책을 한순간에 다 없애 주시고, 당신으로 하여금 완전히 사함 받은 상태로 집으로 돌아가게 해주신다면, 그것은 기이한 일이 될 것입니다. 그렇습니다. 그것은 기이한 일입니다. 나는 여러분에게 이렇게 기도하시라고 부탁드립니다: "주여, 내 안에 주의 기이한 사랑을 나타내소서." 하나님께서는 끊임없이 기이하고 경이로운 일들을 행하고 계십니다. 그런 후에, 주께서는 여러분을 위해 이 긍휼의 이적을 행하실 수 있다는 것을 믿음으로써 주의 이름을 영화롭게 하십시오. 그리고 다음과 같은 찬송을 부르기를 주저하지 마십시오:

> "기이한 일들을 행하시는 크신 하나님! 주의 모든 길들은
> 오직 하나님만이 가실 수 있는 길들이어서 비길 데가 없습니다.
> 그러니 주의 은혜의 영광들은
> 더욱 비길 데가 없습니다.
> 죄를 사해 주시는 신,
> 그토록 풍성한 은혜를 거저 주시는 신이
> 주 외에 누가 있겠습니까?"

　　주 예수 그리스도를 믿으십시오. 그리하면, 여러분은 구원을 받게 될 것이고, 그것도 즉시 구원을 받게 될 것입니다. 지금 즉시 주를 의지하십시오. 비록 그것이 여러분에게 기이한 것으로 생각될지라도, 그 "기이한 사랑"이 여러분에게 나타나서 여러분이 그 사랑을 얻게 해주시라고 기도하십시오. 나는 지금까지 하나님의 사랑은 지극히 기이하다는 것, 우리에게 특별하고 이례적인 것들이 하나님께는 평범한 일들이라는 것, 우리에게 기이한 일이 하나님께는 단지 일상적인 일이라는 것을 여러분에게 설명드렸습니다. 어떤 사람은 "하나님이 나를 구원해 주시기만 하신다면, 나는 그 일을 알리기를 그치지 않을 것입니다"라고 말합니다. 여러분도 똑같은 말을 하면서, 자기가 많이 사함을 받았기 때문에 이후로 많이 사랑하게 될 것이라고 말하게 될 것입니다. 큰 죄로부터 구원을 받은 여러분은 이 땅에서만이 아니라 하늘에서도 그 일을 말하게 될 것이고, 할 수만 있다면, 음부(陰府)에도 이 놀라운 이야기가 울려 퍼지게 만들고 싶어하게 될 것입니다:

"죄인들에게 말하리라.
　내가, 내가 지옥에서 벗어났다고.
　게다가 나는 천국 가는 길을 가고 있네.
　하나님의 '기이한 사랑'이 내게 나타났기 때문이라네."

따라서 하나님의 사랑은 큰 죄를 사하시는 사랑이고, 다음으로 깊은 곤경에서 건져 주시는 사랑입니다. 나는 몹시 혼란스러워서 갈피를 잡지 못하는 하나님의 가엾은 자녀에게 이 말씀을 전하고 있습니다. 지금은 아주 어려운 시련과 연단의 때여서, 경건한 사람들은 모든 사람들이 보기에 정직하게 행하기를 진정으로 원하지만, 그렇게 하는 것이 쉽지 않은 것을 발견하는데, 우리는 그런 경건한 사람들을 끊임없이 만납니다. 몇몇 아주 인자한 사람들은 큰 시련을 만나 곤경에 빠져 있지만, 거기에서 어떻게 빠져 나올 수 있을지를 모릅니다. 사랑하는 벗이여, 이것이 당신이 처한 상황이라면, 나는 당신이 존 포셋(John Fawcett)이 지은 찬송과 같이 느끼시게 되기를 바랍니다:

"내 영혼이 여러 가지 풍랑을 만나서
　모든 소망이 끊어지고 모든 계획이 무너지며
　날마다 새로운 곤경들을 만나도
　이 장면들이 끝나는 그 곳에 주의 기이한 일들이 기다리고 있다네."

그렇습니다. 여러분이 지금 온갖 환난을 겪고 계신다면, 그것은 곧 여러분에게 "기이한 사랑"이 될 것입니다. 왜 그렇지 않겠습니까? 그러므로 하나님께 나아가서 "주의 기이한 사랑을 나타내소서"라고 기도하십시오. 하나님께서 그렇게 하실 것입니다. 하나님은 여러분을 여러분이 가고자 하는 길이 아니라 가장 좋은 길로 이끌어 가실 것입니다. "여호와를 의뢰하고 선을 행하라 땅에 머무는 동안 그가 정녕 너를 먹이시리라(KJV, 한글개역개정은 "그의 성실을 먹을 거리로 삼을지어다"로 되어 있음) 또 여호와를 기뻐하라 그가 네 마음의 소원을 네게 이루어 주시리로다 네 길을 여호와께 맡기라 그를 의지하면 그가 이루시고"(시 37:3-5). 여러분이 하나님을 상대하고 있는 동안에는 늘 기대할 수 없는 것들을 기대하십시오. 여러분이 전에 결코 보지 않았던 것들을 하나님에게서 기대하십시오. 왜냐하면, 여러분이 전능하신 팔과 신실하시고 참되신 마음을 지니신 하나님을 상대하고 있는 동안에 여러분에게 가장 일어날 가능성이 많은 일들은 사실 여러분이 믿기 어려운 일들, 완전히 불가능해 보이는 일들일 것이기 때문입니다. 사랑하는 벗이여, 하나님께서 여러분에게 은혜를 주셔서, 여러분으로 하여금 본문의 기도를 여러분이 깊은 곤경에서 건짐을 받는 수단으로 사용하게 해주시기를 빕니다.

　　본문의 기도를 사용하는 또 한 가지 방법이 있습니다. 나는 여러분이 본문의 기도를 사용하여 이렇게 기도하게 되시기를 바랍니다. 여러분이 그렇게 하고 싶든 아니든 그렇게 하시기를 바랍니다: "주여, 주의 기이한 사랑을 내게 나타내셔서, 내게 큰 기쁨과 놀라운 즐거움을 주옵소서." 나는 종종 결코 올라가지도 않고 결코 내려가시도 않으면서 항상 한 수준에 미물러 있는 저 신한 사람들을 부러워합니다. 그들의 경험은 실제로 매우 즐거운 경험임에 틀림없습니다. 하지만 내가 높은 말을 탔다면, 나는 내가 설명할 수 있는 것을 훨씬 뛰어넘어서 올라갈 것입니다. 내가 구름을 탔다면, 나는 순탄한 길에 머물러 있는 사람들을 부드러워하지 않을 것입니다. 우리 중에는 지독하게 눌려 계시는 분들이 계십니다! 우리는 산들과 땅의 아주 밑바닥까지 내려갔고, 우리는 거기에 영원히 갇힌 것처럼 보였습니다. 그러나 하나님의 영원한 사랑이 단지 한 번 비치자, 우리는 번개가 폭풍우 가운데서 하나님의 오른손 가까이에서 번쩍이는 바로 그 곳으로 올라와 있었습니다. 나는 우리도 그러한 경험을 하게 해주시라고 기도할 수 있다고 생각합니다. 아니, 확신합니다. 말씀을 전하는 자가 하나님의 온전한 사랑을 알기를 원하지 않는다면, 그것이 말이 되겠습니까? 젊은이들을 가르치는 자가 하나님의 무한하신 사랑에 대하여 자기가 배울 수 있는 모든 것을 배우고자 열망하지 않는다면, 그것이 말이 되겠습니까? 이것은 우리의 지식을 뛰어넘는 사랑이지만, 그리스도인이라는 사람이 하나님의 이 크신 사랑에 대하여 알 수 있는 모든 것을 알고자 하지 않는다면, 그것이 말이 되겠습니까? 그러므로 "주의 기이한 사랑을 나타내소서"라고 기도하십시오. 하나님께서는 분명히 "네가 내 얼굴을 보지 못하리니 나를 보고 살 자가 없음이니라"(출 33:20)고 말씀하셨습니다. 그러나 나는 이렇게 말하고 싶습니다: "나로 하여금 하나님의 얼굴을 한 번 뵙고 죽게 하여 주옵소서." 존 웰쉬(John Welsh)는 하나님의 놀라운 사랑이 자신의 영혼에 물밀듯이 몰려오자, "주여, 그만, 그만 하십시오! 나는 질그릇에 불과하오니, 주께서 나를 깨뜨리려 하시나이까!'라고 부르짖었습니다. 만일 내게 그런 일이 있어서, 내가 더 이상 견딜 수 없었다면, 나는 "주여, 그만두지 마옵소서! 이 형편없는 질그릇을 부수서서 산산조각을 내시되, 주의 사랑을 내 안에 나타내옵소서!"라고 부르짖었을 것입니다. 오, 주여, 내가 하나님을 너무 많이 알게 됨으로 말미암은 이 즐거운 고통과, 하나님과 교제로 말미암은 형언할 수 없는 기쁨이 지나쳐서 죽게 될지라도, 그것은 내가 원하는 바입니다! 사랑하는 여러분, 극히 담대해지셔서, "주의 기이한 사랑을 나타내소서"라고 기도하십시오.

우리가 그렇게 했을 때, 나는 우리가 오늘 본문의 기도가 우리의 것이 되어 우리에게 큰 유익을 가져다 줄 것이라고 생각합니다. 사랑하는 형제들이여, 여러분은 선을 행하기를 원하십니다. 그렇다면, 하나님께 이렇게 기도하십시오: "주여 주의 기이한 사랑을 내게 나타내소서. 나 같은 연약한 피조물도 사용하여 주소서. 하늘과 땅과 음부(陰府)로 하여금 주께서는 영감 받은 사도들과 박식한 박사들을 통해서만이 아니라 보잘것없고 무지한 자들을 통해서도 영혼들을 구원하실 수 있으시다는 것을 보게 하옵소서. 주여, 이 성전에서 주의 기이한 사랑을 나타내소서. 많은 사람들에게 그 사랑을 나타내셔서, 그들을 그리스도께로 인도하옵소서. 주여, 주일학교에서 내가 맡은 반에 주의 기이한 사랑을 나타내소서. 주여, 주일학교의 한 반에 속한 모든 학생이 다 구원 받은 경우가 결코 없었다고 할지라도, 내가 맡은 반에는 그런 일이 이루어지게 하셔서, 그 일이 기이한 일이 되게 하옵소서." 한 사랑하는 형제가 이 예배 전에 기도 모임에서 기도를 한 후에 예배 중에도 계속해서 하나님께서 이전에 그러셨던 것처럼 지금도 다시 한 번 내게 복을 주시라고 간구했답니다. 나도 그런 기도를 좋아합니다. 그 형제는 하나님께 이렇게 기도한 것이나 마찬가지입니다. "주께서 지난날에 행하셨던 것들을 또다시 행하시옵소서. 전에 사람들이 주의 말씀을 듣기 위해 몰려드는 것을 보는 것은 정말 기이한 일이었는데, 이제 한층 더 그런 기이한 일을 행하시옵소서." 우리가 빠른 시일에 교회의 부흥을 이루자, 어떤 사람들은 그것을 두고 9일밖에 가지 못할 것이라고 말한 것을 나는 기억합니다. 그런데 그 9일이 아주 길었습니다! 우리는 그런 9일이 또다시 오고, 또다시 오기를 반복했으면 좋겠습니다. 하나님께서 처음에 그러셨던 것처럼 우리에게 회심할 많은 사람들을 보내주시기를 빕니다. 그렇습니다. 나는 10배나 더 많은 사람들이 이 교회에 더해질 것을 믿습니다. 형제들이여, 전에 하나님의 교회에 진정으로 기이한 일들이 있었다면, 우리는 이렇게 부르짖어야 합니다: "주여, 주의 기이한 사랑을 또다시 나타내소서. 만약 또다른 휫필드(Whitefield)나 웨슬리(Wesley)가 세상에 복을 가져다 줄 인물들이라면, 그런 인물들을 우리에게 또다시 보내주십시오. 만약 또다른 루터나 칼빈, 츠빙글리가 세상에 복을 가져다 줄 인물들이라면, 그런 인물들을 우리에게 또다시 보내주십시오. 주여, 또다른 아우구스티누스나 히에로니무스가 세상에 복을 가져다 줄 인물들이라면, 그런 인물들을 우리에게 또다시 보내주십시오. 그러나 어떤 식으로든 좋으니, 주여, 우리에게 주의 기이한 사랑을 나타내소서." 어떤 분들은 이렇게 말할 것입니다: "오, 그러나, 우리에게는 그어떤 흥분도 필요하지 않습니다. 그것은 끔찍한 일입니다. 흥분이라는 것이 무엇인지를 여러분도 아시지 않습니까." 그런 후에, 아마도 그들은 이런 말을 덧붙일 것입니다: "우리는 이전의 부흥들 속에서 이떤 일들이 일어났는지에 대히여 아주 많이 들어 왔습니다. 그것들은 모두 연기만 내는 것으로 끝나고 말았습니다. 우리는 그런 일이 반복되는 것을 진정으로 두려워합니다." 그러므로 형제여, 당신은 집에 가서, "주여, 주의 기이한 사랑을 내게 나타내소서"라고 기도하십시오. 오늘 밤 무릎을 꿇고, "주여, 내가 아뢰는 몇 명의 영혼을 구원하소서"라고 기도하십시오.

> "우리는 특별한 땅으로 선택되어
> 담으로 둘러쳐진 동산이라네.
> 우리는 세상의 광활한 광야로부터 벗어나서
> 은혜로 둘러쳐진 작은 땅이라네."

"주여, 그 땅을 한층 더 작게 하시고 한층 더 견고하게 하셔서 주의 찬송 받으실 이름에 영광이 되게 하옵소서." 나는 여러분 중에 어느 누구도 그런 기도를 드릴 수 있다고 생각하지 않습니다. 여러분이 원하신다면 기도하시게 될 것이지만, 나는 여러분 중에서 많은 분들이 나의 기도에 동참하심으로써, 하나님이 우리의 기도를 들어주시기를 소망합니다: "주의 기이한 사랑을 우리에게 나타내소서." 오, 새로운 긍휼의 이적이 이 땅에서 일어나기를 기도합니다! 오, 옛적에 그랬던 것처럼, 뭔가 큰 일이 이루어지기를 기도합니다! 그런 일이 일어날까요, 안 일어날까요? 그것은 다음과 같은 약속의 말씀에 달려 있습니다: "네 입을 크게 열라 내가 채우리라"(시 81:10). 그러나 우리가 입을 크게 열지 않는다면, 우리는 복을 얻기를 기대하지 말아야 합니다. "너희 믿음대로 되라"(마 9:29). 주께서 우리가 믿음으로 주의 "기이한 사랑"이 점점 더 많이 나타나는 것을 기대하게 해주시기를 빕니다. 아멘, 아멘.

제
14
장

—

장래의 지극한 복에 대한 소망

—

"나는 의로운 중에 주의 얼굴을 뵈오리니 깰 때에 주의 형상
으로 만족하리이다." — 시 17:15

복음이 가장 덕을 보고 있는 것이 무엇인지, 즉 복음의 친구들인지 아니면 복음의 원수들인지를 말하는 것은 어려운 일입니다. 복음의 친구들이 하나님의 도우심으로 말미암아 복음을 위해 많은 일을 해온 것은 사실입니다. 그들은 머나먼 이국땅들에 복음을 전하였고, 죽음을 무릅썼으며, 죽음의 위협들을 웃음으로 맞이하였고, 그리스도를 위하여 온갖 일들을 다 감행하여, 그들이 믿는 가르침을 영화롭게 하였습니다. 그러나 그리스도의 원수들도 부지불식간에 많은 일들을 해왔습니다. 왜냐하면, 그들이 그리스도의 종들을 박해하여 여러 곳으로 흩어지게 한 덕분에, 그 종들은 도처에 흩어져서 말씀을 전할 수 있었기 때문입니다. 그렇습니다. 어떤 약초가 그렇듯이, 원수들이 복음을 짓밟을 때마다, 복음은 더욱 빠르게 자라났습니다. 우리가 성경의 면면들을 살펴보면, 성경의 아주 많은 소중한 부분들이 하나님의 섭리 아래에서 그리스도의 십자가의 원수들 덕분에 기록되게 된 것들입니다. 만일 원수들이 예수 그리스도로 하여금 그들에게 대답하도록 압박하지 않았다면, 예수께서는 결코 그렇게 많은 말씀들을 전하지 않으셨을 것입니다. 만일 원수들이 많은 반론들을 제기하지 않았다면, 우리는 그리스도께서 그 반론들에 대하여 대답하시기 위하여 말씀하신 많은 감미로운 강론들을 들을 수 없었을 것입니다. 마찬가지로, 만일 다윗이 원수들에 의해서

지독한 시련을 겪지 않았다면, 원수들이 다윗에게 화살들을 쏘아대면서 그를 깎아내리기 위하여 온갖 중상모략과 비방을 하지 않았다면, 원수들이 다윗을 몹시 괴롭혀서 그로 하여금 궁지에 몰려 부르짖지 않을 수 없게 하지 않았다면, 우리는 성경의 시편 속에서 우리가 오늘 살펴보고 있는 것과 같은 너무나 귀한 수많은 경험적인 간증들을 가질 수 없었을 것이고, 다윗이 건짐을 받은 후에 쓴 수많은 저 거룩한 노래와, 조금도 틀림없으신 하나님에 대한 신뢰를 나타내는 저 수많은 영화로운 고백들을 가질 수 없었을 것입니다. 만일 다윗에게 큰 고통과 고뇌를 가져다 준 원수들의 철퇴가 다윗으로부터 그런 것들을 짜내지 않았다면, 그 모든 것들은 우리에게 없었을 것입니다. 만일 원수들이 없었다면, 다윗은 그 많은 시편들을 쓰지 않았을 것입니다. 산에 있는 꿩 같이 사냥을 당하고, 사냥꾼의 개들 앞에서 겁 많은 노루처럼 쫓겼을 때, 다윗은 산꼭대기로 있는 힘을 다해 도망치다가, 잠시 실로암 시냇가에서 몸을 씻으며, 천국의 공기를 숨쉬면서 자신의 지친 몸을 달랬습니다. 다윗이 하나님께 존귀를 돌린 것은 바로 그런 때였습니다. 바로 그런 때에 다윗은 자기에게 승리를 가져다 주신 저 권능의 여호와께 큰 소리로 외쳐 말하였습니다. 본문은 악인들이 의인들에게 가하는 큰 환난과 고통들이 묘사되는 가운데, 다윗이 장래에 있을 지극한 복에 대한 소망으로 자기 자신을 위로하는 장면에 바로 이어서 나옵니다. 믿음의 조상 다윗은 눈을 들어 높은 곳을 바라보면서, "나로 말하자면"(한글개역개정에는 번역되지 않음)이라고 말합니다. 엔게디 동굴에서 쫓기던 대장 다윗은 "나로 말하자면"이라고 말합니다. 한때 목동이었다가 머지않아 왕관을 쓰게 될 다윗은 "나로 말하자면"이라고 말합니다. "나로 말하자면, 나는 의로운 중에 주의 얼굴을 뵈오리니, 내가 주의 형상으로 깨어날 때에 만족하게 되리이다"(KJV)."

오늘 밤에 본문을 살펴볼 때, 우리는 무엇보다도 먼저, 본문에 깃들어 있는 영(spirit)을 살펴볼 것이고, 그런 후에 두 번째로, 본문의 내용을 살펴볼 것입니다. 그리고 세 번째로, 우리는 본문 속에 함축되어 있는 대비를 살펴보는 것으로 설교를 마무리하게 될 것입니다.

1. 첫째로, 이 본문의 말씀 속에 깃들어 있는 영을 살펴보겠습니다.

나는 어떤 사람이 글을 썼거나 말을 했을 때에 그 글이나 말에 깃들어 있는 영을 살펴보는 것은 좋아합니다. 사실, 우리는 그 사람이 사용한 단어들에서보다도 그 영 속에서 훨씬 더 많은 것을 얻을 수 있습니다. 자, 그렇다면, 다윗이 "나로 말하자면, 나는 의로운 중에 주의 얼굴을 뵈오리니, 내가 주의 형상으로 깨어날 때에 만족하게 되리이다"라고 말했을 때, 여러분은 그 말 속에 깃들어 있는 영이 무엇이라고 생각하십니까?

첫째, 이 말은 부러움이나 시기로부터 온전히 자유로운 사람의 영을 담고 있습니다. 시편 기자가 악인들에 대하여 어떻게 말하고 있는지를 눈여겨보십시오. "그들의 마음은 기름에 잠겼으며 그들의 입은 교만하게 말하나이다"(시 17:10). "그들은 주의 재물로 배를 채우고 자녀로 만족하고 그들의 남은 산업을 그들의 어린 아이들에게 물려 주는 자니이다"(시 17:14). 그러나 다윗은 그들을 부러워하거나 시기하지 않습니다. 다윗은 이렇게 말하고 있는 것입니다: "부자여, 너는 너의 모든 부 속에서 살아가거라. 교만한 자여, 너는 너의 모든 교만 속에서 살아가거라. 행복해하는 자여, 너는 너의 많은 자녀로 행복을 삼고 살아가거라. 나는 너희를 부러워하거나 시기하지 않는다. 나로 말하자면, 나의 '분깃'은 너희의 분깃과 다르다. 나는 너희를 초연하게 볼 수 있고, 너희가 가진 것들을 가지고자 하지 않는다. 나는 '탐하지 말라'는 하나님의 계명을 잘 지킬 수 있다. 왜냐하면, 너희가 가진 것들 중에는 내가 진정으로 좋아하고 원할 만한 가치가 있는 것이 하나도 없기 때문이다. 나는 너희의 세상적인 보화들에 아무런 가치도 두지 않는다. 나는 너희가 쌓아올린 저 반짝이는 먼지 더미들을 부러워하지 않는다. 왜냐하면, 나의 구속주가 나의 분깃이기 때문이다." 다윗이 그들을 부러워하거나 시기하지 않는 것은 그들이 기뻐하는 것들은 그가 기뻐하는 것이 아니고, 그들의 분깃은 그가 원하는 것이 아니라고 생각하기 때문입니다. 그러므로 다윗은 눈을 들어 하늘을 보며, "나는 의로운 중에 주의 얼굴을 뵈오리니"라고 말합니다. 사랑하는 여러분, 부러워하는 것이나 시기하는 것으로부터 자유롭게 되는 것은 행복한 일입니다. 시기(envy)는 피조세계를 마르게 하고 황폐화시키는 저주입니다. 만일 시기의 바람이 불 수 있었다면, 에덴 동산조차도 흉하게 변해 버려서 더 이상 아름답지 않았을 것입니다. 시기는 금을 변색시켜 버립니다. 시기는 은의 광채를 없애 버립니다. 만일 시기가 뜨거운 태양 위에서 숨쉴 수 있다면, 그 시기는 태양조차도 꺼 버리고 말 것입니다. 만일 시기의 악한 눈이 달을 째려본다면, 달은 피로 변하게 되고, 별들은 시기라는 마녀에 화들짝 놀라 멀리 도망쳐 버릴 것입니다. 시기는 하늘로부터 저주받았습니다. 그렇습니다. 시기는 사탄의 장자

(長子)이고 악덕들 중에서 최고의 악덕입니다. 어떤 사람에게 많은 재물을 주고 아울러 시기를 준다면, 그것은 아름다운 나무의 뿌리에 벌레를 둔 것이나 마찬가지입니다. 어떤 사람에게 행복을 주고, 아울러 그로 하여금 다른 사람의 운명을 시기하게 한다면, 그 사람은 자신의 행복이 다른 사람의 행복보다 못하다고 느끼고서 불행하게 되고 말 것입니다. 나로 하여금 시기로부터 자유롭게 해주십시오. 나로 하여금 하나님이 내게 주신 것으로 만족하게 해주십시오. 나로 하여금 "네가 무엇을 갖든, 그것은 너의 것이니, 나는 너를 시기하지 않고, 나의 것으로 만족한다"고 말하게 해주십시오. 그렇습니다. 나로 하여금 모든 사람에 대하여 그런 사랑을 갖게 하셔서, 그들이 기뻐하는 것을 보고서 내가 즐거워하게 하시고, 그들이 더 많이 가질수록, 내가 그것을 더 많이 기뻐할 수 있게 해주소서. 다른 사람들의 촛불이 나의 촛불보다 더 밝다고 해서, 나의 촛불의 밝기가 줄어드는 것은 결코 아닙니다. 나는 다른 사람들이 형통하는 것을 기뻐할 수 있습니다. 그럴 때에 나는 행복합니다. 왜냐하면, 다른 사람들이 기뻐할 때에 내가 그것을 기뻐하면, 나는 그들의 기쁨을 내 기쁨으로 만들 수 있는 까닭에, 주변의 모든 사람들이 나를 지극히 기뻐하게 만들어 주기 때문입니다. 시기요? 오, 하나님, 우리를 거기에서 건져 주시기를 빕니다. 그렇다면, 우리는 어떻게 해야 시기를 우리에게서 제거할 수 있습니까? 그것은 여러분이 이 땅에 속한 것이 아니라 하늘에 속한 것을 가지고 있다고 믿을 때에 가능합니다. 우리가 세상에 있는 모든 것들을 바라볼 때마다 "'나로 말하자면, 나는 의로운 중에 주의 얼굴을 뵈오리니,' 주께서 나로 장차 만족하게 하시리이다"라고 말할 수 있다면, 우리는 다른 사람들을 부러워하거나 시기하지 않을 수 있습니다. 왜냐하면, 그들의 분깃은 우리가 바라는 분깃과 너무나 다르고 맞지 않기 때문입니다. 황소가 사자를 시기합니까? 그렇지 않습니다. 왜냐하면, 황소는 시체를 먹고 살 수 없기 때문입니다. 까마귀가 썩은 고기를 만족해하는 얼굴로 바라본다고 해서, 비둘기가 그것을 보고 시기하며 슬퍼하겠습니까? 그렇지 않습니다. 왜냐하면, 비둘기는 썩은 고기를 먹고 사는 것이 아니기 때문입니다. 독수리가 굴뚝새의 작은 둥지를 부러워하거나 시기하겠습니까? 결코 그럴 수 없습니다. 마찬가지로, 그리스도인들은 독수리처럼 높이 날아올라서, 하나님이 그들의 보금자리를 만들어 두신 곳인 별들 사이로 가서, 이렇게 말할 것입니다: "나로 말하자면, 나는 여기에 거할 것이다. 나는 이 땅의 낮은 곳들을 멸시하는 눈으로 바라본다. 나는 너희의 힘 있는

위대한 황제들을 시기하지 않는다. 나는 너희의 용사들이 가진 명성을 원하지 않는다. 오, 크로이소스(Croesus, 주전 6세기 리디아의 왕으로 큰 부자로 유명함)여, 나는 너의 부(富)를 구하지 않는다. 오, 카이사르(Caesar)여, 나는 너의 권력을 구걸하지 않는다. 나로 말하자면, 내게는 다른 것이 있다. 나의 분깃은 나의 하나님 여호와이시다.” 본문 속에서는 부러워하는 것이나 시기로부터 자유로운 사람의 영이 숨쉽니다. 하나님께서 우리에게 그런 영을 주시기를 빕니다.

　둘째로, 여러분은 본문 속에서 장래를 내다볼 줄 아는 사람의 기운을 느낄 수 있습니다. 본문을 꼼꼼하게 읽어 보시면, 여러분은 본문 전체가 장래와 연관되어 있다는 것을 알게 되실 것입니다. 왜냐하면, 본문은 “나로 말하자면, 나는 ― 할 것입니다”라고 말씀하고 있기 때문입니다. 본문은 현재와는 아무런 상관이 없습니다. 본문은 “나로 말하지면, 나는 ― 을 행하고 있거니, 너는 이런지런 사람입니다”라고 말씀하는 것이 아니라, “나로 말하자면, 나는 의로운 중에 주의 얼굴을 뵈오리니, 내가 깰 때에 만족하리이다”라고 말씀합니다. 시편 기자는 무덤 너머에 있는 또 다른 세상을 바라보고 있습니다. 그는 자기가 죽음의 잠을 자야 하는 곳인 저 협소한 무덤을 건너뛰어서, “내가 깰 때에”라고 말합니다. 장래를 바라보는 이 사람은 얼마나 행복한 사람입니까! 사실 세상적인 일들에 있어서조차도 우리는 오늘을 뛰어넘어 장래를 바라보는 사람을 존경합니다. 돈이 들어오는 대로 다 써버리는 사람은 머지않아 알거지가 될 것입니다. 당장 눈앞에 닥친 현재만 생각하고 살아가는 사람은 어리석은 자입니다! 지혜로운 사람들은 장래의 일들을 살피는 것을 좋아합니다. 밀턴(Milton, 영국의 시인, 「실낙원」의 저자, 1608-74년)이 책을 썼을 당시에는 아마도 자기가 살아 있는 동안에 명성을 거의 얻지 못할 것임을 알았던 것 같습니다. 그는 이렇게 말했답니다: “내 머리가 무덤에 누일 때, 나는 존귀하게 될 것이다.” 훌륭한 인물들은 이렇게 시간이 우리의 육신의 장막을 무너뜨린 후에 등불이 환하게 켜지게 될 때까지 기다릴 줄 알았습니다. 존귀와 명예에 대하여 그들은 “늦게 오는 명성이 더 오래 가는 법이니, 우리는 우리의 존귀를 장래에 맡길 것이다”라고 말했습니다. 그들은 장래에 이루어질 일들을 생각하였고, 장래를 먹고 살았습니다. “나는 장차 만족하게 될 것이다.” 그리스도인들은 그렇게 말합니다. 나는 왕 같은 부귀영화나 명성을 지금 요구하는 것이 아닙니다. 나는 기다릴 준비가 되어 있습니다. 나는 모든 것이 역전될 때를 기다리고 있습니다. 내게는 이 땅에 있는 보잘것없는 영지(領地)가 필요하지 않습니다. 나는 천국에서 나의 영지를 얻을 때까지 기다릴 것입니다. 그 영지는 하나님을 사랑한 사람들을 위해 하나님께서 친히 마련해 놓으신 넓고 아름다운 영지입니다. 나는 이 땅에서 내 몸을 누일 초가집만 있어도 만족할 것입니다. 왜냐하면, 내게는 장차 "하나님께서 지으신 집 곧 손으로 지은 것이 아니요 하늘에 있는 영원한 집"(고후 5:1)이 주어질 것이기 때문입니다. 여러분 중에서 장래를 먹고 산다는 것이 무엇인지를 아시는 분이 계십니까? 대망(待望:기다리고 바람)을 먹고 산다는 것, 여러분이 내세에 갖게 될 것을 먹고 산다는 것, 하늘의 생명나무에서 방울방울 떨어지는 생명수로 즐거워하는 것, 광야에 내리는 대망(待望)의 만나를 먹고 하나님의 보좌로부터 솟구쳐 나오는 감로수(甘露水)를 마시고 산다는 것이 무엇인지를 아시는 분이 계십니까? 여러분은 소망이라는 저 큰 나이아가라 폭포로 가서, 그 떨어지는 물줄기를 마시며 가슴 벅찬 기쁨을 만끽하신 적이 있으십니까? 하늘에서 떨어지는 물줄기는 우리 영혼에게 영광입니다. 여러분은 장래를 먹고 사시면서, "나로 말하자면, 나는 장차 어떤 것을 갖게 될 것이다"라고 말해 본 적이 있으십니까? 장래를 먹고 산다는 것은 사람을 가장 활기 있게 움직이게 만들 수 있는 최고의 동기(動機)입니다. 나는 루터를 그토록 담대하게 만든 것도 바로 그것이었다고 생각합니다. 루터는 왕들과 영주들이 구름처럼 모인 앞에 서서, "나는 내가 쓴 진리를 고수할 것이고, 죽을 때까지 그럴 것입니다. 하나님이여, 나를 도우소서!"라고 말했습니다. 나는 루터가 "나는 장차 만족하게 될 것입니다. 나는 지금은 만족하지 못하지만, 머지않아 만족하게 될 것입니다"라고 말할 것이라고 생각합니다. 장래를 먹고 살기 때문에, 선교사들은 폭풍우가 몰아치는 바다를 항해합니다. 장래를 먹고 살기 때문에, 선교사들은 야만인들의 땅을 밟습니다. 장래를 먹고 살기 때문에, 선교사들은 사람이 살기 어려운 기후들 속으로 들어가는 위험을 무릅씁니다. 그들은 장차 자신들에게 상급(賞給)이 있으리라는 것을 알기 때문입니다. 나는 종종 내 친구들로부터 호의를 받을 때에 웃으며, "내가 갚아줄 수는 없으나, 하늘에 계신 내 주님께 말씀드려 두겠네"라고 말합니다. 왜냐하면, 그들은 주와 같은 형상으로 깨어날 때에 만족하게 될 것이기 때문입니다. 우리가 이 땅에서 보상받기를 결코 기대할 수 없는 많은 것들이 있지만, 그것들은 은혜의 보좌 앞에서 다 기억될 것입니다. 물론, 그것들은 하나님이 우리에게 빚진 것들이 아니라, 전적으로 은혜로 주어지는 상급들입니다. 비국교파에 속한 한 가난한 목회자가 말씀을 전하기 위해서 한 시골 교회로 갔고, 상당히 좋은 거처를 지니고 있던 국교파 소속의 한 성직자가 그를 마중 나왔답니다. 그 성직자가 가난한 목회자에게 설교의 대가로 원하는 것이 무엇이냐고 물었습니다. 그 가난한 목회자는 "나는 면류관을 원합니다"라고 대답했고, 그 성직자는 "나는 금화 한 냥 이하로 받고 설교한 적이 없지요"라고 말했습니다. 그러자 그 가난한 목회자는 "나는 면류관을 원합니다. 하지만 한 가지 덧붙이자면, 나는 그 면류관을 지금 원하는 것이 아니라 장차 주어지기를 기다립니다"라고 말했답니다. 그 부유했던 성직자는 그 가난한 목회자가 "시들지 아니하는 생명의 면류관"(벧전 5:4)을 말하는 것이라고는 꿈에도 생각하지 못한 것이었습니다. 그리스도인들이여, 장래를 먹고 사십시오. 이 땅에서는 아무것도 구하지 마시고, 여러분이 예수의 형상으로 변화되어 빛을 발하며 예수 앞에 무릎을 꿇고 경배하게 될 그 날을 기대히 십시오. 시편 기지는 비로 그러한 장래를 바라보는 눈을 지니고 있었습니다.

또한, 여러분은 다윗이 이 시편을 썼을 때에 **믿음으로 충만**하였다는 사실을 보실 수 있을 것입니다. 본문은 확신이라는 향(香)을 가득 풍기고 있습니다. 다윗은 "나로 말하자면, 나는 의로운 중에 주의 얼굴을 뵈오리니, 내가 주의 형상으로 깨어날 때에 만족하게 되리이다"라고 말합니다. 이것은 아마도 그렇게 될 것이라는 단순한 바람이 아니라, 꼭 그렇게 될 것이라는 확신입니다. 오늘날 어떤 사람들이 그런 식으로 말한다면, 그들은 광신자 취급을 받게 될 것이고, 어떤 사람이 "나는 주의 얼굴을 뵈오리니 만족하게 되리이다"라고 말한다면, 그 사람은 주제넘고 뻔뻔스러운 사람 취급을 받게 될 것입니다. 오늘날 이 세상에는 사람이 "나는 안다"거나 "나는 확신한다"거나 "이것은 확실하다"라고 말하는 것은 불가능하다고 생각하는 사람들이 많습니다. 그러나 사랑하는 여러분, 이 세상에는 "나는 의로운 중에 주의 얼굴을 뵈오리니 내가 주의 형상으로 깨어날 때에 만족하리이다"라는 말을 자신의 존재만큼이나 전혀 의심하지 않고 온전한 확신 가운데서 말할 수 있는 하나님의 백성들이 한두 사람이 아니라 무수히 많습니다. 우리가 더 이상 "나는 소망한다"라고 말하지 않고, "나는 안다"라고 말할 수 있는 신앙의 저 높고 심오한 단계에 도달하는 것은 비록 그리 쉽지는 않겠지만 얼마든지 가능한 일입니다. 나는 단순히 믿는 것이 아니라 확신합니다. 내게는 행복한 확신이 있고, 나는 그것이 확실함을 압니다. 왜냐하면, 하나님께서 자신을 내게 확실하게 나타내신 까닭에, 본문의 말씀은 더 이상 "만약에"나 "아마도"가 아니라 확정적이고 단정적이며 영원한 "반드시 그렇게 될 것"이기 때문입니다. "내가 주의 형상으로 깨어날 때에 반드시 만족하게 되리이다." 오늘의 시편에는 그런 종류의 확신에 찬 말씀들이 얼마나 많이 나옵니까? 여러분이 그렇게 말할 수 있으려면, 여러분은 환난을 통과해야 한다는 것을 알아야 합니다. 왜냐하면, 하나님께서 불 같은 시련 없이 그러한 강한 믿음을 주시는 일은 결코 없기 때문입니다. 하나님께서는 어떤 사람에게 환난과 시련을 주어 시험하시고 나서야 비로소 그 사람에게 "반드시 … 되리이다"라고 고백할 힘을 주십니다. 하나님께서는 우리를 견고한 배로 만드시고자 하실 때에는 우리를 아주 강력한 폭풍우들 속으로 우리를 집어넣으십니다. 하나님께서는 우리를 용사로 만드시고자 하실 때에는 우리를 전쟁터로 보내서 단련시키십니다. 하나님의 검들이 사용되어야 합니다! 스페인의 톨레도(Toledo)에서 생산된 칼처럼 날카로운 하늘의 검들은 우리가 악한 자 사탄의 병기와 맞서 싸울 때에 잘 버려지게 될 것이고 결코 부러지지 않을 것입니다. 왜냐하면, 그 검들은 결코 뚝 하고 부러지지 않을 참 예루살렘의 금속으로 만들어져 있기 때문입니다. "내가 반드시 … 되리이다"라고 말할 수 있는 믿음을 가지는 것은 참으로 복된 일입니다. 물론, 나는 여러분 중에는 그런 일은 불가능하다고 생각하는 분들이 계신다는 것을 압니다. 그러나 그런 믿음은 "하나님의 선물"이기 때문에, 그것을 구하는 자는 누구든지 얻게 될 것입니다. 지금 이 자리에 계신 죄인들 중의 괴수도 죽기 한참 전에 "내가 의로운 중에 주의 얼굴을 뵈오리니"라고 말할 수 있게 될 수 있습니다. 나는 나이 드신 한 그리스도인을 압니다. 그분은 아주 가난해서, 벽돌 사이로 별들이 보이는 다락방에 사십니다. 거기에 그분의 침상이 있습니다. 그분의 옷은 낡아서 찢어져서 넝마가 되어 있습니다. 난로에는 땔감이 별로 없고, 그것이 그분의 마지막 땔감입니다. 그분은 의자에 앉아 있습니다. 그분의 마비된 손이 떨리는 것을 보니, 그의 임종이 가까운 것이 분명합니다. 그분이 어제 정오에 한 식사가 그의 마지막 식사였습니다. 여러분이 서서 그분을 바라볼 때, 여러분 중에 누가 가난하고 연약하고 파리한 그분의 처지처럼 되고 싶겠습니까? 그러나 그분에게 이렇게 물어보십시오: "어르신, 당신의 다락방을 가이사의 궁전과 바꾸시겠습니까? 나이 드신 그리스도인이여, 당신의 누더기 옷을 비단옷으로 바꿔드린다면, 당신은 당신의 하나님을 사랑하는 것을 그만두실 용의가 있으십니까?" 그런 말을 듣는 즉시 그분의 눈이 분노로 이글거리는 것을 여러분은 보실 수 있으실 것입니다. 그분은 이렇게 대답합니다: "나로 말하자면, 나는 며칠 있으면 의로운 중에 주의 얼굴을 뵈올 것이고 곧 만족하게 될 것이다. 나는 이 세상에 영원히 있게 될 것이 아니다. 환난과 고통이 나의 운명이었고, 시련이 나의 분깃이었지만, 내게는 사람의 손으로 짓지 않은 영원한 집이 하늘에 있어." 그분으로 하여금 그리스도를 버리게 하기 위하여, 높은 가격을 불러보고 한 손에 가득한 금을 그에게 내밀어 보며, 온갖 시도를 다 해 보십시오. 그분은 이렇게 말할 것입니다: "그리스도를 버리라고? 안 돼지, 결코 안 돼."

> "내 믿음이 그리스도를 꼭 붙잡을 수만 있다면,
> 　나는 금광을 소유한 부자도 부럽지 않네."

오, 믿음으로 충만하고 확신에 가득 차서, "나는 주의 얼굴을 뵈오리니 내가 주의 형상으로 깨어날 때에 만족하리이다"라고 말할 수 있다는 것은 얼마나 영광스러운 일인지 모릅니다!

우리는 지금까지 다윗이 본문을 고백할 때에 거기에 깃든 그의 영이 어떤 것들이었는지를 살펴보았습니다. 다윗의 그런 영은 우리가 본받고자 하고 간절히 원해야 하는 그런 것입니다.

2. 둘째로, 본문의 내용을 살펴보겠습니다.

우리는 여기에서 본문의 가장 깊은 것들로 헤엄쳐 들어가 보고자 합니다. 하나님께서 우리를 도와주시기를 빕니다. 왜냐하면, 하나님의 성령의 도우심이 없이는, 나는 그 깊은 것들을 여러분에게 전할 힘이 내게 전혀 없다는 것을 느끼기 때문입니다. 제게는 언어를 기가 막히게 잘 구사할 수 있는 은사가 없습니다. 나는 위로부터 오는 성령의 감동을 필요로 합니다. 그렇지 않으면, 나는 다른 사람들처럼 그저 강대상에 서서 아무 말도 하지 못하게 될 것입니다. 성령께서 나를 도와주시기를 빕니다. 그 도우심이 없다면, 나는 입을 다물고 묵묵히 있을 수밖에 없습니다. 본문의 내용과 관련해서, 나는 이 본문은 두 가지 복을 담고 있다고 생각합니다. 첫 번째 복은 "보는 것"이고("나는 의로운 중에 주의 얼굴을 뵈오리니"), 두 번째 복은 "만족"입니다("내가 주의 형상으로 깨어날 때에 만족하리이다").

그러면, 먼저 첫 번째부터 살펴보겠습니다. 다윗은 하나님의 얼굴을 뵙게 되기를 기대했습니다. 형제들이여, 하나님의 얼굴을 뵈옵는다는 것은 얼마나 대단한 일입니까! 여러분은 하나님의 손을 보신 적이 있으십니까? 하나님께서 종종 자신의 손을 내미셔서 구름들로 하늘을 어둡게 하실 때, 나는 그 손을 보았습니다. 밤이라는 차들이 어둠의 그늘들을 끌고 갈 때, 나는 종종 하나님의 손을 보았습니다. 하나님께서 그 손으로 번개를 일으키셔서 구름과 하늘을 가르실 때, 나는 하나님의 손을 보았습니다. 하나님께서 물들을 부으셔서 시내들로 넘실넘실 흘려보내신 후에 강들로 흘러가게 하실 때, 여러분은 아마도 좀 더 부드러운 하나님의 손을 보셨을 것입니다. 여러분은 폭풍우가 몰아치는 큰 바다에서, 별들로 뒤덮인 하늘에서, 꽃들이 만발한 땅에서 하나님의 손을 보셨습니다. 그러나 살아 있는 사람들 중에서는 하나님이 그 손으로 행하신 모든 기이한 일들을 다 알 수 있는 사람은 없습니다. 하나님이 지으신 세계는 너무나 경이로워서, 평생을 다 바쳐도 그것을 깨닫지 못할 것입니다. 이 피조세계의 깊은 곳들로 가보시고, 그 미세한 부분들에 눈을 돌려 보십시오. 다음으로, 망원경을 가지고, 저 멀리 있는 세계들을 보고자 해보십시오. 여러분은 하나님이 손으로 지으신 모든 것을 보실 수 있으십니까? 하나님의 손이 닿은 모든 것이 여러분에게 보입니까? 아닙니다. 여러분은 하나님이 그 손으로 지으신 세계의 백만분의 일도 볼 수 없습니다. 태양이 갓 태어난 혜성들을 품고, 행성들이 저 장엄한 궤도를 돌 때에 거기에 있는 하나님의 능력 있는 손, 모든 공간을 장악하고 모든 존재를 쥐고 계시는 하나님의 능력 있는 손, 바로 그러한 하나님의 손을 누가 볼 수 있습니까? 그러나 하나님의 손이 그 정도라면, 하나님의 얼굴은 어떻겠습니까? 여러분은 종종 하나님의 음성을 듣고 두려워 떠신 적이 있으실 것입니다. 나도 큰 우렛소리를 내는 "많은 물 소리"(시 93:4) 같은 하나님의 음성을 들었을 때, 경외감과 아울러 기이한 기쁨이 내게 밀려 왔습니다. 여러분은 하나님이 그 경이로운 깊은 저음의 음성을 발하실 때에 땅이 흔들리고 두려워 떨며 천체들이 음악을 멈추는 것을 보신 적이 있으십니까? 그렇습니다. 여러분은 그 음성을 들으셨습니다. 내가 그 우렛소리 같은 음성을 들을 때마다 기이하게 사랑으로 가득 찬 기쁨이 내 영혼 속으로 들어옵니다. 그것은 내 아버지께서 말씀하시는 것이기 때문에, 그분의 말씀을 들을 때에 내 가슴은 뜁니다. 그러나 여러분은 하나님의 지극히 큰 음성을 들어 보신 적이 없습니다. 우레가 칠 때, 그것은 단지 속삭임에 불과한 것입니다. 하나님의 음성이 그 정도라면, 하나님의 얼굴을 뵙는 것은 어떻겠습니까? 다윗은 "내가 주의 얼굴을 뵈오리니"라고 말했습니다. 달의 여신 다이아나(Diana)의 신전에 대해서 이런 말이 전해 옵니다. 그 신전은 황금으로 아주 화려하게 장식되어 있어서 그 빛이 너무나 밝고 찬란했기 때문에, 신전 문을 지키는 문지기가 그 문을 들어서려는 모든 사람에게 늘 "눈 조심하세요. 눈 조심하세요. 눈 조심하지 않으면 눈이 멀 수 있습니다"라고 말했다고 합니다. 그러니, 사람이 하나님의 영광을 보면, 어떻게 되겠습니까! 하나님을 본다는 것은 굉장한 일입니다. 얼굴을 대면하여 하나님을 본다는 것, 천국에 들어간다는 것, 의인들이 궁창의 별들처럼 밝게 빛나는 것을 본다는 것은 참으로 굉장한 일입니다. 그러나 무엇보다도, 하나님의 영원한 보좌를 잠시라도 본다는 것은 이루 말할 수 없이 굉장한 일입니다. 아, 거기에 하나님이 앉아 계십니다! 내가 하나님을 묘사하고자 한다면, 그 시도 자체가 거의 신성모독이나 다름없는 일일 것입니다. 나의 보잘것없는 말솜씨로는 저 권능 있으신 분을 묘사하는 일은 너무나 턱없이 역부족입니다. 하물며, 하나님의 얼굴을 보는 것이 어떤 것인지를 묘사하는 것은 더더욱 역부족이 아니겠습니까? 나는 하나님의 눈들에서 나오는 광채, 또는 사랑과 애정이 어린 말씀들을 발하는 저 입술들의 장엄함에 대하여 감히 말하고자 하지 않습니다. 그러나 여러분이 하나님의 얼굴을 보기 위하여 하나님의 가장 깊은 바닷속으로 헤엄쳐 들어가서 그 무한함 속에서 길을 잃어본 적이 있다면, 여러분은 하나님의 얼굴에 대하여 조금 말할 수 있습니다. 수천 년의 세월 동안 하늘에서 살아온 오만한 자들은 하나님의 얼굴을 본다는 것이 무엇인지를 알 수 있을지는 몰라도, 그것에 대하여 말할 수는 없습니다. 우리 각자는 거기에 가야 합니다. 우리에게 영생이 덧입혀져야 합니다. 우리는 푸른 하늘 너머로 가서 생명의 강에 몸을 씻어야 합니다. 우리는 하나님의 얼굴을 본다는 것이 무엇인지를 알기 위해서는 번개와 별들 위로 솟아올라야 합니다. 말로는 그것을 표현해 낼 수 없습니다. 따라서 나는 이쯤 해서 하나님의 얼굴을 본다는 것과 관련하여 말씀을 전하는 것을 접을까 합니다. 시편 기자가 지니고 있던 확신은 자기가 하나님의 얼굴을 보게 되리라는 것이었습니다.

그러나 다윗은 자기가 의로운 중에 하나님의 얼굴을 보게 될 것임을 알았기 때문에, 그에게는 그러한 기쁨과 아울러서 특별한 달콤함이 있었습니다. "나는 의로운 중에 주의 얼굴을 뵈오리니." 우리는 여기 이 아랫세상에서 우리 아버지의 얼굴을 본 적이 있습니까? 물론, 있습니다. 우리는 "거울로 보는 것 같이 희미하게" 본 적이 있습니다. 그러나 그리스도인들은 종종 자신들의 영이 잠시 육신을 벗고 땅에서 떠나 하늘에 올라갔을 때에 하나님을 보지 않았습니까? 우리를 압도하고 있던 물질의 힘이 약화되고, 우리 속에서 천상의 불길이 아주 높게 타올라서 하늘의 불과 거의 접촉이 될 때가 종종 있습니다. 한적한 곳에서 세상의 모든 생각에서 자유롭게 되어 고요하게 있을 때, 우리가 서 있는 곳이 거룩한 땅이어서, 우리의 신발을 벗은 적이 종종 있습니다. 그리고 우리는 하나님과 대화를 했습니다. 에녹이 하나님과 대화를 하였듯이, 그리스도인들은 자신들의 아버지와 친밀한 교제를 가졌습니다. 그리스도인들은 자신의 아버지 하나님의 사랑의 속삭임들을 들었습니다. 그리스도인들은 하나님 앞에서 자신의 마음을 다 토로하였고, 자신의 슬픔과 신음들을 쏟아놓았습니다. 그러나 그리스도인들은 자기가 의로운 중에 하나님의 얼굴을 본 것이 아님을 알았습니다. 우리의 눈을 어둡게 하는 너무나 많은 죄가 있었고 너무나 많은 어리석음이 있었고 너무나 많은 연약함이 있어서, 우리는 우리의 주님이신 예수님을 좀 더 분명하게 볼 수 없었습니다. 그러나 여기에서 시편 기자는 "나는 의로운 중에 주의 얼굴을 뵈오리니"라고 말합니다. 저 영광의 날이 동터 와서 내가 내 구주를 대면하여 보게 될 때, 나는 "의로운 중에" 구주를 보게 될 것이라고 말입니다. 하늘에서 그리스도인들은 이 땅에서와는 달리 얼룩이나 흠이 없게 될 것입니다. 그들은 순결하고 흴 것입니다. 그렇습니다. 이 땅에서도 그리스도인들은 "예수의 피로 말미암아 순결하고 천사들처럼 흽니다." 그러나 하늘에서는 그 흰 것이 더욱 선명하게 드러나게 될 것입니다. 지금 그들의 옷은 종종 흙으로 인해 더럽혀지기도 하고, 이 초라한 육신적인 세상의 먼지로 덮이기도 합니다. 그러나 하늘에서 그들은 온전히 씻음을 받아서 깨끗하게 될 것입니다. 그런 후에, 그들은 의로운 중에 하나님의 얼굴을 보게 될 것입니다. 나의 하나님이여, 나는 내가 당신처럼 순결한 채로 당신의 면전에 서게 될 것을 믿습니다. 왜냐하면, 나는 예수 그리스도의 의(義)를 덧입게 될 것이기 때문입니다. 내게는 하나님의 의(義)가 덧입혀질 것입니다. "나는 의로운 중에 주의 얼굴을 뵈오리니." 오, 그리스도인들이여, 여러분은 과연 그렇게 되실 수 있으시겠습니까? 나는 그것에 대하여 뭐라 얘기할 수 없지만, 여러분의 마음은 그것에 대하여 깊이 묵상하고 계십니까? 하나님의 얼굴을 영원히 보게 되시기를 바랍니다. 하나님의 얼굴을 보는 일이 여러분에게 꼭 일어나게 되기를 바랍니다. 사실, 여러분은 하나님의 얼굴을 본다는 것이 무엇인지를 아실 수 없습니다. 그러나 여러분은 그 의미를 추측하실 수는 있습니다. 의로운 중에 주의 얼굴을 보게 되시기를 빕니다!

내가 짤막하게 말씀드리고자 하는 두 번째 복은 만족입니다. 시편 기자는 자기가 하나님의 형상으로 깨어날 때에 만족하게 될 것이라고 말합니다. 만족! 이 것은 그리스도인들이 천국에 들어갔을 때에 얻게 될 또 하나의 기쁨입니다. 여기 이 땅에서 우리는 한 번도 제대로 만족해 본 적이 없습니다. 사실, 그리스도인들은 스스로 만족하는 사람들입니다. 그리스도인들의 내면에는 위로의 샘이 있어서, 그들은 확실한 만족을 누릴 수 있습니다. 그러나 천국은 참되고 진정한 만족의 본고향입니다. 신자가 천국에 들어갈 때, 그가 생각했던 모든 것이 철저히 만족을 얻게 될 것이라고 나는 믿습니다. 그는 자기가 그때까지 생각해 왔던 모든 것을 거기에서 보게 될 것입니다. 그는 자신의 온갖 거룩한 생각들이 거기에서 현실이 되어 구체적으로 실현되어 있는 것을 보게 될 것이고, 자신의 온갖 영화로운 생각들이 눈에 보이는 유형적인 것들로 되어 있는 것을 보게 될 것입니다. 천국은 그가 지금까지 생각해 왔던 최고로 선하고 거룩한 것들이 다 실현되어 있을 뿐만 아니라, 그가 생각하지도 못했던 것들이 거기에 실현되어 있을 것입니다. 만일 그가 영원토록 거기에 앉아서 곰곰이 생각한다고 할지라도, 그는 그 영화로운 도성의 광채를 뛰어넘는 그 어떤 것도 생각해 낼 수 없을 것입니다. 그의 생각은 만족을 얻게 될 것입니다. 그리고 그의 지성(知性)이 만족을 얻게 될 것입니다:

> "그때에 나는 보고 듣고 알게 되리라.
> 내가 아랫세상에서 원하거나 바랐던 모든 것을."

여기 이 세상에서 자신의 지성이 만족을 얻는 사람이 누가 있습니까? 우리에게는 누구나 다 우리가 알고자 하지만 알지 못하는 비밀들이 있고, 우리가 들어가지 못한 자연의 깊은 신비들이 있습니다. 그러나 저 영화로운 도성에서 우리는 우리가 알고자 하는 만큼 알 수 있게 될 것입니다. 기억도 만족을 얻게 될 것입니다. 우리는 우리의 지난 세월의 모습을 다 돌아볼 수 있게 될 것이고, 이 땅에서 우리가 감내하거나 행하거나 겪었던 모든 일들에 만족하게 될 것입니다.

"거기 꽃피고 푸른 둔덕 위에서
나의 지친 영혼이 앉아서
황홀한 기쁨 가운데서
내 발이 수고하며 걸어온 길들을 헤어보게 되리."

하늘에 소망이라는 것이 있다면, 그 소망도 만족을 얻게 될 것입니다. 우리는 미래가 영원하기를 소망하고 그것을 믿게 될 것입니다. 그러나 우리는 우리의 소망들에 대하여 끊임없이 만족을 얻게 될 것입니다. 우리의 존재 전체가 다 만족을 얻게 될 것이기 때문에, 하나님께서 우리를 고쳐 주셨으면 좋겠다고 생각되는 것이 단 하나도 남아 있지 않게 될 것입니다. 그렇습니다. 여러분 중의 일부가 반발할지도 모르겠지만, 천국에서 의인들은 버림받은 자들이 저주를 받아 멸망에 떨어지는 것을 보고 만족하게 될 것입니다. 나는 만일 내가 멸망 받을 자들이 지옥에 있는 것을 볼 수 있다면, 분명히 나는 그들을 위해 울 것이 틀림없다고 생각해 왔습니다. 만일 내가 그들의 끔찍한 울부짖음을 듣고, 그들이 너무나 고통스러워서 끔찍하게 일그러져 있는 모습을 볼 수 있다면, 분명히 나는 그들을 불쌍히 여길 것임에 틀림없습니다. 그러나 천국에 있다고 알려져 있는 정서 중에 그런 정서는 없습니다. 신자는 거기에서 하나님의 모든 뜻에 온전히 만족하게 될 것이기 때문에, 하나님이 하시는 일은 다 최고의 선이라는 생각으로 말미암아, 즉 멸망당할 자들이 멸망당하는 것조차 그들의 자업자득이고, 하나님은 그 일에서 전적으로 의로우시다는 생각으로 말미암아 멸망당할 자들을 까맣게 잊어버리게 될 것입니다. 만일 나의 부모님들이 천국에서 지옥에 있는 나를 보신다고 해도, 그분들은 나를 위해 눈물을 흘리지 않을 것입니다. 그분들은 "크신 하나님이여, 주께서 그렇게 하신 것은 공의로운 일이십니다. 주의 긍휼과 마찬가지로 주의 공의도 찬송을 받아 마땅합니다"라고 말할 것입니다. 게다가, 그분들은 하나님은 그의 피조물들보다 훨씬 더 귀하시다는 것을 알기 때문에, 피조물들이 멸망 받음으로써 하나님이 더 큰 영광을 받으시는 것이라면, 그런 일을 보는 것에 만족할 것입니다. 천국에서 우리는 사람들에 대하여 제대로 평가하게 될 것이라고 나는 믿습니다. 여기 이 세상에서 사람들은 우리에게 큰 존재들로 다가오는 것으로 보입니다. 그러나 천국에서 사람들은 추수를 위해 밭을 갈아엎을 때에 제거되는 벌레들 같은 존재들로 보이게 될 것입니다. 천국에서 사람들은 한 줌의 흙이나, 해를 끼치지 않도록 하기 위하여 없애 버려야 하는 말벌집 같이 보이게 될 것입니다. 우리가 하나님과 함께 높은 곳에 앉아서 볼 때에 세상 나라들이 메뚜기들처럼 보이고 섬들이 아주 작은 것들로 보이는 것처럼, 천국에서 사람들은 그렇게 작은 존재들로 보이게 될 것입니다. 우리는 모든 것에 만족하게 될 것입니다. 우리가 불평할 일은 단 하나도 없게 될 것입니다. "내가 만족하게 되리이다."

　　그러나 언제 그렇게 된다는 것입니까? "내가 주의 형상으로 깨어날 때에 만족하게 되리이다." 그러나 그때가 이르기 전에는 우리가 만족하지 못할 것입니다. 그때까지 우리에게 만족은 없을 것입니다. 그런데 여기에서 한 가지 난점이 생겨납니다. 여러분이 아시다시피, 천국에는 아직 하나님의 형상으로 깨어나지 않은 사람들이 있습니다. 사실, 천국에 있는 사람들은 아무도 깨어나지 않았습니다. 그들은 영혼에 관한 한 결코 잠들어 있는 것이 아닙니다. 그러므로 여기에서 깨어난다는 것은 그들의 몸에 관한 것이고, 그 몸들은 여전히 잠들어 있고 아직 깨어나지 않았습니다. 땅은 죽은 자들의 침실입니다. 이 세상은 얼마나 광활한 침실입니까! 이 세상은 하나의 광활한 공동묘지입니다. 의인들은 여전히 잠을 잡니다. 그들은 그들이 깨어나는 부활의 새벽에 만족하게 될 것입니다. 그러나 여러분은 이렇게 말할지도 모릅니다: "그들은 지금 만족하고 있는 것이 아닙니까? 그들은 지금 천국에 있는데, 그들이 괴로워한다는 것이 과연 가능한 일입니까?" 그렇습니다. 그들은 천국에서 괴로워하고 있지 않습니다. 천국에는 오직 단 하나의 불만족이 있을 뿐입니다. 복을 받은 자들에게는 그들의 몸이 천국에 있지 않다는 것이 그들의 유일한 불만입니다. 내가 말하고 있는 것이 무슨 의미인지를 어느 정도 설명해 줄 수 있는 비유를 하나 들겠습니다. 로마의 한 장군이 전쟁을 해서 큰 승리를 거두었을 때, 그는 군사를 이끌고 돌아와서 자기 집으로 가서, 다음 날이 될 때까지 즐깁니다. 왜냐하면, 그는 다음 날이 되면 성을 나와서 전쟁터로 가서 승리해야만 다시 돌아올 수 있기 때문입니다. 이런 표현을 써도 될지 모르겠지만, 성도들은, 말하자면, 자신들의 몸 없이 천국에 몰래 들어온 것입니다. 그러나 저 마지막 날에 그들의 몸이 깨어날 때, 그들은 병거를 타고 개선(凱旋)하게 될 것입니다. 예수께서 머리에 면류관을 쓰신 채 자신의 밝고 영광스러운 몸을 입으시고 앞장 서서서 모든 성도의 길을 이끄시게 될 때, 우리는 그 장엄한 개선 행렬을 보게 될 것이라고 나는 생각합니다. 나는 나의 구주께서 맨 앞에서 들어오시는 것을 봅니다. 구주(救主) 뒤로 모든 성도들이 박수를 치며 황금 수금을 타며 승리의 기쁨으로 들어옵니다. 그들이 천국 문에 당도하고, 영광의 왕이 들어오시도록 문들이 활짝 열릴 때, 로마 군대의 개선 행렬을 보기 위해 로마 시민들이 그러했던 것처럼, 천사들은 창문을 통해서나 지붕 위에 올라가서 거리를 지나가는 구주와 성도들을 지켜보고, 천국의 장미들과 백합화들을 흩뿌리며, "할렐루야! 할렐루야! 할렐루야! 주 우리 하나님 전능하신 이가 통치하시도다"(계 19:6)라고 외칠 것입니다. 하늘의 모든 천사들이 개선 행렬을 보기 위해 밖으로 나오고, 주의 백성들이 주와 함께 승리의 개선 행진을 하게 될 저 영광스러운 날에 "나는 만족하게 되리이다."

우리가 여기에서 잊지 말아야 할 한 가지가 있는데, 그것은 우리가 하나님의 **형상**으로 깨어나게 될 것이라고 시편 기자가 말하고 있다는 사실입니다. 이 말씀은 영혼에 대한 것일 수도 있습니다. 왜냐하면, 의인들의 영은 행복과 거룩함, 순결함과 무오(無誤)함, 영원함, 고통으로부터의 해방과 관련해서 하나님과 닮게 될 것이기 때문입니다. 그러나 나는 이 말씀이 깨어나는 것에 대하여 말하고 있다는 점에서 무엇보다도 특히 몸에 대한 것이라고 생각합니다. 우리의 몸은 그리스도의 몸을 닮게 될 것입니다. 도대체 이것은 무엇입니까! 그것은 말로 하기에는 너무 어려운 것입니다. 유감스럽게도, 오늘 밤에는 말로 표현하기가 어려운 것들이 너무 많이 등장합니다. 나는 그리스도의 형상으로 깨어나게 될 것입니다. 나는 그리스도가 어떤 모습인지를 알지 못하고, 거의 상상할 수조차 없습니다. 나는 종종 앉아서, 십자가에 못 박히신 그리스도를 그린 그림을 펼쳐놓고, 거기에 그려진 그리스도를 보는 것을 좋아합니다. 나는 이것을 놓고 사람들이 무엇이라고 말하든 개의치 않습니다. 나는 십자가에 못 박히신 나의 구주를 그린 그림을 보면서 종종 유익을 얻었다는 것을 압니다. 나는 가시 면류관을 쓰신 주님, 창에 찔린 주님의 옆구리, 피 흘리는 주님의 손과 발, 십자가에 달리신 주님으로부터 흘러나온 온갖 핏방울과 핏덩이들을 유심히 바라봅니다. 그러나 나는 천국에 계신 주님을 그려볼 수는 없습니다. 거기에 계신 주님은 너무나 밝고 영화로우신 분입니다. 신성(神性)이 인성(人性)을 뚫고 지극히 밝은 빛을 내뿜습니다. 그의 눈은 불 켜진 등불과 같습니다. 그의 혀는 양날 가진 검과 같습니다. 그의 머리는 눈처럼 흰 머리털로 덮여 있습니다. 왜냐하면, 그는 "옛적부터 항상 계신 이"(단 7:9)이시기 때문입니다. 그는 구름들을 자기를 두르는 띠로 삼으십니다. 그가 말씀하시면, 그것은 "많은 물 소리"(계 1:15) 같습니다. 나는 요한계시록에 나오는 기사(記事)들을 읽어보지만, 그의 모습이 어떠한지를 도저히 표현할 수 없습니다. 그 기사들은 성경 구절들인데도, 나는 그 구절들의 의미를 이해할 수 없습니다. 그러나 그 구절들이 무엇을 의미하든, 나는 내가 그리스도의 형상으로 깨어나게 되리라는 것을 압니다. 오, 우리 중 어떤 분들이 천국에 이를 때에 그분들에게는 도대체 어떤 변화가 일어나게 되는 것일까요! 자신의 입술에 있는 구원의 말씀을 가지고서 싸우다가 죽은 사람이 있습니다. 그의 다리는 총에 맞아 날아갔고, 그의 몸은 칼에 찔려 상처투성이가 되었습니다. 그가 천국에서 깨어난다면, 그는 자기 몸에 칼에 찔려 난도질당한 것들이나 다리가 절단된 것이 없고, 자기가 그리스도의 형상으로 변해 있는 것을 발견하게 될 것입니다. 여러 해 동안 지팡이를 짚고 전뚝거리며 힘겹게 걸어야 했던 노부인이 있습니다. 그 노부인의 이마에는 세월이 갈아놓은 이랑들이 있습니다. 절뚝거리며 초췌한 모습으로 그 노부인의 시신은 무덤에 안치됩니다. 그러나 그 노부인은 천국에서 젊고 아름다운 모습으로 깨어나게 될 것입니다. 일생 동안 기형이 된 몸으로 살아온 사람이 있었어도, 그는 천국에서 그리스도의 형상으로 깨어나게 될 것입니다. 우리의 얼굴 모습이 어떠하였고, 우리의 용모가 어떠하였더라도, 천국에서는 이 세상에서 미인이었던 사람들은 이 세상에서 추남과 추녀였던 사람들보다 결코 더 아름답지 않을 것입니다. 천국에서는, 이 땅에서 비할 바 없이 빼어나게 아름다워서 광채가 났고, 그 눈빛으로 사람들을 매료시켰던 사람들은 세상에서 주목을 받지 못하고 무시당했던 사람들보다 더 빛을 발하지 못할 것입니다. 왜냐하면, 전자나 후자나 모두 다 그리스도의 형상으로 변하게 될 것이기 때문입니다.

3. 셋째로, 본문에는 아주 서글픈 대비가 함축되어 있습니다.

우리는 모두 언젠가는 잠들게 될 것입니다. 앞으로 몇 년이 지나면, 과연 이 무리는 어디에 있게 될까요? 크세르크세스(Xerxes)는 얼마 후면 자신의 군대 전체가 없어지게 될 것을 생각하고서 울었다고 합니다. 몇 년이 지난 후에는 내가 섰던 이 자리에 다른 사람들이 서서, "조상들이 지금 어디에 있습니까? 그들은 다 없어지고 만 것이 아닙니까?"라고 말하게 될 것이라고 해서, 내가 여기에 서서 울어야 할까요? 선하신 하나님! 우리가 다 없어진다는 것이 사실입니까? 그것이 현실입니까? 모든 것은 다 그렇게 사라지고 없어지는 것입니까? 그것은 모든 것을 해결해 주는 위대한 견해입니까? 아, 그렇습니다. 이 광경은 곧 사라지게 될 것이고, 여러분과 나도 사라지게 될 것입니다. 우리는 단지 환영(幻影)에 불과합니다. 인생은 단지 "사람들이 연극을 하는 무대"일 뿐입니다. 연극이 끝난 후에 우리는 무대 뒤로 가서, 분장을 지우고 하나님과 대화하게 됩니다. 우리의 삶이 시작되는 그 순간부터, 사실 우리는 죽어가기 시작합니다. 나무는 오랫동안 자라지만, 결국에는 베어져서 우리가 쓸 관이 됩니다. 우리 모두를 위해서 무덤이 준비되어 있습니다. 그러나 이 무대는 머지않아 곧 다시 등장하게 될 것입니다. 한 번의 일장춘몽, 한 번의 잠을 자고 나면, 이 모든 광경은 또다시 지나가게 될 것입니다. 우리는 모두 깨어나서, 지금 여기에 서 있듯이, 여기에서보다 더욱 촘촘히 함께 서 있게 될 것입니다. 그러나 그때에는 우리는 부자든 가난한 자든 말씀을 전하는 자든 듣는 자든 모두 다 똑같이 서 있게 될 것입니다. 거기에는 단 하나의 구별, 즉 의인과 악인의 구별만이 있게 될 것입니다. 처음에는 우리가 함께 서 있게 될 것입니다. 제게는 그 장면이 보입니다. 바다가 끓어오르고 있습니다. 하늘들은 둘로 갈라지고, 구름들은 병거로 되어서 거기에 불의 날개들이 더해져서, 예수께서 그 위에 타시고서는 하늘을 가르고 오십니다. 주님의 보좌가 놓여집니다. 주님이 그 보좌 위에 좌정하십니다. 주님이 머리를 끄덕이시면, 온 세상이 그 앞에서 잠잠해집니다. 주님이 손을 드셔서, 사람들이 이 세상에서 행한 일들이 다 기록된 운명의 책들과 우리가 어떻게 시험들을 통과했는지가 기록된 책을 펼치십니다. 주님은 손짓으로 하늘의 천군들을 부르십니다. 주님은 "온 세상 사람들을 나누라"고 말씀하십니다. 말씀이 끝나기가 무섭게 온 세상 사람들이 둘로 갈라집니다. 온 세상 사람들이 둘로 갈라질 때, 나는 어느 쪽에 있게 될까요? 모든 사람들이 둘로 갈라질 때, 의인들은 오른편에 있는 것이 보입니다. 주님은 그들을 향하여 음악보다 더 달콤한 목소리로 이렇게 말씀하십니다: "나아오라! 너희는 이제까지 평생에 걸쳐서 계속해서 전진해 왔으니, 지금도 나아오라! 나아와서 마지막 걸음을 내딛어라. '내 아버지께 복 받을 자들이여 나아와 창세로부터 너희를 위하여 예비된 나라를 상속받으라'(마 25:34)." 이제 악인들만 남겨져 있습니다. 주님은 그들을 향하여 이렇게 말씀하십니다: "떠나라! 너희는 평생 동안 내내 나를 떠난 삶을 살아왔다. 나를 떠나 사는 것이 너희의 일이었다. 너희는 '나를 떠나소서. 나는 주의 길을 사랑하지 않습니다'라고 말하였다. 너희는 그렇게 계속해서 나를 떠난 삶을 살았으니, 이제 마지막 걸음을 내딛어라.” 그들은 감히 움직이지 못합니다. 그들은 미동도 하지 않고 서 있습니다. 구주께서는 복수하시는 분이 되십니다. 전에 긍휼을 베푸셨던 주님의 손은 이제 공의의 칼을 집어드십니다. 사랑을 말씀하였던 주님의 입술은 이제 우렛소리를 발합니다. 주님은 악인들을 죽이실 목적으로 칼을 집어드시고, 그들에게 휘두르십니다. 그들은 사자 앞에 사슴처럼 맥없이 날아가서, 지옥의 무저갱 속으로 떨어집니다.

　　그러나 나는 어떻게 해야 구원 받을 수 있는지를 말하지 않고는 이 설교를 마치지 않겠습니다. 오늘 아침에 나는 불경건한 사람들, 가장 악한 죄인들을 향하여 말씀을 전하였고, 내가 하나님의 크신 긍휼에 대하여 말씀을 전하는 동안에 많은 사람들이 울었습니다. 나는 많은 사람들이 울 뿐만 아니라 그들의 마음이 녹아졌기를 바랍니다. 나는 오늘 밤에는 그 긍휼에 대해서는 말씀드리지 않았습니다. 우리는 하나님의 성령의 인도하심을 받아서 종종 서로 다른 노선을 택해야 합니다. 그러나 목마르고 무거운 짐을 지고 길을 잃고 망하게 된 분들에게는 역시 하나님의 긍휼의 말씀이 필요합니다. 여기에 구원의 길이 있습니다! “믿고 세례를 받는 사람은 구원을 얻을 것이요”(막 16:16). “무엇이 믿는 것입니까? 그리스도께서 나를 위해 죽으셨다는 것을 내가 안다고 말하는 것입니까?”라고 질문하는 분이 계실 것입니다. 아닙니다. 그것은 믿는 것이 아니고, 단지 그 일부일 뿐입니다. 전부가 아닙니다. 아르미니우스주의자들도 그런 사실을 믿습니다. 그리스도께서 모든 사람을 위해 죽으셨다는 가르침을 받아들이는 사람은 누구나 그런 사실을 믿습니다. 따라서 그것은 믿음이 아닙니다. 그렇다면, 믿음은 무엇입니까? 그것은 여러분 자신을 그리스도께 내던지는 것입니다. 구원 받기 위해서 무엇을 했느냐는 질문을 받았을 때에 미국의 한 노예가 말한 것이 아주 흥미롭습니다. 그는 이렇게 말했답니다: “주인님, 나는 예수님에게 저 자신을 완전히 내던지고 그 자리에 엎드렸습니다. 나는 예수님의 약속의 말씀에 저 자신을 완전히 내던지고 그 자리에 엎드렸습니다.” 예수께서는 모든 회개한 죄인에게 “나는 끝까지 너를 구원할 수 있다”고 말씀하십니다. 주님의 약속의 말씀에 여러분 자신을 내던지시고서, “주여, 주는 나를 구원하실 수 있나이다”라고 말하십시오. 하나님은 “오라 우리가 서로 변론하자 너희의 죄가 주홍 같을지라도 눈과 같이 희어질 것이요 진홍 같이 붉을지라도 양털 같이 희게 되리라”(사 1:18)고 말씀하십니다. 여러분 자신을 하나님께 내던지십시오. 그리하면, 여러분은 구원을 받게 되실 것입니다. "나는 하나님의 백성이 아닐까봐 두렵습니다. 내 이름을 생명책(성경)에서 읽을 수 없습니다"라고 말하는 분도 계실 것입니다. 여러분이 자신의 이름을 거기에서 읽을 수 없는 것은 당연한 일입니다. 왜냐하면, 만일 성경 속에 모든 사람의 이름이 다 기록되었다면, 성경은 너무나 방대한 책이 되었을 것이기 때문입니다. 만일 당신의 이름이 존 스미스이고, 당신이 그 이름을 성경 속에서 보았는데, 당신이 하나님의 약속의 말씀을 믿지 않는다면, 당신은 그 이름이 동명이인이라는 것을 분명히 믿게 될 것입니다. 러시아 황제가 폴란드에서 피난 온 모든 사람들에게 본국으로 돌아가라는 칙령을 내렸다고 합시다. 한 폴란드 난민이 벽에 걸려 있는 큰 플래카드를 보고 있습니다. 그는 기쁜 표정으로 "그래, 내가 고국으로 돌아가게 되었네"라고 말합니다. 그러나 어떤 사람이 그에게 "거기에는 발레브스키라는 이름은 없어!"라고 말합니다. 그러나 그는 "맞아. 그러나 거기에 폴란드 난민들이라고 되어 있잖아. 폴란드는 나의 기독교식 이름이고, 난민은 나의 성(姓)이니, 그게 바로 나잖아"라고 말합니다. 마찬가지로, 성경에는 여러분의 이름이 기록되어 있지 않지만, 길 잃은 죄인이라는 말이 나옵니다. "죄인"은 여러분의 기독교식 이름이고, "길 잃은"은 여러분의 성(姓)입니다. 그런데도 여러분은 나아오지 않으시겠습니까? 성경은 "길 잃은 죄인"이라고 말하는데, 그것으로는 부족합니까? "미쁘다 모든 사람이 받을 만한 이 말이여 그리스도 예수께서 죄인을 구원하시려고 세상에 임하셨다 하였도다 죄인 중에 내가 괴수니라"(딤전 1:15). "그건 그렇습니다만, 나는 내가 택함 받은 사람이 아닐까봐 두렵습니다"라고 말하는 분도 계실 것입니다. 사랑하는 심령들이여, 그런 걱정을 하지 않으셔도 됩니다. 여러분이 그리스도를 믿는다면, 여러분은 택함 받은 사람들입니다. 긍휼히 여기시는 예수님께 자기 자신을 맡기는 사람은 누구든지 택함 받은 사람입니다. 택함 받지 않은 사람이라면, 결코 그렇게 하려고 하지 않기 때문입니다. 그리스도께 나아와서 그의 피로 말미암은 긍휼하심을 구하는 사람은 누구든지 택함 받은 사람이기 때문에, 그 사람은 나중에 자기가 택함 받은 사람이라는 것을 알게 될 것입니다. 그러나 여러분이 회개를 배우지 않았다면, 택하심에 대하여 배우는 것을 기대하지 않으시는 것이 좋습니다. 택하심을 배우는 학교는 중고등학교가 아니라 대학교여서, 아직 어린 여러분이 회개의 학교를 졸업해야만 갈 수 있는 곳입니다. 설마, 여러분은 책을 거꾸로 읽거나, "하늘에 계신 우리 아버지"라고 말하기 전에 먼저 "아멘"이라고 기도하지는 않으시겠지요! 여러분은 기도하실 때에 "하늘에 계신 우리 아버지"로 시작해서, 그런 다음에 계속해서 "나라와 권세와 영광이 아버지께 영원히 있사옵나이다"로 나아가야 합니다. 그러나 "나라와 권세와 영광이 아버지께 영원히 있사옵나이다"로 시작해서 "하늘에 계신 우리 아버지"로 끝나는 식으로 기도를 거꾸로 하기는 어려운 일입니다. 우리는 믿음으로 시작하여야 합니다. 우리는 "빈 손 들고 나아가는 것"으로 시작하여야 합니다. 하나님께서는 아무것도 없는 무(無)에서 세계를 만들어 내신 것과 마찬가지로, 늘 자신의 그리스도인들을 무로부터 만들어 내십니다. 오늘 밤에 빈 손 들고 그리스도께 나아가는 사람은 은혜와 긍휼을 발견하게 되실 것입니다.

니는 이떤 기없은 여자가 길기리를 지니다가 한 이린아이가 문 앞에 있아서 부른 다음과 같은 찬송을 듣고서 회심하여 생명을 얻었다는 얘기를 전해 들었는데, 오늘 밤에 그 찬송의 한 소절을 인용하면서 말씀을 맺고자 합니다.

> "내게는 주 예수밖에 없네.
> 오직 예수 그리스도만이 나의 모든 것이라네."

이것은 복된 찬송입니다. 여러분도 집에 돌아가서서 이 찬송을 불러보시기 바랍니다. 이 짧막한 한 소절을 제대로 이해해서, 예수님 없이는 자기가 아무것도 아니지만, 자기는 그리스도 안에서 모든 것을 가진 자라는 것을 깨닫는 사람은 누구든지 천국에서 그리 멀리 있지 않은 사람입니다. 그런 사람은 장차 하나님의 형상으로 깨어날 때에 믿음으로 말미암아 거기에 있을 것이고, 구원의 기쁨으로 거기에 있을 것입니다.

제
15
장

—

하나님의 개입하심

—

**"그가 높은 곳에서 손을 펴사 나를 붙잡아 주심이여 많은 물
에서 나를 건져내셨도다."— 시 18:16**

형제들이여, 이 시간에 여러분의 기분이 어떠신지는 내가 잘 모르겠지만, 나는 짙은 구름이 온종일 나를 뒤덮고 있는 것 같습니다. 여러분이 서로서로 얘기를 해서 잘 알고 계시듯이, 지난 화요일에 있었던 재앙은 너무나 끔찍하고 광범위해서 지난 주간 동안 단 한 시간도 우리의 뇌리에서나 우리 마음에서 떠날 수 없었을 것입니다. 성경에서 "수산 성은 어지럽더라"(에 3:15)고 말씀하였듯이, 런던 전체는 저 고대의 성읍이었던 "수산 성" 같았습니다. 사람들은 누구나 자기 옆 사람에게 "당신은 친구를 잃으셨나요?"라고 물었고, "가슴 아픈 사별을 겪었습니다"라는 대답이 돌아왔을 때에 놀라는 사람은 아무도 없었습니다. 우리 교회에서도 우리 모두가 그런 슬픔을 함께 하여야 했습니다. 우리 교회의 지체들 중에서 적어도 다섯 분이 이제 우리 가운데 있을 수 없게 되셨고, 우리의 모든 지체들이 너나 할 것 없이 다 자신의 친지나 친구를 잃었습니다. 슬프게도, 화물들을 가득 실은 그 어떤 유명한 스페인의 큰 상선보다 더 귀한 화물을 실은 저 불운한 선박이 침몰되었고, 그 배의 난파는 막대한 황금을 실은 배가 난파당한 것보다도 더 큰 손실을 런던에 가져다주었습니다. 우리는 이 혹독한 환난에 대하여 생각하지 않을 수 없습니다. 그러므로 우리는 좀 더 실제적인 목적으로 그 일에 대하여 생각해 보는 것이 좋을 것입니다.

이 갑작스럽게 일어난 슬픈 일은 여느 다른 사건과 마찬가지로 하나님으로부터 왔고, 우리의 이 도시를 향한 하나님의 음성이라고 나는 믿습니다. 따라서 우리는 이 음성을 경청하는 것이 옳습니다. "여호와께서 성읍을 향하여 외쳐 부르시나니 지혜는 주의 이름을 경외함이니라 너희는 매가 예비되었나니 그것을 정하신 이가 누구인지 들을지니라"(미 6:9). 우리의 마음은 "여호와의 행하심이 없는데 재앙이 어찌 성읍에 임하겠느냐"(암 3:6)라고 말한 저 옛 선지자의 마음과 같습니다. 여호와의 허락하심과 주관하심이 없는데, 어떻게 사람들에게 재앙이 임하겠습니까? 결코 그럴 수는 없습니다! "여호와는 죽이기도 하시고 살리기도 하시며 스올에 내리게도 하시고 거기에서 올리기도 하시는도다"(삼상 2:6). 많은 사람들이 이 엄청난 사건에 너무나 큰 충격을 받아서, 이 일을 하나님과 결부시킬 생각을 하지 못하고, 어디에나 계시는 하나님이 거기에는 계시지 않았을 것이라고 믿고 싶어한다는 것을 나는 압니다. 이 큰 사건이 사람들의 이성을 마비시켰고, 사람들은 이 사건을 신앙의 신비들에 속한 것으로 보고자 하지 않습니다. 욥은 환난이 진토로부터 생겨난다는 것을 부인하고, 환난이 여호와로부터 온다는 것을 인정하며, "하나님이 빼앗으시면 누가 막을 수 있으며"(욥 9:12)라고 말하였지만, 사람들은 욥의 그런 확신을 갖고 있지 못했습니다. 하나님을 사랑하고 신뢰하는 사람들조차도 "주께서 여기 계셨더라면 내 오라버니가 죽지 아니하였겠나이다"(요 11:21)라고 말한 마리아와 마르다 같은 마음을 지니고 있고, 신앙에 대해 좀 더 잘 알고 있는 사람들은 추악한 세상 사람들이 자신들을 비웃을 것이 두려워서 모든 일이 하나님의 섭리에 의한 것을 믿는 자신들의 믿음을 숨기고자 합니다. 세상 사람들로 하여금 비웃으라고 하십시오. 하나님의 길들은 우리가 보고 아는 것을 훨씬 뛰어넘어 있는 까닭에, 우리 하나님은 영화로우신 것입니다. 하나님이 어디에나 계시는 것이 아니라면, 하나님은 그 어디에도 계시는 것이 아니기 때문에, 하나님이 어디에나 계신다는 것은 신앙의 본질적인 진리입니다. 따라서 하나님을 그 어느 곳으로부터 쫓아내는 것은 무신론적인 사고(思考)입니다. 만일 하나님의 손이 나쁜 일이나 재앙들을 주관하지 않는 것이라면, 그 손은 전능한 손이 아니게 되고, 따라서 하나님의 본질적인 속성들 중의 하나가 사라지게 될 것입니다. 하나님께서 제한적으로만 통치하신다고 생각하는 것은 정말 끔찍한 일입니다. "여호와께서 그의 보좌를 하늘에 세우시고 그의 왕권으로 만유를 다스리시도다"(시 103:19).

우리는 재앙을 내리는 신과 복을 내려 주는 신, 이렇게 두 최고의 신이 공존한다고 믿는 그런 사람들이 아닙니다. 환난과 재앙의 왕 마귀는 저 크신 만유의 주님께 종속되어 있다는 것이 우리의 신앙입니다. 그래서 여호와께서는 자신의 종 이사야의 입을 통해서 "나는 빛도 짓고 어둠도 창조하며 나는 평안도 짓고 환난도 창조하나니 나는 여호와라 이 모든 일들을 행하는 자니라"(사 45:7)고 말씀하셨습니다. 여호와 하나님은 고요한 여름날에도 다스리시고 우리에게 가을의 귀한 열매들도 주시지만, 모든 것을 파괴하는 허리케인이나 작물을 마르게 하여 황폐하게 하는 줄기마름병이 있을 때에도 거기에 계셔서 다스리십니다. 배가 순항하여 그 목적지인 항구에 다다르게 하시는 것도 하나님의 섭리이지만, 배와 그 선원들을 바다 밑에 가라앉게 하시는 것도 하나님의 섭리입니다. 오리온 (Orion) 별자리를 푸시는 것도, 묘성(昴星)의 감미로운 영향력을 묶으시는 것도 다 하나님의 권능입니다. 햇빛이나 빗방울과 마찬가지로, 번개나 우레도 하나님의 권능입니다. 하나님은 하늘을 쇠로, 땅을 놋으로 변하게 하셔서, 이 땅이 소출을 내지 못하게 하실 수 있습니다. 하나님은 기근을 부르셔서 온갖 양식을 제거하실 수 있습니다. 왜냐하면, 기근이나 역병이나 전쟁은 모두 다 하나님의 손에 들린 회초리들이기 때문입니다. 하나님은 어디에나 계시고, 하나님의 손은 만유에 현존합니다. 우리에게 선해 보이는 일들에서와 마찬가지로 우리에게 악해 보이는 일들에서도 하나님은 일하십니다. 하나님은 잘못을 하지 않으십니다. 왜냐하면, 하나님은 악의 유혹을 받지도 않으시고, 그 누구도 유혹하지 않으시기 때문입니다. 그러나 우리는 사람들 가운데서 슬픔과 고통과 죽음을 일으키는 물리적인 재앙에 대하여 말하고, 하나님이 분명히 거기에 계신다고 말합니다. 성경은 참새 한 마리도 우리의 천부(天父)의 허락 없이는 땅에 떨어지는 일이 없다고 말씀하고 있기 때문에, 우리는 그 어떤 큰 재난이나 재앙도 하나님의 허락 없이는 우리에게 임할 수 없다는 것을 확신합니다. 하나님은 우리가 아주 큰 슬픔 중에 있을 때에 우리에게서 멀리 계시지 않습니다. 어떤 재난이나 재앙이 사람들의 부주의나 실수로 일어난 것처럼 보일지라도, 그런 것들은 단지 이차적이고 부차적인 이유들일 뿐이고, 그 모든 지엽적인 이유들 배후에서 우리는 하나님의 허락하심을 봅니다. 만일 그렇지 않다면, 애곡하는 사람들은 그 슬픈 일을 받아들여야 할 가장 큰 이유와 그들에게 위로가 될 가장 확실한 원천을 박탈당하게 될 것입니다.

어떤 끔찍한 사건이 범죄의 결과로 생겨난 것이라고 할지라도, 거기에 하나님이 계시지 않는 것이 아닙니다. 하나님은 그 범죄에 연루되어 계시는 것은 아니지만, 그 사건을 주관하고 계십니다. 우리 주님이 십자가에 못 박히신 사건을 생각해 보십시오. 주님을 십자가에 못 박은 자들은 큰 죄를 지은 것이지만, 주님이 십자가에 못 박히신 것은 하나님의 뜻이었습니다! 사도행전에 나오는 베드로의 말을 들어보십시오: "그가 하나님께서 정하신 뜻과 미리 아신 대로 내준 바 되었거늘 너희가 법 없는 자들의 손을 빌려 못 박아 죽였으나"(행 2:23). 악인들의 죄가 극에 달해 있던 저 골고다에 하나님께서 거기에도 계셨다는 것을 누가 부인하겠습니까?

우리는 그것을 이해하지 못하고, 따라서 그것을 설명하고자 하지도 않는다는 것을 솔직하게 인정합니다. 그러나 우리는 믿고 경배합니다! 다행히, 우리는 하나님의 길들이 옳다는 것을 보이고자 사람들에게 설명하려고 할 필요가 없습니다. 하나님은 우리 손으로 그것을 설명해 보이라고 요구하지도 않으시고, 자신이 하시는 일들에 대하여 그 어떤 설명도 해주시지 않으십니다. 우리가 결심해야 할 유일한 것은 "하나님이 나를 죽이신다고 해도, 나는 하나님을 신뢰합니다"라고 고백하는 것입니다.

예로부터 많은 사람들은 모든 일이 하나님의 섭리를 따라 일어난다면, 왜 하나님께서는 그러한 끔찍한 재앙들이 일어나도록 허락하시는 것일까라는 의문을 가져 왔습니다. 그런 재앙들로 인해서 많은 사람들이 목숨을 잃게 되는 것은 정말 끔찍한 일입니다. 하나님이 전능하시다는 것에 대해서는 아무도 의심하지 않습니다. 그런데 왜 하나님은 그런 재앙들에 개입하셔서 그 재앙들이 일어나지 않게 하셔서 사람들의 목숨을 구하지 않으시는 것입니까? 이것이 오늘 아침 설교에서 우리가 다루게 될 첫 번째 대지(大旨)의 내용이 될 것입니다. 만일 우리의 인생사에서 하나님의 기적적인 개입하심을 기대할 수 없다면, 우리는 본문에 나오는 말씀대로, "그가 높은 곳에서 손을 펴사 나를 붙잡아 주심이여 많은 물에서 나를 건져내셨도다"라고 고백하게 될 가능성은 사라지게 될 것입니다. 하지만 본문을 통해서 우리는 하나님의 섭리에 의한 또 다른 종류의 개입이 있다는 것을 알게 되는데, 이것이 두 번째 대지가 될 것입니다. 가장 중요한 세 번째 대지는 사람들의 구원을 위해서 하나님의 은혜로우신 개입하심이 있다는 것입니다. 하나님은 오늘날 "높은 곳에서 손을 펴사" 자신의 종들을 "붙잡아" 주셔서, 이적을 통하여 그들을 "많은 물에서 건져내시지"는 않지만, 그럼에도 불구하고 깊은 환난에서 우리를 들어올리십니다. 특히, 하나님께서는 죄의 깊은 곳에서 우리를 들어올리셔서 영원한 구원으로 인도하십니다. 왜냐하면, 하나님께서는 "내가 그들을 바산에서 돌아오게 하며 바다 깊은 곳에서 도로 나오게 하고"(시 68:22)라고 말씀하셨기 때문입니다.

1. 첫째로, 현세에서의 재난들 속에서
하나님의 기적적인 개입하심을 기대하지 않아야 합니다.

나는 하나님이 그런 식으로 개입하지 않으신다는 이유로 사람들이 비난할 것이 두려워서 하나님을 변호하기 위해서 이 자리에 서 있는 것이 아닙니다. 왜냐하면, 하나님을 비난하는 사람들에게 하나님이 해주실 대답은 "이 사람아 네가 누구이기에 감히 하나님께 반문하느냐"(롬 9:20)라는 말씀뿐이기 때문입니다. 여러분이 여러분을 지으신 분을 비난하고자 한다면, 그분은 여러분에게 대답하고자 하지 않으실 것입니다. 여러분이 거짓된 비난과 고소를 꾸며냈듯이, 여러분은 여러분에게 좋아 보이는 대로 대답도 만들어 낼 수는 있겠지요. 그렇지만 그 누구도 부인할 수 없는 난제(難題)가 있고, 그것은 엄연한 사실에 기초를 두고 있는 난제입니다. 선하시고 전능하신 하나님이 보좌에 좌정해 계시는데, 도대체 왜 세상에 재난이라는 것이 존재하는 것입니까? 이것은 그 누구도 대답할 수 없는 아주 오래된 수수께끼입니다. 한 흑인이 선교사에게 한 질문은 이 문제를 아주 소박한 형태로 보여줍니다: "하나님이 마귀보다 훨씬 더 강하시다면, 왜 하나님은 마귀를 죽여서 그 마귀가 못된 짓을 하는 것을 끝장내지 않으시는 것입니까?" 바로 그것입니다. 그것이 이 문제의 처음이자 끝입니다. 문제는 존재하지만, 누가 그 문제에 대답할 수 있습니까? 어리석은 사람은 가장 지혜로운 사람이 100년에 걸쳐서 대답해야 할 것보다 더 많은 반론들을 단 한 시간 안에 제기할 수 있습니다. 아무리 교묘한 이론이라도 그 이론이 엄연한 사실들을 바꾸지는 못합니다. 여러분과 내가 아주 작은 문제라고 생각할 수 있는 것이 사실은 그렇지 않을 수도 있습니다. 세상에 도덕적인 악이 존재하고, 하나님도 존재한다는 것은 엄연한 사실입니다. 또한, 세상에는 유형적인 악이 존재하지만 사랑이 최고라는 것, 전능자는 물과 불로 자신의 피조물들이 멸해지는 것을 허락하시고, 거기에 개입하셔서 그들을 구원하지 않으시지만, 여전히 인자하심과 궁휼하심으로 충만하신 분이라는 것도 분명한 사실입니다. 물론, 어떤 사람들은 그들을 지으신 분을 감히 비난할 뿐만 아니라, 하나님을 향하여 입에 담을 수조차 없는 욕들을 퍼붓기도 합니다. 나는 하나님을 두고 교만한 자들의 입술 사이에서 "괴물"이라는 말이 튀어나오는 것도 들은 적이 있습니다. 다시 한 번 말씀드리지만, 그런 사람들에게는 설명이 통하지도 않고 설명해 주어도 받으려 하지 않기 때문에, 그들에게 일일이 대답해 주는 것은 시간 낭비일 뿐입니다. 또한, 그런 사람들이 하나님을 어떻게 생각하든, 그런 것은 지존자(至尊者)에게는 사소한 일일 뿐입니다. 하나님은 자신의 기쁘신 뜻대로 행하실 뿐이고, 자신의 피조물들로부터 허락을 받으시는 일은 없습니다.

하지만 우리는 여기에서 사람들이 겸손하게 제기하는 의문에 대해서 잠시 살펴보고자 합니다. 큰 위험이 닥칠 때마다 우리가 하나님의 기적적인 개입하심을 기대할 수 있다고 가정해 봅시다. 그러면, 어떻게 되겠습니까? 그러한 가정은 터무니없는 것이 아닙니다. 왜냐하면, 그러한 개입은 있을 수 있기 때문입니다. 하나님은 전능하시기 때문에, 우리는 그런 개입의 가능성을 인정하지 않을 수 없습니다. 기차가 철로를 따라 굉음을 내며 달립니다. 그 기차는 얼마 후에 다른 기차와 충돌해서, 많은 사람들이 죽게 될 것입니다. 그러나 하나님께서는 원하시기만 하신다면 얼마든지 그 기차의 엔진 위에 자신의 손을 얹으셔서 전속력으로 달리는 그 기차를 멈추실 수 있습니다. 800명이나 되는 많은 사람이 탄 배가 가라앉으려고 합니다. 그러나 하나님께서는 원하시기만 하신다면 자신의 손바닥 위에 그 배를 올려놓으셔서 그 배가 가라앉는 것을 막으실 수 있습니다. 그렇지만 하나님은 움직이지 않으십니다. 철로에는 죽은 사람들이 널려 있고, 강은 시신들로 가득 차 있습니다. 우리는 하나님께서 개입하지 않으신 이유를 다 알 수는 없지만, 얼마간은 알 수 있습니다. 첫째, 하나님께서 그런 식으로 개입하신다면, 세상의 질서와 모습은 완전히 바뀌게 되어서, 세상은 한시도 동일한 곳이 될 수 없을 것입니다. 하나님께서는 이 세상을 만드셨고, 일정한 법칙들을 따라 세상을 다스리고 계십니다. 만일 그러한 법칙들이 가변적이고 끊임없이 바뀐다면, 순간순간마다 새로운 세상이 창조될 것이고, 인간도 새롭게 창조되어야 할 것입니다. 인간의 물리적이고 도덕적인 상태, 그리고 심지어 영적인 상태조차도 머리끝에서 발끝까지 다 새롭게 창조되어야 합니다. 하나님께서는 우리가 자연의 법칙들이라고 부르는 특정한 방식들을 따라 자신의 권능을 행하시기로 정하셨고, 그러한 질서 속에 하나님이 거하십니다. 역사상에서 어떤 사람들이 늘 꿈꾸어 왔던 "자연"이라는 독립적인 힘은 존재하지 않습니다. 자연의 법칙들 자체 속에는 그 어떤 힘도 존재하지 않고, 거기에는 오직 하나님의 권능만이 작용하고 움직일 뿐입니다. 여러분이 온갖 법률들을 만들어도, 그 법률들 자체에는 그 어떤 힘도 존재하지 않습니다. 그 법률들이 실행되기 위해서는 왕의 권능이 있어야 합니다. 모든 권능과 힘은 그것이 무엇이든지 간에 하나님으로부터 나옵니다. 하나님은 피조세계 전체에서 활동하는 온갖 힘들의 원천이자 근원이시지만, 자신의 힘과 권능이 통상적으로 일정한 법칙들 아래에서 일정한 방식들로 행해지도록 처음부터 정하셨습니다. 물론, 하나님은 스스로 원하실 때에는 그러한 법칙들을 중지시키실 수 있으십니다. 하나님은 불의 파괴적인 힘을 꺼버리시고, 사자의 입을 막으시며, 물들이 볏단처럼 수직으로 서게 하실 수 있으시지만, 그렇게 하신 것은 드물고, 오늘날에는 결코 그렇게 하지 않으십니다. 나는 우리가 어느 정도까지는 그 이유를 알 수 있다고 생각합니다. 만일 하나님의 개입이 지속적으로 이루어진다면, 하나님께서 현재의 세상을 만드신 계획과 목적 전체가 폐기되고, 또 다른 유형의 권능이 그 자리를 대신해야 할 것입니다.

또한, 우리가 기억해야 할 것은 하나님의 계획이 무엇이든지 간에, 지금 그 계획은 인간의 타락이라는 그늘 아래에서 수행되고 있다는 것입니다. 만일 죄가 없었다면, 고통이나 질병이나 탄식이나 죽음도 없었을 것입니다. 만일 인류가 창조주의 손에서 막 나온 아담처럼 순수하고 거룩한 채로 에덴 동산에서 번성하여 더 넓은 낙원으로 옮겨가는 것이 가능하였더라면, 기근이나 전쟁도 없었을 것이고, 바다에서의 난파나 뭍에서의 사고 같은 재난도 없었을 것이라고 나는 믿습니다. 인류가 아무리 많은 수로 번성하게 되었을지라도, 그들에 대한 기록들은 오늘날 신문들을 가득 채우고 있는 수많은 재난들로부터 온전히 깨끗하였을 것입니다. 그러나 슬프게도 인간은 타락하였고, 그렇게 타락한 상태에 있는 인류에게 모든 것이 저 평온한 여름날의 햇빛 같을 수는 없습니다. 죄의 결과로 인류는 오늘날 폭풍우의 성난 포효와 사망의 울부짖음을 들으며 살아갈 수밖에 없게 되었습니다. 하나님께서 인류에게 재난이 일어나지 않게 하셨다고 가정해 보십시오. 그렇게 되었을 때, 하나님께서는 인간의 반역에 대하여 하나님이 진노하고 계신다는 것을 도대체 무슨 수로 인간에게 알게 하시겠으며, 죄를 짓는 것과, 순종 및 거룩함이 서로 다르다는 것을 무엇으로 나타낼 수 있겠습니까? 조금만 생각해 보시면, 여러분은 하나님께서 사람들에게 구조의 손길을 뻗치시는 것을 보류하시는 이유를 알게 되실 것입니다.

　게다가, 만일 어떤 사람들이 바라는 대로, 하나님의 손이 개입하셔서 오직 경건한 사람들의 목숨만을 건지신다면, 원래 심판의 장소로 예정되어 있지 않았던 이 세상이 갑자기 심판의 장소가 되어 버리게 될 것입니다. 사고가 일어나서 사람들이 죽거나 고통을 겪게 되면, 그 재난의 희생자들에게 뭔가 특별한 죄가 있어서 그런 것이라는 미신이 아직도 여전히 많은 사람들의 마음속에 자리잡고 있습니다. 그러나 우리 주님께서는 실로암 망대가 무너져서 죽은 사람들이 다른 사람들보다 더 큰 죄인들이었던 것이 아니고, 빌라도에게 죽임을 당한 갈릴리 사람들이 다른 갈릴리 사람들보다 특별히 더 큰 죄인들이었던 것도 아니라고 분명하게 말씀하셨습니다. 갑작스러운 죽음은 하나님의 심판이라는 미신을 여러분의 마음속에서 깨끗이 제거하시기를 부탁드립니다. 빌딩이 무너지거나 배가 난파되거나 폭발이 일어난 것과 같은 사건들이 있을 때, 여러분은 그 사건들로 인해 희생된 사람들에 대하여 그 어떤 판단도 해서는 안 됩니다. 만일 여러분이 마치 그들이 더 큰 죄인들인 양 판단한다면, 여러분은 다른 사람들을 부당하게 판단하고 잔인하게 정죄한 불의(不義)를 자행한 죄를 범한 것이 되고 말 것입니다. 그런 사건들 가운데서 어떤 경건한 사람이 목숨을 건졌을 때, 우리는 그것을 어떻게 생각해야 합니까? 우리는 그 사람이 목숨을 건진 것을 하나님의 섭리로 돌려야 하고, 그런 사건들로 인해서 죽은 사람들이 목숨을 건진 그 사람보다 덜 경건하거나 하나님의 은혜를 덜 받은 것으로 생각해서는 안 됩니다. 성도들은 목숨을 건지지 못하고 악한 자들이 살아남는 경우도 종종 일어납니다. 전에 내가 하나님의 섭리로 말미암아 어떤 경건한 부인이 목숨을 건졌다는 말을 했다는 이유로, 내가 그 사건으로 인해서 죽은 사람들을 정죄한 것이라고 생각하는 사람은 어리석은 사람입니다! 내 생각은 그런 것과는 너무나 거리가 멉니다. 나는 죽고 사는 것 둘 모두를 하나님의 섭리로 돌리고, 죽은 사람이나 산 사람의 신앙이나 인격에 대하여 그 어떤 판단도 하지 않습니다. 어떤 사람이 앨리스 호를 타고 항해하다 난파되어 바다에 수장된 것을 우리는 어떻게 생각하여야 합니까? 그러므로 하나님께서 그 사람에게 진노하셨다고 생각하지 마시기 바랍니다. 왜냐하면, 그 사람은 지금 천국에 가 있을지도 모르고, 또한 어쨌든 바로 그 난파로 인해서 하나님을 사랑하는 많은 사람들도 함께 죽었기 때문입니다. 만일 하나님의 백성들이 위험에 처할 때마다 하나님이 개입하셔서 그들을 구하신다면, 이 세상은 의인과 악인을 구별하여 심판하는 곳으로 창조된 것도 아닌데, 하나님의 의도와는 달리 그런 곳이 되어 버리고 말 것입니다. 하나님께서는 심판을 내세에서 행하시기로 정해 놓으셨습니다. 장차 그리스도께서 큰 소리와 함께 하늘로부터 임하셔서 자신의 백보좌에 앉으실 때, 그때에 그리스도께서는 알곡과 가라지를 구별하셔서 심판하실 것입니다. 그러나 지금은 그들이 함께 자라도록 하시는 것이 하나님의 뜻입니다. 마지막 날에 하나님께서는 "양은 그 오른편에 염소는 왼편에 두실"(마 25:33) 것입니다. 그러나 지금은 그들이 함께 동일한 풀밭에서 먹게 하시는 것이 하나님의 뜻입니다. "지혜자는 그의 눈이 그의 머리 속에 있고 우매자는 어둠 속에 다니지만 그들 모두가 당하는 일이 모두 같으리라는 것을 나도 깨달아 알았도다"(전 2:14). 이곳은 심판의 땅이 아니라 하나님께서 오래 참으시는 땅입니다. 이곳은 하나님께서 판결을 내리시는 곳이 아니라, 인내하시며 기다리시는 곳입니다. 이 세상에서 열방에 대한 심판이 있습니다. 그러나 개개인들에 대한 심판은 극히 드문 예외를 제외한다면 마지막 날까지 보류되어 있습니다.

사랑하는 여러분, 만일 하나님이 모든 재난이나 재앙에 개입하신다면, 그 부작용이 많을 것임을 다시 한 번 명심하십시오. 만일 대다수의 농부들이 내년에 농사짓는 것을 거부하여서, 온 땅이 잡초들로 무성하게 된다면, 양식은 턱없이 부족하게 될 것입니다. 그런 경우에 하나님께서 개입하셔서 곡식들이 저절로 자라나게 하는 이적을 일으키심으로써, 수많은 사람들이 굶주려 죽는 것을 막으셨다고 합시다. 그 결과가 어떠하겠습니까? 사람들은 어디에서나 게으름을 피우며 일하려 하지 않을 것입니다. "하나님은 지극히 선하셔서 절대로 우리를 굶어죽게 내버려 두지 않으실 것이니, 자, 우리는 쟁기를 손에서 놓고 그 쟁기가 녹이 슬든 말든 상관없이 그저 춤추고 놀며 즐겁게 시간을 보내자"라고 사람들은 말할 것입니다. 여러분에게 이것이 좋게 보입니까? 또한, 사람들이 게으르고 나태하여 제대로 집을 돌보지 않아서 집이 다 썩어 들어가고 공기가 오염되어서 역병을 일으키는 병균이 서식하게 내버려 둔 것이 원인이 되어, 결국 어느 지역에 역병이 생겼을 때, 하나님께서 이적으로 개입하셔서 사람들이 그 역병에 걸려도 죽지 않게 하셨다고 합시다. 우리 모두가 위생에 신경을 쓰지 않아도, 자비로우신 하나님이 가엾은 인간을 열병이나 콜레라로 죽게 내버려 두지 않으실 것임을 사람들이 알고 있다고 합시다. 우리의 도시들은 점점 더 더럽고 불결해져서 거대한 쓰레기장으로 변하게 될 것이고, 지금도 온갖 방법으로 강들을 오염시키고 하나님의 땅을 더럽히는 데에 선수인 인간은 결국 지구 전체를 하나의 거대한 쓰레기장으로 만들어 버리게 될 것입니다. 흑사병과 전염병들과 열병들은 지금도 긍정적인 측면을 지니고 있습니다. 즉, 그것들은 우리 인간에게 경보를 울려주는 파수꾼들이고 위험을 경고해 주는 선지자들입니다. 그것들은 인류에게 어떻게 살아야 하는지 그 법칙들을 깨닫도록 촉구함으로써 인류에게 유익을 가져다줍니다. 또한, 사고가 일어날 가능성이 있을 때마다 하나님께서 즉시 천사를 보내어 거기에 개입하셔서 충돌이나 난파를 피하게 하신다고 합시다. 그랬을 때에 무슨 일이 벌어지게 되겠습니까? 철도 회사들이나 선박 회사들은 그 어떤 사고가 나도 그들에게는 아무런 손실도 없고 도리어 이익이 될 것을 알고서 사고가 나든 말든 이윤을 추구하는 데에만 관심을 둘 게 뻔합니다. 선박이 충돌할 것을 염려하여 항상 긴장하여 살필 이유도 없을 것이고, 브레이크나 신호를 신경을 써서 점검할 필요성도 느끼지 못하게 될 것입니다. 사람들은 더 이상 사고로 죽게 될 걱정을 하지 않아도 될 것이기 때문에, 자기가 하고 싶은 것들을 다 해보고자 할 것입니다. 그러한 상황이 오면, 많은 미덕들이 무너지게 될 것이고, 많은 악덕들이 스스럼없이 행해지게 될 것입니다. 나는 그런 체제 위에서 돌아가는 세계를 상상할 수 없습니다. 하나님께서는 사람들에게 큰 교훈을 주시기 위하여 이따금씩 친히 개입하셔서 자신이 세워 놓으신 법칙들을 중지시키실 수 있으시지만, 창조주께서 자신이 지으신 인간을 인간답게 하시기 위해서는 그 법칙들을 가변적이고 불확실한 것으로 만들기보다는 자신이 정한 법칙들을 범한 인간으로 하여금 그 결과에 대하여 책임지도록 하는 것이 모든 면에서 지혜롭고 선한 것으로 보입니다.

사랑하는 친구들이여, 하나님께서 기적적인 방식으로 개입하신다고 하여도, 그것은 우리가 생각하는 것과는 달리 불경건한 자들에게 결코 유익이 되지 않을 것입니다. 만일 하나님께서 자기 백성을 위하여 개입하여 긍휼의 이적들을 베푸셔서, 그들을 낚아채어서 바다에 수장되지 않게 하시거나 불에 삼켜지지 않게 하시거나 충돌로 인하여 사망하지 않게 하신다면, 마찬가지로 우리는 하나님께서 심판의 이적들을 통하여 개입하시는 경우도 예상하는 것이 마땅할 것입니다. 여러분이 광야로 들어가서, 하늘에서 내리는 만나를 먹고 반석에서 나오는 물을 마신다고 한다면, 여러분이 들어간 광야에서는 땅이 입을 벌려 고라와 다단과 아비람을 삼켜 버렸고, 모래에서 사는 불뱀들이 하나님께 반역한 사람들을 물어 죽게 한 일들도 일어났다는 것을 기억하십시오. 궁휼하심을 보여주는 이적들을 통한 하나님의 개입하심이 있다면, 심판을 보여주는 이적들을 통한 하나님의 개입하심도 동전의 양면처럼 있을 것은 당연한 일입니다. 따라서 전체적으로 보아서, 하나님께서 죄인들을 내버려 두셔서, 이 땅에 사는 동안에는 잠시 모든 사람이 당하는 일이 모두 같게 하심으로써, 하나님의 오래 참으심으로 말미암아 죄인들이 회개하는 일이 일어나고, 하나님의 자녀들이 환난을 통하여 더 큰 복으로 나아가게 하는 것이야말로 하나님의 자비로우심을 더 잘 나타내는 방식이 됩니다. 만일 사고에 의한 모든 죽음이 천벌이라면, 세상은 하나님이 지금 우리를 다루시는 방식보다 훨씬 더 끔찍한 상황이 될 것입니다. 그러므로 세상이 현재의 질서대로 운용되는 것이 최선입니다.

만일 하나님이 우리를 건지시는 놀라운 이적들이 자주 우리에게 일어난다면, 우리의 생각과는 달리, 사람들은 그 이적들에 별로 감동을 받지 않게 될 것입니다. 만일 하나님이 항상 악인들로 하여금 물에 빠져 죽게 하거나 불에 타서 죽게 하시고, 항상 의인들을 온갖 위험에서 건져주신다면, 사람들은 머지않아 그런 일들을 대수롭지 않게 여기게 될 것입니다. 사람들은 처음에는 약간 마음이 움직이겠지만, 점차 그 마음들이 완악해지게 될 것입니다. 출애굽 때에 애굽 땅에서 애굽인들의 집이 모두 다 칠흑 같이 어두웠을 때에 이스라엘 사람들의 집에는 빛이 있었고, 하나님께서는 이스라엘에게는 복을 주셨지만 애굽은 심하게 치셨습니다. 그러나 애굽 왕 바로는 그것을 보고도 마음이 움직인 것이 아니라, 단지 그 마음이 더욱 완고해졌을 뿐입니다. 광야에서 이스라엘 백성이 하나님을 대적하여 불평하다가, 땅이 입을 벌려 그들 중 일부를 삼켜 죽게 하였을 때, 그 사건이 그들에게 미친 영향을 미미했습니다. 그들은 조금 후에 금방 또다시 하나님의 백성이 그렇게 죽게 된 책임이 모세에게 있다고 비난하며 모세를 대적하여 불평하기 시작하였습니다. 모든 것을 살펴보았을 때, 우리는 세상의 현재의 질서가 최선이라는 것을 알게 됩니다. 그리고 하나님께서도 그것을 아십니다. 그래서 하나님께서는 종종 많은 사람들이 죽는 재난이나 재앙이 일어난다고 해도, 자신의 물리적인 법칙들이 정상적으로 돌아가게 하는 방식을 그대로 유지해 나가시는 것입니다.

또한, 자신의 목숨이 위험에 처할 때마다 하나님께서 항상 건져 주신다고 하면, 어떤 사람들이 생각하는 것과는 달리, 그것은 경건한 사람들에도 그리 큰 유익이 되지 못합니다. 형제들이여, 우리는 언젠가는 죽어야 합니다. 그리고 여기 이 아랫세상에는 우리의 분깃이 없기 때문에, 우리는 우리가 떠날 시간을 연기시키고자 할 이유가 전혀 없습니다. 이렇게 죽으나 저렇게 죽으나 죽는 것은 마찬가지입니다. 적어도 어떻게 죽느냐 하는 것은 그리 중요한 문제가 아닙니다. 어떤 죽음으로 하나님께 영광을 돌리고자 하느냐는 질문을 받으면, 그리스도인들은 한참 고심하다가, 아마도 가장 고통스러운 죽음을 선택하게 될 것입니다. 어떤 사람들은 바다에 빠져 죽을까봐 바다로 나가기를 두려워하지만, 사실 두려워할 이유가 없습니다. 바다로 나가는 것이 두렵지 않느냐를 질문을 받자, 한 선장이 "전혀 두렵지 않다"고 말했습니다. "그러나 선장님의 아버지께서는 바다에 빠져 죽지 않으셨습니까?" "그렇습니다." "선장님의 조부께서도 바다에 빠져 죽으셨지요?" "그렇습니다." "선장님의 형제들도 바다에 빠져 죽으셨다면서요?" "그렇습니다." "그런데도 바다로 나가시는 것이 두렵지 않으십니까?" 선장은 말했습니다. "두렵지 않습니다. 전혀 두렵지 않아요. 나도 당신에게 똑같은 질문을 드리지요. 당신의 아버지께서 죽으셨지요?" "그렇습니다." "어디에서 죽으셨습니까?" "자신의 침상에서요." "당신의 조부께서는 어디에서 죽으셨습니까?" "자신의 침상에서요." "당신의 증조부께서는요?" "자신의 침상에서요." "당신의 형제들은 어디에서 죽었습니까?" "자신의 침상에서요." "그렇다면, 당신은 침상에 가시는 것이 두렵지 않으십니까?" 분명히 우리는 어딘가에서 죽을 것이 틀림없지만, 하나님이 정하신 때 이전에는 단 일 분도 더 일찍 죽지 않을 것입니다. 나는 예정론을 믿기 때문에, 총알에 맞고 안 맞고는 하나님의 뜻에 달려 있어서, 하나님이 아직 살아 있도록 정하신 사람에게 죽음이 찾아올 수는 없습니다. 하나님께서는 모든 일을 다 정해 놓으셨고, 하나님의 백성들은 살든지 죽든지 어디에서나 안전합니다. "야곱을 해할 점술이 없고 이스라엘을 해할 복술이 없도다"(민 23:23). 흑암의 권세들은 그들 자신의 온갖 힘과 술수를 다 동원해서 우리를 공격해도 우리를 해칠 수 없습니다. 성경은 하나님을 피난처로 삼은 사람은 하나님의 그늘 아래 거하리라고 선포하고 있습니다. 그러므로 우리는 우리가 마땅히 가야 할 곳을 두려움 없이 갈 수 있고, 하나님이 우리의 영을 거두어 가시겠다고 하실 때에 한 치의 두려움 없이 죽을 수 있습니다. 우리는 죽음을 피하게 해 달라고 하나님께 구하지 않습니다. 왜 우리가 죽음을 피해야 합니까? 아랫세상에서 유배되어 살아가는 것보다 천국에 있는 것이 더 좋기 때문에, 인간적으로 보기에 이 땅에서 잘 살아간다고 해도, 그렇게 사는 것보다 죽는 것이 더 좋을 때가 자주 있습니다. 나는 이쯤 해서 일반적으로 하나님이 개입하시지 않는 것과 관련된 문제를 살펴보는 것을 마무리하고, 이제 하나님이 개입하시는 경우를 아주 짤막하게 살펴보고자 합니다.

2. 둘째로, 하나님의 백성 중에서는 하나님의 섭리에 의한 개입하심이 빈번하게 일어납니다.

하나님의 백성은 자주 본문처럼 "그가 높은 곳에서 손을 펴사 나를 붙잡아 주심이여 많은 물에서 나를 건져내셨도다"라고 고백할 수 있습니다. 하나님의 개입하심은 환난의 홍수에서 자기 백성을 건져 주시는 방식으로 이루어집니다. 여러분은 하나님의 그런 개입하심을 경험하고 계십니까? 하나님께서는 우리를 얼마나 기가 막히게 건지시는지 모릅니다! 우리가 목숨을 보존하고 살아가는 것을 보면, 그것은 분명히 이적은 아니지만, 그 자체가 경이로움으로 가득 차 있습니다. 우리에게는 마치 하나님이 자연의 법칙들을 중단시키시고서 우리를 건지신 것처럼 하나님의 건지심을 찬송할 이유가 충분합니다. 왜냐하면, 하나님께서는 우리를 지금까지 온전히 지켜 주셨기 때문입니다. 우리의 사랑하는 사람들이 차례로 우리 곁을 떠나갔을 때, 또는 그들이 거의 죽을 뻔하다가 우리에게 다시 살아 돌아왔을 때, 우리는 그 슬픔의 시간 속에서 얼마나 많은 도우심을 받았습니까! 또한, 우리는 사업상의 어려움들에서 도우심을 받아서 심각한 손실을 피하거나 망할 뻔하다가 다시 일어난 적이 얼마나 많습니까! 사람들이 우리를 비방하며 중상모략했을 때, 하나님께서 은혜를 베푸셔서 우리의 결백을 밝혀 주신 적이 얼마나 많습니까! 다시 한 번 말씀드리지만, 우리 하나님께서는 이적을 통해서가 아니라 아주 기이한 방식들을 통해서 우리를 건지셨습니다. 하나님은 자기 백성의 기도에 응답하셔서, 섭리의 바퀴를 단 하나도 멈추심이 없이 자기 백성의 유익을 위하여 자신의 방식으로 역사하십니다. 하나님은 단 하나의 자연 법칙을 범하심이 없이도, 우리가 하나님이 이적을 통하여 역사하시기를 바란 것과 동일한 목적을 이루어 내실 수 있으십니다. 하나님은 격렬한 화염을 끄지 않으시고도, 불타는 집에서 귀한 목숨을 건져 내십니다. 하나님은 물이 엄몰하는 것을 막지 않으시면서도, 자기 백성의 기도에 응답하셔서 수많은 배들을 건지셨고, 예기치 않은 사고들에서 사람들의 목숨을 보존하셨습니다. 하나님은 인간사나 세상사가 돌아가는 통상적인 질서를 중단시키거나 변경하지 않으시면서도, 가난한 자들을 어떻게 도와야 하는지, 고군분투하는 상인들에게 어떻게 복을 주셔야 하는지, 의인들을 극심한 고통에서 어떻게 건지셔야 하는지를 알고 계십니다. 이적이라는 것은 하나님이 현재 사용하시는 방법들에 비하면 거칠고 조악한 방법이라고 나는 감히 말할 수 있습니다. 가장 위대하고 대단한 것은 주 하나님께서 이적들을 사용하시지 않고도 이적을 일으킨 것과 동일한 결과들을 이루시는 것이고, 자신의 종들의 부르짖음에 응답하셔서 자연의 법칙들을 중단시킴이 없이는 불가능할 것처럼 보이는 일을 통상적인 수단들을 통해서 이루시는 것입니다. 하나님께서 자연의 모든 힘들이 통상적인 질서를 따라 움직이게 하시면서도, 결국에는 자신의 종들이 건짐을 받게 하시고 그 종들의 기도에 응답하시는 것을 보십시오.

하나님은 여러 가지 다양한 방식으로 그렇게 하십니다. 우리는 건강이 갑자기 회복됨으로써 깊은 물에서 건짐을 받은 사람들, 또는 그 사람들을 부양하는 사람들의 건강이 좋아짐으로써 깊은 물에서 건짐을 받은 사람들을 알고 있습니다. 이것은 하나님의 은혜이고, 우리는 그 일로 인하여 하나님을 찬송하는 것이 마땅합니다. 상황이 크게 변하는 일들도 종종 일어납니다. 어떤 사람은 수 년 동안 사업이 내리막길을 걸어오다가, 한순간에 예기치 않은 일이 일어나서, 점차 사업이 다시 일어나서 경제적으로 탄탄해진 경우도 있었습니다. 나의 친구들이여, 우리가 기대하지 않았던 일들이 일어날 것을 믿으십시오. 나는 지금 하나의 역설을 얘기하고 있습니다. 우리가 기대할 수 없는 일들을 기대하십시오. 하나님께서 여러분이 전혀 모르고 있는 일을 여러분을 위하여 행하시리라는 것을 믿으십시오. 하나님은 늘 어떤 복안을 가지고 계십니다. 여러분은 하나님이 자신의 모든 카드를 다 쓰셨기 때문에 이제 여러분에게는 망할 일만 남았다고 생각할 수 있겠지만, 사실은 그렇지 않습니다. 하나님께서는 적시(適時)에 그때까지 보류해 오셨던 어떤 새롭고 놀라운 지혜를 내보이시고 새 일을 행하셔서 자신의 종을 깊은 물에서 건지심으로써, 자신의 이름에 더 큰 찬송과 영광이 돌아오게 하십니다. 우리는 하나님께서 환난 날에 원수들의 마음을 만지셔서 자신의 종들을 건지신다는 것을 잘 알고 있습니다. 그토록 잔인하고 냉혹했던 원수들이 갑자기 너무나 너그럽고 사려 깊은 자들로 변하기도 하고, 유대인들을 멸하고자 했던 악한 하만이 그랬던 것처럼 예기치 않게 죽기도 하고 당혹스러운 일을 당하게 되기도 합니다. 하나님께서는 자신의 택함 받은 자들을 건지시기 위하여 하만을 나무에 달리게 하셨습니다. 모르드개는 왕의 문에서 나와 왕의 전으로 향하였고, 하만은 왕의 식탁에서 나와 왕의 교수대로 올라야 했습니다. 나는 하나님께서 자기 백성의 길을 평탄하게 하신 온갖 방법들을 다 열거할 수 없지만, 이것 한 가지만은 압니다. 즉, 우리는 우리의 삶 속에서 자주 잠시 걸음을 멈추고서, "그가 높은 곳에서 손을 펴사 나를 붙잡아 주심이여 많은 물에서 나를 건져 내셨도다"라고 찬송할 수밖에 없게 된다는 것입니다.

어떤 분들은 하나님의 손을 보지 못하겠지만, 형제들이여, 내가 여러분에게 장담하건대, 깊은 물에서 건짐을 받으신 분들은 하나님의 손을 보게 될 것입니다. 그들의 경험은 그들에게 하나님이 아직 그들 가운데 계신다는 것을 가르쳐 줍니다. 어떤 사람들은 "자연의 법칙"을 거론하면서, 마치 하나님이 세상이 자기 없이 저절로 돌아가도록 세상을 태엽시계처럼 감아놓으시고서 주무시러 가버리신 것처럼 말합니다. 그러나 극심한 환난이나 시련을 겪다가 거기에서 건짐을 받은 사람들은 자신의 환난 중에 계셔서 자신을 즉시 도우셨던 하나님을 영원히 송축하게 될 것입니다. 그렇습니다. 나의 형제들이여, 이 도시가 사람들로 가득 차 있듯이, 우리가 지금까지 걸어온 길은 하나님의 손길로 가득 차 있습니다. 황무지나 광야 중에서 사람의 발길이 한 번도 닿지 않은 곳들은 있을지언정, 하나님의 발길이 닿지 않은 곳은 없습니다. 나의 사랑하는 친구들이여, 여러분은 어떻습니까? 여러분은 광신자들도 아니고 기도에 빠져서 정신이 나간 분들도 아니지만, 하나님의 섭리로 인해서 건짐을 받은 것이 분명한 일들을 알고 있지 않으십니까? 여러분은 이렇게 말할 것입니다: "알고 있고 말고요. 만일 우리가 기쁨과 감사함으로 그 일들을 말하지 않는다면, 길거리에 있는 돌들이 침묵하는 우리를 악하다고 소리칠 것입니다. 하나님은 무수히 위로부터 천사를 보내셔서 우리를 건져 내셨습니다! 우리는 모세처럼 물에서 건짐을 받은 자들인 까닭에, 또한 모세처럼 하나님의 종이 되고자 합니다."

3. 셋째로, 하나님의 개입하심 중에서 가장 중요한 것은 은혜와 관련된 일들에 개입하시는 것입니다.

나는 최선을 다해서 이 주제를 몇 마디로 요약하고자 합니다. 하나님은 자신의 택하신 자들의 영혼을 구원하시는 일에 있어서조차도 자신의 법을 조금도 어기지 않으십니다. "범죄하는 그 영혼은 죽으리라"(겔 18:4). "모든 범죄함과 순종하지 아니한 자들이 공정한 보응을 받았거든"(히 2:2). 그런데도 하나님은 자기 백성을 구원하고자 하셨습니다. 하나님은 어떤 식으로 이 둘을 다 만족시키셔야 하셨습니까? 다시 말하면, 하나님은 한편으로 공정하시고 의로우신 동시에, 다른 한편으로는 불경건한 자들을 의롭다 하시기 위해서, 어떻게 하셔야 하셨습니까? 우리의 찬송 받으실 주 예수 그리스도 속에서 우리는 율법의 무시무시한 보응을 제거함과 동시에 율법의 권위를 그대로 보존하기 위한 한 법이 어떻게 만들어졌는지를 보게 됩니다. 여러분이 기억하고 계시듯이, 메대와 바사의 법은 변개될 수 없었지만, 아하수에로 왕은 특정한 날을 정해서 모든 나라의 사람들이 함께 모여서 유대인들을 죽이는 것을 허용하는 법을 만들었습니다. 하만은 왕의 그러한 조서(詔書)를 온 천하에 반포하였기 때문에, 아하수에로 왕도 그 법을 변개할 수 없었습니다. 그러나 보십시오. 유대인들은 그 잔인한 법을 상쇄시킬 지혜로운 방도를 생각해 내었습니다. 유대인들은 자신들을 방어할 수 있게 해줄 또 다른 법, 즉 자신들을 죽이고자 하는 자들을 죽일 수 있게 해줄 또 다른 법을 만들었습니다. 그렇게 해서, 유대인들은 자신들을 죽이고자 했던 자들이 소유하고 있던 모든 재산을 탈취물로 얻을 수 있었습니다. 왕의 조서를 취소하거나 폐지하지 않고도, 유대인들은 그렇게 한 것과 동일한 효과를 거둘 수 있었던 것입니다. 마찬가지로, 하나님은 죄를 지으면 반드시 벌을 받는다는 자신의 법을 결코 변개하지 않으시고 앞으로도 그러하실 것입니다. 그러나 인간을 대표하는 한 사람이 최초의 죄를 범했던 것과 마찬가지로, 인간을 대표하는 한 사람이 나타나서 인류가 지은 죄로 인한 벌을 짊어질 수 있게 해주는 또 다른 법이 등장합니다. 이렇게 해서 모든 것이 해결되었습니다! 하나님의 법은 전혀 훼손되지 않았는데도, 하나님의 긍휼하심은 차고 넘치게 베풀어지게 된 것입니다.

　자, 이제 이 큰 구원, 그리고 그 구원이 본문 속에 어떻게 묘사되어 있는지를 잠시 생각해 봅시다. "그가 위로부터 사자를 보내사"(한글개역개정에는 "그가 높은 곳에서 손을 펴사"로 되어 있음). 오, 찬송 받으실 주님, 인류 전체는 최초의 죄로 말미암아 깨어져서 산산조각이 나 버린 행위 언약의 저 옛적의 배 안에서 침몰해 가고 있었습니다. 그들은 모두 통째로 멸망을 향하여 내려가고 있었습니다. 바로 그때에 주께서는 위로부터 누군가를 보내셨습니다. 그렇다면, 위로부터 보내심을 받은 이는 누구이셨습니까? 그룹들 중에서 가장 빛나는 천사도 아니었고, 천사들의 우두머리도 아니었습니다. 우리가 기뻐하는 언약의 사자(使者), 하나님의 아들, 지극히 높으신 이의 독생자, 성부 하나님의 영광의 광채이신 분이 우리에게 오셨습니다. 그는 메시아, 보내심을 받은 자로서 우리를 속량하시기 위하여 위로부터 내려오셨습니다. 형제들이여, 여러분이 은혜 언약의 사자이시고 지존자의 영원히 찬송 받으시고 경배 받으시기에 합당하신 아들이신 예수 그리스도를 볼 때, 여러분의 가슴은 기뻐서 힘있게 뛰는 것이 마땅합니다.

이제 다음 구절을 보겠습니다: "나를 붙잡아 주심이여." 우리가 하나님을 붙잡는 것이 완전히 불가능하게 되어 버렸을 때, 이 찬송 받으실 사자(使者)가 우리를 붙잡아 주셨습니다. 양들이 다 망하게 되었을 때, 아버지 하나님은 그 사자를 목자장(牧者長)으로 세우시고 양들을 그에게 주셔서, 그로 하여금 우리를 지키고 보호하게 하셨고, 그는 양 무리를 돌보는 목자의 소임을 받아들이시고 아버지 하나님이 그에게 주신 양들을 돌보시는 일을 맡으셨습니다. 그렇다면, 그는 우리를 어떤 식으로 붙잡아 주신 것입니까? 그는 천사들을 붙잡아 주신 것이 아니라, 스스로 사람이 되심으로써 아브라함의 자손을 붙잡아 주셨습니다. 주님은 베들레헴에서 아기로 태어나실 때에나, 나사렛에서 일하실 때에나, 겟세마네에서 고난을 받으실 때에나 늘 한결같이 우리를 붙잡아 주셨고, 살아 계실 때나 죽으시고 난 후에나 우리를 붙잡은 손을 결코 놓지 않으셨습니다. "말씀이 육신이 되어 우리 가운데 거하시매"(요 1:14). 그렇게 위로부터 보내심을 받아서 주님은 우리를 붙잡아 주셨습니다.

주님이 그렇게 한 번 우리를 "붙잡아 주신" 후에 우리를 "건져내시는" 얼마나 놀랍고 기이한 일이 일어났습니까! 주님은 친히 슬픔과 연약함의 많은 물들로 뛰어드시고, 그런 후에 저주의 강물로 뛰어드셔서, "우리를 위하여 저주를 받은 바"(갈 3:13) 되심으로써, 우리를 "많은 물에서 건져내셨습니다." 주님은 하나님의 보석들을 깊은 구덩이에서 건져 올리시기 위하여 지옥의 저 깊은 곳으로 깊숙이 내려가신 것입니다. 무수한 건져 올림 중에서 주님이 고난의 연속이었던 삶과 고뇌에 찬 죽으심을 통해서 우리를 "많은 물에서 건져내신" 것에 비견될 만한 것은 없었습니다. 형제들이여, 여러분의 눈을 예수께서 하신 일에 고정시키십시오! 인류가 모두 다 가라앉고 있는 상황을 보십시오. 그것이 얼마나 절망적이고 소망이 전혀 없는 상태인지를 보십시오. 그리고 주님이 위로부터 내려와,

물 위를 걸어서, 자신의 오른손을 뻗어, 물속으로 가라앉고 있는 사람들을 죽음의 풍랑에서 건져내셔서, 만세반석 위에 올려놓으시고, 그들의 입에 새 노래를 넣어 주시는 모습을 보십시오. 여러분이 이렇게 건짐을 받은 자들임을 느낀다면, 여러분은 "그가 높은 곳에서 손을 펴사 나를 붙잡아 주심이여 많은 물에서 나를 건져내셨도다"라고 외치는 것이 마땅합니다.

이것은 그 자체로 위대한 역사(役事)이지만, 나는 여기서 잠시 이 위대한 역사가 여러분 자신에게 어떤 식으로 경험되었는지를 기억해 보시기를 부탁드립니다. 여러분은 여러분이 딛고 있던 모든 것이 다 무너져 내리는 듯한 경험을 하신 적이 있으십니까? 내가 어떤 식으로 난파를 경험했는지를 말씀드리면, 여러분이 자신의 경험을 기억해 내는 데에 도움이 되실 것입니다. 나는 내가 만든 훌륭한 배를 타고서 음악을 들으며 기쁨에 가득 차서 위험이 닥치리리고는 꿈에도 생각하지 않고서 당당하게 인생을 항해해 나갔었습니다. 그런데 갑자기 하나님의 율법이 자신의 항로로 막무가내로 무서운 속도로 돌진해 와서 내 배를 들이받아서, 마치 내가 만든 배는 헛된 것 그 자체라는 듯이 내 배를 산산조각을 내고 말았습니다. 그 즉시 내 배와 함께 나도 가라앉기 시작했습니다. 나는 주위에 내가 붙잡을 만한 것이 있는지 둘러보았지만 아무것도 없었습니다. 거기에 있던 제사장이 내게 자기가 생각해 낸 것들을 제시하였지만, 나는 오래 전부터 그를 알고 있었고, 그가 나처럼 가라앉고 있다는 것도 알고 있었습니다. 그런데 어떻게 그가 나를 위해 뭔가를 해줄 수 있겠습니까? 여러 가지 제사의식들이 거기에 있었지만, 나는 그것들이 거품일 뿐이어서, 그런 것들을 의지해 보아야 아무런 소용이 없다는 것을 알고 있었습니다. 금욕을 통한 구원의 소망 및 그것과 비슷한 것들이 거기에 있었지만, 그것들은 나 같은 죄인의 무게를 감당할 수 없는 것들이었습니다. 나는 자꾸자꾸 밑으로 가라앉았지만, 거기에서 건짐 받고자 하는 의지나 소원도 없었고, 살기 위해서 몸부림치지도 않았습니다. 그런데도 예수께서는 내게 오셨습니다. 왜냐하면, 은혜를 주시고자 하시는 주님의 의지가 우리의 의지보다 앞서고, 우리를 구하고자 하시는 주님의 사랑이 구원 받고자 하는 소원조차 없는 우리의 절망을 압도하기 때문입니다. "그가 나를 붙잡아 주심이여." 나는 주님이 나를 붙잡아 주신 것을 너무나 잘 기억하고 있습니다! 주님은 나를 붙잡아 주셨고, 나로 하여금 내가 처한 위험을 이전보다 더 잘 깨달을 수 있게 해주셨습니다. 주님은 자신의 성령으로 나를 붙잡아 주셨고, 나는 주님이 나를 붙잡아 주셨다는 것을 알았습니다. 왜냐하면, 나는 주님이 나를 꽉 붙잡는 것을 느끼기 시작하였기 때문입니다. 주님은 나를 건져내서서, 나로 하여금 서서히 그를 보게 하시고 그를 의지하게 하시고, 내 자신과 나의 모든 소망을 전적으로 그의 손에 맡기게 하셨습니다. 주님은 그렇게 나를 "많은 물에서 건져내서서," 내 마음이 기뻐서 찬송하게 하신 것입니다. 여러분은 주님이 이런 식으로 여러분 자신을 건져내신 것을 기억해 내지 못하시겠습니까? 여러분이 이번 주의 큰 재난에서 건짐을 받은 어떤 친구를 경이로운 눈길로 바라보실 때, 나는 여러분이 여러분 자신도 그런 경이로운 눈길로 바라보아야 한다는 것을 깨닫게 되시기를 바랍니다. 왜냐하면, 여러분은 과거에 그것보다 더 크고 놀랍게 건짐을 받은 적이 있기 때문입니다. 여러분은 밑도 끝도 없는 구덩이, 곧 무저갱으로 가라앉다가 거기에서 건짐을 받은 분들입니다. 여러분은 죄 가운데서 타락의 저 깊은 구덩이로 끝없이 가라앉다가 거기에서 건짐을 받은 분들이라는 말입니다. 예수께서 하늘로부터 오셨습니다. 그는 여러분을 붙잡으서서 많은 물에서 건져내셨습니다. 그러므로 그의 이름을 찬송하고 송축하십시오. 여러분은 걱정과 근심이 너무 심해서, 여러분에게 소망이 없다고 생각했지만, 주님은 여러분에게 자기가 여러분을 긍휼히 여기실 것을 믿고 거기에 소망을 두라고 가르치셨습니다. 여러분은 절망이 너무 깊어서 도저히 힘을 낼 수 없다고 생각했지만, 주님은 여러분에게 천국은 침노하는 자의 것이라고 말씀하시며(마 11:12) 힘을 내게 만드셨습니다. 여러분은 너무나 지치고 낙심하여 믿고 의지할 힘조차 없었지만, 주님은 여러분을 믿음으로 이끌어 주셨습니다. 주님의 성령이 여러분 안에서 역사하셔서 이 모든 일을 이루셨기 때문에, 여러분은 이 아침에 이 기도의 집에 앉아서, "주께서 내 영혼을 사망에서, 내 눈을 눈물에서, 내 발을 넘어짐에서 건지셨나이다"(시 116:8)라고 기도할 수 있으신 것입니다.

그때 이후로 여러분이 영적인 소망들과 관련해서 난파 직전까지 갔다가 또다시 건짐을 받은 일이 두세 번 더 있으셨다고 해도, 그것은 전혀 놀랄 일이 아닙니다. 여러분의 믿음은 식기 시작해서 주님을 떠나 방황했고, 그러다가 여러분의 영혼 속에서 참된 신앙을 모두 다 완전히 잃어버리는 것이 아닌가 심각하게 염려할 지경까지 이르렀습니다. 그때에 여러분은 두려움 가운데서 "나는 외식하는 자였고 겉으로만 신앙이 있는 체하는 자였으니, 결국 망하게 될 것입니다"라고 부르짖었습니다. 그러나 여러분이 어둠의 권세의 유혹과 시험 아래에서 모든 것을 포기하기 직전에, 하나님은 여러분을 다시 회복시켜 주셨습니다! 그것은 하나님이 또다시 위로부터 누군가를 보내서서 여러분을 깊은 구덩이에서 건져내신 것이 아니면 무엇이겠습니까? 그렇습니다. 하나님의 이름을 찬송합니다. 하나님은 여러분을 찾아 이끄셔서 다시 자신의 도(道)로 돌아오게 하셨습니다. 하나님의 도를 떠나 타락한 사람이 마치 자기가 깊은 수렁에 점점 더 깊이 빠져 들어가는 것 같이 느껴진다면, 나는 그 사람을 위해서 기도할 때에, 그 사람으로 하여금 그리스도께서는 물속으로 빠져 들어가는 베드로를 구하실 수 있으신 분이고 도망친 요나를 다시 해변가로 데려다 놓으실 수 있으신 분이라는 것을 알게 해주시라고 기도할 것입니다.

끝으로, 우리는 머지않아 죽음의 "많은 물" 속으로 들어가게 될 것입니다. 아마도 그 날은 우리가 생각했던 것보다 더 빨리 올 것입니다. 어떤 사람들에게는 죽음의 강물은 아주 얕습니다. 우리는 몇몇 성도들은 그 길을 내내 찬송하며 마른 땅을 걷듯이 건넌 것을 알고 있습니다. 그들에게는 죽음이 찾아온 것이 거의 의식되지 않았기 때문에, 그들은 이 땅에서의 마지막이 언제였고 천국에 첫 발을 디딘 것이 언제였는지를 알지 못하였습니다. 그러나 강물이 불어서 강둑까지 차오를 때에 요단 강을 건너야 하는 사람들도 있습니다. 그들은 「천로역정」에 나오는 크리스천(Christian) 같이 강물이 목까지 차오른 상태에서 강을 건너야 하기 때문에 위로의 말씀을 필요로 합니다. 여러분은 어떤 사람이 이렇게 말한 것을 기억하십니까? "형제여, 두려워하지 마십시오. 나는 내 발이 강바닥에 닿아 있는 것을 느낍니다. 그것으로 충분하지 않습니까?" 우리가 건너는 강의 바닥은 반석으로 되어 있어서, 우리는 내내 반석을 밟고 그 강을 건너게 됩니다. 강바닥은 미끄러운 모래나 발이 쑥쑥 빠지는 진창으로 되어 있는 것이 아니라, 이쪽 강둑에서 저쪽 강둑까지 반석이 깔려 있습니다. 그리고 그 강이 아무리 깊다고 할지라도, 결코 신자의 소망을 삼켜 버리거나 그의 영혼을 멸망시킬 만큼 그렇게 깊지는 않습니다. 그렇지만 아주 신실한 성도들이라 할지라도 인생의 말년에 육신과 기력의 쇠약함과 사탄의 시험들, 가족 내에서의 어려운 일들 같은 많은 환난들을 만날 수 있고, 그것들은 다 요단 강의 물살을 거세게 만듭니다. 여러분은 그때에 무슨 일이 일어나게 될지를 아십니까? 하나님께서 위로부터 손을 펴실 것입니다. 하나님이 여러분을 붙잡아서 많은 물에서 건져내 주실 것입니다. 그리고 여러분은 그 물에서 올라와 영광으로 향하게 될 것입니다. 여러분이 깊은 곳에서 건짐을 받아서 높은 곳으로 곧장 가게 될 때, 여러분은 정말 그 어떤 것들보다도 높은 하늘들 중의 하늘의 진면목을 느끼게 될 것입니다. "가장 깊은 곳"에서 "가장 높은 곳"으로 곧장 건너뛰었을 때의 그 지극한 복락, 곧 죽을 것 같아서 식은 땀을 흘리며 기진맥진하여 거의 죽게 되었다가 가슴이 터질 것 같은 기쁨과 형언할 수 없는 영광을 맛보게 되었을 때의 그 지극한 복락을 우리가 과연 무슨 말로 표현할 수 있겠습니까! 형제들이여, 늙고 노쇠한 사람들, 또는 죽어가면서 자신의 믿음을 증언하기 위하여 말을 하려고 해도 단 한 마디도 할 수 없었던 사람들이 돌연히 자기가 모든 고통과 괴로움과 쪼그라든 육신을 벗어 버리고서 온전한 자유를 맛보는 가운데 지극한 기쁨에 사로잡혀서 자신의 주님을 뵈오며 다시는 주님과 헤어지지 않을 것임을 아는 것은 이 얼마나 엄청난 반전(反轉)입니까? 그런데 나는 우리가 위에서 말한 두 가지 죽음의 길 중에서 어느 하나를 택할 수 있을 것이라고 생각합니다. 어떤 사람들은 주님이 분명히 제때에 오셔서 자신들의 죽음을 막아 주실 것이라는 기대로 잔뜩 부풀어 있습니다. 물론, 그런 일이 실제로 일어난다면, 여러분은 아주 감사해야 할 것입니다. 그러나 나는 그런 일이 내게 일어날 것이라고 생각하지도 않고, 여러분이 그런 일을 기대하고서 기뻐하는 것을 부러워하지도 않습니다. 천국에서 여러분은 죽은 우리에게 와서, 이렇게 묻게 될 것입니다: "예수 안에서 잠잔다는 것이 무엇이었습니까? 육신을 벗는 느낌이 어떤 것이었습니까? 죽어서 우리의 언약의 머리 되시는 분과 같이 되는 기쁨이 어떤 것이었습니까?" 나는 여러분이 무덤으로 내려가지 않은 것을 후회하게 될 것이라고 말하는 것은 아니지만, 한 가지 확실한 것은 예수 안에서 잠자게 될 우리 중에서 그런 일을 겪지 않을 여러분이 우리보다 더 큰 은총을 입은 것이라고 생각할 사람은 아무도 없으리라는 것입니다. "지체들이 죽어서 안식한다면, 그들의 머리 되시는 분이 계시는 곳이 아닌 다른 어느 곳에서 안식을 하겠습니까?" 주님이 무덤으로 내려가셨다가 부활의 언덕길을 올라 저 황금문으로 통하는 길을 가셨기 때문에, 비록 에녹과 엘리야는 다른 길을 통해서 뒷문으로 하나님의 도성으로 들어가는 것을 허락받았다고 할지라도, 우리는 그들을 부러워하지 않습니다. 우리가 예수 안에서 잠자며 안식할 수만 있다면, 우리에게는 모든 것이 잘된 것입니다. 왜냐하면, 저 마지막 날에 주님이 위로부터 손을 펴서 우리를 붙잡아 많은 물에서 건져내실 것이기 때문입니다. 주님의 이름이 찬송을 받으시기를 원하나이다. 아멘.

제
16
장

—

"공의로운 해"

—

"그의 소리가 온 땅에 통하고 그의 말씀이 세상 끝까지 이르
도다 하나님이 해를 위하여 하늘에 장막을 베푸셨도다 해는
그의 신방에서 나오는 신랑과 같고 그의 길을 달리기 기뻐
하는 장사 같아서 하늘 이 끝에서 나와서 하늘 저 끝까지 운
행함이여 그의 열기에서 피할 자가 없도다." — 시 19:4-6

"공의로운 해" — 말 4:2

성경에서는 그리스도를 "해"에 비유하는 경우가 비일비재하기 때문에, 우리
는 시편 19편에 나오는 이 본문을 우리 주 예수 그리스도께 적용하는 것이 아주
적절하다고 느낍니다. 특히 두 번째 본문으로 제시된 구절은 그리스도를 "공의
로운 해"라고 부르고 있습니다. 그러나 본문을 그런 식으로 읽는 것이 옳다는 것
을 보여주는 좀 더 확실한 근거가 있습니다. 여러분은 사도 바울이 로마서 10장
에서 이 시편의 본문을 약간 수정해서 복음과 복음전도자들에게 적용하고 있다
는 것을 기억하실 것입니다. 그는 "그들이 듣지 아니하였느냐 그렇지 아니하니
그 소리가 온 땅에 퍼졌고 그 말씀이 땅 끝까지 이르렀도다"(롬 10:18)라고 말합
니다. 따라서 다윗이 여기에서 "해"에 대하여 말한 것을 바울은 "공의로운 해"이
신 예수 그리스도로부터 비쳐 나오는 빛인 복음을 가리키는 것으로 보았다는 말
이 됩니다. 우리가 구약을 해석하는 데에 신약을 사용한다면 결코 잘못을 저지

를 수 없습니다. 신령한 것들을 신령한 것으로 푸는 것은 영적으로나 지적으로나 합당한 일입니다. 따라서 나는 해와 관련된 다윗의 묘사를 우리 주 예수 그리스도에 대한 것으로 해석하는 것은 본문에 대한 억지 해석이 아니라고 느낍니다.

여러분의 마음은 흔히 "우리 구속주께 영광을 돌리기 위해서 우리가 무엇을 하고 무슨 말을 해야 할까"라고 말하지 않습니까? 여러분은 주님께 어떤 제사를 드려야 할지 당혹스러울 때가 자주 있지 않았습니까? 만약 여러분이 세상이란 세상을 다 소유하고 있었다면, 그것들을 다 주님의 발 앞에 갖다 놓았을 것입니다. 만약 만유가 여러분의 유업이었다면, 여러분은 자신의 희생으로 주님을 더 영화롭게 해드리기 위하여 기꺼이 만유를 주님께 드리고 자신에게 아무것도 남아 있지 않은 것을 행복해했을 것입니다. 그러나 여러분에게는 그런 것들이 없었기 때문에, 여러분은 자신의 영혼에게 "내 구주를 찬송하기 위해서 내가 어떻게 해야 하지?"라고 거듭거듭 물었습니다. 내가 최고의 시를 쓰는 것이 주님을 지극히 높여드리는 일이 된다면, 나는 그렇게 하고 싶지만, 내게는 그런 재능이 없습니다. 가장 감미로운 찬송을 노래하고, 가장 감동적인 음악을 작곡하는 등 내게 있는 온갖 재능을 드리는 것이 주님께 영광이 된다면, 나는 그렇게 하고 싶습니다. 그러나 주님 앞에서는 이 땅에서 최고의 음악도 한낱 불협화음에 불과할 뿐이니, 도대체 나는 어떻게 주님을 찬송하고 경배해야 하겠습니까? 주님의 옷자락도 이 땅에서 가장 밝은 빛보다 더 밝은데, 도대체 나는 어떻게 주님의 영광을 드러내야 하겠습니까? 그럴 때에 여러분은 주님을 묘사할 비유들을 발견하기 위해서 온 세상을 샅샅이 뒤져보았습니다. 여러분은 자연의 온갖 아름다운 꽃들을 따서, 주님의 발 앞에 드릴 화관을 만들기도 하였습니다. 여러분은 온 세상의 보석들과 보화들을 다 모아서 주님께 드릴 면류관을 만들기도 했지만, 그 결과가 실망스러운 것이어서, 어떤 시인처럼 이렇게 부르짖었습니다:

"피조세계 전체를 다 합해 놓아도
그것은 단지 내 주님의 희미한 그림자에 불과하네.
주님의 아름다우심을 사람들에게 알게 하기 위해서는
자연의 색깔만으로는 부족하리."

그럴 때에 여러분은 주님을 비유할 만한 것을 찾기 위해서 땅과 바다와 하늘을 샅샅이 뒤지다가 하늘의 해를 보았을 것이고, 이렇게 말했을 것입니다: "낮의 빛과 등불의 주(主)인 이 거대한 천체야말로 내 구주와 닮았구나. 이 천체는 힘 있게 솟는 해처럼 빛나는 얼굴을 하신 주님의 뛰어난 영광을 희미하게나마 보여주는 형상인 것 같구나." 여러분이 그런 비유를 포착한 것은 아주 잘한 일입니다. 밀턴(Milton)이 "금발의 태양"이라고 부른 해는 피조물 중에서 가장 밝은 빛을 발하는 물체이고, 예수 안에는 영광의 충만이 거합니다. 또한, 해는 피조세계에서 가장 영향력 있는 존재로서 온 세상에 영향을 미치고, 우리 주님은 가장 깊은 의미에서 "육과 영의 이 거대한 세계에서" 가장 영향력 있는 존재 입니다. 주님은 "자비로운 빛줄기로 위로부터 아름다움과 생명과 기쁨을 비쳐 줍니다." 게디기, 헤는 피조물 중에서 가장 영구적인 존제입니다. 그 점에서도 해는 모든 세대에 게시고 어제나 오늘이나 영원토록 동일하신 주님의 모형입니다. 낮의 왕인 해는 너무나 밝고 거대해서, 인간의 눈으로는 그것을 직시할 수 없습니다. 우리는 그 빛줄기들을 기뻐하지만, 그것을 정면으로 쳐다보았다가는 눈이 멀게 됩니다. 우리 주님은 해보다 한층 더 밝고 눈부십니다. 왜냐하면, 하나님으로서의 주님은 소멸하는 불이시기 때문입니다. 그러나 황송하게도, 우리의 형제이자 구속주로서의 주님은 좀 더 온화한 빛줄기로 우리를 향해 미소를 지어 주십니다. 예수는 해처럼 만물의 중심이자 영혼이시고, 모든 선하심의 충만이시며, 우리를 밝히시는 등불이시고, 우리를 따뜻하게 해주시는 불이시며, 우리를 인도하시고 주관하시는 자석이십니다. 예수는 모든 생명과 아름다움과 열매 맺음과 강건함의 원천이자 근원입니다. 예수는 참회의 어린 잎을 자라게 하시는 분이고, 은혜의 생기를 깨우시는 분이며, 거룩함의 열매를 숙성시키시는 분이고, 여호와의 동산에서 자라는 모든 것의 생명이신 분입니다. 해를 경배하는 것은 우상 숭배인 반면에, 공의로운 해이신 주님을 열렬히 예배하지 않는 것은 반역죄에 해당합니다.

예수 그리스도는 크시고 영화로우시며 무한히 찬송 받으시기에 합당하신 분입니다. 물론, 주님을 해에 비유하는 것도 적절한 것은 아니지만, 이 비유는 우리가 발견할 수 있는 가장 좋은 비유들 중의 하나입니다. 이 아침에 우리는 먼저 본문에 나오는 것처럼 해로서의 예수에 대하여 생각해보고, 다음으로는 우리에 대하여 해이신 예수를 살펴본 후에, 세 번째로는 잠깐 동안 주님의 빛줄기를 쬐며 우리의 몸을 녹여볼까 합니다.

1. 첫째로, 예수는 "해"이십니다.

우리는 먼저 본문에 묘사된 것처럼 해로서의 예수에 대하여 묵상해 볼 것입니다. 본문이 어떻게 시작되고 있는지를 주목하십시오: "하나님이 해를 위하여 하늘에 장막을 베푸셨도다." 옛적에 왕들은 자신의 영지를 시찰할 때에 창검과 기치를 든 군대의 위용 있는 행진 속에서 높게 솟은 화려한 차양(canopy) 아래에서 가마를 타고 갔기 때문에 그 화려한 행렬 속에서 가장 눈에 띄는 인물이었습니다. 교회 속의 우리 주 예수 그리스도께서는 위엄 있는 장막이 펼쳐진 가운데 하늘을 가로지르시면서, 해와 마찬가지로 자신의 빛줄기들을 사람들에게 흩뿌리십니다. 구속주의 차양은 그의 성도들의 경배와 찬양입니다. 왜냐하면, 그는 "이스라엘의 찬송 중에 계시기"(시 22:3) 때문입니다. 주님은 날마다 영광스러운 진군 속에서 만유 가운데 다니시며 이기시고 또 이기십니다. 주님은 하나님의 경륜이 끝나고, 자신의 재림을 통해서 복음 시대가 마감될 때까지 계속해서 그렇게 하실 것입니다. 하나님께서 해를 위해 궁창에 장막을 펼쳐놓으셨다는 본문의 말씀은 그리스도께서 가장 높은 하늘들에 계신다는 것을 우리에게 상기시켜 줍니다. 주님은 단지 옛 역사에 등장하셨던 그리스도이신 것이 아니라, 오늘날에도 살아 역사하시는 그리스도이십니다. 우리는 언제나 주님을 비천한 사람의 모양으로 오셔서 멸시와 배척을 받으시고 십자가에 못 박혀 죽으신 후에 무덤에 묻히신 분으로만 생각해서는 안 됩니다. 주님은 부활하셨기 때문에 여기에 계시지는 않지만, 꿈속에나 유령으로 존재하시는 것이 아니라 여전히 진짜 그리스도로 존재하십니다. 이것을 의심하지 마십시오. 저 높은 곳 칠층천에 하나님께서는 "공의로운 해"를 위하여 장막을 베푸셨습니다. 예수께서는 이루 헤아릴 수 없이 밝은 광채 속에서 모든 복된 영혼들의 기쁨이자 영광으로 거기에 계십니다. 그 영혼들은 이 세상에서 그를 믿고 천국에 와서 그를 뵈옵게 된 자들입니다:

"해처럼 밝게 구주께서 앉아 계시네.
거기에는 영원한 한낮만이 펼쳐진다네.
저녁도 없고 캄캄한 밤도 없으니

거기엔 파리한 달이 없기 때문이라네."

　　예수께서 살아 계신다는 것은 성도들에게 위로의 깊은 샘입니다. 우리가 그 것을 늘 기억하기만 한다면, 우리의 마음은 괴롭지 않을 것입니다. 예수께서 살 아 계셔서 다스리시고 계신다는 것을 우리가 늘 기억한다면, 우리의 기쁨은 결 코 시들지 않을 것입니다. 우리는 주님을, 죽임을 당하시고 그의 피로 우리를 구 속하셔서 하나님께 드리신 분으로 예배합니다. 하지만 우리는 주님을 "영원히 살아 계시고 사망과 음부의 열쇠를 지니신" 분으로도 경배하고 찬양합니다.

　　오늘 여러분은 예수께서 아버지 하나님의 오른편에 앉아 계시는 모습을 믿 음으로 바라보시기 바랍니다. 주님이 거기에 앉아 계시는 것은 자신의 속죄 사 역을 다 마치시고, 아버지 하나님이 약속하신 무한한 상을 받고 계시는 것입니 다. 주님은 자신의 원수들이 자기 발판이 될 때까지 그 보좌 위에서 왕으로 앉아 계십니다. 주님은 천사들과 영화롭게 된 영들이 드리는 찬송의 장막 안에 거하 십니다. 주님은 기력이 진하여 지치고 피곤한 모습으로 거기에 앉아 계시는 것 이 아니라, 만유의 왕으로서 모든 열쇠를 자신의 허리에 지니시고서 좌정해 계 십니다. 왜냐하면, "그의 어깨에는 정사를 메었고 그의 이름은 기묘자라, 모사 라, 전능하신 하나님이라, 영존하시는 아버지라, 평강의 왕"(사 9:6)이기 때문입 니다. 나는 여러분이 살아 계신 구주, 곧 가장 높은 하늘에서 자신의 장막 속에 있는 "해"를 온전히 잘 이해하셨으면 좋겠습니다. 왜냐하면, 그런 이해가 이 아 침에 우리가 사용하게 될 지레의 받침점이 되어야 하기 때문입니다. 우리는 거 기에서, 즉 살아 계신 구주, 능력의 구주, 다스리시는 구주에게서 우리의 지렛대 를 얻게 될 것입니다. 구주는 현재와 오는 모든 세대에서 교회의 기쁨이자 소망 이십니다.

　　본문은 계속해서 예수를 "해"라고 말하고, 먼저 "신방에서 나오는 신랑"으로 묘사합니다. 사실, 이것은 이른 아침에 떠오르는 해에 대한 아름다운 묘사입니 다. 해는 마치 은밀한 방에서 나오는 것처럼 사방이 온통 캄캄한 데서 나옵니다. 해는 밤의 휘장을 걷고 땅을 금빛으로 물들입니다. 해는 자줏빛과 주홍빛 휘장 으로부터 나와서 주위에 동방의 진주를 흩뿌립니다. 해는 영광의 불꽃을 입고서 하루의 경주를 시작합니다. 우리 주 예수 그리스도께서는 죽은 자 가운데서 부 활하셨을 때에 이와 같이 어둠을 뚫고 나오는 해와 같으셨습니다. 그는 마치 신방에서 나오는 신랑처럼 무덤에서 나오셨습니다. 신랑이라는 저 사랑스러운 이름을 주목하십시오. 우리와 무한한 거리가 있으신 하늘과 땅의 주(主)이신 분이 황송하게도 인간이 되어 이땅에 오셨습니다. 사람들 사이에서 서로 다투는 두 당사자 간에 가장 확실하게 화해하고 화목을 이루는 방법은 두 집안이 혼인으로 맺어지는 것입니다. 사람들은 흔히 그렇게 해왔고, 그런 식으로 싸움이 끝나고 동맹이 맺어졌습니다. 하늘의 평화의 왕께서 자신을 낮추셔서 우리 인간의 본성과 혼인하셔서, 이후로 하늘과 땅이 하나가 될 수 있는 길을 여셨습니다. 우리 주님께서는 처녀에게서 나시고 목자들과 동방 박사들에게 나타나셨을 때에 자신의 방에서 나오셔서 교회의 신랑으로 오신 것입니다. 그렇지만 어떤 의미에서 주님은 여전히 일생 동안 계속해서 신랑으로서 신방에 계셨습니다. 왜냐하면, 그는 베일에 가려 감춰져 계셨기 때문입니다. 유대인들은 자신들의 왕을 알지 못했습니다. 그가 은밀한 곳이 아니라 길거리에서 공개적으로 말씀하셨지만, 그들은 그를 알아보지 못하였습니다. 아니, 어떤 의미에서는 주님은 그들이 알아보기를 원하지 않으셨다고 할 수 있습니다. 왜냐하면, 그는 자신의 제자들에게 자주 자기가 무슨 일들을 했는지를 아무에게도 말하지 말라고 명하셨기 때문입니다. 그때는 신랑이 신방에 있으면서 신부인 교회의 아픔과 슬픔을 듣고 그녀의 결핍들을 대신 겪으며 그녀의 수치를 대신 감내하면서 고난을 통해 교회와 온전히 하나가 되어 둘 사이의 혼인을 통한 연합을 완성하는 기간이었습니다. 그렇게 하기 위해서 그는 실제로 고통스러운 발걸음으로 고적한 무덤의 깊은 곳으로 내려가셨고, 거기 신방에서 잠을 잠으로써 자신의 교회와 온전히 혼인하셨습니다. 영혼의 연인이신 분을 경배하고 찬송하는 여러분, 오셔서 그를 보십시오. 그가 자신을 낮추셔서 죽음과 무덤을 감당하신 것은 인류가 사망의 멍에 아래 있었기 때문이었습니다. 그의 교회가 사망의 종살이를 하고 있었기 때문에, 그는 죽으실 수밖에 없었습니다. 교회는 하나님의 법을 어겨서 벌을 받아야 했기 때문에, 예수께서는 그 벌을 대신 받으셨습니다:

> "하나님의 아들이 말씀하시기를
> '내가 그녀와 함께
>   죄와 화의 가장 깊은 곳으로 내려가리라.
>   십자가 위에서 사망의 처절한 고통까지도

　내가 다 감당하리라.'"

　그는 그 모든 것들을 다 감당하시고서, 무덤의 어두운 방에서 자기가 교회의 참된 신랑이라는 것을 증명하셨습니다. 우리가 곧 살펴보게 될 그의 위대한 경주가 시작되기 전에 우리의 권능의 주께서는 땅의 가장 깊은 곳으로 내려가셔서 죽은 자 가운데서 잠을 자야 하셨습니다. 새로운 날이 시작되기 전에 언제나 밤이 있어서 어둠이 승리를 거두고 있는 것으로 보입니다. 그리스도께서는 고난을 받으신 후에 다시 살아나셔야 했습니다. 그리스도께서 하늘에 오르시기 위해서는 음부로 내려가셔야 했습니다. 그가 스올이라는 방에 머무신 것은 그의 경주와 승리에 필수적인 것이었습니다.

　지금까지 나는 여러분에게 이 경주의 진주곡, *즉 신방에 계신 신랑을 소개* 했습니다. 이제부터는 신랑이 신방에서 나오는 모습을 살펴보겠습니다. 해는 정해진 시간에 날의 문을 통해 나와서 땅을 즐겁게 해주기 시작합니다. 마찬가지로, 우리 주 예수께서는 제3일의 이른 새벽에 잠에서 일어나셨고, 그때에 큰 지진이 있었습니다. 왜냐하면, 하나님의 천사가 하늘로부터 내려와서 무덤 문을 막고 있던 돌을 굴렸기 때문입니다. 그런 후에 "공의로운 해"가 떠올랐습니다. 그때에 위대하신 신랑이 신방에서 나와서 자신의 기쁜 경주를 시작하셨습니다. 부활하신 구주를 보는 것은 정말 황홀한 광경이었을 것이기 때문에, 제자들이 구주의 발 앞에 엎드려 경배한 것은 너무도 당연한 일이었을 것입니다. 만약 천사들이 여느 때보다도 더 감격해서 찬송을 부른 때가 있었다면, 그것은 아마도 주님이 사망의 사슬을 끊고 영화로운 부활 생명으로 다시 살아나셨던 바로 그 첫 번째 부활절 아침이었을 것임에 틀림없습니다. 그런 후에 주님은 사람들에게 나타나셨습니다. 주님은 더 이상 아무것도 숨기지 않으시고, 자기 제자들에게 수수께끼 같았던 일들, 그들이 도무지 깨달을 수 없었던 일들, 그리고 이제 그에 의해서 다 드러나게 된 일들을 말씀해 주시기 시작하셨습니다. 왜냐하면, 이제는 그가 신방에서 나온 때였기 때문입니다. 그의 말씀들은 사실 너무나 알기 쉽고 분명한 것들이었지만, 전에는 그를 사랑했던 자들로부터도 감추어져 있었습니다. 그러나 이제 그는 비유로 말씀하지 않으시고, 자기 자신과 아버지 하나님에 대하여 공개적으로 말씀하십니다. 그는 객으로서 이 땅을 잠행하셨던 지난날들과는 달리, 이제는 자기 제자들에게 자신의 모습을 그대로 다 내보이시며, 심지어 자신의 손과 옆구리를 만져 보라고 하기도 하셨습니다. 그가 죽으심으로써 성소의 휘장이 찢어졌고, 그의 부활을 통해서 참 대제사장이 영광과 아름다움의 옷을 입으시고 나타나셨습니다. 그는 떠나가신 얼마 후에 상아궁의 은밀한 방에서 돌아오셔서 자기 제자들에게 자기 자신을 보이셨습니다. 그 날에 그를 본 눈들은 정말 복된 눈들입니다.

우리 주님은 이 땅에서 자기 제자들과 함께 보내신 40일 동안 신방에서 나오신 것이라고 할 수 있지만, 40일이 다 되자 그들을 감람산 꼭대기로 데려가서서 거기에서 그들이 보는 앞에서 하늘로 오르셨을 때에 온전히 신방에서 나오신 것이라고 할 수 있습니다. 그때에 공의로운 해는 진정으로 지평선 위로 떠올라서 자신의 영광의 빛줄기를 온 하늘에 흩뿌리셨습니다. 그가 목숨을 건 기나긴 사투를 끝내고 승리의 모든 영광으로 돌아오실 때까지 천군 천사들이 공중에서 그를 기다리고 있는 것이 여러분의 눈에 선하지 않습니까? 그가 "천사들에게 보이셨을"(딤전 3:16) 때에 그것이 얼마나 장관이었을지를 생각해 보십시오:

> "투구를 쓴 그룹 천사들과
> 칼을 든 스랍 천사들이
> 날개를 편 채
> 빛을 발하며 도열해 있네."

천군 천사들은 영광의 왕을 영접하여 원래 자신의 영지였던 곳으로 모실 준비를 하느라 분주했을 것입니다. 그들은 하늘 군대의 대장이신 분의 귀환이 너무나 기뻐서, 승리하신 하늘의 상속자를 위하여 큰 소리로 수금을 타고 우렁차게 찬송을 합창합니다. 또한, 인류 중에서 그가 흘리신 피로 말미암아 구속을 받고 영화롭게 된 자들은 가장 기쁜 찬송으로 그에게 환호를 보내고, 가장 감격스러운 합창을 소리 높여 불러, 죄악을 멸하시고 영원한 의를 가져다주신 그를 찬송합니다. 그때에 신랑은 혼인식 노래와 함께 자기 방에서 나왔습니다. 그는 자기 방에 계시는 동안에는 그의 아름다움이 감춰져 있어서 볼품도 없고 아름다운 것도 없었지만, 이제는 해와 달도 무색하게 할 정도로 새롭게 놀라운 광채를 발하시게 되었습니다.

또 다른 면에서, 그리스도께서 승천하신 것이 신방에서 나오신 것인 이유는 그가 "높은 곳에 오르시면서 사로잡힌 자들을 사로잡으시고 사람들을 위하여 선물들을 받으시고 주신" 것이기 때문입니다. 이 선물들은 자기 자신을 나타내시기 위한 것이었습니다. 그의 몸인 교회는 그의 명령에 의해서 권능이 주어질 때까지 방에 앉아 기다리고 있었습니다. 그러나 갑자기 신랑의 능력이 느껴졌습니다. 왜냐하면, 강하고 급한 바람 같은 소리가 마가 다락방 전체를 가득 채웠고, 각 사람의 머리 위에 혀 같이 갈라진 것이 임해서, 교회는 신랑이 자기 방에서 나왔다는 것을 즉시 볼 수 있었기 때문입니다. 그리고 길거리에 있던 많은 사람들도 신랑의 음성을 듣기 시작하였습니다. 그때에 말한 것은 베드로였지만, 사실은 신랑이신 그리스도께서 바울의 입을 빌려 말씀하신 것이었습니다. 해가 구름을 뚫고 동방의 방에서 나와, 바대와 메대와 엘람, 메소포타미아와 로마와 애굽의 거민들에게 비추기 시작해서, 신지자들과 왕들이 기다렸지만 본 적이 없었던 바로 그 날을 땅 끝의 무리들로 하여금 보게 하셨습니다. 사람들 사이에서의 즐거운 소동, 곧 회개의 눈물이 섞인 기쁨의 소리가 여러분에게 들리십니까? 그것은 새들이 지저귀는 소리이고, 떠오르는 해를 보고 아침 이슬이 환호하는 소리입니다. 사람들은 "우리가 어떻게 해야 구원을 얻을 수 있나요?"라고 부르짖습니다. 그림자들은 달아나고 있습니다. 사람들은 예수를 믿고 그의 이름으로 세례를 받습니다. 참 빛이 비치고 있습니다. 하루에 3천 명의 영혼이 교회에 더해집니다. 왜냐하면, 정말 신랑이 "잠에서 깨어난 것처럼, 포도주를 마시고 고함치는 용사처럼 일어나셨기"(시 78:65) 때문입니다. 그때에 오직 우리의 대장되신 예수께서만 보여주실 수 있으셨던 영화로운 권능이 분출되면서 복음의 경주가 시작된 것입니다. 이처럼 우리 주님이 많은 사람들에게 자기 자신을 나타내신 것을 여유를 갖고 천천히 묵상하십시오. 주님은 전에는 이스라엘 밖으로 나오지 않으셨습니다. 주님은 "나는 이스라엘 집의 잃어버린 양 외에는 다른 데로 보내심을 받지 아니하였노라"(마 15:24)고 말씀하셨습니다. 팔레스타인이 그의 방이었습니다. 그는 그 방의 창가로 가서서, 뭔가 생각에 잠기신 채로 두로와 시돈을 바라보셨습니다. 그러나 그는 복음이 이방인들에게도 전파되기 시작한 그 날이 될 때까지는 자기 방에서 나오지 않으셨습니다. 하나님이 약속하신 선물이 오순절에 주어져서 성령이 모든 육체에 부어졌을 때, 사도들은 세상의 모든 곳으로 나아가서 하나님의 말씀을 전하였습니다. 신랑이 자기 방에서 나오셨을 때, 아주 먼 북쪽 섬들에 사는 우리조차도 복음을 받았습니다.

시간관계상 이것에 대해서는 이쯤 해두기로 하겠습니다. 다음으로, 본문을 통해서 우리는 그가 자기 방에서 나오신 후에 달리고 계신 것을 생각하지 않으면 안 됩니다. 예수께서 달리신 것은 해가 달리는 것이나 챔피언이 경주에서 달리는 것과 같았습니다.

우리는 방에서 나오신 후의 **주님의 계속된 사역**을 주목하여야 합니다. 우리 주님의 복음은 잠시 밝은 빛을 내다가 사라져 버린 운석이 아니라, 해처럼 하늘에 계속해서 머물러 있습니다. 하나님의 기름 부음을 받으신 이가 골고다 위에 달리신 이래로 얼마나 많은 철학 체계들이 생겨났다가 사라져 왔습니까? 주님이 신방을 떠난 이래로, 얼마나 많은 사변들과 인물들이 등장해서 여기를 보라 저기를 보라고 하여 어리석은 자들을 잠시 현혹하다가 어둠 속으로 사라져 왔습니까? 그렇지만 주님은 그때나 지금이나 동일하십니다. 형제들이여, 주님이나 그의 복음이 쇠하였음을 보여주는 그 어떤 흔적도 없습니다. 사람들은 인도의 우상 숭배가 뚜렷하게 무너져 내리고 있다고 말합니다. 그 우상 숭배가 아직 완전히 무너져 내린 것은 아니지만, 계속해서 잠식되고 있습니다. 물론, 거짓 선지자가 자신의 추종자들 사이에서 아주 작은 구역을 차지하고 있는 것은 사실이고, 가톨릭은 필사적인 노력을 하고 일부 극렬분자들이 활발하게 움직이고 있지만, 그 중심에서 마비되어 가고 있고, 바티칸은 자신의 권세의 때가 얼마 남지 않았다는 것을 직감하고 있습니다.

복음은 18세기 동안의 기나긴 싸움에도 불구하고 여전히 젊음의 활기를 간직하고 있습니다. 대부분의 신생 국가들 가운데서는 그 국가들보다 훨씬 이전부터 있었던 복음이 주류를 이루고 있습니다. 문명의 경주에서 뒤처진 나라들은 주로 다른 오래된 종교들을 선호하지만, 하나님이 활기차고 생기 있게 뻗어나가게 하신 나라들은 하나님의 은혜를 담는 그릇들이 되었습니다. 하나님의 교회를 위한 위대한 날들이 도래하고 있습니다. 볼테르(Voltaire)는 자기가 기독교의 황혼 속에서 살았다고 말하였습니다. 그러나 사실 그는 저녁의 황혼이 아니라 새벽의 여명 속에서 살았다고 하는 것이 맞습니다. 사람의 손바닥만한 작은 구름이 떠오르게 하고 계시는 하나님께 모든 영광을 돌립니다! 그 구름이 하늘을 뒤덮기 시작하고 있고, 폭우가 내리는 소리를 들을 날이 얼마 남지 않았습니다. 그리스도는 한 번에 모든 힘을 다 쓴 후에 다시는 힘을 쓰지 못하는 그런 용사가 아니었습니다. 그는 자신의 사역을 계속하시고 자신의 경주를 지속하시는 것을 기뻐하셨습니다. 그는 잠깐 빛을 발하다가 사라져 버리는 유성이 아니라, 내내 빛을 발하게 될 "해"이셨습니다.

다음으로, 이 비유에서 우리 주님이 달리시는 것이 언제나 한결같다는 것을 주목하십시오. 이것은 본문 속에서 아주 분명하게 드러납니다: "그의 길을 달리기 기뻐하는 장사 같아서." 경주를 하는 이유는 오직 한 가지입니다. 그래서 경주를 하는 사람은 목표지점에 도달하기 위해서 온 힘을 모읍니다. 경주자는 다른 것을 생각하지 않습니다. 사람들이 그가 달리는 길에 황금 사과들을 흩어놓아도, 그는 그것들을 쳐다보지도 않습니다. 사람들이 바로 옆에서 수금을 타고 나팔을 불며 류트를 연주하고 온갖 감미로운 음악을 들려준다고 해도, 그는 그 모든 것들에 귀를 막아 버립니다. 그에게는 달려야 할 경주가 있기 때문에, 그는 거기에 자신의 온 힘을 쏟습니다. 이것이 우리 주님께 딱 맞는 이미지입니다. 그는 결코 옆을 돌아보지 않으셨고, 그에게는 자신의 지나온 발자취를 재검토하거나, 자신의 가르침을 수정하거나, 자신의 교훈을 고치거나, 자신의 전략을 변경할 필요가 없으셨습니다. 예수께서는 점점 더 많이 빛을 발하여 한낮이 될 때까지 계속해서 달리십니다.

오늘날 자신을 그리스도인이라고 부르는 사람들 중에서 일부는 언제나 새로운 것을 동경하고, 신기한 것들을 갈망하며, 자기들이 새롭게 발견한 것들을 자랑합니다. 하지만 사실 그들이 새롭게 발견했다고 하는 것들은 우리의 믿음의 조상들이 오래 전에 부수어서 산산조각을 내버린 이단의 우상들의 파편에 불과한 것들일 뿐입니다. 오늘날의 위대한 사상가들이라고 하는 사람들은 단지 옛적의 허망한 생각들을 "새롭게 고쳐서 내보는 자들"(translators)에 불과합니다. 여러분은 translator가 런던에서 어떤 의미로 사용되고 있는지를 아십니다. 이 단어는 헌 신발들을 사다가 수선해서 마치 새 것인 양 다시 내놓는 사람들을 가리키는 단어입니다. 헌 신발과 옷들은 이스라엘을 속였던 저 기브온 사람들 가운데서 널려 있습니다. 그들은 자기들은 아주 먼 곳에서 온 자들로서 땅 끝 지역의 지혜의 보고(寶庫)를 우리에게 전하고 있다고 자랑합니다. 선생님들, 우리는 여러분이 가져왔다고 하는 새로운 것들을 원하지 않습니다. 왜냐하면, 우리 주님의 경주는 예나 지금이나 동일하고, 주님이 한 길을 달려가고 계시듯이 우리도 그렇게 할 것이기 때문입니다. 의를 전하여 죄인을 구원하고 하나님을 영화롭게 하는 것 ― 이것이 그리스도의 유일한 목적입니다. 주님은 그 일을 결코 그치지 않으실 것이고, 그 어떤 것도 주님으로 하여금 그 일을 그만두도록 하지 못할 것입니다. 우리 주님이 처음에 신방에서 나오신 때로부터 지금까지 한 치의 변함이나 회전하는 그림자도 없이 복음 안에서 영광의 빛줄기를 계속해서 비추고 계시는지를 기쁨으로 바라보십시오. 우리가 믿지 않는다고 하여도, 주님은 언제나 신실하시고, 자기 자신을 부정할 수 없으십니다. 주님은 자기가 달리시는 길, 곧 자신의 사역에서 변함이 없으십니다. 주님은 시온을 위해서 지금까지 일하고 계시고, 그의 손에는 기쁨이 가득합니다.

다음으로, 힘(strength)과 관련해서 본문이 우리에게 전해 주는 주목할 만한 생각을 살펴보겠습니다. "그의 길을 달리기 기뻐하는 장사 같아서." 승천하신 주님이 복음을 위하여 달리시는 것은 결코 힘들고 고된 일이 아닙니다:

> "음부의 왕이 당혹해서
> 잔인함과 거짓말로 진리의 나라를 축출하려는
> 새로운 시도들을 해도 헛일이라네.
> 승리는 언제나 한 번 죽임을 당하신 어린 양의 것이어서
> 음부의 문들이 광분해도 헛일일 뿐이라네."

달려갈 길이 있지만, 예수께는 그러기에 충분한 힘이 있습니다. 그는 출발선까지 숨이 차서 헐떡거리며 갔다가 거기서부터 엉금엉금 기어가시는 것이 결코 아닙니다. 그는 "장사"처럼 자기가 달려야 할 길을 다 답사하십니다. 그는 그 경주를 완주해 낼 만한 힘이 자기에게 있다는 것을 아시기 때문에 기쁨으로 그 경주를 하실 수 있습니다. 그가 경주를 시작하셨을 때에 박해와 배척을 받았지만, 그러한 배척은 그로 하여금 더 손쉽게 승리를 거둘 수 있게 해주었을 뿐입니다. 왜냐하면, "그 흩어진 사람들이 두루 다니며 복음의 말씀을 전하였기"(행 8:4) 때문입니다. 우리 주님이 해처럼 떠오르셨을 때, 구름이 짙게 깔렸지만, 주님은 그 구름의 양털 같은 가장자리들을 황금빛으로 물들이셨습니다. 박해가 동쪽 지평선에 걸려 있었지만, 그는 그것을 자신의 절대주권을 나타내는 위엄 있는 자줏빛으로 바꾸어 놓으셨습니다. 그가 경주를 계속해나가시자, 오랜 세월 동안 얼어 있던 얼음들이 녹기 시작하였고; 여러 세대의 두터운 암울함이 사라지기 시작하였습니다. 그 어떤 사슬도 그를 묶을 수 없었고, 그 어떤 속박도 그를

붙잡아둘 수 없었습니다. 그는 조금도 줄어들지 않는 동력으로 돌진하셨고, 음부의 문들은 그를 이길 수가 없었습니다.

그가 "자신의 차를 몰고 천상의 평지를 질풍 같이 가로지르실" 때에 그 어떤 구름도 해를 가릴 수 없듯이, 복음이 떠올라 계속해서 질주해 나갈 때에 그 어떤 것도 그 앞을 가로막을 수 없었습니다.

해 뜨는 순간을 노래한 톰슨(Thompson)의 다음과 같은 시가 교회의 초창기를 아주 잘 묘사하고 있습니다:

> "힘 있는 해가 하늘을 활활 태워서
> 높이 솟은 구름들을 녹여 투명한 공기로 바꾸네.
> 언덕 위에 어른거리던 아침 안개가
> 다채로운 띠로 넓게 있다가 사라지고
> 자연의 얼굴이 빛을 발하고
> 구부러진 지구를 만나러
> 땅이 아주 멀리까지 마중하러 나가는 듯하네."

복음이 머지않아 이 땅의 구석구석에 그 빛을 비추어서, 모든 나라가 그 자비로운 힘을 느꼈습니다. 사람들은 박해하기를 그치고, 십자가 앞에 머리를 숙였습니다.

곧 새로운 구름들이 일어났고, 교회는 그 구름들을 헤쳐 나왔습니다. 오류들과 이단들이 늘어났습니다. 더러운 꿈꾸는 자들이 거대한 배교를 이끌었습니다. 로마 가톨릭은 창기들과 가증한 것들의 어미가 되었지만, 참된 교회와 그 속의 참된 그리스도는 계속해서 자기 길을 갔습니다. 교회는 첫 번째 시련에서와 마찬가지로 두 번째 시련에서도 여전히 승리하셨습니다. 교회는 이방의 로마만이 아니라 교황의 로마도 이겼습니다. 교황들은 옛적의 잔인한 황제들과 마찬가지로 더 이상 이길 수 없었습니다. 볼 눈이 있는 사람들에게는 그리스도라는 해가 바울과 그의 동료 사도들이 만났던 파도 위에만이 아니라 이탈리아 서북부 알프스 산 밑의 피에몬테(Piedmonte) 계곡에도 밝게 비추고 있는 것이 보일 것입니다. 승리자이신 주님의 경주는 이전처럼 힘이 있었고 승리를 거두었습니다.

그때 이래로 영적인 죽음과 거짓 가르침의 두터운 둑들이 눈에 보이는 하늘을 가로막아 왔고, 육신의 눈에는 강철처럼 결코 뚫을 수 없는 흑단(ebony) 장벽으로 보였지만, 사실은 주님이 다스리십니다. 하늘에 앉아 계시는 분은 웃으십니다. 하나님은 그들을 비웃으십니다. 그의 오른손은 강해서, 그의 원수들은 박살이 나게 될 것입니다. 공의로운 해는 계속해서 달립니다. 그 어떤 것도 그가 달리는 길을 막을 수 없습니다. 그의 장막은 모든 것 위에 베풀어져 있습니다. 그는 하늘을 타고 달립니다. 그렇습니다. 그는 바람의 날개를 타고 달립니다. 영원히 주님을 의지하십시오. 왜냐하면, 주 여호와에게는 영원한 힘이 있기 때문입니다. 그리스도께서는 그 어떤 것에서도 실패하지 않으셨습니다. 그가 작정하신 일들은 다 집행되었습니다. 그의 영원하신 뜻들은 다 성취되었습니다. 택함 받은 자들은 구원 받았고, 그의 나라는 견고히 섰으며 해가 있는 동안에 지속될 것입니다. 누가 그의 손을 막을 수 있겠습니까? 누가 그의 뜻을 거스를 수 있겠습니까?

그러므로 주님이 달리시는 길에는 힘과 **기쁨**이 한 쌍을 이루고 있다는 것을 주목하십시오. 힘이 없으면 슬픔이 오지만, 힘은 기쁨을 낳습니다. 그리스도는 언제나 즐거우시고, 또한 자기 백성으로 하여금 기뻐하게 하고자 하십니다. 왜냐하면, 그의 복음은 언제까지나 계속해서 달리게 될 것이고, 그가 실패하거나 낙심하는 일은 없을 것이기 때문입니다. 그는 강한 자들과 함께 탈취물을 나누는 것처럼 기뻐하십니다. 어떤 사람에게 자기가 쉽게 할 수 있는 어떤 일이 있고, 그가 그 일을 손쉽게 해낼 수 있을 때, 그 사람은 휘파람을 불고 노래하면서 그 일을 하게 됩니다. 마찬가지로, 그리스도께서는 오늘날 기뻐하시고 노래하시면서 자기 교회를 보고 계십니다. 원수들이 광분해도 그의 복음은 계속해서 전진하고, 그의 힘은 아주 커서 그 어떤 싸움도 그에게는 기쁜 일입니다. 나는 웨일스 출신의 한 설교자가 다음과 같은 비유를 사용하는 것을 들은 적이 있습니다. 그는 하늘에 계신 그리스도의 기쁨에 대하여 말씀을 전하면서 이렇게 말했습니다: "여러분은 내게 교회가 이 땅에서 슬퍼한다고 말씀하신다면, 나는 여러분에게 그리스도께서는 하늘에서 기뻐하고 계신다고 말씀드립니다. 그러면, 여러분은 어떻게 그런 일이 있을 수 있냐고 물으시겠지요? 여러분에게 저쪽에 아기를 안고 있는 어머니가 보이시죠. 그녀는 그 아기를 씻기고 있습니다. 아기의 얼굴은 더럽지만, 어머니는 아기의 얼굴이 반짝반짝 빛나기를 바라죠. 어머니는 대리석처럼 아기의 얼굴이 하얀 것을 보고 싶어합니다. 그래서 어머니는 아기의 얼굴을 씻어 주는 것입니다. 하지만 아기는 울죠. 아기는 얼굴을 씻는 것이 좋은 것인 지를 알지 못하기 때문에 안 씻겠다고 울며 떼를 씁니다. 어머니는 울거나 아기 의 슬픔에 동조하지 않고, 계속해서 노래하며 아기의 얼굴을 씻깁니다. 왜냐하 면, 어머니는 이 모든 일이 다 끝나면, 아기가 천사처럼 환하게 웃게 될 것을 알 기 때문입니다. 아기는 오직 현재의 불편함만을 신경 쓰지만, 어머니는 곧 있을 좋은 결과를 알기 때문에, 아기가 울게 내버려 둔 채로 노래하며 그 일을 계속합 니다." 주 예수께서도 자신의 일을 하시면서 그런 기쁨을 누리고 계시는 것입니 다. 그는 자신의 교회를 정결하게 하고 계시고, 자신의 신부로 손색이 없게 해나 가고 계십니다. 교회가 울며 슬퍼하지만, 교회로 하여금 그렇게 하도록 만드는 것은 부패한 본성인 육(肉)일 뿐입니다. 주님은 처음부터 그 끝을 아시기 때문에 계속해서 기쁘게 노래하실 수 있습니다. 땅은 안개에 써여 있어도, 해는 결코 그 렇지 않습니다. 해는 계속해서 빛을 발합니다.

　본문은 "해"이신 예수와 관련해서 한 가지 사실을 더 언급합니다: "그의 열기 에서 피할 자가 없도다." 이것은 그리스도 예수의 강력한 영향력을 피할 수 있는 것은 아무것도 없다는 것을 의미합니다. 그의 택함 받은 백성들은 때가 되면 그 의 구원하시는 능력을 느껴야 합니다. 지금 그러고 있듯이 그들은 헤매고 범죄 할 수 있습니다. 그러나 정하신 때가 오면, 그들은 원수의 땅으로부터 구속 받게 될 것입니다. 해가 지닌 힘은 어둡고 깊은 광산에서도 느낄 수 있습니다. 해가 여 전히 빛을 발하고 있다는 것은 땅의 심장부에서조차도 알 수 있습니다. 따라서 죄의 어둠이 끈질기게 따라붙는 와중에서도 하나님의 택함 받은 자들은 우리 주 예수 그리스도의 주권적인 능력과 전능하신 은혜를 느끼게 될 것입니다. 여러분 과 내가 죽어서 무덤에 묻히게 될 때, 우리는 거기에서도 공의로운 해의 "열기에 서 피하지" 못할 것입니다. 주님은 우리의 뼈 속에 조금씩 다시 생명을 불어넣으 실 것입니다. 그는 죽음의 갈비뼈들 속에 영혼을 만드실 것이고, 해가 계속해서 떠올랐을 때에 푸른 풀밭과 물가의 갈대가 다시 싹을 내듯이, 우리도 그렇게 싹 을 내게 될 것입니다. 우리의 마른 뼈들이 살아날 것이고, 우리는 다시 육신을 입 고서 하나님을 보게 될 것입니다. 그의 열기에서 피할 자가 아무도 없어서 그리 스도의 은혜의 역사들이 이렇게 그의 모든 택함 받은 자들 위에서 진행되는 동 안에, 또 다른 역사가 모든 인생들에게서 일어납니다. 사람들이 그를 믿든 안 믿 든, 주님은 섭리 가운데서 모든 사람들을 다스리시고, 사람들은 비록 복음을 받아들이지 않는다고 하여도 이런저런 방식으로 복음의 영향을 받습니다. 세상의 어두운 부분들조차도 하나님의 그리스도의 임재를 어느 정도 느낍니다. 그리스도에 대하여 듣고도 배척하는 자들 위에는 책임이 쌓여갑니다. 그는 사람들에 대하여 "생명으로부터 생명에 이르는 냄새"가 되지 않는 곳에서는 "사망으로부터 사망에 이르는 냄새"가 됩니다(고후 2:16). 그의 열기에서 피할 자는 아무도 없습니다. 이것은 그리스도인들이 일하도록 얼마나 큰 힘을 주는 말씀입니까! 주님이 여러분보다 앞서 가셨습니다. 그의 임재의 열기로부터 피할 자는 아무도 없습니다. 예수는 이교도들의 어두운 정착지들에서도 왕이시고, 런던에 있는 더러운 악의 소굴도 다스리십니다. 그런 곳으로 가십시오. 왜냐하면, 여러분은 결코 침입자가 아니기 때문입니다. 여러분에게는 주님이 다스리시는 영지이면 어디든지 갈 권리가 있습니다. 땅과 거기에 충만한 모든 것이 주님의 영지이고 주님의 것입니다. 하나님을 아주 거칠게 욕하는 자들이나 아주 더러운 입을 지닌 불신자들을 두려워하지 마십시오. 왜냐하면, 그리스도는 그들에 대해서도 왕이시기 때문입니다. 여러분이 주님의 원수 앞에 복음을 내밀면, 그 원수는 복음의 능력을 느끼게 되어서, 거기에 순복하든지 복음으로 말미암아 정죄를 받든지 둘 중의 하나가 될 것입니다. 어느 경우이든 여러분은 자기가 해야 할 일을 다한 것이고, 여러분이 해야 할 증언을 다한 것이기 때문에, 그 원수의 피는 여러분의 머리로 돌아오지 않을 것입니다.

지금까지 말씀드린 것을 종합해 보면, 우리는 부활하신 구주이신 그리스도 예수께서 이 땅에 다시 오셔서 자기 백성을 자기에게로 데리고 가셔서 함께 다스리도록 하실 때까지 이 영광스러운 경주를 계속해 나가시리라는 것을 알게 됩니다.

2. 둘째로, 예수는 우리에 대하여 해이십니다.

우리는 두 번째 대지에 대해서는 아주 잠깐만 생각해 보고자 합니다. 우리 구주를 예배하고 송축하십시오. 그렇게 하는 것이 마땅하고 옳습니다. 주님으로 하여금 찬양과 높임을 받으시게 하십시오. 어떤 사람들은 주님께 두 번째 자리를 내어드리겠지만, 우리는 결코 그렇게 해서는 안 됩니다. 해가 중심이듯이, 그리스도도 중심입니다. 해가 큰 동력, 즉 모든 동력의 원동력이듯이, 그리스도도 자기 백성에게 그런 존재입니다. 해가 빛과 생명과 열기가 영속적으로 흘러나오는 원천이듯이, 구주도 그렇습니다. 해가 열매를 맺게 하고 증식시키는 존재이듯이, 그리스도도 그렇습니다. 해가 날과 계절을 다스리고 규율하는 존재이듯이, 하나님 아버지의 영광이신 예수도 그렇습니다.

이런 것들을 다음과 같은 측면에서 생각해 보십시오. 여러분이 성경을 펼칠 때, 그리스도가 성경의 중심이라는 것을 기억하십시오. 선택 교리를 중심에 놓지 마십시오. 그렇게 하는 사람들은 일방적인 체계를 만들고 있는 것입니다. 사람을 중심에 놓지 마십시오. 그렇게 하는 사람들은 심각한 오류들로 떨어질 것입니다. 그리스도는 복음의 전체 체계의 중심입니다. 여러분이 그리스도가 구심점이라는 것을 깨달을 때에 모든 것이 제대로 돌아가는 것을 보게 될 것입니다. 여러분이 그리스도에 대하여 제대로 생각하지 못하면, 나머지 다른 것들에서 여러분은 옳을 수 없습니다. 그리스도는 모든 진리의 중심이자 왕입니다.

또한, 그리스도는 교회의 중심입니다. 목회자나 교회 자체나 그 어떤 규례나 체제나 감독이나 사제나 교황이 우리의 중심이 될 수 없습니다. 오직 그리스도만이 우리의 중심인 해이십니다. 행성인 우리는 해이신 그리스도께서 이끄시는 대로 따라갑니다. 우리는 그리스도를 중심으로 돌고, 우리에게는 다른 주(主)가 없습니다.

또한, 그리스도는 세상에서도 중심이시기 때문에 세상을 다스리시고 모든 역사의 중심입니다. 여러분이 이것을 알 때에 역사를 더 잘 이해할 수 있게 될 것입니다. 왜냐하면, 이것이 세상 이야기의 열쇠이자 제국들의 흥망성쇠의 이유이기 때문입니다. 여러분이 임마누엘("우리와 함께 하시는 하나님")을 알게 될 때에 만물을 이해하게 될 것입니다.

그리스도께서 여러분의 마음속에서 바로 그런 자리, 곧 중심을 차지하게 하십시오. 그리스도께서 여러분의 마음 중심에 좌정하시게 하십시오. "해"이신 그리스도께서 여러분의 마음의 중심에 견고히 좌정하셔서 여러분의 존재 전체를 다스리시고, 여러분의 명철을 밝히시며, 여러분의 마음을 따뜻하게 하시고, 여러분의 모든 능력과 감정과 기능들을 그의 임재의 충만함으로 채우시게 하십시오. 영광의 소망이신 그리스도께서 우리 안에 계시게 하는 것은 얼마나 복된 일입니까! 그러나 우리는 정말 우리가 그렇게 하고 있는지를 확인해야 합니다. 왜냐하면, 해가 하나님의 세계에서 차지하고 있는 그런 자리를 우리가 우리 마음속에서 그리스도께 드리지 않는다면, 우리는 그리스도를 제대로 아는 것이 아니기 때문입니다.

3. 셋째로, 우리는 주님의 빛줄기 속에서 몸을 녹이고 있다는 것입니다.

시간이 별로 없어서, 우리는 이제 마지막 대지로 넘어가서 잠깐 살펴보아야 하겠는데, 그것은 우리가 그리스도의 빛줄기를 쬐며 우리의 언 몸을 녹이고 있다는 것입니다. 우리는 어떤 식으로 그렇게 하고 있는 것입니까?

먼저, 우리는 그리스도가 계시다는 것을 깨달아야 합니다. 죄인에게든 성도에게든 그리스도는 살아 계십니다. 갈릴리의 물 위를 걸으셨던 그는 지금도 살아 계십니다. 십자가에 못 박히신 자국들을 지니고 계시는 그는 지금도 다스리시고 계십니다. 죄인들이여, 이것은 여러분에게 위로가 되지 않습니까? 구주께서 살아 계십니다! 구속주께서 살아 계십니다! 죄를 용서하시는 분이 여전히 살아 계십니다. 성도들이여, 이것이 여러분에게 위로가 되지 않습니까? 자상한 마음을 지니신 분, 우리가 여전히 기댈 수 있는 품을 지니신 분, 우리에게 지금도 사랑이 듬뿍 담긴 말씀들을 기꺼이 해주고자 하시는 입술을 지니신 분이 여전히 살아 계십니다. "해"를 위한 장막이 베풀어져 있습니다. 해는 사라져 버린 것이 아닙니다. 그는 여전히 빛을 비추어 주고 계시고, 지금도 복을 내려 주고 계십니다. 그러므로 그리스도께서 계시다는 것을 깨달아서 그의 빛줄기 속에서 몸을 녹이십시오.

그런 후에, 여러분의 영혼을 그의 신적인 감화력 아래에 누이십시오. 여러분이 죄악을 깨달았다면, 와서 그의 속죄 안에서 안식을 누리십시오. 여러분이 불의하다는 것을 아셨다면, 와서 그의 의를 붙드십시오. 여러분이 약하다면, 그의 힘을 붙잡으십시오. 여러분이 기도할 수 없다면, 그를 여러분의 중보기도자로 받아들이십시오. 여러분이 아무것도 아니라는 것을 아셨다면, 그를 여러분의 모든 것으로 받아들이십시오. 어떤 피조물들은 해 속에서 자신을 따뜻하게 하는 것을 기뻐합니다. 하물며 그리스도의 임재 안에서 햇볕을 쬐는 것은 얼마나 큰 기쁨이겠습니까! 내가 얼마나 보잘것없는 존재이고 아무것도 아니며, 얼마나 악하고 더럽고 추한지는 전혀 신경 쓰지 마십시오. 그리스도께서는 나를 있는 그대로 받으셨기 때문에, 내가 그를 영접하기만 하면, 그가 가진 모든 것이 내 것이 됩니다. 나는 죄를 짓지만, 그리스도께서는 그런 나의 모든 죄를 그대로 받으셨기 때문에, 내가 그를 영접하기만 하면, 그는 의로우신 까닭에, 그의 의가 내 것이 됩니다. 나는 약하지만 그는 강하십니다. 내가 그를 영접하기만 하면, 그의 강함이 내 것이 되고, 나는 그의 전능하심 속에 싸여 있게 됩니다. 그리스도는 모든 것이고, 그리스도는 나의 것입니다. 나는 그런 일들에 대하여 말하려고 애쓸 때마다 완전히 실패하고 맙니다. 나는 겨우 그런 주제에 대하여 더듬거리며 말할 수 있을 뿐입니다. 믿음은 자신의 기쁨을 누릴 뿐이고 표현하기는 어렵습니다. 여러분은 오셔서 이 감미로운 바다에 뛰어드십시오. 이 행복의 심연 속으로 깊이 잠수하십시오. 그러면 그리스도 예수는 영원히 여러분의 것이 됩니다! 해는 대단하지만, 그 모든 것은 나를 위해 있습니다. 그리스도는 아주 밝고 영화로우십니다. 그런데 그리스도의 모든 것이 나의 것입니다.

다음으로, 여러분이 그리스도의 빛줄기 속에서 자신을 녹이고 그 볕을 쬐고자 한다면, 그의 힘의 기쁨을 흡수하십시오. 그는 자신의 길을 달리기를 기뻐하는 신랑과 같습니다. 형제자매들이여, 나는 종종 우리가 하나님을 섬기면서 점점 힘을 잃고 침체되어가고, 일들이 제대로 되어 가고 있지 않다고 생각하는 것은 아닌지 걱정을 합니다. 주님의 기쁨이 여러분의 힘이라는 것을 기억하십시오. 여러분이 "우리의 대의(大義)가 별로 힘이 없어서, 복음이 우리 가운데서 이기지 못할" 것이라고 말하기 시작한다면, 여러분은 벌써 시들해져 버린 것입니다. 그렇게 말하지 마시고, 예수 그리스도께서 자신의 나라에 대하여 염려하거나 비관적으로 생각하지 않으신다는 것을 기억하십시오. 주님은 아주 힘 있게 달리고 계시고, 달리시면서 기뻐하고 계십니다. 내가 여러분에게 성령의 권세로 명하노니, 여러분도 그렇게 하십시오. 의심과 두려움을 떨쳐 버리십시오. 그 나라는 주님의 나라이고, 주님은 자신의 원수들을 여러분의 손에 넘기실 것입니다. 나 자신도 종종 새로운 가르침들을 만들어 내는 자들, 과거 시대의 낡은 누더기 옷과 상한 짐승의 기름을 부추기는 예전주의자(ritualist)들을 염려합니다. 우리는 더 이상 그런 염려를 하지 말고, 그러한 것들은 위대한 해 앞에서의 구름들 같을 뿐이라고 생각하는 것이 좋습니다. 복음은 계속해서 그 달려갈 길을 달려갈 것입니다. 하나님의 원수들을 비웃고 멸시하며 정면으로 그들에게 도전하십시오. 그들은 옛적의 블레셋 족속이 그랬듯이 이스라엘의 하나님 여호와께 도전하지만, 하나님은 그들보다 더 힘이 강하시고, 참된 교회와 하나님의 아들의 복음이 승리하리라는 것은 이미 정해진 일입니다. 지극히 담대하십시오. 갑작스러운 두려움에 놀라지 마십시오. 여호와를 신뢰하십시오. 왜냐하면, 하나님은 전쟁의 날에 자신의 종들에게 반드시 승리를 안겨 주실 것이기 때문입니다.

형제들이여, 여러분이 그리스도의 빛줄기 속에서 자신의 몸을 녹이고자 한다면, 나는 여러분이 주님의 빛을 받을 때마다 그 빛을 반사하시기를 명합니다. 주님은 "해"이시고 여러분은 행성이지만, 행성은 해로부터 빛을 받아서 그 빛을 비춥니다. 행성은 해가 준 빛을 감추는 것이 아니라 다른 세상들에 다시 반사합니다. 예수께서 여러분에게 주시는 빛을 사람들에게 반사하십시오. 그리스도께서 빛을 비추시는 곳에서 승리하십시오. 그 운행은 아주 넓어서 온 세상과 모든 시간을 포괄합니다. 여러분에게 빛을 주시는 하나님의 능력이 여러분이 반사하는 빛과 함께 할 것임을 믿고서, 여러분의 마음을 넓히고, 여러분의 빛을 더 널리 비추십시오. 여러분의 마음을 평안히 가지십시오. "내 사랑하는 형제들아 견실하며 흔들리지 말고 항상 주의 일에 더욱 힘쓰는 자들이 되라 이는 너희 수고가 주 안에서 헛되지 않은 줄 앎이라"(고전 15:58). 하나님의 그리스도께서 달리시는 것을 누가 멈추겠습니까? 그렇게 하고자 하는 사람은 먼저 해를 뽑아 없애야 할 것입니다. 모든 준비를 하시고 달려가시는 하나님의 승리자를 누가 가로막을 수 있겠습니까? 그의 길을 가로막는 자마다 그에게 화가 있을 것입니다. 삼손이 천 명의 사람들의 정강이와 넓적다리를 쳐 죽였을진대(삿 15:8), 영원히 죽지 않으시는 삼손께서는 어떠하시겠습니까? 교황과 마귀의 모든 군대가 다 주님을 공격한다고 해도, 주님은 그들을 완전히 무시하시고, 바람 앞에 겨처럼 그들을 날려 버리실 것입니다.

주님의 이름을 찬송하십시오. 주님은 영광스러운 승리를 거두셨고, 지금도 거두고 계시는 분입니다. 영원한 찬송을 시작하십시오. 주님은 주시요 하나님이시고, 만세에 다스리실 것입니다. 그렇습니다. 주님은 영원무궁토록 제사장이시고 왕이십니다. 하나님께서 그리스도로 말미암아 여러분에게 복주시기를 빕니다. 아멘.

제
17
장
—

하나님의 말씀의 경고들과 상급들

—

"또 주의 종이 이것으로 경고를 받고 이것을 지킴으로 상이 크니이다."— 시 19:11

이 말씀은 하나님의 종들 중의 한 사람이 선언한 것입니다: "주의 종이 이것으로 경고를 받고." 이 말씀은 오직 은혜로 말미암아 하나님께 순종하게 된 사람들을 위해 기록된 말씀입니다. 지금 이 설교를 듣고 계시는 당신은 하나님의 종입니까? 바로 이 문제로부터 시작하겠습니다. 당신이 하나님의 종이 아니라면, 당신은 죄의 종이고 죄의 삯은 사망이라는 것을 기억하십시오.

시편 기자는 이 시편의 앞 부분에서 하나님의 말씀을 "해"에 비유했습니다. 하늘에 있는 해가 자연계에서 가장 중요한 것이듯이, 마음속에 있는 하나님의 말씀은 영적인 세계에서 가장 중요한 것입니다. 만일 해가 없다면, 세상은 어둡고 죽어 있고 그 어떤 열매도 없게 될 것입니다. 그렇다면, 하나님의 말씀의 조명(照明)이 없다면, 그리스도인들의 마음은 어떻게 되겠습니까? 당신이 성경을 멸시한다면, 당신은 해를 멸시하는 자와 똑같은 사람입니다. 하나님의 말씀의 조명이 없다면, 당신은 눈 먼 자가 될 것이고, 눈 먼 자보다 더한 자가 될 것입니다. 왜냐하면, 비록 눈 먼 자라도 시력이 없어서 해를 보지는 못해도 해의 온기를 느낄 수는 있기 때문입니다. 당신이 하나님의 책에서 쏟아져 나오는 하늘의 광채를 전혀 느낄 수 없다면, 당신은 얼마나 망가져 있는 것이겠습니까! 여호와의 말씀은 우리의 낮이고, 우리의 봄날이며, 우리의 여름날입니다. 여호와의 말씀은 우리가 맺는 모든 열매를 준비시키고 숙성시킵니다. 우리에게 하나님의 말씀이 없다면, 우리는 영적인 죽음을 뜻하는 저 바깥 어둠에 있는 것입니다. 이 아침에 나는 해로부터 오는 햇빛과 열기를 비롯해서 그 밖의 다른 영향력들을 통해서 우리에게 부어지는 온갖 복들을 여기에서 일일이 열거할 시간이 없습니다. 여호와의 완전한 법도 마찬가지입니다. 그 법이 하나님의 성령의 능력으로 우리의 영혼에 임할 때, 그 법은 헤아릴 수 없을 정도로 많은 복들, 우리 자신이 알아차릴 수 있는 것보다 더 많은 복들을 우리에게 가져다줍니다.

다윗은 잠시 하나님의 말씀이 주는 기쁨들을 집중적으로 묵상하고서는, "금 곧 많은 순금보다 더 사모할 것이며 꿀과 송이꿀보다 더 달도다"(시 19:10)라고 말하였습니다. 하나님의 계시(啓示)는 우리의 지성을 지식으로, 우리의 마음을 위로로, 우리의 삶을 거룩함으로, 우리라는 인격체 전체를 하나님의 힘으로 풍성하게 합니다. 여호와의 율례를 연구하고 이해해서 제대로 소화해 내는 사람은 가장 참된 의미에서 풍성한 삶을 살아가는 사람입니다. 왜냐하면, 그 사람은 현세의 삶 속에서 거룩함에 있어서 풍성하고, 내세를 준비하는 삶에 있어서 풍성하기 때문입니다. 당신이 하나님의 말씀으로 하여금 당신의 마음속에 풍성히 거하게 하였다면, 당신은 금광(金鑛)을 갖게 된 것입니다. 그러나 성경 속에서 우리는 단지 거기에 매장되어 있는 풍부한 금만을 발견하는 것이 아니라, 지금 당장에 누릴 수 있는 차고 넘치는 달콤함도 발견합니다. 하나님의 말씀으로 살아가는 사람은 생명의 꿀을 맛보며 살아가는 것입니다. 자연의 꿀은 결국에는 질리게 되지만, 생명의 꿀은 결코 질리는 법이 없기 때문에 그 달콤함이 자연의 꿀을 훨씬 능가합니다. 하나님의 가르침을 받으면 받을수록, 당신은 더 가르침 받고자 하게 될 것이고, 거기에서 더욱더 달콤함을 맛볼 수 있게 될 것입니다. 성령의 감동으로 된 책을 사랑하는 사람은 그 생각이 풍요로워지고 그 마음이 달콤함을 맛보게 됩니다.

그러나 다윗은 주로 실제적인 측면에 초점을 맞춥니다. 그래서 다윗은 하나님의 말씀이 지닌 즐거운 영향력으로 인해서 하나님의 말씀을 해에 비유한 후에, "주의 종이 이것으로 경고를 받고 이것을 지킴으로 상이 크니이다"라는 말씀을 덧붙입니다. 우리는 이하에서 이 두 가지를 다음과 같은 대지(大旨)들로 나누어서 살펴보게 될 것입니다. 첫 번째 대지는 하나님의 말씀이 우리를 지켜 주신다는 것에 관한 것입니다: "주의 종이 이것으로 경고를 받고." 두 번째 대지는 우리가 하나님의 말씀을 지키는 것에 관한 것입니다: "이것을 지킴으로 상이 크니이다."

1. 첫째로, 하나님의 말씀은 우리를 지켜 줍니다.

본문은 "주의 종이 이것으로 경고를 받고"라고 말씀합니다. 우리는 원수의 땅에서 살아가고 있습니다. 우리에게는 늘 위험이 도사리고 있기 때문에, 우리가 가장 안전하다고 생각할 때에 사실 우리는 가장 큰 위험에 처해 있는 것입니다. 여러분은 성경에 나와 있는 이야기들 속에서 군대들이 갑자기 궤멸을 당하게 된 때는 방비(防備)를 하지 않고 방심하고 있었을 때라는 것을 발견하게 될 것입니다. 그리스도의 군대는 원수로부터 예기치 않은 기습을 당하지 않기 위해서 늘 보초와 파수꾼들을 세워야 할 필요가 있습니다. 우리는 원수가 언제 우리를 공격해 올지를 결코 알 수 없기 때문에, 우리가 늘 원수들에 의해서 포위되어 있다고 생각하는 것이 지혜로운 일일 것입니다. 하나님의 말씀은 우리를 지켜주고 우리의 영혼을 감시하는 역할을 하는 까닭에, 위험이 가까이 다가오면, 경보를 울려서 우리에게 경고를 해줍니다. 율례들, 교훈들, 명령들, 약속들, 계명들 같은 성경의 서로 다른 여러 부분들은 모두 다 군대에서 보초병 역할을 해서, 적군이 다가오면, 주의 군사들을 깨워서 적군의 기습을 막아내게 합니다. "주의 종이 이것으로 경고를 받고."

하나님의 말씀은 어떤 식으로 우리에게 경고를 합니까? 하나님의 말씀은 여러 가지 형태로 우리에게 경고합니다. 내가 무엇보다도 먼저 말하고 싶은 것은 하나님의 말씀은 죄를 지적하고 죄의 본성과 위험성을 설명하는 방식으로 우리에게 경고한다는 것입니다. 하나님의 말씀 속에는 도덕적인 행실과 관련된 하나님의 뜻과 생각이 들어 있기 때문에, 우리는 추측으로 행할 필요가 없습니다. 우리는 오류가 없는 가르침을 통해서 하나님이 싫어하시는 것이 무엇인지를 분명하게 알 수 있습니다. 십계명은 행인들이 길거리를 가다가 구덩이에 빠지지 않도록 하기 위해 설치된 가로등들입니다. 하나님은 오직 우리에게 해(害)가 될 것들만을 금지하시고, 오직 우리에게 영원한 유익을 가져다 줄 것들만을 명하십니다. 하나님의 율법을 당신 앞에 펼쳐놓으십시오. 그러면 당신은 하나님의 율법을 읽어나가면서, "주의 종이 이 계명들로 경고를 받나이다"라고 말하게 될 것입니다. 길을 걷다 보면, 나는 "이 길로 가지 마시오"라는 어구가 적힌 팻말들을 보게 됩니다. 나는 그 팻말 덕분에 그 길로 갔다가 길을 잃고 헤매지 않게 된 것입니다.

그러나 우리는 하나님의 율법의 문자만이 아니라 그 정신도 잘 알아야 합니다. 십계명은 무수한 죄들을 정죄합니다. 사실, 우리는 하나님의 율법에 대하여 "주의 계명은 지극히 광대합니다"라고 말할 수 있습니다. 그 계명들은 우리의 영혼을 좌초시켜서 난파시킬 수 있는 위험들을 우리에게 경고해 주는 무적(霧笛:안개가 끼었을 때에 경고 신호로 울리는 고동 — 역주)들입니다.

하나님의 말씀을 연구하면, 우리는 죄가 하나님을 욕되게 하고, 우리를 우리의 가장 좋은 친구이신 하나님에 대하여 원수들이 되게 만들고, 우리로 하여금 광분하게 하여서 우리 자신의 영혼을 파멸에 이르게 만든다는 것을 알게 되기 때문에, 죄가 얼마나 극악무도한 것인지를 알게 됩니다. 하나님의 말씀에 의하면, 죄는 살인을 자행한 존재입니다. 죄는 사람들의 구주(救主)를 죽였습니다. 죄가 가는 곳마다, 사망이 그 뒤를 따릅니다. 죄는 처음에는 즐거움을 주는 것 같지만, 결국에는 파멸을 가져다줍니다. 영원한 멸망이야말로 죄가 하는 일의 끝입니다. 하나님의 말씀은 이러한 엄중하고 심각한 사실들을 아주 분명하고 명시적으로 알려 줍니다. 하나님의 말씀은 우리에게 악의 모양을 한 것조차도 가볍게 여기지 말라고 경고하고, 말과 행위로 범하는 죄들만이 아니라 생각과 감정으로 범하는 죄들에 대해서도 경고합니다. 하나님의 말씀과 그의 거룩한 계명들을 멸시하고 방심하며 내달리던 무수한 사람들이 그러한 함정들에 빠졌지만, 은혜 가운데서 성경을 늘 가까이 하는 사람은 그 함정들에 빠지지 않을 것입니다. 성경의 교훈은, 뭐든지 빨아들여서 빠져 나올 수 없게 만들어 버리는 유사(流砂)나 암초가 있음을 경고해 주는 등대와 같아서, 지혜로운 조타수에게 배가 진행하는 방향을 바꾸도록 조용히 지시해 줍니다. 인생이라는 항해 전체는 그러한 등대들에 의해서 보호를 받기 때문에, 그 등대들을 놓치지 않고 주의해서 보는 사람은 안전하게 항해할 수 있게 됩니다. 그러나 우리가 기억해야 할 것은 성경이 경고를 해주는 것과 우리가 그 경고를 받아들이느냐 마느냐는 전혀 별개의 문제라는 것입니다. 우리가 경고를 받아들이지 않는다면, 우리는 "주의 종이 이것으로 경고를 받고"라고 말할 수 없습니다. 우리의 마음이 늘 하나님의 말씀이 우리에게 주는 경고를 그대로 받아들여서 악에 대한 경계를 늦추지 않는 상태로 우리가 살아갈 수 있게 되기를 빕니다.

다음으로, 하나님의 말씀은 우리에게 우리의 의무나 본분들을 상기시켜 주는 방식으로 경고합니다. 하나님의 말씀은 우리가 어떤 일들을 하지 말아야 한다는 식의 소극적인 방식으로 우리를 가르칠 뿐만 아니라, 우리가 어떤 일들을 하여야 한다는 식의 적극적인 방식으로도 우리를 가르침으로써, 우리가 해야 할 일들을 하지 않는 죄에 대해서도 경고해 줍니다. 나는 구주의 모범 중에서 많은 부분들을 소홀히 하는 신앙인들이 구주가 어떤 분이신지를 좀 더 깊이 연구해서, 자신들에게 부족한 부분들이 어떤 것들인지를 분명하게 알게 되기를 바랍니다. 우리가 성경에 기록된 경건한 사람들의 삶을 주의 깊게 읽어서 어느 부분에서 우리 자신이 그들에게 미치지 못하고 있는지를 깨닫는다면, 그것은 우리에게 많은 유익을 가져다줄 것입니다. 사실, 우리가 "주여, 주께서는 내가 무엇을 행하기를 원하십니까?"라는 질문을 더 자주 던지기만 해도, 주께서 주의 종들인 우리에게 주시는 경고들 속에서 우리는 더 많은 유익을 얻게 될 것이 틀림없습니다. 우리는 성경을 넘기다가 어떤 미덕과 관련해서 하나님의 사람에게 임할 최고의 복이 거기에 기록되어 있는 것을 보게 됩니다. 그때에 우리는 그 복이 우리에게 임하게 하고자 한다면 그 미덕을 계발하라는 경고를 듣게 됩니다. 하나님은 마치 우리가 일꾼들이고 우리가 한 일들은 대가를 받을 가치가 있기 때문에 우리가 한 일들에 대하여 갚아 주시는 것이 아닙니다. 하나님이 자신의 신실한 종들에게 상을 주시는 것은 순전히 은혜로 말미암은 것이고, 하나님은 그렇게 하심으로써 자신의 종들로 하여금 부지런히 순종하도록 격려하시는 것일 뿐입니다. 성경의 모든 교훈은 우리의 안일하고 잊기 잘하는 마음을 겨냥한 화살이기 때문에, 그 화살을 맞았을 때에 우리는 흔히 다윗처럼 "주의 종이 이것으로 경고를 받았나이다"라고 말하게 됩니다. 어린 시절의 우리 주님처럼, 우리는 우리 아버지의 일을 하여야 하고, 주님이 "아버지께서 내게 하라고 주신 일을 내가 이루어 아버지를 이 세상에서 영화롭게 하였사오니"(요 17:4)라고 말씀하셨던 것처럼 우리도 그렇게 말할 수 있을 때까지 계속해서 우리의 아버지의 일을 하여야 합니다.

또한, 하나님의 말씀은 우리에게 하나님이 명하신 의무 또는 본분들을 행하는 것과 관련해서 우리의 연약함에 대하여, 그리고 하나님이 금지하신 그러한 죄들에 빠지기 쉬운 우리의 성향에 대하여 경고해 줍니다. 하나님의 말씀은 우리 앞에 고상한 모범을 제시하지만, 오직 하나님의 능력을 의지해서만 우리가 그 모범을 따를 수 있다는 것을 우리에게 상기시켜 줍니다. 하나님의 말씀은 우리 앞에 온전한 거룩함에 관한 청사진을 펼쳐서 보여주지만, 마치 우리 자신의 힘으로 우리가 그 청사진을 실현할 수 있다는 듯이 우리에게 달콤한 환상을 심어주지는 않습니다.

하나님의 말씀은 성령의 가르침이 없이는 우리가 마땅히 해야 할 기도조차도 할 수 없고, 성령의 도우심이 없이는 선한 생각을 할 수조차 없다는 것을 보여주심으로써 우리를 낮춥니다. 성경은 우리의 마음이 너무나 거짓되다는 것과 죄가 한 단계의 악에서 다음 단계의 악으로 점점 악화되어 가는 경향이 있다는 것에 대하여 끊임없이 우리에게 경고해 줍니다. 성경은 우리에게 하나님의 성령을 떠나서는 우리가 영적으로 완전히 무력한 존재라는 것을 보여줍니다. 이런 식으로 경고들을 받는 것이 우리에게는 절실하게 필요합니다. 왜냐하면, 우리는 스스로 만족하여 안주해 버리는 성향이 아주 강하기 때문입니다. 누가 아주 조금만 격려를 해주어도, 우리의 마음속에서는 교만이 올라옵니다. 우리는 말의 안장에 올라타자마자, 마치 전쟁에서 다 이겼다는 듯이 환호성을 지르기 시작하는 그런 자들입니다. 우리가 다 무너지기 직전인데도, 우리는 우리 자신이 거의 다 온전하게 되었다고 착각하기를 식은 죽 먹기처럼 하는 그런 자들입니다. 우리는 아직 절반도 달리지 않았는데도 일찌감치 주저앉아서는 자기가 경주에서 이겼다고 상상하는 그런 자들입니다. 하나님의 말씀은 끊임없이 우리의 육신적인 자만(自慢)을 억제하고 우리의 자기만족을 방해합니다. 하나님의 말씀은 우리가 하나님의 은혜에 있어서 아직 갓난아기에 불과한 데도 마치 이미 다 이룬 것처럼 착각하는 것에 대하여 끊임없이 경고를 보냅니다. 하나님의 말씀은 "자기의 마음을 믿는 자는 미련한 자요"(잠 28:26)라는 것을 우리에게 아주 분명하게 말해 줍니다. 하나님의 말씀은 우리를 위한 큰 힘이 어디에 있는지를 보여주면서, 우리에게 우리 자신의 과거의 경험이나 믿음직한 성품이나 확고한 결심이나 성화(聖化)의 깊이 같은 것들을 의지하는 마음을 모두 다 버리고, 오직 우리가 시간 시간마다 받아야 하는 하늘의 은혜만을 의지하라고 명합니다. 우리가 교만에 우리 자신을 내어준다면, 그것은 하나님의 율례가 주는 경고를 무시하는 것입니다. 왜냐하면, 이 문제에 있어서 "주의 종이 그 율례들로 경고를 받고" 있는 것이기 때문입니다.

이렇게 하나님의 말씀은 우리가 살고 있는 세상 속에서 만나게 되는 시험들을 조심하라고 우리에게 끊임없이 경고합니다. 아담이 타락했던 저 첫 날부터 요한계시록의 마지막 장에 이르기까지 성경에 기록된 이야기를 읽어 보십시오. 그러면 여러분은 성경이 세상을 천국의 상속자를 시험하고 검증하기 위한 장소로 일관되게 묘사하고 있는 것을 발견하게 될 것입니다. 사실, 세상은 알곡을 가만두지 않고 끊임없이 흔들어대는 체(sieve)와 같습니다. 성경을 읽어 보면, 그리스도께서는 매일 우리를 놓고서 "내가 비옵는 것은 그들을 세상에서 데려가시기를 위함이 아니요 다만 악에 빠지지 않게 보전하시기를 위함이니이다"(요 17:15)라고 기도하시는 것으로 보입니다. 여러분의 삶의 여건상 적어도 여러분 자신만은 시험으로부터 안전하다고 생각한다면, 안타깝게도 그것은 여러분이 속고 있는 것입니다. 가난해도 시험에 빠질 수 있고, 부하면 온갖 올무들이 가득하게 됩니다. 우리는 그리스도인의 가정에서도 불경건한 자의 가정에서와 마찬가지로 얼마든지 시험에 빠져서 큰 죄를 지을 수 있습니다. 하늘 아래에서 우리에게 시험의 화살들이 닿을 수 없는 곳은 어느 곳도 없습니다. 또한, 우리가 세상에 속하지 않은 자들이라면, 세상이 우리를 미워하게 될 것이기 때문에, 우리에게는 박해도 찾아옵니다. "세상에서는 너희가 환난을 당하리라"(요 16:33)는 말씀은 확실한 예언입니다. 여러분이 박해를 겪고 있지 않다면, 여러분은 세상이 미소짓고 있는 것이 찌푸리고 있는 것보다 한층 더 위험하다는 것을 기억하여야 합니다. 여러분이 이 세상에서 형통해서 뭔가 잘 되고 잘 나가고 있다면, 조심하십시오! 여러분이 세상의 부를 가지고 있다면, 하나님께 감사할 일이기는 하지만, 여러분이 금송아지 앞에서 절하는 일이 일어나지 않도록 그 부를 조심스럽게 다룸과 동시에 여러분의 마음을 주의깊게 살피십시오. 역경을 겪는 것은 형통하는 것보다 덜 위험합니다. 온갖 처지와 형편 속에서 우리가 범하기 쉬운 악들에 대하여 성령은 이 거룩한 글들 속에서 우리에게 이렇게 말씀합니다: "주의 종이 이것으로 경고를 받고." 우리는 "하나님의 전신 갑주"를 입고서 "믿음의 방패"를 한시라도 손에서 놓지 말라는 경고를 끊임없이 받습니다. 성경은 우리에게 늘 깨어 있고 쉬지 말고 기도하라고 강권합니다. 왜냐하면, 가장 평온한 삶과 가장 경건한 무리와 일상의 일들 속에 위험들이 도사리고 있기 때문입니다. 우리가 꽃밭에 누워서 너무나 안락하고 편안하다고 느낄 때, 바로 그 때가 우리가 독사에게 물릴 가능성이 가장 높은 때입니다. 우리는 아메리카에 최초로 이주해서 정착한 사람들과 같습니다. 우리가 평화와 안녕을 꿈꾸고 있을 때, 시험(temptation)이라는 교활한 인디언들이 정욕이라는 치명적인 도끼를 휘두르며 우리에게 쳐들어올 수 있습니다.

　여기에서 내가 덧붙이고 싶은 것은 우리는 사탄의 시험들을 조심하라는 경고를 무수히 반복해서 받고 있다는 것입니다. 오늘날 어떤 신학자들은 사탄의 존재를 믿지 않습니다. 자녀들이 자신의 아버지의 존재를 믿지 않는다니, 참으로 기괴한 일입니다. 그러나 사탄에게 미혹되어서 사로잡힌 사람들일수록 사탄이 존재하지 않는다고 더 큰 소리로 외친다는 것입니다. 사탄의 시험들을 경험한 사람이라면, 누구나 어떤 불가사의한 존재, 곧 눈에 보이지는 않지만 삼킬 자를 찾기 위해서 이리저리 돌아다니는 아주 막강한 존재가 있다는 것을 압니다. 사탄은 사람을 훨씬 능가하는 힘을 지니고 있고, 가장 똑똑한 사람들 천 명이 힘을 합쳐도 당해낼 수 없는 교활함을 지니고 있습니다. 사탄은 우리의 마음에 영향을 미쳐서 우리 마음이 원래 지니고 있던 참된 의도와 반대로 행하게 만들고자 애씁니다. 즉, 사탄은 우리의 생각을 우리가 몹시 싫어하는 방향으로 이끌어가고, 우리가 확신하고 있는 하나님의 진리들에 대하여 의심을 품게 만들며, 심지어 우리의 마음 깊은 곳에서 사모하며 경배하는 하나님을 모독하도록 유혹합니다. 그러나 사랑하는 여러분, 그리스도인의 삶 속에서 사탄의 힘은 그리스도인이 반드시 고려하여야 할 힘입니다. 만일 그렇게 하지 않는다면, 그리스도인은 무지로 말미암아 사탄의 시험에 넘어갈 수 있습니다. 어떤 그리스도인들은 이 "악한 자"와 특히 치열한 싸움을 벌여 왔고, 몇몇 검증된 그리스도인들은 이 개가 사납게 짖거나 발꿈치를 무는 괴로움을 단 하루도 겪지 않은 날이 없습니다. 많은 불경건한 자들을 사로잡고 있는 사탄은 우리를 사로잡을 수는 없지만, 자기가 삼킬 수 없는 자들을 악의적으로 괴롭히는 것을 즐깁니다. "현대적인 사고"를 하는 목회자들이 사탄에 관하여 뭐라고 말하든, 성령의 감동으로 된 성경은 우리에게 사탄의 술수들을 낱낱이 알려 주면서, 사탄의 무시무시한 힘을 경계하라고 권면하고, "우리를 시험에 들게 하지 마시옵고 다만 악한 자에게서 구하시옵소서"(마 6:13 KJV, 한글개역개정에는 "악에서"로 되어 있음)라고 기도하라고 명합니다. 세상과 육신의 시험들은 사탄의 공격들에 비하면 그래도 우리가 대적할 만합니다. 사탄은 악의 세력의 왕이고, 사탄의 공격들은 너무나 불가사의하고, 우리의 연약한 것들과 우리가 처한 환경에 맞춰서 너무나 교활하고 기가 막히게 이루어지기 때문에, 하나님께서 그의 성령으로 말미암아 하나님의 은혜의 넓은 방패로 날마다 우리를 보호해 주지 않으신다면, 우리는 절체절명의 위험에 처하게 될 수밖에 없습니다. 오, 주여, 주의 이러한 말씀들을 통해서 주의 종이 경고를 받아 원수와 맞서 싸워서 그 간계들에 빠지지 않게 하옵소서! 주의 사랑하심과 돌보심에 영원토록 영광이 있기를 바라나이다.

　　또한, 하나님의 가르침들은 우리에게 시험이 있으리라는 것을 미리 알고 있으라고 경고합니다. 성경은 결코 참된 신자에게 편안한 삶을 약속하지 않습니다. 도리어, 성경은 참된 신자에게 불꽃들이 위로 날아올라가듯이 참된 그리스도인은 태생적으로 환난을 당하게 되어 있다는 것을 분명하게 말씀해 줍니다. 아주 편안하고 우아하게 날개를 타고 천국으로 날아올라가는 그런 일은 없습니다. 우리는 이 순례 길을 고통스럽게 터벅터벅 걸어가야 합니다. 우리는 성령의 감동으로 된 책의 면면을 통해서 싸움이 없이는 면류관도 없고, 고난이 없이는 존귀도 주어지지 않는다는 사실을 알게 됩니다. 예수께서 거칠고 험한 길을 거쳐서 천국으로 올라가셨듯이, 우리도 그분의 뒤를 따라가야 합니다. 예수의 십자가를 믿는 신자라면 누구나 그 자신도 십자가를 져야 합니다. 여러분에게 오랜 시간 동안 모든 일들이 쉽게 풀리고 형통한다고 하여도, "하나님이 나를 산 같이 굳게 세우셨으니 내가 영원히 흔들리지 아니하리라"(시 30:6-7)고 말하지 마십시오. 왜냐하면, 하나님이 한순간에 그 얼굴을 숨기시면, 여러분은 당장에 환난 가운데에 있게 될 것이기 때문입니다. 사람들 중에서 가장 행복한 자들, 즉 하나님이 그들과 그들이 가진 모든 것 주위에 울타리를 둘러놓으셨다고 할 수 있는 자들이라도 언젠가는 자기 차례가 되면 나무기둥에 묶여서 채찍에 맞아 쓰라린 고통을 겪게 됩니다. 저 온전하고 의로웠던 욥조차도 환난에서 자유로울 수 없었습니다. 사랑하는 여러분, 시험을 각오하십시오. 시험이 왔을 때, 그것을 이상한 일로 여기지 마십시오. 여러분 앞에 놓인 바다는 주님을 흔들었던 저 바다처럼 거칠고 흉용할 것입니다. 여러분의 길은 주님이 걸어가셨던 길처럼 뜨겁고 힘겨운 길이 될 것입니다. 세상은 우리 주님에게 그랬던 것처럼 여러분에게도 광야입니다. "땅이 네게 가시덤불과 엉겅퀴를 낼 것이라"(창 3:18). 이 땅에 여러분의 저택을 지을 생각을 하지 마십시오. 왜냐하면, 하나님의 말씀이 여러분에게 "이것은 너희가 쉴 곳이 아니니 일어나 떠날지어다 이는 그것이 이미 더러워졌음이니라"(미 2:10)고 소리치기 때문입니다. 우리가 좋아하는 찬송에 나오는 이런 가사를 생각해 보십시오:

　　　"궁핍이나 곤란이나 시험이나 고통,
　　　　내가 왜 그런 것들로 인하여 불평하리요.
　　　　주님은 내게 말씀하셨다네, 너는 구원의 상속자라고.

나는 주님의 말씀으로 인하여 알고 있다네.

많은 환난 뒤로 주님이 오고 계신다는 것을."

그러므로 사랑하는 여러분, 하나님의 말씀은 여러분이 미리 대비할 수 있도록 하시기 위하여 여러분에게 미리 경고해 주시는 것입니다.

또한, 하나님의 말씀은 장차 있을 일들을 예언해 주는 방식으로 우리에게 경고합니다. 나는 지금으로서는 아주 흥미로운 경험, 즉 하나님은 성경을 사용하셔서 개개인들에게 장차 일어날 사건들을 경고해 주신다는 것을 다룰 수는 없습니다. 성경은 열국들에 대한 예언들로 가득 차 있습니다. 그러나 성경은 종종 신자 개개인에 대한 예언으로서의 역할을 합니다. 여러분은 어떤 성경 구절이 몇 시간 동안, 또는 심지어 며칠 동안 여러분의 마음에 박혀서 떠나지 않다가, 그 성경 구절과 아주 정확하게 부합하는 사건이 일어나고 나서야, 비로소 그 성경 구절이 여러분에게 앞으로 닥칠 일을 대비할 수 있게 해준 것이라고 말할 수밖에 없었던 경험을 해보신 적이 없습니까? 여러분이 아침에 묵상했던 말씀이 종종 그 날의 안 좋은 일이나 그 날에 해야 할 일을 미리 암시해 준 경험이 여러분에게 종종 있지 않습니까? 여러분이 이런저런 식으로 계획을 세워서 성경을 날마다 읽어나갔는데, 어느 날에 여러분이 읽은 성경 구절이 마치 그 날에 여러분에게 있을 일을 미리 알고서 기록된 것처럼 아주 꼭 맞는 교훈을 주는 것을 여러분도 종종 경험하지 않았습니까? 나는 미신(迷信)을 말하고 있는 것도 아니고, 단순한 느낌이나 감동을 믿도록 조장하고자 하는 것도 아닙니다. 나는 그저 내게 일어났던 사실들에 대하여 눈을 감아 버릴 수 없을 뿐입니다. 나는 이 하나님의 책을 통해서 내게 꼭 맞는 메시지들이 특별한 능력으로 임한 것을 알고서, "주의 종이 그 메시지들로 경고를 받나이다"라고 고백하지 않을 수 없었던 경험들을 말하고자 하는 것입니다.

그러나 성경은 모든 큰 사건들, 특히 주님의 재림과 다가올 심판과 같은 사건들에 대해서 우리에게 경고합니다. 성경은 우리 주님이 언제 재림하실 것인지에 대해서는 분명하게 말해주지 않지만, 주님은 준비되지 않은 자들에게 밤중에 오는 도둑처럼 오실 것이라고 우리에게 경고합니다. 성경은 최후의 심판에 대해서, 즉 모든 사람이 다시 살아나서 백보좌 앞에 서게 될 그 날에 대해서 우리에게 경고합니다. 성경은 모든 비밀이 다 밝혀지게 될 그 날, 각 사람이 자기가 몸으로 행한 일들에 대하여 선악 간에 자기가 행한 대로 보응을 받게 될 그 날에 대하여 우리에게 경고합니다. "주의 종이 이런 것들을 통해서 경고를 받습니다." 만약 우리가 짐승들처럼 오직 현재만 바라보고 살거나, 빠르게 다가오고 있는 장래에 눈을 돌리지 않거나, 우리 영혼이 그리스도의 심판대 앞에 서게 될 것을 생각하지 않거나, 하늘과 땅이 심판주의 임재 앞에서 떠나가 버리게 될 그 날을 미리 바라보지 않는다면, 어떻게 우리가 하나님의 말씀을 부지런하고 진지하게 읽을 수 있겠습니까! 우리가 성경을 주의 깊게 읽는다면, 우리는 마지막 날을 염두에 두고서 살아가라는 음성을 듣게 될 것이고, 저 두려운 결산(決算)의 날에 대비해서 우리의 허리를 동이게 될 것입니다. 나는 우리 모두가 준비를 제대로 하라는 경고를 잘 받아들여서 결산할 그 날을 기쁨으로 기다릴 수 있는 자들이 되기를 빕니다. 나는 우리가 성경의 경고들을 잘 받아들여서, 죽음에 대비하고 심판에 대비하며 결코 되돌릴 수 없는 저 최후의 선고에 대비할 수 있게 되기를 빕니다. 우리가 진정으로 지혜로운 자들이라면, 이러한 경고들은 우리의 삶 속에 소금이 되어서, 이 세상에서 정욕과 욕심으로 말미암아 썩어지는 것으로부터 우리의 삶을 지켜주게 될 것입니다.

사랑하는 여러분, 하나님을 아는 우리 각자는 하나님의 성경을 우리 각자의 생명을 끊임없이 지켜 주는 호위(護衛)로 사용할 것이라고 나는 믿습니다. 성경은 우리에게 안개로 인해서 길이 잘 보이지 않게 되었을 때에 조심해서 운전하라고 경고해 주는 안개등과 같습니다. 성경은 우리에게 앞으로의 길이 위험하니 멈춰서라는 신호를 보내주는 철길 위의 적색등과 같습니다. 성경은 우리에게 강도가 들었으니 잠에서 깨라고 알려주는 밤중의 개 짖는 소리와 같고, 갑판 위에서 지켜보다가 "암초다!"라고 소리쳐서 알려주는 파수꾼과 같습니다. 하나님의 말씀은 미국에서 큰 물난리가 났을 때에 흰 말을 타고서 계곡으로 내려가서 말 타고 달리면서 "언덕으로 올라가세요!"라고 반복해서 외쳤던 어떤 사람과 같습니다. 큰 물이 그 사람의 뒤를 빠르게 쫓아왔지만, 그는 사람들이 죽지 않도록 하기 위해서 사람들을 산 위로 피신시키고자 하였습니다. 보배로운 책이여, 이렇게 내게 언덕으로 올라가라고 지시해 주고, 내 귀에 경보를 울려서, 나로 하여금 장차 임할 진노를 피하라고 강권해 주소서! 내가 어디에 있든지 밤낮으로 하나님의 입에서 나온 말씀이 내 귀에 들리게 하셔서, 나로 하여금 끝없는 나락의 문턱에서 잠들지 않게 하소서! 지금은 우리가 잠에서 깨어날 때인 데도, 우리가 거짓되게 안심하고서 잠들어 버리고, 그 사이에 원수가 우리를 덮치는 일이 우리에게 일어나지 않게 하소서. 이 성경책은 우리에게 그렇게 말씀합니다. 이상으로 우리는 지금까지 우리를 지켜 주는 하나님의 말씀에 대하여 살펴보았습니다.

2. 둘째로, 우리는 하나님의 말씀을 지켜야 합니다.

본문은 "이것을 지킴으로 상이 크니이다"라고 말씀합니다. 하나님의 말씀의 증언들을 지킨다는 것은 무엇을 의미합니까? 성경책을 여러분의 응접실 탁자 위에 두고서 방문객들에게 여러분의 신앙을 과시하는 것만으로는 충분하지 않다는 것을 여러분도 아주 잘 아실 것입니다. 또한, 성경책을 서가에 꽂아둔 채 오랫동안 사용하지 않아서 그 위에 먼지가 수북히 앉아 있게 하는 것만으로도 충분하지 않습니다. 그런 것은 성경을 지키는 것이 아니라 성경을 묻어두는 것입니다. 여러분은 성경을 묻어두어 질식시키고 있기 때문에, 성경은 여러분에게 결코 경고할 수가 없습니다. 여러분은 성경을 무시하고 욕되게 하고 있는 것이기 때문에, 성경을 지키는 것이 아닙니다. 여러분이 성경을 지키고자 한다면, 여러분은 성경을 존중하고 소중히 여기며 점점 더 성경과 친밀해져야 합니다. "하나님의 말씀이 너희 속에 풍성히 거하게 하라"(골 3:16).

하나님의 말씀을 지킨다는 것은 무엇보다도 먼저 그것을 진지하게 연구해서 그 내용들을 잘 알게 되는 것을 의미합니다. 여러분은 성경을 처음부터 끝까지 잘 알아야 합니다. 나는 오늘날 사람들이 성경을 거의 연구하지 않는 것을 우려합니다. 만일 사람들이 그 동안 하나님의 말씀을 부지런히 연구해 왔다면, 이렇게 너무도 많은 사람들이 성경의 가르침에서 떠나는 일이 일어나지 않았을 것입니다. 성경을 읽는 사람들이 현대 신학으로 가 버리는 일은 거의 없습니다. 하나님의 말씀을 먹고 사는 사람들은 거기에서 아주 많은 것들을 누리고 향유하기 때문에 그 말씀을 버리거나 떠날 수 없습니다. 그런 사람들은 영적인 일들을 영적인 것으로 분별해서(고전 2:13), 하나님의 모든 계시된 진리들이 얼마나 소중한지를 알기 때문에, 사도들이 전해준 신앙을 굳게 붙잡습니다. 사랑하는 청년들이여, 여러분이 소설책을 한 권도 읽지 않았더라도 그것은 여러분에게 전혀 손해가 되지 않을 것이지만, 만약 여러분이 성경을 읽지 않는다면, 여러분은 모든 것을 잃게 될 것입니다. 지금은 허구(fiction)의 시대이고, 따라서 사변(思辨)과 오류의 시대입니다. 하지만 여러분은 허구에서 떠나서 온전히 하나님의 진리에 여러분 자신을 드리십시오. 좋은 것을 먹고, 양식 아닌 것에 여러분의 돈을 허비하지 마십시오. 성경은 하늘의 지식의 보고(寶庫)이고 신령한 학문의 백과사전입니다. 성경을 읽고 표시하고 배우고 소화시키십시오. 그러면 여러분은 어느샌가 하나님의 말씀들을 지키고 있 는 자신의 모습을 보게 될 것입니다.

그러나 우리는 그런 것 이상으로 나아감이 없이는 하나님의 말씀들을 지킬 수 없기 때문에, 그 말씀들을 방어하는 일에 열심을 내야 합니다. 우리 각자가 하나님으로부터 "너희가 내 말을 지켰으니"라는 말씀을 듣게 되기를 빕니다. 다른 사람들이 하나님의 진리를 부정하는 것을 볼 때, 여러분은 더욱더 굳게 하나님의 진리를 붙드십시오. 사람들이 하나님의 진리가 옳지 않다는 논리를 펼치면, 여러분은 여러분 속에 있는 소망의 이유를 온유하고 근신하는 마음으로 당당하게 제시하십시오. 오늘날 믿음을 군게 지키는 것은 쉬운 일이 아닙니다. 왜냐히면, 불신앙을 향해 달려가는 풍조가 격류처럼 강해서, 많은 사람들이 그 격류에 휩쓸려서 오류의 폭포로 떠내려가고 있기 때문입니다. 하나님께서 여러분을 도우셔서, 여러분이 「천로역정」에서 순례자들이 허영의 시장에서 "우리는 진리를 삽니다!"라고 말했던 것처럼 그렇게 말할 수 있게 되기를 빕니다. 어떤 대가를 치르고라도 하나님의 진리를 사시고, 억만금을 준다고 해도 그 진리를 팔지 마십시오. 여러분은 하나님의 진리를 여러분의 목숨보다 더 소중히 여겨야 합니다. 왜냐하면, 우리나라의 순교자들과 스코틀랜드의 맹약자들(the Covenanters of Scotland)이 그렇게 하였고, 우리는 그들의 발자취를 따라야 하기 때문입니다. 그들은 자신들의 목이 잘리는 것은 아랑곳하지 않고, 오직 그들의 왕 예수와 그의 말씀들에 모든 것을 걸었습니다. 사랑하는 여러분, 하나님의 진리에 충성하기 위해서 자신의 형제들로부터 잠시 멸시와 오해와 소외를 당한 사람은 결국에는 행복하게 될 것입니다. 어떤 일이 있어도, 진리 편에 서는 사람은 결국에는 결코 손해 보거나 패배하는 자가 되지 않을 것입니다. 오늘날 루터 같은 사람들이 더 많이 나왔으면 좋겠습니다. 우리에게는 그런 사람들이 필요합니다. 오류에 굴종하는 사람들은 널려 있습니다. 우리가 믿었던 사람들조차도 주님을 배신했습니다.

그러나 이것이 전부가 아닙니다. 우리는 훨씬 더 앞으로 나아가서, 하나님의 법을 세심하게 지켜야 합니다. 우리가 하나님의 말씀을 우리의 삶 속에서 실천하지 않는다면, 우리는 하나님의 말씀을 지켰다고 할 수 없습니다. 우리가 하나님의 계명들을 알면서도 거기에 순종하지 않는다면, 우리는 우리의 죄를 더할 뿐입니다. 우리가 하나님의 진리를 알고서 그것에 대하여 말하면서도 그 진리를 따라 사는 것을 주저한다면, 우리의 정체는 도대체 무엇입니까? 이것은 하나님의 말씀을 지키는 것이 아니라, 하나님의 진리를 불의함 가운데에 붙들어 두는 것입니다. 어떤 경우에는 이것은 고의적인 죄가 될 수 있습니다. 여러분이 아는 것은 많은데 실천하는 것은 적다면, 여러분은 고의적으로 죄를 범하고 있는 것은 아닌지 잘 살펴보아야 합니다. 우리는 주님이 "너희가 나를 사랑하면 나의 계명을 지키리라"(요 14:15)고 말씀하셨을 때에 거기에서 "지키다"라는 단어가 지닌 바로 그런 의미로 하나님의 말씀을 지켜야 합니다.

또다시, 그것만으로는 충분하지 않습니다. 우리는 하나님의 진리를 존중하고 소중히 여기는 가운데 연구하고, 열심을 내어 선전하며, 주의 깊게 실천하는 것을 통해서만이 아니라, 하나님의 진리를 사랑 가운데서 진심으로 붙들고 우리 마음 중심 속에서 소중히 여기는 것을 통해서도 그 진리를 지켜야 합니다. 여러분이 믿는 것을 지키고자 한다면, 여러분은 그것을 사랑해야 합니다. 하나님의 진리가 능력으로 여러분에게 다가온다면, 그 진리는 여러분을 낮추고 경책해서 용광로에서 나온 정금처럼 단련할 수 있을 것이지만, 거기에 더하여 여러분은 그 진리를 자신의 목숨처럼 사랑하게 될 것입니다. 하나님의 진리는 여러분의 귀에 음악 같을 것이고, 여러분의 혀에 꿀과 같을 것이며, 여러분의 지갑에 금과 같을 것이고, 여러분의 영혼에 천국과 같을 것입니다. 여러분 자신이 저 신실한 말씀과 혼연일체가 되어야 합니다. 갓 태어난 아기가 순전한 젖을 사모하듯이, 여러분이 제대로 자라려면 성령의 가르침을 사모하십시오. 하나님의 모든 말씀은 우리에게 양식이 되어서, 우리는 그 양식에 굶주려 있는 자 같아야 하고, 그 양식만이 우리를 배부르게 해주는 것이 되어야 합니다. 우리는 하나님의 말씀을 우리의 일용할 양식보다 훨씬 더 사랑해야 합니다. 하나님이 말씀하신 것들에 대하여 우리는 영원토록 활활 타오르는 사랑을 가져서, 파괴적인 비평이 홍수처럼 쏟아져도 결코 그 사랑을 끄거나 약화시킬 수 없어야 합니다.

그러나 본문은 "이것을 지킴으로 상이 크니이다"라고 말씀합니다. 여기에서 내가 순종하는 신자들에게 주어지는 큰 상에 대하여 말씀드리는 동안에, 여러분은 인내심을 가지고 나의 말을 들어주셔야 합니다. 많은 상이 있는데, 첫 번째 상은 마음의 큰 평안입니다. "주의 법을 사랑하는 자에게는 큰 평안이 있으니 그들에게 장애물이 없으리이다"(시 119:165). 어떤 사람이 하나님이 자기에게 명하신 일을 행하였을 때, 그 사람의 양심은 평안을 얻는데, 이것은 최고의 선물입니다. 나는 그 어떤 사람이 나의 대적이 되는 것보다도 내 양심이 나의 대적이 되는 것을 가장 견딜 수 없습니다. 성경에 "다윗의 마음이 찔려"(삼상 24:5)라는 말씀이 나옵니다. 그것은 거북스러운 공격이었습니다. 어떤 사람의 양심이 자신의 대적일 때, 그 사람은 어디에서 자신의 피난처를 구할 수 있겠습니까? 양심은 정곡을 찌르고, 그 상처는 깊습니다. 그러나 어떤 사람이 양심적으로 "나는 옳은 일을 했고, 진리를 붙들었으며, 내 하나님을 존귀하게 해드렸다"고 말할 수 있다면, 다른 사람들의 비난은 그에게 하찮은 일이 됩니다. 그런 경우에 여러분은 여러분이 한 일의 결과에 대하여 걱정할 필요가 없습니다. 왜냐하면, 설령 어떤 나쁜 결과가 나온다고 할지라도, 여러분은 하나님이 명하신 것을 행한 것뿐인 까닭에, 그 책임이 여러분에게 있지 않을 것이기 때문입니다. 하나님이 여러분에게 명하신 일을 했다면, 그 결과에 대한 책임은 하나님께 있고 여러분에게 있지 않습니다. 하늘이 곧 무너질 것 같다고 할지라도, 그 하늘을 거짓말로 떠받치는 것은 우리가 해야 할 일이 아닙니다. 하나님의 교회 전체가 완전히 무너질 위험에 처해 있다고 할지라도, 더러운 타협으로 교회의 무너짐을 막는 것은 우리가 해야 할 일이 아닙니다. 사람이 정직해서는 세상 사람들이 말하는 성공을 도저히 이룰 수 없는 상황 속에서는 여러분이 인생에서 성공하지 못했다고 할지라도, 그것은 여러분의 잘못이 아닙니다. 속임수를 써서 부자가 되는 것보다는 정직한 삶을 사느라고 가난한 것이 더 큰 성공이 될 것입니다. 하나님의 은혜로 말미암아 여러분이 하나님의 뜻을 행하였다면, 여러분의 평안은 강 같을 것이고, 여러분의 의(義)는 바다물결 같을 것입니다. 여러분은 이것보다 더 큰 상을 생각할 수 있겠습니까? 나는 생각해 낼 수가 없습니다. 평안한 양심은 작은 천국입니다. 어떤 순교자가 말뚝에 묶였고, 사형집행을 담당한 사람은 순교자가 자신의 소신을 굽히지 않아서 자기가 그에 대한 화형을 집행할 수밖에 없게 된 것을 유감스럽게 생각한다고 말하였답니다. 그러자 그 순교자가 이렇게 대답했답니다: "나는 전혀 괴롭지 않으니 당신도 괴로워하지 마십시오. 가까이 와서 당신의 손을 내 가슴에 대고, 내 심장이 얼마나 조용히 뛰는지 한 번 확인해 보십시오." 사형집행인이 그 요청대로 했고, 그의 말대로 그의 심장은 아주 조용히 뛰었습니다. 그 순교자가 다시 한 번 이렇게 말했답니다: "자, 그러면, 당신의 손을 당신의 심장에었고서, 당신이 나보다 더 괴로워하고 있다는 것을 확인해 보십시오. 그런 후에 당신이 할 일을 하시되, 나를 불쌍히 여기지 마시고 당신 자신을 불쌍히 여기십시오.” 우리가 옳은 일을 했다면, 그 직접적인 결과가 아무리 고통스럽다고 할지라도, 우리는 다른 사람의 동정을 받을 필요가 없습니다. 옳은 일을 하는 것이 형통하는 것보다 더 낫습니다. 하나님의 진리 가운데에 있는 심장의 박동소리가 한 집을 가득 채운 금은보화보다 더 큰 재물입니다. 속임수와 거짓으로 얻은 무수한 승리보다 진리 안에서 패하는 것이 더 큰 존귀입니다. 명성을 관장하는 여신이 여러분에게 앞으로 천 년 동안 그녀의 청동 나팔을 독점적으로 사용할 수 있는 권리를 준다고 해도, 그녀는 여러분이 하나님의 진리를 따라 옳은 일들을 행함으로써 얻게 될 존귀를 여러분에게 줄 수는 없습니다. 비록 여러분이 옳은 일들을 행하였다는 사실을 사람들이 전혀 모른다고 할지라도 말입니다. 하나님의 말씀을 지키는 것이 아무런 상을 가져다주지 않는다고 할지라도, 그 자체 속에 이미 큰 상이 들어 있습니다. 하나님으로부터 인정받는 것은 온 천하로부터 칭송을 받는 것보다 더 나은 것입니다. 바로 이것이 큰 상입니다.

두 번째로, 하나님을 아는 지식이 늘어간다는 것이 큰 상입니다. 그리스도의 뜻을 알고자 한다면, 그 뜻을 따라 행해 보십시오. 청년이 장사를 배우고자 할 때, 그는 직접 장사를 해봄으로써 장사를 배웁니다. 마찬가지로, 우리도 주님이 명하신 일들을 순종하여 행함으로써 주님이 가르치신 진리를 배웁니다. 하늘의 지혜의 해변가에 도달하고자 하는 사람은 그 곳으로 통해 있는 길을 직접 가야 합니다. 거룩함은 성경을 알게 해주는 왕도입니다. 우리는 행하는 만큼 알게 됩니다. “사람이 하나님의 뜻을 행하려 하면 이 교훈이 하나님께로부터 왔는지 내가 스스로 말함인지 알리라”(요 7:17). 여러분이 책상머리에 앉아서 하나님의 가르침을 곰곰이 생각한다고 해서, 그 가르침을 깨달을 수 있는 것은 아닙니다. 여러분이 하나님의 가르침을 몇 번이고 들추어보고 박학다식한 신학자들의 글도 참조한다고 해도, 그 가르침을 깨달을 수 없습니다. 하나님께 순종적이 되어서, 하나님의 뜻을 행하고자 하는 간절한 마음을 주시라고 기도하십시오. 그 정도로도 여러분은 이미 하나님의 가르침을 받을 수 있는 역량을 상당히 키운 것이고, 새로운 빛을 받아서 눈이 조금 열리게 된 것입니다. 그런 상태에서 여러분은 지루하고 따분한 연구가 아니라 거룩한 실천을 통해서 더 많은 것을 배우게 될 것입니다. 하나님은 우리를 도우셔서 우리로 하여금 계속해서 하나님을 알아가게 하십니다. 왜냐하면, 그럴 때에 우리는 하나님을 알게 될 것이기 때문입니다. 실천은 완전함을 만듭니다. 순종은 가장 좋은 학교이고, 사랑은 가장 유능한 선생입니다. 사람의 지식을 뛰어넘는 그리스도의 사랑을 아는 것은 믿는 자들에게 주어지는 은혜의 선물입니다. 이것이 큰 상이 아니고 무엇이겠습니까?

세 번째로, 우리는 하나님의 계명들을 지킴으로써 더욱더 그리스도를 닮아가고 하나님과 더 깊은 사귐을 갖게 됩니다. 그리스도께서 하셨던 대로 행하는 사람은 그리스도를 닮게 됩니다. 왜냐하면, 우리가 그리스도를 닮는 것은 도덕적이고 영적인 것이기 때문입니다. 우리가 하나님의 뜻에 순종해서 그리스도께서 하셨던 대로 행하여 그의 형상을 닮게 되면, 그리스도께서 늘 하나님이 기뻐하시는 일들을 행하여 하나님과의 끊임없는 사귐 가운데에서 살아가셨던 것과 마찬가지로, 우리도 빛 가운데에 계신 하나님처럼 빛 기운데서 행히게 됩니다. 여러분이 죄 가운데서 행한다면, 여러분은 하나님과 동행할 수 없습니다. 여러분이 순종하는 삶을 살게 된다면, 모든 구름이 다 걷히고, 여러분의 빛이 점점 더 밝아져서 대낮처럼 빛나게 될 것입니다. 여러분이 죄를 짓는 삶을 살아서 하나님과의 사귐에서 멀어지거나, 하나님과의 사귐이 있는 삶을 살아서 죄 짓는 것에서 멀어지거나, 여러분의 삶은 이 둘 중의 하나일 수밖에 없습니다. 여러분이 죄를 멀리하고 하나님께 순종하는 삶을 산다면, 여러분은 하늘에 속한 자들의 형상을 지니게 될 것이고, 날마다 하늘에 속한 자들과 사귐이 있게 될 것입니다.

다음으로, 네 번째 큰 상은 기도에서 힘을 얻게 된다는 것입니다. 예수께서는 "너희가 내 안에 거하고 내 말이 너희 안에 거하면 무엇이든지 원하는 대로 구하라 그리하면 이루리라"(요 15:7)고 말씀하셨습니다. 요한복음을 읽어 보면, 여러분은 신자들의 경우에 있어서 기도 응답이 온전한 순종에 달려 있다는 것을 자주 보게 될 것입니다. 여러분이 하나님의 말씀을 듣지 않는다면, 하나님도 여러분의 말을 결코 들어주지 않으실 것입니다. 어떤 사람들은 자기들의 말이 하나님께 먹히지 않는다고 불평합니다. 그렇다면, 하나님의 말씀은 그들에게 얼마나 먹히고 있습니까? 여러분의 삶이 잘못되어 있다는 것이 문제인 것을 알아서, 여러분의 기도가 응답되지 않는 것을 이상하게 여기는 것을 그치십시오. 아래층에서 하나님의 뜻에 순종하지 않는 삶을 사는 것은 위층에서 드리는 기도가 무익하다는 것을 보여주는 것입니다. 사실은 과연 기도라는 것이 드려지기는 했는지조차 의심스러운 일이지만 말입니다. 여러분이 일터에서 하나님의 말씀에 귀를 기울이지 않았다면, 하나님은 골방에서 드려지는 여러분의 기도에 귀를 기울이지 않으실 것입니다. 여러분이 세상 사람들처럼 산다면, 하나님은 가인을 대하듯이 여러분을 대하실 것인데, 가인의 후손들은 하나님의 돌보심을 받지 못하였습니다. 여러분이 자신의 공적인 삶 속에서 하나님의 인정을 받지 못하고 있다면, 여러분의 사적인 기도의 응답이 미미한 것에 대하여 이상하게 여기지 마십시오. 하나님, 성령으로 말미암아 우리로 하여금 일상의 삶 속에서 거룩하게 하셔서, 예수 그리스도를 의지하여 하나님 앞에 나아갈 수 있게 해주시고, 우리의 간구가 예수 그리스도 안에서 열납되게 하옵소서!

다섯 번째로, 또 하나의 큰 상은 체질화된 거룩함입니다. 하나님의 은혜로 말미암아 하나님의 도를 오랫동안 지켜온 사람은 순종이 체질화되어 있는 까닭에 그렇게 하는 것이 수월하다는 것을 발견하게 됩니다. 모든 일이 처음에는 어렵지만, 계속해 나갈수록 점점 더 쉬워지는 법입니다. 나는 거룩하게 되는 것이 우리에게 쉬운 일이라고 말하는 것이 아닙니다. 거룩하게 되는 것은 언제나 고된 일이고, 우리는 늘 성령의 도우심을 받아야 합니다. 그러나 순종이 체질화된 사람이 끊임없이 반역을 행하며 살아온 사람보다 하나님께 순종하는 것이 훨씬 더 쉽다는 것도 사실입니다. 여러분이 믿음을 가지고 있다면, 여러분은 곧 지금 가지고 있는 믿음의 필연적인 결과로서 더 많은 믿음을 갖게 될 것입니다. 여러분이 많이 기도한다면, 여러분은 곧 더 많이 기도하게 될 것입니다. 여러분이 그렇게 되는 것은 거의 필연적인 일입니다. 하나님은 신자들을 인생이라는 철로 위에 두셨기 때문에, 그들은 자동차들처럼 길 위를 달리는 것이 아니라, 궤도를 따라 굴러가는 까닭에, 하나님의 도를 지킬 수 있게 됩니다. 이따금씩 그 궤도 위에 돌이 있어서 심하게 덜컥거리는 일들이 있기도 하지만, 그들은 죄를 짓지 않고서 일직선으로 놓여 있는 궤도를 따라 목적지까지 안전하게 도달합니다. 이것은 하나님의 은혜로 말미암은 큰 상입니다. 여러분이 순종한다면, 여러분은 더 많이 순종할 수 있게 되는 상을 받게 됩니다. 부지런하고 성실한 일꾼이 자신의 일에 노련한 자가 되는 것과 마찬가지로, 여러분은 거룩함에 있어서 점점 능숙한 자들이 되어갈 것입니다. 거룩함이 우리의 제2의 천성이 되어 있고, 기도가 숨쉬는 것만큼이나 체질화되어 있으며, 찬송이 우리의 심장 박동만큼이나 지속적으로 드려지게 되었다면, 그것은 얼마나 큰 기쁨이겠습니까! 죄를 미워하는 것이 저절로 우리 마음속에서 일어나고, 가장 선한 일들을 행하고자 하는 소원이 우리 영혼의 체질이 되기를 빕니다. 나는 하나님이 그의 은혜로 우리에게 주시는 상 중에서 이 체질화된 거룩함보다 더 큰 상을 알지 못합니다.

여섯 번째로, 다음으로 따라오는 큰 상은 다른 사람들에게 유익한 사람이 된다는 것입니다. 하나님의 계명들을 지키는 사람은 다른 사람들이 본받을 수 있는 모범이 되고, 다른 사람들로 하여금 그를 본받지 않을 수 없게 만드는 영향력을 행사하게 됩니다. 여러분은 많은 그리스도인들이 스스로 불순종하기 때문에 영적으로 자녀가 없는 것이라고 생각하지 않습니까? 우리 자신이 하나님에게서 멀어져 있다면, 어떻게 하나님이 우리를 통해서 다른 사람들을 자기에게로 이끄실 수 있으시겠습니까? 다른 사람들로 하여금 하나님의 복에 참여하게 하려면, 먼저 우리 자신이 하나님의 복을 받은 자가 되어야 합니다. 그리스도인들의 모임에서 가장(假裝)된 열심을 무지런히 내보이고시는, 그런 열심이 다른 사람들 속에 하나님의 참된 은혜의 역사(役事)를 일으킬 수 있을 것이라고 생각한다면, 그것은 오산입니다. 가장된 열심은 신앙을 가장하는 사람들을 만들어 낼 뿐이고, 그 이상은 할 수 없습니다. 어떤 사람 속에 없는 것이 그 사람에게서 나올 수는 없고, 그 사람 속에 어떤 것이 있다면, 그것은 그 사람의 가르침에서만이 아니라 그 사람의 삶 속에서도 드러나게 될 것입니다. 내가 가르친 대로 스스로 살지 않는다면, 나의 가르침은 살아 있는 가르침이 될 수 없습니다. 가르치는 재능은 아주 뛰어난데 진정한 회심이 없는 사람들이 가르치면, 사람들은 그 가르침을 통해서 변화 받을 수 없습니다. 왜냐하면, 가르치는 그들의 삶 속에조차 거룩함이나 참된 영성이나 하나님과의 사귐이 없기 때문입니다. 대단한 은사들을 지니고 있긴 하지만 거기에 걸맞은 하나님의 은혜가 없는 그리스도인들은 아무리 애를 쓰고 수고를 한다고 해도 열매를 거둘 수 없습니다. 그들이 그런 노력과 수고를 자신의 거룩함을 위해서 사용하면 참으로 좋으련만! 거룩함이 분명하게 드러나는 곳에서는 사람들을 위한 더 큰 유익이 있게 될 것입니다.

끝으로, 우리는 하나님의 은혜에 영광을 돌려드리는 큰 상을 얻게 됩니다. 우리가 거룩하게 된다면, 사람들은 우리의 선한 행실을 보고서 하늘에 계신 우리 아버지께 영광을 돌리게 될 것입니다. 이것은 바로 우리의 존재 목적이고, 인생의 꽃이자 열매가 아니겠습니까? 그러므로 여러분은 겸손히 정성을 다해서 하나님과 동행함으로써 여러분을 통해서 하나님이 영광을 받으시게 하기를 부탁드립니다.

말씀을 마치기 전에 마지막으로 두 가지만 더 말씀드리고자 합니다. 첫 번째는 하나님의 말씀이 성령의 감동으로 되었다는 사실을 우리가 견고하고 끈질기게 필사적으로 붙들어야 한다는 것입니다. 하나님의 말씀이 성령의 감동으로 되지도 않았고 오류가 없는 것도 아니라면, 하나님의 말씀은 우리에게 경고를 해주는 데에 아무런 쓸모가 없을 것입니다. 하나님의 말씀에 의한 경고가 이리가 나타나지도 않았는데 장난삼아서 "이리다!"라고 소리치는 것과 같다면, 그런 경고는 쓸모가 없습니다. 철로에서의 모든 것은 신호의 정확성에 달려 있습니다. 그 신호가 잘못되었을 때에는 많은 사람들이 희생되고 맙니다. 천국으로 가는 길에서도 우리는 오류가 없는 신호를 필요로 합니다. 만약 그 신호에 오류가 있다면, 그 재앙은 철도 신호가 잘못되었을 때보다도 훨씬 더 끔찍할 것입니다. 우리 자신을 올바르게 해서 삶이라는 기차를 제대로 운전하는 것만도 무척 어려운 일인데, 거기에다 성경을 올바르게 해석해서 천국으로 가는 길의 신호들을 제대로 읽어 내기까지 해야 한다면, 우리는 정말 극심한 곤경에 처하게 될 것입니다. 빨간 신호와 녹색 신호가 틀린 것일 수도 있다면, 그런 잘못된 신호들은 있으나마나 한 것입니다. 우리에게는 견고하고 확실한 것이 필요합니다. 그렇지 않다면, 우리가 설 토대는 없는 것이 아니겠습니까? 아무것도 확실하지 않다면, 우리의 지레받침대는 없는 것이 아니겠습니까? 우리가 은연중에라도 성경을 신뢰할 수 없다면, 우리는 성경을 불태워 버리는 것이 좋습니다. 왜냐하면, 그런 성경은 우리에게 아무 소용도 없을 것이기 때문입니다. 성경이 하나님의 감동으로 된 것이 아니라면, 성경은 우리에게 경고하거나 순종을 명할 수 있는 권세를 지닐 수 없습니다. 사랑하는 여러분, 다른 사람들이 자기 멋대로 뭐라고 말하든지, 나는 이 자리에서 단호하게 이렇게 증언하고자 합니다: "여호와의 증거는 확실하여 우둔한 자를 지혜롭게 하며"(시 19:7).

성경이 하나님의 감동으로 된 것이라는 진리를 여러분이 굳게 붙잡는다면, 나는 하나님께서 여러분에게 성경이 하나님의 감동으로 된 것임을 증명해 주시기를 빕니다. 성경의 온유하지만 확실한 효력을 가져다주는 경고는 성경이 하나님의 감동으로 되었다는 진리를 여러분에게 증명해 줄 것입니다. 이 보배로운 책은 내게 시험이 올 때에 무수히 나를 끌어다가 제자리에 갖다 놓아 주었습니다. 만일 그렇지 않았다면, 나는 계속해서 죄를 지어 왔을 것입니다. 어떤 때는 나는 성경이 나로 하여금 악을 피하거나 선을 구하도록 내 발을 움직일 때까지 하염없이 앉아 있어야 했습니다. 내게 성경은 내가 누구의 음성을 소중히 여기는지를 알려주는 탐지기 역할을 합니다. 성경에는 다른 그 어떤 것 속에도 없는 능력이 있습니다. 나는 성경이 최고의 시가(詩歌)이든 최신의 학문이든 개의치 않습니다. 각 사람은 하나님의 말씀의 능력에 순복해야 합니다. 하나님의 성령의 능력만큼 사람의 영혼에 작용하는 것은 그 어떤 것도 없습니다. 성경은 나라는 존재의 가장 깊은 샘을 건드려서, 생명수가 터져 나오게 만들 수 있습니다. 하나님의 말씀은 하나님의 크신 능력이고, 여러분은 자신에게 임한 하나님의 말씀의 능력을 통해서 그것이 사실이라는 것을 알아야 합니다. 어떤 사람이 "나는 성경을 믿을 수 없어"라고 말하자, 또 다른 사람이 "나는 성경을 믿지 않을 수가 없어"라고 대답했답니다. "당신은 어째서 성경을 믿느냐?"라는 물음에, 그 사람은 "나는 성경의 저자를 알고 있고, 그분이 참되시다는 것을 확신하기 때문이지"라고 대답했답니다. 바로 그것이 핵심입니다. 우리가 저자를 안다면, 우리는 그의 증언이 참되다는 것도 압니다. 그의 증언이 참되다는 것을 안다면, 우리는 그의 경고를 받아들이고 그의 명령을 따르는 것이 마땅한 일입니다. 하나님께서 우리 안에서 역사하셔서 우리로 하여금 하나님의 선하시고 기뻐하시는 뜻을 따라 행하고자 하는 마음과 실제로 행할 수 있는 힘을 주시기를 빕니다. 그럴 때에 성경은 우리 눈에 더욱더 보배로워 보이게 될 것이고, 성경이 보배로운 것이라는 이러한 깨달음은 우리가 하나님의 계명들을 지킬 때에 우리에게 주어지는 상들 중의 하나가 될 것입니다. 이런 상이 그리스도 예수로 말미암아 여러분에게 주어지기를 빕니다. 아멘.

제
18
장

—

고의적인 죄들

—

"또 주의 종에게 고의로 죄를 짓지 말게 하사" — 시 19:13

모든 죄가 다 큰 죄이기는 하지만, 어떤 죄들은 다른 죄들보다 더 큰 죄입니다. 모든 죄 속에는 반역의 독(毒)이 있고, 모든 죄는 하나님을 배신하고 배척하는 것으로 똘똘 뭉쳐 있습니다. 그러나 죄들 중에서도 그 핵심적인 악(惡)인 반역이 더 강력하게 발달되어 있고, 지존자를 무시하고 반항하는 뻔뻔스러운 교만함이 더 크게 드러나 있는 죄들이 있습니다. 우리는 어차피 죄인이기 때문에 어떤 죄를 짓든 마찬가지이고, 특별히 어떤 죄가 다른 죄보다 더 큰 것은 아니라고 생각한다면, 그것은 오산입니다. 사실을 말하자면, 어떤 죄를 짓든지 그것은 대단히 중대한 범죄 행위이기는 하지만, 다른 죄들보다도 그 죄성(罪性)의 색깔이 훨씬 더 검고 그 죄질의 색깔이 갑절로 더 붉은 죄들이 있다는 것입니다. 본문에서 언급된 고의로 지은 죄들은 모든 죄들 중에서 가장 으뜸이 되는 죄들로서 죄악들의 목록에서 가장 앞에 나오는 선순위의 죄들입니다. 유대인들의 율법에서는 온갖 종류의 죄를 위한 속죄 제사가 마련되어 있었지만, 유독 한 가지 예외가 있었다는 것은 주목할 만합니다: "그러나 고의로 죄를 지은 자는 속죄함이 없으리니 그가 내 백성 가운데서 끊어지리라." 우리의 찬송 받으실 주님의 희생제사로 말미암아 시작된 복음 아래에서는 고의로 지은 죄들을 위한 크고 보배로운 속죄제사가 있어서, 그런 식으로 죄를 지은 죄인들도 깨끗함을 받을 수 있게 되었습니다. 그렇지만 고의로 죄를 지은 죄인들이 죄 사함을 받지 못한 채로 죽는다면, 하나님의 진노를 갑절로 받게 되고, 악인들을 위해 준비된 저 지옥에서 이루 말할 수 없이 고통스러운 영원한 형벌의 고통을 갑절로 받게 되리라는 것은 의심의 여지가 없습니다.

이 아침에 나는 무엇보다도 먼저 고의로 짓는 죄들을 설명하는 데에 힘을 쏟고자 합니다. 다음으로, 나는 내가 할 수 있는 한에서 몇 가지 예화들을 통해서 고의적인 죄들이 그 밖의 다른 죄들보다 더 흉악한 이유를 보여드리고자 합니다. 그런 후에 세 번째로, 나는 저 경건한 인물이었던 다윗의 기도를 여러분의 마음속에 각인시키려고 애쓸 것입니다: "주의 종에게 고의로 죄를 짓지 말게 하사."

1. 첫째로, 무엇을 고의적인 죄라고 하는 것입니까?

나는 어떤 죄가 고의적인 죄가 되려면 그 죄가 다음 네 가지 중에서 적어도 하나에 해당되어야 한다고 생각합니다. 즉, 어떤 죄가 고의적인 죄이려면, 그것은 양심이나 진리로부터 온 빛과 지식을 거슬러 범한 죄이거나, 의도성을 지니고서 범한 죄이거나, 오로지 죄를 짓기 위한 목적으로 죄를 짓고자 하는 의도를 지니고서 범한 죄이거나, 사람이 경솔하게 자신의 힘을 과신하고서 뻔뻔스럽게 범한 죄이어야 합니다. 그러면, 이 네 가지를 차례차례 살펴보도록 하겠습니다.

1) 양심이나 진리로부터 온 명백한 빛과 진리를 거슬러서 의도적으로 범한 죄는 고의적인 죄입니다. 무지(無知)가 의도적인 것인 경우에는 그러한 무지로 인한 죄는 고의적인 죄이기 때문에, 그런 경우를 제외한다면, 무지로 인한 죄는 고의적인 죄가 아닙니다. 어떤 사람이 잘 알지 못해서, 즉 율법을 알지 못했거나, 또는 가르침이나 책망이나 권면이나 훈계를 받지 못해서 죄를 지은 것일 때에는, 우리는 그 사람이 지은 죄는 고의적인 죄의 요소가 별로 없다고 말합니다. 그러나 어떤 사람이 잘 알면서도, 자신에게 비쳐진 빛과 자기가 알고 있는 지식을 정면으로 거슬러서 죄를 지었을 때, 그 사람은 고의적인 죄를 지었다는 이 치욕적인 낙인을 받을 만합니다. 우리는 잠깐 이것에 대해서 좀 더 살펴봅시다. 양심은 흔히 사람들에게 내면의 빛이 되어서, 어떤 행위들을 죄악된 것들로 규정하고서 행하지 말라고 경고합니다. 그런 경우에 내가 양심을 거슬러서 죄를 짓는다면, 비록 내게 양심의 빛보다 더 분명한 빛이 없었다고 할지라도, 내가 지은 죄는 고의적인 죄가 되고 맙니다. 왜냐하면, 나는 대담하게도 내 마음속에서 들려오는 하나님의 음성, 즉 하나님의 빛을 받은 양심의 음성을 거스르고 무시하면서까지

그 죄를 범한 것이기 때문입니다. 청년들이여, 여러분이 전에 어떤 행위를 하고자 하는 유혹을 받았을 때를 떠올려 보십시오(여러분은 바로 어제 그런 유혹을 받았을지도 모릅니다). 당신이 유혹을 받은 바로 그 순간에 양심은 "그 행위는 악한 거야, 그것은 죄야"라고 말했습니다. 양심은 당신의 마음속에서 큰일 났다고 소리를 지르며, 당신이 행하고자 하는 행위가 하나님 앞에서 가증스러운 일이라고 당신에게 말해 주었습니다. 그런데 당신의 친구는 양심의 경고를 받지 못한 채로 당신이 범했던 것과 동일한 죄를 지었다고 합시다. 그 친구는 분명히 죄를 지었고, 따라서 그 죄책(罪責)은 구주의 피로 씻음을 받을 필요가 있습니다. 그러나 당신이 지은 죄와 그 친구가 지은 죄는 엄연히 다릅니다. 왜냐하면, 당신은 양심의 경고를 받았고, 그 친구는 그렇지 않았기 때문입니다. 당신의 양심은 그 행위가 위험하다는 것과 그 일을 행하면 벌을 받게 되리라는 것을 당신에게 경고해 주었습니다. 그럼에도 불구하고, 당신은 대담하게도 하나님을 거슬러서 잘못된 길로 가야겠다고 결심했고 실제로 그 결심을 실행에 옮겼습니다. 그러므로 당신은 고의적으로 죄를 지은 것입니다! 당신은 그렇게 함으로써 아주 중대한 죄를 지었습니다. 어떤 사람이 당신이 말한 것을 따라 행하다 보니 범죄한 것이라면, 그 사람은 경고를 받지 못한 채로 죄를 범하게 된 것입니다. 그러나 엄연히 자기 코앞에 경고가 있는데도, 그가 알면서도 의도적으로 죄를 지은 것이라면, 그 사람은 고의적으로 범죄한 것이기 때문에, 거기에 상응하는 중한 벌을 받게 될 것입니다. 만일 당신의 양심의 빛이 희미하여서 당신이 잘 알지 못한 것이었다면, 당신이 지은 죄에 대한 죄책은 훨씬 줄어들었을 것입니다. 그러나 당신은 양심을 거슬러서 범죄하여 고의적으로 죄를 지은 것이기 때문에, 그 죄책은 훨씬 커지게 된 것입니다.

그런데 하물며 사람이 양심의 빛만이 아니라 친구들의 권면과 자기가 존경하는 지혜로운 사람들의 조언까지 다 무시하고서 죄를 지었다면, 그 죄는 얼마나 큰 죄가 되겠습니까! 내가 단 하나의 통제, 즉 하나님의 빛을 받은 나의 양심의 통제를 거슬러서 죄를 지어도, 그것은 고의적인 죄가 됩니다. 그런데 어머니가 내게 그 죄의 결과가 어떠할지를 얘기해 주며 눈물을 흘리며 말리고, 아버지가 깊은 사랑 속에서 단호하고도 엄한 태도로 내가 그 죄를 범하는 경우에 나의 운명이 어떻게 될지를 얘기해 주며, 사랑하는 친구들이 내게 악인의 길을 피하라고 권면하면서, 계속해서 그 길에 머물 때에 그 필연적인 결과가 무엇일지를 내게 경고해 주는 데도, 내가 기어코 그 죄를 저질러 버리고 만다면, 나는 고의적인 죄를 지은 것이고, 나의 죄책은 거기에 비례해서 더 무거워질 것입니다. 본성의 빛을 거슬러서 범죄한 것만 해도 나는 고의적인 죄를 범한 것인데, 거기에다 애정 어린 충고와 권면으로부터 온 빛까지도 내가 무시했을 때에 그 죄의 고의성은 얼마나 더 무거워지겠습니까! 그렇게 함으로써 나는 내 머리 위에 갑절로 커진 하나님의 진노를 불러들인 것입니다. 그리고 거기에다 신앙 교육이라고 하는 것까지 받은 사람이 죄를 범한 것이라면, 그 죄가 얼마나 더 무겁겠습니까! 그 사람은 어릴 때부터 성소의 등불이 켜진 침대에서 잠을 잤으며, 예수의 이름이 들어 있는 자장가를 들으며 잠들었고, 아침에는 성소의 음악인 찬송가를 들으며 잠에서 깨어났습니다. 그는 경건한 무릎을 베고 평안하게 자라났고, 경건한 젖을 먹고 컸으며, 어떤 길로 행하여야 마땅한지에 대하여 훈유을 받았습니다. 그런 사람이 지은 죄는, 그런 교육과 양육을 받지 못해서 신앙 교육으로 인한 빛과, 양심에 의한 빛의 통제 없이 자신의 정욕과 쾌락을 따라 자기 멋대로 살아온 사람들이 지은 죄보다 얼마나 더 크고 무겁겠습니까!

그런데 나의 친구들이여, 거기에서 그치지 않고, 그렇게 범해진 죄보다 더 악한 죄가 있을 수 있습니다. 즉, 사람이 하나님의 음성을 통해서 아주 구체적으로 경고를 받았는 데도 불구하고 그 경고를 무시하고 죄를 범했다면, 그 죄는 한층 더 큰 고의적인 죄가 됩니다. 아마도 여러분은 나에게 도대체 무슨 말씀을 하시는 것이냐고 물을 것입니다. 내 말의 의미는 이런 것입니다. 당신이 바로 어제 당신의 이웃에 사는 아주 건강한 남자가 갑자기 죽어서 무덤에 묻히는 것을 보았다고 합시다. 당신이 전에 잘 알고 사랑했던 어떤 사람이 하나님을 믿는 것을 미루고 미루다가 결국 믿음을 갖지 못하고 죽었고, 그 사람을 위한 조종(弔鐘)이 울리는 것을 당신이 들은 것이 불과 한 달 전이었다고 합시다. 당신은 당신이 살고 있는 바로 그 거리에서 이상한 일들이 일어나는 것을 목격하였고, 죽음의 사자의 입술을 통해서 하나님의 음성이 크게 울려 퍼지는 것을 들은 것입니다. 또한, 당신은 자신의 몸을 통해서도 하나님의 경고들을 들었습니다. 당신은 열병을 앓는 중에 무덤의 문턱까지 가서 저 밑도 끝도 없는 멸망의 구덩이를 들여다보았습니다. 당신은 얼마 안 있어서 죽을 목숨이었습니다. 당신의 호흡이 곧 끊어질 것이기 때문에 관을 준비해야 한다고 누구나 다 말했습니다. 그때에 당신은 얼굴을 벽으로 향하고 기도하면서, 하나님이 당신을 살려주시면 당신은 자신의 죄를 회개하고 선한 삶을 살겠다고 서원하였습니다. 그런데 어찌 된 일인지, 당신은 지금 이전과 달라진 것이 없습니다. 아니, 솔직히 말한다면, 당신이 지금 짓고 있는 죄는 다른 그 어떤 사람의 죄보다 더 무겁습니다. 당신은 사람이 고의(故意)라고 할 수 있는 것 중에서 가장 높은 수준에서 고의적으로 죄를 지어 왔습니다. 당신은 하나님의 경책(警責)들을 무시하고 죄를 지어 왔습니다. 그런데 더 심각한 것은 당신이 당신 자신의 엄숙한 서원과 맹세들, 그리고 당신이 하나님께 한 약속들을 무시하고서 죄를 지어 왔다는 것입니다. 불장난을 하는 사람은 부주의하다는 비난을 받는 것이 마땅하지만, 전에 불장난을 하다가 화상(火傷)을 입은 적이 있는 사람이 또다시 불장난을 한다면, 그것은 부주의한 것보다 더 악한 것입니다. 불길에 그을러서 자신의 머리카락이 온통 푸석푸석해져 버린 사람이 또다시 불 속으로 뛰어든다면, 그는 부주의한 것보다 더한 사람이고 고의적인 것보다 더한 사람이기 때문에, 나는 그가 미쳤다고 말할 수밖에 없습니다. 그러나 그런 사람들이 이 자리에도 있습니다. 그들은 아주 끔찍한 경고들을 받아 왔기 때문에, 누구보다도 자기가 어떻게 살고 있는 것인지를 잘 알고 있습니다. 그들은 정욕을 따라 자신의 몸을 어둠 속으로 밀어 넣는 삶을 살다가, 오늘 슬그머니 이 성전으로 와서, 자기 옆에 앉아 있는 사람에게 자기가 얼마나 더럽고 추한 삶을 살고 있는지를 전혀 내색하지 않고 시치미를 뚝 떼고 이 자리에 앉아 있습니다. 그들은 이 성전을 떠나기가 무섭게 또다시 그 같은 정욕에 자신의 몸을 내맡길 것입니다. 자기 몸에 차꼬를 채워서 내 발로 감옥으로 걸어들어 가는 것은 바보만이 하는 짓이고, 자기가 다칠 줄을 알면서도 칼을 핥는 것은 어리석은 양들만이 하는 짓입니다. 여러분이 경고와 충고를 무시하고서 계속해서 정욕을 따라 죄 가운데에 머문다면, 여러분은 죄 가운데서 죽게 될 것입니다. 그것은 어른들인 여러분이 아이들만도 못한 짓을 하는 것입니다. 아이들은 겨울에 얼은 연못에서 썰매를 타며 놀고 싶어도 얼음이 옅게 얼어서 위험하다는 말을 들으면 겁을 집어먹고 연못으로 들어가지 않습니다. 또한, 아이들은 한 번 시험 삼아서 얼은 연못 위로 살살 걸어가다가도 얼음이 금가는 소리가 들리면 얼른 뒤돌아서 나와 버립니다. 그런데 어른들인 여러분은 죄가 악하다는 것과 죄가 파멸을 가져다주리라는 것을 양심으로 듣습니다. 여러분은 여러분의 발 아래에서 죄로 인한 쾌락이라는 엷은 얼음판이 금 가는 소리를 듣습니다. 그러니까, 여러분은 여러분의 친구가 홍수에 휩쓸려 실종된 것을 보았습니다. 그런데도 여러분은 계속해서 죄의 얼음판 위에서 썰매를 탑니다. 당신의 영원한 운명을 결정 짓게 될 일들을 가지고 이런 식으로 의도적으로 장난하는 것은 아이들만도 못한 것이고 미친 것보다 더한 것입니다. 사람들이 이 정도로 고의적인 죄를 범하는 것을 볼 때, 그것은 얼마나 끔찍하고 얼마나 소름끼치는 것인지 모릅니다! 우리 가 "주의 종에게 고의로 죄를 짓지 말게" 해주시라고 부르짖을 수 있게 되기를 빕니다.

  2) 고의적인 죄의 두 번째 특징은 고의성(故意性)입니다. 사람은 순간적으로 격해지고 화가 나서 거친 말을 했다가 조금 후에 진심으로 후회하고 회개할 수 있습니다. 사람은 아주 급한 성미를 타고나서 조금만 자극을 받아도 즉시 불 같 이 화를 낼 수 있습니다. 그러나 사람은 그런 단점을 상쇄시킬 수 있는 기질도 갖 고 있어서, 아주 신속하게 용서하고 금방 화가 가라앉을 수 있습니다. 이렇게 순 간적으로 일어난 화를 못 이겨서 죄를 범한 사람은 고의로 죄를 지은 것이 아닙 니다. 물론, 그가 자신의 그런 성미를 고쳐서 화를 참고자 하는 노력을 하지 않는 다면, 의심할 여지 없이 그의 죄 속에는 고의성이 들어 있게 됩니다. 또한, 순간 적으로 시험을 받아서 예기치 않게 죄를 짓게 되었더라도, 그것이 상습적인 것 이 아니라 일시적으로 강력한 시험으로 인해 그렇게 된 것이라면, 그것이 죄인 것은 분명하지만, 그가 고의적인 죄를 범한 것은 아닙니다. 왜냐하면, 그는 자기 도 알지 못하는 사이에 그물에 잡힌 것이고 덫에 걸린 것이기 때문입니다. 그러 나 의도적으로 죄를 범하는 사람들도 있습니다. 어떤 사람들은 여러 날 동안 미 리 자신의 정욕을 채우기 위한 범죄를 어떻게 지을지를 생각하고 쾌락을 좇아 그런 생각에 골몰합니다. 그런 사람들은 자신 속에서 올라오는 정욕의 씨앗에 물을 주고 키워서 그 정욕이 장성해지면 나가서 실제로 그 정욕을 채워 주는 범 죄를 실행에 옮깁니다. 어떤 사람들의 경우에는 정욕이 그들을 지나가는 것이 아니라 아예 그들 속에 둥지를 틀고 거기에서 삽니다. 그런 사람들은 정욕을 받 아들여서 거처를 제공하고 그 정욕을 즐깁니다. 그렇기 때문에 그들이 죄를 짓 는 것은 의도적인 것입니다. 다른 사람들은 순간적으로 화가 나서 죄를 저지르 는 반면에, 그런 사람들은 아주 차분하고 냉정하게 자신의 정욕을 따라 죄를 범 합니다. 그런 죄 속에는 아주 지독할 정도의 죄성(罪性)이 들어 있습니다. 그런 죄는 고도로 의도적인 죄입니다. 순간적으로 격정에 사로잡혀서 죄를 범하는 것 은 잘못된 것이지만, 차분히 앉아서 어떻게 하면 앙갚음을 할지를 의도적으로

궁리하고 결심하는 것은 가증스럽고 마귀적인 것입니다. 차분히 앉아서 의도적으로 악행을 계획하는 것은 극악무도한 것이어서, 나는 그런 죄를 적절하게 표현해 줄 수 있는 다른 말을 찾을 수 없을 정도입니다. 어떤 식으로 죄를 지을지를 주의 깊게 궁리해 내는 것, 즉 에스더서에 나오는 하만처럼 단두대를 설치하고 자신의 이웃을 죽일 음모를 진행해 나가거나, 친구를 죽이기 위해서 구덩이를 파거나, 은밀하게 덫들을 설치해 놓거나, 자신의 침대 맡에서 악행을 계획하는 것 ― 이런 것들은 고의적인 죄가 무엇인지 그 절정(絶頂)을 보여주는 것들입니다. 만약 우리 중의 누군가가 그 정도까지 죄를 범한 적이 있다면, 하나님께서 그 죄를 사해 주시기를 빕니다.

또한, 사람이 계속해서 오랫동안 죄 가운데 머물면서 그 죄에 대하여 숙고할 시간을 가졌다면, 그것도 그 죄가 고의적인 죄임을 보여주는 증거가 됩니다. 잘못해서 죄를 범하긴 했지만 곧바로 그 죄를 혐오했다면, 그 사람은 고의로 죄를 지은 것이 아닙니다. 그러나 오늘도 내일도 그 다음 날도 죄를 짓고, 이번 주에도 그 다음 주에도 죄를 짓고, 올해에도 다음 해에도 죄를 지어서, 그가 지은 죄가 산처럼 높이 쌓였다면, 그 사람은 고의로 죄를 짓고 있는 사람이라고 할 수 있습니다. 죄를 짓는 것이 습관화되어 있다면, 거기에는 분명히 의도성이 있는 것입니다. 적어도 거기에는 순간적으로 격정을 못 이겨서 죄를 지었을 경우에는 없었을 마음이나 생각의 어떤 의도적인 힘이 분명히 존재하고 있는 것입니다. 여러분 속에서 죄가 들끓어서, 황소가 게걸스럽게 물을 들이마시듯이 여러분이 죄를 들이마시며, 강물이 바다로 쇄도해 가듯이 여러분이 정욕을 향하여 쇄도해 가고, 돼지가 진창에서 뒹굴듯이 여러분이 육정(肉情) 속에서 뒹군다면, 하나님의 은혜로 말미암아 여러분이 회개하고 하나님께로 돌이키지 않는 한, 여러분의 죄는 심각해서, 하나님의 무시무시한 진노가 머지않아 여러분의 머리에 떨어지게 될 것이니, 조심하십시오. 하나님께서 여러분이 저지른 고의적인 죄로 인하여 여러분을 단죄하신다면, 여러분의 운명은 분명히 끔찍할 것입니다. 하나님이여, "주의 종에게 고의로 죄를 짓지 말게" 하옵소서.

3) 고의적인 죄는 의도의 문제이기 때문에, 죄 지을 의도를 가지고 죄를 지을 때에 그 죄는 고의적인 죄가 됩니다. 여러분이 집에서 시간이 있을 때에, 율법 아래에서는 고의적인 죄를 사함 받을 수 없었다고 말씀하는 민수기의 해당 본문을 읽게 된다면, 여러분은 그 말씀 바로 다음에 하나의 사례가 기록되어 있는 것을

보게 될 것입니다. 한 사람이 안식일에 땔감을 얻기 위해서 밖에 나갔습니다. 그는 안식일을 범하는 행위를 한 죄목으로 붙잡혔고, 유대인들에 대한 율법은 아주 엄격하였기 때문에, 그에 대해서 즉시 사형을 집행하라는 명령이 내려졌습니다. 그런데 그 사람이 사형 당하게 된 이유는 단지 그가 안식일에 땔감을 얻고자 했기 때문이 아니라, 율법이 당시에 "안식일에 너희는 아무 일도 하지 말라"(레 23:31)고 분명하게 규정하고 있었기 때문이었습니다. 그러니까, 이 사람은 아무도 안 보는 자기 집에서 사적인 일을 한 것이 아니라, 많은 사람들이 보는 앞에서 율법을 대놓고 무시하는 가운데 불신자처럼 하나님 앞에서 뻔뻔스럽게 율법을 범함으로써, 어떤 피치 못할 사정이 있는 것이 아닌 데도, 의도적으로 자기가 하나님을 멸시하고 하나님은 안중에도 없다는 것을 공공연히 보여주어서, 온 회중에 수치를 안겨 주었기 때문에 죽임을 당하게 된 것입니다. 이 사람의 행동은 "내게는 하나님은 안중에도 없어"라고 떠들고 다닌 것이나 다름없는 것이었습니다. 하나님께서는 방금 "안식일에 너희는 아무 일도 하지 말라"고 명하신 것이 아닙니까? 그런데 그 사람은 자신의 행동으로 이렇게 말한 것입니다: "아, 그런가요. 나는 오늘 땔감이 필요하지 않기 때문에, 일할 필요도 없습니다. 나는 땔감을 구하기 위해서가 아니라, 내가 하나님을 멸시한다는 것을 공개적으로 보여줄 목적으로 오늘 밖에 나가서 땔감을 긁어모으고 있습니다." 여러분은 "아니, 어떻게 그럴 수가! 온 천하에 그렇게 할 사람이 있을리가요"라고 말할 지도 모릅니다. 아닙니다. 세상에는 그런 사람들이 있고, 오늘 이 자리에도 그런 사람들이 있습니다! 그런 사람들은 단지 쾌락을 위해서가 아니라, 자기가 하나님을 무시하고 있음을 과시하기 위해서, 하나님을 거슬러 죄를 짓습니다. 어떤 청년이 자신의 악한 친구들이 보는 앞에서 자신의 성경을 불태웠는데, 그것은 단지 그가 성경을 싫어하였기 때문이 아닙니다. 왜냐하면, 그 청년은 성경이 불타는 것을 보자 벌벌 떨었고 화로의 타다 남은 재처럼 창백해졌기 때문입니다. 그 청년은 자기가 진정으로 신앙과는 거리가 멀다는 것을 자신의 친구들에게 보여주기 위해서 순전히 허세로 그렇게 한 것입니다. 어떤 사람은 종종 사람들이 하나님의 전에 가는 모습을 길가에 서서 바라보면서 그들을 향해 욕을 하곤 했습니다. 그 사람이 그렇게 한 것은 그가 욕하는 것을 좋아해서가 아니라, 자기가 하나님을 미워한다는 것을 보여주기 위한 것입니다. 수많은 불신자들이 그런 짓을 하는데, 그것은 그들이 그렇게 하는 것 속에서 즐거움을 느끼기 때문이 아니라, 자신의 악한 마음에 사로잡혀서 하나님에 대한 앙심을 드러내고자 하기 때문입니다. 그들은 자기를 창조하신 하나님을 멸시하고 그 얼굴에 침을 뱉는 것과 마찬가지인 짓을 하기로 작정했다는 것을 다른 사람들에게 과시하기 위해서 죄를 짓고자 합니다. 그런 죄는 죄악의 극치라고 할 수 있습니다! 그런 죄에 대해서도 죄 사함이 준비되어 있습니다. 회개하기만 하면, 그런 죄를 범한 자들도 온전히 사함을 받을 수 있습니다. 그러나 죄 사함이 주어져도, 그런 사람들 중에서 그 죄 사함을 받아들이는 사람은 거의 없습니다. 왜냐하면, 그런 사람들이 단지 자기가 하나님과 그 법을 무시한다는 것을 보여주기 위한 목적으로 고의로 죄를 범할 정도까지 나아갔을 때, 그들도 죄 사함을 받을 수 있기는 하지만, 하나님의 놀라운 은혜 없이는 그들은 그 죄 사함을 받아들이려 하지 않기 때문입니다. 하나님께서 자신의 종들로 하여금 고의로 죄를 짓지 말게 해주시기를 빕니다! 여기에 있는 우리 중에서 누군가가 그런 죄를 범했다면, 하나님께서 우리를 다시 돌이키심으로써 우리로 하여금 우리에게 베푸신 그 은혜의 영광을 찬송하게 하시기를 빕니다.

　　4) 고의적인 죄와 관련해서 한 가지만 더 말씀드리고자 합니다. 고의적인 죄는 자신의 힘을 과신하는 무모함으로 인해서도 범해집니다. 이렇게 말하는 사람이 있을 것입니다: "내일 나는 이런저런 모임에 가고자 합니다. 왜냐하면, 그 모임이 다른 사람들에게는 해(害)가 될지라도 내게는 해가 되지 않을 것이라고 나는 믿기 때문입니다." 당신은 어떤 청년에게 "카지노를 자주 출입하는 것은 해로우니, 나는 너에게 그렇게 하라고 말할 수 없다"라고 말합니다. 그런데 당신은 청년에게는 그런 식으로 조언해 놓고는 정작 자기 자신은 카지노에 출입해도 괜찮다고 말합니다. 그렇다면, 카지노에 출입하는 것이 그 청년에게는 좋지 않고 당신에게는 괜찮은 이유가 무엇입니까? "내게는 절제할 수 있는 힘이 있어서, 나는 어느 선 이상을 넘어서는 안 된다는 것을 정확히 알기 때문입니다." 선생님, 당신은 당신 자신을 속이고 거짓말을 하고 계시는 것입니다. 당신의 거짓말은 고의적인 것입니다! 당신은 폭발하면 죽을 수도 있는 폭탄을 가지고 놀고 있는 것입니다. 당신은 "나는 불타지 않을 거야"라는 망상에 사로잡혀서 지옥의 입구에 걸터앉아 있는 것입니다. 당신은 악의 소굴에 드나들면서 아주 많이 악으로 물들어 있습니다. 그 이유는 당신이 눈이 멀어서 악으로 물든 자신을 볼 수 없었기 때문이 아니라, 적어도 당신만은 안전할 것이라는 무모한 과신에 빠져 있었기

때문입니다. 당신은 결코 안전할 수 없습니다. 당신은 적어도 당신만은 죄를 짓지 않을 것이라는 무모한 생각 속에서 죄를 범한 것이기 때문에, 그 죄는 고의적인 죄입니다. 이렇게 말하는 사람이 있을 것입니다: "아니오, 그게 아닙니다. 나는 내가 어느 선을 넘으면 죄가 되는지를 정확히 알고 있고, 바로 그 선을 넘지 않고 멈출 수 있습니다." 선생님, 바로 그것이 주제넘은 과신이고, 고의적인 것입니다. 만일 어떤 사람이 자기는 교회의 첨탑 꼭대기에 올라가서 거기에서 물구나무를 설 수 있다고 생각해서 그런 일을 시도한다면, 그것은 주제넘은 것이고 고의적인 것입니다. "하지만 그 사람이 그런 일에 능숙하기만 하다면, 그는 안전하게 내려올 수 있지 않겠습니까?"라고 당신은 말할지 모릅니다. 그렇긴 합니다. 그러나 어쨌든 그런 생각으로 첨탑에 올라간다면, 그것은 고의적인 것입니다! 나는 가련하고 불쌍한 사람이 스스로 목숨을 끊고자 하는 것에 조금도 동의할 생각이 없는 것과 마찬가지로, 어떤 사람이 풍선을 타고 하늘로 올라가자 하는 것에도 전혀 동의할 생각이 없습니다. 나는 자신의 머리를 날려 버리려고 하는 사람을 지켜볼 생각이 없는 것과 마찬가지로, 자신의 목숨을 위태롭게 하는 사람을 옆에 서서 지켜볼 생각도 없습니다. 나는 그런 일들은 살인에 해당한다고 생각합니다. 그런 식으로 자신의 목숨을 위태롭게 하는 사람들은 자살을 시도하는 것과 같습니다. 자신의 몸을 위태롭게 하는 것이 자살을 시도하는 것이라면, 자신의 영혼을 파멸로 몰아넣지 않을 수 있는 자신이 있다는 과신 속에서 자신의 영혼을 위태롭게 하는 사람은 얼마나 더 자살을 시도하는 사람이겠습니까? 선생님, 그런 생각으로 행하는 당신은 고의적인 죄를 범하고 있는 것입니다! 그것은 중대하고 심각한 죄입니다. 그것은 죄악의 극치를 보여주는 것들 중의 하나입니다!

오늘도 고의적으로 죄를 짓고 있는 사람들이 얼마나 많은지 모릅니다. 당신이 당신의 어제의 모습 그대로 살아간다면, 당신은 오늘 고의적으로 죄를 짓고 있는 것입니다. 당신은 이렇게 말합니다: "지금 말고 조금 시간이 지난 후에 내가 신앙에 대해서 진지하게 생각해 보겠습니다. 몇 년 뒤에 내 생활이 조금 안정이 되고 나면, 그때 가서 신앙에 관한 문제를 진지하게 생각해 보겠습니다." 선생님, 당신은 지금 고의적인 죄를 지으며 살아가고 있는 것입니다. 당신은 마치 당신이 몇 년 뒤에도 살아 있을 것처럼 착각하고 있습니다. 당신은 바로 오늘 밤에 물거품처럼 허망하게 사라져 버릴 수 있는 데도 말입니다! 당신은 앞으로 몇 년 동안 당신은 반드시 살아 있게 될 것이라는 허망한 소망에 당신의 영원한 운명을 걸고 도박을 하고 있는 것입니다. 그런데 사실 당신은 내일 해가 다시 떠오르는 것을 보지 못할 수도 있고, 내년이 오기 전에, 회개가 불가능할 뿐만 아니라 설령 회개한다고 해도 소용없는 그런 땅에 이미 가 있을 수도 있습니다. 사랑하는 친구들이여, 미루는 것은 고의적인 죄입니다. 당신이 내일도 살아 있을 것이라고 생각해서 오늘 할 일을 내일로 미룬다면, 그것은 고의적인 것에 해당합니다. 당신은 그렇게 할 권리가 없습니다. 그런데도 당신이 그런 식으로 행한다면, 당신은 하나님을 대적하여 죄를 짓고 있는 것이고, 고의적인 죄로 인한 형벌을 당신 자신의 머리 위에 쌓고 있는 것입니다. 나는 미국의 대각성운동을 점화시켰던 조나단 에드워즈(Jonathan Edwards)의 저 놀라운 설교 속에 나오는 감동적인 구절을 여러분에게 소개하고자 합니다. 거기에서 그는 이렇게 말합니다: "죄인이여, 당신은 지금 이 순간 널판자 한 장을 의지해서 지옥의 입구 위에 서 있는데, 그 널빤지는 썩어 있습니다! 당신은 밧줄에 대롱대롱 매달려 있고, 바로 아래에는 지옥이 입을 벌리고 있는데, 당신이 붙잡고 있는 밧줄의 실밥이 뜯어지는 소리가 지금 당신에게 들립니다." 당신이 그런 상태에 있으면서도 여전히 "내일 하겠습니다"라고 말하며 신앙에 대하여 생각하는 것을 미룬다면, 그것은 끔찍한 일입니다. 그리스 신화에 나오는 폭군 디오니소스(Dionysus)에 관한 이야기가 생각납니다. 그는 자기가 못마땅하게 생각해 온 자에게 벌을 주려고 그 사람을 멋진 연회에 초대하였습니다. 상에는 진수성찬이 차려져 있었고, 그 사람에게 마시게 하기 위하여 희귀한 포도주도 준비되었습니다. 상 머리에는 의자가 놓여졌고, 그 사람은 거기에 앉았습니다. 멋진 연회가 베풀어졌지만, 그 사람에게는 이루 말할 수 없이 끔찍하고 비참하며 무시무시한 것이었습니다. 시종들이 화려한 옷을 입고 늘어서 있고, 진수성찬이 차려져 있다고 해도, 그 연회에 초대되어 자리에 앉아 있던 그 사람은 가시방석에 앉아 있는 것과 같았습니다. 왜 그랬을까요? 그 사람의 머리 바로 위에 날카로운 칼이 머리카락 한 올을 의지해서 매달려 있었기 때문입니다. 너무나 끔찍하고 공포스러운 장면입니다! 그 사람은 연회가 베풀어지는 동안에 내내 자신의 머리 위에 그 칼을 둔 채로 앉아 있어야 했고, 그 사람과 죽음 사이에는 한 올의 머리카락만이 있을 뿐이었습니다. 여러분은 이 가련한 사람의 비참한 모습이 상상이 가십니까? 그 사람은 피할 수가 없었습니다. 그는 그 폭군이 마련해 준 자리에 꼼짝없이 앉아 있어야만 했습니다. 그런 그가 어떻게 연회를 즐길 수 있었겠습니까? 그런 그가 어떻게 즐거워할 수 있었겠습니까? 그런데 여러분 중에서 아직까지 회심하지 않은 분들은 이 아침에 바로 그 사람이 앉아 있던 바로 그 자리에 앉아 있는 것입니다. 당신에게 상당한 부와 편안한 가정이 있고, 그러한 것들로 인한 기쁨과 즐거움이 있다고 하더라도, 또는 당신이 가난해서 그런 것들이 전혀 없다고 하더라도, 당신은 오늘 그 자리에 앉아 있고, 거기에서 빠져나올 수 없습니다. 죽음의 칼이 한 올의 머리카락에 매달려서 당신의 머리 바로 위에 있습니다. 그 칼이 떨어져서 당신의 영혼과 육신을 갈라놓을 때에 당신에게는 화(禍)가 있게 될 것입니다. 그런데도 여러분은 이 세상에서 희희낙락 살아가면서 하나님 믿는 것을 차일피일 미룰 수 있겠습니까? 그런데도 당신이 그렇게 한다면, 당신의 죄는 고도로 고의적인 죄가 될 수밖에 없습니다. 본문은 "주의 종에게 고의로 죄를 짓지 말게 하사"라고 말씀합니다.

2. 둘째로, 고의적인 죄는 엄청난 죄라는 것입니다.

나는 이 두 번째 대지(大旨)는 아주 짧게 다루고자 합니다. 고의적인 죄들 중에서 한 가지만 예로 들어 보겠습니다. 양심이나 말씀으로부터 온 빛과 지식을 무시하고 범하는 죄는 고의적인 죄입니다. 그러한 고의적인 죄는 다른 그 어떤 죄보다도 더 엄청난 죄입니다. 우리의 복된 이 나라에서는 사람이 반역죄를 저지르는 것은 거의 불가능합니다. 나는 이 나라에서는 사람이 반역죄를 저지르는 것이 상당히 어려울 것이라고 생각합니다. 왜냐하면, 다른 나라들에서는 반역죄로 고발당하여 단두대로 갈 만한 그런 발언들이나, 중범죄로 규정되어 오랫동안 감옥 생활을 해야 할 그런 행위들이 우리나라에서는 사람들이 할 수 있도록 허용되어 있기 때문입니다. 우리의 미국 친구들이 뭐라고 말해도, 우리는 온 세계에서 가장 자유롭게 말하고 생각할 수 있는 그런 국민들입니다. 우리에게는 마음에 들지 않는다고 노예를 매질해서 죽게 하거나 총으로 쏘아서 죽일 자유는 없고, 부자가 되기 위해서 다른 사람들을 사냥하거나 다른 사람들의 피를 빨아먹을 자유는 없고, 흑인들을 강제로 노예로 끌고 가서 팔아먹거나 그런 노예들을 사서 부려먹는 악마보다 더한 자들이 될 자유는 없지만, 그런 자유들보다 더 큰 자유, 즉 폭정을 일삼는 왕이나 폭도가 되어 버린 군중에게 대항할 수 있는 자유가 있습니다. 어쨌든 나는 이 나라에서 반역죄를 저지를 수 있다고 가정해 보고자 합니다. 두 사람이 반역을 행하기로 했는데, 그 중 한 사람이 내일 자기 멋대로 반기를 들고서, 이 나라의 합법적인 군주를 아주 강력하고 가증스러운 말로 부정하고, 이 나라의 충성스러운 신민(臣民)들을 꼬드겨서 그 군주를 배신하게 만들고, 그들을 잘못된 길로 이끌어서 이 나라에 해악을 끼친다면, 나머지 한 사람도 엉겁결에 그 반역의 무리에 가담한 자가 되고 말 것입니다. 그 사람은 상황이 어떻게 되어 가는지도 알지 못하고 그 반역의 무리의 의도가 무엇인지도 모른 채로 그들과 함께 하게 되었을 것입니다. 심지어 그 사람은 그들이 함께 모여 무리를 이루는 것을 금지하는 법이 있다는 사실조차도 몰랐을 수 있습니다. 그렇지만 어쨌든 이 두 사람은 모두 법적으로 반역죄를 범한 것이 됩니다. 그러나 자신도 모르는 사이에 반역의 죄를 범한 사람은 악의적인 의도가 없었던 까닭에 무죄로 풀려날 수 있는 반면에, 모든 것을 다 알면서도 악의적이고 의도적으로 반기를 든 사람은 법이 정한 최고형을 받게 될 것입니다. 그 이유가 무엇입니까? 그것은 한 사람의 반역죄는 고의적인 죄가 아니었던 반면에, 다른 한 사람의 반역죄는 고의적인 죄였기 때문입니다. 한 사람은 의도적으로 군주에게 도전하고 이 나라의 법에 도전하여, 모든 것을 고의로 하였던 반면에, 다른 한 사람은 그렇지 않았습니다. 이 두 사람의 경우에 죄책(罪責)에 있어서 서로 차이가 있다는 것을 양심이 우리에게 말해 주는 까닭에, 벌도 서로 차이가 있는 것이 마땅하다는 것에 대하여 누구나 다 인정할 것입니다.

다시 한 번 말씀드리지만, 우리가 앞에서 살펴보았듯이, 어떤 사람들은 의도적으로 죄를 짓는 반면에, 어떤 사람들은 의도 없이 죄를 짓습니다. 이 두 경우가 서로 차이가 있다는 것을 보여주기 위해서 나는 예화를 하나 들어보겠습니다. 여기 치안판사가 앉아 있고, 거기로 두 사람이 끌려옵니다. 그 두 사람은 각각 빵 하나를 훔친 죄로 기소되었습니다. 한 사람의 경우에는 그가 너무 배가 고파서 어쩔 수 없어서 빵을 슬쩍 훔쳤다는 증거가 분명하게 드러났습니다. 그 사람은 자기가 빵을 훔친 것에 대하여 뉘우치고 있고, 자기가 한 짓에 대하여 가슴 아파합니다. 그러나 어쨌든 그 사람이 빵을 훔치고자 하는 강렬한 유혹을 받았다는 것은 너무나 명백합니다. 다른 한 사람의 경우에는 그는 부자였고, 단지 법을 어기기 위한 목적으로 의도적으로 가게로 들어가서 빵을 훔치고서는, 밖에 있는 경찰에게 이렇게 소리쳤습니다: "나는 당신이나 이 나라의 법에는 신경도 쓰지 않아. 내가 빵을 훔친 것은 당신이 과연 나를 어떻게 할 수 있는지를 알아보기 위한 것일 뿐이지." 그 치안판사는 첫 번째 사람에게 이렇게 말했을 것입니다: "당신을 훈방 조치합니다. 다시는 이런 일을 하지 않도록 주의하십시오. 여기 당신에게 지금 당장 필요한 양식을 드릴 터이니, 앞으로는 정직하게 벌어서 먹고 사십시오." 그러나 두 번째 사람은 치안판사로부터 이런 말을 들었을 것입니다: "당신은 파렴치하고 형편없는 인간이군요! 당신은 첫 번째 사람과 동일한 범죄를 저질렀지만, 그 동기는 서로 판이하게 다릅니다. 나는 당신에게 법이 허용하는 한도 내에서 최고형을 선고하지만, 내가 당신에게 그 정도의 형밖에 선고할 수 없다는 것이 유감일 따름입니다." 고의성(故意性)이 동일한 죄로 인한 이 두 사람의 죄책을 완전히 다르게 만들었습니다. 당신이 아무것도 모르고 엉겁결에 전능하신 하나님을 거슬러 범죄한 경우보다 다 알면서 의도적으로 범죄했을 때, 그 죄는 더 크고 중한 죄가 됩니다.

　한 가지만 더 예를 들어보겠습니다. 사소한 문제로 논쟁을 벌이다가 그 논쟁이 과열되어서 어떤 사람이 당신을 모욕하는 말을 했다고 합시다. 그 사람은 원래 화를 잘 내는 기질을 타고 난 까닭에 엉겁결에 당신을 모욕한 것입니다. 당신은 그가 화를 낼 만한 짓을 하지 않았지만, 그 사람은 원래 화를 잘 내는 사람이라 화를 낸 것입니다. 그 사람은 논쟁을 하다가 밀리는 느낌이 들자, 당신에게 인신공격을 하여 당신을 모욕하였고, 그런 모멸감을 주는 말들을 통해서 당신의 인격을 모독했습니다. 다음 날이 되어서 당신은 그 사람이 급한 성격 탓에 어제 경솔한 말을 하게 되었다는 것을 알게 되었고, 그 일로 인해서 그 사람이 후회하고 있는 것을 보았을 때, 그 사람에게 더 이상 책임을 묻지 않게 되었을 것입니다. 그러나 어떤 사람이 당신을 만나려고 몇 주간을 애를 쓰며 고생하다가 마침내 길거리에서 당신을 만났습니다. 당신은 그 사람에게 해롭게 한 것이 전혀 없는데도, 그 사람은 많은 사람들이 보는 앞에서 순전히 악의적인 의도로 당신 앞에 나타나서 다짜고짜 당신에게 거짓말쟁이라고 소리쳤다고 합시다. 당신은 그리스도인이기는 하지만, 그 사람의 그런 무례함을 고쳐줄 필요가 있다고 생각해서, 당신 자신의 손을 사용해서가 아니라, 이 나라의 국민을 그런 모욕적인 폭력으로 보호해 주기 위해 존재하는 저 형평법을 빌려서 그 사람을 혼내주어야 하겠다고 생각했을 것입니다. 첫 번째의 경우에는 당신은 용서라는 말을 거론할 필요조차 느끼지 못했을 것이기 때문에, 단지 이렇게 말했을 것입니다: "우리가 다 어쩌다 보면 그럴 수도 있지요. 나는 아무렇지도 않으니, 당신도 신경 쓰지 마십시오." 그러나 아무런 이유도 없이 다짜고짜 당신을 의도적으로 모욕한 두 번째 사람에게는 당신은 이렇게 말했을 것입니다: "당신은 많은 사람들 앞에서 나를 모욕하고자 그 동안 의도적으로 애써 왔습니다. 나는 그리스도인으로서는 당신을 용서할 수 있지만, 한 사람의 인간이자 시민으로서 당신을 모욕죄로 고소하고자 합니다."

이제 여러분은 사람과 사람 사이에서 일어나는 일들 속에서도 고의성으로 인해서 어떤 죄에 대한 죄책이 얼마나 심하게 가중되는지를 알게 되셨을 것입니다. 고의적으로 죄를 지은 사람들 — 우리 중에 그런 죄를 짓지 않은 사람이 누가 있겠습니까?— 은 묵묵히 머리를 숙이고 자신의 죄를 인정한 후에 입을 열어서 "주여, 고의적으로 죄를 지은 이 죄인을 불쌍히 여겨 주옵소서"라고 부르짖는 것이 마땅합니다.

3. 셋째로, 우리는 본문처럼 기도하는 것이 적절하다는 것을 알아야 한다는 것입니다.

이제 거의 설교가 끝나가고 있기 때문에, 너무 긴 설교로 인해서 여러분이 지치게 되는 일이 없을 것입니다. 본문을 보면, 시편 기자는 "주의 종에게 고의로 죄를 짓지 말게 하사"라고 기도합니다. 여러분이 보시듯이, 이 기도는 성도의 기도, 하나님의 거룩한 사람의 기도였습니다. 다윗은 이렇게 기도할 필요가 있었을까요? "하나님의 마음에 맞는 사람"이었던 다윗이 "주의 종에게 고의로 죄를 짓지 말게 하사"라고 부르짖을 필요가 있었을까요? 그럴 필요가 있었습니다. 이 기도문이 얼마나 아름다운지를 한 번 주목해 보십시오. 좀 더 은유적인 문체로 풀어서 번역해 본다면, 본문은 이렇게 번역될 수 있습니다: "주의 종에게 재갈을 물려서 고의로 죄를 짓지 말게 하소서. 나를 그런 길로 가지 못하게 꼭 붙들어 주십시오. 그렇지 않으면, 나는 이리저리 헤매다가 결국 죄의 벼랑 끝으로 내몰리게 될 수밖에 없습니다. 주여, 나를 꼭 붙들어 주십시오. 나는 죄로 달려가기가 너무나 쉬운 자입니다. 내게 재갈을 물리십시오. 그렇게 해서, 나로 하여금 죄를 짓지 못하게 해주십시오. 당신의 은혜로 나를 덮으셔서 나로 하여금 거룩함을 지키게 하옵소서. 내가 악을 행하고자 할 때, 나를 선한 쪽으로 이끌어 주시고, 나의 악한 성향이 나를 잘못된 길로 이끌 때, 나를 막아 주십시오. 주의 종을 막아주서서 고의로 죄를 짓지 않게 하옵소서."

　　"아니, 도대체 어떻게 된 일입니까? 그토록 선한 사람도 고의로 죄를 지을 수 있다는 것이 사실입니까?" 이렇게 반문하실 분도 계실 것입니다. 그런데 그것은 사실입니다. 사도 바울이 자신의 서신 속에서 성도들에게 죄들 중에서도 가장 추악한 죄들을 짓지 않도록 조심하라고 경고하고 있다는 것은 엄연한 사실입니다. 그는 "그러므로 땅에 있는 지체를 죽이라 곧 음란과 부정과 사욕과 악한 정욕과 탐심이니 탐심은 우상 숭배니라"(골 3:5)라고 말합니다. 도대체 사도 바울이 성도들에게 그런 죄들을 짓지 않도록 조심하라고 경고할 필요가 있었던 것일까요? 분명히 그럴 필요가 있었습니다. 하나님의 은혜로 말미암아 보호하심을 받지 못한다면, 가장 훌륭한 성도라 할지라도 얼마든지 가장 추악한 죄들을 범할 수 있습니다. 당신이 아무리 경험 많고 성숙한 그리스도인이라고 할지라도, "주께서 나를 붙들어 주셔야 내가 안전하리이다"라고 부르짖지 않는다면, 당신은 죄의 함정에 빠지게 될 수 있습니다. 당신이 하나님에 대한 사랑으로 불타고 변치 않는 믿음과 견고한 소망을 지니고 있다고 할지라도, 당신은 "내가 범죄하는 일은 결코 없을 것이다"라고 말하는 것이 아니라, 이렇게 부르짖어야 합니다: "주여, 나로 시험에 들게 하지 마옵시고, 시험이 왔을 때에 거기에서 나를 건져 주옵소서. 주께서 나를 굳게 붙잡아 주지 아니하시면, 나는 믿음을 잃고 결국 배교하게 될 것을 내가 아나이다." 이 세상에서 가장 선하고 훌륭한 사람들이라 할지라도, 그들의 마음속에는 지옥의 가장 밑바닥에까지 닿을 만한 불을 일으킬 수 있을 정도로 충분한 연료가 있기 때문에, 하나님이 그것을 막아 주시지 않는다면, 그들은 영락없이 그 불길에 휩싸이게 되고 말 것입니다. 이 세상에서 가장 경건한 사람들이라 할지라도, 그들의 마음속에는 자신의 영혼을 영원토록 지옥의 나락에 빠뜨리기에 충분한 정도로 부패함과 타락함과 악함이 가득하기 때문에, 하나님의 거저 주시는 은혜가 없다면, 그들은 영락없이 그 나락으로 떨어지게 되고 말 것입니다. 그러므로 당신이 그리스도인이라고 해도, 당신은 다윗과 같이 그런 기도를 드릴 필요가 있습니다. 그러나 당신은 "당신의 개 같은 종이 무엇이기에 이런 큰 일을 행하오리이까"(왕하 8:13, "당신의 개 같은 종이 어떻게 그런 큰 일 날 짓을 하겠습니까"라는 뜻 — 역주)라고 소리칠지 모릅니다. 엘리사가 하사엘에게 그가 자기 주인인 왕을 죽이게 될 것이라고 말해 주자, 하사엘이 그렇게 말했습니다. 그러나 하사엘은 집으로 가서 이불을 물에 적시어 얼굴에 덮어서 왕을 죽였습니다. 바로 어제 어떻게 자기가 그런 짓을 하겠냐고 손사래를 치던 그가 그 다음 날에 그런 짓을 자행한 것입니다. 당신이 어떤 죄를 혐오하고 있으니 자기는 그런 죄를 짓지 않을 것이라고 생각하는 것만으로 충분하다고 여기지 마십시오. 그런 생각에도 불구하고, 당신은 얼마든지 그 죄를 짓게 될 수 있습니다. "나는 술에 취하는 것을 혐오하니 내가 술 취하는 일은 절대 없을 거야"라고 장담하지 마십시오. 당신은 자기와는 거리가 멀다고 가장 안심하고 있는 바로 그 죄를 범하게 될 수 있습니다. "나는 평생 동안 하나님을 모독한 적이 없으니 앞으로도 절대 그런 일은 없을 거야"라고 장담하지 마십시오. 조심하고 주의하십시오. 그런 장담에도 불구하고, 당신은 하나님을 모독하는 아주 끔찍한 말을 하게 될 수 있습니다. 욥은 "내가 태어난 날을 저주하는 일은 내 평생에 결단코 없을 것이다"라고 말했었을 것입니다. 그러나 그는 살아 있는 동안에 자기가 태어난 날을 저주하였습니다. 인내심이 많았던 욥은 "하나님이 나를 죽이신다고 해도, 나는 여전히 하나님을 의지할 것이고, 결단코 불평하지 않을 것이다"라고 말했었을 것입니다. 그렇지만 그는 살아 있는 동안에 자기가 태어나자마자 죽었으면 얼마나 좋았겠느냐고 불평하였습니다. 그러므로 그리스도인인 당신은 당신이 믿음으로 서 있다는 것을 자랑하지 마십시오. "선 줄로 생각하는 자는 넘어질까 조심하라"(고전 10:12).

가장 훌륭한 성도일지라도 이런 기도를 드릴 필요가 있는 것이라면, 여러분과 내가 그런 기도를 드려야 한다는 것은 두말할 필요도 없겠지요? 최고의 성도가 그런 기도를 드려야 한다면, 단지 걸음마를 하기 시작한 우리가 그런 기도를 드려야 할 필요가 있다는 것은 너무나 당연하지 않겠습니까! 당신이 죄를 짓기 시작하였는데, 경건을 가장하고 싶지는 않다면, 당신에게는 하나님을 반역하여 고의적으로 죄를 짓지 않게 해주시라고 기도하는 것이 얼마나 절실한 일이겠습니까?

하지만 나는 그 점에 대해서 자세히 말씀드리기보다는, 단지 지금 고의적인 죄들로 인해서 죄책감 아래에 있는 분들을 위한 애정 어린 충고를 드리는 것으로 이 아침에 내가 전한 말씀을 끝맺고자 합니다. 하나님의 성령께서는 이 아침에 여러분 중에서 그런 분들을 몇 분 발견해 내셨습니다. 내가 고의적인 죄들에 대하여 설명을 드릴 때, 나는 여기저기에서 눈물로 뒤범벅이 된 눈들을 볼 수 있었습니다. 또한, 나는 여기저기에서 "내가 그런 죄를 범한 자입니다"라고 고백이라도 하듯이 자신의 고개를 떨구는 분들을 보았습니다. 내가 고의적인 죄를 설명드릴 때에 그런 죄를 지었노라고 고백하느라고 자신의 심장이 떨리는 것을 경험한 분들도 있다고 나는 생각했습니다. 나는 내가 보았다고 생각한 것들이 사실이었기를 소망합니다. 만일 그것이 사실이라면, 나는 기쁩니다. 내가 여러분의 양심을 건드렸다면, 그것은 내가 원했던 것입니다. 나는 여러분의 귀가 아니라 여러분의 마음에 대고 말하고 있습니다. 나는 유창한 언변으로 여러분을 사로잡고자 하는 것이 아닙니다. 나는 결코 여러분의 양심을 건드리는 것 외에는 다른 목적이 없었습니다. 이것에 대해서는 하나님이 나의 증인이십니다. 내가 고상하고 교양 있는 말들이 아니라 지극히 거칠고 속된 말들을 사용하는 것이 여러분의 마음을 더 잘 움직일 수 있다면, 나는 얼마든지 그렇게 할 것입니다. 그러므로 여러분 중에서 자기가 하나님을 대적하여 범죄하였다고 느끼는 분이 계신다면, 나는 당신에게 당신이 죄를 정면으로 직시하시고 그 죄가 얼마나 극악무도한 것인지를 보시면서 우시라고 말씀드리고자 합니다. 나는 당신이 집에 돌아가서, 근심으로 머리를 떨구고, 자신의 죄악을 고백하며, 많은 눈물을 흘리며 탄식하며 우시라고 부탁드립니다. 당신은 큰 죄를 지었기 때문에, 만일 하나님이 당신을 지금 당장 지옥에 던져 넣으신다고 해도, 그것은 너무나 지당하신 일일 것이고, 하나님의 불 같고 벼락 같은 보응이 지금 당신에게 임하고, 전능자의 활시위에 매겨진 화살이 당신의 심장을 꿰뚫는다고 해도, 그것은 너무나 지당하신 일일 것입니다. 집으로 가서, 탄식하며 울부짖으며 기도하시면서 당신이 지은 고의적인 죄들을 고백하십시오. 그런 후에, 당신은 무엇을 해야 할까요? 나는 하나님이셨던 분이 오래 전에 계셨다는 것을 기억하시라고 당신에게 말씀드립니다. 그분은 당신이 지은 고의적인 죄 때문에 고초를 겪으셔야 했던 분입니다. 나는 죄인인 당신에게 이 아침에 간곡히 부탁드립니다. 당신에게 구주가 필요하다는 것을 안다면, 골방으로 가서 머리를 처박고 당신의 죄로 인하여 우십시오. 그렇게 하셨다면, 이번에는 성경을 펼쳐서, 당신의 죄 때문에 고난을 받고 죽으신 바로 그분의 이야기를 읽어 보십시오. 그분이 당신의 죄 때문에 이루 말할 수 없는 고뇌와 슬픔과 비탄을 겪으신 것을 보시고, 이렇게 기도하십시오:

> "내 영혼이 바라보나이다
> 　주께서 저 저주받은 십자가에 달리셔서
> 　내 영혼을 위해 지셨던 그 짐을.

그리고 내 영혼의 죄가 거기에 함께 못 박히기를 소망하나이다.”

당신의 손을 들어서, 피 흘리시는 주님의 머리에 얹고, 이렇게 말하십시오:

“주의 사랑하는 머리 위에
나의 믿음의 손을 얹고서
내가 회개하는 자로 서서
나의 죄를 고백하나이다.”

주님의 십자가 앞에 앉아서, 당신의 마음이 움직여서 또다시 눈물이 흘러내리고 당신의 심장이 찢어지는 아픔을 느낄 때까지 주님을 바라보십시오. 그런 후에, 일어서서 이렇게 기도하십시오:

“주의 긍휼하심에 내 마음이 녹아져서 나는 땅에 엎드러져
내게 베푸신 긍휼을 찬양하며 눈물 흘린다네.”

죄인이여, 당신이 십자가 앞에 당신 자신을 던지기만 한다면, 당신은 결코 멸망당하지 않게 될 수 있습니다. 당신이 당신 자신을 구하고자 한다면, 당신은 죽게 될 것입니다. 당신이 온통 검고 더러우며 지옥에 떨어질 만하고 온갖 해악을 받을 만한 지금의 당신의 모습 그대로를 가지고 십자가 앞에 나아오기만 한다면, 당신은 살게 될 것입니다. 나는 주님의 인질이기 때문에, 만일 주님이 그렇게 하는 당신을 구원하지 않으신다면, 내가 심판 날에 이 문제에 대하여 책임을 지게 될 것입니다.

내가 이 주제에 대하여 지금 말씀을 전할 수 있는 것은 내 자신이 직접 나의 주님을 그런 식으로 경험했기 때문입니다. 아주 어릴 때에 나는 범죄했고, 아이 때에 나는 반역했으며, 청년 때에 나는 정욕과 헛된 것들에 휩쓸려 방황했습니다. 그때에 주님은 나로 하여금 내가 얼마나 큰 죄인인지를 느끼게 해주셨기 때문에, 나는 내 삶을 고치고자 했고, 이 문제를 바로잡고자 했지만, 상태는 더 악화되어 갔습니다. 마침내 나는 “땅의 모든 끝이여 내게로 돌이켜 구원을 받으라”(사 45:22)는 말씀을 듣게 되었습니다. 그리고 나는 예수를 바라보았습니다. 나

의 구주여, 당신은 나의 아픈 양심을 편안하게 해주셨고, 당신은 내게 평안을 주
셨으며, 당신은 나로 하여금 이렇게 말할 수 있게 해주셨습니다:

> "나는 지금 죄로부터 자유함을 얻어 활보하고 다니네.
> 내 구주의 피가 내게 온전한 자유를 주셨다네.
> 사랑하는 주님의 발 앞에 나의 영혼을 누였네.
> 죄인이 구원 받아 충성을 맹세한다네."

오, 내 심령은 주님을 사모합니다. 주님을 전혀 알지 못했던 당신이라고 할
지라도, 당신이 주님의 사랑을 맛볼 수 있게 되기를 빕니다. 한 번도 회개한 적이
없었던 당신이라고 할지라도, 당신이 이제 당신의 마음을 녹어줄 수 있는 성령
을 받으시기를 빕니다. 진실로 회개하고자 하는 당신이라면, 지금 주님을 바라
보십시오. 다시 한 번 엄숙히 선언합니다. 나는 이 아침에 하나님 대신에 당신에
게 붙잡혀 있는 인질입니다. 당신은 내 삶이 끝날 때까지 내게 빵과 물만 먹여 주
시면 됩니다. 그러면, 여러분 중에 한 사람이라도 그리스도를 구했는 데도 그리
스도께서 그 사람을 거절하셨다면, 나는 그 책임을 영원토록 짊어지겠습니다.
어떤 사람이 그리스도를 찾았는데, 그리스도께서 그 사람을 거절하는 일은 절대
로 일어날 수가 없습니다. 주님께서는 말씀하십니다: "내게 오는 자는 내가 결코
내쫓지 아니하리라"(요 6:37). 주님은 자기를 의지해서 하나님께로 나아오는 자
들을 끝까지 구원하실 수 있는 분입니다. 전능하신 하나님께서 여러분에게 복
주셔서, "우리의 이 서투른 입술과 더듬거리는 혀가 무덤 속에서 침묵할 때에"
우리가 저 천국에서 다시 만나서, 우리를 속량하신 사랑과 우리를 위해 흘리신
피와 우리를 구원하신 예수의 능력을 지금보다 더 마음껏 찬송할 수 있게 하시
기를 빕니다.

제
19
장

—

지극한 기쁨

—

"그가 영원토록 지극한 복을 받게 하시며 주 앞에서 기쁘고
즐겁게 하시나이다." — 시 21:6

여러분은 "슬픔의 사람"(사 53:3, 한글개역개정에는 "질고를 아는 자"로 되어 있음)에 관한 설교를 아주 많이 들어오셨을 것입니다. 그러나 단언컨대, 여러분은 그분에 대해서 아직도 충분히 들으신 것이 아닙니다. 이 시간부터 죽는 날까지 매 주일마다 그분에 대하여, 그리고 그분의 고난들에 대하여 듣는다고 해도, 여러분은 그런 주제의 설교에 싫증을 느끼지 않을 것입니다. 여러분은 주님이 겪으신 고난들에 관한 이야기를 듣거나 주님의 고난들 속에서 주님과 교제를 나눌 때에 여전히 아주 큰 기쁨을 느낄 것입니다. 왜냐하면, 주님께서는 친히 고난을 겪으시고 죽으심으로써 여러분을 구속(救贖)하셔서 자기에게로 부르셨기 때문입니다. 하지만 여러분은 "기쁨의 사람"에 관한 설교를 들어보신 적이 없을 것입니다. 나는 하나님의 기름 부음 받으신 자 예수 그리스도를 감히 그렇게 부르고자 합니다. 우리는 주 예수 그리스도께서 지니고 계셨던 행복에 대해서는 별로 묵상하지 않습니다.

예수께서 "십자가를 참으사 부끄러움을 개의치 아니하신" 것은 "자기 앞에 있는 기쁨"을 바라보셨기 때문이라는 것(히 12:2)을 기억하십시오. 기쁨을 기대하는 것 자체가 기쁨입니다. 장차 있게 될 상급(賞給)의 빛이 우리 주님의 매일매일의 길 위를 비추었고, 그 길을 영광스러운 소망으로 빛나게 만들었습니다.

죄는 슬픔의 어머니인데, 예수께서는 "죄를 알지도 못하셨습니다"(고후 5:21). 양심은 주님을 결코 움츠러들게 만들지 못하였고, 가책(苛責)은 주님의 마음을 결코 찌르지 못하였으며, 악의와 시기와 불만이 주님의 심령을 결코 갉아먹지 못하였습니다. 주님은 사람들로부터 멸시를 받으시고 배척을 당하셨을 때에도 여전히 평화의 왕이셨습니다. 주님의 슬픔은 깊었지만, 그럼에도 불구하고 여전히 우리는 나사렛 예수를 가장 행복한 사람들 중의 한 사람으로 꼽을 수 있습니다. 육신적인 사람들이 아주 소중히 여기는 가슴이 터질 것 같은 분출하는 기쁨 같은 것은 주님께 없었지만, 이루 헤아릴 수 없이 귀한 깊은 평안과 고요한 만족이 주님께 있었습니다. 주님이 누리신 기쁨은 헤롯의 궁정이나 큰 부자들의 사교 모임이나 가이사의 사치스러운 연회에나 어울릴 법한 그런 환락(歡樂)이 아니었습니다. 그러나 주님께는 아버지 하나님이 늘 자신의 기도를 들어주신다는 것을 아셨을 때에 하나님의 아들로서 누리는 기쁨, 자신의 모든 말과 행위가 타락한 인류에게 복이 되고 있음을 아셨을 때에 구주(救主)로서 누리는 기쁨이 있었습니다. 주님은 아버지 하나님의 뜻을 행하고, 자신의 자비로운 마음의 뜻을 실천하시면서 지극한 기쁨을 느끼셨습니다. 주님은 아주 강력한 결단으로 가득차 계셨기 때문에, 자기에게 맡겨진 길로부터 자신의 마음을 돌이켜 놓고자 하는 온갖 세력을 다 때려눕히시고 승리하실 수 있으셨습니다. 주님은 모든 것을 이러한 하나님의 뜻에 복종시키는 것에서 지극히 만족을 얻는 무한한 사랑을 느끼셨습니다. 사실, 주님께는 자신의 섬김의 사역에 필수적이었던 슬픔들의 와중에서도 그 슬픔들을 짊어지는 만족이 있었고, 자신의 큰 뜻을 이루기 위해 필수적이었던 저 깊은 고뇌를 통과하는 기쁨이 있었습니다.

　사람은 그리스도의 마음속에 충만하였던 그런 인자하심으로 충만할 수 없고, 도리어 철저하게 비참할 수밖에 없습니다. 자기를 돌아보지 않는 이타적인 마음은 반드시 기쁨을 가져다줍니다. 사람은 소경의 눈을 뜨게 해줄 수 없고, 귀머거리를 고쳐줄 수 없으며, 다리를 저는 자로 뛰게 할 수 없고, 나병환자를 고칠 수 없으며, 죽은 자를 다시 살릴 수 없기 때문에, 사람에게 그 어떤 위로도 줄 수 없습니다. 또한, 그렇게 많은 열기를 발산하는 해가 거대한 얼음 덩어리가 된다고 가정해 보십시오. 복(福)의 거센 물줄기들을 뿜어내는 샘은 스스로 생기를 지니고 있고, 우리는 그것을 확실하게 느낍니다. 무시무시하게 파도치는 바다 아래의 동굴들 속에 많은 진주들이 있듯이, 주님의 거룩한 영혼의 바다에 무시무시한 태풍들이 휘몰아쳐와도, 주님의 마음에는 지극히 큰 기쁨이 거하고 있었습니다. 선을 행하는 것과 선을 행하는 기쁨은 서로 분리될 수 없습니다. 우리의 구주께서는 그 기쁨을 한량없이 지니고 계셨습니다. 자신을 돌아보지 않고 전적으로 남들의 유익을 위해 살아가는 삶 속에는 기쁨이 있습니다. 예수께서는 이 기쁨을 잔에 가득 차게 마셨습니다. 비록 슬퍼하고 통곡함으로써만 이루어낼 수 있다고 할지라도, 대의(大義)를 이루어내는 기쁨이 있습니다. 바로 그러한 기쁨도 우리의 구속주께서는 아셨습니다. 바울이 "근심하는 자 같으나 항상 기뻐하고"(고후 6:10)라고 말했던 저 불가사의(不可思議)는 예수 안에서 완벽하게 설명되었습니다.

나는 우리 주님이 이 땅에서 지니셨던 기쁨에 대해서는 더 이상 말씀드리지 않고, 본문과 직접적으로 관련이 있는 기쁨, 즉 하나님이자 사람이셨던 그리스도 예수께서 하늘에서 지금 이 순간에 누리고 계시는 지극한 기쁨에 대해서 잠깐 살펴보고자 합니다. 예수께서는 영광을 받으시고 승천하셨고, 믿음의 눈은 예수께서 영원히 높아지셔서 교회의 머리가 되심과 아울러서 교회를 통하여 만물의 머리가 되셔서 아버지 하나님의 오른편에 앉아 계시는 것을 볼 수 있습니다. 바로 그 자리에서 우리 주님은 지고(至高)한 기쁨으로 충만해 계십니다. 우리 주님은 죽기까지 순종하심으로써 아버지 하나님으로부터 무한한 지복(至福)의 삶을 상으로 받으셨습니다: "그가 생명을 구하매 주께서 그에게 주셨으니 곧 영원한 장수로소이다 주의 구원이 그의 영광을 크게 하시고 존귀와 위엄을 그에게 입히시나이다 그가 영원토록 지극한 복을 받게 하시며 주 앞에서 기쁘고 즐겁게 하시나이다"(시 21:4-6).

하나님으로서의 그리스도께서 누리시는 기쁨에 대해서는 내가 말씀드릴 필요가 없습니다. 왜냐하면, 그것은 그리스도의 신성(神性)과 관련된 것이기 때문입니다. 그래서 나는 신성과 인성을 지니시고 하나님과 사람 사이에 서 계시는 중보자로서의 그리스도에 대하여 말씀드리고자 합니다. 바로 그런 지위에서 그리스도께서는 죽은 자 가운데서 부활하시고 영광으로 들어가심으로써 지극한 기쁨을 누리고 계십니다. 그것은 자신의 일을 성공적으로 끝내신 기쁨입니다. 그 일은 그리스도께서 온 마음을 다하여 행하신 일이었고 자신의 존재 전체를 거신 일이었으며 그가 받으셔야 했던 세례였습니다. 그런 까닭에, 그리스도께서는 그 일이 이루어질 때까지 고생을 많이 하셨습니다. 이제 그 일이 이루어졌고, 고생은 끝났습니다. 그리스도께서는 율법에 순종하시기 위하여 또다른 일을 행하실 필요가 없으셨습니다. 그리스도께서는 우리의 죄책(罪責)으로 인하여 벌을 받으시기 위하여 또다른 극심한 고통을 짊어지실 필요도 없으셨습니다. 그리스도께서 "다 이루었다"(요 19:30)고 하신 것이 하나님이자 사람으로서 그가 행해 오셨던 수고의 종지부(終止符)였습니다. 그리스도께서는 또다시 피를 흘리실 필요도 없으셨습니다. 그리스도께서는 우리에게 "평화"를 가져다주시기 위하여 더 "징계"를 받으실 필요도 없으셨고, 우리를 낫게 하시기 위하여 더 "채찍"을 맞으실 필요도 없으셨습니다(사 53:5).

> "피에 젖은 창도 그만
> 십사가와 못들도 이제 그만.
> 그의 이름 앞에서 지옥터가 흔들리고
> 온 하늘이 경배하네."

그리스도의 보좌의 발판에는 "다 이루었다"는 글귀가 씌어져 있습니다. 그리스도께서 행하신 일이 다 이루어졌기 때문에, 그 일로 인한 모든 결과들은 확실하고, 그가 대신 죽으신 자들은 안전하며, 그는 자신의 피로 사신 것을 확실하게 얻으셨습니다. 그리스도께서는 한 치의 오차도 없이 다 이루셨기 때문에, 거기에는 일말의 실패도 있을 수 없습니다. 그리스도께서는 우리를 가로막고 있던 담을 허시고 그 돌들을 단 하나도 남김없이 다 치워 버리셨기 때문에, 우리가 그 돌에 걸려 넘어질 일은 전혀 없습니다. 그리스도께서는 자신에게 맡겨진 일을 너무나 완벽하게 이루셨기 때문에, 그 모든 것을 보실 때에 한없는 기쁨과 만족을 느끼십니다. 아버지 하나님은 그리스도께서 하신 영광스러운 일을 보시고 온전히 흡족하신 까닭에 그런 얼굴로 그를 바라보시기 때문에, "그가 … 주 앞에서 기쁘고 즐겁게 하시나이다"라는 본문은 완벽하게 성취되었습니다.

> "주께서는 그의 탄식과 눈물을
> 주의 연한(年限) 같은 무궁한 삶과
> 주의 것과 같은 무한한 영광으로 갚아 주시고
> 그의 영혼을 신령한 기쁨으로 충만하게 하시나이다."

이것이 전부가 아닙니다. 우리 주 예수 그리스도께서는 그 날 이후로 하나님께서 그를 인간에 대하여 값으로 따질 수 없고 헤아릴 수 없고 무궁한 복들의 근원이 되게 하신 것을 생각하고 기뻐하십니다. 본문의 첫 번째 구절은 "주께서는 그를 영원히 복들이 되게 하셨고"라고 읽을 수도 있습니다. 이것은 하나님께서 자기 아들 예수 그리스도 안에 복들의 샘을 여셨고, 그 샘에서 마실 사람들이 있는 한 그 샘은 결코 마르는 법이 없을 것이라고 말씀하고 있는 것입니다. 그리스도는 사람들에게 저주가 아니라 오로지 복일 뿐입니다. 그리스도는 한 가지 복이 아니라 모든 복입니다. 이 복들은 하나님께서 주실 수 있는 주된 선물들이고, 그리스도 예수 안에 영원히 있습니다. 전에 슬픔의 중심이었던 주 예수께서는 지금은 사랑과 은총과 도우심과 고치심과 축복과 기쁨과 천국을 비롯해서 "복"이라 불릴 수 있는 다른 모든 것들의 근원이 되셨습니다.

> "영원히 없어지지 않을 기쁨들이
> 물줄기처럼 쏟아져 오네
> 그 기쁨들은 주가 겪으신 슬픔들처럼
> 한없고 전에 없던 것들이라네."

복들이 단지 주 예수로부터 올 뿐만 아니라, 주 예수 자신이 바로 복들입니다. 예수 그리스도는 그 자신이 영원토록 복들입니다. 찬송 받으시기에 합당하신 주님, 우리는 지금 즉시 모든 것을 멈추고서 당신을 경배하고 찬송합니다! 다름 아닌 자기 자신이 자기 백성을 위한 모든 복의 중심이라는 사실은 우리 주님을 지극히 기쁘시게 만듭니다. 충만한 복이 우리 주님 안에 있습니다. 가엾은 죄인이여, 당신이 필요로 하는 복들 중에서 예수께서 가지고 계시지 않은 것은 하나도 없고, 예수께서는 그 복들을 바로 당신을 위해서 가지고 계십니다. "아버지께서는 모든 충만으로 예수 안에 거하게 하시고"(골 1:19). 사랑하는 하나님의 자녀인 당신에게 필요한 복들 중에서 우리 주님께서 당신에게 주시고자 하지 않으시는 것은 하나도 없습니다. "우리가 다 그의 충만한 데서 받으니 은혜 위에 은혜러라"(요 1:16). 그 "충만"은 과거에도 결코 줄어드는 법이 없었고 앞으로도 영원토록 결코 줄어들지 않고 언제나 원래 그대로 있을 것입니다.

> "죽임을 당하신 사랑하는 어린 양, 당신의 보배로운 피는
> 그 권능을 잃는 법이 없을 것이라네.
> 속함 받은 하나님의 교회가 다 구원을 받아
> 더 이상 범죄함이 없을 때까지."

하나님께서 여러분을 다른 사람들에게 복 주시는 통로로 삼으실 때마다, 여러분은 행복하지 않으십니까? 그렇습니다. 여러분은 각자의 믿음 분량에 따라서 분명히 행복을 느낄 것입니다. 그렇다면, 자기에게 나아오는 모든 사람들에게 복의 근원들 중의 근원이시고 복의 중심들 중의 중심이신 그리스도께서는 얼마나 지극한 기쁨을 느끼시겠습니까? 하나님께서는 그리스도를 다른 모든 사람들과는 비할 바 없게, 그리고 다른 모든 사람들을 다 합친 것보다 더 영원히 "복" 자체가 되게 하셨습니다. 그러니, 그리스도께서 기쁨으로 충만하시는 것이 당연하지 않겠습니까?

우리 주님은 그 이상의 기쁨을 만드셨습니다. 그리스도께서 여러분에게 "네 주인의 즐거움에 참여할지어다"(마 25:21)라고 말씀하실 때에 여러분이 그 말씀에 순종할 수 있기 위해서, 그리스도의 기쁨에 대하여 많이 생각해 보시기를 바랍니다. 바로 이 시간에 그리스도의 기쁨이 여러분 속에 있어서, 여러분의 기쁨이 충만해질 수 있습니다. 예수께서는 여러분의 슬픔에 함께 하시는데, 여러분은 그의 기쁨에 함께 하지 않으시겠습니까? 우리가 기뻐하는 자들과 함께 기뻐하는 것이 마땅하기 때문에, 특히 우리 영혼의 신랑이신 그리스도와 함께 기뻐하는 것은 더더욱 마땅한 일이 아니겠습니까? 그리스도의 기쁨을 이루는 것 중의 하나는 이것입니다. 그리스도께서는 자기에게 나아오는 한 영혼 한 영혼의 회심과 위로와 칭의와 구원을 기뻐합니다. "죄인 한 사람이 회개하면 하나님의 사자들 앞에 기쁨이 되느니라"(눅 15:10). 이 본문을 가지고 말씀을 전하는 거의 모든 사역자들은 죄인이 회개하면 천사들이 기뻐한다는 이 틀림없는 하나님의 진리의 말씀에 만족합니다. 천사들이 기뻐한다는 것은 의심의 여지가 없습니다. 그러나 본문은 우리에게 그렇게 말씀하지 않고, "하나님의 사자들 앞에서 기쁨이 있느니라"(KJV)고 말씀합니다. 이것은 기쁨이 있고, 거기에 천사들이 있다는 것입니다. 천사들은 그리스도의 얼굴을 바라보고 있다가, 속량함을 받은 자들이 은혜로 말미암아 새로워질 때 그리스도의 마음을 가득 채우는 기쁨을 본다는 것입니다.

천사들은 죄인들이 자신의 잘못된 길에서 돌이킬 때에 성부와 성자와 성령을 충만하게 하는 기쁨을 봅니다. 지금 이 순간에 한 죄인이 자신의 죄를 깨닫고서 신속하게 십자가로 피하고 있다면, 그는 그리스도를 행복하게 해드리고 있는 것입니다. 그 죄인이 지금 무릎을 꿇고서 "하나님, 이 죄인에게 긍휼을 베풀어 주옵소서"라고 울며 부르짖고 있다면, 그의 그 부르짖는 기도는 그의 사랑하는 구주의 마음에 울리는 노래와 같습니다. 그 회개하는 죄인이 저 큰 속죄에 자신을 내맡기고 예수의 희생 제사를 의지할 때, 예수의 마음은 자신의 수고에 대한 무한한 상급 중 일부를 받으시는 것이기 때문에, "그가 자기 영혼의 수고한 것을 보고 만족하게 여길 것이라"(사 53:11)는 약속의 말씀이 어느 정도 성취되는 것입니다. 여러분은 이 말씀 속에 함축된 의미심장한 비유의 의미를 아실 것입니다. 즉, 그리스도의 영혼은 죄인들의 영혼을 위하여 산고(産苦)를 겪는 여인처럼 몹시 괴로워하고 고통스러워하였다는 것이고, 죄인들이 새 사람으로 거듭나서 영생을 얻게 되는 것은 그리스도의 영혼이 겪은 그러한 수고의 결과라는 것입니다. "여자가 해산하게 되면 그 때가 이르렀으므로 근심하나 아기를 낳으면 세상에 사람 난 기쁨으로 말미암아 그 고통을 다시 기억하지 아니하는"(요 16:21) 것과 마찬가지로, 구주께서는 자신의 사랑하는 자들 중 한 사람이 거듭나서 자기 백성이 될 때에 그 기쁨이 너무 커서, 자기가 저 참혹한 나무에 달려 죽은 것에 대하여 차고 넘치는 보상을 받았다고 느끼신다는 것입니다. 오, 한 영혼이 돌아올 때에 그리스도께서 느끼시는 기쁨은 이루 말할 수 없습니다! 성도 여러분, 그 기쁨이 어떠할지를 생각해 보시고 깊이 묵상해 보십시오. 여러분은 지금 당장이라도 그리스도의 마음을 이루 말할 수 없는 기쁨으로 벅차오르게 해드릴 수 있습니다. 사랑하는 성도 여러분, 여러분은 죄 가운데서 살아 오셨고, 나는 여러분이 장차 죄 가운데서 죽게 되지 않으시기를 바랍니다. 여러분을 진정으로 위하는 사람은 아무도 없고, 여러분은 무관심 속에 내버려져 있다고 느낍니다. 여러분은 지금 여기에 앉아 계시면서도 "내 영혼을 돌보는 이는 아무도 없어"라고 탄식하고 계십니다. 그러나 예수께서 여러분을 돌보십니다! 여러분이 예수께 나아오신다면, 여러분은 사랑으로 넘치는 예수의 마음을 기쁨으로 충만하게 해드리게 될 것입니다. 여러분이 죄 사함 받고 새롭게 되고 구원 받게 되면, 그것은 그리스도께서 영으로 기뻐하고 즐거워하시게 해드리는 것입니다. 여러분은 어떻게 생각하십니까? 영광의 그리스도께서 여러분을 소중히 여기시는데, 여러분이 자기 자신을 하찮게 여기거나 절망에 빠져서야 되겠습니까?

또한, 나는 영광의 주께서 자신의 구원 받은 백성의 모든 행사(行事)들 속에서 큰 기쁨을 발견하신다는 것을 믿습니다. 우리 주님은 그를 믿는 자기 백성 중 한 사람이 "그리스도를 위하여 받는 수모를 애굽의 모든 보화보다 더 큰 재물로 여기는"(히 11:26) 것을 보실 때마다 기뻐하십니다. 그리스도께서는 자신의 피로 씻음을 받은 한 심령이 자신의 가르침을 굳게 믿고서 거짓된 가르침을 거부하거나 불의한 일을 행하기를 거부하는 것을 보실 때마다 자신의 제자로서의 본분을 다하는 그 심령에 대하여 기뻐하십니다. 우리 주님은 여러분이 어떻게 하면 주님을 높여드릴 수 있을까를 궁리하는 것을 보실 때, 여러분이 스스로를 부인하는 것을 보실 때, 여러분이 기도하며 열심을 보이며 활발히 일하며 영적이며 사랑하는 것을 보실 때마다 크게 기뻐하십니다. 여러분이 우리 주님을 온 마음을 다하여 사랑할 때, 주님은 기뻐하십니다. 여러분이 어린아이 같이 주님을 의지하고, 여러분에게 주어진 작은 빛을 따라서 더 큰 빛을 찾기 위해 애쓰고, 주님과 그 나라가 임하기를 간절히 대망하고, 여러분의 서투른 말로 다른 사람들에게 주님의 사랑을 전할 때, 우리 주님은 한량없는 기쁨으로 이 모든 것들을 바라보십니다. 이러한 것들은 만약 주님이 심지 않으셨다면 여러분의 동산에서 자라날 수 없었던 꽃들입니다. 정직하고 참되고 거룩하며 하늘에 속하고 그리스도를 닮은 어떤 것이 있다면, 그것은 모두 주님의 역사(役事)이기 때문에, 주님께서 그것을 보고 기뻐하시는 것은 당연합니다. 물론, 나는 여러분이 주님께서 여러분의 모습을 보실 때에 많이 슬퍼하시고 속상해하실 것이라고 생각한다는 것을 압니다. 그리고 나도 그럴 것이라고 생각합니다. 그러나 주님은 "우리의 체질을 아시며 우리가 단지 먼지뿐임을 기억하십니다"(시 103:14). 하지만 주님은 자신의 영이 우리 안에서 역사하여 맺은 열매를 보실 때에 큰 기쁨으로 그것을 바라보시고, 황송하게도 그것을 계속해서 기뻐해 주십니다.

또한, 내가 여기에서 온유하고 부드럽게 말씀드리자면, 우리 주님은 자기 백성이 거룩한 고난들을 받는 것을 보실 때에 기뻐하신다고 나는 믿습니다. 그들이 인내로써 고통을 감내하고, 그들의 침상에서 그의 이름을 찬송하며, 불 가운데서 그를 찬미하고, 죽으러 가면서도 사도신경의 마지막 조항에 나오는 "영원히 사는 것을 믿사옵나이다"라고 조용히 읊조리며, 마치 두려움을 모르는 자들처럼 처신하는 것을 보실 때, 주님은 기뻐하십니다. 그들이 그 어떤 해(害)도 두려워하지 않고 오직 영원하신 그리스도만을 의지한 채로 죽음 속으로 걸어들어갈 때, 예수께서는 그들이 자기가 가르친 교훈을 너무나 잘 배워 익힌 것을 보시고서 기뻐하십니다. 그들이 "목욕장에서 나오는 양 같이"(아 4:2) 요단 강 저편에 나타날 때, 그들이 "티나 주름 잡힌 것이나 이런 것들이 없이"(엡 5:27) 주님의 보좌 앞에 나타날 때, 빛나는 자들이 주님 앞에 나아와서 그의 발 앞에 그들의 면류관을 드릴 때, 그들이 그들을 사랑하셔서 그들의 죄를 자신의 보배로운 피로 씻어주신 주님께 한 목소리로 찬송하여 "할렐루야"를 외칠 때, 왕이신 주님께서는 지극히 기뻐하십니다.

자기 백성이 기뻐할 때에 우리 주님이 얼마나 기뻐하시는지에 대해서는 나의 혀로는 여러분에게 그것을 어떻게 다 표현할 수가 없습니다. 하늘에 속한 기쁨은 그리스도로부터 오고, 성도들의 기쁨은 그리스도께로 흘러들어갑니다. 그리스도께서는 속량함을 받은 모든 자들에게 지극한 기쁨을 주시고, 그들이 그 사랑에 감격하여 그들의 구원을 오직 그리스도께 돌릴 때에 그들로부터 그 지극한 기쁨을 다시 돌려받습니다. 지금 이 순간 그리스도는 천국의 중심이시고 복된 자들 중에 복된 자이시며 저 복된 무리의 찬송 받으시기에 합당하신 인도자이시고, 앞으로 "나아가서 이기고 또 이겨서" 마침내 싸움을 끝내고 칼을 칼집에 꽂고 주님의 승리에 동참한 저 승리의 군대의 개선장군이십니다. 그들은 여호와께 "주께서 그로 주 앞에서 지극히 기쁘고 즐겁게 하셨나이다"(KJV)라고 외치고, 그들 자신이 그 즐거움에 동참합니다.

여기까지가 오늘 설교의 서론입니다. 이 주제는 이렇게 길게 얘기하는 것이 마땅할 것이기 때문에, 나는 서론이 길었던 것에 대하여 사과할 필요는 없을 것입니다. 서문이 길었던 반면에, 설교의 본론은 상대적으로 짧을 것이고, 나는 이 설교의 본론이 여러분에게 감미로울 것이라고 믿습니다. 오늘의 설교의 주제는 이것입니다. 나는 주의 백성이 그리스도의 이 기쁨 속으로 들어가서서, 주의 백성은 한 사람 한 사람이 다 왕이기 때문에, 본문이 각 사람에게 이루어지기를 바랍니다. 나는 지금까지 우리 주님의 기쁨이 어떤 것이었는지를 여러분에게 설명해 왔지만, 나의 설명은 그다지 만족스러운 것이 아닙니다. 그러나 여러분이 그 기쁨에 동참하고자 애써 주신다면, 여러분은 나의 부족함을 메워 주실 수 있을 것입니다. 성령께서 여러분을 도우시기를 빕니다!

1. 첫째로, 기쁨은 성도들에게만 주어지는 특권입니다.

"이스라엘이여, 너는 행복한 사람이로다"(신 33:29). "의인이여 너희는 여호와로 말미암아 기뻐하며"(시 97:12). 우리와 하나님의 사이가 아무런 문제가 없고 모든 것이 좋은데, 우리는 왜 기뻐하지 않는 것입니까? 만약 우리가 하나님을 대적하여 반기를 들은 후에 결코 회개한 적도 없고 화해가 이루어진 적도 없다면, 우리는 비참할 수밖에 없습니다. 하나님과의 관계에 잘못되어 있는 사람은 자기 자신과의 관계에도 잘못되어 있을 수밖에 없습니다. 그러나 우리는 하나님께 가까이 가 있고, 양자(養子)로 받아들여져서 하나님의 권속이 되었으며, 그리스도의 보배로운 피로 말미암아 하나님과 화목을 이루게 되었고, 하나님의 풍성하신 은혜를 따라 죄 사함을 얻었습니다. 그런데도 우리는 기뻐하지 않아야 합니까? 사랑하는 심령들이여, 여러분과 하나님 사이에는 그 어떤 다툼이나 불화가 없습니다. 예수 그리스도로 말미암아 평화가 이루어졌습니다. "모든 지각에 뛰어난 하나님의 평강이 그리스도 예수 안에서 너희 마음과 생각을 지키시리라"(빌 4:7). 여러분이 행복할 권리를 가지고 있지 않다면, 도대체 누가 그런 권리를 갖고 있는 것입니까? 질서가 잘 잡힌 나라에서는 왕에게 우호적인 사람들은 왕의 신하들이 되어 기뻐할 권리를 가집니다. 마찬가지로, 하나님의 나라에서도 하나님과 화목하게 된 사람들이 천국의 조신(朝臣)들 중에서 가장 행복한 사람들이 되는 것은 당연하고 옳은 것으로 보입니다. 우리는 즐거워하고 기뻐하는 것이 마땅합니다. 우리는 이 권리를 사용함으로써, 바로 이 좋은 시간에 기쁨의 성령께서 역사하셔서 우리를 기쁘게 해주실 수 있게 해야 합니다.

신자들은 하나님과의 관계가 올바르게 되었다는 사실 외에도 많은 점에서 현재적인 위로들을 지니고 있습니다. 은혜는 그들에게 그때그때 기쁨을 선사합니다. 나는 우리가 방금 부른 찬송가 중에서 이런 소절을 좋아합니다:

> "시온의 언덕은
> 수많은 거룩한 즐거움들을 선사한다네.
> 우리가 천국의 들녘에 이르거나
> 황금길을 걷기 전에도."

만약 내가 이 설교를 통해서 그리스도인들을 기쁘게 해주는 모든 일들을 다 열거하고자 한다면, 한없이 그 목록을 만들어가야 할 것입니다. 그렇다면, 내가 어디에서 시작하는 것이 좋겠습니까? 일단 시작하였다면, 내가 어디에서 끝을 내야 좋겠습니까? 사랑하는 형제들이여, 내가 감히 말하건대, 여러분은 자신의 슬픔을 다 헤아릴 수 있습니다. 여러분은 그 슬픔들을 금방 다 셀 수 있습니다. 그러나 여러분의 기쁨들을 마찬가지로 신속하게 헤아려 보십시오. 왜 여러분은 자신의 기쁨들에 대해서는 신속하게 헤아릴 수 없으십니까? 여러분이 받은 은혜들을 줄줄이 한 번 읊어 보십시오. 그 은혜들이 "아침마다 새롭고," "주의 성실하심"이 지극히 "크지" 않습니까(애 3:23)? 형제들이여, 하나님께서 우리를 위해 이렇게 많은 일을 행하셨으니, 우리는 기뻐할 수밖에 없습니다! 하나님은 언제나 그의 크신 선하심으로 우리를 깜짝깜짝 놀라게 해오셨습니다. 만약 내가 35년 전에 지금 이 시간에 지니고 있는 분깃을 은혜의 언약 속에서 지니고 있다고 확신하였다면, 나는 너무나 기뻐서 기절했을 것이라고 생각합니다. 내가 죄의식에 사로잡혀 있었을 때, 만약 죄 사함에 대한 확신이 내게 있었다면, 나는 너무 기뻐서 그 기쁨을 도저히 억누를 수가 없었을 것입니다. 내가 나의 죄악들로 인해서 하나님의 징계하시는 손길 아래에 있었을 때, 만약 내가 하나님이 내게 그 얼굴을 돌리셔서 웃어주시고 나를 그의 자녀로 삼으셔서 내게 사역을 맡겨주시고 그의 놀라운 은혜를 사람들에게 전할 수 있는 큰 특권을 내게 허락하고자 하신다는 것을 알았더라면, 나는 그것이 내게 너무나 큰 기쁨이어서 그 기쁨으로 인해서 나를 주체할 수 없었을 것이라고 진정으로 믿습니다. 그렇지만 지금 이 순간 나는 하나님이 내게 베푸신 이루 말할 수 없는 긍휼로 인하여 내가 마땅히 기뻐해야 하는 것의 절반도 기뻐하고 있지 못합니다. 이것을 여러분 자신에게 적용해 보십시오. 만약 여러분이 지금 알게 된 것을 20년 전에 알았다면, 그때에 여러분이 어떠하였을지가 상상이 되십니까? 만약 여러분이 50년 내지 60년 전에 하나님께서 여러분이 계속해서 하나님을 기뻐하며 80살 가까이 살게 될 것임을 여러분에게 계시해 주셨다면, 여러분은 이렇게 말하였을 것입니다: "아닙니다, 난 아닙니다. 나는 그러기 오래 전에 원수의 먹이가 될 것입니다. 나는 그러기 오래 전에 외식하는 자였다는 것이 밝혀지게 될 것입니다." 여러분은 하나님께서 실제로 여러분을 위해서 그렇게 많은 역사(役事)를 행해 오셨다는 것을 믿지 않았을 것입니다. 여러분의 하나님에게서 그가 마땅히 받으셔야 할 찬송들을 도둑질하지 마십시오. 여러분의 왕에게서 그가 마땅히 받으셔야 할 영광을 속여 빼앗지 마십시오. 아무 일에도 결코 안달하거나 초조해하지 마시고, 늘 하나님을 기뻐하시고 또 기뻐하십시오. 그것은 하나님이 정하신 것이기 때문에, 우리는 그것을 지켜야 합니다. "여호와께서 우리를 위하여 큰 일을 행하셨으니 우리는 기쁘도다"(시 126:3). 나는 기도 모임에서 한 형제가 "여호와께서 우리를 위하여 큰 일을 행하셨으니 우리는 기뻐하기 원합니다"라고 기도하는 것을 들었습니다. 그 순간 나는 자리를 박차고 일어나서 그 형제의 멱살을 잡고, 성경을 펴서 그 구절을 다시 보여주며, 원래대로 되돌려놓으라고 말하고 싶었습니다. 그 형제가 성경의 말씀을 변형시켜서 "우리는 기뻐하기 원합니다"라고 기도했다고 해서, 그것이 무슨 문제가 되냐구요? 하나님께서 우리를 위해 큰 일들을 행하셨다면, 우리는 기쁜 것이고, 우리는 기뻐할 수밖에 없는 것입니다. 우리는 여호와의 이름을 찬송하는 것이지, 그렇게 하기를 원하는 것이 아닙니다.

　　또한, 우리 앞에는 밝은 미래가 있습니다. 우리는 대단한 것들을 물려받게 되어 있는 상속자들입니다. 하나님의 자녀들은 여름의 잎사귀들이나 꽃들처럼 지금 여기에서 긍휼들을 받을 뿐만 아니라, 하나님이 그를 사랑하는 자들을 위해 준비해 두신 것들이 가을의 열매들처럼 그들에게 준비되어 있습니다. 자, 잠시 천국을 생각해 보시고, 그 영광을 미리 맛보십시오. 잠시 여러분의 면류관을 써보시고, 여러분의 흰옷을 입어 보십시오. 여러분은 상상 속에서 손에 종려나무 가지를 들고, 마음속에서 새 노래를 부를 수 있지 않습니까? 여러분은 여러분이 머지않아 그렇게 하게 될 것을 압니다. 그때에 여러분이 하게 될 일을 생생한 소망을 가지고서 연습해 나가십시오. 여러분이 하나님의 곁에서 그와 함께 영원히 다스리게 될 저 영광스러운 때가 머지않아 올 것입니다. 지금 이 순간에도 천국에는 나 외에는 그 누구도 채울 수 없는, 나를 위한 자리가 마련되어 있습니다. 예수께서는 단지 자리들을 마련하시기 위해서가 아니라 바로 나를 위한 자리를 마련하시기 위해서 먼저 가셨습니다. 내가 아닌 다른 그 누구의 머리에도 맞지 않는 면류관이 거기에 있고, 내가 아닌 다른 그 누구의 혀로도 부를 수 없는 노래가 거기에 있습니다. 나도 머지않아 나의 면류관을 예수의 발 앞에 드리고, 예수 앞에서 할렐루야 찬송을 부르게 될 것입니다. 이것은 여기에 계시는 모든 신자들 한 사람 한 사람에게 다 해당되는 말씀입니다. 기뻐하십시오! 그렇습니다. 여러분의 온 힘을 다해 주 앞에서 기뻐하십시오! 형제들이여, 여러분은 여기 이 땅에서 많은 것을 가지고 있지 않지만, 후일에 모든 것을 갖게 될 것입니다. 여러분이 저 크고 두려운 광야를 조금만 더 전진해 나가면, 여러분은 가나안에 있게 될 것이고, 젖과 꿀이 흐르는 땅을 소유하게 될 것입니다. 그러므로 기뻐하십시오!

하나님의 자녀들은 모든 복들을 확보하였고, 그 복들을 결코 잃지 않을 것이라는 사실도 그들이 기뻐해야 할 또 하나의 이유가 됩니다. 하나님께서 그들에게 약속하신 그 복들을 그들에게서 빼앗아갈 자는 아무도 없습니다. 그들은 절대적으로 안전한 곳에 있습니다. 왜냐하면, 그들은 만세반석의 틈새들이라고 할 수 있는 그리스도의 상처들 속에 감춰져 있기 때문입니다. 그들은 결코 죽지 않을 것입니다. 왜냐하면, 그들은 영원토록 있을 그리스도의 몸의 지체들이기 때문입니다. 그들은 그리스도의 손 안에 있어서, 아무도 거기에서 그들을 낚아채갈 수 없습니다. "내가 그들에게 영생을 주노니 영원히 멸망하지 아니할 것이요 또 그들을 내 손에서 빼앗을 자가 없느니라"(요 10:28). 그러므로 탕자의 비유에 나오는 말씀처럼, "우리가 즐거워하고 기뻐하는 것이 마땅합니다"(눅 15:32). "그들이 즐거워하기 시작하더라"(눅 15:24, KJV). 나는 그 비유를 수없이 읽어 왔는데, 그들이 즐거워하고 기뻐하는 것을 그쳤다는 말씀이 그 비유 속에 나오는지를 살펴보았지만, 발견할 수 없었습니다: "그들이 즐거워하기 시작하더라." 사랑하는 친구들이여, 바로 이 시간에 즐거워하기 시작합시다. 그리고 우리가 살아 있는 동안에는 즐거워하는 것을 그치지 마시고, 영원토록 기뻐합시다. 우리가 기뻐하는 하나님이 계신 한, 기뻐합시다. 우리가 갈 천국이 있는 한, 기뻐합시다. 우리에게 모든 일에 대하여 확실하고 영원한 언약이 있는 한, 기뻐합시다. 우리가 존재하는 한, 주를 기뻐합시다.

2. 둘째로, 성도의 기쁨은 특별한 기쁨입니다.

하나님의 자녀들에게 주어진 특별한 기쁨은 하나님이 그들 속에서 역사하셔서 만들어 내신 기쁨입니다. "주께서 그로 지극히 기쁘게 하셨나이다." 나는 어떤 사람을 보았습니다. 그는 아주 기쁜 듯이 보였지만, 그가 자신의 기쁨을 내게 설명하기 시작하였을 때, 나는 그의 딸꾹질 하는 소리를 듣고서 그가 어디에서 그 기쁨을 얻었는지를 알았습니다. 그가 그 기쁨을 얻은 것은 독주를 마셨기 때문입니다. 너무나 창피한 일입니다! 나는 어떤 사람을 보았습니다. 그는 아주 기뻐하였지만, 나는 그가 기뻐하는 모습을 보았을 때에, 그에게 그 기쁨을 준 것은 그의 젊음이고 그의 건강이라는 것을 알았습니다. 그런 것들은 곧 사라져 버릴 것입니다. 그러나 하나님의 자녀들이 지닌 기쁨은 더 깊은 근원에서 나온 것입니다. 왜냐하면, 그들을 기쁘게 만드신 분은 바로 하나님이시기 때문입니다. 하나님은 상황이나 조건과는 상관 없이 사람의 마음의 은밀한 샘들을 만져 주실 수 있는 분이시기 때문에, 흔히 어떤 사람이 큰 고통 속에 있거나 극심한 가난 속에 있거나 이단 재판소의 재판관들의 마수(魔手)로 인해 고초를 겪고 있을 때에도 그 사람을 기쁘게 만드셨습니다.

성도들은 여름에는 마르지 않고 겨울에는 얼지 않는 샘에서 마십니다. 왜냐하면, 하나님이 만드신 것은 변함이 없기 때문입니다. "너희 기쁨을 빼앗을 자가 없으리라"(요 16:22). 하나님께서 여러분을 기쁘게 만드셨다면, 마귀가 여러분을 슬프게 할 수 없습니다. 하나님께서 여러분을 기쁘게 만드셨다면, 날씨나 여러분의 재산이나 건강이나 친구나 적이 여러분을 불행히게 만들 수 없습니다. "주께서 그로 기쁘게 하셨다"고 성경이 말씀하고 있다면, 그 사람은 진실로 기쁠 수밖에 없습니다. 사랑하는 자들이여, 나는 여러분 한 분 한 분이 오직 하나님께서 여러분에게 주시는 바로 그 기쁨을 갖게 되기를 바랍니다. 그것은 한 번 얻으면 아무도 빼앗아갈 수 없는 것이기 때문에, 여러분이 그 기쁨을 택하였다면 여러분은 마리아처럼 "이 좋은 편"(눅 10:42)을 택한 것입니다. 그 기쁨은 하나님으로부터 오고, 오직 하나님으로부터만 옵니다. 그리고 하나님께서 그 기쁨을 주시면, 그것은 영원히 여러분의 것이 됩니다. 왜냐하면, "하나님의 은사에는 후회하심이 없어서"(롬 11:29), 하나님은 한 번 허락하신 것을 다시 가져가시는 법이 없으시기 때문입니다. 그 기쁨은 온전하고 깊고 지속적이며 영원하기 때문에 가질 만한 가치가 있는 그런 기쁨입니다. 철학자들은 음악이 없어도 즐거울 수 있다고 사람들은 말합니다만, 그리스도인들은 분명히 외적인 위로나 낙(樂)이 없어도 하나님 안에서 기뻐할 수 있고, 심지어 자신의 재산에 손해를 보아도 기뻐할 수 있습니다. 그리스도인들은 손해조차도 이익이 되고 무거운 짐도 도움이 되는 행복한 사람들입니다.

우리가 본문에서 다음으로 살펴볼 것은 하나님이 자기 백성에게 주시는 기쁨은 평범한 기쁨이 아니라 지극한 기쁨이라는 것입니다. "주께서는 그로 지극히 기쁘게 하셨나이다." 그 기쁨은 기대를 뛰어넘고, 한계를 뛰어넘고, 다른 사람들의 기쁨을 뛰어넘고, 다른 그 어떤 원천에서 올 수 있는 그 어떤 기쁨도 뛰어넘는 기쁨이라는 것입니다. "주께서는 그로 지극히 기쁘게 하셨나이다." 어떤 사람은 자기가 부자가 되었다고 기뻐합니다. 그러나 하나님의 자녀는 하나님이 자기를 보고 웃어 주시면 지극히 기뻐합니다. 여기 어떤 사람은 마치 새들이 여름날에 단지 여름이라는 이유 때문에 즐거워하듯이, 자기가 아주 건강해서 자신의 피가 혈관 속에서 맥동하는 것을 느끼고서, 오직 그 이유만으로 즐거워합니다. 하지만 하나님의 백성들은 하나님이 그들을 포로생활에서 다시 본향으로 돌아오게 하시며 그들을 향하여 웃으실 때에 지극히 기뻐합니다. 나는 하나님의 사랑이 우리의 영혼에 부어질 때에 우리의 눈에서 어떻게 빛이 나고, 우리의 영혼 전체가 어떻게 지극한 기쁨으로 인하여 우리 안에서 춤추는지를 여러분에게 말씀드릴 수 있었으면 좋겠습니다. 나는 그것이 어떤 것인지를 그 어떤 말로도 표현할 수 없습니다. 그러나 여러분은 아마도 동일한 것을 느끼셨을 테니까, 분명히 짐작할 수 있으실 것이라고 믿습니다. 여러분이 그 기쁨을 느낀 적이 있으시다면, 분명히 여러분은 가이사의 제국이나 별들 가운데 있는 천사장의 보좌와도 그 기쁨을 바꾸지 않을 것입니다. 하나님께서 그 얼굴의 빛을 드셔서 자기 백성에게 비추실 때, 그것은 하나님이 그들 위에 내리시는 지극하고 영원하며 중한 영광입니다. 그럴 때에 그들은 "기쁨, 기쁨, 기쁨!"이라고 노래하게 됩니다. 이것은 내가 아는 것을 말하고, 내가 느낀 것을 증언하는 것입니다. 여러분도 그것을 아시게 되기를 빕니다. 여러분도 그것을 느끼시게 되기를 빕니다.

나는 세상 사람들이 우리 그리스도인들은 불쌍한 무리들이라고 생각한다는 것을 알고 있고, 사실 우리는 세상 사람들과 함께 있을 때에 너무나 자주 무엇보다도 우리의 가장 안 좋은 모습을 보이는 것이 아닌가 걱정이 됩니다. 나는 점포를 운영하는 많은 사람들이 너무 가난해서 자기 점포에서 가장 좋은 물건들을 진열장에 전시한다고 들었습니다만, 이것은 그리스도인들이 따르는 방식이 아닙니다. 도리어, 그리스도인들은 정반대입니다. 그들의 진열장에는 가장 형편없는 것들이 진열되어 있고, 그들이 지닌 가장 귀중한 물건들은 점포 안에 있습니다. 이 세상의 자녀들은 그들의 세대에서 다른 일들에서와 마찬가지로 이 점에서도 빛의 자녀들보다 더 지혜롭습니다. 나는 그리스도인들에게 그들의 진열장을 장식하는 데에 좀 더 신경을 써서 거기에 좀 더 좋은 물건들을 진열해 놓으라고 권하고 싶습니다. 여러분의 잿더미는 뒷마당에 가져다 두시고, 응접실에는 기쁨의 기름을 두십시오. 사람들로 하여금 하나님의 권속이 되면 큰 유익들이 있다는 것을 알게 하십시오. 그러나 우리가 행복하게 보이느냐(seem)와는 상관

없이, 나는 적지 않은 환난과 시련을 겪어온 자로서 이렇게 말씀드릴 수 있습니다: 예수를 믿는 우리는 행복한 사람들이고 부러움을 살 만한 사람들이라고(are) 말이죠. 모세는 "이스라엘이여 너는 행복한 사람이로다"(신 33:29)라고 말했고, 우리는 모세가 진실을 말했다는 것을 증언할 수 있습니다. 나는 지금의 저 외에 다른 어떤 사람이 결코 되고 싶지 않습니다. 나는 내가 누구를 믿어 왔는지를 아는 한, 내 자신의 운명을 내가 지금까지 보아 왔거나 들어 왔던 그 어떤 사람의 운명과도 바꿀 마음이 없습니다. 나는 그것에 대해서 말을 끝내고자 하지만, 여러분은 이것을 확신하실 수 있습니다: 하나님이 주시는 기쁨은 결코 평범한 보화가 아니라는 것입니다.

그러나 본문에 의하면, 이 기쁨은 한 가지 방식으로 우리에게 옵니다. "주께서는 그로 주 앞에서 지극히 기쁘게 하셨나이다." 여러분은 종종 친구의 얼굴 표정을 보고서 아주 기뻐하게 되지 않습니까? 나는 해나 달이나 별을 볼 때보다도 어떤 얼굴들을 볼 때에 마음에 더 큰 기쁨이 생겨난다는 것을 믿습니다. 나는 얼마 전에 한 사랑하는 얼굴을 보고서 기쁨을 가졌습니다. 그 사람은 지구 반대편에서 여러 날을 있어야 할 것이기 때문에, 나는 그 얼굴을 여러 날 볼 수 없게 될 것입니다. 또한, 여러분이 내게 와서 주께서 여러분을 위해 어떤 일을 행하셨는지를 얘기하며 주 안에서 기뻐할 때, 나는 여러분의 얼굴을 보며 얼마나 기뻐하겠습니까!"철이 철을 날카롭게 하는 것 같이 사람이 그의 친구의 얼굴을 빛나게 하느니라"(잠 27:17). 내 친구들 중에는 내가 그들을 볼 때마다 언제나 반나절 휴가를 받은 것 같은 여유와 기쁨을 주는 그런 얼굴을 하고 있는 친구들이 있습니다. 나는 이것이 여러분 모두에게 해당된다고 말하고 있는 것은 아닙니다. 왜냐하면, 돈키호테처럼 우수(憂愁) 어린 표정의 기사(騎士) 같은 사람들이 있어서, 그들의 얼굴에는 수심(愁心)이 가득하다는 것을 내가 알고 있기 때문입니다. 나는 그런 분들께 예수의 얼굴빛이 그들을 밝게 비출 때까지 그 얼굴을 바라보라고 권하고 싶습니다. 우리 중에는 거룩한 기쁨으로 차고 넘쳐서 그 얼굴만 보아도 마음이 상쾌해지는 그런 사람들이 있습니다. 자, 이제 내가 무엇을 말씀드리고자 하는지 알아맞혀 보십시오. 하나님의 얼굴이 어떻다는 것입니까? 친구를 보는 친구의 얼굴, 신부를 보는 신랑의 얼굴, 남편을 보는 아내의 얼굴, 자녀를 보는 아버지의 얼굴에는 기쁨이 번집니다. 그렇다면, 자신의 택하신 자들을 보시는 하나님의 얼굴은 어떤 것이겠습니까? 그것은 "내가 너와 화목되었고, 너의 죄는 제거되었다"고 말씀하는 듯이 보이는 얼굴입니다. 오, 그 얼굴을 보는 기쁨이란! 그것은 "내가 너를 지켜보고 있고, 너를 돌보고 있으며, 네게 미소를 보내고 있다"고 말씀하시는 듯이 보이는 얼굴입니다. 이것은 우리를 기쁘게 만드는 얼굴이 아닙니까? 주여, 당신은 나로 당신의 얼굴을 보고 기뻐하게 만드셨나이다. "'하나님이여 주의 생각이 내게 어찌 그리 보배로우신지요 그 수가 어찌 그리 많은지요'(시 139:17). 주께서는 내게 선을 베푸시기 위하여 끊임없이 주의 깊게 나를 생각하시며 지켜 보시나이다." 하나님께서 이렇게 자기 백성을 굽어보시는 얼굴을 보는 것은 우리에게 큰 기쁨이 됩니다.

하물며, 하나님께서 자기 백성을 인정하시는 얼굴을 보는 것에 대해서는 내가 굳이 무엇이라 말할 필요가 있겠습니까? 하나님께서 당신을 보시고서 "네가 잘 하고 있구나. 사람들은 너를 비난하지만, 나는 너를 인정한다. 나의 사랑하는 아들아, 너는 나의 뜻을 행하고 있는 것이다. 너는 사람들에게 욕을 먹으면서도 나를 따르고 있으니, 내가 네게 큰 상을 주리라"고 말씀하시는 것 같을 때, 그것은 당신을 지극히 기쁘게 만들고, 당신으로 하여금 사람들로부터 그 어떤 모욕을 받고 오해를 받더라도 참아낼 수 있는 용기를 갖게 만들어 줄 것입니다.

또한, 당신이 기도 가운데서 하나님 앞에 나아가 하나님께 간구하다가, 당신의 믿음이 저 영광스러운 얼굴, 예수의 얼굴을 알아보게 되었을 때, 당신의 마음은 이렇게 외칠 것입니다: "내가 받아들여졌어. 하나님이 내 기도를 듣고 계셔. 내가 원하는 것을 구하면, 그 일이 내게 이루어질 거야. 나는 외인(外人)처럼 기도하고 있는 것이 아니라, 자녀 같이 간구하고 있는 거야. 나는 내 아버지의 귀와 마음을 얻었고, 아버지의 얼굴은 나를 향하고 있어." 바로 그 시간은 당신에게 기쁨의 시간이 될 것입니다. 하나님께서는 당신의 기도를 듣고 계시고 응답하고 계십니다. 당신의 심장의 박동 소리는 노랫소리처럼 들릴 것입니다. 주께서 그의 택하신 자를 보시고, "내가 너를 영원한 사랑으로 사랑하여 왔고, 말로다 표현할 수 없을 정도로 너를 사랑하노라. 너에 대한 나의 사랑은 한이 없도다. 내가 나의 독생자를 사랑하듯이, 그렇게 나는 너를 사랑한다. 그리고 장차 시간이 더 이상 존재하지 않을 때에도 나는 너를 사랑할 것이다. 나는 너를 떠나지 않을 것이고 버리지도 않을 것이다"라고 말씀하실 때, 다시 한 번 우리의 마음은 기뻐하고, 우리의 영광은 즐거워할 것입니다. 우리는 우리의 육신이 소망 중에 안식하는 것을 두려워해서는 안 됩니다. 왜냐하면, 그때에는 우리가 살든지 죽든지, 우리의 마음은 하나님으로 충만해지기 때문입니다. 그때에 우리의 얼굴은 산에서 내려온 모세의 얼굴처럼 빛이 납니다. 천국 밖에는 하나님께서 우리를 사랑하신다는 것을 아는 지극한 기쁨에 비할 만한 기쁨이 없습니다. 그 기쁨은 여름에 포도를 가득 수확했을 기쁨과 같고, 나머지 다른 기쁨들은 여름이 끝나고 나서 "끝물 포도"를 거두었을 때의 기쁨과 같습니다.

여러분이 아시다시피, 나는 시간이 없어서 이 큰 주제를 자세하게 다룰 수는 없지만, 하나님의 백성에게 주어지는 기쁨은 지금까지 내가 말씀드린 그런 것입니다. 그 기쁨은 하나님이 나를 인정하신다는 것을 아는 분명한 인식에서 옵니다. 우리는 하나님과 함께 동행하여야 하고, 진심으로 하나님의 뜻을 따라야 합니다. 그렇지 않으면, 우리는 그런 행복을 소유할 수 없습니다. 하나님의 자녀는 "내가 살못되었어. 하나님이 나로 인해 슬퍼하시네"라고 느낄 때마다, 부모님에게 굿나잇 키스(goodnight kiss)를 할 수 없어서 살금살금 자신의 잠자리로 가는 아이와 같아서 그에게는 기쁨이 없습니다. 반대로, 하나님께서 사랑과 긍휼 가운데서 그에게 돌아오셔서, "내가 네 허물을 빽빽한 구름 같이, 네 죄를 안개 같이 없이하였으니 너는 내게로 돌아오라 내가 너를 구속하였음이니라"(사 44:22)고 말씀하시며, 그리스도 예수 안에서 우리에게 미소를 보내실 때, 우리는 시편 기자처럼 "주께서 나로 주의 얼굴을 보고 지극히 기뻐하게 하셨나이다"라고 말할 수 있습니다.

나는 더 이상 긴 시간 여러분을 붙들지 않고, 단지 신자에게 주어지는 이 기쁨은 많은 **통로들**을 통해서 그에게 주어진다는 것만을 말씀드리고자 합니다. 천국에는 많은 창문들이 있어서, 하나님께서는 그 각각의 창문을 통해서 자신의 택하신 자들에게 은택들을 부어 주십니다.

내가 이 시편의 한 부분을 읽겠습니다. "여호와여 왕이 주의 힘으로 말미암아 기뻐하며"(시 21:1). 여러분이 약할 때에 하나님 안에서 강해지는 것은 대단한 일입니다. 왜냐하면, 여러분이 강해질 때에 여러분은 행복해질 것이기 때문입니다. 하나님으로부터 오는 "힘"은 하나님으로부터 오는 "기쁨"을 수반합니다.

"왕이 … 주의 구원으로 말미암아 크게 즐거워하리이다"(시 21:1). 하나님의 구원, 우리를 구원으로 인도해 주는 택하심, 우리로 하여금 구원의 복들을 온전히 소유하게 만들어 주는 저 속량하심, 우리로 하여금 그 구원을 받아들이게 이끄는 효력 있는 부르심, 그 구원 속에서 우리를 굳게 붙드는 영원한 사랑 — 이 모든 것들로 말미암아 우리는 크게 즐거워하리이다!

다음으로, 기도에 대한 응답이 우리를 기뻐하게 만듭니다. "그의 마음의 소원을 들어 주셨으며 그의 입술의 요구를 거절하지 아니하셨나이다"(시 21:2). 어떤 사람이 루터처럼 "나는 이겼다. 하나님께서 내 송사를 들어주셨다"라고 말하며, 시은좌(施恩座)에서 나올 때, 하나님은 그 사람에게 얼마나 큰 기쁨을 주신 것이겠습니까!

"주의 아름다운 복으로 그를 영접하시고"(시 21:3). 하나님은 우리보다 앞서 가시고, 사랑에 있어서도 우리를 앞지르십니다. 여기에 기쁨의 또 하나의 원천이 있습니다. 그것은 하나님은 우리가 구하기도 전에 우리에게 긍휼들을 베풀어 주신다는 것입니다. 하나님께서는 그 긍휼들을 우리가 갈 길에 쌓아 두시고서, 우리가 그 자리에 도착하기 전에 우리를 위해 그 긍휼들을 거기에 준비해 두십니다. 다윗이 왕이 되었을 때, 그는 "나는 결코 왕이 될 생각도 안 했고 구하지도 않았고 애쓰지도 않았다"고 말했을 것이라고 나는 확신합니다. 우리 중에서 다수는 최고의 복들을 받았는데, 그 복들을 받고서 이렇게 말하였을 것입니다: "이 복이 왜 내게 주어졌지? 나는 그런 복을 받을 줄 꿈도 꾸지 않았는데. 이것은 내 계획에 없었어. 이것은 내가 가장 원하는 것들이라고 내 영혼에게 말할 때에 거기에 들어 있지 않았어. 주께서는 '주의 아름다운 복으로' 나를 영접하셨구나."

형제들이여, 이런 일들이 하나님의 백성으로 하여금 그들의 마음속에서 기뻐하게 만듭니다.

내가 마지막으로 여러분에게 드리고 싶은 말씀은 이것입니다: 주 안에서 기뻐하십시오. 나는 여러분에게 행복하지도 않은데 행복한 **시늉**을 하고 기쁘지도 않은데 기뻐하는 척하라고 하는 것이 아닙니다. 나는 여러분에게 여러분의 마음이 탄식하여야 할 것 같다고 느낄 때에 찬송하라고 하는 것이 아닙니다. 나는 여러분에게 기뻐할 이유가 있을 때에 기뻐하라고 하는 것입니다. 참되고 진실하게 여러분의 마음을 표현하시되, 그리스도의 학교에서 가르침을 받아서 진실이 무엇인지를 배운 심령에서 나오는 진실된 표현을 사용하십시오. 여러분의 감정은 진리를 따르게 하고, 여러분의 마음의 상태는 영원토록 변함없는 사랑을 따르게 하십시오. 그렇다면, 진실은 무엇입니까? 진실은 이것입니다: "여호와여 주께서 전에는 내게 노하셨사오나 이제는 주의 진노가 돌아섰고 또 주께서 나를 안위하시오니 내가 주께 감사하겠나이다"(사 12:1). 내가 주를 찬송하지 않는다면, 벽에서 대들보가 나를 대적하여 소리칠 것입니다. 내가 주를 기뻐하지 않는다면, 나는 내 자신의 양심을 배반하는 자가 되고, 내 자신의 확신을 속이는 자가 될 것입니다. 왜냐하면, 주께서는 "나를 기가 막힐 웅덩이와 수렁에서 끌어올리시고 내 발을 반석 위에 두사 내 걸음을 견고하게 하시고"(시 40:2) "새 노래 곧 우리 하나님께 올릴 찬송을 내 입에 두셨기"(시 40:3) 때문입니다. 할 수만 있다면, 나는 여러분 모두로 하여금 거룩한 기쁨으로 그 자리에서 떨쳐 일어나 하나님을 찬송하게 하고 싶습니다. 은으로 된 신발을 신으시고, 신부 예복을 입으십시오. 상복(喪服)을 벗어 버리고, 흰옷을 입으십시오. 베옷을 벗고 잿더미에서 일어나서, 아름다운 정장(正裝)을 입으십시오. 쇠사슬을 내던져 버리십시오. 그 쇠사슬은 그것을 좋아하는 자들에게 줘 버리고, 여러분은 한량없는 은혜의 보석들로 장식하고 인자와 사랑의 관(冠)을 쓰고 자유롭게 활보하십시오. 새 노래로 하나님을 찬송하고, 여러분이 천국에 이를 때까지 그 노래를 그치지 마십시오. 천국에 가서도 그 노래는 결코 끝나지 않을 것입니다. "내가 평생토록 여호와께 노래하며 내가 살아 있는 동안 내 하나님을 찬양하리로다"(시 104:33).

> "우리 구주 예수 그리스도의 아버지 하나님께 찬송할지어다.
> 그가 우리를 값으로 따질 수 없는 헤아릴 수 없이 많은 복으로
> 우리를 복 주셨나이다.
> 우리의 고귀한 부르심과 우리의 든든한 구원은
> 주권적인 은혜의 하나님이신 당신께
> 우리가 영원토록 드릴 찬송의 주제이나이다."

할렐루야! 아멘.

제
20
장

—

구하는 자들을 위한 좋은 소식

—

"여호와를 찾는 자는 그를 찬송할 것이라." — 시 22:26

이것은 예수께서 십자가 위에서 하신 말씀인데, 영감 받은 선지자가 미리 그에 관하여 쓴 것입니다. 구주께서는 이 말씀을 하셨을 때에 자기가 할 수 있는 한에서 구하는 자로서의 경험을 방금 막 통과하신 상태였습니다. 즉, 앞서 주님은 아버지 하나님의 임재 없이 자기 홀로 남겨진 상황에서 간절하고 열렬히 간구하셨고, 주님은 "여호와여 멀리 하지 마옵소서 나의 힘이시여 속히 나를 도우소서"(시 22:19)라고 부르짖으셨습니다. 주님은 있는 힘을 부르짖고 통곡하시면서, "사자의 입에서" 구해 주실 것을 아버지 하나님께 간구하셨습니다(시 22:21). 주님은 마침내 하나님으로부터 들으심을 얻어서 건짐을 받으셨고, "그는 곤고한 자의 곤고를 멸시하거나 싫어하지 아니하시며 그의 얼굴을 그에게서 숨기지 아니하시고 그가 울부짖을 때에 들으셨도다 큰 회중 가운데에서 나의 찬송은 주께로부터 온 것이니 주를 경외하는 자 앞에서 나의 서원을 갚으리이다"(시 22:24-25)라고 기뻐 소리치셨습니다. 여러분이 보셨다시피, 이렇게 주님은 간절히 구하는 자의 고뇌를 아셨고, 친히 구하시고서 응답을 받으시고 나서, 자신의 영혼 속에서 찬송이 일어나는 것을 느끼셨기 때문에, 모든 세대에서 하나님께 구하는 심령들의 심정을 아셨고, 결국 그들도 여호와의 이름을 높이며 찬송하게 될 줄을 미리 아셨습니다. 예수께서는 모든 일을 직접 겪으셨기 때문에 모든 일에 공감하실 수 있으십니다. 이것만으로도 벌써 여러분의 심령에 위로의 기운이 다가

오지 않습니까? 하나님께 구하는 나의 벗이여, 예수께서 경외하심으로 들으심을 얻으셨다는 것(히 5:7) 자체가 좋은 징조가 아닙니까? 예수께서 여러분의 심정을 다 아신다는 사실 자체가 여러분의 마음속에 소망을 불러일으키지 않습니까? 여러분이 그러셨듯이, 주님이 개인적인 죄 때문에 하나님의 임재를 잃어버리신 것이라면, 그것은 이미 살아 있는 것이 아닐 것입니다. 그러나 주님은 우리를 대신해서 하나님으로부터 버림을 받으셨기 때문에, 여러분이 그러듯이 하나님을 향하여 "내 하나님이여 내 하나님이여 어찌 나를 버리셨나이까 어찌 나를 멀리 하여 돕지 아니하시오며 내 신음 소리를 듣지 아니하시나이까"(시 22:1)라고 부르짖지 않으실 수 없으셨습니다. 그래서 주님은 여러분이 "낮에도 부르짖고 밤에도 잠잠하지" 아니하여도 하나님이 "응답하지 아니하시는"(시 22:2) 것에 대하여 애통해하며 슬퍼할 때에 여러분의 마음을 괴롭게 하며 기진맥진하게 만드는 슬픔과 고통을 다 아십니다. 오늘의 설교의 서두에서 이것을 묵상하는 것은 은종(銀鐘)의 울림 같아서, 여러분의 귀에 따뜻함과 쉼을 전해줄 것입니다. 예수께서는 자신이 친히 경험하신 결과를 근거로 여러분이 하나님께 구할 때에 반드시 얻게 될 것임을 미리 말씀해 주고 계십니다.

　　우리 주님이 십자가 위에서 자신의 목숨을 드리신 큰 목적은 아버지 하나님의 영광이었습니다. 아버지 하나님의 영광이라는 목적 외에 주님께서 자신의 목숨을 바치실 만한 가치가 있는 다른 목적은 없었습니다. 주님은 하나님의 영광을 위하여 인류를 구원하고자 하셨습니다. 그래서 우리 주 예수께서는 자신의 극심한 고뇌 속에서 이 기쁨을 생각하셨고, 자신의 죽음을 통해서 하나님이 영혼들을 얻으심으로써 찬송을 받게 되실 것을 미리 내다보시며, 그것을 위로로 삼으셨습니다. 주님에게는 "땅의 모든 끝이 여호와를 기억하고 돌아오며 모든 나라의 모든 족속이 주의 앞에 예배"하게 될 것(시 22:27)이라는 생각이 위로가 되었습니다. 주님은 "여호와를 찾는 자는 그를 찬송할 것이라"는 하나님의 진리의 말씀을 묵상하시면서, 하나님이 이렇게 존귀를 받으시게 될 것 속에서 자신의 영혼이 구한 상급(賞給)을 보셨습니다. 주님이 십자가 위에서는 미리 보신 그것은 매일매일 실제로 일어나고 있습니다. 왜냐하면, 구하는 자들은 찬송하는 자들이 되고 있기 때문입니다. 천국의 성가대는 어떻게 채워지게 될까요? 그 성가대에는 아직은 빈 자리가 많고, 온전한 합창도 아직은 울려 퍼지고 있지 않습니다. 그렇다면, 그 성가대의 빈 자리를 채우게 될 자들은 어디에서 오게 되는 것일까요? 불경건한 자들 가운데서 은혜로 말미암아 부르심을 받고 하나님을 대망하며 구하는 자들이 바로 그 빈 자리를 채우게 될 것입니다: "여호와를 찾는 자는 그를 찬송할 것이라." 걱정하지 마십시오. 택함 받은 자들의 수는 다 채워지게 될 것이고, 천국의 성가대가 대원들이 부족해서 제대로 찬송하지 못하게 되는 일은 없을 것이니까요. 거룩한 심령들은 이 땅의 성가대에서 한 사람 한 사람씩 물러나서 천국의 성가대에 참여하게 됩니다. 그들의 소리가 가장 원숙해지고 우렁차질 바로 그때에, 그들은 우리를 떠나 저 상아 궁전으로 가서 끊임없이 찬송을 부르게 됩니다. 하나님을 찬송하는 노랫소리가 어떻게 이 아랫세상에서 유지될까요? 감미로운 목소리들이 하나 둘씩 입을 다물고, 성가대원들이 무덤으로 들어가 눕는다면, 우리는 이 땅의 성가대원들을 어떻게 새로 충원해서 매일의 찬송을 이어갈 수 있을까요? 걱정하지 마십시오. 새로운 목소리들이 계속해서 생겨나고 있으니까요. "여호와를 찾는 자는 그를 찬송할 것이라." 지금도 죄로 인해서 울며 구주를 사모하며 구하는 심령들이 있고, 그들은 곧 구주를 만나서 진심으로 새 노래를 부를 성가대원들이 될 것입니다. 바로 지금 이 순간에도 그런 사람들이 많이 생겨나고 있습니다. 이 땅에서 찬송은 해가 있는 한 계속될 것이고, 물이 바다를 덮음 같이 여호와의 영광이 온 땅을 덮을 것이고, 여호와의 이름이 세세토록 찬송을 받으실 것입니다. 이것은 목회자인 내 영혼에 큰 기쁨을 가져다줍니다. 왜냐하면, 나는 지금 오늘 이 자리에 구주를 구하고 계시는 분들이 있다는 것을 알고, 그분들이 곧 여호와의 이름을 가장 열렬하게 찬송하는 자들 가운데에 계시게 되리라는 것이 나를 기쁘게 하기 때문입니다. 그분들은 앞으로도 계속해서 베옷을 입고 살아가시는 것이 아니라, 머지않아 찬송의 비단옷을 입으시게 될 것입니다. 우리는 그분들이 지금 어디에 계시는지를 알지 못합니다. 하나님을 구하는 자들은 일반적으로 사람들의 눈에 잘 안 띄는 구석진 곳에 아주 조용하게 계시기 때문입니다. 그러나 오늘 이 자리에도 나의 주님을 은밀하게 구하는 분들이 계신다는 것은 틀림없습니다. 주님께서는 무화과나무 아래에 있던 나다나엘을 보셨던 것처럼 이미 그분들을 지켜보아 오셨고, 주의 종이 이미 그분들을 찾아 나섰습니다. 어린 아이들 중에서도 자신의 부모님들께는 감히 말씀드리지는 못했지만 은밀하게 은혜를 구하며 기도하고 있는 아이들이 있습니다. 어린 아이들의 구주도 되시는 주님께 찬송을 돌립니다! 부모들이 죽어서 천국에 가 있을 때, 이 "작은 자들"이 성장해서 하나님을 찬송하게 될 것입니다. 청년들도 비록 지금은 아마도 개인적으로 신앙적인 기준을 들이대며 추궁한다면 얼굴을 붉힐 것이지만 그럼에도 불구하고 그리스도께로 돌아오고 있습니다. 인생의 전성기에 있는 장년들도 구속주를 섬기는 일에 자신의 힘을 쏟으며 예수께로 나아오고 있습니다. 주님은 많은 사람들의 마음을 온유하게 어루만지시며 그들을 자기에게로 이끌고 계시고, 주님을 발견하는 사람마다 하나님의 은혜를 높이며 찬송하는 성가대원이 될 것입니다. 또한, 이 자리에는 세월이 흘러서 목소리의 힘은 없어졌지만, 머지않아 마음을 다하여 우리를 위하여 온갖 고초를 겪으신 영광의 하나님을 찬송하는 가장 고운 노래를 부르게 될 나이 드신 분들도 계십니다. 그들이 누구일지라도, 주 예수 그리스도를 발견한 사람들은 그들의 구원의 하나님을 찬송하며 영화롭게 하여야 하고, 또 그렇게 하게 될 것입니다. 그래서 여러분이 아시다시피, 우리 주 예수의 큰 목표는 하나님으로 찬송을 받으시게 하는 것이었습니다. 주님은 구하는 자들이 하나님의 은혜를 발견하고서 찬송을 드리게 됨으로써 이 목표가 이루어질 것임을 미리 아셨습니다.

그리스도께서 여기에서 보여주고 계시는 그러한 확신, 즉 "여호와를 찾는 자는 그를 찬송할 것이라"는 확신은 하나님을 찾는 모든 자들에게 큰 힘이 될 것이 틀림없습니다. 왜냐하면, 나의 사랑하는 친구들이여, 여러분에게 단지 "아마도 주께서 우리를 구원하실 거야"라는 희미한 소망만 있다고 할지라도, 여러분이 하나님을 구하는 것이 지혜로운 일이 될 것이기 때문입니다. 여러분에게 힘이 되어주는 것이 단지 "누가 알겠느냐"(욘 3:9)라는 정도의 믿음밖에 없다고 할지라도, 여러분은 니느웨 사람들처럼 회개하고 하나님께로 돌아가는 것이 지혜로운 일이 될 것입니다. 그러나 우리 주 예수 그리스도께서는 십자가 위에서 죽으실 때에 하나님을 구하는 자들이 평안과 기쁨을 발견하게 되어서 하나님을 찬송하게 될 것임을 확신하셨기 때문에, 우리는 갑절의 위로를 받습니다. 주님은 실수하시거나 착각하실 수 없으신 분이기 때문에 여러분은 안심하셔도 됩니다. 그러므로 구하는 자들은 하나님을 찬송할 이유가 충분합니다! 주님이 십자가 위에서 죽으셨다는 사실은 구하는 자가 반드시 얻게 되리라는 것이 확실한 것임을 보여줍니다. 주님께서 사람들의 조롱과 멸시, 기절할 것 같은 두려움, 사망의 어둠, 하나님으로부터 버림받는 공포를 이겨내신 것은 자기가 고뇌 속에서 무릎을 꿇고 기도하고 자신의 목숨을 내어드림으로써 하나님을 구했을 때에 그 구함이 결코 헛되지 않으리라는 것을 아셨기 때문입니다. 만일 구주께서 고난을 받지 않으셨다면, 하나님께로 가는 길은 열리지 않았을 것입니다. 만일 그리스도께서 죽지 않으셨다면, "산 소망"(벧전 1:3)도 없었을 것입니다. 그러나 실제로는 주님께서 속죄를 이루시고, "다 이루었다"(요 19:30)고 말씀하셨기 때문에, 하나님을 구하는 사람들은 살게 될 것이고, 일생 동안 하나님을 찬송하며 살아가게 될 것입니다.

오늘 아침에 내가 전할 주제는 본문이 분명하게 말씀해 주고 있고, 나는 이 본문을 아주 단순하게 다루게 될 것입니다: "여호와를 찾는 자는 그를 찬송할 것이라." 본문 속에는 사람들, 약속, 찬송이라는 세 가지가 나옵니다.

1. 첫째로, 사람들에 대하여 살펴보겠습니다.

본문에서 사람들에 관한 묘사가 얼마나 개방적인지를 주목해 보시기 바랍니다: "여호와를 찾는 자는 그를 찬송할 것이라." 본문은 하나님을 구하는 몇몇 사람들이 아니라 하나님을 구하는 사람이라면 누구든지 다 결국에는 하나님을 찬송하게 될 것이라고 말씀합니다. 하나님을 진정으로 구하는 사람이기만 하다면, 그 누구도 이 보배로운 약속에서 배제될 사람은 아무도 없습니다. 그러니 나의 친구여, 당신이 거기에 포함되어 있다는 것은 두말할 필요도 없습니다. 다른 일들에 있어서는 구하는 사람이 많을지라도 받는 사람은 소수입니다. 그러나 복음의 나라의 법은 "구하는 자가 받는다"(마 7:8)는 것이고, 이 법에는 예외가 없습니다.

그렇다면, 여호와를 "구한다"는 것은 무엇을 의미하는 것입니까? 구하는 자들에게 이 약속이 주어지고 있는데, 누가 구하는 자들입니까? 구하는 자들에 속한 첫 번째 부류는 하나님과 진정으로 교제하고자 하는 사람들입니다. 어떤 사람들은 기도할 때에 단지 형식에 그치는 기도로 만족합니다. 그러나 진정으로 기도다운 기도를 하는 사람은 기도 가운데서 하나님과 대화하고자 합니다. 그는 지존자(至尊者)가 자신의 소원들을 들어주시기를 바라고, 자기가 필요해서 구하는 복들을 받기를 원합니다. 그로 하여금 지존자와 실제로 만나게 해주지 않는 기도는 결코 그의 진실된 마음을 만족시켜 주지 못합니다. 우리는 세련된 기도를 하고자 하지 않습니다. 우리는 우리의 기도가 아름다운 곡조처럼 들리기를 바라지 않습니다. 우리는 교회를 구하는 것이 아니라 하나님을 구합니다. 어떤 사람이 진정으로 깨어서 하나님을 구한다면, 비록 그가 참된 믿음을 거의 알지 못한다고 할지라도, 그의 마음속에는 합당한 소원이 있어서, 하나님은 그 소원을 들으시고 평안의 응답을 주시는 것입니다. 사랑하는 벗이여, 당신은 주 예수의 가르침을 전혀 알지 못하는 외인(外人)이지만, 그냥 이 앞을 지나가다가 여기로 발걸음을 들여놓았을지도 모릅니다. 그러나 어느 민족에 속한 어느 사람이라도 유일하게 살아 계신 한 분 참 하나님을 구한다면, 그는 빛을 받아서 결국에는 하나님을 찬송하게 될 것입니다.

　　하나님을 구하는 사람들은 자기가 하나님에게서 멀리 있다는 것을 곧 발견하게 되기 때문에, 하나님을 진정으로 구하는 자임을 보여주는 하나의 표(標)는 자기가 자신의 하나님 여호와에게서 멀리 떠나 있다는 것을 겸손히 인정한다는 것입니다. 만약 사람이 어떤 것을 가지고 있다면, 그는 그것을 구하지 않을 것입니다. 가까이 있는 것은 구하거나 찾는 대상이 될 수 없습니다. 그러나 어떤 사람이 하나님을 갈망하고 간절히 구할 때, 그의 심령 속에는 자기가 지존자로부터 멀리 떨어져 있다는 의식(意識)이 갑자기 생겨납니다. 그래서 그는 하나님과 자기 사이를 갈라놓고 있는 산들을 없애 주시고 그 깊은 골짜기들을 메워 주시라고 부르짖게 되고, 그가 이렇게 부르짖는다는 사실 자체가 바로 그가 머지않아 하나님을 찬송하며 살아가게 될 것임을 보여주는 것입니다.

　　성령으로 말미암아 자기가 하나님에게서 멀리 떨어져 있다는 것을 인식하게 된 영혼이 진정으로 하나님을 구한다면, 그는 자기를 하나님으로부터 멀어지게 만든 모든 것이 제거되기를 간절히 원하게 됩니다. 하나님과 자기를 가로막고 있는 것이 사함 받지 못한 죄라면, 하나님을 참되게 구하는 사람은 죄 사함을 간절히 원하게 되고, 하나님은 당연히 그에게 죄 사함을 주실 것입니다. 그것이 자신의 지체들 중에 역사하고 있는 죄의 세력이라면, 하나님을 간절히 구하는 사람은 온갖 죄악 된 생각을 이길 힘을 주시라고 부르짖게 됩니다. 깨어난 영혼은 곧 죄를 사랑하는 마음 같은 그 어떤 것도 자기를 하나님에게서 떼어놓지 못할 것을 알고서, 죄가 죽어지고 정욕이 못 박히며 하나님을 향한 적대감이 영원히 멸해지기를 구하게 됩니다. 오, 우리는 우리가 하나님과 복된 교제를 나누며 살아가는 것을 가로막는 온갖 거짓된 행실과 더러운 것과 심지어 "악의 모양"(살전 5:22)에서도 건짐 받기를 얼마나 갈망하는지! 우리는 두 사람이 서로 마음이 맞지 않으면 함께 동행할 수 없다는 것을 압니다. 그러므로 하나님을 구하는 영혼은 죄에 대하여 슬퍼하고, 죄를 짓게 만드는 악한 습성들을 끊어내기 위해서 온 힘을 다해서 애쓰며, 죄의 길로 잘못 가게 만드는 자신 안의 성향들을 발로 짓밟게 됩니다. 사랑하는 벗이여, 당신은 이런 식으로 하나님을 구하고 계십니까? 당신은 성루에서 오랜 시간 보초를 서다 지친 파수꾼이 새벽이 오는 것을 간절히 원하듯이 그런 식으로 하나님을 간절히 원하고 계십니까? 당신은 하나님과 당신 사이를 갈라놓는 온갖 것들을 다 제거해 주시라고 기도하십니까? 당신은 이 건널 수 없는 틈새에 다리를 놓아 주어서 당신을 "영과 진리로"(요 4:23) 하나님께 더 가까이 가게 해줄 누군가를 간절히 원하고 계십니까? 당신이 정말 그런 사람이라면, 본문에 나오는 약속은 분명히 당신의 것입니다: "여호와를 찾는 자는 그를 찬송할 것이라."

구하는 자가 간절히 원하는 것은 자기가 하나님께 가까이 나아가서 하나님의 벗이라는 것을 느끼고, 하나님의 사랑이 아주 확실하게 자신의 것임을 알게 되는 것입니다. 오, 하나님과 당신 사이에 친밀함과 사랑 외에는 아무것도 없고, 과거의 온갖 유감스러운 일들은 사함을 받아서 하나님의 기억에서 다 지워졌으며, 지금 당신은 두려움 없이 하나님께 말할 수 있고 주저함 없이 하나님을 의지할 수 있다는 것을 아는 것은 얼마나 기분좋은 일입니까! 대속으로 말미암아 하나님의 의로우신 진노가 제거되었고, 그 대신에 하나님의 무한하신 사랑이 견고하게 자리를 잡게 되었습니다. 지금 당신은 하나님께로 나아와서 그의 품에 안길 수 있습니다. 왜냐하면, 그 곳은 당신의 아버지의 품이기 때문입니다. 또한, 당신은 하나님의 시원한 날개 그늘 안에 피할 수 있습니다. 왜냐하면, 그 곳은 당신의 아버지의 날개 그늘이어서, 마치 암탉이 새끼들을 품음 같이 당신을 품어서 온갖 해악으로부터 지켜줄 것이기 때문입니다. 다음과 같이 느끼는 것은 천국의 전주곡입니다:

"높은 곳에서 다스리시는 하나님
기뻐하실 때에 우렛소리를 발하시고
폭풍우 몰아치는 하늘을 타시며
바다들을 다스리시니
이 놀라우신 하나님이 바로 우리의 하나님."

하나님의 모든 권능은 우리를 보호하시기 위한 것입니다. 하나님의 모든 지혜는 우리를 가르치시고 인도하시기 위한 것입니다. 하나님의 모든 자애로우심은 우리의 위로를 위한 것입니다. 하나님의 모든 참되심은 우리에게 힘을 주시기 위한 것입니다. 하나님의 모든 위대하심은 우리를 고상하게 하시기 위한 것입니다. 하나님의 모든 무한하심은 우리를 영원토록 영화롭게 하시기 위한 것입니다. 하나님께서는 우리가 하나님의 본성에 참여하는 자들이 되고, 하나님의 지극한 복에 거하는 자들이 되기를 원하십니다. 이것은 너무나 감미로운 것이고, 하나님을 구하는 영혼이 갈망하는 것입니다. 그 영혼은 하나님과 함께 동행하고 함께 살게 되기를 열망합니다. 그 영혼은 하나님 안에 거하여, 영원히 그의 사랑하는 자가 되고, 그리스도 예수 안에서 받아들여져서, 매일매일 점점 더 하나님의 형상이 되어가기를 간절히 원합니다. 하나님의 계획과 본성에 이질적인 모든 것으로부터 깨끗하게 되어서 하나님과 온전히 하나가 되는 것이야말로 우리의 위대한 야심입니다. 오, 사랑하는 자들이여, 이것이 영혼의 복된 갈망이고, 하나님의 은혜로 말미암아 이 갈망을 지니고 있는 영혼은 비록 지금은 슬퍼하고 괴로워할지라도, 언젠가는 하나님을 찬송하게 될 것입니다.

　나는 그러한 갈망을 지닌 사람은 **바로 지금** 하나님을 간절히 구할 수밖에 없다는 말을 하고자 합니다. 그리고 이 말은 당신이 그러한 갈망을 지니고 있는지의 여부를 분별하는 데에 도움이 될 것입니다. 그런 사람은 미루는 것을 싫어합니다. 하나님을 구하는 영혼은 단 한순간을 미루는 것조차도 끔찍하게 생각합니다. 그는 지금 당장 구원을 원합니다. 그는 지금 즉시 하나님과 화목하게 되고자 합니다. 배고픈 사람이 식사 시간이 미루어지기를 원하지 않고, 지금 즉시 밥을 먹었으면 좋겠다고 생각하듯이, 하나님을 진정으로 구하는 자의 마음과 육체는 살아 계신 하나님을 구하여 부르짖습니다. 왜냐하면, "사슴이 시냇물을 찾기에 갈급함 같이" 그의 "영혼이 주를 찾기에 갈급하기"(시 42:1) 때문입니다. 그러한 갈망은 지속적인 것이어서 다른 대상에 한 눈을 팔 수 없습니다. 사람은 이 세상에 존재하고, 사람의 생각들은 일상적인 일들과 염려들로 인해서 어느 정도 분산될 수밖에 없기 때문에, 사람이 그러한 갈망을 늘 생생하게 감지할 수 있는 것은 아닙니다. 그러나 그러한 갈망은 여전히 언제나 그의 영혼 속에 살아 있어서, 세상 염려로 인한 스트레스가 그의 마음에서 사라질 때마다, 그의 마음은 그 갈망으로 되돌아가서 또다시 하나님을 구하여 탄식하며 부르짖기 시작합니다. 그런 사람은 자신의 동료들을 떠나서 오직 하나님께만 간구합니다. 그는 사람들과 함께 어울려 있을 때조차도 입술만 움직이지 않았지 사실은 계속 기도합니다. 그는 밤에 자신의 침상에서 몸을 뒤척이며, "내가 어찌하면 하나님을 발견하랴" (욥 23:3)라고 되뇝니다. 그는 아침에도 그러한 갈망을 강하게 느끼며 일어나서, 숨겨진 보화를 찾는 사람처럼 하나님을 찾고 구합니다. 그 갈망은 거기에 사로 잡혀 있는 그 사람 위를 계속해서 맴돕니다. 그 갈망은 그의 존재를 완전히 압도 하고 지배합니다. 나는 그 갈망이 음식으로부터 맛을 빼앗아가고, 집으로부터 위로와 낙을 빼앗아가며, 구하는 자로 하여금 다음과 같이 부르짖게 만든다는 것을 알았습니다: "내가 내 하나님을 만날 때까지 내게 화로다. 하나님이 나타나 실 때까지 나는 사망의 문으로 가고 있구나. 다른 사람들은 곡물과 포도주를 풍 성하게 수확하게 되기를 구하지만, '여호와여, 주의 얼굴을 들어 내게 비추소서' (시 4:6). 오직 그럴 때에만 내 영혼이 만족하리이다."

자, 사랑하는 자들이여, 여러분이 과거의 경험을 조금만 생각해 보면 금방 아실 수 있는 것처럼, 내가 지금까지 서투르게 묘사한 영혼의 이러한 갈망은 사 람이 십자가에서 긍휼을 발견하고서 하나님을 찬송하게 되기 위한 준비단계입 니다. 이것은 장차 부르게 될 찬송을 위해서 성령이 수금을 조율하는 방식입니 다. 구주께서 육체에 계실 때에 잃어버린 그를 걱정하며 찾아 나섰던 어머니 마 리아와 요셉처럼 슬퍼하며 구주를 찾고 구하다가 마침내 그를 찾은 신자 같이 하나님을 찬송할 수 있는 사람은 없습니다. 하나님을 구하는 자는 죄의 쓴 맛을 알기 때문에, 죄 사함을 주시는 긍휼의 단 맛도 잘 알 수 있습니다. 그는 자신의 잃어버린 신분을 알게 되었고, 그 결과 자기가 선한 목자에 의해서 발견되고 자 신의 크신 아버지에 의해서 자기 집으로 되돌아가게 된 것이기 때문에 그의 기 쁨은 한층 더 큽니다. 그는 자기 스스로는 아무것도 할 수 없다는 것을 압니다. 그 사실을 그보다 더 잘 아는 사람은 없습니다. 왜냐하면, 그는 율법의 행위로 되 는지를 시도해 보다가 실패했기 때문입니다. 그는 심지어 기도와 복음의 규례들 로 되는지도 시도해 보았지만, 거기에서 자신의 영혼의 안식을 발견하는 데에 실패하였습니다. 그는 자기가 만신창이가 되어 있는 것을 알기 때문에, 주 예수 안에서 도우심을 발견할 때, 자기 자신을 아무짝에도 쓸모없는 벌레라고 느끼는 그조차도 자기가 그리스도께 어떠한 찬송을 드려야 하는지, 그리스도의 자비로 우신 도우심을 어떠한 사랑으로 보답해야 하는지를 압니다. 하나님을 구하는 이 가련한 자는 율법 아래에서 자기가 어떤 벌을 받아야 마땅한지를 마음속에서 잘 알고 있었습니다. 그는 내세와 두려운 심판과 영원히 타오르는 진노를 얼핏 보았습니다. 영원히 꺼지지 않고 타오르는 불길에 자신의 얼굴이 살짝 그을리자, 그는 "불에서 꺼낸 그을린 나무"(슥 3:2)처럼 자기를 꺼내 주신 구원자를 찬송하지 않을 수 없었고, 또한 찬송하고자 했습니다. 자신의 영혼이 지닌 그러한 갈망은 그가 하나님의 긍휼하심을 받았을 때에 그로 하여금 그것이 얼마나 소중한 것인지를 알게 해주었고, 본문에서 "여호와를 찾는 자는 그를 찬송할 것이라"는 약속에 따라 하나님을 찬송하도록 훈련시켜 주었습니다. 아기가 병에 걸려 죽을 뻔하다가 살아났을 때보다 그 아기가 어머니에게 더 사랑스러운 때는 없습니다. 어린 자녀를 숲속에서 잃어버리고서 오랫동안 기진맥진하며 찾다가 마침내 찾아서 집으로 데려왔을 때보다 그 자녀에 대하여 아버지가 더 기뻐하는 때는 없습니다. 어떤 사람이 고된 노동과 자기 부정을 통해서 번 돈은 그에게 금보다 더 귀합니다. 그가 그 돈을 벌기 위해 힘들게 땀 흘렸을수록, 그가 마침내 상당한 돈을 벌어서 안심하고 쉬게 되었을 때에 그는 더욱 기쁠 것입니다. 노예가 새롭게 자유를 얻게 된 때보다 자유가 더 소중한 때가 없고, 사망의 음침한 그늘에 앉아서 쇠사슬에 묶여 고통스러운 세월을 보낸 자가 풀려나왔을 때보다 더 구속(拘束)에서 놓여나는 것이 기쁜 때는 없습니다. 저 바벨론 강가에 앉아 시온을 그리며 울며 서글프고 혹독한 포로생활을 하다가 본향으로 돌아왔을 때보다도 고국에 돌아오는 것이 더 기쁜 때는 없었을 것입니다. "여호와께서 시온의 포로를 돌려 보내실 때에 우리는 꿈꾸는 것 같았도다 그 때에 우리 입에는 웃음이 가득하고 우리 혀에는 찬양이 찼었도다 그 때에 뭇 나라 가운데에서 말하기를 여호와께서 그들을 위하여 큰 일을 행하셨다 하였도다 여호와께서 우리를 위하여 큰 일을 행하셨으니 우리는 기쁘도다"(시 126:1-3). 지금 이 좋은 시간에 여기에 하나님을 찾는 분들이 계셔서, 그분들이 내가 지금까지 개략적으로 묘사한 것 속에서 자신의 모습을 보셨다면, 나는 그분들이 조금 더 용기를 내셔서 결단할 수 있게 되시기를 바랍니다. 룻이 보아스의 밭에 왔을 때에 그녀가 이삭을 많이 주워서 돌아갈 수 있도록 하기 위하여 수확하는 자들이 일부러 그녀를 위해서 이삭들을 많이 떨어뜨려 두었던 것처럼, 오늘 아침에 나는 위로의 말씀들을 떨어뜨리려고 애쓰고 있습니다.

2. 둘째로, 약속에 대해서 살펴보겠습니다.

"여호와를 찾는 자는 그를 찬송할 것이라." 이것은 복된 약속입니다! 그 약속은 점차적으로, 그러나 확실하게 이루어지는 약속입니다.

먼저, 이 약속은 어떤 사람이 찾고 있는 동안에 그 사람이 알지 못하는 사이에 이루어집니다. 여러분은 이것을 생각해 본 적이 있습니까? 겸손히 찾는 사람은 자기도 모르는 사이에 이미 하나님을 찬송하고 있습니다. 그가 그토록 많은 눈물을 흘리며 죄를 고백한 것은 하나님의 율법이 의롭다는 것, 그리고 우리의 타락한 본성에 대한 율법의 고소들이 참되다는 것을 증언함으로써 하나님을 영화롭게 한 것입니다. 여호수아는 심지어 아간에게조차도 "내 아들아 청하노니 이스라엘의 하나님 여호와께 영광을 돌려 그 앞에 자복하고"(수 7:19)라고 말하였습니다. 고백과 자복 속에는 일정 정도의 참된 찬송이 들어 있고, 그 찬송은 천사들이 하나님의 보좌 앞에서 드리는 찬송만큼이나 순전하고 참된 것입니다. 하나님을 찾는 사람이 자기는 지옥으로 보내지는 것이 마땅하다는 것을 인정할 때, 그것은 사실상 하나님의 공의를 찬송하는 것이기 때문에, 그는 만유의 재판장을 경배하고 있는 것입니다. 그렇게 함에 있어서 불신앙이 섞여 있고 하나님의 다른 성품들에 대한 고려가 없다고 할지라도, 거기에는 하나님의 공의에 대한 확고한 믿음이 있고, 그 공의에 대한 경배가 있기 때문에, 그런 고백이나 자복은 하나님께 열납됩니다. 또한, 하나님을 찾는 자에게는 하나님의 긍휼하심을 기뻐하는 마음이 일정 정도 존재합니다. 왜냐하면, 죄에 찌든 가엾은 영혼은 죄 사함을 간절히 원하면서, 그 긍휼하심이 주어지기만 한다면 너무나 감사한 일이 될 것임을 진심으로 고백하고, 하나님으로부터 오는 죄 사함과 인자하심이 너무나 은혜롭고 보배로운 것임을 진심으로 고백하기 때문입니다. 살아 있는 사람들 중에서 죄책감으로 인하여 상처와 종기투성이가 된 영혼을 지닌 사람만큼 하나님의 긍휼하심과 인자하심을 고대하는 사람은 없습니다. 한편, 하나님을 찾는 영혼은 주 예수의 보배로운 사랑과 피에 감사하고, "내가 직접 그 사랑과 보혈의 가치를 체험해서 알았으면 좋겠다! 내가 주님의 옷자락이라도 만질 수 있었으면 좋겠다! 하나님께서 나로 하여금 주님의 피로 씻음을 받고 주님의 의를 덧입는 것이 무엇인지를 알게 해주셨으면 좋겠다!'고 속으로 말함으로써 주님을 진정으로 찬송하고 있는 것입니다. 이 모든 감정들 속에는 사람들은 알지 못하지만 사실은 하나님께 열납될 수 있는 일정 정도의 잠재적인 찬송이 내포되어 있습니다. 하나님을 찾는 사람의 기도에는 깊은 공경심과 거룩한 경외심의 보배로운 향기가 있어서, 그 기도는 하나님께 향기로운 것이 됩니다. 따라서 하나님을 찾는 사람은 이미 하나님을 찬송하고 있는 것이기 때문에, 일정 정도 하나님의 약속이 이루어집니다.

그러나 소원한 것이 허락되었을 때에 그 찬송은 지극히 차고 넘치게 됩니다. 새가 수풀 속에 숨어 있다가 무엇엔가 깜짝 놀라서 날개를 치게 될 때에 눈에 보이게 되듯이, 하나님을 찾는 사람들도 마침내 하나님을 찾게 되었을 때에 찬송이 날개를 치며 드러나게 됩니다. 가엾은 죄인들이 예수 그리스도 안에서 하나님 안에 있는 충만을 발견하게 되었을 때, 그들로부터 천둥소리 같은 찬송이 터져 나옵니다. 그럴 때에 그들의 기쁨은 너무나 커서 마음속에 담아둘 수 없게 되고 말로도 다 표현할 수 없게 됩니다. 한 영혼이 회개하고 돌아와서 마침내 아버지 하나님이 그의 목을 껴안으시고 그의 볼에 따뜻한 입맞춤을 하시며 식탁에 앉아서 한 가족이 즐겁게 먹고 마실 때, 그 영혼에게서는 밤낮으로 끊임없이 찬송이 흘러나옵니다. 하나님을 찾은 때가 도래한 것은 하나님을 찬송할 때가 도래한 것이나 마찬가지입니다. 복된 날! 우리가 예수 그리스도 안에서 하나님을 만나게 된 복된 날!

사랑하는 영혼이여, 하나님의 약속은 "여호와를 찾는 자는 그를 찬송할 것이라"는 것이기 때문에, 여러분이 그리스도 안에서 하나님을 발견하게 되리라는 것을 보장해 줍니다. 여러분은 그리스도 안에서 하나님의 은혜와 은총을 발견할 때까지는 하나님을 찬송할 수 없습니다. 그러므로 나는 여러분이 머지않아 구원을 향유하게 되시리라는 것을 확신합니다. 하나님을 찾았지만 결국 찾지 못하게 된 영혼도 있을 것이라는 생각은 아예 하지 마십시오. 회개한 탕자가 다시 아버지를 찾아가기 위해서 아버지의 집에 도착해서 그 집의 모든 방을 샅샅이 뒤지고 심지어 밭에 나가서 "아버지, 아버지, 내가 찾을 수가 없네요. 어디 계세요"라고 소리치기를 한 달 아니 일 년을 해도 결국 아버지를 찾을 수 없었다는 그런 비유나 이야기는 성경에 나오지도 않고, 나올 수도 없습니다. 왜냐하면, 그런 것은 하나님이나 그리스도의 성품에 합당하지 않은 비유이고 이야기가 될 것이기 때문입니다. 불신앙이 개입되어서 하나님을 악하게 왜곡해서 묘사하는 경우가 아니라면, 그런 일은 실제로 과거에도 없었고 지금도 없으며 앞으로도 영원히 없을 것입니다. 나의 하나님, 당신의 만유 속에서 당신은 모든 것을 생각하십니다! 짐승은 굴이 있고, 바닷새는 자신의 거처가 있습니다. 물고기에게는 먹이가 있고, 심지어 곤충조차도 먹고 사는 데에 지장이 없습니다. 하물며 하나님의 가엾은 피조물인 사람이 아무리 크게 잘못했다고 할지라도, 어떻게 하나님이 사람을 잊으시겠습니까! 당신은 사람을 깊이 생각하시고 그토록 자애롭게 돌보시며 너무나 큰 은혜를 베풀어 주심으로써 우리를 놀라게 하셨습니다. 당신의 그 어떤 피조물이 어둠 속에서 어머니를 찾아 우는 아이처럼 당신을 찾았는데 결국 당신을 찾지 못하는 일은 결코 일어날 수 없습니다. 당신은 우리 중 누구로부터도 그리 멀리 계시지 않습니다.

하나님께서는 여러분을 시험하실 수 있습니다. 즉, 하나님은 죄 사함의 위로를 허락하시기 전에 여러분을 잠시 기다리게 하실 수는 있습니다. 특히 여러분에게 불신앙이 있어서 하나님을 찾는 것을 방해하고 있는 경우라면 더더욱 그렇습니다. 그러나 머지않아 하나님은 여러분에게 반드시 발견될 것입니다. 여러분 중에서 자신의 자녀가 잘못을 저지르고서는 곧 눈물을 많이 흘리며 "아빠, 잘못했어요"라고 말하는데 용서해 주지 않을 사람이 누가 있겠습니까? 여러분은 잠시 자녀를 책망하고 "네가 지은 잘못이 크고, 너는 그 잘못을 반복적으로 저질러 왔으니, 이번에는 쉽게 넘어갈 수 없다"고 말할 수 있다는 것을 압니다. 그러나 여러분의 자녀가 계속해서 울며 통회하는 마음으로 용서를 빈다면, 여러분의 마음이 조금씩 누그러져서, 결국 얼마 안 되어서 "애야, 내가 용서했고 네 잘못을 잊어버렸다"고 말하지 않겠습니까? 여러분은 여러분이 그렇게 하실 것임을 알고 있습니다. 여러분은 악할지라도 자녀를 용서할 줄 안다면, 하물며 하늘에 계신 여러분의 아버지께서는 자기를 찾는 자들에게 죄 사함과 값없는 은혜를 주시지 않을 리가 없지 않겠습니까! "여호와를 찾는 자는 그를 찬송할 것이라." 이 약속을 붙잡으십시오.

여러분이 하나님을 드디어 찾아서 여러분의 마음이 기쁠 때, 본문의 약속이 지닌 세 번째 의미가 이루어질 것입니다. 즉, 여러분은 계속해서 찾게 될 것이고 계속해서 찬송하게 될 것입니다. 여호와를 찾는 것은 성경에서 종종 참된 신앙을 나타내는 다른 표현으로 사용되는데, 이것은 아주 적절합니다. 왜냐하면, 우리 인생의 목적은 하나님을 점점 더 알아가는 데에 있기 때문입니다. 그리스도께서 죽으신 이래로, 참된 신앙은 **찬송**입니다. 기독교 신앙의 특징은 기쁨이고, 기독교 신앙에 합당한 정신은 즐거움이고, 기독교 신앙의 최고의 표현은 찬송입니다. "여호와를 찾는 자는 그를 찬송할 것이라." 지금 우리는 믿는 자들의 회중과 더불어서 거룩한 기쁨의 노래를 부르며 하나님의 전으로 올라갑니다. 지금 우리는 기쁜 마음으로 주의 식탁에서의 교제의 연회로 나아가고, 떠나기 전에는 찬송을 부릅니다. 지금 우리는 믿음의 선한 싸움을 싸우기 위해 나가고, 우리가 싸울 때에 부르는 노래는 기쁨의 시편입니다. 지금 우리는 심지어 고통스러운 병상에 누워 있을 때에도 거기에서 주님을 찬송하는 노래를 부릅니다. 예수께서 죽으셨기 때문에, 우리의 암울함과 슬픔은 죽었고, 우리의 불평은 주님의 무덤 속에 매장되었습니다. 예수께서 우리가 당해야 마땅했던 하나님의 진노를 친히 담당하셨기 때문에, 그 진노는 영원히 제거되었고, 지금은 하나님을 기뻐하고 즐거워하는 것이 모든 그리스도인의 특권이자 본분입니다. 모든 사람들은 주님을 찬송하는 것이 마땅하고, 주께 속량함을 받은 자들은 무엇보다도 기뻐하는 것이 마땅합니다.

　　이것이 전부가 아닙니다. 우리가 또 다른 곳에 있게 되어서 또 다른 날이 오고 또 다른 상태가 올 때에도 여호와를 찾는 우리는 여호와를 찬송하게 될 것입니다. 이 땅에서 하나님을 찾은 모든 영혼은 천국에서 하나님을 뵙게 될 것이고 하나님을 기뻐하게 될 것입니다. 그때에 여러분과 나는 어떤 찬송들을 쏟아내겠습니까! 내가 내 자신을 인류 역사상에 살았던 그 어떤 사람보다도 하나님께 더 빚진 자라고 여기게 된 이유들이 있습니다. 나는 내가 하나님의 은혜를 받기에 얼마나 합당하지 않은 자임을 알고 있고, 그렇기 때문에 하나님께서 내게 얼마나 특별한 긍휼을 베풀어 주셨는지도 알고 있습니다. 나는 하나님의 은혜에 더 많은 빚을 지고 있는 사람이기 때문에 여러분보다 더 열렬하게 하나님의 이름을 찬송할 의무를 지고 있다는 것을 여러분 모두가 증언해 주시기를 내가 부탁드립니다. 여러분 각자도 저와 동일한 생각을 갖고 계신다는 것을 나는 의심하지 않고, 그런 데에는 다 이유가 있습니다. 여러분 각자는 여러분이 피로 씻음을 받은 자들 가운데에 앉아 있고 여러분의 손에 영원한 승리의 종려나무 가지를 들고 있는 것을 발견할 때에 주님의 복된 이름을 찬송하지 않을 수 없는 절대적인 이유를 지니고 있는 것처럼 느낄 것입니다. 그럴 때에 어떤 노래가 올라가겠습니까! "여호와를 찾는 자들이 그를 찬송하게 될 저 기쁜 날에" "승리한 자들의 외침과 잔치하는 자들의 노래"가 드높은 하늘에 울려 퍼지게 될 것입니다.

　　이것은 얼마나 놀라운 약속입니까! 나는 이것을 여러분의 손에 맡겨놓고, 단지 여러분이 참되게 찾는 자라면, 하나님을 영화롭게 하는 것이야말로 여러분이 무엇보다도 원하는 것이 될 것이기 때문에, 이 약속은 가장 기쁜 모습을 지니게 될 것이라는 말만을 해두고자 합니다. 여러분이 죄 사함을 받고 마음이 새로워지기를 원하는 것은 여러분이 범죄했다가 사함 받은 그분에게 열납되는 찬송을 드릴 수 있기 위해서입니다. 그것이 여러분에게 약속된 바로 그 복입니다. "여호와를 찾는 자는 그를 찬송할 것이라." 물론, 그 약속에는 여러분의 마음에서 여러분이 하나님을 찬송하는 것을 방해하는 모든 것을 제거해 주신다는 것, 여러분이 밤이 없는 곳에서 천국의 관현악단과 함께 하나님의 보좌를 둘러싸고 기뻐하며 천상의 성가대석에 앉아서 찬송하는 것을 가로막는 모든 장애물을 무너뜨려 주신다는 것도 포함되어 있습니다.

3. 셋째로, 찬송입니다.

"여호와를 찾는 자는 그를 찬송할 것이라." 이 찬송은 무엇에 대한 찬송이 될까요? 이 찬송의 주제는 무엇일까요? 하나님을 찾는 영혼이 마침내 하나님 안에서 평안을 찾았을 때에 찬송의 주제들을 열거하고자 한다면, 나는 끝도 없는 일에 착수하는 것이 되고 말 것입니다. 사랑하는 여러분, 우리는 우리가 그분을 만났다고 생각하기 때문에 그분을 찬송하는 것이 아니겠습니까! 여러분 중에서는 하나님을 아주 쉽게 만난 분들도 계실 것입니다. 여러분은 단지 설교 한 편을 들었을 뿐인데, 그 설교가 여러분을 그리스도께로 인도해 주었을 수 있습니다. 또한, 여러분 중에는 하나님을 빨리 또는 쉽게 만나지 못하여서, 어떻게 해서 겨우 하나님을 만난 분들도 계실 것입니다. 우리가 절망에 빠져서 거의 죽게 되었거나, 사탄이 더 이상 소망이 남아 있지 않다고 속삭일 때, 사람이 처한 극한상황이 하나님께는 기회가 되어서, 바로 마지막 순간에 우리가 하나님을 만났습니다. 우리로 하여금 마침내 하나님을 발견하게 하신 것으로 인해서 하나님의 이름이 찬송 받으소서! 이것은 얼마나 큰 복입니까! 사람이 천 년 동안을 절망의 감옥 속에서 괴로워한다고 할지라도, 그가 마침내 그리스도를 만나기만 하였다면, 매일처럼 죽을 것 같은 고통을 천 년 동안 겪었다고 해도, 그것은 그럴 만한 가치가 있는 일입니다. 우리가 마침내 더듬거리지 않는 혀로 "나의 하나님, 나의 하나님"이라고 말하고, 우리가 하나님과 화목되었다는 것을 우리의 마음이 느낄 수만 있다면, 그래서 우리가 온 힘으로 하나님을 찬송하게 될 때, 그 절망의 감옥은 순식간에 천국으로 변화되고 말 것입니다.

대부분의 구원 받은 사람들이 드리는 찬송의 요지는 아마도 그들이 그런 구원 자를 만났다는 것입니다. 그 찬송 속에서 우리 주님은 "여호와를 찾는 자는 그를 찬송할 것이라"는 약속의 말씀을 주신 곳인 십자가 위에 계신 모습으로 묘사될 것입니다. 우리가 주님을 만날 때, 우리는 늘 십자가 위에 계신 그리스도의 모습 으로 주님을 만나고, 속죄는 우리의 기쁨 속에서 주된 주제가 될 것입니다. 여러 분은 인간의 죄를 짊어지신 성육신한 하나님을 믿음으로 처음으로 바라보았던 때, 맹인이었던 사람이 태양을 처음 보았을 때처럼 대속의 저 위대한 가르침이 여러분의 영혼에 처음으로 빛을 비추었을 때를 기억하십니까? 여러분은 하나님 께서 여러분의 죄악들을 그리스도께 담당시키셨고, 그리스도께서 여러분 대신 에 벌을 받으셔서, 한 범죄에 대하여 형벌을 두 번이나 집행하는 것은 부당하기 때문에, 여러분이 벌을 받지 않게 되있다는 것을 처음으로 알게 되었을 때를 기 억하십니까? 여러분은 여러분의 영혼에 조명된 저 영광의 빛을 받아서, 하나님 께서 그리스도로 말미암아 여러분을 용서하셨고, 예수의 피로 말미암아 여러분 을 정당하게 용서하셨다는 것을 절대적으로 알게 되셨습니까? 여러분은 "그는 미쁘시고 의로우사 우리 죄를 사하시며"(요일 1:9)라는 말씀의 의미를 제대로 받 아들이셨습니까? 그렇다면, 나는 여러분이 저 최초의 강렬하고 압도적인 기쁨을 경험한 후에 하나님을 찬송하게 되셨을 것이고, 그 후로 찬송이 여러분을 떠난 적이 없으리라는 것을 압니다. 왜냐하면, 바로 그 최초의 한 사건 속에는 여러분 으로 하여금 영원토록 하나님을 찬송하도록 만들기에 충분한 것이 들어 있기 때 문입니다. 대속(代贖)에 의한 구원은 사람의 양심을 만족시켜서 그 마음을 차고 넘치는 기쁨으로 충만하게 합니다.

> "내가 소중히 여기는 사랑은 의로우신 사랑,
> 그 사랑은 인간의 죄를 담당하신 십자가에 새겨져 있네.
> 죄인의 빚을 탕감하여,
> 죄인을 자유하게 해주신 사랑.
>
> 죄인의 죄를 단죄하여
> 죄 사함을 가져다준 사랑.
> 의로우신 진노에서 죄인을 구하셔서

의를 드러내신 사랑.

이 사랑이 내 마음을 평안하게 하네.
이 사랑이 양심의 고통을 어루만져 주네.
이 사랑이 죄책감으로 두려워하는 내 마음에 평안을 가져다주고
죄의 세력에서 나를 자유하게 해주네.”

예수 같은 그런 분이 우리의 구원자가 되신다는 것, 하나님의 사랑하는 독생자께서 모든 것을 버리시고 내려오셔서 우리의 본성을 입으시고 우리의 뼈와 살을 취하셨다는 것, 그가 그런 삶을 사셨고 그런 죽음을 죽으셨다는 것, 그가 아무런 흠도 없고 지나침도 없는 온전한 순종을 하나님께 드리셨다는 것을 생각하십시오. 여기에 찬송의 여지가 없습니까? 우리가 그리스도의 피로 씻음을 받았기 때문에, 지금 우리는 하나님 앞에서 깨끗하고, 마치 전혀 범죄한 적이 없는 자들처럼 순전합니다. 그리스도의 의(義)를 덧입고 서 있는 우리는 타락 이전의 아담보다 더 의롭습니다. 왜냐하면, 아담은 단지 인간의 의를 지니고 있었을 뿐이지만, 우리는 하나님의 의를 지니고 있기 때문입니다. 우리가 죄에 물들지 않은 첫째 아담에게서 태어난 경우보다도 둘째 아담인 그리스도 예수 안에서 우리는 하나님과 더 가깝습니다. 하나님과 동류(同類)인 사람이 있습니다. 그분은 우리의 형제이신 예수이고, 예수는 참 하나님이시기도 합니다. 예수 그리스도께서는 인간이라는 존재를 최고의 수준으로 끌어올리셨고, 우리는 “하나님의 상속자요 그리스도와 함께 한 상속자”(롬 8:17)가 되었습니다. 하나님을 찾는 영혼이 이것에 대하여 점점 더 많이 배울수록, 그것은 하나님을 점점 더 많이 찬송하는 것이 됩니다. 그렇지 않습니까? 여러분의 영혼은 구주(救主)를 찬송하지 않습니까? 그렇습니다. 우리가 더 오래 살아서 주님에 대하여 더 많이 알게 될수록, 우리는 주님을 찬송할 더 많은 이유들을 발견하게 됩니다. 우리 주변의 모든 것, 우리 안의 모든 것, 우리 위의 모든 것은 우리가 주님의 이름을 찬송할 이유를 우리에게 알려 주는 것 같습니다.

이 순간에 우리가 안전하다는 것을 생각하시고, 다시 한 번 하나님을 찬송하십시오. 내 주님이 죽을 수밖에 없는 내게 생명을 주셨다는 것, 내 주님이 내 이름을 자신의 마음에 기록하셔서 결코 지워질 수 없게 하셨다는 것, 내 주님이 자

신의 존귀와 말씀을 걸고서 나와 언약을 맺으셨다는 것을 생각할 때마다, 내 영혼으로부터 수많은 찬송이 쏟아져 나옵니다. 주님은 그 언약을 자신의 피로 인치셨습니다. 나는 하나님의 자녀이고, 하나님이 자신의 자녀들 중에서 가장 작은 자도 자신의 마음의 사랑에서 결코 떼어내신 적이 없으셨고 그렇게 하실 수도 없으시다는 것을 나는 그의 은혜로 말미암아 압니다. 산들이 떠나가고 작은 산들이 없어질 수는 있지만, 하나님의 평화의 언약은 결코 없어질 수 없습니다. 왜냐하면, 하나님께서 친히 그렇게 선언하셨기 때문입니다.

> "영원도 지울 수 없네
> 그의 손바닥에서 내 이름을.
> 내 이름이 그의 마음에 새겨져 있는 것은
> 지울 수 없는 은혜의 표시.
>
> 확실한 증거처럼
> 나의 구원도 확실하다네.
> 천국에서 영화롭게 된 영혼들은
> 복될 뿐만 아니라 안전하다네."

　이 모든 것 속에는 우리가 찬송해야 할 차고 넘치는 이유들이 가공되지 않은 채로 들어 있습니다. 과연 우리가 이것들보다 더 좋은 이유들을 어디에서 발견할 수 있겠습니까? "여호와를 찾는 자는 그를 찬송할 것이라."
　형제들이여, 우리가 하나님을 찾는다는 사실 자체가 바로 우리가 하나님을 찬송해야 할 이유가 됩니다. 우리로 하여금 하나님을 찾게 만든 것이 무엇이었는지를 생각해 보십시오. 그것은 바로 하나님의 주권적인 은혜였습니다. 무엇이 우리의 눈에 최초의 회개의 눈물이 맺히게 하였습니까? 무엇이 우리의 영혼 속에서 그리스도를 찾고자 하는 최초의 탄식을 이끌어 내었습니까? 이 모든 것을 주관한 것은 바로 하나님의 주권적인 은혜가 아니었습니까? 그리고 이 은혜는 어디에서 왔습니까? 이 은혜는 하나님이 창세 전에 그리스도 예수 안에서 계획하셨던 그의 영원하신 작정하심에서 온 것이 아닙니까? 그리고 그 작정하심은 어디에서 왔습니까? 그 작정하심은 성경에 "내가 긍휼히 여길 자를 긍휼히 여기고 불쌍히 여길 자를 불쌍히 여기리라"(롬 9:15)고 기록된 것처럼 하나님의 절대주권에서 온 것이 아닙니까? 그러므로 우리는 하나님의 거룩하신 이름에 영광을 돌리고, 우리에게 지존자의 사랑을 받을 만한 그 어떤 행위나 공로나 그 어떤 선한 것이 있다고 생각하지 말아야 합니다. 자랑하는 것은 모두 버리고, 오직 찬송하는 것만이 남아 있게 하십시오. 하나님의 거룩하신 이름에 영원무궁토록 모든 영광을 돌리고, "여호와를 찾는 자는 그를 찬송할 것이라"는 말씀이 여러분에게 늘 그대로 이루어지게 하십시오.

우리가 마지막으로 생각할 것은, 여호와를 찾는 자가 그를 찬송하는 것이 마땅하다면, 여호와를 이미 찾은 우리가 그를 찬송하는 것은 더더욱 마땅한 일이라는 것입니다. 우리의 가엾은 벗들인 하나님을 찾는 자들은 머지않아 하나님의 이름을 찬송하게 될 것입니다. 그러므로 하나님을 이미 찾은 우리는 그들에게 그 길을 보여주는 것이 마땅합니다. 우리는 찾았고 만났습니다. 그러므로 지금 즉시 하나님을 찬양하십시오. 여러분은 우리가 하늘에 계신 우리 아버지를 이 정도 찬송했으면 충분하다고 생각하십니까? 우리가 세상의 근심에 싸여서 대충 찬송하고 심지어 불평하기까지 한다면, 그것은 하나님으로부터 그에게 합당한 영광을 도둑질하는 것임을 여러분은 알지 못하십니까? 그것은 그리스도인에게 합당한 일이 아닙니다. 긍휼을 받을 수 없는 자가 이루 말할 수 없이 큰 긍휼을 입었다면, 더욱 감사함으로 기뻐하는 것이 마땅한 일입니다. 여러분은 우리의 찬송 속에서 우리의 그런 감정을 충분히 드러내고 있다고 생각하십니까? 우리는 그렇게 하지 못하고 있다고 나는 확신합니다. 이전에 우리는 지금 받고 있는 은혜의 절반도 받지 못할 것이라고 생각하였습니다. 우리는 그리스도인들이 마땅히 찬송해야 하는 것의 십분의 일을 찬송하고 있습니까? 우리는 때때로 찬송을 아주 나지막하게 흥얼거리기는 하지만, 사람들이 듣기 싫다고 말할 정도로 크게 찬송하는 것은 아주 꺼려합니다. 나는 정신 나간 세상 사람들이 우리가 듣기 싫어하고 괴로워할까봐 그들의 노래를 마음껏 부르지 않는 것을 본 적이 없습니다. 그들은 밤중에 그들의 음탕한 노래를 고래고래 소리 질러 부름으로써 우리의 잠을 깨우지 않습니까? 만약 우리가 우리에게 마땅한 열심의 절반만 나타낸다고 해도, 우리는 적어도 종종 길거리들에 하나님을 찬송하는 노래들로 울려 퍼지게 만들어야 합니다. 종종 조금은 무분별하고 지각없다는 소리를 듣는 것이 좋고, 때때로 광신자라는 비난을 듣는 것이 좋습니다. 왜냐하면, 그것은 하나님에 대하여 진정한 열심(熱心)이 있음을 보여주는 증거가 되기 때문입니다. 우리는 적어도 우리의 일생에서 한 번쯤은, 바리새인들이 우리를 꾸짖어서 "그들이 하는 말을 듣느냐"(마 21:16)고 말할 때까지, 우리 자신의 가장 진심어린 열심을 드려 길거리들에서 큰 소리로 찬송함으로써, 우리 주님이 많은 사람들이 있는 길거리들을 활보하시게 해드려야 합니다.

> "오, 바위들과 작은 산들아, 이 사랑으로 인해서
> 너희의 그 오랜 침묵을 깨뜨릴지어다.
> 모든 사람들아, 너희의 혀로 한 목소리로
> 구주를 찬송하게 할지어다."

그 찬송이 박자나 음정이 맞지 않아도 좋습니다. 호흡이 있는 모든 피조물들아, 여호와를 찬양하라.

> "우리가 지극히 사랑하는 주를 찬송하리라.
> 우리의 영혼이 모두 활활 타올라서
> 이 드넓은 온 땅에 호산나 찬송이 울려 퍼져
> 주의 이름을 경배하네."

주님께서 우리의 마음을 활활 타오르게 해주시기를 빕니다. 우리가 환난 날에 찾았던 주님, 은혜의 날에 우리를 만나 주셨던 주님을 큰 기쁨으로 찬송하고, 호산나와 할렐루야를 외치며 행진하고, 찬양하고 찬송하며 기뻐하게 해주시기를 빕니다.

제
21
장
—

선한 목자

—

"여호와는 나의 목자시니 내게 부족함이 없으리로다."
—시 23:1

이것은 시를 읊거나 노래를 부르는 것처럼 들리지 않습니까? 이 시편은 시적인 운문(韻文)으로 씌어져 있어서, 여러분이 이 시편 전체를 읽으면, 원래는 보격(步格)이나 운율을 따라 번역되어야 하지만, 비록 그런 식으로 번역되어 있지 않더라도, 시처럼 읽히게 됩니다. "여호와는 나의 목자시니 내가 부족함이 없으리로다 그가 나를 푸른 풀밭에 누이시며 쉴 만한 물 가로 인도하시는도다 내 영혼을 소생시키시고 자기 이름을 위하여 의의 길로 인도하시는도다"(시 23:1-3). 이 시편이 이렇게 음악 같이 들리는 것은 여러 가지 이유가 있겠지만, 그 중에서 특히 중요한 것은 이 시편이 다윗의 마음에서 나왔기 때문입니다. 마음에서 나온 것에는 언제나 그 속에 운율이 있습니다. 사람들이 자기가 알고 있는 것에 대하여 말하고, 자신의 영혼 깊은 곳으로부터 자기가 본 것에 대하여 증언할 때, 그들은 소위 웅변적으로 말하게 됩니다. 왜냐하면, 진정한 웅변이라는 것은 영혼으로부터 말하는 것이기 때문입니다. 이렇게 다윗은 자기가 알고 있는 것, 자신의 일생에 걸쳐서 스스로 검증한 것에 대하여 말하였고, 이것이 그를 진정으로 웅변적으로 만들어 주었습니다.

"진실은 허구보다 더 낯설다"라는 말이 있듯이, 다윗이 말한 진실은 그 어떤 허구보다도 더 감미로운 것이었고, 광신자가 꿈꾸었던 그 어떤 것보다도 더 아름다운 것이었습니다. "여호와는 나의 목자시니 내게 부족함이 없으리로다." 그 자신이 목동이었던 다윗이 이렇게 읊조리고 있으니, 이 말씀은 우리의 귀에 더욱더 쏙쏙 들어오는 것 같습니다. 다윗에게는 더운 여름에 자신의 양 떼를 물가로 인도했던 일, 양 떼를 강가의 그늘진 곳에 누였던 일, 찌는 듯이 더운 날들에 양 떼를 산등성이로 인도하여 시원한 바람을 쐬게 하였던 일, 추운 겨울이 왔을 때에 양 떼를 골짜기로 인도하여서 폭풍우를 피하게 한 일이 주마등처럼 스쳐 나갔을 것입니다. 또한, 다윗은 자기가 어린 양들을 자상하게 돌보며 데리고 다녔던 일, 양 떼 중에서 상처 입은 양들을 보살펴 주었던 일도 회상하였을 것입니다. 그런데 지금 다윗은 양이라는 친숙한 비유를 자기 자신에게 적용해서, "여호와는 나의 목자시니 내게 부족함이 없으리로다"라고 말합니다. 나는 오늘 밤에 경험을 숭심으로 말씀을 선하고사 합니다. 내가 그렇게 힐 때, 여러분 중의 얼마나 많은 분들이 저와 함께 시편 기자의 발자취를 따라갈 수 있을지는 잘 모르겠습니다.

첫째, 사람이 이렇게 말할 수 있기 위해서는 몇몇 예비적인 과정들이 있습니다. 무엇보다도 가장 먼저 절대적으로 필요한 것은 자기가 본성상 양 같다고 느껴야 한다는 것입니다. 왜냐하면, 자기가 양의 본성을 지니고 있다는 것을 스스로 느끼지 못한다면, 그는 하나님이 자신의 목자라는 것을 알 수 없기 때문입니다. 둘째, 감미로운 확신이 있습니다. 사람은 과거에 하나님의 돌보심과 선하심에 대한 어떤 증언을 지니고 있어야 합니다. 그렇지 않다면, 그는 "여호와는 나의 목자시니"라는 본문을 자기에게 적용할 수 없게 됩니다. 셋째, 거룩한 신뢰가 있습니다. 여기에 계신 분들 중에서 자신의 모든 장래를 하나님의 손에 맡기고, 다윗과 함께 "여호와는 나의 목자시니 내게 부족함이 없으리로다"라고 말할 분이 얼마나 계실지 의문입니다.

1. 첫째로, 사람이 이 말씀에 참여하기 위해서 꼭 필요한 고백이 있습니다.

우리는 우리 안에 양과 흡사한 그 무엇이 있다는 것을 느껴야 합니다. 우리는 우리가 어느 정도 정확히 양을 닮았다는 것을 인정하여야 합니다. 그렇지 않으면, 우리는 하나님을 우리의 "목자"라고 부를 수 없습니다.

나는 하나님이 우리를 그러한 상태로 이끄셨다면 우리가 갖게 된 첫 번째 인식은 이런 것이리라고 생각합니다. 즉, 우리는 우리 자신의 어리석음을 깨달게 될 것이고, 우리가 언제나 얼마나 지혜롭지 못하였는지를 느끼게 될 것입니다. 양은 피조물들 중에서 가장 미련한 존재들 중의 하나입니다. 양은 이리저리 막무가내로 모든 방향으로 움직이지만, 오직 올바른 방향으로는 가지 않습니다. 양은 비옥한 "풀밭"이 있는데도 풀 한 포기 없는 황량한 곳으로 가서 헤매고 다닙니다. 양은 많은 샛길들을 잘도 찾아서 가지만, 유독 올바른 길은 찾지 못합니다. 양은 숲속을 헤매다가 골짜기로 들어가서 이리의 입 속으로 자진해서 들어가지만, 신중함을 발휘해서 이리를 피하고자 하지 않습니다. 양은 자신의 우리 곁에서 이리저리 다니다가 위험한 곳을 만나도 본능적으로 피하려 하지 않습니다. 양은 길을 잃는 데에는 선수이지만, 집으로 다시 돌아오는 법을 알지 못합니다. 양은 혼자 놓아두면 여름에 어느 풀밭에서 풀을 뜯을지, 또는 겨울에 어디로 물러가서 쉴지를 알려고 하지 않습니다.

우리는 은혜에 속한 일들에서와 마찬가지로 섭리에 속한 일들에서도 진정으로, 그리고 전적으로 어리석다고 느끼신 적이 있으시지요? 나는 자기 자신을 불신하지 않는 사람은 섭리를 의지할 수 없다고 생각합니다. 자기가 자신을 통제할 수 있다거나 자기에게 유익한 것들을 스스로 챙길 수 있다는 것과 같은 온갖 헛된 생각을 버리지 않은 사람은 "여호와는 나의 목자시니 내게 부족함이 없으리로다"라고 말할 수 없습니다. 그런데 슬프게도 우리 중 대부분은 성경에서 말씀하는 것보다 지혜롭고 허영심에 차 있어서 하나님의 지혜를 인정하지 않습니다. 우리는 자긍심 가운데서 우리의 이성으로 우리의 목적들을 다스려나갈 수 있다는 망상에 빠져 있고, 우리 자신이 뜻한 바들을 이룰 수 있는 힘이 우리 자신에게 있다는 것을 결코 의심하지 않습니다. 그래서 우리는 조금만 궁리하고 손을 쓰면 우리가 처한 난관들을 스스로 헤쳐 나갈 수 있다고 생각합니다. 우리는 몇 가지 일에서 우리가 계획했던 방향으로 우리의 삶을 조종해 나간 경험을 하고 나면, 온갖 어려운 난관들을 다 헤쳐 나가서 일생을 무사히 항해해갈 수 있다는 것에 대해서도 의심을 품지 않습니다. 사랑하는 여러분, 분명한 것은 우리가 어리석은 자들이라는 것을 알기 위해서는 하나님의 은혜의 학교에서 별로 가르침을 받을 필요도 없다는 것입니다. 참된 지혜를 알게 되면, 어리석은 것이 무엇인지가 확연하게 드러나게 됩니다. 한 청년이 대학에 간 지 일 년이 지나서 그의 아버지가 그에게 "네가 대학 가기 전보다 더 많이 알게 되었냐?"고 물었답니다. 그러자 그 청년은 "예, 그렇습니다"라고 대답했습니다. 2년이 지나고 나서도 아버지는 "네가 대학 가기 전보다 더 많이 알게 되었냐?"고 똑같은 질문을 했습니다. 그 청년은 "아니요, 나는 훨씬 더 모르게 되었습니다"라고 대답했습니다. 그러자 아버지는 "그래? 네가 나아지고 있군"이라고 말했습니다. 3년이 지나서 아버지는 "네가 지금 무엇을 아느냐?"고 물었습니다. 그 청년은 "제가 어떤 것을 알고 있다고 생각하지 않습니다"라고 말했습니다. 그러자 아버지는 "그 말이 옳다. 네가 아무것도 모른다고 하니, 네가 정말 유익한 것을 배운 것이야"라고 말했답니다. 자기가 마땅히 알아야 할 것을 아무것도 알지 못한다는 것을 깨달은 사람은 자신의 배를 스스로 조종하기를 포기하고, 하나님께 그 배의 조종을 맡깁니다. 그 사람은 자신의 지혜를 내려놓고서 이렇게 부르짖게 됩니다: "하나님, 나의 적은 지혜를 당신의 발 앞에 내려놓습니다. 이제 나의 보잘것없는 지혜를 당신 앞에 내려놓습니다. 나는 그 지혜를 포기할 준비가 되어 있습니다. 나는 내 생각과 궁리대로 행하면서 많은 해악을 겪었고 많은 후회의 눈물을 흘렸습니다. 그러나 이제부터는 내가 당신의 법을 기뻐하겠습니다. 종들의 눈이 주인의 손을 바라보고, 하녀의 눈이 여주인의 손을 바라보듯이, 내 눈은 내 하나님 여호와를 바라나이다. 나는 말이나 병거를 의지하지 않을 것이고, 야곱의 하나님의 이름이 나의 피난처가 될 것입니다. 애석하게도 너무나 오랜 세월 동안 나는 내 자신의 즐거움을 구해 왔고, 내 자신의 만족을 위해 모든 것을 행해 왔습니다. 하나님, 이제 나는 당신의 도우심을 구합니다. 나로 하여금 먼저 하나님의 나라와 그 의를 구하게 하시고, 다른 모든 것을 당신께 맡기게 하여 주옵소서." 나의 친구들이여, 여러분이 어리석다는 것이 수긍이 되십니까? 여러분은 자신의 본성이 양 같다는 것을 고백하신 적이 있으십니까? 아니면, 여러분은 자기가 지혜롭다는 달콤한 망상에 빠져서 흐뭇해하고 계십니까? 만일 여러분이 그런 망상에 빠져 계신다면, 여러분은 정말 어리석은 자들입니다! 그러나 여러분이 자신을 아굴과 같다고 여기고, "나는 다른 사람에게 비하면 짐승이라 내게는 사람의 총명이 있지 아니하니라"(잠 30:2)고 말한다면, 솔로몬조차도 여러분이 지혜로운 자들이라고 인정할 것입니다. 여러분이 "나는 어리석은 양입니다"라고 고백하게 되었다면, 나는 여러분이 "여호와는 나의 목자시고, 내게는 다른 목자가 있을 수 없고, 나는 다른 목자를 원하지도 않습니다. 내게는 여호와만으로 충분합니다"라고 말할 수 있게 되기를 바랍니다.

　　또한, 양은 어리석을 뿐만 아니라, 매우 의존적인 짐승입니다. 양은 적어도 길들여진 상태에서는 우리가 알고 있는 대로 언제나 의존적입니다. 말을 이끌어다가 초지(草地)에 방목하면, 말은 거기에서 스스로 풀을 뜯어먹으며 자립적으로 잘 살아갈 것입니다. 그래서 몇 년 후에 가서 그 말을 보아도, 그 말은 처음 그 초지에 갖다놓았을 때보다 그 상태가 결코 못하지 않을 것입니다. 마찬가지로, 소도 그런 식으로 방목하면 스스로 알아서 잘 살아갈 것입니다. 그러나 양을 광야에 혼자 두면, 양은 어리석어서 아무 생각 없이 아무데로나 무작정 가버리고 맙니다. 그랬을 때에 양의 운명은 어떻게 되겠습니까? 양은 머지않아 풀도 없는 곳으로 가서 헤매다가 굶어죽거나, 스스로 방어할 힘이 없어서 사나운 짐승에게 잡아먹힐 것이 뻔합니다.

사랑하는 여러분, 우리에게는 스스로 살아갈 수 있는 힘도 없고 적으로부터 우리 자신을 방어할 힘도 없다는 것을 여러분은 느끼신 적이 있으십니까? 우리가 하나님을 의지하지 않으면 안 된다는 것이 여러분에게 감지되십니까? 그렇다면, 우리는 여호와는 우리의 목자시라는 큰 교훈의 또 한 부분을 배운 것입니다. 우리 중 어떤 분들은 아직 이 교훈을 배우지 못하였습니다. 우리는 자신의 힘으로 자기가 원하는 것들을 해결하고 자신의 길을 개척해 나가는 것을 기뻐할 것입니다. 그러나 옛적의 훌륭한 청교도는 "하나님의 자녀가 자신의 길을 개척해 나가고자 하면 반드시 자신의 손가락을 베게 될 것이다"라고 말했습니다. 우리는 종종 우리의 힘으로 뭔가를 그래도 조금은 할 수 있다는 망상에 빠집니다. 그러나 우리는 그것이 망상이라는 것을 아주 신속하게 깨닫게 될 것입니다. 우리가 진정으로 하나님의 백성이라면, 하나님은 우리로 하여금 매일매일 하나님을 절대적으로 의지하도록 이끄실 것입니다. 하나님은 우리로 하여금 "우리에게 일용할 양식을 주시옵고"라고 기도하게 만드실 것이고, 하나님이 자신의 손을 펴서서 때를 따라 우리에게 양식을 주신다는 것을 시인하게 만드실 것입니다. 우리가 하나님이 주시는 양식을 먹을 때, 그 식사는 답니다. 그렇지만 어떤 사람들은 이렇게 하나님을 의지하는 것을 대단히 굴욕적인 것이라고 여겨서 반기를 듭니다. 사람들은 독립적으로 살아가는 것을 대단한 자랑으로 여기고, 그들의 눈에는 독립적으로 살아가는 것보다 더 존경스러운 것은 없습니다. 그러나 우리가 독립적으로 살아가겠다고 아무리 말해도, 그것은 소용없는 일입니다. 우리는 결코 독립적인 존재가 될 수 없습니다. 나는 내가 한 번 참석했던 기도 모임에서 어떤 사랑하는 그리스도인이 주일 아침마다 "주님, 우리는 당신 위에서 **독립적인**

피조물들입니다"라고 아주 유쾌하게 기도하는 것을 보았습니다: 바로 그런 의미에서의 독립성을 제외하고는 우리에게는 그 어떤 독립성도 없습니다. 왜냐하면, 그 사람의 기도는 "우리는 당신을 의지할 수밖에 없는 피조물들입니다"라는 의미였기 때문입니다. 우리는 그런 존재입니다. 우리는 심지어 서로로부터도 독립적일 수 없고, 하나님으로부터 독립적이지 않다는 것은 너무나 분명합니다. 우리가 건강하고 힘이 있을 때에는 우리는 그런 상태가 지속되게 하기 위하여 하나님을 의지합니다. 우리에게 건강과 힘이 없다면, 우리는 그것들이 우리에게 회복되도록 하기 위하여 하나님을 의지합니다. 모든 일에서 하나님이 우리를 눈동자같이 지키시고 보살피시는 증표들을 보는 것은 기분 좋고 복된 일입니다. 만일 내가 "하나님이 내게 이것을 주시지 않으셨다"고 말할 수 있는 그 무엇이 내게 있다면, 나는 하나님의 은혜로 말미암아 내가 그것을 문 밖으로 던져 버리게 되기를 소망합니다. 음식, 의복, 건강, 호흡, 힘 — 모든 것이 하나님으로부터 오고, 우리는 끊임없이 하나님을 의지합니다. 헌팅턴(Huntington)은 이렇게 말하곤 했습니다: "내 하나님은 내게 한 바구니만큼의 분량을 주십니다. 하나님은 내게 한 번에 많은 것을 주시는 것이 아니라, 한 바구니씩 주시고, 나는 그때마다 그것을 받아서 먹고 살아갑니다." 하디(Hardy)도 전에 이렇게 말한 적이 있습니다: "나는 하나님이 주시는 음식으로 살아가는 평범한 사람입니다. 나는 아침에 주시는 음식과 저녁에 주시는 음식으로 날마다 살아갑니다. 이렇게 나는 하나님을 의지합니다. 나는 세상으로부터 독립해서 하나님을 의지합니다." 양은 의존적인 짐승이어서 늘 어떤 도움을 필요로 합니다. 그리스도인도 마찬가지입니다. 그리스도인은 "여호와는 나의 목자시니"라고 말할 수 있을 때에 자기가 하나님을 의지해야 하는 존재라는 것이 얼마나 복된 일인지를 깨닫습니다.

　　이것들은 우리가 섭리와 관련해서 하나님의 이 진리를 바라볼 때에 두 가지 주된 것들입니다. 나는 오늘 저녁의 설교 주제로 내가 삼고자 했던 것으로부터 벗어났을지도 모릅니다. 만일 내가 그렇게 주제에서 벗어나서, 여러분에게 그리스도인과 양의 다른 몇몇 비슷한 점들을 보여드린다면, 그것도 좋은 일이 될 것입니다. 사랑하는 여러분, 여기에 계신 분들 중에는 자주 헤맨다는 점에서 양과 비슷하다고 느끼는 분들이 계실 것입니다. 우리는 종종 "우리가 범죄하여, 길 잃은 양처럼 주의 길에서 벗어났나이다"라고 고백하지 않았습니까? 우리는 오늘 밤에 그것을 느끼고, 우리의 마음이 제멋대로인 것을 탄식하고 슬퍼합니다. 그러나 우리가 방황하는 양이라고 할지라도, 하나님의 초장(草場)의 양이라는 것은 좋은 일입니다. 개들은 원래 야생이기 때문에, 우리는 개들이 길을 잃고 헤맨다고 말하지 않지만, 양들은 언제나 누군가의 재산으로 여겨집니다. 길 잃은 양에게도 주인이 있습니다. 그 양이 우리에서 벗어나 아무리 멀리 갔다고 할지라도, 그 양은 원래의 주인의 것입니다. 나는 하나님께서 자신의 양들을 모두 다 우리로 다시 데려오셔서, 양들이 모두 구원을 받게 될 것이라고 믿습니다. 우리가 길을 잃고 헤맨다고 느끼는 것은 중요합니다. 왜냐하면, 우리가 길을 잃고 헤맨다고 느끼고 있다면, 우리는 반드시 구원을 받게 될 것이기 때문입니다. 우리가 길을 잃고 헤맨다고 느낀다면, 우리는 반드시 다시 돌아오게 될 것입니다.

또한, 우리는 우리의 의지(意志)가 왜곡되고 굽어져 있다는 점에서 양과 같습니다. 사람들은 자유의지에 대하여 말하고, 우리에게 사람이 자신의 자유의지로 하나님께 나아가고 구원을 받는다고 말합니다. 그런 말은 아주 흥미로운 것이기는 하지만, 나는 자유의지에 관한 설교는 아주 많이 들어보았어도, 자유의지에 의한 기도에 대해서는 결코 들어본 적이 없습니다. 나는 설교와 대화에서의 아르미니우스주의에 대해서는 들어보았지만, 아르미니우스주의적인 기도에 대해서는 들어본 적이 없습니다. 사실, 나는 그런 종류의 기도는 있을 수 없다고 생각합니다. 자유의지라는 말은 기도에 어울리지 않는 표현입니다. 우리는 그런 이론과 좀 다른 생각을 갖고 있지만, 어쨌든 그런 이론은 아주 멋있어 보이고 아주 그럴 듯하게 들릴 수 있습니다. 그러나 실제에 있어서 그런 이론은 무익합니다. 자유의지라는 표현은 우리의 기도에 어울리지 않고, 오직 그것만으로도 그런 이론은 단죄 받기에 충분한 이유가 됩니다. 어떤 사람이 자신의 확신 가운데서 기도할 수 없다면, 그것은 그 확신이 처음부터 끝까지 망상이라는 것을 보여주는 것입니다. 왜냐하면, 그 확신이 참된 것이라면, 그 사람은 그 확신 속에서 기도할 수 있을 것이기 때문입니다. 설교할 때와 마찬가지로 기도할 때에도 은혜의 가르침들이 유익하게 하시는 하나님께 찬송을 드립니다! 우리가 일단 저 복된 은혜의 복음에 관한 옛적의 근본적인 가르침들을 갖게 될 때, 우리는 그 어떤 예배의 행위 속에서도 우리 자신이 잘못되었다는 것을 발견하지 못합니다. 사람들은 자유의지에 대하여 말하면서, 사람은 자신의 의지로 예수께로 돌아갈 수 있다고 말합니다. 만약 그들이 내게 자신의 힘으로 양 우리로 돌아온 자유의지를 지닌 양을 보여준다면, 즉 그들이 양 우리에서 나갔다가 다시 자기 혼자서 양 우리 앞에 돌아와서 들어가게 해달라고 우는 양을 내게 보여준다면, 나는 그들의 말을 믿을 용의가 있습니다. 여러분은 그런 양을 발견하지 못할 것이고, 자유의지로 그리스도인이 된 사람도 발견하지 못할 것입니다. 왜냐하면, 여러분이 진상을 철저하게 조사한다면, 그리스도인들은 모두 다 한결같이 그들의 영혼이 회복된 것은 온전히 은혜로 인한 것이었다고 고백하게 될 것이기 때문입니다.

> "은혜가 임하여 우리 영혼이 기도하는 법을 배웠고
> 　내 눈에 눈물이 넘쳤도다.
> 　오직 은혜로 인하여 이 날까지 우리가 신앙을 지키고
> 　딴 길로 가지 않을 수 있었도다."

2. 둘째로, 여호와는 우리의 목자라는 확신에 대하여 살펴보겠습니다.

"여호와는 목자시니"라고 말하기는 아주 쉽습니다. 그러나 그러한 복이 우리 자신의 것이 되게 해서, 우리가 "여호와는 우리의 목자시니"라고 말할 수 있으려면, 우리는 어떻게 해야 합니까? 나의 대답은 여호와께서는 과거에 우리의 영혼에게 다가오셔서, 자기가 우리의 목자시라는 것을 우리에게 가르치셨다는 것입니다. 여기에 모이신 회중에 속한 모든 분들이 모두 다 자리에서 일어나서 "여호와는 나의 목자시니"라고 말한다면, 나는 많은 분들의 경우에 그것은 거짓말이 될 것임을 압니다. 왜냐하면, 하나님을 자신의 목자로 섬기지 않는 분들이 여기에도 많이 계시기 때문입니다. 하나님이 그분들의 인도자라는 것은 어떤 의미에서는 사실입니다. 왜냐하면, 하나님은 모든 사람의 마음과 인생의 모든 일들을 주관하시기 때문입니다. 그러나 그들은 하나님의 초장(草場)에서 풀을 뜯는 백성들은 아니고, 하나님의 수중에 있는 양들은 아닙니다. 그들은 믿는 자가 아니기 때문에, 하나님의 양 우리에 들어와 있지도 않습니다. 만일 그들이 "나는 하나님의 양이다"라고 말한다면, 그 말이 거짓이라는 것을 그들 자신의 양심이 그들에게 말해줄 것입니다. 그렇다면, 어떤 사람이 여호와가 자신의 목자라는 것을 어떻게 알게 될까요?

그는 먼저 예수 그리스도께서 길을 잃고 헤매던 자기를 돌아오게 하셨기 때문에 그것을 압니다. 여기 이 자리에는 어리석음과 죄악의 길을 가다가 산 같은 잘못들과 악의 소굴에서 건짐을 받은 분도 계실 것이고, 정신이 나가서 악을 저지르는

삶을 살다가 여호와 예수의 권능에 힘입어서 제정신을 차리고 돌아오신 분도 계실 것입니다. 그런 분들은 그 복된 경험으로 말미암아 여호와가 자신의 목자라는 것을 알게 되었을 것입니다. 내가 전에 저 산꼭대기에서 헤매고 있었는데, 예수께서 올라오셔서 나를 잡아서 그의 어깨에 메시고 집으로 데려오셨다면, 나는 그가 나의 목자라는 것을 감히 의심할 수 없습니다. 만일 내가 어떤 다른 양 주인에게 속하여 있었다면, 주님께서는 나를 찾지 않으셨을 것입니다. 주님께서 나를 찾으셨다는 사실로부터 나는 그가 나의 목자임에 틀림없다는 것을 압니다. 만일 내가 어떤 사람이 내게 내 죄를 깨우쳐 주었다거나, 어떤 인간적인 능력이 나를 회심시켰다고 생각한다면, 나는 바로 그 사람의 양이고, 그가 나의 목자라고 생각하게 될 것입니다. 만일 나의 구원이 어떤 피조물로 말미암은 것이라면, 나는 그 피조물이 나의 목자라고 생각할 것입니다. 그러나 하나님으로 말미암아 회심한 사람은 오직 하나님이 그 일을 행하셨다고 고백하여야 하고, 또한 그렇게 고백할 것입니다. 또한, 그는 자기가 죄로부터 구원을 받은 것은 오로지 하나님의 값없는 은혜로 말미암은 것이라고 고백하게 될 것입니다. 그런 사람은 여호와는 자신의 목자임에 틀림없다는 것을 확신하게 됩니다. 왜냐하면, 길을 잃고 방황하던 그를 돌아오게 하신 분이 하나님이셨고, 하나님이 그를 사자의 입과 곰의 발에서 건져내셨기 때문입니다.

한 걸음 더 나아가서, 우리는 하나님께서 목자 같이 우리가 필요로 하는 것들을 공급해 주셨다는 것을 압니다. 사랑하는 여러분, 여러분 중에서는 하나님이 여러분의 쓸 것들을 공급해 주시는 분이시라는 것을 분명하게 알고 계시는 분들이 있을 것입니다. 종종 여러분은 극심한 곤경에 처했고, 그때마다 하나님께서 개입하지 않으셨다면, 여러분은 거기에서 결코 건짐을 받지 못하셨을 것입니다. 여러분은 극심한 궁핍에 빠졌었고, 그때에 여러분이 사랑하던 사람들과 친지들은 여러분에게서 너무나 멀리 있어서, 여러분을 거기에서 건져줄 사람이 아무도 없었습니다. 여러분은 아마도 극심한 곤경에 빠져서, 기도 외에는 할 수 있는 것이 없었을 것입니다. 여러분은 하나님의 보좌 앞에서 씨름하였고, 응답을 구하였지만, 응답은 오지 않았습니다. 여러분은 그 곤경에서 벗어나기 위해서 온갖 애를 다 썼지만, 여러분의 길은 여전히 짙은 어둠에 싸여 있었습니다. 여러분은 소망이 여러분의 마음에서 거의 사라질 때까지 반복해서 애를 썼습니다. 여러분은 기도에 서원을 덧붙여서 고통 중에 이렇게 기도하였습니다: "하나님, 이번에 나를 건져 주신다면, 내가 다시는 당신을 의심하지 않겠습니다." 여러분이 걸어온 순례길을 되돌아보십시오. 여러분 중 몇몇 분들은 여기에서부터 요크 시까지 가는 길에 있는 이정표들만큼 많은 에벤에셀(도우심의 돌)들이 그 순례길에 세워져 있는 것을 보실 수 있을 것입니다. 여러분이 "여호와께서 여기까지 나를 도우셨다"(삼상 7:12)고 말하며, 돌을 세우고 그 위에 기름을 부은 에벤에셀이 그 순례 길에 무수히 세워져 있는 것을 볼 것입니다. 여러분의 일기장을 한 장 한 장 넘겨가며 보십시오. 여러분은 거기에서 세상적인 그 어떤 수완으로는 극복할 수 없었던 위험한 일들과 위기상황들을 무수히 겪어온 것을 발견하게 될 것이고, 그때마다 다른 사람들이 결코 알 수 없었던 것, 즉 여러분이 걸어온 길들마다 여러분과 함께 하셨던 하나님이 계시고 그의 섭리가 있었다는 것을 증언하지 않을 수 없다는 것을 느끼게 될 것입니다. 여러분은 여러분이 바라던 것과는 너무나 낯선 상황들 가운데서 도저히 생각할 수 없는 원천과 눈에 보이지 않는 손길에 의해서 너무나 기이하고 놀라운 방식으로 건짐을 받아 왔습니다. 그 건지심은 너무나 완벽하고 놀라운 것이어서, 여러분은 "여호와는 나의 목자시니"라고 고백할 수밖에 없었습니다. 그렇습니다. 여호와는 우리의 목자이십니다. 매일매일 푸른 초장에서 자유롭게 풀을 뜯는 양들은 자신의 목자를 잊기 쉽습니다. 그러나 한동안 초장에서 벗어나서 거의 굶어죽을 뻔하다가 가까스로 다시 초장으로 돌아오게 되었을 때, 그 양은 "진실로 여호와는 나의 목자이십니다"라고 말할 수밖에 없게 됩니다. 만일 내가 아무런 걱정 없이 늘 양식을 공급받아 왔다면, 나는 하나님이 내게 늘 양식을 주어 오셨다는 것을 의심하고서, 양식은 늘 당연히 있는 것이라고 생각하게 되었을 것입니다. 그러나 "나는 비천에 처할 줄도 알고 풍부에 처할 줄도 알아 모든 일 곧 배부름과 배고픔과 풍부와 궁핍에도 처할 줄 아는 일체의 비결을 배웠노라"(빌 4:12)고 말할 정도로 산전수전을 다 겪은 후에는, 나는 내게 필요한 모든 것을 공급해 주시는 분은 내 하나님이시라고 고백하게 됩니다. 그렇습니다. 나는 감사하는 마음으로 분명히 이렇게 쓸 것입니다: "여호와는 나의 목자이십니다."

그러나 사랑하는 여러분, 여러분에게 이러한 특별한 시련들과 구원들을 체험한 것이 없다고 할지라도 낙심하지 마십시오. 거칠고 험한 난관들을 무수히 만나지 않고도, 여호와가 우리의 목자라는 것을 알 수 있는 방법이 있고, 나는 그 방법을 곧 여러분에게 보여드릴 것입니다. 나는 어떤 사람들이 이러저러한 시련들과 환난들을 겪지 않은 사람은 하나님의 자녀가 될 수 없다고 말하는 것을 듣곤 합니다. 나는 "그들이 눈물 골짜기로 지나갈 때에 그 곳에 많은 샘이 있을 것이며"(시 84:6)라는 말씀을 본문으로 한 설교를 들은 적이 있습니다. 분명히 설교자는 자신의 설교를 "샘"이 되게 하지 못했습니다. 그의 설교는 마른 막대기처럼 메말라서 들을 가치가 없는 것이었습니다. 그 설교에는 즐거움과 기쁨 같은 것은 찾아볼 수 없었고, 소망을 품고서 천국을 향하여 간다고 하는 그리스도인들이 자신의 마음속에서 믿음의 증거를 더듬어 찾느라 탄식하고 불평하고 의심하지 않는다고, 욥과 예레미야 같이 슬픔과 비탄 가운데서 애쓰지 않는다고, 예레미야 애가를 자신의 입술에 담기에 합당한 본문들로 여기지 않는다고, 자신의 형편없는 머리와 가슴을 괴롭게 하지 않는다고, 가엾은 욥처럼 "내가 받는 재앙이 탄식보다 무거움이라"(욥 23:2)고 말하며 하나님을 향하여 탄식하는 것이 습관이 되어서 늘 가슴 아파하고 부르짖으며 기진맥진하지 않는다고 비난하는 말들을 내내 폭포처럼 쏟아내어 열변을 토하는 것만이 있었습니다. 그런 사람들은 어떤 사람이 겪는 환난들, 시련들, 괴로움들, 고생한 것들, 당혹스러운 일들 ― 이런 것들을 열거하자면 끝이 없을 것입니다 ― 을 척도로 해서 그 사람의 신앙을 판단합니다. 물론, 우리는 그런 일들이 하나님의 자녀에게 일어날 것임을 믿습니다. 우리는 각각의 그리스도인이 저마다 적절한 수단을 통해서 연단 받게 될 것이라고 생각합니다. 우리는 하나님의 백성이 고난을 받는 백성이라는 사실을 결코 부인하지 않습니다. 그리스도인들은 모두 다 환난의 용광로를 통과해야 하고, 하나님께서는 그들로 하여금 그렇게 하도록 정하셨습니다. 그럼에도 불구하고, 우리는 여전히 신앙은 복되고 행복한 것이라고 믿기 때문에 이렇게 노래하는 것을 좋아합니다:

> "은혜의 사람들은 알고 있다네,
> 영광이 아래 세상에서 시작된 것을.
> 오직 믿음과 소망으로만
> 하늘의 열매들이 이 땅에서 자랄 수 있다네."

이 자리에 계신 분들 중에는 아직 강들을 헤엄쳐 건너지 않은 분들이 계시고, 그분들은 아직 하나님의 섭리에 의한 고난의 맹렬한 용광로를 통과하지 않으셨겠지만, 그분들도 아무에게도 말할 수 없고 오직 자신만이 알고 있는 환난들, 그들의 영혼을 갉아먹고 그 영혼의 골수를 파괴하였던 환난들을 겪어 왔습니다. 자기가 겪은 환난들을 자랑하는 자들이 결코 느낄 수 없고, 말로만 환난을 얘기하는 자들이 결코 알 수 없는 그런 깊은 고뇌와 쓰라린 공허감, 졸졸 흐르는 시냇물과 결코 비교할 수 없는 도도한 강물 같이 밀려오는 고통과 괴로움! 그런 사람들은 불평하는 것을 두려워합니다. 그들은 자신들이 겪은 고난들을 드러낼 수 없습니다. 왜냐하면, 그들은 그렇게 하는 것은 하나님에 대한 불신을 드러내는 것이라고 생각하기 때문입니다. 그들은 자신들이 겪은 고난들을 자신의 마음 속에 간직한 채, 오직 자신의 얘기를 들어주되 남들에게 그 얘기를 퍼뜨리지 않을 사람들에게만 그것들을 얘기합니다.

　여러분은 이렇게 말할지도 모릅니다: "그렇다면, 당신이 그러한 깊은 환난과 고통 속에서 연단 받지 않았다면, 어떻게 당신은 여호와가 당신의 목자라고 말할 수 있습니까?" 우리는 하나님이 푸른 초장에서 날마다 우리를 먹이시는 것을 보고서, 하나님이 우리의 목자시라는 것을 압니다. 하나님께서 우리가 다른 사람들처럼 길을 잃고 멀리 헤매는 것을 허락하셨다면, 우리는 눈을 들어 하나님을 바라보고서, 이렇게 기도할 수 있습니다: "하나님, 당신은 나의 목자십니다. 당신은 날마다 나로 하여금 푸른 풀밭에서 풀을 뜯게 하시고, 내가 길을 잃고 헤맸을 때에는 나를 다시 그 풀밭으로 돌아오게 하셨으니, 나는 당신이 나의 목자시라는 것을 충분히 증명할 수 있습니다. 당신이 내게 필요한 것들을 날마다 공급해 주셨을 때와 마찬가지로 나를 궁핍하게 하시고 괴롭게 하셨을 때에도, 나는 당신이 나의 목자시라는 것을 압니다. 당신이 내게 끊임없이 강물 같은 긍휼을 베풀어 주셨을 때와 마찬가지로 그 강물 같은 긍휼이 잠시 그쳤다가 다시 흐르기 시작하였을 때에도, 나는 당신이 나의 목자시라는 것을 압니다." 사람들은 사고를 당해서 거의 죽을 뻔하거나 가까스로 살아난 경우에 이렇게 말합니다: "하나님의 섭리구나." 하지만 사고가 일어난 것과 마찬가지로 사고가 일어나지 않은 것도 하나님의 섭리입니다. 한 선한 사람이 한번은 자기 아들을 만나러 어느 곳에 갔답니다. 아들과 아버지는 서로 말을 타고 갔습니다. 아들은 그 장소에 도착해서 이렇게 소리쳤습니다: "아버지, 내가 오는 도중에 하나님의 섭리로 어떤 일이 있었어요." "그래, 그 일이 무엇이었는데?" "제 말이 여섯 번이나 돌에 걸려 비틀거렸는데도, 나는 한 번도 말에서 떨어지지 않았어요." 그러자 아버지가 말

했습니다: "그렇구나, 얘야. 나도 길을 오는 도중에 하나님의 섭리로 어떤 일이 있었단다." "그 일이 무엇이었는데요?" "응, 내 말이 한 번도 돌에 걸려 비틀거리거나 넘어지지 않았단다. 말이 여섯 번이나 돌에 걸려 비틀거렸는데도 네가 말에서 떨어지지 않은 것이나 내 말이 한 번도 돌에 걸려 비틀거리지 않은 것이나 모두 다 똑같이 하나님의 섭리란다." 여러분이 재산을 다 잃어버렸는데, 하나님이 여러분을 먹이시고 입히신다면, 그것은 하나님의 큰 섭리입니다. 그러나 여러분이 재산을 하나도 잃지 않은 것이나 극한 가난 속에서 여전히 살아 있을 수 있는 것도 마찬가지로 하나님의 섭리입니다. 이렇게 하나님은 여러분에게 필요한 것들을 공급해 주십니다. 나는 여러분 중에서 아주 어릴 적부터 하나님께서 복을 주셔서 끊임없이 자기에게 필요한 것들을 공급해 주신 경험이 있는 분들께 이 말씀을 드리고 있는 것입니다. 그런 분들은 "여호와는 나의 목자시니"라고 말할 수 있습니다. 당신은 매일매일 여러분에게 베풀어지는 하나님의 긍휼들에 이 글귀가 찍혀 있는 것을 보실 수 있습니다. 그것들은 하나님이 당신에게 주시는 것이기 때문에, 당신은 다른 이들과 마찬가지로 겸손한 믿음으로 "나의"라는 단어를 큰 소리로 말하게 됩니다. 양무리 중의 작은 자들이 당신만큼 많은 환난을 겪지 않았다고 해서 그들을 멸시하지 않으시기를 바랍니다. 하나님의 자녀들 중에서 당신만큼 피 흘려 싸우지 않은 사람들을 난도질하지 않으시기를 바랍니다. 목자이신 주님은 양들을 자신의 뜻대로 인도하시기 때문에, 당신은 주님이 그들을 올바르게 인도하실 것임을 믿어야 합니다. 그들이 "여호와는 나의 목자시니 내게 부족함이 없으리로다"라는 말을 진심으로 고백할 수 있는 사람들이라면, 그들이 어디에서 또는 어떻게 그것을 배웠는지를 신경 쓰지 마십시오.

3. 셋째로, 시편 기자의 거룩한 신뢰를 살펴보겠습니다.

"내게 부족함이 없으리로다." 가엾은 불신앙은 이렇게 말합니다: "내게는 모든 것이 부족해. 나는 영적인 것도 부족하고, 세상적인 것도 부족하고, 늘 부족한 것투성이야. 내가 조금 전에 겪은 괴로움을 너는 알 수가 없을 거야. 그건 내 마음이 찢어지는 듯한 괴로움이었어. 그런 괴로움이 또 오고 있어. 내게는 온통 부족한 것뿐이야." 이것이 불신앙이 말하는 것입니다. 그러나 여러분은 오늘에 여러분 자신의 이름을 넣어서 외쳐야 합니다: "여호와는 나의 목자시니 내게 부족함이 없으리로다." 이것이 다윗이 말한 것이었습니다. 나는 다윗의 신앙이 여러분의 불신앙보다 훨씬 더 낫다고 생각합니다. 나는 몇몇 일들에 있어서 여러분이 제시하는 증거를 고려할 것이기는 하지만, 그 증거들을 다윗이 본문에서 제시한 증거보다 더 우선시할 수는 없습니다. 나는 몇 가지 점들에서 여러분의 정직한 증언을 받아들일 것이기는 하지만, 하나님의 감동으로 된 본문 말씀이 여러분의 체험에 의한 증언보다 더 우선시되어야 마땅합니다. 성경에 "여호와는 나의 목자시니 내게 부족함이 없으리로다"고 기록되어 있기 때문에, 나는 여러분이 그 반대의 증거로 제시하는 50가지의 증언들보다 다윗의 증언 하나를 더 우선시할 것입니다.

　　나는 여러분 중에는 이렇게 말하는 분이 계실 것이라고 생각합니다: "영적인 복들을 얻을 수만 있다면, 나는 세상적인 것들이 부족해도 견딜 수 있어. 이 밤에 내게는 믿음과 사랑과 거룩함과 내 구주와의 교제가 부족해." 하지만, 사랑하는 여러분, 여호와가 여러분의 목자이시기 때문에, 여러분은 영적인 복들에 있어서도 결코 부족하지 않을 것입니다. 여러분이 하나님께 구하면, 여러분의 생각과는 달리 의로움의 무시무시한 방식을 통해서이긴 하지만, 하나님은 여러분에게 그러한 복들을 주실 것입니다. 하나님은 흔히 자기 백성에게 예기치 않은 방식으로 응답하십니다. 우리의 편지에 대한 하나님의 답장은 대체로 부고장을 담은 봉투로 내려오지만, 어쨌든 여러분은 답장이 반드시 온다는 것을 기억하십시오. 여러분이 평안, 기쁨, 성결 등과 같은 복들을 원하시면, 그 복들은 여러분에게 주어질 것입니다. 왜냐하면, 하나님께서 그런 복들을 약속하셨기 때문입니다. 여호와는 여러분의 목자시기 때문에, 여러분에게는 부족함이 없을 것입니다. "여호와께서 … 정직하게 행하는 자에게 좋은 것을 아끼지 아니하실 것임이니이다"(시 84:11). 나는 성경에 기록되어 있는 이 큰 약속을 종종 생각합니다. 나는 이것보다 더 큰 약속을 알지 못합니다. 이것은 "좋은 것"은 그 어떤 것이라도 주실 것이라는 말씀입니다. 이 약속의 말씀에 "좋은"이라는 단어가 들어가 있는 것은 하나님이 우리를 긍휼히 여기신 것입니다. 왜냐하면, 만일 "좋은 것"이라고 되어 있지 않고 "모든 것"이라고 되어 있었다면, 우리는 우리에게 해롭고 나쁜 많은 것들도 구했을 것이기 때문입니다. 그러나 다행히도 이 약속의 말씀은 "좋은 것"은 그 어떤 것이라도 주실 것이라고 되어 있습니다. 영적인 긍휼들은 "좋은 것들"입니다. 아니, 그것들은 단지 좋은 것들일 뿐만 아니라, 여러분이 반드시 구해야 하는 가장 좋은 것들입니다. 하나님께서 "좋은 것을 아끼지 아니하실 것"이라고 약속하셨다면, 가장 좋은 것들도 아끼지 않으시고 우리에게 주실 것임은 너무나 분명합니다. 그러므로 구하십시오. 왜냐하면, 하나님은 여러분의 목자이신 까닭에, 여러분에게는 부족함이 없을 것이기 때문입니다. 하나님은 여러분에게 필요한 것들을 공급해 주실 것입니다. 하나님은 여러분이 구하는 것은 무엇이든지 여러분에게 주실 것입니다. 아무것도 의심하지 말고 믿음으로 구하십시오. 그러면, 하나님께서 여러분이 진정으로 필요로 하는 것을 여러분에게 주실 것입니다.

그러나 아직도 "본문은 세상적인 것들에만 적용되는 거야"라고 말하며, 여전히 그 말씀을 믿지 못하는 분들이 계실 것입니다. 좋습니다. 그렇다면, 우리가 일단 본문을 "여호와는 여러분의 목자시니 여러분에게 세상적인 복들에 있어서 부족함이 없으리로다"라는 의미로 이해해 봅시다. 어떤 사람이 이렇게 울부짖습니다: "아, 나는 한때 풍족하게 살았는데, 지금은 빈민이 되어 버렸어. 나는 한때 힘 있는 부자로 살았었는데, 지금은 비천하고 가난한 자로 살아가고 있어." 그렇지만 다윗은 "여호와는 여러분의 목자시니 여러분이 사회에서 몰락한 자가 되지 않게 하시리로다"라고 말하지 않습니다. 다윗은 "여호와는 여러분의 목자시니, 여러분이 일년에 500 내지 1,000파운드를 벌게 되리로다"라고 말하지 않습니다. 다윗은 "여호와는 여러분의 목자시니, 여러분은 여러분이 갖고 싶어하는 것은 무엇이든지 갖게 되리로다"라고 말하지 않습니다. 다윗이 말하고 있는 것은 "여호와는 나의 목자시니 내게 부족함이 없으리로다"가 전부입니다. "부족함"에도 여러 종류가 있습니다. 많은 사람들의 경우에는 어리석은 욕심과 끊임없는 염려가 그들로 하여금 항상 부족하다고 느끼게 만듭니다. 여러분이 그들에게 살 집을 주고 매일매일 먹을 양식을 주었다고 할지라도, 그들은 항상 뭔가가 부족하다고 여겨서 끊임없이 뭔가를 요구할 것입니다. 여러분이 그들에게 꼭 필요한 것들을 다 채워 주었다고 해도, 그들은 여전히 부족하다고 느낄 것입니다. 왜냐하면, 그들의 "부족함"이라는 것은 그들이 실제로 부족해서가 아니라 단지 그들의 생각 속에서 부족하다고 여기는 것이기 때문입니다. 다윗은 "여호와는 나의 목자시니 나는 내가 부족하다고 생각하지 않게 되리로다"라고 말하지 않습니다. 하나님이 어떤 것을 약속하셨다고 할지라도, 그 약속이 이루어지기 위해서는 하나님이 직접 자신의 전능하심을 실행에 옮기셔야 한다고 생각하기 때문에, 하나님의 백성은 흔히 자기들이 실제로는 부족하지 않은 데도 부족하다고 생각하니

다. 본문에서 "부족함"이라고 하는 것은 실제로 필요한 것들이 부족한 것을 가리
킵니다. "여호와는 나의 목자시니, 내게 실제로 부족함이 없으리로다." 우리는
실제로는 필요하지 않은 많은 것들을 원하지만, 하나님은 우리가 원하는 것들은
무엇이든 다 들어주실 것이라고 약속하고 계시는 것이 아닙니다. 하나님께서는
우리에게 필요한 것 외에 다른 것들도 주시겠다고 말씀하신 것이 아니라, 우리
에게 필요한 것들을 주시겠다고 말씀하셨습니다. 그러므로 여러분의 머리를 드
시고, 두려워하지 마십시오! 여러분의 하나님이 여러분과 함께 계시니, 두려워
하지 마십시오. 하나님은 여러분을 해악(害惡)에서 지켜 주실 것입니다. 하나님
은 어둠을 빛으로, 쓴 것을 단 것으로 바꾸어 주실 것입니다. 하나님은 여러분을
내내 인도해 오셨고, "하나님은 나의 목자시니, 내게 실제로 절대적으로 필요한
것이 부족하지 아니하리로다"라는 약속이 내내 여러분의 끊임없는 기쁨이 될 것
입니다. 내게 진정으로 필요한 것은 무엇이든지 자애로우신 아버지 하나님의 후
하신 손길에 의해서 주어질 것입니다. 믿는 자여, 여기에 당신의 기업(基業)이
있고, 여기에 당신의 수입이 있으며, 여기에 당신의 연봉이 있습니다: "여호와는
당신의 목자시니 당신에게 부족함이 없으리로다." 믿는 자여, 당신의 수입이 무
엇입니까? 당신은 "수입은 사람마다 다르죠"라고 말할 것입니다. 그러나 믿는 자
의 수입은 다 동일합니다. 왜냐하면, 믿는 자의 수입은 "여호와는 나의 목자시니
내게 부족함이 없으리로다"이기 때문입니다. 그것은 가엾은 작은 자들인 저와
여러분의 수입이기도 하고, 구빈원(救貧院)에 있는 극빈자들 중에서 하나님의
은혜에 참여한 자들의 수입이기도 합니다. 여호와는 그들의 목자도 되셔서, 그
들에게 부족함이 없을 것이기 때문입니다. 또한, 그것은 일찍부터 여호와를 알
게 되었지만 다른 친구는 없는 가엾은 버려진 아이들의 수입이기도 합니다. 여
호와는 그들의 목자도 되셔서, 그들에게 부족함이 없을 것이기 때문입니다. 또
한, 그것은 과부의 기업(基業)이기도 합니다. 여호와는 그녀의 목자도 되셔서,
그녀에게 부족함이 없을 것이기 때문입니다. 또한, 그것은 고아의 자산이기도
합니다. 여호와는 그의 목자도 되셔서, 그에게 부족함이 없을 것이기 때문입니
다. 그것은 믿는 자의 분깃이자 기업이자 복입니다!

　　어떤 사람들은 "그렇다고 치고, 이 진리가 무슨 가치가 있나요?"라고 반문할
수 있을 것입니다. 사랑하는 여러분, 누가 이 진리를 막대한 양의 금과 바꾸자고
해도, 우리는 바꾸지 않을 것입니다. 우리는 피조세계에서 최고의 자산으로 살

아가는 것보다 하나님의 이 진리의 말씀으로 살아가는 쪽을 택할 것입니다. 우리는 "여호와는 나의 목자시니 내게 부족함이 없으리로다"라는 진리야말로 우리를 부요하게 만드는 기업(基業)이라는 것을 압니다. 내가 일만 파운드를 얻었다고 합시다. 나의 운(運)이 바뀌면, 그 돈은 한순간에 없어져 버리고 말 것입니다. 그러나 내가 "여호와는 나의 목자시니 내게 부족함이 없으리로다"라는 하나님의 이 약속의 말씀을 영적으로 붙잡는다면, 나는 일생 동안 부족함이 없는 삶을 살게 됩니다. 나는 내 수중에 있는 이런 주식을 팔아 버리는 일은 하고 싶지 않습니다. 제게는 "여호와는 나의 목자시니 내게 부족함이 없으리로다"라는 보장이 있기 때문에, 나는 일생 동안 결코 파산할 일이 없습니다. 나는 현금을 갖고 싶지 않고, 언제라도 내 마음대로 금액을 써넣어서 쓸 수 있는 수표책을 갖고 싶습니다. 이것이 하나님께서 신자에게 행하시는 방식입니다. 하나님은 자신의 유업(遺業)을 지금 당장 신자에게 이전해 주시는 것이 아니라, 신자로 하여금 그리스도 예수 안에 있는 자신의 부(富)를 필요할 때마다 꺼내 쓰게 하십니다. 여호와는 그의 목자이시기 때문에, 그에게는 부족함이 없을 것입니다. 이 얼마나 영광스러운 유업입니까! 그리스도인이여, 그 유업 위를 걸어 다녀 보시고, 그 위에 누워 보십시오. 그 유업은 여러분이 누워 있기에 편안한 곳이 되어 줄 것이고, 여러분의 베개 역할을 잘 해줄 것입니다. "여호와는 나의 목자시니 내게 부족함이 없으리로다." 그 삐걱거리는 계단을 올라 여러분의 집 지붕 꼭대기에 서 보시고, 여러분의 딱딱한 매트리스에 누워 보시고, 담요로 여러분의 몸을 둘둘 말아 덮으시고, 추운 겨울이 찾아왔을 때에 "내가 어떻게 하지?"라고 말하는 것이 아니라, "여호와는 나의 목자시니 내게 부족함이 없으리로다"라고 콧노래를 부르십시오. 이 노래는 여러분의 가엾은 영혼에게 감미로운 자장가가 되어서, 여러분은 곧 포근히 잠들게 될 것입니다. 장사하시는 분은 하나님의 집에서 이렇게 잠시 안식하신 후에 다시 가게로 가서서, 장부책을 펴드실 때에 이렇게 말할 것입니다: "장사가 왜 이렇게 안 되는 거지? 이런 매출이라면 나는 망할 거야. 내가 어떻게 해야 하지?" 당신의 모든 걱정을 다 접어두시고, 그 장부책에 "여호와는 나의 목자시니 내게 부족함이 없으리로다"라고 적으시고, 나중에 수지타산이 어떻게 되는지를 보십시오. 또, 이런 분도 계실 것입니다. 그분은 부족한 것이 없지만, 곧 큰 손실을 보고 상당한 타격을 입게 될 것이라는 생각이 들어 불안합니다. 집에 가셔서, 당신의 금전출납부에 "여호와는 나의 목자시니 내게 부족함이 없으리로다"라고 적어 넣으십시오. 수입과 지출을 다 계산해서 기입한 후에, 마지막으로 수입란에 "여호와는 나의 목자시니 내게 부족함이 없으리로다"라고 기입하십시오. 그 글귀를 금은보화보다 더 귀하고 값비싼 것으로 쳐서 거기에 기입하십시오. 이 진리를 무시하는 사람은 이 진리가 얼마나 귀한지를 전혀 모르는 사람입니다. 그러나 이 진리의 가치를 아는 사람은 "아, 맞습니다, 그렇고말고요. '여호와는 나의 목자시니 내게 부족함이 없을 것입니다'"라고 말할 것입니다. 그는 이 약속의 말씀이 옛날 사람들이 그 향을 극찬하였던 중국의 차(茶)와 같다는 것을 발견하게 될 것입니다. 여러분의 영적 미각(味覺)이 제대로 되어 있다면, 이 진리는 여러분에게 향기로울 것이고, 여러분의 영적 미각이 형편없다면, 이 진리는 여러분에게 단지 시시한 말처럼 아무 가치도 없게 될 것입니다.

그러나 사랑하는 여러분, 나는 여러분을 보내기 전에, 여기에 모여 계신 여러분 중에는 하나님의 이 진리의 말씀이 해당되지 않는 분들이 계신다는 것을 상기시켜 드리지 않으면 안 됩니다. 신앙을 고백한 여러분이 이 진리가 자신에게 해당되기를 아주 간절하게 원할지라도, 여러분 중에서 일부 사람들에게는 이 진리가 적용되지 않습니다. 여호와는 당신들의 목자가 아니시고, 당신들은 그의 푸른 초장의 양들도 아니며 그의 손에 맡겨진 양 무리에 속해 있지도 않습니다. 당신들은 순결하고 해롭지 않은 양들이 아니라 부정(不淨)한 짐승인 염소들이기 때문에, 양들에게 적용되는 것과 모든 면에서 정반대되는 것들이 당신들에게 적용됩니다. 당신들은 영원한 손실, 영원한 해악만이 아니라 현재적인 손실과 해악도 걱정해야 합니다. 즉, 당신들은 이 땅에서 유업을 얻지 못합니다. 이와 같은 위로를 박탈당하는 것은 끔찍한 손실입니다. 신앙이 이 땅에서 달콤한 평안과 마음의 안정만을 준다고 해도, 그것만으로도 사람들은 신앙을 열렬히 바라야 합니다. 용사들은 그들의 머리가 이 하늘의 기름으로 기름 부음을 받지 못하고, 영광 속으로 들어가서 그들의 주님의 기쁨이 그들의 얼굴에 있지 않다고 할지라도, 그 하늘의 기름이 이 죽을 인생의 흉용한 물결 위에 던져지기를 바라야 합니다. 사랑하는 여러분, 나는 이 자리에 계신 분들이 내가 말씀드리고 있는 것의 의미를 아시리라 믿습니다. 여러분의 양심이 그것을 증언해 줄 테니까요. 이 자리에는 자신의 마음속에서 "나는 그리스도의 양이 아니다"라는 음성을 들으시는 분들이 계십니다. 그렇다면, 그런 분들에게는 "내게 부족함이 없으리로다"라는 약속의 말씀은 적용되지 않습니다. 약속과 섭리는 신자들을 위한 것이지, 그런 분들을 위한 것이 아닙니다. 그런 분들에게는 모든 것이 합력하여 선을 이룰 것이라는 약속이 적용되지 않습니다. 정반대로, 그들은 "네 광주리가 저주를 받을 것이요 네 가게가 저주를 받을 것이요 들에서도 저주를 받을 것이요 네 집에서도 저주를 받을 것이요 네가 들어와도 저주를 받고 나가도 저주를 받게"(신 28:16-19) 될 것입니다. 왜냐하면, "악인의 집에는 여호와의 저주가 있기"(잠 3:33) 때문입니다. 저주는 단지 악인의 집 창문을 기웃거리는 것이 아니라, "악인의 집에" 들어 와 있습니다! 하지만 "의인의 집에는" 하나님께서 복을 베푸십니다(잠 3:33). 여러분이 회개하지 않으면, 저주가 여러분이 죽는 날까지 여러분을 따라다닐 것이고, 여러분은 그리스도를 여러분의 목자로 삼지 않았기 때문에 이리저리 헤매다가, 결국에는 굶주린 이리 같은 마귀에게 여러분의 영혼이 잡아먹히게 될 것이고, 여호와의 임재 앞에서 나온 영원한 고통과 멸망이 여러분의 필연적이고 비참하고 이루 말할 수 없이 끔찍한 운명이 될 것입니다. 주께서 긍휼을 베푸셔서 여러분을 그러한 저주와 파멸로부터 구원해 주시기를 빕니다! 구원의 길은 이것입니다: "믿고 세례를 받는 사람은 구원을 얻을 것이요 믿지 않는 사람은 정죄를 받으리라"(막 16:16). 하나님께서는 "믿고 세례를 받는 사람"이라고 말씀하십니다. 우리는 하나님이 하신 말씀을 하나라도 빠뜨리지 않아야 합니다. 세례를 받고 난 후에 믿은 사람(이것은 하나님이 정하신 순서를 뒤엎는 것이 됩니다)도 아니고, 믿음 없이 세례만 받은 사람도 아니고, 이 둘이 서로 결합되어서 "믿고 세례를 받는 사람"이 구원을 받습니다. 마음으로 믿고 입으로 시인하여 세례를 받는 사람, 바로 그 사람이 "구원을 얻을" 것입니다. 여러분 중에 믿음과 세례 중에 어느 한 쪽을 무시하는 분이 계십니까? 그것은 당신을 위험에 빠뜨리게 될 것입니다. 하나님은 "믿고 세례를 받는 사람"이라고 말씀하십니다. 여러분 중에서 어느 한 쪽을 무시한 분이 계신다면, 즉 당신이 믿기는 했지만 세례를 받지 않았다면, 하나님은 당신을 구원하실 것입니다. 하지만 이 약속의 말씀은 그렇게 말하고 있지 않고, "믿고 세례를 받는 사람"이라고 말합니다. 믿음과 세례는 서로 결합되어 있고, 성경은 "하나님이 짝지어 주신 것을 사람이 나누지 못할지니라"(마 19:6)고 말씀합니다. 하나님이 명령하신 것을 사람이 어지럽힐 수 없습니다. "믿고," 즉 예수를 믿고 그의 피와 공로와 의를 의지하고 "세례를 받는 사람은 구원을 얻을 것이요 믿지 않는 사람은 정죄를 받으리라."

제
22
장

—

나를 소생시키시는 이

—

"내 영혼을 소생시키시고" — 시 23:3

성경의 시편 중에서 가장 감미로운 이 시편은 신자의 복된 영혼이 받는 많은 궁휼들에 대하여 노래하면서, 그 모든 은택들의 유일한 원천이 선하신 목자라고 고백합니다. "내게 부족함이 없으리로다." 왜? 여호와가 나의 목자이시기 때문에. 나는 푸른 풀밭에 한가로이 누워 안식을 취합니다. 왜입니까? "그가 나를" 거기에 "누이시기" 때문입니다. 나는 잔잔한 물가로 거룩한 전진을 해나갑니다. 왜입니까? "그가 나를" 거기로 "인도하시기" 때문입니다. 죽음의 위기 속에서도 나는 침착하고 두려워하지 않습니다. 왜입니까? "주께서 나와 함께" 하셔서 "주의 지팡이와 막대기로 나를 안위하시기" 때문입니다. 면류관은 금, 진주, 강 너머 땅에서 나는 희귀한 보석들 같은 많은 값비싼 것들로 이루어져 있습니다. 그 모든 것들이 하나의 면류관에 다 박혀 있습니다. 그리고 그 면류관은 의심할 여지 없이 이스라엘의 목자장의 머리 위에 씌워져 있습니다. 성경의 계관시인은 이 시편에서 탁월하게 그것을 노래하고 있고, 이 시편의 모든 행은 그의 영혼이 사랑하는 자, 그의 모든 신선한 샘들이 있는 저 사랑하는 자에게 바쳐집니다. 나는 이 시인이 읊은 것들 중에서 한 부분만을 다루기는 하지만, 나의 목적도 이 시인의 목적과 똑같습니다. 나도 그분의 이름을 찬양하는 것을 목표로 "이 왕과 관련해서 내가 행한 일들"에 대하여 말하고자 합니다. 나는 한 가지 특정한 관점에서, 즉 우리가 그의 길을 버리고 방황할 때에 우리의 방황하는 영혼을 돌아오게 하서서 "소생시키시는" 자로서의 그분을 영화롭게 하고자 합니다. 나는 본문에서 첫 번째 단어를 가능한 한 가장 크게 대문자로 쓰고 싶습니다. "그가(HE) 내 영혼을 소생시키시고." 다른 사람이 아니라 오직 "그가" 이 일을 행하십니다. "그"에게 찬송을 드립니다!

1. 첫째로, 본문은 신자로서의 우리의 참된 위치를 일깨워 줍니다.

본문은 교훈들과 깨우침들로 가득 차 있는데, 무엇보다도 먼저 우리에게 신자로서의 우리의 참된 위치를 깨우쳐 줍니다. 신자들 개개인의 참된 위치는 무엇입니까? 신자의 위치는 늘 목자 곁에 가까이 있는 양이라는 것입니다. 본문은 양이 잘못된 길로 갔을 때에 목자가 그 양을 결코 떠나서는 안 되는 위치로 갖다 놓으시기 위하여 다시 데려오는 것을 암시하고 있습니다. 신자에게 가장 합당한 모습은 그리스도와 교제하는 것입니다. 그것은 이따금씩 행하는 특권이어서는 안 되고, 신자의 영혼의 일상적인 삶이어야 합니다. 우리는 예수 안에 거하고, 예수와 동행하며, 예수 안에서 살아가야 합니다. 바울은 "내가 특히 기뻐하는 것은 그리스도니"라거나, "내가 휴일에 함께 시간을 보내는 분은 그리스도시니"라고 말하지 않고, "내게 사는 것이 그리스도니"(빌 1:21)라고 말했습니다. 그리스도는 잔치에 나오는 기름진 진수성찬이실 뿐만 아니라 일상적인 식사에 나오는 일용할 양식이시기도 합니다. 그리스도는 찌꺼기들을 다 빼서 잘 제조된 포도주이실 뿐만 아니라 반석에서 나오는 물이시기도 합니다. 그리스도의 이름은 천국으로 들어가게 해주는 통행증일 뿐만 아니라 이 땅에서의 통행증이기도 합니다. 예수와의 교제는 빨간 글자로 된 공휴일과 주일들에만 특별히 필요한 사치품이 아니라, 우리의 일상적인 삶에서 없어서는 안 되는 필수품입니다. "내 안에 거하라"는 주님의 말씀은 우리에게 늘 해당되는 것이기 때문에, 우리는 그 말씀을 그대로 행하려고 애써야 합니다. 그래서 밤이든 낮이든, 주일이든 평일이든, 기쁠 때든 슬플 때든 늘 우리는 주님 안에 거하여야 합니다. 그리스도는 단지 폭풍우를 피하기 위해 있는 피난항이신 것이 아니라, 맑을 때나 궂을 때나 늘 함께 해야 하는 전천후 항구이십니다. 사랑하는 여러분, 내가 이렇게 말씀드린다고 해서 지나치게 높은 기준을 세우고 있는 것이라고 생각하지 마시기 바랍니다. 나는 내가 앞에서 이미 말씀드렸던 것, 즉 언제든지 하나님의 자녀의 합당한 위치는 마리아처럼 주님의 발 앞에 앉아 있는 것이거나, 요한처럼 사랑하는 구속주의 품에 머리를 기대어 안겨 있는 것이라는 말씀을 다시 반복해야 할 것이라고 생각하지 않습니다.

나는 우리가 무엇보다도 먼저 예수에 대한 우리의 의무들을 떠올려 본다면, 그것이 분명해질 것이라고 생각합니다. 만일 최근에 회심해서, 자신의 죄가 깨끗하게 도말되었다는 것을 처음으로 알게 된 사람이 자기가 장차 주님에게 어떻게 행하여야 하는지를 물은 것이었다면, 나는 지나치게 높은 기준을 그에게 제시한 것이 될 것입니다. "주님은 나의 모든 죄를 몸소 지시고 나를 위해 죽으신 것입니까? 그렇다면, 나는 영원토록 주님의 죽음을 가장 위대한 사랑의 기적으로 보게 될 것입니다. 그리고 나의 감사하는 마음은 사랑과 찬송을 통해서 주님과 교제하게 될 것입니다. 예수께서 진정 나의 죄를 사하신 것입니까? 나는 주님의 그 보배로운 피로 한 점의 흠도 없이 깨끗하게 씻음을 받아 하나님의 자녀가 되었고 사랑하시는 자 안에서(엡 1:6) 하나님께 받아들여진 것입니까? 그렇다면, 나는 내가 사는 모든 날 동안에 주님을 찬송하고 송축하고 찬미하면서 주님에 대하여 사는 것이 마땅할 것입니다. 주님에게 싫증을 느끼는 일이 일어날 수 있을까요? 그런 일은 불가능합니다. 주님에 대하여 냉담해지고 무관심해지는 일이 일어날 수 있을까요? 그런 일이 일어나느니 차라리 나의 심장이 멈추는 편이 더 나을 것입니다." 여러분이 처음에 생각했던 것을 내가 정확히 묘사하고 있는 것이 아닙니까? 내가 주님의 신부로서의 여러분의 열렬한 사랑을 제대로 묘사한 것이 아닙니까? 여러분은 그 이상(理想)을 실현하지는 못했겠지만, 그 이상은 여러분이 제대로 판단하신 것이고, 여러분은 마땅히 그렇게 하셨어야 했습니다. 내가 말씀드린 것은 그리스도에 대한 여러분의 본연의 의무들이 실제로 요구하는 것보다 더 높은 기준을 제시한 것이 아닙니다. 만일 전에 사람에 대하여 전혀 들은 적이 없는 한 천사가 어쩌다가 갑자기 이 땅에 오게 되었고, 어떤 사람을 만나서 얘기하게 되었다면, 그 천사는 자기가 발견한 것에 대하여 경이로움으로 가득 차게 되었을 것입니다. 그 사람이 천사에게 우리가 죄에 빠져서 사형선고를 받았지만, 천지를 창조하신 분이 친히 자신을 낮추시고 우리의 본성을 입고 내려오셔서 우리 대신에 죽으셨다는 것을 말했다고 합시다. 여러분은 하나님의 아들이 그렇게까지 자신을 낮추신 것에 대하여 그 천사가 얼마나 놀랐을 것인지가 상상이 되십니까? 천사는 처음에 너무 놀라고 어안이 벙벙해서 말을 못하다가 한참 후에 우리에게 이렇게 말할 것입니다. "여러분은 그를 무한히 사랑하십니까? 여러분은 그러한 이루 말할 수 없는 은혜에 대하여 여러분이 느끼는 모든 사랑을 여러분의 작은 가슴에 다 담을 수 있습니까? 여러분은 그를 어떻게 사랑하십니까? 여러분은 그에게 드려야 마땅한 사랑의 절반도 여러분이 드릴 수 없다고 느끼십니까? 여러분은 분명히 그에게 절대적으로 순종하고 믿고 의지하고 계시고, 그를 향한 열심으로 충만하시겠지요! 여러분이 그렇게 하지 않으시는 것은 불가능한 일일 테니까요." 천사의 그런 질문에 대하여 우리가 하나님의 아들의 그런 놀라운 사랑에도 불구하고 우리가 그에게 드린 것은 너무 적다고 고백할 때, 우리는 너무나 부끄러워서 얼굴조차 들지 못할 것입니다. 하지만 우리가 우리의 주님을 어떻게 대해야 합당한지에 관한 천사의 말, 즉 우리의 양심과 마음이 최고의 애정과 최고의 섬김을 늘 그에게 드려야 한다는 것에 전적으로 동의할 것이라고 나는 확신합니다. 예수께서 우리를 위해 행하신 그런 사랑의 일들에 대하여 우리가 적절하게 보답하고 갚는다는 것은 불가능한 일이지만, 우리가 예수를 미적지근하고 심드렁하게 대함으로써 그 사랑을 모욕하는 일은 최소한 하지 않아야 합니다. 그 사랑은 우리의 마음과 영혼, 우리의 모든 것을 요구합니다. 우리는 우리를 고치신 주님과 영원토록 함께 하기를 원합니다. 우리는 우리를 속량하신 분의 제자와 종이 되어 일생 동안 함께 살고 싶고, 영원히 그와 떨어지고 싶지 않습니다.

또한, 주 예수와 우리의 관계로 봐서도, 우리는 주님과 영원히 교제하는 것이 마땅합니다. 여러분이 그리스도의 친구들이라는 것을 여러분은 모르십니까? 여러분이 친구라면, 여러분은 그리스도를 친근하게 대하는 것이 마땅하지 않겠습니까? 그런데 여러분이 한 주간 동안에 집에서나 밭에서나 길에서 그리스도와 교제하고 대화하지 않는다면, 그것이 어떻게 친근하게 대한 것이 될 수 있겠습니까? 그것이 여러분이 여러분의 친구에게 친근하게 대하는 태도입니까? 여러분은 친구 이상의 관계입니다. 여러분은 주님의 형제요 자매입니다. "누구든지 하늘에 계신 내 아버지의 뜻대로 하는 자가 내 형제요 자매요 어머니이니라"(마 12:50)고 주님께서 말씀하셨는데, 여러분은 형제인 주님을 마치 나그네나 낯선 사람을 대하듯이 그토록 무관심하게 대하고, 몇 달이 지나도 애정의 표시를 거의 교환하지 않는 채로 지낼 수 있습니까? 이것이 형제의 태도입니까? 다윗이 자신의 친구인 요나단을 이런 식으로 대하였습니까? 아니, 예수께서는 친구 관계를 넘어서서 그 놀라운 사랑 가운데서 자신을 여러분의 남편이라 하시고, 여러분을 자신의 신부로 받아들이셨습니다. 결혼한 부부가 교제함이나 애정도 없이 주일에만 함께 한다면, 그것은 이상한 사랑이거나 사랑이 없는 것이 아니겠습니까? 그렇다면, 분명히 결혼에 의한 그들의 결합(band)은 속박이 될 것이고, 그들의 하나 됨은 불행이 될 것입니다. 나는 애정 어린 교제가 없는 부부관계보다 더 고통스러운 것은 없다고 생각합니다. 내가 예수의 신부가 될 것인데, 그런 내가 예수와 교제하고 대화할 때에 내 사랑을 나타내지 않는다면, 어떠하겠습니까? 만일 내가 하루를 사랑의 생각과 말과 행위로 축복받지 못한 채로 보낸다면, 그것은 내게 엄청난 수치가 될 것입니다. 또한, 더 나아가서, 주님은 우리를 자신의 몸의 지체들로 부르시기를 기뻐하셨습니다. 그렇기 때문에, 그 몸의 모든 지체는 머리 되시는 분과 생명의 교제를 하지 않으면 안 됩니다. 모든 지체가 머리와 교제하는 것은 언제나 의식되는 것은 아닐지라도 필수불가결히게 행해져야 합니다. 신령한 몸에서 교제는 늘 의식적으로 행해져야 합니다. 손이 머리에게 무관심하거나, 발이 두뇌와 교제하는 것을 거부하는 것이 가능하겠습니까? 우리가 건강하다면, 우리의 몸에서 그런 분열은 결코 일어나지 않을 것입니다. 반대로, 모든 지체들은 그 머리와 끊임없이 애정 어린 교제를 하고 있을 것입니다. 만약에 생명이 온 몸 구석구석에 흐르기를 멈추고 각 지체들 간의 교제가 중단된다면, 우리는 마비 현상이 온 것은 아닌지를 의심해 보아야 합니다. 주님에 대한 우리의 관계는 우리가 주 예수 안에 거하기를 요구한다는 것 — 이것은 하나님에게서 가르침을 받는 모든 사람에게 분명합니다.

사랑하는 여러분, 사실 이것은 변증할 필요도 없는 일입니다. 왜냐하면, 우리에게 행복이 있다면, 그 행복은 예수와 동행하는 것 외에 다른 그 어디에서 발견될 수 없기 때문입니다. 나는 내가 아는 것을 말하고, 모든 성도들의 공통된 증언도 저와 같습니다. 즉, 우리는 천국 바깥에서 유일한 천국은 그리스도와 동행하는 것이라고 증언합니다. 그리스도와의 교제는 뱀이 없는 낙원입니다. 그리스도와의 교제는 우리의 원수인 가나안 칠족이 없는 가나안입니다. 예수와의 교제는 영광의 입구입니다. 예수와의 교제는 영원한 주일 직전의 토요일 밤입니다. 예수와의 교제는 천국의 날이 동터오는 것입니다. 그리스도와의 교제는 실제의 천국은 아니지만, 새 예루살렘에서 가장 근접한 곳임에 틀림없습니다. 그래서 어떤 시인은 이렇게 노래했습니다:

"내가 당신의 사랑 속에서 맛보았던 것,
　내가 당신에게서 발견하였던 것,
　그런 감미로움이 또 어디에 있을까."

　이제 사람들은 자신의 즐거움을 찾아서 고군분투할 필요가 없습니다. 그들의 영혼은 먹잇감을 발견한 독수리처럼 자신의 기쁨을 찾아서 날아갑니다. 그들은 자신의 마음이 즐거워서 움직이는 곳으로 자신의 모든 힘을 집중합니다. 그것이 사실이라면(누가 이 사실을 반박하겠습니까?), 그리스도와의 교제는 모든 기쁨 중에서 가장 큰 기쁨이고, 모든 즐거움 중에서 가장 강렬한 즐거움인데, 왜 우리는 그곳을 향하여 움직여 가는 것이 이리도 힘든 것입니까? 우리의 마음은 너무나 게으르고 나태하며 우리의 영혼은 너무나 둔해서, 우리는 간절한 마음으로 예수를 향하여 날아가려 하지 않고, 영원히 예수 안에 거하려고 하지도 않습니다.

　이것이 우리를 예수께로 이끌지만, 또 다른 이유도 우리를 예수께로 이끕니다. 즉, 우리가 일상적으로 필요한 것들은 우리가 예수와의 교제 속에서 살아갈 것을 요구한다는 것입니다. 우리가 어리석고 무지하다면, 우리가 유일하신 선생 옆에 있지 않으면 어디에 있겠습니까? 우리가 늘 연약하다면, 우리가 강한 자에게 의지해서 힘을 공급받지 않으면 어디에서 힘을 공급받겠습니까? 자녀가 부모 곁에, 학생이 선생 곁에, 환자가 의사 곁에, 가난한 자가 그를 돕는 자 곁에 있는 것은 당연한 일입니다. 우리는 늘 도움이 필요하고, 그럴 때마다 우리가 지금까지 우리의 모든 것이 되어 주신 분께 가지 않으면 누구에게로 가겠습니까? 이스라엘이 만나 없이는 단 하루도 살아갈 수 없었듯이, 우리는 생명의 떡 없이는 단 한 시간도 배부를 수 없습니다. "나를 떠나서는 너희가 아무것도 할 수 없음이라"(요 15:5)고 우리 주님은 말씀하셨고, 우리는 그의 말씀이 참이라는 것을 매일매일 체험하고 있습니다. 우리가 낮아지기 위해서 아직도 더 많은 증거가 필요합니까? 우리는 죄를 짓는 일 외에는 아무것도 할 수 없는 상태로 떨어지고자 하는 것입니까? 나는 우리가 그렇게 되기를 원하지 않기를 소망합니다. 우리가 예수 안에 거하여 그의 능력을 덧입어 많은 열매를 맺어서 그에게 영광을 돌리고 있을 때 외에는, 우리는 결코 만족해서는 안 됩니다.

　또한, 우리가 그리스도와 교제 밖에 있게 되면, 우리는 무수히 많은 위험들에 처하게 된다는 것을 기억하십시오. 우리가 그의 사랑 안에 거하지 않을 때, 우리는 온갖 유혹과 시험에 쉽게 넘어갑니다. 우리의 마음속에 그의 사랑이 없을 때, 우리는 우리를 우상 숭배로 이끌고, 해로운 정욕들에 탐닉하게 만들며, 우리의 기쁨의 샘에 독을 뿌리는 다른 사랑들의 희생물이 되어 버리고 맙니다. 우리는 예수의 비길 데 없는 놀라운 사랑에 흠뻑 젖어 있어야 합니다. 그렇지 않으면, 우리는 세상의 속임수들에 홀리게 될 것입니다. 우리는 "공중의 권세 잡은 자"(엡 2:2)의 지배를 받든지, 만왕의 왕의 다스리심을 받든지, 둘 중의 어느 하나일 수밖에 없습니다. 그리스도께서 우리와 함께 하실 때, 우리는 안전합니다. 양이 목자 옆에 가까이 있을 때에 이리가 어떻게 감히 그 양을 해칠 수 있겠습니까? 우리가 예수에게서 멀리 떨어져 있을 때, 우리는 위험에 처하게 될 뿐만 아니라, 더 이상의 재난이 일어나지 않는다고 하여도, 이미 모든 것을 잃은 자가 됩니다. 예수와의 교제를 잃는 것은 모든 것을 잃는 것이기 때문입니다. 예수 없는 우리는 사공이 없는 배이고, 파수꾼 없는 성읍이며, 젖을 먹여줄 어미가 없는 갓난아기입니다. 우리는 예수 없이는 살아갈 수 없습니다. 그러므로 우리는 예수 없이 살아가려고 하지 않으면 않을수록 좋습니다. 머리털이 깎여 버린 삼손은 예수와의 교제를 잃어버린 신자의 모습을 보여주는 서글픈 모형입니다. 주님의 임재 없이 우리가 어떻게 하루의 일을 하러 나갈 수 있습니까? 그것은 큰 방패와 작은 방패 없이 전쟁터로 나가는 전사(戰士)와 같습니다. 우리는 날마다 "주님의 임재가 나와 함께 하지 않는다면, 나를 일터로 데려가지 마십시오"라고 기도하는 것이 마땅하지 않겠습니까? 잘 자라는 주님의 입맞춤 없이 우리가 어떻게 잠자리에 들 수 있습니까? 우리가 우리 영혼을 지켜 주시라고 주님께 의탁하지 않는다면, 밤의 꿈과 환상조차도 우리의 몰락을 증명해 주지 않습니까? 나는 잠자리에 들어서 머리를 베개에 누이고서 이런 아름다운 곡조를 웅얼거리는 것을 좋아합니다:

> "죄 사하시는 피로 새롭게 뿌림을 받았을 때,
> 　내 하나님의 팔에 안긴 듯이,
> 　내 구주의 품에 안긴 듯이
> 　나는 자리에 누워 안식을 누리다네."

　그리스도와의 교제가 가져다주는 은택(恩澤)들은 우리로 하여금 그리스도 안에 거하지 않을 수 없게 만듭니다. 은혜 안에서 자라가고자 하고, 성령으로 충만하고자 하며, "지식에 넘치는 그리스도의 사랑"(엡 3:18)을 알고자 하고, 특히 모든 일에서 머리 되신 그리스도 같이 되고자 한다면, 그는 그리스도 안에 거하여야 합니다. 그리스도인에게 허락된 모든 야심(ambition)은 예수와의 교제 속에서 온전히 이루어질 수 있고, 그 밖의 다른 어느 곳에서도 이루어질 수 없습니다. 내가 올바른 상태에 있을 때에 내가 원해야 하고, 또한 원할 수 있는 모든 것은 오직 내가 주님 안에 있어서 주님과 가까이 동행하는 것입니다. 신자는 주님을 떠나서는 그 어떤 선한 것도 얻을 수 없습니다. 그리스도를 멀찌감치 따르는 것은 악한 것이고, 정말 악한 것입니다! 늘 그리스도 안에 거하는 것이야말로 평안이고 기쁨이며 거룩함이고 천국입니다! 그러므로 사랑하는 여러분, 내가 다시 한 번 말합니다. 모든 그리스도인이 반드시 있어야 할 곳에 있기 위해서 애쓰십시오. 즉, 그리스도 안에 거하십시오. 이것은 그리스도 예수 안에서 장성한 자들이나 은혜에 있어서 갓난아이들이나 유명한 자들이나 무명한 자들이나 상관 없이 모든 그리스도인에게 해당되는 말씀입니다.

2. 둘째로, 본문은 우리가 자주 범하는 죄가 무엇인지를 일깨워 줍니다.

"그가 내 영혼을 소생시키시고" — 주님은 자주 그렇게 하십니다. 주님은 지금도 그렇게 하고 계십니다. 그런데 주님은 불필요한 일을 하고 계시는 것이 아닙니다. 그러므로 이것은 내가 자주 주님을 떠나 길을 잃고 헤맨다는 사실을 보여줍니다. 만일 내가 주님을 떠나지 않았다면, 주님께서 나를 제자리로 데려다 놓으실 필요가 없을 것입니다. 사랑하는 여러분, 말하기도 서글픈 일이지만, 신앙을 고백한 사람들에게 있어서 주님과의 교제는 만성적으로 중단되어 있습니다. 나는 그리스도인이라 불리는 많은 사람들이 그리스도인을 자처하며 살아가는 삶을 도저히 이해할 수 없다고 고백하지 않을 수 없습니다. 우리는 하나님 앞에서의 그들의 진정한 모습을 판단하고자 하는 것이 아니고, 그럴 마음도 없습니다. 우리는 단지 그들의 행위가 그들의 신앙과 불일치한다는 것을 지적하고자 하는 것일 뿐입니다. 그들은 그리스도를 믿은 사람들입니다. 그렇기 때문에, 우리는 그들에 대하여 어떤 기대를 하게 됩니다. 우리에게는 그들이 선한 행실들의 열매를 맺어서 그들의 신앙이 진정으로 살아 있는 신앙임을 스스로 증명할 수 있기를 바라는 그런 기대가 있습니다. 그러나 우리의 그런 기대에도 불구하고, 그들의 신앙은 차갑고 기쁨이나 열심이 없습니다. 아주 많은 그리스도인들의 신앙은 주일 예배에 참석하고, 이따금씩 평일에 있는 성경 강해에 참석하는 것이 전부입니다. 그들은 판에 박힌 기도를 습관적으로 행하고, 성경은 일정한 곳에 두었다가 주일에만 들고 나옵니다. 그들에게 있어서 기도는 하나의 의례(儀禮)이고, 찬송은 잊혀졌으며, 성경을 읽는 것은 지루하고 재미없는 일이고, 묵상은 단지 지나간 일들을 회상하는 일이기 때문에, 그들의 기독교 신앙은 살아 있는 것이 아니라 박제된 것에 불과합니다. 그들에게는 예수와의 교제를 떠나 있다는 말조차도 어울리지 않고, "그들이 예수와 교제한 적이 있었던가?"라는 말이 더 어울립니다. 나는 우리 교회를 비롯해서 모든 교회에 나가는 많은 그리스도인들이 주 예수 그리스도에 대한 사랑과 관련된 그들의 감정이 단지 "내가 주님을 사랑하나 안 하나? 내가 주님의 백성인가 아닌가?"라는 질문 이상을 넘어가지 못하는 것은 아닌가 걱정입니다. 그들은 예수의 사랑 및 예수와의 친밀한 교제에 대하여 전혀 알지 못합니다. 실제로 그들은 그런 것들을 대단한 신앙의 삶을 살았던 성인(聖人)들의 전기(傳記)에서나 즐겁게 읽을 수 있는 사치스러운 것들로 여기고, 그리스도인들이 일상적으로 향유해야 할 것들로 여기지 않습니다. 그들은 그러한 대단한 신앙에 도달한 선한 사람들을 진심으로 칭송하지만, 그들 자신이 그런 신앙을 갖는 것이 가능한 일이라고는 꿈에도 생각하지 않습니다.

　사랑하는 여러분, 이것은 정말 서글픈 현실입니다. 나는 그런 현실을 생각하면 마음과 몸이 떨려옵니다. 왜냐하면, 그들은 얼마든지 풍족하게 먹으며 배부를 수 있는데도 그 옆에서 굶주리며 죽어가고 있는 것이기 때문이고, 엄청난 부가 바로 옆에 있는데도 궁핍 속에서 궁지에 몰려 허덕이고 있는 것이기 때문입니다. 여러분이 그런 사람들이라면, 여러분은 아들이 아니라 하인으로 살아가고 계시는 것입니다. 여러분은 단지 신앙의 의무만을 행할 뿐이고, 신앙이 주는 것을 향유하며 누리고 계시지 못하는 것입니다. 여러분은 신앙의 멍에만을 멜 뿐이고, 신앙이 공급해 주는 푸른 초장에서 싱싱한 풀을 먹지는 못하는 것입니다. 제게는 여러분이 우리의 거룩한 신앙의 생크림은 다 마다하고, 겨우 탈지유만 먹는 꼴로 보입니다. 여러분은 햇빛이 잘 드는 양지바른 평원을 버리고 거의 살아남기 힘든 얼어붙은 동토(凍土)로 가서 살고 있는 것입니다. 그러므로 다른 사람들은 기뻐 뛰며 즐거워하는데, 여러분은 두려움으로 벌벌 떨면서 살아갑니다. 여러분은 성전의 바깥뜰에 서 있기로 작정하고서는, 지성소로 결코 들어가지 않습니다. 여러분은 성소의 휘장을 통과하여 주님의 영광을 보고자 하지 않습니다. 여러분은 천국을 향하여 항해를 하고 있기는 하지만, 어둡고 막다른 곳에 갇혀서 앞으로 더 나아가지를 못하고 있습니다. 신앙에 있어서 여러분은 정문을 놓아두고 뒷문으로 와서 뼈다귀들과 바싹 마른 빵조각을 얻고자 하는 거지들 같이 살고 있는 것입니다. 그러므로 여러분이 삶이 재미가 없고 무미건조하다고 말하면서, 뭔가 즐길 거리를 찾고, 삶을 살아가기 위해서는 사람들과 어울려 놀며 즐기는 것이 필요하다고 말하는 것은 전혀 이상한 일이 아닙니다. 만일 내 아이가 제과점이나 음식점에 가고 싶다는 말을 늘 입버릇처럼 한다면, 나는 속으로 '집에 있는 음식만으로도 충분한데'라고 말할 것입니다. 그러나 자세히 살펴보니, 그 아이가 집에서는 이따금씩만 먹고, 밖에서 늘 뼈다귀와 바싹 마른 빵조각만 먹고 살았다는 것을 알게 되었다면, 나는 왜 그 아이가 그토록 자주 제과점이나 음식점에 가고 싶어했는지를 금방 이해하게 될 것입니다. 여러분이 예수로 살아가지 않고, 그가 여러분에게 주실 수 있는 한량없는 지극한 복을 기뻐하지 않는다면, 여러분이 세상에 나가서 거기 있는 음식들을 맛있다고 먹고, 애굽의 부추와 마늘과 양파를 좋아하게 될 것은 너무나 뻔한 일입니다.

사랑하는 형제들이여, 여러분이 진정으로 하나님의 백성이라면, 성령께서 여러분을 무미건조한 신앙으로부터 건져 주시고, 여러분이 주님을 보게 될 수 있는 그런 상태로 여러분을 데려다 놓으셔서, 여러분으로 하여금 주님 안에 거하고, 주님을 기뻐할 수 있게 해주시기를 빕니다. 일생의 대부분을 지하에서 살아가는 광부가 자신의 나라에 대하여 그곳은 음침하고 폐쇄적이고 질식할 것 같은 곳이라고 말한다면, 그것은 제대로 말하고 있는 것이 아닙니다. 그것은 지하의 모습일 뿐이고, 지상의 모습은 전혀 아닙니다. 신앙이 주는 은밀한 기쁨들, 거룩한 잔치들, 황홀한 경험들, 잔잔한 만족들에 대해서 전혀 알지 못하는 사람들은 단지 신앙의 암울한 측면만을 느낄 뿐입니다. 모든 언덕에는 스산하고 음침한 경사면과 햇볕이 잘 드는 따뜻한 경사면, 이 두 곳이 다 있는 법입니다. 주님과의 교제를 소홀히 하는 사람들은 신앙의 최악의 면만을 경험하게 될 것입니다. 햇볕이 잘 드는 남방에 사는 밝은 눈을 가진 사람들은, 개들이 끄는 썰매를 타고 빙판을 누비며, 땅을 즐겁게 해줄 햇볕 한 점 들지 않는 기나긴 겨울에는 얼음집에 칩거하며 지내야 하는 에스키모인들과는 판이하게 다른 모습일 수밖에 없습니다. 기독교 신앙에 있어서 에스키모인이나 스산하고 음침한 깊은 골짜기에 사는 사람이 되고자 하는 사람이 누가 있겠습니까? 그런데도 안타까운 것은 그런 사람들이 도처에 널려 있다는 것입니다.

우리 중에서 그리스도와의 교제에서 만성적으로 멀어져 있지 않은 사람들이라고 할지라도 탈선이라는 날카로운 공격을 받아 무너진 사람들이 있다는 것을 우리는 시인하지 않을 수 없습니다. 그런 때들은 하나님께서 "우리의 영혼을 소생시키실" 때들입니다. 우리가 올바른 길에서 벗어나는 것은 순식간에 일어납니다. 아주 작은 일 하나 때문에 우리와 그리스도 간의 기쁜 교제는 방해를 받습니다. 여러분이 저녁 시간에 세상 사람들과 어울려 지내다가 돌아와서, 저녁 기도를 하면 주님과의 교제가 잘 되지 않는 것을 이상하게 여기신 적이 없으십니까? 여러분이 자신의 재산을 좋아하게 되었기나 재산을 늘리는 일에 재미를 붙이셨습니까? 그렇다면, 여러분의 우상들이 여러분의 주님을 슬프게 한 것입니다. 여러분은 자신이 겪은 손실들을 받아들이지 못하고서, 자기로 하여금 손실을 겪게 만든 섭리로 인하여 하나님을 원망하신 적이 있으십니까? 하나님께서는 "너희가 내게 대항할진대 나도 너희에게 대항하리라"(레 26:23-24)고 말씀하십니다. 우리의 교만한 영혼이 하늘에 계신 우리 아버지를 향하여 불평을 하고 화를 낸다면, 우리는 하나님의 미소와 따뜻한 포옹을 기대할 수 없습니다. 우리는 교만과 자존심으로 인해서 그리스도와의 교제를 쉽게 잃을 수 있습니다. 그리스도께서 우리로 하여금 거룩한 기쁨이 넘치는 행복한 시간들을 보낼 수 있게 해 주시면, 우리는 마치 우리가 대단한 사람이라도 된 것처럼 착각해서, 즉시 우리의 머리를 꼿꼿하게 세우게 되기가 너무나 쉽습니다. 그런 일이 일어날 때마다, 우리는 시궁창으로 떨어져서, 우리의 옷들이 더러워져서 스스로 혐오감을 느껴서 죄인의 태도로 하나님의 도우심을 구하기 위해 부르짖을 때까지 그 시궁창에 있게 됩니다. 그리스도께서는 은혜라는 조건 아래에서 우리를 만나 주시기를 기뻐하십니다. 그리스도는 모든 것이고, 우리는 아무것도 아닙니다. 그리스도는 능력 있는 돕는 자이시고, 우리는 아무 힘도 없어서 죽어가는 죄인입니다. 그리스도는 구원자이시고, 우리는 멸망으로 치닫고 있는 자들입니다. 우리가 부요하여 많은 것을 가지고 있다고 말할 때, 그리스도께서는 우리가 거짓된 것을 아시고 우리 곁을 떠나십니다. 그러나 우리가 그리스도께는 금과 흰 옷이 있고, 우리는 벌거벗고 굶주린 거지 신세라는 것을 알 때, 우리는 그리스도와 교제하기에 합당한 상태에 있는 것입니다. 우리에게는 아름다운 것이 전혀 없기 때문에, 자랑하는 것은 헛된 것입니다. 그리스도의 눈은 불꽃 같은 눈이고, 그의 얼굴은 레바논처럼 멋지고 백향목처럼 준수하며, 그는 빛의 면류관을 쓰셨고 영광의 옷을 입고 계십니다. 모든 존귀를 그가 받으시는 것이 마땅합니다. 그는 자기를 존귀하게 하는 자들을 존귀하게 하실 것입니다. 겸손은 예수의 발 앞에 앉아 있고, 바로 그곳이 사랑의 교제의 장소입니다.

우리는 우리의 본분이나 그리스도의 진리를 망각함으로써 그의 임재를 잃을 수 있습니다. 또한, 우리는 악한 생각들로 인해서, 또는 쓸데없는 염려들에 빠짐으로써 그 임재를 잃을 수 있습니다. 우리는 일관되지 못한 행위들이나 허망한 대화들로 인해서 그리스도와의 교제를 잃을 수 있습니다. 여러분 중에서 어떤 분들은 이렇게 말씀하실 것입니다: "아, 그렇습니까? 예수께서 우리를 그렇게 쉽게 떠나십니까?" 분명히 그렇습니다. 주님을 아주 잘 아는 사람들은 주님이 아버지 하나님과 같다는 것을 발견해 왔습니다. 성자 안에서 아주 두드러지는 특징이 성부의 성품 속에서도 발견됩니다. 성경은 "네 하나님 여호와는 질투하시는 하나님이시니라"(신 4:24)라고 말씀하고 있고, 예수는 질투하시는 연인(戀人)이십니다. 주님은 자기 백성을 내치시거나 버리시는 것이 아닙니다. 주님은 자기 백성 중에서 가장 상태가 좋지 않은 사람들에게조차도 신실하십니다. 그러나 우리가 거룩함 가운데서 주님과 동행하지 않는다면, 주님은 잠시 우리에게서 물러나 계십니다. 두 사람의 뜻이 맞지 않는데, 어떻게 그 두 사람이 동행할 수 있겠습니까? 우리가 주님을 슬프게 하면, 주님도 우리를 슬프게 만드실 것입니다. 우리가 사랑도 없이 무관심하고 차갑게 주님과 동행한다면, "공의로운 해"(말 4:2)는 더 이상 그 빛을 우리에게 비추지 않게 될 것입니다. 우리의 사랑하는 자의 이름이 찬송을 받으시기를! 주님은 머지않아 우리에게 돌아오셔서, "내가 잠시 너희를 떠나 있었지만, 이제 큰 긍휼로 너희를 모으리라"고 말씀하십니다. 그러나 주님께서 잠시 우리를 떠나 있으셔도, 그 시간은 우리에게 너무나 긴 시간입니다. 잠시 동안의 주님의 부재(不在)는 참된 영혼이 견디기 힘든 고통스러운 것입니다. 그러나 나는 이 슬픈 일에 대해서는 이 정도로 그치고, 좀 더 위로가 되는 것을 말씀드리고자 합니다.

3. 셋째로, 본문은 우리 주님의 신실하신 사랑을 일깨워 줍니다.

　　"그가 내 영혼을 소생시키시고." 만일 주님이 우리처럼 변덕스러운 분이셨다면, 이것은 불가능한 일입니다. 주님은 결코 그렇게 하지 않으셨을 것이고, 그렇게 하고자 하지도 않으셨을 것입니다. 어떤 사람들은 예수께서는 자기를 떠나 방황하며 떠도는 양들이 죽게 내버려 두신다고 가르칩니다. 주님께서는 그들이 자기를 떠나간 것에 대한 벌로 그들을 이리에게 넘겨 주신다는 것입니다. 지금 이 자리에는 그런 가르침을 믿는 사람이 없으시기를 바랍니다. 그런 가르침은 선한 목자이신 주님을 너무나 욕되게 하는 것이기 때문에, 나는 하나님의 모든 백성은 즉시 그리고 영원히 그런 가르침을 버리시기를 바랍니다. 그런데도 그런 가르침을 많은 사람들이 믿었던 때가 있었습니다. 나는 일부 사람들이 그런 가르침을 믿은 것을 이상하게 여기지 않습니다. 왜냐하면, 나도 종종 내게 그런 일이 벌어지지는 않을까 하는 두려움 때문에 힘들어했기 때문입니다. 그러나 나는 오늘 아침 이 자리에서 나의 주님에 대하여 "그가 내 영혼을 소생시키셨다"고 말씀드리고자 합니다. 주님은 나를 내치거나 버리지 않으셨고, 나를 내버려 두시거나 내 마음대로 하도록 버려두지 않으셨습니다. 주님은 내 영혼을 사랑하셔서, 그물에 걸린 내 발을 빼내 주시고, 무시무시한 구덩이에서 나를 건져 올려주셔서, 내 발로 하여금 그의 변치 않는 사랑의 반석을 딛고 견고히 서게 하셨습니다. 자신의 양을 죽게 내버려 두는 것은 우리의 구원자의 모습이 아닙니다. 우리의 마음은 그런 생각을 신뢰하는 것을 거부합니다. 그런 모습은 전혀 우리 주님의 모습이 아니기 때문입니다. 나의 증언은 "그가 내 영혼을 소생시키신다"는 것입니다. 주님은 그런 일을 너무나 자주 해 오셔서, 우리는 주님이 늘 그런 일을 행하고 계신다고 말하는 것이 옳을 것입니다. 시편 기자는 마치 그런 일을 하시는 것이 주님이 늘 하시는 일이어서 지금 이 순간에도 자신의 영혼을 소생시키시는 일을 하고 계신다는 듯이, 이 말씀을 현재 시제로 표현합니다. 맞습니다. 나는 이 순간에도 길을 잃고 방황하고, 주님은 그런 나를 소생시키신다고 고백하지 않을 수 없습니다. 하나님의 자녀들이 무수히 죄를 범하는 것 같이, 주님이 그런 우리를 소생시키시는 일도 무수히 이루어지고 있는 것입니다. 여러분이 수백 번 반복해서 죄를 범했을 때, 여러분은 주님이 여러분에게 화를 내시며 "그로 하여금 자신의 뜻대로 자신의 우상들에게 가게 하라. 내 영이 다시는 그와 다투지 아니하리라"고 말씀하실 것이라고 생각할 것입니다. 그러나 그렇지 않습니다. 주님은 또다시 여러분에게 손을 내미셔서, 다시 한 번 "자기 이름을 위하여" 여러분을 "의의 길로 인도하십니다"(시 23:3). 젖먹이 아기가 자주 신경질을 내고 삐쳐도, 그 어머니가 자신의 젖먹이 아기를 모른 체하거나 잊어버리는 일은 없습니다. 어머니는 여전히 자신의 태에서 나온 아들을 불쌍히 여기는 마음을 가지고 있습니다. 예수님의 경우에도 마찬가지입니다. 우리는 주님의 손바닥에 아주 깊이 새겨져 있어서 결코 지워질 수 없습니다. 주님은 우리를 위하여 아주 값비싼 대가를 치르셨기 때문에 우리를 포기하실 수 없습니다. 주님은 우리의 영혼을 수백 번 소생시키신 후에도, 또다시 여전히 우리의 영혼을 소생시키십니다. 이것이 주님의 모습이고, 이것이 주님의 사랑의 습성(習性)입니다. 본문은 주님이 지금 우리를 소생시킬 준비를 다 마치시고 대기하고 계신다는 것을 사랑이 듬뿍 담긴 시선으로 우리에게 넌지시 일러줍니다. 주님은 이전부터 해오시던 일을 또다시 기꺼이 하실 준비가 다 되어 계십니다. 지금 당장이라도 "그가 내 영혼을 소생시키십니다." 사랑하는 형제여, 당신은 어디에 있습니까? 사랑하는 자매여, 당신의 신앙은 요즈음 아주 무덤덤해지고 차가워졌습니까? 예수께서 당신의 마음이 속에서 불타오르게 만드시기 위하여 기다리고 계십니다. 당신은 영적으로 거의 죽은 자나 다름없다고 느끼십니까? 당신의 주님이자 선생이신 분이 지금 당장에라도 자신의 말씀으로 당신을 깨워서 구원의 기쁨을 당신에게 회복시키고자 하고 계십니다.

주님은 왜 자기 백성을 소생시키시기 위하여 그토록 열심을 내시는 것이냐고 여러분이 내게 물으신다면, 나는 주님의 백성들이나 그들의 공로들 속에서는 그 어떤 해답도 찾을 수 없지만, 시편 기자는 그리스도께서 신실하심과 자애로우심 가운데서 왜 그렇게 행하는지 그 이유를 여러분에게 알려줍니다: "그가 자기 이름을 위하여 의의 길로 인도하시는도다." 주님은 우리를 위하여 우리를 소생시키시는 것이 아닙니다. 우리 속에는 율법에 비추어 보았을 때에 우리를 확실하게 멸망으로 이끌 많은 것들이 발견되지만, 주님이 우리를 소생시키시는 것이 마땅하고 공의로운 일이라고 주장할 만한 것은 아무것도 없습니다. 우리를 안심하게 해주는 것은 이것입니다. 즉, 주 예수께서는 우리를 구원하기로 작정하셨고, 주님은 자기가 작정하시고 뜻하신 바를 반드시 이루신다는 것입니다. 주님은 자신의 참되심과 변치 않으심을 언약의 보증으로 내세우신 것입니다. 만일 주님의 백성 중에서 한 사람이라도 망하는 일이 벌어진다면, 주님 자신의 명예는 땅에 떨어지고 말 것입니다. 그러므로 주님이 자기를 떠나 길을 잃고 헤매는 자기 백성을 소생시키시는 이유는 "자기 이름을 위해서"입니다. 즉, 원수들이 "하나님이 자기 백성을 버렸다"고 말하거나, 지옥의 사자(使者)들이 "하나님이 사람들을 구원하는 일을 시작하였지만, 그 일을 끝낼 수는 없었다"고 말하며 의기양양해하지 않도록 하시기 위하여, 주님은 자기 백성을 소생시키신다는 것입니다. "자기 이름을 위하여." 이것은 얼마나 심오하고 복된 이유입니까! 이것은 우리를 안심시킬 수 있는 결코 변할 수 없고 움직일 수 없는 토대가 아니겠습니까! 우리가 주님의 길을 떠나 방황할 때, 주님은 "자기 이름을 위하여" 우리 영혼을 소생시키십니다. 주님이 우리 영혼을 소생시키실 때에 사용하시는 수단들은 기이합니다. 주님은 때로 아주 매서운 회초리를 사용하기도 하시고, 때로 감미롭고 매력적인 사랑의 부르심을 사용하기도 하십니다. 주님이 자기 백성을 다루시는 방법들은 특이합니다. 주님은 겉보기에 불같이 화를 내시며 그들을 산산조각이 나게 부수시고 자기 발로 뭉개시지만, 실은 그들로 하여금 죄에 대하여 진저리를 치고 주님을 열심으로 찾게 하기 위한 것입니다. 주님은 자신의 먹잇감을 찢듯이 그들을 찢으시지만, 그것은 그들을 멸하시기 위한 것이 아니라 구원하시기 위한 것입니다. 성경은 "나는 죽이기도 하며 살리기도 하며 상하게도 하며 낫게도 하나니"(신 32:39)라고 말씀하고 있지 않습니까? 주님은 흔히 우리로 하여금 두려운 일들을 통과하게 하심으로써 우리를 은혜의 길로 인도하시기 때문에, 우리가 이제는 죽었구나라고 생각할 때에 주님의 은혜를 따라 우리가 소생되는 일이 비일비재합니다. 본문은 주님의 변치 않는 사랑의 모형이자 증언이라는 것을 기억하십시오. "그가 내 영혼을 소생시키시고."

4. 넷째로, 본문은 하나님의 지극한 권능을 우리에게 일깨워 줍니다.

얼마 남아 있지 않은 시간 동안에 나는 마지막으로 살펴볼 내용에 나의 온 힘을 집중하고자 하는데, 본문이 강조하고 있는 것은 하나님의 지극한 권능입니다. "그가(HE) 내 영혼을 소생시키시고." 나는 하나님이 이 일을 하신다는 것을 강조하기 위해서 앞에서 "그가"(HE)를 대문자로 표시한 바 있습니다. 오직 하나님, 하나님, 하나님만이 내 영혼을 소생시키실 수 있습니다. 내 영혼을 되살려내고 새 힘을 주시는 것은 처음부터 끝까지 하나님으로부터 옵니다. 처음에 하나님은 내 영혼을 살리셨습니다. 그렇습니다. 하나님은 내게 생명 그 자체이셨습니다. 사랑하는 여러분, 예수께서 지나가시다가 여러분이 죄 가운데서 죽은 채로 엎드러져 있는 것을 보시고 여러분에게 "살라"고 말씀하실 때까지, 여러분에게는 생명이라는 것이 없었습니다. 여러분은 무덤 속에 있는 나사로와 같았습니다. 여러분은 부패함과 죄로 말미암아 냄새를 풍기기 시작하고 있었고, 주님께서 "나사로야 나오라"(요 11:43)고 말씀하실 때, 주님의 그 음성이 여러분에게 생명이 되었습니다. 여러분이 소생할 때에 여러분이 구주(救主)를 도운 것은 전혀 없었습니다. 여러분이 어떻게 도울 수 있었겠습니까? 여러분이 협력한 것도 아무것도 없었습니다. 여러분이 죄 가운데서 죽어 있었을 때, 주님께서 먼저 찾아오셔서 여러분을 소생시키셨습니다. 주님께서 "긍휼히 여길 자를 긍휼히 여기고 불쌍히 여길 자를 불쌍히 여기신"(롬 9:15) 덕분에, 여러분이 구원의 첫 걸음을 내딛게 된 것일 뿐입니다. 여러분이 거듭난 것이 전적으로 주님 덕분인 것과 마찬가지로, 여러분이 소생된 것이 그 동일한 원천에서 나온 것도 전혀 이상한 일이 아닙니다. 우리를 거듭나게 하신 분은 분명히 우리를 소생시키실 수도 있으십니다. 우리를 창조하신 분은 우리를 새롭게 하실 수도 있으십니다. 소생시키는 일은 더 어려운 일이 아닙니다. 그 일은 영혼을 새롭게 창조하는 일에 비하면 부차적인 일일 뿐입니다. 처음에 여러분에게 생명을 주신 주님, 곧 예수 그리스도는 여러분을 다시 살리실 수도 있으십니다. 주님은 여러분의 영혼에 대하여 의사이자 약(藥)이신 까닭에, 그 일을 스스로 하실 수 있으십니다. 그리스도인들이 겪는 온갖 해악은 예수님의 부재로부터 일어납니다. 주님이 떠나시면, 온갖 해악들은 그리스도인들을 해칠 수 있는 힘을 얻게 됩니다. 우리 속에는 늘 부패한 것들이 거하고 있긴 하지만, 예수께서 계시된 영광 가운데서 우리를 다스리고 계실 때에는 그것들이 감히 얼굴을 내밀지 못합니다. 왕이 성(城)에 계실 때에는 반역자들은 자신의 소굴에 은신해 있습니다. 왕이 진노하여 성을 떠나는 일이 벌어질 때까지, 그들은 감히 나서지 못합니다. 왕이 성에 계신다는 것을 나타내는 깃발이 성루에 펄럭이는 동안에는, 원수들은 왕의 칼이 두려워서 고분고분히 왕의 명령을 따릅니다. 우리와 예수님의 교제가 순조로울 때, 죄는 잠복해 있거나, 철저하게 제압을 당해서 가쁘게 숨을 몰아쉬며 겨우 목숨만 부지하고 있게 됩니다. 그러므로 이때에 내가 교만하고 혈기를 부리고 나태하게 되거나, 기도하지 않거나, 하나님의 뜻에 순복하지 않거나, 영적인 병에 걸린다면, 주님은 나를 떠나게 되고, 온갖 재난이나 해악이 내게 일어나게 되어서, 주님이 내게 돌아오실 때에만 내 영혼이 소생할 수 있게 됩니다. 주님의 부재로 말미암아 이 모든 해악이 번성하게 된 것이기 때문에, 주님의 임재는 그 모든 해악을 말끔히 제거해 주게 됩니다.

만일 그 시험이 외적인 것일 때, 그리스도께서 임재해 계시는 동안에는 그 어떤 외적인 시험도 아무런 힘을 발휘하지 못합니다. 세상의 온갖 매력적인 것들이 우리를 유혹하고자 할지라도, 그것들은 예수님의 아름다우심에 비하면 흉측하게 일그러진 것들일 뿐입니다. 우리가 오직 주님의 얼굴을 바라보기만 한다면, 세상의 온갖 매력적인 것들은 그 매력을 잃게 됩니다. 회의적인 생각이 우리를 유혹하고 시험하고 있습니까? 그리스도는 그러한 독(毒)에 대한 해독제입니다. 그리스도께서 함께 하실 때, 그 누구도 의심하거나 회의하지 않게 됩니다. 주님을 보았을 때, 그렇게 의심 많던 도마조차도 "나의 주님이시요 나의 하나님이시니이다"(요 20:28)라고 소리칩니다. 주님이 위로하시고 계시는데, 어떻게 우리가 낙심하거나 의기소침할 수 있겠습니까? "혼인집 손님들이 신랑과 함께 있을 동안에 슬퍼할 수 있습니까?"(마 9:14). 반면에, 예수께서 함께 하시는 곳에는 교만이 살 수 없습니다. 내가 그를 보았을 때에 "그의 발 앞에 엎드러져 죽은 자 같이" 되었다고 주님이 사랑하셨던 제자는 말하였습니다(계 1:17). 주님께서 임재해 계실 때, 온갖 죄는 죽고, 하나님의 온갖 은혜는 살아납니다. 그러므로 본문은 "그가 내 영혼을 소생시키시고"라고 말씀합니다. 전쟁으로 인한 굶주림과 기근과 질병은 오직 하나의 치료책만을 필요로 하는데, 그 치료책은 평화입니다. 마찬가지로, 신자의 영혼에 임한 화(禍)들도 오직 한 가지의 치료책을 필요로 하는데, 그 치료책은 "내 안에 거하라"는 말씀 속에 있습니다. 영혼이 필요로 하는 모든 것은 그리스도의 임재 안에 다 있습니다. 나는 봄날의 숲을 사랑하는 모든 사람에게 한 식물의 푸른 잎사귀들이 지극히 사랑스러운 것을 압니다. 그 식물은 지금 졸졸 흐르는 시내의 완만한 강둑 위 목책 아래에 자리를 잡고 있습니다. 내가 그 식물에게 왜 꽃을 피우지 않느냐고 물으면, 그 식물은 내게 머지않아 꽃을 피우게 될 것이라고 속삭입니다. "그러나 앵초야, 너의 사랑스러운 꽃을 지금 즉시 피워서 너의 아름다움으로 우리를 기쁘게 해주면 좋지 않니?" 앵초는 "나는 그를 기다리고 있어요"라고 대답합니다. "봄의 전령(傳令)인 앵초야, 너는 누구를 기다리고 있는 것이냐?"

"당신에 대한 지극한 사랑만이 그들의 지친 눈을 쉬게 해준다네.

거기에는 가장 깊은 사랑의 연합의 이야기가 있다네.”

앵초는 “나는 나의 주 태양을 기다리고 있지요”라고 나지막하게 대답합니다. “너는 다른 친구들과 조력자들이 필요하지 않느냐?” 앵초는 “아니요. 내 주가 오시는 것만으로 충분합니다. 그가 자신의 힘을 내게 부어주실 때, 나는 내 아름다움을 꽃피울 수 있을 테니까요.” “그러나 너는 네 잎사귀들에서 반짝이는 부드럽고 영롱한 이슬들도 필요하지 않느냐? 네 주변의 모든 것들이 일제히 꽃을 피워서, 제비꽃과 초롱꽃이 너와 무리지어 있어 꽃망울들을 터뜨리고, ‘푸른 날개의 홍방울새’가 노래하면, 너의 꽃들은 주목을 받지 못하게 되지 않을까?’ 앵초는 “그가 그 모든 것들을 가져다 놓을 거예요”라고 대답합니다. “너는 너를 시들게 할 서리와 음산한 눈보라가 두렵지 않니?’ 그 작은 식물은 “그가 그것들을 다 쫓아내 주실 것이고, 그가 다시 봄을 가져다 주실 때, 나는 안전할 거예요”라고 대답합니다. 신자들이여, 여러분이 바로 앵초들이고, 예수님은 여러분의 태양입니다. 주님은 여러분으로 하여금 그의 날개 아래에서 치유를 받게 하시고, 그의 얼굴빛 속에서 기쁨을 누리게 하실 것입니다.

주님은 우리의 존재 전체를 소생시키십니다. 우리 속의 모든 거듭난 것들은 주님이 가까이 계실 때에 점점 힘을 얻어 강해집니다. 모든 은혜는 그리스도와의 교제로부터 새 생명을 마십니다. 믿음이 승리하고, 사랑이 불타오르며, 소망이 대언하고, 인내가 강해져서 신앙을 지켜내며, 담대함이 생겨서 담대히 싸우게 됩니다. 그리스도는 그런 양식이기 때문에, 모든 은혜들이 그를 먹고 그 거룩한 양식으로 인해 힘을 얻어갑니다.

모든 것 중에서 가장 좋은 것은 주님은 지금 당장 우리를 소생시키실 수 있으신 분이라는 것입니다. 얼마 전에 나는 마음이 무겁고 무덤덤하며 죽어 있는 것 같은 것을 느꼈습니다. 나는 마치 내가 나무에서 잘려나간 가지와 같다는 생각이 들어서, 속으로 이렇게 묵상을 했습니다: ‘내가 포도나무의 가지인데 가지에서 제거된 것이라면, 나의 유일한 소망은 내가 원래 있던 곳에 다시 접붙임을 받아 그 자리로 돌아가서 다시 수액을 공급받음으로써, 생명이 내게 흐르는 것을 느끼는 것뿐이다.’ 그때에 나는 신자는 가장 절망적인 상태로 떨어진다고 해도, 그리스도께서 그를 즉시 온전하게 소생시킬 수 없는 그런 상태는 없다는 것을 깨닫고서 몹시 기뻐했던 기억이 납니다. 그때에 나는 새롭게 되고 힘을 얻기 위해서 이렇게 나의 주님으로부터 시작하였고, 십자가에 달리신 주님을 바라보 았습니다. 나는 죄인으로서 주님 앞에 서서, 죄인들을 위해 죽으신 주님을 생각 했습니다. 그리고 나는 주님을 의지하는 가운데 이렇게 기도했습니다: "주님, 당 신은 내가 당신을 의지한다는 것을 아십니다. 제게는 당신 외에는 아무런 소망 이 없습니다. 그래서 조개가 바닷가의 바위에 꼭 붙어 있듯이, 나는 나의 온 마음 과 목숨을 다해서 당신께 매달립니다." 나는 내가 주님과 접촉하게 되자마자 수 액이 줄기에서 가지인 제게로 흘러오는 것을 느끼기 시작하였습니다. 단지 믿음 을 드렸을 뿐인데, 나는 능력이 주님으로부터 나와서 내 영혼을 치유하는 것을 느꼈습니다. 일단 수액의 흐름이 자리를 잡게 되자, 그 흐름은 점점 더 거세졌습 니다. 왜냐하면, 내가 죄인일 뿐임을 알고 주님이 나의 의(義)가 되어 주심으로 써 주님으로 말미암이 구원을 받았다는 것을 생각했을 때, 나는 주님을 사랑하 기 시작하였고, 내 영혼은 주님을 향한 열정으로 활활 타오르기 시작하였기 때 문입니다. 그리고 나는 주님이 얼마나 사랑이 많으시고 선하신 구주이신지를 다 른 사람들에게 말하고 싶어졌습니다. 내가 주님에 대하여 죽은 자요 주님으로부 터 버림받은 자로 느끼고서 고통하며 신음한 지 몇 달 후에, 나는 내 일생 동안 주님에 대하여 지녔던 따뜻한 사랑을 다시 회복하고서, "부지중에 내 마음이 나 를 내 백성의 왕의 병거 같이 되게 하였구나"(아 6:12, KJV)라고 연인의 언어로 말할 수 있었습니다. 이제 나는 이것이 주님께서 여러분의 영혼을 소생시키시기 위한 자연스러운 과정이라는 것을 믿습니다.

　　여러분 중에서 어떤 분들은 "나는 그것이 무엇인지를 모르겠지만, 적어도 내가 그리스도와 합당한 관계에 있지 않고, 뭔가가 틀어져 있다는 것은 안다. 나 는 내 마음이 더 나은 상태가 되어서 그리스도와 가까이 동행함으로써 하나님을 더 기쁘시게 해드리기를 원한다"라고 생각하실지도 모릅니다. 여러분의 상태가 그렇다면, 여러분이 무엇을 해야 할 것인지를 생각해 보십시오. 내가 앞에서 설 명드린 것들을 시도해 보십시오. 만약 그렇지 않고, 여러분이 정신을 바짝 차리 고 깨어 있지 않는다면, 세상의 현자(賢者)가 여러분 앞에 와서, 여러분의 영혼 이 소생될 수 있는 다른 길들이 있다고 여러분에게 말하게 될 것입니다. 그 현자 는 먼저 여러분의 마음이 길을 잃고 헤맸던 모든 일에 대하여 여러분이 비통하 게 회개해야 한다고 말할 것입니다. 그 말은 지극히 옳습니다. 그러나 누가 여러 분에게 그런 회개를 할 수 있게 해주겠습니까? 그런 후에, 그 현자는 여러분이 외적인 은혜의 수단들에 더 주의를 기울여야 하고, 기도를 길게 하는 대신에 개인적으로 성경을 연구하는 데에 더 열심을 내어야 한다고 말할 것입니다. 이 말도 역시 지극히 옳습니다. 그리스도께서 바리새인에 대하여 말씀하셨듯이, 그가 여러분에게 명하는 것은 무엇이든지 다 지키고 행하십시오. 그러나 그런 것은 여러분의 영혼을 소생시킬 수 있는 길이 아닙니다. 천국으로 가는 길은 결코 시내 산을 맴도는 길이 아닙니다. 여러분을 그런 방향으로 이끄는 인도자들을 항상 조심하십시오. 우리를 치유할 수 있는 모든 것은 그리스도 안에 있습니다. 그리스도는 의사이시고, 그리스도는 약(藥)이기도 합니다. 여러분의 영혼을 소생시키는 길은 여러분 스스로의 힘으로 자신의 영혼을 소생시키려고 애쓰는 것이 아니고, 저절로 작동하는 어떤 과정을 통과하는 것도 아닙니다. 여러분의 상태가 어떠하든지 간에, 여러분의 있는 모습 그대로를 들고서 그리스도께로 곧바로 나아가서 그를 붙드는 것만이 여러분의 영혼을 소생시키는 길입니다. 주님과의 만남이 이루어지는 순간, 여러분은 본문의 말씀처럼 "그가 내 영혼을 소생시키시고"라고 노래하게 될 것입니다. 다른 사람들이 그들 자신의 성례전을 통해서 "그가 내 영혼을 소생시키신다"고 말하게 내버려 두십시오. 사람들이 그들의 영혼을 들어올려서 천국에 이르게 특별한 방법들을 자랑하며, 그 방법들을 통해서 "그가 내 영혼을 소생시키신다"고 의기양양해하도록 내버려 두십시오. 어떤 사람들이 자신의 영혼은 늘 힘 있고 강하기 때문에 소생될 필요가 전혀 없다고 말하며 기뻐하게 내버려 두십시오. 나는 그렇게 말할 수 없고, 단지 "그가 내 영혼을 소생시키시고"라고 말할 수 있을 뿐입니다.

나는 오늘 아침에 사랑하는 많은 형제들이 저와 동일한 마음을 가지고서, 이 전을 나서면서 "나는 주께서 내 영혼을 소생시키실 수 있으시다는 것을 알았다"고 말할 뿐만 아니라, "그가 내 영혼을 소생시키셨습니다. 나는 이 전에 들어왔을 때에 오늘의 추운 날씨만큼이나 아주 차가웠지만, 예수께서 나의 얼음 같은 마음을 녹여 주셨습니다"라고 말할 수 있게 되기를 소망합니다. 그렇게 되시려면, 내가 여러분의 마음 상태에 대해서 자세한 것은 모르지만, 아마도 여러분은 여러분의 마음이 아주 좋지 않은 상태에 있었고 추악하게 일그러져 있었다고 고백하셔야 할 것입니다. 아마도 여러분은 걱정과 염려가 여러분의 마음에 자리 잡고 있어서 평안이나 안식을 몰랐었다고 고백하셔야 할 것입니다. 그렇게 고백하셨다면, 이제 내 영혼을 소생시키시는 분이 역사하실 때가 된 것입니다. 여러분이 이 자리에서 일어나시기 전에, 성령의 능력으로 말미암아 그리스도를 만나려고 애쓰십시오. 처음 믿었을 때처럼 주님께 돌아오시기를 바랍니다. 오, 가지들이여, 줄기로 다시 돌아오십시오. 수액으로 하여금 다시 흐르게 하십시오. "그러나 나는 합당한 상태에 있지 않습니다"라고 여러분은 말할 수도 있습니다. 그것이 무슨 말씀입니까? 여러분은 합당성을 따지는 저 옛적의 시내 산 율법으로 되돌아가고자 하시는 것입니까? 여러분은 저 율법의 요구를 또다시 들어주시려고 하시는 것입니까? 여러분의 있는 모습 그대로 나아가십시오. 여러분의 있는 모습 그대로 주님께 나아가십시오. 나는 지금 성도들인 여러분께 이렇게 말씀드리고 있는 것입니다. 여러분은 세상 죄인들처럼 바보짓을 하고자 하시는 것입니까? 죄인들은 자신들이 그리스도를 만날 준비가 다 되었다고 말합니다. 그들은 자신들이 그렇게 말할 사격이 있다고 착각합니다. 여러분도 그들처럼 똑같이 말하고자 하십니까? 만약 그렇다면, 여러분은 그들보다 더 미련한 자들이 될 것입니다. 지금 당장 나아오십시오. 여러분이 어떤 모습이든지, 지금 즉시 그리스도께 단순하게 믿음을 드림으로써 여러분이 깨어나서 그리스도와 연결되었다는 것을 느끼시고, 이전보다 훨씬 더 활기차게 "그가 내 영혼을 소생시키시고"라고 말할 수 있게 되시기를 바랍니다.

제
23
장

—

사망의 음침한 골짜기

—

"내가 사망의 음침한 골짜기로 다닐지라도 해를 두려워하지
않을 것은 주께서 나와 함께 하심이라 주의 지팡이와 막대
기가 나를 안위하시나이다." — 시 23:4

여러분은 내가 이 본문 말씀을 지금까지 아껴두었다는 것을 아십니까? 나는
이 최고의 약속의 말씀을 내가 요단 강 가까이 왔을 때까지 아껴두고 간직해 두
었다가, 내 인생의 마지막 순간에 이 달콤한 약속을 맛보며 기쁜 입술로 이렇게
노래하는 특권을 누리고 싶었습니다:

"내가 사망의 음침한 골짜기로 다닐지라도
해를 두려워하지 않을 것은
주께서 나와 함께 하심이라
주의 지팡이와 막대기가 나를 안위하시나이다."

일전에 나는 이 하늘의 양식을 한 번 먹을 필요가 있다는 것을 알고, 그렇게
하였습니다. 육신의 아버지들은 자녀들에게 "너희는 너희의 케이크를 가지고 있
든지 먹든지 둘 중의 한 쪽을 택해야 하고, 둘 다를 할 수는 없다"고 말하지만, 그
런 법칙은 하나님의 위로에는 적용되지 않습니다. 여러분은 약속의 말씀을 실제
로 누림과 동시에, 장래를 위해서 여전히 그 말씀을 간직해 둘 수 있습니다. 그렇

습니다. 여러분의 믿음이 하나님의 기름진 약속의 말씀을 먹고 계속해서 자라왔다는 것이 그것을 잘 보여줍니다. 나는 며칠 전 광풍이 내 주위에 몰아치던 날에 이 약속의 말씀으로부터 꿀을 얻어서 먹었지만, 그 달콤한 말씀은 여전히 여기에 있습니다. 내가 죽음의 문턱에 가까이 왔을 때에도 이 약속의 말씀을 누리게 될 것임을 나는 의심하지 않지만, 이 말씀은 우리 하나님의 찬송 받으실 성령으로 말미암아 이미 내 영혼에 풍성하고 온전한 위로를 주어 왔습니다. 무거운 짐을 진 모든 신자가 나처럼 이 말씀으로부터 하나님의 귀한 위로를 얻게 되시기를 빕니다.

의심할 여지 없이, 이 본문 말씀은 죽을 때가 다 된 신자에게 아주 잘 적용될 수 있는 말씀이지만, 그것만이 이 본문의 의도가 아니라는 것도 확실합니다. 이 말씀은 죽을 때가 다 된 신자들에게 이루 말할 수 없는 기쁨을 가져다주는 말씀이긴 하지만, 살아 있는 신자들을 위한 말씀이기도 합니다. 지금 이 시간에 어떤 고난이나 환난 때문에 당신의 마음이 사망의 골짜기를 걷고 있는 것처럼 힘드시다면, 나는 당신이 이 본문의 말씀을 반복해서 읽으셔서, 하나님이 당신으로 하여금 이 말씀이 참되다는 것을 알게 해주시기를 빕니다: "내가 사망의 음침한 골짜기로 다닐지라도 해를 두려워하지 않을 것은 주께서 나와 함께 하심이라 주의 지팡이와 막대기가 나를 안위하시나이다"(시 23:4). 이 말씀은 미래 시제로 되어 있는 것이 아니기 때문에, 먼 미래를 위한 말씀이 아닙니다. 당신에게 지금 당장 아주 절실하게 필요한 것을 먼 미래로 미루지 마십시오. 내가 지금 이 시간에 사망의 음침한 골짜기로 다닐지라도, 하나님, 주는 나와 함께 하십니다! 주의 막대기와 지팡이, 바로 그것들이 나를 안위하십니다. 다윗은 죽어가고 있는 것이 아니었습니다. 이 시편에서는 행복하고 평화로운 생명력이 넘쳐납니다. 다윗은 푸른 풀밭에 눕기도 하고, 자신의 목자이신 주님이 이끄심을 따라 잔잔한 물 가로 가서 물을 마시기도 합니다. 구름이 내려와 그를 뒤덮어서, 그가 죽음의 위협을 느끼는데도 불구하고, 그는 자신의 평생에 선하심과 인자하심이 자기를 따를 것임을 예감합니다. 이 노래는 우리가 죽는 저 마지막 날까지 선반에 고이 모셔둘 그런 노래가 아니라, 우리가 평생에 걸쳐서 내내 현악기에 맞춰 불러야 할 그런 노래입니다. 그러므로 하나님의 궁정에서 이 신성한 시간에 하나님을 사랑하는 사람들 가운데서 우리 모두 이 노래를 불러봅시다.

1. 첫째로, 우리가 걸어가는 길에 놓여 있는 두려운 일들에 주목하십시오.

본문은 "사망의 음침한 골짜기"라고 말씀합니다. 바위들이 하늘을 향해서 겹겹이 쌓아올려져 있어서 하늘이 거의 보이지 않고 그 좁은 틈새로 햇빛이 조금씩 새어 들어오는 곤도 협곡(the Gorge of Gondo)이나 알프스의 고산지대에 있는 것과 같은 그런 협곡을 생각해 보십시오. 종종 신자 앞에는 환난들이 겹겹이 쌓여 있고, 천국으로 가는 순례자는 그 음침하고 두려운 길을 통과하지 않으면 안 될 때가 있습니다. 머리 위로 우뚝 솟은 거대한 바위들이 겹겹이 둘러 있어서 한밤중처럼 깜깜한 좁은 골짜기를 상상해 보십시오. 천국을 향해 가는 순례자는 무한한 지혜를 지니신 이가 자신의 비밀한 계획 가운데서 정하신 이 바위투성이의 협곡을 통과하지 않으면 안 됩니다. 지금 이 순간에도 수많은 하나님의 자녀들은 이 무시무시한 협곡을 통과하고 있고, 나는 그분들에게 이 말씀을 전하고 있습니다.

이 말씀과 관련해서 우리가 첫 번째로 살펴보아야 할 것은 이 말씀의 분위기가 극도로 암울하다는 것입니다. 그것이 이 말씀의 주된 특징을 이룹니다. 이 말씀에서는 사망의 음침한 골짜기의 기운이 감돕니다. 사망은 두려운 것이고, 사망의 그늘은 춥고 그 냉기가 뼛속까지 사무칩니다. 나는 단지 나로 하여금 추워서 어쩔 줄 모르게 할 뿐만 아니라 무시무시한 음침한 오싹함을 내게 안겨주는 바위들 아래에서, 마치 사망이 내 곁에 있고 그 냉기가 내 안에 있는 것처럼 느끼며 서 있었습니다. 사람들을 덮쳐서 사망으로 몰고 갈 그런 사망의 그늘이 다가오면, 사람들은 그 그늘을 피하려고 넋이 나가 버립니다. 사람이 극심한 환난으로 말미암아 자기가 이대로는 살아갈 수 없다고 느끼고, 살 수 있는 길이 있더라도 살고 싶은 생각조차 들지 않을 때, 그것은 사망의 날개 그늘이 그 사람에게 드리운 것이라고 나는 생각합니다. 삶의 기쁨은 일식(日蝕)으로 사라져 버린 해와 같이 되어 버렸고, 그 사람은 두려운 환난의 저 춥고 어둡고 음침한 그늘 속에서 완전히 위축되고, 의구심의 냉랭한 기운 속에서 벌벌 떨면서, 잔뜩 겁을 집어먹고 넋이 나간 사람처럼 되어 버린 채로 있습니다. 나는 이 자리에 계신 분들 중에서 이러한 암담한 상황에 대하여 전혀 알지 못하는 젊은이들에게 말합니다. 그런 암담한 상황을 겪지 않게 되기를 바라십시오. 할 수만 있다면, 늘 밝은 곳에서 살아가십시오. 할 수만 있다면, 늘 찬송하며 살아가십시오. 종달새처럼 하늘을 향해 높이 올라가시고, 거기에서 찬송을 부르십시오. 그러나 하나님의 백성들 중에는 종달새 같이 사는 날들은 별로 많지 않고 부엉이 같이 사는 날들은 아주 많은 그런 사람들이 있습니다. 그런 사람들은 홀로 외롭게 앉아서 아무 말도 하지 않고 침묵합니다. 또는, 그들이 입을 연다고 해도, 그들의 입에서 나오는 말들은 불만투성이의 투덜거리는 말들뿐입니다. 물론, 용들의 동료들이자 아주 잘 어울리는 동료들인 그런 불평하고 우는 소리 하는 사람들도 우리가 그들에게 해줄 수 있는 한 온갖 따뜻한 연민을 필요로 합니다. 밝고 즐겁게 살아가는 사람들조차도, 다수가 종종 모든 것이 우울해 보이게 만들고 그 마음을 슬프고 괴롭게 만드는 춥고 으스스한 골짜기를 통과하게 됩니다. 우리의 지혜로운 형제들은 우리에게 "당신은 우울감에 져서는 안 됩니다"라는 충고를 해줍니다. 지금 당장 우리는 더 이상 우울감에 져서는 안 됩니다. 그러나 우리는 우울감에 지고 맙니다. 아마도 당신의 두뇌가 우리의 두뇌만큼 지쳤다면, 당신은 우리와 마찬가지로, 당신 자신을 더 이상 지탱하지 못하게 될 것입니다. "그러나 낙심하는 사람들은 책망 받아 마땅합니다." 옳은 말씀입니다. 그러나 그런 사람들도 불쌍히 여김을 받을 필요가 있습니다. 만일 그런 사람들을 아주 호되게 책망하는 사람들이 한 번이라도 우울감이라는 것이 무엇인지를 경험해 본다면, 그들은 아마도 위로가 필요할 때에 책망을 쏟아붓는 것이 얼마나 잔인한 것인지를 알게 될 것입니다. 하나님의 자녀들은 영적인 깜깜한 어둠을 경험합니다. 그리고 나는 대단히 큰 은총을 받으며 살아온 하나님의 종들이 다른 사람들보다 영적인 어둠의 시간들을 더 많이 경험하며 살아 왔다는 말에 거의 전적으로 공감합니다. 하나님의 언약이 아브라함에게 주어질 때에 크고 두려운 어둠이 그에게 임하였고, 그때에 그는 쪼개진 희생제물의 조각들 사이로 움직이는 빛나는 등불을 보았습니다. 아브라함보다 더 크신 이는 일찍이 성령에 이끌려서 광야로 가셨고, 자신의 생애를 마감하기 직전에 겟세마네 동산에서 이루 말할 수 없이 큰 고통 속에 계셨습니다. 신자들에게 필연적으로 임하는 이러한 큰 어둠 속에서, 그들은 하나님의 영원한 사랑과 신실하심이라는 빛이 얼마나 밝은 것인지를 더 분명하게 경험하게 됩니다. 태산 같은 기쁨과 골짜기 같은 평안과 동산 같은 즐거움을 주시는 하나님을 송축합니다! 그러나 사망의 음침한 골짜기도 있고, 우리 중 대부분은 그 엄청나게 암울한 시간들을 통과해 왔습니다.

　게다가, 인생에는 암울할 뿐만 아니라 위험하기도 한 시간들도 있습니다. 동방의 협곡들을 여행할 때에는 통상적으로 호위해 주는 사람들이 필요합니다. 왜냐하면, 강도들이 바위틈에 숨어 있다가 여행자를 덮치거나 칼과 창으로 여행자의 길을 막아서기 때문입니다. 카이베르 협곡(the Khyber Pass)이라는 이름은 우리의 기억 속에서 아직도 끔찍한 이름으로 남아 있는데, 대부분의 사람들의 삶 속에는 카이베르 협곡들이 있습니다. 사람들의 인생 속에는 특히 위험한 시기들이 존재합니다. 만일 당신이 인생의 초보자라면, 내가 하는 말에 놀라거나 겁을 먹지 마시기 바랍니다. 나는 지혜의 도(道)가 두려운 길이라고 말하는 것이 아닙니다. 지혜의 길은 두려운 길이 아닙니다. 반대로, 성경은 "그 길은 즐거운 길이요 그의 지름길은 다 평강이니라"(잠 3:17)고 말씀합니다. 그러나 그럼에도 불구하고, 천국으로 가는 길을 가다 보면 거기에 원수들이 있고, 순례자들을 노리는 "악당들이 숨어 있는 좁은 길들"이 있습니다. 거기에서 원수들은 당신의 심령이 낙심해 있는 것을 보면, 당신도 모르는 사이에 여러 가지 시험으로 당신을 덮치기 때문에, 당신은 자기도 모르는 사이에 상처를 입고 크게 상심하게 됩니다. 사망의 음침한 골짜기에는 원수가 숨어 있을 곳이 많습니다. 사막의 모래에서 불뱀이 나오듯이, 그 골짜기에서는 시험들이 튀어나옵니다. 거기에서 영혼은 사자(獅子)들, 곧 지옥의 불 속에 앉아 있는 자들에게 둘러싸이게 됩니다. 만일 당신이 이 순례길에서 아직 그런 지점을 만나지 않았다면, 나는 다행이라고 생각하고, 당신이 "우리를 시험에 들게 하지 마옵시고"라는 기도를 드림으로써 그 기도에 대한 응답으로 그런 시험을 면제 받게 되기를 바랍니다. 그러나 만약 당신이 그런 위험한 골짜기를 통과해야만 한다면, 당신은 어떻게 하시겠습니까? 그때에 이렇게 외치십시오: "내가 사망의 음침한 골짜기로 다닐지라도 해를 두려워하지 않을 것은 주께서 나와 함께 하심이라 주의 지팡이와 막대기가 나를 안위하시나이다." 그리스도인에게는 수많은 시험보다도 자신의 마음의 육적인 안일함으로 인해서 더 큰 위험에 처하게 된다는 것을 기억하십시오. 우리는 흔히 시험을 받지 않을 때에 가장 큰 위험에 처하게 됩니다. 세상에서 가장 위험한 때는 마치 마귀가 존재하지 않는 듯이 자신의 존재를 감추는 때입니다. 많은 경험이 있는 어떤 사람이 이렇게 기도했습니다: "잠자는 마귀에게서 나를 건져 주소서. 마귀가 나를 향해 으르렁거리면, 나는 깨어 있게 될 것입니다. 그러나 마귀가 나를 홀로 남겨두면, 내 마음은 모든 것이 안전하다고 착각을 해서, 나는 속아 넘어가고 말 것입니다." 하나님의 섭리 속에서 큰 환난과 시험 가운데 있는 당신은 청년이든 노인이든 더 편한 삶을 바랄 필요가 없습니다. 왜냐하면, 환난과 시험 가운데서 깨어 있을 수밖에 없는 당신이 불 같은 시험을 만나지 않아서 편안하게 사느라고 영적인 나태함과 무관심으로부터 오는 큰 위험에 처해 있는 사람들보다 더 안전하기 때문입니다. 영적인 힘이 고갈되어서 말라비틀어지고 썩어서 죽는 것보다 불 시험을 받아 괴로운 편이 더 낫습니다. 환난과 시험이 있는 추운 산길이 쾌락이 있는 안락한 평지보다 훨씬 더 안전합니다. 그러므로 나는 분명한 위험이 내 앞에 있을 때에 놀라지 않습니다. 나는 당신이 당신과 천국 사이에 음침하고 암울한 골짜기가 존재한다는 것 때문에 크게 낙심하지 않기를 바랍니다.

사망의 골짜기가 암울한 주된 이유들 중의 하나는 이 무시무시한 골짜기 속에 도대체 무엇이 있는지를 우리가 모른다는 사실에 있습니다. 당신은 어떤 괴로움이 닥칠지를 알지 못합니다. 사망의 그늘이라고 할 때, 그늘이라는 것이 무엇을 의미합니까? 당신은 당신을 위협하는 섯의 형체를 분간할 수가 없습니다. 당신은 원수의 정체를 파악할 수가 없습니다. 그림자를 향해서 칼을 휘둘러보아야 아무 소용이 없습니다. 존 번연(John Bunyan)은 순례자가 사망의 음침한 골짜기로 들어갔을 때에 칼을 빼든 것으로 묘사합니다. 순례자는 앞에서는 칼로 아볼루온(Apollyon)과 싸웠었지만, 저 칠흑 같이 어둡고 무시무시한 골짜기에 들어갔을 때에는 그 칼이 아무 소용이 없었습니다. 모든 것이 깜깜한 어둠 속에서 베일에 가려져 있어서 그 정체가 드러나지 않아 실제보다 훨씬 더 거대해 보였습니다. 순례자가 악귀라고 불렀던 존재들이 주변을 맴돌고 있었고, 이상하고 특이한 형태의 의심들이 그를 괴롭히는데도, 그는 그 어떤 이성적인 사고로도 그 의심들을 물리칠 수 없었습니다. 사람은 자기가 아는 것에 대해서는 용기를 내어 맞설 수 있지만, 자기가 모르는 해악(害惡) 앞에 서면 용기를 잃습니다. 그는 그 시험이나 환난이 무엇인지를 알지 못하는데도, 기쁨을 사라지게 만드는 이상한 감정이 그를 엄습합니다. 그는 자신의 일에서 얼마만큼 손해를 보게 될지를 예상할 수 없는 데도, 모든 것을 잃게 될 것이라는 두려움이 그를 엄습합니다. 그는 자신의 자녀의 병의 결말을 알지 못하는데도, 그 자녀가 죽을 것 같다는 불길한 위험을 느낍니다. 확실한 것은 아무것도 없고 모든 것이 온통 다 불확실합니다. 불확실하다는 것이 사람을 가장 힘들고 괴롭게 만듭니다. 손이 나와서 벽에 글씨를 썼을 때에 벨사살을 가장 혼비백산하게 만들었던 것은 그가 손을 볼 수는 있었지만, 그 손이 속해 있는 팔이나 몸을 볼 수가 없어서 도무지 그 손의 정체를 알 수 없었다는 것이었습니다. 전광석화 같이 손이 나와서 글씨를 쓴 다음에 사라지는 것을 보는 것은 너무나 특이한 일로 보였습니다. 이렇게 종종 우리는 우리의 상태를 알아낼 수 없는 것처럼 보이는 때가 있습니다. 그럴 때에 우리는 하나님이 우리를 어떻게 다루고 계시는지를 알 수가 없습니다. 그럴 때에 우리는 하나님의 섭리와 우리의 생각이 서로 엇갈린다고 느끼게 됩니다. 우리는 두 바다가 만나는 지점에 이르러서, 그 곳의 조류의 흐름을 이해할 수가 없게 됩니다. 우리에게 닥치는 시험은 회오리바람에 비할 수 있습니다. 우리는 회오리바람이 어디를 휩쓸지를 알지 못합니다. 우리는 그저 회오리바람을 맞아 이리저리 비틀거릴 뿐입니다. 그런 일들이 종종 하나님의 백성에게 일어납니다. 그들이 이러한 당혹스러운 일들, 그들이 도무지 설명할 수 없는 이 불가사의한 환난들 속으로 들어갔을 때, 그들은 어떻게 해야 합니까? 그들은 하나님의 도우심을 받아서, 이 복된 사람 다윗이 했던 대로 믿음으로 인한 평안과 확신 속에서 찬송하며 자신의 길을 가야 합니다: "그래, 내가 사망의 불가사의한 날개들에 의해 그늘이 진 골짜기를 걸어가고 있고, 나의 앞길에 무엇이 있는지를 전혀 알 수 없을지라도, 나는 그 어떤 해악도 두려워하지 않을 것이다. 왜냐하면, 주께서 나와 함께 계시기 때문이다. 주는 내가 가는 길을 아신다. 나의 하나님께는 알지 못하실 일이 전혀 없다. 주는 이 미로(迷路)를 다 아시기 때문에, 나를 이끄셔서 이 미로를 통과하게 하실 것이 분명하다. 그런데 내가 두려워할 이유가 어디 있겠는가? 주의 지팡이와 막대기가 나를 위로하신다. 암울함, 위험, 불가사의함 — 내가 이 약속의 말씀이라는 황금 기름을 사용해서 믿음으로 하늘의 등불을 켤 때에 이 세 가지는 모두 다 사라지고 만다."

이것이 전부가 아닙니다. 본문 말씀 속에는 **홀로 걸어간다는** 의미가 담겨 있습니다. 그 길은 혼자 가는 길이기 때문에, 순례자는 마치 자기가 이 사망의 음침한 골짜기를 홀로 걸어간다는 듯이 "내가 사망의 음침한 골짜기로 다닐지라도"라고 노래합니다. 혼자라는 것은 어떤 심령들에게는 아주 큰 시험이자 고통이고, 우리 중 일부는 그것이 무엇을 의미하는지를 아주 잘 압니다. 왜냐하면, 우리는 영적인 의미에서 홀로 걸어가는 것이기 때문입니다. 당신은 "우리가 많은 사람들과 함께 어울려서 가는 것이 아닌가요?"라고 반문할지도 모릅니다. 사실 그렇습니다. 그런 의미라면, 우리가 혼자 걸어가는 것은 아닙니다. 하지만 당신의 직분과 직책 때문에 당신이 산 위에 오직 홀로 서 있다는 것을 느끼게 될 때, 당신은 내가 말하는 것의 의미를 알게 될 것입니다. 왜냐하면, 양들에게는 많은 동

료들이 있지만, 목자에게는 동료가 거의 없기 때문입니다. 영혼들을 돌보는 사
람들은 모든 인간적인 도움으로부터 분리되어 있는 위치에 있게 됩니다. 아무도
그들의 염려를 알지 못하고, 그들의 영혼이 짊어진 짐을 추측조차 할 수 없습니
다. 사람들이 그들에게 공감하고자 애써도 별 소용이 없습니다. 그들 중의 일부
는 아마도 이렇게 탄식할 것입니다: "누구도 나만큼 시험과 환난을 당한 사람은
없었다. 나는 마치 하나님이 나를 자신의 화살들을 위한 과녁으로 세우신 것 같
은 느낌을 받는다." 또는, 그들은 이렇게 탄식할지도 모릅니다: "나보다 더 많은
환난을 당한 사람들은 많을지 모르지만, 내가 당했던 것과 같은 특별한 환난을
당한 사람은 아무도 없을 것이다. 나는 정말 특별한 시험과 환난을 당했고, 지금
도 당하고 있다." 정말 그렇습니다. 그들이 혼자라는 것을 탄식할 수밖에 없다는
것은 그들에게 주어진 쓴 잔의 본질적인 부분입니다. 그러나 그들은 하나님께
"하나님이 나를 혼자 걷게 하셨지만, 아버지 하나님이 나와 함께 하시니, 나는
혼자가 아닙니다"라고 말하지 않겠습니까? 이제 믿음을 발휘할 때입니다. 당신
이 믿는 것이 하나님과 한 명의 친구라면, 당신이 믿는 것은 하나님인지 그 친구인
지가 의문시됩니다. 그러나 그 친구가 당신을 떠나고 오직 하나님만이 당신 곁
에 계실 때에는 그 어떤 의문도 남지 않게 됩니다. 당신과 내가 함께 걷고 있고,
한 마리 개가 우리를 따라오고 있다면, 누가 그 개의 주인인지를 아무도 알지 못
할 것입니다. 그러나 당신이 왼쪽 길로 가고 내가 오른쪽 길로 간다면, 사람들은
그 개가 누구를 쫓아가는지를 보고서 그 개의 주인이 누구인지를 누구나 다 알
게 될 것입니다. 당신이 오직 하나님만을 의지해서 살아갈 수 있다면, 당신은 정
말 하나님을 의지하고 있는 것입니다. 세상의 물줄기들이 다 말라 버릴 때, 당신
이 몸을 구푸려서 창조주의 차고 넘치는 샘에서 마실 수 있다면, 당신은 신자이
고, 당신이 신자라는 것은 틀림없는 사실이 될 것입니다. 혼자 고독하게 살아가
도록 내몰리는 것은 우리가 오직 하나님만을 의지하고 있는지, 그렇지 않은지를
증명할 수 있다는 점에서 유익합니다. 한 발에 바다에 담그고 다른 한 발을 뭍에
놓고 서 있는 것은 악한 것입니다. 성경을 보면, 한 천사가 그런 식으로 서 있었
고, 그런 자세는 천사들에게는 어울립니다. 그러나 그런 자세는 죄짐을 잔뜩 짊
어진 사람이라는 존재에게는 안전한 자세가 될 수 없습니다. 우리는 두 발을 다
만세반석 위에 두어야 합니다. 그렇게 하지 않고, 우리가 한 발을 변덕스러운 자
아의 바다 위에 둔다면, 우리는 그 바다에 빠져 죽게 될 것입니다. 내 영혼아, 오

직 하나님만을 바라라. 믿음의 유일한 토대가 하나님의 권능과 신실하심일 때, 믿음은 눈에 보이는 온갖 도움이 없어도 기쁜 마음으로 이렇게 찬송하는 법을 배우게 됩니다: "그럼요, 내가 그 어떤 길동무도 없이 사망의 어두운 골짜기를 걸을지라도, 나는 해를 두려워하지 않을 것입니다. 왜냐하면, 나의 하나님이 내 곁에 계시니까요!"

여기에서 내가 한 가지 더 말해두고 싶은 것은 이 골짜기가 이렇게 암울하고 위험하고 불가사의하고 고독한 곳이라고 해도, 신자들은 그 골짜기를 잘 통과해 간다는 사실입니다. 어떤 사람들이 생각하는 것보다 더 많은 사람들이 이 길을 안전하게 통과합니다. 많은 사람들 앞에서 기쁜 얼굴을 하고 있는 사람들 중에는 이 스산한 골짜기를 이미 종종 통과한 경험이 있어서 아주 잘 알고 있고, 또한 지금도 그 골짜기를 통과하는 중에 있는 사람들이 많습니다. 내가 근심의 베옷을 입었을 때, 나는 다른 사람들이 보지 못하도록 나의 겉옷 아래에서 허리에 그 베옷을 동입니다. 왜냐하면, 주님께서 "너는 금식할 때에 머리에 기름을 바르고 얼굴을 씻으라 이는 금식하는 자로 사람에게 보이지 않게"(마 6:17-18) 하라고 말씀하셨기 때문입니다. 우리가 다른 사람들까지 낙심하게 만들고 힘 빠지게 만들어야 되겠습니까? 우리가 겪는 환난들을 남들에게 알려서 그들에게 괴로움을 전염시키지 않아도 이 세상에는 괴로움과 근심이 차고 넘칩니다. 누가 내게 검토해 달라고 이야기책들을 보내면, 나는 비참하고 가난한 삶에 대하여 써놓은 마음 아픈 이야기들이 거기에 담겨 있는 것을 볼 때마다 그 이야기들을 빼라고 말합니다. 나는 현실의 삶만으로도 거기에 슬프고 가슴 아픈 일들이 너무나 많은데, 그런 이야기들을 만들어 내어서까지 내 마음을 아프게 할 필요가 없다고 생각하기 때문입니다. 사람들이 허구적인 작품들을 써야 한다면, 단순히 만들어 낸 이야기들을 읽고서 사람들이 가슴 아파하는 일이 없게 즐겁고 기쁜 이야기를 써야 합니다. 내가 울어야 한다면, 나는 꾸며낸 슬픈 일이 아니라 현실에서 일어나는 슬픈 일을 놓고서 울게 해주십시오. 그러나 어떤 사람들은 자신의 슬프고 괴로운 일들을 이야기로 쓰는 것을 좋아하고, 그런 이야기들이 다른 사람들에게 어떤 영향을 끼칠 것인지를 생각하지 않는데, 나는 그런 사람들이 남들을 좀 더 생각하고 배려하는 마음을 가졌으면 좋겠습니다. 내 마음이 괴로워서 피 흘리고 있다고 해서, 왜 내가 다른 사람들의 마음까지 괴롭게 하고 피 흘리게 해야 합니까? "참고 또 참고 침묵하세요. 그 누구에게도 당신의 불행을 애기하지 마세요"

라는 찬송가 가사처럼, 어떤 때는 차라리 침묵하는 쪽이 더 용감한 것입니다. 하나님의 가장 선한 종들도 그 상당수가 저 깊은 사망의 음침한 골짜기를 통과해야 했는데, 이것은 분명히 여러분에게 위로가 될 것입니다. 눈물의 골짜기에는 믿음의 경건한 선조들의 발자국이 찍혀 있습니다. 성도들은 '비아 돌로로사,' 곧 슬픔과 고통의 길을 통과해야 했습니다. 그들의 발자국이 여러분에게 보이지 않습니까? 그 무수한 발자국 중에서 특히 한 발자국을 주목하십시오. 그 발자국이 여러분에게 보이지 않습니까? 한 번 몸을 구푸려서 시선을 집중해서 그 발자국을 응시해 보십시오. 무릎을 꿇고서 그 발자국을 자세히 살펴보십시오. 잘 살펴보면, 여러분은 거기에서 못 자국을 발견하게 될 것입니다. 하나님의 이 말씀이 분명하게 보여주듯이, 여러분의 주님은 사망의 음침한 골짜기의 그 스산한 기운을 온 몸으로 느끼시며 그 골짜기를 통과해 가셨습니다. 예수의 심령은 죄에 빠지지 않았지만, 그는 모든 암울함을 다 겪으셨습니다. 주님은 죄를 짓지는 않으셨지만, 영혼의 온갖 고통과 괴로움, 마음의 온갖 소란함을 다 겪으셨습니다. 주님은 "비방이 나의 마음을 상하게 하여 근심이 충만하니"(시 69:20)라고 말씀하셨습니다. 생명의 주님이 걸어가셨던 여정(旅程)의 발자취가 바위에, 그리고 사망의 음침한 골짜기에 영원히 새겨져 있습니다. 그런데도 우리는 예수께서 우리보다 앞서 가셨던 저 십자가와 예루살렘에서의 죽음을 향하여 기쁘게 나아가고자 하지 않으시겠습니까?

　　나는 그 길은 비록 어둡고 암울하지만 더럽고 부정(不淨)한 길이 아니라는 것을 보여주는 것으로 이 해악으로 가득한 두려운 길에 대한 설명을 끝맺고자 합니다. 죄가 마음의 슬픔이나 근심과 필연적으로 연결되어 있는 것은 아닙니다. 왜냐하면, 우리 주 예수 그리스도께서는 "내 마음이 매우 고민하여 죽게 되었으니"(마 26:38)라고 말씀하셨기 때문입니다. 주님 안에는 죄가 없었습니다. 따라서 주님의 깊은 고민과 눌림 속에도 죄가 없었습니다. 우리는 악(惡)에 전혀 물들지 않은 기쁨이나 슬픔을 한 번도 경험해 보지 않았지만, 슬픔이나 비탄 그 자체 속에 반드시 죄의 인자(因子)가 존재하는 것은 아닙니다. 사람이 공중의 새처럼 행복한데, 그의 행복 속에 그 어떤 죄도 들어 있지 않을 수 있습니다. 사람이 깊은 고민 속에 있는데, 그 고민 속에 그 어떤 죄도 들어 있지 않을 수 있습니다. 나는 우리의 모든 감정 속에 죄가 존재하지 않는다고 말하는 것이 아니라, 감정 자체가 반드시 죄악된 것은 아니라고 말하는 것입니다. 그래서 나는 슬퍼하는 형제를 기쁘게 하려고 애를 씁니다. 왜냐하면, 그들의 슬픔이 반드시 책망 받아야 마땅한 것이지는 않기 때문입니다. 사람들의 의기소침함이 불신앙에서 나온 것이라면, 그들은 자기 자신을 꾸짖고서, 거기에서 건져 주시라고 하나님께 부르짖어야 합니다. 그러나 영혼이 탄식하며 "그가 나를 죽이실지라도 내가 그를 의지하리라"(KJV, 욥 13:15, 한글개역개정에는 "그가 나를 죽이시리니 내가 희망이 없노라"로 되어 있음)고 말한다고 해도, 그 영혼이 죽임을 당하는 것은 잘못이 아닙니다. 그 사람이 "내 하나님이여 내 영혼이 내 속에서 낙심이 되므로 내가 주를 기억하나이다"(시 42:6)라고 부르짖을지라도, 그의 영혼이 그의 속에서 낙심하는 것은 죄가 아닙니다. 사도 베드로는 "너희가 이제 여러 가지 시험으로 말미암아 잠깐 근심하게 되지 않을 수 없으나"(벧전 1:6)라고 말합니다. 즉, "너희가 잠깐 시험 중에 있게" 된 것은 말할 것도 없고, "너희가 여러 가지 시험으로 말미암아 근심하게" 된 것도 죄가 아닙니다. 마음이 비통하고 비탄에 빠지는 것은 필연적인 일입니다. 왜냐하면, 시험의 본질은 심령으로 하여금 근심하게 하는 데에 있기 때문입니다. 솔로몬은 "상하게 때리는 것이 악을 없이하나니"(잠 20:30)라고 말하지 않습니까? 때리는데도 상처가 남지 않는다면, 그런 징계는 우리에게 아무런 유익도 가져다주지 못할 것입니다. 그러므로 자기 자신에게 엄격하고 가혹한 것은 언제나 좋은 일이긴 하지만, 우리의 마음이 고민하게 되었다고 해서, 우리가 어느 경우에나 우리 자신을 스스로 나무라고 책망할 필요는 없습니다. 우리가 마음의 근심으로 인하여 혹시 우리 자신을 책망한다고 할지라도, 우리는 다른 사람들에 대해서는 그렇게 하지 않도록 조심해야 합니다. 왜냐하면, 근심하는 것은 결코 죄가 아니고, 수많은 순례자들이 하나님께 드린 기도에 대한 응답으로 그들을 거룩하게 하고자 하시는 하나님의 역사이기 때문입니다. 순례자들이 눈물 골짜기를 걸어가면서 고민하고 괴로워함으로써 그 곳에 우물이 만들어지면, 비가 와서 그 우물을 채웁니다. 이것에 대하여 성경은 이렇게 말씀합니다: "그들은 힘을 얻고 더 얻어 나아가 시온에서 하나님 앞에 각기 나타나리이다"(시 84:7). 이상은 사망의 어둡고 위험한 골짜기에 관한 설명이었습니다.

2. 둘째로, 순례자와 그의 여정(旅程)에 관한 것입니다.

본문은 "내가 사망의 음침한 골짜기로 다닐지라도"라고 말씀합니다. 여러분이 가장 먼저 볼 수 있는 것은 순례자는 자기 앞에 놓인 저 음산한 길을 보고서도 침착하고 평안하다는 것입니다. 나는 이 길을 지나가는 것이 미리 생각했던 것보다 실제로는 절반 정도밖에 힘들지 않을 것이라고 생각하지 않습니다. 찬송가의 한 구절이 말해 주듯이, 우리 가운데 다수는 "두려워하면서 이미 천 번의 죽음을 맛봅니다."

　환난의 전초(前哨)들이 환난 자체보다 더 사나운 얼굴을 하고 있습니다. 즉, 우리는 흔히 환난 자체를 겪을 때보다도 다가올 환난을 두려워하며 고민할 때가 더 괴롭고 힘들다는 얘기지요. 그런데 여기에 다가올 환난을 예상하면서도 침착하고 평안한 믿음의 사람이 있습니다. 그는 이렇게 말합니다: "내가 사망의 음침한 골짜기로 다닐 것이고, 그 골짜기에 내게 해(害)가 될 것들이 있다는 것이 예상되지만, 그래도 나는 그 어떤 해도 두려워하지 않을 것입니다." 친구여, 당신은 어떤 환난이 당신에게 다가오고 있는 것을 분명하게 느끼십니까? 당신 주위에 온통 폭풍의 조짐들이 보입니까? 그렇다면, 장차 일어날 일을 용감하게 바라보십시오. 우레와 폭풍을 기다리는 동안 노심초사하지 마십시오. 다윗은 "군대가 나를 대적하여 진 칠지라도 내 마음이 두렵지 아니하며 전쟁이 일어나 나를 치려 할지라도 나는 여전히 태연하리로다"(시 27:3)라고 말했습니다. 적들을 맞아서 실제로 싸우는 것보다도 우리를 둘러싸고 진 치고 있는 적들을 보고 있을 때가 더 힘들고 괴롭고 두려운 것이 보통입니다. 일단 적이 함성을 지르며 쳐들어오면, 우리는 정신이 번쩍 들어서 용감하게 나가서 맞서 싸웁니다. 그러나 적이 우리를 포위하여 진을 치고는 쳐들어오지는 않고 시간을 끌면, 우리 마음은 초조해져서 어쩔 줄 몰라 하며 괴로워하기 쉽습니다. 우리를 죽이고자 하는 적이 자신의 진영에 있는 것은 분명한데, 우리는 그 적이 밤중에 쳐들어올지, 아니면 새벽에 쳐들어올지를 알지 못합니다. 이렇게 적이 언제 쳐들어올지를 몰라서 항상 긴장 상태에 있는 것이 우리를 괴롭게 하고 초조하게 만듭니다. 그러므로 "내가 곧 환난을 겪게 될 것을 뻔히 알지만, 나는 해를 두려워하지 않고, 내 마음은 평안합니다"라고 말할 수 있는 믿음은 대단한 것입니다. 사랑하는 여러분, 환난을 앞두고도 침착할 수 있게 해주시라고 기도하십시오. 여러분이 곧 다가올 환난을 바라보면서도 침착할 수 있다면, 그 싸움에서 이미 절반은 이긴 것입니다. 성경은 신자들에 대하여 "그는 흉한 소문을 두려워하지 아니함이여 여호와를 의뢰하고 그의 마음을 굳게 정하였도다"(시 112:7)라고 말씀하고 있지 않습니까?

또한, 순례자는 자기가 가야 할 길을 묵묵히 나아갑니다. 그는 "내가 … 골짜기로 다닐지라도"라고 말합니다. 그는 서둘러서 뛰어가지 않습니다. 그는 묵묵히 자신의 갈 길을 차근차근 걸어갈 뿐입니다. 우리는 일반적으로 "매도 먼저 맞는 것이 낫다"는 말처럼 우리에게 닥친 환난이 빨리 지나가도록 하기 위해서 서두릅니다. 모든 일에는 때가 있습니다. 우리는 환난이 하나님의 손으로부터 올 때까지 기다려야 합니다. 왜냐하면, 하나님은 단 일 초도 틀림이 없이 아주 적절한 때에 우리에게 필요한 환난을 주실 것이기 때문입니다. 어떤 사람은 이렇게 하소연합니다: "나는 내게 닥칠 환난이 어느 정도나 심한 것인지를 꼭 좀 알아야 하겠습니다. 내가 지금 그것을 모르겠어서 정말 답답해 미칠 지경이어서, 이렇게 무작정 기다리는 것을 어떻게든 끝내야 하겠습니다." 그러나 나의 사랑하는 친구여, 그런 식으로 기다리는 것을 견딜 수 없어 하며 빨리 해치워 버리려고 하는 것은 믿음이 아닙니다. 믿음이 있는 사람은 서두르지 않습니다(사 28:16). 믿음은 하나님을 섬겨야 할 때에는 빨리 움직이지만, 하나님을 기다려야 할 때에는 오래도록 인내합니다. "내가 사망의 음침한 골짜기로 다닐지라도"라고 말하고 있는 시편 기자에게는 서두르는 것이 없습니다. 그는 묵묵히 침착하고 꾸준하게 걸어갑니다. 성숙한 하나님의 사람은 뛰어가지 않고 걸어갑니다. 젊은 사람들은 "독수리가 날개 치며 올라감 같이" 날아가고, 장정들은 "달음박질하여도 곤비하지 아니하지만," 하나님의 사람이 교회에서 웃어른이 되고 풍성한 힘을 공급받았을 때, 그는 "걸어가고" 지치지 않습니다(사 40:31). 걸어가는 것은 그리스도의 노련한 군사들의 정상적인 보폭입니다. 걸어가는 것 외의 다른 보폭으로 달려가거나 날아가는 사람들은 신병(新兵)들입니다. 그래서 다윗은 사실상 이렇게 말하고 있는 것입니다: "나는 저녁나절에 내 집 동산을 걷듯이, 또는 나의 직장 근처의 길거리를 걸어 내려오듯이 그렇게 차분하고 묵묵히 사망의 음침한 골짜기를 걸을 것입니다. 그 어떤 환난도 내가 나의 본분을 다하는 것을 방해하지 못합니다. 환난이 와도, 나는 당황하지도 않고 걱정하지도 않습니다." 나의 사랑하는 형제들이여, 하나님께서 여러분에게 이러한 침착하고 평안한 믿음을 주시기를 빕니다. 또한, 나는 하나님께서 그런 믿음을 내게도 주시기를 기도합니다. 내게도 그런 믿음이 절실히 필요합니다. 나는 자주 내게 그런 믿음이 필요하다고 고백해 왔고, 얼굴을 붉히며 자괴감 속에서 그런 고백을 해왔습니다. 왜냐하면, 나는 찬송 받으실 주님을 섬기고 있는 까닭에, 결코 두려워해서는 안 되고,

육신의 고통으로 인해서 마음이 약해져서는 안 되기 때문입니다. 오, 거룩하신 보혜사여, 내 마음속에 하나님의 평안을 폭포처럼 퍼부어 주소서!

순례자의 가는 길에서 우리가 다음으로 주목할 것은 그는 환난을 예상하면서도 걱정하지 않는다는 것입니다. "내가 사망의 음침한 골짜기로 다닐지라도"라는 고백 속에서 "다닐지라도"라는 단어에 밝은 면이 암시되어 있습니다. 이 단어를 통해서 그는 머지않아 반드시 무시무시하고 음산한 골짜기를 통과해서 더 밝은 곳으로 나가게 될 것이라는 자신의 확신을 표현하고 있습니다. 그는 속으로 이렇게 말하고 있는 것입니다: "나의 인생 여정이 환난의 어두운 터널 속으로 들어갈지라도, 나는 반드시 그 반대편으로 나오게 될 것입니다. 그 터널은 아주 어둡고, 나는 땅속 깊은 곳을 통과해야 하겠지만, 결국에는 반드시 그 반대편으로 나오게 되어 있습니다." 이것은 하나님의 모든 자녀에게 해당되는 말씀입니다. 천국으로 가는 길이 바다의 밑바닥으로 통해 있고 높은 산들의 험난한 봉우리들 사이로 나 있어서 힘들고 고단하다고 할지라도, 하나님의 자녀들은 안전하게 그 길을 통과하게 될 것입니다. 천국으로 가는 요나의 길이 그런 길이었고, 하나님은 그를 위해서 특별한 수송수단을 마련하셨습니다: "여호와께서 이미 큰 물고기를 예비하사 요나를 삼키게 하셨으므로"(욘 1:17). 나는 그런 종류의 물고기가 정말 존재했었다고 생각하지 않습니다. 박물학자(博物學者)들은 그런 물고기를 발견할 수 없다고 말합니다. 그리고 사실 그들이 그런 물고기를 찾아보려고 애를 쓸 필요도 없습니다. 왜냐하면, 성경은 "여호와께서 … 큰 물고기를 예비하셨다"고 말씀하기 때문입니다. 하나님은 요나를 정확히 해변에 데려다주기 위해서 어떤 물고기를 준비해야 하는지를 잘 알고 계셨습니다. 시험을 받거나 환난을 당하는 각각의 성도에게 가장 필요하고 알맞은 것이 하나님의 섭리에 의해서 특별히 준비됩니다. 당신이 하나님의 종이고 당신에게 아주 꼭 맞는 환난으로 부르심을 받았다면, 당신을 통해서 하나님의 선하심과 신실하심을 나타내시기 위해서, 분명히 하나님의 특별한 섭리로 말미암아 당신이 지금까지 들어보지 못한 일이 당신에게 일어나게 될 것입니다. 우리에게 더 큰 믿음이 있으면 좋겠습니다. 만일 우리에게 더 큰 믿음이 있기만 하다면, 인생은 행복해질 것이고, 환난들은 가벼워질 것입니다. 형제들이여, 그늘진 곳을 걸어서 통과하는 것이 쉬운 일이 아닙니까? 여러분은 아침에 일어나서 논을 둘러보다가 거미들이 많은 곳에 거미줄을 쳐놓은 것을 발견하면, 그것들을 모두 다 걷어냅니다. 그런데 사실 그늘진 곳을 걷는 것보다 거미줄을 걷어내는 것이 더 힘이 드는 일입니다. 시편 기자는 자기에게 닥칠 환난들을 그늘진 곳을 걸어서 통과하는 것쯤으로 여기고 있기 때문에 그것을 두려워하지 않는 것입니다. 우리에게 믿음이 있기만 하다면, 환난이나 괴로운 일들은 천국으로 가는 우리의 길을 방해할 수 없는 그늘진 곳들에 불과합니다. 하나님은 종종 우리가 영광을 향하여 나아가는 것에 도움이 되도록 하시기 위하여 환난들을 보내시기도 합니다. 그러므로 우리는 결코 두려워하지 말고 묵묵히 앞을 향하여 걸어가야 합니다. 우리는 환난이라는 어두운 길의 입구로 들어섰다면 반드시 그 출구로 나오게 될 것임을 확신하여야 합니다. 하나님이 우리와 함께 하시는데, 누가 우리의 길을 방해할 수 있겠습니까?

이 순례자와 그의 순례 길에 있어서 가장 중요한 것은 그가 **두려움을 전혀 모른다는 것**입니다. 그는 "내가 해를 두려워하지 않을 것은"이라고 말합니다. 주변의 모든 사람들이 위험들을 만나서 기겁을 하고 놀라는데도, 어린아이는 그 가운데서도 완벽하게 평안한 것을 보는 것은 경이로운 일입니다. 나는 이런 이야기를 읽은 적이 있습니다. 어떤 배가 폭풍을 만나 좌초될 위험에 처하게 되자 그 배에 타고 있던 모든 사람이 잔뜩 겁을 집어먹었습니다. 선원이든 승객이든 겁에 질리지 않은 사람이 한 사람도 없었습니다. 하지만 그 배에 타고 있던 한 어린 소년은 두려움을 전혀 느끼지 않고 완벽하게 행복하였고, 폭풍 때문에 배가 심하게 흔들리는데도 그것으로 인해 놀라고 겁을 집어먹기는커녕 도리어 재미있어 했습니다. 사람들이 그 어린 소년에게 이런 때에 어째서 그렇게 행복해하고만 있는 것이냐고 물었습니다. 그러자 그 소년은 이렇게 말했답니다: "우리 아빠가 선장님이에요. 아빠는 이런 폭풍 속에서 배를 안전하게 할 수 있는 법을 아시거든요." 그 소년은 선장인 자신의 아버지가 배에 있는 한 배가 좌초되는 일은 있을 수 없다고 생각한 것입니다. 그 소년의 그러한 확신 속에는 분명히 터무니없는 요소가 있었습니다. 그러나 당신이, 자신에게 맡겨진 모든 배를 안전하게 항구에 도착하게 하실 수 있으신 당신의 아버지이신 하나님을 그 소년과 같이 무조건적으로 신뢰하고 믿는다면, 당신의 그러한 믿음 속에는 터무니없는 것은 전혀 없습니다. 여러분이 하나님을 진정으로 의지하실 때, 여러분은 해(害)를 당할 것에 대한 두려움에서 벗어나 평안할 수 있습니다.

이 순례자는 이렇게 두려움에서 해방되어 있지만, 그에게는 두려워하지 않을 타당한 이유가 있어서 두려워하지 않는 것이기 때문에, 그는 결코 광신자이거나 무지한 자가 아닙니다. 그는 이렇게 말합니다: "내가 해를 두려워하지 않을 것은 주께서 나와 함께 하심이라." 우리가 해(害)를 두려워하지 않는 수많은 이유들 중에서, "하나님이 나와 함께 하신다"는 것보다 더 좋은 이유가 있을 수 있겠습니까? 하나님이 우리 편입니다! 하나님이 우리를 도우시겠다고 맹세하셨습니다. 하나님은 결코 우리를 실망시키신 적이 없습니다. 만일 하나님이 자기를 의지하는 영혼들을 단 한 영혼이라도 내치신다면, 하나님은 이미 하나님이시기를 포기하신 것입니다. 그런데 두려워할 이유가 어디 있겠습니까? 어린아이들은 엄마가 자기 곁에 있기만 하면 그 어떤 일 앞에서도 안심을 합니다. 그렇다면, 전지전능하신 하나님, 영원히 변치 않으시는 하나님이 우리 편이고 우리 곁에 계시는데, 우리의 마음이 불안해할 이유가 어디 있겠습니까? "내가 누구를 두려워하리요"(시 27:1). 우리가 누구 좋으라고 두려워하겠습니까? 우리가 두려워해야 할 존재가 어디 있습니까? "누가 능히 하나님께서 택하신 자들을 고발하리요 의롭다 하신 이는 하나님이시니 누가 정죄하리요"(롬 8:33). 그리스도께서는 죽으실 뿐 아니라 다시 살아나셔서, 우리의 대변자로서 하나님 우편에 앉아 계시는데, 누가 우리를 해칠 수 있겠습니까(롬 8:34)? 뜨거운 열기로 하늘들이 풀어지고 땅이 녹는다고 할지라도, 그리스도인들의 마음은 요동하지 않아야 합니다. 그리스도인들은 영원히 견고한 토대를 지닌 큰 산들처럼 우뚝 서 있어야 합니다. 왜냐하면, 주 하나님께서 자기 백성을 버리시거나 자신의 언약을 깨뜨리시는 일은 결코 없을 것이기 때문입니다.

　"내가 해를 두려워하지 않을 것은 주께서 나와 함께 하심이라." 이 고백 속에는 두려워하지 않는다는 것과 두려워하지 않는 실질적인 이유 이외에도 그 이상의 어떤 것이 담겨 있습니다. 왜냐하면, 참된 신자는 고귀한 교제를 즐거워하기 때문입니다. "주께서 나와 함께 하심이라." 지금 이 시편 기자와 함께 하고 계시는 "주"는 모든 스랍 천사들이 자신의 조물주의 두려운 엄위하심 앞에서 감히 얼굴을 들지 못하고 자신의 얼굴을 가리고 있을 정도로 지엄하신 만왕의 왕이십니다. 세상에서 위대한 자들 중에서도 가장 위대한 자조차도 그 앞에 서면 아주 초라하고 미미한 존재로 변하게 되는 바로 그분이 "나와 함께" 하고 계십니다. 유다 지파의 사자(獅子)이신 분이 호위해 주시는 가운데 걷는 그는 지극히 담대할 수밖에 없지 않겠습니까! 자기가 반석 위를 걷고 있다는 것을 아는 그가 아무런 요동함 없이 묵묵히 걸을 수 있다는 것은 너무나 당연한 일이 아니겠습니까! "주께서 나와 함께 하심이라." 두려워 떠는 형제여, 만약 당신이 눈을 떠서 한 무리의 천사들이 당신을 호위하고 있다는 것을 본다면, 당신은 완전히 안심하게 될 것입니다. 만약 당신이 불말들과 불병거들이 당신을 둘러싸고 있다는 것을 본다면, 당신은 당신이 안전하다는 것을 알고 기뻐하게 될 것입니다. 그러나 당신을 지켜주는 그러한 방비(防備)들은 언제나 당신 곁에 있는 방비들에 비하면 아무것도 아닙니다. 하나님은 무수한 병거들보다 낫습니다! "하나님의 병거는 천천이요 만만"이지만, 그 핵심은 그 병거들 중에 계시는 하나님이십니다: "주께서 그 중에 계심이 시내 산 성소에 계심 같도다"(시 68:17). 하나님은 자신의 자녀들 한 사람 한 사람과 함께 하십니다. 우리는 하나님 안에 거하고, 하나님은 우리 안에 거하십니다. 그리스도께서는 "내가 그들 안에 있고 그들은 내 안에 있다"(요 17:23)고 말씀하십니다. 각각의 믿는 영혼과 하나님 사이에는 영원한 생명의 연합이 존재합니다. 그런데 신자가 두려워할 이유가 있을 수 있겠습니까? "주께서 나와 함께 하심이라." 우리가 담대한 순례자들이 되어, 하늘의 동반자를 우리의 영광이자 방비(防備)로 삼아 묵묵히 변함없이 앞을 향하여 나아갈 수 있는 은혜를 주옵소서!

3. 셋째로, 영혼과 그 목자에 대하여 살펴보겠습니다.

이제 나는 마지막으로 본문 속에 아주 분명하게 나타나 있는 이 세 번째 대지(大旨)를 살펴보고자 합니다. 왜냐하면, 다윗은 "주의 지팡이와 막대기가 나를 안위하시나이다"라고 말하기 때문입니다. 목자임을 나타내주는 표(標)들인 "지팡이와 막대기"는 성도들에게 위로를 주고 그 마음을 편안하게 해주는 것들입니다. 지팡이와 막대기의 용도는 무엇입니까?

먼저, 지팡이는 양들을 세는 데에 사용되었다는 것을 주목하십시오. 성경에는 "양 떼가 다시 계수하는 자의 손 아래로 지나리라"(렘 33:13)는 말씀이 나옵니다. 목자는 지팡이를 쥐고 있고, 양들로 하여금 그 지팡이를 통과하여 지나가게 해서 그 수를 셉니다. 영혼이 다음과 같이 말할 수 있을 때, 그것은 아주 복된 일입니다: "주께서 나를 자신의 양들 중의 하나로 계수하십니다. 나는 사망의 음침한 골짜기에 있지만, 주께서 친히 사신 양들 중의 하나입니다. 나는 큰 슬픔 중에 있지만, 주의 속량 받은 자들의 하나로 계수됩니다." 선한 목자는 자신의 모든 양들을 반드시 지켜 주실 것이기 때문에, 당연히 저 음침한 골짜기 속에서도 그 양들을 지켜 주실 것입니다. "주께서 자기 백성을 아신다"(딤후 2:19). 주님은 자신의 양들을 지키시는 일에서 자기가 강하다는 것을 보여주실 것입니다. 주님은 "내가 그들에게 영생을 주노니 영원히 멸망하지 아니할 것이요 또 그들을 내 손에서 빼앗을 자가 없느니라"(요 10:28)고 말씀하십니다. 주님이 나를 자신의 양들 중의 하나로 여기신다면, 비록 내가 그 양들 중에서 가장 미천하고 믿음도 가장 약하고 은혜도 별로 받지 못한 자라고 할지라도, 주님은 나를 보호하실 것입니다. 나는 나의 사랑하는 이가 나의 것이고 내가 그의 것이라고 말할 수 있기 때문에, 나는 모든 일이 내게 유익이 되리라는 것을 확신합니다. 우리에게는 그 이상의 위로가 필요하지 않습니다. 왜냐하면, 귀신들이 자기들에게 굴복하는 것을 보고서 주님의 제자들이 기뻐하자, 주님은 "그러나 귀신들이 너희에게 항복하는 것으로 기뻐하지 말고 너희 이름이 하늘에 기록된 것으로 기뻐하라"(눅 10:20)고 말씀하셨기 때문입니다. 이스라엘의 목자가 자신의 지팡이로 당신을 자신의 양으로 지목하셨다면, 당신은 기뻐하고 즐거워하는 것이 마땅합니다. 왜냐하면, 주님은 자신의 분깃 중에서 한 조각도 잃지 않으실 것이고, 원수로 하여금 주님의 양들 중에서 단 하나도 삼킬 수 없게 하실 것이기 때문입니다.

다음으로, 지팡이는 다스리는 데에 사용됩니다. 오늘날에는 목자의 표(標)로 감독이나 주교의 손에 들려져 있는 목자의 지팡이는 권세와 통치권을 나타내는 상징입니다. 목자는 양들을 지키는 자일 뿐만 아니라, 양들을 다스리는 주(主)이기도 합니다. 당신의 구주는 당신의 주권자 또는 주군이라는 사실을 기억하십시오. 당신은 그를 주(主)라고 부르는 것이 합당합니다. 당신에게는 순종하고자 하는 마음이 있습니까? 나는 그렇게 하고 싶습니다. 왜냐하면, 내게는 주님을 섬기고자 하는 마음이 간절하기 때문입니다. 나는 내가 마땅히 되어야 하는 존재, 또는 내가 되고자 하는 존재가 되어 있지는 않지만, 내 마음은 주님의 뜻에 순종하기를 갈망합니다. 나는 주님의 법을 나의 법으로 받아들이고, 내가 주님의 가장 충성스러운 신민(臣民)들 중의 한 사람이 되기를 늘 원합니다. 나는 주님이 나를 다스리고 계신다는 생각만 해도 기쁩니다. "주는 왕이십니다"라는 구절은 내 찬송의 일부입니다. 나의 마음은 그렇게 외칩니다. 나는 방방곡곡을 찾아다니며 모든 저잣거리에서 그렇게 외치고 싶습니다. 예수 그리스도께서 영원무궁토록 다스리시기를 원하나이다. 주님이 다스리신다는 것은 우리의 기쁨입니다. 주님의 지팡이와 막대기는 주님이 목자이시자 왕이시라는 것을 보여주는 표(標)들이고, 우리가 주님의 최고의 통치권에 순복할 때, 우리는 왕으로서의 주님의 권능과 위엄 안에서 위로를 발견하게 됩니다.

지팡이와 막대기라는 단어는 교훈으로 가득 차 있는데, 그 세 번째 의미는 그것들은 인도(引導)를 의미한다는 것입니다. 목자는 자신의 양 떼를 이끌고 인도할 때에 지팡이를 사용합니다. 주님이 우리를 인도하고 계신다는 것을 믿을 때, 그것은 우리에게 아주 감미롭고 편안한 마음을 가져다줍니다. 성경은 "주의 교훈으로 나를 인도하시고 후에는 영광으로 나를 영접하시리니"(시 73:24)라고 말씀합니다. 그리스도인의 양들인 우리는 반쯤도 깨어 있지 않습니다. 그러나 만일 우리가 우리 주님을 유심히 살펴본다면, 우리는 주님이 자신의 양들을 바른 길로 온유하게 이끌고 계시는 것을 보게 될 것입니다. 우리가 우리 마음대로 가지 않고, 주님을 바라보면, 주님은 우리가 우리의 뜻대로 선택하지 않은 길로 우리를 이끌어 가시는데, 그 길은 안전하고 올바른 길입니다. 우리가 어느 길을 택해서 가야 할지를 모를 때, 주님은 우리가 어리석은 선택을 하도록 내버려 두시는 것이 아니라, 우리의 등 뒤에서 "이것이 올바른 길이니 그 길로 행하라"고 말씀해 주십니다. 우리가 어렵고 힘든 상황에 있을 때에, 주님이 친히 우리를 거기로 데려다 놓으셨다고 확신하고 의심하지 않는 것은 복된 일입니다. 왜냐하면, 그럴 때에 우리의 목자가 자신의 양들을 잘못 인도하는 일은 있을 수 없는 까닭에, 우리는 그 길이 올바르다는 것을 확신할 수 있기 때문입니다. 예수께서 이끄시는 대로 우리가 따라간다면, 그 길이 어떤 길이든, 모든 책임은 인도자가 집니다.

다음으로, 지팡이와 막대기의 용도는 앞으로 가라고 재촉하는 것입니다. 양들은 종종 게으름을 피우며 움직이려 하지 않습니다. 그럴 때에 목자는 지팡이와 막대기로 양들을 살짝 밉니다. 당신은 하나님이 당신을 조금씩 미는 것을 느끼신 적이 있습니까? 아마도 여러분은 설교를 듣다가 마음이 뜨끔 했던 적이 종종 있으실 것입니다. 나는 종종 민첩하게 움직여야 하는 데도 그렇게 하지 않는 굼뜬 양들을 주님의 이름으로 지팡이와 막대기로 쿡쿡 찔러야 했다는 것을 압니다. 그러나 그들의 털은 아주 두터워서, 내가 그렇게 찌르는데도, 그들은 거의 느끼지 못합니다. 목자장께서는 어떻게 그들을 찔러야 하는지를 아십니다. 양들이 뒤에 처져서 배회하고 있을 때, 주님이 그들을 찌르시면, 여러분은 양들이 갑자기 너무나 열심히 맨 앞으로 뛰어나가는 모습을 보고 놀란 적이 있으실 것입니다. 내게 문제가 생겨서, 지팡이와 막대기가 나로 하여금 올바른 길로 신속하게 달려갈 수밖에 없게 할 때, 또는 그 지팡이와 막대기가 나로 하여금 기도하지 않을 수 없게 하거나 하나님께 더 큰 영광을 돌리게 만들 때, 그것은 지팡이와 막대기가 나를 안위하시는 것입니다. 우리로 하여금 천국을 향하여 더 힘차게 나아가게 하시기 위하여 하나님이 우리에게 환난을 주시는 것은 복된 일입니다. 아무 일도 하지 않으면서 편히 지내는 것은 나쁜 일이고, 영적 무관심에 빠져서 거기로부터 나올 생각조차 하지 않는 것은 끔찍한 일입니다. 그러나 환난을 당하여 하나님의 더 큰 은혜를 사모하게 된다면, 그것은 좋은 일입니다. 지팡이와 막대기로 인하여 자기가 유익을 얻고 있다는 것을 아는 것은 지혜로운 자에게 위로가 됩니다.

지팡이와 막대기는 징계를 의미합니다. 왜냐하면, 양이 잘못된 길로 갔을 때, 목자는 자신의 지팡이로 그 양의 다리를 걸어서 제자리로 돌아오게 함으로써, 딴 길로 간 경우에는 지팡이로 인한 고통이 있을 것임을 느끼게 해주기 때문입니다. 주님도 그런 식으로 우리를 징계하십니다. 우리를 징계하시는 주님의 이름은 찬송 받아 마땅합니다. 왜냐하면, "무릇 징계가 당시에는 즐거워 보이지 않고 슬퍼 보이나 후에 그로 말미암아 연단 받은 자들은 의와 평강의 열매를 맺기"(히 12:11) 때문입니다. "보이나 후에"라는 단어들은 얼마나 복된 단어들입니까! 하나님이 우리를 세심하게 살피고 계시다가 우리에게 징계가 필요할 때에 우리를 징계하신다는 것은 미천한 우리에게 얼마나 큰 영광입니까! 사람은 남의 자녀들을 회초리로 때리지 않지만, 하나님이 신자를 괴롭게 하셔서 그 신자의 영혼이 무너져 내릴 때, 그는 이렇게 말해야 합니다: "이렇게 환난을 주신 하나님을 송축합니다. 하나님은 '그 사랑하시는 자를 징계하시고 그가 받아들이시는 아들마다 채찍질하심이라'(히 12:6)." 아버지의 사랑이 담겨 있는 고통은 감미롭습니다. 우리의 목자께서 친히 주시는 괴로움은 복된 것입니다. 하나님께서 우리를 징계하지 않으시고 그냥 내버려 두실 때에 우리에게 오는 저 끔찍한 즐거움을 결코 맛보게 되지 않으시기를 빕니다. 그러나 하나님이 나를 잊지 않으셨다는 것을 우리에게 보장해 주는 저 복된 슬픔과 고통은 맛보게 되시기를 빕니다. 주여, 나를 징계하시는 주의 지팡이와 막대기가 나를 안위하시나이다!

끝으로, 목자는 자신의 양들을 보호하기 위해서 지팡이와 막대기를 사용합니다. 목자는 지팡이와 막대기를 사용해서 들짐승들을 쫓아내서, 양들이 들짐승들에게 찢기는 것을 막아 줍니다. 그리스도께서 자신의 영원한 권능의 무기들을 가지고 나아오셔서 우리의 영혼을 찢으려고 하는 사자와 싸우실 때, 그 모습은 얼마나 영화로우신지 모릅니다! 그리스도께서 하늘에서 중보기도를 자신의 "막대기"로 사용하셔서 자신의 보혈의 공로를 의지하여 자기 백성을 위하여 대도(代禱)하시며, 이리와 사자를 그 막대기로 쳐서 내쫓으셔서, 우리 중 한 사람도 멸망 받지 않게 하시고 계신다는 것을 생각하십시오. 주님은 자신의 택함 받은 자들을 반드시 지키시고 보호하실 것입니다. 여러분은 그리스도께서 자기 백성을 자신의 피로 사셨기 때문에 그들 중 일부를 잃으실 것이라고 생각할지 모르지만, 나는 그것을 믿지 않습니다. 어떤 일을 이루기 위해서 당신이 큰 대가를 치렀다면, 당신은 그 일에 지대한 관심을 갖게 될 것입니다. 어떤 일을 이루기 위해서 당신이 목숨을 걸었다면, 당신은 그 일을 쉽게 떨쳐내지 못할 것입니다. "가죽으로 가죽을 바꾸오니 사람이 그의 모든 소유물로 자기의 생명을 바꾸올지라"(욥 2:4). 주님이 자신의 목숨을 버려서 사신 것은 그에게 온 세상보다 더 귀합니다. 그리스도께서는 자기 백성을 잃느니 차라리 자기 생명을 잃고자 하실 것입니다. 주님은 그들을 구원하시기 위해서 한 번 죽으셨기 때문에, 자기가 다시 한 번 죽으면 죽었지 결코 그들을 멸망당하지 않게 하실 것입니다. 주님은 친히 "내가 살아 있기 때문에 너희도 살아 있을 것이다"(KJV, 요 14:19; 한글개역개정에는 "내가 살아 있고 너희도 살아 있겠음이라"로 되어 있음)라고 말씀하지 않으셨습니까? 그들이 살아 있지 않다면, 주님도 살아 계시지 않는 것입니다. 주님의 생명은 그들 속으로 들어갔고, 결코 그들을 떠날 수 없습니다. 주님은 "내가 그들에게 영생을 주노니 영원히 멸망하지 아니할 것이요"(요 10:28)라고 말씀하셨습니다. 그 말씀 속에서 "영생"은 영원히 지속되는 생명 외에 무엇을 의미할 수 있겠습니까?

하나님께서 이 자리에 계신 모든 사람에게 내가 지금까지 말한 그런 믿음을 주시기를 빕니다. 아마도 여러분 중에는 여러분의 영혼을 한 번도 그리스도께 맡긴 적이 없는 분들도 계실 것입니다. 당신은 믿음이 구원의 길이라는 것을 알고 계십니다. 그런데 왜 당신은 그 길을 따라가지 않습니까? 그저 그리스도를 의지하기만 하십시오. 그저 그리스도를 의지하기만 하십시오. 바로 지금 그저 그리스도를 의지하기만 하십시오. 마음을 변화시키는 믿음의 능력은 정말 놀랍습니다. 당신이 어떤 사람을 의지한다면, 당신은 그 사람을 사랑하는 것입니다. 당신은 당신이 의지하는 사람을 원수로 대할 수 없습니다. 믿음이 감정에 미치는 효과는 놀랍습니다. 믿음은 감정의 성격과 성향을 온통 바꾸어 놓습니다. 하나님께서 당신으로 하여금 그리스도를 알게 하시기를 빕니다. 왜냐하면, 그리스도의 이름을 아는 자들은 그를 의지하게 될 것이고, 당신이 그리스도를 알고 의지할 때, 당신은 우리와 함께 "주를 의지하는 자는 복이 있도다"라고 고백하게 될 것이기 때문입니다. 사랑하는 친구들이여, 하나님께서 그리스도로 말미암아 여러분에게 복주시기를 빕니다. 아멘.

제
24
장

—

차고 넘치는 잔

—

"내 잔이 넘치나이다." — 시 23:5

시편 23편은 바로 이 대목에서 절정에 이릅니다. 시편 기자는 이렇게 고백하는 것 이상으로 더 높이 올라갈 수가 없었습니다. 그는 주님을 목자로 모시고 살아가는 자신의 상태가 얼마나 복된지를 말로 표현하고자 온갖 애를 다 썼지만, 결국 제대로 표현해 낼 수 없다는 것을 깨닫게 됩니다. 그의 단시(短詩)는 훌륭한 논증의 절정에 도달할 수도 없었고, 그의 영혼은 감사하는 마음으로 충만했음에도 불구하고 이루 헤아릴 수 없는 하나님의 은혜의 선물들을 다 깨달을 수도 없었습니다. 그래서 그는 자신에 대한 하나님의 차고 넘치는 긍휼하심에 대한 거룩한 경이감 가운데서 "내 잔이 넘치나이다"라고 소리칠 수밖에 없었습니다. 이 짧지만 아주 많은 것을 담고 있는 문장 속에서 그는 이렇게 말하고 있는 것이나 다름없습니다: "하나님은 내게 단지 충분하게 주셨을 뿐만 아니라 차고 넘치게 주셔서, 내가 그 주신 것들을 모두 다 담을 수 없을 정도입니다. 터져 버릴 것 같은 기쁨, 주체할 수 없을 정도의 복, 분에 넘칠 정도의 은총, 철철 흘러넘치는 사랑을 내가 받았습니다. 내 잔이 넘칩니다."

우리는 다윗이 이 시편을 언제 썼는지를 알지 못합니다. 하지만 순전히 세상적인 관점에서 바라볼 때에는 다윗의 삶 속에서 그가 이런 표현을 사용할 수 있었을 그런 시기는 없었던 것으로 보입니다. 어린 시절에 그는 목동으로서 아버지의 양 떼를 돌보았습니다. 목동이라는 직업은 힘들고 괴로운 일들을 많이 해야 하는 직업이었기 때문에, 다윗은 그런 고생을 해야 하였고, 게다가 형들의 질시(疾視)의 대상이 되었던 것으로 보입니다. 그는 어머니의 무릎에서 편안하게 자라거나, 응석받이로서 자기 하고 싶은 대로 하며 자란 것이 아니었습니다. 그는 밖에서도 힘들고 어려운 삶을 살아야 했고, 안에서도 만만치 않은 삶을 견뎌야 했습니다. 따라서 그가 깊이 영적인 삶을 살아서 하나님 안에서 만족함을 얻지 못하였다면, 그는 "내 잔이 넘치나이다"라고 말할 수 없었을 것입니다. 다윗이 사회에 나와서 공적인 삶을 살기 시작하면서 사울의 궁정에서 살게 되었을 때에, 그리고 심지어 사울 왕의 사위가 되었을 때조차도, 그의 위치는 너무나 위태위태해서, 그는 결코 기뻐할 수 있는 위치에 있지 않았습니다. 사울 왕은 그를 미워해서 무수히 죽이고자 했습니다. 만일 그가 그런 외적인 상황이나 환경이 아니라 하나님의 은혜에 대하여 말한 것이 아니라면, 그는 "내 잔이 넘치나이다"라고 말할 수 없었을 것입니다. 사울 왕을 피해 도망하던 시절에는 그는 산에서 메추라기를 사냥하는 자 앞에 선 메추라기처럼 자신의 목숨을 건지기 위해서 여러 산의 동굴들과 광야의 고독한 곳들을 정처 없이 떠돌며 살아갔습니다. 그는 발바닥이 부르트게 떠돌아다니느라 쉴 틈이 없었습니다. 하나님의 전의 율례들을 따라 살고자 하는 그의 열망은 간절하였지만, 그런 그에게 위로가 되어 줄 수 있는 벗들도 없었습니다. 따라서 그가 오로지 영적인 일들과 관련해서 "내 잔이 넘치나이다"라고 말할 수 있었던 것임이 분명합니다. 또한, 그가 이스라엘의 왕이 되었을 때에도, 그는 자기가 오를 수 있을 것이라고 생각했던 그 어떤 직위보다도 훨씬 더 높은 직위에 오르긴 했지만, 오랜 동안 왕으로서 그는 매우 괴로운 나날들을 보내야 했습니다. 사울 왕의 가문이 그를 대적하여 전쟁을 일으켰고, 그 다음에는 그는 블레셋 족속과 전쟁을 해야 했습니다. 그는 끊임없이 전쟁터를 누비고 다녀야 했고, 끊임없이 불화와 갈등 속에서 살아야 했습니다. 왕이라는 직위 자체가 가시방석 같은 자리이기는 하지만, 다윗 왕은 어릴 때부터 전쟁터에서 뼈가 굵은 사람이었기 때문에, 만일 하나님의 은혜와 하나님의 언약에 의한 최고의 복들이 없었다면, 그는 왕위에 있을 때조차도 "내 잔이 넘치나이다"라고 말할 수 없었을 것입니다.

　말년에 밧세바를 상대로 큰 죄를 범한 후에, 그에게 괴로운 일들은 그칠 날이 없었고, 노인이 된 그의 마음은 거의 녹아 없어졌을 것임에 틀림없습니다. 여러분은 "내 아들 압살롬아 내 아들 내 아들 압살롬아 차라리 내가 너를 대신하여 죽었더면, 압살롬 내 아들아 내 아들아"(삼하 18:33)라고 다윗이 울부짖은 것을 기억하실 것입니다. 이것이 총애하던 아들로 인하여 다윗이 겪은 오랜 환난의 끝이었고, 이 환난 이전에도 다윗은 무수한 환난들을 겪어 왔었습니다. 어쨌든 이 환난 속에서 다윗의 가족 중 한 사람이 먼저 옳은 길에서 떠났고, 그 후에 또 한 사람이 옳은 길에서 떠났습니다. 또한, 이 환난이 그의 역경의 끝이 아니었습니다. 왜냐하면, 그의 마음을 괴롭게 한 일들은 그가 죽는 날까지 이어져서, 이 선한 노인은 자신의 침상에서 자기는 하나님의 확실한 언약을 기뻐하였지만, 자신의 가문은 자기가 바라던 것과는 달리 하나님을 기뻐하지 않았다고 말할 수밖에 없었습니다. 그러므로 우리는 본문에 대해서 "이것은 고생을 해본 적이 없이 유복한 환경에서 살아온 사람의 입에서 나온 찬송임에 틀림없다"고 말할 수 없습니다. 우리는 "이것은 하나님의 섭리의 은총을 받아서 자기가 원하는 것들마다 다 이루어진 사람이 부른 찬송이었다"고 말할 수 없습니다. 결코 그렇지 않았습니다. 다윗은 무수한 환난을 겪으며 산 사람이었습니다. 그는 어린 시절부터 멍에를 메야 했고, 말년에는 징계를 받아야 했습니다. 본문을 쓴 다윗은, 너무 오랫동안 형통하다보니 그것 자체가 끔찍한 일이 되었던 주전 6세기의 루디아의 왕 크로이소스(Croesus) 같은 사람도 아니었고, 끝없는 야망으로 한평생 정복 전쟁으로 살았던 알렉산더 대왕 같은 사람도 아니었으며, 태평성대를 이끌며 교역으로 부를 축적했던 솔로몬 왕 같은 사람도 아니었습니다. 다윗은 "주의 폭포 소리에 깊은 바다가 서로 부르며 주의 모든 파도와 물결이 나를 휩쓸었나이다"(시 42:7)라고 부르짖었던 그런 사람이었습니다. 그의 삶 속에서는 영적인 것이 자연적인 것보다 더 무게가 있어서, 이새의 아들로서의 위로들이 그가 겪은 환난들보다 더 컸고, 심지어 가장 괴로운 시기에도 하나님과 교제하는 밝은 날들이 있었기 때문에, 그는 기쁨에 넘쳐서 "내 잔이 넘치나이다"라고 말할 수 있었습니다.

그러면, 우리는 먼저, 결코 넘치지 않는 잔들에 대해서 생각해 보고자 합니다. 그런 후에, 우리의 잔이 넘친다면 어째서 그런 것인지를 살펴보고, 세 번째로는, 우리가 어떻게 해야 하는지를 살펴볼 것입니다.

1. 첫째로, 어떤 사람들의 잔은 결코 넘치지 않습니다.

많은 사람들은 잘못된 근원(根源)에 줄을 대었기 때문에 자신의 잔을 가득 채우는 것조차 실패하고 맙니다. 세상의 새는 저수조에서 떨어지는 물방울들을 받아 먹으려고 그 아래에 잔을 두게 되면, 그 잔은 가득 채워질 수조차 없는 잔이 되고 맙니다. 사람들은 재물에서 온전한 만족을 얻고자 애를 쓰지만, 결코 재물에서 만족을 얻지 못합니다. 팍톨로스(Pactolus) 강(고대 루디아에 속한 강으로 사금으로 유명함)에서 나오는 금으로는 사람의 잔을 가득 채울 수가 없고, 오로지 "하나님의 성을 기쁘게 하는"(시 46:4) 물줄기들이 흐르는 강만이 사람의 잔을 가득 채울 수 있는 힘이 있습니다. 돈으로 말하자면, 사람은 어느 정도의 돈만 있으면 충분하지만, 아무리 돈이 많아도 그것이 사람에게 만족을 주지는 못합니다. 재물은 참된 부(富)도 아니고, 지갑이 두둑하다고 해서 사람의 마음이 더 많은 만족을 얻는 것도 아닙니다. 예로부터 사람들은 소위 "쾌락"이라고 하는 것들이 가득 채워진 더러운 저수지에서 물을 길어 자신의 잔을 가득 채울 생각을 해왔지만, 그것은 헛일이었습니다. 왜냐하면, 욕구는 점점 커지고, 욕망은 채워도 채워도 끝이 없으며, 욕심은 거머리처럼 "다오 다오"라고 소리치기 때문입니다. 사망의 쩍 벌린 주둥이와 무덤의 입 같이 부패하고 타락한 마음은 결코 만족을 모릅니다. 쾌락의 더러운 저수지에서 길은 물로 채워진 잔들은 무수히 깨어지기만 했을 뿐, 단 하나의 잔도 가득 채워진 적이 없습니다. 왜냐하면, 그 물은 잔을 부식시켜서 썩어 없어지게 만드는 그런 물이기 때문입니다. 어떤 사람들은 자신의 영혼을 명예로 채우고자 애써 왔습니다. 그들은 인간들 중에서 위대한 자가 되고자 하는 열망을 가지고서, 전쟁에서 영웅이 되고자 하거나 공부를 해서 뛰어난 학자가 되고자 하기도 했습니다. 그러나 아무리 유명해져도 만족은 없습니다. 여러분이 위인(偉人)들의 전기를 읽어 보시면, 그들은 자신이 아무리 위대한 업적을 이루었다고 할지라도 자신의 마음 깊은 곳에서 만족을 얻을 수 없었다는 것을 금방 알게 될 것입니다. 만약 여러분이 진짜 비참한 사람들을 찾아 나서고자 한다면, 아마도 여러분은 빈민가가 아니라 국회의사당이나 나라를 다스리는 군주들의 궁전에 가는 것이 더 나을 것입니다. 왜냐하면, 흔히 자주색 옷으로 화려하게 치장한 사람들 속에 끔찍한 참상이 가득하고, 왕들의 식탁에서는 괴로움과 고뇌가 향연을 벌이기 때문입니다. 명예를 얻기 위해 불꽃 튀는 경쟁을 벌이는 곳으로부터는 그 어떤 잔도 채워질 수 없습니다. 젊은이여, 당신이 지금 인생의 출발선 상에 서 있고, 당신의 손에 잔이 들려 있어서, 그 잔을 채우고자 한다면, 우리는 세상을 오랜 세월 겪어온 사람들로서 당신에게 꼭 들려주고 싶은 것이 있는데, 그것은 세상이 당신에게 주는 그런 썩은 물로는 당신의 영혼의 잔이 결코 채워질 수 없다는 것입니다. 세상은 마치 당신의 잔을 채워줄 수 있는 체하겠지만, 실제로는 결코 채워줄 수 없습니다. 창조주가 아니고는 그 어떤 존재도 결코 채워줄 수 없고 만족시켜 줄 수 없는 영혼의 갈망이 있습니다. 사람의 마음은 하나님이 자기를 위해서 지으신 것이기 때문에, 마음의 만족과 충만함은 오직 하나님 안에서만 가능합니다.

어떤 잔들은 무엇보다도 특히 그 잔을 든 사람들이 선천적으로 만족할 줄 모르는 질병을 앓고 있기 때문에 결코 채워질 수 없습니다. 회심하지 않은 모든 사람이 다 한결같이 만족할 줄 모르는 것은 아니지만, 어떤 사람들은 그런 성향이 특히 아주 강합니다. 여러분이 밑바닥이 깨져나간 잔에 물을 가득 채울 수 없듯이, 만족할 줄 모르는 사람의 마음도 채워질 수 없습니다. 만족을 아는 사람이라면 충분히 갖는 것이 가능하겠지만, 만족을 모르는 사람에게는 충분하다는 것이 원천적으로 불가능합니다. 그런 사람의 마음은, 온갖 좋은 것들을 가득 실은 수천 대의 마차를 다 빨아들이고도 이전과 조금도 달라진 것이 없이 여전히 만족할 줄 모르는 「천로역정」에 나오는 절망의 수렁과 같습니다. 만족할 줄 모르는 것은 세상 전체를 다 빨아들여도 여전히 더 달라고 헐떡이는 밑도 끝도 없는 수렁과 같습니다. 만족을 모르는 사람은 아무리 많은 것을 가져도 자기 자신을 언제나 모든 것이 너무나 부족한 극빈자라고 여기기 때문에, 세상 제국들의 모든 수입으로도 그를 부유하게 할 수 없습니다. 여러분은 만족할 줄 모르는 병의 희생자들입니까? 젊은이들이여, 여러분은 자신이 일을 배우는 실습생으로 있는 동안에는 결코 만족할 수 없다고 느낍니까? 여러분은 자신의 현재의 처지가 견딜 수 없습니까? 조지 허버트(George Herbert)가 지난 세월의 수입에 대해 언급하면서, "일 년에 20파운드로 살아갈 수 없는 사람은 40파운드로도 살아갈 수 없다"고 말했는데, 나도 거기에 전적으로 동감입니다. 자신의 현재의 처지에 만족할 줄 모르는 사람은 그 처지가 두 배로 나아져도 여전히 만족하지 못할 것입니다. 젊은이여, 당신이 재산을 모아서 아주 큰 부자가 되었다고 합시다. 그럴지라도, 당신의 마음이 이전과 다름없이 굶주려 있다면, 당신은 계속해서 끊임없이 더 많은 재산을 모으려고 애를 쓰며 힘들어할 것입니다. 불만족이라는 독수리가 일단 당신의 마음속에 자리를 잡고 그 날카로운 발톱을 세우고 있다면, 그 독수리는 끊임없이 당신의 생명을 유지하는 데에 필요한 것들을 다 쪼개고 찢어서 당신의 생명줄을 끊어놓고자 할 것입니다. 아마도 당신은 이제 선생님과 부모님에게서 독립하여 독자적인 삶을 살아가게 되었지만, 하나님의 섭리에 불만을 갖고 있을지도 모릅니다. 당신은 결혼을 해서 자녀들을 두고 자신의 집을 마련해서 단란하게 가정을 꾸려 산다면, 자신이 만족할 것이라고 생각했었습니다. 그런데 실제로 그런 꿈이 이루어졌는데도 불구하고, 지금 그 어떤 것도 당신에게 거의 만족을 주지 못합니다. 당신이 오늘 먹은 음식도 별로 당신의 마음에 들지 않고, 당신이 오늘 밤 누워 있는 침대도 별로 푹신푹신하지 않게 느껴지고, 오늘 날씨도 너무 춥거나 덥고, 너무 건조하거나 습합니다. 또한, 오늘 당신이 만난 사람들도 당신의 마음에 꼭 든 사람이 없었습니다. 어떤 사람은 너무 날카롭고 예민하며, 어떤 사람은 너무 거칠고, 어떤 사람은 너무 안일하며, 어떤 사람은 "개념"이 전혀 없는 사람이어서, 당신이 좋은 사람이라고 생각하는 기준에 맞는 사람은 한 명도 없었습니다. 훌륭한 사람들은 다 죽은 것 같고, 진실한 사람은 이 세대에 씨가 마른 것 같습니다. 당신은 행복할 수 없습니다. 당신은 모든 것에서 자기가 옳다고 여기기 때문에, 모든 것이 잘못됐다고 생각하게 되고, 도저히 참을 수가 없어서 아침마다 투덜거리며 불평하게 됩니다. 당신의 마음에 드는 것이 도대체 하나도 없습니다. 만일 누가 그런 사람들을 낙원에 갖다 놓으면, 그들은 에덴의 숲 속의 빈터들이 마음에 안 든다고 트집을 잡고, 에덴 동산 주위를 휘감아 흐르는 강들의 물줄기의 방향이 마음에 안 든다고 그 물길을 바꾸고자 할 것입니다. 만일 하나님이 뱀을 낙원에서 추방하시면, 그들은 뱀도 낙원에서 살 자유가 있다고 주장하며, 하나님이 뱀을 추방하신 것에 대하여 분노할 것입니다. 그들은 천사들의 노래를 비판하고, 그룹 천사들에게 시비를 걸며, 흰옷과 황금으로 된 수금에 넌더리를 내고, 결국에는 자신의 분풀이를 마음껏 할 수 있는 곳이 에덴 동산에 없다는 이유를 들어서 에덴 동산은 완벽하게 복된 낙원이 아니라고 말하며 속았다고 화를 낼 것입니다. 그런 만족할 줄 모르는 심령에게 차고 넘치는 잔은 주어지지 않습니다.

　또한, 어떤 사람들은 시기 때문에 그들의 잔이 결코 차고 넘치지 않는 경우가 있습니다. 그런 사람들은 자기가 가진 것으로 충분히 만족할 수도 있지만, 남들이 자기보다 더 많이 가지고 있다는 것이 참을 수 없어서 만족을 하지 못합니다. 그들은 사회에서 남이 자기보다 더 나은 지위나 처지에 있는 것을 보면, 어떻게든 그 사람을 적어도 자기 수준으로 끌어내리려고 애를 씁니다. 부자들에게 특유한 악덕들도 있지만, 이것(시기)은 가난에 수반되는 악들 중의 하나입니다. 친구여, 분명한 것은 당신의 처지가 견디기 힘든 것이라면, 당신은 남들도 자기와 같은 처지가 되기를 바라서는 안 된다는 것입니다. 당신의 처지가 힘들고 어렵다면, 당신은 남들이 자기와 똑같은 고통을 받는 것을 기뻐해서는 안 됩니다. 사람이 시기심에서 벗어날 수 있다면, 그것은 복되고 행복한 일입니다. 왜냐하면, 그랬을 때에 그 사람은 남들이 기뻐하는 것을 보고 즐거워할 것이기 때문입니다. 그는 다른 사람들의 일을 전부 다 자신의 일로 여기게 될 것인데, 이것은 남의 것을 훔치는 절도와는 달리 거기에 사심이 전혀 없습니다. 그래서 그는 다른 사람들의 부유함을 자신의 부유함으로 여기고, 다른 사람들의 기쁨을 자신의 기쁨으로 여기며, 무엇보다도 다른 사람들이 구원 받는 것을 보면 행복해합니다. 우리 중에는 자신의 구원을 의심하면서도, 다른 사람들을 구원하기 위하여 우리가 늘 예수 그리스도를 사랑하지 않으면 안 된다고 느끼는 사람들이 있습니다. 나는 그런 당신에게 시기심을 버리라고 충고합니다! 시기를 상징하는 청룡(green dragon)은 어느 집에서나 아주 위험한 손님입니다. 청룡은 아주 선한 사람의 마음속에도 숨어 있을 수 있다는 것을 기억하십시오. 예를 들어서, 설교자는 다른 설교자가 갖고 있는 은사들이 자신의 은사보다 더 좋아 보이면 그러한 은사들을 제대로 평가할 수 없게 되기 쉽습니다. 선한 사람들은 다른 선한 사람이 유능한 것을 보았을 때에 "그렇긴 한데, 그 사람은 이런 것을 못해"라고 말하거나, "그 사람은 아주 유능하기는 한데 너무 유별나"라고 말하기가 아주 쉽습니다. 마치 이 세상에 유별나지 않은 사람이 있을 수 있기라도 한 것처럼 말입니다. 하나님은 어떤 사람을 다른 사람들에게 유익이 될 도구로 사용하고자 하실 때에는 그 사람의 유별난 점을 잘 다스리셔서, 그것이 그 사람의 장점이 되게 하십니다. 그래서 당신이 뻔뻔스러운 사람이라고 욕한 바로 그 사람이 아주 굳센 믿음을 지닌 사람으로 변화되고, 당신이 완고하고 고집 센 사람이라고 욕한 바로 그 사람이 온갖 어려움과 난관들 속에서 믿음을 지켜나가는 데에 필요한 강한 마음을 갖춘 사람으로 변화되는 일이 일어납니다. 사람들로 하여금 있는 모습 그대로 나아오게 하셔서 거기에 은혜를 더하셔서 새 사람으로 바꾸어 놓으시는 하나님을 찬송합니다. 사람들이 하나님의 은혜로 새롭게 변화되었을 때, 당신은 있는 힘껏 그들을 도우시고, 그들로 하여금 자신의 은사를 마음껏 발휘하게 하십시오. 설령 그들의 종에서 당신의 종과 똑같은 소리가 나지 않고, 당신이 그들의 종소리를 바꿀 수 없어서, 당신의 종소리가 그들의 종소리와 불협화음을 일으킨다고 할지라도, 당신은 하나님께 당신의 종소리를 바꾸어 주셔서 그들의 종소리와 화음을 이루어서, 저 거룩한 종탑으로부터 거룩하고 맑고 조화로운 종소리, 오직 하나님을 찬양하는 종소리가 널리 울려 퍼지게 해주시라고 기도하십시오. 시기심은 많은 잔들이 차고 넘치는 것을 방해합니다.

　또한, 가장 선한 사람들에게서도 그들의 잔을 차고 넘치지 못하게 확실하게 가로막는 것은 불신앙입니다. 당신에게 의심이 있는 한, 당신은 이 시편 기자와 같이 될 수 없습니다. 시편 기자가 무엇이라고 말하고 있는지를 유심히 살펴보십시오: "여호와는 나의 목자시니 내게 부족함이 없으리로다." 그에게는 두려움이나 불길한 예감이나 의심이 없습니다. 또한, 그의 영혼에는 염려가 없습니다. 그래서 그는 "내 잔이 넘치나이다"라고 말합니다. 자매여, 당신은 지금 무엇을 염려하고 있습니까? 지금 당신이 걱정하는 일이 무엇입니까? 당신이 평생 걱정하고 염려하며 살아 오셨다면, 당신의 남편과 자녀들, 그리고 당신의 하인들은 당신의 그런 모습으로 인해서 평생 우울한 시간을 보냈습니다. 당신의 남편은 마음속으로 당신에게 "여보, 당신이 다른 사람들의 흠을 잡아내는 것과 걱정하지 않아도 될 일을 가지고 걱정하는 것 외에는 당신에게서 흠 잡을 것이 하나도 없어요"라고 말합니다. 하나님께서 당신의 수금을 잘 조율해 주셔서, 그 수금이 지금처럼 귀에 거슬리는 음이 아니라 기쁜 찬송 소리를 낼 수 있게 해주시기를 빕니다. 당신에게 절실하게 필요한 것은 좀 더 어린아이 같이 하나님을 믿고 의지하는 것입니다. 자매여, 하나님의 말씀을 받아서 믿고 의지하십시오. 그러면 당신의 잔도 넘치게 될 것입니다. 형제여, 당신의 고민은 무엇입니까? 지금 당신은 여자들의 고민이 어떤 것인지를 듣고서 빙그레 미소를 지으셨습니다. 왜냐하면, 당신은 '아, 남자들이 자신의 직업으로 인해서 갖고 있는 고민들이 여자들에게는 없구나'라고 생각했기 때문입니다. 하지만 그것은 당신이 잘못 생각한 것입니다. 여자들도 남편들이나 형제들이 짊어진 짐 못지않게 무거운 짐을 짊어지고 있습니다. 어쨌든 당신의 고민이 무엇입니까? 차마 하나님께도 말 못할 그런 고민입니까? 그렇다면, 왜 당신은 그런 고민을 하고 있는 것입니까? 당신의 마음속에 무엇이 있어서, 당신이 그 고민을 하나님께 맡기는 것을 방해하는 것입니까? 그것이 당신으로 하여금 하나님께 말씀드리는 것을 거부하게 만드는 것입니까? 그렇다면, 그것은 당신에게 더욱 큰 고민이 되고 저주가 되어, 점점 더 무거워져서, 마침내 당신을 파멸시키게 될 것입니다. 그러니 당신을 돕고자 하시는 크신 이에게 와서 고하십시오. 당신의 영혼을 하나님께 맡기시고, 당신의 재물도 맡기십시오. 당신의 병든 아내나 죽어가는 자녀를 맡기시고, 당신의 손실과 악성 채무와 기울어가는 사업을 맡기십시오. 하나님 앞에 당신의 마음을 다 열어 보이는 것은 온전한 만족을 위해 꼭 필요합니다. 나는 하나님을 체험하였고, 내가 아는 것을 말씀드리고 있습니다. 전에 나는 한 가지 고민 때문에 괴로워하였고, 그 고민을 다른 사람에게 말해 보았자 상황만 더 안 좋아질 것이 뻔했습니다. 나는 그 고민을 해결하기 위해서 최선을 다했고, 기도도 많이 했지만, 길이 보이지 않았습니다. 마침내 나는 하나님께서 그 고민을 해결해 주시지 않으면 어쩔 수 없는 일이라는 심정으로 그 고민을 하나님께 맡겼습니다. 나는 그 고민에서 완전히 손을 떼겠다고 결심했고, 내가 그렇게 결심했을 때, 그 고민은 해결되었습니다. 그 일을 통해서 나는 하나님을 의지해야 할 또 하나의 이유를 발견하였고, 다시 한 번 "내 잔이 넘치나이다"라고 말할 수 있었습니다.

우리는 믿음으로 두 발을 움직여서 걸어야 합니다. 어떤 사람들은 믿음으로 왼발을 움직여서 걸으려고 하면서도, 믿음으로 오른발을 땅에서 들어올리려고 하지는 않기 때문에, 한 걸음도 앞으로 나아가지 못합니다. 온전히 믿음으로, 오직 믿음으로 우리는 살아가야 합니다. 그렇게 살아가는 법을 배운 사람은 머지않아 "내 잔이 넘치나이다"라고 고백하게 될 것입니다.

아직도 내가 전해야 할 말들은 아주 많은데, 자세히 말씀드릴 시간이 내게는 별로 없습니다. 왜냐하면, 결코 차고 넘친 적이 없고 앞으로도 없을 그런 잔들이 있기 때문입니다.

2. 둘째로, 우리의 잔이 왜 넘치는 것입니까?

우리가 흔들리는 믿음이 아니라 정말 진지하게 진심으로 예수를 믿어 왔다고 한다면, 우리의 믿음에는 기쁨이 따라오는 것이 당연합니다. 우리의 잔이 넘치는 첫 번째 이유는, 우리에게 그리스도께서 계심으로 말미암아 우리가 그리스도 안에서 모든 것을 가지고 있기 때문입니다. "자기 아들을 아끼지 아니하시고 우리 모든 사람을 위하여 내주신 이가 어찌 그 아들과 함께 모든 것을 우리에게 주시지 아니하겠느냐"(롬 8:32). 그래서 어떤 찬송에서는 이렇게 고백합니다:

> "이 세상도 우리의 것이고 장차 올 세상도 우리의 것이며,
> 땅은 우리의 거처이고, 하늘은 우리의 본향이라네."

이 세상에서 살다가 천국에 갈 때까지 우리에게는 하나님이 공급해 주시는 것 외에는 다른 아무것도 필요하지 않습니다. "너희는 먼저 그의 나라와 그의 의를 구하라 그리하면 이 모든 것을 너희에게 더하시리라"(마 6:33)는 것이 우리에게 주어진 약속입니다. 옛 청교도가 말했듯이, 이 땅에서의 위로들은 여러분이 사러 갈 필요가 없는 종이와 노끈과 같은 것입니다. 왜냐하면, 그것들은 여러분이 다른 물건들을 사면 덤으로 주어지는 것들이기 때문입니다. 하나님의 나라와 그의 의를 구하십시오. 그리하면 하나님께서 이 모든 것들을 여러분에게 덤으로 주실 것입니다. 우리 하나님은 몇몇 개신교도들의 목숨을 살려 주겠다고 약속해 놓고서는 그들에게 음식을 주지 않아서 굶어죽게 만든 알바(Alva)의 공작과는 다릅니다. 하나님은 우리에게 영생을 주겠다고 약속하시고 난 후에, 영생을 얻는 데에 꼭 필요한 것들을 우리에게 주지 않으시는 그런 분이 아닙니다. 하나님은 고센을 출발해서 가나안 땅에 이르는 길 내내 우리에게 만나를 내려 주시고, 우리가 광야에 있는 동안 내내 물이 솟아나는 반석으로 하여금 우리와 동행하게 하시는 분입니다. "여호와께서 정직하게 행하는 자에게 좋은 것을 아끼지 아니하실 것임이니이다"(시 84:11). "네 신발은 철과 놋이 될 것이니 네가 사는 날을 따라서 능력이 있으리로다"(KJV, 신 33:25; 한글개역개정에는 "네 문빗장"으로 되어 있음). 어느 날 나는 작은 산에 올랐다가 가파르게 경사진 비탈을 내려오는 길에 날카로운 돌부리에 걸려서 신발이 쫙 찢어졌는데, 그때에 "네 신발은 철과 놋이 될 것이니"라는 이 약속의 말씀이 생각났습니다. 길이 험하다면, 그 길을 가는 데에는 튼튼한 신발이 필요할 것입니다. 광야에서 이스라엘 백성의 발은 부르트지 않았고, 그들의 옷은 낡지 않았는데, 여러분의 경우에도 그렇게 될 것입니다. 여러분은 하나님 안에서 모든 것을, 모든 것 속에서 하나님을 발견하게 될 것입니다.

그러나 우리의 잔이 차고 넘치는 또 다른 이유가 있습니다. 우리의 잔이 넘치는 이유는 무한하신 하나님이 바로 우리의 하나님이기 때문입니다. "여호와는 나의 목자시니." 시편 기자는 여호와를 "나의 하나님"이라 부릅니다. 이 시편을 운율에 맞춰서 가장 아름답게 옮긴 번역본들 중의 하나는 옛 스코틀랜드 역본입니

다:

> "내게 은혜 베푸시는 이를
> 내가 찬송하게 되리니
> 나의 안색이 빛나나이다.
> 그렇습니다. 그분은 바로 나의 하나님이십니다."

나는 마치 내가 설교하기를 멈추고 "바로 나의 하나님," "바로 나의 하나님"이라는 말만을 되풀이하게 될 것 같은 느낌을 받습니다. 왜냐하면, 여호와는 마치 이 세상에서 오직 나만이 하나님으로 모시고 있는 듯한 그런 의미로 나의 하나님이시기 때문입니다. "천사들과 천사장들, 그룹 천사들과 스랍 천사들, 그리고 피로 구속함을 받은 모든 사람들아, 물러나 계십시오! 당신들의 권리와 특권이 무엇이든지 간에, 당신들은 나의 분깃을 조금도 줄어들게 할 수 없습니다. 분명히 하나님의 모든 것이 나의 것입니다. 하나님의 모든 충만하심, 그분의 모든 속성들, 그분의 모든 사랑, 그분 자신 전체, 이 모든 것이 나의 것입니다. 왜냐하면, 하나님께서는 "나는 너의 하나님이니라"고 말씀하셨기 때문입니다. 도대체 한 사람의 분깃이 이런 것일 수 있는 것입니까! 그 누가 이것을 생각이나 할 수 있었겠습니까? 신자여, 보십시오. 여기 당신의 무한한 보배가 있습니다. 지금 당신의 잔이 넘치지 않습니까? 도대체 그 어떤 잔이 당신의 하나님을 담을 수 있습니까? 당신의 심령이 천국만큼 넓어진다고 해도, 당신은 당신의 하나님을 담을 수 없을 것입니다. 당신이 커지고 또 커져서, 당신의 존재에 비하면 일곱 하늘들과 온 우주는 난쟁이라고 할 만큼 광대해진다고 해도, 당신은 여전히 무한하신 하나님을 담을 수 없을 것입니다. 사실, 당신이 믿음으로 말미암아 언약 가운데서 성부와 성자와 성령이 모두 당신의 것임을 알게 될 때, 당신의 잔은 넘치지 않을 수 없게 됩니다.

그러나 우리는 언제 우리의 잔이 넘친다는 것을 느끼게 되는 것입니까? 우리는 언제 우리의 잔이 넘친다는 것을 알게 되는 것입니까? 첫째로, 우리가 기도한 것보다 훨씬 더 차고 넘치게 받았을 때, 우리는 그런 것을 느끼고 알게 된다고 나는 생각합니다. 여러분은 그런 경우를 겪어 보지 않았습니까? 하나님의 긍휼하심이 당신의 집에 임했을 때, 당신은 이렇게 말했을 것입니다: "어째서 내가 이런 복을 받은 것이지? 나는 감히 그런 큰 복을 구하지도 못했는데." 하나님은 우리가 구하거나 생각하는 것 이상으로 차고 넘치게 해주실 수 있는 분이십니다. 당신이 무릎을 꿇고 하나님께 환난에서 건져 주시라고 기도했는데, 하나님은 단지 당신을 그 환난에서 겨우 건져 주신 것이 아니라, 당신의 지경(地境)을 넓혀 주셨을 때, 당신은 이렇게 말했을 것입니다: "'오, 주 하나님, 주 여호와여 이것이 사람의 법이니이다'(삼하 7:19). 주께서 나를 겨우 건져 주셨더라도, 나는 감사했을 것인데, 지금은 내 잔이 넘치나이다." 당신은 하나님께 일용할 양식을 주시라고 기도하였는데, 하나님은 당신에게 이 세상에서 수많은 위로들을 주셨고, 아울러 하나님의 복도 주셨습니다. 그때에 당신은 "내 잔이 넘치나이다"라고 말하지 않을 수 없을 것입니다. 당신은 하나님께 당신의 장녀를 구원해 주시라고 기도하였는데, 하나님은 그 무한하신 긍휼하심으로 당신의 자녀 모두 또는 여러 명을 회심시켜 주셨습니다. 당신은 교회의 주일학교에서 가르치기 시작했고, 자기에게 한 명의 영혼을 부쳐 주시라고 하나님께 기도했습니다. 그런데 이게 웬일입니까? 하나님은 당신에게 열두 명의 영혼을 부쳐 주셨습니다. 그때에 당신은 "내 잔이 넘치나이다"라고 말하지 않겠습니까? 내가 설교를 처음 시작하였을 때, 나는 모임 장소인 내 작은 집도 넓고 내 공간도 충분히 넓다고 생각하였습니다. 만일 하나님께서 "네가 천국에 가기 전에 내가 네게 천 명의 영혼을 상으로 주리라"고 내게 말씀하셨다면, 나는 너무나 기뻐서 눈이 퉁퉁 붓게 울었을 것입니다. 그런데 지금 하나님께서는 나의 사역을 보증해 주시기 위하여 내게 수천 명의 영혼을 주지 않으셨습니까? 내 잔이 차고 넘칩니다! 나의 하나님은 내가 기대한 것이나 바란 것을 훨씬 뛰어넘어서 내게 베풀어 주셨습니다. 이것이 하나님이 하시는 일입니다! 하나님은 왕답게 주십니다. 하나님은 나의 빈약한 기도와 믿음을 훨씬 뛰어넘어서 역사해 오셨습니다. 사랑하는 여러분, 나는 여러분 중에도 여러분이 한 번도 알게 해주시라고 기도하지도 않았는데 하나님이 많은 것들을 여러분에게 알게 해주셨다고 말할 수 있는 분들이 많이 계실 것이라고 믿습니다. 여러분은 한 번도 구한 적이 없지만 하나님의 언약을 따라 여러분에게 주어진 복들을 받으신 것이고, 여러분이 얻으리라고 생각할 수도 없었던 것들을 얻어서 누리고 계시는 것이기 때문에, 여러분의 기도의 잔은 아귀까지 꽉 차서 넘치고 있습니다. 지극히 후히 주시는 하나님께 영광을 돌립니다!

　우리의 기대의 잔도 마찬가지입니다. 왜냐하면, 우리는 많은 것들을 구하지만, 그런 후에 그것들을 받을 것이라고 기대하지 않는 까닭에 그것들을 받지 못하기 때문입니다. 그러나 여러분 중에는 큰 기대들을 품어 본 적이 있는 분들이 계시지 않습니까? 여러분은 그리스도인이 무엇을 할 수 있는지에 대하여 상상하고 그려보며 백일몽을 꾸어 본 적이 있지 않습니까? 그런데 하나님께서는 여러분에게 그렇게 상상하고 꿈꾸어 본 것보다 더 차고 넘치게 주셨습니다. 당신은 긍휼의 문(Mercy's gate) 앞에 앉아서, "하나님, 나로 하여금 이 문을 들어가서 품꾼들 사이에라도 앉아 있게 해주세요"라고 말했습니다. 그런데 하나님께서는 당신을 식탁에 앉히시고, 당신을 위해 살진 송아지를 잡으셨습니다. 당신은 누더기 옷을 걸치고 추워서 벌벌 떨면서 "하나님, 나로 하여금 이 더러운 몸을 씻고 약간의 옷이라도 걸치게 해주세요"라고 말했습니다. 그런데 하나님께서는 가장 좋은 옷을 가지고 오셔서 당신에게 입혀 주셨습니다. 당신은 "내게 약간의 기쁨과 평안만 있다면 좋으련만!"이라고 말했습니다. 그런데, 보십시오. 하나님께서는 당신을 위해 음악과 춤을 마련하셔서, 당신의 영혼은 당신을 구원하신 하나님을 차고 넘치게 기뻐하게 되었습니다. 나는 이 자리에 계신 그리스도인들에게 과연 그리스도께서 선하신 그리스도이신지 아닌지 묻고 싶습니다. 여러분도 아시다시피, 헨리 8세는 클리브스의 앤(Anne of Cleves)과 결혼할 때에 궁정화가였던 홀바인(Holbein)을 보내서 그녀의 초상화를 그려오게 하였고, 그 초상화에 반해서 그녀와 결혼하게 되었습니다. 그러나 헨리 8세가 실물을 보았을 때에 그의 판단은 판이하게 달라졌고, 그는 애정 대신에 혐오감을 표시했습니다. 궁정화가가 왕을 속인 것이었습니다. 그런데 우리 주 예수 그리스도를 그릴 때에는 그런 속임수가 결코 있을 수 없습니다. 왜냐하면, 화가들, 즉 설교자들은 누구나 다 우리 주 예수 그리스도의 이루 말할 수 없이 매력적인 아름다움들을, 인간의 마음과 생각으로는 도저히 상상할 수조차 없는 그런 아름다움들을 설명해 낼 수 있는 능력을 갖고 있지 않기 때문입니다. 시인들이 우리 주님을 찬양하기 위해 부른 노래들이나, 경건한 문필가들이 쓴 글들이나, 천사들의 입에서 나온 온갖 찬송들 중에서 가장 훌륭한 것들도 모두 다 우리 구속주의 지극히 탁월하심을 제대로 표현해 내는 데에는 훨씬 미치지 못합니다. 주님이 공생애를 사시면서 행하신 온갖 수고들과, 자신을 내주심으로써 보여주신 사랑은 그 어떤 것으로도 표현할 수 없는 귀한 것들입니다. 그렇지만 구주를 가장 잘 아는 사람들을 위해 준비되어 있는 놀라운 일이 있는데, 그것은 예수께서는 우리의 기대의 잔을 그 잔이 넘칠 때까지 채워 주신다는 것입니다. 나는 주님께서 친히 베풀어 주신 온갖 긍휼하심에 대해서도 똑같이 말할 수 있습니다. 즉, 그 긍휼하심은 우리가 받을 수 있을 것이라고 생각했던 것보다 더 풍성하고 진귀하고 더 큰 사랑이 담겨 있고, 더 큰 기쁨을 가져다주고, 더 온전하고 더 지속적인 그런 긍휼하심이었다는 것입니다.

나는 믿음으로 주님을 섬기며 살아가는 사람들에게 말씀을 드립니다. 형제들이여, 여러분은 큰 일들을 기대하는 법을 배워 왔고, 앞으로도 계속해서 더 큰 일들을 기대하는 법을 배우게 될 것입니다. 그러나 하나님은 언제나 우리의 기대 이상으로 역사하지 않으셨습니까? 하나님은 언제나 우리를 뛰어넘지 않으셨습니까? 하나님은 우리에게 자신의 인자하심을 보여주지 않으셨습니까? 믿음으로 살아가는 사람이 가는 길은 거대한 계단과 같습니다. 그 계단은 하나님이 보시기에는 계속해서 구불구불 위로 올라가서 청명한 하늘에 닿아 있지만, 우리가 보기에는 흔히 밤과 같이 깜깜한 짙은 구름 가운데에 구불구불 위로 솟아 있는 것처럼 보입니다. 우리는 한 계단을 오를 때마다 아주 견고한 발판을 딛고 서게 되기는 하지만, 다음 번에 우리의 발을 놓을 곳을 볼 수가 없습니다. 그것은 마치 우리가 무시무시한 허공에 발을 내딛는 것처럼 보이지만, 일단 발을 내딛기만 하면, 그 순간 아주 견고한 발판이 우리의 발을 받쳐 줍니다. 우리가 더 높이 오르고 올라도, 저 신비한 계단은 여전히 구름 위로 높이 솟아 있고, 우리는 그 계단의 다음 발판을 볼 수 없습니다. 우리는 지금 이 시간까지 우리에게 있는 야곱의 사다리가 영원한 산들만큼 견고하다는 것을 경험해 왔습니다. 그래서 우리는 하나님의 손가락을 우리의 인도자로 삼고, 하나님의 미소를 우리의 빛으로 삼고, 하나님의 능력을 우리의 지지대로 삼고서, 위로 올라가고자 하고, 또 그렇게 하고 있습니다. 찬송 받으실 이의 음성이 우리를 부르고 있고, 그 부르심이 우리의 발을 위로 떠받치고 있어서, 우리는 우리의 육신이 다할 때에 우리의 영혼이 새 예루살렘의 성문 앞에 서 있게 될 것이라는 확신 가운데서 이 계단을 하나씩 하나씩 올라갑니다. 사랑하는 여러분, 계속해서 올라가십시오. 하나님께서 여러분이 기대하는 것보다 훨씬 더 역사하실 것이고, 여러분은 "내 잔이 넘치나이다" 라고 찬송하게 될 것입니다.

또한, "내 잔이 넘치나이다"라는 본문은 종종 그리스도인의 기쁨에 적용될 수 있습니다. 나는 어느 날 밤 교회 청년들과 함께 앉아서, 우리는 모두 "예수께서 나를 사랑하시니 내가 너무 기쁘다"라는 가사가 반복적으로 나오는 찬송을 부르고 있었습니다. 그때에 나는 이 찬송의 작사가가 우리로 하여금 이 기쁜 진리를 계속해서 반복적으로 부르게 한 것이 전혀 이상하게 느껴지지 않았습니다. "예수께서 나를 사랑하시니 내가 너무 기쁩니다." "예수께서 나를 사랑하시니," "예수께서 나를 사랑하시니," "예수께서 나를 사랑하시니"라는 기쁘고 즐거운 말씀이 여러분의 귀에 계속해서 울려 퍼질 때, 여러분은 그 단조로움과 반복과 동어반복을 얼마든지 용서할 수 있습니다. 그러한 종소리를 울리고 또 울리고 또 울리십시오! 여러분이 온전한 기쁨에 도달했는데, 굳이 다른 가사로 바꿀 필요가 어디 있겠습니까? 여러분이 이 가사보다 더 달콤한 가사를 생각할 수 없는데, 가사가 다양했으면 좋겠다고 말할 이유가 어디 있겠습니까? "예수께서 나를 사랑하시니"라는 단순한 가사 속에는 그 소리와 의미 양쪽에서 우리가 수백 번 반복해서 들어도 결코 질리지 않게 해주는 무게와 힘과 능력과 감미로움이 있습니다. 나는 종종, 설교를 듣다가 구주를 만난 사람 때문에 설교가 방해 받는 경우가 있다는 말을 듣습니다. 나는 우리가 그런 식으로 자주 방해를 받았으면 좋겠습니다. 예수께서 자기들을 대신해서 고난을 받으셨다는 것을 사람들이 처음 알게 되었을 때, 그들이 소리를 질러서 성전이 울리는 일이 일어나지 않는다는 것이 이상합니다. 분명히 그것은 사람들로 하여금 소리를 지르게 할 만한 일입니다. 옛적에 사람들의 영혼 속에서 아주 세차게 타올라서 그들로 하여금 자신의 뜨거운 심정을 토해내어 그 불길을 굴뚝을 통해 올려 보내게 만든 감리교도들의 불이 우리의 냉랭하고 의례적인 모임들 속에서 타오를 수만 있다면, 그것은 얼마나 큰 복이겠습니까! 그러면, 우리가 다시 한 번 "예수께서 나를 사랑하시니 내가 너무 기쁘다"라는 찬송을 부르면서, 우리의 넘치는 잔들로부터 찬송의 제사를 하나님 앞에 쏟아내 보겠습니다. 여러분이 자리에 앉으시니까, 어떻게 느껴지십니까? "내가 하나님의 아들로 말미암아 구원 받고 죄 사함 받아 의롭게 되었기 때문에 나는 정말 행복하다. 나는 하나님으로부터 사랑 받은 사람이다. 그것이 나를 기쁨으로 충만하게 해서, 나는 그 기쁨을 도저히 주체할 수 없다." 그렇게 느끼고 있는 당신에게 어떤 사람이 다가와서, "당신에게 10,000파운드의 유산이 남겨졌습니다"라는 말을 한다면, 당신은 그 말에 대해 코웃음을 치면서 속으로 이렇게 말하고 싶어질 것입니다: "그것이 어쨌다는 말인가요? 내게는 그것보다 무한히 더 많은 유산이 있습니다. 나는 이제 그리스도와 함께 상속자가 되었으니까요. 나의 사랑하는 이가 나의 것이고, 나는 그분의 것입니다. '내 잔이 넘치나이다.' 나는 너무나 기쁩니다. '예수께서 나를 사랑하시니 나는 너무나 기쁩니다.'"

그럴 때에 우리의 감사함도 넘칠 것임에 틀림없습니다. 저 훌륭한 가사를 지은 우리의 시인도 그런 감사함이 넘쳤습니다:

> "주께 감사하는 찬송을
> 내가 영원토록 부르리.
> 주께 감사하며 찬송하기에는
> 영원도 너무 짧으리."

나는 냉정한 비평가들이 이 가사를 비판하고 정죄함으로써 그들이 참된 시가(詩歌)를 누릴 자격이 없음을 스스로 증명하고 있다는 말을 들어 왔습니다. 그들은 사랑의 언어를 문법이라는 잣대로 제한하고 속박하고자 하는 것이 아니고 무엇이겠습니까? 그들은 감사함에서 터져 나온 열정에 나름대로의 독자적인 언어를 허용해 주어야 마땅하지 않겠습니까? 영원이 "너무 짧다"고 표현한 것이 부정확한 것은 사실이지만, 이 표현을 해석할 때에 사랑이 개입되면, 그 부정확한 표현은 아주 정확한 표현으로 변합니다. 잔이 차고 넘칠 때, 물방울은 일 분에 몇 방울씩 그렇게 떨어지는 것이 아니라, 한꺼번에 무질서하게 쏟아집니다. 감사하는 마음도 마찬가지입니다. 그런 마음에서 나오는 말들은 한꺼번에 무질서하게 쏟아져 나오지만, 그 마음은 그런 것들로도 만족하지 못합니다. 그 마음은 말로 자신을 표현하고자 애쓰고, 종종 잠시는 그렇게 하는 데에 성공해서, "내 마음이 좋은 말로 왕을 위하여 지은 것을 말하리니 내 혀는 글솜씨가 뛰어난 서기관의 붓끝과 같도다"(시 45:1)라고 소리칩니다. 그러나 얼마 안 있어서 그 마음은 한꺼번에 많은 것을 쏟아내고서는, 다시 기운을 차리기 위하여 침묵의 시간이 필요하게 됩니다. 우리의 영혼은 종종 황홀한 행복감에 젖어들어서 거기에서 감사함을 숨쉬느라고 그 감사함을 토해낼 생각을 하지 못합니다. 백합화와 장미가 향기를 뿜어내어서 하나님을 찬양하듯이, 우리는 인위적인 수단이 아니라 저절로 뿜어져 나오는 사랑의 마음에 우리 자신을 담아서 거의 무의식적으로 쏟아냅니다. 우리는 하나님의 감미로운 것들로 충만하고 차고 넘치며 배부르게 됩니다:

"하나님이여, 주의 충만하심이 나의 것입니다
그 충만하심은 아낌없이 주는 샘이로다.
그 샘이 다함이 없어서
여호와께서 내게 주시는 은사가 한량이 없네.
나의 그리스도여, 하늘에서 하나님의 충만하심을 찬송하옵소서.
모든 천사여, 그 목소리를 높여 하나님을 찬송하고
만만의 수금을 켜서 하나님을 찬송하라.
천군 천사들이여, 나와 함께 기뻐하고 즐거워하라."

3. 셋째로, 그렇다면 우리는 어떻게 해야 합니까?

첫 번째로, 우리의 잔을 채워 주신 이를 찬송하고 경배하여야 합니다. 잔이 넘친다면, 그 넘친 것이 제단에 이르게 하십시오. "내게 주신 모든 은혜를 내가 여호와께 무엇으로 보답할까"(시 116:12). 사랑하는 그리스도인 친구들이여, 설교는 목적이 아니라 목적을 위한 수단이고, 그 목적은 하나님을 섬기게 하는 것임을 기억하십시오. 우리가 이렇게 거룩한 모임을 갖는 의도는 하나님을 경배하기 위한 것입니다. 또한, 구원의 목적과 결과는 구원 받은 사람들이 얼굴을 땅에 대고 엎드려서 영광 중에 계신 어린 양을 예배하는 것입니다. 설교와 기도는 곡식의 줄기들에 해당하고, 마음을 다하여 진심으로 하나님을 예배하는 것이 바로 알곡에 해당합니다. 하나님께서 당신의 잔을 가득 채워 주셨다면, 온 마음으로 잠잠히 하나님을 예배하고 경배하십시오. 당신에게 있는 모든 힘과 열정과 생각과 감정과 능력과 역량을 다해서, 당신의 잔을 가득 채운 물줄기가 흘러나온 원천이신 바로 그분, 곧 하나님을 가장 낮은 자세로 경배하십시오.

두 번째로, 당신의 잔이 넘친다면, 그 잔을 더 크게 해주시라고 하나님께 기도하십시오. 사도 바울은 "너희도 마음을 넓히라"(고후 6:13)고 말씀하지 않습니까? 다윗도 자신의 마음을 넓혀 달라고 구하지 않았습니까? 아무리 넓은 마음을 지닌 사람이라고 해도 사실은 그 마음이 너무나 좁고 옹졸한 것입니다. 우리는 하나님이 쓰시기에는 너무나 좁은 그릇들입니다. 우리가 더 많이 믿고 더 많이 의지하기만 한다면, 우리는 더 많은 것을 받게 될 것입니다. 왜냐하면, 하나님은 결코 인색하신 분이 아니기 때문입니다. 옛적의 야베스처럼 "주께서 내게 복을 주시려거든 나의 지역을 넓혀"(대상 4:10) 달라고 기도하십시오.

세 번째로, 당신의 잔이 넘치고 있다면, 그 잔을 지금 있는 곳에서 치우지 마십시오. 내가 하는 말의 의미는 이런 것입니다: 당신이 잔을 흘러나오는 샘 아래에 두면, 샘물이 계속해서 그 잔으로 흘러와서, 잔이 넘치게 됩니다. 그러나 당신이 잔을 샘물이 나오는 곳에서 치운다면, 당신의 잔은 더 이상 넘치지 않게 될 것입니다. 감사하는 마음이 넘치는 것은 은혜의 샘이 넘치기 때문입니다. 당신의 잔을 지금 있는 그 곳에 그대로 계속해서 두십시오. 생수의 샘을 버리고 세상의 터진 저수지들로 가는 것은 지혜로운 일이 아닙니다. "긁어 부스럼 만들지 말라"는 옛 속담이 있지만, 우리는 가장 좋은 것과 관련해서는 이 실천적인 공리(公理)를 적용하는 것을 잊어버립니다. 당신의 잔이 넘친다면, "내 안에 거하라"고 하시는 그리스도의 말씀을 들으십시오. 다윗은 자신의 잔을 지금 있는 그 자리에 계속해서 그대로 두기로 작정히 였기 때문에, "내가 여호와의 집에 영원히 살리로다"라고 말했습니다. 나는 설교를 마치고 여기를 떠날 때는 늘 읍내의 동일한 집으로 가서, 그 집주인에게 "당신이 나를 초대하는 한, 나는 늘 당신에게 올 것인데, 그것은 이 집보다 더 나은 집이 있다고 나는 생각하지 않기 때문"이라고 말합니다. 좋은 친구가 있는데, 그 친구를 버리는 것은 애석한 일입니다. 친구는 오래될수록 좋은 법입니다. 좋은 둥지가 있는 새는 그 둥지를 지키는 것이 좋습니다. 이리저리 나돌아 다니지 마시고, 하나님을 당신의 영원한 거처로 삼으시기를 부탁드립니다. 많은 사람들이 언제나 끊임없이 새로운 가르침이나 사상들에 혹해 왔습니다. 어떤 사람이 우리에게 자기가 새로운 진리의 놀라운 다이아몬드를 발견하였다고 말하지만, 대체로 그 새로운 것들이라는 것은 옛적에 있던 것들인 것으로 밝혀지는 것이 보통입니다. 내게는 새로운 것이 필요없습니다. 왜냐하면, 옛 것이 더 좋고, 내 마음이 "내 영혼아 네 평안함으로 돌아갈지어다 여호와께서 너를 후대하심이로다"(시 116:7)라고 소리치기 때문입니다. 사람들이 하나님께서 자기 아들 그리스도 예수 안에서 열어 놓으신 샘보다 더 좋은 샘을 찾아서 내게 보여주기 전까지는, 내 영혼은 오래 전부터 지금까지 있어 왔던 곳에 계속해서 있을 것이고, 그 샘의 생수로 자신의 잔을 채울 것입니다. 왜냐하면, 내가 지금 내 잔을 채워 주시는 바로 그 곳에 계속해서 내 잔을 둘 때에 그 잔이 계속해서 차고 넘치게 될 것이기 때문입니다.

당신의 잔이 넘치고 있습니까? 그렇다면, 그 넘쳐흐르는 생수를 받아 마시라고 당신의 친구들을 초청하십시오. 당신이 혼자 독점하거나 가로채고 싶지 않은 바로 그것에 다른 사람들도 참여하게 하십시오. 그리스도인들은 내가 강들과 시내들에서 보아 온 계단 모양으로 계속해서 이어지는 폭포들 같아야 합니다. 계단 폭포라는 것은 한 폭포가 흘러넘쳐서 또 다른 폭포를 만들고, 그 폭포가 넘쳐흘러서 또 다른 폭포를 만드는 일을 반복함으로써 자기와 같은 아름다운 폭포들을 많이 만들어 내어서 이루어지는 한 무리의 폭포들을 말합니다. 상류의 웅덩이가 넘쳐흘러서 그 아래에 있는 웅덩이로 하여금 은빛 물줄기를 밑으로 쏟아내게 만들고, 그것이 또 다른 유리 같은 물줄기를 만들어 내는 것을 볼 때, 그러한 물웅덩이들은 얼마나 아름답습니까? 하나님이 우리 가운데 한 사람의 잔을 차고 넘치게 하신다면, 그것은 우리를 다른 사람들로 하여금 복을 받게 하기 위한 통로로 삼으시기 위한 것입니다. 하나님이 자신의 종들로 하여금 자기와의 감미로운 사귐이 있게 하신다면, 그것은 그들로 하여금 그것을 증언하여 다른 사람들로 하여금 그런 사귐을 구하게 하시기 위한 것입니다. 그들의 증언을 들은 사람들이 하늘 양식의 한 조각을 먹었다면, 그것은 그들로 하여금 그 양식을 집으로 가져가게 하기 위한 것입니다. 만약 당신이 자신의 물방앗간을 위한 물을 받고는 그 물길을 막아 버린다면, 당신은 그 물웅덩이가 무성한 잡초들로 뒤덮여서 더러운 물웅덩이가 되어 버리는 것을 보게 될 것입니다. 수문들을 다 열어 놓아서 물이 흘러가게 하십시오! 은혜든 돈이든 이 세상에서 돌고 돌게 하는 것보다 더 좋은 것은 없습니다. 흘러넘치게 하십시오. 그래야만 더 많은 것이 들어옵니다. 꼭 쥐고 있으면 빈곤하게 될 것이고, 흩어서 나누어 주면 부해지게 됩니다. 당신의 마음속에 하나님이 주신 기쁨이 있다면, 울고 있는 가엾은 마리아와 의심하는 도마에게 가서 그 기쁨을 전하십시오. 왜냐하면, 하나님께서 당신의 잔을 넘치게 하신 것은 죽어가는 사람들이 당신으로 인해서 힘을 얻게 하시기 위한 것이기 때문입니다.

마지막으로, 당신의 잔이 넘치고 있습니까? 그렇다면, 모든 것의 근원이 되시는 하나님 안에 있는 충만에 대하여 생각하십시오. 당신의 잔이 흘러넘치고 있습니까? 그렇다면, 그 잔이 영원한 영광 속에서 늘 흘러넘칠 때, 당신을 위해 준비되어 있는 행복을 생각하십시오. 당신은 햇빛을 좋아하십니까? 햇빛이 당신을 따뜻하게 해주고 즐겁게 해줍니까? 밀턴(Milton)이 말한 천사 우리엘(Uriel) 같이 해(태양) 안에서 산다는 것은 어떤 것일까요? 당신은 그리스도의 사랑을 소중히 여기십니까? 그 사랑이 당신에게 감미롭습니까? 구름에 가려지지 않은 햇빛에 몸을 녹이는 것은 어떤 것일까요? 하나님께서 맹인 같은 우리를 이끄셔서, 힘 있게 빛나는 해 같은 하나님의 저 얼굴을 얼핏이라도 보게 해 주시기를 빕니다. 영원토록 하나님의 얼굴을 뵈옵고 그 입맞춤을 받는다는 것은 어떤 것일까요? 하나님의 손에서 떨어지는 이슬이 광야로 하여금 기뻐하게 만듭니다. 하나님의 기쁨의 강물을 마신다는 것은 어떤 것일까요? 성도들은 흔히 하나님의 상에서 떨어진 부스러기 한 조각을 가지고서 잔치를 할 정도였는데, 생명나무가 그들을 위해 열두 가지 과실을 맺고, 그들이 더 이상 주리지 않게 될 때, 그것은 과연 어떠하겠습니까? 밝은 날들을 보면, 우리 영혼은 천국을 생각하게 됩니다. 그러나 우리가 기억해야 할 것은 천국의 나날들을 한여름의 정오라고 한다면, 이 땅에서의 가장 밝은 날들은 탄광에 등불을 가장 밝게 켜 놓은 것과 같다는 것입니다. 아무리 뭐라고 해도, 우리는 지금 이 아래 세상에 있습니다. 이 땅에서 우리가 누리는 가장 밝은 기쁨들조차도 한낱 달빛에 지나지 않습니다. 우리는 머지않아 더 높은 곳, 곧 구름 한 점 없는 창공으로, 성경에서 "거기에는 밤이 없다"고 말씀한 바로 그 땅으로 가게 될 것입니다. 우리가 언제쯤 거기에 가게 될지를 아는 사람은 우리 중에 아무도 없습니다. 우리 중 누군가는 천사가 부르는 소리를 듣고 있을 수도 있습니다. 우리는 바로 지금도 천국의 종소리가 울리는 것을 우리 귀로 듣습니다. 그 때가 얼마나 빨리 올지는 아무도 알 수 없지만, 우리는 아주 속히 예수께서 계신 곳에 예수님과 함께 있게 될 것이고, 그의 영광을 보게 될 것입니다. 형제들이여, 그러한 놀라운 복에 대한 묵상이 우리의 잔을 차고 넘치게 만듭니다. 그 복이 영원무궁토록 있으리라는 것을 우리가 생각할 때, 우리는 차고 넘치게 행복해집니다. 눈에서는 다시는 결코 눈물을 흘리는 일이 없고, 손에 흙을 묻히는 일도 다시는 결코 없으며, 뼈가 아플 일도 다시는 결코 없고, 발을 절뚝거릴 일도 다시는 결코 없으며, 마음이 무거워지는 일도 다시는 결코 없을 것입니다. 우리는 전인적으로 이루 말할 수 없는 즐거움을 맛보게 되고, 지극한 복과 황홀한 기쁨의 바다에 풍덩 빠져 살게 될 것입니다. 우리가 사는 곳은 온통 천국일 것이고, 그 천국은 온통 그리스도로 충만할 것입니다.

사랑하는 여러분, 내가 마지막으로 하고 싶은 말은 이것입니다. 여러분은 하나님의 사랑으로 충만하게 된다는 것이 무엇인지를 아십니까? 여러분 중에서 회심하지 않은 분들은 행복하지 않다는 것을 나는 압니다. 당신은 "내 잔이 넘치게 되기를 원합니다"라고 말합니다. 그렇게 말하는 당신은 자신의 잔을 넘치게 하기 위해서 어떻게 하고 계십니까? "나는 내 잔에서 나의 이전의 죄들을 비워내려고 애쓰고 있습니다." 그렇게 해서는 당신의 잔은 넘치게 되지 않을 것입니다. "나는 내 잔을 나의 눈물로 씻어 왔습니다." 그렇게 해서는 당신의 잔은 넘치게 되지 않을 것입니다. 당신은 당신의 마음에 기쁨과 평안을 가질 수 있는 유일한 길을 아십니까? 당신은 목마를 때에 빈 잔으로 무엇을 하십니까? 당신은 잔이 가득 채워질 때까지 그 잔을 흘러나오는 샘물 아래에 두지 않습니까? 바로 그것이 당신이 당신의 헐벗고 메마르고 비어 있는 영혼에 대하여 해야 할 일입니다. 오셔서, 예수님에게서 은혜에 은혜를 받으십시오. "영접하는 자 곧 그 이름을 믿는 자들에게는 하나님의 자녀가 되는 권세를 주셨으니"(요 1:12). 당신의 빈 잔을 예수 그리스도로 말미암아 죄인들에게 흘러들어가게 된 하나님의 충만하심이라는 물줄기 아래에 갖다 놓으십시오. 그러면, 당신도 기쁜 마음으로 "내 잔이 넘치나이다"라고 소리치게 될 것입니다.

하나님께서 예수 그리스도로 말미암아 여러분에게 그의 긍휼하심을 부어주시기를 빕니다. 아멘.

제
25
장

—

승리의 입성

—

"문들아 니희 미리를 들지이디 영원한 문들아 들릴지어다
영광의 왕이 들어가시리로다." — 시 24:9

월요일 저녁에 나는 이 시편을 강해하였습니다. 그때에 나는 우리 주 예수 그리스도께서 영광 중에 승천하셔서, 새 예루살렘 성에 있는 진주로 된 문들 안으로 개선하시는 것 — 우리는 이 절이 바로 이것을 가리키는 것이라고 믿습니다 — 에 대하여 자세히 설명드렸습니다. 그때 우리가 이 시편의 문자적인 본래의 의미를 꽤 상세하게 살펴보았기 때문에, 오늘 밤에는 이 시편을 완전히 다른 주제에 적용해서 그때와는 다른 측면에서 본문을 살펴보는 것도 괜찮을 것이라고 믿습니다. 우리는 이 시편에 나오는 한 문장을 가져와서 실제적인 경건에 관한 교훈을 제시한다고 해도, 그것은 원래의 본문을 훼손하는 것도 아니고, 심지어 유익할 것이라고 생각하지만, 그렇다고 해도 이 예언적인 찬송의 본래의 의미를 지양(止揚)하고자 하는 것이 아닙니다. 우리가 주목할 만한 것은 우리의 찬송가 작사자들은 자신들의 담대한 의역(意譯)이 시가(詩歌)에서는 얼마든지 통용될 수 있다고 주장한다는 것은 말할 필요도 없고, 스코틀랜드의 주석자인 딕슨(Dixon)은 내가 지금부터 여러분에게 말씀드리고자 하는 것을 이 본문의 진정한 의미로 제시하고 있고, 그 밖의 다른 한두 저자들도 그렇게 하고 있다는 것입니다. 하지만 내 개인적인 입장으로는 문자적인 의미를 약화시키는 것에 대해서 아주 강력하게 반대합니다. 이 시편 기자가 일차적으로 노래하고 있는 것은 언

약궤가 영원한 거처인 시온 산으로 올라오는 것에 대한 것임이 분명하지만, 그러한 역사적 사실은 장차 그리스도께서 하나님 오른편에 자기 백성의 대표자로서 앉으시기 위하여 위에 있는 예루살렘으로 올라가시게 될 것에 대한 모형이었습니다. 우리가 그러한 의미를 충분히 이해하고 받아들였다면, 그런 후에는 거기에 나와 있는 본문들을 모종의 실천적인 목적들을 위해서 자유롭게 사용할 수 있게 됩니다. 그러므로 사랑하는 친구들이여, 내가 이제 여러분 앞에 제시하고자 하는 가르침에 귀를 기울여 주십시오. 우리가 구원 받기 위해서는 주 예수 그리스도께서 승천하셔야 했던 것은 물론이고, 우리의 마음으로 들어오셔야 합니다. 주님께서는 그 피를 휘장 안에서 뿌리셔야 했던 것은 물론이고, 아울러 그 피를 우리의 양심 속에 뿌리셔야 합니다. 우리 안에서 큰 역사(役事)가 있지 않는다면, 그리스도께서 우리를 위해 행하신 모든 일이 허사가 되고 말 것입니다. 십자가에 못 박히신 그리스도만이 우리의 소망인 것이 아니라, 사도 바울은 "너희 안에 계신 그리스도"가 "영광의 소망"이라고 말합니다(골 1:27). 우리가 회심할 때에 예수 그리스도께서는 영혼 속으로 들어오시고, 그러한 승리의 입성을 통해서 주님의 말씀이 우리의 마음속으로 들어올 때, 우리는 구원에 이르는 지식을 인격적으로 알게 됩니다.

1. 첫째로, 우리 각자가 간절히 바라야 할 큰 일은 영광의 왕이 우리의 영혼에 들어오시도록 하는 것입니다.

형제들이여, 내가 이것 없이는 천국도 천국이 아니게 된다고 말한다면, 여러분은 어떻게 생각하십니까? 우리의 마음속에 그리스도께서 계시지 않는다면, 우리 중 누구에게도 이 땅에서 행복도 없고 천국도 없으리라는 것은 분명합니다. 그리스도께서 사람의 마음속에 계시지 않고, 다른 주인이 그 마음을 지배하고 있을 때, 사람의 마음속에는 해악(害惡) 외에는 아무것도 존재하지 않게 됩니다. 사람들이 무장한 용사 같이 자신의 마음의 요새의 문들을 지키고 있는 한, 그들 중 누구에게 복음이 전파된다고 해도, 그것은 다 헛된 일입니다. 그런 사람들은 마음눈이 멀어서 평강의 길을 알지 못합니다. 그리스도께서 오셔서 기습적으로 그 요새를 빼앗으실 때까지는, 복음이 그 사람을 위해서 할 수 있는 것은 아무것도 없습니다. 그 사람 속에서 역사하는 영은 "불순종의 아들들 가운데서 역사하는 영"(엡 2:2)입니다. 그는 사탄에게 미혹되어서, 저 악한 폭군에게 자발적으로 노예가 되어 있습니다. 죄인이여, 당신이 구원 받기 위해서 필요한 것은 그리스도께서 당신에게 오시는 것입니다. 왜냐하면, 그리스도께서 당신에게 오시면, 그때에 당신의 저 죽은 영혼이 살아나게 될 것이기 때문입니다. 그리스도의 임재는 생명입니다. 그리스도께서는 자기가 원하는 자를 깨어나게 하십니다. 그리스도 안에 생명이 있었고, 그 생명은 사람들의 빛이었습니다. 그리스도께서 영혼 속으로 오실 때, 영적인 생명이 거기에 있습니다. 죄인은 깨어나서 정신을 차리게 되고, 자신의 분별없는 무관심이 큰 돌처럼 그 입구를 막고 있었던 무덤에서 비로소 일어나서, "내가 구원 받으려면 어떻게 해야 하지?"라고 부르짖게 됩니다. 그리스도께서 마음에 오실 때, 비로소 죄가 죄로 보이게 됩니다. 십자가의 빛 아래에서 사람은 회개하기 시작합니다. 그는 자신의 죄로 인해서 구주께서 죽으셨다는 것을 알게 되고, 그래서 죄를 혐오하게 됩니다. 이제 그는 죄로 인한 죄책(罪責)과 죄의 권세로부터 건짐 받기를 구합니다. 그리스도께서 오실 때에 그런 일이 벌어집니다. 그리스도께서 오셨을 때에 사람의 죄책은 제거됩니다. 사람의 마음에 오신 그리스도, 사람의 영혼에 계시된 그리스도께서 괴로워하는 양심에게 평안을 전하십니다. 우리가 그리스도를 바라볼 때에 빛을 받게 되고, 우리의 얼굴에서 수치가 제거됩니다. 우리는 그리스도 안에서 죄와 부정(不淨)함을 씻어주기 위해 열린 샘을 봅니다. 그 샘에 씻을 때, 우리는 정결하게 됩니다. 그리스도께서 마음에 오시지 않고서는 죄의 통치권을 정복할 수 있는 다른 길은 없습니다. 사람이 악한 주인을 섬기고 있다면, 자기가 미워하는 폭군을 제거할 수 있는 유일한 길은 다른 군주를 모셔오는 것입니다. 성경은 "한 사람이 두 주인을 섬기지 못할 것이니"(마 6:24)라고 말씀합니다. 영광의 왕 그리스도 예수를 모셔오는 것이 옛 주인인 공중의 권세 잡은 자 사탄을 몰아내는 확실한 길입니다. 주 예수께서는 생명과 빛과 죄 사함을 가지고 오시면, 죄의 세력은 진압되고, 온갖 복이 뒤따라옵니다. 그리스도께서 우리 영혼의 길거리들을 말 타고 지나가시면, 그 거리들은 소망과 기쁨의 꽃들로 뒤덮이게 됩니다. 그러면 우리는 우리의 거룩하고 지극한 복으로 장식된 리본들을 밖에 내걸게 됩니다. 우리는 주님을 찬송하는 노래를 부르게 됩니다. 우리 속에서는 거룩하고 벅찬 희열로 인해서 주님 앞에서 춤추고자 하는 마음이 뜨겁게 올라옵니다. 그러면 우리는 즉시 순전함을 사랑하게 되고, 온전함을 구하게 됩니다. 그러면 우리는 우리가 전에 잊고 있었지만 지금은 "하늘에 계신 우리 아버지"라고 말할 수 있게 된 그 살아 계신 하나님을 경배하게 됩니다. 우리는 전에는 우리에게 생소했던 양자(養子)의 영을 받게 됩니다. 그러면 그리스도께서 우리 마음에 들어오시자마자, 이전에 의로우신 해이신 분에게 등을 돌리고 암울한 어둠 속에서 헤맸던 우리는 천국을 향하여, 그리고 우리 아버지 하나님 앞으로 달려가게 됩니다. 그렇지 않았다면, 우리는 바깥 어둠을 향하여 우리의 길을 잡고 나아갔을 것이고, 장차 거기에서 슬피 울며 이를 갈게 되었을 것입니다. 죄인이여, 당신이 자신의 마음속에 그리스도를 모시기만 한다면, 당신은 "나는 모든 것을 가졌고, 내게는 모든 것이 차고 넘칩니다"라고 말하게 될 것이지만, 그렇게 하기 전까지는 당신은 헐벗고 가난하며 비참한 모습 그대로 살아가게 될 것입니다. 또는, 당신의 영이 진정으로 살아 있다면, 그리스도께서 자신의 모든 영광스러운 것들과 성령과 말씀으로 당신에게 들어오실 때까지는, 당신은 불안과 불만족 가운데서 살아가게 될 것입니다. 당신은 사는 사람이 없어서 아무런 즐거움도 없고 냉기만 가득하며 스산하게 버려진 셋집과 같을 것입니다. 당신의 마음은 새가 없는 빈 둥지와 같아서 가련하고 서글픈 모습일 것입니다. 당신은 몸에 생기를 주어 살아 움직이게 해주는 영혼이 없는 몸과 같을 것입니다. 그러나 예수께서 오시면, 그는 당신을 당신의 조상 아담이 당신에게 물려주었던 저 부실한 모습과는 완전히 딴판인 사람으로 변화시키실 것입니다. 주님은 당신을 새롭게 하셔서, 당신을 창조하신 이의 형상을 닮게 하실 것입니다. 주님은 "내가 만물을 새롭게 하노라"(계 21:5)고 말씀하십니다. 주님이 당신의 마음 보좌에 앉아 계실 때, 주님이 쥐고 계신 홀(笏)의 위엄과 권능이 어떤 것인지를 지금 당신은 짐작조차 되지 않을 것입니다. 예수께서 오셔서 당신의 영혼을 다스리실 때, 긍휼하심이 소나기 같이 내리고 복이 물줄기처럼 쏟아지며 산(山)만한 기쁨과 행복이 몰려온다는 것을 지금 당신은 짐작조차 되지 않을 것입니다. 그러므로 우리가 지금 온통 신경을 써야 할 큰 일은 예수 그리스도께서 우리에게 오시게 하는 것입니다. 우리는 그에 대하여 귀로 듣거나 혀로 말하는 데서 그쳐서는 안 되고, 그를 우리 마음의 제단을 돌보는 제사장으로, 그리고 우리 마음의 보좌 위에 좌정하신 왕으로 모셔서, 우리 영혼의 가장 깊은 곳에서 가장 공경하고 사모하는 분으로 섬겨야 합니다.

2. 둘째로, 그리스도께서 우리 마음에 오시는 것을 방해하는 장애물들이 있습니다.

여러분이 보시다시피, 본문에는 "문들"이라는 표현이 나옵니다. 그리스도께서 천국에 들어가시기 위해서는 문들이 들려야 한다면, 그리스도를 우리의 마음으로 영접하기 위해서 들리고 열려야 할 문들은 얼마나 많겠습니까! 예수 그리스도께서 천국으로 올라가셨을 때, 문들이 들렸고 열렸으며, 그 이후로 그 문들이 닫힌 적이 한 번도 없었다는 것을 기억하십시오. 성경에는 "영원한 문들아 너희 머리를 내리고 문들아 너희 자신을 굳게 닫으라"는 말씀은 없습니다. 그런 종류의 말씀은 단 하나도 없습니다. 천국의 문들은 활짝 열려 있습니다. 그렇다면, 무엇이 닫혀 있는 것입니까? 사람의 영혼의 문, 사람의 마음의 문이 닫혀 있는 것이 아니겠습니까? 그리스도께서 사람의 마음속으로 들어오시는 길에는 수많은 문들, 쇠 빗장들, 삼중 강철로 된 자물쇠들이 있습니다. 어떤 경우에는 우리의 악한 선입견이나 편견이 바로 그런 역할을 합니다. 우리는 복음을 알고자 하지 않습니다. 우리는 우리 자신의 의(義)를 굳게 붙잡거나, 외적인 의식(儀式)들이나 형태들과 관련된 우리 조상들의 전통을 굳게 붙잡고 놓지 않습니다. 우리는 그리스도를 알고자 하지 않습니다. 복음을 전하는 자라는 말만 들어도 우리는 싫어하고, 그리스도의 이름을 높이는 성전이라는 이름만 들어도 우리는 진저리를 칩니다. 이러한 선입견이나 편견이라는 문들이 제거되어서, 듣는 귀가 주어지고, 영혼이 복음을 알게 되기를 사모할 때, 그것은 우리에게 얼마나 큰 복입니까!

하지만 슬프게도 선입견이나 편견이 제거된다고 해도, 부패나 타락의 문은 여전히 남아 있는 경우가 아주 많습니다. 우리가 죄를 사랑하는 것은 아주 강력한 장애물입니다. 만일 우리가 그리스도의 옛 원수를 숨겨주지 않았다면, 우리는 벌써 그리스도를 큰 소리로 환호하며 맞아들였을 것입니다. 우리는 우리 영혼의 참된 신랑을 맞아들이기 위해서, 우리가 이제까지 사랑해온 연인을 버리려고 하지 않습니다. 죄인들이 천국으로 향하는 길에서 만나는 큰 난관은 그들이 자신의 영혼보다도 죄를 더 사랑한다는 것입니다. 약간의 술을 마시는 것, 약간 즐기는 것, 자기가 좋아하는 것을 하는 것, 주일을 편히 쉬는 것 등등과 같이 돼지나 먹을 만한 형편없는 저 쥐엄나무 열매들인 아주 사소한 즐거움들로 인해서 우리 영혼은 그리스도를 맞아들이지 않고, 영원한 생명을 붙잡기를 거절합니다. 사람들은 자신의 멸망과 파멸을 사랑하는 것입니다. 어떤 잔에 독이 들어 있다는 것을 뻔히 알면서도 그 잔이 너무나 달콤하기 때문에, 사람들은 그 잔을 마시고 맙니다. 창녀와 어울리는 것은 곧장 지옥행이라는 것을 뻔히 알면서도 창녀가 너무 매력적이기 때문에, 사람들은 황소처럼 자신의 심장이 도살자의 창에 관통될 때까지 그 도살자를 따라갑니다. 사람들은 죄의 매력에 빠지고 죄가 거는 주문에 걸려듭니다. 사람들은 단지 일시적인 것에 불과한 은밀한 쾌락들을 버리려 하지 않고, 그 쾌락들을 얻기 위해서 자신의 영혼이 영원히 멸망당하게 될 위험까지 무릅씁니다. 하나님께서 우리에게서 죄를 사랑하는 마음을 제거해 주실 때, 문들은 들리고 열린 것입니다. 우리가 우리의 죄들을 미워하기만 한다면, 우리가 그리스도를 영접하는 것을 방해할 것이 무엇이 있겠습니까?

또 하나의 큰 문은 우리가 자기의(自己義)를 사랑한다는 것입니다. 나는 앞서 죄를 사랑하는 것이 가장 강력한 문이라고 말했고, 그 말을 수정할 생각은 없습니다. 그런데도 여전히 나는 우리가 자기의를 사랑하는 것이 더 강력한 문이라고 말하고 싶습니다. 사람들이 자기에게서 발견되는 큰 죄들을 버린다고 할지라도, 그들은 자신의 그럴 듯하지만 육신적인 의(義)는 굳게 붙잡고 있을 수 있습니다. 당신의 자기의는 당신의 죄악들만큼이나 확실하게 당신을 멸망으로 인도할 것입니다. 당신이 당신 자신이 행한 일을 의지한다면, 아무리 그 일이 당신의 눈에 선하게 보이고, 다른 사람들로부터 존경과 칭송을 받는 그런 것이라고 할지라도, 당신은 결국에는 당신을 멸망으로 인도하게 될 터를 의지하고 있는 것입니다. 당신이 잘한 일이든 잘못한 일이든 그런 것들은 당신의 구원에 아무 소용도 없는 것들입니다. 하나님은 우리가 더 이상 우리 자신을 자랑하는 것을 허락하지 않으시기 때문에, 바리새인의 자랑을 멸시하시고, 바리새인의 기도도 받지 않으십니다. 그런 문들은 반드시 들려야 하고 열려야 합니다.

또한, 마음의 성(城)으로 통하는 쇠로 된 문이라고 할 수 있는 문이 있습니다. 그 문은 모든 문들 중에서 가장 안쪽에 있는 문이고, 그 문을 열기는 정말 어려운데, 그것은 바로 불신앙의 문입니다. 아, 불신앙이여! 불신앙은 영혼들을 파멸시키고, 복음의 사역자들인 우리에게 얼마나 많은 괴로움과 근심을 가져다주고 우리를 얼마나 힘들게 하는지 모릅니다. 신앙을 갖고자 하는 사람들과 대화를 나누다 보면, 우리는 빛과 진리가 그들의 마음속으로 들어오지 못하도록 하기 위하여 그들이 얼마나 기가 막힌 술수들을 쓰는지를 보면서 놀랄 때가 한두 번이 아닙니다. 나는 사람들이 기차의 엔진과 전신장치를 비롯해서 기가 막힌 물건들을 발명해 내는 것을 볼 때보다도 순진하고 소박한 사람들이 자기가 주 예수 그리스도를 믿지 못하는 이유들을 기가 막히게 잘 찾아내는 것을 볼 때에 더 놀랍니다. 우리가 그리스도를 믿는 것이야말로 이 세상에서 가장 이치에 맞고 적절한 일이라는 것을 사람들에게 낱낱이 다 증명해 보여도, 그들은 여전히 "그렇다면 이것은 어떻게 된 것이고, 저것은 어떻게 된 것인가?"라고 묻거나, "하지만 이런 것도 있고 저런 것도 있지 않느냐?"고 온갖 의문을 제기하며 그리스도를 믿으려고 하지 않습니다. 우리가 인내심을 가지고서 그들의 모든 의문에 대해서 또다시 하나하나 다 대답해 주고나면, 그들은 또다시 "그러나 어쩌고저쩌고"라고 또다른 이유를 둘러댑니다. 나는 그런 사람들을 끝까지 추격해서 그들이 숨어 있는 구멍을 찾아내어 그 구멍을 파서 그들을 끌어내지만, 그들은 또다시 다른 구멍 속으로 들어가 버리고 맙니다. 불신앙이라는 파멸의 구덩이로부터 우리를 건져낼 수 있는 것은 오직 하나님의 은혜뿐입니다. 만일 사형선고를 받은 어떤 사람이 사면을 받고서도 여전히 자기는 단두대로 가야 할 온갖 기상천외한 이유들을 찾아내서 끈질기게 단두대를 고집한다면, 당신은 그 사람의 행동을 이상하게 여길 것입니다. 그리고 그 사람이 제시한 모든 이유들이 다 반박되고, 그의 주장이 잘못되었다는 것이 낱낱이 다 드러나서, 사면의 좋은 소식을 받아들이는 것이 옳다는 것이 분명해졌는데도, 그가 자기가 사형당해야 할 이유들을 계속해서 찾아서 주장한다면, 당신은 틀림없이 그 사람에게 이렇게 말할 것입니다: "이 어리석은 사람아, 그런 궤변들은 집어치우게. 당신의 지혜를 더 좋은 곳에 사용하시게. 먼저 당신에게 주어진 사면을 받아들이고 나서, 어떻게 해서 자기에게 사면이 내려졌는지를 살펴보는 것이 좋지 않겠나." 사람들은 하나님이 말씀하시는 것을 받아들이려 하지 않고, 그리스도의 초대를 믿으려 하지 않습니다. 사람들은 "믿으면 살리라"는 저 위대한 가르침을 받아들이려 하지 않습니다. 사람들은 끊임없이 계속해서 그 가르침을 배척하고 반대하고자 합니다. 이러한 문들이 여러분에게서 모두 다 제거되기를 빕니다!

　사랑하는 여러분, 내가 여러분에게 전하는 이 말씀을 여러분과는 아무 상관도 없는 딴 나라 이야기로 듣지 마시기를 간곡히 부탁드립니다. 그리스도께서는 당신의 마음속으로 들어가기를 원하고 계시고, 그런데 그리스도께서 들어가지 못하시도록 막는 문들이 당신의 마음속에 있다는 것을 기억하십시오. 당신의 마음속에는 그리스도께서 들어오지 못하시도록 의도적으로 닫아걸어 두고 있는 문들이 있습니다. 내가 주일마다 이 자리에 서서 그리스도를 대신해서 당신의 마음 문을 두드려 왔는데도, 아니 그리스도께서 나를 통해서 당신의 마음 문을 두드려 왔는데도, 당신은 매번 거부해 오셨습니다. 당신은 주님의 머리가 밤이슬에 젖었다는 것을 아는데도, 여전히 문들을 굳게 잠가 놓고 열어드리지 않았습니다. 그 문들은 종종 세게 흔들렸고, 내게는 그 문들이 조금 열린 것처럼 보일 때도 있었습니다. 나는 그 문틈으로 내 손가락을 넣어 열 수 있는지를 급히 살펴보기도 했지만, 그 문들을 열 수는 없었습니다. 나는 나의 주님께서 친히 그 문들을 여시기를 기도합니다. 세상에 둘도 없는 친구가 당신에게 온갖 복을 전해주기 위하여 당신을 지극히 사랑하는 마음으로 밖에 서 있는데도, 당신은 그 친구가 들어오지 못하도록 하기 위해서 계속해서 더 많은 빗장들과 자물쇠들을 만들고 있다면, 도대체 그것이 무슨 일입니까?

3. 셋째로, 그리스도께서 들어오시게 하려면 우리는 그런 빗장들을 다 제거하고자 해야 합니다.

여러분이 보시다시피, 본문은 마치 문들이 자신의 머리를 들 수 있다는 듯이, "문들아 너희 머리를 들지어다"라고 말씀하고 있습니다. 시편 기자는 마치 그 문들이 스스로 길에서 비켜설 수 있다는 듯이 말하고 있습니다. 사랑하는 친구들이여, 나는 끊임없이 여러분에게 구원은 하나님의 은혜로 말미암는 것이라고 말할 것이고, 지금도 여러분에게 그 점을 다시 한 번 역설합니다. 그렇지만 동시에 우리는 여러분의 의지(意志)에 그 어떤 호소도 할 필요가 없다는 말을 결코 한 적이 없고, 앞으로도 결코 그렇게 말하지 않을 것입니다. 우리는 하나님께서 여러분의 의지를 거슬러서 여러분을 구원하실 것이라고 말한 적도 없고, 그렇게 생각한 적도 없습니다. 우리는 어떤 사람이 예수 그리스도의 피로 씻음 받고자 하지 않는데도 불구하고 실제로는 그 피로 씻음을 받을 수 있다고 믿지 않습니다. 우리는 어떤 사람이 온 힘을 다해서 거부하는데도 주님께서 그 사람에게 의(義)의 옷을 입힐 수 있다고 믿지 않습니다. 우리는 순례자들 중에서 자기가 원한 안식을 향하여 기쁜 마음으로 자원해서 전진해 나아가는 것이 아니라 쇠사슬에 묶인 일련의 죄수들처럼 강제로 내몰려서 천국을 향해 가는 사람들이 있다고 믿지 않습니다. 우리는 여러분이 하나님에 의해서 자유의지를 박탈당한 기계들에 불과하다거나, 하나님이 목재들이나 대리석들을 만들 듯이 여러분을 성도로 만드셨다고 말한 적이 없습니다. 그렇지 않습니다. 우리는 여러분을 어떤 것을 받아들이거나 거절할 수 있는 의지(意志)를 지닌 이성적인 존재로 여기고서 말씀을 전해 왔습니다. 우리는 복음의 말씀들을 가지고서 여러분의 의지에 영향을 미치기 위해서 애써 왔습니다. 우리는 시편 기자가 문들에게 머리를 들라고 명하고 있다는 사실을 여러분에게 상기시키고자 합니다. 그러므로 우리도 여러분에게 이렇게 명령합니다. 죄인이여, 하나님의 이름으로 명하노니, 그리스도께서 당신의 마음속으로 들어오시기를 바라십시오. 왜냐하면, 그리스도께서는 우리의 의지를 거슬러서 우리 마음속으로 들어오지 않으시기 때문입니다. 주님은 우리에게 능력을 베푸서서 우리로 하여금 그것을 원하게 만드시지만, 중요한 것은 우리가 원하여야 한다는 것입니다. 우리에게 그런 소원을 주시는 것은 주님의 선물이지만, 분명한 것은 우리가 원하게 되어야 한다는 것입니다. 그리스도께서는 자기에게 나아오는 모든 영혼에게 먼저 그렇게 나아오고자 하는 마음을 주십니다. 어떤 사람은 "나는 정말 그렇게 하고 싶습니다!"라고 밀합니다. 사랑하는 친구여, 당신이 그런 소원을 갖게 된 것에 대하여 하나님께 감사하십시오. 왜냐하면, 대다수의 사람들은 영원한 생명을 얻기 위하여 하나님께 나아오고자 하지 않기 때문입니다. 어떤 사람은 "내게 그리스도께 나아가고자 하는 확실한 의지가 있는 것이 분명합니다"라고 말합니다. 나는 그런 말을 듣는 것이 기쁩니다. 왜냐하면, 우리는 사람들에게 "네가 온전하게 되고자 하느냐?"라는 질문을 하지만, 온전하게 되고자 하지 않고, 불구인 상태로 목발을 짚은 채로 절뚝거리며 걷고자 하는 사람들이 많기 때문입니다. 그들은 그리스도의 피로 깨끗하게 되어서 하나님께 믿음으로 말미암은 순종을 드리기보다는 죄인으로서 자기가 하고 싶은 대로 하면서 살아가고자 합니다.

　오늘 밤 이 자리에서 내가 전하는 말씀을 듣고 계시는 분들 가운데는 아마도 자신의 양심이 건드려지는 것을 원하지 않는 분들도 계실 것입니다. 여기 악한 일을 해서 돈을 벌고 있는 한 사람이 있다고 합시다. 그는 "설교자가 나를 불안하게 만드는 것을 나는 원하지 않아"라고 말합니다. 또한, 여기 죄악된 쾌락들이 습성화되어 있어서, 지금 그 쾌락들을 그만두는 것이 불편한 사람이 있다고 합시다. 그는 자기가 꼭 지켜야 한다고 생각하는 약속도 해놓았습니다. 그는 오늘 밤 하나님의 은혜가 자기에게 임해서 자기를 사로잡을까봐 걱정하면서도, 마치 자기가 그렇지 않은 것처럼 생각합니다. 두려워하지 마십시오. 그런 일은 당신에게 일어나지 않을 것입니다. 왜냐하면, 하나님께서는 먼저 당신을 복 주시고자 하신다는 예감이나 전조(前兆)를 당신에게 주실 것이기 때문입니다. 하나님은 당신으로 하여금 복 받기를 사모하게 만드실 것입니다. 하나님은 시원한 물 잔을 당신의 입에 갖다 대시기 전에, 먼저 당신으로 하여금 목마르게 하실 것입니다. 하나님은 자신의 보화로 당신을 부유하게 하시기 전에, 먼저 당신으로 하여금 당신이 헐벗고 가난하고 비참하다는 것을 느끼게 하실 것입니다. 그리스도께서 성문으로 들어오시기 전에, 먼저 성의 주민들은 그리스도를 영접할 마음이 준비되어 있을 것입니다. 아니, 먼저 그들은 성루에 올라가서 두 손을 높이 쳐들고 이렇게 외칠 것입니다: "영광의 왕이여, 오시옵소서! 주님을 너무 보고 싶었는데, 어서 오십시오! 내 영혼의 문들을 활짝 열어놓고서 주님을 영접할 준비가 다 되어 있으니, 오시기만 하십시오! 주님을 사모하나이다! 내가 주님이 오시기를 기다림이 파수꾼이 새벽이 오는 것을 기다림보다 더하나이다."

4. 넷째로, 우리에게 그런 소원을 줄 수 있는 것은 오직 하나님의 은혜뿐입니다.

우리에게 그러한 소원이 있어야 하지만, 그런 소원은 오직 은혜로 인하여 주어집니다. 본문은 "문들아 너희 머리를 들지어다 영원한 문들아 들릴지어다"라고 말씀합니다. "들릴지어다." 우리는 사람으로서 사람에게 말합니다. 따라서 사람에게 "들릴지어다"라고 말하여야 합니다. 그런 다음에, 우리는 찬송 받으실 이름을 지니신 하나님이 하나님으로서 무엇을 하실 수 있는지에 대하여 말합니다. 즉, 하나님은 우리에게 오셔서 우리에게 소원을 주신다는 것입니다. 그런 후에, 하나님은 오셔서, 아무리 힘센 피조물이라도 단 한 치도 옮길 수 없었던 저 문들을 자신의 큰 능력의 팔로 완전히 제거하십니다. 나는 여기에서 "문들아 너희 머리를 들지어다"라는 소리가 들려질 때, 그 성의 주민들이 그 문들을 들어올리려고 애쓰는 모습이 떠오릅니다. 그들은 온 힘을 다해서 들어올리려고 애를 쓰지만, 들어올릴 수가 없습니다. 문들이 너무 육중하고 무겁습니다. 자물쇠들은 녹이 슬어 있는 것 같습니다. 빗장들은 아주 견고해서 거의 문에 붙어 있는 것 같습니다. 성의 주민들은 "어떻게 해야 우리가 이 성문들을 열어서 왕으로 들어오시게 할 수 있을까?"라고 부르짖습니다. 그때에 안간힘을 쓰는 주민들 사이에 눈에 보이지 않게 성벽 곁에 서 있던 성령께서 능력을 발하자, 문들이 위로 올라가고, 문들은 활짝 열립니다! 이것이 하나님께서 죄인을 다루시는 방법입니다. 성령 하나님이 오셔서 우리의 연약함을 도우십니다. 성령께서는 우리가 육신으로 말미암아 연약하여 할 수 없는 그것을 우리로 하여금 할 수 있게 도우십니다. 먼저

우리에게서 죄를 사랑하는 마음이 사라지고, 다음으로 성령께서는 우리로 하여
금 우리가 더 이상 사랑하지 않는 죄를 버릴 수 있게 해주십니다. 불신앙이 우리
에게 무거운 짐이 되어서, 우리가 "주여, 내가 믿나이다 나의 믿음 없음을 도와
주소서!"라고 부르짖으면, 하나님은 우리에게서 그 불신앙을 제거해 주서서, 우
리는 믿게 됩니다. 우리가 할 수 없었던 것을 우리는 할 수 있게 됩니다. 우리에
게 그렇게 하고자 하는 소원을 주신 하나님은 우리로 하여금 할 수 있게 해주십
니다. 의지(意志)가 있는 곳에 능력이 임합니다. 하나님께서는 당신의 마음에서
완악함을 굴복시키시고 나서, 곧이어서 당신의 연약한 손을 온전히 회복시켜 주
실 것입니다. 당신이 목마르다면, 하나님은 당신에게 마시게 해주실 것입니다.
당신이 주려 있다면, 하나님은 당신을 먹이실 것입니다. 당신이 그리스도를 모
셔들이고자 한다면, 그리스도께서는 당신에게 게실 것입니다. 왜냐히면, 당신은
문들을 열 수 없지만, 그리스도께서는 그 문들을 여실 수 있으시기 때문입니다.
이 문들을 열어젖히고자 할 때에 어려운 점은 그 문들이 영원하다는 것입니다.
그리스도께서 우리 마음속으로 들어오시지 못하도록 막고 있는 문들이 어떤 의
미에서는 영원하다고 말할 수 없기는 하지만, 어쨌든 그 문들은 우리의 본성만
큼이나 오래 되었다는 것은 확실합니다. 왜냐하면, 저 태초에 인간이 타락한 때
로부터 우리의 마음속에 그런 문들이 생겨났기 때문입니다. 이 문들은 이렇게
영원한 문들이기 때문에, 그것들을 제거하기 위해 임한 은혜가 아니었으면 결코
제거될 수 없었을 것입니다. 이 문들은 현세에서와 마찬가지로 내세에서도 존재
할 것이라는 의미에서 영원합니다. 지금 그리스도를 영접하지 않는 사람은 죽어
서도 그리스도를 모시지 못할 것이고 영원토록 그를 모시지 못하게 될 것입니
다. 내세에서조차도 구주께서 들어오시지 못하도록 가로막고 있는 문들은 여전
히 존재할 것입니다. 구주께서는 그 사람의 마음에서 영원히 외인(外人)이요 객
(客)이 되실 것입니다. 마음의 문을 닫고서 그리스도를 모셔들이지 않고 있는 당
신에게 하나님께서 은혜를 주셔서 그 문을 열고자 하는 마음을 갖게 하시고, 그
래서 예수 그리스도께서 당신에게 오셔서 "영원한 문들아 들릴지어다"라고 말씀
하시고, 당신의 마음속으로 들어오시게 되기를 빕니다.

5. 다섯째로, 그리스도께서는 우리의 마음속으로 들어오기를 원하십니다.
　　우리는 어느 한 가지 주제에만 오래 머무르지 않기 위해서, 다음으로 그리

스도께서 우리의 마음속으로 들어오기를 원하신다는 것을 살펴보고자 합니다. 우리는 지금까지 그리스도께서 우리 마음속으로 들어오시기를 우리가 간절히 원하지만, 장애물들이 존재한다는 것을 살펴보았습니다. 우리는 그 장애물들을 제거하고자 하여야 한다는 것을 알고, 하나님의 은혜가 우리에게 임하여 우리가 그렇게 하는 것을 도울 것임을 압니다. 그런 후에는 어떻게 되는 것일까요? 예수께서 들어오실 것입니다. 여기에서 일단 문들이 들린 후에는 그 어떤 어려움도 없습니다. 주님이 들어오지 않으실지도 모른다는 그 어떤 의구심이나 추측도 들어설 자리가 없습니다. 문들이 들렸을 때, 주님께서 들어오시는 것은 당연한 귀결입니다. "영광의 왕이 들어가시리로다." 그렇습니다! 문들이 열렸을 때, 주님은 들어오실 것입니다. 주님은 전에도 들어오고자 하여서, 자신의 종들을 보내어, "문들을 열어라"고 말씀하셨습니다. 주님은 자기가 이 땅에서 행하기 위하여 오신 그 일을 다 이루셨습니다. 주님은 은혜를 베푸시기 위하여 기다리고 계십니다. 주님에게는 은혜를 베풀지 않고자 하시는 마음이 조금도 없습니다. 단지 우리가 은혜를 받아들이고자 하지 않는 것일 뿐입니다. 그러나 우리의 그러한 주저함이 제거되고, 문들이 열리자마자, 영광의 왕이 들어오실 것입니다. 하나님께서 내게 복을 주셔서, 이 자리에 있는 분들 중에서 구주를 영접하고 싶기는 한데, 주님께서 결코 자기 마음속으로 들어오려 하지 않으실 것이라고 생각하고 계시는 분들께 잠시 말씀을 전할 수 있게 하시기를 빕니다.

사랑하는 자여, 그런 마귀적인 생각을 받아들여서 당신의 마음을 짓누르지 마십시오. 당신이 가난하십니까? 나를 믿으십시오. 당신이 어떤 옷을 입었는지, 어떤 초라한 집에 살고 있는지, 당신의 얼굴이 땀으로 얼마나 얼룩지고 더럽혀져 있는지는 전혀 중요하지도 않고 문제가 되지도 않습니다. 그런 것들과는 아무 상관 없이 영광의 왕께서 당신에게 들어오실 것입니다. 주님은 자신처럼 피곤한 몸과 일꾼의 옷을 입고 있는 사람들의 마음속에서 살고 싶어 하십니다. 당신은 "그러나 내 몸은 죄로 더럽혀져 있습니다"라고 말할지도 모릅니다. 그러나 주님이 오시면, 주님은 자신의 임재를 통해서 그 집을 깨끗하게 하십니다. 당신은 해가 "이 세상은 너무 어두워서 내게는 어울리지 않아"라고 말하는 것을 들어 본 적이 없을 것입니다. 왜냐하면, 해가 이 세상에 오는 것은 이 세상을 밝히기 위한 것이기 때문입니다. 오랜 겨울 동안에 추위가 계속되어서 세상의 모든 것이 다 얼어붙었다고 해서, 봄에게 "세상이 네게는 어울리지 않으니 너는 와서는 안 돼"라고 말할 사람은 아무도 없을 것입니다. 왜냐하면, 봄이 오는 것은 봄의 따뜻한 온기로 꽁꽁 얼어붙은 강들을 녹이고, 땅을 푸르른 신록으로 옷 입히고, 냉기들을 다 제거해서, 자신의 손으로 이 세상을 봄에 어울리는 궁전으로 만들고, 온 세상을 만발한 꽃들로 수놓기 위한 것이기 때문입니다. 당신이 주님께서 오셔서 당신과 함께 거처하기에 마땅하지 않은 사람일지라도, 주님은 당신의 집에 오셔서 당신과 함께 사시고자 하십니다. 주님은 뿔 달린 소들이 먹는 구유에서 태어나셨습니다. 이제 주님은 전에 귀신들이 거하였던 당신의 마음속에서 태어나실 것입니다. 주님은 몸을 굽히실 때에 최대한으로 낮게 자신의 몸을 굽히십니다. 주님께서 자신의 몸을 굽히시는 것 자체도 정말 놀랍고 경이로운 일이고, 모든 사람에게 그런 식으로 굽히신다는 것도 정말 놀랍고 경이로운 일입니다. 왜냐하면, 우리 중에는 어려서부터 한 번도 욕을 한 적이 없고 방탕한 삶을 산 적도 없는 분들이 계시는가 하면, 평생 동안 큰 죄들을 저질러 온 분들도 계실 것인데도, 주님께서는 그 누구에게나 차별 없이 찾아오시기 때문입니다.

어떤 사람은 이런 의미에서 검다면, 어떤 사람은 저런 의미에서 검습니다. 당신이 술주정뱅이로 살아 오셨다면, 나는 불신자로 살아 왔습니다. 당신이 도둑질을 하며 살아오셨다면, 나는 하나님께 거짓된 가증스러운 기도를 해온 자였습니다. 나는 당신이 저질러온 어떤 죄를 저지르지 않았더라도, 당신이 저지르지 않은 어떤 죄를 저질러 왔습니다. 결국 사람이라는 것은 모두 다 거기서 거기입니다. 그리스도께서 죄인들을 구원하기 위하여 오셨다는 것, 곧 그리스도께서 자신을 낮추서서, 분별없이 죄악들을 행하여 큰 죄인인 자들을 구원하심으로써, 저 놀라운 은혜를 나타내 보이고자 하신다는 것을 우리가 전에 들었을 때에 우리의 마음이 참된 경이감으로 충만하였다면, 그것은 그렇게 놀라운 일이 아닙니다. 예수 그리스도께서는 들어오고자 하십니다. "그건 그런데요, 하지만 주님이 들어오실 수 없는 것이라면 어쩌죠?"라고 말하는 사람이 있습니다. 아, 결코 있을 수 없는 일을 가정하지 마십시오. 주님께서는 "내게 오는 자는 내가 결코 내쫓지 아니하리라"(요 6:37)고 말씀하셨습니다. "주여, 저기 흉악한 자가 오는데, 문을 닫을까요?"라고 묻는 천사들의 질문에 주님이 "아니다, 내게 오는 자는 내가 결코 내쫓지 아니하리라고 말하지 않았더냐"라고 말씀하시는 것을 들을 때마다, 천사들조차도 종종 깜짝깜짝 놀랄 것이 틀림없습니다. 긍휼의 천사는 다소의 사울이 오는 것을 보았을 때에 분명히 이렇게 말했을 것입니다: "주여, 저기

스데반의 피로 자신의 옷을 물들인 자가 옵니다. 그 사람은 많은 성도들의 피로 자신의 이빨을 붉게 물들인 사나운 이리입니다. 그는 하나님을 모독한 자요 성도들을 박해한 자입니다. 그를 받아들이지 않으시는 것이 마땅하지 않습니까?" 하지만 문이 열렸고, 사울은 들어갔습니다. 사울은 그 문을 들어섰을 때에, 밖에서 주저하며 서 있는 사람들을 향하여 이렇게 말했습니다: "내가 긍휼을 입은 까닭은 예수 그리스도께서 내게 먼저 일체 오래 참으심을 보이사 후에 주를 믿어 영생 얻는 자들에게 본이 되게 하려 하심이라"(딤전 1:16). 영혼이여, 당신이 그리스도를 모셔들이고자 하기만 한다면, 당신이 그리스도를 모시지 못할 이유는 전혀 없습니다. 당신은 반드시 그리스도를 모시게 될 것입니다. 당신이 이미 하나님의 은혜로 말미암아 "문들아 너희 머리를 들지어다 영원한 문들아 들릴지어다"라고 말하게 되었다면, "영광의 왕이 들어가실" 것입니다. 당신은 단지 마음속으로 구주를 영접하고자 하기만 한다면, 당신의 마음속에서 구주를 발견하게 될 것입니다.

6. 여섯째로, "영광의 왕이 들어가시리로다"라는 말씀을 살펴보겠습니다.

"영광의 왕"이라는 호칭은 구주를 가리킵니다. 이것은 구주의 지극히 높은 권세를 보여주는 호칭입니다. 어떻게 해야 내가 여러분에게 이 호칭을 잘 설명해드릴 수 있을까요? 영광의 왕께 속한 저 영광의 지극하고 영원한 무게를 나는 말로 다 설명할 수 없습니다. 여러분이 내가 전하는 보잘것없는 말을 뛰어넘어서 이 영광이 여러분의 마음속에서 더 잘 깨달아지게 되시기를 빕니다. 내게는 "보라, 너희의 왕이 오신다! 왕이시다! 왕이시다! 물러나거라, 길을 비켜라! 왕이 오신다!"라고 소리치는 것이 들리는 듯합니다. 한바탕 소동이 있은 후에, 숨죽인 정적이 흐릅니다. 모든 사람이 자기가 하고 있던 일을 잊어버리고, 자기가 몰두했던 생각의 실마리를 놓칩니다. 사람들의 눈이 온통 본능적으로 "영광의 왕!"이라고 외치는 소리가 들려온 쪽으로 쏠립니다. 당신이 그 왕의 지극한 권세를 알려주는 소리를 들었을 때, 전율이 당신의 뇌리를 관통하고, 당신의 마음에 충격이 가해집니다. "영광의 왕이 누구시냐?" 모든 이름 위에 뛰어난 이름과 세상의 왕들보다 더 큰 왕권을 지니신 이 왕은 그 어떤 왕과도 비할 수 없는 그런 왕입니다. "영광의 왕이 누구시냐 만군의 여호와께서 곧 영광의 왕이시로다"(시 24:10). 당신이 보고 있는 한, 그는 가까이 계십니다. 당신이 그의 지극히 높은 권세를 바라보고 있노라면, 경외감으로 당신의 숨은 멎고, 찬양과 경배가 당신의 모든 지각을 휘감습니다.

네덜란드의 헤이그에서 사역을 한 아주 언변 좋은 설교자이셨던 제임스 소린(James Saurin) 목사님은 "누가 내게 오늘 말씀을 능력 있게 전하고자 하는 나의 목적을 충족시키기 위해서 단 한 가지 소원을 말하라고 한다면, 나는 이 모임에서 내가 여러분에게 하나님을 보여드렸으면 좋겠다는 것입니다"라고 말하였습니다. 형제들이여, 내가 여러분에게 부탁드리는 것은 내가 여러분의 마음 문 앞에 영광의 왕을 모셔 와서, 여러분으로 하여금 그 왕을 볼 수밖에 없게 한다면, 여러분은 망설이지 마시고 문들을 활짝 열고서 그 왕을 모셔들이라는 것입니다. 그 왕을 보십시오! 창세 전에 아버지와 함께 가지고 계셨던 모든 영광으로 눈부시게 빛나는 그 왕을 보십시오. 여호와께서 그에게 수여하신 온갖 위엄 있는 직분들을 맡으신 그 왕을 보십시오. 자신의 승리의 여정(旅程)들을 보여주는 온갖 빛나는 트로피들로 장식된 그 왕을 보십시오. 귀를 기울여 들으십시오. 경청하십시오. 나팔을 부는 자들이 큰 나팔 소리로 그 왕의 오심을 알리는 소리에 귀를 기울이십시오. 족장들과 선지자들과 사도들이 크고 우렁찬 소리로 그 왕의 오심을 알리는 소리를 경청하십시오. 속량 받은 자들이 구름떼처럼 몰려들어서 환호하며 그 왕을 맞이하는 소리에 귀를 기울여 보십시오. 그 왕은 승전고를 울리며 당신의 마음으로 곧장 달려오십니다. 죄인이여, 당신이 그 왕을 한 번 보기만 하면, 당신은 그 왕이 자신의 온갖 위엄 있는 직함들, 자신의 놀라운 업적들을 보여주는 온갖 빛나는 기장(記章)들, 자신의 권능의 역사들로 인한 온갖 명성들을 통해서 당신이 순복하기를 권하고 계신다는 것을 분명히 알게 됩니다. 그는 영광의 왕으로서 오십니다:

> "어떤 것들에 대해서도 불평하지 마세요.
> 예수께서 오심은 다스리시기 위함이라는 것을 아세요.
> 부분적으로가 아니라 전부를 다스리시기 위해서죠.
> 불순종하는 모든 생각들은 죽어져야 해요."

여러분은 가신(家臣)들로서 그 왕에게 온전한 충성을 바쳐야 합니다. 당신은 제사장이 들어오시기를 원하십니까? 당신은 이렇게 말합니다: "그렇습니다.

그것이 내가 원하는 것입니다. 나는 그리스도께서 제사장처럼 자신의 보배로운 피를 가지고 들어오셔서, 우슬초로 나를 씻으셔서 내 죄를 없애 주시기를 원합니다." 그는 제사장으로서 오실 것입니다. 그러나 당신이 그를 당신의 왕으로 모셔들이기를 거절한다면, 그는 제사장으로서도 오시지 않을 것입니다. 어떤 사람은 이렇게 말합니다: "나는 그리스도를 선지자로 받아들이기를 정말 원합니다. 나는 하나님의 가르침들을 깨닫기 원합니다. 나는 그 가르침들을 도무지 알 수가 없기 때문에, 정말 깨닫기를 원합니다." 좋습니다. 그리스도께서는 선지자로서 오실 것입니다. 그러나 당신이 그를 당신의 왕으로도 모셔들이기를 원하지 않는다면, 그는 선지자로서도 오시지 않을 것입니다. 죄인이여, 당신이 예수 그리스도께 당신의 마음을 다스리실 수 있는 통치권을 내어드리지 않는다면, 그리스도께서는 결코 당신의 마음속으로 들어오실 수 없습니다. 자, 당신은 지금까지 당신 자신의 뜻대로 살아 왔습니다. 이제 당신은 그것을 포기하여야 합니다. 그런 멍에가 싫습니까? 당신은 "그런 것은 아닌데, 한 번도 그런 멍에를 메어본 적이 없습니다"라고 말하고 싶으십니까? 당신은 그 멍에를 메어야 합니다. 그렇지 않으면, 당신은 멸망 받을 수밖에 없는 자가 되고 말 것입니다. 자, 그 멍에를 보십시오. 그 멍에를 메기가 얼마나 쉬운지를 보십시오. 그 멍에는 당신의 어깨를 결코 짓무르게 하지 않을 것입니다. "내 멍에는 쉽고 내 짐은 가벼움이라"(마 11:30).

당신은 지금까지 당신 자신이 주인이 되어 살아 왔고, 그래서 당신의 지체들이 끊임없이 반란과 폭동을 일으켜 왔다는 것을 알고 계십니다. 당신 자신의 의지는 너무나 무능한 통치자여서, 당신의 존재 전체를 제대로 장악하지 못하였고 평화를 유지할 수도 없었습니다. 당신은 당신 자신의 욕심과 정욕의 노예로 살아 왔었다는 것을 아주 잘 알고 있습니다. 이 세상에서 술에 중독되어서 술주정뱅이로 살아가는 사람보다 더 비참한 노예가 어디 있겠습니까? 자신의 불같은 성미를 못 이기며 사는 사람을 보십시오. 그 사람은 나중에 후회하며 혐오할 무수한 것들을 행하고 말하지만, 그 성미에 휘둘려서 어리석은 짓들을 행하는데도, 조금도 자신을 통제할 수 없습니다. 자신의 악한 성미나 기질을 못 이기고 그 노예가 되어 살아가는 사람은 쇠사슬로 노에 묶여서 끊임없이 노를 저어야 하는 갤리선의 노예보다도 더 비참한 노예입니다. 당신 자신의 혐오스러운 욕심이나 정욕, 또는 변덕스러움의 노예가 되는 것보다는 그리스도의 노예가 되는 쪽이 더 낫지 않겠습니까? 나는 당신이 무슨 말을 할지를 압니다. 당신은 친구들이 당신을 비웃고 계속해서 웃음거리로 삼을 것이 겁나서, 왕이신 예수를 섬길 수 없다고 말할 것입니다. 그런데 당신이 그렇게 말한다면, 당신은 정말 형편없는 사람임에 틀림없습니다. 당신은 당신의 어리석은 친구들을 당신의 우두머리로 삼고, 당신보다 더 뻔뻔스럽게 악한 당신의 친구들의 종이 되고 싶으신 것입니까? 당신은 정말 영국인이 맞습니까? 사람들이 당신을 그런 식으로 비웃는데도, 당신이 거기에 굴복한다면, 당신은 정말 인간이 맞습니까? 도대체 당신은 어떻게 하고자 하시는 것입니까? 당신은 당신의 동료들이 조롱하고 비웃는다고 해서, 당신이 옳다고 믿는 것을 포기하려고 하는 것입니까? 정말, 나는 당신이 부끄럽습니다. 신앙을 떠나서, 나는 당신이 겁쟁이인 것이 부끄럽습니다. 분명한 것은 당신은 그들에게 이렇게 말할 수 있다는 것입니다: "너희가 나를 비웃는다면, 나도 너희를 비웃어 줄 수 있다는 것을 기억해라. 나는 너희 속에 그런 마음이 없기만을 바랄 뿐이야. 나는 나의 소신을 따라 갈 권리가 있어. 너희가 마귀를 섬기기로 결심했다면, 그건 너희가 결심한 것이니 아무도 말릴 수 없을 거야. 마찬가지로, 어둠의 왕을 섬기기로 결심할 권리가 너희에게 있듯이, 내게도 영광의 왕을 섬길 권리가 있어. 너희가 지옥에 가는 쪽을 택했다면, 나는 천국으로 가게 해줘. 너희에게는 내가 천국으로 가는 것을 막는 법을 제정할 권리가 없다는 거야."

　내가 알기로는, 일반적으로 노동자들과 사업가들, 그리고 상류층에 속하는 신사들이 자신의 동료들에 대하여 가장 가증스러운 폭군 역할을 합니다. 당신이 그리스도인이 되는 쪽을 택한다면, 당신은 자기가 상류층 사회에서 냉대를 받게 될 것이라고 확신합니다. 그렇지 않습니다. 그러나 자신들 나름대로의 민주주의를 떠드는 노동자들은 당신이 그리스도인이 되었다는 말을 들었다면, 상점 앞에서 당신을 만났을 때에, "아, 여기 장로교인이 계시네"라거나 "감리교인 양반, 잘 지내시는가" 등등과 같은 말을 당신에게 할 것입니다. 이것은 오만방자한 폭언으로 양심의 자유를 짓밟는 것이 아니면 무엇이겠습니까? 그런 일이 비일비재하게 벌어진다면, 우리가 어떻게 자유를 사랑하는 국민이라고 자랑할 수 있겠습니까? 분명히 각 사람에게는 자신의 종교를 선택할 권리가 주어져 있고, 당신에게는 어떤 사람의 종교에 대해서 간섭할 권리가 없습니다. 그러나 나의 사랑하는 친구여, 지금 당신은 사람들로부터 비웃음거리가 될까봐 걱정합니다. 당신에게 한 번 물어보겠습니다. 그리스도의 종이 되는 것과 사람의 종이 되는 것, 이 둘 중에 어느 쪽이 더 낫습니까? 당신이 어떻게 생각하든지 간에, 만약 당신이 이 질문에서 그리스도의 종이 되어서 그리스도의 십자가를 짊어지고자 하지 않는다면, 당신은 결코 천국에 들어갈 수 없고 그리스도가 주시는 면류관을 얻을 수 없습니다. "그건 그렇지만, 나는 이것도 싫고 저것도 싫습니다." 주님의 책인 성경을 펼치십시오. 당신의 삶과 행위가 거기에 기록되어 있는 대로 다스림을 받게 하십시오. 예수님의 어머니가 갈릴리 가나의 혼인잔치에서 종들에게 무엇이라고 말했는지를 여러분도 기억하실 것입니다. "무슨 말씀을 하시든지 그대로 하라"(요 2:5). 당신이 성경책에 있는 것들을 의도적으로 무시한다면, 당신은 그리스도를 섬길 수 없습니다. 아마도 여러분 중에는 내가 한 이 말이 듣기 싫은 분들도 계실 것입니다. 나는 자기가 침례교인이라고 말하면서도 침례를 받아본 적이 없는 그런 사람들을 알고 있습니다. 주님의 뜻을 알면서도 거기에 순종하고자 하지 않는 사람들도 그런 사람들과 마찬가지입니다. 주님의 뜻이 무엇인지를 알지 못한다고 말하는 형제들도 변명의 여지가 없습니다. 나는 그들이 원하였기만 한다면 주님의 뜻을 알게 되었을 것이라고 생각합니다. 그런데도 그들이 주님의 뜻을 분별하지 못한다면, 그들은 주님의 뜻에 순종할 마음이 없는 것입니다. 그러나 사람들이 주님의 뜻을 알면서도 거기에 순종하지 않는다면, 그들이 알고 있는 그리스도의 명령에 대한 그들의 의도적인 불순종이 그리스도를 완전히 배척하고 있음을 보여주는 증표일 수 있지만, 나는 그 점에 대해서는 성급한 판단을 내리고 싶지는 않습니다.

그러나 어쨌든 나로서는 그런 식으로 나의 구원을 놓고서, 그리스도의 명령에 불순종하는 모험을 하고 싶지 않습니다. 내가 순종할 수 있는 주님의 어떤 명령이 있고, 그것이 나의 본분이자 의무라는 것을 분명하게 아는데도, 내가 거기에 순종하지 못하겠다고 분명하게 선언하면서도, 내가 구원 받았음을 믿는다고 말하는 것은 뭔가 불안합니다. 분명한 것은 그런 경우에 나는 그리스도를 내 마음속으로 들어오시지 못하게 하였다는 것입니다. 당신이 그리스도를 모셔들이고자 한다면, 그리스도께서는 당신의 절대적인 주(主)가 되실 것입니다. 당신은 당신의 온갖 변덕과 완고함을 다 버려야 합니다. 왜냐하면, 그리스도께서 오시는 것은 다스리시기 위해서 오시는 것이기 때문입니다. 그리스도께서는 길을 다 마련하신 후에는 "영광의 왕"으로서 오십니다. 즉, 그리스도께서는 당신에게 영광스러운 왕, 당신이 모든 영광을 돌려서 영화롭게 해드려야 할 왕이어야 합니다. 당신은 그리스도를 마치 당신이 별 신경을 쓰지 않아도 되는 하찮은 군주쯤으로 받아들여서는 안 되고, 당신으로부터 모든 영광을 받으셔야 할 왕으로 영접하여야 합니다. 당신은 "기묘자, 모사, 전능하신 하나님, 영존하시는 아버지, 평강의 왕"(사 9:6)이신 분을 당신의 마음속으로 영접하는 것입니다. 당신은 그리스도를 평범한 손님이 아니라 당신이 가장 사랑하고 존경하는 친구, 또는 당신이 온 힘을 다해서 지극정성으로 모셔야 할 분으로 영접하여야 합니다. 그리스도는 당신에게 영광의 왕이어야 하고, 당신이 그를 영접한 때로부터 당신의 유일한 소원은 그를 영화롭게 해드리는 것이 되어야 합니다. 이것은 어려운 요구가 아닙니다. 왜냐하면, 당신이 그렇게 하는 것은 즐거움이자 천국에서의 삶에 대한 예행연습이기 때문입니다. 그리스도의 영광을 위하여 살아가는 것은 이루 말할 수 없이 시극한 복입니다. 당신이 고난을 딩한다고 할지라도, 그리스도의 영광을 위한 고난은 달콤합니다. 당신이 그리스도 때문에 멸시를 당한다면, 그를 더 영화롭게 하기 위하여 멸시당하는 것은 즐거움이 됩니다:

> "주의 이름을 위하여 내 얼굴에
> 수치와 욕이 임해도
> 주께서 나를 기억해 주시기만 한다면
> 그 수치와 욕을 난 반기며 환영하겠네."

우리로 하여금 그리스도를 영화롭게 하게 하소서. 만일 내가 천국에서 그리스도를 영화롭게 할 수 없다면, 내게 있어서 천국은 그 매력의 절반을 잃게 될 것이라고 나는 생각합니다. 내가 여기 이 아래 세상에서 그리스도의 이름을 마음껏 영화롭게 할 수만 있다면, 이 땅에서 저 거대하고 황량한 광야도 내게 천국이 될 것입니다. 그리스도인들에게는 그리스도를 영화롭게 해드리는 것이 황금으로 만든 수금이나 수정으로 된 거리들이나 진주 문들보다도 훨씬 더 소중하고 귀합니다. 그리스도께서 늘 살아 계시다는 것, 그리스도의 머리 위에 면류관이 씌워져 있다는 것, 하나님께서도 그리스도를 지극히 높이셨다는 것은 사람의 영혼에서 나오는 참된 음악이고 참된 승리의 노래이고 참된 영원한 합창입니다. 그리스도를 영화롭게 해드리는 것은 우리의 지극한 기쁨이고 승리의 노래이며, 우리의 복입니다. 우리가 그리스도의 영광을 드높일 수만 있다면, 우리가 그것을 최고로 할 수 있는 바로 그곳이 우리의 천국이 될 것입니다. 우리가 영광의 왕이신 주 예수 그리스도를 최고로 섬길 수 있다면, 병상이든 병원이든 초가삼간이든, 바로 그곳이 우리의 천국이 될 것입니다.

이제 한 해도 막바지를 향해서 빠르게 나아가고 있습니다. 우리는 올해를 "은혜의 해 1866년"이라고 부릅니다. 이 자리에 계신 분들 중에서 아직 회심하지 않으신 분들에게 올해가 진정으로 "은혜의 해"가 되시기를 빕니다. 오늘 밤 내가 그런 분들이 많이 계신 곳에 나의 그물을 던지고 있는 것은 아닐 것입니다. 내가 전하는 말씀을 듣고 계시는 분들 중의 대다수는 그리스도의 교회의 지체들이십니다. 당신이 구원 받았다는 것을 나는 믿습니다. 하지만 화원에서 자라난 잡초들처럼 여기저기에 여전히 주 예수 그리스도에 대하여 외인(外人)인 분들이 계신다는 것도 분명한 사실입니다. 나는 하나님께서 성령을 통해서 그런 분들을 움직이셔서, "구주여, 들어오시옵소서 영광의 왕이여 들어오십시오"라고 말하게 하시기를 기도합니다. 신실하신 분이자 참된 증인이신 분이 하신 이 참된 말씀이 그런 분들에게 힘이 되기를 바랍니다: "누구든지 내 음성을 듣고 문을 열면 내가 그에게로 들어가 그와 더불어 먹고 그는 나와 더불어 먹으리라"(계 3:20). 이 얼마나 복된 일입니까? 당신은 마귀와 함께 아침을 드셨고, 점심 식사는 세상과 했는데, 이제 당신이 그리스도와 함께 저녁 식사를 하시게 된다면, 그것은 얼마나 크신 긍휼하심이며, 얼마나 복된 식사를 하시는 것이 되겠습니까! 당신이 내일 아침에 깨어나면, 당신은 그리스도와 함께 아침 식사를 하시게 될 것입니다. 당신이 어린 양의 혼인 잔치에서 떡을 먹게 될 때까지, 당신은 날마다 그리스도께서 "와서 먹으라"고 하시는 말씀을 듣고 가서, 그리스도와 함께 식사를 하게 될 것입니다. 하나님께서 당신에게 복 주시기를 빕니다. 하나님께서 내 마음의 소원을 들어주신다면, 여러분 한 사람 한 사람이 자신의 영혼에게 이렇게 말하게 될 것입니다: "문들아 너희 머리를 들지어다 영원한 문들아 들릴지어다 영광의 왕이 들어가시리로다"(시 24:7).

제
26
장
—

괴로움 중에 드리는 기도

—

"나의 곤고와 환난을 보시고 내 모든 죄를 사하소서."
— 시 25:18

만일 정말 아들 압살롬이 반란을 일으켰을 때에 다윗이 이 시편을 쓴 것이라면, 우리는 다윗이 자신의 "환난"과 "곤고"라는 단어를 구별해서 사용하고 있는 이유를 쉽게 이해할 수 있을 것입니다. 아들이 반역자가 되고, 자기에게 그토록 충성을 다했던 신하들이 자신의 덕 있는 통치에 반기를 든 변절자들이 된 것은 다윗에게 그야말로 큰 "환난"이었을 것입니다. 그러한 재앙의 결과로서 다윗은 찌르는 듯한 고통을 느꼈을 것인데, 이것은 그에게 "곤고"였습니다. "배은망덕한 자녀를 둔 것은 뱀의 이빨보다 더 날카롭네"라는 찬송가 가사가 다윗의 그런 심정을 잘 대변해 줍니다. 다윗이 자신의 사랑하는 아들 압살롬의 반란으로 인해서 겪은 환난 때문에 느낀 "곤고함," 총애하던 모사(謀士) 아히도벨에게 배신을 당하고 전에 자신을 존경하고 기뻐하였던 신하들로부터 버림을 받았을 때에 다윗이 느꼈을 마음의 고통과 "곤고"는 그 누구도 추측하기 어려울 것입니다. 그래서 다윗은 하나님께 이 괴로움만이 아니라 이 괴로움이 그에게 불러일으킨 참상도 보아 달라고 기도하였습니다. 사도 베드로는 "너희가 이제 여러 가지 시험으로 말미암아 근심하게 되지 않을 수 없으나"(벧전 1:6)라고 함으로써, 마치 우리가 "시험들"만이 아니라 그 결과로 초래된 "근심"도 주목하여야 한다는 듯이 말합니다. 따라서 우리는 우리가 당한 환난만이 아니라 그 환난으로 인한 우리 마음의 고뇌와 고통도 하나님 앞에 아뢸 수 있습니다.

또한, 우리는 다윗이 왜 "내 모든 죄를 사하소서"라는 말을 덧붙여야 했는지도 알 수 있습니다. 그 이유는 다윗은 압살롬의 반란이 밧세바와 관련된 자신의 죄를 징계하시기 위한 하나님의 비밀한 목적과 연결되어 있다는 것을 알고 있었기 때문입니다. 다윗은 나단이 자기에게 자기가 사는 모든 날 동안에 전쟁이 끊이지 않을 것이라고 한 말을 상기하였고(그는 지금 그 모든 말을 다 기억해내었다), 자기가 전에 아주 달콤하게 저질렀던 저 죄를 기억해냈을 때에 그의 영혼은 쓸개즙 같은 쓰디쓴 맛을 보며 상심하게 되었습니다. 다윗이 자신에게 파멸을 가져다준 그 날을 기억하고서 자신의 더럽고 추악한 죄를 회상하고, 자기가 우리아를 어떻게 배신했었는지, 그리고 자기가 온 땅에서 하나님의 이름을 얼마나 더럽혔었는지를 생각했을 때, 그의 눈에서는 눈물이 하염없이 흘러내렸습니다. 그때에 다윗은 이렇게 말했을 것입니다: "여호와 하나님, 주께서 내게 너무나 합당한 이 환난을 보시고, 이 환난이 내 영혼에 가져다준 고통과 곤고함을 보실 때, 비록 이 환난으로 인해 내가 전에 지은 죄가 내게만이 아니라 주께도 생생하게 다시 드러나고 있지만, 주께서 나를 불쌍히 여기셔서 그 죄를 깨끗이 지워 주옵소서. 또한, 그 죄만이 아니라 그 이전과 이후에 내가 지은 그 밖의 다른 모든 죄도 사해 주옵소서. 제발 비오니, 내 모든 죄를 사하소서."

**1. 첫째로, 특정한 죄를 놓고 기도할 때에
지금까지 하나님을 거슬러 지은 모든 죄들도 함께 기억하는 것이 좋습니다.**

사랑하는 친구들이여, 우리의 영혼이 어떤 특정한 죄로 인하여 여전히 하나님의 손 아래에서 고통하며 곤고할 때, 우리는 그 특정한 죄 및 그 죄로 인한 환난과 곤고에 대하여 기도하면서, 우리가 지난날에 하나님을 거슬러 범한 모든 죄들을 기억해내어서 함께 기도하는 것이 좋습니다. 만일 다윗이 이 본문에서 단지 "나의 곤고와 환난을 기억하소서"라고만 기도하였다면, 나는 시간을 들여서 이 본문을 중심으로 말씀을 전할 가치가 있다고 생각하지 않았을 것입니다. 그러나 이 본문에서 "나의 곤고와 환난을 보시고 내 모든 죄를 사하소서"라고 두 문장이 서로 결합되어 있기 때문에, 이 본문은 우리에게 교훈을 주는 바가 아주 큽니다. 그래서 우리는 이 두 문장으로부터 성도들의 덕을 세울 만한 교훈을 얻어내고자 합니다.

우리에게 우리가 지은 죄들을 상기시켜 주는 그런 근심과 슬픔은 유익합니다. 어떤 근심들은 우리에게 곰곰이 생각할 시간을 주어서 우리로 하여금 우리가 지은 죄들을 생각할 수 있게 해주기 때문에 유익합니다. 병상은 흔히 회개의 장소가 되어 왔습니다. 어떤 사람이 날마다 아침부터 저녁까지 일에 매달려서 이리 뛰어다니고 저리 뛰어다니다 보니, 자신의 죄를 보거나 생각할 시간이 없었습니다. 그는 너무 바쁘다 보니, 자신의 영혼을 돌볼 수가 없었습니다. 그는 이 땅에서 할 일이 너무 많아서, 천국을 생각할 틈이 없었습니다. 그러나 이제 병에 걸려서 병상에 눕게 되자, 그는 일을 생각할 수 없게 되었습니다. 아니, 일에 대하여 아무리 많은 생각을 해도, 그는 그 생각을 실천에 옮길 수가 없습니다. 그는 건강이 회복될 때까지는 일을 할 수가 없고 꼼짝없이 병상에 누워 있을 수밖에 없게 되었습니다. 전에는 땀 흘리며 일하거나 여러 가지 잡다한 일들에 비쳐졌던 하루가 이제 하나님의 축복하심으로 밤의 정적과 낮의 고요함으로 바뀌었고, 그의 영혼은 그러한 정적과 고요함 속에서 "내게 돌아오라 내게 돌아오라 왜 죽고자 하느냐"는 하나님의 음성을 듣게 됩니다. 여러분 중에는 하나님의 음성을 자주 듣지 못하는 분들이 있습니까? 당신은 이 큰 도시의 요란함 한가운데서 살고 있고, 도시의 소란함이 늘 당신의 귀에 쟁쟁해서, 하늘에 계신 당신의 아버지의 작고 세미한 음성을 듣지 못하는 것입니다. 당신이 병에 걸려서 집이나 병실에서 누워 있어서, "내게 돌아오라 내게 돌아오라 내가 네게 긍휼을 베풀리라"고 말씀하시는 하나님의 음성을 들을 수 있게 되었다면, 그것은 하나님이 당신에게 큰 긍휼을 베푸신 것입니다.

그 밖의 다른 환난들도 우리의 범죄의 직접적인 결과물인 까닭에 우리에게 우리의 죄들을 일깨워 줍니다. 방탕하게 산 사람이 자신의 악으로 말미암아 생겨난 육신의 질병을 통해서 하나님의 은혜를 깨닫게 되면, 그는 자신의 병이 그 병을 초래한 자신의 악행을 하나님이 치료하시기 위한 수단이라는 것을 알게 됩니다. 우리가 죄를 지을 때에 하나님께서 우리를 징계하시는 것에 대하여 우리는 하나님께 감사하여야 합니다. 여러분 중에 누가 죄를 짓고 있는데도 그 어떤 벌도 받지 않고 그 죄를 잘 즐기고 있다면, 당신이 죄를 범하면서도 벌을 받지 않고 있는 것을 좋아하지 마십시오. 왜냐하면, 징계가 없는 것은 버림받은 자임을 보여주는 증표이기 때문입니다. 죄를 짓고도 결코 벌을 받지 않는 것은 장차 저주를 받아 지옥에 떨어지게 될 자들이라는 것을 보여주는 증표입니다. 하나님은 그런 자들이 저지른 죄악들에 대한 벌과 그들에 대한 영원한 형벌은 마지막 날의 심판 때까지 미루어집니다. 그러나 지금 이 자리에 계신 여러분 중에서 어떤 분이 자기가 지은 죄에 대한 벌을 받고 있다면, 나는 단지 그분에게 소망이 있다고 말하고 싶은 것이 아니라, 감사하시라고 말하고 싶습니다. 그는 하나님께서 자기를 버리지 않으신 것이 분명하다는 것을 기억해야 합니다. 하나님은 그를 포기하시고 마음대로 하라고 내버려 두신 것이 아니라, 정신 차리라고 회초리를 들어서 그를 징계하고 계시는 것입니다. 하나님은 그의 입에 재갈을 물리시고, 그를 세차게 끌어당기고 계시는 것입니다. 하나님께서 그에게 자신의 험악한 지난날로부터 돌이키는 복을 허락하시기를 빕니다. 방탕하고 사치스럽게 살다가 가진 재산을 다 날리고 빈털터리가 되어 누더기를 걸치고 살아가는 신세가 되었다면, 그는 자신의 누더기 옷에서 자신의 죄를 보아야 합니다. 그는 자신의 현재의 가난 속에서 자기가 이전에 방탕하게 살았던 것을 생각해 내는 것이 마땅합니다. 어떤 사람이 배은망덕함으로 인해서 친구를 잃었고, 지금 친구가 필요한데도 친구를 얻을 수 없다면, 그는 지금 자기가 파산을 당했기 때문에, 전에 자기가 얼마나 악하게 살았었는지를 곰곰이 생각할 수 있게 된 것에 대하여 하나님께 감사해야 합니다. 시간이 없어서 다 언급할 수는 없지만, 그밖에도 근심과 슬픔의 모태가 된 수많은 죄들이 있습니다. 당신이 근심이라는 자녀를 얻었다면, 당신은 그 자녀를 낳은 죄라는 어머니를 생각해야 합니다. 그리고 그 자녀에게서 벗어나고 싶다면, 하나님께 가서 당신을 그 자녀를 생산해 낸 죄로부터 건져 주시라고 구하십시오.

또한, 우리가 겪는 근심들이 우리가 지은 죄들을 그대로 빼닮아서 우리에게 그 죄들을 상기시켜 주는 경우도 있습니다. 하나님은 우리를 벌하고자 하실 때에 우리로 하여금 우리 자신의 행실의 열매를 먹게 내버려 두시는 방법을 사용하시는 경우가 종종 있습니다. 그럴 때에 하나님은 특별히 다른 조치를 취하시는 것이 아니라, 단지 우리가 뿌린 씨앗을 무르익게 하신 후에 우리로 하여금 그 열매를 먹게 하십니다. 우리는 성경을 읽으면서, 사람들이 받는 벌이 그들이 지은 죄를 빼닮은 경우를 자주 보게 됩니다. 야곱은 아버지를 속였는데, 그 후에 어떻게 되었습니까? 그는 평생 동안 내내 속으며 살아갔습니다. 그는 큰 거래를 한 사람이었고, 그와 같이 모든 사람이 그를 속였습니다. 그는 잔꾀를 써서 영리하게 남들의 것을 탈취하여 살고자 했지만, 거꾸로 남들의 봉이 되어서 탈취를 당

하며 살았습니다. 그것은 그의 성품으로 인하여 늘 그를 따라다니던 죄였고, 그
것이 그의 인생의 불행이었습니다. 어떤 사람이 자기가 할 수 있는 온갖 수단과
방법을 다 동원하는데도 늘 돈을 잃기만 한다면, 나는 그 사람에게 혹시 그가 돈
과 관련해서 어떤 죄를 지은 적이 있는지를 살펴보라고 권하고 싶습니다. 왜냐
하면, 그가 늘 돈을 잃는 것은 그가 과거에 돈과 관련해서 지은 죄 때문일 가능성
이 있기 때문입니다. 그는 돈을 너무나 사랑했을 수도 있습니다. 그는 불법적인
방법으로 돈을 벌었을 수도 있습니다. 그는 돈을 써야 할 때에 돈을 쓰지 않았을
수도 있습니다. 그런 경우에 돈을 쓰지 않고 움켜쥐고 있는 것은 위험한 일입니
다. 왜냐하면, 그가 움켜쥐고 있는 돈이 지닌 독성으로 인해서 그의 마음이 점점
부식되어 갈 것이기 때문입니다. 어떤 사람이 사업을 하는데 자꾸 손실이 발생
한다면, 그는 그 손실들이 발생한 방식과 닮은 죄를 자기가 지은 적이 없는지를
유심히 살펴보아야 합니다. 한 번의 생각으로 큰 부를 얻었다가 한 번의 생각으
로 다시 그 부를 잃은 사람들이 있다면, 그런 사람들은 어떤 형태로든 그런 거래
들을 한 것이 진정으로 합법적인 것이었다고 할지라도, 그 거래들이 어느 정도
나 합법적인 것이었는지를 꼼꼼히 살펴보아야 합니다. 그들은 하나님이 자신들
이 한 거래에 대하여 이의(異意)를 제기하신 것은 아닌지를 스스로에게 진지하
게 물어야 합니다. 그렇게 하는 것은 돈과 관련해서 우리의 의무입니다. 그리고
가족을 부양하는 것과 관련해서도 우리는 그런 질문을 던지고서 진지하게 물어
야 합니다. 당신의 자녀가 악한 삶을 살아온 것이 밝혀지거나, 당신의 자녀가 어
려서 죽음으로써 당신이 고통을 당하고 있다면, 당신은 스스로에게 "내가 그 아
이에게 어떻게 행해온 것이지?"라고 물어야 합니다. 내 자녀가 제멋대로 행하고
불순종합니까? 그렇다면, 내가 그 아이를 어떻게 양육하였는지를 곰곰이 반성해
보아야 합니다. 내 자녀가 비뚤어져 있고 심술궂고 세상적입니까? 그렇다면, 나
의 행실이 가족들에게 어떻게 비쳐졌는지를 나는 숙고해 보아야 합니다. 내 아
이의 죄들이 단지 내 죄의 판박이인 것은 아닙니까? 내가 낳은 새끼들이 내 가족
의 보금자리에 들어와서 나의 평안을 흐트러놓고 내게 근심과 슬픔을 가져다주
고 있지는 않습니까? 내 딸의 마음이 완고한 것이 내 자신의 고집을 그대로 물려
받은 것은 아닙니까? 내게 이렇게 말씀하시는 하나님의 음성이 들리십니까? "네
가 나를 어떻게 대해 왔는지를 곰곰이 생각해 보아라. 네가 네 자신이 행한 것의
열매를 먹는 것이 합당한 것이 아니겠느냐? 네가 그 열매를 낳은 것이 아니냐?

너는 나의 경고와 징계를 무시해 오지 않았느냐?" 나는 우리의 가정사들로부터 시작해서 사회에서의 우리 각 사람의 지위나 처지에 이르기까지 모든 것 속에서 그런 것들을 다 계속해서 지적할 수 있습니다. 우리는 종종 우리의 현재의 지위를 유지할 수 없어서, 섭섭하고 참담한 심정으로 더 낮은 지위로 내려오지 않을 수 없는 때가 있습니다. 그럴 때에 우리는 우리가 이전의 지위에 있을 때에 하나님 앞에서 모든 일들을 합당하게 행하였었는지를 스스로에게 물어야 합니다. 이전의 지위에 있을 때에 우리는 스스로 높아져서 헛된 교만함으로 행한 것은 아니었습니까? 어쨌든 우리는 우리 자신의 마음을 세심하고 면밀하게 살펴보아야 합니다. 내게 닥친 근심이나 슬픔이 어떤 구체적인 형태를 띠고 있다면, 그것은 바로 그런 성격을 띤 어떤 구체적인 일과 관련해서 내게 어떤 문제가 있었음을 보여주는 것입니다. 해결책을 찾을 때까지 우리는 문제가 어디에 있는지를 찾아내어야 합니다. 질병과 관련해서는, 우리가 대체로 일반적으로 짓는 죄들을 뛰어넘는 그 어떤 특정한 죄를 징계하시기 위한 하나님의 손길을 그 질병 속에서 찾아내야 하는 것인지는 확실하게 말하기 힘듭니다. 어떤 의미에서 하나님이 죄 때문에 자기 백성을 벌하시는 일은 결코 없습니다. 하나님이 사용하시는 회초리 속에는 응보(應報)의 측면이 전혀 없고, 신자들이 당하는 고난 속에는 속죄(贖罪)의 측면이 전혀 없습니다. 하나님의 속량 받은 백성들은 그리스도 안에서 이미 벌을 받았기 때문에, 율법에 정한 형벌을 이미 받은 신자들에게 또다시 형벌이 가해지는 일은 있을 수 없습니다. 그렇지만 하나님의 교회는 아버지 하나님의 치리(治理) 가운데에 있기 때문에 끊임없이 징계를 받습니다. 여러분은 사도 바울이 고린도교회에 대하여 하신 말씀을 기억하십니까? 고린도교회 신자들은 성찬을 대수롭지 않게 여겨서 제멋대로 행하였습니다. 그들은 자기가 먹을 떡과 포도주를 각자 가져왔습니다. 그래서 어떤 사람들은 배불리 먹었고, 어떤 사람들은 굶주렸습니다. 게다가 그들은 그 밖의 다른 교회 질서들을 깨뜨리는 일도 다반사로 하였습니다. 사도 바울은 "그러므로 너희 중에 약한 자와 병든 자가 많고 잠자는 자도 적지 아니하니"(고전 11:30)라고 말합니다. 이것을 통해서 나는 적어도 초대 교회에서는 질병은 하나님이 교회에서의 범죄들 때문에 그 지체들에게 보내셨을 가능성이 높다는 결론을 내리게 됩니다. 오늘날에도 그렇게 쉽게 확인될 수 없는 방식으로이긴 하지만, 기독교회의 지체들에게 질병을 통한 이러한 거룩한 징계가 여전히 행해지고 있을 가능성이 있지만, 나는 이 문제에 대해서는 확실하게 말씀드리기가 어렵습니다. 일반 섭리 속에서는 하나님이 사람들을 벌하시지만, 하나님의 백성에게는 특별한 섭리가 존재하기 때문에, 형통의 시원한 물줄기와 마찬가지로 역경(逆境)의 격류도 하나님의 손길로 돌린다고 해도, 분명히 그것은 가혹하거나 부당한 것은 아닙니다. 그러므로 그리스도인이 자신의 육신을 통해 징계를 받고 있다는 것을 발견하였을 때, 그는 하나님께 나아가서 이렇게 기도하는 것이 마땅합니다: "주께서 왜 나와 다투시는지를 내게 보여주소서. 나의 아버지 하나님, 왜 주께서는 내게 회초리를 드신 것입니까? 주께서는 자의적으로 사람들에게 괴로움이나 근심을 주시는 분이 아니십니다. 주의 징계는 마음이 돌아서서서 우리에 대한 사랑을 그치셨기 때문에 오는 것이 아니라, 주의 공의를 따라 우리를 책망하셔서 고치시기 위한 것입니다. 그러니, 아버지 하나님, 나를 징세하시는 이유가 무엇인지를 말씀해 주옵소서. 주께서 그 이유를 아실진대, 그 이유가 무엇인지를 내게 말씀해 주옵소서. '내가 너무나 좋아하는 우상이 내게 있고, 그 우상이 무엇이든지 간에, 나를 도우서서 나로 하여금 그 우상을 내 마음의 보좌로부터 몰아내고 오직 주만을 섬기게 하옵소서.'" 우리는 종종 우리에게 닥친 근심이나 슬픔의 형태를 보고서 우리가 어떤 죄를 지었는지를 알 수 있습니다.

우리에게 닥친 근심이나 슬픔이 세상에 젖어 살던 우리를 깨어나게 해서 우리로 하여금 우리의 죄들을 깨닫게 해줄 때, 그것은 우리에게 너무나 큰 복입니다! 우리의 보금자리가 있고, 그것은 아주 예쁘고 원만하며 아늑한 보금자리입니다. 그동안 우리는 우리가 구할 수 있는 것들 중에서 가장 부드러운 깃털들과 땅에서 나는 흙들 중에서 가장 고운 흙들을 아주 열심히 긁어모아서, 불철주야로 우리의 보금자리를 아주 아늑하고 따뜻한 곳으로 만들기 위해 애써 왔습니다. 우리는 그 보금자리에서 오래 지낼 작정이었습니다. 우리는 사나운 비바람을 피하고, 우리의 발을 차가운 이슬 가운데에 두지 않고, 구름 위로 오르느라고 우리의 날개를 혹사시키지 않고, 아주 편안하고 안락하게 오랫동안 그 보금자리에서 살 생각이었습니다. 그러나 갑자기 가시가 우리의 보금자리 속으로 들어왔습니다. 우리는 그 가시를 빼내려고 애를 썼지만, 애를 쓰면 쓸수록, 고통만 심해졌고, 그 가시는 우리의 보금자리 속으로 더 깊이 박혔습니다. 그러자 우리는 비로소 날개를 펴서 날아오르기 시작하였고, 창공으로 날아오르자, 환경이 바뀌었고, 우리의 영혼도 바뀌었습니다. 우리는 보금자리에 살고 있는 동안에는 한 번도 부르지 않아서 오랫동안 잊고 있던 옛 노래, 즉 땅에서 날아올라 비상(飛上)하여 하늘과 소통하는 자들이 부르는 노래를 다시 부르기 시작하였습니다. 그렇습니다. 하나님께서 우리에게서 건강이나 인생의 낙(樂)이나 자녀나 친구를 빼앗아 버리실 때, 그때서야 비로소 우리가 하나님을 생각하게 되는 일이 비일비재하게 일어납니다. 그때에 우리는 피조물에 대하여 염증을 느끼고 세상에서 돌아섭니다. 우리는 물을 담을 수 없는 "터진 웅덩이들"(렘 2:13)을 버리고, 차고 넘치는 샘을 찾아 나서기 시작합니다. 이렇게 우리에게 닥친 근심이나 슬픔은 우리를 하나님께로 몰아가서, 하나님의 얼굴빛 속에서 우리로 하여금 우리의 죄들을 보고 근심하고 슬퍼하게 만듭니다. 이것은 우리에게 큰 복입니다.

또한, 종종 우리의 근심이나 슬픔은 우리에게 우리의 배은망덕함을 일깨워 줍니다. 당신은 건강이 좋지 않습니다. 비로소 당신은 자기가 건강했을 때에 얼마나 배은망덕한 삶을 살았는지를 떠올리게 됩니다. 당신은 가난하게 됐습니다. 비로소 당신은 자신의 잘못을 깨닫고서, "내가 지금이라면 그 어떤 음식도 달게 먹었을 텐데, 전에는 좋은 음식을 먹으면서도 불평하곤 했었구나"라고 말하게 됩니다. 당신은 "지금 입으면 너무나 따뜻해서 좋아했을 그런 옷을 전에는 내가 초라한 옷이라고 짜증을 냈었구나"라고 말합니다. 은혜들을 잃어버릴 때까지는 그 은혜들이 얼마나 소중한 것들이었는지를 깨닫지 못한다는 속담이 있습니다. 그런 속담이 옳다는 것은 우리에게 큰 수치입니다. 우리는 하나님께서 그런 진리를 우리에게 가르치시기 위하여 우리를 역경이나 곤경에 처하게 하여 쓴 맛을 보게 하시기 전에 하나님께 감사하는 법을 배워야 합니다. 이렇게 우리에게 닥친 근심이나 슬픔은 우리에 대한 하나님의 책망의 역할을 수행합니다. 그림자가 드리워지고 밤이 되어서 우리가 하나님의 선하심을 볼 수 없게 될 때까지는 결코 진심으로 감사하거나 찬송하지 않았던 그 선하심을 우리 속에서 기억나게 하는 것은 바로 근심과 슬픔입니다. 사람들이 저지르는 죄악들 중에서 배은망덕함보다 더 악한 죄악이 없는데도, 우리는 자신의 배은망덕함에 대해서는 그 어떤 죄들보다도 하나님 앞에서 별로 슬퍼하지 않습니다. 존 번연(John Bunyan)이, 자신의 친구를 잊어버린 사람은 그 친구에게 배은망덕한 것이지만, 자신의 구주를 잊어버린 사람은 자기 자신에게 무자비한 짓을 행한 것이라고 한 말은 너무나 지당한 말입니다. 또, 어떤 저자는 "우리는 기쁜 일들이 생겼을 때에는 별로 놀라지 않고 그 기쁜 일들이 사라졌을 때에는 놀라는 반면에, 비통한 일들이 닥쳤을 때에는 몹시 놀라지만 그 비통한 일들이 사라졌을 때에는 당연한 일로 여긴다"고 말했습니다. 여러분이 모두 다 알고 계시듯이, 히스기야가 남긴 큰 오점(汚點)은 하나님이 그에게 생명을 연장해 주시는 큰 은혜를 받고나서 그의 마음이 허영으로 높아져서 하나님께 감사를 드리지 않았다는 것입니다. 감사하지 않는 마음으로 인해서 은혜를 베푸신 하나님의 진노를 불러일으키는 것은 결코 작은 일이 아닙니다. 그 죄가 무겁기 때문에, 우리의 회개도 진실하고 진지하지 않으면 안 됩니다.

또한, 종종 근심이나 슬픔은 우리에게 우리가 전에 지금 우리와 같은 그런 근심이나 슬픔을 겪는 사람들을 불쌍히 여기지 않은 죄를 일깨워 줍니다. 그래서 어떤 사람은 "내가 전에는 모 여사가 예민하다고 비웃곤 하였는데, 이제 내가 직접 그런 고동을 겪어보니, 전에 내가 그녀에게 그렇게 못되게 굴었던 것이 가슴이 아픕니다"라고 말하게 됩니다. 또, 어떤 사람은 "나는 모 씨가 언제나 우울해 있어서 그를 바보라고 생각해 왔는데, 지금 내가 그런 우울감에 빠져서 헤어나올 수 없는 일을 겪어보니, 전에 그를 안 좋게 생각했던 것이 후회가 됩니다"라고 말합니다. 그렇습니다. 만약 우리가 감옥에 대하여 더 잘 알고 있다면, 우리는 죄수에 대해서 더 큰 연민을 느끼게 될 것입니다. 만약 우리가 궁핍함으로 인한 고통을 더 잘 알게 된다면, 우리는 가난한 자들에 대하여 더 큰 연민을 느끼게 될 것입니다. 우리가 겪는 근심이나 슬픔은 흔히 우리에게, 하나님의 징계를 받아 고통을 당하는 사람들을 전에 우리가 너무 가혹하게 대했던 것을 일깨워 줍니다.

또한, 하나님께서는 우리가 하나님의 가르침을 소홀히 하고 있다는 것을 경고하시기 위하여 환난을 보내시는 경우가 있습니다. "내게 이런 회초리가 웬말인가?" "내게 이런 채찍과 재갈이 웬말인가?" 그것은 내가 "무지한 말이나 노새 같이"(시 32:9) 행하였기 때문입니다. 만일 내가 강단에서 들려왔던 하나님의 음성에 귀를 기울였더라면, 또는 내가 성경이 내게 주신 권면들을 경청하였더라면, 또는 내가 내 영혼 속에서 일어난 성령의 감동들에 조금만 더 관심을 기울였더라면, 또는 내가 적어도 내 양심의 소리를 알아차리기만 했더라면, 이 모든 환난이 내게 닥치는 일은 결코 없었을 것입니다. 여러분도 아시겠지만, 우리가 어린 시절에 교과서에서 읽었던 한 우화가 있습니다: 한 소년이 사과나무에 올라갔는데, 한 선한 사람이 좋은 말로 그를 타일러도, 그 소년은 내려오지 않았습니다. 이번에는 그 사람이 그 소년에게 나뭇가지들을 던지며 내려오라고 했지만, 그 소년은

들은 체 만체 하였습니다. 그러자 마침내 그 사람은 돌들을 던졌고, 그 소년은 어쩔 수 없이 나무에서 내려올 수밖에 없었습니다. 하나님이 할 수 없이 돌들을 던지셔서, 우리가 그 돌들에 맞아 상했다면, 우리는 이렇게 말하는 것이 마땅합니다: "주의 가벼운 징계들에 우리는 꿈쩍도 하지 않았습니다. 주께서 온유하신 말씀으로 타이르시고, 우리의 육신을 상하게 하지 않고 오직 우리의 양심만을 건드리시기 위해서 나뭇가지들로 우리를 징계하실 때에도, 우리는 비웃었습니다. 그러니 우리가 주께로부터 돌을 맞아 마땅합니다!" 하나님은 우리가 행복해 하는 것을 기뻐하시고, 우리가 근심하거나 슬퍼하는 것을 기뻐하지 않으십니다. 하나님은 회초리를 사용하는 것을 늘 싫어하십니다. 징계하지 않는 아버지는 지혜롭지 못한 아버지이지만, 아무것도 아닌 일에 징계하는 아버지는 훨씬 더 나쁜 아버지입니다. 하나님은 자기 백성을 징계하시지만, 회초리를 드시기까지는 오랜 시간이 걸립니다. 하나님은 자신의 자녀들을 치시는 것을 원하지 않으십니다. 하나님께서 마침내 회초리를 사용하시게 되었다면, 그것은 우리의 악행을 고치시기 위해서 그 방법 외에는 다른 방법이 없으셨기 때문입니다. 그리스도인들이여, 당신이 근심이나 슬픔 가운데에 있다면, 당신의 하나님 여호와 앞에서 낮아져서, 욥이 했던 대로 "무슨 까닭으로 나와 더불어 변론하시는지 내게 알게 하옵소서"(욥 10:2)라고 물으십시오.

나는 이 자리에 계신 분들 중에서 자기 눈앞에 하나님을 경외함이 없는 분들이 지금까지 내가 말씀드린 것에 비추어서 하나님을 바라보게 되시기를 바랍니다. 당신이 겪고 있는 괴롭고 힘든 일들을 놓고 기도하고 싶으시다면, 당신이 저질렀던 죄들도 아울러 기억해 내어서 기도하십시오. 당신이 지금 당신을 괴롭히고 있는 특정한 시련으로 인해서 하나님께 나아가야 하겠다고 느끼신다면, 당신에게 끈질기게 붙어 다니는 죄들도 아울러 가지고 나아가십시오. 그 두 가지를 하나로 묶어서 하나님 앞에 가지고 나아가, "나의 곤고와 환난을 보시고 내 모든 죄를 사하소서"라고 기도하십시오. 우리는 지금까지 첫 번째 대지를 살펴보았는데, 그것은 우리는 우리에게 닥친 근심이나 슬픔을 통해서 우리가 저질렀던 죄들을 기억해 내는 것이 마땅하다는 것입니다.

**2. 둘째로, 우리에게 닥친 근심이나 슬픔만큼이나
우리의 죄들에 대해서도 진지하게 생각하는 것이 좋습니다.**

　　이것은 진정으로 회개하는 자임을 보여주는 증표입니다. 여러분은 뉴게이트(Newgate) 교도소 채플을 담당하고 계시는 목사님이 보내온 최근의 "보고서"를 통해서 하신 말씀을 들으셨을 것입니다. 그 내용인 즉은, 설교자가 영적인 것들에 대하여 말하면 많은 죄수들이 아주 크게 회개하는 체하지만, 그들에 대한 벌을 전하고자 하면, 어떻게 해서든지 그런 메시지를 피하려고 애를 씀으로써, 그들이 진정으로 회개한 자들이 아니라는 것을 그대로 드러낸다는 것입니다. 그들은 재판이 열리기 전에는 자기가 얼마 동안이나 징역을 살게 될 것인지에 대하여 자주 묻고, 복역 중에는 채플 담당 목사님을 통해서 어떻게든 자신에게 유리한 것들을 챙겨보려고 애쓴답니다. 이것은 그들이 자기가 지은 죄를 생각하고 회개하기보다는 어떻게 하면 벌을 덜 받을지에 골몰하고 있음을 보여주는 것입니다. 그들은 자기에게 희생된 사람의 목숨을 빼앗은 살인 행위를 회개하는 것이 아니라, 이 세상에서의 자신의 삶을 끝장내 버릴 단두대가 무서워서 회개하는 저 불쌍하고 비참한 사형수들과 다른 것이 없습니다. 그런 사람들이 많습니다. 그러니, 내가 하나님께 나아가서, 내게 닥친 근심이나 슬픔을 내게서 없애 주시기만을 기도한다면, 그 기도는 도대체 어떤 기도란 말입니까? 그런 기도를 하는 나는 진정으로 회개하는 자가 아닙니다. 나는 회초리를 맞을 때에는 잘못했다고 말하며 엉엉 울다가도, 그 시간이 지나면 언제 그랬냐는 듯이 또다시 똑같은 잘못을 반복하는 어린아이와 같습니다. 우리가 하나님의 참된 자녀이고, 진정으로 회개하는 심령이라면, 우리는 우리가 저지른 죄에 비하면 회초리를 맞는 것은 아무것도 아니라고 느끼는 것이 마땅합니다. 우리는 이렇게 말해야 합니다: "주여, 나를 치소서! 주께서 내 죄를 사해 주시기만 한다면, 나는 주의 회초리를 견딜 수 있습니다. 내 죄가 사함 받았으니, 주여, 있는 힘껏 나를 치소서." 착한 아이는 이렇게 말할 것입니다: "아버지, 아버지는 나의 잘못을 용서해 주셨습니다. 내가 벌을 받아야 한다면, 달게 받겠습니다. 내가 걱정하고 근심하는 것은 내가 벌을 받게 된 것이 아니라, 나의 죄가 아버지를 진노하게 하고 나를 벌하시게 만들었다는 것입니다." 자신의 근심이나 슬픔만이 아니라 자신이 저지른 죄들에 대해서도 진지하게 생각하는 것이야말로 그 사람이 진정으로 회개한 자임을 보여주는 증표입니다. 당신이 그렇게 했을 때에만, 하나님이 당신을 징계하시기 위하여 근심하고 슬퍼하게 하신 목적이 이루어진 것입니다. 하나님이 당신에게 환난을 보내시는 것은 당신으로 하여금 당신 자신을 보게 하시기 위한 것입니다. 즉, 당신의 연약함, 당신의 우매함, 당신의 죄악됨, 하나님에게서 멀리 떠나 있는 당신의 모습을 보게 하시기 위한 것이라는 말입니다. 당신이 좋아했고 달콤하게 여겼던 그러한 죄들이 당신에게 쓰게 느껴지고, 당신의 영혼이 그 죄들을 역겨워하고 메스꺼워하게 될 때, 당신에게 닥쳤던 환난은 떠나게 될 것입니다. 그러나 당신이 여전히 왼손으로는 죄를 붙잡고 오른손으로는 하나님의 자비를 붙들고자 한다면, 당신의 등에 계속해서 회초리가 가해질 것입니다. 왜냐하면, 당신은 아직 회초리나 그 회초리를 예비하신 분을 두려워하고 있지 않기 때문입니다. 지금 이 자리에 환난을 당하고 계시는 분이 계신다면, 오늘 밤 당신의 기도를 바꾸십시오. 당신이 "주여, 나의 사랑하는 아들에게서 병이 떠나가게 해주옵소서"라고 기도해 오셨다면, 이제부터 당신은 "주여, 주의 뜻이라면, 내 아들을 고쳐 주소서 그러나 무엇보다도 내 죄를 사해 주소서"라고 기도해야 합니다. 오늘 밤 여러분 중에 아주 가난하거나 몸이 좋지 않거나 죄의식이 있으신 분이 계신다면, 당신은 침상 곁에서 무릎을 꿇고서, 하나님께 당신의 건강을 회복시켜 주시라고, 또는 가난에서 벗어나게 해주시라고 기도하시되, 아울러서 동일한 진지함으로 당신의 죄들을 사해 주시라고 기도하시기를 간곡하게 부탁드립니다. 만일 그렇게 하지 않는다면, 그것은 당신이 진정으로 회개하는 자가 아니라는 것을 보여주는 증표이고, 하나님의 보내신 환난이 당신에게 그 크고 선하신 목적을 이루지 못하였음을 보여주는 증표가 될 것입니다.

3. 셋째로, 근심과 죄, 이 두 가지를 모두 하나님 앞에 가져가십시오.

다윗이 자신의 근심과 슬픔을 가져간 곳은 하나님 앞이었습니다. 다윗이 자신의 죄를 가져간 곳도 하나님 앞이었습니다. 그러므로 우리는 우리의 근심이나 슬픔을 하나님께 가져가야 한다는 것을 명심하십시오. 저기에 앉아 계시는 사랑하는 자매님, 당신은 당신의 근심을 어디로 가져가십니까? 당신의 이웃집 아주머니나 이 여사나 김 여사에게 가져가십니까? 우리는 이 땅에 있는 어떤 친구의 귀에 우리의 슬픈 사연을 쏟아놓는 것을 너무너무 좋아합니다. 신중하고 분별 있게 행하기만 한다면, 그렇게 해도 당신은 얼마간의 위로를 받을 수 있습니다. 그러나 나는 다음과 같은 찬송가 가사가 틀리지 않다고 생각합니다:

"당신은 아무 말도 안 했습니까? 다시 한 번 생각해 보세요.

당신이 불평할 때에 말들이 빠르게 흘러가서
상대방의 귀를 당신의 염려가 잔뜩 담긴 서글픈 이야기로 채우네요.
인생의 절반이 그렇게 헛되이 흘러갑니다.
당신의 사정을 하늘에 아뢰세요.
그러면 당신은 주께서 내게 행하신 일을 들으라고 말하며
늘 기쁜 노래를 부르게 될 것입니다.”

　어린아이들은 무슨 일이 생기면 쪼르르 달려가서 어머니나 아버지에게 말합니다. 여러분도 그렇게 하십시오! 당신의 아버지 하나님께로 가서 말하십시오. 당신의 형제들에게 말할 수 있는 기회는 얼마든지 있을 것이니, 먼저 당신의 아버지 하나님께 당신의 사정을 알게 하십시오. 우리는 흔히 다른 사람들에게 폐를 끼치지 않으려고 우리의 고민들을 그들에게 말하는 것을 주저합니다. 우리가 먼저 우리의 고민들을 하나님 앞에 가져가는 것을 원칙으로 삼았다면, 우리는 그 고민들을 다른 사람들에게 말하는 것을 주저하는 것이 마땅합니다. 아무리 작은 근심이나 슬픔이라도 하나님께 가져가십시오. 하나님은 당신의 머리카락까지 다 세시는 분이시니까요. 아무리 큰 근심이나 슬픔도 하나님께 가져가십시오. 하나님은 자신의 손바닥에 온 세계를 다 담으실 수 있는 분이시니까요. 당신이 지금 고민하는 것이 무엇이든지, 하나님께 가지고 나아가십시오. 그러면 당신은 하나님이 그 고민을 기꺼이 들어주시고 해결해 주시는 것을 발견하게 될 것입니다.

　그러나 우리는 우리의 죄들도 하나님께 가지고 나아가야 합니다. 사실, 이것이 더 어려운 일일 것입니다. 죄인은 자기가 홀로 이 싸움을 싸워야 하고, 자신의 악한 성품과 혼자 싸워야 하며, 자신의 욕심들과 자기를 늘 괴롭히는 죄들과 싸워나가야 한다고 생각합니다. 그러나 싸움을 시작하자마자, 그는 이길 수 없음을 알게 되고, 그 결과 아예 싸움을 포기하고 싶어집니다. 형제들이여, 당신의 죄들을 하나님께 가지고 나아가십시오. 당신의 죄들을 십자가 앞으로 가지고 나아가서서, 그리스도의 피가 그 죄들 위에 떨어져서 그 모든 죄책을 깨끗하게 하고 죄의 권세를 제거할 수 있게 하십시오. 당신의 죄들은 모두 다 죽임을 당해야 합니다. 당신의 죄들을 죽일 수 있는 곳은 오직 한 곳뿐인데, 그곳은 당신의 구주께서 죽으신 바로 그 제단입니다. 당신이 당신의 죄들을 채찍질하고자 한다면, 당신의

구주의 어깨를 찢어놓았던 바로 그 채찍으로 그 죄들을 응징하십시오. 당신이 당신의 죄들을 못 박고자 한다면, 당신의 주를 십자가에 단단히 못 박았던 바로 그 못들로 그 죄들을 못 박으십시오. 나는 당신이 악과 싸울 때에 당신의 위대한 보증(保證)이신 이에 대한 믿음과 당신을 위해서 그렇게 많이 고난당하신 이에 대한 사랑으로 싸우라고 말하는 것입니다. 성경은 하늘에 있는 성도들이 "어린 양의 피로 이겼다"고 말씀합니다(계 12:11). 이것은 당신이 어떻게 이겨야 하는지를 보여줍니다. 당신의 죄들을 가지고서 예수께로 나아가십시오. 예수 없이는 당신에게는 그 어떤 힘도 있을 수 없고, 그 누구도 당신을 도울 수 없습니다. 당신은 당신의 모든 죄들을 주님께 다 맡기기 위해서 그 모든 죄를 고백하면 됩니다. 주님은 죄인들을 받아 주십니다. 죄인들이 자신의 죄를 들고 와서 회개하면, 주님은 그 죄들도 받아 주십니다. 하나님께서는 주님께 자기 백성의 모든 죄를 다 담당시키셨기 때문에, 당신은 당신의 죄들을 가져다가 예수의 손에 다 맡길 수 있고, 그럴 때에 예수께서는 자신의 공로를 내세우셔서 그 모든 죄를 사해 주시고, 자신의 긍휼하심으로 말미암아 그 죄들을 다 없애 주실 것입니다. 그러면, 당신은 기뻐하며 돌아오게 될 것입니다.

우리는 우리가 당하는 근심이나 슬픔 및 우리의 죄들과 혼자 싸워서는 결코 이길 수 없다는 것을 앞에서 말했지만, 이제 여기에서는 주 예수 그리스도께서는 아무리 큰 근심이 있는 사람이나 아무리 큰 죄를 범한 사람도 다 받아 주신다는 말을 추가로 덧붙일 수 있습니다. 지극히 큰 근심에 싸여 있는 사람은 주님 앞에 나아오십시오. 지극히 큰 근심에 싸여 있는 사람이란 절망 가운데 있는 사람, 모든 것이 끝나 버린 것 같은 사람, 너무나 큰 어려움으로 인해서 가장 비이성적인 일들을 하고자 하는 저 가련한 영혼, 이를테면 자신의 손으로 목숨을 끊어서 현세에서 미지의 세계로 자신을 던져 버리려는 저 악하고 사탄적인 유혹에 자신을 내주고자 하는 사람을 의미합니다. 근심에 빠져 있는 자여, 지금 예수께로 나아가십시오. 그가 따뜻한 마음으로 당신을 맞아주실 것입니다. 당신은 친구로부터 버림을 받았습니까? 전에 연인이었거나 잘 알고 지내던 사람들이 당신의 적이 되었습니까? 그렇다면, 사람들의 동정(同情)을 구하지 말고, 가장 우선적으로 저 위대한 보이지 않는 도우시는 이에게 나아가서 눈물로 당신의 사정을 아뢰십시오. 그분 앞에 나아가서 무릎을 꿇고서, 당신의 마음을 갈기갈기 찢어놓은 일이 무엇이었는지를 낱낱이 다 고한 후에, 그분이 당신과 함께 하겠다고 한 약속을 제시하며 호소하십시오. 그러면 다른 모든 것은 다 거짓되다고 할지라도, 그분만은 진실하시다는 것을 당신은 알게 될 것입니다. 또한, 그리스도께서는 지극히 큰 근심이나 슬픔에 싸여 있는 사람만이 아니라 지극히 큰 죄악을 저지른 사람, 그러니까 단지 죄악을 범한 사람인 것이 아니라 특히 지극히 큰 죄악을 범한 사람도 환영해 주십니다. 당신의 죄가 너무나 극악무도해서, 내가 여기에서 그 죄를 입에 올리는 것조차 어려운 죄를 당신이 범했다고 할지라도, 그리고 당신이 저지른 죄의 권세가 너무나 엄청나서, 죄수의 발에 묶인 쇠사슬이나 쇠공처럼 당신이 그 죄의 권세로부터 도저히 빠져나올 수 없다고 할지라도, 당신의 모든 죄를 가지고서 예수께 나아오십시오. 지옥에서 튀어나온 것 같은 너무나 흉악한 죄인인 당신, 지옥의 문에서 가장 가까운 사람인 당신, 마귀들과 놀다 보니 거의 마귀가 되어 버린 당신, 주홍빛 같은 죄악에 니무 깊이 빠져 있다 보니 그 주홍빛이 당신의 존재의 모든 씨줄과 날줄에 다 배어 버린 당신, 안과 밖이 온통 다 검은 당신, 그런 당신이라고 할지라도, 구주께로 나아와서, 이렇게 말하십시오: "나의 곤고와 환난을 보시고 내 모든 죄를 사하소서." 이 두 가지 조건이 둘 다 당신에게 충족되어서, 당신이 지극히 큰 근심이나 슬픔에 싸여 있는 자이기도 하고, 동시에 지극히 큰 죄를 저지른 사람이라 할지라도, 구주께 나아오십시오. 긍휼의 문은 활짝 열려 있습니다. 그리스도께서는 지성소를 여셨을 때에 단지 조금 열어 놓으신 것이 아닙니다. 그리스도께서 십자가에서 죽으셨을 때, 성소의 휘장이 위에서 아래까지 둘로 찢어졌기 때문에, 이 세상에서 살았던 사람들 중에서 가장 큰 죄를 지은 사람도 그리스도를 통해서 그의 피가 뿌려진 시은좌(施恩座)로 나아갈 수 있습니다. 하나님의 놀라운 긍휼하심을 보십시오! "하늘이 땅보다 높음 같이 내 길은 너희의 길보다 높으며 내 생각은 너희의 생각보다 높으니라"(사 55:9). 따지고 보면, 죄도 결국은 피조물에 속한 것이지만, 긍휼하심은 창조주의 속성이고, 창조주의 속성은 피조물의 잘못을 삼켜 버립니다. 그래서 성경은 하나님께서 "우리의 모든 죄를 깊은 바다에 던지실" 것이라고 말씀합니다(미 7:19). 너무나 큰 근심이 있고 지극히 큰 죄를 저지른 사람도 주님께로 나아오실 수 있습니다!

또한, 우리는 하나님께서는 우리의 근심과 우리의 죄들을 똑같이 쉽게 제거하실 수 있으시다는 말을 덧붙여야 합니다. 아무리 큰 어려움들도 전능자와 마주치면 온데간데없이 사라져 버리는 것은 정말 기이하고 놀라운 일입니다. 의사가 포기한 병자가 고침 받은 일도 흔히 있어 왔습니다. 의사가 그 병자를 포기한 것은 어쩌면 그 병자에게 잘 된 일이었습니다. 왜냐하면, 사람의 능력이 끝난 곳에서 하나님의 능력이 시작되기 때문입니다. "인간에게 절망인 것이 하나님께는 기회이다"라는 옛 속담이 있는데, 그것은 정말 옳은 말입니다. 하나님께서 원하시자마자, 열병은 떠나가고 병들은 사라집니다. 병사가 대장의 명령에 따라 오고가듯이, 하나님께서 죽음에게 "가라"고 명하시면 죽음은 떠나가고, "오라"고 명하시면 옵니다. 이런 일은 우리 주변에서 일어납니다. 구름이 잔뜩 낀 것처럼 어둡게 시작된 하루가 청명한 하늘에 서쪽으로 지는 해로 끝나는 일이 얼마나 비일비재합니까! 거지가 거름더미에서 일어나서 군왕들 사이에 앉게 된 경우도 얼마나 자주 있었습니까! 여러분 중에 지난날의 자신의 처지를 되돌아보았을 때에 현재의 자신의 형편에 깜짝 놀라는 분들이 계신다고 하여도, 그것은 전혀 이상한 일이 아닙니다. 오늘 아침에 나는 한 신사분과 대화를 나누는 중에, 그 신사분께서 내게 이렇게 말씀하시는 것을 들었습니다: "나는 우리 집 식구들이 낭비하는 것을 보면 참을 수가 없는데, 내가 그렇게 된 이유 중의 하나는 이것입니다. 이 세상에서 하루에 딱 한 끼밖에 먹을 수 없었고, 그것도 한 끼 식사라는 것이 딱딱한 빵 한 조각뿐이었기 때문에, 개가 먹는 빵 한 조각도 부러워했던 그런 비참한 삶을 산 사람이 있었다면, 바로 그 사람이 나였습니다. 그러나 하나님께서는 나를 형통하게 하셨고, 나는 가난하고 궁핍했던 시절을 되돌아볼 때마다, 그런 가난을 통해서 나를 도우셨던 하나님께 감사를 드립니다." 사랑하는 친구들이여, 하나님은 사람들의 운명을 완전히 뒤바꾸어놓으셔서, 거지를 왕으로, 왕을 거지로 만드실 수 있으신 분입니다. 하나님은 그런 일을 불과 며칠만에 하실 수 있으십니다. 그러니 죄와 근심이 우리의 몸과 영혼에 이중의 짐처럼 얹혀 있다고 할지라도, 하나님 앞에 나아오십시오. 하나님 앞에 나아가서, "나의 곤고와 환난을 보시고 내 모든 죄를 사하소서"라고 아뢰십시오.

**4. 넷째로, 우리는 올바른 영으로 근심과 죄를 가지고서
하나님께 나아가야 합니다.**

우리가 마지막으로 살펴볼 이것은 아마도 앞에서 말한 것들보다도 더 본문과 밀접하게 연관되어 있는 것 같습니다. 여러분이 보시다시피, 다윗이 자신의 근심과 관련해서 하나님께 구하고 있는 것은 "나의 곤고와 환난을 보소서"가 그

전부입니다. 그러나 그 다음에 나오는 간구는 더 명백하고 뚜렷하고 명료하고 분명합니다: "내 모든 죄를 사하소서." 어떤 사람들이 이런 경우에 기도했다면, 그들은 "나의 곤고와 환난을 없애 주시고 내 모든 죄를 보소서"라고 기도했을지도 모릅니다. 그러나 다윗은 그렇게 기도하지 않았습니다. 그는 이렇게 말합니다: "주여, 나의 곤고와 환난에 대해서는 나는 많은 말을 하고 싶지 않습니다. 그저 나의 그런 처지를 보아 주옵소서. 나머지는 다 주께 맡깁니다. 주께서 나의 곤고와 환난을 없애 주신다면, 나는 기쁠 것입니다. 그러나 주께서 원하시는 대로 해주시옵소서. 나의 처지를 살펴 주시기만 하면 됩니다. 그러나 내 죄들과 관련해서는 내가 정말 원하는 것이 있습니다. 나는 나의 모든 죄를 사함 받아야 하겠습니다. 나는 그 죄들을 견딜 수가 없습니다." 그리스도인들은 근심을 죄보다 더 가벼운 일로 여깁니다. 그들은 자신들의 환난이 지속되는 것은 참을 수 있지만, 자신의 죄책의 짐이나 자신의 죄로 인한 무게는 견딜 수 없어 합니다.

여기 두 명의 손님이 내 집에 왔다고 합시다. 두 손님 다 내 집에 묵어가게 해 달라고 요청합니다. 한 손님의 이름은 환난입니다. 아주 근엄한 목소리와 아주 거친 손을 지니고 있는 그가 사나운 눈으로 나를 쳐다봅니다. 다른 한 손님의 이름은 죄입니다. 그는 아주 부드러운 음성을 지니고 있고 그 용모도 아주 아름답습니다. 그가 하는 말들은 버터보다도 더 부드럽습니다. 나는 이 두 손님의 얼굴을 살펴서, 그들이 각각 어떤 성품을 지닌 사람들인지를 알아냅니다. 나는 외모 때문에 속아서는 안 됩니다. 나는 내 집에 묵고자 하는 이 두 친구에게 손을 펴보라고 요청합니다. 환난이라는 친구가 별 스스럼없이 손을 펴보였을 때, 나는 그의 거친 손 안에 보석이 쥐어져 있는 것을 발견하는데, 그는 이 보석을 내 집에 놓고 가고자 한 것입니다. 그러나 부드러운 음성을 지닌 죄라는 친구는 손을 펴보이고자 하지 않아서, 내가 그의 손을 잡는 순간, 그가 자신의 소매에 숨겨 놓은 것이 땅에 떨어졌는데, 그것은 단도였습니다. 그는 그 단도로 이 밤에 나를 찌르려고 했던 것입니다. 내가 지혜로운 자라면, 어떻게 해야 하겠습니까? 물론, 이 두 손님이 다 다른 곳에 가서 묵는다면, 나로서는 더할 나위 없이 좋고 기쁠 것입니다. 그러나 내가 두 손님 중에서 한 명을 받아들여야 한다면, 나는 부드러운 음성을 지닌 죄라는 손님을 문 밖으로 쫓아내고, 험상궂고 거친 인상을 한 환난이라는 손님에게 "하나님께서 내 영혼에 자신의 긍휼하심을 전할 사자(使者)로 당신을 보내신 것 같으니, 들어오셔서 내 집에 머무르십시오"라고 말할 것입니다. "나의 곤고와 환난을 보시고 내 모든 죄를 사하소서." 우리는 우리에게 닥친 환난보다는 우리가 저지른 죄에 대하여 더 분명하고 단호한 입장을 밝히는 것이 마땅합니다. 환난에 관한 것과 죄에 관한 것을 함께 보십시오. 이 둘을 서로 섞어서 보든, 아니면 대비해서 보든, 어느 쪽이든 당신은 더 풍성한 교훈을 얻게 될 것입니다.

이 설교를 끝내고 모임을 파하기 전에, 여러분 중에서 곤고나 환난이 없는 분들에 대해서 내가 몇 말씀을 드리고 끝마치는 것이 좋을 것 같습니다. 아주 많은 경우에 그런 분들은 죄를 지니고 있는 분들이기 때문에, 본문의 후반절이 그 분들에게 해당될 것입니다. 그러나 당신의 죄들이 사함 받았기 때문에, 당신에게 그 어떤 곤고나 환난도 없고, 두려워할 그 어떤 이유도 없다면, 내가 당신에게 해드리고 싶은 말은 당신은 너무나 행복하여야 한다는 것입니다. 당신의 잔은 기쁨으로 흘러 넘쳐야 합니다. 형제들이여, 나는 여러분과 내가 아무리 기뻐해도 그것은 충분히 기뻐하는 것이 아니라고 생각합니다. 이 아침에 나는 한 사람 한 사람씩 성전에 들어오는 것을 보면서 속으로 이렇게 생각했습니다: '내가 처음으로 복음을 전하기 시작하였을 때, 하나님이 내 목회의 열매로 내게 한 영혼을 주실 때마다 나는 너무나 행복해서 뛸 듯이 기뻤다. 하나님이 한 영혼을 그리스도께로 인도하는 도구로 나를 사용하신다는 것은 정말 행복한 일이구나.' 한 시인은 "아름다운 것은 영원한 기쁨입니다"라고 썼습니다. 그러나 하나님의 은혜에 속한 일은 훨씬 더 진정으로 영원한 기쁨입니다. 왜냐하면, 이 땅에서 아름다운 것들은 언젠가는 다 사라지지만, 은혜의 역사(役事)는 영원하기 때문입니다. 당신이 한 영혼을 구원하는 도구가 된다는 것은 은종(銀鐘)이 당신의 마음속에서 영원히 울리게 하는 것입니다. 당신은 이렇게 말하게 될 것입니다: "나는 아주 가난하고 몹시 병들었지만, 내가 헛되이 산 것은 아닙니다. 구속주의 면류관에는 나를 도구로 해서 거기에 박혀 있는 보석 한 개가 있습니다. 천국에서 울려 퍼지는 합창 속에는 나를 도구로 해서 그 합창단에 들어온 한 사람의 음성이 있습니다. 인간적으로 말한다면, 만일 하나님께서 그의 은혜로 말미암아 그 영혼을 그리스도께로 인도하는 도구로 나를 사용해 주지 않으셨다면, 그 사람은 거기에 없었을 것입니다." 우리는 이것을 기뻐하여야 합니다. 그리고 나는 이런 생각을 했습니다. 만일 오늘 서른 분이 이 자리에서 복음을 듣고 회심한다면, 나는 나의 짧은 인생 속에서 아마도 수천 명의 영혼을 보아왔을 것이고, 우리가 도구로 사용되어서 그리스도께로 인도되었는데 내가 한 번도 본 적이 없는 사람들도 아주 많을 것입니다. 그런데도 내가 낙심하거나 비참한 생각이 들거나 이 세상에 대한 염려로 괴로워한다면, 그것이 말이 되는 것이겠습니까? 만약 내가 그렇게 한다면, 나는 정말 어리석은 자일 수밖에 없구나라고 나는 속으로 생각했습니다. 여러분과 내가, 또는 여러분 중의 누군가가 우리의 이름이 하늘에 기록되어 있고, 그리스도가 우리의 것이고, 천국이 우리의 것이고, 우리는 하나님의 자녀들이고, 우리가 믿음으로 의롭다 하심을 얻었다는 사실을 우리에게 말해주면서 하나님의 선하심을 생각하게 한다면, 우리는 이렇게 말해야 마땅합니다: "우리가 잠시 받는 이 가벼운 환난들, 지극히 크고 영원한 영광의 중한 것을 우리에게 이루어 줄 이 환난의 경한 것을 가지고서, 내가 신음하며 우는 소리를 하다니, 이게 말이 되는 것인가? 내 영혼아, 벽에 걸어둔 수금을 내려서, 너의 손가락으로 수금을 타며, 옛적의 신앙시인 조지 허버트(George Herbert)처럼 이렇게 노래하라."

"나의 하나님, 나의 하나님
나의 음악이 나를 깨워서
나로 하여금 주를 발견하게 하소서.
모든 일 속에서 찬양할 이유를 발견하게 하소서."

　　우리가 하나님께 나아가서 우리의 환난을 보시라고 기도할 수 없다면, 우리는 하나님께 우리의 기쁨을 보시고, 우리를 도우셔서 그 기쁨을 우리에게 더하시며, 그 기쁨이 점점 더 커져가게 하심으로써, 우리가 장차 죄악에 빠지는 것을 막아 주시고, 우리로 하여금 우리의 본분과 복된 섬김의 길을 가게 하셔서, 하나님의 이름을 높이고 우리 자신의 영혼으로 위로를 얻게 해주시라고 기도하여야 합니다. 끝으로, 하나님께서 여러분에게 복을 주시기를 빕니다.

제
27
장

—

잘 생각하고 잘 행하라

—

**"주의 인자하심이 내 목전에 있나이다 내가 주의 진리 중에
행하여"— 시 26:3**

이 시편 전체에 걸쳐서 다윗은 자기가 불경건한 세상과 함께 판단 받고 정죄를 당하게 될까봐 두려워하며 전전긍긍하고 있습니다. 그는 마음속으로는 자기가 하나님의 원수들 중의 하나가 아니라는 것을 알고 있지만, 이 땅에서 "행악자의 집회"를 미워해온 자기가 혹시라도 장차 그런 악인들의 무리 틈에서 영원히 함께 살게 될 수도 있다는 생각만 해도 너무나 끔찍해서 몸서리를 칩니다. 그의 고뇌에 차서 드리는 기도는 "내 영혼을 죄인과 함께, 내 생명을 살인자와 함께 거두지 마소서"(9절)라는 것입니다. 그는 왜 자기가 불경건한 자들과 동일한 정죄를 받지 않아야 하는지 그 이유들을 은혜의 보좌 앞에 호소할 때에, 자기는 하나님이 주신 은혜로 말미암아 그들과 다르다는 것을 자기의를 앞세워서가 아니라 정직함과 하나님을 신뢰하는 마음으로 호소한다: "허망한 사람과 같이 앉지 아니하였사오니 간사한 자와 동행하지도 아니하리이다 내가 행악자의 집회를 미워하오니 악한 자와 같이 앉지 아니하리이다 … 여호와여 내가 주께서 계신 집과 주의 영광이 머무는 곳을 사랑하오니"(4-5, 8절). 그는 생각이 흘러가는 방향에서도 자기와 악인들은 차이가 있었다고 밝힙니다. 악인들의 생각은 세상과 헛된 것과 죄와 패역과 위선과 폭력을 향해 달려가고 있는 동안에, 그는 늘 하나님의 모든 기이한 역사들, 특히 하나님의 인자하심을 묵상하였다는 것입니다

— "주의 인자하심이 내 목전에 있나이다." 우리가 우리 자신을 하나님 앞에서 정직하게 바라볼 때에 우리의 생각이 늘 하나님과 하나님의 진리에 가 있다면, 그것은 고무적인 일입니다. "대저 그 마음의 생각이 어떠하면 그 위인도 그러한즉"(잠 23:7). 우리는 다른 그 어떤 증거보다도 우리 생각의 행로를 살펴볼 때에 우리 자신이 어떤 사람인지를 가장 잘 판단할 수 있습니다. 우리의 생각이 온통 아래쪽을 향해 가고 있다면, 우리 자신도 아래쪽으로 가고 있는 것입니다. 그러나 우리의 생각 속에 천국에 대한 열망이 있고, 우리의 영혼이 순전하시고 온전하신 빛의 아버지를 향한 갈망이 있다면, 우리는 천국을 향해 올라가고 있는 것이고, 우리에게는 장차 천국에 거할 소망이 있게 될 것입니다. 다윗은 자신의 경건한 생각이라는 은밀한 증거 외에도 자신의 거룩한 행위들이라는 공개적인 증거를 들어 하나님께 호소할 수 있있습니다: "내가 주의 진리 중에 행히여." 어떤 사람의 생각이나 묵상이 자기를 경건의 행위들로 이끌 정도로 충분히 깊지 못하다면, 그가 묵상 속에서 자신의 마음이 새로워졌음을 보여주는 증거를 찾으려 해도, 그것은 헛일이 되고 맙니다. 생각이라는 것은 우리의 삶에 미치는 영향력 때문에 중요한 증거이기는 하지만, 생각들이 아주 피상적이고 무력해서 우리의 삶에 아무런 영향을 미치지 못한다면, 그 생각들은 맛을 잃은 소금과 같습니다. 우리의 행위들이 악하다면, 우리의 생각이 옳다고 해도, 그것을 위안으로 삼는 것은 헛된 일입니다. 행위들이 말들보다 더 큰 소리로 외치고 있다면, 마찬가지로 그 행위들은 생각들보다 더 큰 소리로 외치고 있을 것은 당연한 일입니다. 우리는 우리의 거룩함을 외적으로 나타내 보여야 합니다. 그렇지 않다면, 우리가 내적으로 경험하고 있는 것 같은 은혜는 단지 허상에 불과합니다. 당신의 생각에서는 당신이 뭔가 선한 것들을 원한다고 할지라도, 당신의 행실 전체가 하나님의 뜻이 아니라 육체가 원하는 것을 따르고 있다면, 당신의 생각은 아무것도 아닙니다. 당신은 자신의 생각의 행로에 대하여 스스로 속은 것입니다. 당신은 진실하고 거룩하며 경건하고 신령한 생각을 하고 있는 것 같지만, 당신 자신은 결코 그런 사람이 아닙니다. 거룩한 생각과 거룩한 삶이 서로 결합되어 있을 때, 당신은 당신의 본성이 새로워졌음을 보여주는 두 가지 확실한 증거를 지니고 있게 됩니다. 하나님이 당신에게 이 두 가지를 주셨다면, 당신이 원하는 정도만큼 그 두 가지를 가지고 있지 않더라도, 이 아침에 하나님께서 지금까지 당신에게 주신 놀라운 은혜를 송축하시면서 기뻐하고 즐거워하시고, 계속해서 거룩한 확

신 속에서 하나님의 더 큰 역사를 구하십시오. 하나님께서 우리의 생각이 늘 은혜 아래 있게 하시고, 우리의 삶이 우리의 생각, 그리고 하나님의 말씀과 온전히 합하는 삶이 될 수 있게 해주시기를 빕니다. 이 아침에 나는 먼저 본문의 두 부분을 따로따로 살펴보고, 그런 후에 본문 전체를 하나로 연결시켜서 생각해 보고자 합니다.

따라서 우리는 먼저 열매 있는 생각들로 채워져 있는 마음을 살펴보고, 다음으로 올바른 규범에 의해서 질서가 잡혀 있는 삶을 살펴볼 것이고, 세 번째로는 이 둘을 연결해서 함께 살펴보게 될 것입니다.

1. 첫째로, 무엇이 열매 있는 생각들로 채워진 마음입니까?

그리스도인이라면 누구나 다 이것이 무엇인지를 경험적으로 충분히 알고 있을 것입니다. "주의 인자하심이 내 목전에 있나이다." 그리스도인이 자신의 마음을 어떤 생각들로 늘 채우고 있는 것은 이루 말할 수 없는 유익입니다. 아무것도 채워져 있지 않아서 텅 비어 있고 상황에 따라 이렇게 저렇게 변덕을 부리는 마음은 아무런 열매도 맺지 못하는 무익한 삶을 낳을 수밖에 없을 것입니다. 나는 이 시대에서 선한 사람들의 마음조차도 텅 비어 있고 공허한 황무지 같이 되어 있다는 사실에 대해서 무척 우려합니다. 몇 년 전만 해도, 청교도 시절의 영향이 우리 가운데 아직 남아 있어서, 기독교회의 여신도들은 일반적으로 상당한 정도의 교육을 받은 여자들이었습니다. 그 여자들의 독서량은 오늘날의 여자들과는 비교할 수 없을 정도였고, 그들의 신학 지식은 깊었습니다. 우리 비국교도 교회들의 지체들이었던 남신도들은 교리를 놓고서 논쟁을 지나치게 벌이고 다른 사람들의 견해를 충분히 용납하지 않고서 자신의 견해를 밀어부칠 수 있을 정도로 교리에 해박한 지식을 갖고 있던 사람들이었습니다. 비국교도 교회의 신자들은 전체적으로 대단히 지성적이고 사려 깊은 사람들이었습니다. 그때에는 교회에 다니는 사람들은 자신들이 무엇을 믿는지를 알았기 때문에, 알고서 믿었습니다. 그들은 자신들의 믿음으로 인해서 남들로부터 특이한 사람으로 취급 받는 것을 감수할 준비가 되어 있었고, 아울러 남들과 다른 자신들의 믿음을 변증해서 자신들이 정당함을 밝힐 수 있는 준비도 되어 있었습니다. 그들은 하나님의 말씀을 연구하는 사람들이었고, 자신들에게 하나님의 말씀의 깊은 뜻을 가르쳐주는 그런 책들을 부지런히 읽는 사람들이었습니다. 그래서 그들은 비록 지금보다 수는 더 적었지만, 자신의 무기를 잘 다루고, 잘 훈련되었으며, 거룩한 전쟁에 능한 사람들이었기 때문에 요즘 사람들보다 훨씬 강했습니다. 나는 오늘날 대다수의 그리스도인들이 자신의 신앙에 대하여 많이 **생각**하지 않는 것을 우려합니다. 그들은 교회에 등록해서 예배에 참석하고 헌금을 하며 기도 모임에도 참석하지만, 교리에 대해서 깊이 생각하거나 어떻게 해서라도 성경을 더 깊이 보려고 하지 않습니다. 성경에 대한 묵상도 내가 바라는 것과는 달리 그리스도인들 사이에서 그렇게 일반적으로 행해지고 있지 않습니다. 나는 영적으로 비참한 사람들을 무지 가운데서 죽게 내팽개쳐 두고, 우리 도시의 수많은 사람들을 복음화하지 않고 내버려 둔 채로, 늘 예언을 설명하거나 비유와 상징들을 풀어 보는 일에만 매달리는 호사가(好事家)들이 교회 안에서 늘어나기를 바라는 것이 아닙니다. 예언자처럼 행세하는 자들이 우리 가운데서 조금이라도 더 빨리 다 사라질수록, 그것은 더 좋은 일입니다. 그런 자들은 하나님의 진리를 웃음거리로 만들어서, 사람들 가운데서 신앙이 어떤 것인지를 드러내어서 장려하는 것이 아니라 도리어 신앙을 방해하는 자들입니다. 나폴레옹은 적그리스도가 되어서 온 유럽을 정복하고자 했는데, 내가 앞에서 말한 그런 자들이 지금 그렇게 하고 있는 게 아닌가 싶습니다. 최근에 그들은 17세기의 점성술사였던 시드로펠(Sidrophel)이나 윌리엄 릴리(William Lilly) 같은 뻔뻔스러움으로 미래를 예언할 정도로 후안무치해졌습니다. 나는 사람들이 그들의 예언이 맞지 않는 것을 보고서 자신들의 어리석음을 깨닫게 되기를 소망합니다. 나는 하나님의 감동으로 된 예언들에 대하여 경외심을 갖고 있기 때문에, 이 협잡꾼들 대신에 진정으로 하나님의 말씀을 연구하여 그 말씀을 받는 사람들이 일어나게 되기를 원합니다. 우리에게는 하나님의 귀한 역사들을 성령의 감동을 따라 실제적이고 은혜로운 방식으로 경건하게 묵상하는 사람들이 필요합니다. 우리에게는 온통 이론들과 사변들에 사로잡혀 있는 사람들이 아니라 복음의 확실한 사실들과 실천적인 신앙에 도움이 되는 신학을 열심히 궁구하는 사람들이 필요합니다. 여호와 하나님과 그의 능력 안에서 강한 그런 사람들은 그 수가 적더라도 선을 이루는 데에 강력한 영향을 미칩니다. 신앙을 고백한 모든 사람들이 그런 사람들이라면, 교회는 정말 부요해질 것입니다.

　우리의 마음은 거룩한 생각들을 받아먹지 않으면, 자기 자신을 잡아먹는다는 것을 명심하십시오. 우리 몸의 어떤 기관들이 밖으로부터 영양분을 공급받지 못하면 이내 자신의 세포 조직들을 잡아먹기 시작해서, 온갖 종류의 통증과 아픔들이 생기고, 결국에는 병으로 발전하는 것과 마찬가지로, 우리의 마음도 하나님의 말씀을 공급받지 못하면 의심과 두려움과 의구심과 불만들을 만들어 내는데, 하나님의 백성들의 의심이나 두려움은 십중팔구 두 가지 원인, 곧 하나님을 떠나서 행하거나 영혼에 영적인 양식이 부족해서 생겨나는 것입니다. 신자인 여러분이 성경의 어떤 내용을 묵상하지 않으면, 여러분의 마음은 헛된 것이나 악한 것으로 향하게 되고, 썩어질 것을 생각한 지 얼마 되지 않아서, 여러분은 의기소침해지거나 마음이 약해지게 됩니다. 반면에, 늘 성령의 약속들을 묵상하고 읊조리면, 여러분은 선한 군사가 되고 행복한 순례자로 성장해가게 될 것입니다. 사탄은 자신의 영혼을 영적인 양식으로 끊임없이 먹이지 않는 사람들을 사로잡아서, 그 영혼들을 거룩하지 않은 생각들로 채웁니다. 온종일 하나님을 경외하는 마음으로 살고 싶다고 하는 사람들이 아주 자주 하는 하소연이 있는데, 그것은 끔찍하고 무시무시한 잡념들과 반역하고자 하는 생각들이 그들을 괴롭힌다는 것입니다. 그런 사람들은 종종 목회자에게 득달같이 달려와서는, 자기가 하나님의 자녀인지 아닌지를 알고 싶고, 만약 자기가 하나님의 자녀라면, 자기가 어떻게 해야 이 끔찍하고 고통스러운 생각들로부터 벗어날 수 있느냐고 묻습니다. 어제 나는 이러한 심각한 문제 때문에 힘들어 하는 한 친구에게 이렇게 말해 주었습니다. 즉, 아침마다 꼭 꿀로 만든 과자인 웨이퍼처럼 성경의 한 구절을 암송하고서 집을 나서라고 말입니다. 나는 그 친구에게 언제나 그의 마음을 하늘의 말씀들로 가득 채워서, 그의 생각이 악한 것을 따라 달려가지 못하게 하라고 권면하였습니다. 됫박이 겨로 가득 채워지는 것을 막기 위한 가장 좋은 방법은 그 됫박을 알곡으로 가득 채워두는 것입니다. 영혼의 수로(水路)가 경건한 생각의 강력한 물줄기로 채워지면, 그 바닥에 진흙이나 더러운 것들이 결코 많이 가라앉아 있을 수 없게 됩니다. 거룩한 묵상의 강력한 물줄기는 생각들을 깨끗하게 씻어서, 거룩하지 않은 생각의 더러운 침전물들을 제거합니다. 마음이 거룩한 생각들로 가득 채워져 있는 상태를 그대로 유지할 수는 없습니다. 왜냐하면, 사탄은 어떻게 해서든 우리의 생각 속에서 빈틈을 찾아내서 악한 생각을 주기 때문입니다. 잡초들과 엉겅퀴들이 좋은 씨앗을 질식시킨다는 것은 사실이지만, 힘을 얻어서 땅 위로 올라온 좋은 씨앗이 잡초들을 질식시킨다는 것도 사실입니다. 예수께서 계신 곳에서는 물건을 매매하는 자들이 성전에서 쫓겨나갑니다. 법궤가 들어오면, 다곤은 쓰러집니다. 이스라엘이 들어오면, 가나안 족속은 나갈 수밖에 없습니다. 여러분의 마음의 새장을 낙원의 새들로 가득 채우십시오. 그러면, 더러운 새들은 거기에서 활개를 치지 못하게 될 것입니다. 우리의 영혼이 하나님의 생각들과 신령한 것들로 가득 채워지면, 그때가 바로 하나님이 친히 심으신 것들이 잘 자라게 되는 때입니다. 우리의 마음에 거룩한 생각을 두는 것이 얼마나 유익한지를 본문을 통해서 살펴보겠습니다.

다윗이 하나님의 인자하심이라는 주제를 선택한 것은 잘한 일입니다. 왜냐하면, 그 주제는 다른 어떤 것보다도 우리가 묵상하기에 합당한 주제이기 때문입니다. 내 말은 이 주제에 대하여 많이 생각하는 것은 우리가 반드시 해야 하는 일이라는 의미입니다. 우리가 생각하지 않아야 하는 것들이 있고, 우리가 생각하기에 합당치 않은 것들이 있으며, 우리가 반드시 생각하여야 하는 것들이 있습니다. 하나님의 인자하심은 우리가 생각해도 되고 안 해도 되는 그런 것이 아니라, 많이 묵상해야 하는 것들 중의 하나입니다. 와츠(Watts) 박사는 이렇게 말합니다:

> "오, 내 영혼아, 여호와를 송축하라
> 그의 긍휼하심을 잊지 말고
> 감사하는 것도 잊지 말라
> 끊임없이 찬송하다가 그에게로 돌아가라."

하나님께서는 날이면 날마다 우리 같은 쓸모 없는 자들에게 그 긍휼하심을 차고 넘치게 부어 주시는데, 우리가 그의 끝없는 너그러우심을 당연한 것으로 여기고서 아예 생각조차 하지 않는다면, 그것이 합당한 일이겠습니까? 그것은 배은망덕하기 짝이 없는 짓입니다! 그런 야비함과 뻔뻔스러움은 경멸해야 마땅합니다. 우리가 하나님에 대한 우리의 본분을 생각하고, 그 본분을 제대로 행하지 못한 것을 생각하는 것이 마땅하다면, 우리로 하여금 우리의 본분을 즐거운 마음으로 행할 수 있게 해주고 우리의 삶 속에서의 잘못들을 사랑의 외투로 덮어주는 하나님의 인자하심에 대해서는 우리가 더욱더 많이 생각하는 것이 마땅합니다. 하나님의 한없으신 선하심은 우리가 마땅히 묵상해야 할 주제이고, 우리의 생각의 많은 부분을 차지하기에 합당한 주제입니다.

　게다가, 그것은 좋은 주제이기도 합니다. 그것은 그 자체로 좋을 뿐만 아니라, 우리에게 선한 유익을 가져다줍니다. 우리가 하나님의 인자하심이라는 주제를 우리 마음과 생각 속에 아무리 오래 간직해도 우리에게는 그 어떤 해로움도 있을 수 없습니다. 오직 한 가지만을 생각하는 사람은 치우치고 편협한 사람이 되기 쉽고, 어느 한 가지 생각에 지나치게 몰두해 있는 사람은 흔히 완고함이나 편협함이나 경솔함에 빠지기 쉽습니다. 이것은 얼굴 중에서 한 부위가 다른 부위들에 비해서 지나치게 크면 얼굴 모습이 괴상하게 되는 것과 같습니다. 그러나 하나님의 인자하심에 대해선 우리가 아무리 많이 생각해도 우리가 괴상하게 되는 일은 없습니다. 여러분이 원해서 오직 이 한 가지만을 늘 생각한다고 해도, 여러분은 편협하거나 외골수가 되지 않을 것입니다. 하나님의 인자하심이라는 주제는 다른 모든 주제들과 서로 연결되어 하나가 되어 있기 때문에, 여러분이 이 주제를 묵상하면, 다른 온갖 유익한 묵상들이 부수적으로 뒤따르게 될 것입니다. 하나님의 인자하심을 생각하십시오. 그러면 여러분은 유익을 얻게 될 것이고, 유익을 얻되 끊임없이 유익을 얻게 될 것입니다. 이 주제를 묵상할수록, 여러분은 낮아지게 됩니다. "하나님의 긍휼하심을 도무지 받을 자격이 없는 나, 그런 내게 하나님의 이런 선하심이 웬 말이란 말인가?" 또한, 하나님의 인자하심을 묵상하면, 여러분은 반드시 위로가 받게 됩니다. "주께서 나를 이렇게 선대(善待)하시다니? 그러므로 모든 역경 중에서 내 영혼이 주를 기뻐하며, 내 구원의 하나님을 자랑하리라." 하나님의 인자하심을 묵상하면, 여러분은 여러분을 부당하게 또는 무자비하게 대하였던 다른 사람들을 향하여 차고 넘치는 인자함으로 대하게 될 힘을 얻게 될 것입니다. 하나님께서 여러분에게 차고 넘치는 사랑을 부어 주셨기 때문에, 여러분은 가난하고 궁핍한 사람들을 불쌍히 여기고 돕지 않을 수 없게 될 것입니다. 하나님의 인자하심에 대한 묵상은 여러분에게 모든 면에서 유익을 가져다주고 해로운 것은 단 하나도 가져다주지 않을 것입니다. 이 은종(銀鐘)을 계속해서 울리십시오. 그 소리는 아무리 들어도 좋습니다.

　사랑하는 형제들이여, 게다가 그 주제는 광대한 주제입니다. 하나님의 인자하심을 우리 목전에 두는 것은 어느 정도 묵상하고 나면 바닥을 드러내는 그런 협소한 주제를 선택한 것이 아닙니다. 그것은 끝없이 광대한 주제입니다. 하나님의 인자하심은 시작이 없기 때문에, 여러분은 장시간의 깊은 묵상 가운데서 저 먼 지난 세대들로 거슬러 올라가 볼 수 있습니다. 하나님의 인자하심은 끝도 없습니다. 그래서 여러분은 기쁘고 즐거운 묵상 가운데서 다가올 세대들을 들여다볼 수 있습니다. 하나님의 인자하심은 하늘처럼 높아서, 여러분을 하늘로 들어올려줄 것입니다. 하나님의 인자하심은 음부(陰府)처럼 깊어서, 여러분을 거기에서 속량해 주었습니다. 동이 서에서 먼 것처럼, 하나님의 인자하심은 그렇게 광대합니다. 왜냐하면, 하나님께서는 여러분의 모든 죄악들을 동이 서에서 먼 것처럼 그렇게 멀리 여러분에게서 제거해 주셨기 때문입니다. 그것은 여러분이 아무리 설명해도 한이 없고 똑같은 말들을 반복할 걱정을 할 필요도 없는 그런 주제입니다. 여러분은 지금까지 이 물줄기 가운데서 발목까지 차는 지점에서 목욕을 해왔지만, 이제는 한층 더 깊은 묵상으로 나아가십시오. 그러면 여러분은 이 주제가 여러분이 그 속에서 헤엄을 쳐도 될 만큼, 아니 헤엄을 쳐서 결코 건널 수 없는 아주 넓은 강이라는 것을 아시게 될 것입니다. 이 주제는 그렇게 광대하기 때문에, 나는 이 세상에서만이 아니라 영원토록 가장 성숙한 지성이 묵상하기에 합당한 주제로 여러분에게 권하는 것입니다.

그리고 이것은 즐거운 주제입니다. "주의 인자하심이 내 목전에 있나이다." 이 주제는 질리지 않습니다. 이 주제를 묵상하는 것은 한 발자국 내디딜 때마다 새로운 광경이 펼쳐지는 땅을 가로지르는 것과 같습니다. 이 주제를 묵상하는 여러분은 여러분이 태어난 곳에서, 여러분이 살아온 시간들 속에서, 여러분의 삶을 둘러싸고 있는 긍휼하심들 속에서 하나님의 인자하심을 봅니다. 여러분은 이 세상에서 여러분에게 주어진 긍휼하심들 속에서 하나님의 인자하심을 보게 됩니다. 여러분은 여러분의 집에 가거나 잠자리에 들 때에도, 거기에서 하나님의 인자하심을 보게 됩니다. 여러분은 영적인 일들 속에서는 하나님의 인자하심을 한층 더 분명하게 봅니다. 은혜의 언약을 묵상하며 즐거워하는 것은 얼마나 큰 복입니까! 얼마나 많은 찬송들이 지난날에 하나님이 베푸신 긍휼하심들에 대한 우리의 기억을 일깨워 줍니까! 바로 이 성전, 그리고 여러분이 앉아 계시는 그 자리가 하나님께서 지난날에 여러분을 위하여 행하신 역사들에 대한 기억을 여러분에게 얼마나 새롭게 일깨워 주고 있습니까! "주의 인자하심." 나는 이 주제를 묵상하는 사람의 마음이 눌려 있는 것을 본 적이 없습니다. 나는 하나님의 인자하심을 묵상하는 사람이 삶의 염려와 짐으로 인해 지치고 곤하게 되는 것을 보지 못했습니다. 아니, 정반대로 이 주제를 묵상하는 사람은 사람들을 지키시고 보호하시는 저 크신 이의 인자하심이 자신의 목전에 뚜렷하게 보여서 점점 더 힘을 얻게 되기 때문에, 넉넉히 자신의 짐을 질 수 있게 되고, 온갖 곤경과 싸워 헤쳐 나갈 수 있게 됩니다.

그리고 한 가지 덧붙이자면, 그것은 아주 분명하고 단순한 주제여서, 우리 중 누구에게나 적합한 주제라는 것입니다. 하나님의 인자하심은 은혜에 있어서 어린 아기인 사람도 묵상할 수 있는 주제이고, 은혜에 깊이 들어간 사람에게도 적합한 주제입니다. 성경에는 대단히 형이상학적이고 심오하며, 신학자들의 지혜로움, 아니 지혜롭지 못함 때문에 더욱더 헷갈리고 혼란스럽게 되어 버려서, 내가 기독교 사상가에게 이렇게 말하고 싶은 그런 주제들이 있습니다: "그런 주제들로부터는 별로 얻을 것이 없으니, 그냥 넘어가십시오. 그런 주제들은 석영이라는 아주 단단한 광물과 같아서, 많은 돈을 들여서 깨뜨리고 부수어도 거기에서 얻을 수 있는 금은 너무나 적습니다." 그러나 하나님의 인자하심이라는 주제는 신앙에 서투른 초보자도 가만히 앉아서 묵상하면 덕 세움을 받을 수 있는 주제일 뿐만 아니라, 그리스도의 학교에서 오랫동안 배워서 신앙을 잘 알게 된 사람도 묵상할 때마다 새로운 것을 발견할 수 있는 주제입니다. 여러분은 책을 읽은 게 거의 없다고 말합니다. 여러분은 위대한 인물들의 사상을 거의 접하지 못했다고 말합니다. 여러분이 읽는 책은 성경이 유일하다고 말합니다. 아, 좋습니다. 하나님의 섭리는 여러분을 두 번째 책으로 삼으시고, 그리스도와 신령한 일들에 접한 여러분의 마음의 경험을 세 번째 책으로 삼으실 것입니다. 계시의 책, 섭리의 책, 여러분의 내적 경험의 책, 이렇게 세 권의 책을 합쳐 놓으면, 여러분은 놀라운 서재를 갖게 되는 것입니다. 여러분은 이 세 권의 책 속에서 여러분의 영혼을 향하신 하나님의 인자하심을 읽을 수 있게 됩니다.

나는 이 주제가 언제나 인생의 어느 시기에서나 적합한 주제라는 것을 말함으로써 오늘 내가 전하고자 하는 주제의 첫 번째 대지를 마치고자 합니다. 젊은 그리스도인들은 자기가 어릴 적에 느꼈던 저 싱그러운 기쁨 속에서 하나님의 인자하심을 보고 묵상할 수 있습니다. 이러한 묵상은 그들로 하여금 늘 기쁘게, 그러면서도 올바른 정신으로 살아갈 수 있도록 도움을 줄 것입니다. 나이 지긋하신 권사님들은 세상을 떠나기 전에 계속해서 이 주제를 묵상하면서, 자신의 자녀들이나 손자 손녀들에게 하나님이 자기를 어떻게 선대해 오셨는지를 말해줄 수 있습니다. 여러분이 건강하든지 질병 중에 있든지, 부유하든지 가난하든지, 기쁘든지 슬프든지, 하나님의 인자하심이라는 주제는 늘 적합하고 유익한 주제가 되어줄 것입니다. 여러분은 아마나(Amana)의 정상에서 표범들의 소굴을 지나면서도 이 주제를 묵상할 수 있습니다. 여러분은 겸비의 골짜기(the Valley of Humiliation)에서 양 떼들 가운데서 목동과 함께 누워 "아래 있는 자는 넘어짐을 두려워할 필요가 없고, 낮아져 있는 자는 교만을 두려워할 필요가 없다네"라고 노래할 때에도 이 주제를 묵상할 수 있습니다. 여러분은 "아볼루온"이라는 "무저갱의 사자"(계 9:11)와 싸울 때에도, 사람에게 상처를 입힐 뿐만 아니라 사람을 태워 버리는 불화살들이 우박처럼 날아올 때에도 이 주제를 묵상할 수 있습니다. 여러분은 "사망의 음침한 골짜기"(시 23:4)에서 여러분의 마음과 육체가 여러분에게 전혀 도움이 되지 않을 때에도 이 주제를 묵상할 수 있습니다. 이 주제를 여러분이 이 세상을 떠날 때에 마지막으로 노래하십시오. 그러면 여러분이 영광 속으로 들어간 때, 이 주제는 여러분의 첫 번째 노래가 될 것입니다:

> "내가 곧 눈물의 골짜기를 지나가며
> 나의 육신의 모든 힘이 곧 소진되리라.
> 내가 죽을 때에 나의 마지막 호흡으로
> 하나님의 인자하심을 노래하게 하소서.
> 그리하여 끝없이 낮만 펼쳐지는 저 밝은 세계로
> 내가 힘 있게 솟아오르게 하소서.
> 그 천국에서 나로 큰 기쁨과 놀라움 중에
> 주의 인자하심을 노래하게 하소서."

나는 지금까지 여러분에게 묵상해야 할 주제를 소개해드렸습니다. 이제부터 우리는 오늘 우리가 다룰 주제의 두 번째 대지를 살펴보겠습니다.

2. 둘째로, 시편 기자는 올바른 규범에 따라 질서가 잡힌 삶을 우리 앞에 제시합니다.

"내가 주의 진리 중에 행하여." 나는 우리 모두가 이 구절을 다윗이 고백한 그대로 고백할 수 있었으면 좋겠습니다. 나는 우리가 이 구절을 "주의 인자하심이 내 목전에 있고 내가 주의 진리 중에 행하기를 원하나이다"라고 바꿔서 말하지 않기를 바랍니다. 나는 여러분에게 각자의 일기장을 펼쳐서 여러분이 다윗처럼 고백할 수 있다는 것을 확인하게 되시기를 바라면서, 여러분에게 도움이 되도록 다음과 같은 것들을 상기시켜드리고자 합니다. 먼저 다윗이 "주의 진리"라고 말한 것은 이런 것을 의미합니다: "나는 하나님이 누구신지, 그리고 하나님을 어떻게 예배해야 하는지에 대하여 말해주는 진리의 말씀을 따라 나의 신앙을 세우고자 애를 써왔습니다. 나는 참 하나님을 올바른 방식으로 예배해 왔습니다. 나는 하나님이 누구신지, 어떻게 그리고 어떤 방식으로 그를 섬겨야 하는지를 알기 위해 끊임없이 살펴보아 왔습니다. 그리고 나는 내가 하나님께로부터 배운 것들을 따라 주의 진리 중에 행해 왔습니다."

여러분은 모두 다윗처럼 이렇게 말할 수 있습니까? 그리스도인이라고 해서 누구나 다 이렇게 말할 수 있는 것은 아닙니다. 그리스도인들은 하나님을 예배합니다. 맞는 말입니다. 그러나 그들은 하나님을 어떤 식으로 예배합니까? 그들의 아버지나 할머니께서 예배하셨던 대로 하나님을 예배합니까? 그들은 왜 지금처럼 하나님을 예배해 오게 된 것이죠? 하나님의 말씀이 그렇게 가르치고 있기 때문이라고요? 아닙니다. 그들이 집에서 그렇게 배웠기 때문입니다. 그들은 자기가 예배하는 방식이 올바른지 그렇지 않은지를 살펴보는 수고를 결코 하고자 하지 않았고, 지금도 여전히 하고 싶어 하지 않습니다. 그들의 가문은 늘 그런 식으로 하나님을 예배해 왔고, 그래서 그들은 앞으로도 계속해서 늘 그렇게 할 것입니다. 그런 사람들은 "나는 내 조상들이 했던 대로 행해 왔습니다"라고 말할 수는 있습니다. 그러나 그들은 "내가 주의 진리 중에 행해 왔습니다"라고 말할 수는 없습니다. 그들의 조상들이 마귀를 숭배했다면, 그들도 똑같이 마귀를 숭배하였을 것입니다. 그들의 가문이 힌두교의 크리슈나 신을 섬겼다면, 그들도 똑같이 그 신을 섬겼을 것입니다. 어떤 사람들은 자기가 어떤 신을 섬기는지는 전혀 관심이 없고, 그저 조상들이 했던 대로 할 뿐입니다. 그들은 옛적의 한 색슨족 왕의 마음과 똑같습니다. 그 왕은 세례를 받기 위해 물속에서 한 다리로 서서, 주교에게 "당신의 기독교를 전혀 몰랐던 나의 조상들이 죽어서 어디로 갔는지 아십니까?"라고 물었습니다. 주교가 "모두 지옥에 떨어졌습니다"라고 말하자, 이 늙은 골수 보수주의자 왕은 이렇게 말했답니다: "아, 그렇다면, 나도 조상들을 따라가야 하겠네요. 내 피붙이들과 떨어지고 싶지 않으니까요."

이러한 생각이 우리나라 사람들을 여전히 상당한 정도로 지배하고 있습니다. 대다수의 사람들은 하나님의 진리 가운데서 행하지 않고, 하나님의 진리가 무엇인지를 알고자 하지도 않습니다. 그들은 아주 많은 분파들이 있어서, 하나님의 말씀이 여러 가지로 해석되어 알기 어렵기 때문에, 마치 순수한 마음을 지닌 사람도 진리가 무엇인지를 발견할 수 없다는 듯이 말한다는 것을 나는 압니다. 성경은 아주 분명하고 알기 쉬운 책입니다. 그래서 성경을 알고자 하는 마음만 있다면, 그 사람은 성경을 깨달을 수 있습니다. 사랑하는 형제들이여, 여러분이 그리스도인이라면, 이렇게 말할 수 있어야 합니다: "나의 하나님, 나는 당신이 누구신지, 당신을 어떻게 섬겨야 하는지를 말해주는 진리를 알고자 해왔고, 내가 배운 만큼 당신의 진리 중에 행하여 왔습니다."

다음으로, 다윗의 고백은 자기가 하나님의 법을 따라 행해왔다는 것을 의미합니다. 그는 하나님의 법이 완전한 정의이고 올바른 행위 규범이라는 것을 믿었고, 모든 점에서 바르게 행하고자 애써 왔습니다. 진리의 길은 너무나 분명하게 보여서, 여러분은 그 길을 말로 설명할 필요조차 없습니다. 어떤 사람이 다음과 같이 말할 수 있다면, 그것은 영광스러운 일입니다: "나는 사업에서 늘 형통한 것도 아니고, 남들처럼 성공한 것도 아니지만, 그것이 뭐 그리 중요합니까? 나는 범죄함 없이 내 양심을 지켜 왔습니다. 그리스도인으로서 나는 올바른 길로 행해 왔고, 그 모든 결과를 하나님께 맡겼습니다." 우리가 우리의 모든 죄들과 범죄들과 연약함들에도 불구하고, 하나님이 우리에게 명령하신 진리를 따라 사람들을 대하고 행해왔다고 하나님 앞에서 자신 있게 말할 수 있다면, 그것은 은혜가 우리의 마음을 다스리고 있음을 보여주는 참된 증거입니다. 이것이 우리의 외적인 삶을 진리 가운데서 질서가 잡히게 하는 것입니다.

또한, 다윗의 이 고백은 하나님이 자기에게 진실하셨기 때문에 자기가 그 은혜로 말미암아 하나님께 진실할 수 있었다는 것을 의미하는 것이기도 합니다. "내가 주의 진리 중에 행하여." 내 하나님, 주께서는 내게 한 번도 거짓말을 하신 적이 없습니다. 그래서 나도 주께 진실하고자 애써 왔습니다. 나는 주의 약속이 늘 확신하다는 것을 발견해 왔습니다. 주께서는 늘 자신의 약속들을 확실하게 지키셨기 때문에, 나도 내가 주께 드린 모든 서원을 확실하게 지키려고 애를 써 왔습니다. 여러분은 모두 이렇게 해오셨습니까? 여러 해 전에 여러분 중 어떤 분들은 그리스도를 옷 입고서, 그리스도를 따르겠다고 맹세하였습니다. 여러분은 세례를 받을 때에 세상에 대하여 죽고 그리스도 안에서 살겠다고 선서했습니다. 그렇지 않습니까? 여러분은 하나님의 진리 중에 행해 오셨습니까? 하나님은 우리에게 약속하신 것들을 단 하나도 지키지 않으신 것이 없습니다. 그러나 유감스럽게도 우리가 하나님께 드린 약속들 중에서 단 하나라도 지킨 것이 있습니까? 하나님은 은혜의 언약 가운데서 우리에게 진실하셨습니다. 그러나 우리는 하나님의 교회 및 신앙과 관련해서 우리가 한 맹세와 약속들을 지켰습니까? 우리는 "주께서는 나에 대하여 진실하심으로 행해 오셨기 때문에, 나도 주께 진실함으로 행해 왔습니다"라고 말할 수 있습니까? 우리가 이 점에서 실패하였다면, 나는 우리가 오늘 본문의 전반부에서 실패하였기 때문이라고 봅니다. 우리가 하나님에 대하여 충분히 묵상하지 않았기 때문에, 우리의 삶은 하나님에 대하여 진실할 수 없었던 것입니다. 우리가 오늘 본문의 두 부분 모두에서 은혜를 받아, 우리의 마음이 하나님의 진리에서 자양분을 취하고 우리의 발이 하나님의 진리 중에 행함으로써, 우리가 우리 주 하나님 앞에서 신실한 그리스도인들이 되게 하시기를 빕니다.

3. 셋째로, 본문의 두 부분을 하나로 묶어 주는 연결고리는 무엇입니까?

시간이 별로 남아 있지 않지만, 우리는 세 번째 대지를 살펴보아야 합니다. "주의 인자하심이 내 목전에 있나이다 내가 주의 진리 중에 행하여." 후자는 전자의 결과입니다. 다윗이 주의 진리 중에 행할 수 있었던 것은 그가 주의 사랑에 대하여 많이 묵상하였기 때문입니다. 우리가 무엇을 생각하느냐 하는 것은 우리의 행위에 아주 큰 영향을 미칩니다. 사람이 어느 주제에 대하여 오랫동안 생각해 왔는데, 그의 삶이 그 생각에 의해서 물들지 않는다는 것은 있을 수 없는 일입니다. 몇몇 누에들의 경우에는 무엇을 먹었느냐에 따라 그 누에로부터 나오는 실의 색깔이 달라지는 것과 마찬가지로, 우리의 삶은 우리에게 가장 익숙해진 생각들의 색깔을 점차 띠게 됩니다. 우리는 최근에 일어난 사건들 속에서 그 예를 볼 수 있었습니다. 잭 셰파드(Jack Sheppard)와 딕 터핀(Dick Turpin)에 관한 문헌들을 연구해 왔던 소년들이 경찰서에 잡혀 왔습니다. 그들은 도둑들이 될 수밖에 없었습니다. 프랑스 소설이나 바이런의 시, 독일의 형이상학에 심취한 사람들은 방탕하고 회의적인 삶을 살게 되었는데, 이것은 전혀 이상한 일이 아닙니다. 그런 사람들의 마음의 굴뚝에서 깨끗한 것이 나올 것이라고 기대할 수 없습니다. 무엇을 읽든, 우리의 생각은 그 속을 거닐게 되고, 우리의 모든 기능들은 그 생각을 따라 가게 됩니다. 형제들이여, 여러분이 보고 계시듯이, 다윗이 하나님의 인자하심을 생각해 왔고, 머지않아 그의 영혼 전체가 그 생각을 뒤따랐기 때문에, 그는 하나님의 진리 중에 행하게 된 것입니다.

나는 이것에 대하여 조금 더 여러분에게 말씀드리고자 합니다. 이 아침에 여러분과 내가 하나님의 인자하심이라는 주제를 묵상하고 있다고 합시다. 하나님의 인자하심을 우리의 목전에 두십시오. 하나님의 인자하심의 가장 두드러진 특징들 중의 하나는 그 영원성입니다. 하나님께서는 자기가 지금 사랑하고 계시는 자들을 창세 전부터 이미 사랑해 오셨다는 것은 확실합니다. 지금 하나님의 사랑을 받고 있는 사람들은 최근에 와서야 그 사랑을 받게 된 것이 아닙니다. 그들은 창조의 초석이 놓이기도 전에 하나님으로부터 사랑을 받았습니다. 이것은 영광스러운 가르침입니다! 사람의 영혼은 하나님께 반역하고 원수로 행하고 있는데도, 그런 영혼에게 하나님의 사랑 안에서 기록한 기쁨을 누릴 수 있는 가능성이 늘 열려 있다는 것입니다. 하찮은 벌레들을 향하신 영원한 사랑, 창세 전부터 주어진 사랑! 그렇다면, 도대체 이것이 어떻게 된 것입니까? 그래서 우리의 마음은 하나님의 사랑을 누리게 되는 바로 그 순간 당연히 이렇게 부르짖게 됩니다: "내가 하나님의 진리 중에 행하리라. 이 큰 가르침은 나로 하여금 다른 큰 가르침들을 받아들일 수 있게 만든다. 나는 지금 하나님의 가르침을 아는 것을 두려워하지 않는다. 하나님이 '창세 전에' 나를 사랑하셔서, 그리스도 예수 안에서 '그 기쁘신 뜻대로' 나를 '예정하사 하늘에 속한 모든 신령한 복'을 주셨으니(엡 1:3-5), 내가 은혜의 언약에 관한 가르침, 하나님의 미리 아심과 예정에 관한 가르침, 거기로부터 파생되는 온갖 가르침들을 두려워할 이유가 없다. 이 한 개의 빛나는 보석이 나를 이끌어 나의 생각을 온통 하나님으로 가득 채우게 하였으니, 내가 지금부터는 하나님의 심오한 일들을 알기 위해 온 힘을 기울이리라." 많은 사람들이 하나님의 인자하심에 대하여 더 많이 묵상하게 된다면, 그들은 훨씬 더 건전한 가르침을 얻게 될 것입니다.

이제 다시 저 하나님의 인자하심으로 돌아가서, 그것을 다른 시각에서 한 번 살펴보면, 이 다이아몬드에서는 또다른 밝은 빛이 비쳐져 나오는데, 그것은 하나님의 인자하심은 온전히 거저 주어지는 것이라는 사실입니다. 우리는 하나님의 인자하심을 결코 기대할 수 없는 존재입니다. 하나님이 우리를 사랑하신 것은 우리에게 사랑 받을 만한 어떤 것이 있어서가 아니라, 오직 하나님께서 우리를 사랑하시기로 하셨기 때문입니다. 하나님은 절대주권을 지니신 분이기 때문에, 자기 백성에게 자기가 원하시는 대로 하십니다. 하나님은 긍휼히 여기시고자 하시는 자들을 긍휼히 여기시기 때문에, 우리를 긍휼히 여기신 것입니다. 여러분 중에 "나는 그럴 자격이 없는 사람"이라고 말하는 분이 계십니까? 나는 그 어떤 사람보다도 더 하나님의 사랑을 받을 만한 자격이 없는 자였습니다. 그런데 하나님께서 이렇게 거저 나를 사랑하신 것인데, 내가 무엇이라 말하겠습니까? 내가 할 일은 그저 그 은혜에 감사하여 있는 힘을 다해 하나님을 사랑하는 것뿐입니다. 나는 하나님의 그런 사랑에 보답할 길이 없습니다. 나는 하나님이 나를 사랑하시는 정도만큼 하나님을 사랑할 수는 없지만, 그럼에도 불구하고 자원해서 있는 힘을 다해 하나님을 사랑할 것입니다. 하나님께서 나를 택하셨습니까? 나도 하나님을 택합니다. 하나님께서 나를 구원하시기로 작정하셨습니까? 내 마음도 오직 하나님께만 영광을 돌리기로 작정하였습니다. 내가 하나님을 섬기기 위해 할 수 있는 일이 있다면, 그것이 무엇인지 내게 말해 주십시오. 내가 해야 할 일이라면, 나는 그 일을 할 것입니다.

저 하나님의 인자하심으로 다시 돌아가서, 그것의 또다른 측면, 즉 그 확실성을 보십시오. 하나님이 자기 백성을 사랑하신다는 것은 지어낸 얘기가 아닙니다. 당신이 예수 그리스도를 믿고 오직 그의 공로만을 의지한다면, 하나님이 당신을 사랑하신다는 것은 하나님이 하나님이시라는 것만큼이나 확실합니다. 이것에 대해서는 그 어떤 의문도 있을 수 없습니다. 하나님의 사랑이 당신의 것이라는 것은 하나님의 능력이 모든 피조물에 드러나 있는 것만큼이나 확실합니다. 그러므로 이제 당신이 순종을 보일 차례입니다. 하나님이 나를 사랑하신다는 것을 내가 진정으로 안다면, 나는 진실로 하나님을 사랑하고 진정으로 그를 섬기게 될 것입니다. 그것은 말로나 결심으로만 그치지 않을 것이고, 사랑하는 척만 하게 되지도 않을 것입니다. 심지어 내가 그런 사랑을 하나님께 드리려고 하지 않아도, 저절로 그렇게 될 것입니다. 내가 나를 부인하는 데에 그 어떤 대가를 치러야 한다고 할지라도, 나는 반드시 나를 부인하고 하나님을 사랑하게 될 것입니다. 나는 그리스도에게 속한 자가 되는 놀라운 일이 내게 일어나게 하기 위하여 기꺼이 십자가를 짊어지게 될 것입니다. 나를 향하신 하나님의 사랑이 내 속에서 순종하고자 하는 마음을 불러일으켜서, 나는 십자가를 지고자 할 때에 내게 올 그 어떤 박해도 즐거워하고 기뻐하게 될 것입니다.

자, 다시 하나님의 인자하심의 또다른 면을 보십시오. 하나님의 인자하심을 여러분의 목전에 두시고, 그 신실함을 생각해 보십시오. 하나님의 인자하심은 단 일 분도 중단되는 법이 없습니다. 하나님의 인자하심은 시간의 흐름만큼이나 끊임이 없습니다. 단 한순간도 하나님의 사랑이 없이 흘러가는 시간은 없습니다. 단 한 시간도 하나님의 인자하심에 속한 어떤 일이 일어나지 않은 채 흘러가는 것은 없습니다. 우리는 자주 하나님을 잊어버리고 살지만, 하나님은 단 한순간도 결코 우리를 잊지 않으십니다. 우리는 밥 먹듯이 하나님을 배신하며 살지만, 하나님은 단 한 번도 우리를 배신하신 적이 없습니다. 만일 하나님이 은혜가 아니라 공의로 우리를 대하셨다면, 하나님은 이미 오래 전에 우리를 자신의 마음에서 지워 버리셔야 마땅했을 것입니다. 그러나 하나님은 이전과 마찬가지로 지금도 우리를 사랑하시고, 앞으로도 천지는 없어질지언정 우리에 대한 하나님의 사랑은 없어지지 않을 것입니다. 자, 그렇다면, 우리는 어떻게 해야 합니까? 그러므로 우리는 끊임없이 하나님을 섬기고자 하여야 합니다. 우리는 매일매일 주어진 우리의 본분을 다하여야 하고, 모든 본분을 우리의 즐거움이자 특권으로 여겨야 합니다. 우리는 받기만 하고 드리지 않는 자들이 되어서는 안 됩니다. 하나님의 주권적인 선하심은 끊임없이 우리에게 임하기 때문에, 하나님의 은혜가 우리에게 배달되지 않는 경우는 없습니다. 그러므로 우리 편에서도 그 은혜를 잊어버리거나 소홀히 하거나 감사를 지체하거나 순종하기를 주저함이 있어서는 결코 안 됩니다.

　　또한, 나는 하나님의 인자하심은 정밀해서, 작은 일들에까지 세밀하게 미친다는 것을 말씀드리고 싶습니다. 우리 인생의 행복의 많은 부분은 작고 소소한 일들이 순조롭게 되어가느냐 그렇지 않느냐에 의해서 좌우됩니다. 만일 하나님께서 오직 큰 사건들을 간섭하시고, 작은 일들은 우연에 맡겨 두신다면, 우리는 아주 불행할 수밖에 없습니다. 그러나 하나님의 인자하심은 모든 전경(全景)을 햇빛으로 도금하기 때문에 그 빛이 아주 작은 곤충에게도 미치고, 가장 작은 새의 눈동자에도 미칩니다. 마찬가지로, 하나님에 대한 우리의 사랑도 이렇게 아주 미세한 부분까지 미쳐야 합니다. 우리는 본질적인 일들에서 올바르게 행하려고 애를 써야 하지만, 사람들이 말하는 비본질적인 일들도 소홀히 해서는 안 됩니다. 하나님의 인자하심이 미세한 부분까지 미치는 것과 마찬가지로, 우리의 순종도 그래야 합니다. 하나님에 대하여 감사는 우리의 삶 전체에 스며들어 있어야 합니다. 우리의 모든 기능 전체를 하나님에 대한 감사로 차고 넘치게 하여야 합니다. 우리의 존재 전체를 하나님에 대한 감사로 푹 적셔야 합니다. 크신 하나님, 주의 사랑이 나를 두르고, 나는 그 사랑을 숨 쉬며, 그 사랑을 먹고 살며, 그 사랑 안에서 죽을 것이고, 그 사랑 가운데서 영원히 살 것이며, 그 사랑이 내게 영원한 지복(至福)을 가져다줄 것입니다. 그래서 내 영혼은 이렇게 기이하게 나를 감싸고 있는 하나님의 감미로운 사랑에 자기 자신을 비롯해서 자신의 생각, 자신의 일들, 자신의 소원들, 자신의 판단, 자신의 취향, 자신의 모든 것을 순종 가운데서 맡기게 될 것입니다. 여러분이 보실 수 있듯이, 하나님의 사랑을 묵상하는 것은 그 사랑의 미세한 부분들과 속성들을 보게 되는 것, 그리고 우리의 삶이 진리 안에서 질서가 잡히는 것과 그대로 연결되어 있습니다. 전자는 후자가 확실하게 일어나게 하는 자연스러운 원인입니다.

다시 한 번 말해두지만, 우리는 하나님의 인자하심을 생각할 때에 그것이 우리 앞에 무엇을 준비해 주고 있는 것인지를 잊어서는 안 됩니다. 머지않아 여러분과 나는 사망 권세의 마지막 발악을 목도하게 될 것입니다. 그때에 그리스도께서 오실 것이고, 우리는 주와 더불어서 영원히 살게 될 것입니다. 우리는 예수의 피로 씻음을 받았고, 우리 영혼은 성령으로 새롭게 되었으며, 우리에게는 영원히 시들지 않을 생명의 면류관이 준비되어 있습니다. 지치고 피곤해서 자주 두통으로 시달렸던 우리의 머리에 영광의 면류관이 씌워질 저 승리의 날을 대망하십시오! 땀 흘리며 수고함으로 거칠어진 손들이 종려나무 가지를 붙잡게 될 그 날을 생각하십시오. 그리고 이 땅에서의 순례 길에 지친 발들은 유리 바다 위에 서게 될 것이고, 그때에 우리가 끊임없이 할 일은 우리를 진창에서 건지시고 우리의 발을 반석 위에 올려놓으시며 우리의 가는 길을 영원히 견고하게 하신 하나님께 영광을 돌리는 일이 될 것입니다. 이 모든 인자하심이 우리를 위해 준비되어 있고 우리에게 수반되며 우리를 위해 정해져 있습니다. 이 모든 것이 사망이나 음부도 결코 바꿀 수 없는 하나님의 작정하심에 의해서 우리에게 예정되어 있습니다. 그러면 이것을 알았을 때, 우리는 어떻게 하게 됩니까? 그러므로 우리는 이 땅에서의 시련들을 "잠시 받는 환난의 경한 것"(고후 4:17)으로 여기게 될 것입니다. 어떤 본분을 다하고자 할 때에 그러한 시련들을 겪을 수밖에 없게 될지라도, 우리는 그런 시련들을 고려하지 않고, 도리어 우리 앞에 있는 즐거움을 위해서 욕을 당하는 것을 아무렇지 않게 여기며 십자가를 감당해 내게 될 것입니다. 하나님의 사람들이여, 하나님의 인자하심이 여러분을 위해 예비해 두신 이 유업은 우리의 혀로 표현할 수 없을 뿐만 아니라 우리의 마음으로 상상할 수 없는 그런 것입니다. 여러분은 바로 이 유업을 얻기 위해서, 기꺼이 멸시받고자 하고, 필요하다면 인간 사회에서 멸시받고 침 뱉음을 당하며 배척받을 각오를 하는 것이 어떻습니까? 내 생각에는, 순교자들의 눈 속에서 빛났던 것은 바로 그러한 각오였을 것입니다. 그랬기 때문에, 얼마 안 있으면 모든 뼈가 다 흔적도 없이 불타 없어질 것이고, 육체는 엄청난 고통 속에서 비명을 지르게 될 것인데도, 순교자들은 말뚝에 묶인 채 너무나 침착하고 당당하게 서 있을 수 있었습니다. 순교자들의 눈에 어린 빛은 화목(火木)에 점화하기 위한 횃불의 불빛이 아니라, 영원한 영광의 빛이었습니다. 그들의 마음을 즐겁게 만들어준 저 기쁨은 자신의 고집을 꺾지 않은 저 강인한 정신력에서 오는 만족감이 아니라, 영원히 사시는 그리스도와 하나가 되어서 하나님과 영원토독 살게 될 것을 바라본 영혼의 견고함에서 오는 것이었습니다. 우리의 목전에 있는 하나님의 인자하심은 우리로 그 길이 감옥이나 죽음으로 이어지는 길이라 할지라도 하나님의 진리 가운데서 행하게 만들 수 있습니다. 하나님께서 우리를 거룩한 묵상으로 더 깊이 이끄시면, 우리는 더욱 거룩하고 일관되게 진리 중에 행할 수 있게 될 것입니다.

　　나는 마지막으로 두세 가지만 더 말하고 나서 마칠까 합니다. 나는 우리가 어떻게 해야 마땅한지를 지금까지 말했지만, 이 세상에서 우리가 실제로 그렇게 해내고 있는 것은 아닙니다. 오늘 본문의 전반부에 대해서는 그렇다고 얘기하면서도, 후반부에 대해서는 멸시하는 사람들이 있습니다. 그런 사람들은 하나님의 인자하심을 자신의 목전에 두었긴 하지만, 하나님의 진리 중에 행하지는 않습니다. 그들은 하나님의 택하신 자들, 하나님의 사랑하시는 자들, 하나님의 사랑하는 백성에 대하여 말하는 것은 좋아합니다. 애석하게도, 그들은 바로 그런 자들이 되기 위하여 그 어떤 대가도 치르려 하지 않기 때문에, 그들의 삶은 그들의 신앙고백과 전혀 맞지 않는 경우가 많습니다. 우리는 은혜의 가르침들을 자신들의 방탕하고 방종한 삶을 변호해 주는 핑곗거리로 만들어 버리는 사람들에 대하여 무엇이라고 말해야 합니까? 그들은 은혜의 가르침을 가지고 있긴 하지만, 가르침으로 인한 은혜를 가지고 있지는 못합니다. 우리는 그런 사람들에 대하여 무엇이라고 해야 합니까? 그런 사람들에 대하여 바울은 "그들은 정죄 받는 것이 마땅하니라"(롬 3:8)고 말했습니다. 그들이 옳은 체하는 모든 것들, 정통 교리에 대한 그들의 모든 말들은 알맹이가 없는 공허한 것들일 뿐입니다. "거룩함을 따르라 이것이 없이는 아무도 주를 보지 못하리라"(히 12:14). 사업에서 속일 수 있는 사람, 거짓말을 할 수 있는 사람, 무정한 남편, 나쁜 아빠, 거룩하지 못한 사람일 수 있는 사람은 자기가 좋아하는 것을 믿든지 안 믿든지 그런 것과는 상관없이 하나님이 손에 키를 드시고 자신의 타작마당을 깨끗하게 하셔서 알곡은 모아 곳간에 넣으시고 겨는 영원히 꺼지지 않는 불에 던져 태우실 때에 하나님의 임재와 그 권능의 영광 앞에서 겨처럼 날아가 버리게 될 것입니다.

또한, "내가 하나님의 진리 중에 행하였다"고 말하지만, 하나님의 인자하심을 자신의 목전에 결코 두지 않았던 사람들도 있습니다. 그들은 자신의 존경 받을 만한 성품에 대해서는 자랑하지만, 하나님의 은혜에 대해서는 결코 생각하지 않습니다. 그런 사람들은 바리새인들에 속하는 부류들입니다. 그들은 자신들이 어떤 영에 속해 있는지도 알지 못합니다. 그들이 자신의 삶을 흠 없는 것으로 생각하는 것은 어쩌면 너무나 당연한 일일 것입니다. 왜냐하면, 그들은 눈먼 맹인이기 때문입니다. 빛이 그들의 행위들에 비치면, 그들은 자신들의 행위가 얼마나 불완전한 것이었는지를 알게 될 것입니다. 그때에야 비로소 그들은 자기들에게 구주가 필요하다는 것을 알게 될 것인데, 그렇게 해서 그들이 유일하신 구주를 찾게 되면, 구주를 발견하게 될 것입니다. 그러나 그들이 자신들은 선하고 어릴 적부터 율법을 지켜 왔다는 생각으로 자신들을 감싸고 있을 때, 우리는 그들이 자기 자신을 막아서 천국에 들어가지 못하게 하고 있다는 것을 온 힘을 다해서 일깨워 주어야 합니다. 그들은 영생을 얻을 길을 다 막아 버리고 있는 자들입니다. 왜냐하면, "율법의 행위로써는 의롭다 함을 얻을 육체가 없기"(갈 2:16) 때문입니다. 우리는 은혜, 오직 은혜로만 구원을 얻을 수 있습니다.

내가 마지막으로 드리고 싶은 말씀은 이것입니다. 형제들이여, 여러분이 신앙의 실천적인 부분에서 둔해지고 처질 때, 그 신앙을 부흥시키기 위한 합당한 길은 하나님의 인자하심에 대하여 여러분이 해왔던 것보다 더 많이 생각하는 것임을 명심하시라는 것입니다. 나는 여러분이 과연 자기가 우둔하다고 느끼는지 알지 못합니다. 하지만 나는 지독하게 그런 것을 느낍니다. 사람이 감기가 심하게 걸리면, 마음은 몹시 가라앉아 둔감해지는 것을 느낍니다. 어떤 사람들은 건강할 때조차도 아주 둔감하지만, 거기에 병이 더해질 때에는 그들의 영적 상태는 말하기 힘들 정도로 더 나빠집니다. 그런 사람은 이렇게 말합니다: "내가 어떻게 하나님의 자녀라고 할 수 있습니까? 나는 기도할 수가 없습니다. 나는 무릎을 끊고, 내가 마땅히 기도해야 할 것들을 기도하면서도, 내가 진심으로 그것들을 원하지는 않는 것 같습니다. 나는 성경을 읽지만, 성경은 이전처럼 내 목전에서 빛을 발하지 않습니다. 나는 하나님을 사랑하고자 하지만, 사랑의 감정은 전혀 남아 있는 것 같지 않습니다. 나는 목석과 같습니다." 여러분이 단지 시체처럼 느껴지고 자신을 깨어나게 해서 살아 움직이게 할 수 없을 때, 여러분 자신을 깨우는 가장 좋은 방법은 무엇입니까? 물론, 우리를 깨우는 분은 성령이시지만, 우리는 어떤 수단을 사용해야 합니까? 어떤 사람은 "자신의 죄악들로 눈을 돌려서 그 죄악들을 생각하기 시작하라"고 말합니다. 하지만 나는 어떤 사람들은 그렇게 했다가 더 악화되는 것을 보았고, 그들은 자신의 죄악들을 봄으로써 그 죄악들에서 빠져나와서 생명으로 나아가지 못하는 것으로 보였습니다. 나는 사람들이 하나님의 인자하심을 기억할 때에 성령 하나님의 실리는 권능이 그 어느 때보다도 강력하게 나타난다고 믿습니다. 나는 내 영혼에게 이렇게 말했습니다: "내 영혼아, 너는 오늘 무디어져 있고 짓눌려 있지만, 예수께서는 네가 밝고 활기가 있어서 너를 사랑하신 것이 아니다. 너는 어쨌든 그렇게 무디어져 있기는 원하지 않잖아. 누가 그런 마음을 네게 주었니? 하나님의 은혜가 너로 하여금 네 자신이 무디어져 있고 우둔해져 있는 것을 미워하게 한 것이 아니냐? 하나님은 이전이나 지금이나 동일하게 너를 사랑하신다." 나는 내 영혼이 나를 암미나답의 병거들 같이 만들 줄을 압니다. 내가 내 주의 사랑을 묵상하자 얼마 되지 않아서, 하나님에 대한 나의 사랑은 불붙게 되었습니다. 와츠(Watts) 박사가 다음과 같이 말한 것은 제대로 정곡을 찌른 것입니다:

> "하늘로부터 오시는 비둘기 성령이시여, 오소서.
> 　당신의 모든 살리시는 능력으로
> 　오셔서 구주의 사랑을 흩뿌려 주소서.
> 　그것이 우리의 사랑에 불붙이시리라."

　　여러분이 여러분을 향하신 그리스도의 사랑을 의심한다면, 여러분은 그리스도를 사랑하지 못하게 될 것입니다. 그러나 그리스도께서 여전히 여러분을 사랑하신다는 것을 기억하시고 믿으시고 꼭 붙드십시오. 그러면 여러분의 사랑은 되살아날 것입니다.

"당신의 믿음의 눈이 희미해질 때
가라앉든 헤엄치든 여전히 예수를 꼭 붙드세요.
여전히 주의 발등상 아래에 무릎을 꿇으십시오.
그러면 당신의 도움이신 이스라엘의 하나님이
거기에 계실 것입니다."

내 영혼이 죽은 것 같고 망한 것 같으며 은혜라고는 찾아볼 수 없고 나를 둘러싼 모든 것이 안 풀린다고 할지라도, 여전히 나는 십자가를 붙들고서, "나는 이 자리를 결코 떠나지 않으리니, 내가 죽는다면 이 자리에서 죽으리라"고 말할 것입니다. 빛이 당신에게 다시 임할 것이고, 하나님의 기쁨이 다시 돌아올 것이며, 당신의 마음은 거기에서 완악함이 떠나간 것을 보고 기이해할 것이고, 꿀 먹은 벙어리 같았던 당신의 혀는 찬송하게 될 것이며, 얼마 전까지만 해도 절름발이였던 당신은 노루처럼 뛰게 될 것입니다. 성령 하나님께서 그리스도로 말미암아 우리의 이러한 묵상을 우리 영혼을 깨우고 살리시는 수단으로 삼으시기를 빕니다. 아멘.

제
28
장

—

힘 있는 호소

—

"주는 나의 도움이 되셨나이디 니의 구원의 하나님이시여
나를 버리지 마시고 떠나지 마소서." — 시 27:9

곤경에 처해 있을 때에 누구에게 도움을 청할지를 선택하는 것은 상당히 어려운 일입니다. 왜냐하면, 우리가 어떤 선택을 할 것인지를 놓고 깊이 생각하고 있는 동안에, 위험이 우리에게 닥칠 수 있기 때문입니다. 여우는 어느 길로 피할까를 생각하다가 사냥개에게 잡힙니다. 병자는 어느 의사 선생님을 선택하고 어떤 약을 먹을까 생각하다가 병이 악화되어 죽고 맙니다. 따라서 우리가 도움을 청할 사람이 오직 한 사람밖에 없고, 그 도움이 우리가 필요로 하는 모든 것이라면, 그것이 정말 좋은 것입니다. 그런 경우에, 선택할 수 있는 여지 자체가 없어서, "홉슨(Hobson)의 선택"이라는 옛 격언처럼 주어진 것을 선택하느냐 선택하지 않느냐 하는 것만이 우리에게 주어져 있을 때, 그것은 우리에게 좋은 것입니다. 신자는 정확히 바로 그러한 상황에 있습니다. 신자는 자신의 하나님을 신뢰하든지, 아니면 소망 없이 지내야 합니다. 신자는 이전에 그랬던 것처럼 다른 도움들에 눈길을 줄 수 없습니다. 왜냐하면, 그는 그것들이 도움이 되지 않는다는 것을 이미 알았기 때문입니다. 그는 이전에 어리석었던 시절처럼 자기 자신을 의지할 수도 없습니다. 왜냐하면, 그는 쓰라린 경험을 통해서 자기 자신을 믿는다는 것이 얼마나 어리석은 일인지를 배웠기 때문입니다. 그는 오직 주님만을 바라보지 않을 수 없습니다. 배를 항구로 몰아가는 바람은 복된 바람입니다. 뱃

사람을 안전한 바위로 휩쓸어가는 파도는 복된 파도이고, 사람으로 하여금 오직 하나님만을 의지할 수밖에 없게 만드는 곤경은 복된 곤경입니다. 이 본문을 쓸 당시의 시편 기자의 상황이 그랬습니다. 그의 영혼은 오직 하나님만을 바라보았습니다. 그의 과거의 경험 속에서 하나님의 선하심은 그의 인생 항로를 인도하는 북극성처럼 밝게 빛났습니다. 그래서 그는 장래와 관련해서도 자신을 확실하게 인도할 바로 그 빛만을 흔들림 없이 바라보았고, 자신의 구원의 하나님을 의지하였습니다.

하나님께 간구할 때, 우리가 내놓을 수 있는 호소, 어떤 상황과 형편 아래에서도 언제든지 사용할 수 있는 호소, 다른 사람들의 입에서 나와서 우리에게는 절반밖에는 적절하지 않은 그런 것이 아니라 우리 자신에게 꼭 맞는 호소가 있다는 것은 좋은 일입니다. 우리에게는 우리의 내면에서 솟아올라오는 우리 자신의 호소, 우리 영혼에 충분히 설득력 있게 느껴지기 때문에 은혜의 보좌 앞에 자신 있게 내놓을 수 있는 호소가 필요합니다. 그 호소는 단순해서 우리 자신이 잘 이해할 수 있는 것이 좋습니다. 왜냐하면, 우리가 의심 중에 있을 때에는 우리는 안개 속에 있는 사람 같아서, 분명한 지시가 있지 않으면, 길을 잃어버리게 되기 때문입니다. 안개 속에서 이정표는 아주 분명하게 보여야 합니다. 그렇지 않으면, 우리는 그 이정표를 볼 수 없게 될 것입니다. 우리는 환난 중에 하나님께 호소할 때에는 그 호소가 아주 분명한 것이 되기를 원합니다. 그렇지 않으면, 우리의 마음은 뭐가 뭔지 헷갈려서 강력하게 호소할 수 없게 됩니다. 심한 곤경에 처한 영혼은 깊고 심오한 추론을 해내기에 적합한 상태에 있지 않기 때문에 어린아이 같은 호소가 필요합니다. 이것에 대해서 거스리(Guthrie) 박사는 거의 죽게 되었을 때에는 "젖먹이의 찬송들"이 필요하다고 말했습니다. 따라서 우리에게 오늘 본문처럼 "주는 나의 도움이 되셨나이다"라고 말하는 것 같은 호소가 있다면, 그것은 복된 일입니다. 왜냐하면, 그것은 교묘한 기지로 저 멀리서 가져온 것이 아니라, 우리 자신의 경험 속에서 자생적으로 자라난 우리 자신에게 꼭 맞는 적절하고 단순한 호소이기 때문입니다. 그런 호소는 달려가는 사람도 읽을 수 있고, 한 눈을 팔며 길을 가는 사람도 알아차릴 수 있습니다. 그런 호소는 박식한 사람과 마찬가지로 글을 잘 읽지 못하는 사람도 사용할 수 있습니다. "주는 나의 도움이 되셨나이다 나를 버리지 마시고 떠나지 마소서." 게다가, 이 호소는 선하고 실제적인 힘이 넘칩니다. 이 아침에 설교가 끝나기 전에, 나는 이 호소 속에 천국의 논리가 많이 들어 있고, 지존자를 아주 확실하게 설득할 수 있는 그런 종류의 논거가 두드러지게 가득하다는 것을 나타내 보일 수 있게 되기를 소망합니다. 여기에서 우리 앞에 있는 호소는 우리 인간에게 통용될 그런 호소가 아니라는 것을 미리 말해 두는 것이 좋을 것 같습니다. 왜냐하면, 사람들이 전에 우리를 도왔다면, 그들은 우리가 다음번에는 다른 사람에게 도움을 청해야 한다고 결론을 내리는 것이 보통일 것이기 때문입니다. 프랜시스 퀼즈(Francis Quarles)는 사람들의 통상적인 방식을 이렇게 잘 압축해서 표현해 놓았습니다:

> "자기가 전에 한 번도 부탁한 적이 없고,
> 앞으로 다시는 부탁하지 않으리라는 것이
> 사람이 사람에게 무탁할 때에 내놓는 호소이다.
> 하나님에 대한 호소는 전에도 들어주셨으니
> 이번에도 들어주시라는 것이다.
> 우리가 얼마나 선하신 하나님을 섬기고 있는가.
> 그러니 우리가 하나님께 청할 것이 있으면,
> 하나님이 이전에 주신 것들을 들어 새 것을 주시라고 청하라."

그렇지만 사람들의 일반적인 관습에도 예외가 있습니다. 나는 일전에 무디 스튜어트가 쓴 「에든버러의 존 던컨 회고록」에서 한 사례를 읽은 적이 있습니다. 히브리어 학자로서 아름다운 품성을 지닌 인물이었던 던컨은 최근에 소천하셨는데, 그런 인물을 떠나보낸 것은 자유교회의 큰 손실입니다. 그 책에서 나는 이런 내용을 접하게 되었습니다: "그는 다른 사람의 부탁을 거절하지 못하는 사람이었고, 그런 부탁을 결코 싫어하지도 않았다. 그는 선을 행할 기회가 왔을 때에 기꺼이 그 기회를 받아들였다. 그는 이렇게 말했다: '그들은 나를 어떻게 설득해야 하는지를 알고 있었다. 그들은 내가 그들을 전에 도왔다고 말한다. 그러면 나는 할 말이 없어진다. 그것은 내가 하나님께 어떻게 기도해야 하는지를 가르쳐 준다.'" 지금 나는 그때 내가 읽은 내용이 생각이 납니다. 우리 중 많은 사람들이 연금으로 생활하시는 노인들을 돕기를 좋아합니다. 그분들은 우리로부터 수없이 도움을 받았던 것을 기억하시고 우리들의 집 문을 아주 담대하게 두드립니다. 여러분이 어떤 사람에게 여러 차례 호의를 베풀면, 그는 아주 스스럼없이 또

다시 여러분에게 도움을 청하게 될 것입니다. 따라서 사람들 사이에서도 "당신은 나의 도움이었습니다"라는 말은 호소가 될 수 있는 것으로 보입니다. 그리고 하나님께 이것은 아주 강력한 호소라는 것은 두말 할 필요가 없습니다. 자신의 입술에 다음과 같은 호소를 가지고 나아오는 사람은 그 누구도 긍휼의 문 앞에서 퇴짜를 맞지 않을 것입니다:

"주는 내가 곤경에 처할 때마다 나를 도와 주셨습니다.
이것이 나를 담대하게 해서 이렇게 다시 탄원합니다.
주께서 지난날에 무수히 긍휼을 베푸셨는데,
이제 와서 나로 그냥 가라앉게 내버려 두시렵니까?"

이 아침에 나는 먼저 "주는 나의 도움이 되셨나이다"라는 본문을 가지고서, 시편 기자가 어떤 경험을 했길래 이렇게 자신 있게 이 말을 하는지를 설명하고자 합니다. 다음으로는, "나를 버리지 마시고 떠나지 마소서"라는 본문을 가지고서, 시편 기자가 과거에 하나님이 베풀어 주신 것들을 호소로 내세워서 이렇게 간절하게 탄원해야 했던 이유가 무엇이었는지를 살펴보고자 합니다. 그런 후에, "주는 나의 도움이 되셨나이다 나를 버리지 마시고 떠나지 마소서"라는 본문을 전체적으로 놓고서, 시편 기자의 과거의 경험이 그에게 어떻게 기도하고, 어떤 응답을 기대하도록 가르쳐서, 그를 올바른 신앙으로 이끌었는지를 살펴보겠습니다.

1. 첫째로, 시편 기자가 자신 있게 들려주는 과거의 경험을 경청해 보십시오.

설교자인 나는 나의 온 마음을 다하여 "오, 하나님, 주는 나의 도움이셨습니다"라고 말할 수 있고, 말하여야 합니다. 이렇게 선포할 수 있는 모든 사람은 조금 있다가 이 증언을 따라서 하십시오. 나는 여러분 중 다수가 적절한 기회가 주어지기만 한다면 자리에서 일어나 "오, 하나님, 주는 나의 도움이셨습니다"라고 말할 것임을 압니다. 곤경에 처했을 때에 하나님으로부터 도움이 주어지지 않았다면, 우리가 무엇을 할 수 있었겠습니까? 우리 하나님께서 우리를 위하여 얼마나 큰 능력과 긍휼을 나타내 보여 오셨습니까! 여러분 중에서 연륜을 따라 머리가 은발이 되신 많은 분들은 지난날의 환난들이 생각나서 눈물을 흘리며 "주는 나의 도움이셨습니다"라고 말할 것입니다. 그리고 여러분 중에서 삶의 염려들 및 시련들과 싸워나가고 계시는 중년 분들은 "주는 나를 돕는 자이시고, 오래 전부터 그래 오셨습니다"라고 기쁜 마음으로 고백할 수 있을 것입니다. 우리 중에서 최근에 직업 전선에 뛰어든 젊은 분들도 이 문제에서 빠지고 싶지 않을 것입니다. 왜냐하면, 그들은 아직 어려운 일들을 많이 겪지는 않았지만, 그 가운데서도 하나님의 도우심을 받으며 살아온 까닭에, "주는 우리의 도움이셨습니다"라고 기쁜 마음으로 인정할 것이기 때문입니다. 내가 하나님께서 자신의 도움이셨다고 말할 수 있는 분들은 지금 손을 들어보시라고 한다면, 오늘 아침 이 성전은 치켜든 손들로 숲을 이루게 될 것입니다. 그렇습니다. 주여, 주의 종들인 우리가 이 자리에 이렇게 많이 모여서, 주는 우리의 도움이셨다고 엄숙하게 고백합니다.

나는 여기에 계신 모든 분들 한 사람 한 사람의 경험을 다 설명할 수는 없기 때문에, 오늘 본문을 쓴 사람에 대해서만 조금 얘기해 보려 합니다. 우리가 이 시편에 나오는 말들을 보면, 이 시편 기자의 경험은 다른 모든 성도의 경험과 두드러지게 비슷하기 때문에, 여러분 중 대부분이 이 본문 속의 이런저런 부분이 마음에 와 닿을 것입니다. 다윗은 아주 일찍부터 "주는 나의 도움이 되셨습니다"라고 말할 수 있었습니다. 왜냐하면, 그는 이새의 아들로서 어릴 때부터 하나님을 구하였고, 영적인 삶을 살기 위해 애를 썼기 때문입니다. 나는 다윗의 어릴 적 경험은 하나님의 구원하시는 도움이 아주 두드러지고 현저하게 나타났던 그런 경험이었다고 생각합니다. 그는 죄에 대한 깊은 자각을 지니고 있었고, 장차 드려지게 될 주님의 저 큰 대속의 희생제사를 분명하게 보고 있었기 때문에, 자기가 믿음으로 의롭다 하심을 받았다는 아주 기쁜 의식을 지니고 있었습니다. 다윗은 의심과 두려움, 자기가 지은 죄와 자기 안에 거하는 죄에 맞서 힘겹게 싸울 때에 순수하게 회심하였던 어린 시절을 되돌아보며, 저 큰 희생제사를 의지할 수 있었기 때문에, "주는 나의 도움이 되셨나이다"라고 말할 수 있었습니다. 나는 여기에 계시는 모든 회심한 분들에게 자신의 무거운 죄 짐을 지고서 수많은 죄들의 공격을 받고 무수한 시험들의 방해를 받으면서도 하나님을 찾았던 저 고난의 때를 되돌아보시기를 권합니다. 그때에 여러분은 정말 너무나 놀랍게 하나님의 도우심을 경험했습니다. 여러분은 하나님의 도우심을 받아서 십자가 앞에 엎드릴 수 있었고, 하나님의 도우심을 받아서 구속주께서 그 십자가 위에서 드리신 온전한 속죄제사를 올려다볼 수 있었습니다. 여러분은 하나님의 도우심을 받아서 여러분의 죄 짐을 구주의 무덤 속에 놓고 나올 수 있었고, 하나님의 도우심을 받아서 새 노래를 부르며 그 무덤에서 나올 수 있었습니다. 그 향기가 지금 이 시간에도 거기에 있습니다. 여러분은 하나님의 도우심을 받아서 회개하였고, 하나님의 도우심을 받아서 믿게 되었습니다. 여러분은 하나님의 도우심을 받아서 자기의(自己義)에서 나왔고, 하나님의 도우심을 받아서 절망으로부터 건짐을 받았습니다. 이 비길 데 없는 도우심을 생각할 때, 여러분은 평생 동안 말씀이신 주님을 의지하겠다고 결단하는 것이 마땅합니다. "주는 나의 도움이 되셨음이라 내가 주의 날개 그늘에서 즐겁게 부르리이다"(시 63:7).

하지만 다윗은 회심 직후에 호된 시련을 맞았습니다. 적어도 나는 그렇게 생각합니다. 다윗의 아버지는 그로 하여금 집을 떠나 유대 광야에서 목동으로 일하게 한 것으로 보입니다. 나는 다윗이 자신의 형제들에 대한 관계에서 요셉의 처지와 아주 비슷했을 것이라고 생각합니다. 즉, 형제들은 다윗을 시기하거나 멸시하였을 것입니다. 사무엘이 베들레헴으로 다윗에게 기름 붓기 위하여 갔을 때, 다른 가족들은 다 집에 있었지만, 어린 다윗은 선지자의 특별한 요청이 있었을 때에야 비로소 호출되었다는 것을 여러분도 기억하실 것입니다. 그러니까 부모형제들은 다윗은 선지자에게 보일 가치도 없는 아이라 여겨서, 저 멀리 가서 양 떼를 돌보게 했던 것입니다. 또한, 다윗이 아버지의 요청대로 블레셋족과 싸우기 위해서 전쟁터로 갔을 때, 그의 형제들은 마치 그는 그들에게 가까이 올 가치조차 없는 아이라는 듯이, 또는 나라를 위한 싸움에 그들 같은 큰 자들과 어울릴 가치조차 없는 아이라는 듯이 그를 몹시 경멸하였습니다. 이렇게 가엾은 다윗은 가족의 천덕꾸러기였고 반점이 있는 새였으며 가문의 조롱거리였습니다. 그러나 그는 자신의 고독했던 시절을 되돌아보면서, "주는 나의 도움이 되셨나이다"라고 말할 수 있었습니다. 그는 양들 틈에 누워서 "여호와는 나의 목자시니 내게 부족함이 없으리로다"(시 23:1)라고 감미로운 노래를 불렀습니다. 그가 자신의 고향땅의 언덕들과 골짜기들, 자기 양 떼를 누였던 강과 시내들 가운데서 보냈던 평온한 시기는 그에게 행복한 시절이었습니다. 그의 어린 마음이 고독 가운데서 지극히 높으신 이를 찬양하는 노래를 부를 때마다, 그가 아주 능숙하게 잘 탔던 저 수금은 그의 경건한 영혼을 음악의 날개에 실어 하나님의 보좌 앞으로 데려다주는 일이 아주 많았습니다. 아마도 여러분 가운데서 어릴 때에 고생했던 일들을 여러분의 인생 중에서 가장 쓰라리고 아팠던 시절로 기억하고 있는 분들도 계실 것이지만, 사람들은 대체로 어린 시절이 가장 행복했었다고 말하곤 합니다. 그 말은 많은 사람들에게는 사실이겠지만, 자신의 어린 시절이 눈물과 어둠으로 점철되었던 사람들도 있습니다. 그런 사람들은 어릴 적에 멍에를 짊어져야 했습니다. 그러나 그런 사람들조차 그 시절을 되돌아보면서, 그 시절이 너무나 좋았다고 말할 수 있습니다. 왜냐하면, 그 힘든 시절에 하나님이 그들을 돕는 자가 되어 주셨기 때문입니다. 부모는 일정 정도 다윗을 버렸지만, 하나님은 그를 거두셨습니다. 다른 사람들이 다윗을 멸시했을 때, 하나님은 그를 존중하셨습니다. 다윗은 자기 어머니의 아들들로부터 왕따를 당하는 아이였을 때, 하나님의 기름 부음 받은 자가 되었습니다. 우리의 어린 시절의 슬픔들이 우리의 심비(心碑)에 "주는 나의 도움이셨나이다"라는 비문을 남겼다면, 그것은 얼마나 기쁜 일입니까!

그러나 다윗은 어렸을 때에 단지 고난을 당하고 있었던 것이 아니라, 하나님을 위해 일하였습니다. 그는 아직 어린 나이에 하나님과 조국을 위해서 큰 업적을 이루었는데, 이것에 대해서도 "주는 나의 도움이 되셨나이다"라고 열렬히 말할 수 있었습니다. 목동이었던 다윗이 사자에게 달려들어서 그 수염을 붙들어서 사자를 죽인 일은 결코 작은 일이 아니었습니다. 곰이 어린 양을 잡아갔을 때, 젖비린내 나는 어린아이가 숲속의 괴물과 맞서 싸워서, 하나님의 이름으로 곰을 죽이고, 자신의 양을 죽음에서 건져낸 일도 결코 작은 일이 아니었습니다. 그 날에 하나님은 그를 돕는 자가 되어 주셨고, 그는 물맷돌을 들고서 블레셋족의 거인과 싸우러 나아갈 때에 그 날을 생생히 기억하고 있었습니다. 다윗은 그 거인의 머리를 피범벅이 되게 하고서 돌아오면서, 자신의 신앙을 공개적으로 고백하며, 자기와 이스라엘을 이 강력한 대적의 손에서 건져내신 지존자를 찬양하였습니다. "주는 나의 도움이 되셨나이다." "여호와께서 나를 사자의 발톱과 곰의 발톱에서 건져내셨고 이 할례 받지 않은 블레셋 사람에게서도 건져내셨도다"(삼상 17:36-37).

형제들이여, 나는 여러분에게 하나님께서 여러분이 어린 시절에 뭔가를 할 수 있게 해주신 것을 자축하라고 그 시절을 되돌아보라고 하는 것이 아닙니다. 나는 노병들에게 "자신의 목발을 들어 보이며 자기가 어떻게 전쟁에서 이겼는지 무용담을 늘어놓아서" 젊은 전사들로부터 칭송을 받으라고 하는 것이 아닙니다. 나는 여러분에게 저 어린 시절에 성령이 여러분에게 어떻게 임하여서, 여러분으로 하여금 하나님의 진리를 위해 용감하게 싸울 수 있게 하셨는지를 기억함으로써, 하나님께서 영광을 받으시게 하라고 하는 것입니다. 아마도 여러분은 그 시절에 지식보다는 열심이 더 많았을 것입니다. 아마도 여러분은 분별력보다는 자신감이 더 많았을 것입니다. 하지만 여러분은 하나님을 위하여 큰 일들을 하였고, 하나님은 여러분과 함께 계셨습니다. 하나님이 여러분과 함께 계셨기 때문에, 여러분은 그 시절에 여러분이 지니고 있었던 단순한 믿음과 불타는 사랑을 다시 회복할 수만 있다면, 그 시절에 여러분이 저질렀던 온갖 실수와 잘못에도 불구하고 그 시절로 기꺼이 돌아가고자 할 것입니다. 어쨌든 오늘 여기에 계신 분들은 여러분이 지난날에 어떤 일들을 이루어서 동포들에게 유익을 끼치고 하나님을 존귀하게 해드렸다면, 그 모든 영광이 하나님이 여러분에게 주신 도우심 덕분이라는 것을 인정하십시오.

다윗은 저 어린 시절의 고난 후에도 또 한 번의 일련의 환난들을 겪어야 했습니다. 그는 왕궁에 불려갔지만, 왕은 그를 시기하였고, 얼마 되지 않아서 자기를 죽이고자 하는 사울로부터 도피해야 했습니다. 다윗은 자신의 구원의 하나님으로부터 끊임없이 도움을 받았습니다! 그는 엔게디 동굴에서 사울에게 거의 잡힐 뻔하였지만, 하나님은 그를 건지셨습니다. 그는 광야 언덕들에서 거의 잡힐 뻔하였지만, 여호와께서는 그를 추적하는 자들을 따돌리셨습니다. 그는 아무런 방어수단도 없이 사냥을 당하고 있는 산 속의 자고새와 같아서, 그의 목숨이 경각에 달린 적이 무수히 많았지만, 그때마다 하나님은 이런저런 수단을 통해서 사냥꾼의 올무를 깨뜨려서 거기에 걸린 새를 구해내듯이 그를 건져내셨습니다. 나의 사랑하는 형제들이여, 하나님께서 여러분을 환난 가운데서 건지셨던 때를 되돌아보십시오. 여러분이 거의 실족할 뻔하였고, 여러분의 발걸음이 거의 미끄러질 뻔하였던 때들을 기억하시고, 감사하는 마음으로 "주는 나의 도움이 되셨나이다"라고 말하십시오.

하나님은 다윗을 위해 많은 참된 친구들을 일으키셔서 그를 도우셨습니다. 다윗이 동굴에서 지낼 때에 용감한 인물들이 그에게 왔고, 용맹스럽고 신실한 사람들은 다윗을 자기 목숨만큼 사랑하였습니다. 다윗이 베들레헴의 우물물을 마시고 싶다고 하였을 때, 그들은 그의 소원을 들어주기 위해서 목숨을 걸고 그 물을 떠와서, 그로 하여금 그가 어릴 적에 마시곤 했던 그 물을 마시게 해주었습니다. 왜냐하면, 그들은 그에게 전적으로 헌신하는 사람들이었기 때문입니다.

선량하고 인자하며 신실하고 진지한 친구들과 추종자들을 얻는 것은 결코 작은 일이 아닙니다. 여러분이 부모와 형제들로부터 사랑을 받아 왔고, 여러분을 마음으로 믿어주는 많은 친구들을 가지고 있다면, 이 아침에 그 사람들을 인하여 하나님을 찬송하고, "주는 나의 도움이 되셨나이다"라고 말하십시오. 나도 나를 지지해 주는 수많은 진실하고 고난을 이겨낸 믿을 만한 사람들이 내게 있다는 것을 기뻐하며, "주는 나의 도움이 되셨나이다"라고 고백합니다.

다윗은 한두 번의 경우에는 자기가 하나님의 도우심을 거의 기대할 수 없는 처지에 있었을 때에 하나님이 자신의 도움이 되어 주시는 것을 발견하였습니다. 우리가 우리 자신의 잘못으로 인해서 환난에 빠지게 되었을 때에는, 하나님께서 우리를 우리의 어리석음으로 인해서 고통을 겪게 내버려 두실 것이라고 생각하는 것은 자연스러운 일입니다. 그런 때에 하늘에 계신 우리의 친구께서 우리를 구하러 임하신다면, 그것은 너무나 큰 은혜를 우리에게 베푸시는 것입니다. 다윗은 지혜롭지 못하게 자신의 목숨을 구하기 위해 가드 왕에게 자신을 의탁하였다가 목숨이 위태로운 큰 위기에 처하게 되자 죽지 않기 위하여 미친 척하여야 했습니다. 그러나 그는 하나님의 은혜로우신 도우심으로 말미암아 그 위기를 모면할 수 있었습니다. 또 한 번은 다윗은 자신의 불신앙으로 말미암아 가드 왕의 군대에 합류하게 되었는데, 만약 블레셋의 왕들이 다윗이 전쟁에 참가하는 것을 반대하지 않았다면, 그는 꼼짝없이 자신의 동족과 맞서 싸울 수밖에 없는 아주 난처한 위치에 놓일 뻔하였지만, 하나님은 이때에도 그를 건져 내셨습니다. 우리는 우리 자신이 어리석게 행한 것들을 되돌아볼 때마다 후회하고 슬퍼하게 될 수밖에 없습니다. 그러나 그때에 우리의 발을 그물에서 빼내주신 하나님의 긍휼을 생각한다면, 우리는 감사할 수밖에 없습니다. 다른 사람들은 고집 세고 배은 망덕하게 행하는 우리에게 화내며 우리를 버렸을지라도, 그때에도 하나님은 우리의 도움이 되어 주셨습니다.

다윗은 아주 강력한 시험들을 만났을 때에도 도우심을 받았습니다. 다윗이 자신의 대적이 동굴에서 혼자 잠자고 있는 것을 보았을 때, 그것은 칼을 한 번 휘두르면 그의 목을 벨 수 있는 절호의 기회였기 때문에 아주 강력한 시험이었습니다. 하지만 다윗은 하나님의 도우심을 받아서, 자신의 대적의 목숨은 살려 두고, 오직 그의 옷자락만 베어서, 그가 얼마나 완벽하게 자신의 수중에 있는지를 알게 하는 것에서 그쳤습니다. 또한, 다윗이 칠흑같이 어두운 밤에 자신의 휘하

장수인 아비새를 대동하고, 잠든 사울의 군대를 뚫고서, 자신의 잔인한 원수가 잠들어 있는 곳으로 갔을 때에도, 그에게는 도우심이 필요하였습니다. 사울은 깊이 잠들어 있었고, 사울의 창은 베개 옆에 세워져 있었는데, 그것은 다윗에게 쉽지 않은 시험이었습니다. 게다가, 옆에서 아비새는 "하나님이 오늘 당신의 원수를 당신의 손에 넘기셨나이다 그러므로 청하오니 내가 창으로 그를 찔러서 단번에 땅에 꽂게 하소서 내가 그를 두 번 찌를 것이 없으리이다"(삼상 26:8)라고 말했습니다. 바로 그런 상황에서 평범한 전사들 가운데서 한 칼에 자신의 원수를 없애 버리고자 하지 않을 자가 누가 있겠습니까? 그것은 힘들고 고단한 싸움을 확실하게 끝내 버릴 수 있는 절호의 기회가 아닙니까? 그러나 다윗은 "죽이지 말라 누구든지 손을 들어 여호와의 기름 부음 받은 자를 치면 죄가 없겠느냐"(삼상 26:9)고 말합니다. 다윗은 하나님께서 놀랍게도 그 밤에 자신을 돕는 자가 되어 주셔서, 자신의 손에 피를 묻히지 않게 해주셨다는 것을 깨달았을 것임에 틀림없습니다. 사랑하는 친구들이여, 여러분도 잘못된 일인 줄 알면서도 그 악을 확 저질러 버리고 싶은 강력한 시험을 받았던 때가 있었을 것입니다. 여러분 자신의 부패한 본성과 사탄으로부터 오는 충동이 여러분을 강하게 압박해서, 여러분은 거의 악을 저지를 뻔하였을 것입니다. 그러나 하나님은 오늘까지 여러분의 인격에 흠이 없게 지켜주셨습니다. 그러니 여러분은 이 아침에 "주는 나의 도움이 되셨나이다"라고 고백하지 않을 수 없습니다.

또한, 다윗은 자기가 극심한 환난을 겪고 있던 때에 하나님께서 자기를 도우셨다는 것을 기억할 수 있었습니다. 아마도 밧세바와의 사이에서 죄를 저지르게 되기 전에, 다윗의 생애 중에서 가장 서글펐던 사건은 시글락이 파괴당한 사건이었을 것입니다. 다윗은 블레셋 땅을 떠나 자신의 성읍이었던 시글락으로 돌아왔을 때에 그 성읍이 온통 노략을 당하여 모든 것을 다 빼앗겨 버린 것을 발견하였습니다. 설상가상으로, 다윗과 그의 용사들의 아내들과 자녀들은 포로로 잡혀갔습니다. 이때에 다윗은 자신의 친구들이 자기를 성원하였더라면 그냥 참았을 것이지만, 그들은 격분해서 그에게 달려들었고 그를 돌로 쳐 죽이자고 말하였습니다. 다윗은 그들의 지도자였습니다. 그는 어느 모로나 그들의 손실에 대하여 비난 받을 일이 없었지만, 그들은 단지 비통한 심정을 가눌 수가 없어서 화가 치밀어 올라 경솔하게 어리석은 말을 한 것이었습니다. 일반적으로 그런 때에 사람들은 희생양을 찾는 법인데, 이 경우에 그들은 자신들의 고귀한 지도자를 자신들의 분노의 대상으로 삼고자 하였던 것입니다. 성경은 "다윗이 크게 다급하였으나 그의 하나님 여호와를 힘입고 용기를 얻었더라"(삼상 30:6)고 기록합니다. 다윗은 낙심하여 무너지지 않으려면 용기를 얻을 필요가 절실했습니다. 하나님은 그를 그 곤경에서 꺼내 주셨습니다. 왜냐하면, 다윗은 시글락이 파괴된 사건으로 인해서 단 한 푼도 잃지 않았고 단 한 사람도 잃지 않았기 때문입니다. 그들은 자신들의 처자를 되찾았고, 게다가 자신들의 재산만이 아니라, 그 노략꾼들이 다른 곳들에서 가져온 모든 노략물도 그들 차지가 되었습니다. 틀림없이 다윗은 "에벤에셀, 여호와께서 여기까지 우리를 도우셨다"(삼상 7:12)고 노래하였을 것입니다. 여러분 가운데 사업을 하시는 분들은 여러분의 시글락, 즉 모든 상황이 다 나빠져 버린 때들을 기억하십니까? 여러분은 자신의 힘으로는 어떻게 할 수 없었습니다. 파산이 목전에 있었고, 여러분은 할 수 있는 일은 다 해 보았지만, 망하는 것은 시간문제인 것으로 보였습니다. 그것이 여러분의 시글락이었고, 그때에 하나님이 여러분을 도우셨습니다. 또는, 여러분의 집에 우환이 있었을 수도 있습니다. 그때에 자녀 중 한 명이 세상을 떠났고, 또 다른 자녀나 여러분의 아내는 시름시름 앓고 있었습니다. 여러분은 혼자 힘으로는 도움의 손길을 구할 수가 없었습니다. 모든 상황이 여러분에게 불리하게 돌아갔습니다. 그것이 여러분의 시글락이었습니다. 또는, 여러분은 복음 사역자였는데, 여러분의 교회에 여러분에 대한 반감과 잔인하고 냉혹한 악의가 퍼져 있었고, 여러분을 편들어줄 사람은 아무도 없었습니다. 여러분은 만군의 하나님 여호와 앞에서 신실하게 행해 왔는데도, 이제 완전히 버림받은 것처럼 보였습니다. 그것이 여러분의 시글락이었습니다. 그러나 여러분은 그 시글락으로 인하여 하나님의 도우심을 받았습니다. 그러니 하나님의 영광과 고난을 이겨낸 성도들의 위로를 위하여 여러분의 증언을 주저하지 마시고, "내가 어려울 때에 나를 구원하셨도다"(시 116:6)고 증거하시기를 간곡히 부탁드립니다. 우리는 하나님이 우리를 건지신 일들에 대해서 별로 얘기하지 않습니다. 여러분이 오늘 오후에 식사가 끝나고 집으로 갔을 때, 한두 명의 친구로부터 전화가 온다면, 여러분의 환난과 역경의 때는 끝날 것이지만, 여러분은 하나님이 여러분에게 베푸신 긍휼들을 말하고자 하지 않을 것입니다. 불평은 우리가 아주 많이 해오지 않았습니까? 그러니 이제는 수금의 다른 줄을 타서, 하나님의 인자하심을 송축하십시오. 우리가 하나님의 긍휼하심들에 대하여 어떤 지어낸 얘기를 할 수 있겠습니까! 지금까지 사람들이 지어낸 그 어떤 소설도 내가 경험한 하나님의 선하심에 대한 얘기만큼 재미가 없을 것입니다. 나는 여기 계신 분들 중에도 자신의 삶과 관련해서 나와 똑같이 얘기하실 분이 많을 것이라고 생각합니다. 우리의 삶은 수많은 사건들, 차고 넘치는 기이한 일들과 이적들로 채워져 왔습니다. 왜냐하면, 하나님은 우리에게 너무나 잘해 주셔서, 우리는 하나님이 행하신 일들로 인해 깜짝깜짝 놀랄 때가 많기 때문입니다. "주는 나의 도움이 되셨나이다." 그렇습니다. 내가 나의 생애 전체를 한 문장으로 요약하거나 몇 안 되는 선으로 그려진 초상화로 표현한다면, 내가 지금까지 걸어온 길은 "주는 나의 도움이 되셨나이다"로 요약될 수 있습니다.

따라서 경험의 노래에 귀를 기울이고, 서둘러 거기에 동참하십시오. 그 노래는 너무나 매력적이고 즐겁습니다 ― "주는 나의 도움이 되셨나이다."

2. 둘째로, 시편 기자는 왜 자신의 경험에 호소할 수밖에 없었습니까?

"주는 나의 도움이 되셨나이다 나를 버리지 마시고 떠나지 마소서." 먼저, 주는 나의 도움이 되어 주셨기 때문에, 지금도 나를 도와주시는 것이 주의 거룩하심에 합당한 일이라는 것입니다. 주여, 나는 주께서 눈길을 줄 가치도 없는 가련한 죄인이고, 무한히 거룩하시고 위엄 있으신 주께서 나 같은 패역한 벌레를 살펴주시는 것이 과연 가당키나 한 일인지 종종 의심과 두려움이 듭니다. 그러나 주께서는 이미 그렇게 해오셨습니다! 주는 나의 도움이 되어 주셨기 때문에, 주께서 나를 한 번 도우시는 것이 잘못된 것이 아니라면, 두 번 도우시는 것도 잘못된 일이 아닐 것입니다. 주께서 지난 세월에 타락하고 정죄 받아 마땅한 영혼에게 자신의 손을 뻗으신 것이 주의 흠 없는 옷을 더럽히는 일이 아니었다면, 그 손을 다시 한 번 내게 뻗으신다고 해도, 주의 순결함은 더러워지지 않을 것입니다. 그래서 나는 주의 겸비와 선하심을 송축하고, 나를 떠나지 말아 달라고 주께 구합니다.

주께서는 지금까지 나의 도움이 되어 주셨습니다. 따라서 두 번째는 나를 도우실 능력이 주께 있다는 것입니다. 왜냐하면, 지금의 나의 형편은 주께서 전에 나를 도우셨을 때보다 더 나쁜 것은 아니고, 또 나쁘다고 하여도, 주는 전능하신 분이시기 때문입니다. 주여, 나를 도우셔서 이 환난에서 건지소서. 왜냐하면, 주께서는 이전에도 나를 속량하셨기 때문입니다. 나는 그때에 연약했고 친구도 없어서 스스로의 힘으로 어떻게 해볼 수가 없었습니다. 그러나 주의 긍휼의 팔은 그 어떤 위급한 상황도 다 넉넉히 해결해 주실 수 있으셨습니다. 주여, 나는 주의 팔이 지금도 나의 곤경을 넉넉히 해결해 주실 수 있다는 것을 압니다. 주께서 내가 처한 것 같은 당혹스럽고 혼란스러우며 얽히고설킨 일에서 내 영혼을 건져주신 적이 없다면, 나는 주께서 나를 도우실 수 있으신지에 대하여 의심하였을 것이지만, 주는 이미 내가 커다란 곤경에 처해서 빠져 나갈 길이 전혀 보이지 않았던 때에 나의 도움이 되어 주셨기 때문에, 또다시 나의 도움이 되어 주시리라는 것을 의심하지 않습니다. 그래서 나는 주의 능력의 손과 주의 강한 팔을 붙듭니다. 주는 지금까지 나의 도움이 되어 주셨습니다. 따라서 주는 이번에도 나를 도우실 수 있습니다. 여호와여, 주께서 하실 수 있으시다는 것을 나는 압니다!

또한, 나는 주의 지혜에 호소합니다. 주여, 주께서는 지금까지 나의 도움이 되어 주셨기 때문에, 만약 주께서 이번에 나를 도와주지 않으시면, 지난날에 내게 주신 모든 도움은 다 헛수고가 되고 말 것입니다. 만약 주께서 끝까지 나를 도우시지 않는다면, 지금까지 나를 도우신 것은 다 아무 소용도 없게 됩니다. 주여, 나는 주께서는 세계를 건축하는 일을 시작하시고서 다 끝내지도 않으시고 그대로 내버려 두셔서, 지나가는 사람들로부터 "하나님이 세계를 건축하는 일은 시작하셨으되 끝내실 수는 없으셨대"라는 말을 듣고 싶어 하지 않으시리라는 것을 압니다. 선하신 주여, 주께서는 내게 투자를 해오셨습니다. 주께서 지금까지 나 같은 가련한 벌레에게 차고 넘치는 긍휼과 사랑을 부어 주셨는데, 만약 여기에서 주의 손길을 멈추신다면, 주께서는 이제까지 내게 투자하신 모든 것을 잃어버리실 것입니다. 주여, 주께서는 이 투자를 일관되게 밀고 나가시지 않으면 안 됩니다. 만약 그렇게 하지 않으시면, 주는 지금까지 내게 이미 엄청나게 투자해 오신 주의 사랑과 능력과 선하심의 모든 역사(役事)들을 다 잃어버리게 되실 것입니다. 이것은 훌륭한 호소가 아닙니까? "주는 나의 도움이 되셨나이다." 주여, 만약 주께서 나를 지금까지 도와 오신 것이 지혜로운 일이었다면, 계속해서 그렇게 해나가시는 것이 지혜로운 일이 될 것임에 틀림없습니다. 주께서 이스라엘을 광야로 불러내셔서 40년 동안 만나로 먹이신 후에, 굶어죽게 하셨다면, 그것이 지혜로운 일이었겠습니까? 애굽 사람들이 무엇이라 말하겠습니까? 그들이 "하나님이 이스라엘 백성을 결국 죽게 하실 것이면서, 왜 광야로 불러내서 이제까지 그들을 인도하신 거야?'라고 말하며 웃지 않겠습니까? 우리의 시인이 그것을 이렇게 표현한 것은 당연한 것입니다:

> "지혜가 착수한 일을
> 영원하신 긍휼은 절대로 버리지 않는다네."

왜냐하면, 어떤 일을 시작한 것이 지혜로운 것이었다면, 그 일을 끝까지 밀고나가서 끝내는 것이 지혜로운 일일 것임에 틀림없기 때문입니다. 주 예수여, 주께서는 야곱이 라헬을 사랑하여 그녀를 얻기 위해 칠년을 하루 같이 봉사하였던 것처럼 내 영혼을 사랑해 오셨습니다. 만약 야곱이 6년하고 반년을 봉사한 후에 그 일을 그만두었다면, 그는 결코 라헬을 얻을 수 없었을 것입니다. 주께서는 그 한없는 사랑 안에서 나를 위해 오랜 세월 동안 봉사해 오셨는데, 만약 지금 떠나 버리신다면, 결국 나는 결코 주의 것이 되지 못할 것입니다. 내 인생의 마지막 순간까지 주께서 긍휼하심 가운데 나를 기다려 주시고 그 은혜로 나를 새롭게 해주지 않으시면, 내 불쌍한 영혼은 망하고 말 것임에 틀림없습니다. 지금 이 순간까지 내 영혼에 "주는 나의 도움이 되셨나이다"라는 이 호소는 하나님의 지혜에 토대를 둔 아주 강력한 호소이고, 나로 하여금 내게 은혜를 주시라고 구할 수 있는 강력한 근거입니다.

아마도 이러한 호소의 근간은 하나님은 변하실 수 없으시다는 진리일 것입니다. "주께서는 지금까지 나의 도움이 되어 주셨지만, 만약 주가 변하실 수 있는 분이라면, 주는 나를 버리실 수도 있습니다. 그러나 실제로는 주는 여호와, 즉 '스스로 있는 자'(출 3:14)이신 까닭에 영원토록 동일하시기 때문에, 주께서 한 번 복 주셨다면, 주가 하나님이시고 내가 주의 복을 구하는 경우에는, 주께서는 자신의 본성으로 인해서 계속해서 내게 복을 주실 수밖에 없습니다. 주께서는 '나 여호와는 변하지 아니하나니 그러므로 야곱의 자손들아 너희가 소멸되지 아니하느니라'(말 3:6)고 말씀하지 않으셨습니까?' 이 본문은 얼마나 복된 주해(註解)를 담고 있습니까! 여러분을 이날까지 지켜 오신 분이 만약 변하실 수 있는 분이라면 당신을 떠나실 수도 있을 것입니다. 그러나 하나님은 변하실 수 없기 때문에 여러분을 계속해서 쭉 지켜 주실 것입니다. 우리가 우리의 신실하신 하나님을 의심한다면, 그것은 얼마나 악한 일이겠습니까! 태양이 어제 떴기 때문에, 오늘 아침에도 다시 뜰 것을 아무도 의심하지 않습니다. 살아 있는 사람들 중에서 태양이 내일 뜨지 않을 것이라고 믿는 사람은 아무도 없습니다. 그렇다면, 여러분은 태양은 믿는데, 태양을 창조하시고 태양에게 빛을 주시는 하나님은 믿지 못하겠다는 것입니까? 달의 주기적인 운동에 따라서 조류는 해안으로 몰려왔다가 다시 물러나기 때문에, 모든 사람이 이 조류 현상을 믿고, 밀물과 썰물에 대비합니다. 그렇다면, 여러분은 불안정하여 요동하는 바다와 변덕스러운 파도는 믿는데, 변하지 않으시는 하나님은 못 믿겠다는 것입니까? 여러분은 과거에 있었던 것이 장래에도 있을 것이라고 말합니다. 하나님은 분명히 영원 전부터 계셨고 영원토록 계실 것이며, 자기 백성에게 하신 약속들을 다 지키셨습니다. 따라서 앞으로도 그렇게 될 것입니다. 만약 하늘을 측량할 수 있거나 땅을 샅샅이 살필 수 있고, 해와 달에 관한 규례들이 변할 수 있다면, 하나님은 자기 백성을 버리실 수도 있겠지만, 하나님은 예나 지금이나 영원토록 동일하신 분이기 때문에, 그럴 수 없고 그렇게 되지 않을 것입니다.

나는 한 가지 더 호소할 것이 있다고 생각하는데, 그것은 하나님의 사랑에 호소하는 것입니다. "주는 나의 도움이 되셨나이다." 주여, 주께서 나를 사랑하셔서 전에 나를 도우셨다면, 주는 여전히 나를 사랑하시기 때문에 이번에도 나를 도우실 것이 분명합니다. 자녀는 아버지에게 이렇게 호소합니다: "아버지께서는 나를 언제나 먹여 주셨는데, 이제 와서 나를 굶겨 죽이실 건가요? 아버지께서는 내가 언제나 헐벗지 않도록 해주셨는데, 이제 와서 나를 벌거벗은 채로 두실 건가요?" 아내는 남편에게 이렇게 호소합니다: "남편이여, 당신은 지금까지 나를 결코 실망시키지 않았죠. 내게 필요한 것이면 무엇이든 다 당신은 내게 공급해 주었지요. 나를 버리지 마시고 떠나지 마세요." 여러분은 진심이 담긴 이러한 호소가 얼마나 힘이 있는지를 압니다. 하나님은 우리를 인도하셔서 이 광야 길을 절반 정도 이끌어 오셨기 때문에, 하나님과 우리의 사이도 부모와 자식, 남편과 아내의 관계와 똑같습니다. 우리는 그 길에서 한 치 앞도 알지 못하였고 그 길을 떠나기 위한 양식도 없었지만, 하나님은 지금까지 우리를 도와 오셨습니다. 하나님이 우리를 광야 한복판까지 인도해 오신 후에, "자 이제 나는 너희를 떠날 것이다"라고 말씀하시는 것은, 우리가 길도 없고 피난처도 없는 사막 한복판에서 그런 곤경에 처해 있는데, 우리의 길을 안내해 왔던 인도자가 "자 이제 나는 너희를 떠나야 해"라고 말하는 것과 같습니다. 그런 경우에 우리는 그 인도

자의 옷소매를 꼭 부여잡고서 이렇게 말할 것입니다: "나를 떠나지 말아 주세요. 제발 나를 떠나지 말아 주세요. 나를 버릴 것이면 왜 여기까지 나를 데려온 것인가요? 지금 당신이 나를 떠나면, 이제까지 당신의 모든 친절은 한낱 잔인한 짓이 될 것이고 나를 고의적으로 현혹시키기 위한 짓밖에 되지 않을 것입니다. 그렇지 않다면, 어째서 당신은 나를 여기까지 데려다 놓은 것인가요? 내가 여기까지 오는 길에 모든 것에서 당신을 의지해 왔습니다. 나는 지금까지 내 힘으로 혼자 길을 찾을 수가 없었는데, 당신이 지금 나를 떠난다는 것이 말이 됩니까?' 나는 이러한 호소를 들어주지 않는 자처럼 잔인한 사람은 없을 것이라고 생각합니다. 그 인도자가 제대로 된 사람이라면, "내가 나의 인자함으로 지금까지 이 불쌍하고 무지한 사람을 이끌어서 여기까지 오게 하였는데, 그를 집까지 안전하게 데려다줄 때까지는 결코 그를 떠날 수 없다"고 말하는 것이 도리일 것입니다. 하나님이 사람보다 덜 인자하실 수 있겠습니까? 한 아이가 바다에 빠졌고, 당신은 수영을 잘하는 사람이어서 배에서 뛰어내려 헤엄쳐서 그 아이를 붙잡아 어깨에 멘 후에 뭍으로 헤엄쳐 오고 있는 중이라고 상상해 보십시오. 그때 갑자기 당신이 "아이야, 나는 너를 위해 뭔가를 해왔지만 이제 더 이상은 하고 싶지 않아서 너를 바다에 내려놓아야 할 것 같다"라고 말했다고 합시다. 그 아이는 이렇게 말하지 않겠습니까? "아저씨, 내가 물속으로 가라앉고 있을 때, 당신이 나를 건져 올렸으니, 당신이 없었다면, 나는 오래 전에 죽었을 것입니다. 아저씨, 나를 던져 버리지 말아 주세요. 아저씨, 다시 나를 메고 헤엄쳐 주세요. 내가 당신을 꽉 붙잡을게요." 우리는 하나님에 대해서도 똑같이 호소할 수 있습니다. "내 하나님, 내 하나님, 주께서 나를 버리실 것이었으면, 왜 진작 나를 소망 없는 지옥으로 내려가게 하지 않으셨나요? 그러나 지금 주께서는 내게 천국의 소망을 주셨습니다! 주께서는 나로 거룩함의 기쁨을 어느 정도 알게 하셨습니다. 주에 대한 사랑과 갈망이 내 영혼을 뒤흔들어 놓았습니다. 그런데 이제 와서 나를 버리신다니요? 오, 나의 하나님, 그런 일은 있을 수 없고 있어서도 안 됩니다." 형제들이여, 이러한 호소는 강력합니다. 나는 이것보다 더 강력한 호소를 알지 못합니다: "주는 나의 도움이 되셨나이다 나를 버리지 마시고 떠나지 마소서."

3. 셋째로, 시편 기자의 경험이 그에게 가르쳐준 믿음을 살펴보고자 합니다.

나의 존경하는 형제들이여, 이 가르침은 바로 여러분을 위한 것입니다. 경

힘은 믿음에게 이렇게 말합니다: "하나님이 아주 오랫동안 너의 도움이 되어 주셨으니, 하나님을 믿고 의지하라." 얼마나 오래요? 어떤 분들은 50년? 당신의 나이가 어떻게 되십니까? 70세, 80세? 그 오랜 세월 동안 내내 하나님은 당신의 도움이 되어 주셨습니다. 당신은 앞으로 얼마나 더 오래 살 것 같으십니까? 당신이 지금 70세라면, 80세까지요? 당신이 당신의 인생의 7/8의 기간 동안에 보아온 모든 것은 하나님은 신실하신 하나님이시라는 것입니다. 그러니, 당신은 나머지 1/8도 하나님을 믿고 의지할 수 있지 않겠습니까? 당신의 해는 저물어가고 있고 그 그림자도 길어지고 있지만, 해가 떠오를 때부터 뜨거운 정오를 통과해서 지금에 이르기까지 하나님은 당신을 선하게 대해 오셨습니다. 그러니, 당신은 이제 해질녘의 마지막 몇 시간도 하나님을 의지할 수 있지 않겠습니까? 아주 분명한 것은 그토록 오랫동안 이어진 하나님의 인자하심을 당신이 마지막에 와서 배은망덕하게 의심하는 것은 합당치 않다는 것입니다. 만약 하나님께서 당신을 속일 작정이셨다면, 당신은 오래 전에 벌써 그 사실을 알았을 것입니다. 만약 하나님께서 지킬 수도 없는 약속들을 하신 것이라면, 분명히 당신은 오래 전에 벌써 그 사실을 알았을 것입니다. 남은 생애 동안 하나님을 믿으시고, "주는 나의 도움이 되셨나이다"라고 노래하며 천국으로 들어가십시오. 보혜사 성령께서 당신으로 하여금 모든 불신앙을 내려놓을 수 있게 하시기를 빕니다.

하나님은 너무나 변함없이 우리의 도움이 되어 주셨다는 사실은 우리의 믿음이 옳다는 것을 확증해 줍니다. 우리의 삶을 되돌아보았을 때에 만약 하나님이 우리를 실망시킨 적이 한 번이라도 있었다면, 우리는 우리의 믿음을 접었을 것입니다. 내가 경험한 그대로를 말하자면, 나는 나의 일생에서 하나님이 내게 신실하지 않으셨거나 인자하지 않으셨던 경우를 단 하나도 발견할 수 없습니다. 우리가 정당한 이유가 있기 전에는 어떤 일이 있어도 하나님을 의심하지 않는다면, 우리는 이 땅에 사는 동안에 그 어떤 의심도 결코 품지 못할 것입니다. 어제 나는 새장에 있는 어떤 작은 새들을 바라보다가 속으로 이렇게 생각하게 되었습니다: '이 보잘것없는 작은 피조물들은 자기를 먹여주는 사람을 전적으로 의지한다. 사람이 그들에게 모이와 물을 주지 않으면, 그들은 스스로 어떻게 할 수가 없기 때문에 죽을 수밖에 없다. 그런데도 그들은 거기에 앉아서 온 힘을 다해 노래 부른다! 그들이 사람을 전적으로 의지할 수밖에 없는 그런 사정은 그들에게 결코 스트레스가 되지 않는다. 그들은 자신들을 먹여주고 지켜주는 자들을 온전히 신뢰한다.' 그 순간 나는 저 새들의 모습이 바로 나의 모습이라고 생각하였습니다. 나는 하나님을 찬송하는 새입니다. 아마도 나는 어디에서 떡을 얻을까, 아니면 다음 주일 설교 내용을 어디에서 얻을까 걱정합니다. 수많은 염려와 고민이 나를 엄습합니다. 그러나 내가 왜 걱정하고 고민해야 합니까? 오랜 세월 동안 나를 먹이시고 지켜 주신 분을 불신하는 것 대신에, 조용히 앉아서 내가 할 수 있는 한 가장 큰 소리로 찬송하는 것이 더 낫지 않겠습니까? 그것이 내가 할 수 있는 최선의 일이 아니겠습니까? 새도 그렇게 하는데, 새보다 더 똑똑하다는 인간이 그렇게 하지 못할 이유가 어디 있겠습니까? 그러나 인간은 종종 새의 절반도 따라가지 못하는 것으로 보입니다. 형제들이여, 하나님께서는 언제나 변함없이 여러분에게 진실하셨으니, 하나님을 의심하지 마십시오.

그리고 하나님은 우리를 아주 특별하게 도와 오셨습니다. 여기에 계신 분들 중에서는 남들이 겪지 않은 아주 큰 환난, 적어도 그들의 생각으로는 아주 큰 시련들을 통과해 오신 분들이 계십니다. 그들은 그런 운명 아래 놓였지만, 그 덕분에 특별한 구원과 도우심을 경험하였습니다. 따라서 당신이 죽을 것 같은 특별한 곤경에 처하여 계신다면, 당신은 하나님의 특별한 은혜를 경험할 기회를 얻게 된 것이기 때문에, 이 세상을 떠날 때에 즐거워하고 기뻐할 수 있게 될 것입니다. 당신이 이 땅에서 사는 동안에 그 밖의 다른 큰 시련을 만난다고 할지라도, 당신은 지금까지 당신의 도움이셨던 하나님에 의한 특별한 구원을 경험하게 될 것입니다.

내가 끝으로 하고 싶은 말은 하나님은 지금까지 자기 자신을 영화롭게 하시는 방식으로 우리를 도와 오셨다는 것입니다. 하나님께서 우리의 지난날의 삶 속에서 그렇게 해오시지 않으셨다면, 우리는 앞으로도 하나님이 기쁜 마음으로 우리를 도우시리라는 것을 믿을 수 없을 것입니다. 우리는 지난날의 삶을 되돌아볼 때에 하나님의 빛나는 영광으로부터 나온 섬광 같은 빛들이 그 삶 속에 점철되어 있는 것을 보고 놀랍니다. 이것은 우리가 이 땅에 사는 날 동안에 마지막 순간까지 계속될 것입니다. 하나님은 우리가 살아 있는 동안 우리의 죽을 몸을 통해서 영광을 받으실 것입니다. 하나님은 우리의 도움이 되어 주셨고, 이 세상이 두루마리처럼 말리고 시간 자체가 사라져서 우리가 영원에 이르게 될 때까지 우리의 도움이 되어 주실 것입니다.

내게는 두세 가지 할 말이 있었는데, 이제는 다 전했습니다. 자기의로 살아가는 사람들에게는 본문은 전혀 달콤할 수 없습니다. 당신은 언제나 최선을 다해 왔고, 아주 독실한 신앙심을 가지고 살아 왔습니다. 당신은 당신이 영생을 얻기에 합당한 사람이라고 믿어 왔고, 당신 자신을 아주 흡족하게 여겨 왔습니다. 하나님은 당신의 도움이 아니었습니다. 당신은 하나님을 원하지 않았습니다. 당신은 하나님 없이도 모든 일을 아주 잘해 왔습니다. 당신은 예수의 피로 씻음을 받을 필요를 느낀 적이 없습니다. 당신은 결코 아주 큰 죄인이 아니었습니다. 당신은 성령의 도우심을 필요로 하지 않습니다. 당신은 초자연적인 능력으로부터의 도움 없이도 언제나 온갖 신앙 의식(儀式)들에 모범적으로 잘 참석해 왔습니다. 이것이 당신 자신에 대한 당신의 은밀한 판단입니다. 당신은 "주는 나의 도움이 되셨나이다"라고 고백할 수 없습니다. 내가 감히 말하건대, 당신은 "나를 버리지 마시고 떠나시 마소서"라고 기도하지 않습니다. 당신은 그럴 필요를 느끼지 못합니다. "나는 구원 받은 사람"이라는 당신의 생각은 몽상이기 때문에, 거기에서 깨어나는 것이 빠르면 빠를수록 더 좋습니다. 그런 몽상을 가지고 사는 것보다는 차라리 당신의 목에 연자 맷돌을 매고 바다에 몸을 던지는 것이 더 나을 것입니다. 왜냐하면, 당신이 바다에 몸을 던지지 않는다면, 그 몽상은 당신을 영원한 지옥 불에 던져 넣을 것이기 때문입니다. 구원에 대한 소망이 그리스도와 하나님의 능력에 기초해 있지 않을 때, 그것은 가짜일 뿐이고, 영원한 멸망에 금을 입힌 것일 뿐입니다. 그런 소망은 멀리 던져 버리십시오. 당신이 죄인이어서 스스로의 힘으로는 아무것도 없어서 하나님의 긍휼하심과 능력을 전적으로 의지할 수밖에 없는 자로 살아가게 되기를 빕니다. 그럴 때에 당신은 구원의 길에 있게 될 것입니다. 그러나 그렇게 하기 전에는 당신에게 구원은 없습니다. 하나님의 성령께서 이것을 당신에게 가르쳐 주시기를 빕니다.

　　이 자리에는 그리스도를 구하면서도 "목사님, 나는 본문처럼 호소할 수 없습니다"라고 말하며 두려워 떠는 불쌍한 영혼이 있습니다. 사랑하는 친구여, 당신은 그리스도인들처럼 이 본문의 호소를 사용할 수는 없겠지만, 그래도 어느 정도는 이 호소를 사용할 수 있습니다. 예를 들면, 당신은 죄 사함 받을 필요가 있고, 구원 받을 필요가 있습니다. 당신은 하늘에 계신 당신의 아버지를 향하여 이렇게 말할 수 있습니다: "오, 하나님, 주는 나의 가련한 인생을 지금까지 지켜 주셨습니다. 주께서는 선한 자에게나 악한 자에게나 햇빛을 똑같이 비추어 주셨고, 가장 훌륭한 주의 종들에게와 마찬가지로 내게도 비를 보내 주셔서 추수할 수 있게 해주셨습니다. 주께서 지금까지 내게 그렇게 해오셨사오니, 은혜의 선물들도 내게 주옵소서." 게다가, 가련한 영혼인 당신은 이렇게 말할 수 있습니다: "주는 지금까지 내게 주일들을 주셨습니다. 주는 나로 하여금 주의 종들과 더불어 이 전에 나와서 함께 앉아 있을 수 있게 해오셨습니다. 주는 그들 중 가장 미천한 나로 하여금 복음으로 초청하는 말씀들을 듣게 해주셨습니다. 주는 내게 '주 예수를 믿으라 그리하면 네가 구원을 받으리라'고 말씀하십니다. 내게 믿음을 주시고 성령의 생명을 주심으로써, 주께서 지금까지 내게 주신 온갖 선물들을 온전하게 하옵소서. 나를 주의 크신 구원으로 구원하소서!"

나는 이것이 훌륭한 호소라고 생각합니다. 거기에다가 당신이 다음과 같은 기도를 덧붙인다면, 더욱 금상첨화일 것입니다: "하나님, 주는 주의 아들 예수를 우리의 죄를 위한 화목제물이 되게 하시고, 예수를 믿는 자들마다 멸망하지 않고 영생을 얻게 될 것이라고 선언하셨습니다. 주의 은혜를 의지해서 내가 예수를 믿고 내 영혼을 오직 예수께 의탁합니다. 나를 거절하지 마옵소서! 나로 주의 크신 구원을 알게 하옵소서. 그렇지 않으면, 내가 몹시 상심함으로 기진하여 죽게 될 것이나이다."

하나님은 오래지 않아 당신의 그런 기도를 받으실 것입니다. 당신이 믿기만 한다면, 만물이 당신의 것입니다. 당신의 소망을 오직 십자가 위에서 피 흘리신 주님에게만 둔다면, 당신의 죄들은 이미 깨끗이 지워진 것입니다. 가서, 다시는 죄를 범하지 마십시오! 안심하십시오! 담대하십시오! 주께서 이미 사랑의 눈으로 당신을 바라보셨습니다. 당신은 주의 것이고, 주는 끝까지 결코 당신을 떠나지도 않으실 것이고 버리지도 않으실 것입니다. 사랑하는 친구들이여, 하나님께서 여러분 모두에게 복 주시기를 빕니다. 하나님께서 영원무궁토록 영광과 존귀를 받으시옵소서. 아멘.

제
29
장

—

용감한 기다림

—

"너는 여호와를 기나릴지어다 강하고 딤대하며 여호와를 기
다릴지어다." — 시 27:14

그리스도인의 삶은 어린아이 장난이 아닙니다. 하늘의 도성을 향하여 순례
길을 떠난 모든 사람들은 거칠고 험한 길, 낙심의 진창길들, 어려움의 언덕들, 싸
워야 할 거인들, 피해야 할 유혹자들을 만났습니다. 그런 까닭에, 그리스도인들
은 두 가지 위험에 노출되어 있습니다. 그 중 하나는 무거운 중압감이 내리누를
때에 그들은 마땅히 가야 할 길을 피해 버릴 위험이고, 다른 하나는 거룩한 길을
가는 동안에 점점 실패가 두려워져서 주눅이 들어버릴 위험입니다. 이 두 위험
이 다윗에게 실제로 일어났음이 분명하고, 본문에서 성령은 다윗을 인도하여 그
위험들에 대하여 말하게 합니다. 다윗은 이렇게 말하는 듯이 보입니다: "너희는
믿음의 길을 지킨 것을 잘못했다고 생각하지 말고, 비뚤어진 꾀에 솔깃하지 말
고, 육신의 팔을 의지하려 하지 말고, 여호와를 기다리라." 마치 이 본분을 지키
는 것이 우리에게 너무나 어려운 일이라는 듯이, 다윗은 이 권면을 다시 한 번 반
복하고, 두 번째에는 더욱 강조해서 말합니다. 하나님에 대한 당신의 믿음을 굳
게 붙잡고 있으십시오. 하나님의 뜻을 따라 끝까지 인내하며 행하십시오. 그 어
떤 것이 당신을 유혹해서 당신이 온전한 믿음에서 떠나게 되는 일이 결코 일어
나지 않게 하십시오. 당신은 "너희가 달음질을 잘하더니 누가 너희를 막아 진리
를 순종하지 못하게 하더냐"(갈 5:7)라는 말을 들어서는 안 됩니다. 우리의 마음

이 기진맥진하지 않도록 하기 위해서 — 이것이 두 번째 위험입니다 — 시편 기자는 "담대하라 주께서 네 마음을 강하게 하시리라"(KJV, 한글개역개정에는 "강하고 담대하며"로 되어 있음)라고 말합니다. 사실, 우리의 마음을 눌리게 할 만한 일은 없습니다. 그런 위험이 실제로 존재하는 것이 아닙니다. 하나님이 살아 계시고, 그리스도께서 당신을 위하여 간구하시며, 성령께서 당신 속에 내주해 계시는 동안, 당신은 안전합니다. 그러니 낙심하지 마시고 두려움을 생각조차 하지 마십시오. 겁먹지 마시고 불신앙을 갖지 마시고, 오직 강하고 담대하게 행하십시오. "너는 여호와를 기다릴지어다 담대하라 주께서 네 마음을 강하게 하시리라." 이 아침에 내가 말씀을 전하는 목적은 이 길을 가는 동안에 어려운 일들을 만났거나 세상의 반대에 직면해서 어떤 식으로든 의기소침해지고 눌리는 것을 느끼는 사람들에게 힘과 담대함을 주는 것입니다. 하나님의 백성을 위로하는 것이 성령의 고유한 직임인 까닭에, 오늘 성령께서 모든 우는 자들에게 기쁨의 기름을, 모든 두려워 떠는 자들에게 담대함을 선사해 주시기를 빕니다.

우리는 본문을 네 개의 대지로 나누어서 살펴볼 것입니다. 첫 번째는, 하나님은 우리가 기다려야 할 분이시라는 것입니다. 두 번째는, 우리가 담대함을 잃지 않아야 한다는 것입니다. 세 번째는, 하나님을 기다리면 담대함이 유지되리라는 것이고, 네 번째는, 경험이 그것을 증명해 준다는 것입니다. 왜냐하면, 다윗은 "내가 말하노니 여호와를 기다릴지어다"(KJV, 한글개역개정에는 "여호와를 기다릴지어다"로 되어 있음)라고 말함으로써, 본문을 자신의 경험으로 인치고 있기 때문입니다. 이것은 이렇게 말하고 있는 것과 같습니다: "하나님과의 교제로 인한 능력을 내가 이미 시험하고 검증했기 때문에, 나는 개인적으로 너희에게 여호와를 계속해서 기다리라고 충고한다. 그러면, 너희가 반드시 큰 힘을 얻게 될 것이다."

1. 첫째로, 하나님은 우리가 기다려야 할 분이시라는 것입니다.

"기다리다"라는 말은 너무나 포괄적인 말이어서, 나는 이 말이 지닌 온갖 뉘앙스를 여기에서 다 설명할 수 없습니다. "행하다"라는 말이 그리스도인의 삶 거의 전체를 가리키는 것과 마찬가지로, "기다리다"라는 말도 그렇습니다. 왜냐하면, 기다린다는 것은 수동적임과 동시에 능동적이고, 참고 인내함과 동시에 적극적으로 힘써 행하는 것인 까닭에, 여호와를 기다리는 데에는 원수들과 전쟁하며 싸울 때만큼 거룩한 담대함을 필요로 하기 때문입니다. 우리는 여호와를 섬기며 앙망하며 기다려야 합니다. 왜냐하면, 성경은 "여호와를 섬기는 자들은 땅을 차지할"(시 37:9 KJV, 한글개역개정에는 "여호와를 소망하는"으로 되어 있음) 것이고, "여호와를 앙망하는 자는 새 힘을 얻을"(사 40:31) 것이며, "그를 기다리는 자마다 복이 있도다"(사 30:18)라고 말씀하기 때문입니다.

그렇다면, "여호와를 기다린다"는 것은 무엇을 의미합니까? 내가 가장 먼저 말하고 싶은 것은 거지가 부잣집 대문 앞에서 구걸하기 위해서 기다리는 것처럼 우리는 그렇게 여호와를 기다려야 한다는 것입니다. 우리는 몹시 가난하고 궁핍해서, 온 세상이라도 우리가 요구하는 것들을 다 공급해 줄 수 없을 정도로 그런 곤궁함 아래에서 허덕이고 있습니다. 오직 하나님만이 우리 영혼의 극심한 궁핍함을 해결해 주실 수 있습니다. 우리 중 다수는 하나님의 집 앞으로 가서 문을 두드리고 기다렸습니다. 그렇게 해서 우리는 너무나 은혜로운 응답들을 일있습니다. 우리 중에서 긍휼의 문이 열리는 것을 보지 못한 분들이 계신다면, 그런 분들은 여호와의 집 대문 앞에서 계속해서 기다려야 합니다. 우리는 하나님으로부터 오는 구원을 소망하며 계속해서 문을 두드려야 합니다. 당신은 구주를 구하고 있고 의지하고 계십니까? 그런데도 당신은 믿을 때에 임하는 평안을 아직 얻지 못했습니까? 그렇다면, 하나님으로부터 오는 복은 충분히 기다릴 만한 가치가 있다는 것을 기억하시고, 아주 끈질기게 계속해서 기도하시면서 기다리십시오. 그 복은 당신이 온전히 얻기 위해서 일생을 기다려도 나중에 충분히 보상이 될 정도로 귀한 보화입니다. 기다리십시오. 기다리면서, 강한 신뢰감을 가지고서 열렬히 호소하며 문을 두드리십시오. 왜냐하면, 하나님은 당신에게 은혜를 베푸시기 위하여 기다리고 계시기 때문입니다. 간절히 원하며 몸부림치십시오. 천국 문을 두드리는 자는 결코 쉬어서는 안 됩니다. 당신이 결연한 의지로 문을 쾅쾅 두드리는 소리가 긍휼의 문에서 계속해서 울려 퍼지게 하십시오. 하나님은 그를 기다리는 자들을 선대(善待)하시는 분입니다. 때가 되면, 하나님께서는 당신에게 응답하실 것입니다. 그 누구도 하나님의 문 앞에서 빈손으로 쫓겨났다는 말을 결코 하지 못할 것입니다. 하나님께서는 땅의 어두운 곳에서 은밀하게, 또는 야곱 자손들에게 "너희가 내 얼굴을 찾아보아야 아무 소용 없을 것이다"라고 말씀하신 적이 없습니다. 계속해서 기도하시고 계속해서 믿으십시오. 하나님의 약속은 진실하기 때문에, 때가 되면, 하나님은 당신에게 당신이 구원 받았다는 것을 알게 하실 것입니다. 당신의 머리가 당신 주변의 원수들 위로 높이 들리게 될 것이고, 당신은 영광으로 충만하여 이루 말할 수 없는 기쁨으로 즐거워하게 될 것입니다. 마귀는 당신에게 기도하기를 그치라고 명령합니다. 마귀는 당신에게 당신의 적은 믿음이 당신을 결코 구원하지 못할 것이라고 속삭입니다. 마귀의 그런 말을 믿지 마십시오. 굳건히 서서, 계속해서 기도하시고, 믿으시고, 기대하십시오. 묵시가 지체된다고 할지라도 기다리십시오. 묵시는 반드시 임할 것이고, 그것은 오래 걸리지 않을 것입니다. 하나님은 당신에게 지극한 겸비 가운데서 기다릴 수 있는 은혜를 허락하십니다. 당신은 거지에 불과하고, 거지는 스스로 선택할 수 있는 여지가 없습니다. 사람이 하나님의 구원을 소망하고 묵묵히 기다리는 것은 좋은 일입니다. 왜냐하면, 하나님을 기다리는 자들은 부끄러움을 당하지 않을 것이기 때문입니다. 십자가를 꼭 붙들고, 우리 주님의 대속의 제단을 의지하는 것은 가장 안전한 길입니다. 믿음으로 하나님을 기다리고, 모든 것에 통용되는 예수의 이름으로 호소하는 것은 간구하고 탄원하는 자가 보일 수 있는 가장 좋은 자세입니다.

나는 이 아침에 하나님의 전에 계시는 여러분 중에서 많은 분들이 앞에서 말한 단계를 이미 지나서 그 다음 단계, 즉 가르침을 받기 위해서 배우는 자들로 "기다리는" 단계로 와 계신다고 믿습니다. 제자들은 선생의 발 앞에서 기다리고, 선생이 말씀하시기 시작하면, 제자들의 귀는 열립니다. 마리아는 예수의 발 앞에 앉았습니다. 어떤 사람들은 무리 중에 서서 잠시 듣다가 이내 가버리지만, 참 제자들은 그리스도의 학교에 머물며, 선생이 말씀하시는 것을 들으려고 기다립니다. 우리는 이러한 결의를 가지고서, 주님이 어떤 말씀을 하시든 들으며, 주님의 가르침이나 명령이나 약속이 무엇이든지 그 모든 것을 아주 큰 기쁨으로 받기 위하여 겸손하게 주님의 발 앞에 무릎을 꿇고 기다립니다. 옛 철학자들의 문도들은 현자들이 와서 그들에게 가르침을 줄 때까지 학당(學堂)의 숲속을 거닐었다고 합니다. 현자가 와서 가르침을 시작하면, 젊은 제자들은 조용히 그의 뒤를 따르며, 그의 입에서 나오는 온갖 보배로운 말들을 하나도 놓치지 않으려고 열심히 귀를 기울였습니다. 우리 주 예수의 말씀을 듣기 위한 우리의 자세는 그것보다 훨씬 더 진지해야 마땅하지 않겠습니까. 우리는 주님의 뒤를 따라가며 하나님의 감동으로 된 성경의 한 말씀 한 말씀을 놓치지 않고 들어야 하며, 피조세계의 구석구석에서 하나님의 섭리에 관한 모든 가르침들을 들으며 주님에 대해 배워야 합니다. 우리는 성령의 아주 미세한 속삭임도 놓치지 않아야 하고, 하나님의 맥동(脈動)을 하나도 놓치지 않아야 합니다. "내가 말하노니 여호와를 기다리지어다." 여러분이 제자가 되어서 가르침을 받고자 한다면, 모든 지식의 원천이시고 모든 빛의 근원이신 하나님을 부지런히 인내하며 끝까지 기다려야 합니다. 우리는 결코 교만한 사변과 헛된 망상으로 주님보다 앞서가서는 안 되고, 주님이 말씀하실 때까지 기다려야 하며, 주님이 휘장을 걷고자 하지 않으시면 그냥 무지한 가운데에 있는 것으로 만족해야 합니다.

　　이러한 기다림의 세 번째 형태는 종이 주인의 하명을 기다리는 것에 비유될 수 있을 것입니다. 충성된 종은 자기가 어떻게 하기를 주인이 원하는지를 몹시 알고 싶어 하고, 일단 그것을 안 후에는 기쁜 마음으로 그것을 실행에 옮깁니다. 대갓집(大家)에서는 아침마다 종들이 주인에게 "주인님, 오늘 지시하실 일들이 무엇인가요?"라고 여쭙니다. 이것을 본받아서, 여러분은 아침에 일어나시면, 언제나 오늘 지시하실 일이 무엇인지 말씀해 주시라고 하나님의 하명을 기다리십시오. 이렇게 아뢰십시오: "내가 무엇을 하기를 원하시는지 가르쳐 주십시오. 주여, 주의 길을 내게 가르치십시오. 나를 평탄한 길로 인도해 주십시오. 무엇을 구하고 무엇을 피해야 할지를 내게 알려 주십시오. 왜냐하면, 나의 뜻은 모든 일에서 주님의 뜻을 행하는 것이기 때문입니다." 여종들이 식사 시간이나 집안일에서 주인마님의 시중을 들 때, 그들이 어떻게 주인마님의 의중을 읽는지를 잘 살펴보십시오. 말 한 마디면 충분하고, 어떤 때는 얼굴 표정이나 머리를 끄덕이는 것만으로도 모든 지시가 이루어집니다. 우리의 경우도 마찬가지여야 합니다. 우리는 주님의 마음을 알고자 하는 간절한 마음을 지니고서 주님의 의중을 말해주는 그 어떤 기미도 놓치지 않도록 세심하게 살펴야 합니다. 여종들의 눈이 주인마님의 손을 주시하듯이, 우리의 눈은 우리 하나님 여호와를 주시하여야 합니다. 주 예수의 일꾼들인 우리는 하나님의 집에서 우리가 무엇을 할 수 있는지를 알기 위해서 모든 곳을 샅샅이 살펴보아야 합니다. 선한 종들에게는 주인이 작은 일까지 이래라저래라 지시할 필요가 없습니다. 그들은 주인의 마음을 잘 헤아리고 있기 때문에, 자기가 무엇을 해야 할지를 알고, 그렇게 행합니다. 그들은 예수를 위해 더욱더 많은 일들을 하기 위해서 언제나 기다립니다. 나는 주님의 양들을 보살피는 것이 즐겁고, 그 양들을 위해 내가 무엇을 할 수 있는지를 살피기 위하여, 주님의 전을 오르락내리락 합니다. 내가 하나님의 전에서 어디를 가서 쓸고 닦아야 합니까? 식탁의 어느 부분에 음식이 비어 있어서, 청지기인 내가 새것과 옛것을 내와서 거기를 채워야 합니까? 내가 주님을 위하여 밖에 있는 사람들에 대해서는 무엇을 해야 하고, 이미 하나님의 권속이 된 사람들을 위해서는 무엇을 해야 합니까? 여러분이 온 마음을 다해서 하나님을 기다린다면, 여러분에게는 할 일들이 결코 떨어지지 않을 것입니다. 만약 우리가 주님의 재림을 기다리며, 영혼들을 얻는 일은 아예 하지 않거나 하는 시늉만 하면서 천국만 멀뚱멀뚱 쳐다보고 서 있다면, 그것은 악한 짓입니다. 우리의 가장 지혜로운 자세는 우리의 허리를 동이고 등불을 켠 채 주님을 기다리는 것입니다. 동방에서 허리를 동인다는 것이 무엇을 의지하는지를 여러분도 아실 것입니다. 동방 사람들은 헐거운 의복을 입고 있었기 때문에 일을 하고자 할 때에는 허리를 질끈 동여매야 했습니다. 이것은 우리가 땀 흘리며 일하고자 할 때에 겉옷을 벗고 와이셔츠 바람으로 일하는 것과 같습니다. 소매를 걷어붙이고 일하는 사람들처럼 서 있으십시오. 본문을 영어식으로 표현하면 그렇게 됩니다. 주인이 무엇을 지시하든지 그 일을 하기 위한 채비를 하고 있으라는 말입니다. 여러분은 주 예수의 이름으로 세례를 받을 때에 주님의 권속임을 나타내는 제복을 입습니다. 이 제복은 죄 없으신 주님을 상징하는 것으로 알려져 있기 때문에, 여러분은 제복에 흠이나 점이 묻지 않게 조심합니다. 여러분은 자신의 불순종으로 말미암아 제복을 기만해서는 안 됩니다. 왜냐하면, 여러분이 주님의 종이 아니라면, 여러분이 주님의 권속임을 나타내는 제복을 입는 것은 기만적인 행위이기 때문입니다. 사랑하는 여러분, "자기 주인에게 시중드는 자는 영화를 얻게"(잠 27:18) 될 것입니다. 우리는 우리의 주님께 시중드는 일에서 실패해서는 안 됩니다.

종종 종들은 아무 일도 하지 않은 채로 마냥 기다리기만 해야 할 때도 있습니다. 이것은 활동적인 사람들의 성미에 맞는 일이 아닙니다. 나는 여리고 성을 하루에 한 번씩 걸어서 돌기를 육일 동안 하고 다른 일은 하지 않는 것은 격렬한 전투를 하고 싶어 했던 전사들에게는 정말 성미에 맞지 않는 일이었을 것이라고 짐작합니다. 아마도 그런 사람들은 "아니, 도대체 왜 우리와 이 많은 무리가 성벽을 돌기만 하고 아무것도 하지 않는단 말이오?"라고 말했을 것입니다. 전사들은 창을 휘두르고 싶어서 안절부절못했을 것이고, 적군과 한 번 붙어보기를 간절히 원했을 것입니다. 웰링턴(Wellington) 장군은 전투가 아주 치열해질 때까지 자신의 수비대를 워털루에 그대로 머무르게 하였다고 합니다. 대포소리가 울려 퍼지고, 격렬한 전투가 벌어지고, 총알들이 머리 위를 왔다 갔다 하는 상황 속에서 가만히 머물러 있는 것은 큰 용기가 필요했을 것임에 틀림없다고 나는 생각합니다. 그들은 대장이 "수비대여, 적군을 향해 올라가라"고 명령을 내릴 때까지 움직여서는 안 되었습니다. 명령이 떨어지면, 그들은 전쟁터를 휩쓸고서 적군을 완전히 섬멸하게 될 것입니다. 그들이 조국을 구할 수 있었던 것은 그들이 마침내 명령이 떨어졌을 때에 적군에게 돌진하여 용감하게 싸웠기 때문만이 아니라, 그들이 때가 될 때까지 기다리며 조용히 매복해 있었기 때문입니다. 그러니, 온갖 종류의 섬김과 인내 가운데서 주님을 기다리십시오. 왜냐하면, 그것이야말로 주님이 우리에게 원하시는 것이기 때문입니다.

이러한 기다림의 또다른 형태는 여행자가 자신의 길잡이의 지시를 기다리거나 선원이 그 배의 책임자인 선장의 지시를 기다리는 것에 비유할 수 있습니다. 우리는 우리의 인생 항로 내내 지시를 빌기 위해 하나님을 기다려야 합니다. 하나님은 키를 잡으시고서, 그의 손으로 우리의 항로를 이끌어 가십니다. 나는 일부 그리스도인들이 지시와 안내를 받기 위해서 하나님을 기다리는 일에 너무나 심각하게 실패하고 있는 것은 아닌지 우려가 됩니다. 구약의 모형들과 모범들은 우리에게 반드시 그렇게 하도록 아주 강력하게 명합니다. 나는 여러분에게 그 중에서 모형 한 가지와 모범 하나를 제시하고자 합니다. 내가 제시하고자 하는 모형은 광야에서의 이스라엘입니다. 가나안으로 가는 지름길이 있었습니다. 만약 그 지름길로 갔다면, 애굽의 고센에서 예루살렘까지는 한 달도 채 안 걸렸을 것입니다. 하지만 그들은 그 길로 가서는 안 되었고, 그들의 인도자를 따라야 했습니다. 광야에서 일 년을 유랑했을 때, 그들은 접경지대에 도착해 있었기 때문에 머지않아 가나안 땅에 들어갈 수도 있었습니다. 그러나 그들은 그렇게 할 수 없었습니다. 왜냐하면, 그들은 하나님의 임재를 나타내는 불 기둥과 구름 기둥이 그들을 이끄는 대로 가야 했기 때문입니다. 그 기둥이 일 년 동안 한 곳에 머물러 있으면, 그들도 장막을 옮겨서는 안 되었습니다. 그 기둥이 몇 년 동안 매일같이 이른 새벽에 떠올라서 계속해서 움직이면, 이스라엘 백성은 그 기나긴 고되고 힘든 행군을 끊임없이 계속해야 했고, 결코 쉬어서는 안 되었습니다. 그들은 낮에는 구름 기둥의 그늘 아래에 머물러 있어야 했고, 밤에는 불 기둥을 그들의 빛으로 삼아야 했습니다. 그들은 광야 40년 동안 어디에서나 하늘의 신호를 기다려야 했고, 자기들 마음대로 출발하거나 멈출 수 없었습니다. 형제들이여, 여러분은 구름 기둥을 지켜보고 계십니까? 여러분은 지시를 받기 위해서 주님을 기다리고 계십니까? 여러분은 끊임없이 "내게 주의 길을 보여주십시오"라고 말하고 계십니까? 여러분은 여러분의 길을 주님께 맡기고 계십니까? 만약 그렇지 않다면, 여러분은 하나님의 백성의 진정한 지위와 특권에 대해서 거의 아는 것이 없는 것입니다. 내가 들고자 하는 모범은 다윗의 삶에서 일어난 일입니다. 역대상 14장을 보면, 다윗이 블레셋 사람들의 위협을 받았을 때에 하나님께 "내가 블레셋 사람들을 치러 올라가리이까"라고 물었고, "올라가라 내가 그들을 네 손에 넘기리라"(10절)는 응답을 받았습니다. 하나님의 응답을 받고 힘을 얻은 다윗은 올라가서 공격하여 자기 앞에 있는 모든 것을 홍수가 났을 때처럼 쓸어 버렸습니다. 블레셋 사람들은 다시 대열을 정비해서 골짜기에 포진하였습니다. 분명히 다윗은 이번에는 하나님께 묻지 않고 그들을 쳐도 아무 문제가 없을 것이라고 생각할 수 있었을 것입니다. 다윗이 하나님으로부터 또다시 어떤 지시를 받을 필요가 과연 있었겠습니까? 다윗은 당연히 이전과 동일한 상황이 벌어지고 있는 때에 앞서 받은 하나님의 지시가 그대로 유효하다고 생각할 수도 있지 않았겠습니까? 그러나 그렇지 않았습니다. 하나님의 사람 다윗은 이 일도 하나님 앞에 다시 묻지 않고는 안심할 수 없다고 생각했습니다. 성경은 이렇게 기록하고 있습니다: "다윗이 또 하나님께 묻자온대"(14절). 이번에는 하나님의 응답은 이전과는 판이하게 달랐습니다. 다윗은 블레셋 사람들에게 바로 올라가지 말고, 그들의 뒤를 돌아서 뽕나무 수풀 맞은편에서 그들을 기습하라는 지시를 받고서, 아마도 조금 놀랐을 것입니다. 아울러, 하나님은 다윗에게 뽕나무 꼭대기에서 걸음 걷는 소리가 들리거든 나가서 싸우라고 명하셨기 때문에(15절), 다윗의 군대는 그때가 될 때까지 기다려야 했습니다. 다윗은 하나님의 새로운 지시를 따랐고, 이번에도 블레셋 군대를 대패시켰습니다. 형제들이여, 하나님을 기다리십시오! 여러분 자신의 판단대로 행한다면, 여러분은 지난번의 복잡한 일을 지혜롭게 처리하였다고 할지라도, 다음번의 간단한 일에서 무참하게 실패하게 될 수 있습니다. 사실, 우리가 인생에서 큰 실수를 저지르는 것은 간단한 일들에서입니다. 이스라엘도 기브온 족속이 다 해진 신발을 신고 곰팡이 냄새 나는 빵을 들고 찾아와서 협상을 청하였을 때에, 그것이 그들의 속임수라는 것을 누구라도 알 수 있는 일이었는데도, 하나님께 묻지 않고 경솔하게 행하여, 그들과 함께 떡을 먹고 조약을 맺는 큰 실수를 저질렀습니다. 그러나 다윗은 그렇지 않았습니다. 그는 하나님의 인도하심을 구하는 일에 결코 게으르거나 주저하지 않았습니다. 나는 이런 사실이 놉의 제사장 아비멜렉의 말 속에서 우연히 나온 것을 신기하게 여깁니다. 아비멜렉이 다윗을 위하여 하나님께 물은 것에 대하여 사울이 그를 추궁하자, 아비멜렉은 "내가 그를 위하여 하나님께 물은 것이 오늘이 처음이니이까"(삼상 22:15)라고 대답했는데, 이것은 이렇게 말한 것과 같습니다: "다윗은 오래 전부터 주의 궁정에 자주 들렀습니다. 그는 이 일 이전에도 하나님께 무수히 물었습니다. 내가 다윗을 위하여 하나님께 물은 것이 마치 반역을 부추기는 일이라도 된다는 듯이 나를 추궁하는 것은 부당한 일입니다. 왜냐하면, 나는 내가 오래 전부터 해오던 일을 또다시 한 것일 뿐이기 때문입니다." 따라서 다윗은 정말 완벽하게 지혜롭게 처신한 것입니다. 그는 자신의 판단을 따른 것이 아니라 하나님을 기다렸기 때문이죠. 그가 하나님을 기다리지 않고, 자기 기분대로 행했던 때가 한 번 있었는데, 그것은 나발의 행위에 격분해서 그를 치러 나갔을 때였습니다. 만약 하나님께서 한 지혜로운 여인을 보내서서 다윗의 길을 막아서지 않으셨다면, 그는 그 날에 나발을 죽였을 것이고, 그러고서는 평생토록 후회하였을 것입니다. 우리가 삶 속에서 나아갈 길에 대하여 지시하심을 구한다는 의미에서 하나님을 좀 더 진심으로 기다린다면, 하나님께서는 우리에게 주신 자신의 약속, 즉 "네 뒤에서 말 소리가 네 귀에 들려 이르기를 이것이 바른 길이니 너희는 이리로 가라 할 것이며"(사 30:21)라는 약속을 이루실 것입니다.

나는 "기다리다"라는 말의 의미를 아직 다 설명한 것이 아닙니다. 왜냐하면, 나는 자녀들이 부모를 기다리듯이, 우리가 하나님을 기다려야 한다는 말을 하지 않을 수 없기 때문입니다. 우리의 아이들은 우리에 대하여 별로 기대하는 것이 없다고 비난 받을 일이 거의 없을 것입니다. 그들은 우리에게서 거의 셀 수 없을 정도로 많은 것들을 원합니다. 그들은 언제나 부모가 그들에게 그들이 원하는 것들을 즉각적으로 해줄 것이라고 기대합니다. 그들의 이러한 기대는 그들의 과거의 경험에 의해서 아주 굳건히 형성된 것임을 나는 의심하지 않습니다. 어린아이들은 스스로의 힘으로 먹고 살거나 자신의 삶을 이끌어가려고 생각하지 않습니다. 여러분은 그들의 작은 머리로 내일 먹을 양식을 걱정하게 하지 않습니다. 여러분은 그들의 작은 가슴으로 내일 무엇을 입을까 걱정하게 하지 않습니다. 온갖 의심되는 일들에 대하여 그 작은 입술들은 "나의 아버지는 내게 무엇이 필요한지를 아시고, 나는 아버지께서 그것을 내게 주실 것임을 확신합니다"라고 말합니다. 이것이 사랑 받는 자녀의 행복하고 평안한 삶인데, 우리도 그런 삶을 사는 것이 마땅합니다. 나를 먹이시고 입히시는 것은 내 아버지께서 하실 일입니다. 내 아버지의 이름은 "여호와 이레"(창 22:14)이십니다. 나를 보호하시고 지키시는 것은 내 아버지께서 하실 일입니다. 하나님은 자신의 천사들에게 명하여 내가 가는 모든 길들에서 나를 지키게 하셨습니다. 나를 위해 미래를 예비하시는 것도 내 아버지께서 하실 일입니다. 나는 하루 앞도 내다볼 수 없습니다. 나의 눈은 침침하지만, 내 아버지는 무엇이 어떻게 될지를 다 아시고, 무슨 일이 일어나든 거기에 다 준비가 되어 계십니다. 그러니 나는 아무런 의문도 제기하지 않고 크신 긍휼들을 기대하며 오직 내 아버지를 기다리면 됩니다. 이렇게 기다리는 자로 발견되는 자들은 복이 있습니다.

이제 나는 한 가지만 더 말씀드리고자 하는데, 그것은 우리는 신하가 왕을 기다리듯이 하나님을 기다려야 한다는 것입니다. 궁정에 있어서 왕의 총애를 얻고자 하는 사람은 왕을 섬길 기회를 얻어 자신의 충성심을 증명해 보일 수 있게 되기를 원하면서 왕을 기다립니다. 그런 신하는 자기가 궁정에서 어떤 식으로 쓰임을 받든 그것을 큰 영광으로 여깁니다. 그는 자기가 왕을 위하여 이런저런 일을 하였다는 것을 축하할 일로 여겨서, 자신의 친구들에게 자랑합니다. 그는 왕의 존귀와 위엄을 높이기를 기뻐합니다. 왜냐하면, 그는 스스로 왕의 존귀와 위엄에 참여하는 자이기 때문입니다. 형제들이여, 여러분과 내가 사람들 가운데서 우리 주 예수의 존귀를 나타내 보이는 일에 심혈을 기울이는 것이 마땅하지 않습니까! 주님은 우리를 자신의 왕과 제사장으로 삼으신 분이 아닙니까? 그러니, 우리가 주님의 영광스러운 이름을 영원토록 높이는 것이 마땅하지 않겠습니까? 우리는 우리 주 예수의 이름이 세상 끝까지 알려지게 하려고 애쓰고, 우리의 일상적인 행실과 인품, 우리의 사적이거나 공적인 행동을 통해서 사람들 가운데서 우리 주님의 영광을 더 드러내는 것이 마땅합니다. 우리 주 예수께서 우리를 존귀하게 하시기 위하여 온갖 수치를 다 감당하셨다는 것을 생각할 때, 예수께서 영광을 받으실 일이라면, 우리는 예수를 위해 무엇이든지 할 각오가 되어 있어야 하고, 예수를 위해 모든 것을 할 각오가 되어 있어야 합니다. 월터 롤리(Walter Raleigh, 16세기 영국의 정치가)가 엘리자베스 여왕의 발이 더럽혀지지 않게 하기 위하여 자신의 화려하게 수놓아진 외투를 벗어 진창길에 펼쳐 놓은 것은 그의 세대에서 지혜로운 행동이었습니다. 이 신하는 자기가 섬기는 여왕을 정성으로 보살피는 것이 자신의 앞길을 탄탄하게 하는 것임을 잘 알고 있었습니다.

마찬가지로, 우리도 예수께서 영광과 존귀를 받으실 수만 있다면, 이기적이지 않은 동기와 우리 주님에 대한 순전한 경외심으로, 기꺼이 우리 자신을 길이 되게 하여 그 위로 주님이 걸어가실 수 있게 하여야 합니다. 우리가 우리의 구속주의 거룩하고 복된 이름에 영광을 돌릴 수 있기만 하다면, 우리는 우리에게 있는 것 중에서 가장 좋은 것, 심지어 우리 목숨까지도 주님을 위해 드리는 것이 마땅합니다. 지금 이후의 우리의 삶은 주를 위하여 살고 주를 위하여 죽는 것입니다! 우리는 하나님을 기다리고 하나님의 도를 지킬 것입니다. 하나님의 은혜로 말미암아 우리가 매일같이 "나는 여호와를 기다리고, 내 영혼도 여호와를 기다리며, 나의 소망을 여호와의 말씀에 두나이다"라고 기도할 수 있게 되기를 빕니다.

2. 둘째로, 늘 담대함을 가져야 합니다.

본문은 "담대하라"고 말씀합니다. 우리의 선하신 주님이자 선생이신 예수를 따르고자 하는 자는 그리 많지 않을 것입니다. 그럴지라도, 하나님을 기다리는 여러분은 담대하십시오. 여러분이 그리스도에 대하여 지니고 있는 믿음에 대하여 담대한 소망을 가지십시오. 여러분 중에 어떤 분들은 단지 예수를 믿기 시작한 것일 뿐인데도, 자기가 버림받으면 어쩌나, 죄로부터 온전한 구원을 받지 못하면 어쩌나 걱정하고 두려워합니다. 나는 이미 여러분에게 계속해서 긍휼의 문을 두드리시라고 말씀드린 바 있습니다. 그렇게 하시되 담대하십시오. 왜냐하면, 그 문은 여러분에게 반드시 열릴 것이기 때문입니다. 구하는 자는 받고, 찾는 자는 발견하게 되며, 문을 두드리는 자에게는 반드시 문이 열립니다. 기진맥진한 가엾은 자여, 담대하십시오. 하나님은 애통하는 자들에 대하여 자비로운 눈을 가지고 계십니다. 하나님은 그를 찾는 자들을 아주 선하게 대해 주십니다. 당신이 존 번연의 「천로역정」에서 해석자의 집 문 밖에서 기진맥진해 있던 두려워 떠는 저 가련한 '자비'와 같다고 할지라도, 당신의 주님은 당신을 생각하시고, "하나님께 복 받은 자여, 왜 안으로 들어오지 않고 그렇게 밖에 서 있느냐?"고 말씀하십니다. 주님은 겸손하게 자기를 기다리는 자들이 망하게 내버려 두지 않으실 것입니다. 주님의 얼굴의 광채는 장차 당신의 것이 될 것입니다. 구하는 자여, 담대하십시오.

또한, 주님을 최근에 발견한 당신도 담대하십시오. 담대하게 당신의 믿음을 고백하십시오. 당신이 예수께 두고 있는 신뢰는 옳은 것이고, 모든 사람들에게 그

옳음을 증명할 수 있는 것임을 기억하십시오. 그러니 그것을 감추지 마십시오. 나는 그리스도인들이, 자신의 빵조각을 얻기 위해 누가 주위에 있는지를 살펴보고서 모든 것이 고요할 때에 밖으로 나오는 벽 뒤의 쥐 같이 행동하는 것을 싫어합니다. 조금이라도 발자국 소리가 들리면, 그런 그리스도인들은 재빨리 줄행랑을 쳐서 자신의 구멍으로 숨어 버립니다. 그렇게 하지 마십시오. 당신이 그리스도께 속해 있다면, 그것을 인정하십시오. 도대체 부끄러워할 것이 뭐가 있습니까? 하나님의 진리를 믿는 것 — 그것이 사람이 부끄러워해야 할 일입니까? 그리스도 예수 안에서 성육신 된 무한한 순결함과 거룩함을 따르는 것 — 거기에 사람이 부끄러워해야 할 것이 무엇이 있습니까? 도리어, 우리는 모든 사람의 면전에서 우리의 기(旗)를 들고, 모든 무리 가운데서 우리의 깃발을 올리는 것이 마땅합니다. 왜냐하면, 우리가 주님의 편에 서는 것은 부끄러워해야 할 일이 아니라 자랑스러워해야 할 일이기 때문입니다. 그것은 우리가 할 수 있는 최고의 일입니다. 그것은 우리가 지금까지 받은 것 중에서 가장 큰 은혜입니다. 왜 우리가 그것을 숨겨야 합니까? 새롭게 예수께로 나아온 당신이여, 하나님을 기다리고, 사람들 앞에서 당신의 신앙을 담대하게 고백하십시오.

그런 후에 거기에서 한 걸음 더 앞으로 나아가십시오. 당신이 받은 **믿음**을 다른 사람들에게 담대하게 전하십시오. 다른 사람들에게 가서 큰 구원에 대하여 말할 때에 두려워하지 마십시오. 그것이 당신이 새롭게 하는 일이라면, 당신은 떨리겠지만, 그럼에도 불구하고 계속해서 그렇게 하시고, 더 큰 확신을 주셔서 하나님의 은혜에 관한 소식을 담대하게 선포하게 해 달라고 구하십시오. 당신이 믿지 않는 자들에게 복음을 전할 때, 비록 단시간에 그들을 믿음으로 이끌 수는 없을지라도, 담대하십시오. 당신이 하나님의 진리에 대하여 격분하는 사람들에게 복음을 전할 때, 담대하십시오. 그들이 당신에게 어떤 해를 끼칠 수 있겠습니까? 설령 당신이 그렇게 해서 해를 당한다고 하여도, 그것은 당신이 겁쟁이로 가만히 있을 때에도 당했을 그런 해에 불과합니다. 그리스도를 위하여 담대하게 큰 일들을 행하십시오. 패배나 실패를 두려워하지 마시고, 주님을 위해 모든 것을 과감하게 도전하시고 행하십시오. 여러분이 할 수 없을 것 같은 일도 위로부터 올 능력을 기대하고 담대하게 행하십시오. 그러면, 그 능력이 반드시 임할 것입니다. "너는 여호와를 기다릴지어다 담대하라 주께서 네 마음을 강하게 하시리라"(KJV, 한글개역개정에는 "너는 여호와를 기다릴지어다 강하고 담대하며"로 되어 있음). 그러니, 여러분의 구속주의 복음이 널리 전파되도록 실제적으로 힘을 쏟는 일에 담대하십시오.

여러분이 다른 사람들을 위하여 기도할 때에도 담대하십시오. 여러분의 자녀들과 관련해서도 하나님을 기다리시고, 그 자녀들이 구원받게 될 것을 담대하게 기대하십시오. 여러분의 종들이나 형제들이나 이웃들과 관련해서도 하나님을 기다리십시오. 그들과 관련해서 담대하십시오. 하나님이 여러분의 기도를 들으시고, 여러분의 중보기도가 그들에게 복이 될 것을 믿으십시오. 중보기도는 하나님께 큰 영향을 미칩니다. 다른 사람들의 영혼과 관련해서 하나님을 기다리는 것은 결코 헛된 일이 아닙니다. 지금 천국에 있는 많은 사람들은 성도들의 기도에 힘입어 회심한 사람들입니다. 그러니, 아주 담대하게 호소하십시오. 기도하기를 결코 쉬지 마십시오. 여러분이 기도할 때, 마치 들어주기를 주지하는 폭군이나 잊어버리기를 잘해서 자주 응답을 빼먹는 어떤 신에게 기도하는 것처럼 기도하지 마시고, 묵묵히 확신을 가지고 하나님을 기다리십시오. 하나님은 여러분을 빈손으로 보내지 않으실 것입니다.

그리스도의 복음을 위하여 자신을 희생하는 일에서도 담대하십시오. 여러분이 정직하게 행함으로써 손해를 봐야 하는 상황에서도 담대하십시오. 결국에 여러분은 결코 손해를 보는 자가 되지 않을 것입니다. 당신이 그리스도인이라고 해서 당신을 멸시하는 사람들이 있습니까? 담대하십시오. 그들의 견해는 아주 하찮은 것이고, 천사들과 선한 사람들 앞에서 당신은 대단한 사람입니다. 당신은 애굽의 모든 보화와 그 왕궁의 모든 영화를 다 거절한 모세와 같은 사람이 아닙니까? 담대하십시오. 하나님께서는 당신에게 현세에서 거기에 상응하는 보상을 해주실 것이고, 내세에서는 영생을 주실 것입니다. 당신이 가진 모든 것을 예수를 위하여 잃게 되었다고 할지라도, 담대하십시오. 왜냐하면, 그리스도를 위하여 자신의 목숨을 잃는 사람은 영원한 생명을 얻게 될 것이고, 그리스도의 복음을 위하여 가난하게 된 사람은 영원히 부요하게 될 것이기 때문입니다. 담대하십시오!

또한, 당신이 큰 환난과 통렬한 고통과 빈번한 질병을 감당하도록 부르심을 받고 있거나, 당신의 사업이 잘못되거나, 재물이 스스로 날개를 달고 날아가 버리거나, 친구들로부터 버림을 받고 원수들에 의해서 둘러싸인다고 할지라도, 담대하십시오. 왜냐하면, 당신이 기다리는 하나님은 당신을 버리지 않으실 것이기 때문입니다. 십자가 군병이 전투의 날에 꽁무니를 뺐다는 말을 듣는 일이 절대로 없게 하시기 바랍니다. 당신의 천부의 뜻을 받드십시오. 당신이 받들 수 있는 천부의 뜻이 있다는 것은 기쁜 일입니다. 만약 하나님의 은혜가 당신으로 하여금 자연이 당신에게 짐 지우는 모든 것을 다 감당할 수 있게 해주지 않는다면, 그런 은혜가 무슨 가치가 있겠습니까? 나의 사랑하는 형제들이여, 지금은 역경의 홍수 속에서 당신의 믿음이 진짜인지 가짜인지를 확인해 볼 때입니다. 햇빛이 있을 때에만 존재하는 믿음은 아무런 가치도 없습니다. 우리에게는 하늘을 온통 뒤덮은 가장 무시무시한 폭풍도 넉넉히 견뎌내는 그런 믿음이 필요합니다. 마음과 육체가 당신을 실망시킨다고 할지라도, 하나님을 기다리는 가운데 담대하십시오. 눈이 침침해져서 낮의 빛이 거의 보이지 않게 되거나, 귀가 어두워져서 음악 소리가 잘 들리지 않게 되거나, 오감의 모든 문들이 닫히거나, 육체를 짊어진 것들이 다 비틀거리고 육체의 문지기들이 두려워 떨거나, 죽음이 이 약한 육체를 옮겨간다고 할지라도, 두려워할 이유가 없습니다. 야곱이 죽어가면서 "여호와여 내가 주의 구원을 기다려 왔나이다"(창 49:18 KJV, 한글개역개정에는 "여호와여 나는 주의 구원을 기다리나이다"로 되어 있음)라고 외쳤듯이, 우리도 그렇게 외칠 수 있어야 합니다. 고민하거나 괴로워하지 마십시오. 하나님을 기다리십시오. 그러면, 담대함이 되살아나게 될 것입니다.

3. 셋째로, 하나님을 기다리면 담대함을 유지할 수 있습니다.

사랑하는 여러분, 여러분이 하나님의 선한 길들로 행하는 것에 점점 지쳐가기 시작한다면, 갑절의 열심을 가지고서 하나님을 기다리십시오. 여러분은 어떤 거인의 어머니가 땅이었기 때문에 헤라클레스가 그 거인을 죽일 수 없었다는 얘기를 들어본 적이 있을 것입니다. 헤라클레스가 그 거인을 땅에 내동댕이칠 때마다, 거인은 자신의 부모인 땅과 접촉해서 새 힘을 얻어 또다시 일어나 싸울 수 있었습니다. 우리도 비슷합니다. 우리가 패배하거나 실패해서 우리 하나님 앞으로 내몰리거나 그 앞에 내동댕이쳐질 때마다, 우리는 또다시 힘을 얻기 때문에, 우리를 죽이고자 하는 원수들의 시도는 결국 다 실패하게 됩니다. 원수들은 우리를 우리 주 예수 그리스도 안에 있는 하나님의 사랑으로부터 떼어놓을 수 있을 때에만 우리를 멸할 수 있는데, 그런 일은 불가능합니다. 우리가 독수리의 날개를 타고 날아올라서 이 아래 세상을 떠날 때까지는, 하나님을 기다리는 것이 우리가 또다시 힘을 얻는 방법입니다.

　　무엇보다도 먼저, 우리가 하나님을 기다릴 때에 우리 마음이 힘을 얻게 되는 것은 영원하신 성령이 우리 영혼 속으로 들어오셔서 신비한 힘을 우리에게 주시기 때문입니다. 그 누구도 이것을 설명할 수 없지만, 우리 중에는 이것이 사실이라는 것을 아는 사람이 많습니다. 우리는 성령이 어떤 식으로 활동하는지를 알지 못하지만, 한참 기도하면 우리가 새 힘을 얻어서 마치 또다시 완전히 젊어진 것처럼 느끼는 일이 많다는 것을 압니다. 우리는 초췌해지고 기진맥진하며 잔뜩 풀이 죽어서 (부끄러운 말이지만) 모든 것을 포기하고 도망가 버리고 싶은 심정으로 하나님 앞에 나아갑니다. 그런데 하나님 앞에 별로 오래 머물러 있지도 않았는데, 우리는 우리의 영혼이 새 힘을 얻는 것을 느낍니다. 우리는 거의 엉금엉금 기어서 하나님께 나아오긴 했지만, 하나님을 기다렸고, 그러자 영원한 능력이신 분이 우리에게 오셨습니다. 전능자의 은밀한 샘들이 너무나 기이하게도 우리의 연약한 심령 속으로 흘러들어와서, 우리의 속사람을 능력으로 채웁니다. 성령의 거룩한 기름 부음으로 인하여 우리는 기뻐 소리치게 됩니다. 하나님 안에서 너무나 큰 기쁨이 우리에게 임하여, 우리는 그 기쁨을 속에다 담아둘 수가 없습니다. 우리를 창조하신 분이 두 번째로 우리에게 손을 대서서, 우리에게 구원의 기쁨을 회복시키시고, 우리의 빈 곳을 채우시며, 우리의 연약함을 제거하시고, 우리 안에서 영광스럽게 승리하신 것입니다. 우리가 오랫동안 연주해 왔던 저 가엾은 수금은 그 주인인 우리의 손에서는 제대로 소리를 낼 수 없었습니다. 우리가 수금을 연주하려고 우리의 손가락으로 열심히 그 줄들을 타 보았지만 헛수고였고, 우리의 손가락들이 수금을 강하게 타면 탈수록, 수금은 더 심한 불협화음들만을 낼 뿐이었습니다. 우리는 수금을 연주장에서 골방으로 옮겨서 한쪽 구석에 처박아 두었습니다. 그런데 수금을 만드신 분이 거기로 찾아오셨습니다. 그분은 수금에 대하여 너무나 잘 알고 계셨고, 그것을 어떻게 조율해야 하는지도 알고 계셨습니다. 그분은 수금의 줄들을 새 줄로 갈고, 다른 모든 것들도 바로잡았습니다. 그분이 자신의 손가락들을 수금의 줄들 위에 올려놓고 타기 시작하자, 청아한 음악이 흘러나와서 온 집을 아름다운 선율로 가득 채웠습니다. 전에는 불협화음들이 온 집의 공기를 악한 영들로 가득 채웠었는데, 모든 것이 변하였고, 마치 천사들이 모든 음 위에서 은빛 날개를 달고 기뻐 춤추는 것 같았습니다. 그렇습니다. 가련한 영혼이여, 당신의 모든 것이 엉망진창일 때, 당신의 하나님께 나아가서, 하나님을 기다리십시오. 그러면, 하나님께서 자신의 비밀한 능력으로 당신의 마음에 힘을 주실 것입니다.

또한, 하나님을 기다리는 것은 우리 마음에 자연적으로 담대함이 생겨나게 하는 효과를 가져다줍니다. 왜냐하면, 하나님을 기다리게 되면, 사람들이 작아지고, 세상과 그 모든 일들이 작아져서, 우리는 그것들이 사실은 얼마나 보잘것없는 것들인지를 알게 되기 때문입니다. 가엾은 다윗은 불경건한 자들은 형통하는데, 자기 자신은 온 종일 괴롭힘을 당하고 아침마다 징계를 당하는 것을 보면서 불안하고 초조하였습니다. 다윗은 "하나님의 성소에 들어갈 때에야 그들의 종말을 내가 깨달았나이다"(시 73:17)라고 말할 때까지는, 어리석고 무지하게도 하나님께 하소연하고, 하나님의 공의에 의문을 제기하였습니다. 여러분의 큰 고민들을 무한하신 하나님 앞으로 가져오십시오. 그러면, 그것들은 아주 작은 것들로 축소되어서, 여러분은 그것들이 존재한다는 것을 다시 알아차리지도 못하게 될 것입니다. 하나님 앞에서는 섬들은 아주 작은 점 같은 것들이고, 나라들은 물동이 속의 한 방울의 물과 같습니다. 이 크신 하나님은 여러분에게 세상의 것들을 그런 식으로 보라고 가르치실 것이고, 결국 온 세상이 여러분을 대적한다고 할지라도, 여러분은 그들의 광분함을 웃어넘기게 될 것이고, 음부의 모든 귀신들이 일어나 여러분을 친다고 할지라도, 그들의 광분함을 무시해 버리게 될 것입니다. 우리가 영원하신 분의 잣대를 가지고 측량하는 법을 배울 때, 우리는 가장 나쁜 해악들도 완전히 멸시할 수 있게 됩니다. 따라서 여러분은 하나님을 기다리면 두려움의 원인들이 줄어들어서 마음이 강하게 된다는 것을 알게 됩니다.

또한, 하나님을 기다리면, 우리의 마음은 사랑으로 불타오르게 됩니다. 우리 하나님과 그 역사(役事)를 향한 진실한 애정보다 우리에게 더 큰 담대함을 줄 수 있는 것은 없습니다. 사랑이 열렬히 타오르는 곳에 담대함이 용솟음칠 것은 뻔한 일입니다. 잔인한 피조세계 속에서 부드럽고 온유한 피조물들인 암컷들을 한 번 보십시오. 그런 암컷들이 일단 새끼를 낳게 되면 자기 새끼를 지키기 위해서 얼마나 담대해지는지를 보십시오. 암탉은 평소에는 가장 겁 많은 조류들 중의 하나이지만 자기가 낳은 병아리들을 지키기 위해서는 무섭게 싸웁니다. 18세기 영국의 박물학자 길버트 화이트(Gilbert White)는 자신의 고향 셀본(Selborne)에 대해 쓴 자신의 책에서 까마귀가 나무에서 새끼를 부화하는 것에 대하여 얘기합니다. 나무꾼이 그 나무를 베기 시작하였고, 그 나무에는 까마귀가 앉아 있었습니다. 나무꾼이 도끼를 휘두르자 나무가 흔들렸지만, 까마귀는 꼼짝도 하지 않았습니다. 나무가 베어져서 쓰러졌는데도, 까마귀는 여전히 자신의 둥지에 있었습니다. 사랑은 가장 겁 많은 피조물을 이 정도로 강하게 만듭니다. 사랑하는 여러분, 여러분이 그리스도를 사랑하게 되면, 여러분은 모든 두려움이 없어져서, 그리스도를 위하여 감내해야 하는 온갖 위험들을 자신의 기쁨으로 여기게 됩니다. 이런 의미에서 온전한 사랑은 두려움을 내쫓습니다. 사랑은 모든 것을 소망하고, 모든 것을 참고 견디며, 계속해서 하나님을 기다립니다. 더 큰 사랑을 갖기 위해서는 하나님을 더 끊임없이 기다려야 하고, 그렇게 했을 때, 우리의 마음은 더 큰 힘을 얻게 됩니다.

　　또한, 하나님을 기다리는 것은 우리의 영혼에 평안을 가져다주고, 사람의 영혼이 온전한 평안을 얻게 되면, 그는 환난이나 대적들을 별로 염려하지 않습니다. 우리를 겁쟁이로 만드는 것은 양심인데, 양심이 예수의 속죄의 피로 평안을 얻게 되면, 다른 사람들이 우리에게 독을 쏘아도, 우리는 웃을 수 있고, 우리의 찬송 받으실 주님처럼 사람들의 조롱을 받아도 앙심을 품지 않게 됩니다. 왜냐하면, 우리의 심령 속에 하늘의 평안이 자리잡고 있기 때문입니다. 하나님에 대하여 정함이 없는 심령은 사람들을 두려워할 수밖에 없지만, 고요한 중에 하나님을 기다리는 심령은 두려움에 굴하지 않습니다.

　　사랑하는 여러분, 하나님을 기다리면, 우리는 영원한 상급을 바라볼 수 있게 되기 때문에, 우리의 담대함은 더욱 커지게 됩니다. 사람이 영광의 면류관을 얼핏 보게 되면, 자신의 관자놀이를 찌르는 가시 면류관은 아무렇지도 않게 됩니다. 그리스도께서 나타나실 그 날에 자기가 어떻게 될 줄을 아는 사람은 그리스도로 인하여 욕을 당하고 있는 지금의 자신의 모습으로 인해서 슬퍼하지 않습니다. 사실, 하나님을 기다릴 때, 우리는 우리가 그리스도와의 교제 속에 있다는 것을 알게 되고, 우리가 지고 있는 짐이 그리스도께서 최후까지 내내 지셨던 바로 그 십자가라는 것을 알게 되며, 그리스도께서 우리에 대하여 연민의 마음을 가지시고 마음 아파하신다는 것을 알게 되기 때문에, 불평 없이 고난을 감당할 수 있게 됩니다. 그럴 때에 우리가 다음과 같이 노래하는 것은 정말 감미롭지 않습니까?

　　　"주의 사랑하는 이름을 위해 내 얼굴에

수치와 욕이 있는 것이라면
난 얼마든지 수치와 욕을 환영하리라.
주께서 나를 기억하실 테니까."

이렇게 하나님을 기다리면, 우리의 힘의 저장소 한복판으로 능력이 부어집니다.

4. 넷째로, 경험이 이것을 증명해 준다는 것입니다.

여러분은 시편 27편을 펴서 그대로 놓아두시고, 본문이 시편 전체를 얼마나 잘 요약하고 있는지를 보시기 바랍니다. 이 시편의 다른 모든 절들은 어떤 이야기의 등장인물들에 비유할 수 있고, 이 마지막 절은 전체를 요약하는 것이라고 할 수 있습니다. 여호와를 기다리는 것이 지혜의 길이라고 말이죠.

먼저, 이 시편의 서두에 나오는 절들을 보면, 거기에서 다윗은 원수들에 의해서 둘러싸여 있습니다. 다윗은 여호와를 기다렸고, 여호와께서는 그 원수들을 "실족하여 넘어지게" 하셨습니다. 그 후에 그들이 그를 대적하여 치려고 하자, 그는 자신의 근심을 하나님께 아뢰었고, 하나님은 그의 머리를 원수들 위로 높이 드셨고, 마침내 그는 성소에서 여호와께 큰 기쁨의 찬송을 드릴 수 있었습니다. 형제들이여, 여러분이 원수들로부터 공격을 당할 때, 다윗처럼 하십시오. 여러분은 실제로 전쟁 중인 나라에 살고 있는 것은 아니지만, 여러분에게는 영적으로든 다른 식으로든 많은 대적들이 있습니다. 어둠의 임금과 산당들에 있는 수많은 악한 귀신들이 여러분을 치려고 무장을 하고 있습니다. 이러한 싸움 가운데서 하나님을 기다리십시오. 그러면, 하나님은 여러분에게 승리를 안겨주실 것입니다. 여러분의 힘은 가만히 앉아 있는 데에 있습니다. 초조해하지 마십시오. 조용히 모든 싸움을 "에돔에서 오는 이," "붉은 옷을 입고" 큰 능력으로 "보스라에서 오는 이"이신 그리스도께 맡기십시오. 그리스도의 옷이 붉은 것은 그가 자신과 우리의 원수들을 발로 짓밟을 때에 "그들의 선혈이 그 옷에 튀었기" 때문입니다(사 63:1). 하나님을 기다리십시오. 하나님의 장막 그늘로 피하십시오. 하나님의 장막 은밀한 곳에 숨으십시오. 반석이신 주님께로 올라가 거기에 머무르십시오. 그러면, 여러분의 영혼을 대적하는 모든 원수들이 분쇄되고 말 것입니다.

다음으로, 7절과 8절을 읽겠습니다. 여러분이 보시다시피, 거기에는 다윗이 기도에 착념하는 모습이 나옵니다. 다윗은 기도에서도 여호와를 기다렸기 때문에, 승리하였고 차고 넘치게 형통할 수 있었습니다. 기도의 핵심은 하나님의 들으심을 얻어내는 것입니다. 여러분이 영과 진리로 기도하지 않는다면, 그것은 휘파람을 부는 것과 다를 게 없습니다. 그리고 기도의 영과 진리는 하나님과의 교제에 있습니다. 당신이 되는대로 기도하여 왔고, 그래서 기도 응답을 받지 못하였다면, 당신은 하나님의 들으심을 얻지 못한 것이 분명합니다. 은밀한 곳으로 들어가십시오. 당신의 하나님께 가까이 가서 그를 기다리십시오. 그러면, 당신은 기도 중에 큰 담대함과 새 힘을 얻어서, 승리하고 돌아오게 될 것입니다.

다음으로, 다윗은 흑암 속에 싸여 있었습니다. 그는 하나님께서 자기를 버리시는 게 아닌가 하고 두려워하였습니다. 그는 여호와의 얼굴에서 나오는 광채를 잃어버렸습니다. "그런 경우에 나는 어떻게 해야 하지요?"라는 소리가 내 귀에 들리는 듯합니다. 하나님을 기다리십시오! 하나님이 미소를 짓지 않으신다고 하여도, 계속해서 하나님을 기다리십시오. 하나님의 얼굴의 미소는 기쁜 것이지만, 당신이 그것을 잃어버렸다면, 그의 날개 그늘 아래로 피하십시오. 하나님은 미소를 짓지 않으신다고 해도 여전히 당신을 사랑하십니다. 욥은 "그가 나를 죽이실지라도 나는 그를 의지하리라"(욥 13:15 KJV, 한글개역개정에는 "그가 나를 죽이시리니 내가 희망이 없노라"로 되어 있음)고 말하였습니다. 하나님이 화가 나신 듯이 보일지라도, 하나님의 발 앞에 당신 자신을 던지십시오. 그 어떤 일로도 하나님으로부터 멀어지지 마십시오. 하나님이 칼을 들어 당신을 치실 때, 당신이 멀리 떨어져 있을수록, 그 타격은 더욱 세고 심할 것입니다. 사랑하는 자녀여, 아버지가 회초리로 치고자 하시면, 아버지 품속으로 더욱 가까이 달려가십시오. 그 품속으로 더 가까이 달려갈수록, 아버지는 세게 치실 수가 없습니다. 당신의 아버지의 품속으로 아주 가까이 가십시오. 하나님의 회초리를 꼭 붙잡고서, "아버지께서는 내게 진노하시거나 책망하지 않으실 것이라고 맹세하셨으니 아버지의 자녀인 나를 사랑으로 대해 주세요"라고 그의 사랑에 호소하여 그의 진노를 막는 식으로, 하나님으로 하여금 스스로 갈등하게 하십시오. 누구든지 흑암 가운데서 걸으며 빛을 볼 수 없을 때, 그때에도 여전히 계속해서 하나님을 의지하고 기다리십시오.

다음으로, 우리는 다윗이 모든 사람으로부터 버림받은 모습을 발견합니다.

부모가 그를 버렸습니다. 그렇지만 그는 여전히 하나님을 기다리고, 하나님은 그를 거두십니다. 사랑하는 남편이 떠나버려서, 당신이 완전히 홀로 버려진 과부일지라도, 여전히 하나님을 기다리십시오. 자녀들이 하나씩 고요한 무덤 속으로 옮겨졌다고 할지라도, 하나님을 기다리십시오. 그러면, 하나님은 당신에게 열 아들보다 더 나을 것입니다. 젊은이여, 당신은 당신을 도와줄 사람 한 명도 없이 런던을 방황하고 있습니까? 그렇다면, 하나님을 기다리십시오. 하나님이 당신의 길을 인도해 주실 것입니다. 그렇습니다. 박해를 받아서든지 사별해서든지 혼자가 된 모든 사람들은 하나님이 양 떼들처럼 원래 혼자였던 사람들을 가족이 되게 하신 것임을 기억하십시오. 하나님을 기다리십시오. 그러면, 만사가 다 잘 될 것입니다.

다음으로, 우리는 다윗이 험하고 어려운 길 가운데 있는 것을 발견합니다. 그래서 다윗은 "여호와여 주의 도를 내게 가르치시고 내 원수를 생각하셔서 평탄한 길로 나를 인도하소서"(11절)라고 기도합니다. 다윗이 하나님을 기다리며 이렇게 기도하였을 때, 하나님은 꼭 그대로 해주셨습니다. 여러분이 어떻게 해야 할지를 알 수 없을 때, 하나님을 기다리십시오. 어느 길이 올바른 길인지를 여러분이 알 수 없을 때, 무릎을 꿇고 기도하십시오. 그러면, 여러분은 일어설 때에 어느 길로 가야 할지를 알게 될 것입니다. 그런데도 알지 못하겠거든, 다시 무릎을 꿇으십시오. 이정표는 기도할 때에 가장 잘 보입니다. 여러분이 자신의 뜻을 내려놓고 믿음으로 지존자의 지시하심을 구할 때, 엄위하신 하나님은 여러분에게 응답해 주실 것입니다.

마지막으로, 우리는 다윗이 원수들로부터 비방을 받아 왔었다는 것을 발견하게 됩니다: "위증자와 악을 토하는 자가 일어나 나를 치려 함이니이다"(12절). 이럴 때에 어떻게 해야 합니까? 하나님을 기다리십시오. "그렇지만 나는 그들에게 어떻게든 해명해야 합니다." 당신이 직접 나서서 해명하면, 일은 더욱 꼬여서 악화될 뿐입니다. 당신이 첫 번째 비방에 대하여 해명을 나고 나면, 원수들은 또 다른 거짓말을 만들어 낼 것입니다. "그들의 비방이 사실이라면, 나는 그런 비방을 그냥 참을 수 있습니다." 그런데 당신은 그 비방을 그냥 참아서는 안 됩니다. 원수들이 비방한 내용이 사실이라면, 당신은 슬퍼하여야 하고, 사실이 아니라면, 신경 쓰지 말고 내버려 두십시오. "그들이 나에 대하여 뭐라고 합니다." 그들이 무슨 말을 하든, 그 말이 사실이 아니라면, 내버려 두십시오. 그 말로 인해서 당신은 그 어떤 해도 당하지 않을 것입니다. 하나님을 기다리십시오. 그들이 당신에게 악담을 해도, 되갚아 주려고 하지 마십시오. 울부짖는 이리들에게 아무런 대꾸도 하지 마십시오. 개들이 짖는다면, 짖게 내버려 두십시오. 왜냐하면, 짖는 것은 개들의 속성이기 때문입니다. 개들은 다 짖고 나면 반드시 떠나게 되어 있습니다. 우리의 대적들도 마찬가지입니다. 우리가 그들을 내버려 두면, 그들은 비방을 멈추게 될 것입니다. 우리의 힘은 하나님을 기다리는 데에 있습니다. 그 일을 하나님께 아뢰고 맡겨 버리십시오. 법으로 해결하겠다구요? 좋습니다. 그러나 소송을 해도, 그 소송은 쉽게 끝나지 않을 것입니다. 법으로 해결하고자 하면, 괴롭고 골치 아픈 일들이 끝도 없이 당신에게 밀려올 것입니다. 비방을 제외한 다른 모든 일에서는, 당신이 스스로 해결하고 싶다면, 그렇게 하십시오. 그러니 비방의 경우에는, 당신이 자신을 잘 변호하고 싶다면, 다른 사람들로 하여금 당신을 변호하게 하십시오. 흙은 마르면 문질러서 없앨 수 있게 됩니다. 그러니 용감하게 인내하십시오. 모든 것을 하나님께 맡기고 하나님을 기다리십시오. 그러면, 하나님은 당신을 끝까지 인도하셔서 결국 승리하게 해주실 것입니다. 당신이 자신이 옳다는 것을 증명하기 위해서 온갖 것을 다해도, 당신은 더욱 수렁에 빠지게 될 뿐입니다. 손을 떼시고, 그 일을 지존자에게 맡기십시오.

오늘의 복된 본문을 다시 한 번 읽고 마치겠습니다: "너는 여호와를 기다릴지어다 강하고 담대하며 여호와를 기다릴지어다." 하나님께서 여러분이 그리스도를 위하여 담대하게 기다릴 수 있게 해주시기를 빕니다. 아멘.

제
30
장

—

거룩한 독처(獨處)

—

"여호와는 나의 힘과 나의 방패이시니 내 마음이 그를 의지
하여 도움을 얻었도다 그러므로 내 마음이 크게 기뻐하며
내 노래로 그를 찬송하리로다." — 시 28:7

내 생각에는, 이 구절은 특별한 매력을 지니고 있습니다. 이 구절이 여러분
의 귀에도 나의 경우와 동일한 느낌과 능력으로 들리는지에 대해서는 나는 알지
못합니다. 내게는 이 구절이 부드러운 선율처럼 부드러움과 감미로움으로 꽉 차
있는 것으로 들립니다. 본문을 다시 한 번 함께 읽어봅시다: "여호와는 나의 힘
과 나의 방패이시니 내 마음이 그를 의지하여 도움을 얻었도다 그러므로 내 마
음이 크게 기뻐하며 내 노래로 그를 찬송하리로다"(시 28:7). 나는 전투가 격렬하
게 벌어지고 있는 광경을 보고 있는 듯한데, 정작 이 전투와 가장 이해관계가 있
는 사람은 자신의 무용(武勇)을 과시하고 용감하게 싸운 후에, 옆으로 비켜나서
포탄소리조차 거의 들리지 않는 조용하고 한적한 곳에 앉아서, 이렇게 자신의
마음과 대화를 나누고 있습니다. 그는 격렬한 전투를 이미 잊고, 승리의 기쁨을
기대하고 있습니다. 그는 자신의 연약함들을 알고 있지만, 자기를 지켜 주시는
하나님의 힘을 보았습니다. 그는 아마도 격렬한 전투의 피로로 인해 기진맥진하
여 떨고 있으면서도, 자신도 모르는 사이에 고요하고 평안한 상태로 들어간 자
처럼 하나님 안에서 안식하고 있습니다. 사랑하는 친구들이여, 나는 여러분이
다윗과 마찬가지로 이 저녁에 무리로부터 나와서 한적한 곳에서 안식하시기를

바랍니다. 지금은 사업상의 여러 가지 골치 아픈 일들을 잊으십시오. 여러분을 자주 괴롭히는 집안의 걱정거리들, 여러분의 영혼을 괴롭히는 내적인 갈등들을 비롯해서 여러분의 마음을 흐트러트릴 수 있는 것들은 무엇이든지 다 지금 이 시간에는 놓으시기 바랍니다. 지금은 잠시 오직 하나님만이 주실 수 있는 저 감미로운 평안, 우리의 온갖 지각을 뛰어넘는 하나님의 평강을 마음껏 누리십시오. 그리고 여러분의 영혼에게 이렇게 말하십시오: "여호와는 나의 힘과 나의 방패이시니 내 마음이 그를 의지하여 도움을 얻었도다 그러므로 내 마음이 크게 기뻐하며 내 노래로 그를 찬송하리로다."

여러분도 볼 수 있듯이, 이 구절은 세 부분으로 나뉩니다. 첫 번째 부분은 확실하게 보장되어 있는 것에 대해서 우리에게 말해 줍니다: "여호와는 나의 힘과 나의 방패이시니." 두 번째 부분은 분명한 경험에 대하여 말합니다: "내 마음이 그를 의지하여 도움을 얻었도다." "만약에"나 "그러나" 같은 것들도 없고, 영혼이 소망과 두려움의 중간에서 갈팡질팡하는 것도 없습니다. 그는 조금도 주저하는 기색이 없이 말합니다. 왜냐하면, 그는 자신의 실제 경험을 얘기하고 있기 때문입니다. 오늘 본문의 세 번째 부분은 아주 적절하게도 감정을 분명하게 표현하는 것으로 끝나는데, 이것은 아주 깊은 곳에서부터 올라오는 감정입니다: "내 마음이 크게 기뻐하며." 그런 후에, 여러분이 보시다시피, 내적인 감정은 귀로 들을 수 있는 말로 아주 적절하게 해석됩니다: "내 노래로 그를 찬송하리로다." 나는 여러분이 이 구절의 주목할 만한 형식에 주의 깊게 주목해 보실 것을 부탁합니다. 나는 본문을 세 부분으로 나누었는데, 각각의 부분은 내적인 것과 외적인 것, 이렇게 하나의 쌍으로 구성되어 있습니다. "여호와는 나의 힘"이라는 것은 내적인 것이고, "나의 방패"는 외적인 것입니다. "내 마음이 그를 의지하여"는 내적인 것이고, "도움을 얻었도다"는 외적인 것입니다. "그러므로 내 마음이 크게 기뻐하며"는 내적인 것이고, "내 노래로 그를 찬송하리로다"는 외적인 것입니다. 성경에 나오는 시가들의 구조 속에서 이러한 배열을 보는 것은 결코 사소한 일이 아닙니다. 왜냐하면, 거기에는 우리가 배워야 할 교훈이 들어 있기 때문입니다. 그것은 우리에게 진리와 아름다움은 서로 연결되어 있어야 한다는 것과 거룩하기 위해서는 거칠고 황량할 필요가 없다는 것을 가르쳐 줍니다. 우리는 하나님의 영감을 받은 시편 기자의 생각을 구현한 언어 속에서 아름다운 형식과 놀라운 양식을 비일비재하게 볼 수 있습니다. 충분한 시간을 가지고 시편들을 살펴보고 충분한 애정을 가지고 시편들을 묵상하면, 우리는 시편 기자의 거룩한 글들 속에서 고상한 품격을 보이며 시선을 잡아끌며 기억을 돕는 대칭 구조를 분별하게 될 것입니다. 이 거룩한 시인은 자기가 그토록 사랑하는 하나님을 위해서는 아무리 좋은 것을 드려도 부족하다고 여기고서 최선을 다해서 하나님을 섬겼습니다. 얼기설기 대충 꿰어 맞춘 형편없는 설교, 서투르고 엉성한 시가들, 화음이 맞지 않는 찬송은 가급적 피해야 하고, 우리의 신앙심을 가장 감미로운 것들로 표현하는 것이 마땅합니다.

1. 첫째로, 우리에게는 확실하게 보장된 것이 있습니다.

그러면, 본문의 첫 번째 대지부터 살펴보겠습니다: "여호와는 나의 힘과 나의 방패이시니." 성령께서 우리에게 이 어구의 모든 깊은 의미를 다 깨닫고 받을 수 있는 온전한 믿음을 주시기를 빕니다. 시편 기자는 하나님의 언약을 두 손으로 꼭 붙듭니다. "여호와는 나의 힘과 나의 방패이시니." 그는 구원의 하나님을 양손으로 꼭 붙잡습니다. 구주의 옷자락을 만지는 것만으로도 병자들이 고침을 받을 수 있었는데(마 14:36), 하나님의 옷자락이나 옷이 아니라 하나님 자신을 두 손으로 붙들 수 있는 사람에게는 하나님의 어떤 능력이 흘러들어가겠습니까! "여호와는 나의 힘과 방패이시니." 아마도 여러분 중에 어떤 분들은 두 손으로 꼭 부여잡을 수 없을 것입니다. 그럴 때에는 손가락만이라도 대십시오. 그러면, 그 만짐이 당신을 구원할 것입니다! 그러나 늘 그러한 만짐만으로 만족해서는 안 되고, 예수를 붙들고서 "내가 주를 붙들었으니 놓아주지 아니하리라"고 말할 수 있게 해주시라고 기도하여야 합니다. 야곱이 얍복 강 가에서 결연한 의지로 하나님을 붙들고서 "당신이 내게 축복하지 아니하면 가게 하지 아니하겠나이다"(창 32:26)라고 말한 것처럼 그렇게 할 수 있게 해주시라고 기도하십시오. 아니, 그것을 뛰어넘어서, 바울이 그리스도를 견고하고 단단히 붙잡고서 "누가 우리를 우리 주 예수 그리스도 안에 있는 하나님의 사랑에서 끊으리요"(롬 8:35, 39)라고 말할 수 있게 해주시라고 기도하십시오. 또한, 시편 기자는 자기가 이중으로 결핍되어 있기 때문에 양손으로 붙잡아야 한다는 것을 압니다. "여호와는 나의 힘과 나의 방패이시니." 만약 여러분이 이 구절에서 거듭거듭 반복되고 있는 "나의"를 빼버린다면, 이 구절의 의미는 크게 손상되고 말 것입니다. 한번 "나의"를 빼고 이 구절을 읽어 보겠습니다: "여호와는 힘과 방패이시니." 물론, 그것은 매우 지당한 말씀이긴 하지만, 그것이 내게 무슨 소용이 있단 말입니까? "여호와는 나의 힘과 나의 방패"이시라고 할 때에야 이 말씀의 위로가 내게 전해질 수 있습니다. 경험에 의해서 숙성된 믿음, 약속에 의해서 강화된 믿음, 믿음의 원천이자 믿음에 자양분을 공급해 주시는 성령에 의해서 활성화된 믿음 — 우리가 하나님을 붙들고서 "여호와는 나의 힘과 나의 방패이십니다"라고 고백할 때에 우리의 믿음은 거룩한 동력을 얻어 활활 타오르게 됩니다. 이것은 복된 역사(役事)입니다. 하나님께서 우리 각 사람에게 어떻게 그런 믿음을 발휘할 수 있는지를 알게 해주시기를 빕니다. 그러기 위해서는 우리가 성령의 도우심을 구해야 합니다. 우리는 성령 없이는 아무것도 할 수가 없습니다.

　　다윗이 자신의 두 손으로 붙잡은 것이 무엇인지를 주목하십시오. "여호와는 나의 힘과 나의 방패이십니다." 내가 나의 힘과 나의 방패로 여기고 있는 것은 하나님이 약속하신 은혜도 아니고, 하나님이 내게 베풀어 주신 자비로우신 섭리도 아닙니다. 내 영혼에서 이루어진 하나님의 역사, 나의 믿음의 확신, 나의 열렬한 사랑조차도 나의 힘과 나의 방패가 되지 못합니다. 성경은 하나님의 감동으로 된 말씀들이어서 우리의 눈을 밝혀주고 마음을 견고히 해주며 영을 새롭게 해주지만, 그럼에도 불구하고 나의 힘과 나의 방패는 아닙니다. 능력과 신실하심과 졸지도 않으시고 주무시지도 않으시고 늘 살펴주시는 것 같은 하나님의 여러 속성들도 나의 힘과 방패가 아닙니다. 오직 여호와 자신만이 내게 힘과 방패이십니다. 하나님을 붙잡는 자는 대담무쌍한 행위를 한 것입니다. 성경에 "내 힘을 붙들라"(사 27:5)는 허락의 말씀이 없었다면, 그런 행위는 "큰 은총을 받은 사람"(단 10:11)조차도 기겁을 할 일입니다. "나의 하나님"이라는 말은 단 두 단어에 불과하지만, 데모스테네스(Demosthenes)나 키케로(Cicero)의 모든 연설보다 더 강력합니다. 이방 세계의 온갖 비범한 재능과 학문과 식견은 어떻게 하면 온 땅의 하나님을 확실하게 우리 편으로 만들 수 있는지를 우리에게 결코 가르쳐줄 수 없습니다. 우리가 피타고라스, 아리스토텔레스, 소크라테스의 철학 속에서 오늘 본문에서 말하고 있는 것에 비견될 수 있는 그 무엇을 발견할 수 있습니까? "여호와는 나의 것"이라고 진정으로 말할 수 있는 사람은 사망이 시들게 할 수 없고 공간이 가둘 수 없고 시간이 제약할 수 없으며 영원조차도 다 둘러볼 수 없는 그런 기업(基業)을 소유하게 됩니다. 그런 사람은 당장 자기 호주머니에 들어 있는 돈은 별로 없을지 모르지만 — 큰 자산가들도 종종 그럴 것입니다 — 사실은 무한히 부요합니다. 왜냐하면, 그는 결코 없어지지 않을 자산을 소유하고 있고, 그 자산에 대하여 결코 빼앗길 수 없는 소유권을 갖고 있기 때문입니다. 그는 비참하리만큼 연약하다고 느낄지 모르지만, 사실은 무한히 강합니다. 그는 자기가 빈털터리라고 여길지 모르지만, 모든 것을 차고 넘치게 가지고 있는 자입니다. "여호와는 나의 것"이라고 말할 수 있는 사람은 그런 사람입니다. 형제들이여, 와서 여러분의 특권을 담대히 살펴보십시오. 그것에 대해 생각해 보십시오. 여러분이 "세상이 내 것"이라고 말할 수 있다면 좋겠습니까? 세상은 불로 다 태워질 것입니다. 여러분이 "하늘이 내 것"이라고 말할 수 있다면 좋겠습니까? 하늘의 하나님이 거기에 계시지 않는다면, 하늘은 삭막한 광야에 불과하게 될 것입니다. 사랑하는 자들이여, 여러분이 "하나님이 내 것이고 성부와 성자와 성령이 내 것"이라고 말할 수 있다면, 이루 말할 수 없는 기쁨을 누리기 위해서 다른 것을 더 소유할 필요가 있겠습니까? 하나님이 여러분의 아버지이시요 구속주이시요 여러분을 붙들어 주시는 분이시요 여러분의 모든 것임을 확신하는 것보다 여러분을 더 실질적으로 만족시켜줄 수 있는 것이 무엇이 있겠습니까? "나는 내가 가장 사랑하는 이의 것이고, 그는 나의 것"이라는 찬송보다 더 좋은 찬송이 어디 있겠습니까? 저 신비로운 악기인 영혼에서 울려나오는 이 아름답고 감동적인 사랑 노래보다 더 감미로운 노래가 어디 있겠습니까? 그것은 모든 소원, 모든 열정, 모든 바람, 모든 기쁨의 절정이 아니겠습니까? 이새의 아들, 당신의 고귀한 시편들의 아름다운 노래가 우리 귓전에 쟁쟁하게 울려 퍼질 때, 우리는 당신을 향하여 환호합니다. 그러나 다윗의 자손이여, 우리는 그 선율들을 우리 자신의 것으로 받아들이라고 가르치신 당신을 경배합니다. 시편 기자가 비유나 상징으로 희미하게 느꼈던 것을 우리는 현실에서 사실로 느꼈습니다. 주를 자원하여 따르는 자들이며 주께서 인정하신 제자들인 우리는 지금 주께서 우리에게 주신 권리와 특권을 따라 옛적에 다윗의 수금을 통해서 비밀한 말씀으로 울렸던 저 시들과 비유들과 예언들을 주께서 주권적인 은혜로 우리에게 주신 하늘의 은총들에 관한 보배로운 말씀들로 받아들입니다.

　당신이 다른 그 어떤 것을 자랑한다고 할지라도, 이 하나님을 당신의 하나님이라 부를 수 없는 사람은 불행한 사람일 수밖에 없습니다. 그러나 이 세상에 속한 것들에 대한 당신의 몫이 별로 없다고 할지라도, 하나님이 당신의 것임을 아는 사람은 행복한 사람입니다. 지금까지 우리는 양손으로 붙잡고 있는 것이 무엇인지를 살펴보았습니다. 우리는 시편 기자를 본받아서 무한한 보화를 믿음으로 붙잡아서 자신의 것으로 만들기 전에는 그냥 넘어가서는 안 됩니다. 성령께서 우리로 하여금 그렇게 할 수 있게 해주시기를 빕니다.

그러면, 우리가 하나님을 무엇으로 여기고 붙잡았는지를 살펴보겠습니다. 앞에서 말했듯이, 먼저 우리는 하나님을 내적으로 우리의 힘으로 붙잡습니다: "여호와는 나의 힘이시다." 형제들이여, 여러분은 여러분이 얼마나 강한지를 아십니까? 여러분이 "여호와는 나의 힘이시다"라고 말하였다면, 나는 여러분에게 여러분이 얼마나 강한지를 말하라고 도전합니다. 여러분은 "아, 목사님, 나는 내가 얼마나 연약한지를 압니다"라고 말합니다. 나는 여러분이 과연 그것을 알고서 그렇게 말하는 것인지에 대하여 의문을 갖습니다. 왜냐하면, 여러분은 자기 자신이 물처럼 약하다는 것을 알기는 하지만, 사실 여러분은 여러분이 이기소침했을 때에 생각한 것보다도 더 약한 존재이기 때문입니다. 여러분은 "나는 내가 아무것도 아니라는 것을 압니다"라고 말합니다. 맞습니다. 그러나 만약 하나님이 여러분에게 은혜를 주셔서 그것을 알게 하지 않으셨다면, 여러분은 자기가 아무것도 아니라는 것조차 알 수가 없었을 것입니다. 우리가 아무것도 아니라는 것은 사실이지만, 그것을 알고 고백하는 것은 하나님의 은혜의 선물입니다. 형제들이여, 우리는 우리가 생각하는 것보다 더 아무것도 가진 것이 없고, 우리가 생각하는 것보다 더 허망한 존재입니다. 우리는 온갖 미사여구와 과장된 표현들을 다 동원할지라도, 우리 자신의 철저한 무익함을 결코 제대로 표현해낼 수 없을 것입니다. 우리는 연약함 그 자체이지만, 과대망상에 빠져서 마치 힘이 있는 것처럼 생각합니다. 그렇지만 우리가 "여호와는 나의 힘"이시라고 진실로 말할 수 있다면, 우리는 말로 표현할 수 없을 정도로 강한 자입니다. 왜냐하면, 측량할 수 없는 전능함이 우리의 힘이기 때문입니다. 이 문제를 잘 생각해 보시고, 신자 한 분 한 분이 개인적으로 말해 보십시오. 하늘과 땅을 지으신 분이 나의 힘이십니다. 산들을 견고하게 세워 놓으셔서 폭풍이 불어서 백향목들이 부러질 때에도 그 자리에서 요동하지 못하게 하시는 분이 나의 힘이십니다. 언젠가는 하나님이 하늘과 땅을 진동시키실 것이고, 그의 임재 앞에서 모든 피조세계가 달아나겠지만, 그분은 나의 힘이십니다. 이것들은 하나님의 능력 중에서 겉으로 드러난 것들에 불과하고, 사실 전능자의 품속에 있는 모든 능력은 자신의 성도들을 위해 사용되고, 그 능력은 나의 분깃입니다. 전능자가 무엇을 하실 수 있든(전능자는 한계를 모르고 활동에 제약이 없기 때문에 이것은 잘못된 표현이긴 하지만), 그것은 다 우리의 것입니다. 하나님이 지금까지 행하신 모든 일은 장차 자신의 엄청난 뜻을 완성하시기 위하여 자신의 팔을 드러내실 때에 이루어질 일들에 비하면 아무것도 아닙니다. 그렇지만 하나님께서 장차 하실 모든 일들은 다 하나님의 백성에게 속한 일들입니다. "여호와는 나의 힘이시다."

여호와께서 우리의 힘이실 때, 우리는 무엇이든 참고 인내할 수 있는 힘을 얻습니다. 하나님이 붙들어주실 때에 신자가 얼마나 많이 인내하며 참을 수 있는지를 보면, 놀랍고 기이합니다. "연약한 가운데서 강하게 되기도 하며"(히 11:34). 저쪽에 있는 저 상한 갈대가 보이십니까? 그 상한 갈대는 하나님 없이 홀로 살아가는 인간에 대한 적절한 상징이고 꼭 맞는 그림입니다. 상한 갈대는 1온스의 무게도 견딜 수 없습니다. 그것을 일부러 구부리려고 큰 압력을 가하지 않아도, 조금만 힘을 주어 건드려도 그것은 부러집니다. 사랑하는 형제여, 바로 당신이 그렇습니다! 사랑하는 자매여, 바로 당신이 그렇습니다! 그러나 아주 큰 무게가 나가는 지붕을 떠받치고 있는 저 강력한 기둥이나 수천 톤의 무게가 나가는 것들이 지나다녀도 끄덕도 없는 도로를 보십시오. 하나님이 당신과 함께 하실 때, 바로 당신이 그렇습니다. 그렇습니다. 당신은 그런 기둥이나 도로보다 더 강합니다. 왜냐하면, 하나님이 자신의 힘인 사람을 부술 수 있는 것은 아무것도 없기 때문입니다. 여러분은 "나는 그것을 견딜 수 없어, 난 으깨지고 말 거라는 것을 알아"라고 말합니다. 당신은 무슨 일을 생각하고 계십니까? 사랑하는 자녀를 잃을 때 말입니까? 당신의 사랑하는 남편이 죽게 되면 어쩌나 생각하고 계시는 것입니까? 하나님께서 당신이 그런 일을 겪지 않게 해주시기 바랍니다. 아내가 죽으면 어떻게 하냐구요? 당신의 전 재산을 잃거나, 비방을 받아서 심한 상처를 입거나, 친구들이 배신하는 것이요? 그 모든 시련들은 당신에게 일어날 수 있기 때문에, 당신은 "내게 그런 환난이 닥친다면, 난 살 수 없을 거야"라고 말하고 있습니까? 나의 사랑하는 친구여, 당신이 "여호와는 나의 힘"이시라고 말할 수 있다면, 당신은 무슨 일이든 모든 것을 감당할 수 있습니다. 여호와께서 당신의 힘이시라면, 당신은 순교자의 죽음도 감당할 수 있습니다. 하나님은 밀의 줄기에 힘을 주셔서, 그 줄기가 온 세상을 떠받치게 하실 수도 있습니다. 하나님은 항상 속삭이듯 기도하던 아주 여리고 겁 많은 자신의 자녀가 불평 한 마디 없이 가장 큰 슬픔들과 가장 무거운 시련들을 감당해 내게 하실 수 있습니다. 왜냐하면,

성령께서 믿는 자에게 그 무엇에도 굴하지 않는 인내심을 불어넣어 주실 수 있기 때문입니다. 물론, 어떤 사람이 얼마나 참고 인내할 수 있느냐 하는 것은 개인의 선천적인 강인함이 아니라 하나님이 주신 힘에 달려 있습니다. 우리가 충분한 힘을 가지고 있다면, 그것이 어떤 싸움이든, 또는 그것이 어떤 슬픔이든, 그런 것은 문제가 되지 않습니다. 꼬마 아이에게는 물동이도 버겁지만, 그 아이의 아버지는 열 배나 무거운 짐을 들고도 가볍다고 생각해서 휘파람을 불며 활기차게 거리를 따라 그 짐을 나릅니다. 짐이 무거워진다고 해도, 거기에 상응해서 힘도 더 세진다면, 그것은 걱정할 일이 아닙니다. 이민자들은 호주에서 일하는 것이 영국에서 빈둥거리는 것보다 덜 피곤하다는 말을 우리에게 하곤 합니다. 그것이 사실이든 아니든, 하나님의 도움 없이 휴식하는 것보다 하나님의 도우심을 받아서 땀 흘리는 것이 더 쉽다는 것은 분명합니다. "네가 사는 날을 따라서 능력이 있으리로다"(신 33:25). 이것을 명심하십시오. 하나님이 당신의 빈약한 어깨에 무거운 짐을 올려놓으신다면, 아울러 당신의 마음에 용기를, 당신의 영혼에 활기를 주셔서, 당신이 하나님의 모든 의로우신 뜻을 행할 수 있게 하실 것이기 때문에, 당신의 영혼은 그것을 인내하며 감당할 때에 세 배나 더 많은 복을 받게 될 것입니다. "여호와는 나의 힘이시다." 이렇게 우리는 삼손 같이 사자를 때려눕히고 죽여서 그 안에서 꿀을 발견하거나, 블레셋 사람들을 쳐서 그 노략물을 나눌 수 있습니다.

> "오직 나로 내 구주께서 하시는 말씀만을 듣게 하소서.
> '너의 사는 날 동안에 능력이 있으리로다.'
> 그러므로 나는 극심한 환난 중에서 기뻐하네.
> 차고 넘치는 은혜에 의지해서."

    하나님이 우리의 힘, 우리의 내적인 힘이시면, 우리는 무엇이든 할 수 있습니다. 종종 우리는 힘이 빠져서, 우리에게 맡겨진 일을 해낼 수 없을 것 같다는 생각을 하게 됩니다. 왜냐하면, 벽돌들의 수가 두 배나 많아 보이고, 벽돌을 만들 때에 쓸 짚은 구하기 어려워 보이기 때문입니다. 위를 보십시오. 왜냐하면, 위대한 십장이신 하나님은 언제나 우리에게 특별한 일을 맡기실 때에는 특별한 능력도 주시기 때문입니다. 아마도 우리는 일상적인 책임을 넘어서는 고결하고 엄숙한 일을 하도록 부르심을 받고 있을 것입니다. 그럴 때에 우리는 겁을 집어먹고 움츠러들어서, 그 일을 생각하기만 하면 꿀 먹은 벙어리가 되어서 이렇게 말합니다: "내가 하찮은 사람이고, 내 능력이 아무것도 아닌데, 내가 어떻게 하나님의 대사가 되어 하나님을 대변하는 그런 막중한 책임을 감당하겠습니까? 나는 그저 어린아이일 뿐입니다. 내가 거룩한 조상들조차도 감히 할 엄두를 내지 못할 그런 일을 어떻게 맡겠습니까?" 그러나 하나님은 "내가 네 입과 함께 있을 것이고, 내가 너의 힘이 되어 주리라"고 대답하십니다. 그러므로 우리는 다윗처럼 "내가 왕들 앞에서 주의 율례들을 말하리니 부끄러워하지 아니하리라"고 외칠 수 있습니다. 하나님이 우리를 강하게 하시면, 우리가 맡을 수 없는 직분은 없고, 우리가 행할 수 없는 본분은 없으며, 우리가 즐거운 마음으로 드릴 수 없는 제사가 없고, 우리가 이길 수 없는 싸움이 없습니다.

이 자리에는 그리스도를 따르는 연약한 자들을 이렇게 강하게 만드는 믿음을 아예 알지 못하거나 제대로 알지 못하는 사람이 있을지도 모릅니다. 당신은 아주 힘센 사람이어서, 당신의 힘을 자랑합니까? 친구여, 삼손에게 하나님이 계시지 않았을 때, 삼손은 자신의 힘 때문에 불쌍하게 되고 말았습니다. 당신은 삼손의 눈이 멀어 버린 사실로부터 경고를 받는 것이 마땅합니다. 또한, 이 자리에는 교육을 잘 받고 교양을 쌓아서 이 세상에서 자신의 길을 잘 헤쳐 나갈 수 있다고 생각하는 사람도 있을 것입니다. 하지만 이것을 기억하십시오. 솔로몬이 여호와의 율례를 잊어버리고, 당시의 유행을 좇으며, 이방 출신의 아내들의 성적인 매력에 넋이 나가서 그 아내들이 섬기던 이방 신들을 위해 궁중에 제단들을 쌓았을 때, 그의 지혜는 초라해져서 사람들의 주목을 받지 못했습니다. 힘은 근육이나 마음에 있는 것이 아니라 오직 하나님 안에 있습니다. "하나님이 한두 번 하신 말씀을 내가 들었나니 권능은 하나님께 속하였다 하셨도다"(시 62:11). 힘센 자에게 힘을, 지혜로운 자에게 지혜를, 구주에게 안위를 구하는 자들은 복이 있습니다. 그들은 본문의 말씀을 빌려서 "여호와는 나의 힘"이라고 말할 것입니다.

다윗은 외적으로 나타나는 것과 관련해서도 양손으로 하나님을 붙들었습니다: "여호와는 나의 힘과 나의 방패이시니." 나는 여러분 중에서 많은 분들이 과거의 삶을 되돌아보실 때에 하나님이 여러분의 방패이셨다고 말할 수 있을 것이라고 믿습니다. 하나님은 우리가 알고 있는 대적들, 세상과 육신과 마귀의 시험들로부터 우리를 보호해 주십니다. 하나님은 낮에 날아오는 온갖 화살들, 밤에 우리를 괴롭히는 온갖 두려움들로부터 우리를 보호해 주십니다. 우리가 알고 있고 우리 힘으로 할 수 있는 데까지 늘 방어해 왔던 대적들과 관련해서도 하나님은 우리의 방패이십니다. "너를 치려고 제조된 모든 연장이 쓸모가 없을 것이라"(사 54:17). 하나님을 자신의 피난처로 삼고 지존자를 자신의 거처로 삼은 사람은 안전할 것입니다. 의인들에게는 정말 해로운 일이 일어날 수 없습니다. "여호와는 나의 방패이시다." 하나님은 단지 우리가 공개적인 원수들을 피해서 숨을 수 있는 피난처이실 뿐만 아니라, 우리가 알지 못하는 위험들을 막아 주시는 보호자이기도 하십니다. 사실, 우리는 얼마나 많은 위험들이 우리의 개인적인 안전과 우리 가정의 행복과 우리의 좋은 평판을 위협해 왔는지를 결코 알지 못합니다. 그런 위험들에서 간발의 차로 피하게 하신 것에 대해서만이 아니라 여러분이 모르는 사이에 여러분에게 베푸신 긍휼들에 대하여 하나님께 감사하십시오. 여러분은 인생길을 걷는 동안에 간발의 차로 죽음을 모면한 경우가 많은데도, 그것을 결코 알지 못합니다. 우리가 어떤 위험을 알아차리고 피했을 때, 하나님께 감사하는 마음이 우리에게서 일어나는 것은 당연한 일이지만, 사실 우리가 모르는 사이에 하나님이 수많은 위험들을 막아 주셔서 우리로 이 인생 여정의 끝에 무사히 당도하게 하시는 것은 더욱더 감사해야 할 일입니다. 아무런 재난이나 질병이나 두려운 일을 당하지 않고 아침에 눈을 뜨고 한 해를 지낸 것도 마찬가지로 감사해야 할 일입니다. 우리는 과거에 우리에게 어떤 재난들이나 위험들이 있었을지를 온 신경을 곤두세워서 쥐어짜내지 않고 조금만 정상적으로 생각해도, 아주 평온한 시간에도 수많은 재난과 위험들이 늘 우리 위에 서성거려왔다는 것을 알 수 있습니다. 하나님이 우리의 방패이시기 때문에, 우리는 그 모든 것들로부터 안전하게 보호를 받은 것입니다.

성령이 당신 안에서 당신을 강하게 하신다는 것을 느끼는 것은 아주 큰 위로가 되는 일입니다. 그러나 하나님이 당신 옆에 늘 계셔서 당신을 안전하게 지켜 주신다는 것을 아는 것도 결코 작지 않은 기쁨입니다. "여호와는 나의 방패이시다." 우리가 알 듯이, 우리의 대적 마귀는 우는 사자처럼 삼킬 자들을 찾아서 돌아다니고 있고, 지금 이 시간에도 우리 중 누군가를 삼키려고 애쓰고 있는데, 우리가 마귀의 그러한 사나운 공격에서 안전할 수 있는 것은 "여호와가 우리의 방패"이시기 때문입니다. 사탄은 영원하신 방패를 향하여 쓸데없이 자신의 화살들을 허비하고 있는 것입니다. 당신이 알지 못하는 가운데 당신에 대하여 적개심을 품은 잔인한 대적이 당신을 해치려는 음모를 꾸민다고 할지라도, 그런 숨겨진 위험들에 대한 두려움으로 놀라거나 겁먹지 마십시오. 그런 위험들이 하나님이 허락하신 곳에서 드러나지 않게 숨어 있게 내버려 두십시오. 여우들의 정체를 밝히려 하지 말고, 젊은 사자들을 건드리지 마십시오. 왜냐하면, 그들을 내버려 두어도, 당신은 안전할 것이기 때문입니다. 성경은 "젖 먹는 아이가 독사의 구멍에서 장난하며 젖 뗀 어린 아이가 독사의 굴에 손을 넣을 것이라"(사 11:8)고 말씀하고 있고, "야곱을 해할 점술이 없고 이스라엘을 해할 복술이 없도다"(민 23:23)라고 말씀하고 있지 않습니까? 온 세상과 음부가 힘을 합쳐 해치려고 할지라도, 하나님이 보호하시고 지키시는 사람들은 안전합니다. 성도들을 해치려고 음모를 꾸미는 자들의 치밀한 술수들과 굽은 계책들은 모두 다 실패하게 될 것입니다. 왜냐하면, 온갖 악한 계교를 좌절시키시고 지혜로운 자들로 하여금 자신의 꾀에 빠져 자멸하게 하시는 하나님이 계시기 때문입니다. 어떤 사람이 루터에게 "작센(독일 동부의 주) 선제후가 당신을 보호해 주지 않는다면, 당신은 어디로 가서 숨으실 것입니까?"라고 묻자, 루터는 웃으면서, 이렇게 말했답니다: "나는 작센 선제후를 믿는 것이 아니오. 내가 천국의 넓은 방패 아래에 있어서, 교황과 회교도들과 마귀의 공격으로부터 안전한 것이라오." 루터가 그렇게 했으니, 우리도 그렇게 합니다. 하나님에 대한 믿음이 있기만 하다면, 우리는 본문대로 이렇게 노래할 수 있습니다: "여호와는 나의 힘과 나의 방패이십니다. 그는 나를 속에서 강하게 하시고 밖에서 보호하십니다. 내게 무엇이 더 필요하겠습니까?"

오늘 본문의 처음에 나오는 이 두 어구에 대한 설명을 마치기 전에, 나는 여러분이 "여호와는 나의 힘과 나의 방패이시니"라는 말씀은 하나의 엄연한 사실, 이 자리에 계신 많은 분들이 증언할 수 있는 하나의 사실이라는 것을 명심하기를 부탁드립니다. 이 말씀은 우리가 과거를 회고하기에 알맞은 슬로건으로 선택한 그럴 듯한 말인 것도 아니고, 그리스도인들의 경험을 그럴 듯하게 포장한 감상적인 신앙시의 일부도 아닙니다. 이 말씀은 우리 중에 아주 많은 사람들이 인생의 순례길을 걸어가는 동안에 삶 속에서 실제로 겪고 배워서 개인적으로 증언할 수 있는 그런 확실한 사실입니다. "여호와는 지금까지 나의 힘이셨습니다." 지금 나는 여러분 앞에서 이 말씀에 내 손을 얹고 이 말씀이 사실임을 보증합니다. 만약 영원하신 능력이 나를 붙들어 주지 않으셨다면, 수많은 위기 상황 속에서 내가 얼마나 약한 자인지가 그대로 다 여실히 드러났을 것입니다. 만약 하나님께서 환난의 때에 나를 위하여 개입하셔서 내 마음을 지켜주지 않으셨다면, 나는 결연히 이 길을 걸어오기는커녕 거의 미치기 일보 직전이 되었을 것이고, 확고하고 변함없이 행하기는커녕 무수히 무너지고 비틀거렸을 것입니다. 여러분도 모두 다 나와 같은 고백을 할 수 있지 않습니까? 사랑하는 자매여, 당신은 당신에게 닥친 환난을 간신히 건너왔습니다. 나의 형제여, 당신은 진퇴양난의 곤경에서 간신히 빠져나왔습니다. 당신이 그렇게 건짐을 받은 것이 당신에게 힘이 되어 주신 하나님 덕분이 아닙니까? 자, 당신은 하나님 말고 어디에서 힘을 얻었습니까? 당신은 그 힘의 원천이 하나님이시라고 고백할 수밖에 없습니다. 하나님이 당신의 방패가 아니었습니까? 여러분 중에는 그 누구도 당신을 보호해 주거나 지켜줄 수 없는 그런 상황에 처해 보신 분들이 있지 않습니까? 아마도 당신은 자신의 잘못으로 곤경 속에 빠졌고, 만약 하나님이 손을 뻗어 당신의 발을 그 덫에서 빼내지 않으셨다면, 당신은 결코 그 덫에서 빠져나오지 못했을 것입니다. 그때에 당신은 자신의 영혼에게 "이것은 허구가 아니고 하나님의 손길이야"라고 말했습니다. 우리로 하여금 개인적으로 "여호와는 우리의 힘과 우리의 방패"이시라고 고백하게 만드는 것은 머리에서 만들어진 잘못된 열심이 아니라 진실하고 올바른 마음입니다. 수전노가 "은행은 내가 믿는 것이요 내 돈은 내가 의지하는 것"이라고 말하거나, 상인이 "나의 부는 바다에 있고, 나의 배들은 해마다 내게 수입을 가져다준다"고 말하거나, 어머니가 "나의 자녀는 나의 기쁨"이라고 말하는 것과 마찬가지로, 우리는 "여호와가 우리의 힘과 우리의 방패"라고 말할 수 있습니다. 우리는 이것을 담대하게 공표하며, 이것을 부정하는 자들에게 도전할 수 있습니다. 왜냐하면, "여호와가 우리의 힘과 우리의 방패"라는 것은 엄연한 사실이기 때문입니다. 이것은 의심이나 의문의 여지가 없이 우리에게 확실하게 주어진 것입니다.

2. 둘째로, 경험이 이 사실을 분명하게 보여줍니다.

다음으로, 나는 시편 기자의 경험을 여러분에게 설명하고자 합니다. 내가 전하는 것들을 인내로써 잘 들어 주시기 바랍니다. 시편 기자는 자신의 경험을 이런 말로 표현하고 있습니다: "내 마음이 그를 의지하여 내가 도움을 얻도다"

(KJV). 앞서 말했듯이, 여기에서도 내적인 면과 외적인 면, 두 가지가 다 표현되어 있습니다. "내 마음이 그를 의지하여"는 내적으로, 즉 영혼 안에서 이루어진 일입니다. "내가 도움을 얻도다"는 외적으로, 즉 공개적이고 현실적으로 얻은 긍휼을 표현합니다.

오직 하나님만을 전적으로 신뢰하는 시편 기자가 보여주는 한 치의 빈틈도 없는 충성심을 주목하십시오. "내 마음이 그를 의지하여." 시편 기자는 자신의 입술로 신앙을 고백하는 자로서 "내가 그를 의지하였다"고 말하는 것이 아니라, 강력한 확신과 저 깊은 곳에서 올라오는 감정을 담아서 "내 마음이 그를 의지하였다"고 말합니다. 사람들이 자리에서 일어서서, 자기가 전혀 중요하지 않게 여기는 진리를 담은 신조를 암송하는 것은 정말 충격적인 광경입니다. 그들은 "나는 이것을 믿고 저것을 믿습니다"라고 말하거나 읊조립니다. 그들의 마음은 진리가 아닌 어느 방향으로 이미 가 있는 가운데, 그저 입술로만 이미 정해져 있는 것들을 그대로 되뇝니다. 그러나 자신의 마음이 동서남북 사방으로 가 있는 것이 아니라 자신의 은밀한 심령 속에서 믿는 사람은 복 있는 사람입니다. 마음으로 믿는 것이 아니면, 믿는 것이 아닙니다. 당신의 머리가 어떤 것을 믿는다면, 그것은 별로 중요한 것이 아닙니다. 그러나 영혼을 구원하는 믿음에서는 마음이 믿기 때문에 하나님을 의지할 수 있으며, 마음이 확신하기 때문에 평안을 얻습니다. "내 마음이 하나님을 의지했습니다. 환난의 때에 나의 가련한 마음이 안절부절못하며 초조해하고 눌렸습니다. 왜냐하면, 눈에 보이는 피할 곳이 그 어디에도 없었기 때문입니다. 그러나 마침내 나는 '내가 내 하나님께 매달리고 내 하나님을 붙잡고 늘어져야 하겠다'고 말했습니다. 다른 모든 것들이 절망 그 자체일 때, 나는 하나님의 보좌 앞에 내 자신을 던지고, 내 마음이 하나님을 의지했습니다." 최근에 당신도 그렇게 하지 않았습니까? 당신의 마음이 하나님을 의지하지 않았습니까? 선지자가 백성들의 마음이 음녀같이 하나님을 떠났다고 말한 것은 아주 강력한 표현입니다. 그러한 표현은 거의 욕에 가까울 정도로 과격한 것이지만, 사실 그 정도의 표현은 절대로 지나친 것이 아닙니다. 왜냐하면, 선지자는 백성들의 마음이 하나님 아닌 다른 것을 의지함으로써 영적인 부정(不淨)을 저질렀다고 말하고 있는 것이기 때문입니다. "내 마음이 그를 의지하여." 사람의 마음은 자기 자신을 의지하기가 너무나 쉽습니다. 자신의 마음을 의지하는 사람은 어리석은 자입니다. 우리가 아주 잘 알고 있듯이, 마음이 사람을 의지하는 것은 너무나 쉽습니다. 여러분은 성경 전체에서 정확히 중간에 나오는 구절을 알고 계십니까? 시편 118편 8절이 그 구절입니다: "여호와께 피하는 것이 사람을 신뢰하는 것보다 나으며"(시 118:8). 두 가지를 비교하는 말씀은 간단해 보이겠지만, 어느 쪽을 선택하느냐에 따라 그 결과는 무한대로 달라집니다. 왜냐하면, 사람을 신뢰하는 경우에는 당신의 소망들이 다 좌절되겠지만, 하나님께 피하는 경우에는 당신은 당신의 기대를 뛰어넘어서 부요하게 될 것이기 때문입니다. 우리의 마음이 항상 오직 하나님만을 믿고 의지할 수 있게 되기를 빕니다. "내 마음이 그를 의지하여."

이 구절의 두 번째 어구는 내적인 경험이 외적으로 어떻게 드러났는지 그 결과를 말해 줍니다: "내가 도움을 얻도다." 만약 내가 내 손으로 이 시편을 쓰고 있었다면, 나는 이렇게 썼을 것이라고 생각합니다: "내 마음이 그를 의지하여 내가 도움을 얻었도다." 왜냐하면, 글을 쓸 때에 두 문장을 하나로 연결할 경우에는 동일한 시제를 사용하는 것이 규칙이기 때문입니다. 그러나 옛적의 스승인 성경 주석가 트랩(Trapp)이 말하였듯이, 하나님의 이름은 "나는 스스로 있는 자"(출 3:14)이고, 믿음은 현재 외에는 그 어떤 시제도 없으신 하나님을 다루기 때문에, 믿음에도 시제가 없습니다. 믿음은 "내가 그를 의지하여 도움을 얻었도다"라고 말하지 않습니다. 믿음은 하나님께서 지금까지 베푸신 모든 긍휼을 자기 목전에 현재적으로 갖고 있기 때문에, "내가 도움을 얻도다"라고 노래합니다. 또한, 믿음은 "내 마음이 그를 의지하였으니 내가 도움을 얻게 되리라"고 말하지도 않습니다. 자기가 필요로 하는 도움이 아직 이르지 않았지만, 믿음은 그 도움이 임할 것임을 믿기 때문에 이렇게 외칩니다: "내가 도움을 입도다. 나는 기도하기 전과 마찬가지로 지금도 가난한가? 아니다. 나는 가난하지 않다. 왜냐하면, 나는 내가 구한 복을 얻었기 때문이다. 나는 내가 하나님을 의지하기 전과 마찬가지로 연약해 보이지만, 사실은 연약하지 않다. 왜냐하면, 하나님이 나의 힘이시고, 내가 그를 의지하여 도움을 얻고 있기 때문이다." 나는 우리도 하나님이 사시는 저 복된 현재 시제 속에서 더 많이 살아가게 되기를 바랍니다:

"하나님은 자신의 영원을 '지금'으로 채우시고
우리의 세대들이 지나가는 것을 보십니다."

형제들이여, 하나님이 당신에게 긍휼을 베푸신 모든 과거가 당신의 기억에 떠올라서, 그것이 "지금"의 일부가 되게 하십시오. 그런 후에, 한번 풀쩍 뛰어서 미래 속으로 들어가십시오. 그러니까, 우리의 인생을 작은 개울이라 여기고서 그 인생을 한번 가볍게 뛰어넘어서 천국으로 들어가서서, 영원한 미래를 현재, 곧 "지금"에 두십시오. 그리고 나서, 우리의 감미로운 시인처럼 이렇게 노래하십시오:

> "보라, '새 노래'가 내 입에 있도다.
> 오랫동안 사랑해 왔던 노래가 내 입에 있도다.
> 모든 은혜로 인하여 주께 영광
> 내가 아직 맛보지 않은 은혜들까지도."

"내가 도움을 얻도다." 나는 내가 그토록 갖고 싶었던 좋은 것을 지금 갖고 있습니다. 믿음으로 말미암아 나는 내가 그것을 현재적으로 소유하고 있음을 깨닫습니다. "내가 도움을 얻도다." "내가 도움을 얻도다." 과거는 나의 감사 속에 살아 있고, 미래는 나의 확신 속에서 살아 있으며, 이 둘은 현재 속에서 만나고, 지금 내 영혼은 기뻐합니다!"내 마음이 그를 의지하여 내가 도움을 얻도다."

여러분은 본문의 말씀으로 다시 돌아가서, 이러한 확신이 처음부터 끝까지 하나님에 대한 신뢰였고, 그랬기 때문에 은혜로운 결과를 얻게 되었다는 것을 주목해야 합니다. "내 마음이 그를 의지하여 내가 도움을 얻도다." 우리는 살아가면서 너무나 많이 "내 마음이 이런저런 것들을 의지하였다가 내가 속았다"라고 말할 수밖에 없었습니다. 그러나 여기에서 시편 기자는 "내가 **도움을 얻도다**"라고 고백합니다. "내 마음이 이런 사람을 의지하여, 나는 속지는 않았지만 실망했습니다. 그 사람은 나를 돕고자 했지만 도울 수가 없었습니다"라고 말하게 되는 일들이 종종 일어납니다. 그러나 여기에서 시편 기자는 "내 마음이 그를 의지하여 내가 도움을 얻도다"라고 말합니다. 모든 것이 약속한 대로 되었습니다. 신실함이 무너지거나 언약이 깨지거나 잊어버리거나 지체되는 것이 없었습니다. 나는 제때에 충분하고 지속적으로 도움을 얻고 있고, 그렇기 때문에 이 힘든 순례길이 끝날 때까지 언제나 도움을 얻게 될 것입니다. 이 도움을 인하여 하나님께 영광을 돌립니다!

사랑하는 친구들이여, 그리스도인들인 여러분은 모두 다 그리스도인으로서의 경험을 하고 계십니까? 여러분도 아시듯이, 교리는 아주 중요합니다. 여러분은 당연히 교리를 배우고 이해하고 꼭 붙들어야 합니다. 그러나 교리는 단지 하나님의 진리로 가르침을 받는 것일 뿐이고, 여러분이 자신의 영혼 속에서 교리의 능력을 경험할 때까지는 하나님의 은혜 안에서 자라가는 데에는 소용이 없습니다. 여러분은 왜 너무나 많은 사람들이 예수 안에 있는 진리를 떠나서 이상한 망상들이나 새롭게 유행하는 조류들을 받아들이는지를 아십니까? 그것은 그들이 하나님의 오랜 진리들을 내적으로 경험하지 못했기 때문입니다. 사람이 죄의 해악을 한번 깊이 경험하게 되면, 그 사람은 구주가 필요하다는 것과 보혈로 말미암은 대속의 필요성을 느끼게 되리라는 것을 나는 여러분에게 보증할 수 있습니다. 사람이 자신의 양심에 보혈의 능력과 대속으로부터 오는 평안을 경험하게 되면, 그 사람은 십자가를 꼭 붙들게 될 것입니다. 그는 십자가를 위해 기꺼이 죽고자 할 것입니다. 그는 다른 그 어디에서도 발견할 수 없었던 기쁨이 십자가에서 흘러나오는 것을 경험하게 됩니다. 나는 복음을 꼭 붙들 수밖에 없습니다. 왜냐하면, 나는 멸망 받을 자가 아니기 때문입니다. 나는 복음을 굳게 붙잡을 수밖에 없습니다. 왜냐하면, 나의 모든 소망은 복음에 있고, 복음이 제거되면, 나의 태양은 사라지고, 나의 기쁨의 샘도 말라 버리며, 생명은 죽음이 어른거리는 것으로 바뀌게 될 것이기 때문입니다. 사랑하는 여러분, 하나님이 성령을 통해서 우리에게 계시하신 저 복된 진리들을 경험하게 되면, 그 진리들은 아무리 해도 지워지지 않는 곳에 기록됩니다. 그것들은 두뇌 속에 기록되는 것이 아닙니다. 왜냐하면, 사람들이 망각해 버리면, 그것들은 지워질 것이기 때문입니다. 그것들은 영원히 지워질 수 없는 심비(心碑)에 기록됩니다. 왜냐하면, 사람들은 자신들의 내적인 의식의 일부가 되어 있는 것, 하나님이 그들의 목숨만큼이나 그들에게 소중한 것으로 지으신 것을 모른다고 하지 못할 것이기 때문입니다. 여러분은 모두 우리 앞에 있는 본문처럼 분명한 경험을 하게 되시기를 빕니다. 성령께서 모든 성도들 속에서 역사하셔서 그렇게 하실 것입니다.

3. 셋째로, 시편 기자는 자신의 감정을 분명하게 밝힙니다.

"그러므로 내 마음이 크게 기뻐하며 내 노래로 그를 찬송하리로다." 여기에서도 "내 마음이 크게 기뻐하며"는 내적인 것이고, "내 노래로 그를 찬송하리로

다"는 그 내적인 감정이 외적으로 구현된 것을 보여줍니다. 시편 기자의 마음이 거룩하고 강렬한 즐거움으로 기뻐하는 것을 보십시오. 어떤 사람들은 단지 표면에서 기뻐합니다. 그들은 웃고 있고, 그들의 얼굴은 미소로 덮여 있으며, 그들의 입은 어리석은 기쁨으로 실룩거립니다. 나는 공허한 웃음을 자주 웃는 것보다 더 서글픈 것은 없을 것이라고 생각합니다. 사람들이 가 버리자마자, 이 공허한 즐거움은 가라앉고, 시끌벅적했던 무리는 고독한 개인들로 흩어집니다. 개인들은 따분하고 삭막해집니다. 그들 중 어느 누구도 행복과는 거리가 멉니다. 여러분은 아마 금세기 초에 가장 유명했던 광대들 중의 한 사람인 칼리니(Carlini)에 대해서 들어본 적이 있을 것입니다. 그는 자신의 재치와 유머로 파리 전체를 웃음바다로 만들곤 했던 인물이었습니다. 그러나 그는 다른 사람들에게는 즐거움을 아주 많이 그리고 아주 잘 주었지만, 정작 자기 자신은 그런 즐거움을 거의 느끼지 못했습니다. 그의 희극들은 그에게 그 어떤 위로나 즐거움도 가져다주지 못했습니다. 그는 남들에게 즐거움을 선사하는 데에는 귀재였지만, 자신은 우울증의 희생양이었습니다. 그는 의사와 상담했고, 자신의 우울한 마음과 습관화된 의기소침함을 완화시켜 줄 처방을 부탁했습니다. 의사는 그에게 약을 지어주면서, 기분전환을 위해 극장에 가서 재미있고 웃기는 것으로 정평이 나 있는 칼리니의 공연을 보라고 권하였습니다. "칼리니가 당신에게서 우울감을 없애지 못한다면, 아무도 그렇게 못할 것입니다." 칼리니가 말했습니다: "이런, 의사 선생님, 내가 칼리니입니다."

이렇게 사람들이 자기 자신은 늘 우울한 가운데 살아가면서도 남들을 웃기는 일은 자주 있어 왔다는 것은 의심의 여지가 없습니다. 얼굴은 여름처럼 웃고 있지만, 마음은 한겨울처럼 얼어붙어 있습니다. 하나님을 붙잡고 있는 사람은 그렇지 않습니다. 그런 사람은 "내 마음이 기뻐합니다"라고 말합니다. 아니, 그는 자신의 말 속에 "크게"를 붙여서, 마치 이런 기쁨은 전에는 없었다는 듯이, 그리고 그 기쁨이 너무나 벅차서 춤추지 않고는 견딜 수 없다는 듯이, "내 마음이 크게 기뻐합니다"라고 말합니다. 그리고 그리스도인들은 비록 고해(苦海)에 둘러싸여 있다고 할지라도, 하나님을 붙잡고 있을 때에는 언제든지 그렇게 말할 수 있습니다. 우리는 종종 즐거운 얼굴을 하고 있어도 그 마음이 슬픈 사람들도 보고, 슬픈 얼굴을 하고 있어도 그 마음이 기쁜 사람들도 봅니다. 하나님으로부터 크게 기뻐하라는 가르침을 받은 사람은 복 있는 사람입니다. 그런 사람은 자기가 할 수 있는 한 최선을 다해서 거룩한 즐거움을 누리십시오.

　그렇다면, 영혼을 만족시키는 이 거룩한 기쁨의 결과는 무엇입니까? 시편 기자는 "내 노래로 그를 찬송하리로다"라고 말합니다. 당신이 하나님 안에서 너무나 기쁠 때마다, 사람들로 하여금 반드시 그것을 알게 하십시오. 이것은 결코 숨겨서는 안 되는 감정들 중의 하나입니다. 내가 감리교 수구파의 신도들에게 말씀을 전하였을 때, 내가 하나님 안에서의 기쁨에 대하여 언급하자마자, 그들은 큰 소리로 "할렐루야"를 외쳤습니다. 또, 나는 웨일스 지방에 가서 말씀을 전하였을 때에는 "하나님께 영광을!"이라는 외침을 들었습니다. 우리는 이 자리에서는 그런 꼴사나운 짓을 하지 않습니다, 그렇죠? 우리는 너무나 조용하고 품위를 중시해서 억지스러운 단정함을 깨뜨리려고 하지 않습니다. 그렇지만 종종 그리스도인들이 자신의 강렬한 감정들을 엄수한 제야 속에 그대로 둘 수 없다고 느껴서, "내 영혼아 여호와를 송축하라 내 속에 있는 것들아 다 그의 거룩한 이름을 송축하라"(시 103:1)고 큰 소리로 외치는 것이 세상에서 가장 자연스러운 일일 수 있습니다. 사랑하는 친구들이여, 여러분은 우리가 충분히 찬송한다고 생각하십니까? 나는 그렇지 않다고 생각합니다. 세상은 자기들이 노래를 부르는 것을 아주 즐거워합니다. 그들은 쓰레기 같은 가사에 아름다운 곡조를 붙여서 흥겹게 노래합니다. 오늘날의 대중가요들 속에서 우리는 얼마나 어리석은 내용들을 듣고 있습니까! 나는 대중가요를 들으면 내 귀에 시끄러운 소리만 들릴 뿐 그 의미를 이해할 수 없습니다. 내가 "이 노래가 무슨 의미야?"라고 물으면, 아무도 그것을 설명해 줄 수 없거나, 적어도 나를 이해시키지 못합니다. 세상 사람들에게 그 노래는 훌륭한 발라드로 들렸을 것이지만, 내게는 단지 공허하고 조잡한 말들 같았습니다. 그들이 자신들의 방탕한 노래들을 부르며, 종종 큰 합창소리로 밤을 낮으로 착각하게 만드는 짓을 부끄러워하지 않는다면, 분명히 우리는 시온의 노래들을 부르는 것, 그것도 기운차게 부르는 것을 부끄러워할 이유가 없습니다. 선한 여인이여, 당신은 왜 찬송하지 않습니까? 당신은 다리미질을 하면서 시편을 노래할 수 있을 것입니다. 당신은 아이들의 옷을 수선하면서 찬송을 부를 수 있을 것입니다. 거기 앉아 있는 선한 친구여, 당신은 두 마리 말이 끄는 마차를 끌며 채찍을 휘두르면서 얼마든지 당신이 좋아하는 찬송을 부를 수 있을 것입니다. 혼자 있을 때에 찬송을 부르면, 마음이 아주 상쾌해집니다. 여러 해 전에 나의 아버지에게는 하녀가 한 명 있었는데, 그 하녀의 입에서는 노래가 떠날 날이 없었습니다. 아버지가 그녀에게 왜 늘 노래를 달고 사느냐고 물으시자, 그녀는 노래를 하면 나쁜 생각을 떨쳐 버리는 데에 도움이 된다고 말하였습니다. 내가 아는 한 소년은 하나님을 찬송하는 노래를 부르는 것을 아주 좋아해서, 그의 고용주들은 그 소년을 공원으로 보내서 거기에서 목청껏 노래하게 해 주었습니다. 왜냐하면, 그 소년은 조용한 집에서는 너무 많이, 그리고 너무 큰 소리로 찬송들을 불렀기 때문입니다. 나는 그리스도인 청년들이 너무 기뻐서 쓰러지는 것을 보면 좋습니다. 마치 "나는 사람을 위해서가 아니라 하나님께 찬송을 드리고 있는 것"임을 보여주기라도 하려는 듯이, 종종 번잡한 곳을 떠나 멀리 나가서 혼자 찬송하는 것도 좋습니다.

나는 어느 날 밤에 나이팅게일이 울면서 너무나 감미로운 노래를 쏟아내는 것을 들은 적이 있는데, 그때에는 달도 그 곡조에 매료되어서 잠시 멈춰서 있는 것처럼 보였습니다. 나는 나이팅게일이 나를 위해 노래한 것이 아님을 압니다. 나이팅게일은 내가 듣고 있다는 것을 몰랐거나, 알았다고 해도 그런 것에 신경을 쓰지 않았을 것입니다. 만약 내가 그렇게 가까이 있다는 것을 눈치 챘다면, 나이팅게일은 아마도 멀리 날아가 버리고 말았을 것입니다. 나이팅게일은 사람들이 듣든지 말든지 그런 것은 신경 쓰지 않고 노래하고 있었습니다. 오직 하나님께 찬송을 드리는 것은 아름다운 일입니다. 고전 음악은 모두 다 아주 좋지만, 마음을 담아 드리는 음악이 아름다움의 요체입니다. "내 마음이 그를 의지하여 도움을 얻었도다 그러므로 내 마음이 크게 기뻐하며 내 노래로 그를 찬송하리로다." 여러분은 봄날에 숲속을 거닐면서 푸른 히아신스가 뻗어져 나온 것을 본 적이 있습니까? 그때에 여러분은 푸른 하늘에서 한 조각이 떨어져 나와서 나무들 가운데 던져져 있는 것은 아닌가 상상했을 것입니다. 히아신스들은 왜 그렇게 청아한 하늘빛으로 옷을 입고 있는 것입니까? 히아신스들은 무슨 목적으로 자신의 감미로운 향을 그렇게 진하게 품어내고 있는 것입니까? 여러분은 "그 꽃들이 삭막한 공기 속으로 쓸데없이 향을 품어내고 있다"고 말하시겠습니까? 아니요, 그렇지 않습니다. 하나님이 가까이 계시다는 것을 기억하십시오. 그 꽃들은 하나님의 것이고, 그 꽃들이 있는 곳은 하나님의 동산입니다. 하나님은 히아신스들에 피어 있는 생생한 청옥들을 음미하시는 것을 기뻐하십니다. 여러분은 사람들의 발길이 거의 닿지 않아서 여전히 청정한 수풀이나 황무지나 공유지의 외진 곳에 피어 있는 한 무리의 사랑스러운 꽃들을 보신 적이 있습니까? 그때에 여러분은 잠시 발길을 멈추고 감탄하지 않으셨습니까? 거기에 그 꽃들은 마치 왕의 시종들처럼 황금 잔들을 들고 서 있습니다. 왜 그 꽃들은 그렇게 눈부시게 빛나는 옷차림을 하고서 거기에 있는 것일까요? 이 모든 형형색색의 아름다운 꽃들은 누구에게 인사하고자 하는 것인가요? "솔로몬의 모든 영광으로도 입은 것이 이 꽃 하나만 같지 못하였느니라"(마 6:29). 어떤 왕이 이곳에 오셔서 식사를 하시고 저 보석이 박힌 성배(聖杯)들에서 마시곤 한 것일까? 그 왕은 그 꽃들을 지으시고 자기 손으로 지으신 것들을 기뻐하시는 영원하신 하나님이십니다. 시원한 시간에 이 외딴 곳의 아름다운 꽃들 사이를 거니시는 분은 바로 그분이십니다. 여러분은 꽃들이 자신의 잎사귀에서 하나님의 숨결을 느낄 때에 머리를 숙여 경배하는 것을 보지 않으셨습니까?

　　바다 밑 아주 깊은 곳에서는 산호들이 화려한 군락을 이루며 자라고 있고, 다 펼쳐지지 않은 무지개 같이 보이는 형형색색의 조개들이 거기에 보이지 않게 누워 있어서 사람들의 손에 잡히거나 시장에서 팔릴 위험이 없습니다. 하나님은 그런 시원한 동굴들을 방문하셔서, 자기 손으로 섬세하게 지으신 것들을 보며 기뻐하십니다. 이 모든 것들은 탐욕스러운 인간을 위해 있는 것이 아닙니다. 하나님은 자기만의 동산들을 가지고 계시고, 그의 샘들은 닫혀 있으며 봉해져 있습니다. 우리도 이 피조물들과 같이 해야 합니다. 우리는 종종 우리의 찬송이 다른 사람들의 귀를 사로잡아서 그들로 예수를 사랑하게 하고 싶은 마음도 있긴 하지만, 다른 사람들이 귀를 기울이기를 기다리지 말고 하나님을 찬송하여야 합니다. 우리는 종종 한적한 곳으로 물러나서 거룩한 가운데에 홀로 처하여, 이렇게 말하며 고적함을 깨야 합니다: "내 마음이 크게 기뻐하며 내 노래로 하나님을 찬송하리로다. 내가 살아 있을 때나 죽을 때나, 다시 부활할 때에나, 영원무궁토록 내 노래로 그를 찬송하리로다."

　　　"감사의 노래로 주를 송축하는 가운데에
　　　나의 행복한 삶은 미끄러지듯 흘러가리라.
　　　주의 이름을 찬송하며
　　　시간마다 손을 들고 기도하리라.

　　　차고 넘치는 달콤함

내가 주의 사랑을 노래할 때
내 마음에 기쁨이 넘쳐흐르네.
나의 하나님 나의 왕이여,
기한 없는 영광의 주 안에서 내 마음이 평안하네."

나는 여러분이 이 시간부터 찬송의 삶을 사는 것을 시작하게 되기를 간절히 원합니다. 하나님을 당신의 힘으로 받아들이는 것으로부터 시작하십시오. 당신의 방패가 되시는 그리스도를 의지하는 것으로부터 시작하십시오. 당신에게 도움을 가져다줄 기도의 능력을 경험하는 것으로부터 시작하십시오. 당신이 그렇게 한다면, 당신은 찬송을 부를 때에 점점 더 높은 곳으로 올라가게 될 것입니다. 당신은 먼저 아랫세상에 있는 우리와 함께 있는 힘껏 찬송하게 될 것이고, 다음으로는 모든 탁월한 성가대원들이 모여 있는 윗세상의 오케스트라에 합류해서, 그들과 함께 우리의 힘이자 우리의 찬송이신 여호와께 올라가는 찬송을 끝없이 부르게 될 것입니다.

사랑하는 자들이여, 하나님께서 여러분을 복주시고, 오늘의 이 복된 말씀의 감미로움을 알게 해주서서, 모든 사는 날 동안에 여러분의 새로워진 마음의 수금으로 다윗의 노래를 부르게 해주시기를 빕니다. 아멘.

제
31
장

—

위엄찬 음성

—

"여호와의 소리가 힘 있음이여 여호와의 소리가 위엄차두
다." ─ 시 29:4

하나님이 지으신 모든 것들은 크든 작든 하나님을 찬송합니다. 그들은 모두
그들을 지으신 창조주의 지혜와 능력과 덕을 드러냅니다. "여호와여 주께서 지
으신 모든 것들이 주를 찬송하나이다"(시 145:10 KJV, 한글개역개정에는 "주께 감사
하며"로 되어 있음). 그러나 하나님이 지으신 좀 더 장엄한 피조물들 중 어떤 것들
은 다른 것들보다 더 큰 소리로 하나님을 찬송합니다. 하나님이 하신 일들 중에
서 어떤 것들에는 하나님의 이름이 더 큰 글자로 새겨져 있는 듯이 보입니다. 밤
낮으로 머리를 드러낸 채 하나님을 경배하는 높은 산들이 그렇습니다. 사람이
다루기에는 너무나 막강하지만 하나님은 손쉽게 다루시는 포효하는 바다가 그
렇습니다. 특히 우레와 번개도 그렇습니다. 번개는 하나님의 눈빛이고, 우레는
하나님이 소리를 발하시는 것입니다. 철학자들은 우레를 자연현상으로 설명하
지만, 통상적으로 사람들은 무엇보다도 특히 우레를 하나님이 행하시는 것으로
보아 왔습니다. 우리는 철학자들을 존중하지만, 제1원인자이신 하나님을 더 신
뢰하기 때문에, 우레가 하나님의 음성이라고 하는 오래 전부터의 보편적인 믿음
으로 만족합니다. 우레가 온갖 부류의 사람들에게 미쳐 온 영향력은 놀랍습니
다. 얼마 전에 호라티우스(Horatius, 주전 65-8년에 활동했던 로마의 서정시인)의 시를
읽으면서, 나는 처음 두 행에서 하나님을 멸시하고 즐겁게 살고자 했다고 노래

하는 것을 보았습니다. 그러나 그는 우렛소리를 들으며, 점차 높은 곳에 사시는 여호와께서 계신다는 것을 인정하고서는 여호와 앞에서 두려워 떱니다. 세상에서 가장 악한 사람들도 하나님이 하늘을 관통하는 놀라운 음성을 발하시는 것을 들으면 창조주가 계심에 틀림없다는 것을 인정하지 않을 수 없었습니다. 아주 간이 큰 사람들이나 너무나 대담하게 하나님을 모독했던 사람들도 하나님이 강력한 회오리바람 또는 폭풍 속에서 자신을 어느 정도 드러내셨을 때에 모든 피조물들 중에서 가장 연약한 자들이 되어 버렸습니다. "여호와의 소리가 백향목을 꺾으심이여 여호와께서 레바논 백향목을 꺾어 부수시도다"(5절)라는 말씀처럼, 하나님은 아무리 대담무쌍한 사람들도 무너뜨리십니다. 하나님은 자신의 음성을 발하셔서, 용사들을 굴복시키시고, 자기를 결코 인정하지 않았던 자들로 자기를 경외하게 만드십니다. 그리스도인들은 자신들이 올바른 마음을 지니고 있는 경우에는 우렛소리를 들을 때마다 거룩한 생각들을 상기시켜 준다는 사실로부터 우레가 하나님의 음성이라는 것을 인정하게 됩니다. 나는 여러분과 마찬가지로 왜 그런지 그 이유를 알지 못하지만, 우렛소리를 듣자마자 이 땅의 일들을 잊고 하나님을 바라보기 시작합니다. 나는 공포나 고통을 느끼는 것이 아닙니다. 내가 경험하는 것은 기쁨의 감정입니다. 그래서 나는 다음과 같은 찬송을 노래하는 것을 좋아합니다:

"높은 곳에서 다스리시는 하나님,
기쁘실 때마다 우렛소리를 발하시네.
폭풍 이는 하늘을 타시고
바다들을 다스리시네.
이 엄청난 분이 우리의 하나님
우리의 아버지 우리의 사랑이시라네.
장차 그가 하늘의 권능들을 보내시리라.
우리를 윗세상으로 데려가시기 위해서."

그분은 우리의 하나님이시기 때문에, 나는 가사를 생각하며 이 찬송을 부르는 것을 좋아합니다. 그런데 하나님이 말씀하실 때, 왜 그 음성에는 사람들을 너무나 두렵게 하고 그리스도인들을 겸손히 낮추는 그 무언가가 있는 것일까요?

그리스도인들은 하나님의 판단 앞에서 지극히 낮아질 수밖에 없습니다. 그래서 그리스도인들은 하나님을 우러러보며 이렇게 부르짖습니다: "무한히 크신 여호와여, 이 벌레 같은 자를 살려 주시고, 이 무가치하고 쓸모없는 자를 부수지 말아 주십시오. 나는 이 소리가 당신의 음성임을 압니다. 나는 엄숙한 경외심으로 당신을 공경합니다. 나는 당신의 보좌 앞에 엎드립니다. 당신은 나의 하나님이시고 당신 외에는 그 어떤 신도 없습니다." 유대인들은 우렛소리가 너무나 커서 그것 앞에서 다른 모든 소리들은 침묵하는 것이나 다름없는 것이었을 때에 우렛소리 속에서 하나님의 음성을 상기하게 되었으리라는 것은 어쩌면 당연한 일이었을 것입니다. 죽을 수밖에 없는 인생들이 낼 수 있는 가장 큰 음성들이나 가장 힘 있는 소리들도 우렛소리를 통해서 들려오는 하나님의 음성에 비하면 단지 불분명한 속삭임들에 불과합니다. 사실, 하나님이 자신의 보좌에서 음성을 발하시면, 사람들이 내는 소리들은 완전히 사라집니다. 하나님의 음성은 귀가 먹은 자들에게도 들리고, 하나님을 인정하고자 하지 않는 사람들에게도 들립니다.

　　그러나 우리는 우렛소리가 하나님의 음성이라는 것을 단지 인간의 자연적인 감정을 토대로 해서 증명하는 데에 머물 필요는 없습니다. 성경이 그것을 증명해 주고 있기 때문에, 우리는 최선을 다해서 성경에 호소할 것입니다. 먼저, 내가 여러분에게 소개하고 싶은 구절이 출애굽기에 나옵니다. 그 구절의 난외주를 보면, 거기에는 우렛소리가 하나님의 음성이라고 되어 있습니다. 출애굽기 9:28에서 바로는 "여호와께 구하여[이것으로 충분하기 때문에] 이 우렛소리와 우박을 그만 그치게 하라"고 말합니다. 히브리어 원문에는 우렛소리가 "하나님의 음성들"로 되어 있고, 내가 보는 관주성경의 난외주에도 그렇게 되어 있습니다. 지혜롭게도 관주성경을 보시는 분들은 난외주에서 그것을 확인할 수 있습니다: "여호와께 구하여 하나님의 음성들과 우박을 그만 그치게 하라." 따라서 우리는 "우렛소리는 하늘에서 울려 퍼지는 하나님의 음성"이라는 것이 단순한 공상이 아니라, 성경이 확실하게 보증하고 있는 사실임을 알게 됩니다. 그리고 또다른 증거가 있습니다. 다음으로 우리가 욥기를 보지 않는다면, 어디를 보겠습니까? 욥기 37:3-5에서 욥은 이렇게 말합니다: "그 소리를 천하에 펼치시며 번갯불을 땅 끝까지 이르게 하시고 그 후에 음성을 발하시며 그의 위엄 찬 소리로 천둥을 치시며 그 음성이 들릴 때에 번개를 멈추게 아니하시느니라 하나님은 놀라운 음성을 내시며 우리가 헤아릴 수 없는 큰 일을 행하시느니라." 또, 욥기 40:9에서는 욥이 "네가 하나님처럼 능력이 있느냐 하나님처럼 천둥소리를 내겠느냐"고 말합니다. 이 시대에 사람들은 하나님을 잊고자 하고 하나님을 피조세계에서 완전히 배제하고자 합니다. 사람들은 마치 법들을 집행하시고 법들에 권능과 힘을 부여하시는 하나님 없이 법률만으로 만유를 다스릴 수 있을 것이라는 듯이, 하나님의 자리에 법률을 앉히고자 합니다. 이런 시대에 나는 전능자 하나님이 친히 하시는 것임을 사람들이 부인할 수 없는 일을 증거할 수 있어서 기쁩니다.

나는 우렛소리가 하나님의 음성이라는 것을 증명해 주는 한 가지 두드러진 증거를 여러분에게 제시하고자 하는데, 그것은 하나님이 시내 산에서 말씀하시며 율법을 주셨을 때, 그의 음성이 큰 우렛소리 같았다고 성경은 간접적으로 암시하고 있다는 사실입니다. "셋째 날 아침에 우레와 번개와 빽빽한 구름이 산 위에 있고 나팔 소리가 매우 크게 들리니 진중에 있는 모든 백성이 다 떨더라"(출 19:16). 그런 후에, 하나님께서는 말씀하셨고, 그것이 너무나 무시무시한 우렛소리 같아서, 이스라엘 백성들은 그 음성을 더 이상 듣지 않게 해 달라고 간청하였습니다. 그리고 나는 우렛소리가 사실 하나님의 음성이라는 것을 우리에게 아주 분명하게 증거해 줄 신약성경의 한 구절을 여러분에게 소개하지 않을 수 없습니다. 요한복음 12장을 보십시오. 거기에서 예수께서는 나사로의 무덤 앞에서 하늘을 우러러 말씀하시며, 아버지 하나님께서 응답해 주실 것을 요청하셨습니다. 그러자 하늘로부터 소리가 임하였는데, 곁에 서 있던 사람들은 "천둥이 울었다"(29절)고 말하였습니다. 그때 그들이 들었던 것은 하나님의 음성이었고, 그들은 그것을 우렛소리라고 말하였습니다. 우렛소리가 하나님의 음성이라는 분명한 증거는 이것입니다. 중요한 순간들에 하나님의 음성이 들렸다고 할 때마다 거기에는 언제나 우렛소리가 수반되었거나 우렛소리만이 들렸다는 것입니다.

자, 우리는 이제 이러한 고찰들을 이쯤에서 그치고, 우렛소리로 들려오는 하나님의 음성이 아니라 다른 식으로 들려오는 하나님의 음성에 대하여 몇 마디 해보고자 합니다. 당연한 말이지만, 하나님의 음성은 우렛소리로만 들리는 것이 아닙니다. 영적인 음성들을 비롯해서 지존자의 그 밖의 다른 음성들이 있습니다. "여호와의 소리가 위엄차도다." 하나님께서는 사람들이 하나님은 자기밖에 모르고 자신의 피조물들은 전혀 배려하지 않으신다고 생각하지 않게 하시기 위하여 사람들에게 여러 가지 다양한 방식으로 말씀해 오셨습니다. 하나님은 은혜를 베푸시기 위하여 사람들을 자비로운 눈으로 지켜보시기도 하시고, 어떤 때는 손을 뻗어 사람들을 도우시기도 하시며, 어떤 때는 유한한 존재인 사람의 모습으로 나타나기도 하시고, 사람들에게 자주 말씀하시기도 하시는 것을 기뻐하셨습니다. 하나님은 어떤 수단을 사용하지 않으시고 직접 자신의 음성으로 말씀하신 적도 꽤 있으셨습니다. 예를 들면, 하나님께서는 불타는 듯한 시내 산 꼭대기에서 말씀하셨을 때나, 침상에 누워 있던 사무엘에게 여러 번에 걸쳐서 "사무엘아 사무엘아"라고 말씀하셨을 때나, 하나님이 엘리야에게 말씀하실 때에 엘리사가 "회오리바람 소리를 들었고 불을 보았다"고 말한 후에 "세미한 소리"(왕상 19:12)가 있었을 때가 바로 그런 때들이었습니다. 하나님은 그리스도의 공생애 기간 동안에 한두 번 하늘에서 친히 자신의 입으로 말씀하셨습니다. 그리스도께서 요단 강에서 세례를 받고 물에서 올라오실 때에 하나님이 "이는 내 사랑하는 아들이요 내 기뻐하는 자라"(마 3:17)고 말씀하셨을 때가 그랬습니다. 또한, 하나님은 우리가 이미 언급한 또다른 경우에도 그리스도께 그렇게 말씀하셨습니다. 하나님은 다메섹 도상에서 사울에게 "사울아 사울아 네가 어찌하여 나를 박해하느냐"(행 9:4)고 말씀하셨습니다. 이때에 말씀하신 것은 예수 그리스도이셨지만, 사실 하나님이셨습니다. 하나님은 그 어떤 수단도 사용하지 않으시고 친히 자신의 음성으로 여러 차례 말씀하셨습니다. 또 어떤 때에는 하나님은 천사들을 통해서 사람들에게 말씀하시는 것을 기뻐하셨습니다. 하나님은 하늘의 사자들을 통해서 자신의 메시지를 보내셨고 기록하셨습니다. 하나님은 자기가 기뻐하는 일들을 행하는 불꽃 같은 영들인 저 영광스러운 존재들의 입술을 통해서 수많은 기이한 일들과 비밀한 일들을 사람들에게 말씀해 주셨습니다. 또한, 하나님은 사람들을 깊이 잠들게 하신 후에 밤의 꿈과 환상들을 통해서도 사람들에게 자주 말씀하셨습니다. 사람들의 육신의 귀가 닫혀 있었을 때, 하나님은 영의 귀를 여셔서 진리들을 가르치셨습니다. 만약 그렇게 하지 않으셨다면, 사람들은 그 진리들을 결코 알 수 없었을 것입니다. 또한, 하나님이 사람들에게 말씀하실 때에 가장 많이 사용하시는 방법은 사람들을 들어 쓰시는 것입니다. 노아의 때로부터 지금에 이르기까지 하나님은 선지자들을 일으키셔서, 그들의 입술을 통해 말씀해 오셨습니다. 성경에 기록되어 있는 저 애가는 예레미야가 아니라 여호와로부터 나온 것입니다. 하나님은 말하는 것과 관련된 예레미야의 신체 기관들을 사용하셔서 우리에게 말씀하신 것입니다. 미래를 내다보고 수많은 사람들의 운명을 미리 말씀한 것은 이사야가 아니라 이사야를 통해서 말씀하신 하나님이셨습니다. 이렇게 지금 살아 있는 하나님의 모든 선지자들, 그리고 하나님이 말씀을 전하라고 일으키신 모든 사역자들이 기름 부음을 받고 능력과 권능으로 말씀을 전할 때, 말씀하시는 분은 그들이 아니라, 그들 안에 거하시는 아버지 하나님의 성령이십니다. 하나님은 사람들을 통해서 말씀하시고, 사람들에게 영감을 주어 기록하게 하신 자신의 말씀인 성경을 통해서 말씀하십니다. 우리는 성경에 나와 있는 말씀들을 조금이라도 사람들의 말로 여겨서는 안 되고, 전적으로 하나님의 말씀으로 여겨야 합니다. 성경의 말씀들은 아무 말이 없지만 그러면서도 말을 합니다. 그 말씀들은 아무런 소리를 내지 않는데도, "하나님의 음성 곧 그의 입에서 나오는 … 소리를 천하에 펼치시며 번갯불을 땅 끝까지 이르게"(욥 37:3) 합니다. 다시 한 번 말하지만, 하나님은 오늘날에도 수단들을 사용하셔서 말씀하십니다. 하나님은 사람들이나 성경이 스스로 말하게 하시는 것이 아니라, 사람들이나 성경을 통해서 말씀하십니다. 즉, 하나님은 책이나 사람들을 사용하셔서 자신을 대변하시게 하는 것입니다. 하나님의 성령이 그 어떤 수단도 사용하지 않고 사람의 마음속에서 말씀하시는 때들이 있습니다. 하나님의 성령이 단 한 마디도 하지 않으시고 단지 우리의 마음속에서 움직이심으로써 우리에게 주시는 수많은 비밀한 충동들과 진지한 생각들과 신비한 지시들이 있다고 나는 믿습니다. 그것을 나는 압니다. 그 어떤 소리도 듣지 않고 어떤 말씀도 읽지 않았는데, 나는 내 안에서 하나님의 음성을 느끼거나, 성령께서 비밀한 것을 내게 계시해 주시거나, 어떤 비밀을 열어 주시거나, 나를 어떤 진리로 인도하시거나, 나를 어떤 길로 이끄시거나 직접 내게 말씀하시는 것을 경험해 왔습니다. 나는 회심한 모든 사람들, 그러니까 모든 그리스도인들이 그런 경험을 할 것이라고 믿습니다. 그들은 일상의 삶을 영위해 나갈 때, 특히 인생의 끝자락에 와 있을 때, 영원하신 하나님이 친히 자신들의 영혼에게 거부할 수 없는 음성으로 말씀하시는 것을 경험합니다. 만약 그것이 사람의 음성이었다면, 그들은 그것을 거부하였을 것입니다. 하나님의 음성은 이전에 들렸듯이 지금도 여전히 들립니다. 하나님께 영광을 돌립니다.

사랑하는 자들이여, 이제 우리는 오늘의 본문인 "여호와의 소리가 위엄차도다"라는 말씀을 살펴볼 때가 되었습니다. 먼저, "여호와의 소리"는 본질적으로 "위엄찰" 수밖에 없다는 것입니다. 둘째로, "여호와의 소리"는 늘 변함없이 "위엄차다"는 것입니다. 셋째로, "여호와의 소리"는 그것이 행하는 모든 것 속에서 효력을 발휘한다는 의미에서 "위엄차다"는 것입니다.

1. 첫째로, 여호와의 음성은 본질상 위엄으로 가득할 수밖에 없습니다.

엄위하신 분으로부터 나오는 음성이 어떻게 위엄으로 가득하지 않을 수 있겠습니까? 하나님은 만왕의 왕이시며 온 땅의 통치자가 아니십니까? 그런 하나님이 어떻게 자신의 위엄에 걸맞지 않은 음성으로 말씀하실 수 있으시겠습니까? 왕은 왕다운 음성으로 말하는 것이 마땅하지 않습니까? 힘 있는 왕이라면 왕다운 혀로 말하는 것이 마땅하지 않습니까? 하나님이 하나님이시고, 모든 세계들을 좌지우지하며 만유를 다스리는 왕이시라면, 하나님은 말씀하실 때에 왕의 혀와 위엄 있는 음성으로 말씀하는 것이 마땅합니다. 하나님이시라는 것 자체가 하나님이 행하시는 모든 것이 하나님다울 것을 요구합니다. 하나님의 표정은 하나님다운 표정이어야 하고, 하나님의 생각은 하나님다운 생각이어야 합니다. 마찬가지로, 하나님이 하시는 말씀들은 하나님으로부터 나오는 것이기 때문에 하나님다운 말씀들이어야 하지 않겠습니까? 우리는 이렇게 하나님의 본질 그 자체로부터 하나님의 음성은 위엄으로 가득 차 있을 수밖에 없다는 결론을 이끌어 낼 수 있습니다.

그렇다면, 위엄 있는 음성이라는 것이 무엇을 의미하는 것입니까? 나는 사람의 음성은 거기에 진실함이 없다면 위엄을 지닐 수 없다고 봅니다. 거짓말은 아무리 고상한 언어로 말한다고 할지라도 결코 위엄이 있지 않을 것입니다. 거짓말은 아무리 청산유수처럼 말한다고 할지라도 천박할 것입니다. 거짓말은 누가 어디에서 말하든지 위엄이 있을 수 없습니다. 거짓말은 결코 진실이 될 수 없고, 오직 진실만이 위엄을 지닐 수 있습니다. 하나님의 말씀들은 오류가 조금도 섞이지 않은 순전한 진리이기 때문에 위엄으로 가득 차 있을 수 있습니다. 내가 천부께서 성경 속에서 무엇을 말씀하시는 것을 듣든지, 어디에서 천부께서 사역자들이나 성령을 통해서 내게 말씀하시든, 하나님이 말씀하시면, 그 말씀 속에는 조금의 거짓도 섞여 있지 않습니다. 그렇기 때문에, 나는 하나님의 말씀을 액면 그대로 받을 수 있습니다:

> "믿음으로 나는 하나님의 약속을 의지해서 살고,
> 하나님의 약속을 의지해서 죽을 수 있습니다."

나는 하나님이 하신 말씀을 이리저리 잴 필요가 없습니다. 하나님이 말씀하신 것이기 때문에, 나는 그 말씀을 그대로 받아들여서 믿으면 그뿐입니다. 나는 하나님의 말씀을 세상적인 사람에게 증명하고자 애쓸 필요가 없습니다. 만약 내가 증명한다고 해도, 그는 여전히 하나님의 말씀을 믿지 않을 것입니다. 위엄이 가득한 하나님의 음성을 듣고도 믿지 못하는 사람이 나의 변호하는 음성을 듣고 믿게 될 리가 없습니다. 하나님의 음성과 그 밖의 다른 음성 사이에 끼어들어서 둘을 구분하고 가르고 할 필요도 없습니다. 하나님이 말씀하셨다면, 그 말씀이 참일 수밖에 없다는 것을 나는 압니다. 따라서 나는 하나님의 음성은 위엄으로 가득하다는 것을 믿고서, 하나님이 말씀하신 것으로 믿어지는 모든 것을 그대로 믿습니다.

또한, 위엄 있는 음성이라고 말할 때, 그것은 남들을 사로잡는 당당한 음성을 의미합니다. 사람이 진실을 말하는데도, 그가 말하는 것에 위엄이 거의 없을 수 있는데, 그 이유는 그가 사람들의 주의를 끌거나 귀를 사로잡을 수 없는 어조로 말하기 때문입니다. 사실, 하나님의 진리를 설명하는 사람들 중에는, 진리를 얘기한다고 하면서 실제로는 진리에 해악을 끼치는 일을 하기 때문에, 그냥 입을 닫고 있는 것이 더 나은 그런 사람들이 있습니다. 우리는 많은 사람들이 하나님의 진리를 전하고 싶어 한다는 것을 잘 압니다. 그들은 싸움터로 나가서 손에 창을 들고 그리스도의 존귀하심을 변호하지만, 그 창을 너무나 서투르고 형편없이 휘두르는 바람에 — 하나님의 성령의 능력을 너무 갖고 있지 못해서 — 그리스도의 거룩하신 이름을 욕되게 합니다. 그런 사람들은 싸움터에 나가지 말고 차라리 집에 그냥 있었더라면 더 좋았을 것입니다. 사랑하는 자들이여, 하나님께서 말씀하실 때, 그 음성은 늘 사람들을 사로잡는 당당한 음성입니다. 왕이 자신의 신민들 가운데에서 일어나면, 모든 신민들은 서로서로 얘기하고 있다가도 갑자기 조용해집니다. 지엄한 왕이 곧 말씀할 것이기 때문입니다. 하나님의 엄위하심도 그렇습니다. 하나님이 하늘에서 말씀하시고자 하시면, 천사들은 그 말씀을 듣기 위해서, 할렐루야 찬송을 멈추고 금으로 된 수금을 타는 것도 멈춥니다. 하나님이 이 땅에서 말씀하시면, 그의 모든 피조물들은 온갖 반역의 감정들을 스스로 억제하고 자신의 마음의 생각들을 멈추는 것이 합당합니다. 하나님이 강단을 통해서나 성경을 통해서나 말씀하시면, 나는 입을 다무는 것을 나의 도리라고 여깁니다. 우리가 하나님의 영광을 노래하는 동안에도, 우리 영혼은 두려워 떨며 서 있습니다. 그런데 하물며 하나님께서 자신의 영광을 선포하실 때, 감히 거기에 대꾸할 자가 누가 있겠습니까? 목소리를 높여서 하늘의 엄위하신 분을 대적할 자가 누가 있겠습니까? 하나님의 음성은 위엄으로 가득 차 있어서, 하나님이 말씀하시면, 사방이 조용해지고 사람들은 그 말씀을 경청하게 됩니다.

그러나 하나님의 음성 속에는 아주 강력한 능력이 있습니다. 그것이 하나님의 음성이 위엄으로 가득한 이유입니다. 하나님은 말씀하실 때에 힘없이 말씀하시는 것이 아니라 능력이 가득한 음성으로 말씀하십니다. 하나님이 종종 가련한 피조물들인 우리에게 그 능력을 입혀 주시면, 우리가 말할 때, 우리의 입술에서 은혜가 쏟아집니다. 그러나 우리가 말씀을 전해도 별 성공을 거두지 못하는 때가 자주 있습니다. 우리가 말들을 많이 하지만, 그 말들에 주님이 동행하지도 않으시고, 우리 안에 성령의 능력도 없습니다. 그럴 때에 역사는 거의 일어나지 않습니다. 하나님의 경우는 다릅니다. 하나님은 결코 말씀을 허비하시는 일이 없습니다. 하나님은 한 마디를 하셔도, 그 말씀은 결코 헛되지 않습니다. 하나님이 무엇을 의도하시고 말씀하셨든, 말씀하시면 반드시 이루어집니다. 하나님이 "빛이 있으라"고 말씀하시자, 즉시 빛이 있었습니다. 따라서 하나님이 영원 전에 그리스도를 자신의 첫 번째 택함 받은 자로 삼겠다고 말씀하셨기 때문에, 그리스도는 그의 첫 번째 택함 받은 자가 되었습니다. 하나님은 우리의 구원을 작정하셨습니다. 하나님은 우리의 구원을 말씀하셨고, 그 말씀은 그대로 되었습니다. 하나님은 우리를 구속하시기 위하여 자기 아들을 보냈고, 자신의 택함 받은 자들에게 그 아들 안에서 의롭다 함을 얻었다고 선포하셨습니다. 하나님의 음성은 능력 있는 음성이었습니다. 왜냐하면, 그 음성이 우리로 하여금 의롭다 함을 얻게 해주었기 때문입니다. 그 어떤 사람의 음성도 죄를 사할 수 없습니다. 오직 왕의 음성만이 그 신민들에게 죄 사함을 줄 수 있습니다. 하나님의 음성은 위엄 있는 음성입니다. 왜냐하면, 하나님이 말씀하셔야만, 우리의 죄 사함이 즉시 이루어지고 보장되고 재가되기 때문입니다. 하나님의 말씀들은 과장된 것들이 아닙니다. 하나님은 아무런 의미도 없는 말씀들을 해서 허풍을 치시는 분이 아닙니다. 하나님이 아무리 간단한 말씀을 하셔도, 그 말씀이 사람들에게는 별 의미가 없어 보일지라도, 거기에는 전능하신 하나님에게 걸맞는 능력과 의미가 깃들어 있습니다. 하나님의 음성 속에는 내 영혼으로 하여금 "사망아 네가 자랑하던 승리가 어디 있으며 네가 쏘는 것이 어디 있느냐"(고전 15:55)라고 말하며, 용기백배하여 마귀와 싸우게 하기에 충분할 정도의 위엄이 있습니다. 하나님의 약속의 말씀 한 마디는 난쟁이를 거인으로 만들고, 겁쟁이를 지존자의 가장 용맹스러운 자들 중의 하나로 만들기에 충분한 위엄을 지니고 있습니다. 하나님의 약속의 말씀은 광야에서 이스라엘 백성 전체를 먹이고, 그 많은 무리를 죽을 인생의 미로를 헤쳐 나가도록 인도하기에 충분한 능력이 있고, 요단 강을 가르며 천국의 문을 열고 속량 받은 자들을 들어오게 하기에 충분한 위엄이 있습니다. 사랑하는 자들이여, 나는 하나님은 능력이 많으시고 하나님의 말씀은 하나님과 같다는 사실을 빼놓고서는, 하나님의 음성이 어떻게 그토록 위엄으로 가득한지를 말할 수 없습니다.

그러나 나는 하나님의 음성이 본질적으로 위엄이 가득할 수밖에 없다는 것과 관련해서 한 가지만 더 생각해 보고자 하는데, 여러분은 내가 이제까지 말한 것은 다 잊어버릴지라도, 이것만을 꼭 기억해 두시기를 부탁드립니다. 어떤 의미에서 예수 그리스도는 하나님의 음성이라고 할 수 있습니다. 여러분이 아시듯이, 그리스도는 성경에서 자주 하나님의 말씀이라 불립니다. 그리고 나는 이 하나님의 말씀이 "위엄차다"는 것을 확신합니다. 음성과 말씀은 거의 매한가지입니다. 하나님이 말씀하시는 것이 하나님의 아들입니다. 하나님의 아들은 말씀이고, 말씀은 하나님의 아들이며, 음성도 하나님의 아들입니다. 하나님의 음성, 그리고 말씀은 진실로 "위엄찹니다." 천사들이여! 당신들은 하나님의 아들이 아버지 하나님의 오른편에서 다스리셨을 때에 엄위하신 분이 자신의 찬송 받을 아들에게 무엇을 수여하셨는지를 증언해 줄 수 있습니다. 당신들은 하나님의 아들이 성육신하기 위하여 어떤 영광을 버리셨는지를 증언해 줄 수 있습니다. 당신들은 그의 면류관이 얼마나 빛났는지, 그 홀(笏)이 얼마나 큰 권세가 있었는지, 별들로 수놓아진 그의 옷들이 얼마나 영화로웠는지를 증언해 줄 수 있습니다. 하나님의 아들이 자신의 모든 영광을 벗으시는 것을 직접 보았던 영들이여, 당신들은 그의 위엄이 어떠하였는지를 증언해 줄 수 있습니다. 하나님의 아들이 "사로잡혔던 자들을 사로잡으시고 위로 올라가시는"(엡 4:8) 것을 본 영화롭게 된 당신들, 하나님의 아들 앞에 절하며 끊임없이 그의 사랑을 노래하는 하늘의 성가대원들이여, 당신들은 그가 얼마나 위엄으로 가득 찬 분이신지를 우리에게 증언해 줄 수 있습니다. 하늘의 모든 통치자와 권세들이여, 당신들은 하나님의 아들이 하늘 보좌에 앉아 계시는 것을 보고 있습니다. 거기에서 천사들은 그의 발 아래 있는 종들일 뿐이고, 이 세상에서 가장 강력했던 왕들도 그의 보좌 아래에서 기는 벌레들 같을 뿐입니다. 천사들이나 영원히 죽지 않는 영들도 볼 수 없는 저 높은 곳, 오직 하나님만이 다스리시는 곳, 거기에 하나님의 아들이 단지 위엄을 갖추신 정도가 아니라 위엄으로 가득한 채 앉아 계십니다. 그리스도인들이여, 여러분의 구주를 경배하십시오. 하나님의 아들을 경배하십시오. 여러분은 그를 경외하는 가운데, 언제 어디서나 어느 때든지 여러분이 아무리 작은 자일지라도, 여러분과 함께 하시는 구주, 곧 하나님의 말씀은 본질적으로 위엄으로 가득하신 분이라는 것을 기억하십시오.

2. 둘째로, 하나님의 음성은 늘 변함없이 위엄으로 가득합니다.

하나님의 음성은 인간의 음성과 마찬가지로 그 음색과 크기가 여러 가지입니다. 그러나 하나님의 음성은 늘 변함없이 위엄으로 가득합니다. 하나님이 어떤 어조를 사용하시든, 그 음성은 늘 위엄으로 가득 차 있습니다. 때때로 하나님은 가혹한 말씀으로 사람들의 죄를 추궁하시지만, 그때에도 그 가혹한 말씀 속에 위엄이 있습니다. 사람이 다른 사람들에게 화가 나서 가혹하고 심한 말을 할 때에는 거기에 위엄이 별로 없습니다. 그러나 의로우신 하나님이 죄악된 죽을 인생들에게 화를 내시며 "내가 결단코 죄인들을 가만두지 않으리라 나 여호와는 질투하는 신이라"고 말씀하시거나, 자기가 극도로 분노하였다고 선언하시며 자신의 분노 앞에 설 자가 누가 있겠느냐고 말씀하실 때에 바위들이 쏟아져 내리더라도, 하나님의 그 무시무시한 음성 속에도 여전히 위엄이 있습니다. 또한, 하나님에게는 다른 음성도 있습니다. 하나님은 종종 온유하신 음성으로 우리에게 꼭 알아야 할 것들을 가르치십니다. 그럴 때에도 하나님의 음성은 위엄으로 가득합니다. 하나님은 하나하나 짚어 가시면서 꼼꼼히 설명해 주십니다. 하나님은 우리에게 무엇을 믿어야 하는지를 말씀해 주십니다. 그때에도 하나님의 음성에는 위엄이 가득합니다. 사람들도 하나님의 말씀을 설명할 수는 있지만, 그들의 말에는 위엄이 없습니다. 그러나 자기 백성이 진리로 간직하여야 할 것들을 하나님이 가르치실 때, 거기에도 얼마나 큰 위엄이 있는지 보십시오. 만약 누가 성경에 기록된 말씀들로부터 위엄을 제거해 버린다면, 하나님은 그 사람의 이름을 생명책과 거룩한 도성으로부터 빼버리실 정도로 그런 엄청난 위엄이 거기에 있습니다. 또한, 성경을 수정하고자 하는 것은 하나님을 모독하는 자라는 증거이며, 성경의 말씀 하나를 고치고자 하는 것은 이스라엘의 하나님으로부터 떠나 있는 자라는 증거일 정도로 그런 엄청난 위엄이 거기에 있습니다. 하나님의 또 다른 음성은 우리를 위로하시는 달콤한 음성입니다. 전에 애통해하다가 하나님의 위로하시는 음성을 들은 적이 있는 분들이여, 그 음성이 위엄으로 가득 차 있지 않았습니까? 우리가 종종 가엾고 병든 영혼들을 위로하기 위하여 하는 말들은 단지 하찮은 말들일 뿐이고 거기에는 그 어떤 위엄도 없습니다. 어머니들은 흔히 병든 사람들에게 부드러운 음성으로 위로할 때에도, 거기에는 애정이 깃들어 있어 보이기는 하지만, 위엄은 찾아볼 수 없습니다. 그러나 하나님이 위로의 말씀을 하실 때에는 거기에도 위엄이 있습니다. 여러분을 긍휼히 여기시는 하나님은 "산들이 떠나며 언덕들은 옮겨질지라도 나의 자비는 네게서 떠나지 아니하며 나의 화평의 언약은 흔들리지 아니하리라"(사 54:10)고 말씀하십니다. 또한, 다음과 같은 감미롭고 따뜻한 음성 속에도 위엄이 있지 않습니까? "여인이 어찌 그 젖 먹는 자식을 잊겠으며 자기 태에서 난 아들을 긍휼히 여기지 않겠느냐 그들은 혹시 잊을지라도 나는 너를 잊지 아니할 것이라"(사 49:15). 이 음성은 너무나 감미롭고 따뜻하지만, 또한 위엄도 넘쳐납니다. 하나님이 이러한 음성으로 우리 영혼에 말씀하시면, 우리는 위로 받지 않을 수 없게 됩니다. 또한, 하나님의 음성은 때로는 책망하시는 음성이 되기도 합니다. 그럴 때에도 그 음성에는 위엄이 가득합니다. 하나님은 "소는 그 임자를 알고 나귀는 그 주인의 구유를 알건마는 이스라엘은 알지 못하고 나의 백성은 깨닫지 못하는도다"(사 1:3)라고 말씀하십니다. 하나님은 마치 이스라엘 백성과 논쟁을 벌이시기라도 하시는 듯이 꾸짖으시며, 그들의 죄악으로 인하여 그들을 책망하는 말씀을 들으라고 높은 산들과 작은 산들을 호출하십니다. "내가 자식을 양육하였거늘 그들이 나를 거역하였도다"(사 1:2). 그러나 하나님의 책망하시는 음성에도 언제나 위엄이 가득합니다. 또한, 하나님이 모세에게 나타나셔서 "너는 어찌하여 내게 부르짖느냐 이스라엘 자손에게 명령하여 앞으로 나아가게 하고"(출 14:15)라고 말씀하실 때, 그것은 하나님이 자신의 자녀들에게 명령하시는 음성입니다. 하나님이 우리에게 무엇을 하라고 말씀하실 때, 하나님의 명령은 얼마나 위엄이 있으며, 그의 음성은 얼마나 힘이 있는가! 여러분 중에는 하나님의 명령하시는 음성이 어떤 것인지 잘 감이 오지 않는 분들도 계실 것입니다. 하나님은 여러분에게 여러분의 주님의 이름으로 세례를 받으라고 명령하십니다. 하나님은 여러분에게 성찬상 가까이로 나아와서 여러분의 주님의 죽으심과 고난을 기억하라고 명령하십니다. 그러나 여러분은 하나님의 그런 명령을 대수롭지 않게 생각합니다. 그 명령은 여러분에게 효과가 없는 듯이 보입니다. 그러나 나는 여러분에게 하나님의 명령하시는 음성도 위엄으로 가득 차 있으니, 약속의 말씀이나 가르침의 말씀과 마찬가지로 그 백성이 존중하여야 한다고 말씀드립니다. 하나님이 언제 말씀하시든, 그의 음성에는 위엄이 있습니다. 하나님이 어떤 어조를 사용하시든, 그의 음성에는 위엄이 있습니다. 사랑하는 자들이여, 하나님께서 너무도 분명하게 위엄으로 가득 찬 음성으로 말씀하실 때가 올 것입니다. 그때에 하나님은 "너희 죽은 자들이여, 일어나서 심판으로 나아오라"고 말씀하실 것이기 때문입니다. 그 음성에는 반드시 위엄이 있을 것입니다. 왜냐하면, 그때에 음부(陰府)가 열리고 음부의 문도 활짝 열릴 것이기 때문입니다. 죽은 자들의 영이 다시 육체를 옷 입게 될 것이고, 마른 뼈들도 다시 살아나게 될 것입니다. 장차 하나님은 모든 사람들을 호출하셔서 심판대 앞에 세우실 것입니다. 그때에 하나님이 "내 아버지께 복 받을 자들이여 나아와 창세로부터 너희를 위하여 예비된 나라를 상속받으라"(마 25:34)고 말씀하실 때, 그의 음성에는 위엄이 있을 것입니다. 그리고 끔찍한 일이겠지만, 하나님이 "저주를 받은 자들아 나를 떠나 마귀와 그 사자들을 위하여 예비된 영원한 불에 들어가라"(마 25:41)고 소리치실 때, 그 음성에는 엄청난 위엄이 있을 것입니다.

다시 한 번 말씀드리지만, 하나님의 음성은 크든 작든 위엄이 가득합니다. 사람들을 부르실 때에도 하나님의 음성의 크기에는 그때마다 다릅니다. 여러분 중에서 다수는 온유하게 부르시는 음성을 듣고서 그리스도께로 나아왔을 것이기 때문에, 하나님의 다른 많은 백성들과 마찬가지로 시내 산에 울려 퍼졌던 우렛소리를 듣지 못하셨을 것입니다. 그러나 하나님의 음성은 크든 부드럽든 언제나 위엄이 가득합니다.

하나님의 음성은 대언자들을 세워서 말씀하실 때에도 위엄으로 가득합니다. 하나님은 종종 가련한 자들을 택하셔서 자신의 지혜를 전하게 하십니다. 내가 시골에 가서 촌사람, 그러니까 배우지 못한 사람이 하나님의 말씀을 전하는 것을 들으면, 문법에도 맞지 않는 말씀을 전하는데도, 그가 전하는 것은 하나님의 말씀이기 때문에, 거기에도 위엄이 가득합니다. 종종 어린아이가 성경 본문을 반복해서 읽는 소리를 들을 때, 우리는 그 음성이 지닌 위엄 때문에 어린아이가 성경을 읽고 있다는 것을 잊어버리곤 합니다. 사실, 하나님이 사용하시는 도구가 비천할수록, 그 음성 자체의 위엄은 더 두드러지게 됩니다. 나는 많은 사람들에게서 자기보다 더 가난한 형제들, 작은 교회의 신자들을 멸시하는 경향이 있는 것을 보아 왔습니다. 하지만 그 작은 교회들에는 그들이 다니는 큰 교회들에서 섬기는 목사님들보다 더 겸손한 목사님들이 계십니다. 그러므로 그들이 작은 교회들을 멸시하는 것은 한참 잘못된 것입니다. 왜냐하면, 하나님의 음성은 위엄이 가득하고, 하나님은 큰 교회의 목사님들을 통해서도 말씀하시고, 작은 교회의 목사님들을 통해서도 말씀하시기 때문입니다.

3. 셋째로, 하나님의 음성이 지닌 위엄은 그 결과에 의해서도 드러납니다.

끝으로, 나는 하나님의 음성이 사람들의 마음에 깊이 들어갔을 때에 일어나는 결과를 가지고서 하나님의 음성이 지닌 위엄을 짧게 살펴볼 것입니다. 그러면, 잠시 오늘의 시편으로 돌아가서, 거기에 언급되어 있는 역사적 사실들을 잠깐 설명하겠습니다. 다윗은 의심할 여지 없이 역사적 사실들을 염두에 두고서 이 시편을 썼겠지만, 나는 당연히 그 사실들을 알 수 없기 때문에, 영적으로 깨달은 것들을 말씀드리고자 합니다. 호커(Hawker) 박사가 말했듯이, "이 시편이 역사적 사실들만이 아니라 영적인 사실들도 알리고자 했다는 것은 의심의 여지가 없습니다."

첫째로, 여호와의 음성은 부수시는 음성입니다. "여호와의 소리가 백향목을 꺾으심이여"(5절). 하나님이 말씀하시면, 아무리 교만하고 완고한 죄인도 그 앞에서 꺾입니다. 나는 고집이 말도 못하게 세고 연자 맷돌처럼 완악했던 볼테르(Voltaire, 프랑스의 철학자로서 종교회의론자였다, 1694-1778년)도 만약 하나님이 말씀하시는 것을 들었다면 한순간에 꺾였을 것이라고 믿습니다. 아무리 완악한 마음을 지닌 사람도 하나님이 단 한 마디만 하시면 그 자리에서 꺾이게 됩니다. 나는 이 말을 계속해서 영원토록 하고 싶지만, 그럴 수는 없기 때문에, 오직 이것만을 말하겠습니다: "여호와의 소리가 레바논 백향목을 꺾어 부수시도다."

둘째로, 여호와의 음성은 다른 존재들을 움직이고 이기는 음성입니다. 하나님은 레바논의 백향목들을 "송아지 같이 뛰게 하심이여 레바논과 시룐으로 들송아지 같이 뛰게"(6절) 하십니다. 누가 감히 산을 옮길 생각을 할 수 있겠습니까? 산은 아주 견고히 서 있습니다. 그러나 하나님의 음성은 스룹바벨에게 말씀하셨을

때의 음성처럼 산을 향하여 "큰 산아 네가 무엇이냐 네가 스룹바벨 앞에서 평지
가 되리라"(슥 4:7)고 말씀하십니다. 그것이 로마라는 산이든, 거짓 선지자라는
산이든, 이단이나 불신자나 우상 숭배자의 거대한 교리라는 산이든, 이 세상에
서 하나님이 자신의 음성으로 옮기실 수 없는 산은 없습니다. 하나님이 말씀하
시기만 하면, 우상들은 자신의 보좌에서 떨어질 것이고, 견고한 산들은 송아지
처럼 뛸 것입니다.

다음으로, 하나님의 음성은 가르고 나누는 음성입니다. "여호와의 소리가 화
염을 가르시도다"(7절). 또는, "여호와의 소리가 화염을 발하도다." 여러분은 금
요일에 번개가 치는 것을 보시고서, 하나님의 음성을 들었을 때에 불꽃이 구름
을 가르고 하늘을 쪼개는 것처럼 보였다고 말하였습니다. 하나님의 말씀도 마찬
가지입니다. 하나님의 말씀을 제대로 충신하게 전하고, 하나님의 음성을 영적으
로 들으면, 그것은 언제나 가르고 나누는 음성입니다. 여러분은 온갖 부류의 서
로 다른 사람들을 예배당으로 데려오지만, 하나님의 말씀은 그 모든 사람들을
둘로 가르고 나눕니다. 바로 이곳에서 하나님은 여러분을 나누십니다. 지금 이
곳에 하나님의 아들이 자신의 보좌에 심판자로 좌정해 계셔서, 사람들을 둘로
나누고 계십니다. 하나님의 음성은 사람들을 사람들로부터 나누고, 죄인들을 자
신들의 죄로부터 나누며, 죄인들을 자신들의 의로부터 나눕니다. 하나님의 음성
은 구름과 흑암을 가르고, 우리의 환난들을 갈라서 우리를 위해 천국으로 가는
길을 엽니다. 사실, 하나님의 음성이 나누거나 가를 수 없는 것은 아무것도 없습
니다. 하나님의 음성은 가르고 나누는 음성입니다.

또한, 여호와의 음성은 아주 큰 음성이기 때문에, 본문은 그 음성이 광야를
뒤흔들어 놓는다고 말씀합니다. "여호와께서 가데스 광야를 진동시키시도다"(8
절). 광야나 황무지 한복판에 서서, 과연 무슨 소리를 들을 수 있을지를 상상해
보십시오. 그러나 하나님이 말씀하시면, 그의 음성은 광야 전체에 울려 퍼질 뿐
만 아니라, 광야 자체를 깜짝 놀라게 만듭니다. 하나님의 일꾼이여, 당신은 그저
하나님의 음성을 전하기만 하십시오. 그러면, 사람들이 그 음성을 듣게 될 것입
니다. 당신이 열 명도 안 되는 사람들 앞에서 전한다고 해도, 당신이 생각하는 것
보다 더 많은 사람들이 듣게 될 것입니다. 우리 중 누구도 복음 설교를 할 수 없
지만, 복음은 우리가 생각하는 것보다 더 많이 말해지고 들립니다. 그렇습니다.
한 가엾은 여자와 경건한 대화를 나누었다면, 그 음성은 온 세상으로 퍼져서 너

무나 기이하고 놀라운 결과들을 낳게 될 수 있습니다. 하나님의 음성이 얼마나 큰지, 그리고 그 음성이 얼마나 멀리까지 들릴 수 있는지는 아무도 알지 못합니다. "아름다운 소식을 시온에 전하는 자여 … 너는 힘써 소리를 높이라 두려워하지 말고 소리를 높여 유다의 성읍들에게 이르기를 너희의 하나님을 보라 하라"(사 40:9). 당신의 음성이 아무리 미약하고 당신의 능력이 아무리 보잘것없다고 할지라도, 소리를 높여 전하십시오. 그러면, 전능하신 하나님이 은혜를 베푸셔서, 광야로 하여금 진동하게 하실 수 있습니다. 그렇습니다. 하나님은 가데스 광야를 두려워 떨게 하실 수 있습니다.

다음으로, 9절에는 내가 그냥 넘어가고 싶어도 도저히 그렇게 할 수 없는 말씀이 나옵니다. "여호와의 소리가 암사슴을 낙태하게 하시고." 나는 이 구절의 의미를 옛 사람들이 믿었던 것, 즉 가축들이 우렛소리에 너무나 놀라서 아직 새끼를 낳을 때가 되지도 않았는데 자주 조산하게 되는 것을 가리키는 것으로 이해합니다. 하나님의 음성도 마찬가지입니다. 사람이 하나님 안에서 그리스도를 향한 열망을 지니고 있다면, 하나님의 음성은 그 사람의 열망이 기쁨으로 터져 나오게 해서, 그의 영혼으로 하여금 즐거워하고 기뻐하게 하십니다. 사람이 하나님에 대하여 악한 술책을 품고 있을 때, 하나님이 말씀하시면, 그 사람의 술책이 낙태되어 버리는 일도 비일비재하게 일어납니다. 하나님의 음성 앞에서 악한 술책은 때가 이르기도 전에 낙태되어 버리고, 낙과(落果)처럼 땅에 떨어져 버립니다. 사람이 자기 속에 무엇을 지니고 있든, 하나님은 한순간에 그것을 그 사람에게서 나오게 할 수 있으십니다. 사람이 하나님을 향한 열망을 지니고 있다면, 하나님은 그 열망이 터져 나오게 하셔서, 그 영혼으로 살아나게 하실 수 있습니다. 그것이 하나님을 대적하고자 하는 앙심이라면, 하나님은 그 앙심을 좌절시키시거나 없애시거나 압도하시거나 저 멀리 던져 버리실 수 있습니다. "여호와의 소리가 암사슴을 낙태하게 하시고."

다음으로, 하나님의 음성은 드러내시는 음성입니다. "삼림을 말갛게 벗기시니"(9절). 삼림이나 수풀은 당신이 전에 숨던 곳이었습니다. 그러나 삼림이 아무리 무성하다고 할지라도, 번개는 그곳을 환히 비칩니다. 잎이 무성한 아름드리 나무들 아래에서도 하나님의 음성은 들립니다. 하나님의 음성은 드러내시는 음성입니다. 외식하는 자들이여, 당신들이 삼림의 나무들 아래로 자신들을 숨긴다고 하여도, 하나님이 말씀하실 때, 그 음성은 우렛소리로 당신들을 찾아갑니다.

어떤 분들은 종교의식들, 선한 삶, 결단들, 소망들 아래에 숨습니다. 그러나 하나님의 음성은 그 삼림을 드러내실 것입니다. 만약 당신이 바위나 산, 삼림의 가장 깊은 곳에 숨거나 숨고자 한다면, 하나님이 자신의 보좌에 좌정하실 때, 그 음성이 그런 삼림들을 다 드러내실 날이 올 것임을 명심하십시오. 당신이 오래된 상수리나무 아래 서 있거나, 그 나무의 몸통 안으로 기어들어가서 안전하게 숨어 있게 되었다고 생각할지라도, 하나님의 눈은 눈동자처럼 당신을 낱낱이 다 보고 계시기 때문에, 우렛소리 같은 하나님의 음성이 이렇게 말씀할 것입니다: "죄인아, 나오라. 이 사람아, 나와. 내가 다 보고 있어. '내 눈은 어두운 곳도 뚫어볼 수 있기 때문에, 네 영혼이 캄캄한 밤의 어둠 속에 있을지라도, 대낮 속에 있는 것처럼 금방 찾아낼 수 있지.' 그러니, 나오라, 나와!" 그러므로 당신이 어떻게 위장해도 헛될 것이고, 어떤 속임수들을 써도 헛될 것입니다: 여호와의 소리는 "삼림을 말갛게 벗기시니." 나는 이 아침에 하나님께서 여러분에게 말씀하셔서 여러분의 영혼을 드러내시기를 빕니다. 나는 하나님께서 여러분의 절망적이고 멸망당할 수밖에 없는 상태를 드러내시고, 여러분 중의 누구도 그리스도 없이는 저주를 받을 수밖에 없다는 것을 드러내 주시기를 빕니다. 나는 하나님께서 구주를 떠나 있는 여러분의 상태가 얼마나 끔찍한지를 여러분에게 보여주시기를 빕니다. 나는 하나님께서 불법이 아닌 것 같은 여러분의 온갖 소망들과 모든 경험들도 여러분이 그리스도와 연합된 가운데에 지니게 된 소망이나 경험이 아니라면, 모두 다 잘못된 것임을 보여주시기를 빕니다. 나는 여러분이 그리스도 없이 자신의 선행들을 가지고 자신의 집을 지으면서 거기에 아무런 보호막도 없이 서 있다면, 삼림을 말갛게 벗기시는 하나님이 그것들을 드러내실 때, 당신의 선행들은 무너져서 당신의 머리 위에 떨어지게 될 것임을 하나님께서 여러분에게 보여주시기를 기도합니다.

나는 이 아침에 여러분에게 말씀을 전하였지만, 그것이 하나님의 음성이 되게 하는 것은 내가 할 수 있는 일이 아닙니다. 그렇지만 내가 전한 수많은 말씀들 가운데서 몇 마디라도 하나님의 작은 음성이 되어서 여러분의 가슴에 닿게 되기를 빕니다. 여러분 중에 하나님의 음성을 멸시하는 사람들이 있다고 하더라도, 내가 어떻게 하겠습니까? 하지만 하나님의 음성은 택함 받은 자들에게만이 아니라 버림 받은 자들에게도 위엄이 가득합니다. 하나님은 택함 받은 자들이 듣고서 두려워 떨며 자기에게로 피했을 때와 마찬가지로, 버림 받은 자들이 듣고서 멸시하여 지옥에 떨어졌을 때에도 자신의 음성으로 인하여 영광을 받으십니다. 여러분이 지옥에 떨어지면, 하나님의 존귀와 영광이 손상을 입게 될 것이라고 착각하지 마십시오. 하나님은 여러분이 구원을 받을 때와 마찬가지로 여러분이 멸망을 당할 때에도 똑같이 영광을 받으십니다. 여러분은 하나님의 영광에 영향을 미칠 수 없는 피조물들일 뿐입니다. 하나님은 어떻게든 자기 자신을 존귀하게 하고 영화롭게 하실 수 있습니다. 그러므로 하나님 앞에서 낮아지십시오. 하나님의 사랑과 긍휼하심 앞에 엎드려서, 하나님이 어떠한 구원의 계획을 통해서 자신의 택함 받은 자들을 이끌어 내고자 하시는지 바로 지금 귀를 기울이십시오. 그 계획이라는 것은, 하나님의 음성이자 말씀인 하나님의 아들을 "믿는 자," 단지 듣는 자가 아니라 "믿는 자," 단지 말만 하는 자가 아니라 "믿는 자," 단지 성경을 읽는 자가 아니라 "믿는 자," 단지 그랬으면 좋겠다고 희망하는 자가 아니라 "믿는 자"가 구원을 받으리라는 것입니다. "믿고 세례를 받는 사람은 구원을 얻을 것이요 믿지 않는 사람은 정죄를 받으리라"(막 16:16). 이 자리에서 말씀을 듣고 계시는 여러분이여, 만약 내가 이 육신을 뛰쳐나올 수 있고 내 심령의 연약한 것들에서 벗어날 수 있다면, 나는 그런 상태에서는 여러분에게 하나님의 음성을 전할 수 있을 것이라고 생각합니다. 그러나 나는 그런 때조차도 말씀하시는 분은 하나님이시라는 것을 아주 잘 압니다. 그러므로 나는 나의 하나님께 말씀을 맡깁니다. 나의 하나님! 이 자리에 있는 분들을 예수의 보배로운 이름으로 구원하옵소서. 아멘, 아멘.

제
32
장

—

찬송하는 성도들

—

"주의 성도들아 여호와를 찬송하며 그의 거룩함을 기억하며
감사하라." — 시 30:4

다윗은 중병을 앓았지만, 하나님께서는 은혜를 베푸셔서 그의 건강을 회복시켜 주셨습니다. 다윗은 "여호와 내 하나님이여 내가 주께 부르짖으매 나를 고치셨나이다 여호와여 주께서 내 영혼을 스올에서 끌어내어 나를 살리사 무덤으로 내려가지 아니하게 하셨나이다"(2-3절)라고 말합니다. 다윗은 건강과 힘을 다시 회복하자마자, 거룩한 본능을 따라 하나님을 찬송하게 됩니다. 병을 앓다가 회복되어 목소리가 제대로 나오게 되었을 때에 가장 먼저 해야 할 일은 하나님께 찬송을 드리는 것입니다. 눈이 다시 밝아졌을 때에 가장 먼저 해야 할 일은 감사하는 마음으로 하나님을 우러러보는 것입니다. 어떤 사람들은 이런 말을 해줄 때에야 비로소 깨닫지만, 시편 기자는 그렇지 않았습니다. 그렇게 해야 한다는 것은 그에게 너무나 당연한 일이었습니다. 다윗은 몸이 회복되자, 하늘의 성가대원들 사이에 자리를 잡고서 여호와께 찬송하고자 했습니다. 그는 홀로 찬송하는 것으로 만족할 수 없었습니다. 하나님의 자녀라면 누가 홀로 찬송하는 것에 만족하겠습니까? 봄철에 새들을 보면, 아침에 가장 먼저 깬 한 마리가 노래하기 시작하면서 함께 노래하자고 다른 새들을 깨우지 않습니까? 그 한 마리의 노래는 숲속의 모든 노래하는 새들에게 자기와 함께 화음을 이뤄 멋진 노래를 쏟아내자고 초청하는 것이 아니고 무엇이겠습니까? 마찬가지로, 마음에 찬송이 가득

한 사람은 여러 사람과 함께 찬송하고 싶은 마음이 드는 것이 그의 당연한 속성입니다. 우리는 혼자 하나님을 찬송하는 것을 좋아하지 않습니다. 물론, 우리가 그렇게 할 수밖에 없다면, 얼마든지 우리는 그렇게 할 수 있고, 그렇게 할 것입니다. 그러나 우리의 마음은 흔히 그리스도 안에서의 형제들에게 "하나님께 찬송하라"고 큰 소리로 외칩니다. 우리의 입에 붙어 있는 "할렐루야"라는 말은 다른 사람들에게 이 거룩한 행위를 권하는 의도를 지닌 말로서 "여호와를 찬송하라"는 의미입니다.

지금 나의 한 가지 소원은 우리 중에서 하나님으로부터 특별한 은혜를 받은 사람들이 하나님의 이름을 찬송함으로써, 그런 은혜를 받지 못한 사람들이 감동을 받아 하나님에 대한 감사 찬송에 동참하게 되는 것입니다.

찬송하는 것은 즐거운 의무입니다. 하나님께 찬송을 드리는 것보다 더 즐거운 일은 없습니다. 또한, 찬송하는 것은 유익한 의무입니다. 그것은 하나님을 기쁘시게 해드릴 뿐만 아니라 여러분 자신에게도 복됩니다. 찬송하는 것은 영혼의 많은 질병들을 치유하는 효과가 있습니다. 찬송은 인생의 무거운 짐들을 가볍게 해줍니다. 이 인생길을 걸어갈 때에 우리가 찬송할 수만 있다면, 우리의 본분을 다하며 힘겹게 걸어가야 할 우리의 인생길은 짧게 느껴질 것입니다. 이 거룩한 일은 즐겁고 유익할 뿐만 아니라, 다음 세상과 더 고귀한 삶을 준비하는 일이기도 합니다. 나는 와츠(Watts) 박사의 다음과 같은 찬송을 즐겨 부릅니다:

"내가 여기에서 찬송을 시작하면
내 영혼은 하늘로 날아오른다네.
나의 간절한 갈망을 담은
저 하늘의 곡조와 함께."

우리는 영광으로 가는 길 위에 있고, 이 여정 속에서 찬송을 하는 것이 마땅합니다. 종달새가 천국 문을 향하여 날아오르면서 노래하고, 그 곡조에 맞추어 자신의 날개를 퍼덕이며 하늘 높이 날아오르듯이, 우리도 그래야 합니다. 우리는 밤낮으로 찬송함으로써, 날마다 우리의 본향에 더 가까이 다가가고, 천국 곡조에 더 가까워지고 더 닮아가야 합니다. 우리는 입술로가 아니라 마음으로 찬송하여, 때가 이르면, 우리의 입과 마음으로 하나님을 찬송하여야 합니다. 바로 그것이 오늘 우리가 보고 있는 본문입니다: "주의 성도들아 여호와를 찬송하며 그의 거룩함을 기억하며 감사하라."

본문은 주일 저녁의 성찬식에 아주 어울린다는 생각이 듭니다. 우리는 조금 있다가 우리 주님의 죽으심을 생각나게 하는 것들이 펼쳐져 있는 이 성찬의 식탁 주위에 모일 것입니다. 본문이 성찬식에 아주 어울리는 것으로 생각되는 이유는 다음 세 가지입니다. 첫째, 본문은 우리가 성찬식에서 해야 할 것이 무엇인지에 대하여 아주 적절한 권면을 줍니다: "여호와를 찬송하며." 둘째, 본문은 성찬식 때에 우리가 묵상해야 할 아주 적절한 주제를 보여줍니다: "그의 거룩함을 기억하며." 셋째, 본문이 무리들에게 찬송에 동참하도록 초대하고 있는 것은 성찬식에 아주 적절합니다. 왜냐하면, 그들은 모두 다 성찬의 식탁에 함께 둘러앉도록 초대받은 사람들이기 때문입니다: "주의 성도들아 여호와를 찬송하며 그의 거룩함을 기억하며 감사하라."

1. 첫째로, 본문은 성찬식에서 우리가 해야 할 일이 무엇인지를 정확히 보여줍니다.

"여호와를 찬송하며." 여러분은 이제 성찬의 식탁에 나아오셔서, 여러분의 구주의 죽으심을 기억하며, 그의 고난을 상징하는 것들을 먹게 될 것입니다. 그럴 때에 찬송할 마음을 준비하고 나아오십시오. 어떤 분은 "내 생각에는 눈물로 나아가는 것이 더 좋을 것 같은데요"라고 말합니다. 좋습니다. 눈물로 나아오십시오. 당신이 참회의 눈물을 강같이 흘려서 구주의 발을 씻는다면, 그리스도께서는 그 눈물을 크게 기뻐하실 것입니다. 어떤 분은 "목사님, 나는 아주 엄숙한 마음으로 나아가는 것이 마땅하다고 생각합니다"라고 말합니다. 그렇다면, 그렇게 하십시오. 만약 당신이 정말 엄숙한 마음으로 나아가는 것이 아니라면, 당신에게 화가 있을 것입니다. 당신은 엄숙함과 기쁨이 서로 다르다고 생각하는 것입니까? 내게는 그렇지 않습니다. 경박스러움은 슬픔의 사촌쯤 되기 때문에 이내 슬픔으로 바뀝니다. 웃음은 단지 표면적인 것이고, 그 표면 아래에는 한숨과 탄식이 숨어 있습니다. 그러나 측량할 수 없이 깊은 기쁨을 지닌 사람은 침착하고 고요하며 사려 깊습니다. 개울의 조약돌 위를 재잘거리며 흐르는 얕은 기쁨은 금방 사라지고 맙니다. 나는 여러분을 그런 종류의 기쁨이 아니라, 경건한 사람들이 거룩한 노래를 통해서 표현하는 것이 합당한 그런 깊고 엄숙한 기쁨으로 초대합니다. "여호와를 찬송하며." 그것은 시시껄렁한 노래가 아닙니다. "여호와를 찬송하며." 그것은 유행가나 민요가 아니라, 깊고 엄숙하며 심오한 찬송시입니다. 그 찬송을 부를 때의 기쁨은 큽니다. "주의 성도들아 여호와를 찬송하며."

당신은 "그래도 성찬의 식탁에서 찬송하는 것은 적절한 것으로 보이지 않는데요"라고 말합니다. 하지만 나는 당신이 우리와 함께 찬송하게 될 것이라고 생각합니다. 왜냐하면, 나는 당신에게 이 성찬의 식탁에서 우리는 이미 이루어진 일을 축하하는 것임을 상기시켜 드릴 것이니까요. 솔로몬은 "일의 끝이 시작보다 낫고"(전 7:8)라고 말했습니다. 사람은 눈물을 흘리며 씨를 뿌리지만 기쁨으로 거둡니다! 우리 주님은 자신의 죽음으로 자기에게 맡겨진 일이 다 이루어졌다는 것을 보여주시기 위하여, 우리에게 떡과 포도주를 식탁 위에 놓으라고 명하십니다. 떡이 있고 포도주가 있습니다. 이 둘은 서로 분명하게 분리되어 있습니다. 이 둘은 살과 피를 가리키지만, 피가 살과 분리되어 있는 것은 죽음이 이미 과거의 일이라는 것을 보여주는 분명한 표시입니다. 우리는 성찬식을 통해서 그리스도의 죽으심을 송축하고, 성찬식은 그 죽으심을 통해서 "다 이루었다"는 것을 선포합니다. 그리스도께서는 자신의 목숨을 버리심으로써, 아버지 하나님이 자기에게 맡기신 일을 다 이루셨습니다. 나는 그리스도의 죽음이 이미 이루어진 사실이라는 것이 기쁩니다. 우리는 그동안 거의 피 흘리는 심정으로 십자가, 못들, 창, 가시 면류관에 관한 슬픈 이야기를 애처로운 곡조로 노래해 왔습니다. 어떤 시인이 우리로 하여금 다음과 같이 찬송하게 만든 것은 그나마 우리에게 위안이 되어 주었습니다:

> "주의 이름 앞에 지옥터도 흔들리고
> 모든 하늘들이 그 이름을 경배하니
> 피 묻은 창은 이제 그만,
> 십자가와 못들도 이제 그만."

또한, 다음과 같은 사실은 우리에게 한없는 만족을 가져다줍니다:

> "전에 가시면류관을 쓰셨던 머리에
> 지금은 영광의 면류관이 씌워져 있네."

모든 수치와 슬픔은 과거지사가 되었습니다. 그런 모든 것이 다 지나가고, 우리가 이 성찬의 식탁에 앉아 이 떡을 먹고 이 잔을 마시는 것은 영광스러운 일, 유례가 없는 일, 구주께서 자기 목숨을 바치신 일, 하나님께 온전히 열납된 일을 기념하기 위한 것입니다. 헤라클레스의 노역(勞役))에 대해서 얘기하시렵니까? 하나님의 그리스도께서 흘리신 땀과 견줄 수 있는 것이 어디 있습니까? 가이사가 거둔 승리들에 대해서 얘기하시렵니까? "높은 곳으로 오르시며 사로잡은 자들을 취하시고 선물들을 사람들에게서 받으시며 반역자들로부터도 받으신"(시 68:18) 그리스도께서 거두신 승리들과 견줄 수 있는 것이 어디 있습니까? 사랑하는 자들이여, 나는 우리가 이 성찬의 식탁에 둘러앉아서, "우리는 예수께서 베들레헴에서 태어나시고, 나사렛에서 사시며, 겟세마네에서 굵은 핏방울을 땀처럼 흘리시고, 골고다 십자가에서 죽으심으로써 온전히 이루신 것을 송축합니다"라고 말할 때보다, 더 즐겁고 기쁘고 우렁찬 찬송을 부를 수 있는 때가 없을 것이라고 생각합니다. 그러므로 "주의 성도들아 여호와를 찬송하며 그의 거룩함을 기억하며 감사하라."

또한, 우리가 이 성찬의 식탁에 거룩한 노래를 가지고 나아와야 할 또다른 이유가 있는데, 그것은 그리스도께서 하신 일이 이미 이루어졌기 때문만이 아니라 그 결과도 이미 적어도 어느 정도는 실현되었기 때문입니다. 여기 보십시오. 나는 살이 아니라 떡을 보고, 피가 아니라 포도주를 봅니다. 떡과 포도주는 살과 피를 나타내는 상징들입니다. 그러나 그것들은 단지 상징들인 것만이 아니라, 살과 피로부터 나온 결과들을 나타내는 것이기도 합니다. 이것은 이런 뜻입니다. 즉, 그리스도께서 죽으셨기 때문에, 그 결과로 오늘 사람들의 주린 영혼을 위한 식탁이 차려져 있다는 것입니다. 하나님께서 자신의 곳간을 활짝 여셨습니다. 하나님은 큰 왕처럼 길거리에 잔칫상을 벌려놓으시고, 종들을 보내셔서, 주리고 목마른 자들, 가난하고 궁핍한 자들에게 와서 배부르게 먹고 마시라고 초대하게 하십니다. 그런데 사람들이 자신의 죄에 빠져서 미치고 얼이 빠져서 오려고 하지 않자, 하나님은 또다시 "사람을 강권하여 데려다가 내 집을 채우라"(눅 14:23)고 명합니다. 형제들이여, 여러분과 내가 이 식탁에 둘러앉아 있을 때, 우리가 정말 영적으로 그리스도께 나아왔다면, 그리스도께서는 우리 속에서 자신의 고난에 대한 상급의 일부를 보십니다. 이 잔치는 1800여년 동안 계속되어 왔습니다. "내 살은 참된 양식이요 내 피는 참된 음료로다"(요 6:55)라고 말씀하시는 큰 왕의 식탁에서 이제까지 무수한 손님들이 줄을 지어 계속해서 와서 배불리 먹었고, 지금도 여전히 오고 있습니다. 만약 그리스도의 피와 살을 먹고 생명을 얻지 않았더라면, 무수한 사람들이 영원한 멸망에 처해졌을 것입니다. 만약 그들이 예수의 보배 피로 구원 받지 않았더라면, 그들은 모두 망한 자들이 되었을 것입니다. 사람들은 여전히 이 식탁으로 오고 있고, 우리의 예언자적인 눈은 이 주일에 온 세상에서 이 식탁으로 모여드는 무리 속에서 모든 족속과 종족과 민족과 언어 가운데서 시온으로 무수히 몰려오는 아주 큰 무리를 봅니다. 그러므로 "주의 성도들아 여호와를 찬송하며." 하나님께서 성찬의 식탁을 베푸시고 사람들을 불러 모으셔서 죽으신 주님을 영적으로 먹게 하신 것이 우리의 감사의 한 이유입니다.

우리가 성찬의 식탁에 나아올 때에 주를 찬송해야 하는 세 번째 이유는 성찬에 참여하는 것 자체가 우리에게 복이기 때문입니다. 세상의 수많은 지역들에서 무수한 사람들이 성찬의 식탁에 나아와서, 십자가에 못 박히신 이의 살과 피를 영적으로 먹고 있지만, 여러분과 나도 거기에 참여하고 있다는 것은 특별한 기쁨입니다. 사랑하는 형제들이여, 나는 여러분이 여기에 있다는 것이 기쁩니다. 나의 육신의 형제가 이 자리에 있다는 것도 큰 기쁨이고, 내가 아주 오랫동안 행복한 교제를 해온 많은 분들이 여기에 있다는 것도 큰 즐거움입니다. 그러나 만약 내가 여기에 없다면, 나는 만족할 수 없을 것입니다. 만약 여러분만이 주님과 교제하게 되어 있어서, 내가 성찬에 참여하지 못하고 예배가 끝나자마자 이 자리를 떠나야 한다면, 나는 지극한 기쁨을 놓치게 될 것입니다. 주님을 사랑하는 당신은 주님을 간절히 알기 원했지만 아직 알지 못하였던 지난날로 되돌아가고 싶으십니까? 당신이 탄식하고 부르짖으며 주님을 찾던 때에, 만약 어떤 사람이 당신에게 "당신은 앞으로 며칠 후에 성막 교회에서 큰 무리와 함께 성찬식 자리에 앉게 될 것이고, 주 예수께서 당신에게 아주 소중한 분이 되실 것이며, 당신의 마음은 기쁨으로 떨리게 될 것이다"라고 말해 주었다면, 당신은 분명히 "그런 일은 꿈 같은 얘기라, 나는 그렇게 될 것이라고는 생각할 수도 없다"고 말하였을 것입니다. 내게도 '내가 그리스도의 식탁 아래에 있는 아주 하찮은 개라도 되어서, 식탁에서 떨어지는 마른 부스러기들과 남들이 다 먹으려고 하지 않는 뼈다귀라도 먹을 수 있다면, 나는 너무 기뻐서 주님의 발이라도 핥을 텐데'라고 생각했던 때가 있었습니다. 그런데 보십시오, 나는 이 자리에 하나님의 자녀들과 함께 앉아 있고, 그들 중의 한 사람으로 있습니다. 게다가, 나는 나의 형제들에게 주님이 식탁에 두신 저 감미로운 진수성찬을 나누어 주는 즐거움도 가지고 있습니다. 그러니 여러분이 찬송하지 않으실지라도, 나는 찬송할 것입니다. 여러분 중에 그 누구도 찬송하고자 하지 않는다면, 나는 나 혼자서라도 찬송하지 않을 수 없을 것입니다. 나는 그렇게 할 수밖에 없습니다. 그러나 나는 여러분이 모두 다 자기가 이 자리에 있다는 것을 생각할 때에 내가 느끼는 것과 동일한 경이로움과 기쁨과 감사함을 느끼실 것이라고 믿습니다.

우리가 이 성찬의 식탁으로 나아올 때에 찬송해야 할 또 한 가지 이유가 있는데, 그것은 이 성찬은 우리에게 부활의 소망을 일깨워 준다는 것입니다. 사도 바울은 성찬식에 대해서 무엇이라고 말했습니까? "너희가 이 떡을 먹으며 이 잔을 마실 때마다 주의 죽으심을 그가 오실 때까지 전하는 것이니라"(고전 11:26). 성찬식은 우리 주님이 자기가 다시 오실 것임을 분명하게 보여주시기 위하여 우리에게 주신 증표들 중의 하나입니다. 사실, 주님은 이렇게 말씀하고 계시는 것입니다: "이 떡을 먹고 저 잔을 마시라. 너희가 이렇게 나의 식탁에 둘러앉을 때마다 나의 재림의 때가 점점 더 가까이 오고 있는 것이니라." 그러니, 여러분이 지난번에는 찬송하지 않았다고 할지라도, 이번에는 예수께서 다시 오실 것임을 생각하고서 찬송하는 것이 마땅합니다. 주님은 영원히 가버리신 것이 아닙니다. 성경에서는 주님이 오랫동안 출타해 계시지는 않으실 것이라고 말씀합니다. 매시간 주님이 다시 오실 시간은 더 가까워지고 있고, 그가 다시 오시는 데에는 그리 오래 걸리지 않을 것입니다. 흰 옷 입은 두 사람이 제자들에게 "너희 가운데서 하늘로 올려지신 이 예수는 하늘로 가심을 본 그대로 오시리라"(행 1:11)고 말했던 것을 기억하십시오. 주님의 발이 말일에 감람산 위에 서고, 그의 장로들 가운데서 영광 중에 다스리시게 되리라는 것은 주님이 살아 계시는 것만큼이나 분명합니다. 우리 주님이 수치와 겸비 가운데서 속죄제사를 드리시기 위해서가 아니라 아버지 하나님과 그의 거룩한 천사들의 모든 영광으로 다시 오실 것임을 생각할 때, 우리는 모두 함께 큰 소리로 심벌즈를 울리는 것과 같은 기쁨으로 찬송하지 않을 수 없게 됩니다. 우리는 원수들이 우리 주 예수 그리스도 앞에 절하게 될 저 최후의 승리의 날을 이미 예감합니다. 그 날은 반드시 올 것입니다. 이 성찬은 반드시 올 그 날을 기념하는 예식입니다. 그러므로 "주의 성도들아 여호와를 찬송"하십시오. 이제 나는 이 권면이 우리의 성찬식에 아주 적절하다는 것을 증명하였다고 생각합니다.

**2. 둘째로, 본문은 성찬식에서 우리가 묵상해야 할 것이
무엇인지를 정확히 보여줍니다.**

"그의 거룩함을 기억하며 감사하라." 거룩한 자들은 거룩하신 하나님을 기억하고 감사하는 것이 마땅합니다. 죄인들은 거룩함을 두려워하기 때문에 미워하지만, 성도들은 거룩함을 두려워할 이유가 없고, 도리어 위로와 기쁨의 원천이 되기 때문에 사랑합니다.

나는 여러분이 가장 먼저 이 성찬의 식탁이 하나님의 거룩하심을 증명한 것임을 생각하시기를 바랍니다. 형제들이여, 하나님은 우리를 사랑하셨고, 우리를 구원하기를 원하셨지만, 아무리 우리를 구원하기 위한 것이라도 해도 결코 불의하실 수는 없으셨습니다. 하나님의 크신 마음은 사랑으로 충만하였지만, 그 크신 마음이 사랑으로 가득 차 있다고 할지라도, 하나님은 자신의 의로운 법을 욕되게 하거나 자신의 의로운 통치를 손상시킬 수는 없으셨습니다. 사람들은 종종 하나님이 죄를 벌하시는 것을 일시적인 변덕쯤으로 생각합니다. 아닙니다. 그것은 변덕이 아니라 필연입니다. 거룩함이 행복을 가져다주고, 거룩하지 못함이 슬픔을 가져다줄 수밖에 없다는 것은 도덕적인 존재들의 존재 그 자체에 깊이 새겨져 있는 법입니다. 하나님께서는 자기가 만물의 영원한 질서로 아주 적절하게 정해 놓으신 것을 뒤집을 수 없는 분입니다. 하나님은 의로우셔야 하셨기 때문에, 인간의 죄악을 눈감아주고 그냥 넘길 수 없으셨습니다. 그렇다면, 하나님은 어떻게 하셔야 했습니까? 하나님이 친히 자신의 사랑하는 아들을 통해서 이 세상에 오셨고, 우리의 본성을 취하셨으며, 그 본성 가운데서 자기 백성의 대표자가 되셨습니다 ─ 아버지 하나님이 자신의 사랑하는 독생자를 주셨다는 것을 결코 잊지 말아야 합니다. 하나님은 그들의 대표자로서 그들의 죄를 자기가 짊어지셨습니다. 하나님은 그들의 죄를 자기에게 전가시키셔서, 그들의 죄를 자기에게로 돌리셨습니다. 하나님은 그들의 죄를 담당하시고 그 죄를 치셨습니다. 우리의 죄 때문에 예수께서 피 흘리시고 돌아가신 것입니다. 지금 우리가 하나님과 화평한 관계에 들어가게 되었지만, 그 관계는 율법을 무너뜨리고 그 폐허 위에 세워진 것이 아닙니다. 그 관계는 모세가 시내 산 자락에서 부수어서 산산조각이 나 버린 저 율법의 돌판들 위에 세워진 것이 아닙니다. 우리는 거룩한 방

식으로 거룩하신 하나님께 나아가게 된 것입니다. 죄인들은 의로운 방식으로 죄 사함을 받고, 불의한 자들은 의로운 방식으로 의롭다 여김을 받습니다. 하나님께서 죄인을 구원하실 때에 자신의 공의를 유보하거나 배제하는 일은 결코 없습니다. 하나님은 그 자신도 의로우시고, 예수를 믿는 자도 의롭다 하시는 분이십니다. 나는 하나님의 이 영광스러운 진리를 사랑합니다. 그리스도 안에 있는 긍휼은 의로우신 긍휼이라는 것이 내게는 너무나 멋져 보입니다. 성도들이 천국에 이르렀을 때, 죄인들이 지옥에 있는 것이 의로운 일인 것과 마찬가지로 성도들이 천국에 있는 것이 의로운 일이라는 것을 아는 것, 이것이 성도들의 기쁨의 요체입니다. 주님과 함께 십자가에 달렸던 두 강도 중에서 한 강도가 죽기 직전에 구원을 받은 것 속에서나 또다른 강도가 자기 죄 가운데서 영원히 멸망 받게 된 것 속에서나 하나님의 거룩하심이 빛납니다. 그러므로 우리는 주의 식탁에 나아갈 때마다, "그의 거룩함을 기억하며 감사하는" 것이 마땅합니다. 하나님은 우리와 교제하시고 자신의 택하신 자들에게 사랑을 부어 주셨지만, 그럼에도 불구하고 자신의 법을 깨뜨리지 않으셨고, 가장 엄밀한 판단 아래에서도 조금이라도 불의한 것으로 여겨질 수 없는 방법으로 그렇게 하셨는데, 우리는 바로 그런 하나님과 교제하러 나아가는 것입니다. 나는 이 의문의 여지가 없는 사실을 기뻐합니다. 그리고 내가 여러분에게 이 사실을 상기시켜드릴 수 있다는 것도 내 마음의 기쁨입니다.

다음으로, 우리는 그리스도의 거룩하심이 분명하게 드러났다는 것을 기억하고 감사해야 합니다. 우리의 사랑하는 구속주의 온전한 인격을 바라보는 것은 행복한 일입니다. 우리 주님 안에서 잘못이나 결점이 발견될 수 있었다면, 주님은 우리를 위한 합당한 대속제물이 될 수 없었을 것입니다. 만약 주님께서 단 한 번이라도 죄를 범하셨다면, 주님은 우리의 죄를 없애실 수도, 짊어지실 수도 없으셨을 것입니다. 그러므로 여러분이 이 성찬의 식탁에 앉을 때마다 그리스도께서 얼마나 순전하셨는지를 생각해야 합니다. 그리스도께서는 완전한 하나님이자 완전한 사람이셨고, 한 점의 흠도 없는 인격을 소유하셨던 분입니다! 그러므로 여러분이 이 성찬의 식탁에서 송축하고 기념하는 대속이 완전하기 위해서 주님이 절대적으로 그렇게 하셔야 했다는 것을 기억하고서, "그의 거룩함을 기억하며 감사하는" 것이 마땅합니다. 나는 주님께서 흰 옷을 입으시고, 금띠를 두르시고, 그 순전하고 밝은 것이 가장 힘 있게 빛나는 해와 같은 얼굴을 하시고서 우리

가운데로 오시는 것을 보는 듯합니다. 나는 나의 구속자이신 주님의 긍휼하심과 온유하심과 사랑만이 아니라 완전한 거룩하심 앞에서 엎드려 경배합니다. 사랑하는 자들이여, 여러분이 이 식탁에 나아올 때마다, 상좌에 앉으신 이의 거룩함을 기억하고 감사하십시오. 주 예수께서는 친히 여러분에게 잔을 건네시며 "너희가 다 이것을 마시라"(마 26:27)고 말씀하시고, 떡을 떼어 주시며 "이것은 너희를 위하여 주는 내 몸이라 너희가 이를 행하여 나를 기념하라"(눅 22:19)고 말씀하십니다. "그의 거룩함을 기억하며 감사하라."

또한, 우리가 우리의 구원의 보증으로서의 하나님의 거룩하심을 생각한다면, 그것은 우리가 지금 참여하고 있는 성찬에 아주 합당한 것이라고 나는 생각합니다. 이것은 좀 의외라고 생각될 수도 있지만, 분명한 사실입니다. 의로우신 하나님이여, 찬송 받으소서. 사실, 결국 우리의 소망은 하나님의 의로우심에 있습니다. 만약 하나님이 거짓말을 하실 수 있으신 분이라면, 하나님이 하신 약속들은 단 한 가지도 믿을 수 없게 될 것입니다. 만약 하나님이 불의한 일을 하실 수 있으신 분이라면, 하나님이 하신 약속이나 언약은 휴지조각에 불과한 것이 되고 말 것입니다. 그러나 하나님은 불의하지 않으시기 때문에, 자신의 사랑하는 아들이 이루신 일을 잊어버리는 일은 결코 없습니다: "하나님은 불의하지 아니하사 너희 행위와 그의 이름을 위하여 나타낸 사랑으로 이미 성도를 섬긴 것과 이제도 섬기고 있는 것을 잊어버리지 아니하시느니라"(히 6:10). "만군의 여호와가 이르노라 나는 내가 정한 날에 그들을 나의 특별한 소유로 삼을 것이요"(말 3:17)라고 여러분에게 맹세하신 하나님은 그 맹세를 반드시 지키시는 분이시기 때문에, 여러분은 하나님의 소유가 되어 있는 것입니다. "나를 바라는 자는 수치를 당하지 아니하리라"(사 49:23)고 말씀하신 하나님은 자신의 약속을 지키시는 분이시기 때문에, 여러분은 결코 수치를 당하지 않습니다. 가엾은 죄인들인 여러분이 처음으로 그리스도께로 나아올 때, 하나님의 긍휼하심을 바라보고 의지하십시오. 그러면, 여러분은 아주 제대로 하고 있는 것입니다. 그러나 여러분이 얼마간의 시간이 흘러서 그리스도와 함께 하게 되어서 성자를 통해서 성부를 알기 시작하게 되면, 여러분은 성찬의 식탁에 나아와서 "그의 거룩함을 기억하며 감사하여야" 합니다. 하나님의 은혜의 원천이자 기둥인 그의 긍휼하심의 배후에는 그의 거룩하심이 있습니다. 사랑하는 자들이여, 우리는 성찬의 식탁에 나아올 때마다, 하나님의 의로우심에 토대를 둔 소망을 기억하고서 감사합니다. 그러므로 우리는 하나님의 거룩하신 이름에 찬송을 올려드립니다.

또한, 나는 우리가 이 성찬의 식탁에 나아올 때마다, 하나님의 거룩하심은 우리가 지향해야 할 목표, 우리가 언젠가는 도달하게 될 목표라는 점에서 감사를 드려야 한다고 생각합니다. "내가 거룩하니 너희도 거룩할지어다"(벧전 1:16). "하늘에 계신 너희 아버지의 온전하심과 같이 너희도 온전하라"(마 5:48). 나는 종종 우리의 젊은 친구들에게 그들이 교회에 나오게 되어서 온전하게 되었느냐고 묻습니다. 그들은 눈이 휘둥그레져서 나를 쳐다보고는 "아니요, 절대 그렇지 않아요!"라고 말합니다. 그때 내가 "너희는 온전해지고 싶으냐?"라고 물으면, "그럼요, 그것이 우리가 바라는 천국, 죄로부터 완전히 자유로운 천국이니까요"라고 말하며 그들의 눈은 기쁨으로 빛납니다. 우리가 죄로부터 벗어나 있을 수 있다면, 우리는 슬픔이나 질병, 고통이나 박해, 또는 그런 종류의 것들에 신경을 쓸 필요가 없게 될 것입니다.

"죄 사함을 받으면, 나는 안심입니다. 죄가 극복된다면, 나는 온전히 행복합니다." 이것은 모든 신자들에게 언젠가는 이루어질 것이지만, 이 땅에서는 아닙니다. 내가 지금까지 만났던 사람들 중에서 자기가 온전하다고 말한 사람들이 있었지만, 나는 그들이 온전하지 않았다는 것을 분명하게 말할 수 있습니다. 내가 그들과 5분 정도만 얘기해 보면, 그들이 온전하지 못하다는 것이 그대로 드러났습니다. 그러나 사랑하는 여러분, 우리는 언젠가는 온전해지게 될 것입니다. "너희 안에서 착한 일을 시작하신 이가 그리스도 예수의 날까지 이루실 줄을 우리는 확신하노라"(빌 1:6). 여러분은 지금 토기장이의 녹로 위에 있는 아직 완성되지 않은 그릇과 같습니다. 여러분은 진흙 상태에 있고, 저 크신 토기장이께서는 자신의 손으로 여러분을 만들어가고 계십니다. 여러분은 아직 절반도 완성되지 못하였지만, 토기장이이신 하나님은 여러분을 결코 내던져 버리지 않으십니다. 하나님은 귀히 쓸 그릇을 만들기 시작하고 나서 그 일을 중단하시는 법이 없으시고, 자기가 시작하신 일을 반드시 끝까지 완성시키십니다. 언젠가 여러분과 나는 하나님이 온전히 완성시키신 작품의 일부로서 함께 서게 될 것이고, 그때에 하나님은 "심히 좋다"(창 1:31)고 말씀하시게 될 것입니다. 그러므로 우리는 이 성찬의 식탁에 나아올 때에 우리 자신의 온전하지 못한 것들을 생각할 때에는 탄식이 나올지라도, 우리가 장차 참여하게 될 하나님의 거룩하심을 생각하고서 찬송하며 나아와야 합니다:

"오, 영광스러운 시간이여! 오, 지극히 복된 자리여!
　　내가 내 하나님께 더 가까이 가네."

어린아이들은 장차 아버지의 형상을 닮게 될 것이고, 형제들은 장자(長子)의 영광을 닮게 될 것입니다. 그러므로 "주의 성도들아 여호와를 찬송하며 그의 거룩함을 기억하며 감사하라."

3. 셋째로, 본문은 성찬에 나아오기에 합당한 자들이 누구인지를 보여줍니다.

본문이 성찬에 아주 적합한 것은 본문이 말하고 있는 사람들이 바로 이 성찬의 식탁에 나아와야 할 사람들이기 때문입니다: "주의 성도들아 여호와를 찬송하며."

먼저, 이 식탁으로 나오는 사람들은 "성도들"이어야 합니다. 어떤 사람은 "아, 내가 오늘 오후에 누구를 '성도'라고 불렀는데"라고 말합니다. 아마도 당신은 그 호칭을 추악한 것이라고 생각하고 있었던 것입니다, 그렇지 않은가요? 하지만 좋습니다. 당신이 마음 내키는 대로 나를 그런 호칭으로 부르는 것을 나는 전적으로 환영합니다. 다만 나는 그 호칭이 사실임을 당신이 증명해 주기를 바랍니다. 한 사람이 그리스도인을 시궁창으로 떠밀고서는, "존 번연아, 이걸 하나님의 섭리로 받아들여라"고 말했답니다. 그 그리스도인이 뭐라고 했을 것 같습니까? 웬걸, 그 그리스도인은 모자를 벗고서 정중히 이렇게 말했답니다: "당신이 나를 그런 호칭으로 불러준다면, 나를 또다시 시궁창으로 떠밀어도 괜찮습니다. 나는 그런 칭찬을 받는 게 너무나 만족스럽습니다." 당신이 어떤 사람을 "성도"라고 부름으로써, 그 사람에게 앙갚음을 해줬다고 생각하십니까? 그렇다면, 왜 당신은 그 사람을 귀족이라고 부르지 않습니까? 왜 당신은 그 사람을 상원의원이라고 부르지 않습니까? 귀족이나 상원의원이라는 호칭은 "성도"라는 호칭에 비하면 정말 보잘것없는 것입니다. 나는 황제가 되거나 모든 황제를 다 합친 사람이 되는 것보다 성도가 되는 쪽을 선택할 것입니다. "성도" — 그것은 영광스러운 호칭입니다. 어떤 사람은 "아, 나는 크롬웰(Cromwell, 영국의 정치가이자 청교도, 1599-1658년)이 이끌던 성도들을 의미하는 줄 알았어요"라고 말합니다. 그렇습니까? 당신이 전투의 날에 그들이 자신의 용맹을 과시한 것이 마음에 들었든, 아니면 전투 중에서 여호와의 이름으로 외치며 "하나님이여, 일어나서 원수들을 흩으소서"라고 노래한 그들의 기개가 마음에 들었든, 아니면 그들이 전투를 마치고 진영으로 돌아가서 무릎을 꿇고 기도하며 지존자와 교제한 것이 마음에 들었든, 그들은 나쁜 부류의 무리는 아니었으니, 당신이 그렇게 말하는 것도 나쁘지는 않습니다. 그러나 나는 크롬웰의 성도들에 대해서 말하는 것이 아니기 때문에, 그들에 대해서는 더 이상 말하고 싶지 않습니다. 내가 말하는 것은 모든 그리스도인이 마땅히 그렇게 되어야 할 존재로서의 "성도"입니다. "성도"는 거룩한 자, 거룩함에 이르는 것을 목표로 삼아 나아가는 자, 하나님을 섬기고 하나님께 영광을 돌리기 위하여 구별된 자를 의미합니다. 성도들은 하나님이 그들을 거룩하게 하셨기 때문에 하나님의 거룩하심을 기억하고 감사하여야 하는 사람들입니다. 그들은 정욕을 따라 썩어저 가는 것을 피하여 하나님의 성품 또는 본성에 참여하는 자들이기 때문에 성도들이라 불립니다. 그리고 그들은 주의 식탁으로 나아가야 하는 사람들입니다.

　　그러나 그들은 단순히 성도들인 것이 아니라 "주의 성도들"이라는 것을 주목하십시오. 이것은 그들이 로마의 성인(聖人)들이 아니라 하나님의 성도들이라는 것을 의미합니다. 그들은 크롬웰의 성도들일 수도 있지만, 그것보다 더 좋은 것은 그들이 하나님의 성도들이라는 것입니다. "주의 성도들아." 즉, 그들은 하나님이 성도로 만드신 자들이라는 것입니다. 왜냐하면, 하나님이 그들을 성도로 삼으시기 전에는, 그들은 큰 죄인들이었기 때문입니다. 그들은 하나님이 지키시는 성도들입니다. 왜냐하면, 하나님이 그들을 지키시지 않으면, 그들은 금방 또다시 죄인이 되고 말 것이기 때문입니다. 그들은 하나님을 섬기도록 징집되어서 하나님의 깃발 아래에서 복무하며 죽기까지 하나님께 충성하도록 부르심 받은 성도들입니다. 그들은 "주의 성도들"입니다. 즉, 그들은 주님이 자신의 보배로운 피로 사신 성도들, 주님이 아주 큰 대가를 치르시고 사서 영원히 자신의 소유로 삼으신 성도들입니다. 그들은 주님이 자신의 모든 거룩한 자들과 함께 나타나실 그 날에 주님과 함께 있게 될 성도들입니다. 그러므로 "주의 성도들아 여호와를 찬송하라." 하나님이 당신을 거룩하게 하셨다면, 그리고 당신이 그리스도께 속하여 거룩하다면, 당신의 마음은 찬송하는 것이 마땅합니다. 모든 의심을 떨쳐 버리고, 모든 두려움을 던져 버리고, 모든 슬픔을 잊으십시오. "주의 성도들아 여호와를 찬송하라."

또한, 본문에서 말하고 있는 이 사람들, 성찬의 식탁으로 나아오는 것이 마땅한 그런 부류의 사람들은 하나님께 감사하는 성도들입니다. 그들은 "그의 거룩함을 기억하며 감사"합니다. 감사를 드릴 것이 없는 사람은 주의 식탁에 앉아 있어서는 안 됩니다. 왜냐하면, 이 식탁은 감사를 드린다는 것을 의미하는 '유카리스트'(Eucharist)라 불리기 때문입니다. 성찬은 처음부터 끝까지 감사를 드리기 위한 것입니다. 예수께서는 떡을 가지시고 감사를 드리셨습니다. 마찬가지로, 예수께서는 잔을 가지시고 감사를 드리셨습니다. 그러므로 "주의 성도들아 여호와를 찬송하라." 주의 식탁에 제대로 나아가고자 한다면, 우리는 감사하는 성도여야 합니다.

마지막으로, 주의 식탁에 나아오는 사람들은 찬송하는 성도들이어야 합니다. "슬퍼하는 성도들은 나아와서는 안 됩니까?" 아, 아닙니다. 나아오십시오. 환영합니다. 그러나 찬송하는 법을 배우십시오. "연약하고 가녀린 성도들은 나아와서는 안 됩니까?" 아, 아닙니다. 그러나 그런 분들은 계속해서 연약하고 가녀린 상태에 머물러 있어서는 안 됩니다. "탄식하며 신음하는 성도들은 나아와서는 안 됩니까?" 아닙니다. 그런 분들도 원하기만 하면 나아와도 됩니다. 그러나 당신이 그리스도의 품에 당신의 머리를 누이고서 그의 살과 피를 먹을 때에 탄식하며 신음하는 것은 어울리지 않습니다. 당신이 그리스도를 먹기 시작하면, 당신의 모든 탄식과 신음은 그치는 것이 마땅합니다. 나는 더 많은 하나님의 백성들이 찬송하는 데에 동참하게 되기를 바랍니다. 나는 진정으로 찬송하는 성도들이었던 몇 분을 알고 있습니다. 나는 아주 어린 시절에 알았던 한 노신사 분을 기억합니다. 그가 아침에 일어나자마자 가장 먼저 한 일은 세수하며 옷을 입는 동안에 계속해서 찬송을 부르는 것이었습니다. 그는 계단을 내려가면서도 찬송을 불렀기 때문에, 가족들은 찬송 소리를 듣고서, 그가 아직 계단을 내려가고 있는 것을 알았습니다. 그는 길거리를 걸으면서도 약간 민요조로 찬송을 흥얼거리곤 했고, 사람들은 웃으며, "모(謀) 할아버지가 또 찬송하며 지나가시는구나"라고 말하였습니다. 그 누구도 그 선한 노신사가 찬송하는 것을 막을 수 없었습니다. 왜냐하면, 그는 한 곡의 찬송이 끝나면 또 다른 곡을 불렀고, 어떤 사람이 그를 저지하면, 마음속으로 계속해서 찬송하다가, 다시 소리 내어 찬송할 수 있게 되자마자 또다시 찬송을 불렀기 때문입니다.

오늘날에는 찬송을 많이 하는 성도들이 없습니다. 지난 주일 아침에 나는 예배당 저쪽 끝에 구조대원이 앉아 있는 것을 알아차렸는데, 내가 기도하기 시작하자마자 그 형제가 "아멘!"이라고 말하기 시작하였습니다. 누군가가 그를 제지하였고, 나는 나 자신과 회중을 위해서 매우 유감스럽게 느꼈다고 말하지 않을 수 없습니다. 그러나 예배가 끝난 후에, 그 형제와 그의 친구들은 자기들에게 설교 말씀이 그대로 생생하게 들어왔다고 말하였습니다. 그렇다면, 그들을 제외한 우리는 얼마나 죽어 있는 사람들이었습니까! 그 형제는 "하나님께 영광을!" 또는 "할렐루야!"라고 소리치는 것이 몸에 배어 있는 열렬한 감리교도였습니다. 그는 소리치지 않을 수 없었다고 말하였습니다. 우리 친구들 중의 한 사람은 내게 "만약 내가 지난 주일 아침에 '할렐루야'라고 말하지 않았다면, 나는 가슴이 터져 버렸을 것임에 틀림없다"고 말하였습니다. 나는 사람들이 그런 상태가 되는 것을 좋아합니다. 사람들이 종종 침묵을 깨고 "하나님께 영광을!"이라고 소리친다면, 어쨌든 그것은 가슴이 터져 버리는 것보다는 좋지 않겠습니까! 사람들이 가슴이 너무 벅차서 터져 버릴 것 같이 느끼게 되는 것은 하나님의 큰 은혜입니다. 세상 사람들은 하나님이 주신 기쁨들이나 하나님의 백성이 누리는 특권들보다 훨씬 못한 것들에 대해서도 즉시 찬사와 기쁨을 나타냅니다. 그러므로 "주의 성도들아 여호와를 찬송하며 그의 거룩함을 기억하며 감사하십시오." 자, 그러면 우리 모두가 자리에서 일어나서 다음과 같은 찬송을 부르는 것으로 나의 설교를 끝마치고자 합니다:

> "예수 이름의 능력을 우리 모두 환호하며
>   천사들이 무릎 꿇고 엎드리는 가운데
>   만유의 주께 금면류관을 드리세."

제
33
장

—

하나님의 크신 선하심에 대하여 다윗이 느낀 거룩한 경이감

—

"주를 두려워하는 자를 위하여 쌓아 두신 은혜 곧 주께 피하
는 자를 위하여 인생 앞에 베푸신 은혜가 어찌 그리 큰지요."
— 시 31:19

여러분은 이 시편을 읽으실 때에 다윗이 깊은 고뇌 속에 있었다는 것을 알
게 되실 것입니다. 이 시편은 그의 비탄에서 나온 말들입니다: "내 일생을 슬픔
으로 보내며 나의 연수를 탄식으로 보냄이여 내 기력이 나의 죄악 때문에 약하
여지며 나의 뼈가 쇠하도소이다 내가 모든 대적들 때문에 욕을 당하고 내 이웃
에게서는 심히 당하니 내 친구가 놀라고 길에서 보는 자가 나를 피하였나이다
내가 잊어버린 바 됨이 죽은 자를 마음에 두지 아니함 같고 깨진 그릇과 같으니
이다"(10-12절). 이러한 절망적인 상황 속에서 그는 마치 선원이 키를 돌려서 암
초를 피하듯이 자신의 생각을 현재의 괴로움에서 하나님의 선하심으로 돌림으
로써 위로를 발견하였습니다. 이 점에서 그는 지혜로웠고, 우리에게도 어떻게
하는 것이 지혜로운 것인지를 가르쳐 주었습니다. 우리의 슬픔들을 곰곰이 생각
하고 반추하면, 슬픔만 더 커질 뿐입니다. 그 슬픔들을 생각하고 또 생각하고 거
듭 생각하는 것은 오직 그 슬픔들 안에 있는 지독하게 쓴 것들을 짜내는 것일 뿐
입니다. 흙탕물을 휘저을수록, 물은 더욱 검어집니다. 그러므로 당신의 생각에

서 벗어나십시오. 다른 시장에 가서 거기에서 거래를 하십시오. 당신을 압박하는 슬픔을 당신을 붙들어줄 위로와 바꾸십시오. 하나님의 놀라운 선하심에 대하여 묵상하는 것보다 우리에게 소망을 불어넣어 주기에 더 좋고 고상한 주제가 어디 있으며, 우리의 마음을 더 높이 들어 올려줄 지렛대가 어디 있겠습니까?

한 위대한 의사는 사람들이 잠을 이루기가 아주 힘들 때에는, 한 가지 숭고한 주제, 한 가지 완전히 몰입할 수 있는 주제, 많은 것을 아우르는 최고의 주제에 마음을 집중하면, "지친 영혼을 회복시켜 줄 달콤한 것"에 안겨서 편안하게 잠들 수 있다고 말한 적이 있습니다. 마음은 완전히 묵상에 빠져들자마자 쉼을 얻게 되고 육신도 쉼을 얻습니다. 나는 어떻게 해서 그렇게 되는지는 알지 못하지만, 분명한 것은 하나님이 잡념이 일어서 쉽게 잠들지 못하는 "그의 사랑하시는 자에게 잠을 주시기"(시 127:2) 위하여 그의 영혼을 달래서 고요히 잠들게 하실 때, 하나님이 괴로워하는 영혼에게 주실 수 있는 수면제들 중에서 여호와 우리 하나님의 놀라운 선하심을 묵상하는 것보다 더 좋은 것은 없다는 것입니다. 또는, 다른 비유를 사용하자면, 젊은이들이 처음으로 배를 타고 바다로 나갈 때, 전에 높은 곳에 올라가는 데에 익숙해 있지 않은 경우에는, 돛대 위로 올라가서 일을 하면 현기증을 느끼기 쉽습니다. 그럴 때면 노련한 선장은 그들에게 "위를 쳐다보라"고 가르쳐 줍니다. 왜냐하면, 그들이 아래를 보는 경우에는, 돛대 위가 얼마나 높은지를 생각하고 겁을 먹게 되고, 배에 부딪치는 파도들과 배가 요동하는 것에도 두려움을 느끼게 되며, 자기가 붙잡은 것을 놓쳐서 떨어지면 어쩌나 하는 공포가 생기게 되어서, 돛대 위에서 추락할 위험성이 아주 높아지기 때문입니다. 그러나 아무런 움직임도 없는 별들과 고요하고 푸른 하늘을 쳐다보노라면, 두뇌는 점차 안정을 찾게 되고, 발도 자신의 발판을 안정적으로 딛고 있을 수 있게 됩니다. 그러므로 우리는 오늘 밤 괴로움의 바다 위에서 이리저리 떠밀리는 분들에게 다윗의 모범을 본받아서 "위를 쳐다보라"고 말하고 싶습니다. 당신을 비방하는 자와 박해하는 자에게서 당신의 생각을 거두십시오. 당신을 열받게 한 것들과 당신이 처한 곤경들을 잠시 잊으시고, 여호와의 인자하심을 기억하십시오. 여러분의 마음을 늘 위로 향하게 하는 것은 거의 불가능할 것이지만, 지금 이 자리에 있는 동안만이라도 여러분의 눈을 위로 들어서 도움이 오는 저 산들을 바라보십시오. 하나님의 성령으로 말미암아 여러분의 눈이 하나님의 선하심에 고정되어서, 여러분이 그 영광스러운 분에게서 눈을 뗄 수 없을 정도로 빠져 있게 되었다면, 그것은 여러분에게 행복한 일이 될 것입니다. 그것은 여러분으로 하여금 모든 시련들을 넉넉히 감당하게 해주고, 바위에서 꿀을, 아주 단단한 바위에서 기름을 뽑아낼 수 있게 해줄 큰 복이 될 것입니다.

자, 이제 본문을 주의 깊게 보십시오. 다윗은 하나님의 선하심을 묵상하다가, 경이감에 빠져들어서, 자신의 감정을 표현할 길이 없어서 "주의 은혜가 어찌 그리 큰지요"라는 감탄밖에는 나올 수 없었던 그런 상황에 이르렀습니다. 먼저, 우리는 본문에 언급된 거룩한 경이감의 대상에 대해서 살펴볼 것입니다. 둘째로, 우리는 이 하나님의 선하심에 참여하는 자들에 대해서 살펴볼 것입니다. 셋째로, 우리는 하나님의 선하심에 대한 우리의 경탄을 강화시켜 주는 것들이 어떤 것들인지, 그 몇 가지를 살펴보고자 합니다. 넷째로, 우리는 이 주제 전체로부터 흘러나오는 여러 가지 가르침들을 살펴볼 것입니다.

1. 첫째로, 거룩한 경이감의 대상은 "주의 선하심"입니다.

본문을 보면, 우리는 하나님의 선하심은 쌓여 있는 것과 이미 어느 정도 나타난 것, 이렇게 두 가지 측면이 있다는 것을 알게 됩니다: 첫 번째는 "주께서 쌓아 두신 은혜가 어찌 그리 큰지요"로 표현되어 있고, 두 번째는 "주께서 인생 앞에 베푸신 은혜가 어찌 그리 큰지요"로 표현되어 있습니다.

1) 우리는 경건한 마음으로 첫 번째를 살펴보겠습니다. 다윗은 자기가 아직 맛보지 않고 실제로 받지는 않았지만, 믿음의 눈으로 바라보았을 때에 확실한 유업으로 쌓여 있다는 것을 깨달은 하나님의 선하심에 깜짝 놀랍니다. 본문이 담고 있는 정서는 웨어링(Waring) 여사가 자신의 기쁜 찬송 중에서 다음과 같이 찬탄하였을 때의 정서입니다:

> "오랫동안 즐겨 부르던 노래들에 익숙해진
> 내 입에 '새 노래'가 있다네.
> 내가 아직 맛보지 않은 모든 은혜로 인해
> 주께 영광 돌리네."

우리는 장차 주어질 은혜, 쌓여 있는 선하심, 선한 요셉이 기근의 때가 올 때까지 곳간에 간직해 두고 계시는 곡식, 샘에서 흘러나오고 있지만 아직 평지로 흘러나가지 않은 물, 우리에게 장차 필요하게 될 물로 인하여 하나님을 찬송합니다. 그리스도인들이여, 하나님이 자기를 경외하는 자들을 위하여 쌓아 놓으신 것들을 생각하십시오. 먼저, 하나님이 자기 백성을 택하시고 그들을 위하여 큰 뜻을 예비해 놓으셨을 때에 자신의 영원한 계획 속에서 얼마나 많은 것들을 쌓아 두셨는지를 생각하십시오: "만군의 여호와가 이르노라 나는 내가 정한 날에 그들을 나의 특별한 소유로 삼을 것이요"(말 3:17). 하나님이 자기 백성들을 택하신 사랑, 그리고 그 영원한 샘으로부터 솟아나오는 모든 결과들을 생각하십시오. 여기에 여러분이 평생 동안 경이로워 해야 할 주제가 있습니다:

"아버지여, 땅의 기초가 놓이기 오래 전에
주는 그 사랑 때문에 우리를 아셨니이다.
예수에 대한 바로 그 사랑이
저항할 수 없는 감미로운 능력으로 우리를 이끌었고
지금 우리를 안전하게 지키고 있고
앞으로도 영원토록 지키리이다.

사랑의 하나님, 우리 영혼이 주를 경배하나이다!
우리가 주의 은혜를 선포하리니
주 앞에 우리의 면류관들을 드릴 때까지니이다.
우리가 영광 중에 주의 이름을 찬송하니
하나님과 그 어린 양께로다 할렐루야!"

주의 선하심이 주의 성도들의 것이라고 주의 영원하신 계획이 정하였고, 영원한 작정하심이 그렇게 정하였으니, 주의 선하심이 얼마나 큰지요! 왜냐하면, 주께서는 주의 지극히 지혜로우시고 주권적이신 뜻에 따른 계획대로 그것을 정하셨기 때문입니다. 우리를 택하시고 우리로 그 아들의 형상을 닮게 하시기로 예정하셔서, 그 아들로 많은 형제들 중의 장자가 되게 하시고, 우리는 그 아들의 형상으로 변화될 복된 형제들이 되게 하신 주의 선하심이 얼마나 큰지요!

은혜의 언약 속에 쌓아 두신 하나님의 선하심이 얼마나 큰지요! 하나님은 우리 대신에 우리의 머리 되시는 주 예수와 언약을 맺으시는 방법으로 우리에게 복주시기로 작정하셨습니다. 나의 사랑하는 형제들이여, 하나님이 은혜의 언약 속에서 우리에게 예비해 두신 보화들을 여러분에게 일일이 다 설명하고자 한다면, 그것은 불가능한 시도가 될 것입니다. 그 목록에 들어갈 것들은 이루 헤아릴 수 없이 많습니다. 보십시오. 하나님은 자신의 영원한 사랑의 언약 속에서 여러분에게 모든 것을 주셨습니다. 왜냐하면, 현재의 것들이나 장차 있을 것들, 생명이나 사망, 시간이나 영원을 비롯해서 모든 것이 여러분의 것이고, 하나님 자신이 여러분의 것이기 때문입니다. "나는 그들의 하나님이 되고 그들은 내 백성이 되리라"(겔 37:27). 아버지 하나님은 당신의 아버지이십니다. 하나님의 아들은 당신의 형제이십니다. 하나님의 성령은 당신과 함께 영원히 거하는 당신의 위로자이십니다. 은혜의 언약이라는 저 금궤 속에는 영원하신 이의 모든 부요함이 택함 받은 자들을 위해 쌓여 있습니다. 다윗은 성전을 위해 많은 것들을 쌓아 두었지만, 예수께서는 자신의 교회를 위하여 훨씬 더 많은 것들을 쌓아 두셨습니다. 야곱은 요셉에게 형제들보다 한 분깃을 더 주었지만, 우리의 천부께서는 모든 권속들에게 상상을 초월하는 유업을 주셨습니다. 천사들이나 정사들이나 권세들조차도 영원한 언약 속에 쌓여 있는 저 한없이 부요한 복을 온전히 측량할 수 없습니다.

또한, 하나님께서 자기 아들 안에 쌓아 두신 것들, 지금은 그 아들 안에서 우리에게 더 분명하게 계시되고 드러나서, 우리가 더 쉽게 참여할 수 있게 된 바로 그 보화를 생각하십시오. 옛적의 법궤 속에는 만나를 담은 황금 단지와 그 밖의 다른 여러 가지 기이한 물건들이 들어 있었습니다. 그렇다면, 우리의 언약궤이신 주 예수 그리스도 안에는 무엇이 들어 있습니까? 그리스도 안에는 여러분에게 필요한 모든 것이 들어 있습니다. 당신의 모든 죄에 대한 사하심, 그리스도의 희생제사를 믿는 믿음으로 말미암는 칭의, 그리스도의 죽음으로 말미암은 영원한 생명이 거기에 들어 있습니다. 당신을 거룩하게 하는 능력이 예수의 피 안에 있습니다. 당신을 지키시고 보호하시는 것이 그리스도의 손 안에 있습니다. 당신이 하나님께 열납되는 것이 그리스도에게 달려 있습니다. 당신의 주이신 예수 그리스도의 마음으로부터 날마다 당신을 위한 중보기도가 올라가고, 그리스도는 황금 보좌 앞에서 끊임없이 당신을 대변하십니다. 당신이 지금 있는 곳으로부터 지극히 높으신 이의 오른편에 이르기까지 그 여정 전체를 위해서 당신에게 필요한 모든 것이 그리스도 안에 마련되어 있습니다. 당신은 그리스도 안에서 온전합니다. "아버지께서는 모든 충만으로 예수 안에 거하게 하시고"(골 1:19). 당신이 그리스도의 백성 중에서 가장 보잘것없는 자라고 할지라도 그리스도를 경외하고 의지하기만 한다면, 당신에게 필요한 온갖 은혜와 약속된 영광이 주 예수 그리스도의 인격과 사역과 직임들과 관계들에 마련되어 있습니다.

　　사랑하는 여러분, 성령의 사역과 직임과 임무 속에 당신을 위해 마련되어 있는 것들을 생각해 보십시오. 여러분은 성령이 무엇을 할 수 있는지를 아직 알지 못하고 있습니다. 성령으로 말미암아 여러분은 거듭났습니다. 성령으로 말미암아 여러분은 사망에서 생명으로 옮겨졌습니다. 성령으로 말미암아 여러분은 하나님의 진리에 대하여 가르침을 받아왔습니다. 성령은 여러분에게 하나님께 속한 것들을 계시해 주셨습니다. 성령으로 말미암아 여러분은 기도 중에 조명을 받고 힘과 위로와 도움을 읽있습니다. 그러나 여러분 중에서 성령이 히실 수 있는 모든 것들을 다 아는 사람은 아무도 없습니다. 우리가 하나님의 풍성한 은혜를 받고 산 사람들을 보거나, 그들의 천상의 전기들을 읽거나, 그들이 하나님과 동행하며 땅에서 태어난 죽을 인생들의 공통적인 운명을 넘어서는 삶을 산 것을 볼 때, 우리는 하나님의 은혜가 오직 그들에게만 독점적으로 주어진 것이 아님을 기억하여야 합니다. 그들이 먹은 떡은 하나님의 모든 권속에게도 똑같이 주어집니다. 가장 훌륭한 신앙인들이 어떤 은혜를 받아 살았든, 여러분도 그런 은혜를 받을 수 있고 그것보다 더 많은 은혜를 받을 수 있습니다. 우리가 뛰어난 순교자들, 박해에 굴하지 않고 신앙을 지켰던 사람들, 사도들, 성인들 속에서 보는 것들을 통해서 하나님의 능력이 성령 안에서 얼마나 풍성하게 나타났는지를 살펴보면, 우리는 이 시편 기자와 마찬가지로 주께서 "주를 두려워하는 자를 위하여 쌓아 두신 은혜" 또는 선하심이 "어찌 그리 큰지요"라고 외치지 않을 수 없게 됩니다. 신자들이 성령의 능력으로 충만해지기만 한다면, 그들은 얼마나 행복하고 복되고 거룩한 능력을 지닌 자들이 되겠습니까! 나의 사랑하는 친구들이여, 여러분이 도달해 있는 수준이 그리스도인이 도달할 수 있는 최대의 수준이라고 착각하지 마십시오. 하나님께서 여러분에게 주시고자 하시는 모든 것들을 여러분이 이미 얻었다고 생각하지 마십시오. "너희가 하나님 안에서 좁아진 것이 아니라 오직 너희 심정에서 좁아진 것이니라"(고후 6:12). 좀 더 높은 수준의 성화가 존재합니다. 우리 중 대다수가 지금 알고 있는 것보다 하나님과 더 가까이 교제할 수 있는 길이 열려 있습니다. 성령 안에 쌓여 있는 보화들은 우리가 상상할 수 있는 것보다 훨씬 더 어마어마할 것입니다.

나는 여기에서 우리가 종종 하나님을 두려워(경외)하는 자들에게 하나님이 쌓아 두신 모든 은혜들 중에서 가장 큰 은혜는 우리가 죽고 나서 우리에게 임할 은혜라고 잘못 생각하고 있다는 것에 대해서 잠시 살펴보고자 합니다. 나는 우리에게 이미 주어진 영원한 사랑은 그 사랑에 따른 모든 결과들보다 더 큰 것이기 때문에, 우리가 죽고 나서 우리에게 임하게 될 은혜가 가장 큰 은혜라는 생각에 동의할 수 없습니다. 나의 형제들이여, 담대하십시오. 밤은 영원히 지속되는 것이 아닙니다. 아침은 반드시 오게 되어 있습니다. 여러분에게 계명성이 보이지 않습니까? 아침이라는 암사슴이 어둠의 언덕들 너머에서 껑충껑충 뛰어오는 것이 여러분에게는 보이지 않습니까? 주 예수 그리스도께서는 "가서 너희를 위하여 거처를 예비하면 내가 다시 와서 너희를 내게로 영접하여 나 있는 곳에 너희도 있게 하리라"(요 14:3)고 말씀하셨습니다. 천년왕국의 영광이 어떤 것이든, 우리는 거기에 참여하게 될 것입니다. 나는 하나님의 말씀이 장차 있을 영광에 대하여 많은 것들을 내게 계시해 주는 것으로 보이지만, 우리 중 그 누구도 그것을 명확한 형태로 그리거나 "그 예언이 의미하는 것은 바로 이런 것이다"라고 확실하게 말할 수 없는 방식으로 계시해 준다는 것을 고백합니다. 장차 있을 영광은 너무나 어마어마한 것이어서, 우리가 자세하게 알 수 없습니다. 그 영광은 너무나 밝은 빛이어서, 그 빛나는 광채들을 헤아리고자 그 영광을 보는 자들은 눈이 멀어 버리기 때문에 볼 수가 없습니다. 그러나 세상이 지금까지 결코 보지 못했던 그런 영광, 아론의 지팡이가 애굽 요술사들의 지팡이들을 다 삼켜 버렸듯이(출 7:12), 세상의 모든 나라들을 다 삼켜 버릴 그런 나라가 장차 올 것입니다. 햇빛은 일곱 배가 되어 일곱 날의 빛과 같이 빛을 발하기는 하겠지만(사 30:26), 그 햇빛보다 더 밝은 영광이 장차 임할 것입니다. 영원토록 가장 밝게 빛나는 영광이 임할 것이고, 신자들은 모두 다 그 영광에 참여하게 될 것입니다. 하나님의 백성들 중 일부는 이 영광에 참여하지 못하게 될 것이라고 가르치는 사람들은 "진리에서 떠나 많은 근심으로써 자기를 찌르는"(딤전 6:10) 자들이라고 나는 생각합니다. 하나님이 자기 백성 모두에게가 아니라 그 일부에게 어떤 것을 주시는 일은 결코 없습니다. 하나님의 백성은 모두 다 그리스도와 함께 있어서, 그리스도의 영광을 보게 될 것입니다. 그들은 모두 자신의 분깃을 갖게 될 것인데, 하나님이 자기를 경외하는 자들을 위해 쌓아 두신 온갖 좋은 것들에 대한 각자의 분깃은 동일할 것이라고 나는 생각합니다. 그것들이 무엇이든지 간에 ― 그것들은 말로 표현할 수 없을 정도로 너무나 풍부하고 진귀해서 그 어떤 화려한 말로도 묘사할 수 없습니다 ― 우리는 그것들에 대하여 두려움 없이 "주의 은혜가 어찌 그리 큰지요"라고 말할 수 있습니다. 그러므로 영원한 삶이 지닌 영광들을 깊이 생각해 보십시오. "젖과 꿀이 흐르는 황금성 예루살렘"을 생각해 보십시오. 여러분의 믿음을 지켜서, 그 믿음이 여러분을 그 날개 위에 태워서 저 보석들로 치장된 도성으로 데려다 주게 하십시오:

> "그들은 저 시온의 전당들에 서서
> 기뻐 찬송하네.
> 그 곳은 많은 천사들이 빛을 발하며,
> 모든 순교자가 모여 있는 곳이라네."

저 수많은 거할 곳들, 안식의 항구, 거룩함이 있는 성소, 행복의 본향, 온전함의 봉우리, 사랑의 처소, 왕의 궁정, 큰 왕의 보좌 ― 여러분은 그 곳으로 높이 날고 싶지 않으십니까? 여러분은 저 좋은 본향을 갈망하지 않습니까? 여러분의 마음과 목소리가 너무나 기다리던 기쁨에 벅차오르지 않습니까? "주를 두려워하는 자를 위하여 쌓아 두신 은혜가 어찌 그리 큰지요"라고 소리쳐야 여러분의 벅찬 가슴이 좀 진정되지 않겠습니까?

사랑하는 친구들이여, 이 주제를 끝내기 전에, 우리는 하나님이 우리를 위해 쌓아 두신 것들을 기뻐하고 즐거워하는 것이 마땅합니다. 우리가 오직 경험한 것만을 기뻐하고 즐거워한다면, 그것은 애석한 일입니다. 왜냐하면, 그렇게 하게 되면, 유감스럽게도 우리가 찬송할 제목들이 좁아질 것이기 때문입니다. 우리는 지금 아주 얕은 것들만을 경험하고 있을 수 있기 때문에, 거기에 얽매이지 말고, 하나님 안에 쌓여 있는 것들을 기뻐하고 즐거워하여야 합니다. 나는 현재의 나의 모습을 기뻐할 수 없다면, "우리가 장래에 어떻게 될지는 아직 나타나지 아니하였다"(요일 3:2)는 것을 기억하고서, 장래의 나의 모습을 즐거워할 것입니다. 나는 지금까지의 나의 경험의 손으로 얻은 것들을 기뻐할 수 없다면, 믿음의 손으로 붙잡을 수 있는 것들을 즐거워할 것입니다. 왜냐하면, 내가 그것들을 받기에 합당한 정도로 성숙해지기까지는 더 많은 세월이 필요하겠지만, 지금에 있어서도 그것들은 나의 것이기 때문입니다.

2) 우리는 그것들이 모두 다 하나님 안에 쌓여 있는 것만은 아님을 알아야 합니다. 하나님께서 "의인을 위하여 뿌리시는" 것이 모두 다 "빛"인 것만은 아닙니다(시 97:11). 우리에게는 다 자라서 잎사귀를 낸 알곡도 일부 있습니다. 어떤 보화들은 우리가 지금 누리고 있습니다. 그러므로 우리는 다윗이 "주께 피하는 자를 위하여 인생 앞에 베푸신 은혜가 어찌 그리 큰지요"라고 말하고 있는 것을 발견합니다. 영어 성경에서는 "인생 앞에서"라는 어구가 마치 "주께 피하는 자"를 꾸미는 것처럼 보이지만, 그것은 정확한 해석이 아닙니다. 여러 가지 것들을 고려할 때에 이 구절은 "주께 피하는 자를 위하여 인생 앞에 베푸신 은혜"라고 읽어야 합니다.

하나님은 인생들 앞에서 우리를 위해 수많은 기이한 일들을 베풀어 오셨습니다. 나는 이 일들에 대해서 많은 설명을 할 필요가 없을 것입니다. 왜냐하면, 여러분은 그리스도께서 겟세마네 동산에서 땀방울이 핏방울이 되도록 기도하셨을 때, 빌라도 총독의 관저인 뜰이었던 가바다에서 채찍을 맞으셨을 때, 골고다 언덕에서 십자가에 못 박혀 죽으셨을 때에 인생들 앞에서 확실하게 이루어내신 은혜들에 대하여 자주 생각해 오셨을 것이기 때문입니다. 그것들은 정말 확실하게 이루어내신 것들이었습니다! 그리스도께서는 정말 영원한 의를 확실하게 이루어내셨습니다. 그리스도께서는 하나님의 것으로 구별된 자들을 영원히 온전하게 하셨습니다. 그리스도께서는 자신의 저 한 희생제사를 통해서 인류의 모든 죄를 대신 짊어지시고 죽으심으로써 모든 믿는 자들에게 온전한 구원을 확실하게 가져다주셨습니다. 그러므로 그것이 그리스도께서 확실하게 이루어내신 일이 아니고 무엇이겠습니까? 그리스도께서는 "다 이루었다"고 말씀하셨고, 자기가 하는 말이 무슨 의미인지를 아셨습니다. 그리스도께서는 자기가 그때에 그 자리에서 자기 백성 한 사람 한 사람의 온전한 구속(救贖)을 확실하게 이루어내셨다는 것을 아셨습니다.

그러나 이 밤에 나는 하나님이 여러분의 영혼에 대한 성령의 역사를 통해서 여러분 자신의 경험 속에서 어떤 일들을 확실하게 이루어내셨는지를 여러분에게 상기시켜 드리고자 합니다. 의심하는 그리스도인이여, 당신이 의심하고 있다는 것은 어느 정도 은혜를 받았기 때문이라는 것을 잊지 마십시오. 당신은 의심은커녕 그리스도에 대하여 생각조차 하지 않았던 그런 때가 있었습니다. 두려워 떠는 가엾은 자여, 당신은 당신 안에 생명이 없어서 두려워 떠는 것조차 할 수 없었던 때가 있었다는 것을 잊지 마십시오. 그러므로 당신이 당신 속에서 작은 은혜라도 감지할 수 있다는 사실에 대해서 감사하십시오. 하나님께서 행하신 일들을 외면하려 하지 마십시오. 당신이 지금 가지고 있는 것들에 대하여 감사하십시오. 내가 자주 여러분에게 했던 말을 기억하십시오. 별빛에 감사하십시오. 그러면, 여러분은 달빛을 얻게 될 것입니다. 달빛에 감사하십시오. 그러면, 하나님은 여러분에게 햇빛을 보내주실 것입니다. 우리는 아주 작은 하나님의 은혜에 대해서도 소중히 여겨야 합니다. 우리는 자주 우리가 지금 가지고 있는 것들에 대해서는 별 것 아니라고 생각하고서는, 우리가 온전하지 못하다고 생각하여 많이 슬퍼합니다. 물론, 우리는 어느 정도는 그렇게 하는 것이 마땅합니다. 그러나 그렇게 하는 것이 지나치면 좋지 않습니다. 우리는 하나님이 베푸신 것들을 생각하고 감사하며 그의 이름을 송축함으로써, 더 많은 것을 구할 수 있는 믿음의 담력을 얻어야 합니다. 나는 나의 수많은 불완전한 것들과 결점들에도 불구하고, 내 영혼 속에서 하나님의 이름에 대한 나의 사랑을 감지할 수 있다는 것에 대하여 하나님을 송축합니다. 나는 하나님의 영광을 높여드리고자 하는 소원을 내 안에서 감지합니다. 한 가지 내가 아는 것은 내가 전에는 눈이 멀어 있었지만 지금은 본다는 것입니다. 나는 나의 죄악된 모습을 보고, 나의 연약함을 보며, 그리스도가 내게 꼭 필요한 구주이시고, 나는 온 마음을 다하여 그를 의지하고 있다는 것을 봅니다. 그런데 그런 내가 어떻게 이 모든 것에 대하여 감사하지 않을 수 있겠습니까? 이것들은 자연이 내게 줄 수 있는 것들과는 비교할 수 없는 것들이 아닙니까? 여러분이 내가 방금 여러분 앞에서 말했던 것과 같은 그런 표현들을 정직하게 사용할 수 있다면, 가장 깊은 겸비함 가운데서 즐거워하고 기뻐하며 감사하십시오. 여러분의 내면에 주신 은혜를 감사하시고, 이렇게 말하십시오: "오, 이것은 얼마나 놀라운 일인가. 죽은 영혼을 살리시다니! 더러운 영혼을 그 피로 씻으시다니! 벌거벗은 영혼을 하늘의 의로 입히시다니! 길 잃은 양을 우리 속으로 데려다 놓으시다니! 탕자를 아버지의 식탁에 앉히시다니! 오, 주께서 내게 베푸신 은혜와 그 선하심이 어찌 그리 큰지요. 주께서는 나를 나의 악한 동무들로부터 건지시고, 죄악의 끈질긴 공격들로부터 건지셨으며, 전에 내가 싫어했던 것들을 사랑하게 하셨고, 전에는 내 영혼이 따분해하던 것들을 기뻐하게 하셨나이다."

그러나 형제들이여, 우리에게는 하나님이 섭리에 의한 긍휼들이라는 형태로 우리에게 베푸신 은혜를 보여주는 또다른 예도 있습니다. 하나님께서 섭리 가운데서 우리를 위해 베푸신 일들 속에서 드러난 그 은혜와 선하심이 어찌 그리 큰지요! 우리 모두는 하나님이 우리에게 아주 특별한 섭리를 베푸신 것으로 보이는 그런 일들에 대한 기억을 갖고 있습니다. 그러나 우리가 올바른 관점에서 본다면, 모든 섭리는 특별합니다. 서로 멀리 떨어져 살고 있던 아버지와 아들이 중간 지점에서 만나기로 약속하였답니다. 아들은 그 중간 지점에 도착해서 아버지를 만나서는 이렇게 말했습니다: "아버지, 저는 도중에 하나님의 아주 특별한 섭리를 만났기 때문에 하나님을 찬송하지 않을 수 없습니다. 내 말이 세 번이나 넘어져서 그때마다 내가 말에서 떨어졌는데도 이렇게 멀쩡하답니다." 그러자 아버지가 이렇게 말했습니다: "하나님께 감사할 일이로구나. 나도 아주 특별한 섭리를 만났고, 거기에 대해서 나도 하나님께 감사한단다. 내 말은 한 번도 넘어지지 않았고, 그래서 내가 무사히 여기에 도착했으니까 말이다." 여러분은 어떤 사고를 당해서 거의 죽을 뻔 했다가 살아난 경우에 그것이 하나님의 특별한 섭리라고 말합니다. 그러나 여러분이 수없이 길을 다녔는데도 한 번도 해(害)를 당하지 않았다면, 그것도 하나님의 특별한 섭리가 아니겠습니까? 우리의 눈에 보이지 않게 하나님이 베푸신 긍휼들, 즉 우리를 수많은 위험들에서 보호해 주신 일들, 우리에게 꼭 필요한 것들을 제때에 공급해 주셔서 우리로 곤경에 처하지 않게 해 주신 것들에 대해서, 우리가 하나님을 찬송하는 것이 마땅합니다. 어린 시절부터 청년을 거쳐 어른이 될 때까지 우리가 걸어온 길에 하나님의 긍휼의 꽃이 무수히 피어 있습니다! 이루 말할 수 없이 자비로우신 손길이 우리를 인도해 오셨습니다. 우리는 그 어떤 것보다도 능력 있으신 팔에 안겨서 그 길을 걸어왔습니다. 그 길을 걸어오는 동안 하나님은 단 한 번도 우리에게서 눈을 떼신 적이 없습니다. "하나님이여 주의 생각이 내게 어찌 그리 보배로우신지요 그 수가 어찌 그리 많은지요 내가 세려고 할지라도 그 수가 모래보다 많도소이다"(시 139:17-18).

아마도 당신은 이 현재의 위기와 관련해서 당신이 처해 있는 구체적인 처지 속에서 하나님의 그 어떤 은혜나 선하심도 깨닫지 못할 것입니다. 당신은 아주 가난하고 아주 고독할지 모릅니다. 그렇다고 할지라도, 당신이 하나님의 자녀라면, 당신이 처한 그런 처지가 하나님의 놀라운 사랑에 의해서 그렇게 된 것임을 깨닫게 될 날이 올 것입니다. 이것을 믿으십시오. 이것을 믿을 때, 당신은 당신이 처한 곤경 속에서 하나님께 영광을 돌릴 기회, 만약 당신이 다른 처지에 있었다면 갖게 되지 못했을 그런 기회를 갖게 됩니다. 당신이 처음을 알고 있는 것과 마찬가지로 그 끝도 알게 된다면, 당신은 당신이 부유하고 풍족한 것보다 가난하고 곤궁한 것이 더 낫다는 것을 알게 될 것입니다. 그러므로 당신이 처한 현재의 처지가 다음과 같은 영원한 노래를 부를 충분한 이유가 된다고 여기는 것이 마땅합니다:

> "세상의 그 어떤 것도 줄 수 없고 빼앗아갈 수 없는 것이 있으니
> 그것은 영혼에 비치는 고요한 햇빛과 진심 어린 기쁨이라네."

내가 본문과 관련해서 말씀드리고 싶은 다른 것들도 있지만, 나는 여러분 각자가 자신이 수금에 맞춰서 감사함으로 불타오르는 영혼의 감미로운 노래를 자원해서 자신의 주님께 드리도록 그대로 남겨 두고자 합니다.

2. 둘째로, 하나님께 은혜를 받아 그 크신 선하심을 누릴 자들은 누구입니까.

이제 나는 두 번째 대지를 아주 간략하게 여러분에게 전하고자 합니다. "주를 두려워하는 자를 위하여 쌓아 두신 은혜 곧 주께 피하는 자를 위하여 인생 앞에 베푸신 은혜가 어찌 그리 큰지요." 아시다시피, "하나님을 두려워함"이라는 어구는 특히 구약에서 경건 전체를 나타내기 위하여 사용됩니다. 그것은 단지 하나님을 두려워한다는 한 가지 덕목만을 의미하는 것이 아니고 — 여기에서 두려워한다는 것은 노예로서의 두려움을 의미하는 것이 아닙니다 — 많은 것들을 포괄하는 의미를 갖습니다. 구약에서 자기 눈앞에 하나님에 대한 두려움을 지닌 사람은 하나님을 믿고 경배하며 사랑하고, 하나님을 생각하여 악에서 떠나고, 하나님을 기쁘시게 해드리려고 선을 향하여 움직이는 사람이었습니다. 불경건한 자들은 악한 자들, 즉 그 마음에 하나님을 두지 않은 자들이었습니다. 경건한 두려움을 지닌 사람들은 부지런히 거룩한 길로 행하는 모습을 보였습니다. 그러니까 하나님을 두려워한다는 것은 경건 전체를 나타내는 데에 사용된 표현이었습니다. 또한, 그 두려움이 올바른 종류의 두려움인 경우에는, 두려움 자체는 그리스도인의 성품에서 아주 중요한 요소입니다. 그리스도인들이 지닌 두려움은 종이 갖고 있는 공포와는 전혀 상관이 없습니다. 왜냐하면, 우리는 자유자로서 "다시 무서워하는 종의 영을 받지 아니하였기"(롬 8:15) 때문입니다. 우리가 지옥에 대한 두

려움을 갖지 않게 된 것에 대하여 하나님을 찬송합니다. 신자가 지옥에 있는 것은 불가능한 일입니다. 신자가 지옥에 던져진다고 말하는 것은 구속주께서 거기에 던져진다고 말하는 것이나 다름없습니다. 그런 일은 불가능합니다. 우리는 하나님 앞에서 우리의 지위를 잃을 두려움도 갖고 있지 않습니다. 왜냐하면, 우리는 우리 자신의 공로가 아니라 우리 주 예수 그리스도의 공로를 힘입어서 하나님 앞에 서 있는 것이기 때문입니다. 예수께서 하나님 앞에 서실 수 없다면, 우리가 하나님 앞에 설 수 없게 된다는 것은 두말할 필요도 없습니다. 주님은 "내가 살아 있기" 때문에 "너희도 살아 있겠음이라"(요 14:19)고 말씀하십니다. 그렇다면, 하나님에 대하여 우리가 갖고 있는 두려움은 어떤 것입니까? 그것은 사랑하는 자녀가 자비로운 아버지에 대하여 갖는 두려움입니다. 자녀는 아버지가 자기를 죽이거나 사랑을 거두거나 집에서 내쫓으면 어쩌나 하는 두려움을 갖지 않아도 됩니다. 자녀는 그것을 더 잘 압니다. 자녀는 아버지를 너무나 신뢰하고 믿기 때문에, 그런 어처구니없는 의심들에 빠지지 않습니다. 자녀는 아버지를 사랑하기 때문에 아버지의 분노를 일으키는 것을 두려워합니다. 이것이 바로 그리스도인에게서 볼 수 있는 분위기입니다. 그리스도인은 하나님을 두려워하기 때문에, 그의 계명들을 지키고자 합니다.

그러나 여러분은 본문에서 사용된 동의어가 "신뢰하다"(한글개역개정에는 "피하다"로 되어 있음)라는 것을 눈치 채셨을 것입니다. 그러므로 하나님을 신뢰하는 것이야말로 경건의 모든 것임이 분명합니다. 하나님을 신뢰하는 사람이 하나님을 두려워하는 사람이라는 것이 사실이 아니라면, 왜 시편 기자가 "주를 두려워하는 자를 위하여 쌓아 두신 은혜 곧 주를 신뢰하는 자를 위하여 베푸신 은혜"라고 두 어구를 동격으로 표현하였겠습니까? 하나님을 두려워하는 것의 핵심은 하나님을 신뢰하는 것입니다. 왜 그렇습니까? 형제들이여, 그것은 신뢰야말로 진정으로 두려워하는 것의 뿌리이기 때문이 아니고 무엇이겠습니까! 하나님을 신뢰하는 것은 모든 진정한 경건의 뿌리입니다. "믿음이 없이는 하나님을 기쁘시게 하지 못하나니"(히 11:6). 믿음은 그 밖의 다른 모든 은혜들의 토대입니다. 믿음은 우리를 주 예수 그리스도와 진정으로 하나가 되게 해주고, 그런 후에 하나님의 은혜라는 수액(樹液)이 나무줄기인 그리스도를 통해서 가지로 흘러들어가서, 열매가 맺어지게 됩니다. 그러나 믿음을 제거해 보십시오. 그러면, 우리는 그리스도로부터 분리되기 때문에, 그 어떤 열매도 맺어질 수 없습니다. 그러므로 믿음은 뿌리이고, 경건의 실체와 요체를 다 담고 있는 씨앗이기 때문에, 하나님을 두려워하는 것의 전체를 나타냅니다.

다시 한 번 말하자면, 믿음 또는 신뢰는 경건이 참된지 그렇지 않은지를 보여주는 시금석입니다. 어떤 사람의 경건이 하나님에 대한 신뢰가 아닌 다른 그 무엇이라면, 그 사람의 경건은 참된 것이 아닙니다. 그 사람이 아주 엄격하게 예식들을 지키고 도덕적으로 아주 훌륭한 삶을 살지라도, 그가 그런 것들에 의지하고 살아간다면, 그에게는 하나님에 대한 참된 신뢰가 없는 것이고, 따라서 하나님을 올바르게 두려워하는 것도 없습니다. 그러나 어떤 사람이 하나님의 뜻을 지킴과 아울러 오직 하나님만을 의지한다면, 즉 예수의 보혈을 자신이 유일하게 의지할 것으로 여긴다면, 그는 하나님을 진정으로 두려워하는 사람이고, 하나님이 기쁘게 받으시는 경외심을 갖고 있는 사람입니다. 따라서 이렇게 신뢰하는 것은 참된 경건의 시금석이기 때문에 경건 전체를 나타내는 표현으로 사용됩니다.

게다가, 신뢰하는 것은 하나님을 두려워하는 것의 꽃입니다. 결국, 사람이 할 수 있는 가장 큰 일은 하나님을 신뢰하는 것입니다. 오늘 밤에 시간이 충분히 있기만 하다면, 나는 하나님을 신뢰하는 것이야말로 그 밖의 다른 모든 덕목들 전체를 아우르는 것임을 증명할 준비가 되어 있습니다. 이것을 다른 말로 표현하자면, 여러분이 어떠한 상황에서도 하나님에 대한 신뢰를 지니고 있다면, 온전한 사람에게 있어야 할 그 밖의 다른 모든 품성들이 그 신뢰로부터 이끌어져 나올 것입니다. 오직 그리스도를 신뢰하십시오. 그러면, 당신은 사람으로서 할 수 있는 가장 큰 일을 한 것입니다. 최고의 도덕은 그리스도를 신뢰하는 것입니다. 주님께서 친히 무엇이라고 말씀하셨습니까? 유대인들이 "우리가 어떻게 하여야 하나님의 일을 하오리이까?"(요 6:28)라고 물었습니다. 그들은 하나님의 일이라 불릴 가치가 있는 최고의 일, 하나님에 대하여 사람이 할 수 있는 최고의 일이 무엇인지를 알고 싶었습니다. 그러자 예수께서는 "하나님께서 보내신 이를 믿는 것이 하나님의 일이니라"(요 6:29)고 말씀하셨습니다. 당신이 하나님을 신뢰하며 살아왔다면, 당신은 율법의 예식들을 하나도 빠짐없이 엄격하게 지키며 살아온 사람들보다 더 큰 일을 한 것입니다. 당신이 하나님을 신뢰하며 살아왔다면, 당신은 모세의 발 앞에 엎드려 굽실거리고, 온통 연기로 가득 싸인 산 앞에서 두려워 떠는 사람들보다 더 큰 일을 한 것입니다. 그들은 모세의 발 앞에서 노예들처럼 비굴하게 설설 기지만, 당신은 적자(嫡子)로서 하나님 앞에 의젓하게 서 있습니다. 당신이 하나님의 사랑과 능력과 진리를 신뢰할 때, 당신은 율법주의자들이 죽을 힘을 다해서 애쓰고 힘써서 율법을 지키는 것보다 훨씬 더 큰 충성을 하나님께 드리는 것입니다. 가장 큰 덕목, 즉 온갖 훌륭한 덕목들 중에서 가장 뛰어난 덕목은 자신의 말씀 속에서 자신을 계시하신 하나님을 신뢰하는 것입니다.

하나님의 선하심은 자기를 두려워하는 자들을 위해 쌓여 있고, 자기를 신뢰하는 자들을 위해 베풀어집니다. 사랑하는 여러분, 여러분은 자기가 하나님을 두려워하는지, 그리고 하나님을 신뢰하는 방식으로 하나님을 두려워하는지를 스스로에게 진지하게 물어보고자 하십니까? 여러분은 이 두 가지 없어서는 안 되는 영적인 선물들을 갖고 있습니까? 사랑하는 여러분, 여러분은 예수 그리스도를 믿는 사람들입니까? 여러분 중에 어떤 분들이 진정으로 그리스도를 믿는 사람들이라는 것은 나도 압니다. 나는 하나님이 여러분을 믿음이라는 문을 통해서 구원의 언약궤 속에 들이신 것을 기뻐합니다. 그러나 여러분 모두가 구원 받을 사람들입니까? 믿음이 없이는 구원도 없다는 것을 명심하십시오. 그 밖의 다른 방법들은 모두 다 속임수들입니다. 여러분에게 영원한 구원을 가져다주는 것은 그리스도를 믿는 믿음뿐입니다. 이것이 없이는, 당신에게 돌아갈 몫은 절망뿐입니다. 당신이 이 보배로운 은혜를 가지고 있지 않다면, 주께서 당신에게 사랑으로 역사해서 영혼을 정결하게 해주는 믿음을 주셔서, 당신이 주의 이름을 믿는 자들에게 주어지는 능력을 받아 하나님의 자녀가 되게 하시기를 빕니다.

3. 셋째로, 우리로 하나님의 그 크신 선하심을 볼 수 있게 해주는 것들을 한두 가지 살펴보겠습니다.

우리가 세 번째로 살펴볼 대지는 첫 번째로 생각해 보았던 것으로 다시 돌아가서, 하나님을 두려워하고 신뢰하는 자들에 대한 하나님의 선하심이 얼마나 크신지를 살펴보는 것인데, 이것에 대해서는 간략하게 살펴보려고 합니다. 먼저, 그런 사람들이 많다는 것을 주목하십시오. 하나님의 백성들의 수는 만 명에 만 명을 곱한 수만큼 무수히 많습니다. 그들은 세상 사람들에 비하면 "적은 무리"이지만, 결국에는 "아무도 셀 수 없을 정도로 큰 무리"가 될 것입니다. 그런데 그렇게 큰 무리 중 어느 한 사람에 대한 하나님의 선하심은 정말 헤아릴 수 없고 측량할 수 없습니다. 그러나 하나님께서 자기를 두려워하고 신뢰하는 모든 사람들, 즉 자기 백성을 위하여 쌓아 두신 큰 은혜는 무엇입니까?

　　　　"크신 하나님, 주의 사랑의 보화들은

　　　　　영원한 보고(寶庫)들입니다!"

　　여름의 열기 속에 동산 하나에 물을 주어서 모든 꽃들이 싱싱하게 자라게 하고 그 어떤 식물도 그냥 지나치지 않는 것은 결코 작은 일이 아닙니다. 소금 바다로부터 달콤하고 귀한 비구름들을 뽑아내서서 동산들만이 아니라 광야의 푸른 풀밭들과 삼림의 나무들까지 비를 내리셔서, 온 자연이 기뻐서 웃고, 큰 산들과 작은 산들이 찬송하며, 들의 나무들이 박수를 치게 만드시는 분의 능력은 얼마나 큰 것입니까! 형제들이여, 냉수 한 그릇을 한 제자에게 건네는 것은 큰 일이고, 그 상을 결코 잃지 않게 될 일입니다. 하나님의 성도들 중 한 사람의 마음에 생기를 불어넣어 주는 것은 결코 하찮은 일이 아닙니다. 그렇다면, 구원외 잔을 모든 그리스도인들에게 주시는 하나님의 은혜가 얼마나 큰 것인지를 생각해 보십시오. 자기가 친히 심은 모든 나무에 물을 주셔서 그 나무들이 늘 푸른 잎을 내고 때를 따라 열매를 맺게 하시는 하나님의 은혜가 얼마나 큰 것인지를 생각해 보십시오.

　　또한, 사랑하는 친구들이여, 하나님의 그런 은혜를 받는 자들 한 사람 한 사람이 그럴 자격이 전혀 없는 사람들이라는 것을 생각해 보십시오. 하나님을 두려워하고 신뢰하는 사람들 중에서 하나님의 긍휼하심을 단 한 톨이라도 받을 자격이 있는 사람은 아무도 없습니다. 그들 중 다수는 큰 죄인들이었고, 그들 중 일부는 특히 그러했습니다. 그런데도 하나님의 그 큰 은혜가 그들에게 임했고, 그들의 범죄들이 컸기 때문에 그 은혜가 크다는 것이 더욱 뚜렷하게 드러났습니다. 아버지로부터 물려받은 자신의 전 재산을 창기들과 방탕하게 노는 데에 다 탕진해 버린 탕자가 아버지에게 무엇을 주장할 수 있는 권리가 조금이라도 있었겠습니까? 탕자의 그러한 모습은 "제일 좋은 옷을 내어다가 입히고 손에 가락지를 끼우고 발에 신을 신기라 그리고 살진 송아지를 끌어다가 잡으라 우리가 먹고 즐기자 이 내 아들은 죽었다가 다시 살아났으며 내가 잃었다가 다시 얻었노라"(눅 15:22-24)고 말한 아버지의 사랑이 얼마나 큰 것인지를 부각시켜 주는 역할만을 한 것이 아니겠습니까? 하나님께서 고래를 준비해 두셨다가 요나를 구하신 것이 그가 그런 은혜를 받을 만했기 때문이었습니까? 천만의 말씀입니다! 요나는 하나님의 임재와 자신의 사명을 팽개치고 도망간 자였습니다. 저 신실하지 못하고 겁 많은 선지자의 너무나 형편없는 모습은 그에 대한 하나님의 선하심과 은혜를 뚜렷하게 부각시켜 줄 뿐입니다. 그러므로 우리가 제멋대로 행하고 어리석게 행하는 우리 자신을 하나님의 긍휼하심과 비교해 볼 때, 우리는 "주의 은혜가 어찌 그리 큰지요"라고 말하는 것은 너무나 당연합니다.

또한, 그들이 처하였던 곤경을 기억하십시오. 아담의 타락으로 인해서 그의 타락한 후손들이 있게 된 곳과, 하나님의 영원하신 긍휼로 말미암아 그들이 있게 된 그리스도의 오른편, 이 두 곳의 거리를 생각해 보면, 여러분은 하나님의 은혜가 얼마나 큰지를 헤아릴 수 있습니다. 온갖 지긋지긋하고 역겨운 질병들로 꽉 차 있는 곳, 치명적인 열병과 살아 있어도 죽은 것이나 다름없다는 저 나병이 있는 곳을 마음속으로 그려 보십시오. 그리고 어떤 사람이 전염될 온갖 위험을 다 무릅쓰고서 용감하게 그 곳으로 들어가서 병자들을 고치고 만신창이가 된 자들을 건강하게 회복시켜서 살리고 있는 모습을 한 번 생각해 보십시오. 그 사람의 선함은 얼마나 큽니까! 그러나 그 사람의 선함도 하나님의 아들의 선하심과는 비교할 수조차 없습니다. 하나님의 아들은 아예 위험을 피할 생각조차 하지 않으셨고, "우리로 하여금 그 안에서 하나님의 의가 되게 하려" 의도적으로 "우리를 대신하여 죄"가 되셨습니다(고후 5:21). 그리스도께서는 우리를 위해 죽으시기 위하여 작정하시고 오셔서, 자원해서 의도적으로 "친히 나무에 달려 그 몸으로 우리 죄를 담당하셨습니다"(벧전 2:24):

> "구주께서 인류의 죄 사함의 대가가
> 자신의 피라는 것을 아셨을 때에
> 우리를 불쌍히 여기시는 마음을
> 물리치지 않으신 것은 하나님다운 연민이었습니다."

형제들이여, 성도들에 대한 하나님의 크신 은혜를 생각하십시오. 그리고 세상 사람들이 성도들을 큰 악으로 대한다는 것과 비교해 보면, 하나님의 은혜가 참으로 크다는 것이 더욱 분명하게 드러나게 될 것입니다. 일부 성도들은 참혹한 죽임을 당해 왔습니다. 그들 중 대부분은 모욕과 조롱을 당해야 했지만, 주께서는 그들을 붙들어 주셔서 그들을 사랑하는 주님으로 말미암아 승리자보다 더한 자들이 되게 하셨기 때문에, 그들에게 베푸신 주의 선하심과 은혜는 얼마나 큰 것입니까! 다윗은 자신의 한 시편에서 원수들이 자기를 "벌들처럼" 에워쌌다고 말하고(시 118:12), 또 다른 곳에서는 하나님에 대하여 "주께서 나의 앞뒤를 둘러싸시고 내게 안수하셨나이다"(시 139:5)라고 말합니다. 원수들의 지독한 악의와 대비되었을 때에 하나님의 선하심과 은혜는 다윗에게 얼마나 크게 보였겠습니까! 또한, 주님이 베드로에게 "시몬아, 시몬아, 보라 사탄이 너희를 밀 까부르듯 하려고 요구하였으나 그러나 내가 너를 위하여 네 믿음이 떨어지지 않기를 기도하였노니"(눅 22:31-32)라고 말씀하셨을 때, 당시에는 아니었겠지만 나중에 베드로에게 자기를 향하신 주님의 사랑은 자기를 넘어뜨리고자 한 사탄의 흉계로 인해서 더 선명하게 다가왔을 것임에 틀림없습니다. 다니엘이 사자 굴에서, 그리고 그의 경건한 세 친구들은 맹렬한 용광로 속에서 묵상하였다면, 그들은 "인간의 잔인함과는 대조적으로 하나님의 선하심은 얼마나 큰지"를 생각하였을 것임에 틀림없고, 우리도 환난과 시련 속에서 그렇게 생각하는 것이 마땅한 일입니다.

그들로 하여금 그렇게 고백하게 만들기까지는 하나님의 큰 뜻이 있었고, 큰 언약이 있었으며, 큰 희생제사가 있었고, 큰 섭리가 있었으며, 큰 천국이 있었고, 크신 성령이 계셨습니다. 주의 백성을 향하신 주의 선하심이 어찌 그리 큰지요!

나는 이 주제에 대해서는 이 정도로만 전하고자 합니다. 나는 여러분을 강가로 안내하였으니, 이제는 여러분이 스스로 헤엄을 쳐서, "오 깊도다"라고 찬탄하였던 사도가 나아간 정도만큼 앞으로 나아가시기를 바랍니다.

4. 넷째로, 이것은 우리에게 무엇을 가르칩니까?

이것은 우리로 하여금 그러한 놀라운 인자하심에 대하여 하나님께 감사하도록 만드는 것이 마땅하지 않겠습니까? 하나님은 자기 백성에게 맑고 깨끗한 시냇물을 마시게 하신 것이 아니라, 자기 자신을 강으로 삼아 그들로 배불리 마시게 하시기를 기뻐하셨습니다. 여러분은 사도가 "하나님의 모든 충만하신 것으로 너희에게 충만하게 하시기를 구하노라"(엡 3:19)고 말한 뜻을 아십니까? 사실, 에베소서의 이 본문은 천국에서 말씀을 전할 때에 사용하기에 적절한 본문입니다. 만약 천국에 강단과 회중이 있어서 내가 말씀을 전한다면, 나는 "우리를 사랑하사 그의 피로 우리 죄에서 우리를 해방하시고 그의 아버지 하나님을 위하여 우리를 나라와 제사장으로 삼으신 그에게 영광과 능력이 세세토록 있기를 원하노라 아멘"(계 1:5-6)이라는 본문 다음으로 에베소서에 나오는 그 본문을 사용할 것입니다. 사랑하는 자들이여, 여러분은 "하나님의 모든 충만하신 것으로 충만하게" 된 이 놀라운 일을 경험하셨습니까? 여러분은 지금 여러분이 앞으로 배워야 할 그런 놀라운 사랑을 지니신 하나님을 송축하고자 하십니까? 여러분은 이미 여러분이 감당할 수 있는 수준에서 하나님의 선하심을 경험해 왔습니다. 여러분은 섭리에 의한 선하심과 영적인 자비들을 경험해 왔습니다. 그런데도 여러분의 심령 속에 감사의 불꽃이 없습니까? 여러분은 단 한 소절이라도 찬송하고 싶은 마음이 들지 않습니까? 여러분 중에서 자기가 오늘 밤 죽어서 어둠 속에 있게 될지 모른다고 생각하는 분들이 계신다면, 머리를 드십시오! 여러분이 전에 지니고 있었던 그 빛, 장차 여러분에게 나타날 그 빛, 하나님을 두려워하는 자들을 위하여 예비되어 있는 그 빛, 장차 여러분의 눈을 복되게 해줄 그 빛을 찬송하십시오. 감사하십시오.

다음으로, 여러분이 하나님의 크신 선하심을 생각하신다면, 낮아지십시오. 나는 다른 어떤 것을 생각할 때보다도 하나님의 크신 긍휼하심과 자비하심을 생각할 때에 가장 낮아집니다 — 베드로의 배가 거기에 아무것도 없었을 때에는 물 위에서 높이 솟아올랐지만, 물고기들로 가득 찼을 때에는 가라앉기 시작했던 것과 마찬가지로. 우리가 하나님의 사랑을 받을 자격이 없는 자인데 그 사랑을 받고 있다고 느낄 때, 우리의 마음은 낮아집니다.

> "주의 긍휼하심들이 내 눈에 더욱 확연히 들어올 때
> 나는 더욱 낮아지리."

하나님의 선하심에 대한 깨달음은 우리의 마음을 부풀어 오르게 하지 않고, 도리어 강력하게 끌어내립니다. 그런 깨달음은 신자에게 "나는 주께서 주의 종에게 베푸신 모든 은총과 모든 진실하심을 조금도 감당할 수 없사오나"(창 32:10)라고 말하게 만듭니다.

끝으로, 하나님의 선하심을 깨닫게 되면, 우리는 확신과 자신감을 갖게 됩니다. 오늘 밤 이 자리에 모든 일에 자신이 없고 눌려 있는 분들이 계시다면, 그런 분들을 위해 하나님의 은혜가 예비되어 있다는 것을 생각하시고, 그 은혜를 경험하기 위하여 하나님께 나아가십시오. 하나님께서는 반드시 주실 것입니다. 왜냐하면, 하나님은 주시기 위하여 쌓아 두신 것이기 때문입니다. 하나님께서는 결코 거절

하지 않으실 것입니다. 왜냐하면, 하나님은 주시기 위하여 준비해 두신 것이기 때문입니다. 하나님께서는 옛적에 "내가 오찬을 준비하되 나의 소와 살진 짐승을 잡고 모든 것을 갖추었으니 혼인 잔치에 오소서 하라"(마 22:4)라고 종들을 시켜서 사람들에게 알리셨듯이, 오늘 밤에도 자기 백성에게 그렇게 말씀하시는 것으로 보입니다. 여러분이 원하는 모든 것은 그리스도 안에 준비되어 있습니다. 어서 오십시오! 어서 오세요! 아가서에서 사랑하는 연인은 "나의 친구들아 먹으라 나의 사랑하는 사람들아 많이 마시라"(아 5:1)고 말합니다. 사랑하는 자들이여, 여러분이 아무리 먹고 마셔도, 그리스도의 충만하심은 조금도 줄어들지 않습니다. 자, 오셔서, 우물에 여러분의 입을 대시고, 옛적에 베헤못이 요단 강을 마르게 하여 가뭄이 들게 하겠다고 말하며 그 강물을 마셨듯이 그렇게 마시기를 바랍니다.

신자들이여, 여러분은 자기가 취할 수 있는 모든 것을 가질 수 있습니다. 거기에는 절약하는 것이나 제한하는 것이 없습니다. 하나님께서는 "네 입을 크게 열라 내가 채우리라"(시 81:10)고 말씀하십니다. 약속을 받는 일에 태만하지 마십시오. 왜냐하면, 하나님은 약속을 지키시는 일에 태만하지 않으실 것이기 때문입니다. 오직 강하고 담대하며 온전히 신뢰하십시오. 그러면, 여러분은 여러분의 반석이신 주님, 불의함이나 신실하지 않음이 없으셔서 자기 백성에게 영원토록 진실하실 주님을 송축하며 살게 될 것입니다. 나는 여러분이 모두 다 하나님의 이 크신 은혜를 이미 경험하셨기를 바라지만, 여러분 중에는 분명히 그렇지 않은 분들이 계실 것이기 때문에, 나는 하나님이 크시고 선하시다는 것을 여러분이 느끼도록 하기 위하여 세 가지의 말씀을 여러분에게 상기시켜드리고자 합니다: "인자가 온 것은 잃어버린 자를 찾아 구원하려 함이니라"(눅 19:10). "하나님이 세상을 이처럼 사랑하사 독생자를 주셨으니 이는 그를 믿는 자마다 멸망하지 않고 영생을 얻게 하려 하심이라"(요 3:16). "믿고 세례를 받는 사람은 구원을 얻을 것이요"(막 16:16). 주님을 믿고 신뢰하십시오. 그러면, 여러분은 구원을 받습니다. 한없는 선하심이 예수로 인하여 우리 모두에게서 더욱 풍성하게 역사하기를 빕니다. 아멘.

제
34
장

—

절망하는 자들을 위한 위로

—

"내가 놀라서 말하기를 주의 목전에서 끊어졌다 하였사오나
내가 주께 부르짖을 때에 주께서 나의 간구하는 소리를 들
으셨나이다." — 시 31:22

이번 시간에 나는 심령이 많이 눌려 있는 분들, 절망이라는 삭막하고 우울
한 지경(地境)에 거하는 의기소침의 아들들과 비통의 딸들을 위한 말씀을 전하
고자 합니다. 아주 많은 청중들께서는 내가 비교적 소수에 속하는 그런 사람들
을 위해서 말씀을 전하는 것을 반대할 수도 있겠지만, 그것에 대한 판단은 여러
분의 자비에 맡기겠습니다. 나는 내 자신을 변명할 필요가 없다고 생각하지만,
어쨌든 나의 변명은 나의 소명의 본질상 나는 그렇게 할 수밖에 없다는 것입니
다. 목자가 이른 아침에 자기 양들에게로 갔을 때, 얼마 정도 시간을 내서 먼저
자신의 돌봄을 필요로 하는 병든 양들을 찾아내서 돌보지 않는다면, 과연 그가
목자라고 할 수 있겠습니까? 목자는 많은 양들을 돌보아야 하고 모든 양을 다 먹
여야 하기 때문에, 다리가 부러진 양들을 싸매어 주고 병든 양들을 고쳐줄 겨를
이 없다고 생각하지 않습니다. 정반대로, 자신의 돌봄을 가장 필요로 하는 몇몇
양들에게 특별한 관심을 가지고 살피는 것이야말로 목자가 모든 양을 잘 돌보고
있다는 증거가 될 것입니다. 한 가지 비유를 더 들어보겠습니다. 해안에서 구조
임무를 맡고 있는 사람은 자기에게 정해진 시간 동안 해안을 왔다 갔다 하며 망
원경으로 무슨 문제가 없는지를 살핍니다. 그는 자주 망원경을 통해서 바다 쪽

을 바라보고 있고, 지금 앞바다에 있는 저 호화로운 배들이 평온할 때에는 그렇게 바라보는 것으로 만족합니다. 그러나 어느 순간 망원경이 그의 눈에서 떠나지 않습니다. 그의 시선은 고정되었고, 조금 있다가 그는 동료들에게 신호를 보내서 함께 배를 타고 바다로 나갑니다. 어떤 배에 무슨 문제가 생겨서 구조대원의 주목을 받아 그로 하여금 구조 활동을 하게 만들었습니까? 그는 그 배가 곤란을 겪고 있는 것을 보았거나, 어떤 징후를 통해서 그 배가 도움을 필요로 한다는 것을 알았기 때문에, 재빨리 모든 도움의 손길을 다 동원해서 그 배를 도왔던 것입니다. 나도 구조대원과 마찬가지로 늘 살피고 주시하고 있다가, 곤란을 겪고 있는 징후들이 눈에 보이는 그 곳, 영원을 향해 나아가야 할 영혼들이 의심에 빠져 허우적거리고 절망 가운데서 죽어가고 있는 그 곳으로 나의 시선이 집중되는 것은 당연한 일입니다.

나는 시온에서 애통하는 자들에 대하여 깊은 연민을 느끼고, 하나님께서 나의 사역을 통해서 그의 말씀으로 그들에게 기쁨의 기름이 되어 주시라고 기도합니다. 물론, 우리는 그들을 위로하고자 할 때에 성령의 도우심을 기대할 수 있습니다. 왜냐하면, 현재의 경륜 속에서 성령의 특별한 직임은 영원히 우리와 함께 하시는 "보혜사"가 되시는 것이기 때문입니다. 우리가 성령의 곳간에서 기름과 포도주를 내오기는 하지만, 성령께서 그것들을 환난당한 자들의 상처에 부으시기를 우리는 바랄 수 있습니다. 그런 일은 성령의 직임이고, 성령이 그런 일을 소홀히 하실 것이라고 생각하는 것은 신성모독이 될 것입니다. 성령께서는 지극히 충분하고 전능한 방식을 따라 효과적으로 위로하십니다.

또한, 나는 기뻐하는 심령들이 많은 회중 가운데서 이런 주제로 말씀을 전하는 것이 합당하다는 성경적 보증이 있다고 생각합니다. 왜냐하면, 이 시편이 대체로 슬픔의 분위기가 짙지만, 그 표제가 한층 더 슬픔으로 가득 차 있는 다른 여러 시편들과 마찬가지로 "인도자를 따라 부르는 노래"로 되어 있는 까닭에, 이 시편도 공중 예배에서 사용하기 위한 의도로 지어졌음을 알 수 있기 때문입니다. 예를 들면, 시편 22편이 수난 시편임에도 불구하고, 여호와의 전에서 찬송을 담당하는 성가대 대장에게 맡겨져서 공중예배용으로 사용하게 한 것도 이것과 맥을 같이하는 것입니다. 그러므로 오직 소수만이 경험할 수 있는 슬픔들이 공중 예배에서의 찬송의 주제가 될 수 있다면, 그런 슬픔들이 공중 예배에서의 설교의 주제로도 다루어져서, 우리가 베옷을 입고 쓴 잔을 마시는 사람들의 사례를 한두 사람씩 다루는 것이 마땅하다는 것을 나는 확신합니다. 그런 사람들과 마음을 같이하고, 그들의 유익을 위하여 그들과 대화하는 것은 우리가 마땅히 행해야 할 본분입니다. 우리는 회중의 나머지 사람들이 소외될 것이라고 생각하고 염려할 필요도 없습니다. 왜냐하면, 목자가 한 마리 길 잃고 헤매는 양을 찾고 있는 동안에는 광야에 있는 99마리의 양에게는 결코 그 어떤 해악도 일어나지 않을 것이기 때문입니다.

나는 본문을 그 역사적인 맥락 속에서 엄밀하게 고찰하고자 하지 않고, 내가 유익을 끼치고자 하는 사람들의 정신적인 슬픔을 적절하게 표현하고 있는 본문이라는 시각에서 다루고자 합니다. 본문은 내적인 슬픔을 보여주고, 시편 기자가 두서없는 표현을 사용하고 있는 것을 주목하십시오: "내가 놀라서 말하기를 주의 목전에서 끊어졌다 하였사오나"는 탄원하고 호소하는 부르짖음을 보여주고, "내가 주께 부르짖을 때에 주께서 나의 간구하는 소리를 들으셨나이다"는 그 부르짖음에 대한 기쁜 결과를 증언해 줍니다.

1. 첫째로, 본문 속에는 깊고 비통한 내적 슬픔이 배어 있습니다.

우리 앞에 있는 이 시편을 쓴 사람은 자신의 가슴에 큰 고통을 지니고 있었습니다. 지금 이 순간에도 이 시편 기자와 비슷한 처지에 계신 분들이 많습니다. 그들의 심령은 무거운 짐에 눌려 기진해 있고, 그들의 삶은 무거운 짐입니다. 그들이 어쩌다 그렇게 되었습니까? 사실, 우울감이나 우울증과 관련해서 많은 원인들이 있습니다. 어떤 사람들의 심령은 체질적으로 낮은 조(調)로 맞춰져 있어서, 내세에서 새 노래를 부르는 법을 알게 될 때까지는 그들의 노래는 가장 높은 조에 결코 도달할 수 없습니다. 그들의 집 창문들은 아주 작고, 예루살렘이 아니라 광야를 향해 열려 있습니다. 그들의 육신적인 체질도 뭔가가 잘못되어 있습니다. 비유적으로 말하자면, 돛대를 묶는 장비들이 느슨해져 있어서, 돛대가 제대로 힘을 받을 수 없습니다. 그래서 육신이라는 배가 아주 힘겹게 항해를 해갑니다. 배에 구멍 난 곳이 있을 때, 물이 영혼까지 스며들어오는 것은 전혀 이상한 일이 아닙니다.

그 밖의 다른 슬퍼하는 사람들의 경우에 우울감은 큰 시련으로 인해서 시작되었습니다. 사람의 검은 머리가 극심한 슬픔 때문에 하룻밤 사이에 백발로 변해 버린 경우들이 있는 것과 마찬가지로, 많은 심령들이 단 한 시간의 극심한 슬픔 때문에 우울감에 사로잡히게 된다는 것은 의심의 여지가 없습니다. 한 번의 강풍으로 백합화의 줄기가 상하게 되면, 그 꽃은 시들어 버립니다. 거친 손길 한 번으로 수정으로 만든 꽃병이 깨져 버립니다. 가장 밝은 여름날들에도 해가 어두워지곤 하고, 기쁨의 아침 다음에 애곡의 저녁이 오곤 합니다.

　　아버지 하나님께 고백하지 않은 수많은 은밀한 죄들이 곪아터져서 큰 불행으로 이어지는 경우들도 있습니다. 제멋대로 고집하며 자기가 뭐라도 된 것처럼 굴었거나, 마음의 교만이나 불만, 또는 내적으로 하나님의 뜻을 어기고 반역한 것들이 그동안 있어 왔을 것입니다. 은혜의 방편들을 의도적으로 소홀히 하였거나, 성령과의 교제와 기쁨의 소중함을 멸시한 것들이 있어서, 하나님께서 징계하시기 위하여 잠시 자신을 숨기셨을 수 있습니다. 또는, 작은 물방울이 쉬지 않고 계속해서 떨어질 때에 바위도 뚫는 것처럼, 영혼이 사소한 고민거리들로 오랫동안 계속해서 괴로움을 겪은 결과 마음이 둔감해져 버린 경우도 있을 수 있습니다. 우리가 사랑하는 사람들로부터 끊임없이 반대를 받거나 무시를 당하면, 그 영혼은 결국 꺾일 수 있고, 그런 일이 일어나게 될 때, 삶은 종살이가 됩니다. "사람의 심령은 그의 병을 능히 이기려니와 심령이 상하면 그것을 누가 일으키겠느냐"(잠 18:14).

　　또한, 나는 지혜롭지 못한 목회사역이 슬퍼하는 자의 상태를 더욱 악화시키는 경우도 알고 있습니다. 목회자가 율법주의적인 사역을 할 때에 사람들이 그렇게 됩니다. 또한, 사람들에게 내면을 보라고 말하며 자기 자신 속에서 위로를 찾으라고 가르치거나, 하나의 획일적인 경험을 하나님의 모든 백성을 위한 표준으로 제시하는 것도 사람들을 그렇게 만듭니다. 원인들은 여러 가지이지만, 그런 경우는 언제나 고통스럽습니다. 빛 가운데로 행하는 여러분은 부디 그 뼈가 부러져 있는 형제나 자매를 온유하게 대하시기 바랍니다. 왜냐하면, 여러분도 얼마든지 동일한 어려움을 겪을 수 있기 때문입니다. 슬퍼하고 우는 하나님의 자녀들을 위로하는 자세를 유지하십시오. 그렇게 슬퍼하고 우는 사람들은 함께 하기에 좋은 사람들이 아니고, 그들 자신과 마찬가지로 여러분을 우울하게 만들기 쉽습니다. 그러나 바로 그런 이유로 인해서 여러분은 그들을 아주 따뜻하게 대해야 합니다. 왜냐하면, 주 예수께서 여러분을 그렇게 대하고 계시기 때문입니다. 약한 자들을 거칠게 대하는 강한 자들에 대하여 에스겔이 어떠한 화(禍)를 선포하였는지를 기억하십시오. 하나님은 자신의 소자(小子)들을 끔찍하게 사랑하시고 아끼시기 때문에, 자신의 권속 중에서 더 힘 있는 지체들이 그 소자들에게 인자하지 않으면, 그들의 힘을 빼앗아 버리서서, 그들로 하여금 그들이 전에 멸시하였던 그 소자들을 부러워하게 만드실 수 있습니다. 여러분은 기를 못 펴는 사람들을 따뜻하게 대해 주는 일에서 결코 잘못해서는 안 됩니다. 여러분은 마음이 찢어진 사람들을 싸매 주고 기진맥진한 사람들의 기운을 돋아주는 데에 있는 힘을 다하십시오. 그러면, 여러분은 그러한 행위를 하면서 복을 받게 될 것입니다.

자기 마음속에 하나님을 두지 않은 사람들에게서 자연적인 심령들이 가라앉을 때, 그들의 우울증은 각각 구체적인 형태를 띱니다. 사람들이 우울증에 걸리면, 그들은 상상에 의해서 여러 가지 병들을 만들어 내고 자기 자신을 그렇게 상상에 의해 만들어진 병들의 희생양으로 만드는 경우들을 의사라면 누구나 다 알고 있습니다. 우리는 환자들과 아주 직접적인 이해관계가 없는 사람이라면 누구나 웃지 않을 수 없는 그런 경우들도 보아 왔습니다. 어떤 사람이 그리스도인이라면, 그의 고민들도 영적인 형태를 띠는 것은 아주 자연스러운 일입니다. 그런 사람의 낯을 효과적으로 어둡게 할 수 있는 유일한 그림자들은 거룩한 일들로부터 생겨나는 그림자들입니다. 그런 사람을 끈질기게 괴롭히는 두려움들은 매일의 양식에 관한 것들이 아니라, 생명의 떡에 관한 두려움, 자기가 영원한 나라에 들어갈 수 있느냐 없느냐에 관한 두려움입니다. 질병은 육신적인 측면에서는 불경건한 자들에게나 그리스도인들에게나 기본적으로 동일할 것이지만, 그리스도인들의 주된 생각은 신령한 일들에 두어져 있기 때문에 우울한 가운데서도 당연히 자신의 영혼의 문제들에 집중됩니다. 그런 때에 영적으로 괴로움을 겪는 자들은 끔찍한 불안에 사로잡히게 됩니다. 그리스도인에게 가장 끔찍한 불안은 무엇일 것 같으냐고 나는 여러분에게 묻고 싶습니다. 그것은 본문에 나와 있는 대로 "주의 목전에서 끊어지는" 것이 아니겠습니까? 그리스도인에게는 하나님에게서 버림받은 것이 아닌가 하는 불안보다 더 괴로운 것은 없습니다. 그리스도인이라는 사람이 가난하다고 해서 절망한다면, 그는 참된 그리스도인이 아닙니다. 그리스도인은 세상적인 낙들이 자기에게서 제거되었다고 해서 완전히 낙담하고 기가 죽지 않습니다. 그러나 하나님께서 그 얼굴을 숨겨 보십시오. 그러면, 그리스도인은 괴로워합니다. 자기가 정말 하나님의 자녀가 맞는 것인지를 의심하는 상황이 되면, 그리스도인은 몹시 당혹스러워합니다. 자기가 그리스도 안에서 정말 분깃이 있는지가 의심되면, 그리스도인의 기쁨을 멀리 달아나버립니다. 하나님의 생명이 자신의 영혼 속에 없다는 걱정이 엄습해 오면, 그리스도인은 비둘기처럼 슬피 울게 됩니다. 그리스도인이 자신의 하나님 없이 어떻게 살 수 있겠습니까?

　그러나 믿음이 아주 좋다는 사람들 중에서 적지 않은 수가 바로 그러한 비통한 슬픔을 맛보아 왔습니다. 오직 그리스도를 떠나서 행하는 그리스도인들, 또는 겉과 속이 다른 삶을 사는 그리스도인들, 또는 기도를 거의 하지 않는 그리스도인들만이 그런 식의 비탄을 느껴 왔다고 말할 수 있다면, 사실 우리는 엄청난 부담과 불안을 느끼게 될 것입니다. 그러나 하나님의 택함 받은 자들 중에서 몇몇 가장 훌륭한 심령들도 그런 불안과 비통의 골짜기를 통과해 왔고, 심지어 몇 달 동안이나 그 골짜기에서 빠져나오지 못하기까지 했다는 것은 엄연한 사실입니다. 지금 천국의 가장 밝은 곳에 있는 성도들도 이 땅에 사는 동안에 절망의 문 앞에서 주저앉아 슬피 울며, 개들이 주님의 식탁 아래에서 먹는 부스러기들을 구한 적이 있던 사람들입니다. 마르틴 루터의 전기를 읽어 보십시오. 루터가 일반적으로 용감한 종교개혁자로 알려져 있기 때문에, 여러분은 그가 그 어떤 것에도 상처를 받지 않는 강철 같은 의지를 가진 불굴의 인물이었을 것이라고 생각할 것입니다. 로마 가톨릭을 상대로 자신의 주님의 싸움을 싸워야 했을 때에는 루터는 정말 그랬습니다. 그러나 자신의 집에서나 침상에서나 조용한 서재에서 루터는 자주 다른 그리스도인들이 별로 겪지 않았던 영적인 심한 갈등을 겪었습니다. 그는 종종 이루 말할 수 없이 큰 기쁨에 사로잡혀 크게 기뻐하였지만, 그 밖의 다른 경우에는 아주 깊은 갈등 속에 빠져서 그것을 견뎌내기가 힘들 정도였습니다. 그리고 그러한 일은 심지어 그의 마지막 순간들에도 일어났기 때문에, 그의 생애에서 최악의 싸움은 하늘의 도성의 문을 향해 뻗어 있는 저 신비한 지경(地境)에서 벌어졌습니다.

　나의 사랑하는 자매여, 자기 자신을 정죄하지 마십시오. 나의 사랑하는 형제여, 당신의 믿음이 많은 갈등을 겪고, 당신의 영혼이 아주 깊은 우울함 속에 가라앉는다고 해서, 자포자기하지 마십시오. 다윗 자신도 너무나 당혹스러워서 자기가 "주의 목전에서 끊어졌다"고 말했지만, 지금 다윗은 천국의 복된 성가대석에 앉아 있습니다. 그리고 이 땅에서도 다윗은 하나님의 마음을 닮은 사람이었습니다.

　이러한 극심한 시련들과 우울들을 경험하는 것은 큰 유익입니다. 우리는 잠시 우울 속에 있다가 나올 필요가 있습니다. 큰 용사가 되려면 전쟁을 겪어야 하고, 노련한 뱃사람을 해변에서 길러낼 수는 없습니다. 믿음이 큰 자가 되고자 한다면, 큰 시련을 겪는 것은 필수인 듯합니다. 다른 사람들을 크게 돕는 자가 되려면, 다른 사람들이 겪는 시험들을 먼저 겪지 않으면 안 됩니다. 하나님 나라의 일들을 잘 가르치려면, 경험을 통해서 그런 일들을 배우지 않으면 안 됩니다. 하나님의 주권적인 은혜를 큰 소리로 노래하는 자가 되려면, 하나님이 바다를 흉용하게 하실 때에 깊음이 깊음을 부르며 하나님을 찬송하는 소리를 먼저 듣지 않으면 안 됩니다. 가공되지 않은 다이아몬드 원석에서는 광채가 별로 나지 않습니다. 알곡이라도 타작이 되지 않은 상태에서는 먹을 수 없습니다. 마찬가지로, 많은 시련을 통과하지 않은 신앙인은 실제적으로 별 쓸모가 없고 그 아름다움도 크게 빛나지 않습니다. 많은 사람들이 비교적 순탄한 인생길을 걸어갑니다. 그러나 그런 사람들은 교회에서 많은 고난을 통과해온 신자만이 점할 수 있는 그런 위치에 있을 수 없고, 고난당하는 자들을 돕는 일도 할 수가 없습니다. 많은 일을 하고 자주 괴로움을 겪는 사람이 그 결과 예수 그리스도를 힘입어서 하나님께 찬송하고 영광을 돌리는 더 큰 수확을 거둔다면, 그는 하나님께 감사하는 것이 마땅합니다. 얼굴이 눈물범벅이 되어 있는 당신에게 당신이 겪고 있는 슬픔들로 인하여 하나님을 송축하게 될 때가 올 것입니다. 당신이 겪고 있는 손해나는 것 같은 일들과 십자가를 지는 것 같은 일들, 당신의 괴로움들과 환난들이 당신을 위해 많은 것들을 천국에 쌓아 두는 복된 일들이라는 것을 알게 될 날이 올 것입니다:

> "당신의 온갖 환난들로부터
> 주께서 영광을 받으신다네.
> 당신의 슬픔들이 깊을수록
> 당신은 더 큰 소리로 찬송하게 되리."

　나는 이러한 내적인 슬픔에 대해서는 더 이상 얘기하지 않으려 합니다. 왜냐하면, 한 줌의 쓴 풀을 맛보는 것으로 충분하기 때문입니다.

2. 둘째로, 시편 기자는 자신의 아픈 마음을 성급하게 표현합니다.

이제 나는 두 번째 대지로 넘어가서, 시편 기자가 "내가 놀라서 말하기를"이라고 표현한 부분을 살펴보고자 합니다. 우리는 다윗이 이렇게 자신의 심정을 앞뒤 생각하지 않고 성급하게 표현한 것들을 다른 시편들에서도 찾아볼 수 있습니다. 다윗은 그런 경우들에서 차라리 자신의 혀를 깨물고 입을 열지 않았더라면 더 좋았을 것입니다. 조금 있으면 후회하고 취소하고 싶은 말들이 한순간에 그만 우리의 입 밖으로 나올 수 있습니다. 그렇게 성급하고 경솔하게 한 말들이 아예 처음부터 입에서 나오지 않았더라면 얼마나 좋았겠습니까! 사람들을 향하여 무정하고 화나게 하며 가슴을 후벼 파는 말들, 하나님을 향하여 불신앙으로 말미암은 모욕적이고 신경질적이며 분노에 가득 찬 말들이 일단 입 밖으로 나온 경우에는, 그 대가를 톡톡히 치를 수밖에 없게 됩니다. 우리가 화나고 초조한 상태에 있다면, 무슨 말을 하기 전에 마음속으로 10까지 세는 것이 좋습니다. 사람들이 자신의 혀가 아주 자유롭게 말할 수 있게 허용하는 것은 너무나 흔한 죄입니다. 다윗은 "내가 주의 목전에서 끊어졌다"고 말하였습니다. 그러나 많은 사람들은 성급하고 경솔하게 이런 말만을 하는 것에서 그치지 않고, 그 말을 오랜 시간 동안 계속해서 되풀이하는데, 이것은 훨씬 더 악한 것입니다. 몇 달 동안, 아니 심지어 몇 년 동안 이런 식의 말을 되풀이하는 사람들도 있습니다. 그렇게 하는 것은 너무나 안타까운 일인데도, 그들은 그렇게 해왔습니다.

그런데 사람들은 별 근거도 없이 이러한 성급하고 경솔한 말을 합니다. 의기소침해 있는 사람이 하나님이 자기를 버렸다고 주장하는 이유가 무엇입니까? 그는 먼저 자신의 환경이 그것을 보여준다고 추론합니다. 그는 자기가 많은 어려움과 환난에 둘러싸여 있는 것으로 보아서, 하나님이 자기에게 화를 내고 계시는 것이라고 추론합니다. 그러나 그러한 주장이 과연 설득력이 있는 것입니까? 당신의 그런 주장이 옳다면, 하나님께서 자신의 사랑하는 아들이 "여우도 굴이 있고 공중의 새도 거처가 있으되 인자는 머리 둘 곳이 없다"(마 8:20)고 말할 수밖에 없게 하셨으니, 당신은 하나님이 자기 아들을 버리셨다고 말해야 할 것입니다. 또한, 하나님께서 순교자들을 감옥에 갇혀 있게 하시거나 화형 당하게 내버려 두셨으니, 당신은 하나님이 순교자들을 버리셨다고 말해야 할 것입니다. 하나님이 가장 사랑하시는 자녀들 중에는 영광을 향하여 거친 길을 거쳐 간 사람들이 많습니다. 어쨌든, 당신이 처한 환경은 당신보다 훨씬 더 나은 신앙을 가졌던 사람들이 처했던 환경에 비하면 그리 나쁜 것이 아닙니다. 그러므로 당신이 하나님으로부터 버림받았다고 주장하는 것은 너무나 터무니없는 것입니다. 성경은 "세상에서는 너희가 환난을 당하나"(요 16:33)라고 말씀하지 않습니까? 환난이 하나님의 언약 속에서 주어지는 하나의 복이라는 것을 당신은 모르시는 것입니까? 그러므로 환경을 빌미로 그런 주장을 하는 것은 들을 가치조차 없는 것입니다.

어떤 사람들은 자신의 감정을 근거로 삼아서 하나님이 자기를 버리셨다고 주장합니다. 그들은 하나님이 자기를 버리셨다는 것이 느껴진다고 말합니다. 우리의 감정을 근거로 해서 주장하는 것보다 더 불확실한 주장은 없다는 것을 당신은 모르시는 것입니까? 만약 내가 나의 감정을 근거로 해서 판단한다면, 오늘은 내가 죽어서 천국에 갈 것이 틀림없다는 확신이 들 수 있습니다. 그렇지만 내일이 되면, 나의 감정은 바뀌어 있어서, 나는 버림받은 자로 느껴지고 지금 죽으면 지옥에 갈 것이 틀림없다는 확신이 들 수 있습니다. 변덕스러운 감정을 근거로 삼아서 판단한다면, 사람은 하루에도 열두 번은 천국과 지옥을 왔다 갔다 하게 될 것입니다. 바람의 방향도 우리의 감정의 흐름만큼 변덕스럽지는 않습니다. 감정을 근거로 삼아서 어떤 주장을 하느니 차라리 바람의 방향을 근거로 삼아서 어떤 주장을 하는 것이 더 나을 것입니다. 대단히 확신에 찬 감정이 사실은 미혹되어 있는 것이고 속고 있는 것이라는 사실을 당신은 모르십니까? "평강하다 평강하다 하나 평강이 없도다"(렘 6:14)라는 절규는 아주 흔하게 들을 수 있는 절규입니다. 그런 사람들은 자신의 감정을 근거로 자기 자신을 판단해서, 자기가 천국에 갈 것이 확실하다고 생각하지만, 그들의 삶은 그들이 천국에 갈 수 없다는 것을 보여줍니다. 반면에, 참된 그리스도인인 사람들은 자기 자신을 버림받은 자라고 판단합니다. 이러한 사실들을 당신의 경우에 적용해 보십시오. 감정은 실제로 매우 불확실하고 오류투성이인 척도이기 때문에 신뢰할 수 없습니다. 몇몇 우울한 감정들 또는 아주 깊은 우울감을 근거로 해서 당신이 버림받은 자라고 추론하는 것은 너무나 형편없고 터무니없는 추론일 뿐입니다. 어떤 사람이 밤에 낯선 땅에서 길을 걷다가 갑자기 어느 곳에 이르러서 발 밑의 흙이 부서지자, 자기가 낭떠러지에서 미끄러져서 떨어지고 있는 것이라고 확신하였답니다. 그는 거기에 있던 나무 밑동을 꼭 붙잡고서, 자기가 손을 놓으면 천 길 낭떠러지 밑으로 떨어져서 자기 몸이 가루가 되어 버릴 것이라고 생각하고, 필사적으로 거기에 매달렸습니다. 그는 힘이 소진되어서 더 이상 나무 밑동을 붙잡고 매달려 있을 수 없어서, 이젠 죽었구나 생각하며 손을 놓았습니다. 그런데 그가 안착한 곳은 낭떠러지가 아니라, 자기 발 아래 단지 몇 센티에 있던 푹신한 푸른 풀밭이었습니다. 이렇게 아무것도 아닌 일들에 큰 두려움과 공포를 갖는 일이 자주 일어납니다. 사람의 공상은 자신의 마법의 지팡이를 휘둘러서 슬픔들을 만들어 내기에 바쁩니다. 아주 많은 경우에, 만약 환자가 진실을 믿거나, 적어도 자신의 터무니없는 추측을 믿는 것을 그친다면, 그는 그 즉시 온전한 평안을 맛보게 될 것입니다. 아주 많은 정신적인 고통들의 원인은 사람들이 스스로 비참하기로 작정했기 때문입니다. 그런 사람들은 자기에게 모든 것이 잘못되어 있는 것이라고 믿기로 작정하고, 올바른 이치를 따르기보다는 자기가 믿기로 작정한 것을 고집합니다. 그들은 독사들처럼 자기에게 평안을 가져다줄 것들에 대해서는 귀를 막아 버리고, 자기에게 화(禍)가 될 것들에 대해서는 없는 것도 만들어서 듣습니다. 그들은 목회자를 만나야 하겠다고 말하지만, 목회자에게 그들을 올바르게 인도할 수 있는 기회를 주려 하지 않습니다.

    당신은 절망에 빠져 있는 여자와 대화를 해본 적이 있습니까? 만약 당신이 그 여자가 끊임없이 말하는 틈새를 비집고 들어가서 여섯 마디의 말을 할 수 있었다면, 당신은 대단히 영리한 사람임에 틀림없습니다. 왜냐하면, 그렇게 하는 것이 결코 쉬운 일이 아니기 때문입니다. 그런 사람들은 조언을 구하지만, 실제로 조언을 듣거나 따르려고 하는 것이 아닙니다. 왜냐하면, 그들은 자기가 조언자들보다 더 잘 안다고 생각하고서, 단지 자신의 신세를 한탄하는 말들을 들어 주기만을 바랄 뿐이고, 위로를 받아들일 준비가 되어 있지 않기 때문입니다. 그들의 영혼은 온갖 양식을 다 거부하고, 사망의 문을 향해 가까이 다가갑니다. 당신이 그들에게 어떤 말을 해주어도 아무 소용이 없습니다. 그런 사람들에게는 이치를 따져서 말하는 것이 통하지 않습니다. 그들을 붙잡고 이치를 따져서 얘기하는 것은 발진티푸스를 붙잡고 이치를 따져 물러가게 하고자 하거나, 부러진 뼈를 붙잡고 이치를 따져 뼈가 다시 붙게 만들고자 하는 것과 같습니다. 그런 사람들은 이치를 따져서 문제를 해결하려고 하는 것이 아니라, 아예 해결을 받지 않기로 단단히 결심한 사람들입니다. 만약 그들이 다른 사람이 그런 식으로 결심을 하고 있는 것을 본다면, 그들은 그 사람을 어리석은 사람이라고 부르며 아마도 짜증을 낼 것입니다. 그들이 자신의 상태나 모습도 정확히 볼 수 있다면 얼마나 좋겠습니까! 그들이 자신의 상태를 그대로 고수하고자 하는 한, 우리가 그들을 위해서 할 수 있는 일이 무엇이겠습니까? 우리가 하나님의 약속의 말씀을 말해 주면, 그 약속의 말씀이 그들의 얼굴에 코가 있는 것과 마찬가지로 명백하게 그들에게 적용되는 말씀인데도, 그들은 우리에게 그 말씀은 자기의 경우에는 적용되지 않는다고 말합니다. 그래서 우리가 그들에게 그대로 적용될 수 있는 일반적인 원리를 담고 있는 가르침을 그들에게 일러주면, 그들은 하나님의 진리를 부정하지는 않지만, 교묘한 방법으로 그 가르침을 빠져나갑니다. 절망에 빠진 사람들은 자기 자신을 대단히 폭넓고 심오한 식견을 지닌 사람으로 평가한다는 것은 정말 기괴한 일입니다.

나는 얼마 전에 자기가 용서 받을 수 없는 죄를 저질렀다고 주장하는 어떤 사람을 만난 적이 있습니다. 어쨌든 나는 성경에 대해서 그 사람만큼은 알고 있는데도, 그 사람과 대화를 하다보면, 어느새 용서 받을 수 없는 죄라는 주제에 대해서 그는 빠삭하게 알고 있는 사람이 되어 있고, 나는 아무것도 모르는 사람이 되어 있습니다. 나는 성경을 근거로 해서 그 좌절에 빠져 있는 사람이 용서 받을 수 없는 죄를 저지른 것이 아님을 증명할 수 있었습니다. 그러나 그 사람은 자기가 용서 받을 수 없는 죄를 저질렀다는 것을 성경을 통해 증명할 수 있다고 확신하고 있었습니다. 그런데 사실 그 사람은 성경을 통한 증명에는 관심이 없고, 오직 자기가 알고 있고 자신의 확신은 틀림없다는 것만을 계속해서 반복적으로 말할 뿐이었습니다. 그런 사람은 그 누구도 설득할 수 없습니다. 그런 사람을 붙잡고 설득하는 것은 식초병을 설득해서 포도주로 변화시키고자 하는 것과 같습니다. 기독교 역사에서 그 사람이 말한 용서 받을 수 없는 죄에 대하여 글을 쓴 모든 신학자들이 그 문제를 알기 어려운 비밀한 주제로 여겨왔다는 사실은 그 사람에게는 아무런 의미도 갖지 못합니다. 왜냐하면, 그 사람은 기독교 역사 속에서 활동했던 모든 신학자들보다 자기가 더 지혜롭다고 생각하기 때문입니다. 그런 사람들의 괴로움의 원인은 이해하기 어렵고 안개나 유령 같이 모호해서, 그들 자신도 그것을 설명할 수 없고, 여러분도 그것을 다룰 수 없습니다. 그것은 비이성적이고 상식에서 벗어난 것입니다. 그렇지 않다면, 조금만 진지하게 얘기하면, 그들은 은혜를 받을 수 있을 것입니다. 내가 이미 얘기했듯이, 그들은 이성이 아니라 자신의 결심, 즉 자기는 위로를 받지 않을 것이고, 저 절망적인 우울 속에 둥지를 틀고 있어야 하겠다고 하는 결심을 고집하고 있는 사람들입니다. 참으로 불쌍한 심령들입니다! 그들은 도대체 어떤 선택을 하고 있는 것입니까!

　여기에서 나는, 하나님이 우리 또는 그를 찾는 그 어떤 사람을 버리셨다는 주장은 성경과 정면으로 반대되는 것이라고 말하지 않을 수 없습니다. 하나님의 감동으로 된 성경 전체 속에서 어떤 사람에게든 하나님의 긍휼하심에 대해서 절망하라고 조언하는 본문은 단 하나도 없습니다. 나는 성경을 정말 부지런히 읽는 분들에게, 하나님께서 자기를 찾는 심령에게 자신의 긍휼이 주어지지 않을 것이라고 하신 말씀이 단 하나라도 있는지 찾아보시라고 말하고 싶습니다. 나는 한 걸음 더 나아가서, 성경 속에 택하심에 관한 강력한 말씀에서이든 죄에 대한 하나님의 진노하심에 대한 무시무시한 경고의 말씀에서이든 어떤 심령에게 절망 속에 자신을 내던지라고 명하는 말씀이 단 하나라도 있는지 찾아보시라고 말하고 싶습니다. 하나님 안에는 자기를 위한 긍휼하심이 진혀 없다고 말하는 심령이 옳다는 것을 보장해 줄 그런 본문이나 내용은 성경 속에 하나도 없습니다. 나아가, 성경 속에는 어떤 사람이 절망하는 것을 옳다고 말하는 그 어떤 말씀도 없습니다. 만약 하나님께서 절망 가운데에 있는 사람에게 친히 나타나셔서, "너는 감히 나의 긍휼을 의심하고서, 네가 완전히 버림받았다고 확신하고 있는데, 그렇다면 너의 그러한 확신이 옳다는 것을 증명해 줄 수 있는 나의 말을 단 하나라도 좋으니 성경에서 찾아서 내게 가져오라"고 말씀하셨다면, 그 사람은 단 하나의 말씀도 제시할 수 없을 것입니다. 사실 성경 전체는 불신앙을 정죄합니다. 성경이 권하는 것은 믿음이고, 성경은 결코 사람들을 절망으로 내몰지 않습니다. 아무리 극악무도한 죄인들일지라도, 성경은 그들에 대한 약속의 말씀들로 가득 합니다. 성경은 가장 극심한 곤경 속에 처해 있는 우리에게 찾아와서, 우리를 너그럽게 품어주는 사랑 가운데서 "하나님은 그를 의지해서 그에게로 나아오는 자들을 구원하실 수 있으시다"고 외칩니다. 주 예수께서는 "내게 오는 자는 내가 결코 내쫓지 아니하리라"(요 6:37)고 분명하게 선언하십니다. 성경의 증언을 요약하자면, 와츠(Watts) 박사처럼 말하는 것이 옳습니다:

> "우리 죽을 인생이 절망 가운데서 스스로 멸망의 길을 간다면
> 　거기에 대해서 핑계할 말이 없습니다."

　"그렇지만 나는 여전히 내게 소망이 없다는 것을 압니다." 나의 사랑하는 친

구여, 당신은 사실 아무것도 모르고 있는 것입니다. 당신이 그렇게 생각하는 것은 꿈이고 끔찍한 악몽이기 때문에, 거기에는 그 어떤 진실도 없습니다. 이 복된 성경이 당신에게 들려주는 말씀, 저 십자가로부터 들려오는 감미로운 음악 같은 말씀을 들어보십시오: "수고하고 무거운 짐 진 자들아 다 내게로 오라 내가 너희를 쉬게 하리라"(마 11:28). 당신이 숨쉬고 있는 동안에는, 저 복된 은혜의 등불은 계속해서 타올라서 당신의 기쁨을 불 밝혀 줄 것입니다. "그 아들 예수의 피가 우리를 모든 죄에서 깨끗하게 하실 것이요"(요일 1:7).

절망하는 친구여, 하나님이 당신을 버리셨다는 당신의 확신은 하나님을 심하게 모욕하는 것임을 기억하십시오. 당신은 하나님이 얼마나 긍휼에 풍성하신 분이신지를 아십니까? 그런데도 당신은 하나님을 가혹하신 분이라고 생각하는 것입니까? 하나님이 므낫세를 구원하지 않으셨습니까? 하나님이 다소의 사울의 죄들을 다 깨끗이 지워주지 않으셨습니까? 하나님이 "주 여호와의 말씀이니라 죽을 자가 죽는 것도 내가 기뻐하지 아니하노니 너희는 스스로 돌이키고 살지니라"(겔 18:32)고 분명하게 말씀하지 않으셨습니까? 당신은 하나님의 긍휼의 손에서 펜을 뺏어다가 그 펜으로 자신의 사형집행서에 서명을 하고자 하는 것입니까? 당신은 왜 그토록 분별없이 행하려 하십니까? 당신은 예수 그리스도로 말미암아 구원을 얻기보다는 하나님을 욕되게 하고자 하는 것입니까? 왜 당신은 그렇게 필사적으로 절망으로 치닫고자 하는 것입니까? 당신이 얼마나 하나님의 성령을 근심하게 하고, 얼마나 예수를 욕되게 하고 있는지를 정말 모르십니까? 당신이 그리스도께서는 당신을 용서하고자 하지 않으신다고 생각함으로써 그를 냉정하고 무자비한 분으로 여기는 것이 그가 골고다 십자가 위에서 짊어지셨던 모든 고통보다 더 그를 슬프게 하는 일이라는 것을 모르십니까? 당신은 당신의 죄를 미워하는데도, 예수께서 당신을 미워하시는 일이 과연 가능하다고 생각하시는 것입니까? 그것은 불가능한 일입니다. 당신은 영생에 대한 강한 갈망을 지니고 있는데도, 당신이 멸망 받는 것이 과연 가능하다고 생각하시는 것입니까? 그것은 불가능한 일입니다. 당신은 하나님의 은혜의 은빛 홀(笏)을 만지려고 자신을 하나님의 긍휼하심 앞에 던졌는데도, 하나님의 목전에서 쫓겨나는 것이 과연 가능하다고 생각하시는 것입니까? 그것은 불가능한 일입니다. 지옥의 저주 받은 자들 가운데에 하나님 앞으로 나아와서 그리스도의 피를 의지했던 적이 있는 영혼은 단 하나도 없습니다. 그런 일은 결코 일어날 수 없습니다. 천지는 없어지겠지만, 하나님을 찾은 사람이 버림을 받는다거나, 하나님의 언약에 의한 긍휼하심에 자기 자신을 맡긴 사람이 거부를 당하는 일은 결코 없을 것입니다. 그러므로 제발 긍휼의 하나님의 사랑과 영광을 욕되게 하지 마시기를 간곡히 부탁드립니다.

나는 여기에서 잠깐 한 가지만 짚고 넘어가고자 합니다. 그것은 어떤 사람이 자기 자신을 절망에 내어주는 것은 우리가 일반적으로 다른 일들에서 보이는 행태와는 완전히 다르게 행동하는 것이기 때문에 한층 더 변명할 여지가 없다는 것입니다. 어떤 배가 충돌을 해서 부서졌다고 합시다. 그 배는 곧 바다 밑으로 가라앉게 될 것입니다. 바닷물이 아주 거세게 밀려옵니다. 우리는 구명보트로 옮겨 탑니다. 그런데 그 구명보트가 꼼짝도 하지 않는다면, 우리는 어떻게 해야 합니까? 우리는 또다른 수난을 강구해서, 구명띠나 돛대를 붙잡을 것입니다. 우리는 어떻게든 우리의 목숨을 건져줄 수 있는 모든 수단을 다 강구해 보게 될 것입니다. 지각 있는 사람이라면 갑판 위에서 바다로 몸을 던져서 스스로 목숨을 끊지 않습니다. 그는 두려움으로 인해서 정신을 바짝 차리고서 있는 힘을 다해서 살아남고자 합니다. 그는 자기를 구해 줄 수 있을 것 같은 것이라면 무엇이든지 다 붙잡습니다. 죽을 병에 걸려 있는 환자가 있다고 합시다. 그는 자기 가족의 주치의로부터 치료를 받아 왔지만, 호전이 되지 않습니다. 그는 명의가 있다는 소문을 들으면, 즉시 그 명의를 찾아갑니다. 그렇습니다. 50명의 의사가 다 돌팔이 의사라고 할지라도, 그는 그대로 죽기보다는 그 50명의 의사로부터 다 치료를 받아보고자 할 것입니다. 아무런 소망이 없을지라도, 그는 그대로 죽기보다는 모든 것을 다 시도해 볼 것입니다. 그런데 어떤 사람이 그리스도께서 자기에게로 오는 자들을 구원해 주실 수 있다는 것을 알고 있고, 그 사실을 안다는 것을 부정할 수 없는데도, 자신의 경우는 다른 사람들의 경우와는 달라서 절망적이라고 터무니없는 결론을 내리고서는, 예수께로 나아가지 않고, 도리어 자신의 죄 가운데서 죽고자 한다면, 그 사람은 도대체 어떤 사람입니까? 한량없는 사랑을 지니신 분을 의심하는 것은 정말 미친 짓입니다. 골고다 십자가 위에서 죽으신 분이 자기에게 나아오는 죄인에게 퇴짜를 놓으실 것이라고 생각하는 것은 미쳐도 정말 단단히 미친 것입니다. 예수 그리스도께서 자기에게 나아와서 긍휼을 구하는 죄인을 멸시하는 그림을 그리고자 했던 한 화가가 있었습니다. 그 화가는 어떤 식으로 그 그림을 그려나갔을까요? 그는 주님의 얼굴을 안 보이게 그 그림을 그릴 수밖에 없었습니다. 왜냐하면, 그는 사랑으로 가득한 주님의 표정을 무자비한 모습으로 그릴 수는 없었기 때문입니다. 또한, 그는 주님의 두 손에 난 상처들과 발에 난 못 자국들을 그려 넣을 수 없었습니다. 왜냐하면, 그 상처들은 죄인을 멸시하는 것과 전혀 어울리지 않는 것이었기 때문입니다. 화가는 멸망당할 위험에 처해 있는 죄인을 거부하는 예수를 그리고자 했을 때에 예수의 육신이나 영혼의 모습을 단 한 곳도 그릴 수 없었습니다. 왜냐하면, 예수라는 존재 전체가 그런 모습으로 그려지는 것에 대하여 반기를 들었기 때문입니다. 당신이 예수를 진정으로 알 수만 있다면, 당신은 분명히 그의 품속으로 뛰어들게 될 것입니다. 불쌍한 죄인이여, 만약 예수께서 양 손에 칼을 들고 계신다고 할지라도, 당신은 그에게 나아가지 않는 것보다는 그의 칼날로 뛰어드는 것이 더 좋습니다. 왜냐하면, 당신은 그가 은혜로우신 구속주로서 구원하는 일에 능하신 분이셔서, 당신이 그를 의지해서, 우스 땅의 욥처럼 "그가 나를 죽이실지라도 내가 그를 의지하리라"(욥 13:15 KJV, 한글개역개정에는 "그가 나를 죽이시리니 내가 희망이 없노라"로 되어 있음)고 부르짖는 것이 마땅하기 때문입니다.

나는 이 절망은 상당 부분 죄악된 불신앙, 모든 죄 가운데서 가장 저주 받을 죄인 불신앙을 포함하고 있다는 말을 덧붙이지 않을 수 없습니다. 절망한다는 것은 예수께서 "내가 구원할 수 있느니라"고 말씀하시는 것을 듣고서는 죄인이 "당신은 그렇게 할 수 없습니다"라고 말하는 것과 같습니다. 따라서 절망하는 사람은 그리스도를 거짓말쟁이로 만드는 것입니다. 하나님은 "예수는 끝까지 구원할 수 있다"고 말씀하십니다. 그러나 죄인은 그것을 정면으로 부정합니다. 죄인이 하나님을 거짓말쟁이로 만들고자 한다면, 그 사람이 무엇을 기대할 수 있겠습니까? 하나님께서 산 자와 죽은 자를 심판하러 오실 때, 믿지 않는 자들의 운명은 어떤 것이겠습니까? 하나님이여, 우리를 불신앙으로부터 건져 주옵소서. 우리로 하여금 성급하고 경솔한 말을 하지 않게 하시고, 이제 더 이상 "내가 주의 목전에서 끊어졌다"고 말하지 않게 하시기를 빕니다.

3. 셋째로, 다윗은 그런 때에 부르짖어 기도하였습니다.

다윗은 자기가 하나님에게서 끊어진 것이라고 두려워하였을 때에 그대로 가만히 있었던 것이 아니라 부르짖어 기도하는 지혜를 보여주었습니다. 그는 기도를 부르짖는 것이라고 부르고 있는데, 이것은 아주 의미심장한 단어입니다.

부르짖음은 고통의 언어입니다. 고통은 문자와 음절과 단어들을 빌려서 제대로 표현될 수 없기 때문에, 자신만의 언어, 즉 가슴이 터져라 하고 부르짖는 것을 통해서 생생하게 표현됩니다. 부르짖음은 고통을 상당히 덜어주고 완화시켜 줍니다. 누구나 다 진심에서 우러나오는 선한 부르짖음이 주는 유익을 압니다. 여러분은 그것을 "선한 부르짖음"이라고 부르지 않을 수 없습니다. 왜냐하면, 사람들은 부르짖음은 결코 특별히 선할 수 없다고 생각하겠지만, 그런 부르짖음은 고통을 완화시켜 주는 바람직한 결과를 가져다주기 때문입니다. 눈이 빨개질 때까지 울며 부르짖는 것은 흔히 마음의 깨진 상처를 보듬어 줍니다. 마음을 쏟아놓는 것은 미치는 것을 막아 줍니다. 기도는 마음을 쏟아놓는 데에 가장 확실하고 복된 수단입니다. 부르짖으며 기도할 때, 눈에서는 눈물이 흐르고, 그 눈물을 따라 마음도 흘러내립니다. 기도하는 것은 부르짖는 것만큼이나 단순한 일입니다. 기도서를 펼쳐놓지 마십시오. 주교들을 비롯해서 기도문을 만드는 사람들은 평상시에 기도하는 사람들을 위해서 좋은 기도문들을 쓸 수 있습니다. 그러나 당신이 진정으로 기도할 필요가 있게 될 때, 그때에는 기존의 어떤 기도문도 당신의 심정을 쏟아놓기에 적합하지 않을 것입니다. 당신은 결코 부르짖음을 정형화시켜서 써놓은 기도문을 찾지 못할 것입니다. 나는 지금까지 살아오면서, 사별한 여자가 부르짖으며 기도할 때, 갓난아기가 배고파서 울 때, 어린아이가 어둠 속에서 침상에 누웠을 때에 무서워서 울 때에 사용할 수 있는 기도문들을 본 기억이 없습니다. 그런 것들은 없습니다. 우리가 부르짖을 때, 거기에는 어떤 정형화된 기도문이 있을 수 없습니다. 남자든 여자든 어린아이든, 그들이 괴로울 때에는 기도서 없이 그냥 부르짖습니다. 마찬가지로, 어떤 사람이 진정으로 구주를 필요로 할 때, 그에게는 기도서가 필요하지 않습니다. "나는 기도할 수 없습니다!"라고 말하지 마십시오. 나의 사랑하는 친구여, 당신은 부르짖으며 울 수 있습니까? 당신에게는 구원받는 것이 필요합니다. 하나님께 그렇게 말씀드리십시오. 당신이 그것을 말로 표현할 수 없다면, 당신의 눈물과 탄식과 신음과 흐느낌으로 말하십시오.

기도는 부르짖음과 마찬가지로 자연의 언어이고, 모든 경우에 사용할 수 있는 언어입니다. 어린아이는 괴로우면, 가장 좋은 옷을 잘 차려입지 않고도 울며 부르짖을 수 있듯이, 우리도 성의나 망토나 백의(白衣)를 입지 않고도 울며 부르짖을 수 있습니다. 어린아이가 어떻게 부르짖어야 하는지를 알기 위해서 헬라어와 라틴어 교육을 받아야 하는 것은 아닙니다. 또한, 능력 있는 기도를 드리기 위해서 학식이 필요한 것도 아닙니다. 하나님은 자신의 모든 소자(小子)들이 태어나자마자 그들에게 기도하는 법을 가르쳐 주십니다. 그들은 단지 자신의 죄를 고백하고 자신의 곤경을 살펴 주시라고 탄원하면 됩니다. 그렇게 하면, 그들은 진정으로 기도하고 있는 것입니다. 어린아이가 부르짖어 기도할 수 없을 정도의 곤경에 처하는 일은 결코 없습니다. 어린아이는 결코 "엄마, 너무 어두워서 내가 어떻게 부르짖어야 하는지를 알 수 없어요"라고 말하지 않습니다. 절대로 그렇지 않습니다. 어린아이는 어둠 속에서 울며 부르짖습니다. 당신이 캄캄한 어둠, 극심한 의심과 괴로움 속에 있습니까? 그렇다면, 나의 사랑하는 친구여, 울며 부르짖으십시오. 계속해서 울며 부르짖으십시오. 당신의 아버지 하나님께서 당신의 부르짖음을 들으시고 당신을 건져 주실 것입니다.

사실, 부르짖음은 결코 듣기에 유쾌한 소리는 아닙니다. 아기들이 우는 소리가 엄마의 귀에 음악처럼 들릴 수는 있겠지만, 일반적으로 울며 부르짖는 소리 속에는 음악 같은 감미로움은 없습니다. 부르짖음은 사람들이 빨리 그쳤으면 하는 소리이겠지만, 우리의 보잘것없는 기도는 하나님이 들으실 때에 불완전한 것들이 너무 많아서 그 귀에 거슬리는 소리로 들릴 수도 있겠지만, 그럼에도 불구하고 하나님은 그 기도를 기쁘게 받아주십니다. 부르짖음은 유쾌하지 않은 소리이긴 하지만 매우 강력한 소리입니다. 당신이 길을 걷다가 불쌍한 아이가 울며 소리치는 것을 듣거나 본다면, 당신은 그 길의 양쪽에 사는 사람들에게 자신의 처지를 또박또박 얘기하고 있는 거지 행세 하는 자들의 달변보다 훨씬 더 깊은 감동을 받을 것입니다. 눈이 오는 한겨울에 당신의 집 창문 아래 어둠 속에서 한 불쌍한 아이가 울고 있다면, 당신은 그 울음소리를 듣고서 불쌍하다는 생각이 들어서 그 아이를 돕고자 할 것입니다. 그 아이가 외국인이어서 영어를 한 마디도 하지 못한다고 할지라도, 당신은 그 아이가 무엇을 간구하는지를 아주 잘 알 것입니다. 부르짖음은 탁월한 웅변입니다. 불쌍히 여기는 마음은 그 부르짖음의 힘을 알고서 도움의 손길을 내밀게 됩니다. 인간의 본성 속에는 아이의 부르짖음에 반응하는 코드가 존재하고, 하나님의 본성 속에는 기도에 특히 민감하게 반응하는 코드가 존재합니다. 하나님께서는 심지어 까마귀 새끼가 울며 부르짖는 소리도 들은 체 만 체하시는 분이 아니신데, 하물며 자신의 형상으로 지음 받은 인간이 아픈 마음을 부여잡고 부르짖으며 탄원하는 소리에 어떻게 귀를 막으실 수 있으시겠습니까!

　　본문에 의하면, 이 부르짖음은 하나님을 향한 것이었습니다. 다윗은 하나님이 자기를 버리셨다고 생각하였기 때문에, 바로 그 하나님께 부르짖었습니다. 그는 하나님이 자기를 돕지 못하신다면 그 누구도 자기를 도울 수 없을 것이라고 느꼈습니다: "내가 주를 떠나서 누구에게로, 또는 어디로 가겠나이까?" 다윗이 자기는 모든 소망이 다 끊어졌다고 생각했으면서도, 하나님 앞에 부르짖었다는 점이 중요합니다. 그는 "내가 주의 목전에서 끊어졌다"고 말하면서도, 하나님을 향하여 부르짖습니다. 영혼아, 네가 절망 가운데에 있을지라도, 너의 마음을 너의 하나님 앞에 다 쏟아놓겠다고 결심하라. 당신은 하나님께 거부당할까봐 걱정이 됩니까? 계속해서 울며 부르짖으십시오. 하나님께서 당신에게 오랫동안 진노해 오셨습니까? 계속해서 울며 부르짖으십시오. 당신이 오랫동안 기도해 왔는데도, 지금까지도 하나님께서 당신의 기도를 들어주지 않으셨습니까? 계속해서 울며 부르짖으십시오. 하나님께서 당신을 완전히 버리셨다는 생각이 드십니까? 그럼에도 불구하고, 계속해서 울며 부르짖으십시오. 당신은 "하나님께서는 완전히 그리고 영원히 나를 떠나셨고, 내게 다시는 은혜를 베풀지 않으실 거야"라고 말하고 있습니까? 그럼에도 불구하고, 계속해서 울며 부르짖으십시오. 왜냐하면, 다윗은 자신의 심령 속에서 자기가 하나님의 목전에서 끊어졌다고 느꼈으면서도, 계속해서 부르짖었기 때문입니다. 가엾은 심령이여, 다윗처럼 그렇게 하십시오. 그렇습니다. 당신이 슬프면 슬플수록, 더 큰 소리로 더 많이 울며 부르짖으십시오. 만약 아이 엄마가 자기 아이에게 "이제는 네 마음대로 해라. 나는 더 이상 너를 결코 사랑하지 않을 거야. 나는 너를 대문 밖에다 둘 테니, 너는 다시는 내 아이가 아니다."라고 말한다면, 어린아이는 어떻게 할 것 같습니까? 어린아이가 "그러면 내가 울지 않을 게요"라고 말하겠습니까? 결코 그렇지 않습니다. 어린아이는 그 작은 가슴이 메어질 정도로 슬피 울 것이고, 엄마의 매정한 말이 진짜라고 믿으면 믿을수록 더 목 놓아 울 것입니다. 절망 가운데에 있는 심령이여, 당신의 절망이 심할수록, 당신은 더 간절하게 기도하여야 합니다. 그렇게 할 때에 당신의 문제는 해결될 것입니다.

　　시편 기자는 자기가 불신의 마음을 품었던 바로 그 하나님을 향해서 부르짖었습니다. 울며 슬퍼하는 가엾은 자여, 당신이 믿고 있는 대로 믿지 마십시오. 당신에게 믿음이라는 것이 있다고 한다면, 당신의 그 믿음은 꺼져가는 심지에서 가물거리는 작은 불꽃과 같습니다. 그럼에도 불구하고, 계속해서 기도하십시오. 나는 당신의 믿음이 다 죽은 것 같이 보일 때에도 이렇게 부르짖어 기도하라고 말하고 싶습니다: "주여, 내게 믿음을 주옵소서. 나는 불쌍하고 죽어 있고 길을 잃어 멸망으로 치닫고 있는 죄인이지만, 나의 이 참상을 불쌍히 여겨 주옵소서." 이것이 선한 부르짖음이고, 이러한 부르짖음으로부터 선한 것이 나올 것입니다.

4. 넷째로, 그 결과는 기쁘고 좋은 것이었습니다.

절망 가운데에 있던 이 가엾은 심령은 계속해서 부르짖어서, 하나님의 들으심을 받아냈습니다. "주께서 나의 간구하는 소리를 들으셨나이다." 이 복은 약속의 말씀을 뛰어넘는 것이었습니다. 하나님의 약속은 믿음의 기도를 들으시겠다는 것이었지만, 긍휼에 풍성하신 하나님은 자기가 약속한 것 그 이상으로 지키십니다. 주권적으로 무한한 은혜를 베푸시는 하나님은 심지어 믿지 않는 자들조차도 만족시키시고, 그들이 불신앙 가운데서 울며 부르짖을 때에 그들에게 믿음을 주시고 그들의 영혼을 구원해 주십니다. 이것은 약속의 말씀 속에서 보장된 것은 아니지만, 그러한 역사(役事)는 하나님의 성품과 완전히 부합합니다. 사실, 불쌍한 자들의 부르짖음을 놓치지 않고 들으시는 것은 사랑이라는 이름을 지니신 하나님다운 역사입니다. 우리는 숲 속에서 길을 잃고서 가시나무에 온 몸이 긁히고 길을 찾아 헤매다가 기진맥진해서 추위와 굶주림에 곧 죽게 된 아이들과 같습니다. 우리가 할 수 있는 모든 것은 그저 부르짖는 것뿐입니다. 그런데 하나님께서 그런 우리를 캄캄한 어둠 속에 죽게 내버려 두시겠습니까? 제발 그렇게 생각하지 마시고 그렇게 믿지 마십시오. 마귀가, 하나님은 너의 부르짖음을 들으실 것이지만 너를 도우러 오지는 않으실 것이라고 속삭이는 소리를 당신은 믿지 마십시오. 사람이라도 그렇게 하지 않을 것인데 하나님이 그렇게 하시리라는 것을 나는 결코 믿지 못합니다. 나는 그런 식으로 하나님을 모욕할 수 없습니다. 사랑하는 심령이여, 오직 당신의 심령이 처해 있는 절망 가운데서 울며 부르짖으십시오. 그러면, 하나님은 자신의 무한한 선하심으로 말미암아 당신에게 오시지 않을 수 없게 되실 것입니다. 하나님은 당신에게 부르짖으라고 가르치신 분이기 때문에, 반드시 당신의 기도에 응답해 주실 것입니다.

다윗이 하나님께서 자신의 기도를 들으셨다고 말하는 것을 들을 때, 당신은 큰 담력을 얻는 것이 마땅합니다. 왜냐하면, 한 사람의 기도를 들으신 하나님은 다른 사람의 기도도 들으실 것이 분명하기 때문입니다. 나는 당신에게 한 가지만 상기시켜드리고자 하는데, 그것은 절망 가운데에 있는 가엾은 심령인 당신은 다른 어떤 사람보다도 그리스도를 더 존귀하게 해드릴 수 있는 위치에 있다는 것입니다. 당신은 역사상 존재했던 죄인들 중에서 가장 극악무도한 죄인입니까? 당신은 당신의 처지가 이 땅에서 지금까지 살았던 모든 사람들 중에서 가장 절망적이라고 생각하십니까? 당신은 구원 받을 가능성이 가장 희박한 사람입니까? 당신은 그렇게 생각하십니까? 그렇다면, 당신은 그리스도의 은혜를 가장 혁혁하게 빛나게 하기에 딱 좋은 사람입니다! 단지 몇몇 희미한 흠과 점만 있는 죄인들이 있다면, 그리스도께서 그런 사람들을 자신의 보혈로 씻어 주어도, 그것은 그에게 별 영광이 되지 못합니다. 그러나 당신이 더럽기가 짝이 없는 죄인인데, 그런 당신을 그리스도께서 사신의 피로 씻어서 깨끗하게 해주신다면, 그것은 그에게 큰 영광이 될 것입니다. 도저히 깨끗하게 될 것 같지 않았던 죄인이 죄 사함을 받아 깨끗하게 되었을 때, 천사들은 자신들의 수금에 맞춰 새 노래를 힘차게 노래하게 될 것입니다. 당신은 도저히 구원 받을 수 없을 것처럼 생각이 되십니까? 당신도 구원 받을 수 있다는 것을 믿으시기 바랍니다. 자, 이제 십자가 앞에 나아오셔서, 이렇게 고백하십시오: "사랑하는 구주여, 주께서는 나와 같은 영혼을 지금까지 한 번도 구원하신 적이 없으실 겁니다. 오늘 주께서는 이전보다 더 큰 영광을 얻게 되실 것입니다. 왜냐하면, '내게 오는 자는 내가 결코 내쫓지 아니하리라'(요 6:37)고 하신 주의 말씀에 의지해서, 주께서 나 같은 사람도 구원하실 것이라고 내가 믿고서 주의 사랑하는 발 앞에 엎드려 있기 때문입니다." 당신은 당신의 형편과 처지가 열악하면 열악할수록 다른 사람들보다 더 큰 당신의 믿음을 통해서, 그리고 그리스도께서 이전보다 더 큰 은혜의 놀라운 역사를 베푸시게 함으로써 그리스도를 더 영화롭게 해드릴 영광스러운 기회를 갖게 되었다는 것을 아십니까? 나는 당신이 성령 하나님께서 당신의 형편과 처지를 하나님의 크신 은혜의 능력 아래로 데려가 주시도록 정말 끈질기게 기도하시기를 소망합니다.

하나님의 한 가지 진리를 기억하시고 간직하십시오. 당신이 캄캄한 어둠 속에 있다면, 당신을 위한 유일한 빛은 "의로운 해"이신 그리스도께 있습니다. 당신이 길을 잃고 멸망으로 향해 가고 있다면, 당신을 위한 유일한 도움은 주 예수 안에 있습니다. 당신이 가장 밝은 빛과 가장 분명한 구원이 있는 구주를 뵙고자 한다면, 그의 십자가를 생각하십시오. 구주의 손과 발, 피 흘리는 옆구리를 보십시오. 그 상처들은 절망의 포로가 되어 있는 사람들에게 소망의 창(窓)들입니다. 당신이 누구이든지 간에, 예수 안에가 아니면 그 어디에도 당신을 위한 소망은 없습니다. 가시면류관을 쓰신 그의 머리와 그 어떤 사람보다도 더 상하신 그의 얼굴을 바라보십시오. 그의 여윈 몸을 바라보시고, 그의 옆구리에 깊이 나 있는 창에 찔린 상처를 바라보십시오. 수치와 멸시를 예감하는 가운데에 죽음의 고뇌 속에서 괴로워하셨던 주님을 바라보십시오. 주께서 운명하시기 전에 "다 이루었다"고 부르짖는 소리를 당신이 듣게 될 때까지 그를 응시하십시오. 나는 주께서 모든 것을 다 이루셨기 때문에, 당신이 해야 할 일은 아무것도 없다는 것을 당신이 믿게 되시기를 기도합니다. 하나님께서 당신을 기쁘게 받아들이시는 데에 필요한 모든 준비가 완벽하게 다 갖추어졌습니다. 당신은 그리스도께서 이루신 일을 그저 받아들이는 것 외에 달리 할 것이 없습니다. 더 이상 옷을 지으려 하지 마십시오. 옷은 이미 준비되어 있습니다. 더 이상 저수지에 물을 채워 넣으려 하지 마십시오. 이미 샘이 마련되어 있습니다. 더 이상 토대를 닦으려 하지 마십시오. 이미 보배로운 모퉁잇돌이 준비되어 있습니다. 절망 가운데에 있는 당신이여, 그냥 나아오십시오. 하나님께서 이 시간에 당신이 당신의 주이신 예수 그리스도 앞에 나아와서 그를 힘입어 평안을 발견할 수 있도록 도우시기를 빕니다. 아멘.

제
35
장

—

죄 사함을 받을 때에 버려지는 간사함

—

"마음에 간사함이 없고 여호와께 정죄를 당하지 아니하는 자는 복이 있도다." — 시 32:2

율법은 그 어떤 죄악도 행하지 않고 하나님의 길로 온전히 행하는 사람들에게 복을 줄 수 있는 반면에, 복음은 죄인들에게 복을 줍니다. 죄인들에게 복을 줄 수 있는 것은 오직 복음뿐입니다. 죄인들이 예수를 믿기만 하면, 복음은 "허물의 사함을 받고 자신의 죄가 가려진 자는 복이 있도다 여호와께 정죄를 당하지 아니하는 자는 복이 있도다"(1-2절)라는 축복문을 선포합니다. "복이 있다"는 것은 가장 바람직한 상태에 있다는 것, 즉 하나님과 화목하고 스스로 행복하며 하나님의 은총으로 충만한 상태에 있다는 것입니다. 여기에서 이 사람에 대해서는 축복문이 두 번 선포되고 있기 때문에, 이 사람보다 더 복 있는 사람은 있을 수 없습니다. 또한, 이 복은 제한된 복이 아닙니다. 왜냐하면, 이 축복문 앞이나 뒤에 하위의 축복문임을 나타내는 수식어구가 두어져 있지 않기 때문입니다. 우리 주님이 산상수훈에서 입을 여셨을 때, 그는 일련의 복들을 쏟아내셨습니다. 복음도 마찬가지입니다. 복음이 어떤 영혼에게 말씀할 때, 복음에 속한 한 마디 한 마디로부터 강 같은 복들이 흘러나옵니다. 히브리어 원문을 보면, 본문의 표현은 대단히 강조되어 있고, 이것은 여기에 표현되어 있는 복이 정말 크다는 것을 보여주고자 하는 것입니다. 죄 사함 받은 죄인보다 더 참되고 실제적이며 확실한 복을 받은 사람은 없습니다. 온전한 사람에게 주어질 수 있는 온갖 복은 죄 사함을 받은 사람에게 주어집니다. 하나님을 거슬러 범죄하여 왔고 그 사실을 알고 있는 분들은 자기가 복으로부터 차단되어 있지 않다는 것을 기뻐하십시오. 당신이 믿음으로 죄 사하시는 하나님을 믿고, 당신의 모든 죄를 사해 주신 저 유례없는 대속을 받아들인다면, 그리고 당신이 당신의 죄를 더 이상 당신에게 돌리지 않겠다고 약속하는 저 복음을 믿는다면, 당신은 지금 당장에라도 복 있는 사람들 가운데에 있게 될 것입니다. 이때에 하나님께서 친히 당신을 복이 있다고 하신 것이기 때문에, 인간이나 마귀는 하나님의 그러한 축복을 뒤집을 수 없습니다.

죄책(罪責)이 제거되고 복이 수여됨과 동시에, 죄 사함 받은 사람에게는 본성의 변화가 일어난다는 것을 주목하십시오. 성령의 역사는 성자의 사역과 연결되어 있습니다. 성자께서 죄책을 제거하실 때, 성령은 교활함을 제거하십니다. 우리의 죄악들을 제거하시는 분께서는 우리의 거짓도 치유해 주십니다. 우리는 신자가 되기 시작할 때에 거짓말하는 자이기를 그칩니다. 전에는 야곱처럼 교활하였던 우리는 기도에 대한 응답으로 하나님의 복을 받자마자, "참으로 이스라엘 사람이라 그 속에 간사한 것이 없도다"(요 1:47)라는 말을 듣게 됩니다.

내가 이 시간에 여러분으로 하여금 주목하게 하고자 하는 것은 바로 이러한 사실입니다. 나는 이러한 사실을 자기 자신을 살피고 깨우는 수단으로 사용하고자 하기 때문에, 성령께서 이러한 사실을 많은 심령들에게 능력으로 깨닫게 해 주시기를 기도합니다.

여러분은 다윗의 경우 속에서 그가 밧세바와의 사이에서 추악한 죄를 저지르고 난 후에는, 전에 우리를 그토록 매료시켰던 저 진실만을 말하는 투명한 성품을 잃어버렸다는 것을 알아차렸을 것입니다. 다윗은 자신의 큰 죄에 대한 사하심을 받을 때까지는 왜곡되고 타락한 모습을 보였습니다. 그에게는 죄책만큼이나 교활함도 많이 있었습니다. 왜냐하면, 그는 자신의 죄를 시인하고 고백하지 않아서, 그 죄가 얼마나 극악무도한 것인지를 볼 수 없었을 것이기 때문입니다. 그는 자신의 심각한 죄에 대하여 끊임없이 자기를 찔러댔던 자신의 양심을 강압적으로 눌러 버렸을 것임에 틀림없습니다. 아마도 그는 자신의 양심과 자기가 그토록 추악한 죄를 범하였던 대상인 하나님에 대하여 자신의 죄를 솔직하게 인정함이 없이 몇 달을 그냥 보내었을 것입니다. 그동안에 다윗은 자신의 범죄를 은폐하기 위한 시도에 온 힘을 기울였고, 그렇게 하기 위해서 자신에게 주어진 온갖 지식과 지혜들을 아주 교활하게 활용하였습니다. 그가 자신의 죄를 숨기기 위해서 얼마나 교활한 술책들을 행하였는지 보십시오. 그는 우리아를 전장(戰場)에서 불러내서 술에 만취되게 하였습니다. 이것이 정말 지난날에 정직하고 양심적이었던 다윗이란 말입니까? 그런 그가 어떻게 이토록 비열한 술수로 점철되어 있는 짓을 할 수 있단 말입니까? 어떻게 이것이 정말 그토록 감미로운 찬송을 부르곤 했던 시편 기자의 모습일 수 있단 말입니까? 그가 우리아에게 너무나 끔찍한 잘못을 저질러놓고서도 어떻게 그 사람을 죽일 계획을 세울 수 있단 말입니까? 거기에서 한 술 더 떠서, 다윗은 우리아를 의도적으로 전쟁터에서 죽음으로 몰아넣어 죽게 한 후에도, 양심의 가책을 나타내거나 자기가 잘못했다는 말 한 마디도 하지 않았습니다. 그는 "칼은 이 사람이나 저 사람이나 삼키느니라"(삼하 11:25)고 말하며, 아무 일 없었다는 듯이 이 일을 그냥 넘어갑니다. 그는 우리아가 어떻게 죽게 되었는지를 잘 알고 있었고, 요압도 마찬가지로 잘 알고 있었습니다. 그런데도 그는 마치 그들 사이에서 사전에 어떤 밀약이 전혀 없었다는 듯이 전언(傳言)을 조작하였습니다. 다윗은 너무나 기만적인 마음을 지니고 있었고, 교활(간사)하기 짝이 없는 짓을 행한 것입니다. 그렇습니다. 그의 마음의 눈이 멀어 버려서 자신의 죄악을 보지 못하게 되었기 때문에, 나단이 그의 범죄를 마치 사진 찍듯이 설명해 주었을 때, 그는 그것이 바로 자기를 가리키는 줄 알지 못하고, 비유에 나온 그 사람에 대하여 불 같이 정죄한 것입니다. 다윗의 교활한 마음이 나단이 자기를 가리켜 말한 것임을 깨닫기 전에, 선지자 나단은 앞으로 나와서 "당신이 그 사람이라"(삼하 12:7)고 말해 주어야 했습니다. 그렇습니다. 죄는 우리의 인격 전체를 왜곡시켜서, 우리로 하여금 우리의 양심과 하나님에 대하여 무수한 속임수를 사용하게 만듭니다. 그러나 나단이 "여호와께서도 당신의 죄를 사하셨나니 당신이 죽지 아니하려니와"(삼하 12:13)라고 말하자마자, 다윗은 딴 사람이 되었습니다. 그는 인간이 쓴 글들 가운데서 가장 정직한 글들 중의 하나로 평가되는 시편 51편을 썼습니다. 그 시편은 회개하는 자의 심정을 있는 그대로 너무나 솔직하게 보여줍니다. 그 시편 속에서 여러분은 수금의 줄들이 진동하는 소리가 아니라 통회하고 자복하는 마음의 줄들이 울리는 소리를 들을 수 있습니다. 그 시편 전체를 통해서 다윗의 심령은 그의 입술과 눈 위를 타고 흐릅니다. 은폐하거나 속임수를 쓰는 것과는 전혀 거리가 멉니다. 죄 사함을 받게 되면 마음이 정직해집니다. 그러나 죄를 고백하지 않아서 사함 받지 못한 동안에는 뱀이 사람들의 마음을 지배하기 때문에, 사람들은 무수한 기만적인 방식들로 굽어지고 뒤틀려집니다.

오늘 밤 내가 첫 번째로 다룰 대지는, 많은 사람들이 자신의 양심과 하나님을 상대로 속임수들을 사용한다는 것입니다. 두 번째는, 죄 사함 받은 사람은 이 악한 습성을 그만두었다는 증거들을 보여준다는 것입니다: "마음에 간사함이 없고."

1. 첫째로, 하나님과 자신의 양심을 상대로 속임수를 쓰는 사람들이 많다는 것입니다.

내가 이 첫 번째 대지에 대하여 전하는 동안에, 여러분이 각자 그 말씀들에 비추어서 자기 자신이 어떠한지를 주의 깊게 살펴보신다면, 나는 정말 기쁠 것입니다. 나는 여러분 앞에서 아주 정직하고자 하기 때문에, 여러분도 나와 똑같이 정직해 주시기를 부탁드립니다. 여러분에게 해당되지 않는 것들에 대해서는 신경을 쓰지 마시고, 진정으로 여러분에게 해당되는 것들만을 마음에 새기십시오. 하나님의 진리를 받아들이는 것이 여러분에게 골수에 사무치게 큰 고통이 된다고 할지라도 기꺼이 마음을 여시고 받아들이십시오. "친구의 아픈 책망은 충직으로 말미암는 것이나 원수의 잦은 입맞춤은 거짓에서 난 것이니라"(잠 27:6). 지금 하나님께서 우리에게 영들을 달아보시는 하나님의 목전에서 우리의 마음을 살펴볼 수 있게 해주시는 것이기 때문에, 여러분은 이 기회를 놓치지 마시기 바랍니다. 성령께서 이 일에서 우리를 도와주시기를 빕니다.

인간의 마음의 간사(교활)함은 진지하게 생각하는 것을 거부하는 것에서 드러납니다. 사람들로 하려금 자기 자신을 살펴보고, 하나님과 자신의 영혼 간에 무슨 일이 일어나고 있는지를 자세하게 들여다보게 하는 것은 거의 불가능에 가깝습니다. 우리가 사람들을 압박해서 그렇게 해보라고 하거나 눈물을 흘리며 간청을 해도, 그들은 이 꼭 필요한 일을 스스로 하기를 거부합니다. 그들은 뭔가가 아주 단단히 잘못되어 있다는 것을 어느 정도 알고 있지만, 무엇이 잘못되었는지를 캐보고자 하는 마음은 없습니다. 그들은 이것이 진실일까, 저것이 이치에 맞는 것일까라고 스스로에게 묻지 않습니다. 그들의 집에 불이 났다는 소식을 접하고서도, 과연 그들이 자기 집이 어떻게 되었는지를 살펴보기 위하여 자기 집으로 달려가고자 하지 않을까요? 그러나 그들은 자신의 삶에 대하여 진지하게 생각하고 낱낱이 살펴본다면, 거짓 평화로 이루어진 바보들의 낙원을 누릴 수 없게 될 것이기 때문에, 여러 가지 문제들을 건성으로 처리하고, 자신의 상태나 모습에 대해서 불만족스러운 모든 것은 가능한 한 무시해 버리고자 합니다. 한 주가 지나고 한 달이 지나도, 자신의 양심을 불러내어서 따져보는 일 따위는 그들에게 일어나지 않습니다. 주일들이 계속해서 지나가고, 그때마다 이따금 제정신이 약간 들기도 하지만, 양심의 소리를 듣고서 자신의 영혼의 진정한 상태를 점검하고자 하는 단호한 결단은 없습니다. 그들은 자기에게 고통을 줄 것 같은 징후들을 보거나 소식들을 듣기보다는 눈을 감아 버리고 귀를 막아 버리는 쪽을 택합니다. 이것은 얼마나 유치한 짓입니까! 이것은 자신의 영혼과 하나님에 대하여 정직하지 않기로 결심하는 것이기 때문에 아주 악한 일입니다. 청지기기 결산하기를 거부한다면, 여러분은 그 이유를 쉽게 짐작할 수 있습니다. 선장이 자기 배에 대한 조사를 거부한다면, 눈치 빠른 당신은 그 배가 과연 항해하기에 적합한지를 의심할 것입니다. 상인이 자신의 장부책들을 살펴보고자 하지 않는다면, 당신은 그 상인이 이익을 내고 있는 것인지 아니면 적자를 내고 있는지를 판단할 수 있을 것입니다. 정직한 사람들은 문제들을 직시해서 기꺼이 있는 그대로의 진실을 보고자 하지만, 불편한 사실들을 그대로 직면할 자신이 없는 비겁한 사람들은 자신의 눈을 가려 버리는 어리석은 짓을 자행합니다. 망원경을 안대로 가려진 눈에 대고서는 아무것도 보이지 않는다고 말하는 것은 아주 오래된 속임수이지만, 지금도 흔하게 사용되고 있습니다. 우리는 경고들을 일부러 못 본 체하고 무시하고서는 자기기만 속에 머물러 있고자 하지 않기를 바랍니다. 대부분의 사람들은 무슨 짓을 해서라도 영원한 것들에 대하여 생각하지 않으려 합니다. 사람들은 자신의 성찰하는 힘든 일로부터 도망치기 위해서 너무나 시시한 오락들, 너무나 어처구니없는 노래들, 너무나 속상한 일들, 심지어 너무나 짜증나는 의식(儀式)들을 행복한 탈출구로 삼습니다. 죽음, 심판, 영원, 천국, 지옥 — 그들은 이런 것들을 생각하고 싶어 하지 않습니다. 왜 그럴까요? 그들은 자기가 모든 것이 잘못되어 있다는 것을 알기 때문에, 그런 것들에 신경을 쓰지 않고 무관심으로 일관하는 교활한 태도를 취하는 것입니다.

　자신의 삶에 대하여 조금이라도 생각하는 사람들은 자기 자신에 대하여 공정하게 판단하지 않고 편파적인 판단을 합니다. 그들은 자기가 어떻다고 설명을 하기는 하지만, 그 설명은 일종의 영적인 것들을 가미해서 자신의 모습을 실제와는 다르게 제시합니다. 불경건한 사람들은 자기가 하는 모든 일을 장밋빛으로 물들여서, 그렇게 위장된 자신의 삶에서 만족을 얻고자 애씁니다. 사업하는 사람들은 자신의 재정 상태가 점점 더 악화되어갈 때에 대외적으로 자신의 신용도를 유지하기 위해서 마치 사업이 잘되는 것처럼 보이려고 하는 것이 일상화되어 있지 않습니까? 그렇게 하기 위해서, 그들은 의심스러운 투자들을 언제든지 현금화할 수 있는 자산으로 책정하고, 무거운 부채들을 이리저리 영리하게 조정해서 별 문제가 없는 것으로 만듭니다. 공기업들은 흔히 우리에게 그러한 채색 기법의 훌륭한 모범들을 보여줍니다. 애석하게도, 저 이성적인 존재들은 자신의 생사가 걸린 아주 중요한 일들에서 자기 자신에 대하여 그런 채색을 합니다. 그것도 해마다 그것을 반복합니다. 그들은 빛을 어둠이라 하고 어둠을 빛이라 하며, 자기가 실제로는 헐벗고 궁핍하고 비참한데도 불구하고, 마치 자기가 부요하고 점점 더 자산들을 늘려가고 있는 것으로 여깁니다. 많은 사람들이 "더 나빠지는 것을 더 좋아지는 것으로 보이게 만드는" 데에 귀재들입니다. 그들은 자기가 소유하고 있다고 생각하는 장점들을 크게 부풀리고, 자신의 단점들은 크게 저평가합니다. 그들은 자신의 죄를 부인하거나 별 것 아닌 것으로 보거나 정당화합니다. 그들은 자신의 본성이나 환경이나 유혹하는 자 사탄을 욕하지만, 자기가 잘못한 것은 없습니다. 그런 사람들이 어떻게 범죄하지 않을 수 있겠습니까? 그들은 다른 사람들도 자신의 입장이라면 자기와 똑같이 했을 것인데, 왜 자기가 욕을 먹어야 하느냐고 반문합니다. 게다가, 그들은 자기가 행한 것들은 그리 악하지 않은 것들이고, 자기는 선행을 많이 했기 때문에 조금 악하게 행한 것들을 충분히 상쇄하고도 남는다고 생각합니다. 사람들은 자신의 심령을 다룰 때에 거짓된 추와 속이는 저울을 사용합니다. 그들은 자신의 심령을 정직하게 다루는 것을 감당하고자 하지 않습니다. 그들은 평안이 없는 곳에서 "평안하다 평안하다"고 외치고, 그들 자신을 위해서 부드러운 것들을 예언합니다. 불의한 청지기처럼, 그들은 자신의 주인의 재산에 속하는 채무증서들에 적혀 있는 금액들을 조작하여 낮추어 주어서 자신의 몫을 챙기고, 그렇게 조작된 증서들을 보고서는 마치 그것들이 정직의 극치인 듯이 스스로 흐뭇해합니다.

또한, 많은 사람들이 그러한 형편없는 근거들 위에서 확신을 갖는 것은 의도적으로 자기 자신을 속이는 것임이 분명합니다. 사람이 자신의 판단을 속이고 조작하지 않았다면, 과연 그 사람이 자신의 선행들에 의지해서 자신감을 가지는 것이 가능하겠습니까? 여러분은 어떻게 생각하십니까? 어떤 사람이 자기 자신을 속이기로 작정하지 않았다면, 자기가 유아 세례를 받았고 성찬식이 있을 때마다 거기에 참여하였기 때문에 천국에 들어갈 것이 틀림없다고 생각할 수 있을 것이라고 여러분은 믿으십니까? 어떤 사람이 의도적으로 자기 자신을 속이기로 작정하지 않았다면, 자기가 빠짐없이 예배에 참석하고 헌금을 하기 때문에 하나님의 자녀인 것이 틀림없다고 믿을 수 있다고 여러분은 생각하십니까? 어떤 사람이 자기 자신을 속이기로 작정하지 않았다면, 자기가 성례전들에 참여하고 있기 때문에 자기는 구원 받은 자라고 생각하는 것이 여러분은 가능하다고 생각하십니까? 죽을 수밖에 없는 존재인 사람이 사제라 불리는 똑같은 죄인이 그에게 준 사죄(赦罪)를 믿는다면, 그 사람은 의도적으로 속기로 작정한 사람이 아니고 무엇이겠습니까? 어떤 사람이 죄를 없애기 위한 수단으로 외적인 의식(儀式)이나 행위를 의지한다면, 그 사람은 그것이 완전히 터무니없는 일이라는 것을 의도적으로 외면하기로 작정한 사람이라고 여러분은 생각하지 않으십니까? 사실, 많은 사람들이 다른 사람들의 가르침에 속아 넘어가기는 하지만, 그들이 조금이라도 생각할 수 있는 머리를 지니고 있다면, 그들은 마음만 먹으면 얼마든지 그런 거짓된 가르침을 꿰뚫어볼 수 있지 않겠습니까? 사람이 자리에 앉아서 조금만 생각해 보면, 그런 허약한 토대들 위에 세워진 확신들이 모래 위에 지어진 집들처럼 틀림없이 무너지게 되리라는 것을 알 수 있지 않겠습니까? 그러나 안타깝게도 수많은 사람들이 자기 자신에게 그런 식으로 속임수를 사용함으로써, 적그리스도의 종들에 의해서 코가 꿰어 끌려갑니다. 그들은 다른 사람들이 진리를 가장해서 거짓을 말하는 사제들의 가르침들을 수긍하고 따르는 것을 보면서, 자기는 많은 사람들이 가는 길을 가야 하겠다고 결론을 내립니다. 여러 가지 문제들을 이것저것 시시콜콜하게 따져보는 것은 귀찮고 머리가 아플 것이기 때문에, 그들은 그런 것들은 다 생략하고, 다른 많은 사람들이 하는 대로 하기로 결심합니다. 그러나 그런 식으로 행하는 것은 얼마나 끔찍한 일이고, 그렇게 해서 얻어진 평안은 얼마나 공허한 것인지 모릅니다. 사람들은 그 근거가 너무나 희박하고 허술해서, 만약 그들이 그 사실을 알았다면 단 돈 한 푼도 거기에 걸려고 하지 않았을 그런 말들에 자신의 영혼을 맡겨 버립니다. 이 모든 것들의 밑바닥에는 교활함이 있고, 그러한 확신들을 가지니 평안하다고 말하는 사람들은 사실은 평안하지 않은 사람들입니다. 여보세요, 예수 그리스도의 피로 말미암아 평안을 얻은 사람 외에는, 자기가 평안하다고 말하는 사람들은 다 정직하지 않은 사람들입니다. 여러분이 진정으로 시험하고 검증해 보면, 하나님의 그리스도를 믿고 의지하는 것을 제외하고, 다른 모든 것들을 믿고 의지하는 것은 다 거짓된 것입니다. 그러나 죄인은 교활함으로 가득하기 때문에 시험하고 검증하고자 하지 않습니다. 죄인은 어떤 말이 진실인지 거짓인지를 따지는 것이 골치 아프고 자기에게 좋은 말을 의심하는 것은 편치 않기 때문에 마치 바보처럼 모든 말을 믿어 버립니다.

어떤 사람들은 또다른 식으로 간사(교활)함을 발휘합니다. 그들은 모든 괴로운 진실들을 피하고, 자신의 속마음을 다 들추어내는 가르침들을 피합니다. 그런 사람들이 진리를 그대로 전하는 설교를 들어서, 그 진리가 그들의 마음을 파고들면, 그들이 무엇이라고 말하는지 여러분은 아십니까? "설교자가 너무 가혹하고 사랑이 없어. 나는 저런 사람의 설교를 들을 수 없어. 설교자라면 더 많은 사랑이 있어야지." 그들이 자신의 진짜 상태를 있는 그대로 드러내 주는 목회자를 용납하지 못한다는 것은 너무나 당연한 일입니다. 왜냐하면, 주님께서 "악을 행하는 자마다 빛을 미워하여 빛으로 오지 아니하나니 이는 그 행위가 드러날까 함이요"(요 3:20)라고 말씀하셨기 때문입니다. 오직 정직한 사람들만이 자신의 마음의 생각과 의도를 있는 그대로 들추어내 주는 하나님의 말씀을 듣고자 합니다. 은혜를 받고자 하는 사람들은 사람의 마음을 드러내 주는 설교를 통해서 마음속에 있는 것들이 밖으로 드러나는 것이야말로 자기에게 진정으로 필요한 것임을 압니다. 그래서 그들은 자신의 사정을 봐주지 않고 있는 그대로 다 드러내 주는 정직한 하나님의 사람에게 감사합니다.

치명적인 중병에 걸려서 거의 다 죽게 되었는데도 다음과 같이 듣기 좋은 말들만을 늘어놓는 의사를 좋아하는 사람들은 너무나 어리석은 사람들임에 틀림없습니다: "아, 이건 별 것 아닌 병입니다. 내가 곧 당신을 건강하게 만들어드리죠. 여기 내가 만든 기막히게 잘 듣는 약이 있습니다. 이것을 몇 박스만 복용하시면 완쾌되실 것입니다. 당신보다 더 상태가 안 좋은 사람들도 완전히 낫는 것을 나는 많이 보아 왔습니다." 이 불쌍한 환자는 죽음을 코앞에 두고 있는데도, 의사는 그에게 오래 살게 될 것이라고 약속합니다. 지각 있는 사람들은 그러한 사기꾼을 미워합니다. 분별 있는 사람들은 자신의 병이 얼마나 심각한 상태인지를 있는 그대로 얘기해 주고 거짓말로 안심시켜 주지 않는 믿음직한 의사를 선택합니다. 따라서 사람들이 가장 좋은 것들과 관련해서 자신의 지각을 활용한다면, 그들은 정직한 선생을 좋아할 것이고, 그의 신실한 경고들을 소중히 여길 것입니다. 그리고 그들은 스스로 속아서 죽는 그런 허망한 일이 일어나지 않도록 하기 위해서, 비록 가혹하다고 할지라도 그 선생이 자신의 상태를 있는 그대로 얘기해 주는 것을 기뻐할 것입니다. 우리는 설교자를 욕함으로써 자기가 듣기 싫은 통렬한 진실의 칼날을 피하고자 하는 아주 어리석은 사람들을 너무나 자주 만납니다. 그런 사람들은 검열관처럼 행동하면서 온갖 흠을 잡아내지만, 그런 행동들은 자기가 영적으로 무감각한 상태에 그대로 머물러 있기 위한 핑곗거리들을 찾아내기 위한 것입니다. 어떤 설교자나 선생이 발음이나 문법이나 어법에서 실수를 하면, 그런 사람들은 바로 그것을 그가 전한 복음을 거부하기 위한 핑곗거리로 교묘하게 활용합니다. 심지어 설교집과 같은 책들도 여지없이 그들의 검열에 걸려듭니다. 알아듣기 쉽게 쓰인 책들은 "품위가 느껴지지 않는다"고 평가되거나, 너무 편협하고 자기 고집만을 일방적으로 주장한다는 비판을 받습니다. 어떤 설교자는 오직 화(禍)만을 예언한다고 해서 사람들의 미움을 받습니다. 죄인은 자신의 양심의 검열을 피할 수 없는 경우에는, 먼지를 뿌옇게 일으켜서 자기를 회개시키고자 하는 사람들에게 뿌린 후에, 거기에서 유유히 빠져나옵니다. 아, 이것은 너무나 어리석은 술수를 부리는 것입니다.

　또한, 많은 사람들은 자신의 마음을 아프게 찌르는 진리들을 교묘하게 피하기 위해서 엉뚱한 얘기들을 꺼내는 방법을 사용합니다. 주님께서 우물가에서 만났던 사마리아 여자 같이 행동하는 사람들이 많습니다. 주님께서 자신의 정체를 드러내셔서 그녀에게 다섯 남편이 있었다는 말씀으로 그녀의 양심을 건드리기 시작하시자, 그녀는 "우리 조상들은 이 산에서 예배하였는데 당신들의 말은 예배할 곳이 예루살렘에 있다 하더이다"(요 4:20)라고 갑자기 엉뚱한 말을 꺼내듭니다. 이렇게 사람들은 의식(儀式)들이나 교리들이나 모형들이나 예언들에 관한 질문을 방패로 삼아서 그 뒤에 숨어 성령의 검의 타격을 피하고자 합니다. 나의 동료 목사님이 얼마 전에 내게 이런 얘기를 해준 적이 있습니다. 그 목사님이 아주 갑자기 남편을 사별하게 된 어떤 부인을 심방하게 되었는데, 그 부인은 전에 자기 교회에 나오셨던 분이었답니다. 그 부인은 자기 오빠와 함께 앉아 있었는데, 스코틀랜드 교회의 장로이셨던 그 오빠가 갑자기 그 부인에게 예배를 소홀히 해서 이런 일이 일어난 것이라고 조금 호되게 책망하기 시작하였습니다. 그 부인은 자기 집에 심방을 온 목사님도 거기에 동조해서 자기를 책망할 것이 두려웠기 때문에, 자기는 스스로 도저히 극복할 수 없는 아주 어려운 일이 하나 있다고 말함으로써 예상되는 공격을 교묘하게 피하고자 하였습니다. 사실, 그 목사님은 과부가 된 지 얼마 되지 않은 그 부인을 책망할 생각은 전혀 없었지만, 그녀의 양심은 그녀로 하여금 경계심을 갖도록 했음이 분명합니다. 그래서 그 부인은 또다시 다음과 같이 말함으로써 그 목사님의 온유하고 진지한 말씀을 가로막고 나섰습니다: "그런데요, 목사님, 기독교의 가르침 중에서 한 가지가 나로서는 이해가 되지 않습니다. 소요리문답에 하나님은 시작이 없으시다는 말씀이 나오는데, 나는 어떻게 그럴 수 있는지가 도저히 이해가 되지 않습니다. 하나님은 끝이 없다는 말씀은 내가 이해가 되는데, 처음이 없다는 말씀은 정말 이해가 되지 않습니다." 그 목사님은 이렇게 말했답니다: "선한 영혼이여, 나는 지금은 그런 신비로운 문제를 놓고 말할 때가 아니라고 생각합니다. 하나님께서 당신의 남편을 당신으로부터 데려가신 것을 당신이 알고 계시기 때문에, 지금은 우리가 하나님의 그러한 회초리가 무엇을 의미하는지 그 음성을 들을 때입니다." 하지만 소용이 없었습니다. 왜냐하면, 여전히 그 부인은 자신의 방패를 꼭 붙들고서, 자기는 하나님이 시작이 없다는 것이 도저히 이해되지 않는다는 말만을 반복했기 때문입니다. 마침내, 그녀의 오빠인 장로님이 나서서 이렇게 말하자, 그 부인이 입을 다물었습니다: "너 지금 뭐 하고 있는 거냐? 너무나 명백한 일을 가지고서 왜 그렇게 소란이야? 하나님은 언제나 계시기 때문에, 하나님께는 시작도 없고 시작이 있을 필요도 없는 것은 당연한 것 아냐?" 그렇게 해서, 하나님은 시작이 없다는 것을 가지고 트집을 잡고 시비를 거는 것은 중단되었지만, 얼마 있지 않아서 그 부인은 또다른 것을 가지고 트집을 잡기 시작했습니다. 댕기물떼새는 사람들을 자신의 둥지로부터 멀리 유인하기 위해서 마치 자신의 날개가 부러져서 사람들이 잡고자 하면 금방 잡힐 것처럼 난다는 것을 여러분도 아십니다. 마찬가지로, 우리가 하나님의 말씀을 전하면, 사람들은 우리를 주된 문제로부터 멀리 유인하기 위해서 온갖 시도를 다합니다. 믿지 않는 사람들이 우리가 그들에게 진지하게 얘기하고자 할 때에 우리를 따돌리기 위해 여러 가지 수법들을 사용하는 것과 마찬가지로, 목회자들은 모두 다 많은 사람들이 얼마나 교묘하게 화제를 돌려서 문제를 피해 가는지를 증언할 수 있습니다. 여러분 중에도 회개하라는 심한 압박을 받았을 때에 선택 교리를 들고 나와서 그 아래에 숨어 버린 기억이 있는 분들이 계실 것입니다. 또한, 당신은 예정론이라는 아주 모호한 구석 속에 숨어 버리기도 했을 것이고, 자유의지론의 등 뒤에 숨어서 복음을 피하기도 했을 것입니다. 그런 것들은 철저한 속임수이고, 교활함을 드러낸 것이기 때문에 극히 해로운 행동들입니다. 당신이 모든 신비들을 다 이해할 수 있다고 한들, 그것이 당신에게 무슨 도움이 되겠습니까? 당신이 하나님과 화목하게 되지 않은 상황에서, 당신이 그런 것들을 이해하거나 이해하지 못하는 것이 뭐 그리 중요하겠습니까? 지극히 높으신 이에게로 나아가서 당신의 죄를 고백하고 자비를 구하는 것이 당신이 해야 할 일이 아닙니까? 이 가장 중요한 일을 소홀히 한다면, 당신이 아무리 많은 지식을 갖고 있다고 할지라도, 그것이 당신에게 어떤 유익이 있겠습니까? 당신이 꼭 알아야 할 것들이 있다면, 그런 것들은 하나님께서 때가 되면 성령을 통해서 당신에게 가르쳐 주실 것입니다. 당신이 꼭 해야 할 일, 즉 주 예수를 믿음으로 죄로부터 구원 받는 일에 집중하시기를 부탁드립니다.

간사(교활)함으로 가득한 죄인들이 흔히 사용하는 또 하나의 아주 교묘한 속임수는 자기 자신에게 적용하기는 싫은 것을 다른 사람들에게 떠넘기는 것입니다. 설교자는 그 사람의 머리에 꼭 맞는 모자를 만들었지만, 그 사람은 그것을 지켜보다가 "어머나, 그 모자는 내 이웃 사람에게 딱 맞겠네요"라고 소리칩니다. 하나님께서는 그 사람을 위해 편지를 쓰셨지만, 그 사람은 그 편지를 다른 봉투에 넣어서는 자기 친구의 편지함에 집어넣고 달아나 버립니다. 설교자가 거듭나지 않은 사람들에 대한 엄중한 경고의 말씀을 전하면, 그 사람은 그 말씀이 자기에게는 해당되지 않는다고 생각합니다. 그런 사람은 바로 그러한 진지한 말씀을 필요로 하는 누군가를 무리 중에서 찾아내서는, 그 말씀은 그에게 주어진 것이라고 생각합니다. 설교가 끝난 후에, 여러분은 설교의 모든 내용이 거의 다 그 사람에게 해당되는 말씀이었는데도, 그가 "목사님께서 내 친구 스미스에게 들으라고 그토록 낱낱이 다 얘기해 주셨는데도, 어떻게 그 친구가 아무렇지도 않을 수 있었는지를 도무지 이해할 수가 없습니다"라고 말하는 것을 듣게 될 것입니다. "당신이 그 사람이라"(삼하 12:7)는 말씀은 예나 지금이나 꼭 필요한 말씀입니다. 왜냐하면, 자신의 옷을 다른 사람에게 입혀놓고서는, 자기는 전쟁터를 유유히 빠져나가는 것은 죄인들이 상습적으로 사용해온 속임수들 중의 하나이기 때문입니다. 그런 끔찍한 기만술을 쓰는 것은 너무나 안타까운 일입니다!

사탄이 많은 사람들에게 가르쳐 주는 교묘한 술수 중의 하나는 성경 속에서 그들의 마음에 들지 않는 부분을 그들로 하여금 의심하게 하거나 의심하는 척하게 하는 것입니다. 그런 사람들은 자기가 죽을 때에 하나님의 목전에서 영원히 쫓겨나게 될 것임을 알게 되면, 옛적의 한 지혜자가 "영구히"는 "영원히"를 의미하는 것이 아니라고 했다는 말을 붙들고서는 스스로를 위로합니다. 그리고 그들은 옛적의 한 똑똑한 신학자가 지옥에 간 사람들도 때가 되면 모두 사면되어서 천국으로 옮겨가게 되리라는 것을 알아냈다는 말을 붙잡습니다. 물에 빠진 사람이 지푸라기라도 잡으려 하듯이, 그들은 자기가 마음 편하게 계속해서 죄를 지어도 괜찮게 해주는 이런저런 말들에 매달립니다. 그들은 거짓 가르침의 기분 좋은 기름을 마치 길르앗의 향유라도 된다는 듯이 자신의 영혼에 붓습니다. 그들은 "아마도 그럴 거야"라고 말하면서, 성경의 명백한 가르침은 잘못된 것으로 드러나고 그 현대 신학자들의 주장이 올바른 것으로 드러나게 될지도 모른다는 너무나 어처구니없는 가능성에 자신의 장래의 운명을 다 거는 모험을 감행합니다. 당신이 자신을 정직한 회의주의자로 만들어서, 자기를 공격하는 사람들을 그러한 토대 위에서 도리어 역공하는 것은 죄인들에게서 비일비재하게 볼 수 있는 일입니다. 그렇지만 당신이 그 어떤 의심을 내세우며 믿으려 하지 않을지라도, 당신의 마음 중심에서 당신은 귀신들처럼 믿고 두려워 떨 수밖에 없습니다. 의심하는 척하는 자들이여, 당신들은 침상에 누워 죽기 직전에, 저 옛 계시가 옳다는 것을 너무나 분명하게 믿게 될 것이고, 사망이 가져다주는 두려움 속에서 자비를 베풀어 달라고 소리치며 울게 될 것입니다. 자기는 아무것도 믿지 않는다고 입버릇처럼 말하는 사람들은 자기가 말하는 것보다 훨씬 더 많은 것들을 믿습니다. 그러나 그런 사람들은 저녁 때에 자신의 방에서 단 한 시간만이라도 시간을 내어서 자신의 마음을 들여다봄으로써 사실은 자기가 상당히 많은 것들을 믿고 있다는 것을 검증해 보고자 하지 않습니다. 위선적인 신자들도 많지만, 믿지 않는 척하는 불신자들도 많은데, 그들은 자신의 양심이라는 무서운 문지기를 침묵시키기 위한 미끼로 의심을 활용합니다. 교활함은 인간의 지성에서 상당한 역할을 하면서, 의심이라는 형태로 군대 귀신을 불러들입니다. 그러나 하나님의 진리의 태양이 떠오르면, 그것들은 즉시 사라집니다.

자연 상태의 마음의 기만성의 또 하나의 산물을 살펴보겠습니다. 많은 사람들은 하나님과는 거리가 멀지만, 외적인 신앙만으로도 아무 일 없이 조용히 잘 살아갑니다. 그런 사람들은 결코 진실하게 기도하지도 않고, 그 마음이 한 번도 하나님과 대화한 적도 없지만, 반드시 침상머리에서 무릎을 꿇고 기도문을 여러 번 외운 후에야 잠자리에 듭니다. 그들은 자신의 죄를 회개한 적이 없지만, 아주 겸손하게 자신의 죄를 고백하는 기도문들을 반복해서 읊조립니다. 그들은 하나님을 진심으로 찬송하지 않지만, 시편과 찬송을 소리 내어 부릅니다. 주일이 되면, 그들은 하나님의 전으로 올라가서, 여느 하나님의 백성들과 똑같이 자리에 앉아서 예배를 드리지만, 그들의 마음은 예배를 드리는 것이 전혀 아닙니다. 그런데도 그들은 그렇게 하지 않으면 마음이 편하지 않습니다. 나는 하나님을 공경하는 마음을 외적으로 표현하는 것을 깎아내리고자 하는 것이 아니라, 사람들은 기괴한 속임수를 사용해서, 진심이 없이 단지 형식적으로만 하나님을 예배해도 마음의 평안을 얻는다는 것을 보여주고자 하는 것일 뿐입니다. 아무 생각 없이 혀로만 엄숙한 소리로 찬송을 해서 하나님을 우롱하는 것이 위로의 근거가 될 수 없다는 것은 너무나 당연한 것입니다. 만약 우리가 진심도 없이 기도문들을 반복해서 읊조린다면, 그것은 축하할 일이 아니라 자신을 정죄해야 마땅한 일입니다. 하나님께서 사람들에게 자신의 마음을 찢으라고 명하시는데도, 어떻게 사람들이 자신의 옷을 찢는 것으로 만족을 느낄 수 있겠습니까? 당신이 마음으로 기도하지 않는다면, 당신이 기도문을 수없이 읊조린다고 해도, 그것이 무슨 소용이 있단 말입니까? 통회함이 없이 무릎을 꿇는 것이 무슨 소용이 있겠습니까? 당신이 진정으로 자신의 죄를 회개하고 그리스도를 붙잡지 않는다면, 주일마다 빠짐없이 교회에 나가서 예배를 드리는 것이 무슨 소용이 있겠습니까? 당신이 하나님께 마음으로부터 경배하고자 하지 않는데, 겉으로 예배를 드리는 것이 무슨 유익이 있을 수 있겠습니까? 그런데도 너무도 많은 사람들이 이 거짓의 옷으로 자신을 두르고 살아갑니다.

또한, 어떤 사람들은 자신의 마음 깊은 곳에 감히 입 밖에 낼 수 없는 신성모독적인 생각을 품고 살아가는데, 그것이 어떤 생각이냐 하면, 자기가 구원 받지 못하는 이유는 결코 자기 탓이 아니라는 것입니다. 그들은 구주를 거부하고 자신의 죄에서 떠나기를 거부하지만, 그것으로 인해서 비난을 받지 않습니다. 왜냐하면, 그들은 자신의 그런 속마음을 겉으로 표현하지 않고, 속마음으로는 자신의 상태에 대한 모든 책임은 하나님에게 있다고 생각하기 때문입니다. 그들은 오랫동안 기다렸지만, 은혜가 임하지 않았다고 생각합니다. 그들은 모든 준비가 다 되어 있는데, 하나님이 준비가 되어 있지 않다고 생각합니다. 그들은 불운(不運)의 가엾은 희생양이기 때문에, 정죄 받는 것이 아니라 불쌍히 여김을 받아야 마땅하다고 생각합니다. 그들은 어떻게든 자신을 위한 변명을 만들어 내려고 애를 씁니다. 그들은 왜곡된 진리를 활용해서 자신의 거짓말이 옳다는 것을 밑받침하고, 자신의 양심을 마취시켜서 혼수상태로 만들어 버리는 위험천만한 짓도 서슴지 않습니다. 이렇게 사람들은 "처음부터 살인한 자요 거짓말쟁이"(요 8:44)인 사탄이 날조해 낸 궤변들을 동원해서 자신의 심령을 속입니다. 이러한 거짓된 비방에 현혹되지 마시고, "주 여호와의 말씀이니라 나의 삶을 두고 맹세하노니 나는 악인이 죽는 것을 기뻐하지 아니하고 악인이 그의 길에서 돌이켜 떠나 사는 것을 기뻐하노라"(겔 33:11)고 하신 하나님의 말씀을 명심하십시오. 하나님께서는 자신의 은혜를 베풀기를 원하셔서, "순종하지 아니하고 거슬러 말하는" 세대에게 "내가 종일 내 손을 벌렸노라"(롬 10:21)고 증언하십니다. 사람들이 자기 손으로 사람들을 죽여서 그 피를 하나님의 집 대문 앞에 갖다놓고서는, 하나님을 자신들의 죄의 근원으로 만들어 버리는 것은 얼마나 기가 막힌 망상입니까! 그들의 양심은 그 사실을 잘 알고 있지만, 그들의 왜곡된 마음은 거짓말들을 기뻐합니다.

아마도 이러한 교활한 속임수에 의해서 가장 많이 희생된 자들은 자기는 언젠가는 바른 사람이 될 것이라는 달콤한 망상에 빠져 있는 사람들입니다. 그들은 20년이 넘게 복음을 들어왔지만 구원을 받지 못했습니다. 그런데도 그들은 자기는 지금 이 상태로는 죽지 않을 것이라는 절대적인 확신 속에서 살아갑니다. 그들은 앞으로 남아 있는 세월 동안에 언젠가는 자기가 하나님을 찾을 때가 반드시 올 것이라는 달콤한 환상을 키웁니다. 그런 날은 지난 20여 년 동안 오지 않았는데도 불구하고, 그들은 여전히 그 날이 올 것이라고 생각합니다. 언젠가는 좋은 때가 올 것이고, 그 날은 그리 오래지 않아서 올 것이라고 그들은 기대합니다. 미루는 것을 즐기는 당신은 자신의 영혼에 대하여 행패를 부리고 있는 악당입니다. 한 번 생각해 보십시오. 당신이 일 년 후에는 회개하기로 결심한다면, 그것은 적어도 앞으로 12달 동안은 당신이 계속해서 죄를 짓겠다고 선언함으로써 하나님께 공개적으로 도전하는 것이 아니고 무엇입니까? 당신은 그런 관점에서 이 일을 생각해 보신 적이 있습니까? 어떤 사람이 자기가 지금부터 12달이 지난 이 날에 그리스도인이 되겠다는 자신의 결심을 실행에 옮기겠다고 생각했다면, 그것은 "나는 12달 동안은 구주가 하신 말씀들을 다 거부하고 하나님의 원수로 살아가겠다"고 선언한 것과 무엇이 다릅니까? 여러분은 그런 결심을 한 사람에게 소망이 있다고 생각하십니까? 그 사람이 12달 동안 하나님을 거슬러 반역하는 삶을 살겠다고 결심하였다면, 여러분은 그 사람이 일 년 후에는 더 악한 사람이 되어 있을 것이기 때문에 그때가 되면 하나님께 순복하기가 더 어려워질 것 같다고 생각하지 않겠습니까?

나는 지금까지 우리의 새로워지지 않은 마음이 자신의 기만성을 드러내서 만들어 내는 수많은 "악당 같은 속임수들" 중 몇 가지를 설명해 드렸습니다. 영원하신 성령 하나님께서 자기 자신을 속이고 있는 모든 사람들에게 그들의 속을 남김없이 드러내시는 말씀을 주시는 복을 허락하시기를 빕니다.

2. 둘째로, 죄 사함을 받은 사람은
이 간사함을 그쳤음을 보여주는 증거들을 나타냅니다.

죄 사함을 받은 사람은 무엇보다도 먼저 자신의 죄를 공개적으로 하나님께 고백합니다. 그가 간사함을 그칠 수 있는 이유는 자신의 간사함을 느끼고서, 지극히 높으신 이 앞에 서서 "하나님이여, 이 죄인에게 긍휼을 베풀어 주옵소서"라고 부르짖기 때문입니다. 그는 자신의 잘못과 죄악을 자기 자신에게로 돌리고, 결코 자신의 죄악을 다른 것으로 위장하거나 은폐하지 않습니다. 그는 자기가 지극히 높으신 이의 목전에서 하늘에 대하여 범죄해 왔다는 것을 인정합니다. 그는 자기 속에 거짓말해야 할 동기를 갖고 있지 않기 때문에 한층 더 허심탄회하게 그런 사실을 인정합니다. 그가 자신의 죄를 숨길 이유가 어디 있겠습니까? 그에게는 온전한 죄 사함이 주어져 있습니다. 그리스도의 보혈이 자신의 모든 죄를 다 제거해 주실 텐데, 그가 굳이 자신의 죄를 부인할 이유가 어디 있겠습니까? 나는 신자가 "임마누엘의 혈관으로부터 나온 피로 가득한 샘"을 응시할 때에 그 입술에서 나오는 고백이야말로 가장 정직한 고백이 될 수 있다고 생각합니다. 채주(債主)는 자기에게 빚진 사람에게 "네가 내게 많은 빚을 졌지만, 그 결산서를 낱낱이 적어서 가져오기만 한다면, 내가 그 모든 빚을 탕감해 주리라"고 말합니다. 나의 친구여, 그런 경우에 당신은 당신이 진 모든 빚을 낱낱이 다 고하고자 하지 않겠습니까? 나는 그런 약속이 당신에게 주어져 있을 때에는 당신이 당신의 빚을 실제보다 더 부풀려서 고하고 싶을 것이라고 생각합니다. 당신은 혹시라도 당신의 빚 중에서 빠뜨린 것은 없는지 세세하게 점검해 보고, 당신이 진 모든 빚을 다 고하려고 애를 쓸 것입니다. 따라서 주 예수께서 자기를 믿는 영혼에게 온전한 죄 사함을 주시겠다고 약속하셨기 때문에, 우리는 우리의 죄를 하나도 빠짐없이 다 고하는 것이 마땅합니다. 우리가 그렇게 하지 않을 이유가 어디 있습니까?

또한, 죄 사함 받은 사람은 온갖 종류의 변명이나 핑계를 대지 않습니다. 그는 자신의 미덕들을 하나님의 진리보다 더 부각시키려고 하지 않고, 자신의 죄들을 실제보다 덜 흉악해 보이게 하려고 애쓰지 않습니다. 그는 하나님 앞에서 자신의 모든 죄를 고백하고, 진심으로 자기를 낮춥니다. 그는 자기를 낮추는 표현들을 가장 좋아합니다. 회당에서 가장 낮은 자리가 그가 가장 좋아하는 자리입니다. 그는 전에는 자기가 거의 성인이라도 된다는 듯이 자랑하였지만, 지금은 자기가 완전히 죄인이라는 것을 인정합니다. 여러분은 그에게서 그 어떤 회칠이나 변명이나 부정하는 말들을 듣지 못할 것입니다. 사람이 하나님의 죄 사함을 바라볼 때, 그것은 그 사람을 정직하게 만듭니다. 이제 그는 자신의 최악의 모습을 알고자 하고, 자기를 철저히 살피고 검증하기를 간절히 원합니다. 예수 그리스도로 말미암아 참된 평안을 얻은 사람은 자신의 영혼의 가장 은밀한 방들의 열쇠를 그리스도께 내어드리고, 샅샅이 살펴보아 주실 것을 요청합니다. 그는 이렇게 말합니다: "주여, 주께서 나라는 존재를 철저히 살펴 주시기를 기도합니다. 주의 칼날이 나의 흉악한 죄악의 모든 뿌리에 닿을 때마다 고통스러울지라도, 주께서 나의 마음에서 죄라는 저 무시무시한 암을 잘라내 주시기를 간청합니다. 왜냐하면, 나는 나의 내면에 진리가 자리 잡기를 원하고, 죄를 사랑하는 마음은 완전히 뿌리 뽑히기를 원하기 때문입니다." 그는 "잔과 대접의 겉은 깨끗이 하되 그 안"은 더러운 채로 남겨 두는 것으로 만족하지 않고(마 23:25), 생각과 행동의 감춰진 원천인 자신의 내면이 깨끗해지고 새로워지게 해 달라고 부르짖습니다. 그는 하나님께서 자기를 샅샅이 살펴 주시기를 바라고, 구속주께서 그 손에 키를 들고 자신의 쭉정이를 다 제거해 주시기를 간구합니다. 그는 모든 것을 다 드러내는 여호와의 밝은 빛 속에 자기 자신을 두고자 하고, 모든 것을 소멸시키시는 여호와의 불이 자신의 찌꺼기들을 다 태워 버리시기를 원합니다. 그는 자신의 마음을 끊임없이 깊이 성찰하고, 날마다 회개합니다. 그는 자기 자신의 죄악된 모습을 미워해서 무가치한 자들의 크신 구주이신 그리스도를 진심으로 사랑하기 때문에, 늘 자기 자신을 아무것도 아닌 자로 여기고자 합니다. 그는 자기가 독실한 신앙인인 체하기보다는 조금이라도 좋으니 참된 은혜를 얻고자 하고, 자기가 하나님의 자녀들 가운데서 가장 낮은 자리에 앉는 것만도 자기에게는 과분한 일이라고 여깁니다.

또한, 그는 하나님의 말씀의 엄위하심을 진심으로 믿게 됩니다. 이제 그는 그 말씀들이 확실하고 의롭다는 것을 알게 되어서, 그 말씀에 대하여 의심이 있는 체하지 않습니다. 그는 하나님의 말씀을 두려워하기 때문에, 사람들이 하나님의 말씀에 대하여 트집 잡고 시비를 걸면, 그 자리를 떠납니다. 그는 자신의 양심으로 말미암아 지옥이 있다는 것을 압니다. 또한, 그는 그런 형벌의 장소가 있는 것이 마땅하다는 것을 시인하고, 자기가 거기로 내쫓기지 않은 것이 오히려 이상한 일이라는 반응을 보입니다.

그런 사람은 성경을 읽을 때나 설교를 들을 때마다 거기에 비추어서 자기 자신을 정직하게 들여다보고자 합니다. 그는 설교자가 전하는 말씀들이 자기에게는 해당되지 않고 다른 사람들에게만 해당되는 것이라고 생각하지 않습니다. 도리어, 그는 하나님의 말씀에 주리고 목말라서 이 자리에 왔기 때문에, 자신의 입을 벌려서, 어떻게든 하나님이 자기에게 주시는 말씀들을 받아먹으려고 애를 씁니다. 그는 자기에게 진정으로 유익한 것이기만 하다면, 위로의 말씀이 아니라 책망의 말씀을 경외하는 마음으로 기꺼이 받습니다. 그는 자기가 고침 받기를 간절히 원하기 때문에 쓴 약을 기꺼이 먹을 준비가 되어 있습니다. 그는 하늘의 의사께서 자신 속에 있는 돌 같은 마음을 그대로 남겨 두지 마시고 어떤 대수술을 해서라도 다 제거해 주시기를 바라기 때문에 자신의 가슴을 활짝 엽니다. 그는 모든 것을 샅샅이 살펴서 드러내는 말씀을 기뻐하고, 말씀이 자기를 더 면밀하게 살피고 시험할수록, 그는 더 감사합니다.

또한, 죄 사함 받은 사람은 자기가 행하는 모든 것이 다 참되기를 원합니다. 그는 대표기도를 할 때마다 자기가 진정으로 아는 것 이상으로 과장해서 말할까봐 두려워합니다. 그는 개인 기도를 끝내고 일어설 때에 스스로에게 자주 이렇게 묻습니다: "내가 진심으로 기도한 것인가? 내가 기도한 모든 것이 정말 내 마음으로부터 나온 것인가?" 그는 자기가 외식하는 자가 되지 않기 위해서 자기 자신을 심문합니다. 내가 아는 어떤 죄 사함 받은 분은 설교를 하고 난 후에 나중에 자리에 앉아서, 자기가 정말 알고 있고 실제로 느낀 것들 이상으로 부풀려서 전했는지를 살피기 위해서 자기가 설교한 내용을 꼼꼼히 검토합니다. 왜냐하면, 그는 자기가 실제로 아는 것을 넘어서서 전하는 것을 극도로 두려워하는 분이었기 때문입니다. 구원 받은 영혼은 모조품 보석들을 미워합니다. 그는 진짜 보석들을 가지든지, 아니면 아예 보석을 갖지 않든지, 둘 중의 하나이기를 원합니다. 그는 자기가 가짜들과 모조품들을 행하거나 말하는 것을 두려워합니다. 그는 모든 것에서 진실하고자 합니다. 그래서 그는 자기가 과연 제대로 하고 있는 것인지에 대하여 종종 의문을 제기하고서, 자기 자신을 철저히 해부하는 습관이 있습니다. 그는 자신의 마음을 다 쪼개서, 그 마음속에 정말 거짓이 없는지를 살핍니다. 이러한 습관은 지나치지만 않는다면 그 자체로는 너무나 좋은 습관입니다. 그것은 우리의 모든 죄책을 금으로 입히는 거짓을 행하는 것보다 무한히 더 좋습니다.

또한, 진정으로 죄 사함 받은 사람은 자기에게서 모든 죄를 제거하기를 원합니다. 끊임없이 죄악을 저지르는 사람들은 죄 사함을 받을 소망이 없습니다. 남몰래 술 한 잔씩을 하고 혼자 있을 때는 취할 때까지 술을 마시는 일을 계속하는 여자가 하나님과 화목하게 지내는 것을 기대할 수 있겠습니까? 술 없이는 살 수 없는 남자가 하나님 안에서 기쁨을 발견할 수 있겠습니까? 속여서 장사하는 것이 몸에 배어 있는 사람들에게 하나님이 은총을 베푸시겠습니까? 죄가 좋아서 함께 뒹굴며 살아가는 사람이 어떻게 죄 사함을 받겠습니까? 그렇게 살아가는 사람들은 감히 죄 사함을 기대하지 못할 것입니다. 그러나 속이는 마음을 지닌 사람들은 그런 식으로 살아가면서도 자기는 죄 사함을 받을 수 있다고 생각하고 죄 사함을 받고자 합니다. 그들은 다른 사람들이 저지르는 작은 죄들에 대해서는 단호하게 정죄하지만, 자신의 큰 죄들에 대해서는 이런저런 이유를 대서 합리화시킵니다. 그들은 일반적인 죄에 대해서 슬퍼하고 탄식하는 체하지만, 적어도 자기가 좋아하는 한 가지 구체적인 죄는 결코 놓지 않습니다. 그들 속에는 아각이 아주 교묘하게 살아 있습니다. 그들은 자기 속에 있는 다른 모든 죄들은 다 죽어도 좋지만, 그 한 가지 죄는 철저하게 보호합니다. 스스로 속지 마십시오. 당신은 모든 죄가 자기에게서 제거되기를 바라야 합니다. 당신은 자기에게 있는 한 가지 죄를 살리고자 하다가 당신 자신이 죽게 될 것입니다. 하나님으로부터 죄 사함을 받은 정직한 마음을 지닌 죄인은 여호수아가 막게다 동굴에서 찾아내 죽여서 해질녘까지 나무에 매달은 왕들처럼 자신의 모든 죄들이 다 빛으로 끌어내져

서 죽는 것을 보고자 합니다:

> "내가 지금까지 가장 사랑했던 우상
> 그 우상이 무엇이든지 간에
> 내 마음속 주께서 계셔야 할 자리에서
> 그 우상을 끌어내어 오직 주만 섬기게 하소서."

　우리는 온전하지 않지만, 진정으로 죄 사함 받은 사람은 누구나 다 자기가 온전하기를 원합니다. 우리는 여러 가지 죄악들에 빠지기는 하지만, 죄들을 사랑하는 마음은 우리 속에 없습니다. 우리는 하나님의 영광에 못 미치지만, 우리의 그런 모습을 볼 때에 행복해할 수 없기 때문에, 우리가 그런 상태로 있는 한 우리에게 온전한 만족은 없습니다. 사랑하는 자들이여, 죄 사함 받은 사람은 간사함에서 깨끗하게 된 사람이기 때문에 어떤 죄들을 사랑해서 그 죄들에 대한 지분을 요구하는 일이 없습니다.

　그는 자신의 삶이 온전히 순결하게 되기를 바라고, 진심으로 간사함을 그칩니다. 왜냐하면, 그는 이제 천국을 유업으로 물려받게 될 사람으로서 하나님의 목전에서 살아가고, 모든 것을 감찰하시는 눈을 의식하며 살아가는 것을 기뻐하게 되었기 때문입니다. 이제 그는 하나님께 "나를 떠나소서 나는 주의 길들을 알기 원하지 않습니다"라고 말하는 것이 아니라, 매일매일의 모든 행위를 마치 아버지 하나님의 면전에서 행하듯이 행합니다. 그에게는 하나님의 진리, 그리고 심판의 날에 있을 시험을 견딜 수 있는 것들 외에는 아무것도 필요하지 않습니다. 사랑하는 자들이여, 나는 죄 사함 받은 사람이 왜 속임이 없는 사람이 되는지를 아주 잘 압니다. 그것은 그가 진정으로 죄 사함을 받았고, 그 죄 사함 받은 것이 가짜가 아니기 때문입니다. 하나님께서 그 사람을 의롭다고 하셨고, 그것은 결코 사기가 아닙니다. 어떤 사람들은 불경스럽게도 그것을 사기라고 말합니다. 그러나 결코 사기가 아닙니다. 나의 죄가 존재하고, 그리스도께서는 그 죄를 대신 짊어지시고 벌을 받으셨습니다. 그러므로 나의 죄가 제거된 것은 결코 공의를 무너뜨린 것이 아닙니다. 왜냐하면, 그리스도께서 나의 죄를 온전히 대속하신 까닭에, 나의 죄가 제거된 것은 정당한 일이기 때문입니다. 그런 정직한 토대 위에서 이루어진 정직한 죄 사함이 정직한 사람을 만들어 내는 것은 당연한 일입니다. 하나님은 믿는 자를 논란의 여지 없이 의롭게 만드십니다. 하나님께서는 그가 예수 그리스도를 믿은 것을 보시고서, 그의 믿음을 의로 여기시는데, 그것은 마지막 심판의 날에 가장 엄밀한 심문에도 견딜 수 있는 의입니다. 그 사람은 정직한 원리들 위에서 구원을 받은 것이기 때문에, 이후로 그에게는 속임수라는 것은 없습니다. 그는 당당하게 서서, 자기를 고소하는 자들을 두려워하지 않고, 이렇게 외칩니다: "누가 능히 하나님께서 택하신 자들을 고발하리요 의롭다 하신 이는 하나님이시니 누가 정죄하리요 죽으실 뿐 아니라 다시 살아나신 이는 그리스도 예수시니 그는 하나님 우편에 계신 자요 우리를 위하여 간구하시는 자시니라"(롬 8:33-34).

이 모든 것으로부터 우리가 얻는 교훈은 이것입니다 ― 정직하십시오. 죄인이여, 하나님께서 당신을 정직하게 만드시기를 빕니다. 자기 자신을 속이지 마십시오. 하나님 앞에서 자신의 마음을 다 열어 보이십시오. 정직한 신앙을 갖든지, 아예 신앙을 갖지 말든지 하십시오. 진심에서 우러나온 신앙을 갖든지, 아예 신앙을 갖지 말든지 하십시오. 경건의 옷만 걸치지 마시고, 당신의 영혼이 내면에서 바르게 되게 하십시오. 정직하십시오.

그리스도인들이여, 만약 여러분이 간사하게 살아간다면, 여러분은 하나님이 주신 복을 결코 계속해서 누리지 못하게 될 것임을 명심하십시오. 어떤 그리스도인들은 정직이 아닌 술수로 살아갑니다. 나는 그런 사람들이 그리스도인들이기를 희망하지만, 정말 그리스도인들인지에 대해서는 확신이 없습니다. 왜냐하면, 그들의 삶은 교활함으로 가득 차 있기 때문입니다. 그들은 결코 똑바로 가지 않습니다. 그들은 똑바로 가는 데에 관심이 없습니다. 그들은 자기에게 불리할 것 같은 것들을 요리저리 피하느라 인생을 구불구불 살아갑니다. 사업을 하는 사람들 가운데 그런 부류의 사람들이 많습니다. 여러분은 도처에서 그런 사람들을 만날 수 있습니다. 그런 사람들은 끊임없이 머리를 요리조리 굴립니다. 친구들이여, 여러분이 그런 식으로 교활하고 영악하게 행하는 한, 여러분은 결코 행복하지 못할 것입니다. 사람으로 하여금 죄 사함의 복을 누릴 수 있게 해주는 유일한 삶은 똑바로 살아가는 정직한 삶입니다. 투명한 유리처럼 살아가십시오. 그러면 정직하게 살아가고자 하는 모든 사람들은 당신을 통해서 정직이 무엇인지를 알게 될 것입니다. 자기를 보호하고자 하는 방식으로 살아갈 때, 당신은 결코 자신의 마음속에 있는 것들을 말하지 않고, 언제나 외교적이고 진짜 속마음은 숨겨둡니다. 당신은 어떤 말들을 하고나서, 자기가 한 말들을 다른 사람들이 어떻게 생각하는지를 살펴서, 가장 좋은 반응을 얻은 말들만을 합니다. 사람들은 살아남기 위해서 온 몸을 철저히 무장을 하고 가면을 눌러쓰고 살아갑니다. 당신은 당신의 진짜 모습을 결코 보이려 하지 않고, 계속해서 속마음은 숨긴 채 아주 영악하게 살아갑니다. 이것은 족쇄를 차고 살아가는 것이 아니고 무엇이겠습니까? 만약 내가 그런 삶을 산다면, 나는 곧 질식해서 죽고 말 것입니다: "자신의 모습을 그대로 드러내는 것을 두려워하며 살아가느니 차라리 죽는 것이 낫습니다." 참된 신자에게는, 자신의 진심을 얘기하고 정직하게 행하는 것은 평안과 행복의 길입니다. 어떤 사람이 이것과는 다른 길을 택해서 끊임없이 외교술과 술수로 살아간다면, 그 사람은 자기가 살 것이라고 확신할지라도, 결국에는 서글픈 최후를 맞이하게 될 것이고, 그런 길은 하나님이 인정하지 않으시는 길이라는 것을 깨닫게 될 것입니다. 하나님은 자신의 종들이 그런 삶을 살아가도록 내버려 두지 않습니다. 하나님께서 그 무한하신 긍휼하심 가운데서 우리로 모두 다 예수의 피를 의지하고 그의 발자취를 따라갈 수 있게 해주시기를 빕니다. 하나님께 영광이 영원무궁하시기를 기원합니다. 아멘.

제
36
장

—

고백하지 않은 죄의 위험성

—

"내가 입을 열지 아니할 때에 종일 신음하므로 내 뼈가 쇠하였도다." — 시 32:3

일반적으로 슬픔은 마음에 담아두면 점점 더 커진다는 것은 잘 알려져 있는 사실입니다. 눈물을 흘리면, 슬픔이 아주 많이 덜어집니다. 눈물은 마음을 쏟아내는 것이기 때문입니다. 우리는 종종 눈물 흘리며 우는 사람들을 불쌍히 여기지만, 사실은 너무 슬퍼서 눈물도 나오지 않는 사람들이 훨씬 더 불쌍한 사람들입니다. 우리는 울 수 없는 사람들을 더 불쌍히 여겨야 합니다. 슬픔이 있는데도 눈물이 없는 것은 끔찍한 일이지만, 눈물의 비가 뿌려지면 밝은 햇빛이 비치는 경우가 많습니다. 눈물을 흘린다는 것은 아직 소망이 있다는 것입니다. 눈물은 곧 날이 밝아올 것임을 알리는 새벽의 이슬 같은 것입니다. 또한, 당신의 속마음을 친구에게 털어놓는 것도 대단히 큰 위로가 됩니다. 심지어 어린아이가 당신의 얘기를 이해하지 못한다고 하여도, 그 아이에게 자신의 속마음을 털어놓는 것도 당신에게 위로를 가져다줍니다. 슬픔은 털어놓아서 밖으로 내보내는 것이 중요합니다. 그렇지 않으면, 배수구가 없는 산중의 호수에 비가 계속해서 유입되고 격류가 흘러들어서 마침내 둑이 터져 홍수가 나는 것과 마찬가지로, 슬픔이 마음속에 쌓이면, 결국은 터져 버리고 맙니다. 당신의 심령이 일상적인 슬픔들을 말로 표현해서 밖으로 내보내는 것이 좋습니다. 상처가 곪으면 위험합니다. 많은 사람들이 이성을 잃는 것은 자신의 슬픔을 토해냈어야 했는데도 그렇게 하지 않았기 때문입니다. 말을 많이 하면 죄를 짓기가 쉬기는 하지만, 괴로움으로 가득한 마음은 말을 하거나 밖으로 터뜨려야 합니다. 그러므로 여러분은 마음에 있는 것들을 계속해서 얘기하시고, 심지어 같은 얘기를 반복해서 해도 괜찮습니다. 왜냐하면, 그렇게 할 때에 괴로움과 슬픔이 마음에 쌓이지 않고 없어질 것이기 때문입니다:

> "슬픔이 옵니다.
> 그 아픔을 눈물로 내보냅니다.
> 눈물의 자녀여
> 당신의 깊은 슬픔을 눈물로 쏟아내세요.
> 고독한 세월의 아픔을
> 눈물로 녹이십시오."

하지만 여기에서 우리는 영적인 슬픔들에 대하여 생각할 것이고, 거기에도 동일한 법칙이 적용됩니다. 본문은 "내가 입을 열지 아니할 때에," 내가 고백했어야 하는데도 내 슬픔을 쏟아내지 않았을 때에, "종일 신음하므로 내 뼈가 쇠하였도다"고 말씀합니다.

성경 속에 시편이라는 책이 있고, 다윗 같은 그런 인물의 삶이 그 시편에 녹아 있다는 것은 우리에게 큰 은혜가 아니겠습니까? 오늘날에 대부분의 사람들의 전기들은 기름치고 미화하는 기술이 절정에 달해 있었던 지난 세대의 초상화들과 같습니다. 오늘날의 전기보다 더 큰 사기는 없습니다. 그 전기는 그 사람의 실제 모습을 묘사하고 있는 것이 아니라, 만약 그가 실제로 살았던 것과는 다른 식으로 살았더라면 그가 어떤 인물이 되었을지를 묘사합니다. 그 전기는 그 사람의 머리모양이나 머리장식, 또는 외투가 어떠했는지를 당신에게 알게 해주지만, 그 사람이 어떤 사람이었는지를 알게 해주지는 않습니다. 그 전기는 태워버렸어야 마땅했을 산더미 같은 그 사람의 서신들을 다 수록해서 아주 두툼한 분량을 자랑합니다. 그 전기는 그 사람이 친구들에게 그려주곤 했던 낙서 같은 작은 그림들도 다 수록합니다. 그런 서신들이나 그림들은 결코 출판되어서는 안 되었을 그런 것들인데도 말입니다. 그 전기는 도둑들처럼 그 사람의 방에 침입해서 그의 숨겨진 일들을 훔쳐냅니다. 그 전기는 사적인 것으로 남겨 두어야 할 것들을 사람들의 눈에 공공연하게 드러내고, 그 사람의 마음속 깊은 곳에 있는 비밀들을 드러냅니다. 그 전기는 그 사람이 공공연하게 드러날 것이라고 생각했다면 아예 그리거나 쓰지 않았을 것들을 무슨 귀중한 것들이라도 되는 양 다 끌어내서 드러내 버립니다. 그것들은 사사로운 것들로 보존될 때에 그 사람에게 귀중한 것들이지만, 사람들에게는 전혀 귀중한 것들이 아닙니다. 오늘날에는 진정한 전기 작가라고 할 만한 사람이 없습니다. 보스웰(Boswell)이 죽었을 때, 모든 전기 작가들 중에서 가장 위대한 인물이 죽었습니다. 그는 결코 우매한 인물이 아니었습니다. 오늘날 어떤 사람이 고귀한 삶을 살고 있다면, 그는 죽는 것을 꺼리는 것이 당연합니다. 왜냐하면, 그는 자기를 대상으로 전기를 쓰는 작가들이 자신을 파헤쳐서 산산조각 내버릴 때에 자기가 어떤 처참한 모습이 될지를 알고 있기 때문입니다. 다윗의 시편들은 자기 자신에 대한 최고의 전기입니다. 우리는 거기에서 다윗의 외적인 모습이 아니라 그의 내면의 심령을 읽습니다. 그 시편들은 다윗의 외적인 모습들을 묘사하는 것이 아니기 때문에, 우리는 거기에서 다윗의 마음, 즉 다윗의 내면, 신음하고 괴로워하는 다윗, 눈물 흘리며 우는 다윗을 만납니다. 우리는 거기에서 탄식하는 다윗, 범죄한 다윗, 하나님을 열망하는 다윗, 하나님의 전에 대한 열심으로 사로잡혀 있는 다윗, 죄 가운데서 태어나서 죄에 대하여 탄식하였지만 하나님의 마음에 합한 인물이었던 다윗을 만납니다. 시편이라는 책은 너무나 놀라운 삶에 대한 경이로운 자서전입니다. 다윗은 다양한 면을 지닌 인물이었고, 그의 삶은 다른 모든 사람들의 삶을 자기 자신 속에 포괄하고 있었던 것처럼 보인다는 점에서 우리 주님의 삶과 닮았습니다. 나는 다윗 이래로 모든 시대에서 하나님을 알았던 사람들 중에서 다윗의 시편 속에서 자신에 대한 묘사를 보고서, 스스로 이렇게 말하지 않았던 사람은 한 사람도 없었을 것이라고 생각합니다: "이 사람은 나에 대해서 모든 것을 알고 있구나. 그는 내 영혼의 구석구석에 다 들어와 보았구나 — 가장 낮은 곳인 저 지하실에도, 가장 높은 곳인 저 망대에도. 그는 내가 타고난 죄들의 소굴에도 나와 함께 있었고, 내가 그리스도와 교제하며 하나님의 영광을 바라본 나의 궁정에도 나와 함께 있었구나." 여기에 "한 사람의 개인이 아니라 온 인류를 축소시켜 놓은 것 같은 인물"이 있습니다. 다윗이 죄를 지은 것은 슬픈 일이긴 하지만, 우리는 다윗이 죄를 짓도록 허용하신 하나님께 감사합니다. 왜냐하면, 만약 그가 그렇게 죄를 짓지 않았더라면, 우리가 우리의 범죄를 깨닫게 되었을 때, 그는 우리를 도울 수 없었을 것이기 때문입니다. 만약 그가 범죄한 우리와 동일한 것을 느끼지 못했더라면, 그는 우리의 슬픔을 그토록 세세하게 묘사할 수는 없었을 것입니다. 그런 점에서 다윗의 삶은 자기 자신을 위한 것만이 아니라 다른 사람들을 위한 것이기도 했습니다. 나는 하나님께서 다윗으로 하여금 큰 죄를 지은 후에 한동안 침묵하는 실험을 하도록 허용하신 것에 대해서도 감사합니다. 왜냐하면, 그랬던 까닭에 다윗은 그 결과로 어떤 일이 일어나게 되었는지를 지금 우리에게 말해줄 수 있게 되었기 때문입니다: "내가 입을 열지 아니할 때에 종일 신음하므로 내 뼈가 쇠하였도다."

우리는 먼저, 이것을 범죄하였다가 자신의 죄를 깨닫게 된 하나님의 자녀에게 적용할 것인데, 당연히 그렇게 하는 것이 마땅합니다. 두 번째로, 나는 이 동일한 법칙은 하나님의 성령이 역사하여 죄를 죄로 알 수 있게 해주신 깨어 있는 지인들에게도 그대로 적용된다는 것을 여러분에게 상기시켜드릴 것입니다.

1. 첫째로, 하나님의 자녀에 대하여 생각해 보겠습니다.

하나님의 자녀들도 죄를 짓습니다. 어떤 그리스도인들은 자기는 죄에서 거의 해방되었다고 주장하지만, 나는 그런 주장에 대해서 왈가왈부할 생각은 없고, 다만 그들이 그렇게 교만하게 말하는 것 자체가 이미 죄를 지은 것이라는 것만을 지적하고자 합니다. 하나님의 자녀들도 죄를 짓습니다. 왜냐하면, 그들도 여전히 육신을 입고 있기 때문입니다. 그들의 마음이 올바른 상태에 있다면, 그들은 이것에 대해서 애통해할 것이고, 그것은 그들의 삶의 무거운 짐일 것입니다. 하나님의 자녀들이 죄를 짓지 않고 살아갈 수만 있다면 얼마나 좋겠습니까! 그들은 그렇게 되기 위하여 탄식하며 애통해하고, 그렇게 되기까지는 결코 온전히 만족할 수가 없습니다. 그들은 "나는 온전할 수가 없어"라는 말로 자기 자신을 비호하는 것이 아니라, 그들이 그렇게 할 수 없는 것이 그들의 죄라는 것을 느낍니다. 그들은 자기가 저지르는 모든 범죄와 죄에 이끌리는 성향을 중대한 잘못으로 여기고, 날마다 자신의 그런 모습을 놓고 애통해합니다. 그들은 그리스도께서 거룩하신 것처럼 자기도 거룩하고자 합니다. 그것을 원하고 그렇게 하고자 하는 의지는 그들에게 있지만, 그들은 어떻게 해야 그렇게 될 수 있는지를 발견하지 못합니다.

하나님의 자녀가 죄를 지었을 때, 그가 마땅히 해야 할 일은 즉시 천부께 나아가서 고하는 것입니다. 우리가 죄를 깨닫자마자 해야 할 일은 그 죄를 놓고서 이렇게 저렇게 생각하기 시작하는 것도 아니고, 그 죄에 대하여 우리의 마음 상태가 올바르게 될 때까지 기다리는 것도 아니고, 즉시 하나님께 나아가서 죄를 고백하는 것입니다. 끊임없이 그렇게 하는 사람의 마음속에서는 죄가 곪아터질 지경까지 되지는 않을 것입니다. 하나님은 신속하게 자신의 죄를 시인하고 고백하는 사람들에게는 결코 큰 징계를 예비해 놓지 않으십니다. 여러분은 자기가 그럴 때에 자신의 자녀를 어떻게 대하는지를 잘 압니다. 자녀가 부주의로 어떤 것을 어겼습니다. 집안의 어떤 규칙을 깨뜨렸습니다. 그러나 그 자녀가 당신에게 와서 소매를 붙들고 "아빠" 또는 "엄마, 내가 잘못해서 너무 죄송해요"라고 말한다면, 당신은 그 자녀가 죄를 지은 것은 유감이지만, 그의 마음이 정직해서 먼저 자발적으로 부모에게 와서 자신의 잘못을 아주 솔직하게 털어놓는 것을 기특하게 생각할 것입니다. 당신은 그 자녀의 잘못에 대하여 어떤 슬픔을 느낀다고 하여도, 그의 양심이 살아 있어서 자신의 잘못을 솔직하게 고백하는 것을 볼 때에 그 슬픔보다 더 큰 기쁨을 느낍니다. 그래서 그 자녀가 마음을 열고 자신의 잘못을 다 얘기하기도 전에, 당신은 그 자녀를 용서하였을 것입니다. 당신은 그토록 솔직하고 회개하는 자녀에게 화를 낼 수가 없다고 느낍니다. 당신이 종종 화난 얼굴을 하고 머리를 저으며 따끔하게 혼내줄지라도, 그 자녀가 그 작은 눈에 눈물이 가득한 채 정말 솔직하게 자신의 잘못을 고백하며 슬퍼하는 기색이 역력하다면, 당신은 그 자녀에게 입 맞추며 "네 죄가 용서 받았으니 가서 다시는 죄를 짓지 마라"고 타이르고서는 그를 보내지 않을 수 없게 될 것입니다. 하늘에 계신 우리 아버지는 우리 중 그 누구보다도 훨씬 더 자상하신 아버지이십니다. 그러니 우리가 악할지라도 우리 자녀들에게 좋은 것들을 주고자 한다는 것을 감안하면, 우리의 천부께서는 얼마나 더 우리의 죄를 사해 주시고 싶어 하시겠습니까? "아버지가 자식을 긍휼히 여김 같이 여호와께서는 자기를 경외하는 자를 긍휼히 여기시기"(시 103:13) 때문에, 인생들이 자신의 죄를 인정할 때, 하나님은 그 인생들을 긍휼히 여기십니다. 우리가 우리 자녀를 기꺼이 용서하고자 하는 것보다 훨씬 더 하늘에 계신 우리 아버지는 우리를 용서하고 싶어 하십니다. 우리는 그것을 확신해도 좋습니다. 따라서 우리가 죄와 관련해서 자신의 양심을 속이지 않고, 잘못을 깨닫자마자 그것을 하나님 앞에서 인정하고, 예수의 이름으로 사해 주실 것을 간구하는 것이 우리에게 습관이 되어 있다면, 우리 자신은 큰 해를 당하지 않게 될 것이고, 우리에 대한 하나님의 진노도 그리 심하지 않아서, 심각한 징계가 우리에게 주어지지 않게 될 것입니다. 우리는 다른 목적으로 우리에게 종종 보내지는 혹독한 환난들을 겪을 수는 있겠지만, 아버지 하나님의 진노로 인한 징계를 받는 일은 없게 될 것입니다. 그런 경우에 많은 시련들은 징계를 위한 것이 아니라, 더 큰 유익을 위한 준비과정으로 우리에게 임합니다. 하나님이 열매를 맺는 가지에 대해서 가지치기를 하시는 것은 그 가지에 어떤 문제가 있어서가 아니라, 열매를 맺게 하기 위한 것입니다. 따라서 가지치기를 위해 고난을 받는 특권이 우리에게 주어지는 것은 우리로 더 많은 열매를 맺게 하기 위한 것입니다. 신속하게 온전히 죄를 고백하였다고 해서, 오로지 가르침을 주시기 위한 환난들을 겪지 않을 수는 없는 일이지만, 혹독한 징계를 위한 시련들은 막을 수 있는데, 이것은 결코 작지 않은 은택입니다. 다윗은 "여호와여 주의 분노로 나를 책망하지 마시오며 주의 진노로 나를 징계하지 마옵소서"(시 6:1)라고 기도하지 않았습니까?

그런데, 하나님의 자녀들이 특히 아주 큰 잘못을 저질렀을 때에 하나님 앞에 나아가서 그 잘못을 고백하지 않는 일이 종종 있습니다. 죄를 고백하는 것이 가장 필요할 때, 흔히 그렇게 하기를 가장 주저하고 미룹니다. 다윗의 경우도 그랬습니다. 안타깝게도 그는 정말 너무나 추악하게 타락했었습니다. 우리가 다윗의 죄를 변명해 주려고 해보아야 아무 소용이 없습니다. 그의 죄와 관련해서 정상을 참작할 만한 사유들이 없었던 것은 아니지만, 그가 그런 것들을 언급한 적이 없기 때문에, 우리도 그럴 필요가 없습니다. 사실, 만약 다윗이 오늘 밤 이 자리에 있어서, 우리가 그의 죄를 변명해 주려고 하면, 그는 자리에서 일어나서 그 눈에 눈물이 가득한 채로 이렇게 말할 것입니다: "제발 그렇게 하지 말아 주시오. 나의 추악한 죄를 있는 그대로 놓아두어서, 그런 나를 씻어 주시고 눈보다 더 희게 만들어 주신 하나님의 크신 긍휼하심이 더 분명하게 드러나게 해주시오." 그러나 다윗의 마음은 종종 아주 악했습니다. 그리고 그 마음은 하나님을 향해서 소리쳤습니다. 그의 마음속에는 늘 하나님에 대한 깊은 사랑이 있었지만, 그 사랑은 늘 다윗의 큰 약점, 즉 자신의 충동적인 본성에서 나오는 강력한 혈기라는 껍데기로 덮여 있었습니다. 그는 여러 명의 아내를 거느림으로써 이방 나라의 왕들의 악한 모범을 어느 정도 따라왔고, 그것은 그의 부패한 본성을 억제하기보다는 키워주는 역할을 했습니다. 그리고 마침내 때가 이르자, 다윗은 주홍

빛 같이 붉은 죄 속으로 빠져들었습니다. 그는 자기가 잘못하고 있다는 것을 알았습니다. 그는 하나님을 아는 참된 지식과 빛을 거슬러 범죄하였지만, 서둘러 하나님께로 나아가서 자신의 흉악한 죄를 고백하지 않았습니다.

나는 다윗이 왜 죄를 지은 후에 곧장 그 죄를 고백하기 위해서 하나님께로 나아갈 수 없었는지를 알 수 있다고 생각합니다. 즉, 그가 죄를 짓자, 그 죄는 그가 고백하는 것을 막아섰습니다. 죄는 그의 눈을 멀게 하였고, 그의 양심을 마비시켰으며, 그의 영성 전체를 무디게 만들어 버렸습니다. 그래서 그는 즉시 죄를 고백하지 않았습니다. 분명히 그는 기도 시간이 되면 자신의 잘못을 인정해야 하겠다고 생각했을 것입니다. 나는 그가 죄를 지은 후에 기도했을 것이라고 보지만, 그는 자신의 죄를 인정하기를 거부하였기 때문에, 아주 형식적이고 불완전한 기도만을 드릴 수 있었을 것임에 틀림없습니다. 수금을 탈 시간이 왔을 때, 아마도 그는 수금을 타면서 어느 시편을 연주했을 것입니다. 그러나 더러운 죄가 그의 가슴속에 숨겨져 있었기 때문에, 그는 결코 자신의 마음을 하나님 앞에 쏟아놓으며 참된 찬송을 드릴 수가 없었을 것입니다. 그가 어떻게 참된 찬송을 드릴 수 있었겠습니까? 그가 어떤 찬송과 기도를 소리 내어 했다고 할지라도, 실제로 그는 하나님 앞에서 진정으로 입을 연 것이 아니었습니다. 왜냐하면, 그의 마음이 침묵했던 까닭에, 하나님은 그의 찬송이나 기도를 받지 않으셨기 때문입니다. 그의 마음이 입을 열지 않았기 때문에, 찬송하거나 기도하는 그의 목소리가 아무리 감미로워도, 그의 찬송이나 기도는 지극히 높으신 이에게 전혀 들리지 않았습니다. 그런데 다윗은 자기가 잘못한 것을 알았을 때에 왜 침묵했던 것입니까? 왜 그는 즉시 하나님께로 나아가지 않은 것입니까? 그것은 부분적으로는 죄로 인해서 그의 지각이 마비되었기 때문입니다. 그는 죄에게 홀려 사로잡혀서 죄의 종 노릇을 하고 있었습니다. 형제들이여, 뱀의 눈 같은 죄를 조심하십시오. 죄를 바라보는 것만으로도 위험합니다. 왜냐하면, 바라보는 것은 바라는 것으로 이어지기 때문입니다. 죄를 바라보면 죄에 대한 정욕이 일어나게 되고, 그 정욕은 곧 무르익어서 실제로 죄를 실행하게 됩니다. 사람은 죄를 생각만 해도 해를 입습니다. 나는 로마에서 굉장한 사진 한 장을 보았는데, 그 사진은 내가 지금까지 본 것들 중에서 최고의 사진들 가운데 하나였습니다. 그 사진의 중앙에는 두 마리 소가 끄는 마차 한 대가 무수히 지나다닌 흔적이 있었습니다. 사진작가는 그 흔적을 지우려고 무척 애를 썼지만, 그 흔적은 여전히 남아 있었습니다. 작가가 그 광경을 담기 위해서 조리개를 노출시켜 놓은 동안, 소가 끄는 마차가 그 곳을 지나갔고, 그 흔적은 지워질 수 없었습니다. 우리는 훌륭한 건물을 찍은 사진 속에서 일종의 유령 같이 나타나 있는 지나가는 사람의 그림자를 보는 경우가 흔합니다. 모든 죄악된 생각은 우리의 심령에 흔적과 얼룩을 남기고, 우리에게 그것을 지워줄 것을 요구합니다. 물론, 그 흔적을 씻어내기 위해서는 그리스도의 피가 필요합니다. 우리는 죄에 대해 생각하는 것으로 시작해서, 그런 후에 죄를 짓고자 하는 마음이 생기게 됩니다. 다음으로, 우리는 죄와의 소통을 거쳐서 죄 속으로 들어가고, 그럴 때에 죄는 우리 속으로 들어와서, 우리와 뒤엉키게 됩니다. 다윗이 그랬습니다. 그는 처음에는 그것을 느끼지 못했지만 죄 속으로 들어가 있었고, 결국에는 깊은 악에 빠져들었습니다. 그런 상태에서 죄는 무거운 짐으로 느껴지지 않습니다. 물 힌 동이를 머리에 이고 있는 사람은 그 물이 무겁다고 느끼지만, 다이빙해서 물속으로 들어간 사람은 자기 위에 있는 물의 무게를 느끼지 못합니다. 왜냐하면, 그는 물속에 있고 물에 둘러싸여 있기 때문입니다. 죄 속으로 뛰어든 사람은 저 무시무시한 죄로부터 나와 있는 사람이 느끼는 죄의 무게를 느끼지 못하다가, 나중에 하나님의 은혜로 말미암아 그 무거운 짐을 느끼게 됩니다. 마찬가지로, 다윗도 처음에는 자신의 죄책을 느끼지 못했습니다. 그는 자기가 잘못했다는 것을 알았지만, 자기가 얼마나 극악무도한 일을 저질렀는지를 실감하지 못했기 때문에, 그 잘못을 고백하지 않았습니다.

　　다음으로, 다윗의 마음속에는 많은 교만이 자리 잡고 있었습니다. 여러분의 자녀가 잘못을 했고, 그 자녀가 그것을 아는데도 인정하려고 하지는 않습니까? 그렇다면, 그 자녀에게 그 사실을 얘기해 줘도, 그는 입을 열려고 하지 않을 것입니다. 그는 완전히 입을 다물고 있든지, 비록 입을 연다고 해도 제대로 말하지 않을 것입니다. 그는 고집을 부리며 딴전을 피우고 엉뚱한 말을 할 것입니다. 여러분이 어떻게 설득해도, 그는 "아빠, 잘못했어요"라고 말하지 않을 것입니다. 그는 어떻게 해서든지 자기 자신을 변명하고자 합니다. 아마도 그는 자기가 잘못한 것이 없다고 말하고, 다른 사람들이 다 하는 그런 것들만을 한 것뿐이라고 자신을 변명할 것입니다. 그런데, 우리의 자녀들이 우리에게 그렇게 하는 것과 똑같은 행동을 바로 우리가 하나님에 대하여 자주 해온 것입니다! 우리는 잘못해 놓고서도 하나님 앞에서 부루퉁한 얼굴로 버티고 서 있은 적이 한두 번이 아닙니다. 나는 한 존경할 만한 그리스도인이 술주정뱅이가 된 이야기를 잘 기억하고 있습니다. 그는 오랫동안 자신의 죄에 대하여 마음을 쓰며 괴로워해 왔습니다. 그는 괴로워서 술을 마시기 시작하였고, 어느덧 그것이 습관이 되었습니다. 어느 날 한 성직자가 그에게 그 일에 대해서 말하자, 그는 그에게 자기가 "술을 마시긴 했지만 별 일 아니라"고 대답하였습니다. 나는 그 사람이 자신의 마음을 그대로 말한 것이라고 생각합니다. 그는 다른 사람들도 다 그 정도는 술을 마신다고 항변하였고, 자기가 왜 그런 사소한 잘못에 대하여 성직자에게 주의를 들어야 하는지 그 이유를 알지 못하였습니다. 그가 그렇게 말한 것은 어떻게든 자기가 빠져나갈 구멍을 남겨두기 위한 것이었습니다. 그가 그런 말을 했을 때, 그는 사실 자기가 뭐가 뭔지 모르겠다는 말을 덧붙여야 했습니다. 그는 자기가 술주정뱅이가 되어 있다는 사실을 믿지 못했습니다. 그는 자기가 술을 좀 과하게 마신 것이기는 하지만, 그것 때문에 자기가 책망을 받는 것은 부당하다고 확신하고 있었습니다. 그의 혀는 그런 식으로 말했지만, 그의 마음은 진실을 더 잘 알고 있었습니다. 그는 하나님의 자녀였고, 자기가 잘못하고 있다는 것을 알고 있었습니다. 그는 자기방어를 위해서 그러한 충격적인 말들을 했을 때에 결코 마음의 평안을 얻을 수 없었습니다. 사실, 그의 심령은 몹시 괴로웠고, 마침내 그는 무릎을 꿇고 이렇게 기도했습니다: "주여, 내가 술에 취해 살아왔습니다. 그것을 부인해 보아야 쓸데없는 일입니다. 주의 종인 내가 술주정뱅이로 살아왔습니다. 주여, 긍휼을 베푸셔서 나를 용서해 주시고, 이후로 술잔을 들지도 못하게 해주십시오." 그는 자신의 범죄를 정직하게 고백하였고, 그 즉시 죄 사함으로 인한 평안이 그에게 찾아왔습니다. 신앙인들이 그 지점까지 도달하는 데에는 오랜 시간이 걸립니다. 우리는 자신이 저지른 죄를 뭔가 다른 이름으로 부르고는, 그 죄가 다른 사람들의 경우와는 달리 자신의 경우에는 그리 악한 것이 아니라고 착각을 합니다. 우리는 갖가지 방법을 동원해서 어떻게든 자신의 죄를 물타기 하려고 애씁니다. 하나님의 자녀들은 자신의 죄로 인해서 기분이 나빠지면, 종종 살아계신 하나님 앞에서 부루퉁한 얼굴을 한 채로 많은 날들을 보냅니다.

　어떤 사람들은 자신의 잘못을 고백하기에 앞서 **두려움 때문에** 한동안 하나님 앞에서 입을 열지 않고 지냅니다. 그들은 결국 아버지 하나님이 자기를 사랑하신다는 것을 믿을 수 없었던 것입니다. 그들은 자기가 죄를 고백하면 하나님으로부터 무거운 판결이 내려져서 그 진노하심으로 인해서 몹시 힘들어질 것이라고 생각했던 것입니다. 다윗은 자주 하나님의 얼굴을 바라보았고 그의 사랑을 알았습니다. 그러나 지금 그는 자신의 눈에 티끌을 뿌려놓았기 때문에 하나님의 얼굴을 볼 수 없었습니다. 그는 단지 하나님의 징계하시는 손길만을 느꼈습니다. 왜냐하면, 그는 "주의 손이 주야로 나를 누르시오니 내 진액이 빠져서 여름 가뭄에 마름 같이 되었나이다"라고 말하고 있기 때문입니다. 의의 해이신 하나님은 다윗을 태워 버렸고, 그에게 그 얼굴의 빛을 하나도 비쳐주실 수 없었습니다. 다윗이 저질렀던 것과 같은 죄는 불신앙을 불러옵니다. 그런 죄를 저질러서 부루퉁해지고 성질이 괴팍해지면, 사실 우리가 하나님을 가혹하게 대하고 있는 것인데도, 적반하장 격으로 우리는 하나님이 우리를 가혹하게 대하신다고 생각하기 시작합니다. 우리가 죄를 고백하기만 하면, 모든 것이 정상으로 돌아오게 될 것인데도, 우리는 완강하게 고집을 부립니다. 하나님이 우리의 죄를 사하신다고 해도, 우리가 고집을 부리면 소용이 없습니다. 왜냐하면, 하나님은 자기 백성의 죄악들을 없애 주실 준비를 늘 하고 계시는 까닭에, 모든 열쇠는 우리가 그의 사랑을 믿느냐의 여부에 달려 있기 때문입니다. 많은 그리스도인들 속에는 바리새인의 속성이 아주 많이 들어 있습니다. 여러분은 나의 이 말에 의문을 제기할지 모르지만, 여러분 속에 바리새인의 속성이 아주 많이 들어 있다는 것을 나는 이상하게 생각하지 않습니다. 만약 여러분이 그렇지 않다면, 여러분은 나의 이 말에 의문을 제기하지 않았을 것입니다. 여러분 속에 바리새인의 속성이 너무나 많이 자리 잡고 있기 때문에, 여러분은 자기 자신을 바리새인이라고 생각하지 않는 것입니다. 그러나 우리는 "분명히 내가 전에는 종종 하나님의 사랑을 받을 만한 자였지만, 지금은 아니다"라고 생각하는 경향이 있습니다. 그렇다면, 여러분은 한때 놀라울 정도로 선하였고, 하나님의 사랑을 받을 만한 정도로 대단한 믿음과 성품을 지니고 있었다는 것입니까? 스스로에게 속지 마십시오. 나의 사랑하는 형제여, 당신은 지금처럼 공개적으로 죄를 짓지 않았던 때에도 악했을 것입니다. 왜냐하면, 그때에 당신의 질병은 교만이라는 모습을 띠고 있었을 것이고, 그것이 지금은 다른 모습을 띠고 있다고 할지라도, 그때나 지금이나 죄의 모습은 달라도, 그 죄의 정도는 매한가지일 것이기 때문입니다. 교만은 다른 모습의 죄와 마찬가지로 저주 받을 죄입니다. "나는 의롭기 때문에 하나님 앞에 설 수 있고 하나님의 사랑을 받을 만하다"고 속으로 생각하는 사람은 아주 큰 죄에 빠져 있는 것입니다. 여러분 안에 숨어 있는 바리새인을 주의하십시오.

어쨌거나 그 이유가 무엇이든, 다윗은 오랜 시간 동안 자신의 죄에 대하여 침묵하였습니다. 그 결과, 그의 상태는 점점 더 악화되어 갔습니다. 그는 기도할 수 없었습니다. 그는 기도하고자 했지만, 자신의 죄를 고백하고자 하지 않았기 때문에, 그 죄가 그의 목구멍을 막아서 기도가 나오지 않았습니다. 그 죄가 밖으로 나올 때까지, 그는 기도할 수 없었습니다. 그런데도 그는 기도를 해야 했기 때문에, 종일 신음할 수밖에 없습니다. 즉, 그것은 인간의 언어로는 잘 표현될 수 없는 불분명한 소리로 된 기도였고, 그런 기도가 자신의 영혼에서 나왔기 때문에, 그는 그것을 사람이 기도하는 것이 아니라 짐승이 울부짖는 것이라고 부릅니다. 자신의 고백되지 않은 죄에 대한 그의 내면의 고통이 그러한 것이었기 때문에, 그의 뼈들은 쇠약해지기 시작하였습니다. 뼈들은 집의 기둥들이고, 사람의 몸체 전체에서 가장 강한 부분이지만, 그런 것들마저 무너져 내리는 것처럼 보였습니다. 마음의 고통과 괴로움으로 인해서 몸도 무너져 내려서 건강이 악화되었습니다. 그는 평안을 잃어버렸는데도, 자기 죄를 고백하러 하나님 앞에 나아가고자 하지 않았습니다. 그는 자신의 죄로 인해서 무너져 내리고 있었으면서도, 여전히 못마땅해하면서 하나님을 쳐다보았고, 죄인으로서가 아니라 구원 받은 자로서 마치 자기가 의인인 양 하나님과 대화하고자 했습니다. 시간이 흐를수록, 그의 고통은 심해졌고, 그 고통을 고칠 길은 오직 한 가지밖에 없었습니다. 그는 하나님 앞에 나아가서 자기 죄를 고백하여야 했습니다. 죄를 고백하자마자 그는 사함을 받았습니다. 하나님께서 얼마나 신속하게 죄를 사해 주시는지를 보십시오! 다윗은 "내가 여호와께 죄를 범하였노라"고 말하자, 나단은 "여호와께서도 당신의 죄를 사하셨나니 당신이 죽지 아니하려니와"(삼하 12:13)라고 말하였습니다. 죄 사함이 이렇게 신속하게 주어진다면, 조금이라도 망설일 사람이 있겠습니까? 우리 중에 누가 즉시 하늘에 계신 우리 아버지께로 나아가서, 우리의 머리를 그의 품에 두고서 흐느껴 울며 우리 죄를 고백하지 않을 사람이 있겠습니까? 하나님은 우리의 죄를 기꺼이 사해 주시려고 준비를 하고 계시기 때문에, 우리는 주저 없이 죄를 고백하는 것이 마땅합니다.

　나는 하나님의 자녀이거나 자기가 하나님의 자녀라고 생각하는 사람들 중에서 큰 죄에 빠진 분들을 향하여 말씀드립니다. 나의 형제들이여, 서둘러서 하나님 앞에 나아가, 당신의 죄를 시인하십시오. 하나님께서는 당신에게 나아오라고 명하십니다. 당신이 하나님을 거슬러 범한 죄악들을 단지 고백하기만 하십시오. 그러면, 하나님께서는 바로 지금 당신에게 긍휼을 베풀어 주실 것입니다. 당신이 무거운 짐을 하나님 앞에 내려놓았고, 하나님께서 그 긍휼하심 가운데서 "네 죄 사함을 받았으니 평안히 가라"고 말씀하셨을 때, 당신은 날아갈 것 같지 않겠습니까? 어떤 사람은 "그렇게 하기 위해서 내가 무엇을 드려야 하지요?"라고 말합니다. 당신은 그 어떤 것도 드릴 필요가 없습니다. 단지 당신의 죄를 고백하기만 하십시오. 당신이 하나님의 아들을 믿는 믿음으로 당신의 죄를 하나님의 귀에 고백하기만 한다면, 하나님께서는 예수로 인하여 당신을 받으시고, 당신의 영혼에 죄 사함을 인쳐 주실 것입니다. 구속주의 피 흘리시는 발 앞에 나아와서 당신의 영혼의 무거운 짐을 벗어 버리고 기뻐 뛰십시오.

지금까지 나는 하나님의 자녀들에게 자신의 죄를 고백하도록 격려했습니다. 나는 특별히 어떤 분들을 위해서 하나님이 내게 이 말씀을 전하게 하시는지 알지 못하지만, 이 말씀을 전하지 않을 수 없습니다. 왜냐하면, 나는 여기에 계신 하나님의 자녀들 중에는 하나님이 자기에게 영원히 은혜를 베풀어 주지 않으실 것이라고 걱정해서 자포자기 상태가 되어 자신의 신앙 자체를 다 부정해 버리고자 하는 분들이 계신다는 것이 강하게 느껴져서, 내게 큰 부담으로 다가오기 때문입니다. 나의 사랑하는 친구여, 당신을 여전히 사랑하시는 하나님을 그렇게 냉정하고 무자비한 분으로 생각하지 마십시오. 허물과 죄로 죽어 있던 우리를 사랑하셨던 분이 바로 하나님이 아니십니까? 그런 하나님이 우리가 다시 죄로 인해서 상처를 입었다고 해서 우리에 대한 사랑을 포기하실 리가 없지 않습니까? 우리가 선했기 때문에 하나님이 우리를 사랑하신 것이 아닙니다. 그러므로 하나님은 우리가 어떠한 존재임을 아시고 우리의 체질을 아시기 때문에, 우리에 대한 하나님의 사랑이 변할 리 없습니다. "우리가 아직 죄인 되었을 때에 그리스도께서 우리를 위하여 죽으심으로 하나님께서 우리에 대한 자기의 사랑을 확증하셨느니라"(롬 5:8). 그리스도께서는 우리가 죄인이었을 때에 우리를 위해 죽으셨습니다! 당신이 예수께로 나아간 적이 없다면, 즉 당신의 신앙이 잘못된 것이었다면, 그 문제에 대해서 왈가왈부하지 마시고, 바로 지금 처음으로 예수께로 나아가십시오. 나도 수없이 그렇게 해왔습니다. 마귀가 "너의 믿음은 단지 망상일 뿐이고, 너의 체험은 모두 다 허구일 뿐이다"라고 말하면, 나는 이렇게 대답하곤 했습니다: "마귀야, 나는 너와 논쟁하고 싶지 않다. 나는 단지 죄인으로서 그리스도께로 나아가고자 할 뿐이다. 왜냐하면, 나는 그리스도께서 멸망 받을 자들인 나 같은 죄인들을 찾아서 구원하시기 위하여 이 땅에 오신 것을 알기 때문이다. 나는 그리스도께로 가서 나의 구주가 되어 주시라고 또다시 겸손히 청할 것이다." 이것이 위로를 얻는 지름길입니다. 성령께서 여러분을 바로 그 지름길로 인도해 주시기를 빕니다. 사탄의 꼬드김에 당혹스러워하지 마시고, "산 돌이신 예수께" 몇 번이고 계속해서 나아가십시오. 예수를 한 번만 보지 마시고, 계속해서 예수를 보고 의지하십시오.

2. 둘째로, 깨어난 죄인에 대하여 생각해 보겠습니다.

이제 나는 이 동일한 주제를 이미 깨어난 죄인과 관련해서 잠시 살펴보고자 합니다. 이 자리에 계신 분들 중에는 최근에 잠에서 깨어나서 하나님 앞에서 자신의 죄를 자각하게 되신 분들이 계실 것입니다. 그러나 그들이 하지 않은 것이 한 가지가 있는데, 그것은 자신의 죄를 결코 고백한 적이 없다는 것입니다. 그들은 자신의 죄의 짐을 어느 정도 느끼고 있고, 앞으로는 더 느끼게 될 것이지만, 아직 그 죄로 인한 슬픔과 고통을 자기 자신 속에 가두어 두고 있습니다. 그들은 하나님에게나 사람에게나 자신의 심령을 쏟아놓은 적이 없습니다. 우리의 마음의 괴로움들을 사람들에게 털어놓아 보아야 별 소용이 없기는 하지만, 나는 죄를 깨달은 분들이 자신의 심령의 슬픔들을 그리스도인 친구들에게 늘 숨기라고 권하고 싶지는 않습니다. 그들이 자신의 생각들을 이미 천국을 향하여 한참 나아가서 그리스도와 구원의 길에 대하여 더 많이 알고 있는 사람들에게 털어놓는다면, 많은 도움이 될 수 있습니다. 그렇지만 대체로 상처 받은 양심은 상처 받은 수사슴처럼 혼자 있으면서 남몰래 피 흘리는 것을 좋아합니다. 죄를 깨달은 사람에게 다가가는 것은 아주 어려운 일입니다. 그는 자기 자신 속으로 아주 깊이 숨어들기 때문에, 그를 따라가는 것이 불가능합니다.

아, 깊이 슬퍼하는 가엾은 자들이여, 나는 당신이 당신의 고통을 숨기기 위해서 얼마나 애쓰는지를 압니다. 나는 당신에게 왜 당신이 어머니나 누나나 형에게 말하고 싶어 하지 않는지 그 이유들 중의 한 가지를 말해 주고자 합니다. 그것은 당신의 감정이 너무나 이상하다고 당신이 생각하기 때문입니다. 당신은 당신이 지금 느끼고 있는 감정을 느낀 사람은 아무도 없을 것이라고 생각합니다. 당신은 지구상에 존재했던 사람들 중에서 자기가 가장 악한 사람임에 틀림없다고 생각합니다. 그래서 당신은 친구들로부터 버림을 받을 것이 두려워서 당신의 감정을 드러내는 것을 꺼려합니다. 그렇지만 가엾은 영혼이여, 당신은 잘못 알고 있는 것입니다. 당신은 정말 잘못 알고 있습니다. 우리는 모두 당신이 지금 겪고 있는 것을 이미 겪었습니다. 당신이 당신의 죄에 대하여 얘기할 때, 우리는 우리가 25년 전 또는 그 이전에 겪었던 일을 떠올리지 않을 수 없게 됩니다. 왜냐하면, 지금 당신이 느끼고 있는 것처럼, 우리도 그때에 죄를 무거운 짐으로 느꼈었기 때문입니다. 당신이 우리에게 당신의 죄가 너무나 크다고 말하면, 우리가 분명히 당신을 멸시하고 다시는 당신과 말도 하지 않을 것이라고 생각하지만, 사실은 그런 말을 들을 때에 우리는 당신도 우리와 똑같은 것을 겪고 있다는 것을 알고서 기쁨의 눈물을 흘리게 될 것입니다. 우리는 당신의 통회하고 자복하는 심령을 보고 기뻐합니다. 우리는 당신이 느끼고 있는 것을 수많은 사람들이 느끼게 되기만을 바랄 뿐입니다.

　　여러분은 식탁에서 한 형제가 자기는 길 잃은 영혼이라고 말했을 때에 조지 횟필드(George Whitefield)가 어떤 반응을 보였는지를 기억하고 계십니까? 횟필드는 "하나님, 감사합니다"라고 말했고, 그 형제는 깜짝 놀라며 왜냐고 물었습니다. 그러자 횟필드의 대답은 이랬습니다: "왜냐구요? 예수께서는 길 잃은 자들을 찾아서 구원하시기 위하여 이 세상에 오셨으니까요." 당신이 당신 자신을 검다고 생각할수록, 당신에 대한 우리의 소망은 더 밝아집니다. 두려워 떠는 가엾은 당신이 당신 자신을 끔찍한 사람이라고 생각하는 것은 옳은 것이기 때문에, 우리는 그것을 반박하고자 하지 않지만, 우리는 당신이 그렇게 말하고 그렇게 느끼는 것을 기뻐합니다. 왜냐하면, 지금 우리는 당신이 보배로우신 그리스도를 진정으로 소중히 여길 수 있는 준비가 갖추어진 것을 보게 되기 때문입니다. "나는 좋은 옷을 입고 있어"라고 말하는 사람은 그리스도의 의를 받아들일 가능성이 거의 없습니다. 그러나 "나는 완전히 헐벗었고, 이 무화과나무 잎들은 내게 아무런 소용이 없구나"라고 부르짖는 사람은 그리스도께서 입혀 주시는 옷을 입을 준비가 된 사람입니다. 어떤 사람이 "나는 나의 의로 배부르다"고 말하는데, 여러분이 그 사람을 복음의 잔치에 초대해 보아야 무슨 소용이 있겠습니까? 물론, 여러분은 누구든지 복음의 잔치에 초대하도록 명령을 받고 있기 때문에, 그 사람도 초대해야 마땅하겠지만, 그 사람은 오는 것을 거절할 것입니다. 그러나 굶주려서 기진맥진하여 거의 죽게 된 사람이 있다면, 그는 여러분이 복음의 잔치로 초대해야 할 바로 그 사람입니다. 그런 사람에게 소와 살진 송아지를 잡아 모든 것을 준비해 놓았으니 와서 먹으라고 잔치에 초대해 보십시오. 그러면, 여러분의 말을 듣자마자 그는 침을 흘리며, 여러분을 따라 와서 왕의 잔치에 앉을 것입니다. 가엾은 죄인이여, 우리는 당신의 얘기를 듣고 기뻐합니다. 그러므로 다음에 당신이 어떤 그리스도인을 만나면, 그 사람에게 당신의 얘기를 하시라고 나는 당신에게 조언하고 싶습니다. 그렇지만 당신에게 가장 필요한 것은 그런 것이 아닙니다. 당신은 당신의 깊은 슬픔을 하나님 앞에 쏟아놓아야 합니다. 당신이 그렇게 할 때, "자신의 죄를 고백하고 버리는 사람은 은혜를 얻게 되리라"는 약속이 이루어질 것입니다. 당신이 하나님 앞에서 진심으로 자신의 죄를 고백했다면, 당신은 지극히 높으신 이로부터 반드시 죄 사함을 받게 될 것입니다.

당신이 하나님께로 나아가서 자신의 죄를 고하지 않는다고 할지라도, 하나님께서는 이미 그 죄를 알고 계시기 때문에, 숨겨 보아야 아무 소용이 없다는 것을 기억하십시오. 하나님께서 당신에게 죄를 고백하라고 하시는 것은 당신의 죄를 알아내시기 위한 것이 아니라 당신이 은혜를 얻도록 하시기 위한 것입니다. 죄를 고백하지 않으면, 당신은 결코 죄 사함을 얻지 못할 것입니다. 왜냐하면, 죄를 고백하지도 않는데, 하나님께서 그 죄를 사해 주실 것이라고 말씀하고 있는 대목은 성경의 그 어디에서도 찾아볼 수 없기 때문입니다. 당신이 자신의 죄를 덮고 위장하며, 죄에 대하여 그 어떤 회개하는 마음도 느끼지 못하고, 그 죄를 그리스도께 가져가지 않는다면, 당신은 진노하신 하나님으로부터 그 어떤 긍휼하심도 기대할 수 없습니다.

어떤 사람들은 죄를 깨닫고 있으면서도 고백하지 않습니다. 그랬을 때에 그 결과는 어떠한 것이겠습니까? 죄를 고백하지 않을 때, 그 사람의 형편은 점점 비참해지게 됩니다. 죄가 계속해서 당신의 심령 속에 쌓여갈 때, 당신이 평안을 얻는 것은 불가능합니다. 그것은 상처가 곪아가고 있는 것이기 때문에 거기에는 수술용 칼이 필요합니다. 그렇게 해서 그 상처가 제거될 때까지 안식은 있을 수 없습니다. 내가 알고 있는 어떤 죄인은 죄를 고백하지 않았을 때에, 마치 누구에게 두들겨 맞는 것처럼 극심한 고통을 느꼈다고 합니다. 나는 "내 마음이 뼈를 깎는 고통을 겪느니 차라리 숨이 막히는 것과 죽는 것을 택하리이다"(욥 7:15)라고 했던 욥의 말을 마음속으로 반복해서 되뇌었던 기억이 생생합니다. 왜냐하면, 깨어난 양심이 죄의식에 짓눌리는 고통은 이 세상에서 겪는 그 어떤 고통보다도 더 괴로운 것이기 때문입니다. 스페인의 종교재판소는 엄지손가락을 죄는 기구를 비롯해서 잔인한 고문 도구들을 발명하였지만, 사람의 양심만큼 무서운 심문관은 없습니다. 왜냐하면, 양심은 사람의 영혼을 극한까지 옥죌 수 있기 때문입니다. 사람의 양심이 자유롭게 활동할 수 있게만 해주어 보십시오. 그러면 그 즉시 좀이 갉아먹기 시작하고, 뜨거운 불이 사람의 심령을 태우기 시작할 것입니다. 옛적에는 사람들이 지옥의 고통을 마귀의 소행으로 여기곤 하였지만, 우리는 거기에서 굳이 마귀를 들먹일 필요조차 없습니다. 양심만으로도 사람은 더할 나위 없이 비참하고 처참해질 수 있습니다. 사람이 양심의 가책들을 그대로 받아들이기만 해도, 양심은 그 사람을 할퀴어서 그 영혼에 깊은 상처를 남깁니다. 하나님께서 어떤 사람을 진정으로 다루기 시작하셨다면, 그 사람이 계속해서 하나님 앞에서 입을 열지 않고 자신의 죄를 인정하지 않으면, 그 사람은 반드시 양심의 가책으로 인해서 점점 더 큰 고통을 당하게 될 것입니다.

그런데 이렇게 입을 다물어서 고통이 커지는 것은 대단히 위험한 일입니다. 나는 방금 전에 죄를 깨닫고 있는 사람들에 대하여 좋게 말하였지만, 그것은 어디까지나 그들이 예수 그리스도를 힘입어서 하나님께 나아가 자신의 죄를 고백할 것이라는 전제 아래에서 그런 것입니다. 만약 당신이 하나님 앞에 나아가서 자신의 죄를 고백하기를 거부한다면, 당신은 대단히 위험한 처지에 놓이게 됩니다. 당신은 "어떤 위험이요?"라고 물을 것입니다. 죄가 당신 속에서 곪아터질 지경이고, 당신의 고통은 점점 커진다면, 당신은 완전히 절망하게 될 것입니다. 생각만 해도, 그것은 정말 끔찍한 일입니다. 여러분은 존 번연이 쇠로 된 새장 안에 갇힌 사람에 대하여 묘사한 글을 기억하십니까?「천로역정」에도 이것보다 더 끔찍한 일은 나오지 않습니다. 그런데 당신이 하나님 앞에서 당신의 죄를 인정하기를 거부하는 것은 바로 당신 자신을 위해 그런 새장을 만들어가고 있는 것과 같습니다. 절망이라는 쇠로 만든 새장 안에 있는 사람들은 자기가 죄를 인정하는 것을 미루었고, 그리스도를 받아들이기를 거부하였으며, 자신의 감정을 억눌러서, 자기 자신을 속박 속으로 밀어넣었다고 말할 것입니다. 그들은 죄에 대한 깨달음과 깊은 고통에 대한 목회자들의 설교를 기쁘게 들었지만, 바로 그 자리에서 예수를 믿는 것이 그들의 마땅한 본분이라는 말씀에는 귀를 기울이지 않았습니다. 그들은 그러한 가르침은 받아들일 수 없었습니다. 그들은 믿는 것과는 상관없이 죄를 깨닫는 것만으로도 유익이 있다고 생각하며 위로를 받고자 하였습니다. 그러나 영혼이 그리스도를 믿지 않으면, 죄를 깨닫는 것은 유익이 아니라 해가 될 수 있습니다. 믿음이 들어가지 않은 것은 어떤 것이든지 결코 선할 수 없습니다. "네 모든 예물에 소금을 드릴지니라"(레 2:13). 믿음이라는 소금이 빠져 있다면, 그런 제물이나 예물은 하나님께 받아들여질 수 없습니다.

어떤 사람들은 절망에 빠져서 결국 그 마음이 철저히 완악하게 되어 버립니다. 그들은 이렇게 저렇게 변화되어 왔습니다. 그들은 하나님이 자기를 망치로 때리고 계신다는 것을 느껴 왔습니다. 그런데 이제 그들은 아무것도 느끼지 못하고, 대장장이의 모루처럼 굳어져 있습니다. 그런 상태에 이르게 되면, 그들은 하나님이 자기를 구원하시고자 하면 자기가 구원 받게 되겠지만, 자기는 구원과는 아무 상관이 없는 자가 되었다고 악하게 말합니다. 그들은 전에는 고분고분하고 유순했지만, 지금은 뻔뻔스럽고 건방집니다. 그들은 "소망이 없다"고 말하고, 이왕 잡혀 먹힐 것이라면 어린 양이 아니라 큰 양이 되어서 잡혀 먹히는 게 낫다는 옛 속담을 들먹이며, 이전보다 더 큰 죄들을 계속해서 저지를 가능성이 큽니다. 인류 역사상에서 가장 악명 높은 죄인들 중 일부는 한때는 부드러운 양심을 지니고서 회개 직전까지 갔던 사람들이었습니다. 그러나 그들은 죄를 깨닫기는 했지만, 자기는 천국에 들어가기는 틀린 사람이라고 여기고 절망하고서, 결국 이왕 지옥에 갈 바에는 악명을 떨친 후에 가자고 결심했습니다. 천국 문이 자기 앞에 열려 있는 것을 보고서도 거기로 걸어 들어가지 않은 사람은 다른 그 누구보다도 지옥에서 가장 뜨거운 곳으로 갈 가능성이 높은 사람입니다. 여러분은 내가 이렇게 말하는 것을 이상하게 생각하실지도 모르지만, 나는 그것이 사실이라는 것을 압니다. 왜냐하면, 그런 사람들은 절망에 빠져서 마음이 완악해지고 그런 후에 가장 극악무도한 죄를 짓는 수순을 자연스럽게 밟아가기 때문입니다. 그렇습니다. 그것은 무신론으로 가는 뒷문입니다. 어떤 사람이 하나님과 자기가 결코 화목할 수 없다고 느낄 때, 즉 그 사람이 자신의 죄를 절대로 고백하지 않겠다고 결심했을 때, 그가 자기 자신을 달래기 위해서 가장 먼저 할 일이 무엇일 것 같습니까? 그는 "하나님은 없다"라고 말하지 않겠습니까? "하나님은 없다"는 선언은 무엇을 의미합니까? 그것은 하나님이 없다면 자기가 훨씬 더 행복할 것이라고 그가 생각하고 있다는 것을 의미합니다. "하나님은 없다"는 말은 바로 그것을 의미할 뿐이고, 그 이상도 그 이하도 아닙니다. 그 말은 그 사람의 신조가 아니라 그 사람의 바람입니다. 그가 절망해서 그의 마음이 완악해졌기 때문에, 그가 그것을 바라는 것입니다. 하나님께서 당신의 마음을 밀랍처럼 부드럽게 만드실 때, 누가 거기에 인치는지를 주의하십시오. 살아 계신 하나님의 성령이 부드러워진 영혼에 깊은 회개와 거룩한 믿음의 인을 치시지 않으면, 마귀가 그 영혼에 절망과 무신론과 하나님에게 도전하는 죄의 인을 칠 것입니다. 마귀가 인을 치게 되었을 때, 당신이 태어난 날은 저주를 받은 것입니다. 이렇게 죄를 고백하기를 거부하는 것은 당신의 영혼에 치명적인 위험이 됩니다. 나는 어떤 사람이 깨어나서 죄를 자각하기 시작하게 되었을 때, 그런 상태로 오랫동안 지체하게 되면, 그 사람은 점점 더 사탄의 올무에 걸려 들어가고 있는 것임을 확신합니다. 마귀는 부주의하고 별 생각 없이 살아가는 죄인들에게 별 신경을 쓰지 않고, "내버려두면, 그들은 머지않아 내게 오게 되어 있어"라고 말합니다. 또한, 참된 경건이 없는 매우 종교적인 사람들에 대해서도 마귀는 별 신경을 쓰지 않습니다. 마귀는 이렇게 말합니다: "외식하는 자들이 편안하게 살아가도록 내버려 둬. 그들은 나의 길을 아주 잘 가고 있는 거니까. 내가 잘 하고 있는 그들을 괜히 건드려서, 자신의 모습에 대하여 의문을 갖도록 할 이유가 어디 있겠어?" 그러나 영혼들이 화들짝 깨어나서 죄를 깨닫게 되자마자, 마귀는 속으로 "이러다가 그들을 잃겠다"라고 말하고서는, 어떻게든 그들이 자신의 수중에서 도망가는 것을 막기 위해서 온갖 수단과 방법을 다 동원하게 됩니다.

여러분, 지금은 당신이 단 한 시간도 지체함이 없이 도피성으로 피신할 때입니다. 왜냐하면, 바로 이 시간에도 지옥에 있는 모든 귀신들은 당신의 뒤를 쫓고 있기 때문입니다. 그들은 전에는 당신에게 별 신경을 쓰지 않았지만, 지금은 당신이 죄를 깨달았기 때문에, 전보다 일곱 배나 더 힘을 써서 당신을 쫓고 있습니다. 그리스도께로 나아와서 함께 있으십시오. 그러면, 그 즉시 당신은 그 귀신들을 모두 다 피할 수 있게 될 것입니다. 하나님의 성령께서 당신이 하나님 앞에서 죄를 고백하고 그리스도로 말미암아 오는 긍휼을 구함으로써 영원한 은혜를 얻게 해주시기를 빕니다. 하나님께서는 그런 은혜를 당신에게 지금 당장 기꺼이 주시고자 하십니다.

이제 내가 마지막으로 전할 것은 이것입니다. 즉, 상처 받은 심령이 자신의 죄를 고백함이 없이는 위로를 받을 소망은 없다는 것입니다. 나는 자신의 죄를 깨달은 모든 분들께 지금 당장 고통스러운 가슴을 부여잡고 하나님 앞에 나아가서 그 가슴을 열어 보이며 자신의 죄를 고백하시기를 간곡하게 권합니다. 만약 내가 당신이라면, 나는 나의 죄를 낱낱이 다 고할 것입니다. 나는 종종 십계명을 읽고서 그 한 계명 한 계명마다 거기에 해당하는 죄를 내가 범한 것은 아닌지를 생각해 보는 것이 내게 유익하다는 것을 발견합니다. 십계명은 아주 좋은 죄들의 목록이 아닙니까? 그러니 십계명을 반복해서 읽으면, 우리가 티끌 속에서 더욱더 낮아지지 않겠습니까? 당신이 십계명을 읽다가 "간음하지 말라"는 계명에 이르렀을 때, 당신은 "나는 그런 죄는 결코 지은 적이 없어"라고 말할 것입니다. 그러나 구주께서 "음욕을 품고 여자를 보는 자마다 마음에 이미 간음하였느니라"(마 5:28)고 말씀하신 것이 당신에게 생각날 때, 사정은 완전히 달라집니다. 그럴 때에 당신은 육욕들과 마음의 생각들이 모두 다 죄라는 것을 깨닫게 되어서, 티끌 가운데서 낮아지게 됩니다. 또한, 당신이 "살인하지 말라"는 계명을 읽게 되었을 때, 당신은 "나는 아무도 죽이지 않았어"라고 말할 것입니다. 그러나 "형제에게 노하는 자마다" 살인한 자라는 말씀을 들을 때(마 5:22), 당신의 생각은 달라지게 될 것입니다. 율법이 신령하다는 것과 당신이 모든 계명을 만 번도 더 범하였다는 사실이 분명해졌기 때문에, 당신은 그 모든 죄를 슬퍼하며 고백하는 것이 마땅합니다. 나는 종종 나의 주변을 둘러보는 것이 유익하다는 것을 발견합니다: "나는 아버지로서 내 자녀들에 대하여 범한 죄들이 있을 것이다. 과연 나는 하나님의 교훈으로 내 자녀들을 잘 양육해 왔는가? 나는 남편으로서 범한 죄들이 있을 것이다. 나는 고용주로서 범한 죄들이 있을 것이다. 내가 나의 종업원들을 어떻게 대해 왔나? 나는 목회자인데, 그 위치에서 얼마나 많은 죄를 저질러 왔겠는가?" 하나님께서 당신의 눈을 열어 주셔서, 당신이 당신의 주변을 둘러보게 되면, 당신은 고백하지 않고는 견딜 수 없는 그런 죄들을 반드시 보게 될 것입니다. 당신의 몸의 여러 기관들을 한 번 생각해 보십시오. 그것들이 당신을 고소할 것입니다. 악한 생각을 하는 두뇌의 죄들, 음탕하게 보는 눈의 죄들, 다른 어떤 기관들보다도 더 많은 못된 짓을 하는 저 작고 고약한 기관인 혀가 범한 죄들이 당신을 고소할 것입니다. 당신의 신체 기관들 중에서 죄를 짓지 않은 것은 하나도 없습니다. 귀가 지은 죄들도 있습니다. 우리는 복음을 무수히 들었지만, 그때마다 들은 체 만 체하지 않았습니까? 반면에, 우리가 더러운 말들이나 우리 이웃들을 헐뜯는 악한 얘기들에는 솔깃해서 귀를 기울인 적이 얼마나 많습니까? 내가 굳이 이 강대상에서 우리가 지은 죄들을 일일이 다 열거할 필요는 없습니다. 당신의 골방으로 들어가서 자신이 지은 죄를 생각하고 눈물을 펑펑 쏟으며 그 죄들을 낱낱이 다 고하십시오. 당신이 죄를 고백하고자 하기만 하면, 당신이 그렇게 할 수 있도록 모든 것이 당신을 도울 것입니다. 그러니 지금 당장 그렇게 하십시오. 성령께서 그 지극히 부드러운 감화력으로 당신의 마음을 녹이셔서 당신으로 하여금 통회하고 자복하게 하시기를 빕니다.

당신이 자신의 죄를 고백하는 동안에, 당신의 죄 하나하나가 그 안에 하나의 세계를 가지고 있다는 것을 기억하십시오. 모든 작은 죄 안에는 죄의 광산이 들어 있습니다. 당신은 종종 거미집을 걷어낸 적이 있을 것입니다. 당신이 작은 거미집 하나를 열었을 때, 수천 마리의 거미가 거기에 매달려 있다가 사방으로 황급히 도망하는 것을 보았을 것입니다. 그 수가 얼마나 많습니까! 마찬가지로, 각각의 죄 속에는 수많은 죄들이 들어 있습니다. 각각의 죄 속에는 수많은 종류의 악들이 뒤섞여 있습니다. 그러므로 자신의 한 가지 죄만 보았어도 낮아지는 것이 마땅합니다. 당신의 죄악들을 하나님 앞에 고백하시고, 그 결과를 당신이 마땅히 받아야 할 것으로 알고 받아들이십시오. 당신이 그렇게 하고자 할 때에 거기에 방해물이 있고 당신의 목을 뻣뻣이 쳐들고자 하는 마음도 들 것이지만, 그런 것들을 누르고서, "주여, 나는 주의 판단에 승복하오니, 내 목을 치신다고 해도 할 말이 없습니다"라고 말하십시오. 칼레(Calais, 도버 해협에 있는 프랑스의 항구)의 시민들이 자신의 목에 밧줄을 걸고서 영국 왕 앞으로 나아갔던 것처럼, 당신도 그런 각오로 하나님 앞에 나아가십시오. 당신이 지은 죄에 합당한 징계를 순순히 받아들이고서, 오직 하나님의 긍휼에만 의지하여 애통하는 심령으로 "그리스도의 피를 인하여 내게 긍휼을 베푸소서"라고 호소하십시오. 오늘 밤 이 성전에 계시는 분들 중에서 그렇게 했다가 거부당할 사람은 아무도 없습니다. 왜냐하면, 그리스도께서는 "내게 오는 자는 내가 결코 내쫓지 아니하리라"(요 6:37)고 말씀하셨기 때문입니다. 구원을 위하여 대속하신 이에게 올바르게 나아오는 방법, 즉 당신의 죄를 고백하고 그 악을 인정하는 올바른 방법은 이것입니다. 당신은 지옥에 떨어져야 마땅한 자라는 것을 인정하고, 당신을 위한 희생제물이자 보증이신 그리스도 예수 안에서 하나님의 긍휼하심 앞에 당신 자신을 던지십시오. 그러면, 당신은 그리스도 예수로 말미암아 하나님께 받아들여지게 될 것입니다. 이것이 사는 길입니다. 거기로 달려가는 사람은 구원을 발견하게 될 것입니다.

하나님께서 자신의 성령으로 말미암아 여러분으로 하여금 한 분도 빠짐없이 다 자신의 죄를 애통해하고 예수 안에서 안식할 수 있게 해주시기를 빕니다. 아멘.

제
37
장

—

재갈과 굴레:
어떻게 이것들을 피할 수 있는가

—

"내가 네 갈 길을 가르쳐 보이고 너를 주목하여 훈계하리로
다 너희는 무지한 말이나 노새 같이 되지 말지어다 그것들
은 재갈과 굴레로 단속하지 아니하면 너희에게 가까이 가지
아니하리로다." — 시 32:9

 이 시편의 처음 두 절에는 온전히 죄 사함을 받은 기쁨이 묘사되어 있습니다: "허물의 사함을 받고 자신의 죄가 가려진 자는 복이 있도다 마음에 간사함이 없고 여호와께 정죄를 당하지 아니하는 자는 복이 있도다"(1-2절). 예수의 발 앞에 앉아 있는 사람, 그의 피로 씻음을 받은 죄인은 얼마나 복 있는 사람입니까! 천국 밖에서 이것보다 더 큰 기쁨은 없고, 천국에서조차도 그들은 예수의 피로 씻음을 받은 옷에 대하여 노래합니다.

 사람이 죄 사함을 받고 나면, 자기가 장차 어떻게 죄를 짓지 않을 수 있을지에 대한 염려가 깨어납니다. 불에 데인 적이 있는 아이는 불을 무서워합니다. 그가 입은 화상은 이미 완전히 나았는데도, 아이는 전과 다름없이, 아니 전보다 더 불을 무서워합니다. 마찬가지로, 죄로 말미암아 화상을 당한 사람들은 죄라는 불길이 저 멀리 있을 때에도 그 불길이 두려워서 떱니다. 당신은 다음과 같은 질문에 대한 대답을 통해서, 자기가 정말 죄책으로부터 건짐을 받았는지를 알 수

있습니다: "내가 죄를 사랑하는 것으로부터 건짐을 받았는가?" 어제 자신의 길을 잃은 사람은 오늘과 내일 자기를 이끌어 줄 인도자가 필요하다는 것을 느낍니다. 죄 사함 받은 사람이 어떻게 감히 또다시 하나님을 대적하여 범죄할 생각을 용납할 수 있겠습니까? 다윗이 이 문제를 놓고서 간절히 기도하자, 하나님께서는 그에게 은혜로우신 응답을 주셨습니다: "내가 네 갈 길을 가르쳐 보이고."

　여기에서 우리가 또 한 가지 주목해야 할 것이 있는데, 그것은 지금 다윗에게서는 죄책만이 아니라 교활함도 제거되어 있다는 것입니다. 동방 사람들은 영리한 것을 자랑으로 여기기 때문에, 다윗은 선천적으로 상당한 정도의 교활함을 타고 났습니다. 그러나 이제 그는 그 교활함을 자신의 심령에서 몰아냅니다. 그는 이후로는 자기가 속임수를 쓰는 것을 용납하고자 하지 않습니다. 이 거짓된 지혜, 이 육적인 현명함을 내버렸을 때, 그는 자기를 인도해 줄 다른 것을 구하지 않으면 안 된다고 느꼈습니다. 그가 우리아의 일에서 보여준 교활한 술책을 더 이상 사용하지 않으려면, 그를 인도해 줄 다른 것이 필요했기 때문에, 그는 그 인도함을 구합니다. 우리의 은혜로우신 하나님께서 그에게 다가오셔서 장차 그를 인도해 주시겠다고 약속하시는 것을 보십시오. "온유한 자를 정의로 지도하심이여 온유한 자에게 그의 도를 가르치시리로다"(시 25:9). "여호와께서는 순진한 자를 지키시나니"(시 116:6). 정직한 자들은 더 이상 자신의 속이는 마음을 의지할 수 없을 때에 하나님이 자신의 완벽한 인도자이시라는 것을 깨닫게 됩니다. 하나님께서 "내가 네 갈 길을 가르쳐 보이고"라고 말씀하신 것은 그들에게 행복한 일입니다.

　한 가지 더 살펴보겠습니다. 우리는 이 시편에서 다윗이 자기가 죄 사함 받은 것으로 인해서 크게 기뻐하고 있는 모습을 봅니다. 그는 7절에서 "주는 구원의 노래로 나를 두르시리이다"라고 외칩니다. 이것은 그가 아주 합당한 마음 상태에 있다는 것을 보여줍니다. 죄 사함을 받은 죄인이 기뻐 뛰는 것은 합당합니다. 그러나 이와 동시에 하나님의 지혜가 임하는데, 그것은 그 기쁨을 억제하기 위한 것이 아니라 더 깊고 확실하게 하고, 그 기쁨이 이른 시기에 끝나 버리는 것을 막기 위한 것입니다. 하나님은 기쁨의 황홀경 속에 있는 다윗에게 그가 아직 천국에 있는 것이 아니기 때문에 구원의 노래 외에도 다른 것들로 둘러싸여 있다는 것을 상기시켜 주십니다. 하나님의 음성은 다윗의 기쁨을 더해줌과 동시에, 다윗 앞에 위험한 일들과 시험들이 있을 것임을 일깨워 줍니다. 이때로부터 다윗은 찬송하는 자임과 동시에 제자가 될 것입니다. 그는 자기가 가야 할 길을 가르침 받을 필요가 있습니다. 왜냐하면, 그는 여전히 순례자이고, 아직 자신의 여정의 끝에 도달하지 않았기 때문입니다. 하나님께서 영광스럽게 승리하신 것이기 때문에, 당신이 원한다면, 소고(小鼓)를 치고 기뻐하며 큰 소리로 하나님을 찬양하십시오. 그러나 홍해 저편에는 광야가 있고, 그 곳을 지나기 위해서는 하나님의 많은 은혜, 즉 이스라엘의 목자만이 주실 수 있는 그런 은혜가 필요하다는 것을 기억하십시오. 당신은 본격적으로 순례길을 가고자 할 때에 그리스도를 따르기로 결심하는 것이 지혜로운 일입니다. 왜냐하면, 오직 그리스도만이 그 눈으로 올바른 길을 분별하시고, 그 손으로 당신을 도우실 수 있으시기 때문입니다. 순례자의 삶에는 늘 잔치만이 있는 것이 아닙니다. 순례자에게는 소고를 힘 있게 치며 하나님을 찬송하는 일 외에도 해야 할 일들이 있습니다. 우리는 예수의 십자가를 바라보아야 함과 동시에 예수의 발 앞에 앉아야 합니다. 우리 영혼이 안식을 얻기 위해서는, 우리가 예수의 멍에를 메고 그에게 배워야 합니다.

여기까지는 서론이고, 이제부터 나는 여러분을 구원 받은 사람이 해야 할 아주 중요한 일로 더 깊이 안내할 것입니다. 나의 친구여, 당신은 죄 사함을 받았고, 그 사실을 알며, 그것으로 인해서 기쁨을 느낍니다. 하나님께서 당신의 기쁨이 점점 더 차고 넘치게 해주시기를 빕니다. 이 아침에 당신은 자리에 앉아서 "허물의 사함을 받고 자신의 죄가 가려진 자"는 엄청난 "복이 있도다"라고 말하고 있습니다. 하지만 당신은 아직 천국에 있는 것이 아닙니다. 당신에게는 아직 필요한 것이 있는데, 그것은 하나님의 사랑을 확실하게 해두기 위한 것이거나 주권적인 은혜의 역사를 온전하게 하기 위한 것이 아니라, 당신이 저 천국의 빛 가운데서 성도들의 기업에 참여하기에 합당한 자로 훈련받기 위한 것입니다. 이 문제에 대해서는 우리가 성령께서 허락하시는 것만큼 말하게 될 것입니다.

본문의 가르침을 여러분에게 충분히 전하기 위해서, 나는 먼저 하나님의 지시하심과 실제적인 가르침과 자상한 인도하심을 구하는 것이 특권이라는 것을 살펴볼 것입니다. 그런 후에, 나는 두 번째로 우리가 피해야 할 성품이 어떤 것인지를 살펴볼 것입니다: "너희는 무지한 말이나 노새 같이 되지 말지어다." 세 번째로 살펴볼 것은 우리가 피해야 할 벌입니다: "그것들은 재갈과 굴레로 단속하지 아니하면 너희에게 가까이 가지 아니하리로다." 여러분이 재갈이나 굴레로 속박 받고자 하지 않는다면, 하나님의 지시하심에 기꺼이 순종하십시오. 마지막으로,

우리는 우리가 도달해야 할 자유가 있다는 것을 살펴보는 것으로 이 말씀을 끝맺을 것입니다. 여러분은 재갈이나 굴레 없이 하나님의 눈에 의해서 인도함을 받을 수 있습니다. 여러분은 이러한 거친 징계들을 통해서 순종을 강요받을 필요 없이 천국으로 가는 길을 발견할 수 있습니다. 이 일에서 위대하신 선생이신 주님의 도우심을 구합니다!

1. 첫째로, 하나님의 인도하심을 구하는 것은 특권입니다.

나는 본문을 토대로 해서 이것을 설명해 나가고자 합니다.

본문 속에는 이 인도하심이 어떤 것인지가 아주 자세하게 나와 있습니다. 그것을 설명하기 위해서 세 가지 어구가 사용됩니다: "내가 네 갈 길을 교훈하고 가르치며 너를 주목하여 인도하리로다"(KJV, 한글개역개정에는 "내가 네 갈 길을 가르쳐 보이고 너를 주목하여 훈계하리로다"로 되어 있음).

첫 번째 단어는 "내가 너를 교훈하리라"입니다. 이것은 겉보기보다 훨씬 더 의미심장한 약속입니다. 하나님은 당신에게 영적인 것들을 깨달을 수 있는 마음을 주시겠다는 것입니다. 왜냐하면, 하나님의 훈계는 마음에 강한 영향을 미치기 때문입니다. 하나님은 당신에게 자신의 진리들을 가르치셔서 당신을 천국의 일들에 대하여 지혜로운 자가 되게 하시겠다는 것입니다. 당신은 비록 구원 받기는 하였지만 아직 어린아이에 불과하고, 하나님의 위대한 진리들을 잘 알지 못합니다. 당신은 신령한 일들에 대하여 거의 알지 못합니다. 즉, 당신은 당신 자신과 당신이 처한 위험과 하나님의 거룩하심과 하나님 자신에 대하여 거의 알지 못합니다. 그러나 하나님은 여기에서 당신을 자신의 문도로 삼으셔서 친히 당신에게 선생이 되어 주시겠다고 약속하십니다. 하나님은 아주 효과적으로 교훈하셔서 실제로 당신의 마음을 세우십니다. 그래서 시편 기자는 "주의 법도들로 말미암아 내가 명철하게 되었으므로"(시 119:104)라고 말합니다. 다른 선생들은 우리에게 이미 있는 명철을 일깨워 줄 뿐이지만, 하나님께서는 순진한 자들에게 명철을 주십니다. 명철은 하나님의 은혜로부터 오는 선물들 중의 하나이기 때문에, 그 선물을 받는 사람들은 복 있는 사람들입니다.

두 번째 단어는 "내가 너를 가르치리라"입니다. 이 가르침은 매우 실제적입니다. 왜냐하면, 하나님은 "내가 네 갈 길을 네게 가르치리라"고 약속하고 계시기 때문입니다. 하나님은 명령에 교훈을 더하셔서, 이 두 가지를 우리에게 가르치십니다. 당신은 저 실제적인 가르침을 통해서 무엇을 어떻게 해야 하는지를 알게 되기 때문에, 그런 가르침은 특히 소중합니다. 이론적인 가르침은 이 실제적인 가르침에 비하면 그 중요성이 떨어집니다. 하나님은 우리에게 거룩하게 되는 방법과 그 신비에 대하여 가르치십니다. 하나님은 우리를 의의 선생이신 주 예수께로 도제로 보내시고, 주님께서는 얼마 후에 우리를 장인(匠人)으로 만드셔서, "부끄러울 것이 없는" 숙련된 "일꾼"(딤후 2:15)으로 바꾸어 놓으십니다. 우리의 크신 선생께서는 우리를 훌륭한 일꾼들로 만드셔서 파송하시고, 사람들로 하여금 우리의 선행을 보고서 하늘에 계신 아버지 하나님께 영광을 돌리게 하십니다.

이 절의 세 번째 어구에 나오는 하나님의 약속은 교리적인 가르침과 실제적인 가르침에서 한 걸음 더 나아갑니다 왜냐하면, 하나님께서는 "내가 주목하여 너를 인도하리라"고 말씀하시기 때문입니다. 여기에는 가르침과 아울러 교제가 함축되어 있습니다. 왜냐하면, 인도자는 여행자와 동행하는 법인 까닭에, 하나님께서는 우리와 동행하시면서 우리를 가르치시겠다고 하시는 것이기 때문입니다. 어린 양이 어디로 가시든지 따라가는 사람들은 복 있는 사람들입니다. 그런 사람들은 거룩한 길로 행하는 특권과 하나님이 동행하시는 특권, 이렇게 두 가지 특권을 가진 사람들입니다. 우리의 목자장께서 우리보다 앞서 가시기는 하지만, 그렇게 앞서 가시면서 우리의 이름을 부르시고, 그에게서 사랑 받는 양들인 우리는 그 음성을 따라 그의 발자취를 그대로 따라가게 된 것은 우리에게 주어진 큰 특권입니다. 하나님께서는 우리에게 길을 가르쳐 주시고 그 길로 인도해 주실 뿐만 아니라, 우리의 선생이자 친구로서 우리와 동행해 주십니다. 하나님이 제공해 주시는 교육은 모든 면에서 완벽합니다. 우리의 생각과 삶과 마음이 모두 다 하나님의 가르치심 아래 있습니다. 그것은 빈민을 위한 학교도 아니고 단지 예비 학교인 것도 아닙니다. 본문은 그 학교를 거룩함을 가르치는 고등학교이고, 은혜를 가르치는 고전문법 학교이며, 거룩함에 대하여 교수하는 대학교로 묘사합니다. 하나님이 가르치시는 이 거룩한 학교에서 당신은 원하기만 한다면 학위를 따서, 다른 사람들을 가르치는 선생이 될 수 있습니다. 당신의 죄를 사해 주신 하나님은 당신을 장차 천사들과 정사들과 권세들에게 하나님의 각양 지혜를 알게 해줄 제자로 만드는 데에 필요한 모든 것을 공급해 주십니다. 이런 대학교에서 배우고 싶지 않은 사람이 누가 있겠습니까?

　　다음으로, 우리가 주목할 것은 이러한 가르침은 하나님으로부터 나온다는 것입니다. 본문이 어떻게 되어 있는지를 보십시오: "내가 너를 교훈하리라." 이것은 얼마나 기쁜 일입니까! "내가 너를 교훈할 것이고, 내가 주목하여 너를 인도하리라." 하나님께서는 우리를 보조교사나 교생이 가르치는 수준 낮은 학급에 편성해서 가르치시는 것이 아닙니다. 우리는 모두 다 주 예수 그리스도와 그의 성령으로부터 직접 가르침을 받습니다. 본문은 "내가 너를 교훈할 것이고 너를 인도하리라"고 분명하게 말씀합니다. 하나님께서는 자기에게서 가르침을 받은 사람들을 통해서 우리를 가르치실 수도 있지만, 결국 아무리 훌륭한 하나님의 종들이라고 할지라도, 하나님이 그 종들을 통해서 친히 가르치시지 않으면, 그들이 우리에게 가르치는 것은 그 어떤 유익도 있을 수 없습니다. 오직 하나님이 가르치실 때에만 우리는 거기에서 유익을 얻게 됩니다. 하나님께서 선생이 되시다니, 그것은 얼마나 놀라운 겸비입니까! 주일학교 선생님들이여, 여러분의 거룩한 대학의 교장이신 하나님을 찬양하십시오. "내가 너를 가르치고 너를 교훈하리라." 하나님에게서 가르침을 받는 사람들은 제대로 가르침을 받습니다. 이 특권은 모든 사랑의 권속에게 해당됩니다. 왜냐하면, 성경은 "네 모든 자녀는 여호와의 교훈을 받을 것이니"(사 54:13)라고 말씀하기 때문입니다. 성경은 하나님의 자녀들 중에서 일부는 천사들이나 천사장들로부터 교육을 받게 될 것이라고 말씀하는 것이 아니라, 그들 모두가 하나님으로부터 친히 가르침을 받게 될 것이라고 말씀합니다. 여호와께서 친히 예수 그리스도로 말미암아 자기에게로 나아오는 모든 영혼의 선생이 되어 주실 것입니다.

　　하나님께서 약속하신 이 인도하심이 얼마나 놀라울 정도로 각 개인에게 맞추어져 있는지를 주목하십시오. 9절에 나오는 "너희는 무지한 말이나 노새 같이 되지 말지어다"라는 말씀은 복수형으로 되어 있는 반면에, 8절의 약속은 각각의 개인을 가리키기 위하여 단수형으로 되어 있습니다: "내가 네 갈 길을 네게 교훈하고 네게 가르치며 너를 주목하여 인도하리라." 무한하신 분이 지극히 하찮은 한 개인에게 초점을 맞추어서 말씀하고 계시다는 것은 경이로운 일들 중에서 가장 경이로운 일입니다. 만유 가운데서 만유를 충만하게 하고 계시고, 만유보다 더 크신 분이 햇살 속에 떠다니는 티끌보다도 더 못한 우리를 한 사람 한 사람 생각하시는 것입니다. "내가 너를 교훈하리라." 그렇습니다. 여호와께서는 자신을 지극히 낮추셔서, 정말 보잘것없고 연약한 신자들 하나하나를 가르치고자 하십니다. 나의 형제들이여, 당신의 명철이 평범하고, 당신의 지위가 아주 미천하다고 할지라도, 하나님께서는 "내가 너를 예비학교에 보내서 보조교사로부터 가르침을 받게 하겠다"고 말씀하시는 것이 아니라, "내가 너를 교훈하리라"고 말씀하신다는 것을 기뻐하십시오. 하나님은 신자 한 사람 한 사람을 마치 자신의 유일한 자녀인 것처럼 가르치십니다. 그리스도의 죽음은 온 세상 사람들이 다 믿는다면 그들 모두를 구원하기에 충분한 효력을 지니고 있지만, 그리스도께서는 오직 나만을 구원하고자 하셨을지라도, 기꺼이 자신의 몸을 나를 위한 희생제물로 내놓으셨을 것임을 생각하는 것은 정말 즐거운 일입니다. 그리스도의 죽음은 그가 "나를 사랑하사 나를 위하여 자기 자신을 버리신"(갈 2:20) 것을 증명하는 데에 꼭 필요한 일이었습니다. 마찬가지로, 우리 주님의 가르침은 그것을 배우고자 하는 무수한 사람들을 가르치시기에 충분한 것이지만, 주님은 단 한 사람의 신자에게 자신의 모든 가르침을 전하시려는 것처럼 자신을 지극히 낮추십니다: "내가 네 갈 길을 네게 교훈하고 네게 가르치리라." 프랑스 사람들은 서로를 아주 친밀하게 부를 때에는 "너"(tu 또는 toi)라고 부르는데, 나는 본문이 바로 그런 것이라고 봅니다. 본문에서 "너"라는 단어들이 나오는 것을 보면, 그것은 정말 흐뭇한 일입니다: "내가 네 갈 길을 네게 교훈하고 네게 가르치며 너를 주목하여 인도하리라." 여러분은 크신 아버지 하나님께서 자신의 사랑하는 자녀에게 다정하게 말씀하고 계시는 것이 느껴지지 않습니까? 그렇습니다. 나는 하나님 아버지께서 당신과 내게 말씀하고 계시는 것을 듣습니다. 이러한 친밀한 사랑으로 인해서 하나님의 이름이 찬송을 받으시기를 원합니다. 우리는 이 약속의 말씀이 우리에게 주는 유익을 온전히 누리는 것이 마땅합니다.

또한, 이 가르침은 기분 좋게 자상합니다: "내가 너를 주목하여 인도하리라." 즉, 당신이 재갈이나 굴레, 총구와 포승이라는 거친 수단을 통해서가 아니라 하나님의 자애로우신 눈을 마주치며 인도하심을 받고자 한다면, 하나님께서는 그렇게 당신을 인도하실 것이라는 말씀입니다. 이 말씀 속에는 하나님 편에서의 사랑과 당신 편에서의 명철이 존재하고 있다는 것이 함축되어 있습니다. 하나님께서 우리를 이런 식으로 인도하시겠다고 약속하시는 것은 우리 속에 하나님에 대한 신뢰가 있으리라는 것을 보여주시는 것입니다. 식탁의 상좌에 앉은 여주인이 그 여종에게 고개를 끄덕여서 뭔가를 전합니다. 여종은 그것이 무엇을 의미하는지를 알기 때문에, 여주인의 뜻은 즉시 실행에 옮겨집니다. 주인은 자기와 함께 오랜 세월 일해 온 종에게 일일이 뭔가를 지시할 필요가 없습니다. 종은 주인의 뜻을 알기 때문에, 주인의 눈짓이나 표정에서 많은 것들을 읽어냅니다. 잘 훈련된 하나님의 자녀들은 하나님을 바라보자마자 곧 그 뜻을 알기 때문에 즉시 거기에 순종합니다. 그들은 아주 작은 것에서 많은 것을 보고, 하나님의 한 말씀 속에서 아주 많은 것을 읽어냅니다. 우리가 마땅히 해야 할 일들을 하고 있을 때에는, 하나님의 인도하심은 우렛소리를 통해서가 아니라 아주 세미한 음성을 통해서 우리에게 전해집니다. 하나님의 가르치심은 폭풍과 우박이 아니라 햇살과 이슬을 통해서 옵니다. 어떤 성도들은 머리카락 한 오라기 같은 가르침을 통해서도 효과적으로 인도하심을 받을 수 있습니다. 그리스도의 사랑의 끈은 거룩함을 입은 영혼에게는 가장 부드러운 끈임과 동시에 가장 강력한 끈이 됩니다. "내가 니를 주목하여 인도하리라"는 매력적인 약속이지만, 눈먼 자들이니 완고한 자들이나 무심한 자들이나 고집센 자들에게는 아무 소용이 없습니다. 이렇게 대단한 특권을 스스로 차 버리는 사람은 얼마나 불쌍한 사람입니까!

　사랑하는 친구들이여, 최근에 죄 사함을 받은 분들이든, 오래 전에 죄 사함을 받은 분들이든, 당신이 처음 시작할 때부터 이 길의 마지막에 있는 진주문에 도달할 때까지 어떠한 인도하심이 있었는지를 잘 보시기 바랍니다. 내가 이 말을 하는 것은 이 가르침은 변함이 없다는 말로 첫 번째 대지를 끝맺고자 하기 때문입니다. 처음부터 끝까지 "내가 너를 교훈하고 너를 가르칠 것이며 너를 인도하리라." 하나님께서 당신을 인도하기 시작하셨다면, 하나님이 도중에 갑자기 당신을 버리는 일은 결코 없을 것입니다. 당신을 가르치기 시작하신 하나님이 수업 도중에 당신을 떠나는 일도 없을 것입니다. 당신을 어느 정도 가르치서서 당신에게 명철을 주신 하나님은 당신이 하나님을 아는 지식에서 온전하게 되고 자기 아들의 형상을 닮게 될 때까지 계속해서 당신을 가르치실 것입니다. 나는 하나님이 그런 특권을 약속하시고 주신다는 것을 생각할 때에 아주 큰 행복감을 느낍니다. 나는 어떤 사람들이 일단 죄 사함을 받은 후에는 자기가 살고 싶은 대로 살 수 있다고 생각한다는 말을 들은 적이 있습니다. 그러나 그런 사람들에게 나는 이렇게 말해주고 싶습니다: "당신들은 죄 사함에 대해서 아무것도 모르는 사람들입니다. 당신들은 죄악들에 얽혀서 쓰디쓴 삶을 살고 있는 사람들입니다." 구원을 받기 위해서 예수를 믿은 사람은 자신의 죄들로부터 자유하게 되기 때문에, 그의 주된 관심은 모든 죄에서 건짐을 받고, 하나님의 영광의 의의 길들로 인도함을 받는 것입니다. 거룩한 삶을 진정으로 구하고 있는 당신에게 위로가 되는 것은 하나님께서 당신이 그런 삶을 살아갈 수 있도록 모든 준비를 다 마련해 놓고 계신다는 것입니다. 당신을 자신의 자녀로 삼으신 하나님은 당신이 길이요 진리요 생명이신 주 예수를 알게 될 때까지 당신을 가르치실 것입니다. 당신은 곧 아버지 하나님의 이름과 성품을 알게 될 것이고, 그의 보좌를 둘러싼 저 빛나는 천사들 가운데서 그를 찬송하게 될 것입니다.

2. 둘째로, 우리가 피해야 할 모습이 있습니다.

나는 이제부터 내가 여러분에게 보여드릴 것에 주목해 주시기를 부탁드립니다. 우리는 하나님께서 우리를 가르치실 준비가 되어 계시기 때문에, 우리가 고집을 부리고 제멋대로 행해서는 안 된다는 말씀을 듣습니다. 하나님의 가르치심을 고분고분 잘 받아서 순종하는 것이 우리의 본분입니다. "너희는 무지한 말이나 노새 같이 되지 말지어다 그것들은 재갈과 굴레로 단속하지 아니하면 너희에게 가까이 가지 아니하리로다." 우리는 우리보다 열등한 피조물들을 본받아서는 안 됩니다. 사람은 말과 노새를 비롯해서 모든 동물들을 다스리도록 지음 받았기 때문에, 자기가 다스리는 존재들을 본받으려고 해서는 안 됩니다. 나는 종종 사람들이 지혜롭지 못한 잘못된 말을 마치 좋은 말인 것처럼 말하는 것을 들어 왔습니다. 사람들은 화가 나서 어떤 말을 한 후에, 이렇게 변명하는 말을 하곤 합니다: "나는 어쩔 수가 없었습니다. 지렁이도 밟으면 꿈틀하는 법이니까요." 지렁이가 성도가 본받아야 할 모범이라도 된다는 말입니까? 내가 생각하기에, 그런 말 속에서 지렁이는 뱀을 의미합니다. 그렇다면, 당신은 뱀의 악의와 독기를 본받고자 하는 것입니까? 또한, 나는 그 정반대의 말도 들어 왔습니다. 즉, 사람들은 마치 동물이 사람을 본받는 것이 나쁘다는 뉘앙스의 말을 하곤 한다는 것입니다. 승합마차를 모는 한 마부가 그 마차를 끄는 말들 중에서 오직 한 마리 말만을 채찍으로 때리자, 마차에 탄 한 신사분이 "이쪽 말은 한 번도 때리지 않으시네요"라고 말했고, 그러자 마부는 "내가 이쪽 암말을 건드리고 나서 밤중에 마구간에서 그 암말 곁에 다가가면, 그 암말이 그리스도인처럼 나를 발로 걷어찬다니까요"라고 말했답니다. 이것은 정말 충격적인 비유가 아닙니까? "그리스도인처럼"이라니요? 그리스도인들이 발로 걷어찬다는 것이 맞는 말입니까? 그리스도인들이 앙갚음을 하는 사람들입니까? 우리는 이런 것을 볼 때에 "너희는 말이나 노새 같이 되지 말지어다"라고 절박하게 외쳐야 할 것입니다. 절대로 악을 악으로, 욕을 욕으로 갚지 마십시오. 왜냐하면, 그렇게 되갚아 주는 것은 들짐승들을 따라하는 것이기 때문입니다. 우리는 눈을 들어서 우리의 모범을 가장 높은 곳에서 찾아야 하고, 결코 아래를 보며 들짐승들에게서 찾아서는 안 됩니다.

우리는 성경에서 우리와 닮았다고 말씀하는 그런 피조물들을 본받지 않도록 조심하여야 합니다. 노새는 나귀와 비슷하기 때문에, 나는 본문이 단지 노새만을 가리키는 것은 아니라고 봅니다. 모세 율법은 속량 받지 못한 사람을 나귀에 비유하고 있지 않습니까? 형제들 여러분, 성경은 우리를 많은 이상한 짐승들에 비유하는데, 거기에는 다 이유가 있습니다. 아우구스티누스를 비롯해서 옛적의 저술가들은 사람과 노새가 어떤 점들에서 닮았는지를 상세하게 설명합니다. 나는 그들의 설명을 여기에 옮겨놓고자 하는 것이 아니리, 단지 돈(Donne) 박사가 한 말을 잠깐 인용하고자 합니다: "옛 사람들이 그렇게 말한 것은 지나친 감이 있긴 하지만, 어쨌든 그들은 짐승들을 데리고서 먼 길을 다니면서 짐승들과 죄인들을 비교해 볼 수 있는 기회를 많이 가졌을 것이고, 그러면서 짐승이 사람보다 더 낫다는 것을 수없이 느꼈을 것입니다." 나도 돈 박사의 말에 동감입니다. 다윗도 스스로 "내가 이같이 우매 무지함으로 주 앞에 짐승이오나"라고 말합니다. 그렇지만 그는 선한 사람이었기 때문에, 그럼에도 불구하고 "내가 항상 주와 함께 하니"라는 말을 덧붙일 수 있었습니다(시 73:22-23). 우리의 많은 부분은 동물적이고, 그것은 우리에게 있는 천사보다 더 나은 부분을 끌어내리는 성향을 지니고 있습니다. 사람은 아주 비열하면서도 아주 존엄합니다. 사람은 지렁이를 닮았지만 하나님을 닮기도 했습니다. 사람은 영원불멸의 존재이면서도 티끌로 만들어진 존재입니다. 당신의 저급한 본성에 잡아먹히지 마십시오. 하나님의 자녀로서 굴복하지 않아야 할 것에 굴복하지 마십시오. 말과 노새를 굴복시켜서 당신 아래에 두십시오. 짐승이 메는 짐을 메지 마시고, 그 짐승에게 당신의 짐을 메게 하십시오. "너희는 말이나 노새 같이 되지 말지어다." 도리어, 육(肉)과 피를 뛰어넘으십시오. 주의 성령께서 이 일과 관련해서 당신의 연약함들을 도우시기를 빕니다.

나는 시편 기자가 여기에서 말과 노새를 본성이 거칠어서 훈련을 시켜서 길들일 필요가 있는 짐승들로 언급하고 있는 것이라고 믿습니다. 우리는 본성적으로 광야의 바람을 좋아하는 들나귀와 같습니다: "들나귀는 성읍에서 지껄이는 소리를 비웃나니 나귀 치는 사람이 지르는 소리는 그것에게 들리지 아니하며”(욥 39:7). 이 들짐승들은 우리가 그들을 길들일 때까지는 우리에게 아무런 유익도 될 수 없습니다. 아무 짝에도 소용없고 제멋대로인 그 짐승들처럼 되지 마십시오. 그렇지만 이것은 우리가 삶을 시작할 때에 우리의 본성적이고 영적인 모습입니다. 우리의 삶 속에서 이른 시기에 그런 모습이 깨지는 것이 좋습니다: “사람은 젊었을 때에 멍에를 메는 것이 좋으니”(애 3:27). 사람이 젊었을 때에 아무런 구속이 없이 살고 어른이 되어서 아무런 괴로움 없이 살아가는 것은 좋은 것이 아닙니다. 사람이 자신의 뜻에 맞는 것들을 행하고 살아가면, 그 끝이 일곱 배나 쓰디쓰게 됩니다. 고침 받지 못한 마음은 가지치기를 하지 않은 포도나무와 같아서, 아무런 열매를 맺지 못하고, 그 가지들이 땅을 따라 자라다가 썩어 버리고 맙니다. “순종하다”라는 단어의 의미를 배우는 것은 너무나 좋은 일입니다. 순종하지 않는 것이 몸에 배어 있는 사람들은 불행합니다. 그런 사람들은 자기 자신에게나 남들에게나 유익이 되지 못합니다. 성령께서는 하나님의 백성 중에서 그 누구도 본성대로 행하고 길들여지지 않은 자가 되어서 아무 짝에도 소용없고 소망도 없는 자가 되게 하고자 하지 않습니다.

또한, 우리는 이성이 없는 피조물들을 본받아서는 안 됩니다. “너희는 무지한 말이나 노새 같이 되지 말지어다.” 하나님은 말이나 노새가 “무지하다”는 것, 즉 지각이 없다는 것을 특히 강조하십니다. 이것은 무슨 뜻입니까? 잘 조련된 말과 노새는 재갈과 굴레로 단속하지 않아도 주인이 말 한 마디만 하면 그 명령을 따라 기가 막히게 일을 잘 해낸다는 뜻입니다. 말과 노새도 이렇게 고도의 훈련을 받고 나면 강제력을 사용하지 않아도 주인의 명령을 잘 따르게 됩니다. 이 짐승들은 마치 주인의 마음속에 들어갔다 나온 것처럼 주인의 의중을 잘 헤아려서 움직일 줄 알게 됩니다. 하지만 다윗 시대에 길거리를 활보하고 다녔던 사람들은 그런 말과 노새들이 아니었습니다. 그들은 지각이 거의 없었습니다. 우리는 그들과 같아서는 안 됩니다. 당신은 이성을 지닌 사람이기 때문에, 이성적으로 행동하는 것이 마땅합니다. 당신은 지각을 지니고 있기 때문에, 단순한 충동이나 맹목적인 고집이나 무지한 우매함을 따라 행하여서는 안 됩니다. 형제들이여, 요점은 이것입니다. 우리는 하나님을 아는 지각을 얻어서 그 모습으로 살아가야 한다는 것입니다. 말은 주인이 재갈과 굴레를 사용해서 자신의 뜻을 전하지 않으면 그 뜻을 알지 못합니다. 말은 방향을 바꾸거나 속도를 높이거나 정지

하거나 할 때에 고삐를 통해서 그 뜻을 전달받지 않으면 안 됩니다. 왜냐하면, 자기 입에 물려진 재갈이 없이는, 말은 주인의 마음을 알지 못하기 때문입니다. 주인의 마음에 있는 생각은 노새의 마음에 전달되지 않습니다. 그래서 주인은 자신의 뜻을 전달하기 위해서는 노새의 입에 물려진 재갈을 끌어당겨서 압박을 해주어야 합니다. 우리는 하나님에 대한 지각을 얻어서 하나님의 뜻을 알아야 합니다. "어리석은 자가 되지 말고 오직 주의 뜻이 무엇인가 이해하라"(엡 5:17). 하나님의 성령에 민감하십시오. 하나님 안에 거하셔서, 하나님이 당신 안에 거하시게 하십시오. 그러면, 하나님의 내주하심으로 인해서 당신은 하나님이 무엇을 원하시는지를 즉시 알게 될 것입니다. 당신의 뜻이 하나님의 뜻과 정확히 일치해서, 당신이 오직 하나님이 원하시는 것만을 원하게 되시기를 빕니다. 이것이 내가 아는 한 가장 고차원적인 형태의 지각입니다. 우리는 그런 지각을 얻게 될 때까지 결코 만족해서는 안 됩니다. "나로 하여금 깨닫게 하여 주소서 내가 주의 법을 준행하며 전심으로 지키리이다"(시 119:34). 당신은 왜 당신이 "나는 저 사람을 알고 싶은데"라고 말하는지를 아는데, 그 이유는 당신이 그 사람을 알지 못하고는 당신의 인간관계가 만족스럽지 않다고 느끼기 때문입니다. 두 친구가 서로의 뜻을 진정으로 이해해서 서로 한 마음이 될 때, 그 두 사람은 마치 한 몸인 것처럼 행동하게 됩니다. 당신이 마음으로 하나님을 가까이 하면, 하나님은 당신을 주목하여 인도하실 수 있게 됩니다. 왜냐하면, 그럴 때에 당신은 천부의 마음을 알게 되고, 하나님과 완전히 공감하게 되기 때문입니다.

　그러나 시편 기자는 말과 노새에 대하여 그것들은 "무지하여" 지각이 없는 짐승들이라고 말하는 데서 그치는 것이 아니라, 고집이 세서 자기 멋대로 하는 짐승들이라는 말을 덧붙입니다. "그것들은 재갈과 굴레로 단속하지 아니하면 너희에게 가까이 가지 아니하리로다." 이 구절은 킹 제임스 역본에는 "너희에게 가까이 가지 아니하도록"으로 되어 있고, 칼빈은 "그것들이 너희를 발로 차지 않도록"으로 번역하였습니다. 이 구절의 표현은 아주 모호하긴 하지만, 그 의미는 명확합니다. 즉, 이 구절이 말하고자 하는 것은 말과 노새는 그 입에 재갈을 물려서 주인의 뜻대로 행하도록 강제하지 않으면, 자기가 해야 할 것을 하지 않고, 도리어 하지 않아야 할 것을 악착같이 하고자 한다는 것입니다. 우리도 마찬가지이지만, 우리는 그래서는 안 됩니다. 종종 우리는 사람들이 하나님에 대한 경외함이나 거룩한 두려움도 없이 경솔하게 하나님께 나아가는 것을 봅니다. 어떤 사람들은 하나님이 마치 자신의 친구들 중 한 명이라도 된다는 듯이 하나님에 대하여 스스럼 없이 행동합니다. 그래서 한 시편에서 하나님은 "네가 나를 너와 같은 줄로 생각하였도다"(시 50:21)라고 탄식하십니다. 그런 허탄한 사람들에게는 그들이 하나님께 아무 생각 없이 나아가지 못하도록 하기 위하여 재갈이 필요합니다. 그들은 "이리로 가까이 오지 말라 네가 선 곳은 거룩한 땅이니 네 발에서 신을 벗으라"(출 3:5)는 하나님의 음성을 들을 필요가 있습니다. 사람들이 더 거룩한 경외심을 갖게 되기를 빕니다. 어떤 사람들은 하나님에게서 멀리 도망쳐서 대놓고 하나님을 모독하고 욕하며 하나님께 나아오려고 하지 않기 때문에 재갈이 필요합니다. 그런 사람들은 자신의 신발을 벗어던져 버리고서는, 규범과 질서를 조롱하고 경멸하며, 자기 마음 내키는 대로 산과 들을 쏘다니려고 합니다. 우리는 그런 부류의 사람들을 압니다. 우리는 절대로 그런 사람들처럼 되어서는 안 됩니다. 채찍으로 때리고 굴레로 단속하지 않으면, 주변에 있는 사람들을 발로 차고 물어서 큰 해를 입히는 말과 노새들이 있습니다. 나는 죄인들만이 아니라 성도들 가운데서도 남들을 발로 차는 사람들이 있을까봐 걱정입니다. 나는 겉으로 드러나는 악인들보다 발길질하는 신앙인들이 더 걱정입니다. 우리는 이리가 아니라 양에게 물릴 수 있습니다. 즉, 우리는 불경건한 자들이 아니라 신앙을 고백한 신자들에게서 더 쉽게 상처를 받을 수 있다는 말입니다. 그리스도인이라고 하는 사람이 내지르는 발길질은 은혜 가운데에 살아가는 심령에게 훨씬 더 큰 상처를 입힙니다. "나를 책망하는 자는 원수가 아니라 원수일진대 내가 참았으리라"(시 55:12). 다음의 질문과 대답을 기억하십시오: "네 두 팔 사이에 있는 상처는 어찌 됨이냐 … 이는 나의 친구의 집에서 받은 상처라 하리라"(슥 13:6). 실제로 이것들은 우리 주님이 자신을 배신한 한 제자로부터 받은 상처들입니다. "너희는 무지한 말이나 노새 같이 되지 말지어다 그것들은 재갈과 굴레로 단속하지 아니하면 너희에게 발길질하리로다." 당신의 주님의 뜻을 발로 차 버리지 마십시오. 하나님의 말씀의 가르침들을 발로 차 버리지 마십시오. 하나님의 집의 규례들을 발로 차 버리지 마십시오. 하나님의 종들을 발로 차 버리지 마십시오. 하나님의 섭리들을 발로 차 버리지 마십시오. 주님의 십자가를 발로 차버리지 마십시오. 이제 나는 더 이상 이러한 꼴사나운 모습을 피하시라고 여러분에게 강권할 필요가 없을 것입니다. 여러분 중에는 이런 말이나 노새처럼 되고자 하는 분이 한 분도 없을 테니까요.

3. 셋째로, 우리는 매를 자초할 필요가 없습니다.

나는 이제 우리가 쓸데없이 매를 맞고 고통을 당할 필요가 없다는 것에 대하여 잠깐 살펴보고자 합니다. 당신이 고집을 부리며 제멋대로 하고자 한다면, 하나님은 당신을 구원하시기 위하여 당신에게 재갈과 굴레를 사용하지 않으실 수 있게 될 것입니다. 당신이 순순히 순종해서 하나님이 당신을 주목하여 인도하실 수 있다면, 재갈이나 굴레 같은 그런 험한 것들이 필요 없을 것입니다. 그러나 당신이 고집을 부린다면, 하나님은 가차 없이 당신을 재갈과 굴레로 단속하실 것입니다.

나는 말이나 노새의 자유를 억제하는 도구들인 재갈과 굴레에 대해서 조금 말해볼까 합니다. 사람들은 자기에게 재갈이 물려지거나 굴레가 씌워지는 것을 참을 수 없어하지만, 사실 하나님의 자녀들 중에서 많은 사람이 하나님의 뜻에 굴복하지 않아서 영적으로 재갈이 물려지고 굴레가 씌워진 상태로 살아갑니다. 그들은 양심이 부드럽지 못하고, 자주 불순종하며, 하나님의 뜻을 행하지 않기 때문에, 혹독한 훈육을 받고 심각한 불이익 가운데서 고생할 수밖에 없습니다. 만약 그들이 하나님의 뜻에 기꺼이 순종한다면, 그들에게 모든 일들이 더 잘 풀리게 될 것입니다.

아무 필요도 없는데 재갈을 물리는 법은 없습니다. 재갈을 물리는 것은 그럴 필요가 있기 때문입니다. 본문은 "그것들의 입은 재갈과 굴레로 단속되어야 한다"고 말씀합니다. "하여야 한다"라는 표현에 주목하십시오. 재갈과 굴레로 단속하는 것은 그 짐승이 자초하는 것입니다. 어떤 사람들은 그들이 천국에 가려면 그 길을 가는 동안 가난해야 하거나 병들어야 하거나 실패해야 하거나 오해를 받아야 합니다. 그러나 그것은 천국에 가고자 하는 사람들은 누구나 그래야 하기 때문이 아니라, 그 사람들이 완악하고 고집이 세서 그럴 필요가 있기 때문에 그런 것입니다. 하나님은 그들을 구원하시고자 하시기 때문에, 그들이 자신의 혈기와 야심에 휘둘려서 거침없이 지옥을 향하여 내달리게 내버려 두시는 것이 아니라, 재갈과 굴레를 사용하여 그들을 구원을 향하여 몰아가시는 것입니다.

사랑하는 친구들이여, 하나님이 당신을 주목하여 인도해 주시는 것이 아니라, 당신을 재갈과 굴레로 단속해서 강제로 끌고 가신다면, 그것을 얼마나 비참한 일이겠습니까? 우리는 8절에서 지각이 있는 종의 모습을 봅니다. 그는 하나님의 마음에 합한 사람이어서, 하나님의 표정만 보고도 순종의 길로 재빨리 달려갑니다. 그렇지만 9절에서 우리는 그리스도인이라고 말하지만 하나님의 뜻대로 살지 않는 사람의 모습을 봅니다. 그는 하나님이 노새 같이 강제력을 사용해서 다스리실 때에만 복종하고 채찍을 맞는 만큼만 순종합니다. 사랑하는 형제들이여, 나는 이 말씀이 여러분 중에서 누구에게 적용되는지를 알지 못합니다. 그러나 이 말씀이 내게 주시는 말씀이라고 생각되시는 분이 계시다면, 이 말씀을 마음 깊이 받아들이시기를 부탁드립니다. 그리고 내가 마치 어느 특정한 분을 지적해서 말씀을 전하고 있는 것처럼 보인다면, 그것은 내가 그렇게 의도한 것이기 때문에, 내가 굳이 사과할 필요는 없을 것입니다. 우리는 이 말씀을 정말 하나님이 나에게 하시는 말씀으로 받는 것이 마땅합니다. 왜냐하면, 우리 각 사람 속에는 노새 같은 기질이 다 있기 때문입니다.

"너희는 말이나 노새 같이 되지 말지어다." 그렇지 않으면, 당신의 입에는 재갈이 물려지고 굴레가 씌워지게 될 것입니다. 재갈이 물려지거나 굴레가 씌워지는 것은 언제나 아주 불쾌한 일입니다. 재갈이나 굴레는 노새에게도 결코 편한 것이 아니기 때문에, 사람에게는 아주 불쾌한 것이 될 것임에 틀림없습니다. 내가 아는 어떤 형제들은 형통함을 이루어낼 수 없기 때문에, 하나님이 많은 영혼들을 회심시키는 데에 그들을 사용할 수 없으셨습니다. 하나님께서는 그 설교자에게 복을 주셨지만, 그는 점점 더 교만해져서 주위 사람들로부터 배척을 받게 되었습니다. 선하신 하나님은 그 설교자를 사용하시는 것이 사람들에게 유익하지 않다는 것을 아셨습니다. 어떤 사람이 사업에 성공하여 세상적인 사람이 되어서 재물을 의지하고 하나님을 잊어버리자, 하나님은 그에게서 재물을 빼앗으셔야 했습니다. 그래서 실제로 그런 일이 일어났습니다. 지금 그 사람은 경건하고 겸손하게 살아갑니다. 또 어떤 사람은 건강하고 힘이 있을 때에 아주 경솔하고 방탕하게 살며 어리석은 짓들을 많이 했습니다. 그러자 그로 하여금 제정신을 차리게 하기 위해서, 하나님은 그의 간을 나쁘게 하시거나 두통이 있게 하시거나 병들어 몸져눕게 하시는 것과 같은 조치를 취하시지 않을 수 없으셨습니다. 나의 친구여, 당신이 자원해서 순종하며 가고자 한다면, 하나님은 당신을 온유하신 손길로 천국으로 인도하실 것입니다. 그러나 당신이 완악하여 고집을 부린다면, 하나님은 당신의 입에 재갈을 물리시고 당신을 그 곳으로 몰아가실 것입니다. 당신이 고집을 부릴수록, 당신은 더 속박을 당하게 될 것이고, 필요한 경우에는 말 안 듣는 말(馬)을 다루기 위해 고안된 모든 도구들이 총동원되기도 할 것입니다. 왜냐하면, 위대한 조련사께서는 어떻게 해서라도 당신을 구원하고자 하실 것이기 때문입니다. 하나님은 이러한 불쾌한 도구들을 사용하지 않아도 당신이 천국을 향하여 잘 나아가는 것을 보실 때에 기뻐하실 것이지만, 당신이 자초하는 경우에는 그러한 도구들을 사용하실 것입니다. 내가 아는 어떤 사람은 늘 불평하며 살아가는데, 그 사람에게는 늘 불평을 부르는 일들이 생깁니다. 이것은 전혀 이상한 일이 아닙니다. 그것은 엄마가 우는 아이에게 이렇게 말하는 것과 같습니다: "뚝 그쳐. 아무 이유도 없이 그렇게 울면, 네가 진짜 울어야 할 일이 곧 생기게 될 거야." 하나님의 자녀들 중 많은 사람들에게 정말 울 수밖에 없는 일이 생기는 것은 그들이 자기 뜻대로 안 된다고 불평하며 우는 소리를 하기 때문입니다. 심지어 어떤 신자들은 하나님의 전에 가서, 설교자가 이것은 말하지 않고 저것을 말하며 이런저런 것은 빼먹는다고 불평합니다. 그러면, 하나님께서 머지않아 그들이 불평하였던 설교자를 그들에게서 빼앗아 가서서, 그들에게는 영혼의 양식을 먹여줄 목자가 없게 되고, 그때가 되어서야 그들은 전의 그 설교자가 다시 돌아와 주기를 바라게 됩니다. 그렇습니다. 당신이 스스로 매를 자초한다면, 하나님은 당신에게 회초리를 드실 것입니다. 하나님의 전에서 정신 나간 소리를 하도록 내버려 두지 않으시는 것이 하나님의 방식입니다. 그러니 당신이 스스로 매를 자초하는 일에 열중하면, 하나님은 당신에게 회초리를 드실 날을 앞당기실 것입니다.

그러나 이 모든 것은 하나님의 자녀에게 부자연스러운 일입니다. 당신의 자녀들은 집에서 입에는 재갈을 물고, 머리에는 굴레를 쓴 채로 돌아다니지 않습니다. 하나님은 자신의 거듭난 자녀들이 이 세상에서 재갈을 물고 굴레를 쓴 채 다니기를 원하지 않으시지만, 그들이 멸망으로 치달을 때에는 즉시 그런 조치를 취하십니다. 불순종은 멸망이기 때문에, 하나님은 자기 백성을 불순종으로부터 건지시지 않으면 안 됩니다. 우리가 거룩함을 기뻐한다면, 하나님은 우리를 거칠게 다루실 필요가 없을 것입니다. 여기에 아주 좋은 대안이 있습니다: "내가 네 갈 길을 가르쳐 보이고 너를 주목하여 훈계하리로다." 이것이 하나님의 길입니다! 그것이 우리의 길이기를 빕니다. 성령께서 우리를 바로 그런 길로 인도해 주시기를 빕니다. 당신의 구주께서 당신을 엄하게 대하시도록 몰아가지 마십시오. 완악함의 길, 짐승의 길, 노새의 길을 택하지 마십시오. "너희는 무지한 말이나 노새 같이 되지 말지어다." 왜냐하면, 그럴 때에 당신은 슬프고 우울하며 우둔하고 불안으로 가득한 삶을 살게 될 것이기 때문입니다. 당신의 죄악들은 반드시 굴복당해야 하고, 또한 그렇게 될 것입니다. 하나님께서는 당신을 구원하실 것입니다. 하나님은 당신을 패역함으로부터 구하실 것이고, 이기적인 아집으로부터 당신을 구하실 것입니다. 하나님은 당신을 꺾으셔서 자신의 거룩하신 뜻에 순종하게 하실 것입니다. 아무리 해도 그렇게 되지 않을 때, 하나님은 재갈과 굴레로 당신을 이기실 것입니다. 사랑하는 영혼들이여, 스스로 하나님께 순복하십시오. 마음의 완악함으로 성령을 근심하게 하거나 화나게 하지 마십시오.

4. 넷째로, 우리가 도달해야 할 자유가 있습니다.

이제 나는 마지막으로 우리는 자유를 얻어 누려야 한다는 것을 말씀드리고자 합니다. 하나님의 자녀들 중에는 재갈이나 굴레로 단속되지 않은 사람들이 있습니다. 하나님께서 그들의 속박을 풀어 주신 것입니다. 그런 사람들에게는 순종이 즐거움입니다. 그들은 온 마음을 다하여 하나님의 명령들을 지킵니다. 하나님의 아들이 그들을 자유하게 하셨기 때문에, 그들은 진정으로 자유롭습니다. 먼저, 그들은 하나님과의 사귐 가운데에 있기 때문에 자유롭습니다. 하나님의 뜻은 그대로 그들의 뜻입니다. 그들은 메아리처럼 하나님께 응답합니다. "나의 주여, 주께서 무엇을 원하시든지, 나는 주께서 원하신다는 이유만으로 그것을 원하나이다"라고 말할 수 있는 사람은 행복한 사람입니다. 하나님께서는 그런 사람에게 강제력을 사용하실 필요가 없기 때문에, 그 사람은 자유합니다. 성경은 "또 여호와를 기뻐하라 그가 네 마음의 소원을 네게 이루어 주시리로다"(시 37:4)라고 말씀합니다. 이러한 큰 자유는 오직 하늘에 계신 하나님이 기뻐하시는 것들만을 소원하는 사람들에게만 주어질 수 있습니다. 어떤 사람의 소원들이 하나님을 향하여 달려가기를 기뻐한다면, 그 소원들은 반드시 이루어질 것입니다. 당신과 하나님이 서로를 잘 이해하는 사이여서, 당신이 모든 일에서 하나님의 뜻을 따를 때, 하나님은 당신의 기도들을 들어주시고, 당신에게 복을 주셔서 그 어떤 근심도 수반되지 않는 부요함을 주실 것입니다. 당신이 아버지 하나님께서 기뻐하시는 그리스도 예수를 기뻐할 때, 하나님은 당신을 기뻐하실 것입니다. 당신이 환난 날에 하나님의 은혜의 자리로 나아가서 부르짖을 때, 하나님은 당신을 향하여 그 얼굴을 드셔서 빛을 비춰 주실 것입니다.

다음으로, 당신은 하나님으로부터 가르침을 받기 때문에 자유하게 될 것입니다. 하나님은 우리의 타고난 본성을 신뢰하실 수 없습니다. 그래서 하나님은 성령을 주심과 동시에 자유도 주십니다: "주의 영이 계신 곳에는 자유가 있느니라"(고후 3:17). 우리 주님께서는 이것을 어떻게 표현하셨을까요? "나의 멍에를 메고 내게 배우라 그리하면 너희 마음이 쉼을 얻으리니"(마 11:29). 주님은 자신의 피로 말미암아 쉼을 주십니다. 주님은 당신으로 하여금 그에게서 배우고 그의 멍에를 멤으로써 쉼을 얻게 하십니다. 오직 말이나 노새만이 오랜 기간의 교육과 훈련을 거쳐야만 재갈이나 굴레 없이 마음 놓고 일을 맡길 수 있습니다. 나는 종종 말이나 노새 같은 짐승들이 좋은 말로 해도 말을 잘 들을 수 있도록 훈련을 받아서 주인이 채찍을 가지고 다니지 않아도 될 날이 왔으면 좋겠다는 생각을 합니다. 물론, 그렇게 되려면 오랜 시간이 걸릴 것입니다. 사랑하는 형제들이여, 나는 여러분도 그렇게 잘 훈련을 받아서, 그 어떤 강세력도 없이 오직 그리스도의 사랑만으로도 잘 순복하게 되기를 소망합니다. 율법은 의인들을 위해 있는 것이 아닙니다. 나는 우리가 기쁜 마음으로 깨어서 한 치의 어김도 없이 순종하도록 훈련을 받아서, 더 이상 교회의 치리나 섭리에 의한 징계가 필요하지 않게 되기를 소망합니다. 그렇게 된다면 얼마나 좋겠습니까! 오, 주여, 나를 가르치소서! 내게 주의 길을 가르치소서. 내가 무엇을 행하기를 원하시는지를 내게 보이소서. 내게 두려움을 내쫓는 온전한 사랑을 알게 해주소서. 우리가 그런 것들에 대하여 제대로 가르침을 받았을 때, 하나님께서는 우리를 자신의 감미로운 은혜와 인자하심으로 두르신 가운데 우리를 주목하여 인도하실 것입니다.

　또한, 우리는 하나님을 늘 믿고 신뢰하기 때문에 자유롭게 될 것입니다. 10절을 보겠습니다: "여호와를 신뢰하는 자에게는 인자하심이 두르리로다." 믿음은 생명을 주고, 더 큰 믿음은 빛과 자유를 줍니다. 우리가 하나님을 온전히 신뢰할 때, 우리는 하나님의 뜻을 온전히 행할 수 있게 될 것입니다. 우리가 하나님께 그 어떤 의문도 제기하지 않고, 무조건적으로 하나님을 의지하며, 우리를 향하신 하나님의 뜻과 길이 온전하다는 것을 믿음으로 알 때, 하나님께서는 우리의 발걸음들을 넓혀놓으신 것이기 때문에, 우리는 하나님의 계명들의 길로 달려가게 될 것입니다. 우리가 믿음이 더 커져서 더 차고 넘치게 생명을 받으며 살아가게 되었을 때, 우리 주님은 안심하고 모든 재갈과 굴레를 우리에게서 제거하실 것이지만, 그렇게 되기 전에는 그것들을 제거하지 않으실 것입니다. 하나님의 은혜로 말미암아 믿음이 우리의 존재 전체를 장악하였을 때, 우리는 우리 속에 거하여 우리의 지체들을 불의로 이끌어가는 죄와 사망의 법에 대하여 승리를 거두게 될 것입니다. 그럴 때에 멍에가 제거되고, 무거운 짐이 벗겨질 것입니다. 이것은 얼마나 복된 자유입니까!

우리는 특히 유순하기 때문에 자유롭습니다. "너희는 말이나 노새 같이 되지 말지어다." 이 짐승들은 가죽이 두껍고 입이 거칠기 때문에, 그것들을 다스리려면, 험한 도구들이 필요합니다. 우리가 눈동자 같이 부드럽고 유순하다면, 하나님은 우리에게 눈을 맞추셔서 우리를 인도하실 것입니다. 우리가 섬세하고 예민한 지각을 사용해서 악의 모양이라도 버리고 온갖 거짓된 길을 피한다면, 우리는 악인들에게나 합당한 재갈이나 굴레, 그 밖의 다른 많은 비통한 일들과 아무 상관이 없게 될 것입니다. 사랑하는 형제들이여, 같은 교회에서 같은 믿음을 가지고 신앙생활을 하는데도 신자들마다 얼마나 차이가 많습니까! 어떤 사람들은 반복적으로 따끔한 경고들을 들어도 꿈쩍을 하지 않는가 하면, 어떤 사람들은 권면이 채 끝나기도 전에 자신의 잘못을 괴로워합니다. 어떤 사람들은 너그럽게 베풀라거나 주의 일에 열심을 내라고 아무리 권면해도 듣지 않는 반면에, 어떤 사람들은 즉시 열심을 냅니다. 어떤 사람들은 두려운 경고를 들어야 움직이는 반면에, 어떤 사람들은 사랑의 권면을 듣고도 움직입니다. 나태한 심령을 지녀서 강하게 질책하는 말들을 들어야 하는 사람들이 있고, 너무나 민감해서 자기를 향한 질책이 아닌데도 그 질책을 순순히 받아들이는 사람들이 있습니다. 우리에게 유순한 심령을 주옵소서! 돌 같은 마음을 제거하여 주시고, 살 같이 부드러운 마음을 주옵소서! 수은주가 공기와 열기에 민감한 것처럼, 우리도 하나님의 뜻에 그렇게 민감하게 해주옵소서! 바다물결이 흘러갈 때, 물 위에 떠있는 코르크 마개는 조류가 움직이는 곳으로 함께 따라서 움직여 갑니다. 그러나 그런 바다물결도 호전적인 사람에게는 조금도 영향을 미치지 못하고, 단지 그 곁에서 찰싹거릴 뿐입니다. 거룩한 심령들은 성령의 조그만 움직임도 감지하는 반면에, 자기만족에 빠져 있는 신앙인들은 성령이 토네이도처럼 움직여도 그것을 전혀 감지하지 못합니다. 당신의 영이 새로워지는 것을 가장 좋은 선물로 여기고 갈망하십시오. 그러면, 그 새롭게 된 영은 놀라울 정도로 부드럽고 유순해져서, 하나님의 뜻을 기꺼이 따르게 될 것입니다. 나의 형제들이여, 내가 바라는 것은 여러분과 내가 하나님께로 우리의 얼굴을 향하고 서서, 하나님의 뜻을 보여주는 아주 작은 기미조차도 감지하게 되는 것입니다. 우리를 낮추셔서 유순하여 가르침을 잘 받는 자들이 되게 하옵소서. 우리의 영혼을 젖을 뗀 아기처럼 되게 하옵소서.

이 모든 것은 지극한 기쁨을 가져다줄 것입니다. 이 시편이 어떻게 끝나는지를 보십시오: "마음이 정직한 너희들아 다 즐거이 외칠지어다"(시 32:11). 재갈이 입에서 제거될 때, 혀는 하나님을 찬양하는 소리를 발할 것입니다. 굴레가 사라질 때, 자유로워진 입은 지극히 높으신 이를 찬송할 것입니다. 마음이 제자리를 찾게 되면, 삶 속에는 찬송이 있을 것입니다. 우리가 하나님의 인도하심을 신속하게 따를 때, 평안이 우리의 동무가 될 것이고, 기쁨이 수호천사처럼 우리를 두르게 될 것입니다. 우리가 지금 당장에라도 지극히 큰 복의 필수조건인 저 온전한 순종을 드리기 시작한다면, 이 세상은 천국의 앞마당이 될 것입니다.

사랑하는 사들이여, 이 모든 깃은 성령이 우리 마음 속에서 역사하실 때에 일어납니다. 성령이 역사하지 않으면, 그런 것들은 결코 존재할 수 없습니다. 예수님의 이름으로 하나님께 이 모든 것을 부르짖어 구하십시오. 그러면, 하나님께서 여러분에게 평안의 응답을 주실 것입니다.

제
38
장

—

곤고한 자의 부르짖음과 그 결과

—

"이 곤고한 자가 부르짖으매 여호와께서 들으시고 그의 모
든 환난에서 구원하셨도다." — 시 34:6

지난 주일 아침에 우리는 죄인들을 하나님께로 인도하고자 애썼고, 하나님께서는 은혜를 베푸셔서 자신의 말씀을 능력 있게 하셨습니다. 우리는 돌아오라고 초대하는 말씀을 전하였고, 사람들에게 그 말씀을 받아들여서 하나님께로 돌아오라고 간곡하게 권면하였습니다. 하나님의 백성들도 그 시간이 행복한 시간이었다고 말했습니다. 죄인들을 구원하기 위한 단순한 복음이 성도들의 양식도 된다는 것은 정말 놀라운 사실이지만, 그것은 의심할 여지 없는 사실입니다. 성도들은 죄인들에게 하나님께로 돌아오라고 가르치는 하나님의 저 가장 기본적인 진리들을 들을 때에 가장 기뻐합니다. 그렇게 해주신 하나님께 감사를 드립니다.

많은 사람들이 강력한 은혜로 말미암아 새롭게 하나님께로 돌아왔기 때문에, 오늘 이 시간에 나는 그런 사람들에게 어떤 일들이 일어나는지에 대하여 말씀드리고자 합니다. 그들 중의 일부는 내가 만나보고, 지극히 큰 기쁨으로 그들을 기뻐하였습니다. 그들은 자기들이 지난 주일에 분명하게 영생을 얻었고, 영생이 무엇을 의미하는지에 대하여 분명하게 알게 되었다고 말했습니다. 그들은 어둠에서 나와서 주님의 기이한 빛 속으로 들어갔습니다. 그들은 그것을 알았고, 하나님이 자기를 두려운 구덩이에서 건져내셔서 구원의 반석 위에 올려놓으

셨다는 것을 자기 옆에 앉아 있는 사람들에게 즉시 말하고 싶은 충동을 억누를 수 없었습니다. 이런 기쁜 이유로 나는 거기에 한 걸음 더 나아가서, 아버지 하나님께로 돌아와서 자신의 죄를 고백하고 저 위대한 대속의 제사를 받아들여서 하나님과 화목을 이루게 된 사람들의 행복에 대하여 전하여야 하겠다고 생각했습니다. 내 마음의 소원은 이제 그렇게 해서 주님의 우리 속으로 들어온 양들이 다른 양들을 그 우리로 인도하는 통로가 되게 하는 것입니다. 여러분은 한 마리 양이 어떻게 다른 양을 이끄는지를 아십니다. 몇몇 양들이 그리스도께로 나아왔을 때, 다른 많은 양들도 그 뒤를 따르게 될 것입니다. 구걸하는 거지가 문을 두드려서 잘 대접을 받았다면, 그 거지는 또다른 거지에게 그 집으로 가보라고 권할 것이 분명합니다. 나는 부랑자들이 다른 부랑자들에게 어떤 집들이 잘 대접을 해주는지를 가르쳐 주기 위해서 대문에 표시를 해둔다는 말을 들은 적이 있습니다. 당신이 많은 거지들이 당신의 집으로 오기를 원한다면, 그들 중 한두 사람을 잘 대접하십시오. 그러면 그들이 당신 집으로 몰려오게 될 것입니다. 그리스도께서 곤고하고 곤경에 처한 사람들을 어떻게 영접하셨는지를 내가 전하면, 사람들은 용기를 내서 "우리도 갈 겁니다"라고 말하게 될 것입니다. 그리고 그들이 그리스도 앞으로 나아가면, 그들은 다른 사람들과 마찬가지로 그리스도로부터 융숭한 대접을 받게 될 것이 틀림없습니다. 왜냐하면, 우리 주님은 대문을 활짝 열어놓으신 채로 죄인들이 오기를 기다리고 계시기 때문입니다. 그리스도께서는 "내게 오는 자는 내가 결코 내쫓지 아니하리라"(요 6:37)고 분명하게 말씀하셨습니다. 이것은 단지 이미 그에게 나아온 사람들만이 아니라 지금 그에게로 나아가고 있는 사람들, 그러니까 여러분 중에서 지금 그에게로 나아가고 있는 사람들에게도 그대로 적용되는 말씀입니다. 예수께서는 모든 주리고 목마른 영혼에게 즉시 그에게로 나아와서 그의 충만함으로부터 배불리 먹고 마시라고 명하십니다. 본문은 하나님께 부르짖은 사람들이 얼마나 신속하게 응답을 받았는지를 잘 보여줍니다. "이 곤고한 자가 부르짖으매 여호와께서 들으시고 그의 모든 환난에서 구원하셨도다."

1. 첫째로, 기도가 무엇이고 그 능력이 얼마나 대단한지를 살펴보겠습니다.

우리가 이 아침에 가장 먼저 배우게 될 교훈은 기도의 본질과 탁월함에 관한 것입니다: "이 곤고한 자가 부르짖으매 여호와께서 들으시고 그의 모든 환난

에서 구원하셨도다":

> "기도는 하나님이 우리에게 주시기로 정해 놓으신
> 복들을 전달해 주는 통로라네."

우리는 본문으로부터 기도에 대하여 많은 것들을 배우게 될 것입니다.

기도가 하나님과의 소통이라는 것은 분명합니다. "이 곤고한 자가 부르짖으매 여호와께서 들으시고." 그는 하나님께서 자신의 기도를 들어주시도록 하나님을 향하여 부르짖었습니다. 그의 기도는 사람들이 들으라고 한 것도 아니었고, 일차적으로 자신의 마음을 달래기 위한 것도 아니었습니다. 그 기도는 하나님의 귀에 들리게 하기 위한 것이었고, 그렇게 원래 의도되었던 곳으로 올라갔습니다. 소원의 화살은 하늘을 향해 쏘아졌습니다. 그 화살은 원래 의도되었던 과녁에 도달했습니다. 이 곤고한 사람은 하나님께 부르짖었고, 하나님은 오직 유일하게 기도를 받으실 수 있는 분입니다. 나는 사람들이 회중을 기쁘게 해주기 위하여 대표기도를 하는 것은 아닌가 걱정이 될 때가 있습니다. 게다가, 잔잔한 음악 가운데서 대표기도를 드리는 것은 사람들에게 감동을 주기 위한 것은 아닌지 우려가 됩니다. 사람들은 심지어 개인 기도를 할 때에도 늘 하나님을 향하여 기도하는 것이 아닙니다. 나는 무지한 사람들이 종종 "목사님이 오셔서 내게 기도해 주셨다"는 표현을 사용하는 것을 듣곤 합니다. 그러한 표현은 크게 잘못된 것입니다. 왜냐하면, 우리는 당신에게 기도하는 것이 아니라, 하나님께 기도하는 것이기 때문입니다. 물론, 그러한 표현은 목회자가 자기에게 기도했다는 것이 아니라 자기를 위해서 하나님께 기도했다는 뜻일 것이지만, 나는 그런 잘못된 표현이 기도가 무엇이고 기도를 통해 무엇이 이루어지는지에 대하여 크게 잘못된 생각을 하고 있는 마음 상태를 은연중에 드러내 주고 있는 것은 아닌지 우려가 됩니다. 나는 많은 기도들이 사람들에게 들으라고 하는 기도들이거나, 그 기도를 하는 사람들에게 신비한 방식으로 유익을 가져다주는 일종의 주문 정도로 생각하고 하는 기도들인 것은 아닌지 우려합니다. 나의 말을 믿으십시오. 우리의 마음이 하나님과 진정으로 소통하지 않는다면, 우리가 아무리 많은 좋은 말들로 멋지게 기도를 한다고 해도, 그것은 아무 소용도 없는 하찮은 것일 뿐입니다. 당신은 하나님께 말씀을 드려야 하고, 하나님께 호소하여야 합니다. 나는 예배를 드리러 오는 분들에게 종종 이런 식의 질문을 합니다: "당신은 당신에게 큰 변화가 있다고 말씀하시는데, 그렇다면 당신의 기도도 달라지셨나요?" 그러면, 내게 돌아오는 대답은 대개 이런 것입니다: "예, 목사님, 나는 지금은 하나님께 기도를 드립니다. 나는 하나님이 내 기도를 들으시기를 소망합니다. 나는 하나님이 가까이 계시다는 것을 알고, 하나님께 말씀을 드립니다. 반면에, 전에는 내가 하나님이 계시는지 안 계시는지조차 관심이 없었기 때문에, 기계적으로 기도하였고, 누구와 대화하듯이 기도하지 않았었습니다."

　기도는 하나님과 소통하는 것입니다. 가장 좋은 기도는 긍휼의 하나님을 굳게 붙잡는 기도입니다. 기도는 자녀가 아버지에게 하듯이, 그리고 친구가 친구에게 부탁하듯이, 하나님께 고하며 간구하는 것입니다. 당신은 하나님을 잊고 살아 왔습니다. 당신은 하나님과 대화하는 것도 없이 살아 왔고, 그런 식으로 여러 해를 지내왔습니다. 이것은 분명히 잘못된 것이 아닙니까? 당신은 지금 곤경에 처해 있는 것입니다. 하나님 앞에 나아와서 당신의 사정을 펼쳐 놓고 도움을 청하십시오. 당신은 구원 받을 필요가 있습니다. 당신을 구원해 주시라고 하나님께 간청하십시오. 당신의 기도가 당신의 마음에서 나와서 하나님의 보좌로 올라가게 하십시오. 그렇게 하지 않으면, 당신이 아무리 길게 기도한다고 할지라도, 그 기도는 하나님께 상달되지 않고, 당신에게 복을 가져다주지 못합니다.

　이 시편으로부터 우리는 기도에는 여러 가지 형태가 있다는 것을 배웁니다. 4절에서 다윗은 "내가 여호와께 간구하매 내게 응답하시고"라고 말하고 있는 것을 주목하십시오. 찾고 구하는 것은 기도입니다. 당신이 하나님께 나아갈 수 없고, 마치 하나님을 시야에서 놓쳐서 발견할 수 없는 것처럼 느낄 때, 당신이 하나님을 찾는 것은 기도가 됩니다. "내가 여호와께 간구하매 내게 응답하시고." 이것은 "내가 하나님을 찾자 하나님이 내게 응답하셔서, 나로 하여금 어둠 속에서 하나님을 느끼게 해주셨다"는 것입니다. 내가 혹시 하나님을 만날 수 있을까 해서 이리저리 뛰어다녔더니, 하나님께서는 내게 응답해 주셨습니다. 하나님을 찾아 헤매는 것은 기도이기 때문에, 하나님이 거기에 응답해 주십니다. 당신의 기도가 하나님을 찾기만 할 뿐이고 아직 만나지 않은 그런 기도에 불과할지라도, 하나님은 그 기도에 응답해 주실 것입니다. 5절에서 다윗은 "그들이 주를 앙망하고"라고 말합니다. 여기에서 하나님을 바라보는 것도 기도입니다. 다음과 같이 말하며 하나님을 바라보는 것은 흔히 아주 좋은 기도가 됩니다: "주여, 내가 주를 믿습니다. 내가 주를 신뢰합니다. 주님 자신을 내게 보여 주옵소서." "보는 것 속에 생명"이 있다면, 보는 것 속에는 생명의 기운이 있고, 그 기운이 바로 기도가 됩니다. 당신이 적절한 말이 떠오르지 않는다면, 조용히 앉아서, 우리의 도움이 올 저 산들을 바라보는 것 자체가 아주 복된 일인 경우가 많습니다. 나는 종종 나의 소원들을 표현할 말이 없다고 느끼거나, 나의 소원들조차 알 수 없고, 오로지 하나님에 대한 열망만이 내 마음속에 있을 때에는 조용히 앉아서 하늘을 우러러봅니다. "아침에 내가 주께 기도하고 바라리이다"(시 5:3). 그것이 피 흘리시는 구주를 눈물 흘리며 바라보는 것이라면, 바라보는 것은 훌륭한 기도가 됩니다.

우리는 기도를 여러 가지 방식으로 묘사할 수 있는데, 예를 들면 그 중 한 가지는 8절에 나오는 "너희는 여호와의 선하심을 맛보아 알지어다"라는 말씀처럼 "맛보는" 것입니다. 맛보는 것은 높은 수준의 기도입니다. 왜냐하면, 그것은 당신이 기도를 통해서 구한 것을 받기 위하여 담대하게 나아가는 것이기 때문입니다. 우리가 담대하게 은혜의 보좌 앞으로 나아갈 때, 우리는 그 나아가는 행위를 통해서 하나님의 은혜를 맛보게 됩니다. 당신이 하나님께 구한 것을 이미 받은 것으로 담대하게 믿는 것은 하나님이 아주 기쁘게 받으시는 기도입니다. 하나님께서 당신의 기도를 들으셨다는 것을 믿으십시오. 하나님이 당신에게 좋은 것을 주셨다는 것을 담대하게 그대로 받아들이시고 걱정하지 마십시오. 당신이 구한 것을 받기 위하여, 하나님의 은혜의 보좌 앞에 담대하게 나아가십시오. 당신에게 너무나 절실하게 필요한 그 복을 취하십시오. 그것은 결코 도둑질도 아니고 주제넘은 짓도 아닙니다.

그러나 본문처럼, 기도는 부르짖음이라고 하는 것이 가장 좋은 설명이 되는 경우가 많습니다. 이것은 무엇을 의미하는 것입니까? "이 곤고한 자가 부르짖으매." 이 곤고한 사람은 웅변을 토해낸 것이 아니었습니다. 그는 단지 부르짖었을 뿐입니다. 그의 기도는 짧았습니다. 그것은 그냥 부르짖음이었습니다. 사람이 큰 고통 가운데에 있을 때에 부르짖게 되는 법입니다. 그는 부르짖지 않을 수 없습니다. 부르짖음은 짧을 뿐만 아니라 감미롭지도 않습니다. 그것은 격렬하고, 그 속에는 고통이 가득합니다. 부르짖음은 억제할 수 있는 것이 아닙니다. 우리는 부르짖어야 하기 때문에 부르짖습니다. 이 곤고한 사람은 "하나님, 이 죄인에게 긍휼을 베풀어 주옵소서"라고 부르짖었습니다. 이것은 긴 기도가 아니지만, 짤막한 말 속에 아주 많은 의미를 담고 있는 기도입니다. 그것은 "주여, 구원하소서 내가 죽겠나이다"(마 8:25)라는 짤막한 부르짖음이었습니다. "주여, 도우소서"라거나 "주여, 구원하소서"라는 부르짖음도 있습니다. 또한, "주여, 나를 기억하소서"라는 부르짖음도 있습니다. 응답을 받는 많은 기도들은 짧고 강렬하고 억제할 수 없어서 터져 나오는 기도들이기 때문에 부르짖음과 비슷합니다. 부르짖음은 짤막할 뿐만 아니라 **고통스럽습니다.** 부르짖음은 비통함을 표출하는 것이기 때문에 고통의 언어입니다. 내가 이 자리에 서서 부르짖음을 흉내 내는 것은 어려운 일입니다. 부르짖음은 인위적인 것이 아니라 자연스럽게 나오는 것입니다. 사람이 부르짖을 때, 그것은 입술에서 나오는 것이 아니라 영혼에서 나오는 것입니다. 눈물을 쏟으며 슬피 통곡하고 깊이 탄식하면서 부르짖을 때, 그러한 부르짖음은 지극히 높으신 이의 귀에 그대로 들어가는 기도입니다. 회개하는 당신이 비통해하며 기도할수록, 당신의 기도는 더 많은 날개를 달고서 하나님을 향해 날아오릅니다. 부르짖음은 짧게 끝나는 일임과 아울러 비통함이 묻어 있는 일입니다. 부르짖음 속에는 음악은 없고 많은 의미만이 담겨 있습니다. 부르짖음은 음악에 맞출 수가 없습니다. 부르짖는 소리는 귀에 거슬립니다. 부르짖는 소리는 마음을 후벼 팝니다. 부르짖는 소리는 듣는 사람들의 마음을 놀라게 하고 무겁게 만듭니다. 부르짖음은 음악인들을 위한 것이 아니라 애통해하는 사람들을 위한 것입니다.

　　당신은 어린아이의 부르짖음, 즉 어린아이가 우는 소리를 설명할 수 있습니까? 그것은 고통 가운데서 벗어나고 싶은 열망이 자연스럽게 소리로 표출되어 나오는 것입니다. 그것은 탄원이고 기도이고 탄식이며 요구입니다. 그것은 기다릴 수 없고, 미루는 것을 허용하지 않으며, 그 요구를 내일까지 결코 연기하지 못합니다. 부르짖음은 이렇게 말하는 듯합니다: "지금 당장 나를 도와주세요. 나는 더 이상 이 괴로움을 견딜 수 없습니다. 제발 속히 나를 도와주세요." 어떤 사람이 부르짖을 때, 그는 자기가 찢어지는 소리를 내는지 그렇지 않은지를 생각할 여유가 없기 때문에, 영혼 깊은 곳으로부터 있는 힘을 다해서 소리치게 됩니다. 우리가 그런 기도를 더 많이 드릴 수 있게 되기를 바랍니다.

　　부르짖음은 단순합니다. 갓난아이가 가장 먼저 하는 일은 울며 부르짖는 것, 즉 우는 것입니다. 갓난아이는 보통 그 후로도 여러 해 동안 많이 부르짖고 웁니다. 당신은 어린아이들에게 울며 부르짖는 것을 가르칠 필요가 없습니다. 괴로울 때에 울며 부르짖는 것은 본능입니다. 나는 공립학교에서 아기들에게 울며 부르짖는 법을 가르친다는 말을 들어본 적이 없습니다. 모든 어린아이들, 심지어 이성적으로 생각할 수 있는 기관을 지니지 않은 피조물들도 울며 부르짖을 수 있습니다. 그렇습니다. 짐승이나 새들도 울며 부르짖을 수 있습니다. 기도가 부르짖음이라면, 기도는 마음의 가장 단순한 행위들 중의 하나임이 분명합니다. 당신에게 무엇이 필요하든, 당신의 깨어 있는 마음이 시키는 대로 그 필요한 것을 위해 기도하십시오. 하나님은 우리가 그 앞에 나아가서 우리 마음 깊은 곳에 있는 것들을 그대로 내어놓기를 바라십니다. 하나님은 잘 다듬어진 것들이 아니라 우리 마음속에서 활활 타오르고 있는 것들을 받으시기를 좋아하십니다. 하나님은 잘 치장된 것들이 아니라, 우리의 심령 속에서 막 태어나서 펄펄 뛰는 것들을 받으시기를 기뻐하십니다. 이 곤고한 사람은 어떤 거창한 것을 한 것이 아닙니다. 그는 단지 자신의 심령 깊은 곳에서 솟구쳐 나오는 대로 부르짖었을 뿐입니다.

부르짖음은 단순할 뿐만 아니라 진실합니다. 기도는 부르짖음을 흉내 내는 것이 아니라 부르짖음 그 자체입니다. 당신은 부르짖는 사람에게 "그것이 무슨 의미입니까?"라고 물을 필요가 없습니다. 그 의미를 안다면, 그 사람이 부르짖었겠습니까? 진정한 부르짖음은 진정한 고통의 산물이고 진정한 필요의 표현이기 때문에, 그 자체가 실재(實在)입니다. 사랑하는 심령들이여, 어떻게 기도해야 할지를 모르겠거든 부르짖으십시오. 말로 뭐라고 표현하여 기도할 수 없기 때문에 부르짖는 것이니 그저 부르짖으십시오. 당신이 죽게 되었고, 즉시 은혜를 받지 않으면 영원히 망하게 될 것이기 때문에 부르짖는 것이니 그저 부르짖으십시오. 죄로부터 구원 받고 예수의 보혈로 씻음을 받고자 하는 강렬한 소원을 담아서 부르짖으십시오. 하나님 앞에서 당신의 마음을 물 같이 쏟아내십시오. 사람이 물동이를 잡고 뒤집어서 그 속에 있는 물을 다 붓듯이, 당신의 마음을 뒤집어서 마지막 한 방울까지 다 쏟아내십시오. "백성들아 그의 앞에 마음을 토하라"(시 62:8). 그렇게 마음을 쏟아내는 것이 바로 부르짖음이고 기도입니다.

그러나 이제 한 걸음 더 나아가서, 하늘에서 들으시는 기도의 본질과 탁월성에 대하여 잠깐 얘기해 보고자 합니다. "이 곤고한 자가 부르짖으매 여호와께서 들으시고." 이 곤고한 사람은 혼자 있었기 때문에 아무도 그의 기도를 들을 수 없었지만, 하나님은 그의 기도를 들으셨습니다. 그렇습니다. 하나님, 곧 지극히 영광스러우신 만군의 여호와께서는 그 사람의 기도에 자신의 귀를 기울여 주셨습니다. 하나님의 귀에는 천사들이 부르는 찬송들이 끊임없이 들려옵니다. 그렇습니다. 하나님은 자기가 지으신 모든 피조물들이 내는 모든 소리를 들으십니다. 그렇지만 하나님은 자신의 영원하신 영광으로부터 허리를 굽히서서, 이 곤고한 사람의 부르짖음에 귀를 기울여 주셨습니다. 기도하는 심령이 귀를 막고 계시는 하나님께 호소하는 것이라거나, 하나님은 사람들로부터 아주 멀리 계시기 때문에 사람들이 원하는 것들을 아실 수 없으실 것이라고 행여라도 그런 엉뚱한 상상을 하지 마십시오. 하나님은 기도를 들으십니다. 하나님은 비천한 사람들의 소원과 간청들을 기꺼이 들으십니다. 나는 우리가 하나님이 들으신다는 것을 믿지 않는다면 솔직하게 기도하지 않을 것이라고 생각합니다. 나는 기도는 아주 훌륭한 경건 행위이고, 대단히 만족스럽고 유익한 행위이지만, 그 이상은 아니라는 말을 듣곤 합니다. 왜냐하면, 우리는 무한하신 분이 사람들의 부르짖음을 들으시고 감동하실 것이라고는 생각할 수 없기 때문입니다. 그런 엉터리 거짓말을 믿지 마십시오. 그런 말을 믿는다면, 당신은 곧 기도하는 것을 중단하게 될 것입니다. 하나님과 관련해서 기도는 아무런 유익도 없다는 말을 믿는다면, 단지 기도하는 것이 좋아서 기도할 사람은 아무도 없을 것입니다. 형제들이여, 하나님의 능력이 무수하게 나가는 와중에서도, 하나님은 자기 얼굴을 찾는 자들의 부르짖음에 귀를 기울이는 것을 결코 멈추지 않으십니다. "의인이 부르짖으매 여호와께서 들으시고"(17절)라는 말씀은 늘 참됩니다. 이것은 놀라운 사실입니다. 정말 놀랍고 기이합니다. 만약 그런 말씀이 성경에 기록되지 않았고 우리의 삶 속에서 경험되지 않았다면, 우리의 믿음으로는 우리가 그 사실을 알 수 없었을 것입니다. 우리 가운데는 하나님께서 우리의 기도를 들어주셨다는 것을 아는 분들이 많습니다. 모든 의심은 오랜 세월 동안 축적된 무수한 증거들 앞에서 힘을 쓸 수 없습니다. 우리는 우리가 기도했다는 사실만큼이나 확실하게 하나님이 우리의 기도를 들으셨다는 확신을 가지고서 은혜의 보좌로부터 물러나온 적이 많습니다. 사실, 우리의 모든 의심들은 우리의 기도 주위를 맴돌 뿐이고, 하나님이 참된 기도를 들으신다는 우리의 확신을 건드리지 못합니다. 우리의 간구들에 대한 수많은 응답들은 기도가 이 땅과 시간의 범위를 뚫고 올라가서 하나님과 그의 영원하신 신성에 닿는다는 것을 보여주는 확실한 증거들입니다. 그렇습니다. 하나님께서 사람의 목소리에 귀를 기울이신다는 것은 여전히 부정할 수 없는 사실입니다. 기도를 들으시는 하나님은 여전히 여호와의 변함없는 칭호입니다. 당신이 말로 표현할 수 없다고 할지라도, 하나님께서는 당신의 기도를 들으십니다. 하나님은 당신의 생각과 탄식과 갈망을 들으실 수 있는 귀를 가지고 계십니다. 말로 표현하지 않았다고 해서 당신의 기도가 하나님께 아무 소리도 안 내는 침묵으로 여겨지는 것이 아닙니다. 하나님은 마음의 의도를 읽으시고, 입술에서 나오는 음절들보다도 바로 그러한 의도를 더 소중히 여기십니다. 이 곤고한 사람은 자신의 심정을 말로 표현할 수가 없었습니다. 그의 마음은 뭔가로 가득 차 있었기 때문에, 오직 부르짖을 수밖에 없었지만, 여호와께서는 그의 기도를 들으셨습니다.

다시 한 번 말씀드리지만, 기도는 하나님으로부터의 응답을 얻어낼 수 있는 대단한 힘을 지니고 있습니다. "여호와께서 들으시고 그의 모든 환난에서 구원하셨도다." 하나님은 기도에 대한 응답으로 능력을 발하십니다. 나는 이것과 관련해서 난점들이 있다는 것을 압니다. 하나님께서 정하신 목적이 있고, 하나님은 그 목적에서 벗어나지 않으십니다. 그러나 이것은 하나님이 기도를 들어주시는 것과 결코 모순되는 것이 아닙니다. 왜냐하면, 우리에게 복을 주시기로 작정하신 것도 하나님이시고, 우리에게 그 복을 구하도록 정하신 것도 하나님이시기 때문입니다. 기도와 섭리는 둘 다 똑같이 하나님의 예정하심에 의해서 정해져 있는 것들입니다. 우리의 기도는 하나님이 우리에게 주시기로 작정하신 것의 그늘 아래 있습니다. 하나님은 우리에게 복을 주고자 하실 때에 먼저 우리 속에서 역사하셔서 우리로 하여금 그 복을 주시라고 간절하게 기도하게 하십니다. 하나님은 우리를 움직이셔서 기도하게 하시고, 우리는 기도하며, 하나님은 들으시고 응답하십니다. 이것은 하나님의 은혜가 주어지는 과정입니다. 하나님이 기도에 응답하시는 것은 흉내만 내시는 것이 아니라 진정으로 그렇게 하시는 것입니다. 나는 몇 년 전에 나를 찾아와서 인터뷰를 한 어떤 분이 적어놓은 짤막한 글을 어제 읽게 되었습니다. 그는 자기가 내게 "그러니까 목사님은 기도의 효력에 대해서 어떤 식으로든 당신의 견해를 수정한 적이 없다는 것이죠?"라고 물었다고 기록해 놓았습니다. 그는 이어서 이렇게 썼습니다: "스펄전 목사는 웃으며 이렇게 대답했습니다: 내 믿음이 이전보다 더 강하고 견고해지면서, 그것은 내게 믿음의 문제가 아니라 지식과 매일의 경험의 문제입니다. 나는 기도가 응답되는 아주 분명한 경우들을 끊임없이 목격하고 있습니다. 나의 생애 전체가 그런 것들로 이루어져 있습니다. 내게 기도 응답들은 너무나 친숙해서, 이제는 내가 잘 놀라지 않지만, 많은 사람들에게는 틀림없이 기이해 보일 것입니다. 나는 이제 만유인력을 믿지 않을 수 없는 것과 마찬가지로 기도의 효력도 믿지 않을 수 없게 되었습니다. 후자는 전자와 같이, 나의 매일매일의 삶 속에서 끊임없이 증명되는 엄연한 사실이니까요." 이것은 나에 대해서 정확히 보도한 것이기 때문에, 나는 지금도 누가 물으면 그 증언을 그대로 반복할 것입니다. 나는 오늘 한층 더 깊은 확신을 가지고 말할 수 있습니다. 나는 40년 이상 은혜의 보좌 앞에서 무릎을 꿇고서 주님의 약속들을 검증해 왔는데, 주님은 나의 청을 퇴짜 놓은 적이 한 번도 없으셨습니다. 내가 예수의 이름으로 구했을 때에, 잘못 구한 경우를 제외하고는, 다 응답을 받았습니다. 내가 생각한 시간은 잘못 판단한 것이고 하나님이 정하신 때가 훨씬 더 좋은 것이었기 때문에, 내가 기다려야 했다는 것은 사실이지만, 시간의 지체(delay)는 부인(denial)이 아닙니다. 하나님께서는 내게, 또는 야곱의 자손 그 누구에게도 "너희가 내 얼굴을 찾아보아야" 헛일이라고 말씀하신 적이 없습니다. 내가 증인석에 서서 날카로운 질문을 던지는 변호사들에 의해 교차심문을 받는다고 해도, 나는 수많은 틀림없는 증거들을 통해서 하나님은 자기가 우리의 기도를 들으신다는 것을 내게 증명해 주셨다고 주저 없이 증언할 것입니다. 그러나 여러분이 그 점에 대하여 증거가 필요하다고 생각한다면, 직접 해보시기 바랍니다. 하나님께서 "환난 날에 나를 부르라 내가 너를 건지리니 네가 나를 영화롭게 하리로다"(시 50:15)고 말씀하셨다는 것을 기억하십시오. 여기에 공정한 실험이 있습니다. 한 번 그것에 대하여 정직한 실험을 해보십시오. 내가 이 순간에 이 회중 가운데서 하나님께서 자신의 기도를 응답해 주신 분들은 한 번 일어나 보시라고 한다면, 틀림없이 수백 분이 일어나실 것입니다. "이 곤고한 자가 부르짖으매 여호와께서 들으시고." 내가 지금 여기에 계신 분들 중에 하나님께 부르짖었더니 하나님이 들으셨다고 분명하게 증언할 수 있는 분들은 일어나 보시라고 한다면, 많은 분들이 일어나실 것입니다. 한나여, 당신은 이 예배에 참석하고 있습니까? 당신은 전에는 근심과 슬픔이 가득한 사람으로 이 자리에 있었습니다. 하지만 지금 나는 당신의 얼굴을 보고서, 하나님께서 당신에게 미소를 지으셨고 당신의 영혼이 하나님의 이름을 찬양하고 있다는 것을 알 수 있습니다. 당신이 기도했기 때문에 그런 일이 일어난 것입니다. 그렇지 않습니까? 하나님은 자기 백성의 간구들에 응답하시는데, 우리는 그 증인들입니다.

이제 나는 이 문제를 여러분 앞에서 다 설명드렸기 때문에, 마지막으로 주 예수의 말씀을 여러분에게 상기시켜드리고자 합니다: "구하라 그리하면 너희에게 주실 것이요 찾으라 그리하면 찾아낼 것이요 문을 두드리라 그리하면 너희에게 열릴 것이니 구하는 이마다 받을 것이요 찾는 이는 찾아낼 것이요 두드리는 이에게는 열릴 것이니라"(마 7:7-8). 이상으로 우리는 기도가 무엇이고 그 능력이 얼마나 대단한 것인지를 본문을 통해서 살펴보았습니다.

2. 둘째로, 하나님의 은혜는 값없이 풍성하게 주어집니다.

우리는 이제 본문이 우리에게 주시는 두 번째 교훈으로 넘어가고자 합니다. "이 곤고한 자가 부르짖으매 여호와께서 들으시고 그의 모든 환난에서 구원하셨도다"라는 말씀 속에는 큰 은혜가 드러나 있습니다. 여러분이 본문에서 기도하는 사람의 형편과 처지를 생각해 보면, 하나님이 그에게 주신 은혜가 얼마나 풍성하게 값없이 주어진 것인지를 알게 될 것입니다: "이 곤고한 자가 부르짖으매." 그는 어떤 사람이었습니까? 그는 가난하고 "곤고한 자"였습니다. 나는 그가 얼마나 지독하게 가난하고 곤고했는지는 알지 못합니다. 우리 주변에도 가난하고 곤고한 사람들이 많습니다. 당신이 런던에 사는 가난하고 곤고한 사람들은 다 모이라고 광고한다면, 순식간에 당신이 일 년 내내 세어도 셀 수 없을 정도로 많은 사람들이 모여들 것입니다. 그들은 자신의 처지를 드러내고 싶지 않겠지만, 구름떼처럼 계속해서 몰려들 것입니다. 일부러 가난하고 곤고한 자가 되고자 하는 사람은 아무도 없습니다.

다윗은 이 시편의 배경이 되었던 그 시절에 제사장들에게 양식을 구걸할 정도로 너무나 가난했고, 그래서 자기가 군인이었는데도, 제사장들의 곳간에서 칼 한 자루를 빌려야 했습니다. 그에게는 집, 가정, 직업, 수입도 없었고, 몸을 붙이고 살 땅도 없었으며, 그는 어디에서나 생명의 위협을 받으며 살아야 했습니다. "이 곤고한 자가 부르짖으매"라고 썼던 다윗은 정말 가난하고 곤고했습니다. 가난이 기도하는 데에 방해가 된다고 잘못 생각하는 사람들이 있습니다. 하나님께서 당신이 입고 있는 옷에 신경을 쓰시는 분입니까? 당신의 지갑이 얇고 당신의 집의 찬장이 비어 있는 것이 하나님께서 당신의 기도를 받으실 때에 고려하시는 것들입니까? "이 곤고한 자가 부르짖으매." 하나님은 가난하고 곤고한 자들의 기도를 들으시는 것이 아닙니까? 그렇습니다. 하나님은 가난한 자들 중에서 가장 가난한 자, 심령이 가난한 자의 기도를 들으십니다. 하나님은 너무나 가난하고 곤고해서 소망조차 끊어져 버린 사람들의 기도를 들으십니다. 사실, 마지막 남은 소망까지 끊어져야, 우리가 진정으로 가난하고 곤고해질 수 있습니다.

또한, 이 곤고한 사람은 괴로움이 많은 사람이었습니다. 왜냐하면, 본문은 "모든 환난," 곧 온갖 큰 환난들이라고 말하고 있기 때문입니다. 그는 어떻게 해야 할지를 알지 못했습니다. 그는 온갖 시련들의 매서운 눈보라 속에서 자신의 길을 찾을 수가 없었습니다. 그는 쇠 그물 같은 수많은 어려움들로 둘러싸여 있었고, 거기에서 자기를 건져줄 자는 아무도 없는 상황에서 소망조차 끊어졌습니다. 그는 괴로움이 많은 사람이었습니다. 그는 괴로움이 많은 사람이었기 때문에 부르짖었습니다. 사람들은 그가 무엇을 가지고 부르짖었는지를 의아해합니다. 그러니 만약 그들이 그의 내면의 고통과 슬픔을 알았더라면, 그들은 그렇게 의아해하지 않았을 것입니다. 그의 옛 동료들은 그가 정신이 나갔다고 생각했습니다. 그들은 그가 신앙 때문에 머리가 돌아버렸다고 말했고, 그와 거리를 두었습니다. 이 가난하고 곤고한 사람은 부르짖었지만, 그는 너무나 가난하고 비참하였기 때문에 아무도 그를 거들떠보지 않았습니다. 그러나 "여호와께서는" 그의 부르짖음을 "들으셨습니다." 하나님은 고독하게 버려져서 슬피 우는 자들에게 등을 돌리시는 분이 아닙니다. 하나님은 그들에게 다가가셔서 그들의 상처를 싸매주는 것을 기뻐하십니다.

이 곤고한 사람은 애통하는 사람이었습니다. 그는 그 마음이 완전히 다 무너져서 머리조차 들 수 없는 사람이었습니다. 그는 하나님과 사람 앞에서 부끄러워하였습니다. 그가 혼자 있을 때에 오로지 할 수 있는 것이라고는 울며 부르짖는 것밖에 없었습니다. 만약 누가 다윗을 따라다니며 유심히 지켜보았다면, 그는 눈물이 다윗의 마음에서 나와서 눈을 통해 뺨으로 하염없이 흘러내리는 모습을 볼 수 있었을 것입니다. 이 곤고한 사람은 자기가 너무나 기진맥진하고 연약하며 고적하고 절망적이었기 때문에 부르짖을 수밖에 없었습니다. 그러나 "여호와께서 들으셨습니다." 하나님께서 그의 기도를 들으셔서, 이 곤고한 사람을 하나님의 은혜에서 부요하게 하셨습니다.

또한, 나는 "이 곤고한 자"가 남다른 사람이었을 것이라고 확신합니다. 다른 사람들이 웃고 있을 때, 그는 도대체 무엇을 원해서 부르짖었던 것입니까? 강한 자들이 울며 부르짖는 것을 보는 것은 그리 유쾌하거나 흔한 광경이 아닙니다.

어떤 사람들은 마음이 정말 아파서 울지만, 많은 사람들은 술이 들어가서 웁니다. 이 사람은 그 마음이 울며 부르짖고 있었습니다. 그는 쉴 새 없이 피가 흘러나오는 저 은밀한 상처로 인해서 하나님께 밤낮으로 부르짖었습니다. 사람들은 그를 이해할 수 없었기 때문에 그에게 와서 그를 멸시하거나 적어도 면박을 주었습니다. 그러나 "여호와께서는 들으셨습니다."

또한, 그는 완전히 딴판이 되어 버린 사람이었습니다. 그는 전에는 너무나 명랑한 사람이었습니다. 그러나 지금 그는 부엉이처럼 암울해서, 아무도 그를 가까이 하기를 원하지 않습니다. 그는 모든 기쁨에 찬물을 끼얹는 사람이 되어 있습니다. 사람들은 "불쌍하고 가련한 사람"이라고 말합니다. 그의 아내조차도 탄식을 하면서, "이전의 나의 사랑스럽던 남편의 모습은 다 어디로 간 거야?"라고 말합니다. 그는 가난하고 곤고한 사람이었고 우울하고 특이한 사람이었습니다. 그는 은밀한 곳들을 찾았고, 거기에서 혼자 탄식하며 하나님 앞에 부르짖었습니다.

그렇지만 그는 소망이 있는 사람이었습니다. 그는 감지할 수는 없었지만, 그에게는 어떤 소망이 있었을 것임에 틀림없습니다. 왜냐하면, 사람들은 누군가가 자신의 소리를 들어줄 것이라는 소망을 가지고 있지 않다면, 도움을 구하기 위해 부르짖지 않는 법이기 때문입니다. 절망은 입을 다물게 만듭니다. 따라서 부르짖어 기도한다는 것은 부스러기일망정 소망이 있다는 증거입니다. 부르짖음은 고통을 알리는 신호입니다. 사람들은 지나가는 누군가가 알아차리고서 자기를 구하러 와줄 것이라는 일말의 소망이 없다면, 구조를 요청하기 위해서 긴 막대기에 옷을 걸쳐놓지 않을 것입니다. 기도할 수 있는 한, 그 사람에게 소망이 있을 뿐만 아니라, 그 사람 속에도 소망이 있습니다. 그렇습니다. 부르짖어 기도한다는 것은 그 사람 속에 소망이 있다는 것입니다. 당신이 하나님을 갈망하며 바라보고 구하며 찾는다면, 당신은 내가 지금까지 설명해 온 바로 그 가난하고 곤고한 자들 중의 한 사람이기 때문에, 당신에게 반드시 복이 찾아올 것입니다. 내게는 지금 그 가난하고 곤고한 사람이 보입니다. 나는 어릴 적부터 그를 압니다. 왜냐하면, 그는 나의 고향에서 태어나서, 내가 다니던 학교에 다녔기 때문입니다. 그는 성인이 아니라 소년이었습니다. 그때에 나는 그와 함께 자거나, 그와 함께 밤을 새우며 그가 신음하는 소리를 듣곤 했습니다. 그는 내가 듣는 데서 무수히 기도했습니다. 그는 기도를 아주 서툴게 하였지만, 자신의 심정을 솔직하게

다 내보이며 기도하였습니다. 나는 들에서도 그와 함께 있었고, 그는 내게 자기는 너무나 악한 존재여서 분명히 지옥에 떨어져서 영원히 벌을 받게 될 것이라고 말하곤 했습니다. 그는 자기가 택함 받고 구속 받은 하나님의 백성들 중의 한 사람이 아니면 어쩌나, 자기가 예수를 결코 믿을 수 없게 되지는 않을까 하고 걱정했습니다. 나는 그가 자기 자신에 대하여 절망했을 때에도 그와 함께 있었습니다. 나는 지금도 그를 압니다. 나는 거울을 볼 때마다 그를 봅니다. 이 아침에 나는 그를 대신해서 이렇게 말하지 않을 수 없습니다: "이 곤고한 자가 부르짖으매 여호와께서 들으시고 그의 모든 환난에서 구원하셨도다." 아무것도 아닌 자들의 기도를 들으시는 하나님의 은혜는 얼마나 값없이 풍성하게 주어지는 것입니까! 하나님은 모든 성도들 가운데서 가장 작은 자보다 더 못한 자들과 모든 죄인들 중에서 가장 극악무도한 죄인들에게도 은혜를 베푸시기 때문에, 그 은혜는 얼마나 값없이 풍성하게 주어지는 것입니까!

　당신이 성령의 도우심으로 하나님의 은혜가 얼마나 값없이 풍성하게 주어지는 것을 더 자세하게 알고자 한다면, 나는 당신에게 이 곤고한 자가 부르짖었던 바로 그 하나님이 어떤 분이신지를 생각해 보시기를 권합니다. 기도했던 사람도 가난하고 곤고했고, 그의 기도도 서툴렀지만, 그가 기도했던 하나님은 결코 가난하고 서투른 분이 아니었습니다. 이 가난하고 곤고한 사람은 힘이 없었지만, 그가 기도했던 하나님은 결코 연약한 분이 아니었습니다. 이 가난하고 곤고한 사람은 가진 것이 아무것도 없었지만, 모든 것을 다 가지고 계시는 하나님의 충만하심 앞으로 나아갔습니다. 그는 아무 자격도 없는 자였지만, 하나님의 긍휼하심에 호소했습니다. 우리 하나님은 긍휼을 베푸시기를 기뻐하십니다. 하나님은 은혜를 베푸시기 위하여 기다리고 계십니다. 하나님은 지치고 고단한 인생들에게 복을 주시는 것을 기뻐하십니다. 이 곤고한 사람은 끝까지 구원하실 수 있으신 저 구주께 부르짖었습니다. 나의 친구여, 당신이 얼마나 가난하고 곤고한지에 대해서는 전혀 마음을 쓰지 마십시오. 당신은 당신의 가난하고 곤고한 당신 자신에게 부르짖고 있는 것이 아닙니다. 당신은 아무것도 없이 텅 비어 있는 당신 자신에게서 물을 길으려 해서는 안 된다는 것을 명심하십시오. 은혜의 샘이신 하나님께 나아가십시오. 당신의 공로(功勞)는 가난과 빈곤 그 자체이지만, 하나님의 긍휼들은 이루 헤아릴 수 없는 부요함 그 자체입니다. 당신을 구원할 능력은 당신 자신의 영이 아니라 성령에게 있습니다. 그러므로 하나님은 능력과 지혜에서만이 아니라 은혜에서도 크시다는 것을 믿고서 큰 소망을 가지고 부르짖으십시오.

우리가 본문 속에서 하나님의 이 은혜가 얼마나 풍성하고 값없이 주어지는지를 생각할 때, 우리는 이 복이 어떤 복인지를 살펴볼 필요가 있습니다. "여호와께서 들으시고 그의 모든 환난에서 구원하셨도다." 하나님은 그를 그의 모든 환난에서 구원해 주셨습니다. 그의 죄들은 그의 큰 환난들이요 괴로움들이었습니다. 하나님께서는 그리스도의 대속의 제사로 말미암아 그를 그 모든 괴로움들에서 구원해 주셨습니다. 죄로 인한 결과들은 그에게 또 한 묶음의 큰 환난들이요 괴로움들이었는데, 하나님께서는 성령으로 그를 새롭게 하심으로써 거기에서 그를 구원해 주셨습니다. 그는 자신의 잘못으로 인해서 위험에 처했고, 환난들이 두텁고 무겁게 그에게 임하였습니다. 그러나 하나님께서는 그의 기도에 응답하셔서, 그에게 그 모든 것들로부터 피할 길을 내주시고, 그를 평안으로 인도하셨습니다. 그에게는 안팎으로 환난들이 있었고, 가정과 세상에서 환난들이 있었습니다. 그는 그러한 환난들로 인해서 자기가 거의 죽게 될 지경이 되었다고 느꼈습니다. 그러나 하나님께서는 그를 그 모든 것들로부터 건지셨습니다. "모든"이라는 단어를 주목하십시오. 이 단어는 그가 얼마나 포괄적으로 구원을 받았는지를 보여줍니다. 당신이 이 시편을 제대로 볼 수 있다면, 이 기쁜 구원이 어디까지 미치고 있는지가 당신에게 보일 것입니다. 우리는 4절에서 "내 모든 두려움에서 나를 건지셨도다"라는 말씀을 읽습니다. 우리에게 몰려오는 두려움들이 우리가 겪는 환난들보다 더 고통스러울 때가 있습니다. 우리는 환난들을 견뎌내는 것보다 미리 걱정하고 두려워하면서 더 큰 고통을 겪습니다. 그러나 기도는 그러한 두려움들을 없애줍니다. 마찬가지로, 우리는 모든 부끄러움이 제거되었다는 것도 봅니다: "그들이 주를 앙망하고 광채를 내었으니 그들의 얼굴은 부끄럽지 아니하리로다"(5절). 그들은 행복한 사람들입니다. 왜냐하면, 그들의 죄로 인한 부끄러움이 사라졌기 때문입니다. 하나님께서 그들의 기도를 들으셨을 때, 그들의 부끄러움과 두려움은 사라졌습니다. 그들은 더 이상 지난날을 생각할 때에 눌리거나 고통스럽지 않게 되었고, 장래에 하나님의 진노를 두려워하지 않게 되었습니다: "내 모든 두려움에서 나를 건지셨도다"(4절). 또한, 당신이 계속해서 유심히 살펴본다면, 당신은 하나님께서 그들을 그들의 모든 궁핍으로부터 구원하셨다는 것을 발견하게 될 것입니다: "그를 경외하는 자에게는 부족함이 없도다"(9절). "여호와를 찾는 자는 모든 좋은 것에 부족함이 없으리로다"(10절). 영혼이 지독한 곤고함과 궁핍으로 인해서 궁지에 몰린 상태로부터 구원 받는다는 것, 즉 모든 두려움, 모든 부끄러움, 모든 환난, 그리고 모든 궁핍으로부터 구원 받는다는 것은 얼마나 엄청난 구원입니까! 그러나 이것이 전부가 아닙니다. 왜냐하면, 이 곤고한 사람은 모든 위험으로부터도 구원을 받았기 때문입니다: "그의 모든 뼈를 보호하심이여 그 중에서 하나도 꺾이지 아니하도다"(20절). 하나님은 그를 모든 실제의 위험으로부터 구원하셨습니다. 끝으로, 하나님은 버림 받을지 모른다는 모든 불안으로부터 그를 구원하셨습니다: "그에게 피하는 자는 다 벌을 받지 아니하리로다"(22절). 하나님께서 기도에 대한 응답으로 주시는 구원은 온전한 구원입니다. 그리고 하나님은 그런 구원을 가난하고 곤고한 사람의 부르짖음에 대한 응답으로서 아무 공로 없어도 값없이 주십니다. 하나님의 구원 하심은 얼마나 온전합니까!

　　여러분은 모세가 애굽에 재앙들이 있던 날에 애굽 왕 바로를 위해 하나님께 부르짖었을 때에 하나님이 그의 기도에 대하여 주신 응답이 얼마나 온전했는지를 아십니까? 메뚜기 떼가 애굽 온 땅을 덮었을 때, 모세는 기도했고, 그러자 그 기도에 대한 응답을 성경은 이렇게 표현했습니다: "애굽 온 땅에 메뚜기가 하나도 남지 아니하니라"(출 10:19). 또한, 개구리 재앙과 파리 재앙이 있었을 때에도 마찬가지였습니다: "여호와께서 모세의 말대로 하시니 그 파리 떼가 바로와 그의 신하와 그의 백성에게서 떠나니 하나도 남지 아니하였더라"(31절). 바로 왕은 애굽 온 땅에서 메뚜기나 파리를 단 한 마리도 찾을 수 없었을 것입니다. 마찬가지로, 애굽 온 땅이 메뚜기 떼로 뒤덮였듯이, 당신은 환난들로 뒤덮여 있고, 개구리들이 애굽의 모든 침상에서 울었던 것처럼, 당신의 귀에 환난들이 아우성친다고 할지라도, 하나님께서 그것들에게 "사라져라"고 명령하시면, 그것들은 모두 다 당신에게서 떠날 것이고, 당신은 평안하게 될 것입니다. 구름을 흩으시듯이 당신의 죄악들을 제거하실 수 있으신 하나님은 앵앵 거리며 날아다니는 파리 떼 같은 당신의 환난들도 순식간에 쫓아내실 것입니다. "여호와께서 들으시고 그의 모든 환난에서 구원하셨도다." 이것은 값없이 거저 주시는 은혜가 아닙니까? 이것은 차고 넘치는 풍성한 긍휼이 아닙니까?

　　이 모든 것이 부르짖음으로 말미암아 임하였다는 것을 다시 한 번 명심하십시오. 부르짖음은 이 곤고한 사람이 하나님께 드릴 수 있었던 모든 것이었습니다. 그는 긴 시간 동안 어떤 퍼포먼스를 벌인 것이 아니었습니다. 그는 복잡하고 힘든 많은 의식(儀式)들을 수행한 것도 아니었습니다. "이 곤고한 자가 부르짖으매 여호와께서 들으시고." 무엇이 이것보다 더 단순할 수 있겠습니까? 당신은 사제, 곧 주교가 안수해서 세운 사제가 당신에게 필요하다고 생각하십니까? 아니면, 당신은 큰 돌들을 쌓아서 만든 웅장한 건물로 된 거룩한 장소로 가야 할 것이라고 생각하십니까? 당신은 사순절 기간 동안 내내 금식하고, 부활절 때까지는 즐겁게 노는 일이 없어야 한다고 생각하고 계시는 것은 아닙니까? 이 모든 생각들은 참으로 어리석기 짝이 없는 것들입니다. 당신은 그저 부르짖기만 하십시오. 그러면, 하나님께서 당신의 부르짖음을 들으실 것입니다. 제사장은 오직 한 분 주 예수 그리스도뿐이십니다. 거룩한 곳은 오직 한 곳 주 예수 그리스도뿐이십니다. 거룩한 때는 오직 이때, 곧 오늘뿐입니다. 하나님의 성령이 가난하고 곤고한 사람의 마음속에서 역사하여 그로 하여금 부르짖게 하실 때, 그 부르짖음은 야곱의 사닥다리를 타고 하늘로 올라가고, 그 즉시 바로 그 사닥다리를 타고 긍휼이 내려옵니다. 우리 주 예수 그리스도는 하늘과 땅을 잇는 바로 그 사닥다리이기 때문에, 우리가 예수의 이름으로 드리는 기도는 하늘로 올라가고, 하나님의 긍휼은 이 땅으로 우리에게 내려옵니다. 나는 여러분이 하나님의 은혜가 아주 단순한 과정을 거쳐서 주어지는 것을 복으로 알고 만족하시기를 바랍니다: "이 곤고한 자가 부르짖으매 여호와께서 들으시고 그의 모든 환난에서 구원하셨도다."

3. 셋째로, 자기가 직접 겪은 일들을
간증할 필요가 있고 그것은 아주 유익합니다.

나는 이제 세 번째 대지를 짧게 다룰 수밖에 없지만, 이것은 아주 중요합니다. "이 곤고한 자가 부르짖으매"라고 말한 사람은 다윗이었습니다. 여러분이 보고 계시듯이, 다윗은 자기 이야기를 들려주고, 우리가 읽을 수 있도록 그것을 책에 기록합니다. 그는 우리가 노래할 수 있도록 자기 이야기를 하나의 시편으로 엮어 놓았습니다. 간증은 사람들을 설득하고 얻는 데에 아주 중요한 것입니다. 하지만 간증은 올바른 것이어야 합니다. 그것은 당신이 직접 겪어서 알게 된 체험적인 것이어야 합니다: "이 곤고한 자가 부르짖으매 여호와께서 들으시고." 자기가 이기적이라는 비난을 듣지는 않을까 염려하지 마십시오. 그것이 이기적이라면, 자기가 직접 체험한 하나님을 드러내고 담대하게 증언하는 것은 복된 이기주의입니다. "이 곤고한 자가 부르짖으매." 강 건너 있는 어떤 사람도 아니고, 저 길 너머의 어떤 사람도 아니고, "이 곤고한 자"의 부르짖음을 "여호와께서는 들으셨습니다." 당신의 간증이 분명하고 구체적일수록, 그 간증은 더 설득력이 있게 됩니다. 우리 교회의 전도자들 중 한 사람이 내게 이런 편지를 써서 보내왔습니다. 그가 신앙에 대하여 묻는 사람과 함께 기도하면서, 그를 예수께로 인도하고자 했을 때, 그는 어떤 사람이 성전에 들어와서 자기 곁에서 무릎을 꿇고 "주여, 주께서 나를 그 날 아침 2시에 구원하셨듯이, 이 가엾은 영혼을 구원하여 주소서"라고 기도하는 것을 듣고서 큰 도움을 받았다는 것입니다. 나중에 그 전도자는 그 사람에게 어떻게 해서 그런 표현을 사용하게 되었는지를 물었습니다. 그러사 그 사람은 이렇게 대답했습니다: "나는 정말 그 시간에 구원을 받았습니다. 시계가 2시를 쳤을 때, 나는 구주를 만났고, 어떤 일이 있을 때마다 늘 그 일을 말하기를 좋아합니다." 어떤 연유에서인지는 모르지만, "아침 2시"라는 간증은 신앙에 대하여 생각하고 있던 사람에게 아주 큰 도움이 되었습니다. 그 간증은 그의 생각에 현실성을 부여해서, 그는 "이 사람은 자기가 아침 2시에 구원 받았다는 것을 아는데, 왜 나는 저녁 8시인 지금도 구원을 받지 못하고 있는 거야?'라고 생각하게 되었습니다. 우리 모두가 다 자기가 회심한 날짜나 시간을 알 수 있는 것은 아닙니다. 사실 그것을 모르는 사람이 더 많습니다. 그러나 우리가 그렇게 자세하게 말할 수 있다면, 그렇게 하십시오. 왜냐하면, 그렇게 할 때에 우리의 간증은 더 큰 힘을 갖게 될 것이기 때문입니다.

　　우리는 우리가 확신하는 것을 간증하여야 합니다. 우리는 우리가 믿는 것을 전해야 합니다. "나는 기도하기를 원하고, 하나님께서 내 기도를 들으신 줄로 믿습니다"라고 말하지 마시고, "내가 기도했더니, 하나님께서 내 기도를 들으셨습니다"라고 말하십시오. 당신이 주 예수에 대하여 간증할 때에 말을 더듬는다면, 세상 사람들은 당신의 간증을 신뢰하지 않을 것입니다. 당신은 확신하십니까? 당신 자신에게 확신이 없다면, 당신은 다른 사람들을 확신시킬 수 없습니다. 당신이 다른 사람들의 죄를 깨우쳐 주고자 한다면, 당신 자신의 죄에 대한 분명한 자각이 반드시 있어야 합니다. 당신이 분명하게 부르짖어서 하나님이 당신의 부르짖음을 들으신 것을 확인한 후에, 당신이 시험하고 검증한 것을 다른 사람들에게 간증하십시오.

즐겁고 기쁜 마음으로 간증하십시오. "이 곤고한 자가 부르짖으매 여호와께서 들으시고." 신문의 "고민 상담 코너"에 나오는 글처럼 간증하지 마시고, "내가 여호와를 항상 송축함이여 내 입술로 항상 주를 찬양하리이다"(1절)로 시작하는 이 시편 같은 그런 시편의 한 절처럼 간증하십시오.

당신의 간증은 하나님께 영광을 돌리기 위한 것이라는 단 하나의 목적으로 행해져야 합니다. 당신을 대단한 경험을 한 흥미로운 사람으로 과시하고자 하지 마십시오. 우리는 은혜도 모른 채 침묵함으로써 하나님의 은혜를 묻어 버려서는 안 됩니다. 하나님께서 세상을 만드셨을 때, 천사들은 기뻐 찬송하였습니다. 하나님께서 한 영혼을 구원하실 때, 우리는 냉담하지 못할 것입니다. 우리 하나님께서 우리를 잃었다가 다시 찾으신 것이기 때문에, 우리는 친구들과 이웃들을 불러서 함께 기뻐해 달라고 부탁해야 합니다. 탕자가 돌아왔을 때, 아버지가 모든 가솔들에게 어떻게 말했는지를 기억하십시오: "우리가 먹고 즐기자"(눅 15:23). 사랑하는 친구들이여, 하나님께서 여러분을 구원하신 것을 마음으로 기뻐하고, "이 곤고한 자가 부르짖으매 여호와께서 들으셨다"고 말하며, 하나님이 하신 일을 사람들에게 알리십시오.

사람들에게 사실들을 간증하면, 그 간증은 힘이 있습니다. 영혼들을 얻기 위하여 살아가는 사람들은 자신들의 거룩한 섬김에서 사실들이 대단히 유익하다는 것을 경험으로부터 배워 왔습니다. 당신이 사람들에게 교리들을 가르칠 때, 그들은 별 관심을 보이지 않고 감동하지 않을 때가 많습니다. 그러나 당신이 사실들에 대하여 말하는 때에는 그들은 그 힘을 느끼기 때문에 귀를 기울입니다. 내가 어떤 사람과 오랜 시간 얘기하지 않았어도, 그 사람은 기쁜 마음으로 주님께로 나아왔습니다. 나는 내가 대학과 고아원과 그 밖의 다른 주의 일들을 위하여 기도한 것들을 하나님이 어떻게 들어주셨는지를 사실 그대로 그 사람에게 말해 주었을 뿐입니다. 나는 그렇게 사실들을 말해 줄 때에 그 사람이 깊은 관심을 보이는 것을 보았습니다. 그 사람은 내가 진실한 사람이라는 것을 믿었고, 하나님이 기도를 들어주시는 하나님이시라는 결론을 거부할 수 없었습니다. 당신 자신에게나 다른 사람들에게나 한 가지 사실이 열 가지 추론보다 더 힘이 있습니다. 찰스 디킨스의 소설 가운데에 나오는 저 완고한 그래드그라인드 가문 사람들(the Gradgrinds)도 "내게 필요한 것은 오직 사실들뿐이다"라고 말했습니다. 여러분 스스로 기도를 시험해 보시고, 그 결과를 담대하게 간증하십시오. 그러면 당신의 간증에는 사람들을 움직이는 힘이 있게 될 것입니다. 개인적인 체험은 관찰보다 훨씬 더 설득력이 있습니다. 당신 자신이 직접 경험한 사실들을 전하십시오. "이 곤고한 자가 부르짖으매 여호와께서 들으시고 그의 모든 환난에서 구원하셨도다."

　　그러한 간증은 당신 자신과 동일한 부류의 사람들에게 아주 큰 힘을 발휘할 것입니다. 가난하고 곤고한 사람이 하나님께서 자기를 위해 행하신 일을 전할 때, 그는 다른 가난하고 곤고한 사람들로부터 주목과 신뢰를 받을 수 있습니다. 나 자신과 비슷한 사람에게 어떤 일이 일어날 때, 나는 그 일에 관심을 갖게 됩니다. 가난하고 곤고한 사람은 이렇게 말할 것입니다: "그 사람도 나와 같이 가난하고 곤고한 사람임을 내가 아는데, 하나님께서 그의 기도를 들어주셨다면, 나의 기도도 들어주지 않으실 이유가 없지 않는가?" 당신의 형제가 구원 받은 것을 볼 때, 당신은 기뻐하면서, 당신도 하나님께 부르짖어야 하겠다는 마음이 들지 않겠습니까? 하나님께서는 예로부터 고독한 사람들이 드린 기도를 얼마나 놀랍게 응답해 주셨습니까! 하나님은 화난 에서가 무장한 사람들을 데리고 야곱을 추격해 왔을 때에 야곱의 기도를 들으셨습니다. 얍복 나루에서 하나님은 밤중에 야곱의 기도를 들으셨고, 야곱은 다음 날 아침에 웃는 얼굴로 형 에서를 만날 수 있었습니다. 이스라엘 백성은 애굽에서 힘든 종살이를 하고 있었지만, 하나님은 이 백성의 부르짖음을 들으시고 모세를 보내셨고, 홍해를 가르셔서 자신의 택함 받은 백성들을 불러내셨습니다. 하나님은 목말라 죽을 지경이 된 삼손의 기도를 들으셨습니다. 하나님은 하갈 사람과의 싸움에서 하나님께 부르짖은 르우벤 지파 사람들의 기도를 들으셨습니다: "그들이 싸울 때에 하나님께 의뢰하고 부르짖으므로 하나님이 그들에게 응답하셨음이라"(대상 5:20).

　　하나님은 앗수르 왕이 보낸 랍사게가 하나님을 모독하고 비방하는 편지를 보내왔을 때에 히스기야와 이사야의 기도를 들으셨습니다. 이것에 대하여 성경은 이렇게 말씀합니다: "이러므로 히스기야 왕이 … 선지자 이사야와 더불어 하늘을 향하여 부르짖어 기도하였더니 여호와께서 한 천사를 보내어 앗수르 왕의 진영에서 모든 큰 용사와 대장과 지휘관들을 멸하신지라 앗수르 왕이 낯이 뜨거워 그의 고국으로 돌아갔더니 그의 신의 전에 들어갔을 때에 그의 몸에서 난 자들이 거기서 칼로 죽였더라"(대하 32:20-21). 다윗은 동굴에서 기도하였고, 엘리야는 갈멜 산 위에서 기도하였으며, 예레미야는 감옥에서 기도하였습니다. 하나님께서는 그들의 기도를 다 들어주셨습니다. 옛적에 큰 물고기 뱃속에 들어갔다가 기적적으로 살아서 돌아온 사람이 있었습니다. 큰 물고기는 자기 뱃속에 살아 있는 사람이 들어 있는 것이 불편했기 때문에, 거기에 들어 있던 사람이 마치 "산의 뿌리까지" 내려왔다고 느낄 정도로 아주 깊이 물속으로 잠수하였습니다. 그런 후에, 그 물고기는 약초를 얻기 위해서 깊은 바다 밑에 있는 수초(水草)들 가운데로 뛰어들었고, 요나는 "물이 나를 영혼까지 둘렀사오며 깊음이 나를 에워싸고 바다 풀이 내 머리를 감쌌나이다"(욘 2:5)라고 부르짖었습니다. 그는 기이하고 어둡고 무시무시한 곳에 있었기 때문에, "내가 스올의 뱃속에서 부르짖었더니"(욘 2:2)라고 말합니다. 그의 부르짖음이 소용이 있었습니까? 네, 있었습니다! 요나는 "내가 스올의 뱃속에서 부르짖었더니 주께서 내 음성을 들으셨나이다 내 기도가 주께 이르렀사오며 주의 성전에 미쳤나이다"(욘 2:2, 7)라고 증언합니다. 당신이 어디에 있든, 당신에게 어떤 시련이 닥쳤든, 하나님께서는 당신의 부르짖음을 들으시고 당신을 도우러 오십니다. 지금 이 자리에 어떤 분이 요나와 같이 자기가 스올의 뱃속에 있는 것처럼 느껴져서 두려움 가운데에 있다면, 그의 부르짖음은 하늘에 닿을 것이고, 그는 "구원은 여호와께 속하였나이다"(욘 2:9)라는 것을 알게 될 것입니다. 가난하고 곤고한 사람의 부르짖음은 그리스도의 중보라는 전화기를 통해서 하나님의 귀에 들리고, 하나님은 거기에 응답하십니다.

　사랑하는 친구들이여, 다윗의 이 간증은 우리 같은 사람들에게는 지금도 아주 강력하지만, 그런 간증을 하는 사람들이 많이 나올수록, 그 간증은 더 강력해질 것입니다. 어떤 사람이 "내가 하나님께 부르짖었더니 하나님이 나의 부르짖음을 들으셨습니다"라고 말하면, 사람들은 "그것은 특별한 경우겠죠"라고 말할 것입니다. 두 번째 증인이 일어나서 "이 곤고한 자가 부르짖으매 여호와께서 들으셨습니다"라고 말하면, 사람들은 "그것은 두 사람에게만 해당되는 것이니, 일반적인 진리는 될 수 없죠"라고 말할 것입니다. 세 번째, 네 번째, 다섯 번째, 여섯 번째, 일곱 번째 증인이 일어나서, "이 곤고한 자가 부르짖으매 여호와께서 들으셨습니다"라고 똑같은 간증을 해보십시오. 그토록 많은 사람들의 간증을 믿기를 거부하는 사람은 불신앙으로 완악해진 사람일 것이 틀림없습니다. 신앙에 대하여 회의적이었던 한 변호사가 오늘 아침 우리가 전하는 것과 비슷한 주제를 다룬 예배에 참석하였답니다. 그는 여러 사람이 하나님께서 그들에게 무엇을 행하셨는지를 듣고서는, 이렇게 말했습니다: "만약 내가 법원에 소송을 제기한다면, 나는 여기 계신 선한 분들을 증인들로 세울 겁니다. 나는 이분들을 다 압니다. 그분들은 나의 이웃들이니까요. 그분들은 정직하고 바른 사람들이기 때문에, 나는 만약 그들이 내 편이 되어 증언해 준다면, 내가 그 어떤 소송에서도 이길 수 있다는 것을 압니다."

그 변호사는 그들이 모두 이구동성으로 말한 것이 참되다는 것을 아주 솔직한 화법으로 인정했습니다. 그는 다른 일들에서 그들을 믿었기 때문에, 그들에게 무엇보다도 가장 중요했던 이 일에 있어서도 그들을 의심할 수 없었습니다. 그는 스스로 신앙을 시험하였고, 하나님께서는 그의 기도를 들으셨습니다. 그는 얼마 있지 않아서 다시 예배에 참석하였고, 다른 많은 사람들의 간증에 자신의 간증을 더하게 되었습니다. 만약 내가 지금 이 자리에 계시는 분들께 질문을 하나 한다면, 그 결과가 어떻겠습니까? 우리의 친구 스토트(Stott) 씨가 방금 대표 기도를 하시면서 오늘 이 아침에 온갖 부류의 사람들이 이곳에 모여 있다고 했습니다. 나는 그의 말에 동의합니다. 그래도 나는 한 번 확인을 해볼까 합니다. 여러분 중에서 기도 응답을 받은 적이 있으신 분들은 모두 "예"라고 대답해 주시기 바랍니다. (이때에 우레 같은 박수소리가 터져 나왔다.) 나는 우리 가운데서 기도의 능력을 시험해 본 적이 있는 분들이라면 "아니요"라고 말할 사람은 아무도 없을 것임을 확신합니다. 만약 내가 정반대의 질문을 한다면, 아무런 대답도 없을 것입니다. 기도를 해온 사람들은 누구나 다 "예"라고 대답할 것입니다. 그러므로 본문 말씀을 여러분의 마음과 입에 담아서 집으로 가십시오: "이 곤고한 자가 부르짖으매 여호와께서 들으시고 그의 모든 환난에서 구원하셨도다." 하나님께 영광을 돌립니다. 아멘.

제
39
장

—

온전한 확신

—

"내 영혼에게 나는 네 구원이라 이르소서." — 시 35:3

시편 기자는 수많은 분노한 원수들에게 둘러싸여 있었을 때에 이 시편을 썼습니다. 그는 하나님께 방패와 손방패를 잡으시고 일어나서서 자기를 도와주시라고 간청합니다. 그렇지만 그는 하나님께서 자신의 두려움들을 없애주시고 환난 날에 자기를 강하게 하고자 하신다면 단 한 가지만 하시면 된다는 것을 느낍니다. 즉, 그는 이렇게 말합니다: "'내 영혼에게 나는 네 구원이라 이르소서.' 그러면, 나는 나의 모든 원수들을 전혀 두려워하지 않게 될 것입니다. 주께서 내게 '나는 네 구원이라'고 말씀하신다면, 여호와를 기뻐하는 것이 나의 힘이 될 것이기 때문에, 나는 비록 약하지만 하나님의 이름으로 기치를 앞세우고 나아가, 그들을 거름더미의 지푸라기처럼 짓밟아서 이길 수 있게 될 것입니다." 형제들이여, 하나님이 당신의 하나님이시고 당신의 확실한 구원이시라는 온전한 확신만큼, 당신을 강하게 하여서 하나님을 위하여 진력하게 하고, 원수들에 맞서 담대하게 싸우게 하며, 시험들을 흔들림 없이 물리칠 수 있게 해줄 수 있는 것은 없습니다. 의심들과 두려움들은 당신을 약하게 만듭니다. 그런 것들은 당신의 절망을 키우고 당신의 기쁨을 줄어들게 만들 뿐만 아니라, 당신의 용맹스러움의 힘줄들을 끊어 버리고, 당신의 칼날을 무디게 만듭니다. 온전한 확신 가운데에 있는 그리스도인은 참 이스라엘 가운데서 아주 큰 거인입니다. 왜냐하면, 사울이 다른 사람들보다 머리와 어깨 정도만큼 더 컸듯이, 그런 그리스도인은 행복함과 아름다움에서 다른 사람들보다 훨씬 더 큰 자가 되기 때문입니다. 그의 힘과 용기는 다윗에 비견될 수 있어서, 그는 여호와의 사자와 방불한 자가 됩니다.

내가 이 아침에 여러분에게 전하고자 하는 주제는 온전한 확신에 관한 것입니다. 더 이상의 서론 없이 나는 먼저, 온전한 확신을 거부하는 반대자들이 어떤 말들을 하는지를 여러분에게 들려드릴 것입니다. 두 번째로, 나는 여러분에게 본문이 무엇이라고 말씀하고 있는지를 들려드릴 것입니다. 그런 후에, 나는 여러분이 설교자가 무엇이라 하는지를 경청해 주시기를 부탁드립니다.

1. 첫째로, 반대자들의 말을 들어보겠습니다.

사람은 자기가 구원 받은 사람이고 하나님의 은총 가운데 있어서 결코 정죄를 받지 않을 것을 확신하고서 그 확신으로 인한 기쁨을 누리기보다는 매시긴 의심과 두려움으로 자신의 영혼을 위태로운 상태에 두는 것이 더 낫다고 말하는 사람들이 있습니다. 우리는 그러한 반대자들의 말을 잠깐 듣고 나서, 그들의 말에 신속하게 대답할 것입니다.

그런 사람들 중에는 한 술 더 떠서 이렇게 말하는 사람도 있습니다: "먼저, 나는 오늘 아침 당신이 온전한 확신에 대하여 설교하는 것에 대하여 이의를 제기합니다. 왜냐하면, 나는 인간에게는 온전한 확신이라는 것은 불가능하다고 믿기 때문입니다. 나는 사람이 현세에 있으면서 내세에서 자기가 구원을 받을 것인지 그렇지 않을 것인지를 안다는 것은 있을 수 없는 일이라고 생각합니다. 일부 사람들은 임종 직전에 약간의 확신을 가질 수는 있겠지만, 아주 뛰어나게 거룩하고 신령한 극소수의 사람들을 제외한다면, 그리스도인들이 온전한 확신, 자기가 구원 받았다는 것에 대한 틀림없는 확신을 가진다는 것은 불가능합니다." 당신의 그런 이의제기에 대하여 나는 이렇게 대답합니다. 당신은 온전한 확신이라는 것이 아예 불가능하다고 말하지만, 나는 그런 확신이 가능할 뿐만 아니라, 하나님의 백성들이 분명하게 누려 왔다고 말합니다. 하나님의 성령께서 사람들에게 불가능한 것들을 놓고 기도하라고 가르칩니까? 다윗은 오늘 본문에서 온전한 확신을 주시라고 이렇게 기도합니다: "내 영혼에게 나는 네 구원이라 이르소서." 그러므로 온전한 확신은 가능합니다. 그런 것이 가능한 일이 아니었다면, 다윗은 그런 확신을 주시라고 기도하지 않았을 것입니다. 하나님은 온전한 확신을 주실 수 있으시고, 그리스도인들은 그런 확신을 받을 수 있습니다. 만약 그렇지 않다면, 이 기도는 하나님의 감동으로 된 책 속에 결코 기록되지 않았을 것입니다. 게다가, 여러분은 성령께서 우리에게 불가능한 일을 하라고 권하실 것이라고 생각하십니까? 성령께서는 베드로의 입을 통해서 "형제들아 더욱 힘써 너희 부르심과 택하심을 굳게 하라"(벤후 1:10)고 말씀하시지 않습니까? 성령께서는 우리에게 우리가 은혜로 부르심을 받아서 하나님의 택하신 자들이 된 것을 확신하라고 명하지 않습니까? 성령께서 어떤 것을 기도하라고 하시거나 행하라고 명하신다면, 그것은 불가능한 일일 수가 없습니다. 게다가, 온전한 확신은 수많은 평범한 그리스도인들이 매일 누려온 것입니다. 여러분은 수많은 그리스도인들의 전기 속에서 다음과 같은 표현들을 쉽게 찾아볼 수 있을 것입니다: "나는 내가 그리스도께 속해 있다는 사실을 내가 이 세상에 존재한다는 사실만큼 결코 의심하지 않습니다." 또는, "내가 믿는 자를 내가 알고 또한 내가 의탁한 것을 그 날까지 그가 능히 지키실 줄을 확신함이라"(딤후 1:12). 오늘 이 성전에도 간증할 기회가 주어지기만 한다면 다음과 같이 말할 분들이 많이 계십니다: "나는 내가 거듭났다는 것을 압니다. 나는 내 죄가 모두 다 사함 받았다는 것을 확신합니다. 나는 죽는 것도 두렵지 않고 사는 것도 두렵지 않습니다. 왜냐하면, 내가 살아 있는 동안에는 그리스도께서 나와 함께 하시고, 내가 죽은 후에는 그리스도와 함께 있게 될 것이기 때문입니다. 나는 내 주 예수 그리스도로 말미암아 의롭다 하심을 받아서 하나님과 화목하게 되었습니다." 형제들이여, 온전한 확신은 불가능하지 않습니다. 믿음이 있는 사람은 적절한 수단들을 어떻게 활용해야 하는지를 알기만 한다면 그런 확신에 도달할 수 있습니다.

그렇다면, 구원에 대한 온전한 확신이라는 이 영광스러운 특권에 대하여 일반적으로 반론을 제기하는 신사분들은 도대체 어떤 사람들일까요? 무엇보다도 먼저, 로마 교황을 추종하는 사람들이 있습니다. 물론, 가톨릭교도들은 온전한 확신을 좋아하지 않습니다. 그 이유는 무엇일까요? 만약 가톨릭이 온전한 확신에 대하여 설교하는 것이 옳다는 것을 인정하게 되면, 교황과 그의 사제들의 곳간은 비게 될 것입니다. 형제들이여, 로마 가톨릭교도들이 구원에 대한 온전한 확신을 얻게 되면, 추기경들은 자신의 붉은 모자를 사는 데에 사용할 돈조차 마련하지 못하게 될 것입니다. 왜냐하면, 그렇게 될 때에 연옥설이 들어설 여지가 없게 될 것이기 때문입니다. 온전한 확신이 가능하다면, 연옥의 존재는 불가능한 일이 됩니다. 어떤 사람이 자기가 구원 받은 것을 안다면, 그는 천국에 들어가기 전에, 어리석은 두려움 가운데서 연옥이라는 대기실에서 기다리며 불로 정화되는 것에 신경을 쓸 필요가 없게 됩니다. 연옥설은 이 땅에서 구원에 대한 확신이 없어서 두려워 떠는 가련한 영혼들에게 죽은 후에 연옥에서 정화되는 과정을 거치면 구원을 받을 수 있다는 기만적인 소망을 심어주어 안심하게 만드는 데에만 유용할 뿐입니다. 연옥설은 이렇게 사람들의 무지한 양심의 두려움을 악용한 사기극이기 때문에, 저 용감한 휴 래티머(Hugh Latimer)는 연옥은 가련한 죄인들에게는 "지갑을 터는 연옥"이고, 불한당 같은 사제들에게는 "지갑을 채워주는 연옥"이라고 말하곤 했습니다. 온전한 확신이 모든 그리스도인들에게 주어지고, 가톨릭교도들도 그리스도인이 되어서 자기가 그리스도께 속해 있다는 사실을 온전히 확신하게 되면, 연옥설은 자연히 사라지게 될 것이고, 그 어떤 영혼도 더 이상 연옥실 앞에서 두려워 떨지 않게 될 것입니다.

　　온전한 확신에 대하여 이의를 제기하는 또 다른 부류는 일반적으로 신앙이 없는 사람들입니다. 그들이 온전한 확신이 없다고 주장하는 것은 다른 사람들이 자기들이 가지고 있는 것 외에 다른 것들을 가지고 있다는 것을 인정하면 불안해지기 때문에, 그런 것은 있을 수 없다고 주장함으로써 자신들의 마음을 편하게 할 필요가 있기 때문입니다. 주일에만 형식적으로 교회를 가는 사람들, 신앙은 기도책을 사는 데에 있다고 생각하는 사람들, 성경책과 찬송가를 지니고 있는 것이 경건이라고 생각하는 사람들, 신앙을 새로운 색깔이나 형태의 옷처럼 하나의 유행이나 문화라고 여기는 사람들 — 그런 사람들은 신앙을 액세서리 정도로밖에는 생각하지 않고, 신앙 때문에 울고 웃는 일도 없으며, 신앙이 복과 화의 문제라고도 생각하지 않기 때문에, 그들이 지니고 있는 것 이상의 신앙이나 경건은 없다고 생각합니다. 그들은 "내 죄가 사함 받았다는 것을 나는 결코 알지 못했다"고 말하면서, 자기 자신을 기준으로 남들을 판단해서, 죄 사함에 대한 확신 같은 것은 있을 수 없다고 말합니다. 말하는 것조차 안타깝고 서글픈 일이지만, 복음을 전하는 목회자들 중에도 온전한 확신을 지니게 된 성도들을 꾸짖는 분들이 드물지 않게 있습니다. 얼마 전에 사회적으로 상당한 신분인 한 숙녀분이 나를 찾아와서, 자기가 오랫동안 안식을 구해 오다가, 마침내 자신의 죄가 사함 받았다는 것을 알게 되었을 때에야 진정한 만족을 얻게 되었다고 말했습니다. 그녀는 상당한 지위에 있는 한 성직자를 방문해서 자신에 대한 이야기를 했더니, 그 성직자는 그런 확신은 절대로 불가능하다고 그녀에게 장담했다고 합니다. 그녀는 자기가 소망과 두려움 사이의 어느 지점에서, 그러니까 절망과 소망의 저울의 어느 지점에서 평생 동안 슬퍼하고 울며 지내야 한다고 생각하니 미쳐 버릴 것 같았답니다. 자기가 구원 받았다는 것을 아는 것은 그리스도인의 특권일 뿐만 아니라 의무이기도 하기 때문에, 자기가 은혜 가운데에 있고 지옥에 대한 두려움에서 건짐을 받았다는 것을 성령으로 말미암아 온전히 확신하게 될 때까지는 그 누구도 안심해서는 안 된다는 말을 해주자, 그녀는 얼굴이 환하게 밝아져서 돌아갔습니다. 나는 그녀가 그리스도 예수 안에 있는 은혜를 발견했을 것이라고 믿습니다. 나는 여러분이 가톨릭교도들이나 거기에 동조하는 자들이 구원에 대한 온전한 확신에 대하여 이의를 제기하고 트집을 잡으며 늘어놓는 온갖 육신적인 변명들에 개의치 마시기를 부탁드립니다. 왜냐하면, 우리는 우리가 구원 받았다는 것을 알 수 있을 뿐만 아니라, 우리가 그것을 알 때까지는 결코 만족하고 안주해서는 안 되기 때문입니다. 여러분은 이것을 내가 하는 말로 받아들이지 마시기 바랍니다. 이것은 하나님의 책의 명백한 증언이고, 아우구스티누스, 크리소스토무스 등과 같은 모든 교부들이 분명하게 말한 것입니다. 각각의 그리스도인은 자신의 구원에 대한 온전한 확신을 가질 권리가 있고, 그 확신에 도달할 때까지 결코 만족해서는 안 된다는 것은 모든 종교개혁자들의 증언이고, 청교도 시절의 모든 영적 거인들의 증언이며, 진정으로 복음적인 모든 그리스도인들의 증언입니다.

그러나 또 다른 부류의 반대자들이 있습니다. 그들은 기진맥진해서 이렇게 말합니다: "목사님, 나는 걱정이 됩니다. 나는 목사님이 온전한 확신에 대하여 전하시는 것이 걱정이 됩니다. 왜냐하면, 너무나 많은 사람들이 자기가 구원 받은 것을 확신한다고 자랑해 왔지만, 그들은 그런 척한 악인들이어서 결국에는 멸망을 받아 왔기 때문입니다." 친구여, 물론 나도 지금까지 많은 사람들이 자기가 구원 받았다고 착각하거나 구원 받은 체해 왔다는 것을 인정합니다. 그런 자들은 교만하고 오만하여 주제넘고 뻔뻔스럽게 자기가 구원 받았다고 착각하는 것이 어린아이 같이 자기가 거듭나고 새로워졌다는 것에 대한 확신을 갖게 되는 것과 동일한 것이라고 생각하는 자들입니다. 그러나 당신이 거듭날 때까지는 구원의 확신은 불가능하다는 것을 명심하십시오. 당신이 새로운 마음을 가지고 바른 영을 갖게 될 때까지는, 당신은 구원의 확신에 대하여 생각할 자격이 없습니다. 만약 하나님이 당신의 아버지가 아닌데도 당신이 그렇게 생각하거나, 당신의 두 손이 죄악들로 붉게 물들어 있고 당신의 영혼이 범죄들로 검게 물들어 있는데도 당신의 죄가 사함 받았다고 착각한다면, 그것은 정말 무시무시한 신성모독일 것입니다. 그러나 일부 사람들이 가짜를 만들어 낸다고 해서, 내가 진짜를 내팽개쳐야 되겠습니까? 가짜 주화들이 돌아다닌다고 해서, 진짜 은화들을 모두 다 폐기처분해야 되겠습니까? 당신은 어떤 사람에게서 가짜 수표를 받았다고 해서, 진짜 수표들을 몽땅 다 불태워 버리시겠습니까? 결코 그렇지 않을 것입니다. 나의 사랑하는 형제들이여, 많은 사람들이 구원의 확신이 있는 척한다고 해도, 그것은 한 명의 참된 그리스도인이 자기가 그리스도께 속해 있다는 온전한 확신을 갖지 않아야 할 이유가 되지는 않을 것입니다.

　또 어떤 분들은 "그렇긴 합니다만, 사람들이 온전한 확신을 갖게 되면 도리어 나태해지지는 않을까 걱정입니다"라고 말합니다. 이것은 사람들이 루터가 제시한 믿음을 반대하며 제시한 해묵은 반론입니다. 가톨릭 사람들은 "사람들이 믿음으로 말미암아 의롭다 하심을 받는다는 것을 믿게 되면, 그들은 그 어떤 선행도 결코 하지 않게 될 것이다"라고 주장했습니다. 하지만 사실은 그 정반대입니다. 즉, 사람들은 자기가 믿음으로 말미암아 의롭다 하심을 받았다는 것을 확신하기 전에는 그 어떤 선행도 결코 하지 않습니다. 선행을 해야만 구원 받을 소망이 생기게 된다는 주장을 거부하는 사람들은 사실 자신의 온 힘을 다해서 그리스도를 섬기는 사람들입니다. 구원에 대한 확신은 오직 믿음을 통해서 온전하게 되기 때문에, 그런 확신 가운데에 있는 사람은 언제나 선행에 가장 힘쓰는 사람이 될 수밖에 없습니다. 내가 구원 받았다는 것을 알게 될 때, 나는 다음과 같이 노래하게 됩니다:

> "그때에 나는 사랑으로 인해서 주의 이름을 증거하고
> 　전에 내게 이익이 되었던 모든 것을 이젠 손해로 여기네!
> 　내가 지난날 행하였던 모든 수치스러운 일들을 멸시하고
> 　나의 영광을 주의 십자가에 못 박는다네."

　제대로 된 온전한 확신을 지니게 된 그리스도인은 밭에서는 가장 열심히 일하는 일꾼이 되고, 싸움터에서는 가장 용맹스러운 전사가 되며, 고난의 용광로 속에서는 가장 인내하는 자가 됩니다. 구원에 대한 온전한 확신을 지닌 사람만

큼 적극적이고 능동적인 사람은 없습니다. 확신이라는 땅에 나무를 심고, 확신이라는 강물로 그 나무에 물을 주어 보십시오. 그 나무에는 가지가 심하게 휘어질 정도로 열매들이 주렁주렁 열릴 것입니다. 성공에 대한 확신은 활동을 촉진시킵니다. 믿음으로 인한 기쁨은 슬픔들을 제거합니다. 이룰 수 있다는 확신은 모든 난관을 극복합니다. 다윗이 골리앗의 칼에 대하여 "그 같은 것이 또 없나니 내게 주소서"(삼상 21:9)라고 말한 것처럼, 우리는 구원의 확신에 대하여 그렇게 말할 수 있습니다. 자신의 신분이 무엇인지를 분명하게 알고 있는 사람이 사망이나 마귀를 두려워하겠습니까? 마음에 평안이 있는 사람에게 밖에서 폭풍이 분들, 그것이 무슨 대수로운 일이겠습니까? 구원에 대한 확신은 우리의 마음과 발을 천국으로 옮겨놓아 줍니다. 구원의 확신 가운데에 있는 사람들은 바벨론에 있던 거룩한 자들처럼 모두 다 아름답고, 그 어떤 민족도 "놓인 암사슴"(창 49:21) 같고 "수사자 같고 암사자 같은"(창 49:9) 이 사람들에 비견될 수 없습니다. 자기 이름이 어린양의 생명책에 기록되어 있다는 것을 알고서 감사하는 마음으로 자신의 하나님을 섬기는 사람들만큼 그리스도의 복음을 위하여 자기를 희생하고 담대하게 열심을 가지고 행하는 사람들은 결코 없었습니다. 나는 이 자리에 계신 분들 중에서 아직까지 한 번도 이 문제를 생각해 본 적이 없는 가련한 죄인들에게 말씀드립니다. 당신의 모든 죄가 다 이 아침에 사함을 받을 수 있고, 당신이 그것을 알 수 있다면, 그러니까 하나님이 당신의 영혼을 향해 "내가 너의 구원이라"고 말씀하시고, 당신이 하나님의 자녀가 되었다는 것을 알고 이 성전을 나갈 수 있다면, 당신은 그 확신이 당신으로 하여금 악한 일들을 하게 만들 것이라고 생각하십니까? 당신은 그 확신이 당신으로 하여금 하나님을 예배하는 일에 게으르게 만들 것이라고 생각하십니까? 당신은 결코 그렇게 생각하지 않을 것입니다. 나는 당신이 눈물을 흘리면서 이렇게 대답하는 것을 보게 될 것이라고 생각합니다: "나는 하나님을 위해서라면 무엇이든 하겠습니다. 나는 하나님을 위해 살겠습니다. 나는 나를 사랑하신 하나님을 내가 얼마나 사랑하는지를 보여주기 위해서 하나님을 위해 죽겠습니다." 가엾은 영혼이여, 당신이 지금 그리스도를 믿는다면, 이것은 그대로 사실이 될 것입니다. 당신이 지금 예수 앞에 당신 자신을 던진다면, 당신의 모든 죄는 사함을 받게 될 것입니다. 하나님의 책에 기록된 당신이 지금까지 저질렀던 모든 죄는 다 삭제될 것입니다. 당신은 죄 사함 받고 무죄 방면되며 건짐을 받고 깨끗하게 되고 씻음을 받게 될 것입니다. 그랬을 때, 당신은 당신의 경험을 통해서 구원의 확신은 사람은 범죄하게 만드는 것이 아니라, 죄 사함의 확신은 사람들을 거룩하게 만들고 늘 하나님을 경외하게 만드는 최고의 수단이라는 것을 증명하게 될 것입니다.

내가 답변해야 할 또 한 부류의 반대자들이 있습니다. 칼빈주의자들 중에는 믿음의 온전한 확신을 늘 비웃고 조롱하는 부류가 있습니다. 나는 그들의 코 빠진 얼굴들을 보아 왔고, 그들의 끊임없는 우는 소리를 들어 왔으며, 그들이 다음과 같은 취지로 뭔가를 말하고자 하는 암울한 글들을 읽어 왔습니다: "주 안에서 늘 신음하십시오. 내가 다시 말하노니, 신음하십시오. 울며 애곡하는 자, 의심하고 두려워하는 자, 자신의 하나님을 불신하고 욕되게 하는 자가 구원을 받게 될 것입니다." 이것은 전혀 복음 같지 않은 복음의 요약이고 실체인 것으로 보입니다. 그런데 그들은 왜 그렇게 하고 있는 것일까요? 나는 지금 정직하고 두려움 없이 말하고자 합니다. 그것은 그들 속에 교만이 자리 잡고 있기 때문입니다. 그 교만은 썩은 것을 먹고, 썩은 시체들로부터 골수와 기름을 빨아먹습니다. 그렇다면, 그들의 교만이라는 것은 도대체 무엇입니까? 그것은 자신의 깊은 체험 속에서 다른 사람들보다 자기가 더 자신의 검고 극악무도한 죄를 더 많이 깨닫고 있다는 교만입니다. "그 영광은 그들의 부끄러움에 있고"(빌 3:19)라는 말씀이 그들에게 딱 어울립니다. 그들이 그렇게 하는 것보다 더 기만적인 교만은 있을 수 없기 때문에, 그들의 행태보다 더 위험한 것도 있을 수 없습니다. 그들의 태도 속에는 자기의(自己義)의 모든 요소들이 들어 있습니다. 자신의 선행을 자랑하는 사람보다 자신의 선한 감정을 자랑하는 것이 더 위험합니다. 자신의 선행을 자랑하는 사람에 대해서는 성경이 분명하게 말씀하고 있기 때문에, 당신은 그 사람에게 그가 율법주의자라는 것을 나타내 보여서, 그 사람의 죄를 깨우쳐 줄 수 있습니다. 그러나 자신의 선한 감정을 자랑하는 사람은 자기가 율법주의자가 아니라는 것을 자랑합니다. 그는 율법주의를 아주 맹렬하게 비난합니다. 그는 진리를 알지만, 그 진리가 그의 속에, 또는 그의 심령에 있지 않습니다. 왜냐하면, 그는 여전히 자신의 감정을 의지하고 있고, 그리스도께서 이루신 대속을 의지하지 않기 때문입니다. 인간의 영혼이라는 도성으로 몰래 숨어들어온 온갖 악당들 중에서 감정으로 살아가는 악당이 가장 아름다운 얼굴을 하고 있지만 가장 극악무도한 자였습니다. 형제들이여, 행위이든 감정이든 둘 다 우리가 의지해서는 안 되는 저주 받은 것들이긴 하지만, 당신은 감정에 의지해서 살기보다는 차라리 행위에 의지해서 사는 편이 더 낫습니다. 왜냐하면, 감정은 행위보다 더 기만적이고 사람을 망상에 빠지게 하는 힘이 훨씬 더 크기 때문입니다. 당신은 감정이 아니라 믿음으로 말미암아 의롭다 하심을 받습니다. 당신은 당신이 느끼고 있는 것에 의해서가 아니라 그리스도께서 당신을 위해 느끼신 것에 의해서 구원을 받습니다. 구원의 뿌리이자 토대는 십자가이고, 성경은 "이 닦아 둔 것 외에 능히 다른 터를 닦아 둘 자가 없으니 이 터는 곧 예수 그리스도라"(고전 3:11)고 말씀합니다. 어떤 사람이 자신의 경험을 토대로 삼는다면, 그는 주 예수 그리스도라는 모퉁잇돌이 아니라 "나무나 풀이나 짚으로" 집을 짓는 것입니다(고전 3:11).

지금까지 나는 구원의 확신에 대하여 반대하는 사람들의 말을 들어보고 거기에 답변을 해왔고, 이제는 이 설교의 두 번째 대지로 넘어가려고 합니다.

2. 둘째로, 본문의 말씀을 들어보겠습니다.

"내 영혼에게 나는 네 구원이라 이르소서." 본문이 말씀하고 있는 것으로 보이는 첫 번째의 것은 다윗이 그때에 의심들을 갖고 있었다는 것입니다. 왜냐하면, 그에게 종종 의심과 두려움이 있지 않았다면, 그는 "내 영혼에게 나는 네 구원이라 이르소서"라고 기도하지 않았을 것이기 때문입니다. 그리스도인인 형제들이여, 기뻐하십시오. 다윗조차도 의심을 했다면, 여러분은 "내게 의심들이 있으니 나는 그리스도인이 아니야"라고 말하지 않아야 하는 것은 당연한 일입니다. 가장 훌륭한 신앙인들도 종종 두려움과 걱정으로 괴로워합니다. 아브라함은 아주 큰 믿음을 지니고 있었지만, 그에게도 어느 정도의 불신앙이 있었습니다. 나는 자신의 믿음이 결코 흔들린 적이 없다고 말할 수 있는 그런 형제가 부럽습니다. 그런 형제는 다윗보다 더 나은 신앙을 지닌 사람입니다. 왜냐하면, 다윗은 "내 영혼에게 나는 네 구원이라 이르소서"라고 부르짖지 않을 수 없는 이유를 지니고 있었으니까요.

그러나 다음으로, 본문은 다윗이 자기에게 의심과 두려움이 있을 때에 거기에 만족하고 그대로 넘어가버린 것이 아니라, 즉시 은혜의 보좌 앞에 나아가서 확신을 주시라고 기도하였다고 말합니다. 왜냐하면, 다윗은 그 확신을 많은 정금보다 소중히 여겼기 때문입니다. 다윗은 이렇게 기도한 것으로 보입니다: "오, 하나님이여, 나는 확신을 잃어버렸습니다. 나는 실족하여 거의 넘어질 뻔하였습니다. 의심과 두려움이 나를 지배하고 있습니다. 나는 그것을 견딜 수 없습니다. 나는 비참하고 불행합니다. 내 영혼에게 '나는 네 구원이라'고 말씀해 주십시오."

그런 후에, 본문은 우리에게 세 번째의 것을 말해 줍니다. 그것은 다윗이 온전한 확신을 어디에서 얻어야 하는지를 알고 있었다는 것입니다. 다윗은 즉시 하나님 앞에 나아가서 기도합니다. 그는 무릎으로 하는 일이 믿음을 더해주는 일이라는 것을 알고 있었기 때문에, 자신의 골방에 들어가서, 지존자에게 "내 영혼에게 나는 네 구원이라 이르소서"라고 부르짖습니다. 나의 형제들이여, 하나님의 사랑을 분명하게 지각하고자 한다면, 우리는 많은 시간 홀로 하나님과만 있어야 합니다. 당신의 부르짖음을 그쳐 보십시오. 그러면, 당신의 눈은 어두워지게 될 것입니다. 기도를 많이 할수록, 당신은 더 많이 천국에 가 있게 될 것입니다. 기도를 소홀히 할수록, 당신의 진보는 느려질 것입니다.

이제 본문을 좀 더 잘게 쪼개서 단어들을 살펴보겠습니다. 다윗은 자신의 확신이 그 원천이신 하나님으로부터 오지 않았으면 결코 만족하지 않았을 것임을 주목하십시오. "내 영혼에게 이르소서." 크신 하나님이 직접 내 영혼에게 이르소서! 사제가 "하나님이 네 구원이라"고 말해준다면, 그것은 아무것도 아닙니다. 내 교회의 목사님이나 집사님이나 교회의 성직자들이나 모든 지체들이 그렇게 말해준다고 해도, 그것은 아무것도 아닙니다. 하나님, 하나님께서 친히 그렇게 말씀해 주십시오! 하나님께서 친히 영혼에게 말씀해 주시지 않는 한, 참된 그리스도인은 결코 만족할 수 없습니다. 하나님의 성령께서 초자연적인 방식으로 친히 우리의 양심과 마음에 말씀해 주셔야 합니다. 은혜로우신 하나님, 나로 하여금 아무 데나 소망을 두지 않게 하시고, 나의 확신이 잘못된 것을 토대로 삼지 않게 하시며 모래 위에 지어지지 않게 하옵소서. 하나님께서 친히 당신의 진리의 말씀과 지혜로 내게, "나는 네 구원이라" 말씀해 주옵소서.

다음으로, 다윗은 구원의 확신이 자기에게 생생하게 임할 때까지는 결코 만족할 수 없었다는 것을 주목하십시오. "내 영혼에게 나는 네 구원이라 이르소서." 하나님께서 이것을 모든 성도들에게 말씀해 주신다고 해도, 직접 내게 말씀해 주시지 않는다면, 그것은 내게 아무 소용도 없을 것입니다. 하나님, 나는 범죄하였으므로, 나는 그런 말씀을 받을 자격이 없는 죄인입니다. 나는 감히 그렇게 말씀해 주시라고 청할 수도 없는 자이지만, 내 영혼에게 "나는 네 구원이라" 말씀해 주옵소서. 내가 하나님의 것이요 하나님이 나의 하나님이시라는 사실에 대하여 논란의 여지가 없이 분명하고 틀림없고 인격적인 지각을 내게 주옵소서.

다음으로, 다윗은 그러한 지각이 자신의 심령 깊은 곳에 임하게 해주시라고 간구하였다는 것을 주목하십시오. "내 영혼에게 말씀하옵소서. 크신 하나님, 단지 내 귀에만이 아니라 내 영혼에 말씀해 주옵소서. 나로 스치는 바람결에 그 말씀을 들은 것으로 착각하게도 마옵시고, 꿈속에서 그 말씀을 들은 것으로 오해하게도 마옵시고, 내 영혼의 귀에 직접 말씀하셔서, 내 속사람이 하나님의 평안의 응답을 들을 수 있게 하옵소서: '내 영혼에게 나는 네 구원이라 이르소서.'" 형제들이여, 표면에 스치는 음성이 아니라 우리의 내면 깊은 곳에 들려오는 음성만이 우리에게 확신을 가져다줍니다. 우리에게 필요하고 있어야 하는 것은 "깊은 곳에 임하는" 저 복입니다. 우리는 겉만 번지르르하고 아름답게 기만적으로 회칠해서 더럽고 치명적인 나병을 감추는 것만으로는 만족하지 못할 것입니다. 우리 영혼은 그 중심으로부터 건강하고 건전해야 합니다. 하나님이여, 내 영혼에게, 즉 내 마음의 가장 깊은 곳에 "나는 네 구원이라"고 말씀해 주옵소서. 그 어떤 의심이나 논란이나 헷갈림도 없도록 아주 분명하게 "나는 네 구원이라"고 말씀해 주옵소서.

또한, 다윗이 현재적인 확신을 원하고 있다는 것을 주목하십시오. 그는 "내 영혼에게 나는 너의 구원이 될 것이라고 이르소서"라고 말하는 것이 아니라, "나는 너의 구원이라"고 말씀해 주시라고 기도합니다. 하지만 여러분이 본문을 보시면 아시겠지만, 여기에서 현재형 "-이라"(am)는 원문에는 없기 때문에 흠정역에 이탤릭체로 나와 있습니다. 흠정역의 역자들이 "-이라"를 보충해 넣은 것입니다. 따라서 "-이라"는 하나님의 말씀이 아니라 사람의 말이기 때문에, 나는 거기에 대해서 많은 말을 하고자 하지 않습니다. 그러므로 이 본문은 "내가 너의 구원이 될 것이라"도 될 수 있고, "내가 너의 구원이었노라"도 될 수 있고, "내가 너의 구원이라"도 될 수 있습니다. 그래서 거기에 시제를 나타내는 그 어떤 단어도 없는 것이 가장 합당합니다. 우리는 하나님이 말씀하신 것으로부터와 마찬가지로 침묵하시는 것으로부터도 많은 것을 배울 수 있습니다. 나는 이 침묵도 바로 그런 경우라고 생각합니다. 이 본문 속에 시제를 나타내는 단어가 없는 것은 온전한 확신은 그리스도인으로 하여금 하나님에 대하여 이렇게 말할 수 있게 해주기 때문입니다: "하나님은 창세 전에 나의 구원이셨고, 지금도 나의 구원이시며, 세상이 사라지고 없을 때에도 나의 구원이실 것입니다." 그러므로 당신이 이 기도를 어느 시제로 말해도, 그것은 모두 맞는 기도가 됩니다. "내 영혼에게 나는 네 구원＿＿＿ 이르소서." 이렇게 해서 "나"와 "네 구원"은 동일한 말이 될 것입니다. 스스로 존재하시는 크신 인격자이신 하나님을 가리키는 "나"와 "네 구원"은 동일한 것으로 서로 연결되어 있습니다. 이 둘은 떼려야 뗄 수 없을 정도로 서로 결합되어 있어서, 둘 다 확실하고, 둘 다 옛적부터 영원하였으며, 둘 다 장차 올 모든 세대에도 영원할 것입니다. "내 영혼에게 나는 네 구원＿＿＿ 이르소서."

　　이렇게 해서 나는 본문이 우리에게 무엇을 말씀하는지를 우리가 잘 들었다고 생각합니다. 여러분은 지금까지 그 말씀을 다 듣고서 우리가 한 가지만 질문하면 될 것 같다고 말할 것입니다: 하나님은 우리에게 "나는 네 구원이라"는 것을 어떤 식으로 말씀하실 수 있으십니까? 여러분은 길거리를 걸어가다가 그 말씀을 들을 것이라고 기대하지 않을 것입니다. 여러분은 그 말씀이 창공에 씌어져 있는 것을 보게 될 것이라고 생각하지도 않을 것입니다. 그렇습니다. 하나님께서는 자신의 말씀을 통해서, 자신의 사역자들을 통해서, 자신의 성령을 통해서 당신이 구속주의 피로 씻음을 받았다는 사실을 당신의 마음에 조용히 그리고 신비롭게 새기시는 방법으로 자기 백성에게 말씀하십니다. 스위스의 제네바 출신인 세자르 말랑(Cesar Malan, 1787-1864년) 목사님은 하나님께서 자신의 말씀 속에서 우리에게 "나는 네 구원이라"고 말씀하시는 방식을 아주 알기 쉽게 설명해 놓았습니다. 어떤 목회자가 존이라는 사람과 대화하고 있는 장면을 상상해 보십시오. 존은 걱정하며 의심하고 있어서, 어떤 사람이 구원 받았다는 것을 성경이 그 사람에게 어떻게 말씀할 수 있는지를 알 필요가 있습니다. 대화는 이런 식으로 진행됩니다.

　　목회자: "예수 그리스도를 믿는 사람은 영생을 얻는다(요 3:16)고 하나님이 말씀하신 것을 당신도 알고 있겠지요? 그런데도 당신은 그 말씀이 불분명하거나 애매모호하다고 생각하는 것처럼 보입니다." 존: "아닙니다, 결코 그렇지 않습니다. 나는 그 말씀이 참이라는 것을 확신합니다. 그렇지만 '내가 예수 그리스도를 믿는다'고 말하는 모든 사람이 다 하나님이 택하신 자들, 주님이 그 피로 사신 자들, 은혜로 말미암아 구원 받은 자들은 아니지 않습니까? 자기가 하나님의 아들을 믿는다고 공언하는 사람들 중에는 위선자들도 많기 때문에, 그런 말을 한다고 해서, 모두 다 택함 받은 자들이 아니지요." 목회자: "당신도 알다시피, 하나님의 말씀이 자기가 믿는다고 말하거나 예수 그리스도를 믿는 체하거나 자기가 믿

는다고 착각하는 사람들이 영생을 얻는다고 말씀하고 있는 것은 아닙니다. 이 무오한 말씀은 진정으로 믿는 사람들이 진정으로 영생을 얻는다고 말씀하고 있는 것이지요. 그러니까 기독교 국가들에서 예수 그리스도를 믿는다고 공언하는 많은 사람들이 진정으로 믿는다는 증거는 없습니다. 그러나 사람들이 구주를 진정으로 믿는다면, 그들은 틀림없이 영생을 얻게 될 것이 아니겠습니까?" 존: "목사님, 그렇죠. 자기가 구주를 믿는다고 확신할 수 있는 사람은 누구나 자기가 영생을 실제로 얻었고 하나님의 택함 받은 자라는 것을 확신할 것입니다." (이 목사님은 작은 종이를 가져와서 거기에 다음과 같은 글을 썼습니다.) "내 손에서 내가 쓴 글이 적혀 있는 이 종이를 받는 사람이 누구든지, 나는 그 사람을 나의 친구로 여길 것입니다." (목사님은 그렇게 적고서 거기에 자기 이름을 쓴 후에, 그 종이를 존에게 주며 말합니다.) "내 손에서 이 종이를 받으시고 내 약속을 믿으십시오. 왜냐하면, 나는 믿을 만한 사람이기 때문입니다." (존은 그 종이를 받아서, 목사님이 쓴 글을 읽습니다.) 목회자: "내가 한 약속을 따르면, 나는 당신을 어떻게 대하여야 하겠습니까?" 존: "목사님은 나를 친구로 대하시겠지요." 목회자: "그렇다면, 친구로 대하겠다고 한 사람은 나입니까 당신입니까?" 존: "목사님이시죠." 목회자: "당신은 내가 당신의 친구이고, 당신이 내 친구가 되었다고 말하는 것을 주저하시겠습니까?" 존: "내가 당신을 믿지 못하겠다고 말한다면, 나는 당신을 거짓말쟁이로 만드는 것이겠지요." 목회자: "그렇다면, 사랑이 담긴 눈길로 당신이 나를 보고 계십니까, 아니면 내가 사랑이 담긴 눈길로 당신을 보고 있는 것입니까? 내가 당신의 친구이고, 내가 당신을 내 친구로 여긴다는 것을 당신은 확신하고 있습니다." 존: "목사님, 당신이 나를 사랑하고 내게 신경을 쓰고 계시는 것입니다." 목회자: "내가 당신에게 그런 호의를 갖고 있다는 것을 당신은 어떻게 확신하십니까?" 존: "당신은 기쁜 마음으로 나를 친구로 여긴다고 말씀하시고, 나는 당신의 진실성을 의심하지 않으니까요." 목회자: "나는 당신의 이름을 종이에 적어서 내 친구라고 명시하지 않았습니다. 그런데도 당신은 내가 특히 당신을 염두에 두고 이 종이에 그런 글을 썼다는 것을 어떻게 아십니까?" 존: "당신은 이 종이를 받는 사람을 누구든지 당신이 친구로 대하시겠다는 것을 자신의 손으로 직접 이 종이에 쓰셨고, 나는 그 종이를 받았으며, 나는 당신의 권위를 아는 까닭에 당신이 쓴 글을 의심하지 않기 때문입니다." 목회자: "그러니까 당신은 한편으로는 이 종이를 내 손에서 받은 것이 확실하고, 다른 한편으로는 내게 권위가 있다는 것이 확실하기 때문에, 이 종이에 적힌 대로 당신이 지금 나의 친구가 되었다는 것을 확신한다는 말이지요?" 존: "만약 내가 그 점에 대해서 의심한다면, 그것은 당신의 진실성을 모욕하는 것이 되겠지요."

　이 예화의 요지는 이런 것입니다: 당신이 이 말씀을 받아들이고, 또 거기에서 말씀하고 있는 사람이 바로 당신 자신이라는 것을 안다면, 그것은 하늘에서 한 천사가 내려와서 지금 당신 곁에 앉아서 이 회중 앞에서 당신의 귀에 "하나님은 당신의 구원이십니다"라고 말해준 것이나 다름없다는 것입니다. 형제들이여, 나는 내가 그리스도의 십자가 외에는 다른 그 어떤 것도 의지하지 않고 있다는 것을 압니다. 그러므로 나는 내가 구원 받았다는 것을 압니다. 당신이 오직 그리스도만을 의지하고 있다면, 당신도 나와 똑같은 말을 할 수 있습니다. 거기에는 "만약에"나 "그러나" 같은 말이 필요 없습니다. 당신은 이미 구원 받은 것입니다. 당신이 구원 받았다는 것을 기뻐하시고, 집으로 돌아가서서 구원 받은 자로 살아가십시오. 구원에 대한 확신은 당신의 영혼에 골수와 기름진 것이 되어 줄 것입니다.

　그러나 하나님은 흔히 자신의 말씀만이 아니라 자신의 사역자를 통해서도 말씀하십니다. 그러나 방식은 거의 동일합니다. 설교자가 구원 받은 사람들에 대하여 설교하고 있을 때, 당신이 듣고서, "목사님이 내 얘기를 하시네"라고 말합니다. 설교자는 당신의 상태를 설명할 때, 당신은 성전 저 끝에 서 있으면서도, "그건 바로 난데"라고 말합니다. 설교자가 수고하고 무거운 짐 진 죄인에 대하여 말하며 그에게 오라고 권할 때, 당신은 "내가 수고하고 무거운 짐 진 자인데 주님 앞에 나아가고자 한다"라고 말합니다. 그렇게 해서, 당신이 나아왔을 때, 그리스도께서는 당신에게 안식을 주셨습니다. 당신은 그것에 대하여 그 어떤 의심도 가질 필요가 없습니다. 당신이 설교자가 전하는 말씀을 듣고서, 어떤 상태에 있는 사람들에게 하나님이 주신 약속을 합당하게 붙잡았다면, 당신은 "하나님께서 자신의 종을 통해서 내게 '나는 네 구원이라'고 말씀하셨다"고 말할 수 있습니다.

　또한, 하나님은 자신의 말씀이나 사역자 없이도 우리의 마음에 말씀하실 수 있습니다. 가랑비가 부드러운 풀들에 내리듯이, 하나님의 성령은 우리의 마음에 비나 이슬처럼 내릴 수 있습니다. 우리는 그 일이 어떻게 이루어지는지를 알지 못하지만, 종종 깊고 감미로운 평안이 우리 마음에 임합니다. 우리의 양심은 "내가 그리스도의 피로 씻음을 받았다"고 말하고, 하나님의 성령은 "그렇다, 그게 맞다, 그게 맞다"라고 말씀합니다. 그럴 때에 우리는 너무나 행복해서 우리의 기쁨을 다른 사람들에게 말하고 싶어지고, 너무나 복되어서 천사들의 날개를 빌려서 멀리 날아, 부지불식간에 천국의 진주 문들을 통과하게 됩니다. 왜냐하면, 우리는 아래 천국에 있으면서도, 위에 있는 천국과 거의 차이를 느끼지 못하게 되기 때문입니다. 나는 남녀로 이루어진 이 온 회중이 한 사람도 빠짐없이 "나는 네 구원이라"는 성령의 음성을 듣게 되기를 바랍니다. 이 얼마나 복된 찬송이며 이 얼마나 복된 기도입니까! 여러분은 오늘 허름한 단칸방으로 돌아가서서 소박한 식사를 하시더라도 행복하고 복된 사람들입니다. 그리스도에 대한 확신 없이 소 한 마리를 잡아 진수성찬으로 식사하는 사람들보다 구원의 확신을 가지고서 나물에 보리밥을 먹는 사람들이 더 행복한 사람들입니다. 예수를 믿지 않아 영적으로 빈곤한 부자보다는 물질적으로 가난하지만 영적으로 부요한 당신이 더 행복한 사람입니다. 세상적인 사람들이 믿음으로 축복받지 않고 하나님에 대한 사랑으로 성별되지 않은 기쁨들을 누리는 것보다 구원의 확신으로 거룩하게 된 당신이 온갖 슬픔들을 견뎌내는 것이 더 나은 삶입니다. 나는 지금 이렇게 말할 수 있습니다:

"나로 늘 주의 얼굴을 뵙게 하옵소서.
    그러면 내겐 더 이상 원이 없겠나이다."

이제 세 번째 대지로 넘어가겠습니다.

3. 셋째로, 설교자의 말을 들어보십시오.

자, 이제는 여러분이 설교자가 무엇이라고 말하는지를 인내심을 가지고 들어주시기 바랍니다. 나는 이 많은 회중 가운데서 자기가 구원 받았다는 것을 전혀 알지 못하는 아주 많은 분들을 상대로 말씀을 전하고 있다는 것을 압니다. 사실, 여러분은 모두 다 상태가 동일하지 않는데도, 나는 여러분 모두를 동일한 부류로 상정하지 않으면 안 됩니다. 왜냐하면, 구원 받은 사람들 중에도 자기가 구원 받았다는 것을 전혀 모르는 분들이 있기 때문입니다. 그런 사람들은 예수를 믿지만, 그들의 믿음이 아주 작아서, 자기가 죄 사함 받았다는 것을 전혀 알지 못합니다. 여러분은 그런 부류에 속하기 때문에, 나는 잠시 여러분을 그런 부류로 취급을 해야 하겠습니다. 그러나 여러분 중에는 결코 알려고 하지 않았기 때문에 자기가 구원 받았다는 것을 전혀 모르는 분들도 많습니다. 당신의 족보를 확인하는 것은 당신에게 중요한 문제인데도, 당신은 "하나님이 나의 아버지이신가?"라고 한 번도 물은 적이 없습니다. 당신은 당신이 보유한 부동산의 등기권리증은 꼼꼼하게 확인하지만, 천국이 당신의 것인지 아닌지에 대해서는 확인하는 수고를 하고자 하지 않았습니다. 여러분 중에는 구원 받는 것은 아주 쉬운 일이기 때문에, 그런 일로 신경 쓰거나 고민할 필요가 없고, 단지 자신의 의무를 다하여 교회에 잘 출석하면, 구원은 저절로 주어질 것이라고 생각하는 분들도 있을 것입니다. 당신은 거듭나야 한다느니 새 마음과 바른 영을 받아야 한다느니 하며 야단법석을 떨 필요가 없다고 말합니다. 내가 당신에게 또다시 말씀을 전하게 될 수 있을지는 모르겠지만, 심판의 날에 당신이 망상 가운데서 멸망 받는다고 하여도, 나는 당신의 피에 대하여 책임이 없으리라는 것만은 명심하십시오. 영국 전체가 그런 망상 가운데에 빠져 있습니다. 국교도들은 국교회의 가르침을 따라서 가톨릭교회를 아주 끔찍하게 여기는데, 우리가 가톨릭교회를 끔찍이 여기는 것은 그 절반도 따라가지 못합니다 — 국교도 신앙이라는 것은 그 속에 뿌리도 없고 영혼도 없는 명목상의 것인데도 말입니다. 영국인들 중에는 성찬식에 나아갈 때마다 합당하지 않게 먹고 마심으로써 주님의 몸과 피에 죄를 짓고 있다는 것도 알지 못한 채, 단지 자기가 유아 세례를 받았고 성찬에 나아간다는 이유만으로 자신을 그리스도인이라고 생각하는 사람들이 무수히 많습니다. 영국인들의 수많은 사람들이 신앙을 고백하면서도 구원의 확신이 없다는 것은 영국의 화(禍)이자 재앙입니다. 여러분 중에도 설교자들이 여러분의 감정을 상하게 할 것이 두려워서 진리를 제대로 전하지 못하고 죽은 목회를 하고 있는데도 거기에 만족하며 앉아 있는 분들이 많습니다. 그런 설교자들은 마치 사람이 칼을 허공에 휘두를 뿐 심장을 겨누어 찌르지 않듯이 하나님의 진리를 일반적으로만 전하고, 구체적으로 비수가 되어 사람들의 마음에 꽂히게 하지는 않으려 합니다. 우리에게 필요한 것은 더 구체적으로 다루고 더 분명하게 전하여 당신의 영혼 속으로 더 깊이 찔러 넣어서 당신으로 하여금 두려워 떨게 하고, 당신이 하나님 앞에서 바른지 아닌지를 스스로 묻게 하는 것입니다.

　　그러므로 나는 자기가 구원 받았다는 것을 전혀 알지 못하는 모든 분들을 향하여 말씀을 드립니다. 먼저 나는 그런 당신은 참으로 어리석은 사람이라는 말씀을 드립니다. 당신은 곧 죽어서 천국이나 지옥으로 가게 될지도 모릅니다. 즉, 당신은 머지않아 영광과 빛이냐 어둠과 공포냐의 갈림길에 서게 될 것인데도, 당신이 어디로 가게 될지를 모른다는 것입니다. 어리석은 사람들이여! 참으로 불쌍한 사람들이여! 여러분 중에서 "나는 내가 암에 걸렸는지 안 걸렸는지 모릅니다"라고 말하는 사람이 있다면, 나는 그 사람에게 빨리 의사에게 가서 보이고 사실을 확인해 보라고 말할 것입니다. 그러나 "나는 내가 죄에 묶여 사망 가운데에 있는지 그렇지 않은지 알지 못합니다"라는 말은 그것보다 훨씬 더 끔찍한 말입니다. 여러분은 부동산에 대한 권리에 있어서는 법이 허용하는 한 단단히 자신의 권리로 잡아두고자 합니다. 여러분은 부동산에 대한 자신의 권리를 안전하게 확보하기 위해서는 법이 허용하는 모든 수단을 동원합니다. 그러는 여러분이 천국에 대해서는 자기가 갈 수도 있고 못 갈 수도 있는 상태로 그냥 내버려 두고도 마음이 편하십니까? 여러분은 정말 어리석은 사람입니다! 어떻게 여러분은 그렇게 넋이 나가 있을 수 있단 말입니까? 여러분이 죽는 것은 확실한 일인데도, 여러분이 구원 받았는지에 대해서는 확실하게 해두고 싶지 않으신 것인가요? 여러분이 하나님의 법정 앞에 서야 하는 것은 확실한 일인데도, 여러분이 무죄 판결을 받을 것인지 유죄 판결을 받게 될 것인지에 대해서는 몰라도 괜찮단 말입니까? 여러분 안에 지혜라는 것이 남아 있고, 여러분이 완전히 정신이 나가 버린 것이 아니라면, 나는 여러분이 구원 받았는지를 반드시 확인하고, 구원 받았다는 것이 확실하다는 것을 알게 될 때까지는 결코 만족하지 말라고 살아 계신 하나님의 이름으로 당신에게 명합니다.

나는 여러분을 어리석다고 말할 뿐만 아니라 불쌍하다고 말하지 않을 수 없습니다. 나는 여러분이 불쌍하다고 말하고 있습니다. 여러분은 나를 쳐다보며, "우리는 평안하고 편안하며 만족합니다"라고 말하고 싶으십니까? 정녕 그렇다면, 그것은 미친 사람들이 하는 말입니다. 만약 내가 화산의 분화구 가장자리에 누워 있는 어떤 사람을 보았고, 그 화산이 곧 폭발해서 용암이 분출될 것을 알고 있다면, 그 사람이 자연이 준 가장 아름다운 꽃들을 보며 기뻐하거나 아주 단 사탕을 빨아 먹고 있다고 할지라도, 나는 그 사람을 행복하다고 말할 수 없을 것입니다. 그런데 여러분이 바로 그런 상태에 놓여 있습니다. 여러분의 영원한 운명이 바람 한 줄기나 물방울 하나에 걸려 있습니다. 만약 생명이 머리카락 한 올에 달려 있다면, 그것은 정말 위태로울 것입니다. 그러나 여기 여러분의 생명이 달려 있는 여러분의 영혼이 꿈보다도 더 허망한 것에 달려 있습니다. 여러분은 이 성전에서 갑자기 죽을 수도 있습니다. 그런 일은 아주 특별한 일이 아닙니다. 사람들은 살아 있는 채로 하나님의 성전에 왔다가, 시체가 되어 나가곤 했습니다. 여러분이 곧 죽을 것인데도, 멸망 받게 될지 구원 받게 될지를 확신하지 못하고 있다면, 나는 여러분을 왕이라고 부를 수 없는 것과 마찬가지로 여러분이 행복하다고 말할 수도 없을 것입니다. 내가 여러분에게 붙여줄 수 있는 유일하게 올바른 명칭은 불쌍한 사람들이라는 것입니다. 여러분의 미래의 운명에 대하여 확신하지 못하는 사람들은 정말 불쌍한 사람들입니다!

다시 한 번 나의 이 마지막 말이 여러분의 귀에 늘 쟁쟁하게 울리게 하십시오. 여러분은 파티나 즐거운 모임이나 밤의 무도회나 화려한 시장가에 갈지라도, 늘 이 말이 여러분의 귀에 쟁쟁하게 울리게 하십시오: "자기가 구원 받았는지 멸망 받게 될지도 모르는 당신은 정말 위험합니다!" 여러분은 죽게 될 것입니다. 나는 이 점에 대해서는 여러분이 이의를 제기하지 않을 것이라고 생각합니다. 여러분은 영원히 살 것이라고 주장하지 않습니다. 여러분은 자기가 죽을 것임을 다 압니다. 여러분은 죽을 것입니다. 그런데 여러분이 두려워하던 일들이 정말 벌어진다면, 여러분은 어떻게 되겠습니까? 여러분의 친구들은 더 이상 웃지 못합니다. 그들은 지옥의 저주 받은 영들이 되었습니다. 여러분이 어디에 있는지는 더 이상 사소한 일이 아닙니다. 그것은 이제 죽음만큼이나 엄숙하고, 영원만큼이나 중대합니다. 여러분의 까다로운 귀를 한때 즐겁게 해주었던 음악은 지금 어디로 다 가버린 것입니까? 여러분이 지금 들을 수 있는 교향악은 한숨들과 애곡들과 울부짖음들뿐입니다. 여러분을 편안하고 즐겁게 해주던 저 푹신하고 아늑했던 소파는 지금 어디로 다 가버린 것입니까? 여러분은 지옥에 침상을 폈습니다. 여러분에게 어떤 변화가 일어난 것입니까? 여러분은 큰 부자의 붉은 옷에서 지옥의 불길로, 그토록 사치스럽고 화려했던 연회들에서 너무나 끔찍한 악귀들로 옮겨졌습니다. 주일에 성경책 들고 교회만 왔다 갔다 했던 여러분은 지금 어디에 있습니까? 거기에는 신앙 고백도 할 수 없습니다. 거기에는 찬송가도 없고 은혜의 사역도 없고 거룩한 노래 소리도 없습니다. 지옥에는 예배시간을 알리는 종소리도 없고, 눈물에 젖은 눈도 없고, 따뜻한 마음도 없고, 여러분을 사랑해서 지옥의 두려움에 대하여 말씀을 전해서 어떻게든 여러분을 구원하고

자 했던 그 떨리는 입술도 없습니다. 여러분이 구원 받은 것을 확신할 수 없다면, 여러분은 저주 받은 것이 확실한 것이 아니고 무엇이겠습니까? 그리고 그것은 여러분 자신의 염려에서 그치는 것이 아니라 아마도 사실일 것임을 명심하십시오. 여러분은 전자든 후자든 확신하고 있습니다. 어느 쪽입니까? 어느 쪽이어야 합니까? 내가 이 무시무시하고 끔찍한 일들에 대하여 말씀을 전할 때, 사람들은 내가 전하는 말씀을 듣고자 하지 않지만, 나는 그것들에 대하여 침묵하고자 하지 않는 한 그것들을 전할 수밖에 없습니다. 여러분이 멸망 받는다면, 그것은 여러분을 위해서 기도하며 울며 간곡하게 호소한 것이 부족해서는 아닐 것입니다. 죄인이여, 간절하게 호소하건대, 돌이키십시오. 내가 죽었다가 다시 살아나서서 나를 보내어 여러분에게 간절하게 호소하라고 하신 이의 이름으로 여러분에게 부탁하노니, 여러분이 지금까지 한 번도 찾지 않았다면, 지금 찾으십시오. 그리고 여러분이 찾아 오셨다면, 또다시 찾으십시오. 여러분이 찾으셨다면, "주는 나의 것이고 나는 그의 것입니다"라는 고백이 나올 때까지 더 온전히 찾으십시오. 게으르고 나태한 자들이여, 오늘 밤 오리털로 된 베개를 베시되 잠자지는 마십시오. 왜냐하면, 여러분은 이 세상에서 다시는 깨어날 수 없을지도 모르기 때문입니다. 내일 진수성찬이 차려진 식사 앞에 앉으셔서 그 맛있는 음식들의 향을 음미하기는 하시되 드시지는 마십시오. 왜냐하면, 여러분에게는 물 한 방울도 마시지 못할 날이 올 수도 있기 때문입니다. 여러분의 행복이 확실하다는 것을 확신하기까지는 행복해하지 마십시오. 여러분의 평안이 영원하고 참된 평안이 될 때까지는 평안을 누리려 하지 마십시오. 하나님께서 여러분을 복 주실 때까지는 자기를 복 있는 자라고 말하지 마십시오. "하나님은 매일 분노하시는 하나님"(시 7:11)이시고, "율법 아래 있는 자는 저주를 받은 자로다"라고 말씀하시는 동안, 여러분이 복이 있다고 생각하지 마십시오.

그러나 여러분은 구원 받고자 하십니까? 하나님의 성령께서 여러분에게 "피하라! 피하라!"고 속삭이고 계십니까? 여러분이 죄 사함 받는 길은 여전히 열려 있습니다. 지금 죄 사함이 있습니다. 당신을 위한 죄 사함이 있습니다. 죄인이여, 그리스도를 믿고 신뢰하십시오. 그러면 당신은 바로 이 순간 구원을 받게 될 것입니다. 지금 당신의 모든 죄를 들고 나와서 그리스도를 믿으십시오. 성령께서 당신을 인도하셔서, 나의 주를 믿고 신뢰하게 하심으로써, 당신으로 하여금 주께서 당신의 죄를 영원히 사하셨고 당신이 주 안에서 받아들여지고 복을 받았다

는 확신 속에서 집으로 돌아가게 하시기를 빕니다. 하나님께서 여러분 각자를
지금부터 영원까지 복 주시기를 빕니다. 아멘.

> "수많은 적들에게 둘러싸이고
>   안에 있는 수많은 적들의 공격을 받는 가운데
>   재빠르지 않아서 도망칠 수도 없고
>   힘이 없어서 대항할 수도 없이
>   지옥과 세상과 죄에 맞서 홀로 싸우네.
>   비록 혼자이지만 나는 낙심치 않네.
>   난 예수의 이름을 믿네.
>
>   무수한 적들이 공격해 와도
>   수많은 세상들이 내 영혼을 공격해 와도 난 흔들리지 않네.
>   내게 있는 방패가 그들의 분노를 잠재우고
>   적군을 물리칠 테니.
>   그 방패에는 피 흘리는 어린 양이 그려져 있다네.
>   난 예수의 이름을 믿네."

제
40
장

—

너무나 깊어서 헤아릴 수 없는

—

"주의 심판은 큰 바다와 같으니이다." — 시 36:6

본문에서 "심판"으로 번역된 단어를 우리가 어떤 식으로 이해하더라도, 이 문장은 참입니다. 땅을 괴롭히고 나라들을 초토화시키며 도시들을 파괴하고 과거의 유적들을 휩쓸어 가버리는 끔찍한 재앙들은 많은 부분 불가사의합니다. 현세에서 이루어지는 악인들에 대한 하나님의 심판 — 어떻게 해서 악인들이 한동안 형통했다가 갑자기 망하게 되는 것인지, 어떻게 해서 악인들이 황소처럼 살쪘다가 한순간에 도살장으로 끌려가게 되는 것인지 — 은 많은 부분 불가사의합니다. 내세에서 이루어질 악인들에 대한 하나님의 심판도 마찬가지로 "큰 바다"와 같아서 간단하게 얘기할 수 없습니다. 불경건한 자들에 대한 장래의 형벌이라는 엄숙한 주제는 "큰 바다"와 같아서, 우물우물 했다가는 지옥이라는 바다에 빠져 죽을 수 있기 때문에, 사람들은 자기 앞에 너무나 절박한 위험이 있다는 것을 알아서 신속하게 생각하여 결단하지 않으면 안 됩니다.

그러나 오늘 밤에 나는 본문을 하나님이 자기 백성을 다루시는 방식들을 보여 주는 것으로 해석하여 말씀을 전하고자 합니다. 하나님은 저 무시무시한 최후의 심판에서 악인들을 다루실 때처럼 이 땅에서도 행악자들에게는 무시무시한 보응을 하심으로써 율법의 변개될 수 없는 정의를 변호하시지만, 자기 백성에게는 심판의 형벌로 다루시지 않으십니다. 그러나 나는 그런 것에 대하여 말하고자 하는 것이 아닙니다. 나는 본문을 성경에서 "판단들"이라고 불리는 하나님의 손에 의한 유익한 훈육과 고통스러운 징계를 보여주는 것으로 해석합니다. 그것들은 우연히 찾아오는 것도 아니고, 단지 절대 주권의 일부로 우리에게 이루어지는 것도 아니고, 하나님께서 그것들이 우리에게 꼭 필요하다고 판단하시기 때문에 지혜 가운데서 보내시는 것입니다. 하나님은 헤아리고 분별하셔서 그것들의 분량을 정하여 우리에게 보내십니다. "판단들"은 환난의 다른 감미로운 이름입니다. 나는 환난을 나의 죄에 대한 심판으로 보지 않습니다. 나의 죄는 그리스도 안에서 이미 벌을 받았기 때문에, 그런 일은 있을 수 없습니다. 나는 내가 겪는 환난들을 인자하신 아버지 하나님이 자신의 지혜로우신 판단을 따라 내게 보내시는 것이라고 봅니다. 하나님은 별 생각 없이 환난들을 보내시는 것이 아니라, 언제나 자신의 무한한 지혜와 명철을 따라 보내십니다. 환난들은 하나님의 무한한 판단과 지혜에 의해서 가장 적절한 때에 적절한 분량으로 보내집니다. 한 마디로 말해서, 환난들은 사법절차에 따라서가 아니라 사려분별에 따라서 이루어지는 것이기 때문에 "판단들"이라 불립니다.

　　하나님이 자기 종들을 다루시는 방식들은 언제나 지혜롭고 분별 있어서 흔히 "큰 바다"와 같습니다. 이 저녁에 나는 "큰 바다"라는 비유가 보여주는 서너 가지의 의미를 간단하게 설명해 나갈 것입니다.

1. 첫째로, 하나님이 자기 백성을 다루시는 방식들은 흔히 헤아릴 수 없습니다.

　　우리는 그 방식들의 토대, 또는 원인과 근원을 발견할 수 없습니다. 하나님의 종들 중에서 모든 사람들의 눈에 보기에 정직하게 장사하고자 간절하게 원하여서 합당한 명철을 적극적으로 부지런히 활용해서 그렇게 하는 사람들이 있지만, 그들의 장사는 형통하지 못합니다. 그들의 모든 시도들은 좌절됩니다. 그들의 모든 시도들은 어떤 치명적인 병에 걸려 있는 듯이 보입니다. 그들은 다른 사람들과의 거래에서 금으로 변하게 될 사업이나 거래에 손을 대지만, 그 사업이나 거래는 그들의 손 아래에서 쓸모없는 쇠똥들로 변하고 맙니다. 그런데 왜 그렇게 되는 것인지를 늘 설명할 수 있는 것은 아닙니다. "주의 심판은 큰 바다와 같으니이다." 이것은 하나의 사실로 인식될 수는 있지만 이치를 따져서 설명될 수 있는 것은 아닙니다.

　　종종 어느 가정에 한 사랑스러운 아이가 태어나서 그 부모들에게 큰 위로가 됩니다. 실제로, 사랑 가운데서 보냄을 받은 그 아이는 그 가정의 오래된 상처를 치유해 주고 그 가정을 행복하게 만들어 주는 것으로 보입니다. 그런데 그 아이는 이 땅에 오자마자 갑자기 죽습니다. 왜입니까? 이것은 어머니의 마음이 헤아려 알고 싶은 큰 바다이지만, 그녀가 탐색할 수 있는 것이 아닙니다. 그것은 큰 바다입니다.

하나님이 우리에게 주신 아이들이 커서 성인이 될 때, 우리는 그들이 잘 자리를 잡고 살아가는 것을 보기를 원합니다. 그런데 우리가 무덤에 서서 "너는 흙이니 흙으로 돌아갈 것이니라"(창 3:19)라고 말해야 하는 일이 일어나는데, 오늘 오후에도 이 교회에 나오는 우리의 사랑하는 친구들 중 한 분께 그런 일이 일어났습니다. 거룩하고 선하고 사랑스러운 자들이 가장 유익한 삶을 살아갈 수 있게 된 것으로 보였을 때, 하나님이 그들을 데려가시는 이유를 우리는 알 수 없습니다. 그것은 큰 바다입니다.

또한, 한 가족을 책임진 가장이 사업을 해서 오랜 세월 동안 가족을 다 먹여 살렸는데, 이제 막 번창하기 시작한 사업에 힘을 쏟다가 그 가장이 갑자기 한순간에 죽어서, 부인은 과부가 되고, 자녀들은 고아가 되어 버리는 일도 심심치 않게 일어납니다. 그 가장은 자신의 가족들이 그를 가장 필요로 할 때에 아주 안 좋은 시기에 가 버린 것으로 보입니다. 부인은 근심에 싸여 "어째서 이런 일이?"라고 자신에게 묻지만, "나는 도저히 이해할 수 없어, 이 일은 큰 바다야"라는 말을 되뇔 수밖에 없습니다.

내가 그런 일들을 이런 식으로 열거하자면 한이 없겠지만, 그런 일들은 우리 모두의 일생 속에서 일어나고 있습니다. 그런 일들이 아직 우리에게 일어나지 않았다면, 장차 반드시 일어나게 될 것입니다. 시련들과 괴로운 일들은 우리의 잣대를 훨씬 뛰어넘어서 우리에게 닥칩니다. 우리는 다림줄이 그 바닥에 닿지 않는 큰 바다에서 살아갑니다. "주의 심판은 큰 바다와 같으니이다."

그러나 하나님께서는 왜 우리가 이해할 수 없는 환난을 우리에게 보내시는 것입니까? 나의 대답은 하나님은 주(主)이시기 때문이라는 것입니다. 자녀들은 아버지가 하는 모든 일들을 다 이해할 수 있기를 기대해서는 안 됩니다. 왜냐하면, 아버지는 원숙한 지성과 명철을 지닌 사람이고, 자녀들은 단지 아이일 뿐이기 때문입니다. 사랑하는 형제여, 당신이 아무리 경험이 많고 노련하다고 해도 그저 자녀일 뿐이기 때문에, 하나님의 지성에 비하면, 당신의 지성은 없는 것과 같습니다. 그러니, 어떻게 하나님께서 당신이 이해할 수 있는 규칙을 따라 늘 행하실 것을 기대할 수 있겠습니까? 그분은 하나님이십니다. 그러므로 우리는 종종 하나님께서 하시는 일을 이해할 수 없다고 할지라도, 그 일이 옳다는 것을 믿고, 조용히 입을 다물고 앉아 있는 것이 합당합니다.

　　하나님은 우리로 하여금 하나님의 은혜들을 받을 수 있도록 하시기 위하여 이런 종류의 시련들을 보내십니다. 우리가 **믿음**을 발휘할 여지가 존재합니까? 당신이 하나님이 하신 일의 전말(顚末)을 다 추적할 수 있다면, 당신은 그 일에 대하여 믿음을 발휘할 여지가 없게 됩니다. 당신이 하나님이 하시는 모든 일들을 다 이해할 수 있다면, 거기에는 당신의 판단만이 존재할 수 있고, 하나님의 판단에 대한 당신의 믿음과 신뢰는 존재할 수 없습니다. 그러나 당신이 하나님이 하신 어떤 일을 이해할 수 없을 때, 하나님 앞에 엎드려 이렇게 말하십시오: "하나님이 선하시다는 것을 나는 압니다. 하나님이 나를 죽이신다고 해도, 나는 하나님을 신뢰할 것입니다. 내가 어둠 속을 걸어가며 그 어떤 빛도 볼 수 없다고 할지라도, 내 입에서는 불신앙의 말이 나오지 않을 것입니다. 왜냐하면, 하나님은 선하시고 선하실 수밖에 없는 까닭에, 내가 그렇게 하는 것이 마땅하기 때문입니다." 바로 그럴 때에 그 믿음은 진정한 믿음, 하나님께 영광을 돌리고 당신의 영혼을 강건하게 해주는 믿음이 됩니다. 또한, 그럴 때에 **겸손**을 발휘할 여지가 존재하게 됩니다. 지식은 교만하게 하지만, 모든 것이 나의 지식을 뛰어넘는 것이어서 우리는 아무것도 모르고 아무것도 이해할 수 없다는 인식, 즉 우리는 무지해서 하나님이 하시는 일들을 이해할 수 있는 능력이 우리에게 없다는 인식은 우리에게 겸손을 가져다주기 때문에, 우리는 여호와의 보좌 앞에 엎드리게 됩니다. 사랑하는 자들이여, 나는 그리스도인들이 받는 은혜들 중에서 큰 바다와 같은 하나님의 판단들로 말미암지 않은 것은 거의 없다고 생각합니다. 분명한 것은 하나님의 판단들을 우리가 측량할 수 없다는 사실이 흔히 우리 속에서 사랑이 크게 자라나게 하는 요인으로 작용해 왔다는 것입니다. 왜냐하면, 우리의 영혼은 결국 이렇게 말하게 되기 때문입니다: "아니요, 나는 이유를 묻지 않을 것입니다. 나는 이유를 원하지 않아요. 나는 그저 하나님을 사랑할 뿐입니다. 내게는 하나님의 뜻이 곧 이유가 됩니다. 그것으로 내게는 충분합니다. 하나님은 주이시니, 자기가 선하다고 여기시는 일들을 하시는 것이 마땅합니다." 우리는 우리가 사랑하는 사람에게는 그가 하는 모든 일을 공책에 적어 놓고서 하나하나 다 그 이유를 캐묻지 않습니다. 사랑이 온전해질 때, 우리는 모든 것을 찬송하고, 모든 것이 옳고 온전하다고 믿게 됩니다. 따라서 가장 온전하신 하나님에 대한 우리의 사랑이 온전해질 때, 우리는 하나님이 하시는 모든 일들을 검토하지도 않은 채로 시인하고, 비록 어둠 속에 묻혀서 무엇인지 모른다고 할지라도, 그 일에 대하여 의문을 제기함이 없이 믿게 됩니다. 하나님께서 그 일을 하신 것이기 때문에, 그 일은 옳을 수밖에 없습니다.

하나님께서 자기 백성에게 자신의 판단들에 대하여 그런 식으로 반응하도록 하시는 그 밖의 다른 많은 이유들이 내게 생각이 나지만, 나는 그 중에서 한 가지만 언급하고, 첫 번째 대지를 끝마치고자 합니다. 사랑하는 형제들이여, 우리는 우리가 헤아릴 수 없을 정도로 많은 죄들을 가지고 있기 때문에, 우리가 헤아릴 수 없는 징계들을 받는다고 해도, 그것은 이상한 일이 아닙니다. 깊음이 깊음을 부르듯이, 우리 마음속의 타락의 깊음은 또다른 깊음들을 부릅니다. 우리 속에는 우리의 지각으로 닿을 수 없는 죄의 결과들이 있고, 그 죄의 결과들은 우리를 은밀하게 따라다니다가 아주 결정적인 때에 우리를 공격해서 해를 입힙니다. 우리의 지각으로 닿을 수 없는 우리 영혼의 가장 깊은 곳에 있는 질병을 추적해서 치유하기 위해서는 거기까지 닿을 수 있는 약이 필요합니다. 하나님의 깊은 판단들 중 어떤 것들은 은밀하고 강력하고 미세하게 작용하는 약과 같아서, 우리 영혼의 동굴들 속에 들어가서 거기에 숨어 있던 은밀한 귀신들을 찾아냅니다. 내가 이해할 수 있는 환난은 아마도 내가 알고 있는 어떤 죄를 내게 환기시켜 주기 위한 것일 수 있습니다. 그러나 내가 이해할 수 없는 시련은 내 영혼 깊은 곳에 숨어서 치명적인 해를 끼치고 있는 중병들을 멸하기 위한 것일 수 있습니다.

나는 하나님의 판단들은 종종 우리가 헤아릴 수 없다는 사실을 제외하고, 다른 것들에 대해서는 여러분의 판단에 맡깁니다.

2. 둘째로, 하나님의 판단들은 큰 바다와 같기 때문에 안전하다는 것입니다.

큰 바다에서는 배들이 암초에 부딪치는 일이 없습니다. 아이들은 아마도 얕은 바다가 가장 안전하다고 생각하겠지만, 노련한 선원은 큰 바다가 더 안전하다는 것을 압니다. 선장은 아일랜드 연안을 벗어나는 동안에는 계속해서 주의하고 조심해서 항해해야 하지만, 대서양을 건너는 동안에는 훨씬 덜 위험해서, 마음에 여유가 있고, 유사(流砂)나 모래톱을 걱정할 필요도 없습니다. 선원은 템스

강을 오르기 시작할 때에 처음으로 모래톱이 보여서 그 후로 계속해서 등장하기 때문에 위험하지만, 바닥을 알 수 없는 큰 바다로 나가게 되면, 염려할 필요가 없게 됩니다. 하나님의 판단들의 경우에도 마찬가지입니다. 하나님께서 우리를 환난으로 다루시는 것은 그리스도인에게 가장 안전한 항해입니다. 어떤 사람은 그렇게 말합니다: "그게 무슨 말씀이십니까? 시련이 안전하다니요?" 그렇습니다. 아주 안전합니다. 그리스도의 삶 가운데서 가장 안전한 때는 시련을 겪는 때입니다. "무슨 말씀이십니까? 사람이 어려움을 겪고 있을 때가 안전하다고 말씀하시는 것입니까?" "그렇습니다. 왜냐하면, 그때에는 그가 넘어지거나 떨어지는 것을 걱정하지 않아도 되니까요. 낮아져 있을 때에는 교만을 걱정할 필요가 없습니다. 하나님의 손 아래에서 낮아져 있을 때에는 온갖 시험에 요동할 가능성이 적습니다." 천국으로 가는 길에서 물이 산산할 때에는 위험이 가까이 있다는 신호이기 때문에 영혼은 눈을 부릅뜨고 깨어 있어야 합니다. 사람은 형통할 때에 어떤 위험이 점점 다가오는 것을 느끼게 됩니다. "당신은 하나님이 당신 앞에서 온갖 좋은 일들을 베풀어 주시는 것 때문에 두려워하며 떨게 될 것입니다." 왜냐하면, 좋은 것들이 당신에게서 떠나가는 것이 두려워서가 아니라, 당신이 좋은 것들을 잘못 사용하고, 당신의 영혼이 나태함이라는 병에 걸리거나 자만에 빠지거나 점점 세상적으로 되어 가는 것을 두려워하게 될 것이기 때문입니다. 우리는 신앙을 고백한 많은 그리스도인들이 좌초하는 것을 보아 왔습니다. 그런 사람들 중에는 슬픔이 너무 커서 그렇게 된 경우도 드물게 있기는 하지만, 형통한 것이 그 원인인 경우가 대다수입니다. 부자가 되면, 사람들은 이전에 다녔던 작은 교회에 출석하지 않게 되고, 세상 풍조를 따라가는 교회를 찾게 됩니다. 부자가 되면, 사람들은 전에 그렇게 기쁜 마음으로 걸었던 자기 부인의 길에서 즉시 떠납니다. 세상이 그들의 마음속에 들어왔기 때문에, 그들은 더 많은 것을 얻고자 합니다. 그들은 아주 많은 것들을 소유하고 있는데도, 더 많은 것을 얻고자 합니다. 만족할 줄 모르는 야심이 그들을 집어삼켜 버렸습니다. 그들은 타락했고, 그들의 타락이 교회에 주는 슬픔은 큽니다. 그들의 타락이 하나님의 백성들에게 끼치는 해악도 큽니다. 그러나 괴로움 가운데에 있는 사람은 어떻습니까? 여러분은 시련 가운데에 있는 하나님의 진정한 자녀를 본 적이 있습니까? 그는 기도합니다! 그는 기도 없이는 살 수가 없습니다. 그는 자신의 하나님께로 가지고 나가야 할 무거운 짐이 있기 때문에, 은혜의 보좌 앞으로 거듭거듭 나아갑니다. 심령이 눌려 있는 사람을 주목해 보십시오. 그는 성경을 읽습니다! 그는 이전에 그를 많은 시간 동안 현혹시켰던 저 재미있는 책들에 이제는 관심이 없습니다. 그는 하나님 나라의 확실한 약속과 딱딱한 양식을 필요로 합니다. 당신은 그가 무엇을 듣고자 하는지를 보십니까? 그 사람은 당신의 화려한 언변과 겉만 번지르르한 말들에는 관심이 없고, 하나님의 말씀을 찾습니다. 그는 하나님께서 가르치신 그대로의 말씀을 갈망합니다. 그는 그리스도를 원합니다. 그는 변덕과 망상을 먹고 살 수 없습니다. 그는 신학적인 사변(思辨)과 교회의 권위에 대해서는 별 관심이 없습니다. 그는 영원한 사랑, 영원한 신실하심, 만군의 여호와께서 자기 백성의 영혼들을 다루시는 방식들, 그리스도의 언약, 그리스도께서 우리의 보증이 되신 것을 알고 싶어 합니다. 당신이 그를 주목해서 보면, 당신은 그가 이 세상에서 따뜻한 마음으로 살아가는 그런 사람이라는 것을 알게 됩니다. 그는 세상에 집착함이 없이 살아갑니다. 그는 세상에서 살아가고 있기는 하지만 그 길에서 벗어나기를 소망합니다. 왜냐하면, 세상은 그에게 아무런 매력도 없기 때문입니다. 다시 한 번 말하지만, 하나님의 판단들은 큰 바다 같지만, 그 판단들 속에서 우리는 안전하게 항해할 수 있습니다. 성령의 인도와 임재 아래에서 하나님의 판단들은 안전할 뿐만 아니라 유익합니다. 우리가 용광로에 들어가지 않는다면, 과연 은혜 가운데서 성장하는 것이 가능한지 나는 의문입니다. 우리는 은혜 가운데서 성장하여야 합니다. 하나님이 우리에게 이 세상에서 기쁨들을 누리는 복을 주셨다면, 그것은 우리 속에서 은혜와 감사가 더욱 넘쳐나도록 하여야 하고, 지극히 높은 수준의 헌신을 위한 충분한 동기가 되어야 합니다. 그러나 실상은 우리를 그리스도께로 몰아가는 것은 인생의 폭풍우입니다. 우리 중 대부분은 그렇습니다. 물론, 예외인 사람들도 있는데, 그들은 은총을 많이 받은 참으로 복된 사람들입니다. 그러나 우리 중 대부분은 회초리가 필요하고, 하나님의 징계가 없으면 순종을 배우고자 하지 않는 자들입니다. 이쯤해서 나는 두 번째 대지를 끝맺고자 합니다.

3. 셋째로, 하나님의 판단들은 큰 바다와 같기 때문에 거기에는 큰 보화가 숨겨져 있습니다.

저 깊은 바다 밑에 무엇이 있는지를 아는 사람이 있습니까? 그 깊은 곳에는 보석을 캐는 사람들의 눈을 별같이 빛나게 만들어줄 진주를 비롯한 무수한 보화들이 있습니다. 거기에는 몇 세기 전에 난파당한 옛 스페인의 큰 배들이 있고, 거기에는 엄청난 보화가 실려 있지만, 그 곳은 사람이 들어가기에는 너무나 깊은 곳입니다. 하나님의 깊은 판단들의 경우도 마찬가지입니다. 거기에는 무한한 지혜가 숨겨져 있고, 사랑하심과 신실하심의 보화가 있으며, 다윗이 "주께서 나를 괴롭게 하심은 성실하심 때문이니이다"(시 119:75)라고 말했던 그 성실하심이 숨겨져 있습니다. 하나님이 주시는 몇몇 깊은 환난들 속에서는 많은 지혜가 감춰져 있습니다. 만약 우리가 그 환난들을 이해할 수만 있다면, 우리는 세상을 창조하셨을 때와 맞먹는 지혜를 그 환난들 속에서 보게 될 것입니다. 하나님이 자기 백성을 치시는 것은 의도적인 것입니다. 막무가내로 치시는 것은 없습니다. 하나님에 의한 징계는 놀라울 정도로 정교하게 이루어집니다. 그런 까닭에, 성경은 우리에게 하나님의 징계를 널시하지 말라고 말씀합니다. 사실, 그것은 우리가 하나님의 징계를 존중하여야 한다고 말씀하는 것입니다. 우리는 육신의 부모에 의한 징계도 존중하여야 하는데, 하물며 하나님의 징계에 대해서는 무한히 더 존중하는 것이 마땅하지 않겠습니까? "그들은 잠시 자기의 뜻대로 우리를 징계하였거니와 오직 하나님은 우리의 유익을 위하여"(히 12:10) 징계하시는 것입니다.

형제들이여, 나는 우리가 아직 닿을 수 없는 저 깊은 곳에는 보화들이 숨겨져 있다고 말했습니다. 따라서 하나님이 우리와 상관하시는 저 깊은 곳에는 우리가 현재 얻을 수 없는 큰 보화들이 있습니다. 우리는 우리의 환난들이 주는 현재적이며 즉각적인 유익을 아직 받지 못하고 있거나 심지어 인식조차 하지 못하고 있을 것입니다. 또한, 즉각적인 유익이 없고, 그 유익은 내세를 위한 것일 수도 있습니다. 우리가 젊은 시절에 받은 징계는 우리의 장년이나 노년의 유익을 위한 것일 수 있습니다. "사람은 젊었을 때에 멍에를 메는 것이 좋으니"(애 3:27). 우리가 오늘 받는 환난은 현재의 상황과는 아무런 상관이 없고, 50년 후의 우리의 상황과 관련이 있을 수 있습니다. 나는 2월의 어느 날에 저 잎사귀에 비가 필요한지를 알지 못하지만, 하나님께서는 2월이 아니라 열매를 거둘 때인 7월을 내다보시고 2월에 비를 내리십니다. 하나님은 단지 잎사귀의 현재적인 필요만을 보시는 것이 아니라, 장차 알곡이 맺힐 잎사귀를 보고 계시는 것입니다. 어떤 화가가 벽돌에 당신이 그 이유를 알 수 없는 모종의 표시들을 해둡니다. 당신에게는 화가가 벽돌과 대리석에 그린 표시들을 해놓아서 그가 그리고자 하는 것을 망쳐 놓는 것처럼 보입니다. 그러나 작업이 진행되면서, 나중에 그 표시들은 점점 아름다운 선들이 되어 갑니다. 그것들은 지금 쓸데없는 표시들 같이 보이지만, 그 그림이 다 완성되었을 때에는 아름다운 선들이 될 것입니다. 마찬가지로, 현재의 시련은 우리를 불구로 만들어서 한동안 일을 하지 못하게 만들고 우리에게 손해를 주는 것처럼 보일 수 있습니다. 아니, 그 시련 때문에 우리는 몇 년 동안을 마음 아파하며 신음하느라 교회를 제대로 섬기지도 못하고 기쁨을 잃어버린 삶을 살게 될 수도 있습니다. 그러나 바울의 표현을 빌리면, "후에 그로 말미암아 연단 받은 자들은 의와 평강의 열매를 맺게"(히 12:11) 됩니다. 왜 당신은 하나님께 시간을 드리려 하지 않습니까? 왜 당신은 그렇게 서두릅니까? 왜 당신은 하나님의 코앞에 서서, "오늘 이것을 설명해 주시고, 그 동기와 이유를 지금 이 시간에 보여주소서"라고 끊임없이 재촉하는 것입니까? 하나님에게는 천 년이 지나간 하루 같고 밤중의 한 경점과 같습니다. 크신 하나님께서는 자신의 웅대한 목적을 이루시기 위해서 길게 보시고 일을 진행해 나가십니다. 그러므로 보화들이 한동안 저 깊은 곳의 바닥에 그대로 놓여 있는 것을 아는 것으로 만족하십시오. 그렇게 한다면, 당신은 믿음의 눈으로 그것들을 볼 수 있게 될 것입니다. 믿음은 그 깊은 곳을 투시해서 거기에 있는 보화들을 볼 수 있습니다. 그리고 그 보화는 비록 당신이 지금 그것에 닿을 수 없다고 할지라도 당신의 것이기 때문에 결국에는 당신이 갖게 될 것입니다. 왜냐하면, "만물이 다 너희 것"(고전 3:21)이기 때문입니다. 믿는 자여, 영원한 목적의 저 깊은 곳, 또는 하나님의 판단들의 저 깊은 곳에 있는 모든 것은 바로 당신의 것입니다! 그러므로 그 모든 것을 인하여 기뻐하면서, 하나님이 어느 날 그것들을 꺼내서서 당신을 영적으로 부요하게 하실 때까지 그냥 거기에 놓아두십시오.

4. 넷째로, 하나님의 판단들은 큰 바다와 같기 때문에 많은 유익을 가져다줍니다.

무지한 자들은 큰 바다는 소금과 황무지로 이루어진 아무짝에도 쓸데없는 곳이라고 생각하겠지만, 사실은 이 둥근 세상에 가장 큰 축복들 중의 하나입니다. 만약 내일 "바다가 더 이상" 존재하지 않게 된다면, 그것은 언젠가는 우리에게 축복이 될 것이기는 하지만 지금은 축복이 아니라 가장 큰 저주가 될 것입니다.

바다에서는 끊임없이 안개가 생겨나서 점차 공기 중으로 흘러들어가서 산과 골짜기에 많은 비를 뿌려서 땅을 비옥하게 만듭니다. 바다는 이 세계의 심장부입니다. 나는 바다를 이 세계를 도는 피라고 말하고 싶습니다. 우리에게는 바다가 있어야 하고, 바다는 끊임없이 움직여야 합니다. 바다의 조류들은 이 세계의 맥박이기 때문에, 조류가 움직이지 않으면, 이 세계의 생명력은 멈추게 될 것입니다. 바다는 쓸데없거나 버릴 것이 하나도 없고, 바다의 모든 것이 필요합니다. 바다는 지금 있는 그 곳에 존재해야 합니다. 바다는 그 한 방울도 더 많은 것이 아닙니다. 하나님의 판단들, 즉 우리가 겪는 환난들의 경우도 마찬가지입니다. 그 환난들은 우리의 삶과 우리 영혼의 건강과 우리의 영적 생명력에 필수적입니다. 어떤 옛 사람은 "그 모든 환난들로 인해서 사람들은 살아가고, 내 영의 생명은 그 모든 환난들에 있습니다"라고 말했습니다. 나의 환난과 괴로움으로부터 끊임없이 피어오르는 안개는 거룩한 이슬로 변하여 나의 삶을 적십니다. 다윗은 "고난 당한 것이 내게 유익이라"(시 119:71)고 말했습니다. 모든 환난 당한 사람들은 다윗의 그런 고백에 "아멘"이라고 말합니다. 질병에 걸렸다가 거기에서 일어난 많은 사람들은 시련이 축복임을 간증할 것입니다. 믿는 자들이 겪은 많은 손해들과 어려움들은 저 복된 땅에서 영원한 찬송을 부를 때에 그들에게 감사하는 마음을 더해줍니다. 어떤 사람은 이렇게 말했습니다: "오, 복된 십자가여, 나는 그대를 너무 많이 사랑하게 되어도 걱정하지 않습니다. 환난당하는 것은 너무나 큰 유익이니까요." 하나님께서 우리에게 저 깊은 곳을 헤아리려고 애쓰는 대신에 그것이 유익하다는 것을 아는 것으로 늘 만족할 수 있게 해주시기를 빕니다.

5. 다섯째로, 하나님의 판단들은 큰 바다와 같기 때문에 하나님과의 교제를 위한 대로가 됩니다.

우리는 한때 바다가 민족들을 서로 갈라놓았고, 나라들이 바다로 인해서 서로 갈라졌다고 생각하였습니다. 그러나 오늘날 바다는 이 세계를 이어주는 대로가 되었습니다. 빠른 배들이 흰 돛을 달고 바다를 횡단하거나, 통통거리는 엔진을 달고 파도를 헤치고 쏜살같이 미끄러져 달립니다. 바다는 이 세계의 운하가 되었고, 강력한 소통의 수로가 되었습니다. 형제들이여, 우리가 무지했을 때에는 환난들이 우리를 하나님으로부터 갈라놓는다고 생각했지만, 사실 환난들은 다른 어떤 길보다도 우리를 하나님께 더 가까이 데려다줄 수 있는 대로입니다. 배로 바다를 항해하며 바다에서 일을 하는 사람들은 바다에서 하나님의 역사(役事)들과 그의 기이한 일들을 봅니다. 만약 당신이 해변 가까이에서 살면서 작은 시련들만을 겪는 사람이라면, 당신은 바다에서의 하나님의 기이한 일들에 대하여 많이 알지 못할 것입니다. 그러나 당신이 깊음이 깊음을 부르고 하나님의 큰 물소리가 영적인 선원을 깜짝 놀라게 하는 바다 저 멀리로 나간다면, 당신은 하나님의 기이한 일들, 즉 하나님의 신실하심과 능력과 지혜와 사랑을 보여주는 기이한 일들을 보게 될 것입니다. 당신은 그것들을 보며 즐거워하게 될 것입니다. 그 환난들은 당신을 태워서 하나님께로 데려가줄 불병거들이 될 것입니다. 당신이 겪는 환난들은 파도가 되어서 마치 폭풍우에 떠밀려가는 배처럼 당신의 영혼을 점점 더 영원한 항구로 가까이 밀어가 줄 것입니다. 하나님의 판단들은 우리를 하나님께로 더 가까이 데려가 준다는 것, 그것 하나만으로도 복된 일입니다. 옛적에 퀄스(Quarles)라는 사람은 심판하시는 하나님을 도리깨질을 하시는 모습으로 묘사하는 기묘한 발상을 제시하면서, 사람이 도리깨질을 당하지 않으려면 그 도리깨를 든 하나님의 손 곁으로 바짝 붙어 있어야 한다고 말한 적이 있습니다. 하나님께 가까이 나아가십시오. 그러면, 하나님께 맞지 않게 될 것입니다. 하나님을 가까이 하십시오. 그러면 시련들은 멈출 것입니다.

　여러분이 아시듯이, 시련들은 종종 사람들을 낮추는 분동(分銅) 역할을 합니다. 그러나 저울에서 한쪽에 분동이 있어서 내려가면 다른 쪽은 올라가게 됩니다. 그리고 믿음으로 움직이는 거룩한 도르래가 있습니다. 그 도르래는 당신의 환난이라는 분동이 다른 쪽에 있는 당신을 들어올려서 하나님께 더 가까이 나아가게 만듭니다. 새의 발에 돌을 묶어 놓으면, 그 새는 날 수 없지만, 하나님께는 자신의 새들이 땅에 묶여 있을 때조차도 날 수 있게 하실 수 있는 방법이 있습니다. 그들은 어떤 것이 그들을 끌어내릴 때까지는 결코 날지 못합니다. 낮아지지 않을 수 없게 되었을 때까지는 결코 오르려고 하지 마십시오. 그들은 천국의 문을 저 위에서가 아니라 바로 이 아래에서 발견하였습니다. 그들의 자존감이 낮아져 있을수록, 그들은 만유의 토대이신 영원하신 하나님께 더 가까이 나아간 것입니다.

　형제들이여, 나는 이렇게 해서 여러분을 마지막 교훈까지 이끌었습니다. 이제 성령께서 여러분으로 하여금 이 교훈을 여러분 자신의 것으로 만들 수 있게 해주시기를 빕니다. 하나님의 깊은 판단들이 여러분을 더 깊은 교제 속으로 이끄시기를 빕니다.

사랑하는 하나님의 자녀여, 오늘 이 밤 당신이 괴로움 가운데에 있다면, 그 괴로움이 당신에게 들려주는 음성은 하나님을 더 가까이 하라는 것입니다. 하나님께 더 가까이 나아가십시오. 하나님께서는 당신에게 그의 은혜 가운데서 자랄 수 있게 해줄 놀라운 수단들을 주시는 은총을 베풀어 오셨습니다. 러더퍼드 (Rutherford) 목사의 비유를 빌리면, 하나님께서는 당신을 캄캄한 포도주 저장소에 두셨습니다. 자, 이제 그 곳에 있는 포도주들을 맛보기 시작하십시오. 어둠 속에서 최고의 보화들을 찾아내십시오. 하나님께서는 당신을 모래사막에 두셨습니다. 이제 모래 속에 숨겨진 보화들을 찾아내기 시작하십시오. 가장 깊은 환난들은 언제나 가장 큰 기쁨들의 이웃이고, 가장 큰 특권들은 가장 어두운 시련들 바로 곁에 있다는 것을 믿으십시오. 당신의 슬픔이 쓰면 쓸수록, 마침내 당신의 입에서 나오는 찬송은 더 커질 것입니다. 그 슬픔에는 이유가 있고, 믿음은 그 이유를 발견할 것이고, 당신은 그 위에서 살아갈 것입니다.

하나님께서 이 자리에 계신 분들 중에서 환난을 당한 모든 분들에게 복 주시기를 빕니다. 그러나 아마도 이 자리에는 환난과 시련을 당하고 있는데도 아직 하나님을 믿지 않아서 하나님께 나아가지 못하는 분들도 있을 것입니다. 가엾은 영혼들이여! 불쌍한 영혼들이여! 가난해도 하나님께 나아갈 수 없고, 병들어도 하나님께 나아갈 수 없는 그들의 삶은 고생으로 점철된 삶이자 천국이 없는 삶일 수밖에 없습니다. 그것은 이 땅에서는 빈곤과 궁핍의 노예로 살아가는 삶이고, 장래에는 하나님의 임재로부터 영원히 쫓겨나 살아가게 될 삶입니다. 이 얼마나 불쌍한 일입니까! 얼마나 불쌍합니까! 당신 자신을 불쌍히 여기시고, 언제까지나 그렇게 살 필요가 없다는 것을 기억하십시오. 당신도 천국을 소유할 수 있고, 현세에서 지극한 복을 누릴 수 있습니다. 여기 복음이 있습니다: "믿고 세례를 받는 사람은 구원을 얻을 것이요"(막 16:16). 당신이 십자가 위에서 피 흘리신 이를 믿기만 한다면, 당신은 지금 겪고 있는 환난과 고통에 대하여 위로를 얻게 될 것이고, 당신이 과거와 현재에 지은 죄들은 물론이고 미래에 지을 죄들도 사함을 받게 될 것입니다. 하나님께서 그리스도로 말미암아 여러분 한 사람 한 사람에게 복 주시기를 기원합니다. 아멘.

제
41
장

—

거저 주시는 주권적인
은혜에 대한 증언

—

"의인들의 구원은 여호와로부터 오나니" — 시 37:39

구원은 오직 의인들에게만 주어지는 복입니다. 불경건한 자들은 대체로 자기에게 구원이 필요하다는 것을 믿지 않기 때문에, 구원을 원하지도 않고 구하지도 않습니다. 의인들은 자기가 타락한 상태로 태어났다는 것을 압니다. 그들은 자기가 죄를 저질러서 자신을 파괴해 왔다는 것을 인정합니다. 그들은 자기가 얼마나 큰 위험에 처해 있는지를 압니다. 그래서 그들은 자기에게 구원이 필요하다는 것을 알고, 구원을 찾고 구합니다. 구원은 바로 그런 사람들에게 임하여서, 그들을 의롭게 만듭니다. 왜냐하면, 그들은 구원 받을 때까지는 다른 사람들과 마찬가지로 불의하기 때문입니다. 그러나 일단 구원이 그들의 집에 임하고 나면, 그들은 의의 열매를 맺어서 자신의 구원자이신 하나님께 영광을 돌리게 됩니다.

우리는 구원이라는 관점에서 신자의 삶을 설명할 수 있습니다. 신자는 구원의 삶을 살아갑니다. 그는 그리스도 안에서 구원을 받습니다. 그리스도는 그의 생명이시고, 그는 그리스도 안에서 죄 사함을 비롯해서 온갖 언약의 복들을 받습니다. 그는 신자로서의 삶을 시작하는 순간으로부터 이 세상을 떠나서 아버지 하나님께로 가는 그 마지막 순간까지 늘 건짐을 받고 구원을 받습니다. 그의 삶 전체는 하나님의 구원으로 둘러싸여 있습니다. 하나님은 신자를 위하여, 신자 안에서, 신자를 통해서 구원을 행하시고, 내세에서 영원토록 누리게 될 온전한 구원을 신자에게 수여하십니다:

> "하나님을 경외하고 의뢰하는 영혼들 가까이에
> 구원은 영원히 가까이 있다네.
> 그 영혼들에게는 하늘로부터 내려오는 은혜와
> 새로운 영광의 소망들이 주어진다네."

사랑하는 친구들이여, 우리는 "구원"이라는 이 너무나 어마어마한 말을 기뻐합니다. 우리는 "구원"이라는 말이 메아리가 되어서 온 세상에 울려 퍼지기를 원합니다. 우리에게 구원은 엄청난 의미를 지닌 말입니다. 구원은 죄의 형벌로부터 건짐을 받는 복을 포함하지만, 오직 그런 의미만을 지는 것이 아닙니다. 우리는 구원이 그런 의미를 지닌다는 것을 기뻐하지만, 구원은 그것보다 훨씬 더 엄청난 의미를 지닙니다. 구원은 죄를 사랑하는 것으로부터의 온전하고 즉각적인 구원, 죄의 권세로부터의 자각적인 구원, 죄를 짓고자 하는 마음으로부터의 점진적인 구원, 죄를 향한 온갖 경향성으로부터의 궁극적인 구원을 의미합니다. 우리가 온전한 구원을 얻었을 때, 우리는 결코 다시는 범죄하지 않게 될 것이고, 우리의 영과 혼과 육을 온전히 거룩하게 하시는 성령의 역사로 말미암아 온전하게 되어서, 장차 하나님의 보좌 앞에서 그 보좌만큼이나 순전한 자로 서게 될 것입니다. 세상 사람들은 우리가 구원에 대하여 말하면 지옥에 떨어지지 않게 되는 것을 의미하는 것으로 이해합니다. 그들이 두려워하는 것은 오직 그것뿐이고, 그래서 그것이 그들에게 유일하게 큰 문제로 다가오는 것입니다. 그러나 우리의 생각은 그들의 생각과 다릅니다. 죄악으로 인한 고통과 형벌로부터 건짐을 받는 것은 분명히 큰 복이지만, 결코 가장 큰 복은 아닙니다. 혜성의 불꽃이 그 중심의 밝은 빛에서 나오는 부수적인 것이듯이, 지옥에 떨어지지 않는 것은 더 큰 복에서 나오는 부수적인 것입니다. 의인들은 지옥보다도 죄를 더 두려워하고, 그들에게 죄악은 그 죄악으로 인한 형벌보다 더 끔찍한 것으로 여겨집니다. 우리가 구원을 기뻐하는 것은 구원이라는 것이 이 악한 세상으로부터 건짐을 받고, 육체의 정욕으로부터 건짐을 받으며, 부패한 본성으로 말미암아 죽었던 우리의 옛 사람으로부터 건짐을 받고, 사탄을 비롯한 악한 세력의 지배로부터 건짐을 받는 것이기 때문입니다. 우리가 죄의 모든 흔적으로부터 총체적이고 최종적으로 건짐을 받고 하나님의 보좌 앞에 "흠이 없이" 설 때까지는 우리의 구원은 온전한 것이 아닙니다. 성화(聖化)가 완성될 때에 우리의 구원도 온전해집니다. 우리가 점도 흠도 없이 순전해질 때, 우리는 낙원을 다시 회복하게 되는 것입니다.

가장 넓은 의미에서의 "의인들의 구원"은 "여호와로부터 옵니다." 우리가 구원에 더 넓은 의미를 부여할수록, 우리는 구원이 하나님으로부터 올 수밖에 없다는 것을 더 온전히 알게 됩니다. 또한, 우리의 삶은 일련의 구원들로 이루어져 있는데, 그 각각의 구원도 여호와 하나님으로부터 옵니다. 우리는 끊임없이 구원을 받고 있습니다 — 이런저런 위험과 악으로부터 말이죠. 매일매일의 환난이 우리를 집어삼키려고 할 때마다, 우리는 그 환난으로부터 구원을 받습니다. 각각의 시험이 마치 용처럼 우리를 삼키려고 할 때마다, 우리는 그 시험으로부터 구원을 받습니다. 우리 하나님은 모든 구원들의 하나님이시고, 사망으로부터 건지는 힘은 오직 여호와 하나님께 속합니다. 마치 요나가 바다 깊은 곳에서 "구원은 여호와께 속하였나이다"(욘 2:9)라고 노래하였듯이, 우리는 자주 사망들로부터 빠져나오고 지옥의 뱃속으로부터 빠져나와서, 그렇게 노래합니다.

앞에서 나는 여호와 하나님께 속한 이 영광스러운 구원이 신자들의 고유한 유업(遺業)이라고 말한 바 있습니다. 오직 신자들만이 자기에게 구원이 필요하다는 것을 알고, 오직 그들만이 구원에 참여합니다. 이 시편에 묘사된 불경건한 자를 보십시오. 그는 구원을 원하지 않습니다. 그는 푸른 월계수처럼 번성하여, 다른 모든 사람들이 그의 가지들의 그늘 아래에 몸을 의탁합니다. 그런 사람들은 자기에게 구원이 필요하다고 생각하지 않습니다. "살찜으로 그들의 눈이 솟아나며 그들의 소득은 마음의 소원보다 많으며"(시 73:7). 그들은 구원을 원하지 않습니다. 그들의 땅은 많고, 그들의 집은 금은보화들로 가득하며, 그들은 자신의 많은 재산을 자신의 자녀들에게 남겨줍니다. 그들은 하나님의 이름을 의지하지 않습니다. 그들은 "그들의 토지를 자기 이름으로 부릅니다"(시 49:11). 그들은 하나님을 원하지 않습니다. 그들은 하나님을 만나기 위해 탄식하며 눈물 흘리며 찾지 않습니다. 그들은 "하나님이여 사슴이 시냇물을 찾기에 갈급함 같이 내 영혼이 주를 찾기에 갈급하니이다"(시 42:1)라고 부르짖지 않습니다. 그들의 삶에는 시련이 없고, "그들은 죽을 때에도 고통이 없고 그 힘이 강건하며 사람들이 당하는 고난이 그들에게는 없고 사람들이 당하는 재앙도 그들에게는 없습니다"(시 73:4-5). 하나님의 자녀들은 회초리를 맞아도 그들은 맞지 않습니다: "주께서 그 사랑하시는 자를 징계하시고 그가 받아들이시는 아들마다 채찍질하심이라"(히 12:6). 그러나 하나님은 자기가 사랑하지 않는 자들에 대해서는 그들이 온갖 쾌락에 빠져 살아가도록 그대로 내버려 두십니다. 하나님은 그들에게 돼지가 먹는 쥐엄나무 열매들을 먹게 허용하십니다. 왜냐하면, 하나님은 악인들에게조차도 인자하시기 때문입니다. 악인들은 그렇게 내세에 대해 아무것도 모르는데도 알려고 하지도 않은 채 아무 걱정 없이 돼지처럼 뒹굴거리며 쥐엄나무 열매를 먹고 살아갑니다:

> "미련한 자들은 높은 곳을 생각하지 않고
> 짐승처럼 살다가 짐승처럼 죽어갑니다.
> 그들은 풀처럼 잠시 피어났다가
> 하나님이 숨을 한 번 내쉬면
> 영원한 사망 속으로 떨어집니다."

　　하나님을 경외하는 의인과 하나님을 두려워하지 않는 자의 차이를 보십시오. 만약 "구원"이라는 말이 없다면, 악인들의 편안하고 형통하는 삶은 우리에게 시기심을 불러일으킬지도 모르지만, "구원"이라는 말이 있어서, 모든 것은 역전되고 맙니다. "의인들의 구원은 여호와로부터 오기" 때문에, 우리는 불경건한 자들에게 주어진 가장 좋은 몫보다도 우리에게 주어진 가장 안 좋아 보이는 몫을 기꺼이 받아들입니다. 모든 것을 고려할 때, 하나님이 주신 가장 안 좋아 보이는 것은 마귀가 주는 가장 좋은 것보다 낫고, 하나님의 성도들이 가장 안 좋을 때에 누리는 몫은 악인들이 가장 좋을 때에 누리는 몫보다 더 낫습니다.

　　나는 이 시간에 본문 자체가 우리에게 말씀하도록 할 것입니다. 본문은 그 자체로 완벽하고 완결되어 있습니다. 본문은 최고급 다이아몬드입니다. 본문은 단지 몇 개의 단어로 구성되어 있지만, 그 의미는 엄청납니다. "의인들의 구원은 여호와로부터 오나니."

1. 첫째로, 이것은 건전한 교리의 핵심입니다.

"의인들의 구원은 여호와로부터 오나니." 이 자리에는 복음을 전하기 위해 나갈 몇몇 젊은이들이 있습니다. 나는 그들이 분명한 지식과 매력적인 언변으로 복음을 전하게 되기를 소망하지만, 그것은 내가 진정으로 원하는 것과는 거리가 멉니다. 나는 그들이 정말 복음을 전하고, 복음 아닌 것은 다 배제하고 오직 온전한 복음을 전하기를 원합니다. 나는 어떤 사람이 복을 전할 때에 그 복음이 "의인들의 구원은 여호와로부터 오나니"라는 말씀과 합치하는 정도만큼 그 복음은 건전하다고 봅니다. 모든 설교자가 하나님의 이 진리를 담대하게 누구나 알아듣기 쉬운 영어로 전하는 것은 아닙니다. 나는 십자가에 못 박히신 그리스도를 전하는 모든 분들이 이것에 동의하리라 생각합니다. 그러나 어떤 분들은 십자가에 못 박히신 그리스도를 있는 그대로 전하기를 조금 두려워합니다. 그들은 거기에 인간적인 것을 조금 섞거나, 거기에 다른 어떤 것을 혼합합니다. 그들은 사람들이 은혜를 오해해서 방탕이나 방종으로 변질시킬까봐 늘 염려합니다. 비록 나는 내가 걱정하는 해악을 방지하기 위해서 그들이 사용하는 방식을 사용하지는 않지만, 어쨌든 나도 그런 부작용을 걱정합니다. 이 소심하고 겁 많은 사람들이 사용하는 방식은 "거저 주시는 은혜"에 대하여 말할 때마다 거기에다 "자유의지"라는 말을 덧붙임으로써 사람들 자신의 책임을 강조해서 사람들이 방종으로 흐르는 것을 막고자 하는 것입니다. 즉, 그들은 은혜는 하나님이 값없이 거저 주시는 것이라고만 전하여서, 사람들이 자신들의 공로를 통해서 하나님의 은혜를 얻고자 할 수 없다는 것을 명확하게 해야 함에도 불구하고, 그렇게 하기를 주저하고, 사람들의 공로가 끼어들 수 있는 이런저런 빌미를 주고 만다는 것입니다. 나는 "의인들의 구원은 여호와로부터 오나니"라고 전하는 데에 아무런 주저함이 없습니다. 여러분은 내게서 마치 이 말씀이 엄청난 해를 입힐 수 있는 영적인 다이너마이트라고 생각하여, 이 말씀을 아주 조심스럽게 보존하고자 하는 모습을 결코 발견하지 못할 것입니다.

계획 단계에서부터 "의인들의 구원은 여호와로부터 옵니다." 우리가 존재하기 훨씬 전에, 이미 하나님께서는 구원의 길을 계획해 놓으셨습니다. 인간의 타락이 일어나기 이전에, 하나님께서는 타락한 인간을 회복시키기 위한 언약을 정해 놓으셨습니다. 그 언약은 그 한 줄 한 줄이 오직 하나님에게서가 아니면 그 어디에서도 발견될 수 없는 최고의 지혜와 무한한 사랑을 보여줍니다. 하나님은 그 누구와 상의하지도 않으셨고 그 누구로부터 가르침을 받지도 않으셨습니다. 오직 하나님께서 홀로 저 영원하고 변함없는 사랑이 녹아 있는 언약을 세우신 것입니다.

어떤 사람들이 구원 받느냐와 관련해서도 "의인들의 구원은 여호와로부터 옵니다." 왜냐하면, 하나님께서는 처음부터 자기 백성을 택하셨기 때문입니다: "하나님이 미리 아신 자들을 또한 그 아들의 형상을 본받게 하기 위하여 미리 정하셨으니"(롬 8:29). 하나님의 택하심이 있었습니다. 나는 우리가 하나님을 택한 것이 아니라 하나님께서 우리를 택하셨다는 것을 믿습니다. 그렇기 때문에 주 예수께서 그런 취지의 말씀을 하신 것이 아니겠습니까? 구원을 주도하시는 분은 하나님이십니다. 하나님이 부르실 때에 우리는 기쁜 마음으로 달려가지만, 하나님의 부르심이 먼저이고, 그 부르심 이전에 하나님이 택하심이 있습니다. 외인들의 구원은 별들이 빛을 발하기 시작하기도 전인 저 영원 전에 삼위일체 하나님의 밀실에서 정해졌습니다. 구원은 하나님으로부터 오고 오직 하나님으로부터만 옵니다.

계획 단계에서만이 아니라 준비 단계에서도 구원은 하나님으로부터 옵니다. 자신의 품 속에 있던 자기 아들을 우리를 위하여 내어주신 이는 하나님이셨고, 진정으로 우리 주 예수 그리스도께서는 우리의 구원을 위하여 제값을 다 주고 사셨습니다. 우리는 거기에 단 한 푼도 보탤 수 없습니다. 그리스도께서는 인류를 속량하기 위해서 마지막 한 푼까지 다 지불하셨기 때문에, 우리는 그 막대한 속전(贖錢)에 단 한 푼도 보탤 필요가 없다는 것입니다.

구원 계획에서 또 큰 역할을 하는 또 하나의 존재인 성령도 하나님께로부터 옵니다. 하나님은 우리에게 성령을 주셨습니다. 성령은 우리의 마음이나 의지에 의해서가 아니라 하나님의 뜻을 따라 선물로 우리에게 주어집니다. 사람들을 구원하는 데에 부족한 것은 아무것도 없습니다. 하나님께서 모든 것을 다 준비하셨습니다. 하나님은 구원에 필요한 원단만을 준비해 두시고, 나머지 작업은 우리에게 맡기신 것이 결코 아닙니다. 하나님은 우리가 적어도 떡 한 덩어리 정도는 손수 가져가야 하는 그런 연회를 우리를 위해 베푸신 것이 결코 아닙니다. 하나님은 은혜의 집을 거의 다 지으시고서는, 우리로 하여금 그 지붕에 타일 몇 장을 손수 붙이게 하신 것이 결코 아닙니다. 모든 준비는 완벽하게 완료되었습니다. 처음부터 끝까지 구원은 하나님으로부터 옵니다. 언약에 포함되어 있는 모든 조항들은 이미 주 예수 안에서 온전히 이루어졌기 때문에, 준비 단계에서 의인들의 구원은 온전히 하나님으로부터 옵니다.

사랑하는 친구들이여, 시행 단계에서도 의인들의 구원은 하나님으로부터 옵니다. 언약의 복들이 우리에게 처음으로 베풀어지는 것은 하나님으로부터 옵니다. 물론, 처음부터 베풀어지는 복은 영혼을 처음으로 살아나게 하는 중생입니다. 사람이 처음으로 은혜의 필요성을 느끼게 되는 것은 본성에서 오는 것이 아니라 은혜의 역사(役事)입니다. 우리가 바르게 살고자 하는 최초의 소원, 우리가 하나님을 향하여 드리는 최초의 기도, 이 모든 것은 영원하신 은혜가 우리 영혼에 일으키는 역사입니다. 그 은혜가 없다면, 우리 영혼은 무덤 속에 있는 시체처럼 죽은 채로 누워 있을 것입니다. 하나님께서 먼저 우리를 다루셔야만, 그때에야 비로소 하나님을 바라볼 마음이 우리에게서 생겨납니다. 우리는 처음에는 이러한 하나님의 진리를 알지 못합니다. 아마도 우리는 회심이 일어난 지 몇 달 후에 조용히 앉아서 자신의 경험을 되돌아볼 때에 비로소 그 진리를 깨닫게 될 것입니다. 그때에 우리는 이렇게 외치게 됩니다: "그렇구나! 만약 하나님이 나를 찾지 않으셨다면, 나는 결코 하나님을 찾을 수 없었을 것이구나! 만약 하나님이 나를 이끌지 않으셨다면, 나는 결코 하나님께 달려갈 수 없었을 것이구나! 만약 하나님이 사랑으로 나를 바라보지 않으셨다면, 나는 결코 믿음으로 하나님을 바라볼 수 없었을 것이구나! 하나님의 거저 주시는 은혜로 내게 일어난 이 모든 일이 시작된 것임을 내가 이제야 알겠습니다. 나의 구원의 시작은 하나님으로부터 온 것임을 내가 인정합니다." 통상적으로 우리는 하나님을 아는 지식에서 좀 더 성장했을 때에 이러한 하나님의 진리를 알게 됩니다. 이것을 온전히 깨닫는 것은 성령의 열매이기 때문에 우리가 영적으로 어릴 때가 아니라 어느 정도 성숙한 때에 일어납니다.

구원이 시작되는 것이 하나님으로부터 오는 것과 마찬가지로, 구원이 지속되는 것도 하나님으로부터 옵니다. 사랑하는 자들이여, 하나님으로부터 오는 성장 외에는 은혜 안에서의 진정한 성장은 없다는 것을 믿으십시오. 하나님으로 말미암지 않고는, 당신이 도달한 은혜의 수준을 결코 유지할 수 없습니다:

> "우리가 지니고 있는 온갖 덕목
> 우리가 얻은 온갖 승리

우리에게 있는 온갖 거룩한 생각
이 모든 것은 다 오직 하나님의 것입니다."

하나님이 우리 안에서 이 모든 일을 행하셨습니다. 우리가 하나님의 이름을 영화롭게 하는 어떤 열매를 맺었다면, 그 열매는 하나님으로부터 온 것입니다. 주님은 "나를 떠나서는 너희가 아무 것도 할 수 없음이라"(요 15:5)고 말씀하셨습니다. 우리는 하나님께 모든 영광을 돌리는 것이 마땅합니다. 왜냐하면, 분명히 하나님께서 우리에게 모든 은혜를 주셨는데, 과거에도 그러셨고, 장래에도 그러실 것이기 때문입니다. 이 일과 관련해서 현세와 내세에서 우리 자신에게서 나온 것은 아무것도 없습니다. 하나님께서 먼저 자신의 선하신 뜻을 위하여 우리 안에서 구원을 시작하신 것이기 때문에, 우리는 두렵고 떨림으로 우리의 구원을 이루어내야 합니다. 하나님께서 우리 안에서 구원을 시작하지 않으셨다면, 우리가 이루어낼 구원이라는 것은 존재하지 않을 것입니다. 우리는 하나님이 우리의 본성 저 깊은 곳에 있는 토대 속에서 시작하신 구원을 우리의 삶의 표현으로 끌어올리는 것이지만, 내적이든 외적이든 영적인 삶은 모두 은혜로 이루어집니다. 우리가 영광의 현관에 발을 들여놓은 후로 진주 대문을 통과해서 저 하늘의 도성의 황금 길을 걸을 때, 우리가 만신창이가 된 채로 아버지 하나님께로 돌이켰던 저 첫 걸음이 그러했듯이, 그 마지막 걸음도 전적으로 하나님의 은혜로 말미암아 내딛게 될 것입니다. 하나님의 은혜가 단 한순간이라도 떠날 때, 우리는 망하게 될 것입니다. 우리의 육신의 목숨이 호흡에 달려 있듯이, 우리의 영적인 생명은 하나님의 은혜에 달려 있습니다. 우리에게서 공기를 제거해 보십시오. 우리를 공기가 없는 곳에 가두어 보십시오. 그러면 우리는 죽게 됩니다. 마찬가지로, 우리에게서 하나님의 은혜를 제거해 보십시오. 그러면 우리는 즉시 멸망하게 될 것입니다. 멸망하는 것 외에 그 어떤 다른 일이 우리에게 일어날 수 있겠습니까?

형제들이여, 우리는 늘 이것을 믿고 전하여야 합니다. 왜냐하면, 이것은 모든 참된 가르침의 요약이기 때문입니다. 당신이 구원을 전적으로 하나님으로부터 오는 것임을 믿고 그 구원에 의지하지 않는다면, 그것은 그 큰 구원을 다 쳐내 버려서 작은 일로 만들어 버리는 것입니다. 나는 언제나 그 큰 구원을 전하고자 해왔고, 그 밖의 다른 구원은 전할 가치가 없다고 생각합니다. 사람으로부터 온 구원을 받았다면, 그 사람이 은혜로부터 떨어지는 것은 이상한 일이 아닙니다. 당연히 그 사람은 은혜로부터 떨어집니다. 사람으로부터 시작된 것은 머지않아 실패로 끝납니다. 하나님이 구원하실 때, 그 구원은 영원합니다. 얼마 전에 어떤 분이 내게 "견인 교리가 참인지 아닌지를 정말 모르겠습니다"라고 말하였습니다. 내가 "예수 그리스도께서는 자신의 양들에게 어떤 종류의 생명을 주십니까?"라고 묻자, 그분은 "주님은 '내가 그들에게 영생을 주노니'(요 10:28)라고 말씀하셨습니다"라고 아주 정확하게 대답하였습니다. 그렇습니다. 그것으로 충분한 대답이 되지 않습니까? 주님께서 자기 양들에게 "영생"을 주셨다면, 그들은 영생을 갖게 된 것입니다. 그 사람은 다시 "그러나 그들이 죽지 않을까요?"라고 말해서, 나는 이렇게 대답해 주었습니다: "죽는 사람들은 영생을 갖고 있지 않다는 것은 분명한 사실이 아닙니까? 그들이 영생을 갖고 있다면, 어떻게 그들이 죽을 수 있겠습니까? 영생은 여섯 달 동안 살아 있는 것을 의미합니까?" "아니요." "영생은 단지 600년을 사는 것을 의미합니까?" "아니요, 영생은 끝이 없는 삶을 산다는 것을 의미하는 것이 틀림없습니다." 영생을 얻은 사람이 죽지 않는다는 것은 의문의 여지가 없습니다. 내가 목자장께서 "내가 그들에게 영생을 주노니"라고 말씀하신 바로 "그들" 중의 한 명이라면, 나는 영원히 살 것임에 틀림없습니다. 그리고 주님께서는 이 말씀을 하신 다음에 또 무엇이라고 말씀하고 계십니까? 당신이 주님의 이 말씀만으로는 하나님의 진리를 정말 알지 못하겠다면, 주님이 그 직후에 하신 말씀은 어떻습니까? 그리스도의 양들이 정말 멸망할 수 있을까요? 여기 주님의 대답이 있습니다: "영원히 멸망하지 아니할 것이요"(요 10:28). 이 말씀으로도 안심이 되지 않습니까? 이 말씀보다 더 그들을 안심시킬 수 있는 말이 과연 있겠습니까? 그러나 또다른 의문이 생깁니다: "그들이 주 예수를 떠난다면, 그들도 멸망하지 않을까요?" 이 의문은 바로 뒤에 나오는 말씀이 해결해 줍니다: "또 그들을 내 손에서 빼앗을 자가 없느니라"(요 10:28). 이것으로 대답이 되지 않았습니까? 혹시라도 "구주께서도 실패할 수 있지 않을까요"라는 생각을 하지 마시고, 다시 한 번 주님이 하시는 말씀에 귀를 기울이십시오: "그들을 주신 내 아버지는 만물보다 크시매 아무도 아버지 손에서 빼앗을 수 없느니라"(요 10:29).

신자들이 반드시 구원을 받을 수밖에 없는 네 가지 큰 이유가 있습니다. 그 어떤 것도 신자들 중 그 누구도 아버지 손에서 빼앗을 수 없습니다. 주님의 말씀

중에서 "아무도"가 그 어떤 것(anything)을 의미한다면, 그리스도 안에 있는 사람들은 안전합니다. 전능하신 여호와 하나님께서 신자들에게 영생을 주셨기 때문에, 그들은 결코 멸망하지 않을 것이고, 그 누구도 그들을 그리스도의 손에서 빼앗지 못할 것입니다. 주님께서 처음에 "내 손"을 언급하신 후에 다시 한 번 "아버지 손"을 언급하신 것은 신자들이 멸망하지 않으리라는 것이 절대적으로 확실한 일임을 보여주시기 위한 것입니다.

그러므로 구원은 하나님으로부터 옵니다. 이것은 우리가 믿어야 할 가르침입니다. 당신이 그것을 믿지 않는다면, 그것은 구원을 축소시켜서 하찮은 것으로 만들어 버리는 것이고, 특히 구원의 확실성과 불변성을 부정하는 것입니다. 당신이 그런 시도를 하는 것은 애석한 일입니다. 왜냐하면, 그렇게 하는 것은 그리스도에게서 그의 능력을, 하나님에게서 그의 영광을, 성도에게서 그들의 위로를 빼앗는 것이기 때문입니다. 그것은 구원을 사람으로부터 오는 것으로 만들어 버리려는 어설픈 수작인데, 그런 구원은 얻어 보아야 아무 소용도 없습니다. 우리에게는 영원한 구원이 필요합니다. 우리에게는 진정으로 우리를 구원해 줄 그런 구원이 필요합니다. 우리에게는 "만약에," "그러나," "아마도," "네가 이런저런 것을 행하면" 등과 같은 단서가 붙은 그런 구원이 필요한 것이 아닙니다. 우리에게는 확실하고 변함없으며 영속적이고 불변하는 구원이 필요합니다. 바로 그것이 우리가 얻은 바로 그 구원이고, 우리가 전하기를 부끄러워하지 않는 바로 그 구원입니다. 그래서 우리는 하나님의 이 진리, 즉 "의인들의 구원은 여호와로부터 오나니"라는 진리를 큰 소리로 외쳐 전합니다:

> "온갖 은혜는 밑바닥부터 꼭대기까지
> 계획과 진행과 완성 단계 모두에서
> 전적으로 주권적인 은혜이고
> 오직 은혜일 뿐이라네."

2. 둘째로, 이것은 없어서는 안 되는 사실입니다.

"의인들의 구원은 여호와로부터 오나니"는 건전한 교리의 핵심일 뿐만 아니라 필수적인 사실이기도 합니다. 이것은 반드시 그래야만 합니다. 그렇지 않다면, 의인들은 결코 구원을 받지 못하게 될 것입니다. 하나님을 사랑하는 여러분이여, 여러분 자신의 내적인 갈등을 잠시 바라보십시오. 사랑하는 자들이여, 우리는 모두 똑같은 것은 아니지만, 우리 속에서 타고난 죄가 올라와서 이리저리 요동합니다. 하나님의 성도들 중 대부분은 어떤 격렬한 시험에 맞서기가 몹시 힘겨운 때들이 있습니다. 그들은 그 시험을 이기기 위해서 정말 힘겨운 싸움을 해야 합니다. 그들이 그 악을 이기면, 또다른 형태의 죄가 슬그머니 다가와서 그들의 등에 비수를 꽂으려 합니다. 당신은 앞서의 음흉한 적을 막기 위해 온 힘을 기울이고 있었는데, 바로 그 순간에 또다른 적에 의해서 기습을 당했습니다. 당신은 이 두 번째 적을 막으려고 몸을 돌이켜서 하나님의 이름으로 당신의 온 힘을 쏟아야 했습니다. 또한, 그것이 전부가 아니었습니다. 세 번째 적이 당신에게 화살을 쏘았고, 네 번째 적이 당신을 걸려 넘어지게 하려고 덫을 쳤습니다. 이렇게 당신은 앞뒤로 공격을 당했기 때문에, 만약 하나님께서 당신 편이 되어 주지 않으셨다면, 당신은 적들에 의해서 진작 삼켜져 버리고 말았을 것입니다. 우리 모두가 다 이 진리를 알지는 못한다고 할지라도, 우리 중에는 자신의 경험을 통해서 이것을 아는 분들이 있습니다.

나의 경우에도 구원은 하나님으로부터 온다는 것은 틀림없는 사실입니다. 하나님으로부터 오는 구원이 없다면, 나의 마음의 소욕들, 나의 교만한 마음, 나의 반역하는 의지, 나의 본성적인 의기소침함이 분명히 나를 파멸시킬 것입니다. 여러분도 그렇게 느끼고 있지 않습니까? 하나님이 당신을 구원하지 않으시면, 당신은 이미 멸망한 사람이나 다름없습니다. 당신은 그것을 느껴야 합니다. 아무런 싸움도 하지 않는 사람들은 하나님에 대한 찬송이 아니라 자기 자신을 찬양하는 노래를 부르게 된다는 것을 나는 압니다. 기독교 군사의 군복을 입고 있지만 실전 경험이 없어서 타고난 죄와의 싸움에 대해서는 아무것도 모르는 당신은 자기 자신에 의한 구원에 대해서는 말할 수 있을지 모르지만, 온갖 죄악에 대하여 싸우는 것에 대해서는 딴 소리를 하게 될 것입니다. 자기가 경솔한 말 한 마디를 하거나 부정한 생각이 자신의 마음을 스쳐가는 것에 대해서도 슬퍼하는 사람은 하나님이 자기를 구원하지 않으신다면 자기가 결코 구원 받을 수 없다는 것을 느낍니다. 그래서 그는 의인들의 구원이 하나님으로부터 오는 것이 필수적이라는 것을 압니다.

당신이 그것이 사실이라는 것을 확인하기 위하여 충분한 시간을 들여서 자신의 내면을 보아 왔다면, 이제는 당신의 외적인 시험들을 보십시오. 우리는 우리의 형제들 중 다수가 자신의 집에서, 그리고 자신의 친구들로부터 오는 시험들을 감당해야 한다는 것을 거의 알지 못합니다. 많은 사람들은 그런 시험에 맞서 아주 힘겨운 싸움을 해야 하는 상황에 직면해 있습니다. 나는 여기 계시는 분들 중에서도 자신의 신앙을 지키기 위하여 끝까지 인내하려고 매일 같이 순교하는 심정으로 살아가는 분들이 있다는 것을 압니다. 가족이나 친지들은 그들에게 잔인한 말들을 하고 그들을 차갑고 냉정하게 대합니다. 그들이 하나님의 백성이라는 이유로 그들을 냉대하는 것입니다. 이 박해 받는 가엾은 사람들을 위해서도 구원은 하나님께로부터 오지 않으면 안 됩니다. 그렇지 않으면, 그들은 그러한 압제와 폭력 아래에서 기진해서 쓰러지게 될 것입니다. 세상 밖으로 나가면, 시험들은 도처에 널려 있습니다! 당신이 어떤 사업을 하고자 하면, 사업들마다 특유의 어떤 죄와 연루되어 있습니다. 장사나 서래를 하다 보면, 정직하게 살고자 하는 하나님의 자녀로서 도저히 용납할 수 없는 일들이 관행적으로 무수히 행해지고 있습니다. 당신은 그 관행과 맞서지 않을 수 없게 되고, 따라서 싸움이 있게 됩니다. 내가 구체적인 것들을 더 자세하게 계속해서 말해야 합니까? 형제들이여, 우리는 올무들에 의해서 둘러싸여 있습니다. 그런 올무들은 식탁 위에도 있어서, 당신은 거기에서도 쉽게 범죄할 수 있습니다. 올무들은 당신의 골방에도 있어서, 당신은 거기에서도 시험을 당합니다. 올무들은 집무실에도 있고 서재에도 있습니다. 당신은 의자에 앉아서 책을 읽을 때에도 올무들에서 벗어날 수 없습니다. 당신은 많은 사람들이 있는 곳으로 갈 때에도 올무들에서 벗어날 수 없습니다. 이 모든 것을 생각할 때, 이렇게 매일 숨 쉬는 공기조차 오염되어 있고 일상적으로 나누는 대화조차도 타락되어 있는 이 악하고 불경건한 세대 한복판에서 어떤 사람이 구원 받는다면, 그의 구원은 분명히 하나님으로부터 오는 것임에 틀림없습니다. 어떤 신자가 오늘날 같은 철학적인 회의와 의심이 판치는 시대 속에서 흔들림 없이 믿음을 지킨다면, 그의 구원은 하나님으로부터 오는 것임에 틀림없다고 나는 여러분에게 분명히 말할 수 있습니다. 그렇지 않다면, 그는 이 허영의 시장 속에서 결코 살아갈 수 없을 것입니다. 하나님께서 그에게 구원을 베풀지 않으신다면, 그는 이 끔찍한 시궁창, 지옥의 수렁 같은 현대 사회를 순전한 마음과 입술과 삶을 유지한 채로 결코 통과할 수 없습니다.

또한, 세상이 우리를 미워하기 때문에, 우리의 구원은 하나님으로부터 오는 것임이 분명합니다. 세상이 우리를 미워하는 상황에서, 구원이 하나님으로부터 오지 않는데도, 우리가 잘 살아갈 수 있다는 것은 말이 되지 않는 일입니다. 당신이 진정한 그리스도인이라면, 세상은 당신을 사랑하지 않을 것입니다. 세상 사람들은 당신이 지닌 인자함과 선함들을 좋게 보겠지만, 당신이 철저하게 그리스도인인 정도만큼, 당신을 향하여 짖고 공격하는 개들이 있을 것입니다. 세상 사람들은 당신의 성품에서 조그만 결점을 찾아내서 확대하고 과장해서 떠벌리고 다닐 것입니다. 그런 상황에서 우리는 우리가 결백하다는 것을 우리의 양심으로 알고 있지만, 사람들이 우리에 대하여 비방하는 말들을 그냥 흘려 버리는 것 외에는 달리 대처할 수 있는 길이 없는 경우가 많습니다. 우리가 아무리 정직하게 행한 일이라고 할지라도, 그들은 마치 그 일이 속임수요 사기라도 된다는 듯이 그 일을 빌미로 우리를 공격해 옵니다. 하지만 우리는 세상이 우리에 대하여 못 박히고, 우리가 세상에 대하여 못 박히게 하신 하나님을 찬송합니다. 그러나 우리가 세상의 그러한 독, 특히 그 싸움의 최전선에 서 있는 자들을 피하고, 끝까지 흠 없는 성품을 유지할 수 있었다면, 우리는 "의인들의 구원은 여호와로부터 오나니"라고 말하고 노래하지 않을 수 없을 것입니다.

사랑하는 친구들이여, 우리는 구원이 하나님으로부터 오지 않을 수 없는 그 필연성과 당위성을 압니다. 우리가 단지 그 정반대의 견해를 살펴보기만 해도, 우리는 그것이 필연적인 사실이라는 것을 알게 됩니다. 사람들이 어떤 고백을 했을 때, 그들에게 그 고백이 얼마나 오래 가던가요! 우리는 이런저런 사람에 대해서 "그 사람이 하나님의 자녀가 아니라면, 도대체 어떤 사람이 하나님의 자녀가 될 수 있단 말인가?"라고 말하며 그 사람을 칭송하는 경우가 있습니다. 그런 경우에 우리는 심지어 그 사람이 기도하는 것을 듣고, 그의 독실한 신앙을 볼 때에, 우리가 바로 그 사람이었으면 얼마나 좋을까 하는 생각까지 하게 됩니다. 그렇지만 우리는 한참 후에 우리가 그토록 칭송하던 바로 그 사람이 그 좋던 성품을 다 잃어버리고 더러움 속에서 뒹구는 모습을 보고서, 그 사람에 대한 우리의 소망이 송두리째 무너져 내리는 경험을 합니다. 안타깝게도 이런 일은 교회 속에서 비일비재하게 일어납니다. 우리는 그런 일을 볼 때마다, "의인들의 구원은 여호와로부터 온다"는 것을 진정으로 느낄 수 있습니다. 혹시라도 자기가 그리스도인이라고 고백했던 사람이 어느 날 갑자기 사라져서 온 데 간 데 없어져 버리는 것을 당신이 본다면, 당신은 "아, 하나님의 은혜가 없었더라면, 그런 일이 나를 비롯해서 그 어떤 신자에게도 일어났을 것이다"라고 생각하는 것이 마땅합니다. 만약 하나님께서 우리를 보호하셔서 우리의 등불이 꺼지지 않게 지켜주지 않으셨다면, 우리의 등불은 촛불의 다 타버린 심지처럼 이미 꺼지고 말았을 것입니다. 우리 안에서 하나님의 생명이 더 자라고, 우리가 그리스도인의 성품을 나타내 보이기를 더 간절하게 구할수록, 우리는 만약 우리 자신의 힘으로 이 싸움을 해나가야 한다면, 우리가 아예 이 땅에 태어나지 않는 것이 더 좋을 것이라고 더 절실하게 느끼게 될 것입니다. 오늘날 명목적인 그리스도인들은 초자연적인 도움 없이도 얼마든지 살아갈 수 있지만, 진정한 그리스도인이 살아가는 삶은 주 하나님 외에는 그 누구도 행할 수 없는 지속적인 이적 없이는 살아갈 수 없는 삶입니다. 참된 그리스도인의 삶은 하나님이 세상을 창조하셨을 때나 자신의 독생자를 죽은 자들 가운데서 다시 살리셨을 때와 같이 하나님의 강력한 능력의 역사(役事)에 의해서 이루어집니다. 내가 이 구원을 꼭 있어야 하는 것이라고 말하는 이유는 하나님으로부터 오는 구원 외에는 사실 그 어떤 구원도 있을 수 없기 때문입니다.

3. 셋째로, 이것은 달콤한 위로입니다.

"의인들의 구원은 여호와로부터 오나니"라는 본문이 참이라면, 그것은 우리에게 감미로운 위로가 됩니다. 왜냐하면, 나의 구원이 하나님으로부터 온다면, 나는 구원을 받게 될 것이기 때문입니다. 아, 가브리엘이여, 만약 나의 구원이 당신을 비롯해서 당신의 모든 동료 천사들에 의해서 이루어지는 것이라면, 나는 절망하게 될 것입니다. 아, 나의 형제들이여, 만약 여러분 모두가 힘을 합쳐서 이 세상에서 이 가엾은 나를 이끌어내어 천국으로 데려가고자 한다면, 여러분은 결코 나를 천국으로 데려다 주지 못할 것이고, 단지 여러분의 힘만 다 빠지고 말 것입니다. 성경에 "구원은 여호와로부터 오나니"라고 기록되어 있어서, 나는 얼마나 다행인지 모릅니다. 왜냐하면, 나는 하나님께서 그 일을 이루실 것을 확신하기 때문입니다. 하나님은 하실 수 있으십니다. 왜냐하면, 하나님은 전능자이시기 때문입니다. 하나님은 하시고자 하실 것입니다. 왜냐하면, 하나님께서 친히 그렇게 약속하셨고, 하나님은 참되시고 결코 변치 않으시는 분이시기 때문입니다. 하나님은 자기가 시작하신 일을 끝까지 이루실 것입니다. 사람이 시작했다면, 그는 그 일을 끝낼 힘이 부족해서, 또는 실수하거나 자신의 변덕스러운 마음으로 인해서 계획을 수정해서 그 일을 마치지 못하고 그만두어 버릴 수 있습니다. 그러나 하나님은 자기가 시작하신 일을 반드시 이루십니다. 하나님께서 전쟁을 시작하셨다면, 승리를 거두실 때까지 그 전쟁을 멈추지 않으십니다. 하나님께서 첫 번째 돌을 놓으셨다면, 마지막 돌을 놓으시고서 "다 이루었다"고 소리치실 때까지는 결코 손놀림을 멈추지 않으십니다. 그러므로 "의인들의 구원은 여호와로부터 오나니"라는 말씀도 하나님은 반드시 이루십니다. 삶의 온갖 시험들, 죽음의 온갖 공포들, 지옥의 온갖 광분함은 하나님이 자신의 은혜의 역사를 시작하신 어떤 영혼을 영원한 구원에 이르게 하시는 것을 결코 막을 수 없습니다. 이것은 얼마나 큰 복이고 얼마나 큰 위로입니까!

> "장래의 것들이나 현재의 것들이나
> 하늘 아래의 일들이나 하늘 위의 것들이나
> 그 어떤 것도 하나님이 자신의 계획을 그만두게 하실 수 없고
> 내 영혼을 그의 사랑으로부터 끊어낼 수 없으리."

이 엄청난 사실은 우리로 하여금 기도의 능력을 믿을 수 있게 해준다는 점에서 우리에게 위로가 됩니다. 의인들의 구원이 하나님으로부터 온다면, 우리에게 큰 환난이 닥칠 때마다, 우리는 하나님 앞에 나아가서 이렇게 부르짖을 수 있습니다: "주여, 나의 구원은 주로부터 오나이다. 그래서 내가 주 앞에 나아왔나이다." 강력한 시험이 우리를 그물에 걸린 새처럼 사로잡아서, 우리가 옴짝달싹도 할 수 없게 된 것처럼 보일 때, 우리는 이렇게 부르짖을 수 있습니다: "오, 하나님, 구원은 오직 주께로부터 오나이다. 나를 도우소서. 주께서는 하실 수 있나이다. 내가 주의 구원을 바라나이다!" 우리 영혼이 마치 밝은 햇빛도 비치지 않고 시원한 공기도 불어오지 않는 이 암울한 날씨처럼 죽어 있는 것처럼 느껴질 때, 우리는 모든 힘을 잃고 움직일 수도 없습니다. 그럴 때에 기도하면서 다음과 같이 느끼는 것은 정말 큰 복입니다: "나의 하나님, 나의 모든 신선한 샘물은 주 안에 있나이다. 주께서는 내게 생기와 선한 성품과 큰 힘을 주셔서, 나로 주의 일을 하거나 주의 뜻을 따라 고난을 견딜 수 있게 해주실 수 있나이다." 우리가 하나님께 가까이 나아갈 때, 그것은 우리가 있어야 할 자리로 가고 있는 것입니다. "의인들의 구원은 여호와로부터 오기" 때문에, 그것은 우리가 단지 하나님께서 하실 일을 해주시라고 청하는 것입니다.

　　"의인들의 구원은 여호와로부터 오나니"라는 말씀은 우리에게 기도할 소망을 더 크게 해줄 뿐만 아니라, 언제든지 우리 자신에게서 나와서 하나님을 바라보라고 강권합니다. 그러므로 나는 내 안에서 어떤 선한 것을 발견해 내기 위해서 나 자신의 마음속을 샅샅이 살피는 일에 몰두해 있어서는 안 됩니다. 나는 내 안의 어떤 증거들이나 과거의 어떤 경험들에 의지해서는 안 되고, 오직 의인들의 구원이 하나님으로부터 온다는 사실을 기억하여야 합니다. 나는 흔히 나의 모든 증거들을 다 던져 버리곤 합니다. 하나도 남김없이 말이죠. 나는 지금까지의 나의 경험과 증거들을 다 동원해도 그것들은 내게 전혀 도움이 되지 않는다는 것을 느끼고는, 마치 처음인 것처럼 내가 오래 전부터 좋아하던 다음과 같은 노래를 부르며 그리스도 예수 앞으로 나아가곤 합니다:

"나는 가련한 죄인일 뿐 아무것도 아닙니다.
그러나 예수 그리스도는 나의 모든 것 가운데서 모든 것입니다."

　　우리는 구원은 하나님으로부터 온다는 사실로 인해서 그렇게 할 담력을 얻습니다. 또다시 십자가 앞으로 가서, 거기에 씌어져 있는 글귀, 곧 당신의 죄가 사함 받았다는 글귀를 읽으십시오. 당신의 모든 경험이 다 허구이고, 당신의 모든 과거의 신앙고백이 거짓말이고, 당신의 모든 믿음이 다 껍데기뿐이고, 당신이 누리던 모든 것들이 다 환상이고, 당신이 지금까지 알고 느꼈던 모든 것이 다 꿈이라고 마귀가 당신에게 말하거나, 아니 그것들이 다 사실이라고 가정해 보십시오. 그럴지라도, 예수 그리스도께서는 죄인들을 구원하시기 위하여 이 세상에 오셨고, 정말 당신을 구원하실 수 있으십니다! 나의 주님, 나는 내 자신과 관련된 것은 그 어떤 것도 자랑하거나 자신할 수 없기 때문에, 주 앞에 나아와 엎드립니다. 주께서는 "내게 오는 자는 내가 결코 내쫓지 아니하리라"(요 6:37)고 말씀하셨습니다. 자주 처음부터 다시 시작하는 것이 가장 안전한 방법입니다. 사실, 우리는 어떤 의미에서 언제나 다시 시작해야 합니다. 왜냐하면, 우리의 영적인 삶은 예수께로 나아갈 때에 시작되고, 영적인 삶이 지속되려면, 우리가 늘 "보배로운 산 돌이신 예수께로 나아가야"(벧전 2:4) 하기 때문입니다. 이렇게 우리는 예수께로 나아가되 늘 나아가고, 예수를 늘 믿고 의지하며, 자기 자신에게서 벗어나서 늘 그리스도를 바라보아야 합니다. 증거들이 분명할 때, 당신은 당신이 어디에 있는지를 알지만, 그러한 때에는 그 증거들 없이도 당신이 어디에 있는지를 알 수 있습니다. 해시계를 보면, 지금이 낮의 어느 때인지를 아는 것이 쉽지만, 그렇게 하기 위해서는 해가 밝게 빛나고 있어야 합니다. 내가 집에 있고 해를 볼 수 있다면, 나는 정오가 되면 해가 어디쯤 있는지를 알기 때문에, 시간을 알기 위해서 굳이 해시계가 필요하지 않습니다. 증거들은 당신이 그것들을 필요로 하지 않을 때에는 정말 좋은 것들이지만, 진정으로 필요로 할 때에는 거의 소용이 없습니다. 그리스도께서 임재해 계실 때에는 증거들은 분명하지만, 그리스도께서 임재해 계실 때에는 당신에게 그 증거들의 도움은 필요하지 않습니다. 그러나 그리스도께서 임재해 계시지 않을 때, 증거들은 당신을 위로해 주지 못합니다. 따라서 증거들에 의지해서 살아가는 것보다 그리스도에 대한 믿음으로 매일매일을 살아가는 것이 더 좋습니다. 증거들은 아주 쉽게 부패해 버리기 때문에, 가장 해로운 음식입니다. 매일의 만나이신 그리스도를 의지해서 살아가십시오. 그러면 당신은 잘 살아가게 될 것입니다. 악인들의 구원과 마찬가지로 의인들의 구원도 하나님으로부터 온다는 이 하나님의 복된 진리는 당신을 그런 삶으로 이끌어갈 것입니다. 죄인도 스스로 구원 받을 수 없고, 의인도 마찬가지입니다. 죄인이 구원 받기 위해서는 하나님을 바라보아야 하고, 의인도 마찬가지입니다. 가엾은 죄인이나 부요한 성인이나 우리는 모두 다 이 땅에서 동일한 처지에 놓여 있습니다. 죄인에게나 성인에게나 그리스도는 모든 것이 되어야 합니다. 그리스도께서 우리에게 모든 것이 된다는 것은 얼마나 복된 일입니까! 우리는 매 시간마다 그리스도가 우리의 모든 것이 되게 하여야 합니다.

4. 넷째로, 이 가르침은 우리를 겸손하게 만듭니다.

"의인들의 구원은 여호와로부터 오나니." 나의 사랑하는 형제들이여, 당신은 구원 받으셨습니까? 그리고 당신은 그 사실을 아십니까? 그렇다면, 당신에게서 교만이라는 것은 흔적도 없이 다 사라져야 마땅합니다. 왜냐하면, 당신이 당신 자신을 구원하지 않았다는 것은 분명하기 때문입니다. 당신에게 주어진 저 중생(重生)은 아무런 자격도 없는 당신에게 하나님이 거저 주신 선물입니다. 그것은 자기 스스로의 힘으로 그렇게 할 수 없었던 당신에게 은혜로 주어진 것입니다. 거기에 교만이 끼어들 여지가 없습니다! 하나님께서 당신에게 그런 구원을 허락하셨기 때문에, 당신은 그 이후의 모든 세월 동안 흠 없는 믿음을 계속해서 유지해 오셨습니까? 그랬을지라도, 그것에 대하여 교만하지 마십시오. 왜냐하면, 그 동안 당신을 온갖 큰 죄들로부터 건지신 그 구원은 다름 아닌 하나님으로부터 온 것이기 때문입니다. 그 구원들 중에서 당신이 스스로 이루어 낸 것은 단 하나도 없습니다. 무엇보다도 특히 다른 사람들을 비난하지 마십시오. 한 가엾은 형제가 눌려 있는 것을 보았을 때나 하나님의 자녀가 큰 죄를 지은 것을 보았을 때, 그를 심하게 비난해서 절망에 빠뜨리지 마십시오. 만약 당신이 그 사람의 처지였다면, 당신은 아마도 더 큰 잘못을 저질렀을 것입니다. 내가 심하게 말하는 것 같습니까? "만약 내가 그 형제의 처지였다면, 나는 더 잘 했을 것이다"라고 말하는 사람이 있다면, 그는 미련한 자입니다. 그는 자기 자신을 모르는 것입니다. 그는 십중팔구 더 큰 잘못을 저질렀을 것입니다. 바리새인이여! 당신은 자기가 놀라운 신앙인이고 순결한 자로서 훌륭하게 행하고 있기 때문에 모든 사람의 귀감이 될 만한 존재라고 믿고 계십니까? 당신이 하나님의 눈으로 자기 자신을 볼 수 있다면, 당신은 교만의 악취가 풍기는 썩은 고깃덩어리라는 것을 보게 될 것입니다. 그것이 바로 당신의 모습입니다. 형제가 넘어지는 것을 보고서 의기양양해 하는 사람은 그 자신도 넘어질 가능성이 아주 큰 사람입니다. 형제의 옷에서 찢어진 곳을 찾아내서 비웃는 사람은 그 자신도 누더기를 입고 있는 것입니다. 우리가 시험을 잘 견뎌 냈다면, 우리는 우리에게 힘을 주셔서 시험을 견딜 수 있게 해주신 하나님을 송축하는 것이 마땅하고, 마치 우리 자신 속에 어떤 선한 것이 있다는 듯이 다른 사람들에게서 흠을 찾아내어서는 안 됩니다. 이 땅에서 살았던 가장 의로운 사람의 구원도 하나님으로부터 온 것입니다. 그 의인의 해가 기울지 않았고, 그 의인의 달이 어둠으로 변하지 않았으며, 그 의인의 별들이 낙엽처럼 떨어지지 않았다면, 그것은 모두 오로지 하나님의 은혜 덕분입니다. 우리가 어리석은 자랑으로 교만해지지 않기 위해서는 반드시 "의인들의 구원은 여호와로부터 오나니"라고 말하지 않으면 안 됩니다.

사랑하는 친구들이여, 우리는 이 땅에 살다가 무덤으로 갈 때까지 우리 자신과 관련된 일을 겪을 때마다 바로 그 달콤한 노래를 불러야 합니다. 우리가 천국에 이르렀을 때, 그때에 우리는 오늘 밤 우리가 알게 된 것보다 훨씬 더 분명하게 구원이 하나님으로부터 온다는 사실을 알게 될 것입니다. 존 번연은 자신의 순례 길을 사망의 어두운 골짜기를 통과해 가는 길로 묘사합니다. 그는 그 어둡고 두려운 좁은 곳에 있었지만, 자기를 도우실 주님이 필요하다는 것을 알았습니다. 그는 그 밤에 한쪽 편에는 수렁이 있고 다른 한쪽 편에는 진창이 있고 요괴들과 온갖 종류의 무서운 것들이 도처에 널려 있는 그 끔찍한 곳을 걸으면서, 자기에게는 하나님의 도우심이 필요하다는 것을 알았습니다. 그는 한 손에는 칼을 잡고 마음으로는 내내 기도의 병기를 잡은 채로 그 길을 진행해 나가서 마침내 그 끔찍한 곳을 빠져나올 수 있었습니다. 그는 그 일을 겪고 나서 하나님의 도우심이 자기에게 얼마나 필요한지를 이전보다 더 잘 알게 되었습니다. 그는 아침해가 떠오를 때에야 뒤를 돌아보았고, 그때까지는 자기가 어떤 곳을 통과해 왔는지를 온전히 알지 못했습니다. 밤새도록 길을 걸을 때에 그를 붙들어준 능력은 정말 대단한 것이었습니다. 우리가 천국에 당도해서 아래 세상에서의 우리의 삶을 뒤돌아보았을 때에 그때에야 비로소 우리를 구원하신 하나님의 은혜가 얼마나 놀라운 것이었는지를 알게 될 것입니다. 그때까지 우리는 그 은혜를 온전히 알 수 없습니다:

> "내 것이 아닌 아름다움을 옷 입고
> 보좌 앞에 섰을 때
> 난 주님을 있는 그대로 보게 되고
> 죄 없는 마음으로 보게 되리라.
> 주님, 그때서야 난 온전히 알게 되리이다
> 하지만 그때까지는 알지 못하리이다.
> 얼마나 내가 빚진 자인지를."

난 믿습니다. 우리가 온전히 구원 받는 그 날에 우리 모두는 목소리 높여 찬송을 부르게 되리라는 것을 말입니다. 그러나 그때가 되기 전에 이 세상에서는 우리가 그런 찬송을 부를 수 없습니다. 우리는 우리가 무엇으로부터 구원 받았는지를 보고서, 온 마음과 힘을 다하고 입을 크게 벌려 찬송하게 될 것입니다. 그때에도 우리가 부를 찬송의 요지는 "구원은 여호와로부터 오나니"가 될 것입니다. 왜냐하면, 하나님께서 내내 그렇게 하셔서, 우리가 안전하게 천국에 당도하였다는 것을 알게 될 것이기 때문입니다. 이스라엘 자손이 홍해를 건너고 모든 애굽 사람들이 물에 빠져 죽었을 때, 그들과 미리암은 너무나 기뻐서 어쩔 줄 몰라 하며 큰 소리로 찬송을 불렀습니다. 하물며, 음부의 문이 무너지고, 우리의 모든 원수가 멸망 받아, 우리가 영원히 구원 받아 영원한 보좌 앞에 서 있게 된 것을 볼 때, 우리는 어떻게 할 것 같습니까? 우리는 "너희는 여호와를 찬송하라 그가 승리하여 영광을 나타내셨음이로다"(출 15:1 KJV, 한글개역개정에는 "너희는 여호와를 찬송하라 그는 높고 영화로우심이요"로 되어 있음)라고 큰 소리로 외치지 않겠습니까? 우리 각 사람은 자신의 경험을 얘기하며, 우리의 동료 신자들에게 한층 더 큰 기쁨으로 열렬히 구원의 하나님을 찬송하라고 권하지 않겠습니까? 여러분 중의 어떤 분들은 애굽 군대가 한 사람도 보이지 않는 것을 알았을 때에 미리암이 소고 치며 "너희는 여호와를 찬송하라 그가 승리하여 영광을 나타내셨음이로다"라고 큰 소리로 불렀던 그 찬송을 그대로 따라 부르게 되지 않겠습니까? 애굽 왕 바로의 병거와 말들은 모두 다 바다 밑으로 가라앉아 버렸습니다. 애굽 왕 바로가 빈넌 서 난다 긴다 하던 장수들도 홍해에 수정되었습니다. 그래서 미리암은 소고를 잡고 다른 모든 여인들과 함께 기쁨의 춤을 추며 "깊은 물이 그들을 덮으니 … 하나도 남지 아니하였도다"(출 14:28; 15:5)라고 찬송하였습니다. 우리도 천국에서 바로 그렇게 찬송하게 될 것입니다: "하나도 남지 아니하였도다! 주께서 그 모든 것을 없애시니, 죄나 환난이나 시험이나 인생의 괴로움이 하나도 남지 아니하였도다! 구원은 여호와로부터 오도다."

5. 다섯째로, 본문은 우리에게 소망과 위로의 근거가 됩니다.

나는 마지막으로 이것을 말하고 말씀을 마치고자 합니다. 본문은 "의인들의 구원은 여호와로부터 오나니"라고 말씀합니다. 그러므로 나는 하나님께서 우리를 구원하시리라는 것을 믿습니다. 나는 나 자신을 하나님께 맡기고, 믿음으로 의롭게 됩니다. 그래서 하나님은 나를 나의 환난과 염려에서 구원하실 것입니다. 형제여, 이 결론을 당신에게 그대로 적용하십시오. 자매여, 이 결론을 당신에게 그대로 적용하십시오. 당신은 지금 끔찍한 상태에 있습니다. 모든 것이 잘못되어 왔고, 잘못되어 있습니다. 당신은 자기가 무엇을 하는지를 알지 못하고 있습니다. 그러나 "의인들의 구원은 여호와로부터 옵니다." 하나님은 당신을 반드시 구원하실 것입니다. 당신은 정말 믿을 만한 분에게 맡겨져 있습니다. 훌륭한 항해사이신 하나님은 인생의 강을 어떻게 항해해야 하는지를 당신보다 더 잘 아십니다. 당신은 당신의 배를 어디로 저어가야 할지를 알 수 없습니다. 도처에 암초와 유사(流砂)와 얕은 곳들이 있습니다. 하지만 하나님은 그 모든 것들이 어디에 있는지를 잘 아십니다. 맡기시고 쉬시고 기다리십시오. 당신의 길을 하나님께 맡기십시오. 우리의 구원이 하나님으로부터 온다는 사실은 우리에게 큰 위로가 됩니다.

그리고 다음으로 그러한 사실은 환난 중에 있는 우리의 모든 형제들에게 큰 위로가 됩니다. 행복하든 불행하든, 큰 괴로움이나 고민 중에 있는 형제들에게 끊임없이 조언하고 권면하는 것이 나의 운명입니다. 사실 나는 그들을 도울 수 없는데도, 그들은 내가 그들을 도울 수 있다고 생각합니다. 나는 그들에게 무엇이라고 말해야 할지를 잘 모릅니다. 단지 나는 그들의 짐을 나의 짐과 함께 하나님께 맡길 수 있을 뿐입니다. 나는 형제들이 내가 어떻게 해줄 수 없는 환난들을 겪는 것을 보면 큰 고통을 느끼는 적이 비일비재하지만, "의인들의 구원은 여호와로부터 오기" 때문에, 나는 도울 수 없어도 하나님께서는 도우실 수 있으시다는 것을 아는 것은 즐거운 일입니다. 하나님은 자기 힘으로 어떻게 해볼 수 없는 사람, 의지가지없는 사람, 아무런 힘이 없는 사람, 죽어가는 사람을 도우실 수 있습니다. 하나님은 자기 백성을 이끄셔서 큰물과 불을 안전하게 지나게 하실 수 있습니다. 그들의 곤경이 아무리 크고 그들의 짐이 아무리 무거워도, 하나님은 자신의 영원한 팔로 그들을 안으셔서 그 곤경과 짐으로부터 구원해 내십니다. 그들을 위해 기도하십시오, 그들과 마음을 같이하십시오. 할 수 있는 대로 그들을 도우십시오. 그런 다음에 당신 자신과 아울러서 그들도 하나님께 맡기십시오.

다음으로, 본문 말씀은 하나님께 무엇을 구하는 자들에게 소망을 줍니다. 나는 잘못된 길을 가는 불쌍한 영혼들에게 하나님께 돌아오라고 격려하는 일을 힘쓰며 인생을 살아오신 형제들이 이 자리에 앉아 계신 것을 봅니다. 그분들은 종종 영혼들이 하나님의 말씀을 잘 받아들이려 하지 않아서 실망하기도 합니다. 그렇지만 "의인들의 구원은 여호와로부터 옵니다." 의인들조차도 그들의 구원이 오직 "여호와"로부터 오는 것이라면, 아무것도 없어서 가난한 자들이 여호와를 찾아야 하는 것은 더더욱 분명합니다. 사람들이 아무리 악해도, 그 사람들에 대한 소망을 버리지 마십시오. 그런 분들이 이 자리에 계신다면, 소망을 가지십시오. 왜냐하면, 하나님께서 어느 정도 은혜 안에 있는 의인들에게조차 구원을 하나님에게서 찾으라고 명하셨다면, 아무것도 가진 것이 없는 당신에게도 그렇게 명하고 계실 것이 틀림없기 때문입니다. 하나님 앞에서 의로운 자들이 자신의 구원을 오직 하나님 안에서 찾는다면, 당신은 그 구원을 어디에서 찾아야 하겠습니까? 당신도 하나님을 바라보는 것이 마땅합니다. 십자가에 달리신 예수를 바라보시고, 그분에게서 구원을 발견하십시오. 왜냐하면, 주 예수께서는 그를 믿고 의뢰하는 모든 사람을 그의 보배로운 피로 속량하셨기 때문입니다. 사랑하는 여러분, 주 예수 앞에 오셔서 여러분 자신을 그분께 맡기십시오. "기약대로 그리스도께서 경건하지 않은 자를 위하여 죽으셨도다"(롬 5:6). 하나님의 말씀은 그렇게 되어 있습니다. 당신과 같이 경건하지 않은 자들을 속량하시는 하나님의 아들의 저 놀라운 죽으심을 바라보십시오. 그러면 당신의 경우에도 구원이 하나님으로부터 온다는 것이 확인될 것입니다. 하나님께서 여러분을 축복하셔서 그로부터 오는 구원을 즐거워하고 기뻐하게 하시기를 빕니다.

제
42
장

—

하나님을 향한 소원들: 약한 자들을 위한 설교

—

"주여 나의 모든 소원이 주 앞에 있사오며 나의 탄식이 주 앞
에 감추이지 아니하나이다." — 시 38:9

그리스도 안에 있는 모든 사람들이 주 안에서와 그의 힘의 강력 안에서 강해지는 것은 우리의 간절한 소원입니다. 나도 모든 사람이 아주 높은 수준의 거룩한 성품에 도달해서 최고의 영적 생기를 소유하게 되는 그런 영적인 삶을 우리 가운데서 보기를 간절히 소원합니다. 어느 그리스도인 공동체에 병든 사람들이 아주 많은 비율로 존재한다는 것은 큰 재앙입니다. 왜냐하면, 그런 사람들로 인해서 교회의 관심과 힘이 분산되어서 공격적으로 앞으로 전진해 나가지 못하게 되기 때문입니다. 이스라엘 백성이 애굽에서 나왔을 때처럼 우리도 "그의 지파 중에 비틀거리는 자가 하나도 없었도다"(시 105:37)라고 우리 공동체에 대하여 말할 수 있다면, 그것은 큰 은혜일 것입니다. "그 중에 약한 자가 그 날에는 다윗 같겠고 다윗의 족속은 하나님 같고 무리 앞에 있는 여호와의 사자 같을 것이라"(슥 12:8)는 하나님의 말씀이 성취될 때, 그런 날이 올 것입니다.

아무도 자기는 늘 믿음 안에서 연약할 것이고, 늘 구름 아래에서 걸을 것이고, 영원히 「천로역정」에 나오는 심약 씨(Mr. Feeble-Mind)나 작심삼일 씨(Mr. Ready-to-Halt) 같을 수밖에 없다고 생각하지 마시십오. 은혜의 이적들은 죄인들

을 위한 것임과 동시에 성도들을 위한 것입니다. 연약한 마음은 강해져서 목발을 내던져 버릴 수 있습니다. 우리는 연약한 영적 어린아이의 상태에 머물러 있는 것이 아니라 빨리 성장해서 거기에서 벗어나야 합니다. 우리는 거룩한 확신의 "언덕에" 올라서 마리아처럼 "내 영혼이 주를 찬양한다"(눅 1:46)고 노래할 수 있도록 은혜를 주시라고 하나님께 부르짖어야 합니다. 하나님께서 우리로 온전한 깨달음과 확신에 이르게 하시고, 우리에게 그런 확신을 주셔서 믿음이 우리 속에 깊이 뿌리를 내리고 튼튼하게 세워지게 하시는 이유를 우리 모두에게 알게 하셨으면 좋겠습니다. 그리스도 예수로 말미암아 모든 지각에 뛰어난 하나님의 평강이 여러분의 마음과 생각을 지키시기를 빕니다. 하나님께서 여러분 한 분한 분에게 "여호와를 경외하는 자 누구냐 그가 택할 길을 그에게 가르치시리로다 그의 영혼은 평안히 살고 그의 자손은 땅을 상속히리로다"(시 25:12-13)는 시편 25편의 약속을 깨닫게 해주시기를 원합니다.

　하지만 우리는 하나님의 모든 백성이 생기 있고 활기찬 상태에 있는 것이 아니라는 아주 고통스러운 현실에 직면해 있고, 하나님의 교회들마다 병들고 의기소침하고 기진맥진한 분들이 많이 있다는 것을 압니다. 우리는 그런 분들을 돌보아야 합니다. 그렇게 하는 것이 인지상정(人之常情)이고, 우리에게 맡겨진 거룩한 직무로 보아서도 그렇게 하는 것이 마땅하며, 선한 목자이신 우리 주님의 모범이 우리로 그렇게 하라고 강권합니다. 우리는 어린 양들을 먹여야 합니다. 우리는 "약한 손을 강하게 하며 떨리는 무릎을 굳게"(사 35:3) 해주어야 합니다. "너희는 위로하라 내 백성을 위로하라"(사 40:1)는 하나님의 음성이 우리 마음속에 쟁쟁한데, 우리가 어떻게 감히 그 음성을 무시할 수 있겠습니까! 우리도 전에 그들과 비슷한 경험을 해서 그들의 심정을 잘 알기 때문에 연약한 자들 및 환난당하는 자들과 같은 마음을 품고 그들을 긍휼히 여길 수 있습니다. 그래서 이번에 나는 지치고 상처 받고 연약한 자들을 찾아 나서고자 합니다. 이것은 그런 사람들의 수를 늘리고자 하는 것이 아니라, 그들을 비천한 상태에서 끌어내어 기뻐하게 함으로써 그들의 수를 줄이고자 하는 것입니다.

　우리는 연약한 자들의 응석을 받아주어서 그들의 불신앙을 더욱 조장하고자 하는 것이 아니라, 그들을 왕의 초장에서 잘 먹여서 주 안에서 강한 자들로 만들고자 합니다. 나는 이제 소원과 탄식 그 이상으로 뛰어넘지 못하는 사람들에게 관심을 돌릴 것인데, 내가 그렇게 한다고 해서 나를 비난하는 사람이 없기를 바랍니다. 목자가 연약한 양들을 위하여 자신의 시간을 많이 할애한다거나 어린 양들을 품에 안아 데려온다거나, 긴급하게 돌볼 필요가 없어서 더 강한 양들을 소홀히 하는 것처럼 보인다고 해서, 그 누구도 목자가 연약함을 좋아하는 것이라고 생각해서는 안 됩니다. 절대 그렇지 않습니다! 목자는 연약한 것을 자상하게 돌봐 주어서 그 연약함을 없애 주고자 하고 있는 것일 뿐입니다. 인정을 베풀어서 병자들을 돌봐 주는 것에 대하여 비난하는 사람은 없을 것입니다. 누가 병원을 짓거나 병원을 짓기 위해 기부하려고 애쓴다고 해서, "병든 자들을 위로하고 돕기 위해 이렇게 많은 돈을 쓰는 걸 보니 병든 것이 바람직한 것이구나"라고 말하는 사람은 없을 것입니다. 도리어 당신은 틀림없이 정반대로 생각할 것입니다: 이 병든 사람들은 돌봄을 받는 대상이 되고 있지만, 그 돌봄은 그들에 대한 상이 아니라 그들을 긍휼히 여기는 행위라고 말입니다. 그러므로 설교자가 하나님의 은혜를 별로 받지 못하는 것을 장려한다고 말하는 사람이 있어서는 안 됩니다. 그런 말 하는 것은 의사가 자신의 돌봄과 기술로 병자를 치료하고자 할 때에 질병을 장려한다고 말하는 것과 똑같습니다. 당신이 어떤 판단을 하든, 나는 항상 의기소침해 있고 고군분투하고 있는 사람들을 보살필 것입니다. 내가 아기들을 양육할 수 있는 아비 노릇을 할 수 있는 동안에는 내 영혼이 아기들을 잊는 일은 결코 없을 것입니다. 어린아이들이 있는 대가족에는 늘 그들을 잘 먹여 키울 수 있는 준비가 되어 있어야 합니다. 이유식과 우유가 항상 집안에 있어야 합니다. 왜냐하면, 찬장에 고기와 딱딱한 과자만 있다면, 어린아이들은 먹지 못해서 굶주리게 될 것이기 때문입니다. 온통 수준 높은 가르침들과 심오한 경험들만을 다루는 목회를 한다면, 많은 사람들이 제대로 먹을 수가 없어서 굶주리게 될 것이고, 그런 목회는, 신비에 속한 일만이 아니라 간단하고 단순한 일도 많이 가르치시고 행하신 그리스도의 목회와 다른 것이 될 것입니다. 참된 청지기는 모든 권속을 돌보고, 어른들에게는 밥을, 아기들에게는 젖을 준비해서 줍니다. 혹시라도 그 청지기가 어느 한 쪽을 준비하는 것을 잊는다면, 우유가 아니라 밥을 준비하는 것을 잊는 것이 더 낫습니다. 왜냐하면, 아기들을 밥을 먹을 수 없지만, 어른들은 우유를 먹고 살 수 있기 때문입니다. 사실 용사들도 아기들이 먹는 우유밖에는 먹을 것이 없는 그런 경우를 종종 겪게 됩니다. 가사(Gaza)의 성문들을 지고 갈 수 있을 만큼 크고 힘센 삼손 같은 사람들도 우유 외에는 아무것도 소화시킬 수 없을 정도로 쇠약해질 수 있습니다. 오늘 신앙이 아주 좋은 사람들이 내일은 그 신앙이 형편없어져서 아주 작은 은혜조차도 금은보화보다 더 소중히 여기게 될 처지가 되어서, 새 신자들이 들어야 할 하나님의 초보적인 진리들을 듣는 것으로도 감지덕지하며 기뻐하게 될 수 있습니다. 그리스도 안에서 아비들조차도 전에는 가장 연약한 성도들이나 의기소침해 있는 죄인들에게나 맞는다고 여겼던 아주 단순한 약속의 말씀들을 기쁨으로 받는 경우가 종종 있습니다. 그래서 오늘 내가 가장 연약한 자들을 염두에 두고서 그리스도인의 삶 중에서 그 수준이 가장 낮은 삶에 대하여 말한다고 할지라도, 그것은 결코 강한 자들을 소홀히 하는 것이 결코 아닙니다. 신앙에 있어서 거인인 저기에 있는 형제도 얼마든지 우유를 마실 수 있습니다. 우유를 마신다고 해서 그에게 해가 되는 것은 없습니다. 나의 소중한 친구여, 와서 한 번 시험해 보십시오. 어린아이들이 받아먹고 사는 단순한 가르침을 다시 한 번 받으십시오. 그러면 당신은 그것도 꽤 괜찮다는 것을 알게 될 것입니다. 우리가 지금 듣고 있는 미리암의 저 고상한 찬송 속에 나오는 위대한 옛 가르침을 마음껏 기뻐하고 즐거워하십시오. 그러나 항상 믿음의 권속의 일상적인 식단으로 남아 있어야 하는 하나님의 단순한 진리들을 멸시하지 마십시오.

자, 그러면 본문으로 돌아가보겠습니다: "나의 모든 소원이 주 앞에 있사오며 나의 탄식이 주 앞에 감추이지 아니하나이다." 성령께서 우리의 선생이 되어주셔서, 우리로 제대로 배우게 해주시기를 빕니다.

1. 첫째로, 하나님을 향한 소원이 있다면 하나님께 알려야 한다는 것입니다.

사랑하는 친구여, 당신은 자기 자신 속에서 그 어떤 은혜도 볼 수 없고, 오직 은혜를 얻고자 하는 소원만이 있다는 것을 발견할지도 모릅니다. 당신은 죄를 회개하기를 소원하고, 죄로부터 건짐을 받기를 소원하며, 그리스도 예수 안에서 새로운 피조물이 되기를 소원하고, 하나님과 온전히 화목하게 되기를 소원하지만, 그것이 단지 소원으로만 끝나면 어쩌나 하고 염려합니다. 소원이 단지 소원으로 끝나 버리는 경우가 많다는 것은 사실입니다. "게으른 자는 마음으로 원하여도 얻지 못하나"(잠 13:4). 소원이 단지 소원으로 끝나 버리는 것은 정말 안타까운 일입니다. 그러나 본문에 나오는 "소원"은 마음의 움직임이 있는 간절한 소원입니다. 왜냐하면, 그 소원은 "탄식"이 수반된 소원이기 때문입니다. 이 시편은 분명히 세상적인 것들을 향한 소원이 아니라 하나님을 향한 소원에 대하여 말씀하고 있는데, 그것은 이 시편의 1절에 나오는 "여호와여 주의 노하심으로 나를 책망하지 마시고 주의 분노하심으로 나를 징계하지 마소서"(시 38:1)라는 기도 속에 잘 표현되어 있습니다. 내가 지금부터 말하고자 하는 것은 신령한 것들과 관련하여 시편 기자가 하나님을 향하여 지닌 강렬하고 간절하며 고뇌에 찬 "소원"에 관한 것입니다. 그런 소원들은 하나님께 아뢰는 것이 마땅합니다.

사람들은 하나님께서는 우리의 소원을 아신다고 말할지도 모르겠는데, 그 것은 본문이 분명히 단언하고 있는 것이기도 합니다. 나는 하나님이 모든 것을 아신다는 사실을 의심하지 않습니다. 그러나 하나님은 우리가 아뢰기 전에는 마치 전혀 아시지 못한다는 듯이 우리에게 모든 것을 자기에게 상세하게 아뢰라고 명하십니다. 다윗이 그랬듯이, 우리도 우리의 사정을 하나님께 다 아뢰어야 합니다. 왜냐하면, 다윗은 앞에 나오는 8절에 걸쳐서 자신의 서글픈 이야기를 다 토설한 후에야 비로소 "나의 모든 소원이 주 앞에 있사오며"라고 말할 수 있었기 때문입니다. 이것은 하나님께서는 우리가 우리 소원을 하나님께 아뢰지 않는다면 하나님이 그 소원을 알지 못하신다는 듯이 우리를 대하실 것임을 우리에게 말해주고자 하는 것 같습니다. 사도 바울도 "모든 일에 기도와 간구로, 너희 구할 것을 감사함으로 하나님께 아뢰라"(빌 4:6)고 말씀하지 않습니까? "하나님께 아뢰라"(KJV에는 "알게 하라"로 되어 있음)는 표현을 주목하십시오. 하나님은 자기 백성에게 은혜를 주실 준비를 다 마쳐 놓으셨지만, 자기 백성이 복을 간구할 때까지 기다리십니다. 하나님은 다 알고 계시지만, 우리가 우리의 사정을 하나님 앞에 아뢰기 전에 그 아시는 것을 따라 먼저 스스로 나서서 행하지 않으십니다.

그러므로 당신이 구하는 것을 아뢰십시오. 첫째로, 그렇게 해야 하는 이유는 우리의 삶 전체가 하나님 앞에서 투명해야 하기 때문입니다. 어떤 것을 숨기려고 애써보아야 무슨 소용이 있겠습니까? "우리의 결산을 받으실 이의 눈 앞에 만물이 벌거벗은 것 같이 드러나느니라"(히 4:13). 사람이라면 누구나 다 자신의 삶을 하나님의 눈 앞에 다 드러내는 것이 마땅하지만, 특히 그리스도를 믿는 사람들은 자신의 삶을 하나님 앞에서 추호도 감추려고 하지 않고, 도리어 "하나님이여 나를 살피소서"(시 139:23)라고 부르짖습니다. 우리는 그 어떤 것도 감추려 하지 않습니다. 우리의 소망은 우리의 하늘 아버지께서 모든 것을 아신다는 것에 있습니다. 그러니 지푸라기 하나라도 감추고자 하는 마음이 있어서는 안 되고, 아무리 애처로운 신음도 감추고자 해서는 안 됩니다. 죄인과 그의 구주 사이에는 모든 것이 다 솔직하게 공개되어 있어야 합니다. 죄를 깨달은 영혼과 그 죄를 사하시는 하나님 사이에 그 어떤 비밀이 있을 수 있겠습니까? 우리가 여전히 무화과 나뭇잎을 따서 가리려 한다거나 동산의 나무들 사이에 숨고자 한다면, 그것은 흉한 모습이 될 것입니다. 우리는 그렇게 하지 말고, 오직 하나님이 직접 공급해 주시는 것들만을 우리의 보호막으로 삼고서 당당히 서야 합니다. 그러므로 반드시 기도로 당신의 심령의 비밀들을 하나님 앞에 토설하십시오. 죄를 고백하고, 그 비참한 죄의 실상을 낱낱이 고하십시오. 지난날과 관련된 염려들, 현재의 걱정들, 장래의 두려운 일들을 고하십시오. 미혹되지 않기 위해서 당신 자신에 대한 의구심과 당신의 두렵고 떨리는 것을 고하십시오. 당신이 어떤 구원을 바라는지, 당신의 영혼이 어떤 은혜의 역사를 소원하는지를 고하십시오. 당신의 마음속에 있는 모든 것을 하나도 남김없이 다 하나님께 아뢰십시오. 왜냐하면, 당신의 가장 좋은 친구에게 정직할 때에 당신에게는 많은 유익이 있게 될 것이기 때문입니다.

다음으로, 우리가 우리의 소원을 다 아뢰어야 하는 이유는 그것이 하나님이 명하신 일이기 때문입니다. 믿는 자들이 늘 해야 하는 본분이자 특권인 기도는 실제적으로는 "소원"입니다. 기도는 소원이 입고 있는 옷입니다. 기도는 소원이 천국으로 가는 길을 여행하기 위하여 신발을 신고 말에 탄 것입니다. 소원 없는 기도는 죽은 것입니다. 그런 기도는 그 영혼이 도망가 버리고, 기도라는 시체만 남은 것입니다. 소원이 영혼 속에서 불타고 있을 때, 기도의 불길 또는 한숨과 탄식의 불꽃이 하늘로 올라갑니다. 기도는 불병거이고, 소원은 그 병거를 끄는 불말입니다. 그러므로 "쉬지 말고 기도하라"는 명령은 실제로는 우리의 소원을 끊임없이 아뢰라는 명령입니다. 당신의 소원을 최대한 명료하게 표현하여 말씀드리는 것이 어려운 일이라고 할지라도 그렇게 하십시오. 나는 당신이 그렇게 하기를 부탁드립니다. 왜냐하면, 하나님은 당신이 자기에게 모든 것을 고백하기를 원하시기 때문입니다. 하나님은 "항상 기도하고 낙심하지 말아야"(눅 18:1) 한다고 말씀하십니다. 또한, 사도 바울도 "모든 일에 기도와 간구로, 너희 구할 것을 하나님께 아뢰라"(빌 4:6)고 말합니다. 예수께서는 "깨어 기도하라"(마 26:41)고 말씀하셨고, 사도 바울도 "각처에서 남자들이 … 기도하기를 원하노라"(딤전 2:8)고 말하였습니다. 이것이 당신의 소원을 하나님께 아뢰라는 말씀이 아니고 무엇이겠습니까?

　사람이 자신의 소원을 말로 표현할 수 있다는 것은 대단한 유익이고, 그것이 소원을 하나님께 아뢰어야 하는 이유입니다. 자신의 소원을 말로 표현해 보려고 애쓸수록 그 소원을 더 잘 알게 됩니다. 소원은 기도를 통해서 그 모습이 그려지고 형태가 확정되기 전까지는 불분명해 보입니다. 비록 소원을 말로 표현하려다가 제대로 표현하지 못했다고 할지라도, 당신은 그 말로 표현할 수 없는 소원이 당신 안에서 얼마나 크고 강렬한지를 더 잘 알게 됩니다. 어떤 때는 마음에 있는 소원을 표현하려고 하면 그 즉시 사라져 버리는 경우가 있는데, 그것은 당신이 그 소원의 진면목을 보고 나서는 더 이상 원하게 되지 않았기 때문입니다. 이렇게 어떤 소원들은 그 모습을 한 번 보았을 때에 운명이 다해 버립니다. 왜냐하면, 우리는 그 소원들을 하나님 앞에 고할 가치가 없다고 느끼게 되기 때문입니다. 그러나 그것이 거룩하고 순전한 소원일 때에는 당신의 마음이 편해지고, 그 복을 구하고자 하는 마음이 더욱 강렬해질 것입니다. 당신은 그 소원과 관련된 약속들을 깊이 숙고하게 될 것이고, 그 결과 당신의 소원이 이루어지리라는 것과 당신이 믿음으로 그것을 얻을 수 있다는 소망이 강화될 것입니다. 한 가지 소원을 기도를 통해서 말로 표현할 때, 그 밖의 다른 여러 소원들이 일깨워져서, 원래는 하나였던 소원이 수많은 소원으로 되는 경우도 종종 있습니다. 당신이 자신의 소원을 하나님 앞에 아뢴다면, 그 소원은 힘을 얻어서 이내 이루어지게 될 것입니다. 소원은 새장에 있는 새처럼 가두어 두어서는 안 되고, 노아가 비둘기를 방주에서 밖으로 날려 보냈듯이 그렇게 밖으로 내보내야 합니다. 소원을 하늘을 향하여 날려 보내십시오. 그러면 그 소원은 감람나무 잎사귀를 입에 물고 다시 집으로 올 것입니다. 기도로 소원을 아뢸 때에 돌아오는 것은 평안입니다. 그러므로 소원을 절대로 침묵의 새장에 가두어 두지 말고, 하늘로 심부름을 보내서 유익을 얻으십시오. 소원이 뒷마당의 항아리들 사이에 초라하게 놓여 있고 탄식으로 더럽혀져 있다고 할지라도, 그 소원을 하늘을 향해 날려 보내십시오. 그러면 그 소원은 이내 은빛 옷을 입게 되고 황금빛 날개를 달게 될 것입니다. 당신의 마음의 화살통에서 소원의 화살들을 꺼내서 기도로 쏘십시오. 그러면 그 화살들은 당신의 원수들을 맞출 것입니다.

　당신은 너무나 우울하고 암울해서 도저히 기도할 수 없다고 느낄 수 있습니다. 그러나 그런 때가 당신의 소원과 간구를 갑절로 더할 때입니다. 언제나 해를 향한다고 해서 옛 사람들의 입에 많이 오르내렸던 해바라기라는 꽃은 밝은 햇빛이 비쳐서 만물을 기쁘게 하는 때나 구름이 끼어 우중충한 때나 상관없이 늘 자신의 주(主)인 해를 따른다고 합니다. 어떻게 그럴 수 있을까요? 해는 비록 구름에 가려서 눈에 보이지 않아도 여전히 지구 위에 떠 있기 때문에, 해바라기는 본능적으로 해가 어디에 있는지를 알아내서 그 쪽으로 방향을 트는 것으로 보입니다. 우리가 우울하고 암울할 때에 우리의 영혼도 그래야 합니다. 주님의 얼굴을 볼 수 없을 때에도 우리는 여전히 강렬한 소원을 가지고 주님을 바라볼 수 있습니다. 오, 영혼들이여, 하나님이 듣지 않으시는 것처럼 보일지라도 기도하십시오. 당신의 눈이 눈물로 범벅이 되어 앞이 보이지 않을 때에도, 당신의 애곡하는 얼굴을 은혜의 자리를 향하여 돌려서 하나님의 거룩한 산을 바라보십시오. 전에 하나님이 자기 자신을 당신에게 어디에서 나타내셨는지를 기억하십시오. 오늘 시온의 성문에서 하나님을 만나지 못하였다면, 하나님이 전에 자기 자신을 헤르몬 산과 미살 산에서 계시하셨던 일을 기억하고서, 당신의 소원을 그곳을 향하여 올려드리고, 그런 식으로 하나님을 다시 만날 때까지 찾고 찾으십시오. 어떤 이유로도 하나님 앞에 자신의 소원을 아뢰며 자신의 애끓는 심정을 쏟아놓는 것을 그치지 마십시오. 왜냐하면, 당신의 영혼이 건강해지는 길이 바로 거기에 있기 때문입니다.

은혜로운 말로 하나님 앞에 당신의 소원을 아뢸 수 있다는 것은 흔히 그 소원이 옳다는 것을 보여주는 증거가 될 것입니다. 당신이 감히 하나님께 어떤 소원을 아뢰었다면, 그 소원은 분명히 경건한 소원일 것이 틀림없습니다. 내가 "주여 나의 모든 소원이 주 앞에 있사오며 그 소원이 주 앞에 있게 되기를 원하나이다"라고 말할 수 있다면, 즉 "주께서 그 소원을 이루어 주시기를 바라서, 그 소원이 과연 옳은 것인지를 먼저 낱낱이 살펴 주시기를 원하나이다"라고 기도할 수 있다면, 나의 그 소원은 내 양심이 증거하는 옳고 선한 소원일 것입니다. 이것은 소원은 그저 소원일 뿐이라고 생각하는 당신에게 위로가 되지 않습니까? 당신에게 하나님이 꼭 알아주셨으면 좋겠다고 생각하는 소원이 있다면, 그 소원은 옳은 소원일 것임에 틀림없습니다. 만약 그 소원이 선한 소원이 아니었다면, 당신은 감히 하나님 앞에 그 소원을 가져갈 생각을 하지 못했을 테니까요. 당신이 하나님의 백성들과 함께 하나님의 전에 있거나, 하나님의 말씀을 읽고 있거나, 묵상 가운데서 하나님께 가까이 나아가고 있을 때, 당신 속에 있는 소원들은 아주 강력한 것들입니다. 그 소원들이 악한 것이었다면, 가장 경건한 분위기 가운데에 있는 당신의 마음속에서 활발하게 활동하지 못했을 것이고, 가장 선한 영향력들로부터 수분을 공급받아 무성하게 자랄 수 없었을 것입니다. 왜냐하면, 그러한 영향력들은 이상하거나 나쁜 소원들이라는 잡초를 죽이고 자라지 못하게 하는 힘을 갖고 있기 때문입니다. 그러므로 결국 당신 속에는 이스라엘의 주 하나님을 향한 선한 것이 존재하고 있는 것입니다. 만약 당신 안에서 성령의 역사가 없었다면, 당신의 영혼이 움직이고 당신의 심령이 꿈틀거려서 이런 식으로 주리고 마르고 간절하게 바라는 것이 없었을 것입니다. 하나님께서는 당신에게 은혜로 역사하셔서 이 선한 소원을 주신 것입니다. 당신에게 영적으로 주리고 목마른 것이 있는 한 당신의 영혼 속에서는 영생의 불꽃이 타오르고 있는 것이기 때문에, 당신의 소원은 선한 것임에 틀림없습니다. 만약 그렇지 않았다면, 당신은 감히 그 소원을 하나님 앞에 아뢰지 못했을 것입니다. 그 소원이 선한 것임을 알았을 때, 반드시 그 소원을 당신의 온 마음과 함께 하나님 앞에 표현함으로써 그 소원에 물을 주어 자라게 하십시오.

2. 둘째로, 하나님을 향한 소원은 은혜의 역사라는 것입니다.

하나님을 향한 격렬한 탄식을 쏟아내는 소원들은 그 자체가 은혜의 역사입니다. 먼저, 분명히 그 소원들은 다른 은혜들과 연관되어 있습니다. 어떤 사람이 "나의 모든 소원이 하나님을 향해 있고, 나의 마음이 하나님을 바라며 탄식하지만, 나는 내 속에서 이 소원들 외에는 거의 아무것도 발견하지 못하나이다"라고 기도할 수 있을 때, 그의 마음속에는 다른 선한 것들도 있는 것입니다. 분명히 거기에는 겸손이 있습니다. 소원을 아뢰고 있는 사람아, 당신은 자기 자신을 제대로 보고 있는 것입니다. 당신은 자기 자신을 아무것도 아닌 존재로 보고 있고, 그것은 제대로 보고 있는 것입니다. 자기가 거룩하다고 자랑하며 허풍을 떠는 사람이 지닌 소원은 당신이 탄식 가운데서 지니고 있는 소원과는 달리 안전하다는 보장이 없습니다. 왜냐하면, 당신 안에는 하나님이 결코 멸시하지 않으실 상하고 통회하는 마음이 있지만, 그 사람에게는 없기 때문입니다. 하나님께서는 당신에게 다른 무엇보다도 온유하고 가난한 심령이라는 보배를 주셨습니다. 그렇습니다. 당신 속에는 이미 믿음이 있습니다. 왜냐하면, 이미 어느 정도 믿고 있는 사람이 아니라면, 그 누구도 진심으로 믿고자 할 수 없기 때문입니다. 진심으로 믿고자 하는 모든 자 속에는 어느 정도의 믿음이 있다는 것입니다. 당신이 "그리스도를 믿기 원합니다"라고 말한다면, 당신은 그리스도를 자신이 믿어야 할 분임을 이미 믿고 있는 것이기 때문에 당신 속에는 이미 어느 정도 믿음이 있는 것이라는 말입니다. 당신 자신을 그리스도 앞에 온전히 맡기고자 하는 당신의 소원 속에서 이미 구원하는 믿음이 시작되고 있습니다. 당신 속에는 나중에 큰 나무로 자라게 될 겨자씨가 있습니다. 나는 그 향취를 통해서 그 씨가 겨자씨인지 아닌지를 알 수 있습니다. 당신의 소원이 강렬한 열기를 지니고 있다면, 그것은 진짜 겨자씨라는 것을 보여주는 것입니다. 또한, 당신에게는 사랑도 있습니다. 이것은 분명하고 확실합니다. 사람이 어떤 것을 사랑하고자 한다면, 그는 그것을 이미 사랑하고 있는 것이 아닙니까? 당신에게는 이미 주 예수를 향한 사랑이 있고, 당신의 마음은 그리스도를 향한 끌림이 있는 것입니다. 그렇지 않다면, 당신은 그런 사랑이 자기 속에 더 채워지도록 하기 위해서 탄식하고 부르짖지 않을 것입니다. 가장 많이 사랑하는 사람은 더 많이 사랑하게 되기를 아주 간절하게 소원하는 바로 그 사람입니다. 그리스도인에게서 사랑과 소원은 함께 가기 때문에, 사랑할수록 더 사랑하게 되기를 바라는 소원이 더 커지게 됩니다. 그래서 당신에게 예수를 사랑하고자 하는 소원이 있다면, 그것은 당신이 이미 예수를 사랑하고 있다는 확실한 증거입니다. 당신에게 있는 소원은 당신의 영혼 속에 불이 있음을 증명해 주는 연기입니다. 그 영혼 속에는 불씨가 살아 있어서 조금만 풀무질을 하면 불길이 금방 타오르게 됩니다. 하나님을 섬기고자 하는 당신의 소원은 순종 그 자체입니다. 기도하고자 하는 당신의 소원은 기도 그 자체입니다. 찬송하고자 하는 당신의 소원은 찬송 그 자체입니다. 또한, 당신에게는 소망도 있다는 것을 나는 확신합니다. 왜냐하면, 사람은 자신의 소원이 만족을 얻을 것이고 자신의 슬픔이 위로를 받게 될 것이라는 소망이 없다면, 하나님 앞에서 계속해서 탄식하며 자신의 소원을 아뢰지 못할 것이기 때문입니다. 다윗은 15절에서 "여호와여 내가 주를 바랐사오니"라고 말함으로써 자신의 은밀한 소망을 드러냅니다. 의기소침해 있는 나의 형제여, 당신은 그 어디에서도 소망을 찾을 수 없지 않았습니까? 당신은 당신의 영혼을 하나님께로 이끌어 주는 문과 길 외에는 다른 모든 문과 길이 다 닫혀 있고 막혀 있다는 것을 압니다. 당신이 소망을 가지고 있다는 것을 나는 압니다. 그러므로 당신이 다른 어디에서도 소망을 가지고 있지 않다면, 당신은 하나님 안에서 소망을 가지고 있는 것이 분명합니다.

당신이 하나님을 생각할 때에 당신으로 하여금 "너는 하나님께 소망을 두라 내 하나님을 여전히 찬송하리로다"(시 43:5)라고 부르짖게 만드는 바로 그것 속에 소망의 씨앗이 있고 위로의 시작이 있습니다. 나는 그 밖에도 많은 은혜를 들 수도 있지만, 이쯤으로도 충분할 것입니다. 유유상종이라고 해서 어떤 사람이 누구와 어울리는지를 보면 그 사람을 알 수 있듯이, 우리가 지닌 소원이 어떤 성격의 소원인지를 알려면 그 소원에 수반된 여러 가지 것들을 보면 됩니다. 하나님을 향한 거룩한 소원은 겸손과 믿음과 사랑과 소망을 친구로 두고 있기 때문에, 그것들이 다 동일한 성격의 것들로서 은혜의 역사로 인한 것들이라는 것을 나는 확신합니다.

그 소원이 은혜의 역사라는 또 하나의 증거는 하나님으로부터 온다는 것입니다. 하나님을 향한 소원은 이런저런 근원으로부터 오는 것임에 틀림없습니다. 당신에게 거룩해지고 싶은 소원이 있다면, 그 소원은 어디에서 온 것입니까? 당신 자신의 부패한 본성으로부터 온 것인가요? 그건 불가능합니다. 믿는 자들 가운데서 자유의지를 믿는 일부 사람들은 그렇게 생각할지 모르지만, 우리는 그런 사람들의 견해에 동의하지 않습니다. 그 누구도 더러운 것에서 깨끗한 것을 이끌어낼 수 없고, 가시나무에서 무화과 열매를 거둘 수 없다고 우리는 믿습니다. 당신의 가슴 속에 하나님을 향한 마음의 소원과 탄식이 있다면, 그것을 믿으십시오. 그런 것은 인간의 본성에서는 결코 나올 수 없는 것이니까요. 죄가 거룩함을 소원하거나 사망이 생명을 갈망할 수 있겠습니까? 거룩한 소원들은 인간의 본성의 토양에서는 결코 생겨날 수 없는 식물들입니다. 그 소원들의 씨는 먼 나라에서 옵니다. 당신은 마귀가 역사해서 이 거룩한 소원들을 만들어 낸 것이라고 생각하십니까? 형제여, 들으십시오. 마귀가 당신으로 하여금 하나님을 향하여 목마르게 만듭니까? 마귀가 당신으로 하여금 성부 하나님의 얼굴빛을 사모하여 탄식하며 부르짖게 만듭니까? 마귀가 당신으로 하여금 시험에서 건져 주시라고 기도하게 만듭니까? 마귀가 당신으로 하여금 그리스도의 형상을 닮게 해주시라고 탄식하게 만듭니까? 만약 그렇다면, 그 마귀는 내가 만난 마귀, 성경에 설명되어 있거나 선한 자들의 싸움 속에 등장하는 마귀와는 완전히 다른 존재일 것입니다. 그렇다면, 하늘에 속한 이 소원의 불길을 점화시킨 이는 누구입니까? 나는 모든 순전한 소원은 그 소원이 바라는 은혜와 마찬가지로 하나님의 역사라는 것이 나의 믿음이라는 것을 진지하게 고백합니다. 하나님과 올바른 관계를 맺기를 진심으로 갈망하는 사람은 이미 하나님의 은혜가 그의 영혼 속에 역사해서 그러한 갈망을 만들어 낸 것입니다. 하나님은 자신이 창조하신 모든 것에 대하여 대단히 선하다고 말씀하시기 때문에, 나는 하나님을 향한 이러한 탄식어린 소원들은 대단히 선한 것이라는 결론을 내리게 됩니다. 그 소원들은 크거나 강하지 않을지라도 은혜의 역사입니다. 한 방울의 낙수에도 바다 속과 마찬가지로 물이 있습니다. 생명은 코끼리에게만 있는 것이 아니라 각다귀에게도 있습니다. 태양만이 아니라 광선에도 빛이 있습니다. 따라서 온전한 성화만이 아니라 소원에도 진정한 은혜가 있습니다.

　　세 번째로, 거룩한 소원은 그 사람의 성품을 판별해 주는 아주 훌륭한 시금석입니다. "어떤 소원을 지니고 있는지를 보고서 그 사람의 성품을 알 수 있나요?"라고 누가 묻는다면, 나는 "그렇다"고 대답할 수 있습니다. 당신이 이것을 좀 더 분명하게 알 수 있도록, 나는 이 질문의 다른 쪽 면을 보여드리고자 합니다. 당신은 악인이 지닌 소원을 보고서 그 사람이 악인임을 분명하게 알 수 있습니다. 여기에 도둑질을 하고자 하는 소원을 지닌 사람이 있습니다. 그러니까 그는 마음과 영혼으로 도둑인 것입니다. 그가 어떻게든 무엇을 훔쳐가려고 애쓴다는 것을 아는 사람이 그를 자기 집에 들어오게 하겠습니까? 여기에 간음하고자 하는 소원을 지닌 사람이 있습니다. 하나님이 보시기에, 그는 이미 간음한 사람이 아닙니까? 예수께서 우리에게 그렇게 말씀하지 않으셨습니까? 여기에 안식일을 지키지 않고자 하는 소원을 지니고 있지만 자신의 상황 때문에 어쩔 수 없이 하나님의 전에 나오는 사람이 있다고 합시다. 하나님이 보시기에, 그는 이미 안식일을 범한 자입니다. 왜냐하면, 그는 기회만 주어진다면 언제라도 거룩한 성일에 하나님이 금하신 일들을 서슴없이 할 것이기 때문입니다. 어떤 사람에게 사기를 치고자 하는 간절한 소원이 있다면, 그 사람은 이미 마음으로 사기꾼일 것입니다. 어떤 사람이 "나는 내 원수의 목구멍을 따버리기를 원하는 복수심으로 가득 차 있고, 밤잠을 설치며 그를 죽이려고 절치부심하고 있다"고 말한다면, 하나님 앞에서 그는 이미 살인자가 아닙니까? 그러므로 우리 자신이 옳은지 그른지에 대해서 판단할 때에도 우리가 다른 사람들에게 갖다 대는 바로 그 잣대로 판단하십시오. 이 원칙을 당신에게 적용해 보겠습니다. 당신의 육신이 연약하고 당신의 본성이 부패해 있는데도, 당신에게 옳은 것을 행하고자 하는 간절하고 고뇌에 찬 소원이 있다면, 당신은 그 소원을 이룰 수는 없을지라도, 그 소원은 당신의 성품이 어떠하다는 것을 보여주는 시금석이 됩니다. 가장 주된 물길이 강물의 방향을 결정하듯이, 가장 주된 소원은 그 인생이 어떠하다는 것을 보여주는 시금석입니다. 당신이 바울과 마찬가지로 "원함은 내게 있으나 선을 행하는 것은 없노라"(롬 7:18)고 부르짖을 수밖에 없다고 할지라도, 그것은 좋은 것입니다. 당신에게 하나님을 사랑하고 싶다는 간절한 소원이 있다면, 당신은 하나님을 사랑하는 것입니다. 당신이 정결하게 되고자 하는 강력하고도 지속적이며 고뇌에 찬 소원을 지니고서 그것을 사모하며 탄식한다면, 당신을 정결하게 하는 역사는 이미 시작된 것입니다. 왜냐하면, 당신의 소원은 이미 정결하게 되었고, 당신의 바람과 의지와 마음도 이미 정결하게 되었기 때문입니다. 이것으로 하나님을 향한 참된 소원은 일정 정도 은혜의 역사라는 것이 충분히 증명된 것이 아니겠습니까?

나아가, 우리의 소원은 우리 자신을 판단하는 데에 사용되는 다른 몇몇 애용되는 방법들보다 훨씬 더 우수한 시금석이라는 것을 명심하십시오. 예를 들면, 많은 사람들은 자기가 외적인 의무들을 얼마나 성실하게 관심을 가지고 행하는지를 기준으로 삼아서 자신의 신앙이 어느 정도인지를 판단합니다. "나는 주일 대예배는 물론이고 저녁 예배도 빠진 적이 없습니다. 나는 한 달에 적어도 한 번은 성찬식에 참석합니다. 나는 기도 모임에 나가고, 하루에 성경 한 장(章) 또는 반 장을 꼭 읽습니다. 나는 하루를 시작할 때와 마무리할 때에 침대에서 무릎을 꿇고 기도합니다. 나는 오랜 세월 동안 나의 신앙 의무 중 그 어느 것도 결코 빼먹은 적이 없습니다." 존경하는 친구여, 나는 그런 말을 들을 때에 매우 기쁩니다. 그러나 하나님을 향한 소원이 당신에게 없다면, 모든 예배에 빠짐없이 꼬박꼬박 참석한 당신은 언제나 정확히 시간을 알려주는 교회 괘종시계나, 제자리를 언제나 지키고 있는 강대상 위의 성경과 별반 다를 것이 없습니다. 당신의 영혼이 살아 있는 소원으로 가득 차 있지 않다면, 당신은 최고의 바리새인일 수는 있지만 진정한 그리스도인은 아닙니다. 그런데 당신이 이렇게 부르짖는다고 합시다: "나는 하나님, 살아 계신 하나님을 향해 목말라 있습니다. 내 영은 거룩함을 사모하여 탄식합니다. 내가 무릎 꿇고 기도할 때에는 내가 원하는 대로 살 수 없고 내가 원하는 대로 기도할 수 없어서 하나님 앞에서 탄식합니다. 나는 영적인 양식을 먹기를 갈망하여 하나님의 전에 왔습니다. 내 영혼은 언제나 신령한 것들에 대하여 주려 있습니다." 그때에 나는 주님의 말씀을 인용해서, "의에 주리고 목마른 자는 복이 있나니 그들이 배부를 것임이요"(마 5:6)라고 말할 것입니다. 살아 있는 소원들이 죽은 의무들보다 더 낫습니다. 마치 살아 있는 개가 죽은 사자보다 더 나은 것처럼 말입니다. 경건한 의무들을 아주 정확하게 외적으로 수행하는 것은 마음이 없는 기계가 규칙적으로 돌아가는 것과 같습니다. 그러나 소원은 생명을 의미하고, 우리가 살아 계신 하나님을 기쁘시게 해드리려면, 생명이 꼭 있어야 합니다.

　　나는 종종 자기가 이런저런 큰 은혜들을 받았다고 자축하는 사람들을 만나지만, 그런 간증보다도 경건한 소원을 지니고 있느냐 그렇지 않느냐가 더 나은 시금석입니다. 물론, 나는 소원을 지닌 것이 진정으로 여러 은혜들을 받은 것보다 더 낫다고 말하는 것이 아니라, 은혜들을 많이 받은 것으로 착각하는 것보다 더 낫다는 것입니다. 당신은 "내게는 산을 옮길 만한 믿음이 있습니다"라고 말하지만, 사실은 "우리에게 믿음을 더하소서"(눅 17:5)라고 기도하는 것이 옳지 않겠습니까? 당신은 "나는 그리스도를 너무나 사랑하기 때문에 결코 뒤로 물러나거나 그를 부인하는 일이 없을 것입니다"라고 자랑하지만, 사실은 "나를 붙드소서 그리하시면 내가 구원을 얻으리이다"(시 119:117)라고 기도해야 하지 않겠습니까? 당신은 "나는 경험이 많아서 결코 잘못된 길로 가지 않을 것이니 이단사설을 들어도 괜찮습니다"라고 말합니까? 나는 그런 종류의 말을 자주 들어 왔지만, "하나님이여 나를 지켜 주소서 내가 주께 피하나이다"(시 16:1)라고 말하는 사람이 더 안전할 것입니다. 사도들 중 최고의 사도가 한 말을 기억하십시오: "형제들아 나는 아직 내가 잡은 줄로 여기지 아니하고 오직 한 일 즉 뒤에 있는 것은 잊어버리고 앞에 있는 것을 잡으려고 푯대를 향하여 그리스도 예수 안에서 하나님이 위에서 부르신 부름의 상을 위하여 달려가노라"(빌 3:14). 우리는 "내게는 은혜가 차고 넘쳐서 더 이상 아무것도 필요하지 않습니다"라고 자랑하는 사람보다는 마음속에 은혜가 있어서 더 큰 은혜를 사모하여 탄식하는 사람이 좀 더 안전하다고 느낍니다. 배부르다고 하는 사람은 죽은 사람일 가능성이 크지만, 주리는 사람은 분명히 살아 있는 것입니다. 형제들이여, 당신의 영혼이 하나님을 향해 부르짖고 탄식하고 있다면, 당신의 안전이나 거룩함에 대하여 다른 사람들처럼 긍정적으로 말할 수 없다고 해서 자기 자신을 탓하지 마십시오. 계속해서 소원하고 탄식하십시오. 그러나 아울러 십자가로 더 가까이 나아가십시오. 더 온전히 의지하십시오. 당신 자신으로부터 나와서 하나님의 언약의 약속들을 더 온전히 의지하십시오. 당신의 상태는 문제를 일으키는 그런 상태가 아닙니다. 그것은 고통스러운 것이기는 하지만 위험한 것은 아닙니다.

거룩한 소원은 신앙인들 중에서도 최고의 사람들 속에서 아주 두드러진 것이었기 때문에, 나는 거룩한 소원이 은혜의 역사라는 것을 확신합니다. 다윗을 보십시오. 그의 영혼이 얼마나 하나님을 갈망하는지, 심지어 기진할 때까지 사모하고 탄식하는 것을 보십시오. 목마른 사슴이 시냇물을 찾듯이, 그가 하나님께 더 가까이 나아가기 위해서 얼마나 간절하게 애타하는지를 들어 보십시오. 그의 시편들은 대체로 소원들로 이루어져 있습니다. 그런 소원들은 다음과 같은 구절들에 절절이 묻어납니다: "내가 여호와께 바라는 한 가지 일 그것을 구하리니 곧 내가 내 평생에 여호와의 집에 살면서 여호와의 아름다움을 바라보며 그의 성전에서 사모하는 그것이라"(시 27:4); "여호와여 나의 영혼이 주를 우러러보나이다"(시 25:1); "내 영혼이 하나님 곧 살아 계시는 하나님을 갈망하나니 내가 어느 때에 나아가서 하나님의 얼굴을 뵈올까"(시 42:2). 그의 모든 소원들은 하늘을 향한 것이었습니다. 왜냐하면, 그는 "하늘에서는 주 외에 누가 내게 있으리요"(시 73:25)라고 말하였기 때문입니다. 그리고 그는 마지막 시간에 은혜의 언약과 관련해서 "나의 모든 구원과 나의 모든 소원을 어찌 이루지 아니하시랴"(삼하 23:5)라고 소리쳤습니다. 또한, 우리는 다니엘을 잊지 않아야 합니다. 성경에서 다니엘에 대하여 "큰 은총을 받은 사람"(단 10:11)이라고 말씀하고 있는 구절은 의역이 많이 된 것이고, 원문을 직역하면 "소원들의 사람"이 됩니다. 다니엘이 그런 이름을 얻게 된 것은 아마도 그가 거룩한 열망들을 많이 지니고 있었고, 이런저런 거룩한 소원들이 끊임없이 그에게서 일어났기 때문일 것입니다. 다니엘 2장 18절을 보면, 주목할 만한 표현이 나옵니다. 왕이 꿈을 꾸었지만, 아무도 그 꿈을 해석할 수 없었을 때, 성경은 이렇게 기록합니다: "이에 다니엘이 자기 집으로 돌아가서 그 친구 하나냐와 미사엘과 아사랴에게 그 일을 알리고 하늘에 계신 하나님이 이 은밀한 일에 대하여 불쌍히 여기사 다니엘과 친구들이 바벨론의 다른 지혜자들과 함께 죽임을 당하지 않게 하시기를 그들로 하여금 구하게 하니라"(KJV에는 "구하게"가 "소원하게"로 되어 있음). 다른 사람들 같았으면 분명히 자기 친구들에게 기도해 줄 것을 부탁하였을 것이지만, 다니엘은 달랐습니다. 그는 문제의 핵심을 얘기해준 후에, 자기 친구들에게 하나님께서 불쌍히 여겨 주시라고 "소원하도록" 부탁하였습니다. 다니엘이 하루에 세 번 기도한 것은 형식적인 것이 아니었습니다. 그 기도들은 지극히 진실된 것이어서, 소원으로 가득 차 있었습니다. 소원은 기도의 추진력이고, 기도의 생명을 담고 있는 피입니다. 이렇게 다니엘은 큰 소원들(desires)을 품은 사람이었고, 그래서 하나님이 원하시는 (desirable) 사람, 하나님으로부터 "큰 은총을 받은 사람"이 될 수 있었습니다. 하나님의 저 충성된 종 느헤미야도 하나님의 이름을 경외하기를 "소원한" 사람들에게 복을 빌어 주는 것으로 자신의 사역을 시작하였습니다. 신약으로 가보면, 바울은 소원들을 품은 사람이었습니다. 그는 늘 다른 사람들을 위하여 이런저런 것들을 소원하며 살았고, 자기 자신에 대해서는 하루 빨리 이 땅을 떠나 그리스도와 함께 있게 되기를 소원하였습니다. 옛 이스라엘의 기업(基業)의 일부는 요단 이편에 있었지만, 대부분은 저 먼 해안 지역에 있었습니다. 마찬가지로, 현재에 있어서 신자의 분깃 중 내부분은 아직 인지 못한 것들에 대한 소원들 속에 있습니다. 기도의 사람은 언제나 소원들을 품은 사람입니다. 여러분이 아는 사람들 중에서 가장 선한 사람들은 더 선하게 되고자 하는 소원으로 가득 차 있는 사람들일 것입니다. 그들은 하나님께서 자신들에게 늘 복을 주어 오셨다는 것을 알고, 자신들이 하나님으로부터 받은 아주 작은 은혜에도 기뻐하지만, 언제나 은혜를 더 받기를 원합니다. 뒤 샤이유(Du Chaillu)가 아프리카 오지에서 만났던 저 왕처럼, 그들은 신령한 일들에서 만족할 줄 모릅니다. 뒤 샤이유는 그 왕에게 엄청난 양의 선물을 주었고, 왕은 선물을 받고 너무나 기뻐하며 그를 위해 연회를 베풀어 주었답니다. 그러나 일주일도 채 안 가서, 그 흑인 왕은 뒤 샤이유에게 이렇게 말했답니다: "물건이나 돈은 정말이지 배고픔과 같소. 오늘은 배부르다가도 내일이면 다시 배고프니 말이오." 어떤 의미에서 은혜를 받은 사람은 결코 배고프지 않습니다. 즉, 하나님 외에는 그 어떤 것도 필요하지 않게 된다는 말입니다. 그러나 또 다른 의미에서 그는 자기가 이미 받은 것들을 더 많이 받고자 하여 더욱더 배고프고 주립니다. 물건(goods)을 탐하는 것은 범죄이지만, 선한 것 (good), 즉 은혜를 탐하는 것은 미덕입니다. "너희는 더욱 큰 은사를 사모하라" (고전 12:31). 은혜를 별로 받아 보지 못한 사람은 그 상태로 만족할 수 있지만, 많은 은혜를 받은 사람은 더 많은 은혜를 갈망하고, 가장 큰 은혜를 받은 사람은 한층 더 은혜에 대하여 배가 고픕니다. 하늘의 보화의 가치를 가장 잘 아는 사람이 그 보화를 가장 간절하게 갖고자 하는 법이기 때문에, 그는 자기가 가질 수 있는 모든 것을 갖고자 소원합니다. 시간 관계상 나는 이 점에 대해서는 이쯤 해두고, 단지 하나님을 향한 소원들은 은혜의 역사라는 사실만을 다시 한 번 말씀해 두고자 합니다.

3. 셋째로, 하나님을 향한 소원은 하나님이 눈여겨보신다는 것입니다.

이것은 우리가 첫 번째 대지에서 다룬 내용이 아니었습니까? 물론, 아닙니다. 첫 번째 대지는 우리의 소원을 하나님께 아뢰어야 한다는 것이었고, 세 번째 대지는 하나님이 그 소원을 아신다는 것입니다. 하나님께서 죄악되고 애통해하는 유한한 존재인 너무나 가련한 인간을 눈여겨보신다는 것은 하나님이 자기 자신을 얼마나 낮추신 것입니까! 여러분은 방금 내가 이 시편 전체를 봉독해드린 것을 들으셨습니다. 이 시편은 끔찍한 병에 대한 무시무시한 묘사가 아닙니까? 여러분 중에서 다윗이 묘사하는 그런 상태에 있는 사람을 찾아가서 살펴보고 돌보아 주고자 하는 사람이 과연 몇이나 될까요? 여기에 뼈와 살에 성한 곳이 한 군데도 없고, 온통 끔찍한 질병에 갉아 먹혔고, 악취가 날 정도로 곪아서 썩어버린 상처들로 뒤덮여 있는 사람이 있었습니다. 하나님께서는 죄악을 그냥 보아 넘기실 수 없으신 분이시기 때문에 죄악을 무한히 미워하시고 혐오하시지만, 죄를 지어서 온갖 해악을 당한 자신의 가련한 종에 대해서는 눈여겨보십니다. 오, 완전히 무너져서 내려앉아 버린 가련한 신자여, 당신의 하나님은 여전히 당신을 지켜보고 계십니다. 당신의 상처가 다 썩어 문드러져서 당신이 이미 배교의 무덤 속으로 들어가기 시작하고 있을지라도, 당신 속에 여전히 생명과 소원이 존재한다면, 당신의 하나님은 당신을 지켜보고 계십니다. 하나님은 자애롭고 사랑이 가득한 눈으로 참상 가운데서 온통 더러움을 뒤집어쓰고 있는 당신을 보고 계십니다.

무엇보다도 다행스럽고 좋은 것은 하나님은 우리 안에 있는 선한 것들을 보신다는 것입니다. 왜냐하면, 다윗은 "주여 나의 모든 상처가 주 앞에 있고, 이 모든 악취와 부패가 주 앞에 있사오며"라고 말하는 것이 아니라, "주여, 나의 모든 소원이 주 앞에 있사오며"라고 말하고 있기 때문입니다. 하나님은 모든 것을 금방 알아차리시는 눈이 있으셔서, 자기 백성 속에 있는 선한 것은 무엇이든지 다 찾아내십니다. 성한 곳이 단 한 곳이라도 있거나, 은혜의 흔적이 하나라도 있거나, 신령한 삶의 흔적이 조금이라도 남아 있다면, 그것이 단지 희미한 소원일 뿐이고 단지 슬픔에 가득 찬 탄식일지라도, 하나님 아버지께서는 다른 좋지 않은 것들은 다 등 뒤로 던져 버리셔서 아예 보지 않으시고, 오직 그 희미한 소원과 탄식만을 보시고 기록해 두십니다.

　나의 소원이 하나님 앞에 있다는 것은 복된 일이 아닙니까? 내가 그 소원을 말로 표현해내지 못할지라도, 그 소원은 하나님 앞에 있습니다. 내가 그 소원을 설명할 수 없어도, 하나님은 그 소원을 아십니다. 나는 내 곤경을 하나님께 어떤 식으로 표현해서 아뢰어야 할지를 몰라 곤혹스러워하지만, 하나님은 전혀 곤혹스러워하지 않으시고 그 곤경을 해결하시고 처리하셔서 나를 거기에서 건져내십니다. 다윗이 "나의 모든 소원이 주 앞에 있사오며"라고 말한 것은 이렇게 말한 것이나 다름없습니다: "주여, 나의 모든 소원이 다 여기 있고, 내 속에 그냥 담아둔 것은 하나도 없나이다. 내가 알고 있는 나의 모든 소원은 주 앞에 다 아뢰었나이다. 하지만 내가 알지 못하는 소원들도 있어서, 내가 모든 것을 남김없이 다 아뢴 것은 아닐 터이니, 주의 눈앞에 나의 모든 소원이 그대로 다 있다는 것이 내게 위로가 되나이다. 주의 마음에는 모르시는 것이 없으셔서, 주는 나에 관한 모든 것을 아시오니, 나를 지혜롭게 다루시리이다."

4. 넷째로, 하나님을 향한 간절한 소원은 반드시 이루어진다는 것입니다.

　우리가 그것을 어떻게 알 수 있습니까? 사람이 탄식하며 하나님께 부르짖으면 반드시 응답을 받습니다. 우리는 이것을 어떻게 알 수 있습니까?

　첫 번째는 이러한 소원들은 하나님이 만드신 것들이기 때문에, 하나님은 자기가 만족하지 못하실 그런 소원들을 우리 속에 만들어 내실 것이라고 여러분은 생각할 수 없습니다. 나는 적어도 여러분이 그렇게 생각하지 않기를 바랍니다. 한 번 자연계를 보십시오. 들짐승들에게 허기와 갈증을 주신 하나님은 반드시 그 필요들을 해결해 주시기 위하여 산기슭의 푸른 초장과 골짜기에 흐르는 시냇물을 들짐승들에게 주십니다. 바다에 있는 물고기나 공중에 날아다니는 곤충 가운데서 자신의 본능과 원하는 것을 하나님으로부터 공급받지 않는 것은 하나도 없습니다. 따라서 하나님께서 친히 당신 속에 하나님을 향한 소원을 두셨다면, 반드시 그 소원을 이루어 주실 것입니다. 하나님께서 당신으로 하여금 죄 사함을 사모하게 하셨다면, 반드시 당신에게 죄 사함을 주실 것입니다. 하나님께서 당신으로 하여금 정결하게 되고자 하거나 영원한 구원을 얻고자 탄식하게 하셨다면, 그것은 그런 것들을 당신에게 주고자 하시는 것입니다. 하나님은 우리에 대하여 기분 내키는 대로 행하시고 저 쓸데없는 탄탈루스(Tantalus)의 고통으로 우리를 괴롭게 하시는 것이라고 당신은 생각하는 것입니까? 하나님께서 자신의 긍휼하심으로 당신을 두르셔서 당신으로 하여금 목마르게 해놓으시고는 결코 그 긍휼하심의 생수를 마시지 못하게 하실 것이라고 당신은 생각하는 것입니까? 하나님께서 만약 당신으로 하여금 마시게 하시려고 하신 것이 아니라면, 무엇 때문에 당신 속에 그 갈망이 생겨나게 하셨겠습니까? 당신은 본성적으로 하나님을 향하여 목말라하는 것이 아닙니다. 만약 하나님께서 당신을 그냥 내버려 두셨다면, 당신은 결코 하나님을 향하여 목말라하지 않았을 것입니다. 하나님께서 당신으로 하여금 그의 사랑을 사모하여 쇠약해지게 하지 않으셨다면, 당신은 그 사랑을 사모하여 쇠약해지지 않았을 것입니다. 그러니 하나님께서 그 소원을 만족시켜 주실 것이 아니라면, 왜 그런 소원을 당신 속에 만드셨겠습니까? 하나님께서 당신으로 하여금 믿음을 갈망하게 하신 후에, 당신에게 그 믿음을 주지 않으실 것이라고 당신은 생각하시는 것인가요? 하나님께서 당신으로 하여금 그의 사랑하는 아들 예수 그리스도를 사모하여 탄식하게 만들어 놓으셨는데도, 예수께서 당신의 소유가 되지 않으실까요? 예수는 당신의 것입니다! 나는 어떤 사람들이 아이들을 아주 몰인정하게 대하는 것을 본 적이 있습니다. 그들은 장난삼아서 아이들에게 과일이나 장난감을 보여주고는 아이들로 하여금 잔뜩 갖고 싶게 만들었습니다. 그런 후에, 그들은 마치 아이들에게 그것들을 줄 것처럼 하다가는 아무것도 주지 않고 비웃으며 가버렸습니다. 그들은 그렇게 하는 것이 재미있다고 생각했지만, 내게는 비열함 그 자체로 보였습니다. 하나님은 사람들을 결코 그런 식으로 잔인하게 대하지 않으십니다. 그렇기 때문에, 하나님께서 사람들에게 그의 은혜를 소원하라고 가르치셨다면, 반드시 그들의 소원을 이루어 주십니다. 하나님은 언제나 긍휼이 많으시고 은혜가 풍성하신 분이기 때문입니다.

소원을 품고 있는 사람이여, 당신은 이미 복을 얻은 것임을 기억하십시오. 우리 주님께서 산 위에서 선포하신 팔복은 단지 말뿐인 복들이 아니었고, 무게감과 의미가 가득 차 있는 복들이었습니다. 거기에 나오는 최고의 복들 중의 하나는 "의에 주리고 목마른 자는 복이 있나니"(마 5:6)입니다. 그들은 주려 있지만 복이 있고, 목마르지만 복이 있습니다. 그렇습니다. 그들은 이미 복을 받았습니다. 그래서 바로 뒤에 "그들이 배부를 것임이요"라는 말씀이 나옵니다. 당신이 주려 있는 것에 대하여 하나님께 감사하십시오. 나의 친구들이여, 우리가 이 런 던 시를 그리스도를 향하여 주린 영혼들로 가득 채울 수 있다면, 그러한 최고의 복을 위해서 밤낮으로 기도할 것입니다. 우리가 이 거리들을 오가는 수많은 사 람들, 하나님과 영원에 대하여 관심이 없는 저 수많은 사람들로 하여금 하나님 에 대하여 목말라서 탄식하고 부르짖게 만들 수 있다면, 그것은 얼마나 큰 복이 겠습니까! 아마도 여러분도 돌 같이 굳은 마음이 되어 있어서 그러한 소원이 전 혀 없을 때, 그런 변화가 일어난다면, 얼마나 감사한 일이겠습니까! 당신의 슬픔, 고뇌, 괴로움을 비롯해서 그 어떤 신령한 감정에 대해서도 하나님께 감사하고 찬송하십시오. 그런 것이 하나님과 아무 상관도 없는 자가 되는 것보다 더 낫습 니다. 거기에는 이미 당신의 괴로워하는 마음을 위로해 주는 무엇인가가 있습니 다. 복이 이미 당신에게 선언된 것입니다.

　사랑하는 친구들이여, 하나님은 올바른 소원들을 만족시켜 주시기를 기뻐하시 기 때문에, 자기가 친히 만들어 내신 소원들을 반드시 들어주실 것임을 우리는 확신할 수 있습니다. 자연세계에서 하나님에 대하여 성경은 "손을 펴사 모든 생 물의 소원을 만족하게 하시나이다"(시 145:16)라고 말씀합니다. 하나님은 수풀 속의 참새들, 개울에 사는 피라미들, 공중에 사는 각다귀들, 괴어 있는 물 한 방 울 속에 있는 아주 작은 미생물들도 보살펴 주시는데, 어떻게 자기 자녀들의 갈 망을 만족시켜 주지 않으시겠습니까? 우리가 부모로서 가장 기쁠 때는 자신의 사랑하는 자녀의 올바른 소원을 만족시켜 줄 때일 것입니다. 우리는 우리의 자 녀가 자신의 소원이 이루어진 것을 알고서 그 작은 얼굴에 즐거움의 빛이 번져 나가는 모습을 볼 때에 마음이 흡족합니다. 여러분은 하나님이 우리에게 즐거움 을 주시기를 좋아하신다는 것을 알지 못하십니까? 그렇게 하시는 것은 하나님의 기쁨입니다. 자기 자녀들을 기쁘게 해주시는 것은 크신 아버지 하나님의 마음의 기쁨들 중의 하나입니다. 나의 사랑하는 친구여, 하나님께서 당신의 우울한 얼 굴을 보시는 것은 결코 기쁨이 되지 못한다는 것을 믿으십시오. 하나님은 자기 백성이 기뻐하는 것을 기뻐하십니다. 하나님께서는 복된 자들에게 다음과 같이 약속하셨는데, 그 약속은 본문과 아주 잘 들어맞습니다: "또 여호와를 기뻐하라 그가 네 마음의 소원을 네게 이루어 주시리로다"(시 37:4). 하나님은 우리가 그를 기뻐하기를 원하십니다. 왜냐하면, 하나님은 우리를 기뻐하시기 때문입니다. 증거가 필요하십니까? 하나님께서 우리에게 붙여주신 이름들을 똑똑히 보십시오: "너를 헵시바라 하며 네 땅을 뿔라라 하리니 이는 여호와께서 너를 기뻐하실 것이며 네 땅이 결혼한 것처럼 될 것임이라"(사 62:4). 하나님께서는 우리의 소원을 이루어 주시는 것을 기뻐하신다는 것을 명심하고, 거룩한 소원을 품는 일에 게으르지 마십시오.

하나님께서 은혜를 주셔서 우리 속에 소원을 두신다는 확실한 증거가 여러분에게 필요하다면, 나는 여러분에게 하나님의 약속의 말씀들을 상기시켜드릴 것입니다. 종종 하나의 약속의 말씀을 우리의 기억 속에 꼭 붙들어 두는 것이 50가지의 약속을 인용하는 것보다 더 낫습니다. 여기 시편 145편 19절의 말씀이 있는데, 이 약속의 말씀을 마음에 새겨두십시오: "그는 자기를 경외하는 자들의 소원을 이루시며 또 그들의 부르짖음을 들으사 구원하시리로다"(시 145:19). 당신의 심령 속에 하나님에 대한 거룩한 경외심이 있어서 당신이 하나님을 경외한다면, 하나님은 반드시 당신의 소원을 이루시고, 당신의 부르짖음을 들으셔서 당신을 구원하실 것입니다. 하나님은 자신의 약속을 지키십니다. 당신은 그것을 확신할 수 있습니다. 하나님께서 말씀하시고 나서 그 말씀을 이루지 않으시겠습니까?

당신의 소원이 이루어졌을 때에 그 기쁨이 어떠하겠습니까? 당신은 너무나 기뻐서 하나님을 한없이 찬송하지 않겠습니까? 당신의 마음이 소원했던 것이 오래지 않아 바로 당신 앞에 있게 될 것입니다. 나는 당신에 대하여 감히 이렇게 예언합니다: 하나님께서 당신에게 당신의 마음의 소원을 주셨다면, 당신은 곧 하나님을 아무리 찬송해도 더 찬송하고 싶어질 것입니다. 당신은 하나님의 귀한 이름을 아무리 송축하고 높여도 만족하지 못하게 될 것입니다. 거기에서 한 걸음 더 나아가, 다른 사람들도 하나님을 찬송하기 시작할 것입니다. 시편 21편을 보면, 왕이 하나님으로부터 복을 받았을 때, 그의 신하들이 왕을 인하여 하나님을 송축하기 시작하였습니다. 2절을 읽겠습니다: "그의 마음의 소원을 들어 주셨으며 그의 입술의 요구를 거절하지 아니하셨나이다(셀라)"(시 21:2). 다른 사람들이 머지않아 당신에 대하여도 마찬가지로 "여호와께서 그를 위하여 큰 일을 행하셨도다"(시 126:2)라고 말하게 된다고 하여도, 나는 전혀 놀라지 않을 것입니다. 그가 깊이 상심하고 낙담한 모습을 보고 슬퍼하였던 그의 아내도 하나님을 송축하며, "주여, 주께서 그에게 마음의 소원을 주시고 그의 입술의 요구를 거절하지 않으신 것을 감사하나이다"라고 말하게 될 것입니다. 경건한 친구들은 그가 구원 받았다는 말을 듣고 기뻐하며, "오랫동안 엎드러져 있던 그에게 하나님이 그 얼굴을 드셔서 빛을 비추셨도다"라고 말하거나, "주께서 그에게 마음의 소원을 주셨도다"라고 말하게 될 것입니다. 당신이 당신의 새로운 기쁨을 퍼뜨리고 온 사방에 기쁨의 향기를 내뿜을 때, 성도들은 하나님이 당신에게 당신이 마음으로 소원한 것을 이루어 주셨다고 말하며 하나님을 송축하게 될 것입니다. 당신이 소원을 이루는 것은 하나님을 영화롭게 하는 일이 될 것이기 때문에, 당신은 반드시 소원을 이루게 될 것입니다. "찬송을 드리는 자마다 하나님을 영화롭게 하는" 것이기 때문에, 당신은 하나님을 찬송하게 될 것이고, 그렇게 함으로써 하나님을 영화롭게 하게 될 것입니다. 예수 그리스도를 의지하여 확신을 갖고 계속해서 하나님을 구하십시오. 그러면 하나님께서는 당신에게 늘 복을 주실 것입니다. 아멘.

제
43
장

—

땅의 헛된 것들과 하늘의 참된 것들

—

"진실로 각 사람은 그림자 같이 다니고 헛된 일로 소란하며 재물을 쌓으나 누가 거둘는지 알지 못하나이다 주여 이제 내가 무엇을 바라리요 나의 소망은 주께 있나이다 나를 모든 죄에서 건지시며 우매한 자에게서 욕을 당하지 아니하게 하소서." — 시 39:6-8

이것은 엄숙한 말씀입니다. 우리는 종종 이것보다 더 즐거운 주제를 다루지만, 나는 잔칫집에 가는 것보다 초상집에 가는 것이 인간적으로나 영적으로나 더 낫다고 믿습니다. 허구 속에 있는 것들이 아니라 사실로 증명된 것들에 대하여 조용히 묵상하는 것은 언제나 이롭습니다. 세상에는 슬픈 일이 엄청나게 많아서, 우리는 너나 할 것 없이 우리의 영혼을 잠잠하게 해주고 우리의 피를 식혀줄 그 어떤 슬픔을 도처에서 만납니다. 따라서 오늘 밤 우리가 이 세상이 덧없다는 것과 오직 참 세상만이 확실한 실재(實在)라는 것에 대하여 조금 생각해봄으로써, 하나님의 성령의 도우심을 받아 사실들과 실재들에 대하여 배운다면, 우리 마음이 즐거운 주제에 대하여 묵상함으로써 잠시 기뻐 뛰는 것보다도 훨씬 더 오래 지속될 새 힘을 얻고서 집으로 돌아가게 될 것입니다.

나는 오늘 서론을 더 이상 길게 이어갈 수 없습니다. 본문 속에는 너무나 많은 것들이 들어 있어서, 서론을 길게 할 시간이 없기 때문입니다. 먼저, 다윗이 인생에 대한 자신의 견해를 기록해 놓은 것을 잘 보십시오: "진실로 각 사람은 그림자 같이 다니고 헛된 일로 소란하며 재물을 쌓으나 누가 거둘는지 알지 못하나이다." 다음으로, 다윗은 그러한 일들을 묵상할 때의 자신의 감정을 표현합니다: "주여 이제 내가 무엇을 바라리요 나의 소망은 주께 있나이다." 세 번째로, 다윗은 적절하고 꼭 필요한 기도를 드립니다: "나를 모든 죄에서 건지시며 우매한 자에게서 욕을 당하지 아니하게 하소서."

1. 첫째로, 다윗은 인생에 대한 자신의 견해를 기록해 놓습니다.

본문을 보면, 다윗은 "진실로"라는 단어를 6절에서 두 번 사용하고 있고 5절에서도 한 번 사용하고 있다는 것을 여러분도 알아치리셨을 것입니다. 그러니까 다윗은 동일한 단어를 세 번이나 사용해서, "진실로, 진실로, 진실로"라고 말하고 있는 것입니다. 이것은 다윗보다 더 크신 이인 "다윗의 자손"을 우리에게 연상시킵니다. 다윗의 자손도 "진실로 진실로 내가 너희에게 이르노니"라는 표현을 자주 사용하셔서, 그가 하시는 말씀이 의심할 여지 없이 확실하다는 것을 역설하곤 하셨습니다. 다윗은 여기에서 아무것도 확실하지 않다는 것 외에는 확실한 것이 아무것도 없다는 것을 우리에게 말해주는 것으로 보입니다. 그는 이렇게 말합니다: "진실로 이 땅에서는 아무것도 확실하지 않다. 진실로 여기 이 아래 세상에는 참된 것도 없고 행복도 없다." 참된 것들이 거하는 땅이 있습니다. "진실한 것들"의 고향이 있습니다. 우리 중 어떤 이들은 그 곳을 향하여 가는 중에 있고, 이미 우리의 기업을 이 땅에서 부분적으로 향유하고 있습니다. 그러나 당신이 현세의 삶 속에 분깃을 가지고 있다면, 당신은 참된 것이 아니라 헛된 것을 가지고 있는 것입니다. 이 땅의 모든 것은 다 변하게 되어 있으니까요.

시편 기자는 우리에게 이러한 사실을 아주 확실하게 단언합니다. 왜냐하면, 그는 되는 대로 글을 쓴 것이 아니라 자기가 알고 있는 것을 썼기 때문입니다. 그는 자기가 **경험한** 것을 썼고, 성령의 영감 아래에서 썼습니다. 그러므로 우리는 그가 쓴 것을 더욱 주의 깊게 살펴보는 것이 마땅합니다. 이것이 사실이라면, 우리는 그가 쓴 것이 무엇인지를 반드시 알아야 합니다.

먼저, 다윗은 다니는 것으로서의 인생에 대하여 말하는 것으로 보입니다. 그것에 대하여 그는 "진실로 각 사람은 그림자 같이 다니고"라고 씁니다. 그런 후에, 그는 걱정거리로서의 인생에 대하여 말합니다. 그것에 대하여 그는 "헛된 일로 소란하며"라고 씁니다. 다음으로, 그는 성공으로서의 인생에 대하여 말합니다. 그것에 대하여 그는 "재물을 쌓으나 누가 거둘는지 알지 못하나이다"라고 말합니다.

다윗은 먼저 다니는 것으로서의 인생에 대하여 말합니다. 그는 이 말을 하면서 화려한 행렬을 염두에 둔 것으로 보입니다: "진실로 각 사람은 헛된 쇼 가운데 다니고"(KJV, 한글개역개정에는 "진실로 각 사람은 그림자 같이 다니고"로 되어 있음). 여러 분이 다음 주 토요일에 메이어(Mayor) 경의 쇼를 보러 가신다면, 헛된 쇼를 보시 게 될 것이고, 다윗의 이 말이 무엇을 의미하는지를 정확히 아시게 될 것입니다. 그런 헛된 쇼는 우리나라에서보다도 동방의 여러 나라들에서 더 흔했습니다. 그러나 그것이 메이어 경의 쇼이든, 아니면 다른 어떤 쇼이든, 헛된 쇼는 이 죽을 인생이 무엇인지를 잘 보여주는 그림입니다. 당신이 화려한 행렬을 직접 눈으로 보았든, 아니면 책에서 읽거나 다른 사람에게서 들었든, 그것은 당신에게 인생이 무엇인지를 일깨워 줍니다. 인생에서 당신이 보는 것은 모두 다 쇼라는 것입니다. 그 쇼에는 왕이 나오고, 그 쇼에는 왕자들이 나오고, 그 쇼에는 옛적의 영웅들이 나옵니다. 그러나 거기에 나오는 왕이나 왕자나 영웅들은 실제 인물이 아닙니다. 그것은 모두 쇼이고, 이 죽을 인생과 아주 많이 닮았습니다. 사회의 일부 계층들 사이에서는 쇼가 그들의 모든 것입니다. 그들은 "계속해서 그럴 듯한 겉모습을 보여주어야" 합니다. 이 세상에 있는 모든 것이 바로 "겉모습"(appearances), 즉 헛된 쇼입니다. 당신이 실재를 보고자 한다고 해도 볼 수가 없습니다. 실재하는 것은 육신의 눈에 보이지 않기 때문입니다. 당신이 그림자를 원한다면 얼마든지 볼 수 있습니다: "보이는 것은 잠깐이요 보이지 않는 것은 영원함이라"(고후 4:18). 나는 우리의 눈에 보이는 모든 것은 그림자이고 우리의 눈에 보이지 않는 것은 실재라는 이 진리를 여러분이 하나의 현실로 받아들일 수 있기를 바랍니다. 우리가 믿음에 대하여 얘기하면, 사람들은 우리를 "환상가"라고 부릅니다. 좋습니다. 당신이 원하신다면, 우리를 그렇게 불러도 좋습니다. 왜냐하면, 우리는 지극히 높은 질서에 대한 비전을 갖고 있는 것이기 때문입니다. 그러나 이 단어가 지닌 통상적인 의미에 비추어 보면, 환상가는 우리가 아니라 바로 당신입니다. 왜냐하면, 당신이 당신의 눈에 보이고 다룰 수 있는 것들을 소중하게 여겨서 이 땅에 쌓아 둔다면, 당신이 기뻐하는 것들은 단지 헛된 쇼일 뿐이고 당신의 눈으로 보는 것들은 단지 환상, 즉 잠에서 깨었을 때에 사라지고 마는 허망한 꿈이기 때문입니다. 이 땅에서의 삶은 단지 쇼일 뿐입니다. 친구들이여, 나는 우리가 정말 이렇게 생각하게 되기를 바랍니다. 우리가 우리 자신에게 "이것들은 단지 쇼일 뿐이야"라고 말할 수 있게 된다면, 우리는 지금처럼 이렇게 툭 하면 화내는 일이 없게 될 것입니다. 우리가 우리 자신에게 자주 이렇게 말해 보십시오: "이것들은 그림자들일 뿐이야. 그것들이 그림자들이 아니라면, 나는 그것들을 볼 수 없을 것이다. 만약 그것들이 실재라면, 실재는 믿음이라는 더 높은 지각기관을 통해서만 인식될 수 있기 때문에 나의 지각에 인식되지 않을 것이니까." 그러면, 당신은 지금처럼 이렇게 툭 하면 화를 내고 걱정하는 일이 없게 될 것입니다. "진실로 각 사람은 헛된 쇼 가운데 다니고." 그것은 쇼이고, 단지 쇼일 뿐입니다.

그것은 지나가는 쇼입니다. 왜냐하면, 다윗은 "진실로 각 사람은 헛된 쇼 가운데 앉아 있고 그 동일한 곳에 머물러 있나이다"라고 말하는 것이 아니라, "각 사람은 헛된 쇼 가운데 다닌다"고 말하기 때문입니다. 행렬은 여러분의 눈앞에서 지나간다는 점에서 인생과 흡사합니다. 행렬이 옵니다. 무리들이 외치는 소리가 들립니다. 그 행렬은 몇 분 동안 이곳에 있습니다. 무리들이 길거리를 가득 메우고 있습니다. 그러나 얼마 안 있어서 그 행렬은 사라지고 없습니다. 인생이 바로 그런 것이라는 생각이 들지 않으십니까? 그 행렬을 이루고 있던 수많은 사람들이 내 뇌리에 남아 있습니다. 그 행렬이 지나갈 때에 나는 창문 옆에 서 있었던 것으로 느껴지지만, 사실 그것은 단지 느낌일 뿐입니다. 왜냐하면, 나도 그 행렬 속에 있었기 때문입니다. 나는 내 어린 시절에 열렬한 신앙을 지니고 있던 사람들이 기도하는 소리를 듣곤 했던 기억이 있습니다. 그들이 지금 저쪽에서 찬송하고 있습니다. 사랑하는 친구들이여, 여러분을 생각할 때, 나는 내 앞을 지나서 영광 속으로 들어간 거룩한 남자들과 경건한 부녀들의 긴 행렬이 떠오릅니다. 눈에 보이지 않는 세계에는 "다수에게로 간" 우리의 친구들이 무수히 많이 있습니다. 우리가 나이가 먹을수록, 우리에게 그들은 진정으로 다수가 됩니다. 천국에 있는 우리의 친구들이 이 땅에 있는 친구들보다 더 많게 됩니다. 여러분 중에는 그 행렬 속에서 지나간 사랑하는 사람들을 기억하는 것을 좋아하는 분들도 있겠지만, 당신도 그 행렬 속에 있다는 것을 기억하시기 바랍니다. 그들은 당신 앞을 지나간 것처럼 보이겠지만, 사실은 당신이 그들과 함께 지나가고 있는 것이고, 머지않아 당신이 이 땅에서 사라질 시간이 올 것입니다. 그때에 당신이 사랑했던 형제들은 "그도 갔어" 또는 "그녀도 잠들었어"라고 말하게 될 것입니다. 왜냐하면, 우리는 모두 행렬에 속하여 걸어가고 있고, 실재의 땅을 향하여 이 땅을 지나가고 있기 때문입니다.

이 죽을 인생을 생각할 때, 지나가는 쇼는 그 자체가 "헛된 쇼"입니다. 내세에서 소망이 없는 사람에게 이 죽을 인생은 온통 "헛되고 헛되니 모든 것이 헛된" 것입니다. 이 보잘것없는 지구라는 좁은 땅덩어리 속에는 사람이 입을 벌려 구하거나 받을 만한 가치가 있는 것이 아무것도 없습니다. 하늘들을 포함한 더 크고 넓은 원을 그리십시오. 그 끝없는 원 속에는 구할 가치가 있는 것들이 있습니다. 하나님 안에 거하십시오. 그러면 당신은 실재하는 어떤 것을 갖게 됩니다. 하나님 밖에 거했을 때는 당신이 "아무리 야단법석을 떨어도" 당신에게 실재하는 것은 아무것도 없게 됩니다. 하나님을 떠나 살아가는 인생은 헛된 쇼일 뿐입니다.

단지 일 분만 깊이 생각해 보아도, 그것이 사실이라는 것을 알게 됩니다. 바빌로니아와 앗수르의 군대들, 그 왕들이 지었던 궁전들, 그들이 지었던 거대한 성들을 생각해 보십시오. 그것들이 지금 어디에 있습니까? 메대와 바사가 누렸던 그 모든 영화와 권력을 생각해 보십시오. 그 영광들이 지금 어디에 있습니까? 헬라의 궁전들과 사원들도 지금 폐허가 되어 있습니다. 승전한 로마 군대가 비아 사크라(Via Sacra, 신성한 길)라는 고대 로마의 중앙로를 따라 행군하는 소리를 들어보십시오. 승리하고 돌아온 로마 군대를 보기 위해서 굴뚝까지 올라가서 환호하던 로마 시민들의 함성을 들어보십시오. 지금 그것들이 모두 어디로 갔습니까? 로마 군대의 명성은 승전 나팔 소리와 함께 한 번 길게 울려 퍼졌고, 잠시 잔향으로 남아 있다가 이내 조용해졌습니다. "진실로 각 사람은 헛된 쇼 가운데 다니고." 여러분이 본문을 읽고 행렬이 연상되었다면, 다윗이 여러분에게 전달하고자 한 것을 제대로 파악한 것입니다. 한 사람의 인생은 대개가 우리 눈앞을 지나가는 화려한 축제 행렬일 뿐이고, 결코 그 이상이 아닙니다.

또한, 시편 기자는 걱정거리로서의 인생에 대하여 말합니다: "헛된 일로 소란하며." 인생은 그런 것입니다. 이 세상의 물정(物情)에서 벗어나서 현세에서의 삶을 평온하게 보내는 사람이 과연 몇 사람이나 있겠습니까? 우리가 영원 속에서 살아갈 수 있다면 우리의 삶은 평온하고 고요해서 우리에게 쉼을 가져다줄 것입니다. 그러나 우리는 영원이 아니라 시시각각으로 변하는 세상 속에서 살아가기 때문에 온통 걱정과 불안과 초조와 노여움 속에서 살아가고, 참된 안식을 알지 못합니다. 하나님을 모른 채 오직 이 세상에 속한 일들만을 하면서 살아간다면, 그런 삶은 본문이 묘사하고 있듯이 "진실로 헛된 일로 소란할" 뿐인 삶입니다. 사람들이 세상의 기쁨과 명예와 부를 얻기 위해 얼마나 바쁘게 살아가고 있는지를 보십시오. 사람들이 자신의 세상적인 목표를 이루기 위해 얼마나 끈질기게 노력하고 애쓰며 땀 흘리는지를 보십시오. 사람들이 등불을 밝혀놓고 밤잠을 안 자 가며 얼마나 궁리하고 노심초사하는지를 보십시오. 자신의 마음을 괴롭히고 자신의 영혼을 지치게 하여 살 궁리를 하다가 결국 자신의 목숨을 잃어버리는 사람들이 얼마나 많습니까! 사람들은 살려고 발버둥을 치지만, 그들의 의도와는 달리 목숨을 잃어버리고 맙니다. 그리고 그들은 깨어나서, 자기는 살려고 했는데 왜 죽게 되었는지 의아해합니다. 어떤 사람들은 오직 무언가를 얻고자 하기만 할 뿐 조금도 누리지 못하고 살아갑니다. 그런 사람들은 아무리 많이 얻어도 여전히 부족하다고 느낍니다. 그들은 자신의 재산이 갑절이 되었을 때에도 여전히 더 많이 갖고자 하여 끊임없이 걱정하고 염려하며 인생을 살아갑니다. 또한, 그런 사람들은 자기보다 더 많이 가진 사람을 보았을 때에 시기합니다. 시기는 인간의 모든 감정 중에서 가장 사람을 지치게 하는 감정 중의 하나입니다. 그리고 마침내 자기가 갖고자 했던 모든 것을 얻게 되었을 때에 그들은 그것을 잃지 않을까 두려워하고 걱정합니다. 그들은 이것을 걱정하고 저것을 염려하며 이런저런 것에 초조해합니다. 인생을 살아가는 데에 필요한 모든 것을 다 얻고서도 여전히 충분하지 않다고 느끼는 사람들, "먹을 것과 입을 것이 있은즉 족한 줄로 알아야"(딤전 6:8) 하는데도 결코 그럴 수 없는 사람들만큼 초조해하고 안달하며 인생을 살아가는 사람들은 없다는 것을 믿으십시오. 그런 사람들은 여행을 하는 데에는 튼튼한 지팡이 하나로 충분한데도 한 다발의 지팡이를 챙겨서 쓸데없이 무거운 짐을 지고 가는 여행자와 같습니다. 그렇지 않습니까?

　여러분은 파리의 증권거래소에 가보시거나, 우연하게라도 우리나라의 증권거래소의 시끄러운 소음을 들어보신 적이 있으십니까? 전자보다는 후자를 보는 것이 더 어렵습니다. 그러나 나는 파리의 증권거래소 2층에서 아래층의 수많은 사람들이 미쳐 날뛰는 모습을 내려다보면서, 정신병원에 수용되었던 환자들이 다 여기로 뛰쳐나온 것은 아닌가 하는 생각이 들었습니다. 사람들은 아우성을 치고 고함을 지르며 밀고 달리고 하면서 이번에는 이리로 우르르 달려가고 다음 번에는 저리로 우르르 몰려갔습니다. 나는 그 사람들이 도대체 무엇을 하고 있는 것인지를 이해할 수 없었습니다. 그래서 그 광경은 내게 한층 더 미쳐 날뛰는 모습으로 보였을 것입니다. 모든 사람이 다 펄펄 살아서, 바로 그 곳에서 다른 사람들을 잡아먹고 있는 것 같았습니다. 파리의 증권거래소는 단지 세상 그 어디에서나 볼 수 있는 이익을 좇아 내닫는 삶을 보여주는 한 단면일 뿐이라고 나는 믿습니다. 모든 사람이 경쟁하고 또 경쟁하여 다른 사람들을 짓밟고 먼저 싸게 사고 비싸게 팔려고 혈안이 되어 있습니다. 사람들은 다른 사람들을 짓밟고 다음번에는 다른 사람들에 의해서 짓밟힙니다. 사람들은 자기가 당했던 그대로 고스란히 되갚아줍니다. 아, 도대체 인생이라는 것이 무엇입니까! 만약 다윗이 오늘날 살아 있어서 이 시편을 썼다면, "헛된 일로 소란하며"라는 글을 대문자로 썼을 것입니다. 인생에 조금이라도 평안함이 있다면 얼마나 좋겠습니까! 우리 인생에 생각할 시간이 있었으면 좋겠습니다! 하나님께 가까이 나아가서, 당신의 모든 생각과 염려를 하나님 앞에 다 내려놓고서, 이루 말할 수 없이 지극히 큰 복에 대한 기대감을 안고 기뻐하며 참고 인내할 힘을 얻어 내려올 기회가 있다면, 우리는 "헛된 일로 소란한" 삶을 사는 것이 아니라 진정으로 살 기회를 얻게 될 것입니다.

다음으로, 다윗은 계속해서 성공으로서의 인생에 대하여 말합니다. 큰 재산을 모았다고 해서 인생에서 성공한 것은 아니지만, 다윗은 인생에서 성공했다고 자부하는 사람들을 언급합니다. 여러분이 「일러스트레이티드 런던 뉴스」(*The Illustrated London News*)라는 신문에서 어떤 부호가 죽었다는 기사를 읽으면서 거기에서 그 사람에게는 수 천억의 "재산(가치)이 있다"(worth)고 표현한 것을 보았을 때, 그 표현을 믿지 마십시오. 사람은 죽을 때에 자신의 재산으로 자신의 "가치"를 평가받는 것이 아닙니다. 어떤 사람이 닥치는 대로 재산을 모아서 백만장자가 되었다고 할지라도, 그 사람 자신은 2페니의 가치도 되지 못할 수 있습니다. 우리는 어떤 사람이 죽어서 20만 파운드를 남기고 떠났다고 말해야 합니다. 우리 중에도 어떤 분들은 죽고 나서 그것보다 훨씬 더 많은 재산을 남기고 떠나게 될 것입니다. 나는 온 세상을 남기고 떠날 것이고, 여기에 계신 많은 분들도 그럴 것입니다. 우리는 이 땅에 있는 막대한 재산과 모든 부동산들, 그리고 세상의 모든 보화를 남기고 떠날 것입니다. 우리는 모두 죽을 때에 모든 것을 남겨 두고 떠나게 될 것입니다. 수의에는 호주머니가 없고, 사람은 그 어떤 것도 무덤까지 가져갈 수 없습니다.

그러나 어떤 사람이 재물을 모으는 데에 성공했다고 할지라도, 다윗이 그것을 어떻게 묘사하는지를 보십시오: "재물을 쌓으나." 그것이 전부입니다. 그는 그 재물을 누리지 못합니다. 그는 그 재물을 사용하지 못하고, 단지 쌓아 둘 뿐입니다. 그는 누리지는 못하고 쌓아 두기만 합니다. 어떤 사람에게 먹을 것과 입을 것이 있고, 편안하게 사는 데에 필요한 것들이 있다면, 그것들 외에 그가 가진 재산이 천 파운드일 때에 그것이 그에게 주는 어떤 유익은 그에게 천 개의 바늘이 되어서 그를 찌르리라는 것입니다. 재물을 많이 쌓는다고 해서 그만큼 더 편안해지는 것이 아닙니다. 왜냐하면, 더 많은 재물을 관리하려면 걱정과 염려도 늘어나게 될 것이기 때문입니다. 재물이 하나님의 영광을 위하여 성별되었을 때에는 전혀 다른 성격을 띠게 됩니다. 그러니까 지금 나는 이 세상과 세상의 재물을 단순히 모으는 것에 대해서만 말하고 있는 것입니다. 다윗은 그것을 재물을 쌓는 것이라고 부릅니다. 그것이 전부입니다. 그들이 재물을 쌓는 것은 아이들이 해변에 가서 모래성을 더 높이 쌓고자 하는 것과 같습니다. 모래성을 높이 쌓아 보아야 무슨 유익이 있겠습니까?

또한, 시편 기자는 사람이 재물을 쌓지만 "누가 거둘는지 알지 못한다"고 말합니다. 그는 재물을 쌓지만, 그것은 안전하지 않습니다. 이것은 아마도 농부가 들에서 밀을 베어서 곡식단들을 쌓아 두는 것을 염두에 둔 표현인 것 같습니다. 농부가 그 곡식단들을 곳간에 들이기도 전에, 그리고 그것들을 탈곡해서 가루로 빻기 훨씬 전인 바로 그 날 밤에 비적(匪賊)들이 와서 그 곡식단들을 탈취해가 버립니다. 광산업자는 자신의 금광에서 캐낸 금을 쌓아두지만, 누가 그것을 거두어 가버릴지는 모릅니다. 여러분도 여러 해에 걸쳐서 수고하여 얻은 열매가 한순간에 없어져 버리는 것을 보신 적이 있으시겠죠? 일생 동안 모은 것이 한순간에 일어난 끔찍한 일로 인해서 다 없어져 버립니다.

"재물을 쌓으나 누가 거둘는지 알지 못하나이다." 사람은 자기가 평생에 모은 재산을 남기고 떠나면서도 즐거울 수가 없습니다. 시편 기자는 사람이 자기가 죽고 나면 자신의 재산이 어떻게 될지를 알 수 없다는 사실을 암시하고 있습니다. 나는 사람들이 자기가 죽고 나면 평생에 걸쳐서 힘들여 모은 재물이 어떻게 될 것인지를 안다면, 차마 무덤으로 가는 걸음이 떨어지지 않을 사람들이 많을 것이라고 확신합니다. 누구에게 돌아갈지도 모르면서 평생을 바쳐 재산을 모은다는 것은 인생의 목표치고는 너무나 씁쓸한 것으로 보입니다. 그런데도 그것은 많은 사람들이 추구하고 있는 유일한 인생 목표가 되고 있습니다. 자신의 귀여운 자녀가 없어도 사람들은 여전히 자기가 알지 못하는 어떤 미지의 상속자 ─ 그가 누구인지를 알았다면 아마도 경멸했을 그런 상속자 ─ 를 위하여 계속해서 재물을 긁어모을 것입니다. 사람들은 자신들이 죽어서 재물을 남겨주어도 결코 그들에게 감사하지도 않을 그런 상속자를 위해서 노예처럼 일합니다.

지금까지 내가 말한 모든 것을 한데 종합해 보면, 그것은 얼마나 서글픈 그림입니까? 그렇지만 그 그림은 내세에 대한 소망이 없이 세상적으로 살아가는 사람, 은혜로 말미암아 영적인 천상의 세계 속으로 단 한 번도 자신의 영혼을 투사해 본 적이 없는 사람의 실물 초상화입니다.

2. 둘째로, 다윗은 이러한 것들을 묵상하면서 자신의 심정을 토로합니다.

자, 우리는 앞에서 살펴본 그런 우중충한 그림을 떠나서, 다윗의 모습을 살펴보게 되었습니다. 먼저, 다윗은 한 가지 결심을 합니다. 그는 이러한 일들을 묵상하다가, "주여 이제"라는 말로 자신의 심정을 토로하기 시작합니다. 나는 그런 표현방식을 좋아합니다. "이제"라는 말을 사용해서 하나님께로 향하는 것은 너무나 좋은 일입니다. 여러분은 하나님께서 우리에게 어떤 식으로 다가오시는지를 알고 계십니다. 성경은 "여호와께서 말씀하시되 오라 우리가 서로 변론하자"(사 1:18)라고 말씀합니다. 나는 종종 하나님께로 가까이 다가가 앉아서 이렇게 말하는 사람이 좋습니다: "주여, 이제 내가 이 세상이 허망하다는 것을 깨달았다는 것을 주께서 아십니다. 나는 이 세상에 대한 애착을 버립니다. 왜냐하면, 결국 이 세상은 나의 수중에서 다 빠져나갈 것이기 때문입니다. 세상은 그림자에 불과하니, 내가 세상을 위하여 살아가는 것은 가치가 없습니다. 그리고 나는 영원히 주와 함께 살아가야 합니다. 나는 천국 아니면 지옥에서 살 수밖에 없습니다. 나의 하나님, 나로 나의 처지를 알게 하옵소서. 나로 하여금 주께로 가까이 가서 함께 변론하여 이 문제를 매듭짓게 하옵소서. 주여, 이제." 사실 우리가 순간순간 진지하게 살아간다면 매 순간이 엄숙하지만, 인생에는 사람이 눈을 떠서 자신의 이전 일들이 잘못되었음을 알게 되거나, 길들이 만나는 지점에 멈춰 서서 이정표를 보고 "주여 이제 나를 인도하소서, 나로 바른 길을 택하게 하셔서 그림자를 좇지 않고 실재하는 것을 좇아가도록 도우소서"라고 기도하는 몇몇 전환점들이 있습니다.

다윗이 자신의 심정을 이런 식으로 토로한 것을 내가 좋아하는 또다른 이유는 그가 하나님과 의논하고 있기 때문입니다. 그는 이렇게 말합니다: "각 사람이 그림자 같이 다니지만, 주께는 헛된 것이나 속임이나 현혹하는 것이 없나이다. 주여 이제 나는 단지 미혹시키고 속일 뿐인 이 신기루를 떠나서, 나의 하나님, 나의 구원의 반석이신 주께로 향하나이다. 나는 주만 바라보나이다. 주여 이제." 나는 여기에 계신 분들이 이렇게 기도하시기를 바랍니다: "나는 어딘가에서 영원을 보내야 할 것이니, 현세의 시간을 허비하지 않고, 이 세상이 전부인 양 살지 않고, 오늘밤 '주여 이제'라는 말로 기도를 시작하렵니다. 이제 나는 어린 시절과 청년 시절을 기쳤습니다. 이제는 스물한 번째 생일도 지나가고, 나는 30, 40, 50을 지나 머리가 반백이 되었습니다. 이제 나는 지혜로워져야 할 때입니다. 주여, 이제." 불행히도 여기에 계신 분들 중에 어떤 분이 인생의 막바지에 도달해서 70이 되어서도 자기에게서 멀어져 가는 세상을 위해 여전히 살아가고 계신다면, 나는 성령께서 그 사람으로 하여금 오늘밤 "주여, 이제 내가 주를 찾나이다 이제 내가 주께 돌아가나이다"라고 기도할 수 있게 해주시기를 빕니다.

여러분은 다윗이 자기가 있어야 할 곳에 있지 않다고 느끼고 있다는 것을 금방 알 수 있습니다. 왜냐하면, 그는 "주여 이제 내가 무엇을 바라리요"라고 말하고 있기 때문입니다. 그는 이렇게 말합니다: "내가 무엇을 바라리요? 나는 이 우매한 자들이 무엇을 바라고 있는지를 잘 압니다. 그들은 이 쇼에서 한 자리 하기를 바라고 있습니다. 그들은 자신의 화려한 의상을 입고서 거리로 나가 그 화려한 축제 행렬에 참여하고 있습니다. 그러나 나는 거기에 나가지 않을 것입니다. 나는 그 쇼에 참여한 그 어떤 부류와도 어울리지 않을 것입니다. 그러니, 내가 무엇을 바라리요? 나는 사람들이 헛된 일로 걱정하는 것을 봅니다. 그러나 나는 주를 의지하는 법을 배웠습니다. 그러니 내가 무엇을 바라리요? 오, 나의 하나님, 나는 사람들이 세상의 재물을 꼭 붙잡고 있는 것을 봅니다. 그들은 곧 세상 재물을 남겨 두고 떠나게 되거나, 세상 재물이 신속하게 그들을 떠날 것이기 때문에, 그 재물을 그들이 지킬 수 없고 가질 가치가 없는데도 말입니다. 주의 은혜로 나는 그런 것들을 바라지 않게 되었습니다. 주여, 이제 내가 무엇을 바라리요?' 다윗은 물에서 나온 물고기와 같고, 자신의 본향에서 나와서 다시 자신의 하나님께로 돌아가고 있는 나그네이자 객(客)입니다. 그는 자신의 하나님과 더불어 이 땅에서 나그네요 객입니다. 그래서 그는 하나님께 "주여 이제 내가 무엇을 바라리요"라고 말합니다. 이 물음에 대해서 온전히 대답해 주실 이는 오직 한 분 하나님뿐입니다.

또한, 다윗은 장래를 바라보는 눈을 가졌습니다. 그는 장래의 무엇인가를 바라며 기다리고 있는 사람이었습니다. 믿음은 최고의 덕목입니다. 하나님을 바라는 것은 믿음으로부터 자라나는 꽃입니다. "내가 무엇을 바라리요? 나는 아직 그것을 발견하지 못했습니다. 나는 그것을 바라며 기다리고 있습니다. 이 땅에는 영원한 도성이 없어서, 우리는 장차 임할 영원한 도성을 기다리고 있습니다." 우리의 보화는 이 땅에 있지 않습니다. 그 보화는 언제나 그리스도께서 하나님의 오른편에 앉아 계시는 영원한 산에 있습니다. 본문에 묘사된 사람은 장차 임할 세상을 기다리는 것을 가장 큰 기쁨으로 삼고서 지금 이 땅에서 살아가는 사람입니다.

마지막으로, 우리가 알 수 있는 것은 다윗은 하나님께 소망을 둔 사람이었다는 것입니다. "나의 소망은 주께 있나이다." 다윗은 이 땅에 속한 것들에 대해서는 그 어떤 기대도 없습니다. 그래서 그는 "나의 영혼아 잠잠히 하나님만 바라라 무릇 나의 소망이 그로부터 나오는도다"(시 62:5)라고 말합니다. "이 땅에서 나를 만족시켜줄 어떤 것을 찾을 수 있으리라는 소망은 내가 이미 버린 지 오래입니다. 주여, 지금 나의 소망은 주께 있습니다. 내가 바라는 것은 오직 주 나의 하나님뿐입니다. 내가 주를 얻고, 주로 말미암아 만족함을 얻으며, 주께서 내 안에 계셔서 나를 주의 형상으로 변화시켜 주시기만을 나는 바랄 뿐입니다. 주께서 나를 주의 영광을 위하여 사용해 주시고, 나를 본향으로 인도하셔서 예수께서 계시는 그 곳에서 주와 함께 거하게 해주시는 것, 바로 그것이 내가 바라는 것이고, 그 외에는 바라는 것이 없습니다." 우리는 장차 임할 좋은 것들을 기대합니다. 우리는 이 땅의 주민들이 아니라, 위에 있는 새 예루살렘의 시민들입니다. 우리는 잠시 이 땅에 난파되어 있고, 본향으로부터 떠나 있지만, 언젠가는 우리의 참된 소유가 있고 우리가 가장 사랑하는 분이 계시는 땅으로 거센 물살을 가르고 우리를 싣고 갈 구명선이 올 것입니다. 자기를 사랑하는 모든 자들을 위해 처소를 예비하러 우리보다 앞서 그곳에 가신 분이 바로 우리의 생명이요 빛이요 사랑이요 모든 것입니다.

3. 셋째로, 다윗은 적절하고 꼭 필요한 기도를 드립니다.

"나를 모든 죄에서 건지시며 우매한 자에게서 욕을 당하지 아니하게 하소서." 형제들이여, 어쨌든 우리는 지금 여기 이 땅에 있습니다. 우리는 이 땅에 우리가 얼마나 오랫동안 머물게 될지를 알지 못하고, 우리가 여기에 있는 동안에 우리에게 필요한 것들이 있습니다. 그렇다면, 그것들은 무엇입니까? 당신에게 필요한 것들을 하나님께 구하십시오. 당신에게는 무엇이 필요합니까?

다윗은 자기에게 무엇이 필요한지를 본문에 적어 놓았습니다. 어떤 사람은 "다윗에게는 무엇보다도 먼저 환난에서 건짐 받는 것이 필요하였을 것"이라고 말합니다. 아닙니다. 다윗은 그런 것에 대해서는 일언반구도 하지 않습니다. 그는 "나를 모든 죄에서 건지시며"라고 기도합니다. 어떤 사람은 "다윗은 두통과 미움의 아픔과 시기의 고통과 심령의 우울감으로부터 건짐 받을 필요가 있었을 것"이라고 말합니다. 다윗에게는 그런 것들로부터 건짐 받을 필요가 없었습니다. 이 경건한 인물이 기도한 것은 "나를 모든 죄에서 건져 주시라"는 것이었습니다.

그러니까 먼저 다윗은 자기가 범한 죄들로부터 자기를 건져 주시기를 기도했습니다. "주여, 나의 모든 죄를 없애 주셔서, 나로 내가 지금까지 범한 모든 죄에서 단 한 점의 흠도 없이 다 깨끗하게 해주옵소서." 그런 일이 가능합니까? 물론입니다. 우리 중 많은 사람도 그런 식으로 깨끗함을 받았습니다. 우리는 어린 양의 피로 씻음을 받고, 그 씻음은 온전한 씻음이어서 단 하나의 점이나 흠도 남기지 않습니다. 당신이 주 예수 그리스도를 믿는 순간, 주님은 이미 당신의 죄를 대신 짊어지시고, 저 피 흘리심을 통해서 당신의 죄를 없애신 것입니다. 당신이 지금까지 지은 죄는 더 이상 당신 위에 있지 않습니다. 성경에 나오는 저 놀라운 본문, 즉 "이스라엘의 죄악을 찾을지라도 없겠고 유다의 죄를 찾을지라도 찾아내지 못하리니"(렘 50:20)라는 말씀은 당신의 죄가 아예 존재하지 않게 된다는 것을 보여줍니다. 당신의 영혼과 하나님 사이에 그 어떤 구름도 없이 살아가는 것, 당신의 모든 죄가 그리스도의 속죄로 인해서 다 제거되었고 천부께서 당신을 기뻐하시며 호의로 바라보시고 당신의 죄로 인하여 당신을 꾸짖으시기는커녕 자신의 자녀로 대우하신다는 것을 아는 것은 얼마나 복된 일입니까! 하나님이 빛 가운데에 계신 것처럼 하나님의 빛 가운데서 행하는 사람, 하나님의 아들 예수 그리스도의 피로 말미암아 모든 죄에서 깨끗함을 입어서 하나님과 교제하게 된 사람은 얼마나 행복한 사람입니까! 다윗이 가장 먼저 기도한 것은 자기가 범한 모든 죄에서 자기를 건져 주시라는 것이었습니다. 당신이 그런 기도를 드려서 응답을 받는다면, 다시는 그 어떤 헛된 쇼를 하며 다니지 않게 될 것이고, "헛된 일로 소란하기는"커녕 아무런 걱정도 하지 않게 될 것입니다.

다음으로, 다윗은 죄의 공격으로부터 건져 주시라고 기도합니다. 여기에 계신 분들 중에서 시험 받지 않는 분이 누가 있습니까? 어떤 사람이 "나는 시험 같은 것은 받지 않고, 시험을 초월해 있습니다"라고 말한다면, 그 사람은 교만과 육신적인 무사안일함에서 너무 지나치게 나가 있는 것임에 틀림없습니다. 그는 자기기만의 나병에 잡아 먹혀 버린 사람입니다. 우리는 모두 시험을 받기 때문에, 날마다 "우리를 시험에 들게 하지 마시옵고 다만 악에서 구하시옵소서"(마 6:13)라고 기도할 필요가 있습니다. "나를 모든 죄에서 건지소서. 주여, 나로 범죄하지 않게 하옵소서. 나로 마음으로나 생각으로나 말로나 행위로나 주께 범죄하지 않게 하옵소서." 우리를 온전하게 하셔서, 추한 혈기를 부리거나, 뒤틀린 말을 하거나, 악한 생각을 하지 않을 수 있게 해주옵소서. 우리가 온전할 수 있게 해주옵소서. 여러분, 범죄하고자 하는 우리의 온갖 성향과 소질로부터 온전히 자유롭게 되는 것이야말로 우리가 탐해야 할 부(富)입니다. 우리가 그렇게 될 수 있으려면 천국에 가야 합니다. 왜냐하면, 죄로부터 온전히 건짐을 받는 것, 그것이 바로 천국이기 때문입니다. 그때에는, 정말 그때에는 우리가 온전함을 얻게 될 것입니다. 그때에 하나님께서 우리에게 온전함을 주실 것입니다. 그러나 우리는 "나를 모든 죄에서 건지시며"라는 기도를 우리의 매일매일의 기도의 주제로 삼아야 합니다.

또한, 다윗은 특별히 위험한 죄들로부터 자기를 건져 주시기를 기도했습니다. 나는 본문에서 한 작은 단어에 강조점을 찍고자 합니다: "나를 모든 죄에서 건지시며." 우리는 각자 특히 취약한 어떤 특별한 죄를 가지고 있고, 그 죄에 대해서 유독 약한 모습을 보이는 유전적인 성향을 갖고 있습니다. 어떤 형제나 자매는 방탕하게 떠들며 노는 것에 대한 시험을 받아도 그 점에 있어서는 범죄하지 않습니다. 왜냐하면, 그들은 11월에 태어나서 그들의 심령에는 늘 연무(煙霧)가 끼어 있기 때문입니다. 또 어떤 형제나 자매는 우울감에 대한 시험을 받아도 그런 방향으로는 범죄하지 않습니다. 왜냐하면, 그들의 심령 속에는 늘 햇빛이 비치고, 그들의 눈은 타고난 즐거움으로 늘 반짝이기 때문입니다. 어떤 사람들은 구두쇠가 되거나 수전노가 될 위험이 없어서 그런 시험을 받아도 넘어가지 않습니다. 만약 그들이 그런 시험에 넘어간다면, 그것은 도리어 그들에게 은혜가 될 것입니다. 왜냐하면, 그들은 돈을 아무렇게나 쓰며 허랑방탕하게 사는 기질을 타고난 사람들이기 때문입니다. 어떤 사람들은 결코 낭비할 위험이 없어서 그런 시험에 넘어가지 않습니다. 나는 마귀든 누구든 그런 사람들을 낭비의 시험에 빠지게 했으면 좋겠습니다. 왜냐하면, 그들은 너무나 인색해서 아무리 좋은 일에도 동전 한 푼 내놓지 않으려 하기 때문입니다. 사탄은 우리를 꽤 잘 압니다. 사탄은 우리의 취약점을 잘 알고, 우리가 특히 어떤 죄에 잘 넘어가는지를 압니다. 그런 약점은 죄인들에게만이 아니라 성도들에게도 있습니다. 우리는 모두 이렇게 기도할 필요가 있습니다: "나를 나의 모든 죄에서 건지시되, 특히 내가 가장 빠지기 쉬운 죄들로부터 건지시옵소서. 주여, 나를 그런 죄들로부터 구원하소서." 사랑하는 친구들이여, 나는 여러분이 다윗처럼 이런 기도를 드리기를 부탁드립니다.

그런 후에, 이런 기도도 드리시기를 바랍니다: "나로 우매한 자에게서 욕을 당하지 아니하게 하소서. 나로 욕을 당하게 하시려면, 지혜로운 자들에게서 욕을 당하게 하시고, 우매한 자에게서 욕을 당하게 하지는 마옵소서."

이렇게 다윗은 자기가 욕을 당하는 것이 합당할지라도 거기에서 건져 주시기를 기도하였습니다. 하나님께서 더 높고 선한 삶으로 부르셔서 영광과 영원한 삶을 사모하게 하신 여러분 중 그 누구도 원수로부터 욕이나 멸시를 당하게 하지 마시기를 빕니다. 하나님께서 우리를 지켜 주셔서 넘어지지 않게 하시기를 빕니다. 그리스도인들이여, 그리스도께서는 원수들보다도 친구들 때문에 더 큰 상처를 받아 오셨습니다. 믿지 않는 자들이 무엇이라고 하든, 우리는 그 말을 마음에 두지 않습니다. 적어도 우리가 잘못을 해서 그들에게 우리를 욕할 빌미를 준 것이 아니라면, 우리는 그들이 하는 말을 개의치 않습니다. 우리는 원수들이 쏘는 모든 화살이 날카롭고 그 화살로 인한 상처가 쓰라린 것을 느끼지만, 우리 자신이 잘못해서 원수들이 화살을 쏘았을 때, 우리는 훨씬 더 큰 아픔을 느낍니다. 하나님께서 우리를 지키셔서 그런 해악을 겪지 않게 해주시기를 빕니다. 우리가 잘못을 저질러서 원수들이 그리스도나 복음에 화살을 날리는 일이 결코 일어나지 않게 해주시기를 빕니다.

또한, 다윗은 자기에게 합당하지 않은 욕을 당하는 것으로부터 자기를 건져 주시라고 기도하였습니다. "우매한 자에게서 욕을 당하지 아니하게 하소서." 당신이 천사 같은 삶을 산다면, 우매한 자들은 곧 당신을 헐뜯는 이야기를 퍼뜨릴 것입니다. 하나님께서 그들의 입을 막지 않으신다면, 그들은 스스로 자신의 입을 막지 않을 것입니다. 그러므로 그들의 비방으로부터 지켜 주시라고 기도하십시오. 진실이 전혀 없는 비방은 잔인한 것이고 사람의 아픈 곳을 찌르는 것이기 때문에, 하나님께서 여러분을 그런 비방으로부터 지켜 주시기를 빕니다.

또한, 다윗은 영적으로 실망하는 것으로부터 건져 주시기를 기도하였습니다. 우리도 마찬가지로 하나님에 대한 우리의 신뢰가 실망으로 바뀌는 일이 없도록 하나님께서 우리를 지켜 주셔야 합니다. 우리가 하나님을 의지하였는데 하나님이 우리를 구원하지 않으셨다면, 우리는 우매한 자들에게서 욕을 당하게 될 것입니다. 우리는 하나님의 진리를 위해 홀로 담대히 나섰지만, 진리는 결코 우리를 지켜 주지 않습니다. 그때에 우리는 우매한 자에게서 욕을 당하게 될 것입니다. 우리는 하나님의 팔이 진리를 옹호하셔서 우리로 부끄러움을 당하지 않게 해주시라고 기도하고, 또한 그렇게 될 것을 믿습니다.

마지막으로, "우매한 자에게서 욕을 당하지 아니하게 하소서"라는 기도 속에서 다윗은 마지막 날에 끔찍한 조롱을 당하는 것으로부터 건져 주시기를 간구합니다. 내가 마지막 날에 멸망을 당해서 영원히 욕을 당하는 일이 결코 벌어지지 않게 해주시기를 빕니다. 내게는 종종 이런 생각이 떠오르곤 합니다. 만약 내가 참되지 않아서, 마지막 심판 날에 주님께서 내게 "내가 너를 도무지 알지 못하니 불법을 행하는 자야 내게서 떠나가라"(마 7:23)고 말씀하신다면, 나와 함께 그 자리에서 떠나가야 할 자들이 나를 돌아보며, 이렇게 말할 것입니다: "당신도, 당신도야! 당신은 우리에게 얘기했고 전도했던 자가 아니냐. 그런데 당신도 그렇게 된 거야?" 이것은 바벨론 왕이 죽어서 음부에 내려가자 생전에 자기가 죽였던 왕들로부터 "너도 우리 중 하나 같이 되었느냐?"라는 힐난을 들은 것과 같은 수치를 당하는 것입니다. 전능하신 하나님에 의해서 정복당하여 지옥에 갇히게 된 정복자를 보고서 그들이 얼마나 의기양양해하였겠습니까! 믿음을 고백한 자들이여, 나는 여러분이 오늘 밤 "우매한 자에게서 욕을 당하지 아니하게 하소서"라고 기도하기를 부탁드립니다. 참된 자들이여, 여러분이 자신의 신앙 고백에도 불구하고 마지막 날에 하나님의 진노하심을 받고 버림받은 자들과 함께 있게 되어 그들로부터 수치와 영원한 멸시를 당하지 않기 위해서라도 진실하십시오.

하나님께서 오늘 밤 세례를 받을 사람들에게 복 주시기를 빕니다. 그들이 끝까지 믿음을 지키게 하시고, 오래 전에 그리스도를 고백한 사람들도 범죄하지 않게 지켜 주시기를 빕니다. 우리 모두가 오늘 밤 그리스도를 의지할 수 있게 하시기를 빕니다. 전에 예수를 의뢰하지 않았다면, 지금 즉시 예수를 의뢰하여 "주여 이제 내가 무엇을 바라리요 나의 소망은 주께 있나이다"라고 고백하십시오. 우리 모두가 예수께로 나아와서 그 안에서 영생을 발견하게 되시기를 빕니다. 아멘, 아멘.

제
44
장

—

기가 막힐 웅덩이에서
끌어올리시고

—

"내가 여호와를 기다리고 기다렸더니 귀를 기울이사 나의 부르짖음을 들으셨도다 나를 기가 막힐 웅덩이와 수렁에서 끌어올리시고 내 발을 반석 위에 두사 내 걸음을 견고하게 하셨도다 새 노래 곧 우리 하나님께 올릴 찬송을 내 입에 두셨으니 많은 사람이 보고 두려워하여 여호와를 의지하리로다." — 시 40:1-3

이 구절은 하나님의 백성들의 경험을 표현하기 위하여 아주 빈번하게 사용되어 왔고, 나는 그것이 아주 적절한 것이었다고 생각합니다. 이 구절은 하나님께서 죄인들을 절망에서 일으키셔서 소망과 구원으로 나아가게 하시는 과정, 성도들을 깊은 환난에서 끌어올리셔서 하나님의 사랑과 권능을 찬송하게 하시는 과정을 아주 정확하게 묘사하고 있습니다. 그렇지만 나는 우리 모두가 1절의 본문을 진심으로 말할 수 있는지에 대해서는 확신이 없습니다. 사실 나는 우리 중 누가 진심으로 이렇게 말할 수 있는지 의심이 듭니다. 우리는 "내가 여호와를 기다리고 기다렸더니"라고 말할 수 있겠습니까? 형제들이여, 우리 중 대부분의 경우에는 "내가 참지 못하고 조바심 내며 여호와를 기다렸더니"라고 해야 맞다고 생각하지 않으십니까? 나머지 다른 모든 것은 다 옳을지 모르지만, 이것은 수정

될 필요가 있어 보입니다. 우리는 인내와 관련해서 우리의 행동을 생각할 때에 우리를 칭찬할 만한 것이 거의 없습니다. 왜냐하면, 인내는 여전히 지면(地面)에서 희귀한 덕목이기 때문입니다. 우리가 이 시편을 끝까지 다 읽어 보면, 이 시편이 오로지 하나님의 백성의 경험을 묘사하기 위해서 기록된 것은 아니었다는 것을 알게 될 것입니다. 우리는 부차적으로는 이 시편을 다윗이 쓴 것이라고 볼 수 있지만, 일차적으로 이 시편에 나오는 이는 다윗보다 더 크신 이입니다. 이 시편에 나오는 말씀을 가장 먼저 하신 이는 메시아였고, 이 시편 전체를 읽어보면, 그 점은 아주 분명해집니다. 왜냐하면, 우리는 이 시편에서 이런 대목을 만나게 되기 때문입니다: "주께서 내 귀를 통하여 내게 들려 주시기를 제사와 예물을 기뻐하지 아니하시며 번제와 속죄제를 요구하지 아니하신다 하신지라 그 때에 내가 말하기를 내가 왔나이다 나를 가리켜 기록한 것이 두루마리 책에 있나이다 나의 하나님이여 내가 주의 뜻 행하기를 즐기오니 주의 법이 나의 심중에 있나이다 하였나이다"(시 40:6-8). 우리는 에디오피아 내시처럼 "선지자가 이 말한 것이 누구를 가리킴이냐 자기를 가리킴이냐 타인을 가리킴이냐"(행 8:34)라고 물을 필요가 없습니다. 왜냐하면, 우리는 여러 가지 아주 명백한 지표들을 통해서 다윗이 자기 자신이 아니라 우리 주님에 대하여 말하고 있다는 것을 금방 알 수 있기 때문입니다. 우리에게 이것을 확인해 주는 다른 증거가 필요하다면, 히브리서 10장을 보면 됩니다. 거기에서 사도 바울은 이 구절을 인용하면서 주 예수를 가리키는 것이라고 분명하게 말하고 있습니다. 실제로 이 구절은 모든 사람 중에서 오직 주 예수께만 정확히 적용될 수 있습니다. 그래서 이 아침에 나는 본문이 우리의 대표자이자 언약의 머리 되시는 주님에게 아주 잘 들어맞는다는 것을 보이려고 합니다. 내가 이것을 보이면, 여러분은 우리가 이 본문을 어떻게 사용할 수 있는지를 아시게 될 것입니다. 왜냐하면, 우리는 주 예수 안에 있기 때문입니다. 각각의 신자는 우리 주님의 경험을 반영하는 거울이지만, 우리가 주님의 분명한 형상으로서 우리 속에도 그 경험이 형성된다는 사실을 잊어버리고, 단지 반영한다는 것만을 강조한다면, 그것은 적절치 못할 것입니다.

따라서 이 시간에 나는 여러분에게 우리 주님이 가장 큰 곤경 속에 계셨을 때의 모습을 눈여겨보시기를 부탁드립니다. 먼저, **우리 주님의 행동**을 주목하십시오: "내가 여호와를 기다리고 기다렸더니 귀를 기울이사 나의 부르짖음을 들으셨도다." 두 번째로는 "나를 기가 막힐 웅덩이와 수렁에서 끌어올리시고 내 발을 반석 위에 두사 내 걸음을 견고하게 하셨도다"로 표현된 우리 주님의 구원의 경험을 주목하십시오. 그런 후에 세 번째로는 우리 주님이 받으신 상을 주목하십시오: "많은 사람이 보고 두려워하여 여호와를 의지하리로다." 이것이 주님의 위대한 목표이자 목적이었습니다. 주님은 이러한 결과 속에서 "자기 영혼의 수고한 것을 보고 만족하게 여깁니다"(사 53:11). 네 번째로, 우리는 구원 받은 모든 사람들 속에 주님의 형상이 있음을 살펴보고 말씀을 끝맺게 될 것입니다. 왜냐하면, 구원 받은 사람들은 멸망의 웅덩이에서 끌어올려져서 그 입에 새 노래가 두어진 사람들이기 때문입니다. 각각의 구원 받은 자 속에서는 비록 작은 규모이긴 하지만 주님 자신의 경험이 반복되기 때문에, 주님은 그들을 형제라 부르기를 부끄러워하지 않으시는 것입니다.

1. 첫째로, 우리 주님이 어떻게 하셨는지를 살펴보겠습니다.

"내가 여호와를 기다리고 기다렸더니." 여기에서 우리는 성령의 가르침을 받는 것이 절실하게 필요합니다. 성령의 가르침이 우리에게 차고 넘치게 주어지기를 빕니다. 먼저, 우리 주님이 매서운 매를 맞고 계셨을 때에 보여주신 행동은 기다리는 것이었습니다. 주님은 이 땅에 사시는 동안 내내 여호와를 기다리셨고, 이 기다림은 수난과 죽음의 시간들에서 더욱 두드러졌습니다. 주님은 겟세마네로 내려가셔서 거기에서 간절하게 기도하셨고, 기쁜 마음으로 하나님의 뜻을 받아들이셨습니다: "그러나 나의 원대로 마시옵고 아버지의 원대로 하옵소서"(마 26:39). 완전한 순복은 주님의 기도의 핵심이었습니다. 주님은 땀방울이 핏방울이 되도록 기도하신 후에 일어나셔서, 도살장에 끌려가는 어린 양처럼 자기 자신을 자원하여 내어주시기 위하여 원수들을 만나러 가셨습니다. 주님은 베드로처럼 칼을 뽑지도 않으셨고, 자기 제자들처럼 도망하지도 않으셨습니다. 주님은 지극히 높으신 이의 뜻을 기다리며, 아버지께서 그를 건져 주실 때까지 모든 것을 감내하셨습니다. 원수들이 여러 법정을 전전하며 주님을 안나스와 가야바, 빌라도와 헤롯 등에게로 끌고 다녔고, 거짓 증인들이 나와서 주님을 쳤지만, 주님은 끝까지 인내하시며 침묵하셨습니다. 털 깎는 자 앞에 선 어린 양처럼, 주님은 저항하지 않으시고 아무 말 없이 순순히 서 계셨습니다. 성경에 기록된 것을 이루시기 위하여, 주님은 인내에 있어서 전능자가 되셔서 심지어 좋은 말씀조차도 삼가셨습니다. 원수들이 주님을 예루살렘 길거리를 지나 십자가 형장으로 끌고 갈 때에도, 주님은 여인들이 자기를 둘러싸고 슬피 우는 것에 동조하지 않으시고, 도리어 놀라운 인내 가운데서 "예루살렘의 딸들아 나를 위하여 울지 말고 너희와 너희 자녀를 위하여 울라"(눅 23:28)고 말씀하셨습니다. 주님은 자기 십자가를 지는 것, 또는 십자가로 하여금 자기를 지게 하는 것을 거부하지 않으셨습니다. 주님은 자신에 대한 경멸이나 모욕적인 언동에 대하여 불평하지 않으셨습니다. 그런 것들은 하나님께서 주님에 대하여 정하신 일들이었기 때문입니다. 원수들이 주님을 십자가에 못 박아서, 주님이 뜨거운 태양 속에서 나무에 달려 고통을 당하시고 괴로워하시며 열이 났을 때에도, 주님의 입에서 새어나온 말씀들은 불평이나 투덜거림이 아니라 고통스러운 신음소리, 불쌍히 여기시고 인내하시며 순복하시는 말씀이었습니다. 주님은 머리를 숙이시고 자신의 영혼을 아버지께 의탁하실 때까지 아버지의 시간과 뜻을 기다리며 자신의 전 존재를 아버지의 뜻에 맡기셨습니다. 주님은 하나님이 정해 주신 잔을 천천히 쭉 마셨고, 마지막 남은 쓴 찌꺼기까지 남김없이 다 마셨습니다. 종들의 눈이 주인의 손을 주시하듯이, 주님의 눈은 아버지 하나님께 고정되어 있었습니다. 주님은 섬김과 소망과 자기부인과 확신 속에서 기다리셨습니다. 주님은 하나님께서 자기를 도우시고 건지실 것을 아셨습니다. 주님은 자신의 머리가 인생들 위로 높이 들리게 되리라는 것을 아셨지만, 아버지가 정하신 때를 기다렸고, 그동안에 자기를 낮추셔서 종의 모습으로 사시면서, 종으로서 자기에게 주어진 일에 모든 힘을 쏟으셨습니다. 주님은 수난의 시간에 기꺼이 인간쓰레기와 웃음거리로 취급당하는 것을 감내하셨습니다. 주님은 자기가 당한 모든 수치와 모욕이 영광과 존귀로 꽃피우게 될 그 시간이 빨리 오게 하기 위하여 서두르지 않으셨습니다. 주님은 기다림 속에서 자기부인의 밑바닥까지 내려가셨고, 자기가 자신의 뜻이 아니라 자기를 보내신 이의 뜻을 행하기 위해 왔다는 것을 똑똑히 증명하셨습니다. 인간 중에 인자(人子)만큼 섬기고 기다린 사람은 아무도 없었습니다.

　본문은 "기다렸더니"라는 말에 "인내로써"(KJV, 한글개역개정에는 "기다리고"로 되어 있음)라는 말을 덧붙입니다: "내가 인내로써 기다렸더니." 여러분이 인내라는 것이 무엇인지를 알고자 하신다면, 거름더미 위에 앉아 있는 욥이 아니라 십자가에 달리신 예수를 보십시오. 욥은 사람들 가운데 가장 인내하였던 사람이긴 했지만 동시에 분명히 참지 못하고 조급해했던 사람이기도 했습니다. 그러나 찬송 받으실 우리 주님은 자기 자신을 완전히 내어주시고도 털끝만큼도 불평하는 모습을 보이지 않으셨습니다. 우리 주님의 투명한 순복의 물줄기 속에서는 단 한 점의 조급함도 찾아볼 수 없습니다. 주님의 심령은 몽땅 다 녹아서 아버지의 뜻이라는 거푸집 속으로 흘러들어갔습니다. 거기에는 찌꺼기 같은 것, 녹아지지 않은 것이나 거푸집 속으로 흘러들어가지 않은 것은 하나도 없었습니다. 주님은 자기를 배신한 유다를 향하여 노기 띤 말씀을 한 마디쯤 하셨을 법합니다. 하지만 주님은 그렇게 하지 않으셨고, 도리어 온유하신 음성으로 "친구여 네가 무엇을 하려고 왔는지 행하라"(마 26:50)고 요청하셨습니다. 주님이 자기를 거짓 고소한 유대인들이나 자기를 너무나 부당하게 대한 관원들을 나무라셨다고 해도, 그것은 전혀 잘못된 일이 아니었을 것입니다. 그러나 여기 거룩하신 이의 인내를 보십시오. 그는 자신의 영혼을 완전히 다스리고 계신 분이었습니다. 자기를 죽이려고 하는 자들에게 주님이 주신 대답은 "아버지 저들을 사하여 주옵소서 자기들이 하는 것을 알지 못함이니이다"(눅 23:34)라는 기도였습니다. 주님은 너무나 온유하시고 심령이 가난하셔서, 자기를 죽이려고 하는 자들을 쏘아 붙이실 수 없으셨습니다. 주님의 대답들 속에는 모두 다 온유하심이 깊이 배어 있었습니다. 주님이 대제사장에게 하신 말씀을 예로 들어 봅시다: "내가 말을 잘못하였으면 그 잘못한 것을 증언하라 바른 말을 하였으면 네가 어찌하여 나를 치느냐"(요 18:23). 원수들은 십자가 주위에 앉아서 주님을 조롱하고 비웃고 모욕하며 주님의 부르짖음과 기도조차도 희롱거리로 여겨 가지고 놀았습니다. 그러나 주님은 책망하시는 말씀을 단 한 마디도 하지 않으셨고, 십자가에서 뛰어내려 자신을 조롱하는 자들을 가루로 만들어서 자기가 진실로 권능 있는 하나님의 아들이라는 것을 증명하는 일은 더더욱 하지 않으셨습니다. 주님은 "내가 기다리고 기다렸더니"라고 말씀합니다. 참지 못하고 조급해하는 그 어떤 생각이나 말씀이나 행동도 주님에게서는 찾아볼 수 없습니다. 주님은 기다리고 또 기다리고 기다리셨습니다. 우리는 환난 속에 있게 되면 몹시 서두르고 조급해합니다. 우리는 그 환난으로부터 즉시 빠져나오기 위해 서두릅니다. 일 분이 한 시간 같고, 하루가 일 년 같이 느껴집니다. 하나님의 자녀가 매를 맞고 있을 때에는 "오, 나의 하나님, 나를 속히 도우소서"라는 다급한 부르짖음이 자연스럽게 튀어나옵니다. 그러나 우리 구주께서는 우리를 위하여 대신 받고 계신 징계로부터 벗어나시려고 서두르시는 것이 전혀 없으셨습니다. 주님은 우리를 대신하여 화를 당하고 계신 때에도 여유로우셨습니다. 주님은 아버지의 뜻을 행하기로 아주 단단히 결심하셨기 때문에, 심지어 부활의 아침에도 아주 신중하게 일어나셔서, 수의와 수건을 잘 개서 놓으시고 무덤을 가지런히 정돈해 놓으신 후에 그곳을 떠나셨습니다. 주님은 인류의 대속을 위한 거룩하면서도 슬픈 자신의 모든 사역에서 끝까지 인내하셨고, 자신의 일이 다 끝날 때까지는 결코 구원을 받아들이지 않으셨습니다. 주님은 사람들이 자신의 귀를 문설주에 대고 구멍을 뚫거나, 머리에 가시면류관을 씌우거나, 자신의 뺨에 침을 뱉으며 멸시하거나, 등이 채찍에 맞아 깊이 패거나, 손과 발이 못 박히거나, 심장이 창에 찔릴 때에도 인내하셨습니다. 십자가에 달리신 주님의 몸에는 인내라는 문구가 주홍빛 글자로 씌어져 있었습니다.

　　이것은 주님이 대속을 이루시기 위하여 꼭 필요한 일이었습니다. 구주께서 인내하지 못하셨나면 대속은 이루어질 수 없었을 것입니다. 오직 온전한 순종민이 하나님의 율법을 만족시킬 수 있었습니다. 오직 흠 없이 드려진 희생 제물만이 우리의 죄를 없앨 수 있었습니다. 그러므로 우리를 대신한 희생 제물에는 아버지의 뜻에 저항하는 것이 조금이라도 있어서는 안 되었고, 희생 제물이신 주님에게 십자가를 거부하는 몸짓이 있어서도 안 되었으며, 희생 제물을 잡기 위한 칼 앞에서 머리를 돌려서도 안 되었습니다. 진정으로 주님은 기꺼이 하나님의 뜻을 행하며 인내로써 고난 받고자 하신 것입니다: "나를 때리는 자들에게 내 등을 맡기며 나의 수염을 뽑는 자들에게 나의 뺨을 맡기며 모욕과 침 뱉음을 당하여도 내 얼굴을 가리지 아니하였느니라"(사 50:6). 주님은 "내가 여호와를 기다리고 기다렸더니"라고 말씀합니다. 형제들이여, 여러분은 이 선언이 얼마나 진실한 것이었는지를 압니다.

　　그러나 구주께서는 이렇게 인내로써 기다리고 기다리시면서, 기도하시며 기다리셨다는 것을 우리는 잊어서는 안 됩니다. 왜냐하면, 본문은 주님이 부르짖으셨고 하나님이 귀를 기울이셔서 그것을 들으셨다고 말씀하고 있기 때문입니다. 기도하지 않고 인내하는 것은 고집 세고 완고한 것입니다. 하나님께 기도하지 않은 심령은 순복하는 것이 아니라 부루퉁하기 십상입니다. 사람이 극기심으로 인내하면 마음이 완악해져서 슬퍼하지도 않고 구원을 요청하지도 않습니다. 그러나 그것은 하나님이 사랑하시는 인내도 아니고, 그리스도의 인내도 아닙니다. 주님은 "자기를 죽음에서 능히 구원하실 이에게 심한 통곡과 눈물로 간구와 소원을 올리곤"(히 5:7) 하셨습니다. 겟세마네는 야곱의 씨름을 훨씬 능가하는 주님의 싸움을 보여줍니다. 얍복 나루터에서의 씨름은 기드론에서의 씨름과 비할 바가 못 되었습니다. 주님의 씨름은 단지 땀방울을 흘린 것이 아니라 땀방울이 핏방울로 변할 정도의 씨름이었습니다. 목숨을 부지하기 위하여 양식을 얻으려 일하는 사람은 땀을 흘리지만, 생명 자체를 얻기 위하여 일하셨던 주님은 피를 땀처럼 흘리셨습니다. 하나님의 보좌로부터 천사를 불러올 정도로 열렬하고, 자기부인의 모범이 될 정도로 순종적인 그런 기도를 드리는 사람들은 육체적·정신적·영적으로 엄청난 고뇌 속에 있을 것임에 틀림없습니다. 주님은 마치 자신의 뜻을 이루고자 하는 사람처럼 진심으로 고뇌하였지만, 자기를 온전히 부인하고 아버지께 맡기고서, "내가 왔나이다 나를 가리켜 기록한 것이 두루마리 책에 있나이다"(시 40:7)라고 말하였습니다. 우리 주님은 늘 기도하셨습니다. "어찌하여 나를 버리셨나이까"(마 27:46)라고 부르짖으셨던 때를 포함해서, 주님의 일생 가운데서 하나님과 온전히 교제하고 있지 않았던 때는 단 한순간도 없었습니다. 주님은 좀 더 특별한 기도를 하시기 위하여 자주 한적한 곳으로 가셨지만, 무리들에게 말씀하실 때에나 원수들을 대면하고 계실 때에도 여전히 그의 영혼은 아버지 하나님과 끊임없이 교제하고 계셨습니다. 그러나 주님이 맷돌의 위짝과 아래짝 사이에 들어가셨을 때, 이 선하신 감람나무 열매가 감람유를 짜는 기계로 들어가 갈아져서 그 모든 생명의 기름이 그로부터 추출되었을 때, 그의 "통곡과 눈물"이 아버지 하나님 앞으로 올라갔고, "그의 경건하심으로 말미암아 들으심을" 얻었습니다(히 5:7).

형제들이여, 여러분의 본(本)이 되시는 분을 바라보시고서, 여러분이 거기에 얼마나 못 미치는지를 보십시오. 적어도 나는 내가 거기에 얼마나 못 미치는지를 보며 가슴 아파합니다. 우리가 기다린 적이 있습니까? 우리가 아주 급하게 서두르지 않은 적이 있습니까? 우리의 뜻을 하나님의 뜻에 맞추기보다는 우리의 뜻이 곧 하나님의 뜻이 되기를 우리는 얼마나 바랐습니까? 우리는 우리의 뜻을 고집하고 꺾지 않은 적이 어디 한두 번입니까? 우리는 멍에에 익숙하지 않은 황소처럼 고집부린 적이 없습니까? 우리는 "가시채를 뒷발질한"(행 26:14) 적이 없습니까? 우리는 기다린 것이 아니라 걱정만 했습니다. 우리가 인내로써 기다리고 기다렸다고 말할 수 있습니까? 오, 인내여! 사람은 인내해야 할 때가 오기 전까지는 자기가 그런 인내심을 가지고 있다고 생각합니다. 그러나 그 사람의 약한 곳을 한 번 건드려 보십시오. 그러면 그가 얼마나 인내심이 없는지가 금방 드러납니다. 불 같은 시련은 인내심이 있다는 우리의 생각이 얼마나 큰 착각인지를 백일하에 드러내 줍니다. 그 과정에서 우리의 인내심의 궁전은 대부분 나무나 마른 곡식단이나 그루터기처럼 타버립니다. 익숙한 십자가들은 잘 지지만, 새로운 십자가를 지게 하면, 우리는 그 아래에서 몸부림치며 괴로워합니다. 고난은 그리스도인의 소명이지만, 우리 중 대부분은 우리의 지고한 부르심에 제대로 부응하지 못합니다. 우리 주 예수께서는 다스리시는 것과 고난 받으시는 것을 둘 다 하셨습니다. 왜냐하면, 요한은 자신을 "예수의 나라와 참음에 동참하는 자"(계 1:9)라고 소개하고 있기 때문입니다. 예수는 인내의 최고의 모범이셨습니다. 그러나 우리는 어떻습니까? 예수께서 기다리시는 동안에 끈질기게 매달려 기도하셨다는 것을 다시 한 번 기억하십시오: "예수께서 힘쓰고 애써 더욱 간절히 기도하시니"(눅 22:44). 우리는 종종 기도를 억제해 오지 않았습니까? 우리는 "나는 너무 악해서 감히 하나님께 기도를 드릴 수가 없습니다"라고 말합니다. 우리는 우리 자신이 너무 악하다는 사실이 우리가 더욱 간절하게 기도해야 하는 이유가 되는 데도 불구하고, 도리어 그것을 기도를 하지 않기 위한 변명거리로 삼아온 것이 아닙니까? 당신이 너무 악하기 때문에, 당신은 그런 자신을 고쳐 주시라고 더욱더 간절하고 열렬하게 기도해야 하지 않겠습니까? "나는 기도하는 것이 너무 큰 부담으로 느껴집니다." 그렇다면, 당신은 자신의 짐을 질 수 있도록 도와주시라고 기도해야 하지 않겠습니까? "지금 내 슬픔이 크기 때문에 나는 간구하지 않아도 괜찮을 것입니다"라고 우리는 너무나 태연하게 말합니다. 그렇게 말하지 마십시오! 여기에 당신을 위한 진통제와 축도가 있고, 당신을 위로해 주고 강하게 해줄 약이 있습니다. 여기에 당신을 그 슬픔에서 건져주고 힘 있게 해줄 약이 있고, 당신에게 불굴의 용기와 확신을 줄 약이 있습니다. 영혼의 밤 속에서도 우리는 일어나서, 하나님 앞에서 우리의 심령을 물처럼 쏟아내야 합니다. 시험 받고 있는 신자여, 무릎을 꿇으십시오. 그러면 저 높은 곳 시은좌(施恩座)에서 하나님의 영광이 당신 위에 비치게 될 것입니다. 예수께서 하셨던 것처럼, 그리고 그의 모든 성도들이 해왔던 것처럼 기도하십시오. 그러면 당신은 인내 가운데서 당신의 마음을 지킬 수 있게 될 것입니다. 때가 되자 하나님께서는 환난 중에 기도하시는 주님께로 귀를 기울이셔서 깊은 웅덩이에서 나오는 주님의 신음과 탄식을 들으셨습니다. 이 시점에서 우리는 이것에 대하여 얘기하는 것이 아주 좋겠지만, 우리가 고난을 받으실 때만이 아니라 기다리실 때에도 인

내가 필요하다는 것을 우리 주님의 모범을 통해서 배울 때까지는 이 첫 번째 대지를 끝낼 수 없습니다. 한두 시간 무거운 짐을 지는 것은 여러 날 동안 짐을 나르는 것에 비하면 아무것도 아닙니다. 인내는 글자를 아는 것이지만, 기다리는 것은 글을 읽는 것이고, 기도는 그 글을 읽어서 하나님의 귀에 들리게 하는 것입니다. 인내에 기다림을 더하고, 기다림에 기도를 더하십시오.

2. 둘째로, 우리 주님이 건지심을 받으신 것을 생각해 보십시오.

때가 되어서 인내가 자신의 일을 온전히 이루어 냈고, 마침내 기도가 상달되었을 때, 고난 중에 계셨던 우리 주님은 깊은 슬픔으로부터 다시 끌어올려지셨습니다. 주님이 건지심을 받으신 것은 두 가지 이미지로 표현되고 있습니다.

먼저, 그것은 무시무시한 구덩이에서 끌어올려지신 것으로 묘사됩니다. 이것은 아주 풍부한 암시를 담고 있는 은유입니다. 전승에 의하면, 베드로와 바울이 갇혀 있었다고 하는(하지만 실제로는 그렇지 않았을 것입니다) 지하 감옥이 로마에 있는데, 나는 거기에 가본 적이 있습니다. 정말 그 곳은 무시무시한 구덩이였습니다. 왜냐하면, 그 구덩이는 바위에 둥근 구멍을 크게 뚫은 곳이어서 원래 입구가 없고, 그 둥근 천정을 돌로 막아 놓으면, 햇빛이나 신선한 공기가 전혀 들어올 수 없는 곳이었기 때문입니다. 죄수들은 그 지하 동굴로 내려져서 거기에서 살았습니다. 일단 지하 감옥의 천정을 돌로 막아 버리면, 그들은 사람들과의 모든 소통이 다 끊어진 채로 거기에 있어야 했습니다. 인간만큼 인간에게 잔인한 존재는 없습니다. 인간은 인간에게 괴물들 중에서도 최악의 괴물이고, 인간이 고안해 낸 잔인한 것들은 수를 셀 수 없을 정도로 많습니다. 인간은 사람들을 자유롭게 내버려 두지 않고, 감옥을 짓고 구덩이를 파서 거기에 사람들을 가두어 둡니다. 처음에 사람들은 죄수를 구금해 두기 위해서 마른 우물을 이용하기도 하고, 곡물이나 보화를 숨겨두기 좋은 동굴을 이용하기도 했을 것입니다. 그러나 나중에는 더욱더 악랄한 꾀를 짜내서 그러한 구덩이들의 입구를 덮어 버려서, 하나님의 아낌없는 선물인 공기와 긍휼이 가득한 햇빛과 은은한 달빛을 차단해서 죄수들이 누릴 수 없게 만들었습니다. 사방이 막히고 모든 것으로부터 차단당한 채 갇혀서 살아가는 포로들은 생매장된 것이나 다름없었습니다. 현대에 와서도 우리는 죄수들이 뚜껑을 여닫는 지하 감옥에 갇혀서 다시는 밖으로 나올 수 없는 처지가 되어 사람들로부터 잊혀진 채로 생매장되다시피 지내는 것을 보아 왔습니다. 산 사람들의 무덤이라고 할 수 있는 그러한 곳들로 들어갈 수밖에 없었던 불행한 사람들은 소망과 작별인사를 고하였습니다. 그들은 인간 세상으로부터 멀리 떨어져서 사람들의 기억으로부터 단절된 채로 망각의 땅이자 사망의 그늘의 땅에서 살아가는 자들이었습니다. 이러한 최악의 지하 감옥들은 "나를 기가 막힐 웅덩이에서 끌어올리시고"라는 본문의 말씀이 어떤 것인지를 잘 보여줍니다.

　　원문을 읽어 보면, 우리는 어떤 갑옷으로 무장한 전사가 치열하게 전투를 하다가 구덩이로 굴러 떨어져서 뼈가 부러지고 상처를 입은 채 누워 있는 모습을 연상하게 됩니다. 그리고 이상하고 묘하게도 그 구덩이로 거센 물줄기가 뿜어져 들어옵니다. 히브리어 원문을 직역하면, "소란함의 구덩이"가 됩니다. 어떤 이들은 이 어구를 "파멸의 구덩이"로 번역하기도 합니다. 이것이 우리의 사랑하는 구속주께서 우리의 죄를 지시고 우리 대신에 고난을 받고 계셨을 때의 모습이었습니다.

　　먼저 우리가 주목할 것은 우리 주님은 구덩이로 떨어져서 완전히 홀로 있게 된 사람과 같았다는 것입니다. 지금 큰 돌이 그 천정을 막고 있는 지하 토굴에 당신이 지금 갇혀 있다고 상상해 보십시오. 거기에서는 사람의 말소리를 들을 수도 없고 대답할 수도 없습니다. 그때에 당신은 저 무시무시한 침묵의 공포를 알게 될 것입니다. 당신이 아무리 말을 해도, 누군가가 당신의 말에 공감해서 들려주는 그 어떤 속삭임도 당신의 귀에 들리지 않습니다. 당신이 아무리 소리치고 부르짖어도 지하 토굴의 천정에서 반사되어 오는 메아리만 있을 뿐, 당신의 심정에 신경을 써주는 사람은 아무도 없습니다. 당신은 단지 벽에다 대고 말하고 있는 것일 뿐입니다. 당신은 무시무시한 고독 속에서 철저히 혼자입니다. 우리 구주께 이런 일이 일어났습니다. 모든 제자들이 주님을 버리고 달아났습니다. 그것보다 훨씬 더 최악이었던 것은 하나님께서도 우리 주님을 버리셨다는 것입니다. 주님은 "나의 하나님, 나의 하나님, 어찌하여 나를 버리셨나이까"(마 27:46)라고 절규하셨습니다. 누가 내게 그 절규의 의미를 가르쳐줄 수 있겠습니까?

　　그런 구덩이에 갇힌 죄수는 칠흑 같은 완전한 어둠 속에 있어야 했습니다. 그는 자기를 둘러싼 벽들은 물론이고 자신의 손조차도 볼 수 없었습니다. 그 퀴퀴한 공기 속으로 햇빛 한 줄기가 들어오지 않았습니다. 죄수는 자기에게 베풀어진 잔인한 자비, 곧 간수가 넣어준 물병과 떡 한 덩이를 손으로 더듬어 찾아서 먹어야 했습니다. 우리 주님이 그런 어둠 속에 계셨습니다. 한밤중의 어둠이 주님의 영혼을 덮고 있었습니다. 주님은 "지금 내 마음이 괴로우니"(요 12:27)라고 말씀하시고, "내 마음이 매우 고민하여 죽게 되었으니"(마 26:38)라고 말씀하셨습니다. 주님의 계셨던 구덩이는 흑암의 구덩이, 사망의 그림자가 뒤덮은 곳, 어둠 그 자체의 땅이었습니다.

사람이 구덩이에 갇혔을 때에는 당연히 괴로움으로 가득하게 됩니다. 여러분 중에 누가 감옥의 독방에 갇히게 되었다면, 거기에 조금만 있어도 괴로워 미치겠다고 하소연할 것이라고 나는 장담합니다. 몇 년 전만 해도, 감옥의 독방은 사람들 속에 있는 온갖 종류의 악한 성품을 없애줄 놀라운 치료약으로 생각되었지만, 사실은 악한 성품을 이기고 정복하기보다는 이성을 파괴하는 역할을 더 많이 하는 것으로 보입니다. 용기 있으시면 한 번 독방에 들어가 보십시오. 간수에게 문을 닫고 당신을 어둠 속에 완전히 홀로 내버려 두라고 요청하시고, 그런 상태로 있는 것이 어떤 것인지를 한 번 실험해 보십시오. 나는 당신이 그런 상태를 단 5분 동안도 실험해 보지 마시라고 조언합니다. 왜냐하면, 그 짧은 시간에도 당신의 신경계는 다시는 회복불능일 정도로 손상이 될 수도 있기 때문입니다. 이 자리에 계신 분들 중에서 더 약한 분들은 완전한 어둠과 고독을 단 1분도 견딜 수 없을 것이라고 나는 믿습니다. 사람이 전혀 없는 곳에는 공포가 살고 있기 때문에, 무시무시한 흑암 속에서 우리의 심령은 형체 없는 두려움들에게 쫓기며 시달립니다. 나쁜 상상들이 마음을 괴롭히고, 비탄의 화살들이 마음을 관통합니다. 비탄이 영혼을 지배하고, 경악(驚愕)이 소망을 집어삼켜 버립니다. 우리 주님의 경우에는 그가 느끼셨던 비탄과 슬픔은 어떻게 말로 표현할 수도 없고 상상할 수도 없는 그런 것이었습니다. 그것은 저주 받은 영혼들의 비참하기 짝이 없는 상태 같은 것이었습니다. 거룩하신 예수께서 버림받은 반역자들에게나 합당한 그런 비참함을 맛보실 이유가 없으셨는데도, 하나님의 심판대 앞에서 그런 것을 맛보시는 고초를 당하셨습니다. 주님은 인간이 죄인으로서 받게 되어 있던 영원한 고난을 대신하시기 위하여 권능자로서의 자신의 위엄을 내려놓으시고 죄인으로 하나님 앞에 서셨습니다. 주님은 자기에게 화(禍)에 화가 더해지고 밤에 밤이 더해지는 것을 느끼셨습니다. 주님의 고뇌를 깨달아 보려고 하지 마십시오. 주님은 여러분이 그렇게 하는 것을 원하시지 않습니다. 왜냐하면, 주님은 마치 아무도 자신의 비탄과 슬픔을 이해할 수 없게 하시고, 단지 우리로 하여금 주님이 "우리가 알 수 없는 고난"을 당하셨다고만 말할 수 있도록 하시려는 듯이 포도즙 틀을 홀로 밟으셨고 사람들 중에서 그 누구도 자기와 함께 하게 하지 않으셨기 때문입니다.

그러나 이 비유를 온전히 설명하기 위해서 나는 죄수가 갇힌 구덩이 위에서 무장한 군대가 행진하며 걸을 때에 나는 군화 소리 같은 커다란 소란이 있었거나, 땅의 깊은 구덩이에 갇혀 있던 죄수 밑에서 물이 콸콸 쏟아져 나왔을 것이라는 말을 덧붙이지 않을 수 없습니다. 죄수는 그 시끄러운 소리가 도대체 무슨 소리인지, 어디에서 들려오는 것인지를 알 수 없었을 것입니다. 그래서 그는 칠흑 같은 어둠 속에 혼자 앉아서 무시무시한 두려움 가운데에 있었을 것입니다. 우리 주님도 그런 누려움을 맛보셨습니다. 왜냐하면, 싱경은 주님이 두려워하는 중에 응답을 받으셨다고 말씀하고 있기 때문입니다. 죄의 격류가 주님 가까이에서 쏟아져 나왔습니다! 진노의 큰 물 소리가 주님 주위에서 들렸고, 비탄의 폭포가 주님 위에 떨어졌습니다. 게다가, 이 고통과 관련하여 미스터리가 있었고, 그것이 그 고통을 더욱 가중시켰습니다. 우리는 그 미스터리를 글로 쓰거나 말로 설명할 수 없습니다. 우리 구속주의 영혼은 보통 사람들이 겪는 것보다 훨씬 더 그 안에서 낙담해 있었습니다. 저 무시무시한 구덩이, 저 파멸의 구덩이에서 주님은 의지할 이 하나 없이 홀로 거기에 누워 계셨습니다.

그러나 "나를 기가 막힐 웅덩이에서 끌어올리시고"라는 대목에서 잠시 긴장을 푸시고 하나님께 찬송하십시오. 주 예수 그리스도께서는 "다 이루었다"(요 19:30)고 아주 담대하게 말씀하신 그 순간에 영혼의 모든 비탄과 슬픔으로부터 끌어올리심을 받으셨습니다. 성경에 "이는 내 영혼을 음부에 버리지 아니하시며 주의 거룩한 자로 썩음을 당하지 않게 하실 것임이로다"(행 2:27)라고 기록된 것처럼, 주님은 비록 죽으셨지만 죽음으로부터 끌어올려지셨습니다. 주님의 영혼은 하나님께로 올라갔고, 나중에 제3일이 새벽빛과 함께 밝아왔을 때에는 주님의 몸이 무덤에서 다시 살아나셔서, 때가 되어 하늘로 올라가셨습니다. 주님은 스올의 구덩이에서 나오셔서, 썩어짐과 고통과 멸망에 대한 모든 두려움으로부터 건지심을 받으셨습니다. 이제 주님의 비탄과 슬픔은 끝이 났고, 주님의 표정은 걱정으로부터 해방되었습니다. 주님의 용모도 더 이상 훼손되어 있지 않습니다. 주님이 받으신 상처들은 오직 그의 손과 발에 큰 영광을 더해 줄 뿐입니다:

"피 흘리시게 한 창도
  십자가도, 못들도 이젠 없다네.
  그의 이름 앞에 지옥터가 흔들리고
  온 하늘이 그의 이름을 흠모하는 지금에 와서는."

성도들이여, 주님이 슬픔과 멸시와 버려짐과 죽음에서 다시 끌어올려지신 것을 볼 때에 하나님을 찬송하십시오.

하지만 본문은 우리 주님의 슬픔과 그 슬픔으로부터 건지심을 받은 것을 표현하기 위하여 두 번째 비유를 사용합니다: "수렁에서." 여행자들의 말을 들어보면, 지하 감옥으로 여전히 사용되고 있는 구덩이들은 어디를 가나 축축하고 더럽고 몹시 역겹다고 합니다. 왜냐하면, 거기에 죄수가 얼마나 오랫동안 갇혀 있었든, 또는 얼마나 많은 수의 죄수가 거기에 갇혀 있었든, 그 곳들을 청소하는 일은 없기 때문입니다. 하워드 시대에 유럽의 감옥들이 어땠는지를 여러분은 아십니다. 감옥들은 훨씬 이전 시기의 동방의 감옥들보다 더욱 열악하였습니다. 감옥에 갇힌 죄수들은 흔히 자기가 수렁에 빠져 있다는 것을 알아차리곤 했습니다. 죄수들에게는 쉼도 없었고 낙도 없었습니다. 수렁에 빠졌을 때는 누군가가 손을 잡고 깊은 수렁에서 빼내주지 않으면 안 됐습니다. 우리의 찬송 받으실 주님은 우리를 위해 고난 받고 계실 때에 모든 것이 밑으로 가라앉아 버리는 곳에 계셨습니다. 주님의 사람들은 도망쳐서 사라져 버렸고, 친구들은 주님을 실망시켰으며, 주님의 마음은 밀랍처럼 녹았습니다. 위로가 될 만한 모든 것이 주님에게서 사라져 버렸습니다. 사람이 되신 복되신 주님이 이 땅에서 딛고 서 계실 수 있는 것은 아무것도 없었습니다. 왜냐하면, 하나님께서 우리를 대신해서 주님을 죄와 저주로 삼으신 까닭에, 위로가 될 만한 모든 토대가 다 주님에게서 떠나갔기 때문입니다. 주님은 눈에 보이는 지지를 박탈당하셨고, 처량한 신세로 전락하셨습니다. 수렁에 빠진 사람이 스스로 몸을 움직여서 거기에서 빠져나올 수 없는 것과 마찬가지로, 우리 구속주께서 그러셨습니다. 그래서 주님은 시편에서 "나는 설 곳이 없는 깊은 수렁에 빠지며"(시 69:2)라고 말씀하십니다. 어떤 늪이나 수렁은 아주 절망적이어서, 사람이 일단 그 곳에 빠지면 운 좋게 지나가던 사람이 거기에서 빼내주기 전에는 목숨을 잃을 수밖에 없습니다. 구주께서는 우리의 죄와 참상이라는 수렁에 빠지셔서, 전능하신 하나님이 끌어올려 주실 때까지는 거기에서 빠져나오실 수가 없었습니다. 슬픔과 비탄의 수렁이 주님을 꼭 붙들고 놓아주지 않았습니다. 주님이 대속의 큰 일을 수행하고 계시는 동안에 그 수렁은 늘 주님을 붙잡고 있었습니다. 그러나 하나님께서는 그 수렁에서 주님을 끌어올리셨습니다. 지금 주님의 옷에는 그 수렁의 진흙탕이 묻어 있지 않습니다. 주님의 발은 이제 더 이상 수렁에 빠지거나 가라앉지 않습니다. 주님은 사망의 굴레에 더 이상 묶여 계시지 않습니다. 주님이 또다시 스올 속으로 미끄러져 빠지시는 일은 없습니다. 주님은 우리의 죄를 짊어지셨기 때문에 수렁으로 빠져들어가신 것이었습니다. 그러나 이제 그 일은 끝났고, 주님은 하늘에 오르셨습니다. 주님은 "위로 올라가실 때에 사로잡혔던 자들을 사로잡으시고 그 사람들에게 선물을 주셨습니다"(엡 4:8). 주님과 주님을 건지신 아버지 하나님께 모든 존귀를 돌립니다!

우리는 본문을 읽을 때에 우리 주님이 건짐 받으신 것에 관한 이 이야기를 따라가다가, 주님이 가장 깊은 곳으로부터 끌어올려지셨다는 말씀을 듣게 됩니다. "그가 나를 끌어올리셨습니다"라고 말하거나 찬송하십시오. 하나님은 자신의 순종하는 아들을 우리 때문에 수렁으로 내려가게 하셨다가 그 깊은 곳에서 다시 끌어올리셨습니다. 주님은, 산들의 밑바닥까지 내려갔다가 안전하게 해변에 안착한 요나처럼 끌어올려지셨습니다. 주님은 구덩이에서 건져져서 왕궁으로 간 요셉이나 양의 우리에서 왕국으로 이끌려진 다윗처럼 끌어올려지셨습니다. "여호와여 왕이 주의 힘으로 말미암아 기뻐하며 주의 구원으로 말미암아 크게 즐거워하리이다 주의 구원이 그의 영광을 크게 하시고 존귀와 위엄을 그에게 입히시나이다 그가 영원토록 지극한 복을 받게 하시며 주 앞에서 기쁘고 즐겁게 하시나이다"(시 21:1, 5-6).

그런 후에 우리는 하나님께서 주님을 "반석 위에 두셨다"는 말을 듣습니다. 이것은 우리의 찬송 받으실 주님의 영광입니다. 왜냐하면, 지금 주님은 우리를 위해 행하시는 모든 일에서 견고한 토대 위에 서 계시는 것이기 때문입니다. 공의와 진리가 주님의 길들을 견고하게 해주고, 온 땅의 재판장이신 하나님께서 주님의 행사(行事)들을 인정해 주십니다. 그리스도께서 긍휼의 역사를 베푸시거나 위로의 말씀을 해주실 때에 그 토대는 모래로 되어 있는 것이 아닙니다. 주님이 구원을 베푸실 때에 그에게는 구원하실 권능이 있으신 것이고, 주님이 죄를 없이하실 때에는 논란의 여지가 있을 수 없는 토대 위에서 그렇게 하시는 것입니다. 주님이 자기 백성을 도우시고 구원하실 때에는 하나님의 법에 따라 하시는 것이고 지극히 높으신 이의 뜻을 따라 하시는 것입니다. 주님은 반석 위에 서서 자기 백성을 의롭다 하시고 보호하시고 온전하게 하십니다. 오늘 나는 나의 주님이 자기 자신과 자신의 교회를 하나님의 언약, 하나님의 작정하심, 아버지 하나님의 뜻, 주님 자신이 이루신 역사(役事), 그 역사에 대하여 상 주시겠다고 하신 하나님의 약속이라는 영원히 변할 수 없는 토대들 위에 세워놓으신 것을 생각할 때에 너무나 기쁩니다. 주님의 발이 반석 위에 있다고 우리가 말하는 것은 당연한 것입니다. 왜냐하면, 주님 자신이 만세반석, 우리의 구원의 반석이시기 때문입니다.

이제 우리의 영광스러운 그리스도의 행보(行步)는 견고하고 탄탄합니다. 주님은 죄인을 구원하러 나가실 때에 자기가 그것을 할 수 있고 그렇게 할 권한이 자기에게 있다는 것을 아십니다. 주님이 죄인들을 위하여 중보기도하시러 아버지의 보좌 앞으로 올라가실 때에 주님의 행보는 견고하고 그 마음의 소원은 그대로 받아들여집니다. 주님이 자기 교회 중에 다니시거나 자기 백성과 함께 땅 끝으로 행진해 나가실 때에 그의 행보는 견고합니다. "왕이 여호와를 의지하오니 지존하신 이의 인자함으로 흔들리지 아니하리이다"(시 21:7). 반드시 주님은 "구원에 이르게 하기 위하여 죄와 상관 없이 자기를 바라는 자들에게 두 번째 나타나실"(히 9:28) 것입니다. 아버지 하나님이 그렇게 정하셨습니다. 주님의 영광의 행보는 주님의 수고와 고난의 행보처럼 견고합니다. 우리가 구주 없이 지내는 일은 결코 없을 것입니다. 구주께서 무너지거나 사라지는 일도 결코 없을 것입니다. 주님의 행보는 영원함과 확실함과 승리를 위하여 견고한 것이기 때문입니다. 주님의 모든 성도들에게 그런 영광이 주어져 있습니다. 왜냐하면, "여호와께서 사람의 걸음을 정하시고"(시 37:23), "그의 걸음은 실족함이 없을"(시 37:31) 것이기 때문입니다.

무엇보다도 가장 좋은 것은 우리의 사랑하시는 이의 입에 "새 노래"가 있다는 것입니다. 예수께서 노래하신다고 생각하는 것은 정말 굉장한 일입니다. 시편 22편을 읽어 보십시오. 거기에는 주님이 노래하시겠다고 하시는 말씀이 나옵니다. 시편 22편을 인용하고 있는 히브리서에는 이렇게 되어 있습니다: "내가 주를 교회 중에서 찬송하리라"(히 2:12). 공생애가 끝나갈 무렵에 주님의 입에서 찬송이 터져 나오는 것을 우리는 듣게 됩니다. 주님은 수난 직전에, 곧 죽음을 코앞에 둔 장엄한 시점에 찬송을 하셨습니다. 성경은 "이에 그들이 찬미하고 감람 산으로 나아가니라"(마 26:30)고 말씀합니다. 우리가 주님처럼 그날 밤에 죽게 되어 있었다면, 찬송하기보다는 울거나 기도하였을 것이 틀림없습니다. 우리 주님은 그렇지 않으셨습니다. 성경에는 그들이 어떤 시편을 노래했는지를 말씀하고 있지 않지만, 아마도 성경에서 찬송으로 가득 차 있는 책의 말미에 나오는 시편들로 구성된 위대한 할렐 시편들, 즉 유월절 후에 통상적으로 불려졌던 저 시편들 중의 일부를 노래했을 것입니다. 나는 구주께서 친히 음정을 잡으시고 노래를 선창하였을 것이라고 믿습니다. 극도의 고통의 시간이 다가오고 있었을 때에 찬송하셨던 주님의 모습을 한 번 생각해 보십시오. 멸시와 조롱을 받으러 가시는데, 주님은 찬송하고 계셨습니다. 가시면류관을 쓰고 채찍을 맞으러 가시는데, 주님은 찬송하고 계셨습니다. 죽음, 곧 십자가의 죽음을 향하여 가시면서, 주님은 찬송하고 계셨습니다. 주님은 자기 앞에 있는 기쁨을 위하여 수치당하시는 것을 개의치 않으시고 십자가를 견디셨습니다. 그러나 지금 주님이 천국에서 선창하시는 저 "새 노래"는 무엇일 것 같습니까? "그들이 보좌 앞에서 새 노래를 부르니"(계 14:3). 하늘의 오케스트라를 지휘하시는 분은 바로 주님이십니다. 모세의 누이 미리암은 손에 소고를 잡고 여인들을 이끌며 "너희는 여호와를 찬송하라 그는 높고 영화로우심이요 말과 그 탄 자를 바다에 던지셨음이로다"(출 15:21)라고 노래하였지만, 주님의 찬송하시는 모습은 미리암의 모습과는 비교할 수 없을 정도로 크고 탁월합니다. 성경에서 주님이 부르실 새 노래를 "하나님의 종 모세의 노래, 어린 양의 노래"(계 15:3)라고 하고 있는 것으로 보아서, 나는 어린 양의 새 노래는 모세가 불렀던 저 승리의 노래와 비슷한 것이고, 모세의 노래 자체가 그 새 노래의 그림자이자 예표일 것이라는 생각이 듭니다. 그리스도 예수 안에서 여호와 우리 하나님은 "사로잡혔던 자들을 사로잡으셨습니다"(엡 4:8). "높은 소리 나는 제금으로 여호와를 찬양할지어다"(시 150:5). "너희는 여호와를 찬송하라 그가 영광중에 승리하셨음이라." 흑암의 세력들은 멸해졌습니다. 죄와 사망과 음부는 대속의 피 속에서 익사하였고, 깊음이 그것들을 덮어서, 그 중 하나도 남아 있지 않게 되었습니다. "너희는 여호와를 찬송하라 그가 영광중에 승리하셨음이라." "너희는 우리 하나님께 위엄을 돌릴지어다"(신 32:3).

3. 셋째로, 이것은 지금 이 시간 우리 주님의 높아지신 모습을 보여줍니다.

한 번 뒤돌아서 주님이 받으신 상을 바라보십시오. 주님이 우리를 위해 무시무시한 구덩이로 내려가시고 수렁에 빠지셨을 때에 하나님이 주신 상은 "많은 사람이 보고 두려워하여 여호와를 의지하게" 되리라는 것입니다. 모든 사람이 아니라 "많은 사람"이 예수를 바라보고 살게 될 것입니다. 슬프게도 너무나 많은 사람들이 계속해서 불신앙 가운데 있지만, "많은 사람"이 믿고 생명을 얻게 될 것입니다. 하나님이 "많은 사람"이라고 하시는 것은 아주 많은 수의 사람을 의미합니다. 나는 본문을 묵상하면서, "오늘 아침 이 전에 여호와를 보고 두려워하여 의지하게 될 '많은 사람'에 속한 분들이 계시기를 소망한다"고 생각하였습니다. "많은 사람"이 그렇게 될 것입니다. 왜냐하면, 하나님께서 그렇게 약속하셨기 때문입니다. 그러나 주여, 그들은 그렇게 되기를 원하지 않습니다. "그러나 그들은 그렇게 되리라"고 하나님은 말씀하십니다. 그러나 많은 사람들이 거부합니다. "그러나 그들은 그렇게 되리라"고 하나님은 말씀하십니다. 하나님은 사람들의 마음을 여는 열쇠와 사람들의 판단과 의지를 주관하는 권능을 가지고 계십니다. "많은 사람이 의지하리로다." 믿지 않는 자들이여, 여러분은 예수께서 헛되이 죽으신 것이라고 생각하십니까? 죄인들이여, 여러분이 그리스도를 영접하고자 하지 않는다면, 다른 사람들이 영접할 것입니다. 여러분은 주님을 멸시할지 모르지만, 그럼에도 불구하고 주님은 반드시 영광을 받으실 것입니다. 여러분은 주님의 구원을 거절하실지 모르지만, 그럼에도 불구하고 주님은 구원하실 권능을 가지고 계십니다. 주님은 왕이시고, 여러분은 주님의 면류관에서 단 하나의 보석도 뺄 수 없습니다. 여러분이 너무나 어리석어서 주님의 철장(鐵杖)을 자초하여, 주님께서 철장으로 여러분을 산산조각 내시게 될지라도, 주님은 하나님 앞에서 영광을 받으실 것이고, 자기 백성을 구원하실 것입니다. 이스라엘 집아, 너희의 마음이 완악할지라도 너희는 이것을 알라: "많은 사람이 보고 두려워하여 여호와를 의지하리로다."

본문은 "많은 사람"이 무엇을 하게 될 것이라고 말씀합니까? 그들은 "보게" 될 것이라고 말씀합니다. 그들의 눈이 열려서, "기가 막힐 웅덩이와 수렁" 속에 계시는 그들의 주님을 "보게" 되리라는 것입니다. 그들은 주님이 바로 그들을 위해 거기에 계셨다는 것을 보게 될 것입니다. 이것이 그들의 영혼 속에 얼마나 큰 기쁨을 만들어 내겠습니까! 그들이 주 예수께서 그들을 대신해서 거기에 계셨다는 것을 보지 못할지라도 어쨌든 죄가 얼마나 흉악한 것인지는 보게 될 것입니다. 예수께서는 자기 자신의 죄는 없으시고 오직 전가된 죄만을 가지시고도 무시무시한 구덩이에 내던져지시고 수렁에 빠질 수밖에 없으셨다면, 자신의 죄로 인해서 하나님의 격렬한 노를 촉발시켰던 우리는 어떻게 되어야 마땅하겠습니까? 하나님이 자신의 사랑하시는 아들을 이런 식으로 치셨다면, 죄인인 우리는 어떤 식으로 치시겠습니까? 하나님을 잊어버리고 살아가는 자들이여, 하나님께서 여러분을 갈기갈기 찢으실 때에 구원해 줄 자가 아무도 없는 그런 상황에 처하지 않도록 조심하십시오. 우리를 위해 고난을 받으셔서 피범벅이 되신 우리의 보증(Surety)이신 이를 의지해서 여러분에게 간절히 부탁하노니 하나님을 노엽게 하지 마십시오. 왜냐하면, 하나님의 독생자가 그런 식으로 고난을 받으셔야 했다면, 율법을 범한 것으로도 모자라서 복음을 거부한 여러분이 당할 고초는 상상하기 어려울 정도일 것이기 때문입니다.

　“많은 사람이 보고.” 여러분은 “두려워하여”라는 말이 왜 여기에 덧붙여져 있는지 의아하십니까? 그것은 피 흘리시는 그리스도를 보고 자신들이 주를 십자가에 못 박았다는 것을 알게 되었을 때, 사람들은 두려워하게 되기 때문입니다. 하지만 사람들은 예수께서 죄인들을 위하여 죽으셨고 불의한 자들을 하나님께로 인도하시기 위하여 그들을 대신하여 의로우신 자로 죽으셨다는 것을 보게 될 때에 자녀로서의 두려움, 즉 소망과 비슷한 느낌의 두려움을 갖게 됩니다. 사람들은 사랑의 주님께서 “아사셀,” 즉 도피 염소 역할을 담당하셔서 그들의 죄를 짊어지시고 망각의 광야로 가신 것을 볼 때에 자신들의 악한 길을 미워하고 하나님을 경외하기 시작합니다. 왜냐하면, 성경은 “사유하심이 주께 있음은 주를 경외하게 하심이니이다”(시 130:4)라고 말씀하기 때문입니다.

　그러나 무엇보다도 좋은 것은 사람들이 “여호와를 의지하게” 된다는 것이고, 이것이 핵심입니다. 사람들은 그리스도 예수 안에서 나타난 하나님의 의를 보고 구원의 소망을 갖게 됩니다. 여러분 중에서 지금 즉시 여호와를 의지하는 분들이 나오게 하시기를 하나님께 빕니다. 사랑하는 친구들이여, 여러분은 자신의 공로로 구원을 얻고자 하십니까? 그것은 망상입니다. 여러분은 자신의 감정을 의지해서 구원을 받고자 하십니까? 그것은 거짓말입니다. 여러분은 오직 홀로 죄인들을 위하여 저 소란하고 어두운 구덩이에 계셨고 경건하지 않은 자들을 위하여 저 수렁에 빠지셨던 찬송 받으실 이를 의지할 때에만 구원받을 수 있고 구원받게 될 것입니다. 여러분은 바로 그분으로 말미암아 하나님의 진노에서 반드시 구원받게 될 것입니다. 주님을 의지하십시오. 주님이 살아계신 것이 확실하듯이, 당신이 구원받게 되리라는 것도 그 정도로 확실할 것입니다. 왜냐하면, 주님을 의지하는 자는 결코 멸망 받을 수 없기 때문입니다. 믿는 자가 멸망 받고 망한다면, 하나님의 진실하심은 없는 것입니다. 주님께서는 "믿고 세례를 받는 사람은 구원을 얻을 것이요"(막 16:16)라고 말씀하지 않으셨습니까? 하나님의 보좌가 흔들리고 휘청거리지 않는 한, 그리스도의 십자가가 믿는 자들을 구원하는 능력을 상실하는 일은 일어나지 않습니다.

4. 넷째로, 우리는 주의 백성 속에서 주님의 형상을 봅니다.

서두에 말씀드린 대로, 이 본문은 흔히 개별 신자가 자기가 곤경에서 건지심을 받은 경험을 설명할 때에 사용되어 왔습니다. 그것은 합당한 것입니다. 왜냐하면, 우리는 교회의 머리 되시는 이를 닮게 되고, 모든 형제는 교회의 머리 되시는 이가 겪으셨던 일에 동참하게 되어 있기 때문입니다. 나는 극심한 환난 중에 있는 주님의 모든 종들에게 말씀하고 있습니다. 사랑하는 친구들이여, 여러분은 맹렬하고 혹독한 시련 속에서도 기다릴 준비가 되어 있습니까? 그 시련 속에서 여러분의 기도가 아직 응답을 받지 못했습니까? 그렇다면, 주 예수께서도 전에 기다리는 입장이셨던 적이 있으셨다는 것을 기억하십시오. 주님은 "내가 여호와를 기다리고 기다렸더니"라고 말씀하십니다. 하나님께서 여러분에게 복을 주시기 위하여 한 해 한 해 기다리게 하실지라도, 절망하지 마십시오. 그 복이 진정으로 여러분에게 유익된 것이라면, 하나님은 반드시 그 복을 주실 것입니다. 하나님은 "정직하게 행하는 자에게 좋은 것을 아끼지 아니하실 것"(시 84:11)이라고 말씀하셨습니다. 하나님은 자기 아들에게도 기다리게 하셨으니, 여러분에게도 동일한 것을 요구하시는 것은 당연한 일입니다. 여러분이 하나님 앞으로 나아오는 일을 오랫동안 미루며 은혜의 하나님을 오랫동안 기다리게 한 것을 기억하십시오. "그를 기다리는 자마다 복이 있도다"(사 30:18). 나는 사람들이 공무원을 방문해서 잠깐 기다려야 할 때에 얼마나 도도한 태도를 보이는지를 압니다. 사람들은 공무원이 그들을 로비에서 기다리게 해서는 안 된다고 생각합니다. 그러나 어떤 청년이 그들에게 "그 사람의 아들인 나도 벌써 한 시간째 기다리고 있습니다"라고 말했다고 합시다. 그렇다면, 그들은 더 참고 기다리는 것이 마땅합니다. 하나님께서 여러분을 계속 기다리게 하실 때, 교만한 태도로 "내가 왜 하나님을 이렇게 오래 기다려야 하지?"라고 말하지 마시고, "사람이 여호와의 구원을 바라고 잠잠히 기다림이 좋도다"(애 3:26)라는 말씀을 기억하십시오. 예수께서는 "기다리고 기다리셨습니다." 주님 같이 행하기로 마음을 먹고 꾹 참고 기다리십시오. "나는 어떻게 건짐을 받을 수 있을지 알지 못하겠습니다." 기다리십시오. "아, 이것은 너무나 무거운 짐입니다." 기다리십시오. "그러나 나는 이 끔찍한 짐 아래에서 곧 죽을 것 같습니다." 기다리십시오. 계속해서 기다리십시오. 하나님께서 지체하실지라도 기다리십시오. 하나님은 우리가 기다릴 만한 가치가 있는 그런 분이십니다. "기다리다"는 짧은 단어이지만, 그 온전한 의미를 설명하려면 상당한 정도의 은혜가 필요하고, 그것을 실천에 옮기려면 한층 더 큰 은혜가 필요합니다. 기다리십시오. "오, 그러나 나는 벌써 오래 전부터 불행했습니다." 기다리십시오. "나는 약속을 믿었지만, 성취되지 않았습니다." 기다리십시오. 예수께서 "내가 기다리고 기다렸더니"라고 말씀하신 대로, 복된 무리 가운데서 기다리십시오. 주님은 우리에게 자신의 은혜로우신 성령을 통해서 바로 그렇게 행하라고 가르치고 계십니다.

다음으로, 하나님께서는 자신의 사랑하는 자녀인 당신에게 극심한 슬픔을 주실 수도 있습니다. 당신은 무시무시한 구덩이에 빠져서 그 어떤 빛도 보지 못하고 그 어떤 위로도 받지 못하며, 아무도 당신을 격려하거나 도울 수 없을지도 모릅니다. 본성적으로 의기소침한 성향을 지닌 어떤 이들은 인생에 대하여 절망할 정도로 그렇게 낮아져 있기도 합니다. 그들은 흑암 가운데 앉아 있고 그 어떤 빛도 보지 못합니다. 그들은 사방이 감옥의 벽들처럼 느껴지고, 거기에서 빠져나갈 그 어떤 틈새도 발견하지 못합니다. 그들은 위를 쳐다보아도 자신들을 위로해줄 그 어떤 것도 보지 못합니다. 나는 그런 분들께 구주께서 하신 말씀을 해드리고 싶습니다: "그가 나를 끌어올리시고." 주 하나님은 자신의 환난 받는 백성들을 끌어올리실 수 있으시고, 또 그렇게 하실 것입니다. 여러분은 어느 한 날의 일기에 "그가 나를 끌어올리셨다"고 쓰게 될 것입니다. 나는 흑암 가운데 있었고 지하 감옥 속에 있었지만, "그가 나를 끌어올리셨습니다." 나는 개인적으로 감사하고 기뻐하는 마음으로 그렇게 말할 수 있습니다. 왜냐하면, 거듭거듭 "그가 나를 끌어올리셨기" 때문입니다. 하나님께서 과거에 나를 건지신 일들을 생각할 때마다 내 마음은 기뻐집니다. 나는 왜 내가 이렇게 자주 감옥에 갇히고 족쇄에 묶여야 하는지 의아해할 때가 많았습니다. 그러나 여러분 중에서도 많은 분들이 나와 같은 일을 겪고 있다는 것을 알게 되었을 때에 의아해하는 것을 그쳤습니다. 나의 사명은 내 하나님을 증거하는 자가 되는 것입니다. 그러니, 하나님께서는 내가 시험 중에 있는 자기 백성들에게 하나님이 자기를 의지하는 자들에게 은혜를 베푸셔서 그들을 건지신다는 것을 증거할 수 있도록 하시기 위하여 내게 그런 일을 겪게 하시는 것입니다. 믿음은 영원히 부끄러움이나 낭패를 당하지 않게 될 것입니다. 하나님은 믿는 자들을 속히 구하실 수 있으시고, 또 반드시 그렇게 하실 것입니다. 또한, 나는 "그가 나를 끌어올리셨다"는 것을 보증합니다. 환난 중에 있는 사랑하는 형제들이여, 하나님께서 여러분을 반드시 끌어올리실 것입니다. 오직 하나님을 의지하는 가운데 기다리고 기다리십시오.

여러분은 "그러나 나는 어떻게 버텨야 할지를 모르겠습니다. 나는 마음이 약해져서 수렁 속으로 빠져 들어가고 있는데, 소망을 가질 만한 아주 작은 발판조차 발견할 수 없습니다"라고 말합니다. 여러분은 주님처럼 수렁 속으로 빠져 들어가고 있지만, 하나님은 여러분의 기도에 응답하셔서 여러분을 절망적인 상태에서 끌어올리셔서, 여러분의 발을 반석 위에 두시고 여러분의 걸음을 견고하게 하시며, 여러분에게 기쁨과 평안과 즐거움을 주실 것입니다. 그러니, 하나님을 보고 두려워하고 의지하며, 그 찬송 받으실 이름에 영광을 돌리십시오.

끝으로, 나는 하나님을 찾았지만 그 어떤 안식도 발견하지 못하고 있는 분에게 말씀드립니다. 사랑하는 친구여, 당신은 죄악의 깊은 수렁 속으로 점점 빠져 들어가고 있습니까? 하나님은 당신의 죄를 사하실 수 있습니다. 왜냐하면, "그 아들 예수의 피가 우리를 모든 죄에서 깨끗하게 하실 것"(요일 1:7)이기 때문입니다. 당신은 하나님의 진노를 받아 마땅한 자라고 고소하는 양심의 정죄 속에 갇혀 있습니까? 당신이 예수께로 나아오기만 한다면, 예수께서는 당신에게 즉시 안식을 주실 것입니다. 당신의 무릎이 의심의 수렁 속에 빠져 있어서, 당신은 도저히 무릎 꿇고 기도할 수가 없다고 느낍니까? 예수께서 범죄자들을 위하여 중보기도하고 계신다는 사실을 기억하십시오. 당신은 움직일 때마다 점점 더 소망을 잃어버리고 파멸 속으로 더 깊이 빠져 들어가고 있다고 느낍니까? 하나님은 차고 넘치는 구속(救贖)을 준비해 놓고 계십니다. 절망하지 마십시오. 당신은 스스로의 힘으로 자신을 건질 수 없지만, 하나님은 당신을 건지실 수 있습니다. 당신은 스스로의 힘으로 견뎌낼 수 없지만, 하나님은 당신으로 하여금 견뎌낼 수 있게 하실 수 있습니다. 당신은 스스로의 힘으로 하나님께로 나아갈 수 없고 당신의 믿음의 형제들에게로 가서 위로받을 수 없지만, 하나님은 당신으로 하여금 그의 길로 달려가게 하실 수 있습니다. 당신은 기쁨으로 나아가서 평안의 응답을 받게 될 것입니다. 큰 산과 작은 산들이 당신 앞에서 큰 소리로 찬송하고, 들의 나무들이 박수를 칠 것입니다. 오직 그리스도를 보시고, 당신의 하나님을 두려워하며 의지하십시오. 그러면 당신도 당신의 구원자 여호와를 찬송하게 될 것이고, 다음과 같은 찬송이 당신의 노래가 될 것입니다:

> "주께서 나를 무서운 구덩이에서 건져 올리셨네.
> 내가 오랫동안 울며 있었더니
> 내 발에서 족쇄가 풀리고
> 수렁에서 나오게 되있다네.
> 주께서 나를 반석 위에 두시고
> 내게 기쁜 찬송을 가르치시니
> 주의 손으로 이루신 기이한 일들을 찬송하네.
> 새로운 감사의 노래로."

제
45
장

—

기도에 있어서 독특한 탄원

—

**"내가 말하기를 여호와여 내게 은혜를 베푸소서 내가 주께
범죄하였사오니 나를 고치소서 하였나이다." — 시 41:4**

이것은 다윗이 한 말들 중의 하나였습니다: "내가 말하기를." 이것은 말할 말
한 가치가 있는 말이었고 거듭 말할 만한 가치가 있는 말이었습니다: "내가 말하
기를 여호와여 내게 은혜를 베푸소서." 다윗이 이 말을 얼마나 자주 했는지 우리
는 알지 못합니다. 이 말은 자주 할수록 더 좋습니다. 낮이 너무 밝아서 이 말을
할 수 없는 경우도 없고, 밤이 너무 어두워서 이 말을 할 수 없는 경우도 없습니
다. "내가 말하기를 여호와여 내게 은혜를 베푸소서." 다윗이 한 모든 말이 다 거
듭 말할 만한 가치가 있는 것은 아닙니다. 왜냐하면, 그는 철회할 수밖에 없었던
그런 말들도 하였기 때문입니다. 한번은 그가 "내가 엉겁결에 말하였다"고 했습
니다. 아마도 그는 나중에 그 말을 곰곰이 생각해 보고는 그렇게 말한 것을 후회
했을 것입니다. 그러나 본문에 나와 있는 이 말은 철회할 필요가 없는 말입니다.
이 말은 오직 거듭거듭 말할 필요가 있는 말이고, 우리는 천국에 들어갈 때까지
늘 이 말을 입에 달고 살 수 있습니다: "내가 말하기를 여호와여 내게 은혜를 베
푸소서." 나는 어떤 사람이 이렇게 말했다고 해서 그리스도께서 그 사람을 꾸짖
으셨다는 말을 들어본 적이 없습니다. "하나님이여 나는 다른 사람들과 같지 아
니함을 감사하나이다"(눅 18:11)라고 말한 사람은 주 예수 그리스도로부터 칭찬
을 받지 못했습니다. 그러나 "하나님이여 불쌍히 여기소서 나는 죄인이로소이

다"(눅 18:13)라고 말한 사람은 앞의 사람과는 달리 "의롭다 하심을 받고 그의 집
으로 내려갔습니다"(눅 18:14). 이것은 선한 말, 참된 말, 겸손한 말, 은혜로운 말
입니다. 다시 한 번 말씀드리지만, 이 말은 자주 반복할수록 더 좋습니다. "내가
말하기를 여호와여 내게 은혜를 베푸소서."

이것이 하나님을 향한 말이라는 것을 주목하십시오: "내가 말하기를 여호와
여 내게 은혜를 베푸소서." 우리는 사람들이 서로 애기를 나누고 잡담할 때 "내
가 그녀에게 말했고 그녀가 내게 말했다" 또는 "그가 내게 말했고 내가 그에게
말했다" 등등과 같이 말하는 것을 듣습니다. 그런데 여러분이 말한 것 또는 그들
이 말한 것이 무엇이 중요합니까? 그런 말들이나 거기에 대답해서 한 말들은 거
의 반복할 가치가 없는 것들입니다. 사람들이 하는 많은 말들은 더노타 성
(Dunottar Castle)의 모토가 잘 요약해 주고 있습니다:

> "그들은 말한다.
> 그들이 무엇을 말하는가?
> 그들로 말하게 내버려 두라."

그런 말들은 하나마나 한 말들입니다. 그런 말들은 한순간에 헛되이 사라지
고 맙니다. 만약 그런 말들이 시인 쿠퍼(Cowper)가 말한 대로 "간구 중에 하늘로
보내졌다면" 훨씬 더 지혜롭게 사용되었을 것입니다. 대화하는 사람들이 각각
"여호와여 내게 은혜를 베푸소서"라고 말하였더라면 훨씬 더 좋았을 것입니다.
우리가 하나님께 두 번 말할 때 사람들에게는 한 번만 말하거나, 적어도 사람들
에게 말하는 것만큼이라도 하나님께 말한다면, 우리는 훨씬 더 건강하고 행복하
며 강건하고 신령하며 거룩하게 될 것입니다. 여러분이 사람들에게 한 말을 다
기억하려고 애쓸 필요가 없습니다. 그 중의 많은 말은 도리어 잊어버리는 것이
훨씬 좋은 말들일 것입니다. 그러나 여러분이 이스라엘의 이 멋진 시편 기자처
럼 "내가 말하기를 여호와여 내게 은혜를 베푸소서" 같은 말들을 하나님께 한 것
이라면, 그 말들은 기억하는 것이 좋습니다.

그 말이 다윗의 것만이 아니라 우리의 것이 되게 하여야 합니다. 다윗이 "여
호와여 내게 은혜를 베푸소서"라고 말했듯이, 나는 내가 그렇게 말해야 한다는
것을 확신하고, 여러분도 그렇게 말해야 한다고 생각합니다. 여기에 계신 분들

중에서 자기는 아주 선하게 되어서 "여호와여 내게 은혜를 베푸소서"라고 기도할 필요가 없다고 생각하는 사람이 있다면, 이번에 한해서 내가 그 사람과 같지 않은 것을 나는 너무 감사합니다. 왜냐하면, 그 사람은 교만에 잡아먹혀 있는 것임에 틀림없기 때문입니다. 은혜 받고자 기도하고자 하지 않는 사람은 그 마음이 올바를 수 없고, 더 큰 은혜를 받을 필요를 느끼지 못하는 사람은 아무런 은혜도 받지 못한 자입니다. 자기는 더 이상 죄를 고백하거나 하나님의 은혜를 구할 필요를 느끼지 못한다고 생각하는 사람 속에서는 하나님이 역사하실 수 없습니다. 다윗은 "내가 말하기를 여호와여 내게 은혜를 베푸소서"라고 말합니다. 나는 여러분도 이 말을 여러분 자신의 말들 중 하나로 만드시기를 권면합니다. 사람들은 종종 "그것은 옛 격언이야"라고 말하는데, "옛 격언"이라는 것은 사람들에게 권할 만한 말이라는 것입니다. 다윗이 여기에서 한 말도 옛 격언입니다. 한 청년이 "나의 아버지께서는 이러저러한 말씀을 하시곤 하셨어요"라고 말하고, 그의 아버지가 경건하였다면, 그 아버지는 본문에 나오는 다윗의 말과 같은 기억하고 반복할 가치가 있는 많은 말들을 하곤 했을 것이기 때문에, 그 청년은 아버지가 한 말들을 잘 기억해 두었다가 똑같이 사용하는 것이 가장 좋다는 것을 나는 의심하지 않습니다. 그 청년이 아버지의 전기에서 "아버지께서 자주 하시던 말씀은 '여호와여 내게 은혜를 베푸소서'였다"라고 썼다면, 나는 이 구절이 그 청년의 전기에도 그대로 들어갈 수 있게 되기를 바랍니다.

또한, 이것은 병든 자, 즉 병든 성도의 말이었다는 것을 주목하십시오: "내가 말하기를 여호와여 내게 은혜를 베푸소서." 그는 이렇게 말하지 않았습니다: "내가 말하기를 여호와여 주께서 나를 징계하시는 것은 무자비한 일이고, 나를 이 병상에 두시고서 병상이 내 밑에서 바위처럼 딱딱해질 때까지 여기에 누워 있게 하시는 것은 너무 가혹한 일입니다." 정반대로, 본문 속에는 오직 간구만이 있고 불만이나 불평은 찾아볼 수 없습니다. 오직 탄원만이 있을 뿐이고 푸념은 없습니다. "내가 말하기를 여호와여 내게 은혜를 베푸소서." 여러분이 병에서 나아서 다시 건강해졌을 때 전날을 회상하면서 "나는 불평하지 않았고, 침상에서 내가 주로 한 것은 '여호와여 내게 은혜를 베푸소서'라고 부르짖는" 것이었다고 말할 수 있다면, 그것은 여러분에게 큰 위로가 될 것입니다.

나는 지금까지 한 병든 성도, 즉 한 병든 왕이 한 말을 여러분에게 소개했는데, 그 왕은 하나님의 마음에 합한 자 다윗이었습니다. 나는 다윗의 이 말도 하나님의 마음에 합한 것이었고, 이 기도가 지존자의 귀를 기쁘시게 해드렸다는 것을 믿습니다. "내가 말하기를 여호와여 내게 은혜를 베푸소서." 이제 나는 본문이 담고 있는 것들을 여러분에게 보여드리고자 합니다. 첫 번째는 기도입니다: "여호와여 내게 은혜를 베푸소서." 다음은 고백입니다: "내가 주께 범죄하였사오니." 세 번째는 탄원, 그것도 아주 특이한 탄원입니다: "내가 말하기를 여호와여 내게 은혜를 베푸소서 내가 범죄하였사오니 나를 고치소서."

1. 첫째로, 기도입니다.

"여호와여 내게 은혜를 베푸소서." 이것은 적어도 부분적으로는 "내 고통을 감하여 주소서"라는 의미일 것이라고 나는 생각합니다. 사랑하는 자들이여, 여러분의 심장이 아프고 떨리거나, 여러분의 부어오른 사지가 모루 위에 놓여서 시뻘겋게 불에 달궈진 망치로 두들겨지는 것 같을 때, 용사조차도 너무 아파서 소리지르고 자기도 모르는 사이에 눈물이 찔끔 나올 정도로 극심한 고통이 여러분에게 반복적으로 찾아올 때, 여러분이 하나님께 드릴 수 있는 가장 좋은 기도는 "여호와여 내게 은혜를 베푸소서"라는 기도입니다. 나는 종종 약을 써도 듣지 않고 잠도 달아나서 안 오고 고통은 참을 수 없을 때 하나님을 향하여 직접 이렇게 호소하는 것이 효과가 있다는 것을 발견해 왔습니다: "여호와여, 나는 당신의 자녀입니다! 당신의 자녀가 이렇게 고통으로 다 죽어가도록 내버려 두시렵니까? 당신은 성경에서 '아버지가 자식을 긍휼히 여김 같이 여호와께서는 자기를 경외하는 자를 긍휼히 여기시나니'(시 103:13)라고 말씀하지 않으셨습니까? 여호와여, 내게 은혜를 베푸소서." 나는 단지 하나님이 나의 아버지가 되신다는 것에 호소하면서 하나님의 은혜 앞에 내 자신을 던질 때 극심한 고통이 즉시 멈추는 것을 경험해 왔다는 것을 단호하게 말할 수 있습니다. 또한, 나는 환난을 겪었던 다른 많은 하나님의 자녀들도 나와 동일한 경험을 했을 것임을 믿어 의심치 않습니다. 사랑하는 친구들이여, 여러분이 극심한 육체적 고통을 겪을 때 거룩한 인내로써 묵묵히 고통을 감수하고 어린아이처럼 순복하는 마음으로 "여호와여 내게 은혜를 베푸소서"라고 기도하는 것이 흔히 가장 솜씨 좋은 의사의 그 어떤 처방보다 더 큰 효과를 가져다주어서 여러분의 고통을 덜어준다는 것을 발견하게 될 것입니다. 하나님께서는 여러분에게 그렇게 기도하는 것을 허락하시고 격려하십니다. 여러분이 회초리로 심하게 맞을 때, 아버지 하나님의 얼굴을 바라보고 "여호와여 내게 은혜를 베푸소서"라고 말하십시오.

그러나 다윗이 의도한 것이 그것만은 아니었을 것이라고 나는 확신합니다. 왜냐하면, 다윗은 다음으로 "내 죄를 사하소서"라고 기도하고 있기 때문입니다. 그의 기도를 통해서 우리는 그의 죄가 그가 겪고 있던 극심한 환난이었다는 것을 알게 됩니다: "내게 은혜를 베푸소서 내가 주께 범죄하였사오니 나를 고치소서." 세상에는 죄의식만큼 가장 고통스러운 것은 없습니다. 내가 요새 많이 눌려 있고 우울감에 빠져 있는 한 사랑하는 친구에게 "네게 류머티즘성 통풍이 약간 있어서 네가 염려할 겨를이 없었으면 좋겠다"라고 말했습니다. 그러자 그 친구는 "지금 내가 겪고 있는 이 우울감에 비하면 그런 고통쯤은 대환영이지"라고 말했습니다. 나도 그 말에 전적으로 동의합니다. 물론, 여러분은 하나님의 자녀이기 때문에 그럴 리가 없지만, 만약 여러분이 죄 사함을 받지 못했으면 어쩌나 걱정하며 우울감에 죄의식까지 더해져서 두려워하고 있다면, 그 두려움은 칼로 베인 상처보다 더 아프고 쓰라릴 것입니다. 죄의식으로 인한 두려움은 여러분의 혈관 속에 들어간 코브라의 독보다 더 여러분의 피를 끓게 만들 것입니다. 왜냐하면, 죄보다 더한 맹독은 없기 때문입니다. 따라서 다윗은 이렇게 말한 것입니다: "내 죄를 느끼고 내가 말하기를 — 내 영혼이 내 안에서 가라앉을 때 내가 말하기를 — 여호와여 내게 은혜를 베푸소서 내게 긍휼을 베푸소서."

세리의 기도는 눌려 있는 성도들에게 적합합니다. 결국, 세리의 기도는 내가 날마다 드려야 하는 기도입니다. 내게는 내가 주일 기도라 부르는 축일들을 위한 기도가 있지만, 내가 매일 드리는 기도, 내가 일주일 내내 드릴 수 있는 기도, 다른 어떤 기도가 생각나지 않을 때 사용할 수 있는 기도는 "하나님이여 불쌍히 여기소서 나는 죄인이로소이다"(눅 18:13)라는 세리의 기도입니다. 이 기도는 어린아이에게도 가르칠 수 있는 "갓난아기 기도"입니다. "하나님이여 나를 불쌍히 여기소서"라는 기도는 가엾은 창기의 기도이고 죽어가는 강도의 기도입니다. 그것은 참으로 복된 기도입니다. 주님께서 제자들에게 "우리가 우리에게 죄 지은 자를 사하여 준 것 같이 우리 죄를 사하여 주시옵고"(마 6:12)라고 기도하라고 가르치셨다는 점에서 나는 여러분이 이 기도를 결코 쉬지 않기를 부탁드립니다.

그러나 이 기도 속에 들어 있는 것은 그것이 전부가 아닙니다. 나는 다윗이 "여호와여 내게 은혜를 베푸소서"라고 말한 것은 "주의 약속들을 이루소서"라고 기도한 것이기도 하다고 생각합니다. "주께서는 '가난한 자를 보살피는 자'에 대하여 '재앙의 날에 여호와께서 그를 건지실'(1절) 것이라고 말씀하셨사오니, 여호와여 내게 은혜를 베푸셔서 나의 재앙의 날에 나를 건지소서. 주께서는 '여호와께서 그를 지키사 살게 하시리니'라고 말씀하셨사오니, 여호와여 내게 은혜를 베푸시고 나를 지키사 살게 하소서. 주께서는 '그를 그 원수들의 뜻에 맡기지' 않으시겠다고 말씀하셨사오니, 내게 은혜를 베푸시고 나를 원수들에게서 보호하소서. 주께서는 '그를 침상에서 붙드셔서' 쇠약해가는 그를 강건하게 하실 것이라고 말씀하셨사오니, 여호와여 내게 은혜를 베푸시고 나를 강건하게 하소서. 주께서는 '그의 병을 고치시겠다'고 말씀하셨사오니, 여호와여 나의 병을 고치소서(2-3절)." 병든 자의 침상을 편안하게 만드는 것은 아주 어려운 일이지만, 다윗이 누워 있곤 했던 그런 종류의 침상을 만드는 것은 한층 더 어려운 일이었을 것이라고 생각합니다. 깃털을 많이 넣으면 부드러운 침상이 되기는 하지만, 한 달만 그 위에서 자면 아주 딱딱해지고 맙니다. 침상이 부드러운 솜털로 만들어졌다고 해도 이내 돌로 만들어진 것 같이 되어 버리고 말기 때문에, 사람들은 실제로는 아주 잘 만들어진 침상을 처음부터 잘못 만들어진 것이라고 생각하기 쉽습니다. 그러나 나는 동방에서 사용한 매트리스는 아주 딱딱해서 병든 자를 위한 부드러운 침상은 오직 하나님만이 만드실 수 있었을 것이라고 생각합니다. 그래서 하나님은 "내가 그의 모든 침상을 만들어 주리라," 즉 매트리스, 베개, 이불을 포함한 모든 것을 만들어 줄 것이라는 이 은혜로운 약속을 주시는 것입니다: "내가 그를 돕고 위로하며 그로 인내하게 하리라. 내가 그에게 힘을 주어 나의 모든 뜻을 감당하게 하리라."

그러므로 환난 중에 있는 하나님의 사랑하는 성도들이여, 여기 여러분 모두에게 꼭 맞는 기도가 있습니다: "여호와여 내게 은혜를 베푸소서." 여러분의 형편이 아주 안 좋아졌다면, 하나님의 약속을 붙잡고서 이렇게 기도하십시오: "주께서 '그의 양식은 공급되고 그의 물은 끊어지지 아니하리라'(사 33:16)고 약속하셨사오니, 여호와여 내게 은혜를 베푸소서." 여러분의 살림살이가 팍팍해지고 있습니까? 성경에 "정직하게 행하는 자에게 좋은 것을 아끼지 아니하실 것임이니이다"(시 84:11)라고 기록된 것을 기억하시고 "여호와여 내게 은혜를 베푸소서"라고 부르짖으십시오. 이 기도는 하나님의 그 어떤 약속을 붙들든 그 뒤에 덧붙일 수 있는 아주 좋은 기도입니다.

물론, 이 자리에는 아직 구원 받지 못한 분들도 계시지만, 나는 그분들의 마음에도 "여호와여 내게 은혜를 베푸소서"라는 기도가 자리 잡았으면 좋겠습니다. 은혜를 얻을 때까지 이 기도를 계속하십시오. 매일 5분마다 여러분이 계시는 바로 그 곳에서 "여호와여 내게 은혜를 베푸소서 내게 은혜를 베푸소서 내게 은혜를 베푸소서"라는 기도에 맞춰 여러분의 심장이 박동하게 하십시오. 이 기도만큼 여러분의 입술에 잘 맞는 기도는 없습니다.

지금까지 나는 시편 기자의 기도 중에서 오직 절반에 대해서 말씀드렸습니다. 나머지 절반은 "나를 고치소서"입니다. 다윗은 "내 눈을 고치소서 내 발을 고치소서 내 심장을 고치소서 나의 병을 고치소서"라고 기도하는 것이 아니라, 이 모든 것의 뿌리로 곧장 직행해서 "내 영혼을 고치소서"(KJV)라고 기도합니다. 병든 자들이여, 여러분의 육신이 고침 받기보다는 여러분의 영혼이 고침 받기를 더 원하십시오. 다윗이 드린 이 나머지 절반의 기도는 무엇을 의미하는 것일까요?

무엇보다도 먼저 그것은 이런 것을 의미합니다: "여호와여, 내 영혼의 곤고함을 고치소서. 내 영혼이 무시무시한 질병으로 고통 받고 있고 너무나 비천해져 있습니다. '여호와여 내 영혼을 고치소서.' 나는 너무나 슬프고 심하게 놀라 있습니다. 두려움들이 내 눈앞을 지나가고, 내 영혼은 너무나 암울하고 의기소침해 있습니다. '여호와여 내 영혼을 고치소서.'" 하나님은 영혼을 고치실 수 있으신 유일한 분이시기 때문에, 여러분은 "여호와여, 내 영혼의 곤고함을 고치소서"라는 기도를 가지고 하나님께 나아가야 합니다.

또한, 그 기도는 "여호와여 죄에 물든 내 영혼을 고치소서"라는 간구이기도 합니다. 모든 죄는 또다른 죄를 낳습니다. 계속해서 죄를 지을 때 죄를 짓고자 하는 성향은 더욱 강해집니다. "'여호와여 내 영혼을 고치소서.' 내가 한때 술주정뱅이였다가 그 악한 일을 버렸다고 해도, 술에 대한 갈증이 종종 내게 찾아옵니다. 내 영혼을 그 질병에서 고치소서. 내가 전에 세상적인 사람이어서 불의한 이득을 취해 왔기 때문에, 기회가 있을 때마다 다시 그렇게 하고자 하는 성향이 내 안에서 강력하게 올라올 것입니다. '여호와여 내 영혼을 고치소서.' 전에 내가 내 마음에 드는 것들을 노래하고 보고 즐기며 욕망을 따라 살아 왔지만 이제 '여호와여 내 영혼을 고치셔서' 그런 것들을 잊게 해주소서." 죄 사함 받는 것과 오랜 세월 동안 지어온 죄의 열매로부터 건짐을 받는 것은 전혀 별개의 일입니다. 그렇지만 하나님은 그렇게 해주실 수 있으신 분이기 때문에, "여호와여 내게 은혜를 베푸셔서 나를 용서하시고, 내 영혼을 고치셔서 나를 거룩하게 하옵소서"라고 기도하십시오.

또한, 나는 다윗의 후반부 기도가 "죄를 짓고자 하는 성향으로부터 나를 고치소서"라는 의미일 것이라고 생각합니다. 그는 이렇게 말하는 것으로 보입니다: "여호와여, 내가 고침 받지 않는다면 또다시 범죄하게 될 것입니다. 내 속에는 악한 성향이 있고, 죄를 좋아하는 옛 본성이 있습니다. 주께서 내게서 이 병을 고쳐 주지 않으시면, 다시 내 삶 속에서 분출되어 내가 다시 범죄하게 될 것입니다." 사람이 외부적으로 범죄하는 것은 내면에 죄가 있기 때문입니다. 만약 우리 속에 죄가 없다면, 우리에게서 그 어떤 죄도 생겨나지 않을 것입니다. 그러나 우리 내면에 죄가 잠복해 있을 때가 종종 있습니다. 죄를 범하는 것이 좋은 일이라고 생각하는 사람이 없고, 결코 그렇게 생각할 수도 없을 것입니다. 그러나 사람은 시험을 받아 죄를 짓고 나서야 자기 속에 얼마나 어마어마한 죄가 늘 있어 왔는지를 깨닫게 됩니다. 이것은 병이 밖으로 표출되는 것과 비슷합니다. 만약 병이 내부에 있지 않았다면, 밖으로 표출되는 일도 없었을 것입니다. 하지만 밖으로 드러난 병이 아무리 심각한 것이라고 해도 그렇게 드러난 것은 좋은 것입니다. 왜냐하면, 병자는 그때에야 비로소 자기가 병에 걸린 줄을 알고 치료를 받아 건강하게 될 것이기 때문입니다. 다윗의 후반부 기도는 이런 의미입니다: "내가 주께 범죄하였사오니 내 영혼을 고치소서. 내가 다시 범죄하지 않도록 나를 고치소서."

2. 둘째로, 고백입니다.

"내가 주께 범죄하였사오니." 나는 단지 이 말을 내 입에 두어서 여러분에게 전하는 것에서 그치기를 원하지 않습니다. 나는 이 말을 아직 회심하지 않은 여러분의 입에 두어서 여러분으로 하여금 이 말을 하나님께 드릴 수 있게 하였으면 좋겠습니다. "내가 주께 범죄하였사오니"라는 고백이 무슨 의미인지를 잠깐 살펴보겠습니다.

첫째, 그것은 변명이 없는 고백입니다. 다윗은 "내가 주께 범죄하였사오나 어쩔 수 없었습니다" 또는 "내가 너무 심한 시험을 받았습니다" 또는 "온통 나를 시험하는 환경이었습니다"라고 말하지 않습니다. 어떤 사람이 자기가 지은 죄에 대해 정당한 변명을 할 수 있다고 생각한다면, 그 사람은 멸망 받게 되어 있는 사람일 것입니다. 그러나 어떤 사람이 자신의 죄에 대하여 감히 변명할 수 없고 변명의 여지가 없다고 생각한다면, 그 사람에게는 소망이 있습니다. "내가 주께 범죄하였사오니"는 변명이 없는 고백입니다.

또한, 이것은 그 어떤 단서나 조건도 붙지 않은 고백입니다. 다윗은 "여호와여 내가 어느 정도 범죄하긴 했지만, 그래도 부분적으로는 잘한 것도 있으니, 눈물로 참회하는 것으로 내 잘못을 덮어 주십시오"라고 말하지 않습니다. 정반대로, 다윗은 마치 자신의 인생 전체가 온통 하나님께 범죄한 것밖에 없다는 듯이 "내가 주께 범죄하였사오니"라고 말합니다. 그는 무릎을 꿇고 하나님께 단지 이렇게 고백합니다: "여호와여, 나는 나를 변호하거나 정당화할 것이 아무것도 없습니다. 그저 '내가 주께 범죄하였나이다.'"

또한, 이 고백 속에는 겉치레가 없다는 것도 주목하십시오. 어떤 사람이 "내가 범죄하였나이다"라고 말할 때, 우리는 그 사람의 태도를 보고서, 그가 하나님께 마음에도 없는 소리를 하고 있다는 것을 알 수 있습니다. 우리가 그 사람과 얘기를 하면, 그 사람은 "그럼요, 목사님, 우리는 모두 죄인이지요"라고 말합니다. 맞습니다. 우리는 자기가 모두 하나님의 모든 계명을 다 어긴 자로서 이 세상에서 가장 악한 자라고 말한 어떤 수도사 같이 모두 죄인입니다. 한 친구가 그 수도사에게 그가 첫 번째 계명을 범하였느냐고 물었답니다. 또 한 친구는 두 번째 계명과 관련해서 그렇게 물었고, 나머지 다른 친구들도 차례로 십계명과 관련해서 그렇게 물었답니다. 그러자 수도사는 각각의 질문에 대하여 계속해서 "아니, 나는 일생 동안 그 계명을 범한 적이 없어"라고 말했답니다. 친구들은 십계명 하나하나에 대하여 그렇게 물었고, 수도사는 자기가 그 중 한 계명도 어긴 적이 없다고 분명하게 선언하였습니다. 그런데도 수도사는 앞서 자기가 십계명 전부를 어겼다고 고백했었던 것입니다. 많은 사람들이 자기가 죄인이라고 말하지만, 실제로는 자기가 죄인이라고 생각하지 않습니다. 가짜 죄인은 오직 가짜 구주만을 갖게 될 것입니다. 다시 말하면, 하나님 앞에서 자신의 죄를 깨닫지 못하고 단지 죄인인 체하는 사람은 구주를 갖지 못할 것이라는 말입니다. 그리스도께서는 진짜 죄인들, 즉 자신의 죄가 진짜 죄라고 느끼는 사람들을 위해서 죽으셨습니다: "죄인은 거룩한 존재라네. 성령이 그에게 죄인임을 깨닫게 해주신 것이니까." 내가 행복하게도 자신을 진짜 죄인으로 여기는 사람을 만난다면, 나는 그 사람에게 주 예수 그리스도를 믿으라고 권하고, 그가 믿었을 때 진짜 구주를 만나서 그의 모든 죄가 구주의 보혈로 씻음을 받게 될 것을 기대하라고 말해줍니다.

나는 여러분에게 죄에 대한 다윗의 고백 속에는 그 어떤 겉치레도 없었다는 것을 주목하시라고 말씀드렸습니다. 왜냐하면, 다음 절에서 다윗은 "나의 원수가 내게 대하여 악담하기를"이라고 말하기 때문입니다. 다윗은 자기가 범하지도 않은 죄를 고백하고 있는 것이 아닙니다. 사람들이 자기에 대하여 악담했을 때, 다윗은 "그들이 내게 대하여 악담하였다"고 말하였습니다. 다윗이 자기가 너무나 악하다고 고백해 놓고서는, 어떻게 사람들이 자기에 대하여 악담한다고 말할 수 있습니까? 다윗은 이렇게 말하고 있는 것입니다: "내가 주께 범죄하였사오나, 그들이 얘기하는 그런 죄를 지은 것은 아닙니다. 나는 내가 하나님께 범죄하였다는 것을 시인하지만, 그들이 말하는 식으로 범죄한 것은 아닙니나. 그들이 고소하는 죄에 관한 한, 나는 무죄하고 깨끗합니다. 내가 고백하는 것은 하나님께 대하여 범죄하였다는 것입니다." 나는 죄를 고백할 때 마음은 전혀 그렇지 않으면서 말로만 자신의 죄를 과장되게 표현하여 자기가 죽일 죄인이라고 고백하는 것이 아니라, 분별력을 가지고서 오직 사실인 것만을 그대로 인정하고 고백하는 사람을 좋아합니다. 본문에 나오는 다윗의 고백이 그 뛰어난 본보기입니다. 그는 하나님의 은혜가 임할 때까지는 그 누구도 자기가 죄인임을 고백하지 못할 것임을 인정합니다: "내가 주께 범죄하였사오니." 시편 51편에 나오는 다윗의 고백을 들어 보십시오: "내가 주께만 범죄하여 주의 목전에 악을 행하였사오니"(시 51:4). 또한, 탕자의 고백을 들어 보십시오: "아버지 내가 하늘과 아버지께 죄를 지었사오니 지금부터는 아버지의 아들이라 일컬음을 감당하지 못하겠나이다"(눅 15:18-19). 죄의 본질은 그것이 하나님에 대한 죄라는 것입니다. 이웃에게 그 어떤 해를 끼치는 것은 잘못이지만, 결국 당신과 그 이웃은 크신 왕이자 만유의 주이신 분의 두 신민에 불과합니다. 하나님에 대하여 범죄하는 것은 대역죄이기 때문에, 사람들은 별 것 아니라고 생각하지만 하나님은 아주 큰 죄로 여기십니다. 사람들이 "아, 그건 사소한 잘못일 뿐이야"라고 말하는 저 영적인 죄, 즉 창조주를 잊어버리고 유일하신 구속주를 무시한 죄는 지옥의 불길을 불러오는 아주 무서운 죄이자 죄 중의 죄입니다. 어떤 사람이 죄를 고백할 때 "여호와여 내게 은혜를 베푸소서 내가 주께 범죄하였사오니 나를 고치소서"라는 다윗의 고백을 그 핵심으로 하고 있다면, 그것은 좋은 일이고 올바른 일입니다.

3. 셋째로, 탄원입니다.

그것은 아주 독특한 탄원입니다. 시편 기자의 기도 뒤에는 고백이 나오고, 이상한 것은 그 고백이 기도의 근거가 되고 있다는 것입니다. 본문을 다시 한 번 들어 보십시오: "내가 말하기를 여호와여 내게 은혜를 베푸소서 나를 고치소서." 왜? "내가 주께 범죄하였사오니."

이것은 깜짝 놀랄 정도로 아주 독특한 탄원 방식이지만, 사실은 유일하게 옳은 탄원 방식입니다. 이것은 자기의(自己義)가 있는 사람은 결코 드릴 수 없는 그런 탄원입니다. 바리새인은 다음과 같은 논조로 기도했습니다: "여호와여, 내가 순종하였고 주의 율법을 지켰사오니 내게 은혜를 베푸소서." 아, 자기의로 가득한 어리석은 자여! 당신은 자기 손으로 은혜가 들어올 문을 닫아걸고 있다는 것을 알지 못합니까? 당신은 사실상 "내게는 그 어떤 은혜도 필요하지 않으니 내게 은혜를 베풀지 마소서"라고 말한 것입니다. 이것이 당신이 실제로 기도한 내용입니다. 그러므로 당신이 말로 표현한 기도는 당신이 실제로 기도한 내용과 정반대입니다. 당신이 어릴 때부터 율법을 지켜 순종해 와서 너무나 선하다면, 당신에게는 하나님으로부터 그 어떤 은혜도 받을 필요가 없습니다. 그런데도 왜 당신은 하나님의 은혜를 구하고 있는 것입니까? 자기가 아주 올바른 삶을 살고 있어서 존경과 상을 받을 만한 사람이기 때문에 그 누구보다도 선한 사람이라고 생각하는 자는 하나님 앞에 무릎을 꿇고서 "내가 주께 범죄하였사오니 내게 은혜를 베푸소서"라고 부르짖을 수 없습니다. 반대로, 그런 사람은 이렇게 기도할 것입니다: "나는 아주 존경 받을 만한 사람이니 내게 은혜를 주소서. 나는 누구에게나 빚진 것이 있으면 남김없이 다 지불하고, 내 가족도 아주 훌륭하게 부양해 왔으니 내게 은혜를 주소서." 다시 한 번 말하지만, 그런 사람은 자비를 구하고 나서는 이렇게 말하는 사람입니다: "내게는 자비 같은 것이 필요없습니다. 하나님이여, 내게 당신의 자비를 주소서. 그러나 나는 길거리에서 굽실거리는 불쌍한 거지가 아닙니다. 나는 그 누구 못지않게 유복한 자입니다." 거지 외에는 그 누구도 사람들에게 구걸하지 않듯이, 죄를 깨달은 자 외에는 그 누구도 하나님의 자비를 구걸하지 않습니다. 당신이 죄인이 아니라면, 구주이신 그리스도는 당신과 아무 상관이 없습니다. 그리스도께서는 죄인들을 구원하시기 위하여 세상에 오셨습니다. 당신 같이 스스로를 의롭다고 여기는 자들에 대하여 그리스도께서는 이렇게 말씀하십니다: "나는 의인을 부르러 온 것이 아니요 죄인을 부르리 왔노라"(마 9:13). 마리아는 "주리는 자를 좋은 것으로 배불리셨으며 부자는 빈 손으로 보내셨도다"(눅 1:53)라고 노래했습니다. 자기는 가진 것이 많아서 그 누구의 도움도 필요 없다고 하는 사람들은 스스로 자급자족하도록 내버려 두십시오.

따라서 이것은 자기의로 가득한 사람이 드릴 수 없는 그런 종류의 탄원입니다. 또한, 이것은 육신을 따라 생각하는 자가 결코 드릴 수 없는 그런 탄원입니다. 왜냐하면, 그런 사람은 육신적으로 생각할 때에 이런 탄원이 이치나 논리에 맞다고 생각할 수 없기 때문입니다. 그는 이렇게 생각합니다: "내가 범죄했다는 것을 근거로 삼아서, 하나님께 은혜를 구하고 나의 영혼을 고쳐 주시라고 호소한단 말인가? 그건 말도 되지 않아." 그러나 그리스도의 학교에 다니면서 십자가의 논리를 배워 온 사람은 그것만큼 강력한 논서가 없다는 것을 압니다: "여호와여, 내가 범죄하였사오니 내게는 은혜가 필요하나이다. 여호와여, 내게 은혜를 주소서. 내가 범죄하였기 때문에, 주께 그 어떤 것을 기대할 권리가 내게는 전혀 없나이다. 그러므로 주의 풍성하신 은혜를 거저 값없이 무조건적으로 주셔서 자신을 영화롭게 하옵소서. 여호와여, 내가 범죄하였고, 이 범죄가 나를 파괴하였나이다. 나를 불쌍히 여겨 주옵소서. 이 범죄는 내 영혼 안에 있는 치명적인 병과 같나이다. 그러므로 위대한 의사이신 주께서 오셔서 나를 고치소서. 이 범죄가 나를 죽였사오니 나를 다시 살리소서. 이 범죄가 내게 저주를 가져다주었사오니 오셔서 나를 구원하소서."

이것은 최고의 탄원입니다. 그리고 이것은 결국에는 사람이 사람에 대해서도 공통적으로 사용할 수 있는 탄원입니다. 어떤 사람이 내게 와서 사정을 할 때, 그 사람이 무엇이라고 말하겠습니까? 장담컨대, 십중팔구 그 사람은 내게 진실이 아닌 것을 말할 것입니다. 나는 다음과 같이 탄원하며 사정하는 사람은 본 적이 없습니다: "목사님, 나는 그렇게 많은 도움이 필요하지 않기 때문에 목사님이 나를 도와주셨으면 합니다. 내 형편은 그렇게 나쁘지 않고, 내가 필요로 하는 것들은 이미 내게 있습니다. 그러나 나는 이렇게 사정하는 것이 고상한 일이기 때문에 이렇게 해야 하겠다고 생각했습니다." 여러분도 어떤 사람이 찾아와서 그런 식으로 사정하는 것을 들어보신 적이 없을 것입니다. 어떤 사람이 내게 맨발로 찾아와서 구걸했을 때, 내가 그 사람에게 아주 좋은 가죽 구두 한 켤레를 준 일이 기억이 납니다. 그 구두는 거의 새것이나 다름없었지만, 나는 그 사람에게 그 구두가 필요할 것이라고 생각했습니다. 그 사람은 그 구두를 신었지만, 그 구두를 신고 구걸하러 다닐 정도로 어리석지 않았기 때문에, 대문을 나서자마자 구두를 벗었고, 내가 10분 후에 다시 그를 만났을 때는 다른 사람에게 그 구두를 팔기 위해서 어깨에 걸치고 있었습니다. 그 사람은 거지 노릇을 하려면 누더기 옷을 걸쳐야 한다는 것을 알고 있었습니다. 자기가 거지라는 직업에서 성공을 거두고자 한다면, 더 더럽고 헌 옷을 입어야 자기에게 더 좋다는 것을 알고 있었습니다. 왜냐하면, 거지는 우리의 동정심에 호소하는 것이기 때문입니다. 어쨌든 그것이 하나님 앞에 나아가서 탄원하는 방식입니다. 말쑥하게 차려입고 하나님 앞으로 나아가서 "여호와여, 보시다시피 나는 꽤 말쑥하지만, 내게 은혜를 베푸소서"라고 말하지 마시기 바랍니다. 반대로, 누더기를 걸치고 나아가십시오. 온갖 죄와 더러움과 연약함과 가난함과 보잘것없음 속에 있는 당신의 모습 그대로를 가지고서 나아가십시오. 그리고 하나님의 불쌍히 여기시는 마음에 호소하여 은혜를 주시라고 탄원하십시오. 나는 지금 아주 건전한 상식을 말하고 있습니다. 전투가 벌어졌고, 내가 병사로 그 전투에 참가하여 싸우다가 부상을 입고 들판에 누워 있다고 생각해 보십시오. 의사와 간호사들이 구급차를 타고 도움이 필요한 사람이 있는지를 살펴보기 위해서 이리저리 다니고 있다고 합시다. 그들이 내게 왔을 때, 나는 "의사 선생님, 내가 총탄에 맞았지만, 그리 깊게 박히지는 않았고 괜찮으니 나를 여기에 그냥 내버려 두십시오"라고 말하지 않을 것입니다. 나는 결코 그렇게 말하지 않을 것입니다. 반대로, 나는 이렇게 말할 것입니다: "의사 선생님, 총탄이 심장 가까이에 박혀서 염려가 됩니다. 나를 신속히 후송해서 내 상처를 빨리 봐주십시오. 그렇지 않으면 나는 곧 죽게 될지 모릅니다." 나는 분명히 나의 실제 상태보다 내가 더 나은 것처럼 위장하는 것이 아니라, 즉시 내 상처를 살펴주기를 바랄 것입니다.

어떤 사람이 자기의의 온갖 더러운 누더기를 걸치고 있는 죄인으로서의 자신의 모습을 보면서도 스스로를 위로하며 "여호와여, 내게 큰 문제가 있다고 생각되지 않습니다"라고 말한다면, 그것처럼 어리석은 일이 어디 있겠습니까? 당신이 그것을 알았다면, 당신의 머리 전체는 병들어 있고 당신의 마음 전체는 기진맥진해 있는 것입니다. 당신은 발끝부터 머리끝까지 상처와 맞힌 것과 곪은 것으로 뒤덮여 있는 것입니다. 당신과 죽음 사이의 간격은 단지 한 걸음만 남아 있을 뿐입니다. 만약 당신이 예수 그리스도의 보혈로 씻음을 받은 적이 없다면,

당신과 지옥 사이의 간격은 단지 한 걸음밖에 남아 있지 않습니다. 그러므로 당신은 거짓말하고 위장하려 해서는 안 됩니다. 이세벨처럼 자신의 치장하려 하지 마십시오. 왜냐하면, 그런 식으로 해보아야 당신은 하나님 앞에서 자신을 아름답게 보이게 할 수 없습니다. 당신은 당신을 뒤덮고 있는 모든 주름진 것들, 더러운 것들, 무시무시하고 소름끼치는 모든 것들을 가지고 하나님 앞에 나아가서 이렇게 말해야 합니다: "여호와여, 내게는 아름다운 것이나 공로가 될 만한 것이 없고, 나의 죄악 외에는 드릴 말씀이 아무것도 없나이다. '내가 주께 범죄하였사오니 나를 고치소서.'" 그럴 때에 당신은 구원을 받게 될 것입니다. 어떤 사람이 자기가 하나님께 막대하게 빚진 것 중에서 단 한 푼도 갚을 수 없다는 것을 시인하고 그렇게 말할 때, 그 사람의 모든 빚은 다 탕감을 받게 될 것입니다. 그러나 그 사람이 타협안을 내놓으면서, 자기가 하나님의 공의에 대하여 빚진 모든 것을 갚으려고 최선을 다하겠다고 약속하고, 나머지는 예수 그리스도께서 갚아 주실 것이라고 말한다면, 그에게는 아무런 소망도 없습니다.

　　주 예수 그리스도는 당신에게 모자란 것을 부분적으로 벌충해 주는 그런 분이 아닙니다. 당신은 당신 자신을 아주 중요한 존재로 여기고서, 당신의 아름다운 자기의(自己義)로 대부분의 것을 해결할 수 있고, 그리스도는 단지 당신에게 부족한 약간의 것만을 채워 주시면 된다고 생각하는 것입니까? 당신과 그리스도는 합작회사를 하고 있고, 거기에서 당신은 대표이사이고 그리스도는 조금 비중 있는 주주 정도로 당신은 생각하고 있는 것입니까? 그리스도께서는 결코 그렇게 하지 않으실 것입니다. 당신이 그런 식으로 당신과 그리스도를 한데 엮는 것은 그리스도를 욕되게 하는 것입니다. 당신이 그리스도께서 당신을 구원하시는 데 힘을 보태겠다고 생각하는 것은 각다귀가 천사장에게 힘을 보태겠다고 하는 것과 똑같습니다. 거름더미에서 뒹굴 때 입던 더러운 누더기 옷을 왕이나 여왕의 황금 옷과 함께 취급하는 것은 용납될 수 없는 일입니다. 그리스도께서는 당신에게 모든 것이 되시든지 아니면 아무것도 되지 않으시든지 둘 중의 하나가 되실 것입니다. 당신은 오로지 은혜로 말미암아 구원 받아야 합니다. 그렇지 않는다면, 당신은 결코 구원을 받을 수 없습니다. 하나님의 은혜의 역사들이나 기록들에는 자기의(自己義)의 지문 흔적조차 있어서는 안 됩니다. 그것은 모두 은혜로 이루어져야 합니다: "만일 은혜로 된 것이면 행위로 말미암지 않음이니 그렇지 않으면 은혜가 은혜 되지 못하느니라"(롬 11:6). 기름이 물과 섞일 수 없고 불이 바다 밑에서 탈 수 없는 것과 마찬가지로, 우리의 소망의 근거로서 은혜와 자기의는 서로 섞일 수 없습니다. 당신은 당신 자신의 공로로 구원을 받을 수 없습니다. 그러므로 여러분이 하나님께 기도하시기를 간곡하게 부탁드립니다: "여호와여, 주는 죄인들에게 은혜를 베푸시는 자이시니 내게 은혜를 베푸소서. 나를 용서하소서. 여기 죄인이 있나이다. 주께서는 병든 자들을 고치시오니, 여기 병든 자가 있나이다. 여호와여, 내게 은혜를 주셔서 주를 의지하게 하옵소서. 내 죄와 내 병든 영혼을 주의 발 앞에 내려놓나이다. 여호와여, 나를 구원하소서."

당신이 예수를 믿고 의지한다면, 모든 것이 다 된 것입니다. 당신은 구원을 받았습니다. 나는 오늘 예배를 위해 이 전에 들어오다가 한 젊은 형제가 교회로 들어오는 것을 보았는데, 그는 지난 주일에 아침 설교가 끝난 후에 내게 와서 "목사님, 내가 구원 받았고, 내가 누구인지 알았습니다"라고 말했던 바로 그 형제였습니다. 나도 그 형제에게 말하면서 그의 말이 진실이라고 생각하였습니다. 하나님의 은혜로 구원 받아서 저 복된 상태에 있게 된 사람이 어찌 그 형제뿐이겠습니까? 많은 사람들이 그리스도를 믿지 않는다면, 설교가 무슨 필요가 있겠으며, 이 많은 사람들이 모여왔다가 다시 흩어지는 일이 반복될 필요가 어디 있겠습니까? 예수를 바라보시고 구원 받으십시오. 여러분이 바라보시기만 한다면, 지금 즉시 구원을 얻게 될 것입니다. 여러분을 이끄셔서 바로 이 순간에 그렇게 하게 해주실 하나님께 영원토록 찬송을 드립니다! 아멘.

제
46
장
—

갈급한 사슴

—

"하나님이여 사슴이 시냇물을 찾기에 갈급함 같이 내 영혼
이 주를 찾기에 갈급하니이다." — 시 42:1

이러한 마음 상태 속에는 안타깝고 유감스러운 점이 있습니다. 왜냐하면, 시편 기자가 하나님과 끊임없는 교제를 유지하고 있었더라면, 이렇게 하나님을 찾기에 갈급한 것이 아니라 도리어 하나님과의 교제를 누리고 있었을 것이기 때문입니다. 우리는 종종 하나님의 얼굴빛을 쬐지만 늘 그런 식으로 살아갈 수 없다는 것은 깊이 통탄해야 할 일입니다. 왜 우리는 어그러진 길로 가서 방황합니까? 왜 우리는 성령을 근심하게 합니까? 왜 우리는 우리의 최고의 기쁨이 되시는 하나님으로부터 멀리하는 것입니까? 왜 우리는 하나님의 화를 돋우어 질투하시게 하고, 하나님의 진노하심을 따라 스스로 어둠 속에서 헤매며 고적한 마음으로 탄식하는 일을 자초하는 것입니까? 살아 계신 하나님을 멀리하고 떠나는 데에는 불신앙의 악한 마음이 많이 작용합니다. 그러므로 본문이 딱 우리의 심정이라면, 그것은 그렇게 기뻐할 일이 아닙니다. 왜냐하면, 사슴이 시냇물을 찾기에 갈급함 같이 하나님을 찾기에 갈급한 것은 분명히 하나님의 은혜를 입고 있음을 보여주는 징후이기는 하지만, 우리가 늘 소유하려고 애써야 하는 특권을 상실해서 더 많은 은혜를 구할 필요가 있음을 보여주는 징후이기도 하기 때문입니다. 그것은 우리가 신령한 일들에서 얼마든지 부요할 수 있었는데도 실제로는 가난하다는 것을 보여주는 것입니다. 그것은 우리가 얼마든지 큰 물병을 벌컥벌

켜 마실 수 있었는데도 실제로는 목말라 하고 있다는 것을 보여주는 것입니다. 하지만 동시에 본문에 표현된 소원 속에는 칭찬할 만한 점도 아주 많이 있는데, 그것은 시편 기자의 마음속에서 타오르는 만족할 줄 모르는 소원입니다. 이 소원은 위로부터 점화된 하늘의 불꽃입니다. 내가 하나님과 친밀하고 가까운 교제 가운데 있지 않다면, 적어도 차선책은 하나님을 발견할 때까지 이루 말할 수 없이 비참한 상태에 있는 것입니다. 내가 하나님의 연회 자리에 앉아 있지 않을 때에 하나님의 의에 주리고 목말라 한다면, 그것은 복된 일입니다. 나의 사랑하는 이가 내 품안에 있지 않을 때, 내가 그런 상태에 만족하지 않고 탄식하고 울며 그를 부지런히 찾아다닌다면, 그것은 내가 그를 사랑한다는 것을 보여주는 증거이기 때문에, 머지않아 내 영혼의 기쁨인 그를 반드시 만나게 될 것입니다. 따라서 본문의 날실과 씨줄은 서로 다른 색깔로 되어 있습니다. 죄와 은혜가 섞여 있습니다. 포도주이긴 한데 물이 섞인 포도주입니다. 은 속에 다른 합금이 섞여 있긴 하지만 은이라는 것은 분명합니다. 다윗은 오직 신자만이 할 수 있는 그런 탄식을 합니다. 그러나 만약 그가 죄인이 되지 않았더라면, 그런 탄식을 할 필요가 없었을 것입니다. 형제들이여, 그런 선과 그런 악이 여러분 속에 있습니다. 잘 헤아리고 살핀 후에, 악은 제거해 주시고 선은 더 풍성하게 해주시라고 성령께 기도하십시오.

1. 첫째로, 소원의 대상입니다.

우리는 본문으로 바로 들어가서 우선 먼저 시편 기자가 여기에서 묘사하고 있는 소원의 대상에 대해서 살펴보고자 합니다. 사슴은 시냇물을 찾기에 갈급하고, 다윗은 자신의 하나님, 살아 계신 하나님을 찾기에 갈급합니다. 나는 다윗이 자신의 보좌를 잃어버린 것에 대하여 애석해하는 말을 단 한 마디도 하지 않는 것을 봅니다. 아마도 다윗은 자신의 배은망덕한 아들 압살롬에 의해서 고국으로부터 쫓겨난 후에 이 시편을 썼을 것입니다. 그러나 그는 "내 영혼이 내 왕권과 유다 나라의 영화를 찾기에 갈급하나이다"라고 말하지 않습니다. 그런 말은 단 한 마디도 없습니다. 다윗은 그런 하찮은 것들에는 그 어떤 미련도 없습니다. 그는 그런 불편한 부귀영화에는 관심이 없고, 오직 하나님만 만날 수 있다면 그런 것들은 영원히 다 사라져도 아무렇지 않습니다. 알곡을 가지려면 쭉정이는 버려야 합니다. 다윗은 심지어 자신의 가정에 대해서 일언반구가 없습니다. 그렇지만 그는 사랑이 많은 인물이어서 자신의 가족이 복을 받는 것을 기뻐하는 그런 사람이었습니다. 그런데도 다윗은 여기에서 자신의 궁정이나 뜰이나 곳간에 대해서는 단 한 마디도 없고, 심지어 자신의 자녀들을 위해서 탄식하지도 않습니다. 그는 하나님의 집에서 추방당하지만 않는다면 자기 집에서 추방당한다고 해도 슬퍼하지 않을 것입니다. 그의 거처는 하나님이었기 때문에, 그가 지존자의 은밀한 곳에 거할 수만 있다면, 그는 온전한 기쁨을 누릴 수 있었습니다. 또한, 그는 자기가 사랑했던 고국에 대해서도 일언반구가 없습니다.

다윗은 애국자 중의 애국자였지만, 예루살렘을 위해서 탄식하지 않습니다. 그는 베들레헴의 우물을 그리워하지 않았고, 샤론의 장미나 골짜기의 백합화로 인하여 탄식하지도 않았으며, 갈멜의 아름다움이나 레바논의 영광을 보고 싶다고 부르짖지도 않았습니다. 그의 유일한 탄식의 내상은 그의 생명의 하나님, 그의 놀라운 기쁨이신 하나님뿐이었습니다. 그의 생각은 자기가 언제 하나님 앞에 나아가 그 얼굴을 뵈올 수 있을까, 언제 무리와 함께 안식일을 지킬 수 있게 될까에 온통 가 있었습니다. 이 한 가지 근심은 거대한 격류처럼 온갖 작은 물줄기들을 다 휩쓸고 삼켜서 그 거센 물결 속으로 흡수해 버렸습니다. 눈덩이가 산에서 내려오면서 많은 눈들을 흡착하여 거대한 산사태를 만들어 내듯이, 다윗의 이 한 가지 소원은 그에게 있던 다른 온갖 격렬한 감정과 힘들을 다 흡착한 것입니다. "내 하나님, 내 하나님" ― 다윗은 자신의 하나님 없이는 살 수가 없었습니다. 길을 잃은 어린아이가 울며불며 아버지를 찾듯이, 다윗은 그렇게 울며불며 하나님을 찾았습니다. 그는 길을 잃고 우는 어린아이처럼 아버지를 만나기 전에는 결코 만족하지 못할 것입니다.

다윗은 하나님의 은혜의 방편을 다시 누리고 싶은 마음이 간절했습니다. 그는 다시 예루살렘에 있는 성막으로 올라가고 싶은 마음이 간절했습니다. 그는 제사장들이 희생제사를 드리는 것을 보고 싶었고, 스스로 하나님의 제단에 오르고 싶었습니다. 그러나 사랑하는 자들이여, 그는 외적인 예배에 마음을 쓰거나 그 상징적인 화려하고 웅장함에 대하여 상세히 말하고 있지 않다는 것을 주목하십시오. 옛적의 제사장이 바깥뜰을 지나쳤듯이, 그는 그런 모든 것들을 그냥 지나칩니다. 오직 안뜰만이 그에게 만족을 가져다줄 것입니다. 그는 껍질 속을 뚫어보고 안에 있는 핵심적인 내용물을 원합니다. 육신에 속한 규례들은 그를 만족시킬 수 없습니다. 그는 신령한 삶과 실체를 가져야 합니다. 그는 희생제사가 아니라 하나님을 사모하고, 제사장이나 제단이나 성막이 아니라 하나님을 찾아 부르짖습니다. 그는 오늘날의 신앙인들이 배우지 못한 것, 즉 외적인 것은 아무 것도 아니고 내적인 것이 모든 것임을 배워서 알고 있었습니다. "하나님의 나라 는 너희 안에 있느니라"(눅 17:21). 하나님의 나라는 먹는 것이나 마시는 것이나 외적인 예배에 있지 않습니다. 당신이 경배하는 하나님은 당신의 말이나, 무릎 꿇고 드리는 궤배(跪拜)를 기뻐하시는 것이 아닙니다. 하나님은 당신의 외적인 표현이나 외적으로 지키는 규례를 기뻐하시는 것이 아닙니다. 당신이 오직 이 모든 것을 다 그냥 지나쳐서, 비밀한 생명을 지닌 자로서 그 생명의 능력으로 눈 에 보이지 않는 영원히 살아 계시는 하나님께로 나아가서 그와 교제하며 대화하 고 당신의 영으로 성령과 얘기할 때, 하나님은 당신을 기뻐하십니다. 이것이 다 윗이 그토록 갈망하던 것입니다. 그는 자신의 보좌, 집, 고국, 심지어 은혜의 외 적인 방편들 자체가 아니라 오직 자신의 하나님을 찾기에 갈급했습니다. 그의 부르짖음은 "내가 어느 때에 나아가서 하나님의 얼굴을 뵈올까"(2절) 하는 것이 었습니다.

시편 기자의 갈망은 구체적으로 다음과 같은 것들로 이루어져 있었던 것 같 습니다. 그는 하나님 앞에 나아가서 그 얼굴을 뵈옵고자 했습니다. 그러니까 그 는 무리가 함께 모여 드리는 예배에 진심으로 함께 하기를 바랐던 것입니다. 그는 혼 자서도 예배를 드릴 수 있었지만, 사람들과 함께 공감하는 것은 인간의 마음에 큰 힘을 발휘하기 때문에, 믿음의 형제들과 함께 예배를 드리는 것은 우리의 경 건 생활에 큰 도움이 됩니다. 게다가, 당시는 모형들의 시대였기 때문에, 예루살 렘이라는 오직 한 곳만이 하나님이 정하신 거룩한 곳이어서, 모든 경건한 이스 라엘 사람들은 예배를 드리러 바로 그 거룩한 성소로 올라가야 했습니다. 다윗 은 성막 문에서 무리들이 큰 소리로 "그의 인자하심이 영원하다"(시 118:3)고 외 치는 소리가 위로 올라갔던 때를 기억하였습니다. 고독하게 있는 그에게는 무리 들이 저 영광스러운 할렐루야 찬송을 합창하는 소리가 자신의 귀에 들려오는 듯 해서, 그는 자기도 바로 그 자리에 있어서 후렴구를 소리 높여 부르고 싶은 마음 이 뼈에 사무쳤습니다. 하지만 그는 단지 그 자리에 있는 것으로 만족할 수 있다 고 말하는 것이 아니라, 자기가 그 무리와 함께 있을 때에 자신의 온 마음을 드려 서 예배를 드릴 수 있을 것이라고 생각하였기 때문에 그렇게 말하고 있는 것입 니다. 형제들이여, 여러분과 내가 생생한 영성을 잠시 잃어버렸을 때에 다시 그 영성을 회복해서 활기찬 경건함으로 하나님의 백성과 함께 예배드릴 수 있게 되기를 바라는 마음이 우리 속에서 얼마나 간절해집니까! 그러니 우리가 이 자리에 있어서 우리의 사랑하는 이에게 찬송을 드릴 수 있다는 것이 얼마나 복된 일인지 모릅니다. 우리가 회중과 더불어서 무릎을 꿇고서, 천사를 꽉 붙잡고 우리를 축복해 주지 않으면 놓아주지 않겠다고 말하며 다 함께 간구할 수 있다는 것이 얼마나 복된 일인지 모릅니다. 당신이 이 많은 수의 회중과 더불어서 강단에서 선포되는 하나님의 말씀을 경청하다가 그 중 어떤 말씀이 꿀처럼 달콤하게 바로 당신에게 들려올 때, 그것은 얼마나 즐겁고 기쁜 일입니까? 내가 회중을 위해 마련된 볏단들 중에서 내 몫으로 남겨진 한 줌의 이삭을 그 날의 양식의 일부로 겸손히 감사하는 마음으로 집으로 가지고 돌아갈 수 있을 때, 또 그것은 얼마나 큰 기쁨입니까? 사랑하는 자들이여, 그렇지 않습니까? 지금 여러분이 이전과 달리 하나님의 전에서 드리는 예배를 제대로 누리지 못하는 그런 마음 상태로 떨어졌다면, 나는 여러분에게 하나님께서 다윗에게 주셨던 그런 강렬한 소원을 여러분에게도 주셔서 또다시 진실한 마음으로 하나님을 뵈옵기를 원하게 되도록 해주시기를 구하라고 권하고 싶습니다. 왜냐하면, 여러분은 단지 하나님의 전에 왔다는 사실만으로 만족해서는 안 되기 때문입니다. 여러분의 갈급함은 사슴의 갈급함 같아야 합니다. 즉, 사슴이 다른 것이 아니라 바로 시냇물을 찾기에 갈급한 것 같이, 여러분이 찾기에 갈급해 해야 할 것은 다른 것이 아닌 오직 하나님, 하나님이 되어야 한다는 것입니다. 물론, 외적인 의식(儀式)들이 우리에게 유익을 준다고 느껴질 때에나, 우리가 한동안 하나님의 교회로부터 추방되어 있었다거나, 질병이나 그 밖의 다른 이유로 예배에 참석할 수 없었다거나, 아무런 은혜도 없는 곳에서 앉아 있을 수밖에 없었다거나 할 때에는 그 의식들을 사모하는 것은 옳은 일입니다. 그러므로 우리가 우리의 사랑하는 사람들을 둘러싸고 있는 담들을 사모하여 탄식하는 것은 당연한 일입니다. 나는 프랑스와 스위스, 이탈리아에서 종종 이 본문의 힘을 느끼곤 했습니다: "하나님이여 사슴이 시냇물을 찾기에 갈급함 같이 내 영혼이 주를 찾기에 갈급하니이다." 그래서 나는 이렇게 노래했습니다:

> "은혜의 하나님이여, 그 곳이 당신의 전이라면
>   가장 비천한 자리도 내게는 좋으리.

아무리 편안한 장막이거나 권능의 보좌라도
내 발이 주의 전의 문에서 떠나도록 유혹하지 못하리."

또한, 다윗의 소원 속에는 자기가 하나님의 사랑을 받고 있다는 것을 확인받고 싶어 하는 마음도 있었습니다. 그는 하나님이 자기를 사랑하신다는 것을 알고 있었습니다. 그는 이 시편에서 서너 번에 걸쳐서 신앙이 견고한 사람처럼 말합니다. "나는 그가 나타나 도우심으로 말미암아 내 하나님을 여전히 찬송하리로다"(11절). 어떤 사람이 그리스도 안에 자신의 분깃이 있다는 것을 알면서도, 지금 그것으로부터 거의 위로를 받고 있지 못할 때에는 그것에 대하여 의구심을 가질 수도 있습니다. 그러나 우리가 믿어 온 분을 알고, 우리가 그에게 맡긴 것을 그가 지킬 수 있으시다는 것을 확신할 때, 그것은 얼마나 큰 기쁨이겠습니까! 우리에 대한 하나님의 영원하시고 한이 없으시고 변치 않으시는 사랑이 우리 자신의 존재만큼이나 더 이상 의문의 여지가 없게 될 때, 우리가 자신 있는 목소리로 "내 아버지 하나님"이라고 말할 수 있을 때, 그것은 인생의 꽃입니다. 사슴이 시냇물을 찾기에 갈급함 같이, 우리도 우리가 성령의 오류 없는 증언을 통해서 분명히 우리가 하나님의 사랑 안에 있다는 것, 우리의 이름이 생명책에 기록되어 있다는 것, 우리 자신이 영원하신 아버지께 영원토록 사랑스럽고 하나님이 낳으신 가족 명부에 등재되어 있다는 것을 늘 알 수 있게 되기를 갈급해해야 합니다. 그런 것들을 늘 알고 있는 사람들은 얼마나 행복하겠습니까! 사랑하는 친구여, 당신이 지금 이 시간에 그런 것들을 알고 있지 못하다면, 온 힘을 다해서 미친 듯이 그런 것들을 알게 해 달라고 구하십시오. 당신이 예수를 의지해서 그런 것들을 알게 될 때까지 구하고 구하십시오.

그러나 다윗의 소원은 그런 것 이상이었습니다. 우리가 지금까지 말했듯이, 다윗은 하나님을 진심으로 예배하고자 했고, 하나님의 사랑에 대한 확신을 가지게 되기를 바랐을 뿐만 아니라, 자신의 마음이 그 사랑으로 충만하게 되기를 갈망하였습니다. 사랑하는 자들이여, 여러분은 하나님의 사랑이 우리 마음에 부어지는 것이 무엇을 의미하는지를 압니다. 그것은 단지 하나님이 우리를 사랑하신다는 믿음에서 그치는 것이 아니라, 우리에게 주어진 성령으로 인하여 하나님의 사랑이 우리의 마음을 가득 채우고 있음을 느끼는 것입니다. 이것은 얼마나 큰 기쁨입니까! 하나님의 사랑이 우리의 마음을 가득 채워서 차고 넘쳐서, 종종 우리든 우리가 몸 안에 있는지 몸 밖에 있는지 분별하지 못하게 됩니다. 하나님의 사랑은 종종 기쁨으로 신자를 압도합니다. 그럴 때에 신자는 영광으로 인하여 기절할 것 같고 사랑의 열병을 앓습니다. 여러분은 마치 자신이 천국의 가장자리에 거하여 영광의 삶과 현세의 삶의 경계선에 서서 에스골의 포도송이를 맛보고 혼인잔치에서 수정잔으로 마시는 것 같은 느낌을 가져 본 적이 있습니까? 사랑하는 자들이여, 이 하늘 아래에서는 장차 있을 기쁨의 전조로서 성령으로 인하여 천국 잔치를 미리 맛보는 것만한 지극한 복은 없습니다. 사랑하는 자들이여, 우리가 아버지 하나님 및 그 아들 예수 그리스도와 실제적인 교제를 갖게 될 때, 하나님은 우리의 기쁨에 인자하심이라는 화관을 씌워 주십니다. 우리의 영혼 속에는 생명의 강이 흘러서, 모든 생각이 힘 있고, 모든 능력이 성령에 감동되어 있으며, 모든 열정이 고귀해집니다. 우리의 존재 전제가 하나님의 모든 충만하심으로 충만해집니다:

> "하나님의 심연 속에 빠져서
> 그 무한한 깊이 속에 잠기네."

하나님의 교제 안에 머무는 것이 우리의 일상생활이 되어야 합니다. 하나님의 사랑을 누리는 것이 어제의 일이거나 오늘의 일이 아니라 모든 날의 일이어야 합니다. 우리는 에녹처럼 영원토록 하나님과 동행하여야 합니다. 이 거룩한 기쁨이 우리에게서 한동안 떠나갔다면, 우리는 본문에 나오는 기도처럼 "하나님이여 사슴이 시냇물을 찾기에 갈급함 같이 내 영혼이 주를 찾기에 갈급하니이다"라고 끊임없이 끈질기게 기도하여야 합니다.

사랑하는 자들이여, 오늘 아침 이 자리에는 예전에 아주 활기차고 생기 있는 그리스도인으로서 신령한 삶에서 큰 진보를 이루었지만, 지금은 안타깝게도 자기가 너무나 둔해지고 무거워져 있는 것을 느끼고서 자신의 그런 모습에 불안해하는 분들이 있을 것입니다. 나는 그분들이 그런 불안감을 느끼는 것에 대하여 하나님께 감사합니다. 나는 그 불안의 파도가 여러분 속에서 더욱 높아져서 여러분을 그 활기찼던 예전의 위치로 몰아가고, 여러분이 큰 기쁨과 평안을 누렸던 바로 그 자리로 몰아가기를 빕니다. 나는 여러분의 경험이 무엇인지를 안다고 생각합니다. 나 자신도 그것을 경험하였기 때문에 나는 그것을 너무 잘 압

니다:

> "우리는 한때 얼마나 평화로운 시간들을 누렸었던가.
> 그 기억이 지금도 여전히 생생하다네.
> 그러나 그 시간들이 남긴 것은
> 세상이 결코 채워줄 수 없는 아픈 공허감이라네."

당시에 우리는 예수를 이제 막 발견하여서, 예수에 대하여 잘 알지도 못했지만, 그 사랑하는 이름을 사람들에게 아주 잘 전했습니다. 그러나 지금은 안타깝게도 예수를 존귀하게 해드리는 말을 한 마디도 하지 못하고 가엾은 영혼을 단 한 명도 예수께 데려오지 못한 채 하루하루가 지나갑니다. 그때에 하나님의 전에서 드리는 예배는 이루 말할 수 없이 큰 기쁨이었습니다. 우리는 주일이 지나가지 않기를 바랐고, 주일이 끝났을 때에는 다음 주일이 와서 하나님의 성도들을 만나게 되기만을 손꼽아 기다렸습니다. 그러나 우리가 지금은 "문짝이 돌쩌귀를 따라서 도는 것 같이"(잠 26:14) 교회만 왔다 갔다 합니다. 우리는 예배의 우물에서 물을 퍼 올리지 못합니다. 우리가 하나님을 위해 많은 일을 했던 때가 있었고, 우리의 온 힘을 다해서 마음과 영혼을 모두 다 던져서 모든 일을 했던 때가 있었습니다. 우리는 우리의 모든 섬김 속에서 언제나 하나님의 달콤한 임재하심을 느꼈습니다. 길을 걸을 때면 우리는 하나님과 동행했습니다. 우리가 밤에 깨어 있을 때면 우리 영혼은 하나님과 함께 했습니다. 우리가 낮 동안에 바쁠 때에도 짧은 틈새 시간들에 우리의 기도는 화살처럼 하늘로 올라갔습니다. 그러나 지금은 안타깝게도 예전 같지가 않습니다. 우리는 지금도 기도하고 찬송하고 평상시에도 함께 모여 예배하며 하루하루를 지내지만, 거기에는 예전에 우리가 알았던 생명이나 활력이나 기쁨이나 평안이나 거룩한 기름 부음이 없습니다. 그러므로 사랑하는 자들이여, 우리는 현재의 우리의 모습에 안주해서는 안 됩니다. 우리는 떨며 두려워하여야 합니다. 왜냐하면, 징계가 가까웠기 때문입니다. 회초리가 반드시 우리에게 임할 것입니다. 하나님의 자녀들이 그의 사랑에서 떨어져 나갔을 때, 하나님은 그들을 반드시 징계하십니다. 우리에게서 흰 머리가 여기저기에서 나기 시작하고, 우리가 그것들을 눈으로 볼 수 있게 된 지금, 우리는 우리가 떨어져 나왔던 그 하나님께로 다시 돌아가야 합니다. 이 아침에 하나님께서는 한 형제의 목소리를 통해서 우리에게 "배역한 자식들아 돌아오라"(렘 3:22)고 부드럽게 말씀하십니다. 이제 돌아가는 것이 우리의 일이 되어야 합니다. 우리의 영혼을 본문의 간절한 소원으로 가득 채우십시오. 왜냐하면, 그 소원은 우리에게 하나님께로 돌아가게 해줄 날개를 달아줄 것이기 때문입니다. "하나님이여 사슴이 시냇물을 찾기에 갈급함 같이 내 영혼이 주를 찾기에 갈급하니이다."

2. 둘째로, 이 소원의 특성들을 살펴보겠습니다.

우리는 이제 주제를 바꾸어서, 우리가 지금까지 설명해 온 이 소원의 특성들을 살펴보고자 하는데, 본문에서 이 특성들은 비유로 설명되어 있습니다. 다윗은 자신을 갈증으로 고통을 받는 사슴에 비유합니다. 먼저 이 비유는 이 소원의 특성으로 직접성(directness)을 보여줍니다. 사슴이 갈급해 있는데, 무엇 때문에 그렇습니까? 여러분은 이 질문에 대답하기 위해서 망설일 필요가 전혀 없습니다. 땀이 배어 있는 옆구리, 높이 들려진 머리, 쿵쾅거리며 뛰는 심장, 잔뜩 커진 눈, 앞으로 쑥 나온 혀 — 사슴의 이러한 모습 속에서 사슴이 시냇물을 찾기에 갈급하다는 것을 누구나 알 수 있습니다. 다윗도 마찬가지였습니다. 그는 불안해하고 있었기 때문에, 그에게 필요한 것은 마음의 안식을 얻는 것이었습니다. 그는 "하나님이여 내 영혼이 주를 찾기에 갈급하니이다"라고 단도직입적으로 말합니다. 그는 자신의 상태가 어떤지를 알고 있었기 때문에 괜히 여기저기를 두드려 보지 않고 곧장 과녁 한복판을 향하여 자신의 화살을 겨눕니다. "내 영혼이 하나님 곧 살아 계시는 하나님을 갈망하나니"(2절). 사랑하는 자들이여, 여러분과 내가 우리에게 필요한 것이 무엇인지를 아는 것은 큰 은혜입니다. 불경건한 자들은 그것을 알지 못합니다. 그들은 갈급하지만, 자기가 무엇 때문에 울고 있는지도 알지 못한 채 심통을 부리며 웁니다. 그들은 뭔가를 간절히 원하고 갈급해하지만, 그들이 찾는 것은 "누가 우리에게 잘해줄까?" 하는 것입니다. 그러나 여러분과 나는 우리에게 절실히 필요한 것이 하나님의 얼굴빛이라는 것을 압니다. 우리는 그것을 알고 꼭 붙들 것입니다. 하나님의 얼굴은 천사들이 있는 천국을 천국으로 만드는 것이자 우리가 원하는 천국의 모든 것이기 때문에, 우리는 하나님의 얼굴을 뵈올 때까지 쉬지 않고 간구하리라는 결심을 굽히지 않을 것입니다.

그리스도 안에서 사랑하는 형제들이여, 본문에 나오는 다윗의 소원처럼 여러분의 소원도 곧바로 하나님을 향해 정조준 되어 있습니까? 그렇지 않다면, 여러분 자신을 꾸짖으십시오. 지름길로 가는 것이 훨씬 좋은 데도 빙빙 돌아서 가고 있는 자기 자신을 책망하십시오. 여러분의 영혼이 원하는 진정한 소원을 솔직한 말로 나타내십시오. 여러분의 영혼 가장 깊은 곳에서 다음과 같은 기도가 솟아오르게 하십시오: "내게는 하나님이 필요합니다. 나는 다른 사람들이 너무나 갖고 싶어 하는 그런 것들에는 관심이 없습니다. 내 하나님, 내 하나님이여, 나로 당신을 섬기게 해주시고, 당신을 영원토록 누리게 해주십시오. 당신은 왜 나를 버리셨습니까? 지금 내게 돌아와 주십시오. 당신의 구원의 기쁨을 내게 회복시켜 주십시오. 내 영혼에게 '내가 너의 구원'이라고 말씀해 주십시오. 당신의 아들을 내 안에 나타내시고, 당신은 내 곁에 늘 계시는 친구가 되어 주십시오."

본문에서 우리가 다음으로 주목할 것은 시편 기자의 소원이 일편단심이라는 것입니다. 사슴은 시냇물 외에는 그 어떤 것에도 갈급해하지 않습니다. 가엾은 사슴이 다른 자연적인 욕구들을 지녔던 때도 있었을 것입니다. 그때에 사슴은 풀이 있는 초원이나 그늘진 숲을 원했을 것입니다. 그러나 사냥에 쫓겨서 죽자 사자 도망치느라 기진맥진하여 더운 열기가 온 몸에서 발산되어 나오고 목이 타 들어가는 지금 사슴은 물을 마시지 않으면 죽을 수밖에 없습니다. 사슴은 오직 한 가지, 곧 시냇물, 잔물결이 살랑대는 서늘한 실개천, 원기를 북돋워줄 작은 못만을 생각합니다. 사랑하는 형제들이여, 여러분이 하나님으로부터 복을 얻고자 한다면 오직 한 가지, 곧 여러분의 하나님만을 소원하게 될 것입니다. 여러분의 모든 소원은 단 하나의 소원으로 모아져서 하나님을 향하여 올라가게 될 것입니다. 여러분은 하나님께 그 어떤 조건이나 단서도 붙이지 않게 될 것입니다. 하나님이 비록 회초리를 들고서라도 여러분에게 오시기만 한다면, 오신다는 사실만으로도 여러분은 만족하게 될 것입니다. 하나님과 함께 하고 예수와 교제할 수만 있다면, 여러분은 가난이나, 기진맥진하여 병상에 눕게 되거나, 사별하거나, 그 어떤 것이라도 다 감수하고자 하게 될 것입니다. 다른 사람들은 포도주 통이 터질 것처럼 차고 넘치게 되거나 곳간이 곡식으로 가득 차게 되는 것을 구하라고 하십시오. 여러분에게는 하나님을 만나서 붙들고 놓아주지 않을 수 있다면, 그것으로 충분합니다. 왜냐하면, 하나님을 만나서 그의 영원하신 위로하심으로 위로 받는 것이 여러분의 주리고 목마른 영혼의 단 하나의 소원이기 때문입니다. 여러분은 길거리에서 길을 잃어버리고 "엄마"를 부르며 울고 있는 어린아이를 본 적이 있습니까? 여러분이 그 아이에게 그 어떤 것을 주어도 "엄마"를 부르며 울고 있는 아이는 울음을 그치지 않을 것입니다. 그 아이는 엄마를 잃어버렸고, 엄마를 찾을 때까지는 만족할 수 없습니다. 그 아이를 여러분의 집으로 데려와서 많은 장난감을 줘보시고 사탕도 많이 줘보십시오. 그러나 아무 소용이 없습니다. 그 아이는 오직 "엄마"를 원합니다. 엄마를 찾지 못한다면 그 아이의 작은 가슴은 터져 버리고 말 것입니다. 이제 그 아이에게 엄마를 데려다 줘보십시오. 그 아이는 엄마 품으로 날아가서 안깁니다. 그 아이에게 무엇이 더 필요하겠습니까? 그 아이는 대만족입니다. 부족한 것이 없습니다. 마찬가지로, 내가 나의 사랑하는 하나님의 품에 안겨서 울다가 잠들 수 있다면, 내가 나의 모든 것을 다 잃는다고 하여도 하나님과 함께 있을 수만 있다면, 내 영혼 속에 다른 소원이니 갈망은 없을 것입니다. 여호와 우리 하나님의 모든 권속이 다 그런 마음이라는 것을 나는 압니다. 그들은 하나님을 너무나 사랑하기 때문에 하나님의 임재가 그들의 모든 것이 됩니다. 비둘기를 새장에서 꺼내서 놓아준 후에 여러분 곁에 오도록 유혹해 보십시오. 비둘기가 좋아하는 씨앗들을 먹을 수 있도록 땅에 흩뿌려 놓아 보십시오. 하지만 비둘기는 여러분 곁에 머무르려 하지 않을 것입니다. 비둘기는 높이 날아올라서 공중에서 몇 바퀴 돌고나서 자기가 좋아하는 익숙한 새장에 눈길을 준 후에 쏜살같이 새장으로 돌아올 것입니다. 비둘기가 어디로 날든 무엇이 그것을 막을 수 있겠습니까? 비둘기를 부르고 유혹해 보십시오. 비둘기는 활시위를 떠난 화살처럼 곧장 자기가 좋아하는 새장 속으로 날아들어서 그 보금자리에서 안식을 취할 때까지 지친 날개를 결코 쉬지 않을 것입니다. 신자의 영혼은 더욱더 그러합니다. 신자의 영혼을 자유롭게 놓아주어 원하는 대로 하게 해보십시오. 그 영혼을 부패한 본성에서 풀어 주십시오. 그 영혼에게서 염려를 다 벗겨 주시고, 불신앙으로부터도 해방시켜 주십시오. 그 영혼에게 자유를 주십시오. 그러면 그 영혼은 곧장 자신의 주이신 예수께로 날아갈 것입니다. 그 어떤 것으로 유혹해도 그 영혼은 오직 무한하신 사랑의 저 복된 품 속에서만 위로를 발견할 것이고, 결코 다른 곳에서 얼쩡거리는 일은 없을 것입니다. 성도는 자기에게 꼭 필요한 것, 곧 그리스도와 함께 하는 "이 좋은 편을 택하여야"(눅 10:42) 합니다. 그것을 위해서 성도는 마르다의 온갖 염려를 다 버리고 예수의 발 앞에 앉습니다.

다음으로 우리가 주목할 것은 이 소원이 강렬하다는 것입니다. "하나님이여 사슴이 시냇물을 찾기에 갈급함 같이 내 영혼이 주를 찾기에 갈급하니이다." 목마른 사슴이 갈급하여 헐떡거리는 모습은 보기에도 끔찍한 일입니다. 사슴의 몸 전체가 목말라 하는 것처럼 보입니다. 그 몸의 모든 모공이 다 목말라 합니다. 단지 바싹 마른 혀, 거친 숨이 뿜어져 나오는 코, 이글이글 타오르는 눈만이 아니라 사슴의 모든 부위와 모든 터럭이 목말라 하고 갈급해합니다. 하나님의 임재를 잃었을 때 신자의 모습도 그러합니다. 그의 영혼이 올바른 상태에 있다면, 그는 자신의 이전의 행복한 상태로 돌아가기 위해서 있는 힘을 다해서 갈망합니다. 그를 멈출 수 있는 것도 없고, 그를 쉬게 할 수 있는 것도 없습니다. 분명히 시편 기자가 갈증이라는 비유를 사용한 것은 갈증이 누그러뜨릴 수 없는 갈망이기 때문일 것입니다. 사람은 음식을 먹지 않아도 꽤 오랜 시간 살 수 있지만, 물을 마시지 않고는 그렇게 오래 살 수 없습니다. 길고 힘든 행군에서 병사들은 먹지 않고도 오래 버틸 수 있지만, 우리는 알렉산더 대왕의 군대가 행군하다가 물을 마시지 못해서 많은 병사가 죽은 것을 알고 있습니다. 굶주림은 한동안 달랠 수 있지만, 갈증은 달래기 어렵다는 말이 있습니다. 갈증과는 얘기가 통하지 않습니다. 갈증에는 들을 귀가 없습니다. 갈증은 잊어버릴 수도 없습니다. 갈증은 심해질수록 더 앞으로 튀어나옵니다. 내 하나님, 영적인 갈증이 이렇게 고통스러운 것이라고 할지라도, 하나님과 나의 교제가 끊어져 있을 때마다 나는 그런 갈증의 상태에 있기를 소원합니다. 나는 하나님 곁에 있을 때 외에는 늘 갈증이 나서 내가 한순간도 평안하거나 편안하거나 즐겁지 않기를 바랍니다. 다윗은 "내 눈물이 주야로 내 음식이 되었도다"(3절)라고 말합니다. 그의 영혼이 짠 눈물이 되어 눈 위로 흐를 때에 그는 속이 후련해진 것이 아니라, 도리어 한층 더 갈증이 심해져서 자기 자신으로부터 그 어떤 위로도 얻을 수 없었습니다. 그의 부르짖음은 새벽에도 깊은 밤에도 계속되었습니다: "내 하나님, 내 하나님이여, 나는 당신을 뵈어야 하고, 당신에게 가까이 나아가야 하고, 당신의 사랑을 누려야 합니다. 이 지하토굴 속에 나를 가두어 두지 마십시오. 나를 당신의 임재 앞에서 쫓아내지 마시고, 내게서 당신의 성령을 거두어 가지 마십시오. 다시 나를 당신께로 데려가 주십시오. 내가 당신을 사모하여 신음하며 기진하여 죽게 생겼습니다. 내게 오셔서 당신의 은총을 나타내 주십시오." 본문에서 시편 기자의 소원은 이토록 강렬한 것이었습니다. 우리의 소원도 그렇게 되기를 바랍니다.

또한, 본문은 이 갈망의 한 특징으로 그것이 생사의 문제라는 것을 보여준다고 우리는 말하지 않을 수 없습니다. 앞에서 이미 말했듯이, 갈증은 생명의 샘 자체와 연결되어 있습니다. 사람은 물을 마시지 않으면 죽습니다. 그래서 그리스도인은 하나님과 동행하는 것은 안 해도 되는 사치스러운 일이 아니라 자신의 영혼에게 절대적으로 필요한 일이라고 느끼게 됩니다. 형제들이여, 우리가 하나님을 떠나 살아갈 때에 어떤 위험에 처해 있게 되는지를 잘 생각해 보십시오. 우리가 하나님으로부터 계속해서 더욱더 멀어지고 중대한 죄를 짓도록 유혹받을 때에 어떤 위험에 처하게 되는지를 생각해 보십시오. 우리가 성령을 얼마나 근심하게 하고 있는지를 생각하십시오. 우리가 어떠한 위로들과 긍휼들을 잃어버리고 있는 것인지를 생각하십시오. 우리가 고백하는 거룩한 이름에 어떠한 욕을 끼치고 있는 것인지를 생각하십시오. 우리가 우리 영혼의 남편, 곧 우리를 사서 자신의 신부로 삼기 위해 심장의 피를 아끼지 않으셨던 저 하늘의 사랑하는 연인, 우리의 마음을 전부 드려서 사랑해야 마땅한 저 연인에게 얼마나 무자비하게 행하고 있는 것인지를 생각하십시오. 이 모든 것을 깊이 생각하십시오. 그러면 우리는 하나님께로 돌아가는 것이 우리가 목숨을 걸고 해야 할 일이라는 것을 알게 될 것입니다. 그 일은 우리가 해도 좋고 안 해도 좋은 일이 아니라, 반드시 해야 할 일이라는 것을 우리는 느끼게 될 것입니다. 여호와의 얼굴빛 없이는 우리에게 만족이 있을 수 없습니다. 하나님, 물이 없으면 사슴이 죽을 수밖에 없는 것과 마찬가지로, 내 영혼도 당신의 사랑이 내게 다시 회복되었다는 것을 느끼지 못한다면 죽을 수밖에 없습니다.

우리는 흠정역을 통해서는 알 수 없지만, 스코틀랜드 역본이나 우리의 옛 역본들의 난외주를 보면, 본문이 얼마나 생생하고 절절한 소원을 묘사하고 있는지를 알 수 있습니다. 스코틀랜드 역본은 "시냇물을 찾는 사슴이 갈증 속에서 헐떡거리며 울부짖듯이"로 되어 있고, 우리의 옛 역본들의 난외주에는 "사슴이 시냇물을 찾아 울부짖듯이"로 되어 있습니다. 사슴은 목소리를 높입니다. 사슴은 원래 소리를 잘 내지 않지만, 지금은 끔찍한 고통 속에서 시냇물을 찾아다니며 울부짖기 시작합니다. 마찬가지로, 신자에게도 밖으로 표출하지 않을 수 없는 그런 소원이 있습니다. 그렇게 표출된 소원은 똑똑하고 분명하게 분간이 잘 되지 않는 때가 많습니다. 신자는 그 소원을 말로 표현할 수 없어서 단지 신음소리만 내게 되는데, 말로 표현할 수 없는 것일수록 그것은 한층 더 깊은 소원입니다.

신음소리는 언어로는 표현할 수 없는 것이기 때문에 한층 더 진실하고 깊습니다. 이 시편에서 우리는 다윗이 자신의 소원을 먼저 기도로 표현하고 나서, 그것으로는 부족하였던지 눈물로 표현한 후에, 다시 기도로 돌아가는 것을 봅니다. 하나님의 자녀는 이렇게 계속해서 부르짖고 기도하고 찾고 웁니다. 그는 자신의 목마른 영혼의 채워지지 않는 갈망을 온갖 방법을 다 동원해서 하나님 앞에 표현하고자 합니다. 사랑하는 형제들이여, 이 아침에 나는 하나님의 임재를 잃어버린 분들에게 이 말씀을 전하고 있습니다. 여러분에게서 떠나간 여호와의 얼굴빛이 다시 돌아오기를 원한다면, 그 소원을 마음속 깊은 곳에서 끌어내어 가장 높은 음조로 열렬히 하나님께 전하십시오. 그 소원이 단지 벌겋게 달아오른 한 덩이의 숯 같다면, 거기에 또 한 덩이를 더하십시오. 여러분의 소원이 가장 맹렬한 열기를 내는 로뎀나무로 만든 숯 같이 활활 타오를 때까지 또 더하고 또 더하십시오. 여러분의 마음이 하나님을 찾고자 하는 열망으로 뜨거워질 때까지 성령 하나님께서 여러분의 마음을 뜨거운 불길로 채워 주시라고 기도하십시오. 여러분의 소원을 날마다 그리고 매시간마다 표현하시고, 예수께서 세상에는 자기를 나타내지 않으셨어도 여러분에게는 오셔서 나타내시도록 끊임없이 간절히 간구하십시오. 여러분이 이미 영혼의 연인의 미소 속에서 즐거워하고 있어서 굳이 이런 간구를 드릴 필요가 없다면, 그것은 가장 복된 일입니다. 그러나 그 다음으로 복된 일은 여러분이 또다시 주님의 품에 머리를 누이고 주님의 입맞춤을 받을 때까지 탄식하며 부르짖는 것입니다. 이 간절한 갈망에 달콤함이 있다는 것을 여러분은 아십니까? 이 소원이 강할 때에 휘장은 엷어지고, 갈망하는 영혼은 갈급해하는 가운데서도 희미하게 하나님의 사랑을 느끼게 됩니다. 예수를 찾기에 갈급하고 주린 영혼은 행복한 영혼입니다. 예수를 찾기에 갈급한 것은 그 자체가 일종의 천국입니다. 주님이 가신 길에는 향기가 남아 있어서, 그 길을 따라가는 것은 즐거운 일입니다. 주님을 묵상하는 것은 보배로운 일입니다. 멀리서 주님을 경배하는 것이 즐거운 일이라면, 주님과 함께 있는 것은 얼마나 즐거운 일이겠습니까! 천사들도 그 기쁨을 설명할 수 없습니다. 주 안에서 사랑하는 자들이여, 예수를 찾기에 갈급한 것은 정말 복된 일입니다. 벧엘의 산들이 그 사이에 솟아 있다고 할지라도, 주님께서 젊은 사슴이나 암노루처럼 산들을 넘어 그를 사모하여 쇠약해가는 자들에게 자신을 나타내실 때까지 기다리는 것은 보배로운 일입니다.

3. 셋째로, 이렇게 하나님을 찾기에 갈급해하도록
만드는 이유들이 무엇인지를 살펴보겠습니다.

그 이유들은 먼저 내적인 것입니다. 어떤 사람이 하나님을 찾기에 갈급하다면, 그 사람으로 하여금 그렇게 하도록 만드는 것은 그 사람 속에 있는 비밀한 생명입니다. 사람이 육신적인 상태에 있는 동안에는 그 누구도 하나님을 찾기에 갈급해하지 않습니다. 새로워지지 않은 사람은 다른 모든 것을 찾기에 갈급해할지라도 하나님을 찾기에 갈급해하지는 않습니다. 그는 하나님의 임재로부터 어떻게든 도망할 생각만 합니다. 왜냐하면, 그에게는 하나님이 계신다는 것만 생각해도 끔찍하기 때문입니다. 만약 어떤 사람이 하나님이 계시지 않는다는 것을 의심할 여지 없이 증명할 수 있다면, 그는 너무나 기뻐서 어쩔 줄 모를 것입니다. 여러분이 하나님을 찾기에 갈급하다면, 그것은 여러분의 본성이 새로워져 있다는 증거입니다. 하나님을 찾는다는 것은 하나님의 은혜가 여러분의 영혼 속에서 역사하고 있다는 증거이기 때문에, 여러분은 그것에 대하여 감사하여야 합니다. 하지만 하나님을 찾는다는 것은 그 새로워진 본성이 독자적인 자원으로 살아갈 수 있는 독립적인 것이 아니라는 증거이기도 합니다. 낙타는 자신 속에 물을 지니고 다니기 때문에 시냇물을 찾기에 갈급해하지 않습니다. 그러나 사슴은 그런 내적 자원이 없기 때문에 시냇물을 찾기에 갈급합니다. 뜨거운 날에 사냥을 피해 쫓긴 후에 사슴에게는 자기 스스로 갈증을 해소할 수 있는 힘이 없습니다. 사슴의 몸에서는 습기가 빠져나갑니다. 우리도 마찬가지입니다. 우리는 우리 안에 은혜를 비축해 두었다가 필요한 때에 사용하게 되어 있지 않습니다. 우리는 우리의 생명 샘이신 하나님께로 거듭거듭 나아가서 그 영원한 샘에서 물을 마시게 되어 있습니다. 그러므로 우리가 하나님을 찾기에 갈급하고 목말라 하는 이유는 우리에게 새 생명이 있지만 그 생명은 하나님께 의존되어 있어서 생명의 샘이신 하나님 안에서 늘 새로운 물을 공급받아야 하기 때문입니다. 그리스도인이여, 만약 여러분에게 있는 거룩한 생명이 여러분 속에 있는 독자적인 동력원에 의해서 유지될 수 있다면, 여러분은 얼마든지 하나님 없이 살아갈 수 있을 것입니다. 그러나 여러분은 하나님 없이는 헐벗고 가난하고 비참한 존재이기 때문에 날마다 생명의 샘으로 나아가서 생수를 마셔야 하고, 그렇지 않으면 기진하여 죽게 될 수밖에 없습니다.

그러나 갈증의 원인들은 외적인 것이기도 합니다. 사슴이 시냇물을 찾기에 갈급해하는 것은 단지 내적인 요인 때문만이 아니라 태양의 열기, 또는 오랜 시간 걷거나 달렸기 때문이기도 하고, 개들에게 끈질기게 추격당했기 때문이기도 합니다. 신자의 경우도 마찬가지이고, 본문에서 다윗도 그랬습니다. 원수들은 그에게 "네 하나님이 어디 있느뇨"(3절)라고 말하며 그를 쫓아다니며 짖어댔습니다. 그의 괴로움은 더욱 가중되었습니다: "주의 모든 파도와 물결이 나를 휩쓸었나이다"(7절). 그리고 이것이 다윗으로 하여금 하나님을 향하게 만들었습니다. 나는 어떤 사람의 원수들이 그의 최고의 친구 노릇을 하는 경우가 많다고 믿습니다. 원수들이 시도 때도 없이 날카로운 비수로 찔러댔을 때, 하나님이 그 고통을 성별하시면, 그 고통은 우리를 깨어나게 하는 역할을 합니다. 우리를 하나님께로 더 가까이 나아가도록 내모는 외적인 환난은 하나님이 보내신 것이기 때문에, 우리는 그 환난을 진심으로 감사해야 합니다.

또한, 다윗의 갈망의 원인은 부분적으로는 과거에 있었습니다. 사슴이 시냇물을 찾기에 갈급해하는 이유 중 하나는 과거에 시원한 냇가에서 물을 마신 기억 때문이기도 합니다. 그러므로 사슴은 또다시 시냇물을 찾아 물을 마시고 싶어 합니다. 그래서 다윗은 "내가 요단 땅과 헤르몬과 미살 산에서 주를 기억하나이다"(6절)라고 말합니다. 그는 무리와 함께 안식일을 지키러 하나님의 집에 갔던 때를 회상하였습니다. 마찬가지로, 우리가 하나님을 찾기에 갈급해하는 이유 중 하나도 지난날 하나님과 교제하며 받았던 위로들에 대한 즐거운 기억이 우리에게 있기 때문입니다. 여러분도 이렇게 하나님과 가까이 지내면서 즐거운 나날들을 보낸 적이 있으십니까? 여러분에게도 성령께서 신령한 비둘기가 되어 여러분의 영혼 위를 운행하시던 저 복되고 행복한 시절이 있었습니까? 여러분은 그 시절이 여러분의 일생 중에서 최고의 나날들이었다는 것을 압니다. 그러므로 그 행복했던 시절을 기억하시고, 과거의 그 기억이 여러분의 소원을 다시 한 번 일깨워서, 여러분이 다시 그 시절을 찾기에 갈급해하게 되기를 빕니다.

또한, 다윗이 지녔던 갈망은 과거만이 아니라 **현재로부터** 기인한 것이기도 하였습니다. 그는 당시에 엄청난 고통 속에 있었습니다. 그래서 그는 "주의 모든 파도와 물결이 나를 휩쓸었나이다"(7절)라고 말합니다. 고통도 우리를 하나님께 피하도록 재촉합니다. 하나님이 달래 주실 수 없는 그런 고통은 없으니까 말입니다. 하나님의 임재로 인하여 고침 받을 수 없는 상처가 어디 있습니까? 우리 하나님은 우리의 염려를 없애 주시는 강장제이시고 우리의 고통을 덜어 주시는 연고이십니다. 하나님은 우리의 모든 것입니다. 오직 하나님께 나아가십시오. 그러면 여러분은 항구에 도착한 뱃사람과 같을 것입니다. 그에게는 이제 폭풍이 지나간 것이나 마찬가지입니다. 바람이 아무리 거세게 불고 물결이 아무리 높이 일어도 그는 염려할 필요가 없습니다. 신자여, 당신의 하나님을 의지하십시오. 그러면 당신은 모든 것을 감당하기에 충분한 힘을 얻을 수 있습니다. 당신 속에서 차고 넘치는 기쁨 때문에 당신의 온갖 괴로움과 결핍과 필요들이 다 잊혀지게 될 것입니다.

또한, 다윗의 갈망의 네 번째 샘이 있었는데, 그것은 미래와 관련된 것이었습니다. 그는 "내 영혼아 너는 하나님께 소망을 두라 나는 내 하나님을 여전히 찬송하리로다"(11절)라고 말합니다. 다윗은 평안의 때가 다시 자기에게 돌아올 것이라는 확실한 예감이 들었기 때문에 하나님을 찾기에 길급해합니다. 어떤 사람이 절망에 빠져서 해가 다시는 뜨지 않을 것이라고 생각한다면, 그 사람을 즐겁게 해주기는 어렵습니다. 그러나 그 사람에게 앞으로 하나님의 얼굴빛이 그에게 환히 비추게 될 더 행복한 날들이 예정되어 있다는 믿음을 확실하게 심어주고 나면, 그 사람은 용기를 얻을 수 있습니다. 사랑하는 자들이여, 하나님의 자녀는 절망할 이유가 하나도 없습니다. 왜냐하면, 하나님께서 자기 백성에게 나타나실 것이기 때문입니다. 하나님은 그들을 결코 버리실 수 없습니다. "여인이 어찌 그 젖 먹는 자식을 잊겠으며 자기 태에서 난 아들을 긍휼히 여기지 않겠느냐 그들은 혹시 잊을지라도 나는 너를 잊지 아니할 것이라"(사 49:15). 별들을 세시고 별마다 그 이름을 부르시는 분이 자신의 택함 받은 자들, 자기가 부르신 자들, 자신의 양자로 삼으신 자들을 단 한 사람이라도 그냥 지나치시는 것은 불가능한 일입니다. 그러므로 여러분이 난파당한 배 같다고 할지라도, 용기를 내십시오. 성난 파도가 이전보다 더 거세게 여러분을 더 깊은 고통 속에 빠뜨린다고 해도, 하나님의 팔이 짧아서 여러분을 구원할 수 없거나, 하나님의 귀가 둔해서 여러분의 탄식 소리를 들으실 수 없는 일은 결코 있을 수 없습니다. 좋은 날이 오기를 바라고 기다리며, 더욱 하나님을 갈망하며 갈급해하십시오. 하나님께서 장래에 있을 천국 잔치를 위하여 여러분을 주리게 하시기를 빕니다. 여러분이 천국 잔치에서 새 포도주를 마음껏 마실 수 있도록 하나님께서 여러분에게 갈증을 주시기를 빕니다. 여러분이 입을 크게 열면 하나님이 반드시 가득 채워 주실 것이기 때문에 하나님께서 여러분의 갈망을 더 크게 하시기를 빕니다.

나는 지금까지 우리의 갈망을 생겨나게 하는 내적이고 외적인 원천, 미래와 현재와 과거의 원천들을 밝혀보고자 했습니다. 이제 나는 말씀을 끝맺기 전에 하나님과 멀어져 있는 모든 신자에게 이 시간에 그러한 격렬한 갈급함을 느끼는 지를 묻고 싶습니다. 만약 그렇지 않다면, 그것은 정말 심각하게 고민하고 염려해야 할 문제입니다. 우리는 죽음의 잠으로 빠져 들어가지 않기 위해서 힘을 내서 떨쳐 일어나지 않으면 안 됩니다. 잠드는 것은 곧 죽음이 되는 그런 상태에 있는 사람들이 있습니다. 그럴 때에는 그 사람이 잠을 자지 못하도록 끊임없이 흔들어 깨우고 움직이게 하고 바늘로 찌르고 거칠게 다루어야 합니다. 우리가 영적으로 잠들게 되면, 반드시 영원한 멸망으로 끝나게 될 수밖에 없는 그런 때가 있습니다. 그런 때에 졸음이 우리에게 몰려오면, 우리는 결국 잠들어서 지옥에 떨어지는 일이 일어나지 않도록 하기 위해서 정신을 바짝 차리지 않으면 안 됩니다. 하나님께서 벼락을 쳐서라도 우리를 깨워 주시기를 빕니다. 우리가 조용히 잠들어서 무심하게 잠의 물결을 타고 흘러가다가 배교의 절벽을 만나 그 아래로 떨어져서 산산조각이 나서 멸망해 버리는 것보다는 하나님께서 아주 거칠게 우리를 다루셔서 아주 사나운 폭풍우를 보내어 우리를 흔들어 깨우시는 편이 더 낫습니다. 물론, 하나님의 참된 자녀는 결코 버림을 받지 않습니다. 그러나 지금 내가 스스로 속아서 하나님의 자녀라고 확신하고 있는 것이라면, 그동안 다른 사람들에게 말씀을 전하고 교회에서 다른 성도들과 하나가 되어 교제를 나누어 왔다고 할지라도, 내 자신이 버림 받은 자가 될 수도 있습니다. 그런 생각이 우리를 압박하고 내몰아서 우리로 하여금 본문에 나오는 채워지지 않는 갈망을 가지고서 하나님의 임재를 찾기에 갈급한 자들이 되게 하시기를 빕니다.

4. 넷째로, 이 말씀은 몇 가지 점에서 우리에게 위로와 힘이 됩니다.

나는 단지 하나님을 갈망하는 상태로 있기를 원하지 않습니다. 나는 그동안 하나님과 동행해 왔고, 오랜 세월 동안 하나님의 사랑을 느끼며 누려 왔다고 믿습니다. 그러나 천국의 포도주의 달콤함이 무엇인지를 한때 알았던 사람의 갈급함 같은 그런 갈급함은 없습니다. 만나를 한 번도 먹어보지 않은 사람은 이 땅의 거친 보리떡으로 만족하며 배부를 수 있지만, 하늘의 만나는 사람으로 하여금 주리게 만듭니다. 여러분이 하늘의 만나를 한 번 맛보았다면, 그 만나를 항상 먹지 않고서는 결코 만족함이 없게 될 것입니다. 만약 한때 신령한 삶을 알았던 사람이 영원히 버림받는 일이 가능하다면, 그것은 그 사람에게 끔찍한 일이 될 것입니다. 왜냐하면, 지옥에 있는 다른 사람들은 그가 알았던 기쁨을 안 적이 없었던 까닭에, 그가 그 기쁨을 잃어버리고서 느끼는 참담함을 그들은 모를 것이기 때문입니다. 이 세상에서 가난하고 비참하게 살아가는 모든 사람들 중에서 한때 부자로 살아 보았던 사람들만큼 비참한 사람은 없습니다. 왜냐하면, 그들은 부자로 살았던 습관으로 인해서 가난을 더욱 견딜 수 없게 되었기 때문입니다. 만약 한때 달콤한 사탕을 혀 속에서 굴릴 수 있었고 예수의 품에 기대어 본 적도 있던 하나님의 자녀가 결국 도벳의 불구덩이에서 고통을 당한다고 한다면, 그 고통이 어떠하겠습니까? 하나님의 자녀가 복음서에 나오는 부자처럼 평생토록 잘 숙성된 맛있는 포도주를 마셔오다가 너무나 목이 말라서 물 한 방울을 달라고 소리칠 수밖에 없는 운명이 된다면 정말 얼마나 끔찍한 일이겠습니까! 하나님의 자녀가 평생토록 진수성찬만 먹어 오다가 가뭄과 기근이 든 땅에 내던져진다면 어떻겠습니까! 하나님이 살아 계시는 한 하나님의 자녀들에게 그런 일은 일어날 수 없다는 것에 대하여 하나님께 감사합니다. 왜냐하면, 그리스도와 아버지 하나님의 강한 팔이 그 택하신 백성을 보호해 주실 것이기 때문입니다. 그런 일은 일어나지 않을 것이긴 하지만, 단 한 시간만이라도 하나님의 사랑을 느낄 수 없게 되는 것은 그것만으로도 충분히 끔찍한 일입니다. 그렇지만 하나님을 갈망하며 갈급해할 때에 거기에서 생겨나는 한두 가지의 위로가 있습니다. 먼저 여러분이 하나님을 갈급해한다면, 그 갈망은 어디에서 오는 것입니까? 분명한 것은 그 갈망은 인간 본성의 거름더미에서 온 것이 아니라는 것입니다. 그 갈망은 우연의 바람을 타고 저절로 피어났거나 여러분 자신의 부패한 본성으로부터 생겨난 것이 되기에는 너무나 아름다운 꽃입니다. 그렇습니다. 그 갈망은 영원하신 성령께서 여러분에게 주신 것입니다. 그러므로 성령께 감사하십시오. 성령께서 여러분을 완전히 버리신 것이 아닙니다. 이 갈망은 하나님에게서 온 선물입니다. 그 갈망을 감사함으로 받으시고, 그 보석 속에 담겨 있는 아버지 하나님의 사랑을 느끼십시오.

　　다음으로, 하나님이 내게 그러한 갈망을 주셨다면, 당연히 그 갈망을 채워 주시지 않겠습니까? 갈망을 부추겨놓고서 채워 주지 않는 것은 인간들이라도 차마 못할 짓이 아닙니까? 우리가 악할지라도 그렇게 무자비한 짓을 할 수 없다면, 우리 하나님이 그렇게 하지 않으시리라는 것은 더더욱 분명하지 않습니까! 하나님은 자신의 자녀에게 헛된 기대감을 주시는 분이 아닙니다. 하나님은 자기 자녀를 주리게 해놓고서 그에게 먹을 것을 주지 않으시는 그런 분이 아닙니다. 그런 일은 절대로 있을 수 없습니다. 나의 하나님, 당신이 나를 목마르고 갈급하게 만드셨다면, 나는 당신이 나를 시냇가로 인도하셔서 물을 마시게 해주시고, 당신의 사랑으로 나의 원기를 북돋워 주시리라는 것을 확신할 수 있습니다.

내가 다음으로 여러분에게 상기시켜드리고 싶은 것은 우리가 하나님을 떠나 딴 길로 갔다고 할지라도 하나님은 흔쾌히 우리의 잘못을 용서해 주시고자 하신다는 것입니다.

우리 아버지 하나님은 길을 잃고 헤매는 자기 자녀들을 언제든지 받으실 준비가 다 되어 계십니다. 우리가 하나님을 근심하게 해드린 후에 하나님이 가혹하고 냉정하실 것이라고 우리 멋대로 생각하는 것은 우리가 지은 죄의 결과들 중의 하나일 뿐입니다. 우리는 우리의 사랑하는 남편이신 주 예수를 화나게 한 후에 주님이 우리를 다시는 그 품으로 받아주지 않으실 것이라고 제멋대로 생각합니다. 그러나 주님은 그런 분이 아닙니다: "내가 그들의 반역을 고치고 기쁘게 그들을 사랑하리니 나의 진노가 그에게서 떠났음이니라"(호 14:4). 우리 형제가 우리에게 잘못을 범하였을 때에 "일곱 번을 일흔 번까지라도"(마 18:22) 용서하라고 하신 주님이 우리를 용서해 주지 않으실 리가 있겠습니까? 하나님께서 광야에서 자기 백성을 얼마나 많이 용서해 주셨는지를 생각해 보십시오. 하물며 본향에 더 가까이 다가온 지금 하나님께서는 우리를 더욱더 많이 참아주시지 않으시겠습니까? 하나님께서 멸망의 빗자루로 우리를 싹 쓸어 버리셔도 우리가 할 말이 없었을 그런 때가 많았었는데도, 그때마다 하나님은 "저들은 나의 자녀라"고 말씀하시며 다시 우리의 아버지가 되어 주셨던 적이 헤아릴 수 없이 많았습니다. 하나님은 그의 이름을 위하여 우리를 아끼셨습니다. 우리가 우매하고 무지하여 하나님 앞에서 짐승들 같았던 때에도 하나님은 늘 우리를 그의 오른팔로 붙잡아 주셔서 우리는 하나님과 늘 함께 해 왔습니다. 그러므로 하나님께서는 우리를 아주 기꺼이 용서해 주실 것이기 때문에 안심하고 하나님께로 돌아가십시오. 우리가 이 아침에 하나님께로 돌아갑시다. 우리가 우리의 현재의 상태를 슬퍼하고 가슴 아파하며 하나님께로 돌아간다면, 하나님은 그 즉시 우리를 빛 가운데서 일으켜 세워 주실 것임을 기억하십시오. 하나님이 겨울 같이 스산한 우리의 마음을 햇빛 찬란한 여름으로 만드시는 데에는 그리 오래 걸리지 않습니다. 하나님의 사랑을 한번 보자마자 우리의 영혼의 깜깜한 밤중 같은 어둠은 가장 찬란한 낮으로 바뀌게 됩니다. 그리스도인이여, 하나님께 나아오십시오. 여러분이 알아차리기도 전에 여러분의 영혼은 암미나답의 병거 같이 될 것입니다. 하나님께서 여러분의 마음의 성전에서 다곤을 쳐서 쓰러뜨리시고 그 자리에 언약궤를 세우실 것입니다. 하나님께서는 포로로 사로잡힌 여러분을 "남방 시내들 같이 돌려보내실"(시 126:4) 것이기 때문에, 쇠사슬에 묶여 있던 여러분은 해방될 것이고, 베옷을 입고 있던 여러분은 세마포와 아름다운 옷을 입게 될 것입니다. 하나님께서는 여러분의 얼굴에 고운 기름을 부어 주실 것이고, 여러분은 그런 얼굴로 앞으로 나아가 하나님 앞에서 기뻐하며 춤추게 될 것입니다. 하나님은 시간을 끄시는 분이 아니라는 것을 기억하십시오. 하나님은 즉시 그렇게 하실 것이고, 모든 것이 즉시 이루어질 것입니다. 하나님이 어떤 것을 명하시면 그것은 즉시 견고히 서게 됩니다. 어두운 땅을 향해 하나님께서 "빛이 있으라"고 말씀하셨고, 즉시 빛이 뿜어져 나왔습니다.

여러분은 이 아침에 무거운 마음을 가지고 이곳에 왔지만 이 오후에는 하나님의 백성 가운데서 가장 행복한 사람 중 한 사람이 될 수 있습니다. 여러분 중에는 오늘 계속해서 이렇게 부르짖은 분들이 있을 것입니다: "하나님, 내 영혼은 저기 있는 저 가엾은 갈색 풀, 뿌리가 깊이 박히지 않아서 뜨거운 햇빛에 거의 다 타버려 갈색으로 변해 버린 저 풀처럼 다 말라 비틀어져 있는 식물 같다는 것을 당신은 아십니다. 하나님, 이 몇 달 동안 내 영혼에는 이슬이나 비가 내리지 않은 것 같습니다. 그래서 당신의 가엾은 이 영혼이 다 죽게 되었습니다. 당신은 이 영혼을 잊으신 것입니까? 당신의 인자하심은 내게 다시는 돌아오지 않는 것입니까?" 사랑하는 자들이여, 비가 우리에게 내릴 것입니다! 아마도 말씀이 선포되는 동안에 이슬이 내려서, 황무지에 무성한 관목인 히스(heath) 같았던 여러분이 꽃을 피우고, 하나님의 이름을 위하여 열매를 맺기 시작했을 수도 있습니다. 그렇게 되었기를 바랍니다. 하나님이 자기를 잊어버렸나 보다고 생각하신 분들이 계시다면, 하나님의 풍성한 은혜와 인자하심을 이 시간에 맛보고서 하나님이 자기를 기억하고 계셨다는 것을 확인하게 되시기를 바랍니다. 하나님께서 자기 이름을 위하여 우리 각 사람에게 그렇게 하시기를 빕니다. 아멘.

제
47
장

—

깊은 바다가 서로 부르며

—

"깊은 바다가 서로 부르며"—시 42:7

장엄한 자연 속에는 놀라운 조화들이 존재합니다. 폭풍이 아래에 있는 대양을 휘저어놓을 때, 위의 하늘들은 요란한 소리로 그 소동에 화답합니다. 엄청난 양의 우박이나 비가 큰 소리를 내며 쏟아지고, 우렛소리가 우르릉 쾅쾅 울리고 번갯불이 번쩍하며 옆에서 거듭니다. 다윗이 말하는 "주의 폭포소리"는 흔히 궁창 위와 아래의 두 큰 물이 서로 화답하는 것을 나타냅니다. 위의 깊음이 아래의 깊음에 손을 내밀고, 우렛소리로 이 두 깊음의 오래된 관계가 확인됩니다. 그 모습은 마치 영원하신 이께서 저 옛적에 영(令)을 내리셔서 궁창 위와 아래의 두 바다의 경계를 정하실 때까지 이 두 바다가 한때 혼돈의 동일한 요람에 함께 있었던 시절을 추억하는 듯합니다. "깊은 바다가 서로 부르며." 하나님이 창조하신 한 놀라운 피조물이 또 하나의 놀라운 피조물과 교제를 나눕니다. 여러분은 땅에서의 엄청난 폭풍우로 인해 눈이 휘둥그레지고 압도되면서도, 구름들이 차례로 자신을 비우고 거기에 화답하여 하늘의 대포가 큰 소리로 계속해서 화답하여 숭고한 것들이 일제히 목소리를 높여 합창하는 것을 볼 수 있습니다. 내게 그것은 가공되지 않은 기이한 기쁨이 자연의 모든 원소들을 움직이고 있고, 바람과 폭풍우의 천사들이 너무나 기뻐 박장대소하는 것처럼 보였습니다. 폭풍우가 있는 날 알프스 산에서는 장엄한 산봉우리들은 묵중한 자태로 높이 솟아서, 하나님의 음성을 닮은 저 무시무시한 언어로 서로에게 얘기합니다:

　　"아주 험한 바위산들을 따라 이 봉우리에서 저 봉우리로
　　살아 있는 천둥이 펄쩍펄쩍 뛰어다니네.
　　하나의 고적한 구름이 아니라 모든 산이 말하고
　　쥐라 산은 안개 옷을 걸치고서
　　자기를 큰 소리로 부르는
　　저 즐거운 알프스 산에게 화답한다네."

　　"깊은 바다가 서로 부르는" 것과 마찬가지로, 높은 산도 서로 부릅니다. 다윗은 이러한 장엄한 화음을 깨닫고서 이 비유를 사용하여 자신의 불행한 경험을 설명합니다. 그는 자신의 총애하는 아들의 반란으로 보좌와 고국에서 쫓겨나서 이 시편을 썼던 것으로 보입니다. 그는 두려움 가운데서 얍복 강을 건넜고, 아밤을 틈타 요단 강을 서둘러 건너서 물이 없는 메마른 땅으로 물러났습니다. 그가 무엇보다도 슬펐던 때는, 무리와 함께 성소로 가서 성일을 지켰던 일들을 회상할 때였습니다. 왜냐하면, 그는 지금 저 기뻐하는 무리와 함께 예배에 참석해서 자신의 영혼으로 하여금 새 힘을 얻게 할 수 없는 처지가 되어 버렸기 때문입니다. 시편 기자를 둘러싸고 있는 모든 것은 폭풍우로 인하여 거칠게 요동하는 큰 바다와 같았습니다. 그에게는 모든 것이 깜깜했고, 온통 괴로움뿐이었습니다. 그에게 닥친 슬픈 일들은 욥에게 연달아 나쁜 소식을 전해 온 사자들과 같이 끝이 없었고, 근심의 파도는 연이어 그에게 몰려 왔습니다. 쉴 사이 없이 고통과 괴로움이 찾아왔습니다. 아울러, 내면에서 그의 마음은 무너져 내렸습니다. 밖의 깊은 바다와 안의 깊은 바다가 서로를 불렀습니다. 양심은 마치 번개 불빛처럼 고통당하고 있던 그의 부패한 내면의 깊은 심연을 밝혀서, 그로 하여금 지나간 세월에 우리아의 아내와의 사이에서 저질렀던 저 어두운 죄를 보게 해주었기 때문에, 그의 심령은 완전히 무너져 내렸고 불길한 예감으로 가득 찼습니다. 밖으로는 그 어떤 것도 그에게 위로가 될 만한 것이 없었고, 안으로는 그를 기쁘게 해줄 만한 것이 하나도 없었습니다. 그는 참담한 심정으로 "내 영혼아 네가 어찌하여 낙심하며 어찌하여 내 속에서 불안해하는가"(5절)라고 묻습니다. 외적으로나 내적으로나 안식은 그에게서 너무나 멀었습니다. "밖으로는 다툼이요 안으로는 두려움"(고후 7:5)이었습니다. 하나님의 폭포소리에 깊은 바다가 서로 불렀고, 하나님의 섭리의 모든 파도와 물결이 그를 휩쓸었습니다.

그러나 이제 나는 이 장엄한 원리를 다윗이 사용했던 방식, 즉 하나님의 많은 성도들이 두 바다가 서로 만나듯이 외적이고 내적인 슬픔들이 결합된 갑절의 환난을 당하는 것에 국한시키지 않고, 다른 방향에서 사용해서, 어디에서나 깊은 바다가 서로 부른다는 것, 특히 도덕적이고 영적인 세계에서 모든 장엄한 진리는 서로 화답하는 대응물이 있다는 것을 보이고자 합니다.

1. 첫째로, 하나님의 영원한 계획들 및 그 성취와 관련해서 이 원리를 살펴보겠습니다.

하나님의 영원한 계획은 얼마나 깊은 바다인지 모릅니다. 자기가 예정론을 이해하고 있다고 생각하는 사람은 단단히 착각하고 있는 것입니다. 우리가 하나님의 작정하심들을 헤아리고자 할 때, 그것들을 헤아리는 데에 사용할 수 있는 잣대가 우리에게는 없습니다. 우리는 지구로부터 멀리 떨어져 있는 행성들보다 더 멀리 있는 별들까지의 거리가 얼마나 되는지를 측정하고자 하는 천문학자들과 같습니다. 지구의 공전 궤도의 거리를 기준으로 해서 그 별들까지의 거리를 계산해내기는 거의 불가능하기 때문에, 그들에게는 그 거리를 측정하는 데에 사용할 수 있는 잣대가 없어서, 사실상 그런 시도는 실패할 수밖에 없습니다. 여러분과 내가 무한, 편재, 자존(自存)에 대하여 무엇을 알고 있습니까? 우리가 하나님의 계획이라는 바다로 나아갈 때에 그 깊이는 우리의 한계를 훨씬 뛰어넘습니다. 우리는 경외감을 가지고서 그 신비를 바라볼 수 있을 뿐이고, 그것을 이해한다고 공언하는 것은 허풍 그 자체입니다.

무한히 순전하시고 거룩하신 하나님이 죄가 자신의 만유에 침입하도록 허락하기로 결정하신 것, 그리고 악이 천사를 이끌어 타락시켜서 마귀로 변하게 하도록 허락하신 것, 너무나 마땅히 충성을 드려야 할 인간들이 죄악을 저질러 변절함으로써 하늘의 천군천사들의 찬송이 희석되도록 허락하신 것은 우리가 헤아릴 수 없는 깊은 신비입니다. 왜 하나님은 도덕적인 악이 이 아름다운 세상에 들어와서 에덴 동산과 인류를 망쳐놓고 무덤과 지옥을 가득 채우게 된 일이 일어나도록 그냥 놔두셨습니까? 하나님께서 죄가 세상에 들어온 이후에 그대로 계속해서 머물게 하신 이유는 또 무엇입니까? 왜 하나님은 도벳에 감옥을 짓고 화염 벽으로 둘러서 거기에 최초의 마귀를 가두어 놓고 다른 곳으로 가지 못하게 하지 않으신 것입니까? 왜 하나님은 악한 자 마귀가 우는 사자 같이 여기저기를 배회하며 삼킬 자를 찾도록 내버려 두시는 것입니까? 인류가 죄에 감염되었을 때, 왜 하나님은 인류를 다 멸절시키고 죄라는 질병을 제거해 버리지 않으신 것입니까? 마치 우리가 한 성에 전염병이 돌 때에 그렇게 하듯이 말입니다. 왜 하나님은 나병의 마지막 반점까지 다 없어질 때까지 불로 죄라는 나병을 태워 정결하게 하지 않으신 것입니까? 죄를 없애고자 하는 일이라면 인류를 멸절시킨다고 해서 그것이 무슨 대수겠습니까? 하나님께서 처음에 죄가 들어오는 것을 허락하시고, 그런 후에는 죄가 그 치명적인 독을 퍼트리도록 허락하시는 방식으로 죄를 용납하신 것은 참으로 기이한 작정하심이 아닐 수 없습니다.

형제들이여, 택정(擇定)하심과 관련된 하나님의 작정하심, 그러니까 어떤 사람들에게 전혀 선한 것이 없는데도 하나님께서 자신의 은혜의 부요함을 보이시기 위하여 그들을 택하셔서 존귀한 그릇으로 사용하시는 것, 그리고 긍휼히 여기고자 하시는 자들을 긍휼히 여기시고 불쌍히 여기고자 하시는 자들을 불쌍히 여기신다는 것 속에는 얼마나 깊고 심오한 계획이 있겠습니까! 또한, 하나님께서 자신의 무시무시한 진노가 어떠한 것인지를 나타내시기 위하여 벌써 멸망시켰어야 마땅한 진노의 그릇들로 하여금 계속해서 완악해져서 복음에 대적하여 죄를 짓게 하시는 것 속에는 또 얼마나 엄숙하고 깊은 계획이 있겠습니까! 형제들이여, 나는 예정론과 관련된 가르침들을 묵상할 때마다 경외감으로 떨지 않을 수 없습니다. 로마서 9장을 읽으면, 우리는 "이 사람아 네가 누구이기에 감히 하나님께 반문하느냐 지음을 받은 물건이 지은 자에게 어찌 나를 이같이 만들었느냐 말하겠느냐"(20절)라고 말하는 바울의 음성에 압도되고 맙니다. 그렇지만 경외감이 우리의 영혼을 스치고 지나가서, 우리는 이렇게 속삭이게 됩니다:

"크신 하나님, 당신은 너무나 무한히 크시고
우리는 너무나 하찮은 벌레들일 뿐이나이다."

만약 우리가 모든 천사의 모습과 크기가 영원하신 이의 펜으로 그려져 있고, 상수리나무에서 열매 하나가 떨어지는 것에서부터 알프스 산에서 눈사태가 나는 것까지, 그리고 바람이 부는 방향을 정하는 일에서부터 행성으로 하여금 궤도를 따라 운행하게 하는 일까지 만유에서 일어나는 모든 일이 다 기록되어 있는 저 엄청난 책을 펼쳐서 직접 볼 수 있다면, 우리는 이렇게 외치게 될 것입니

다: "너무나 깊고 기이하도다. 내가 어떻게 주를 헤아릴 수 있겠습니까? 나의 다림줄로는 가당치도 않습니다. 내가 헤아릴 수 없으니, 나는 그저 경배할 뿐입니다."

사랑하는 친구들이여, 우리는 영원한 작정하심에 관한 가르침의 신비로 인해서 풀이 죽어서는 안 됩니다. 왜냐하면, 설령 그러한 작정하심이 존재하지 않았다고 하더라도, 또 다른 깊은 바다, 즉 현실(fact)의 신비는 여전히 남아 있을 것이기 때문입니다. 죄가 세상에 있다는 것은 현실입니다. 슬픔이 세상에 있다는 것은 현실입니다. 사망이 세상에 있다는 것은 현실입니다. 여러분은 이러한 일들을 어떻게 이해할 수 있겠습니까? 여러분이 원하신다면 궁창 위의 깊은 바다에 대해서는 눈을 감으십시오. 그러나 여러분을 놀라게 할 또 하나의 깊은 바다가 여러분 바로 옆에 있습니다. 모든 사람이 구원 받는 것은 아님을 기억하십시오. 많은 사람들이 넓은 길로 가서 영원한 멸망에 이르게 되리라는 것은 무시무시한 하나님의 진리입니다. 하나님이 선하시고 전능하신데, 어떻게 그런 일이 일어날 수 있습니까? 여러분은 섭리를 이해할 수 있습니까? 섭리도 예정만큼이나 신비하지 않습니까? 이러한 신비들은 그것들을 정하신 하나님의 계획이 아니라도 바로 현실 속에 존재하는 것이 아닙니까? 그 신비들은 현실임과 동시에 작정하심이 아닙니까? 그러나 이 두 깊은 바다 간에는 얼마나 놀라운 조화가 존재합니까! 나는 바로 그 점에 여러분의 주의를 환기시키고자 합니다. 깊은 바다들이 어떻게 서로 부르는지를 주목해 보십시오. 하나님께서 정하신 일들은 무엇이든지 다 이루어져 왔습니다! 하나님의 뜻은 그대로 다 이루어졌습니다. 여러분은 하나님은 전능하시니 별로 놀랄 일도 아니라고 말할 것입니다. 그렇습니다. 그러나 여러분은 하나님께서 자유의지를 지닌 존재들, 그래서 그 정도만큼 자기로부터 독립적인 존재들을 창조하시기를 기뻐하셨다는 것을 기억할 것입니다. 따라서 여러분이 하나님의 전능하심이라는 단 한 가지 속성을 들어서 섭리와 예정이 일치한다는 사실을 설명할 수는 없습니다. 천사들은 자유의지를 가지고 있었지만 범죄하였습니다. 사람들은 자신의 의도를 따라 행하고 있지만 그들이 모르는 사이에 하나님이 미리 정하신 것들을 성취해 나가고 있습니다. 기이한 것은 바로 여기에 있습니다. 즉, 자신의 의지를 따라 움직이는 사람들이 지금까지 하나님의 영원한 계획을 일점일획까지 다 성취해 왔다는 것입니다. 거푸집에서 찍혀져 나온 것이 그 거푸집에 부응하듯이, 만유의 역사는 지존자의 영원한 계획과 엄숙한 작정하심에 부응해 왔습니다. 형제들이여, 이 두 깊은 바다가 서로를 부르는 소리를 경외감 가운데서 귀 기울여 들으십시오. 기근, 재앙, 전염병, 초토화된 나라, 망한 제국, 전쟁과 살육 — 하나님께서 왜 그런 일들을 허락하시는지 그 이유를 누가 알 수 있겠습니까? 우리는 지혜와 사랑의 보좌에 앉아 계신 저 크신 아버지 하나님을 우러러보고서 다음과 같이 말할 때에야 그런 일들을 받아들이고 우리 영혼이 안식을 가질 수 있을 것입니다: "당신은 그 결국이 어떠할지를 아십니다. 당신은 모든 일을 정하셨고, 겉으로 보기에 악한 것으로부터도 선을 내시고, 선으로부터는 더 선한 것을 내시며, 더 선한 것으로부터는 한층 더 선한 것을 내서서, 점점 더 당신의 이름이 찬송과 영광을 받으시는 쪽으로 이끌어 가시는 것입니다." "깊은 바다가 서로 부르며." 예정이라는 깊은 바다는 섭리라는 깊은 바다에 화답하여 둘이 합쳐서 하나님의 이름을 높입니다!

2. 둘째로, 깊은 환난과 관련해서 이 원리를 살펴보겠습니다.

우리는 이제 앞에서 살펴본 것과 비슷한 또 하나의 경우이지만 이번에는 우리 자신과 좀 더 밀접하고 더 실제적인 경우를 살펴보고자 합니다. 형제들이여, 여러분 중에는 깊은 환난을 견뎌내고 있는 분들이 계실 것입니다. 모든 사람이 똑같이 시련을 겪는 것은 아닙니다. 하나님은 모든 사람에게 동일한 형태와 크기의 쓴 잔을 돌리지 않습니다. 천국 가는 길이 비교적 순탄한 사람들도 있고, 불과 물을 통과하고 사람들로부터 짓밟히며 그 길을 가는 사람들도 있습니다.

나는 큰 물을 헤치며 살아온 형제들에게 말하고자 합니다. 여러분의 삶은 폭풍이 몰아치는 시련의 삶이었습니다. 나는 여러분의 삶에 충분히 공감할 수 있습니다. 왜냐하면, 하나님의 모든 긍휼하심을 따라 이 설교자도 수많은 힘든 시련들로부터 결코 자유롭지 않았고, 사실 그 시련들은 깊은 바다와 같은 것이었기 때문입니다. 외적인 환난들에다 내적인 짓눌림과 괴로움이 합쳐지고, 교회로 인한 괴로움, 가족으로 인한 괴로움, 자신으로 인한 괴로움, 세상으로 인한 괴로움에다 사탄의 시험과 불신앙의 악한 마음에 의한 부추김이 더해질 때, 그 시련들은 깊은 바다 같을 수밖에 없습니다. 하지만 사랑하는 형제들이여, 하나님께서 여러분을 표적으로 택하셔서 근심과 슬픔의 화살들을 특별히 날리시며 여러분을 가혹하게 다루셨다고 생각하지 마십시오. 여러분이 모든 성도 중에서 가장 눈에 띄지 않는 자가 되어서 홀로 잊혀진 채 조용한 곳에서 편히 쉬었으면 좋겠다고 생각하지 마십시오. 도리어, 내가 여러분에게 상기시켜드리고 싶은 것은 여러분이 특별한 시련의 깊은 바다를 경험하였다면, 거기에 상응하는 또 하나의 깊은 바다가 반드시 있으리라는 것입니다. 지금 여러분의 귀와 마음을 열어서 그 시련의 깊은 바다가 자신의 짝인 또다른 깊은 바다를 부르는 소리를 들어보십시오. 내가 하나님의 진리의 메아리들을 전하는 동안에 귀를 기울여 보십시오. 여러분이 수많은 시련을 겪었다면, 하나님의 신실하심의 깊은 바다도 여러분에게 있었다는 것을 기억하십시오. 여러분은 왜 자기가 그런 시련들을 겪었어야 하는지 그 이유를 이해할 수 없었을 것입니다. 그러나 나는 여러분을 향한 하나님의 사랑이 확고하고 변치 않는다는 것을 믿으시기를 간곡하게 부탁드립니다. 여러분이 겪은 환난들에 비례해서 여러분에게는 그 만큼의 위로도 주어졌을 것입니다. 여러분이 얕은 환난들을 경험하였다면, 거기에 걸맞게 얕은 은혜만을 받았을 것입니다. 그러나 여러분이 깊은 환난들을 경험하였다면, 하나님의 신실하심을 보여주는 좀 더 깊은 증거들을 얻었을 것입니다. 내가 현세에서의 환난들만을 생각했다면 아마도 어서 빨리 죽었으면 좋겠다고 생각했을지도 모르지만, 야곱의 전능하신 하나님이 우리의 피난처이시고, 우리를 향하신 그의 뜻을 이루실 때까지 그 손을 거두어들이지 않으실 것이며, 우리를 결코 실망시키지 않으실 것임을 기억했을 때에 나는 딸 시온이 머리를 흔들며 자신의 대적들을 비웃었듯이 그 모든 환난들을 웃어넘기며 힘을 차릴 수 있었습니다.

환난의 깊은 바다는 늘 약속의 깊은 바다를 동반합니다. 많은 환난을 겪은 여러분에게는 좀 더 쉽게 길을 간 성도들에게는 해당되지 않는 위대하고 강력한 말씀이 주어집니다. 여러분은 큰 쓴 잔을 마실 수 있고 잘 숙성된 포도주를 통째로 벌컥벌컥 단숨에 들이마실 수 있는 거인들을 위해 준비된 아주 큰 황금 잔으로 마시게 될 것입니다. 시련과 환난은 우리의 영혼의 용량을 넓혀주는 데에 강력한 힘을 발휘합니다. 우리의 영혼은 좁아져 있고 위축되어 있고 갇혀 있어서, 우리는 "하나님, 내 심령을 넓혀 주옵소서"라고 기도하는 것이 마땅합니다. 그러나 우리 영혼의 용량을 넓히려면, 매일의 환난이 가져다주는 고통과 괴로움이라는 삽이 필요하고, 그렇게 해서 넓혀진 우리의 영혼 속에는 하나님의 차고 넘치는 약속이 들어갈 여지가 생겨납니다. 신자에게 큰 역경은 큰 은혜를 가져다줍니다. 하나님께서는 자신의 종들에게 큰 일을 시키실 때마다 늘 큰 힘도 동시에 주십니다. 또한, 하나님께서는 자신의 종들에게 큰 고난을 주실 때에는 큰 인내심도 아울러 주십니다. 우리가 뉴질랜드의 어떤 소규모 마을의 추장과 전쟁을 치르고자 할 때, 우리 군대는 소요비용을 산출해서 청구하고, 우리는 그 군대가 요구한 대로 수천 파운드의 금화를 지불합니다. 하지만 우리 군대가 영국기를 모독한 어떤 나라의 무자비한 왕을 응징하기 위해 출정할 때, 우리는 수천이 아니라 수백 만 파운드의 금화를 지불해야 합니다. 군대가 작은 마을의 추장을 상대로 전쟁할 때와 한 나라의 왕을 상대로 전쟁을 할 때에 필요한 금액에 차이가 나는 것은 당연한 일입니다. 마찬가지로, 하나님께서 여러분을 통상적이고 흔한 환난들로 부르실 때에는 여러분의 전쟁비용으로 수천 파운드를 주실 것이지만, 여러분으로 하여금 막강한 원수와 치열한 전쟁을 치르게 하실 때에는 그리스도 예수로 말미암아 우리를 향하신 그 은혜의 풍성하심을 따라 수백 만 파운드를 여러분에게 주실 것입니다. 그러므로 나는 할 수만 있다면 큰 수고나 환난을 피하고자 하지 않습니다. 왜냐하면, 거기에는 큰 은혜도 아울러 주어질 것이기 때문입니다. 한 깊은 바다가 또다른 깊은 바다를 부른다면, 하나님께서 우리를 치시게 하고 우리에게 짐을 더하게 하십시오. 우리의 환난당하는 날이 길어질수록 큰 힘이 주어지는 것이라면, 그 날이 어둡고 길게 하십시오. 왜냐하면, 그랬을 때에 우리에게 큰 힘이 주어질 것이고, 하나님이 더 큰 영광을 받으실 것이며, 그의 종들이 더 큰 복을 받게 될 것이기 때문입니다. 나는 모든 환난당하는 그리스도인에게 이 진리를 깊이 묵상할 것을 꼭 부탁합니다. 이 진리는 여러분에게 큰 위로가 되어 줄 것입니다. 아마도 여러분은 아주 최근까지 비교적 편안한 삶을 영위해 오다가, 큰 일이 여러분에게 닥쳤고, 그것이 전환점이 되었을 것입니다. 여러분은 가난 속으로 떨어졌거나, 여러분의 가족이 깨지는 일이 일어났을 수도 있습니다. 아버지가 돌아가셨거나 어머니가 위독하실 수도 있습니다. 친구들이 하나 둘씩 여러분을 떠나갔을 수도 있습니다. 좋습니다. 인생의 고적함을 느끼십시오. 그것은 여러분이 항해해 가기에는 두려운 깊은 바다이고 폭풍우가 몰아치는 깊은 바다일 것입니다. 왜냐하면, 여러분의 작은 배는 거기에서 좌초되기 십상이기 때문입니다. 그러나 또 하나의 깊은 바다가 있다는 것을 잊지 마십시오. 그것을 기억하는 순간 여러분에게서는 현재의 쓰라린 슬픔이 사라지게 될 것인데, 그것은 하늘에 있는 여러분을 향한 결코 식지 않고 영원히 변치 않는 사랑이라는 깊은 바다입니다. 게다가, 결코 깨뜨려질 수 없는 왕의 맹세, 결코 파기될 수 없는 피로 재가된 언약이 있습니다. 여러분은 반드시 도움을 받게 될 것이고, 절대로 혼자 남겨지지 않을 것입니다. 하나님께서 신실하신 분이기를 그치시는 순간 그분은 더 이상 하나님이 아니게 됩니다. 하나님은 여러분을 모든 거센 파도와 물결 가운데서 견고히 붙들어 주셔서 결국 안전하게 땅을 밟게 하실 것입니다. 담대하십시오. 그러면 하나님께서 바로 이 날에 여러분의 마음에 힘을 주실 것입니다.

3. 셋째로, 사람이 비참하고 초라해졌을 때에 거기에 하나님의 은혜가 임합니다.

우리는 머뭇거릴 시간이 없기 때문에 신속하게 세 번째 대지로 넘어가지 않으면 안 됩니다. "깊은 바다가 서로 부르며." 형제들이여, 우리 인류가 얼마나 끔찍한 상태로 떨어졌는지 아십니까? 우리는 우리 조상 아담의 범죄로 인해서 대역죄를 범한 자의 자손이 되었습니다. 우리 인류의 존엄과 존귀는 상실되었습니다. 우리 각자는 죄 가운데서 태어났고 죄악 중에 형성되었습니다. 우리는 악을 향한 선천적인 성향을 지니고서 이 세상에 나왔습니다. 우리는 이 세상에 존재한 이래로 의도적이고 악의적으로 하나님을 거슬러 반역해 왔습니다. 우리는 하나님의 공의에 어긋나는 짓만을 골라서 해왔습니다. 우리는 하나님의 진노하심을 따라 그 임재의 영광으로부터 쫓겨나도 할 말이 없는 사람들입니다. 이 모든 것 외에도, 우리는 하나님이 우리에게 주시겠다고 하시는 온갖 은혜를 다 완강하게 거부합니다. 우리의 의지는 완고해졌고, 우리의 마음은 딱딱합니다. 인간에게는 우리의 영혼을 하나님께로 데려다줄 수 있는 그 어떤 수단도 없습니다. 인간은 하나님을 미워하는 철천지원수이기 때문에 하나님과 화해하고자 하지 않습니다. 인간의 달변과 동정심은 둘 다 인간의 악행과 죄악을 막는 데에 아무런 힘이 없습니다. 이 거대한 괴물은 우리의 칼과 창을 비웃습니다. 타락한 인간의 상태는 그야말로 너무나 슬프고 참담한 모습입니다. 죄인이여, 당신의 상태는 참담합니다. 당신은 나면서부터 철저하게 아무런 소망도 없이 파멸을 향해 가고 있고 영원히 파멸에 처해질 운명입니다. 여러분 자신 안에서 사납게 맹위를 떨치고 있는 그 병을 치료할 길이 없습니다. 여러분을 태워 버릴 저 영원한 불을 피할 길이 없습니다. 나는 결코 한시라도 타락의 심연이 얼마나 깊은지를 조금 누그러뜨려서 말하고자 하지 않을 것입니다. 그 심연은 바닥이 보이지 않을 정도로 깊습니다. 인류의 참상은 아무리 심하게 말해도 결코 과장이 될 수 없습니다. 우리의 눈물이 영원히 끊임없이 흐른다고 해도, 우리 각 사람이 눈물의 선지자였던 예레미야로 변하여 하염없이 운다고 해도, 우리는 결코 인류가 타락하여 멸망에 처하게 된 참상에 대하여 충분히 울 수 없습니다. 인간의 참상은 말로 표현할 수 없을 정도로 깊습니다. 그런데도 나는 왜 이런 말을 스스럼없이 하고 있는 것입니까? 그런 진리를 여러분에게 말씀드리고 있는 나는 내 영혼의 기쁨을 표현하는 말을 도대체 어디에서 찾은 것이겠습니까?

인간의 파멸이라는 깊은 바다에 상응하는 또 하나의 깊은 바다가 있는데, 그것은 하나님의 은혜라는 깊은 바다입니다. 하나님의 무한하신 긍휼과 은혜로 해결될 수 없는 인간의 악은 하나도 없습니다. 보십시오, 하나님 자신이 나사렛 사람으로 성육신하신 것이 아닙니까! 보십시오, 하나님의 아들이 이 땅에 오셔서 섬김과 겸비의 삶을 보내신 것이 아닙니까! 보십시오, 하나님의 아들이 우리를 위하여 모욕과 고통이 뒤범벅된 죽음을 죽으신 것이 아닙니까! 모든 애굽 사람이 홍해 속에서 익사하였듯이, 그리스도의 대속 안에서 신자의 모든 죄는 익사하고 맙니다. 그리스도께서 이루신 구속(救贖)에는 그를 믿는 모든 죄인이 저질렀거나 저지를 수 있는 모든 죄악을 다 속할 능력이 있습니다. 또한, 우리 마음의 완악함과 부패함까지 다 해결할 능력이 있습니다. 보십시오, 깊은 바다가 어떻게 서로 부르는지를 말입니다. 하나님의 영원하신 성령은 황송하게도 우리의 마음속에 거하시기로 작정하셨습니다. 성령은 죽음을 깨워서 생명으로 바꾸시는 분입니다. 성령은 갈급한 심령을 하나님의 은혜의 강물로 채우십니다. 성령은 돌을 살로 바꾸시고, 돌 같이 딱딱한 마음을 부드럽게 약동하게 만드십니다. 그의 이름이 찬송을 받으시기를 원합니다. 성령께서는 우리 영혼 속에서 기이한 일들을 행해 오셨습니다. 성령은 그리스도를 우리 마음에 모셔 와서, 우리로 하여금 자원하여 그리스도 안에서 기뻐하게 하시고 그리스도로 말미암아 구원받게 하십니다. 수많은 영혼들이 지금 보좌 앞에서 하나님의 은혜가 우리의 죄의 깊이보다 더 깊으시고, 우리의 반역의 높이보다 더 높으시며, 우리의 부패의 너비와 크기보다 더 넓고 크시다는 사실을 증언하고 있습니다. 오, 측량할 수 없는 하나님의 은혜의 풍성함이여! 사도 바울은 "깊도다 하나님의 지혜와 지식의 풍성함이여, 그의 판단은 헤아리지 못할 것이며 그의 길은 찾지 못할 것이로다"(롬 11:33)라고 말합니다. 거기에 우리도 전적으로 동감합니다. 여러분, 우리는 이 말씀을 듣고서 용기를 내는 것이 마땅하지 않겠습니까? 여러분은 양심의 가책을 받아 무거운 짐을 지고서 저주 받은 죄인처럼 그렇게 낮아져 계십니까? 여러분은 이 땅에서 지옥의 삶을 살고 계십니까? 여러분은 타다 남은 장작개비 같이 연기만 내고 있습니까? 그렇지만 하나님의 은혜는 지금 당장 여러분을 구해서 하나님의 오른편에 있는 영화롭게 된 자들 속에 한 자리를 차지하게 해줄 수 있는 능력이 있습니다. 여러분의 참상이라는 깊은 바다는 하나님의 은혜라는 깊은 바다를 부릅니다. 여러분은 믿음으로 그 바다의 응답을 들을 수 있습니다.

4. 넷째로, 하나님의 사랑이라는 깊은 바다가 믿는 자의 마음의 성별이라는 깊은 바다를 부릅니다.

사랑하는 형제들이여, 자기 백성인 여러분에 대한 하나님의 사랑의 깊이에 대하여 조용히 묵상해 보십시오. 하나님은 조건 없이 여러분을 사랑하셨습니다:

> "여러분 속에 존중 받을 만한 것이 있거나
> 창조주가 기뻐하실 만한 것이 있나요?
> 여러분이 늘 불러야 할 찬송은
> '옳소이다 이렇게 된 것이 아버지의 뜻이니이다.'"

하나님은 처음부터 여러분을 사랑하셨습니다. 사람들이 연도와 세기(世紀)를 세기 시작하기 전부터 여러분의 이름은 하나님의 마음에 새겨져 있었습니다. 여러분을 향한 영원한 사랑이 하나님의 품 속에 있어 왔습니다. 하나님은 단 한 시도 여러분을 사랑하지 않으신 적이 없었습니다. 그 사랑에는 그 어떤 단절도 없었습니다. 하나님의 손바닥에 새겨진 여러분의 이름은 결코 지워진 적이 없었고, 생명책에 기록된 여러분의 이름이 지워진 적도 없었습니다. 여러분이 이 세상에 온 이후로 하나님은 여러분을 모든 인내를 다하여 사랑해 오셨습니다. 여러분은 자주 하나님의 화를 돋우었습니다. 여러분은 셀 수 없이 많이 하나님을 대적하여 반역하였지만, 하나님이 여러분에게 주신 마음을 거두신 적이 한 번도 없었습니다. 하나님은 앞으로도 그리실 것입니다. 그의 이름이 찬송 받으시기를 원하나이다. 여러분은 하나님의 것이고, 여러분은 앞으로도 언제나 하나님의 것입니다. 예수께서는 "내가 살아 있고 너희도 살아 있겠음이라"(요 14:19)고 말씀하십니다. 여러분을 향한 하나님의 사랑은 끝이 없고 한계가 없습니다. 하나님은 여러분을 지금보다 더 사랑하실 수가 없습니다. 왜냐하면, 하나님은 여러분을 자기 자신처럼 사랑하시기 때문입니다. 앞으로도 하나님은 여러분을 계속해서 그렇게 사랑하실 것입니다. 하나님의 모든 마음은 여러분에게 가 있습니다. "아버지께서 나를 사랑하신 것 같이 나도 너희를 사랑하였으니"(요 15:9).

그 사랑의 결과로 여러분이 무엇을 받았는지를 잠시 묵상해 보십시오. 여러분은 무엇보다도 먼저 독생자라는 선물을 받았습니다. 독생자 예수께서는 수치의 십자가를 위하여 영광의 보좌를 버리셨고, 어둡고 깜깜한 무덤을 위하여 빛나는 영광을 버리셨습니다. 오, 골고다에서 드러난 사랑의 깊이를 우리가 어떻게 헤아릴 수 있겠습니까! 여러분은 자신의 사랑하는 아들을 여러분의 구속주로 주신 하나님의 사랑의 깊이를 절대로 헤아릴 수 없을 것입니다. 지금 생각하십시오. 성령께서 예수 그리스도를 여러분에게 모셔다 주셨습니다. 그때 여러분은 어떤 사람이었습니까? 그때 여러분이 어떤 것들을 사랑하고 있었는지는 말하기조차 창피한 일이었지만, 예수 그리스도께서는 여러분을 씻기시고 깨끗하게 하시고 거룩하게 해주셨습니다. 오, 그리스도의 피로 한 저 복된 목욕이여! 오, 하나님의 은혜의 풍성하심을 따라 이루어진 죄 사함을 통해 드러난 사랑의 깊이여! 여러분의 본성을 바꾸셔서 여러분이 이전에 미워했던 것을 이제는 사랑하게 만드는 것은 얼마나 큰 하나님의 은혜의 역사였습니까! 또한, 여러분의 배가 제대로 방향을 잡고 나아갈 수 있도록 지켜 주신 것은 얼마나 큰 하나님의 은혜의 역사였습니까! 여러분은 종종 세상으로부터 밀려오는 조류에 휩쓸려 표류하다가 좌초되거나 이전에 있던 곳으로 되돌아갈 수 있었는데, 그때마다 하나님께서 강한 손으로 여러분의 배를 붙잡아 주셔서 계속해서 천국을 향하여 갈 수 있게 해주셨습니다. 그리고는 여러분의 배는 복된 순풍을 타고 순조롭게 항해해 왔습니다. 비록 느리기는 하지만, 여러분은 천국이라는 항구를 향해 여전히 가고 있는 중입니다. 여러분에게 나타났던 하나님의 사랑이 바로 사랑의 천국입니다. 나는 하나님의 권속 중 한 사람에 불과한데도, 하나님께서 이 보잘것없는 내게 베풀어 주신 사랑을 나는 측량할 수 없습니다. 내게 그 사랑은 지옥보다 깊고 천국보다 높으며 영원보다 길고 그 어떤 광대함보다 더 넓게 느껴집니다. 나는 그 사랑을 이해할 수 없습니다. 그러나 그 사랑은 나와 여러분에게 "깊은 바다가 서로 부르며"라는 말씀을 상기시켜 주는 것이 아니겠습니까? 오, 그토록 나를 사랑해 주신 내 하나님을 내가 사랑하는 것이 마땅하지 않겠습니까! 오, 내 구주로 하여금 피 흘리시게 만든 저 죄를 내가 미워하는 것이 마땅하지 않겠습니까! 구주의 슬픔이라는 깊은 바다가 여러분의 영적인 회개라는 깊은 바다를 부릅니다. 그리스도의 고뇌가 우리의 죄를 죽이라고 부릅니다. 형제들이여, 하나님이 그토록 우리를 사랑하셨다면, 그것은 또다른 깊은 바다를 부릅니다. 즉, 우리가 서로 사랑하는 것이 마땅하다는 것입니다. 하나님이 우리를 용서하셨다면, 우리는 우리에게 죄 지은 모든 자를 다 용서해 주어야 한다는 깊은 바다를 볼 수 있어야 합니다. 나를 죽기까지 사랑하신 이의 형제들인 하나님의 성도들을 내가 아무리 많이 사랑한들 어떻게 그것으로 충분할 수 있겠습니까? 하나님께서 나를 구원하셨다면, 내가 가엾은 죄인들을 구원하기 위하여 내 목숨을 내놓는 것이 마땅하지 않겠습니까! 내가 십자가의 보혈로 하나님과 화목되었다면, 예전의 나처럼 지금도 여전히 멸망 길을 방황하는 양들을 찾아서 구원하는 일에 내가 온 힘을 쏟는 것이 마땅하지 않겠습니까! 예수께서 나를 그토록 사랑하셨다면, 내가 그를 사랑하는 것이 마땅하지 않겠습니까! 형제들이여, 나는 이 시간에 굳이 다른 그리스도인들에 대하여 말하고 싶지 않습니다. 내 자신만 보아도, 나는 성별된 사람으로서 마땅히 가져야 할 모습을 별로 보이지 못해 왔다는 것을 인정합니다. 나는 열심이 특심하였고 온전히 성별된 삶을 살았던 하나님의 종들의 전기를 읽을 때마다 그들은 거대한 거인 같고 나는 그들의 거대한 다리 아래로 걸어가는 난쟁이 같다고 느꼈습니다. 그리스도를 제대로 섬긴다는 것은 우리가 가진 것 중에서 사소한 것들을 종종 그리스도께 드리고는 우리가 그것을 드렸다는 사실조차 잊어버리는 것이 아니라, 우리의 힘에 지나도록 모든 것을 드려서 기쁜 마음으로 그리스도를 섬기는 것을 의미합니다. 그리스도를 제대로 섬긴다는 것은 침묵하는 것이 수치스러운 일이 될 때에 종종 그리스도를 위하여 좋은 말 한마디를 하는 것을 의미하는 것이 아니라, 우리의 삶 전체가 우리를 향하신 그리스도의 사랑에 대한 증언이 되게 하는 것을 의미합니다. 그리스도를 제대로 섬긴다는 것은 마치 문 밖에 있는 거지에게 떡 한 조각을 아까워하며 주는 것처럼 우리 영혼의 한 부분이나 한 조각을 그리스도께 드리는 것을 의미하는 것이 아니라, 우리의 몸과 혼과 영을 드리고 우리의 존재 전체를 희생제물로 드리는 것을 의미합니다. 황소를 제단으로 끌고 와서 제단 뿔들에 묶은 후에 죽여서 그 기름과 내장까지 다 드렸던 것처럼, 우리도 우리 존재 전체를 하나님께 드리지 않으면 안 됩니다. 우리가 좀 더 진정으로 성별되어 하나님께 드려질 수 있게 하여

주옵소서! 예수께서 우리를 위해 그렇게 하셨기 때문에, 우리도 예수를 위해 더욱 그렇게 하려고 애쓰는 것이 마땅합니다. 이 아침에 하나님의 사랑이라는 깊은 바다가 우리 안에 있는 감사하는 영혼이라는 깊은 바다를 불러내고, 그것이 영원한 성령이라는 깊은 바다를 불러내어, 우리로 하여금 하나님의 의와 영광을 위하여 온전히 드려질 수 있게 해주시기를 빕니다.

5. 다섯째로, 하나님의 오래 참으심이라는 깊은 바다가 있습니다.

시간이 별로 없어서, 나는 또 하나의 깊은 바다를 말씀드리고 말씀을 끝맺고자 합니다. 이 세상에는 회개하지 않고 은혜를 모르는 사람들을 향한 하나님의 오래 참으심이라는 깊은 바다가 존재합니다. 하나님의 오래 참으심이라는 깊은 바다는 내세에서의 헤아릴 수 없고 결코 끝나지 않을 진노라는 깊은 바다를 부릅니다. 이것은 아주 엄중한 주제이기 때문에, 나는 아주 엄숙하게 말씀을 드리고자 합니다. 따라서 나는 여러분, 특히 아직 회심하지 않으신 분들이 아주 진지하게 들어주시기를 부탁드립니다. 하나님께서 불경건한 자들이 계속해서 악을 저지르며 살아가도록 허용하시는 것은 아주 큰 신비입니다. 밤중에 우리가 살고 있는 이 도시의 길거리를 걸어다니면서 눈에 보이는 것들을 잘 살펴보십시오. 여러분은 속으로 이렇게 소리치게 될 것입니다: "아니, 이런 데도 하나님이 그냥 놔두시나! 소위 기독교 도시라는 곳의 한복판에 저런 고약한 소돔이 있다니." 추악한 소굴들 중의 한 곳으로 들어가 보십시오. 그러면 여러분은 "하나님은 원하시기만 하시면 순식간에 이런 것들을 다 쓸어 버리실 수 있으실 텐데 왜 그렇게 하지 않으시는 거지?"라고 생각하게 될 것입니다. 하나님을 욕하는 자들이 하는 말들을 잠시 들어 보십시오. 그들이 하늘에 계신 엄위하신 분을 얼마나 극악무도하게 모욕하는지 말입니다. 그들은 그들 자신, 그들의 사지, 그들의 눈, 그들의 영혼에 저주가 내리기를 빌고 또 빌고 있는 것입니다. 그들은 도대체 무슨 짓을 하고 있는 것입니까? 그들이 하나님께 순종하고 싶지 않다고 하더라도, 적어도 하나님을 정면으로 모욕하지 말고 그대로 놓아둘 수는 있지 않겠습니까? 근래에 하나님을 욕하는 어떤 사람이 연단에 서서 이렇게 말했다고 합니다: "하나님은 없습니다. 만약 하나님이 있다면"(시계를 찬 자신의 손을 앞으로 내밀며) "하나님이 나를 5분 내로 쳐 죽이시오." 그러고서는 그 사람은 5분이 지나도 자기가 멀쩡히 살아 있는 것을 들어서, 하나님은 없다고 큰소리를 쳤다고 합니다.

하나님은 너무나 크신 분이어서, 그 사람 같이 하찮고 어리석은 사람이 그런 식으로 말했다고 해서 인내심의 바닥을 보이실 분이 아닙니다. 만약 하나님이 진짜 하나님이 아니었다면, 그런 하나님은 그 사람을 쳐서 죽였을 것이지만, 마치 사람이 여치가 운다고 해도 화내지 않는 것처럼 우리의 하나님은 그 일을 그냥 초연히 넘기셨습니다. 그렇지만 하나님의 오래 참으심은 분명히 너무나 기이하고 놀랍습니다.

나는 존 라일런드(John Ryland) 목사님이 노예무역 문제가 처음으로 세상의 주목을 받기 시작하였을 때에 열린 한 모임에 참석했다가 아프리카와 미국을 오가는 해상로에서 벌어진 잔인무도한 일들에 대한 이야기를 듣고서는 너무나 엄청난 일이라서 분노가 머리끝까지 올라와서 무릎을 꿇고 "의로우신 하나님, 저 쓰레기 같은 자들에게 벼락으로 천벌을 내리소서"라고 기도하였다는 말을 들은 적이 있습니다. 나도 압제와 폭력, 잔혹한 일들이 벌어지는 것을 볼 때에 그런 일을 자행하는 자들에게 하나님께서 속히 보복하셨으면 좋겠다는 생각이 들고, 벼락을 내릴 수 있는 권한이 내게 없다는 것에 대하여 너무나 감사하곤 합니다. 그러나 하나님은 지옥에서나 일어날 법한 극악무도하고 추악한 일들이 거듭거듭 벌어져도 묵묵히 지켜보고만 계십니다. 하나님은 사람들이 저지르는 죄악들을 묵인하는 것처럼 보이기까지 합니다. 형제들이여, 만약 어떤 잔인한 자들이 우리의 자녀를 납치해서 고문하고 산 채로 불태워 죽인다면, 여러분과 내가 어떻게 할 것 같습니까? 아마도 우리는 분노가 머리끝까지 치솟아 올라서 당장 그 자들이 있는 곳으로 쳐들어가지 않겠습니까! 그러나 그리스도의 날로부터 지금에 이르기까지 우리가 우리 자녀를 사랑하는 것보다 하나님이 더 사랑하시는 하나님의 자녀들이 감옥에 갇혀서 죽어 갔습니다. 그들은 톱으로 잘려서 죽임을 당하기도 했습니다. 그들은 양과 염소 가죽을 뒤집어쓴 채로 여기저기를 유리하기도 했습니다. 그들은 스미스필드(Smithfield)를 비롯해서 수많은 곳에서 화형을 당하기도 하였고, 알프스 산을 자신들의 피로 붉게 물들이기도 했습니다. 그런데도 하나님께서는 오래 참으심의 깊은 바다에서 잠잠하셨습니다. 물론, 장기적으로는 섭리에 의한 원수 갚으심이 있어 왔습니다. 인류 역사는 하나님이 모든 박해에 대하여 어떤 식으로 원수를 갚아 오셨는지를 보여줍니다. 하지만 여전히 보응은 느립니다. 앤 애스큐(Anne Askew)를 단죄했던 보너(Bonner) 주교를 관통한 불화살들은 없었습니다. 도미티아누스나 네로 황제가 하나님의 백성을 모욕하며 죽였을 때에도, 그들이 즉시 벼락에 맞아 죽는 일은 일어나지 않았습니다. 하나님은 그런 자들에 대하여 오래 참으시고, 하나님의 오래 참으심은 깊고 깊은 바다입니다.

우리 자신을 한번 보십시오. 이 전에 앉아 계시는 여러분에게 하나님이 보이신 오래 참으심은 얼마나 깊은 바다였습니까! 여러분은 예수 그리스도에 대하여 자주 들어왔지만 그를 영접하지 않았습니다. 여러분은 구원의 길을 알았지만 그 길로 달려가지 않았습니다. 나는 여러분에게 모든 정직함과 간절함으로 호소했고, 여러분도 깨어났지만 결국 또다시 죄에 대한 자각을 묵살하고 질식시켜 버렸습니다. 여러분은 의도적으로 죄를 선택해 왔고, 다 알면서도 그리스도의 피로부터 도망쳐 왔습니다. 여러분 중에서 특히 회심하지 않으면서도 계속해서 이 전에 오시는 분들을 보면, 나는 참 신기하다는 생각까지 듭니다. 그런 분들은 자신의 양심이 계속해서 채찍을 맞아서 결코 즐거울 수 없을 것인데도, 이렇게 예배에 꼬박꼬박 나오시는 것을 보면 말입니다. 나는 그런 분들께 다시 한 번 여러분은 뻔히 다 알면서도 육체의 정욕과 불경건한 이득과 술 취함을 선택하셨다는 것을 말씀드리고자 합니다. 하나님의 빛이 어느 정도 여러분의 영혼을 비추었는데도, 여러분은 의도적으로 하나님을 거슬러 반역하는 쪽을 선택하셨습니다. 나는 여러분이 결국에는 회개할 수 없을 정도로 마음이 완악해지고 굳어지게 되지는 않을까 염려합니다. 제발 부탁하건대 지금 귀 기울여 경청하십시오. 하나님이 오래 참으심의 깊은 바다를 여러분에게 보여주시는 것이 분명한 것과 마찬가지로, 공의의 깊은 바다도 준비되어 있다는 것도 분명하다는 것을 여러분은 아셔야 합니다. 하나님은 느리게 보응하시지만 반드시 남김없이 끝까지 보응하십니다. 하나님은 맷돌을 느리게 가시지만, 아주 확실하고 철저하게 모든 것을 고운 가루가 될 때까지 가십니다. 원수 갚는 천사들의 발은 솜뭉치로 만든 신을 신고 있지만, 그들이 가는 길에서 결코 돌아서지 않습니다. 성경은 그리스도를 배척한 자들이 떨어질 지옥이 있다고 말씀합니다. 거기에서 그들의 참상은 자세하게 묘사되어 있지 않아서 희미하게 추측만 할 수 있을 뿐이지만, 성경은 그 참상에 대하여 "거기에서는 구더기도 죽지 않고 불도 꺼지지 아니하느니라" (막 9:48)고 말씀합니다. 그 참혹한 삶은 천국에서 복락을 누리는 삶과 마찬가지로 영원토록 지속될 것이라고 합니다. 예수님의 증언에 의하면, 성도들은 영원한 기쁨 속으로 들어갈 것이고, 불경건한 자들에 대한 벌도 마찬가지로 영원히 계속되리라는 것입니다. 사람이 죽어서 벌을 받아 존재 자체가 없어질 것이기 때문에 괜찮다는 망상으로 여러분 자신을 속이지 마십시오. 여러분이 받을 벌에 그래도 끝이 있을 것이라고 착각하지 마십시오. 그런 착각이 사실일 가능성이 조금이라도 있다면, 그런 지옥은 이미 지옥이 아닐 것입니다. 왜냐하면, 지옥의 본질은 절망에 있기 때문입니다. 그리스도 예수 안에서 준비되어 있는 사랑이 한이 없듯이, 하나님의 진노도 한이 없어서 그 진노에 엄청난 공포가 있을 것임을 기억하십시오. 구원하는 일에 능력이 있으신 손은 멸망시키는 일에도 마찬가지로 능력이 있습니다. 모든 권능이 구원하는 일에 집중되어 왔지만, 그것이 배척당했을 때에 이번에는 그 동일한 권능이 부수는 일에 집중될 것입니다. 하나님을 시험하지 마시기 바랍니다. 여러분의 죄악이라는 깊은 바다는 이미 하나님의 공의라는 깊은 바다에 도전하고 있습니다. "돌이키고 돌이키라 너희 악한 길에서 떠나라 어찌 죽고자 하느냐"(겔 33:11). 여러분이 감당할 수 없고 이길 수 없고 피할 수 없는 하나님의 진노가 깨어나게 하지 마십시오. 관목 수풀에서 일어난 불길처럼 한번 맹렬하게 타오르면 끌 수 없는 그런 불이 타오르게 하지 마십시오. 여러분의 영혼으로 하여금 여호와의 손 방패에 돋아 있는 돌기들을 향해 돌진하게 하지 마십시오. 하나님의 번쩍이는 창끝을 향해 돌진하지 마십시오. 하나님께서 여러분이 하나님의 오래 참으심과 공의라는 깊은 바다들을 시험하지 않도록 영원하신 긍휼을 여러분에게 베풀어 주시기를 빕니다.

**6. 여섯째로, 하늘에 있는 성도들이 누리는 지극한 복이라는 깊은 바다가
이 땅의 성도들의 마음속에 있는 기쁨과 감사라는 깊은 바다를 부릅니다.**

형제들이여, 하늘에 있는 성도들에게는 거룩한 행복과 지극히 복된 삶이라는 깊은 바다가 있고, 오늘 그 깊은 바다는 아직 이 아래 세상에서 살아가는 성도들의 마음속에 기쁨과 감사라는 깊은 바다를 부르고 있습니다. 그렇습니다. 우리가 이 사망의 몸에서 해방될 그 날이 오고 있고, 시간의 날개를 타고 더 가까이 오고 있습니다. 우리는 영원히 가슴 아파하고 죄악되게 살아가며 슬퍼하고 있지는 않을 것입니다. 우리는 머지않아 우리를 방해하며 못살게 굴고 있는 모든 것으로부터 해방될 것입니다. 그리스도께서 우리가 사는 날 동안에 우리를 자기에게로 데려가지 않으신다고 해도, 우리는 머지않아 그에게로 가서 그가 계신 곳에서 그와 함께 거하게 될 것입니다. 천국에서 살아가는 즐거움이 어떠하겠습니까! 그리스도와 함께하는 기쁨은 또 어떠하겠습니까! 신부가 신랑을 만나 영원히 함께 하는 기쁨은 어떠하겠습니까! 자녀가 영원히 아버지의 품에 안기게 된 기쁨은 어떠하겠습니까! 위 세상에서 살아가는 삶이 어떠하겠습니까! 영원히 순전한 삶! 영원히 그 어떤 시험도 받지 않는 삶! 안전하고 복된 삶! 모든 두려움에서 해방된 삶! 모든 복을 차고 넘치게 누리는 삶! 그리스도인들이여, 여러분은 머지않아 그리스도와 함께 살게 될 뿐만 아니라 그리스도와 같이 될 것입니다. 그리스도와 마찬가지로, 여러분도 면류관을 쓰게 될 것이고 복된 삶을 살게 될 것입니다. 여러분이 깨어나서 그리스도와 같게 된 것을 볼 때에 그 만족함이 어떠하겠습니까! 또한, 나는 황금으로 된 수금들, 세상에서 볼 수 없었던 빛으로 빛나는 길거리들, 진주 문들, 늘 울려 퍼지는 찬송들, 12가지 열매를 맺는 나무들 사이로 유유히 흐르는 생명수 상에 내해서 밀할 수 있지만, 더 이상 말하지 않으려 합니다. 왜냐하면, 이 모든 것들은 내가 이미 말한 것에 비하면 작은 일들일 것이기 때문입니다. 여러분은 그리스도와 함께하게 될 것이고, 그리스도와 같이 될 것입니다.

　사실 천국은 크고 깊은 바다입니다. 장래에 이루어질 하나님의 교회의 영광스러운 역사도 크고 깊은 바다입니다. 그리스도께서 이 땅을 다스리시고, 악한 천사들을 심판하시며, 공중에 권세 잡은 자를 사로잡으시고, 우리의 몸이 그리스도의 영광의 몸의 형상으로 부활하며, 그리스도와 영원히 함께 사는 것 — 이러한 일들은 우리의 눈으로 보지 못했고 우리의 귀로 듣지 못했던 일들입니다. 천국은 복되고 깊은 바다입니다. 나는 불이 섞인 유리 바다처럼 생긴 천국을 보는 것 같고, 그 바다 위에서 수금 타는 자들이 영원히 수금을 타는 것을 듣는 것 같습니다. 여러분이 그것을 생각하실 때에 여러분의 영혼의 깊은 바다가 깨어나게 되기를 빕니다. 천국은 여러분의 것입니다. 왜냐하면, 주님께서 "내가 너희를 위하여 거처를 예비하러 가노니 가서 너희를 위하여 거처를 예비하면 내가 다시 와서 너희를 내게로 영접하여 나 있는 곳에 너희도 있게 하리라"(요 14:2-3)고 말씀하셨기 때문입니다. 사도 바울도 "만일 땅에 있는 우리의 장막 집이 무너지면 하나님께서 지으신 집 곧 손으로 지은 것이 아니요 하늘에 있는 영원한 집이 우리에게 있는 줄 아느니라"(고후 5:1)고 말합니다.

　나는 우울해하는 것조차도 부끄럽습니다. 슬퍼하는 것조차도 창피합니다. 천국의 기쁨을 기대하는 것은 복된 일입니다. 또한, 그것은 우리가 이 땅에서 겪는 작은 환난으로 인해서 우리의 연약한 마음이 아주 쉽게 눌리고 우울해하는 것을 부끄럽게 만듭니다. 슬퍼하는 성도들이여, 여러분은 오늘도 베옷을 입고 있습니다. 그것은 여러분이 의도적으로 재를 뿌리며 슬퍼하기로 결정한 것입니다. 여러분은 얼마든지 옷장에서 다른 옷을 꺼내 입고 오실 수도 있지 않았습니까? 당신이 환난을 겪고 있습니까? 그렇더라도 점이나 흠이 없는 흰 옷을 꺼내 입으십시오. 그 옷이 당신에게 얼마나 잘 어울립니까! 당신은 머지않아 그런 흰 옷을 입게 될 것입니다! 이제 영원히 시들지 않을 면류관을 당신의 머리에 쓰십시오. 당신은 가난한 종이거나 일꾼이어서, 당신의 머리는 자주 힘들고 지치고 아팠습니다. 그러나 지금 면류관을 쓰십시오. 면류관을 쓴 당신의 모습은 얼마나 당당합니까! 그 면류관은 다른 누구의 머리가 아니라 바로 당신의 것입니다. 당신은 머지않아 그 면류관을 쓰게 될 것입니다. 얼마 후에 당신은 죽어서, 또는 주님의 재림으로 당신의 보좌와 당신의 나라로 가게 될 것입니다. 지금 당신의 손에 저 종려가지를 드십시오. 그 모습이 얼마나 좋아 보입니까! 그 종려가지가 나타내는 승리를 생각하는 당신의 눈이 얼마나 빛나고 있습니까! 일어나서 당신의 지친 발에 은으로 된 신발을 신으십시오. 당신의 몸을 당신의 혼인을 위해 준비된 보석들과 장신구들로 치장하십시오. 벽에 걸어둔 수금을 내려서 그 천상의 현들을 당신의 손으로 타보십시오. "내 영광아 깰지어다 비파야, 수금아, 깰지어다 내가 새벽을 깨우리로다"(시 57:8). 자기 백성을 위하여 자신의 오른편에 영원히 즐거움의 강들을 준비하신 하나님께 찬송을 드립니다. 우리의 영혼은 하나님이 준비해 놓으신 것들을 누릴 날을 기다립니다. 지금 이 시간에 우리는 믿음으로 생명나무의 열매를 먹고 생명샘에서 물을 마십니다. 의인들인 여러분, 박수를 치십시오. 제금, 곧 높은 소리 나는 제금을 울리고, 여러분에게 한없는 안식을 준비해 놓으신 하나님을 영원토록 찬송하십시오. 이렇게 "깊은 바다가 서로 부릅니다."

우리 주 예수 그리스도의 은혜와 하나님 아버지의 사랑과 성령의 교통하심이 여러분에게 영원히 함께 하시기를 빕니다. 아멘, 아멘.

제
48
장

—

건강의 비밀

—

"내 얼굴빛을 건강하게 하시는 분이요 내 히니님이신 그를
내가 여전히 찬송하리로다." — 시 42:11, KJV

이 시편에 나오는 또 다른 한 절이 나를 사로잡기 때문에, 그 절이 오늘 내가
다루고자 하는 본문은 아니지만, 나는 그 절을 잠시 살펴보고 넘어갈까 합니다.
5절에서 시편 기자는 "그가 나타나 도우심으로 말미암아 내가 여전히 찬송하리
로다"라고 말하고, 그런 후에 "내 얼굴빛을 건강하게 하시는 분이요 내 하나님이
신 그를 내가 여전히 찬송하리로다"(11절, KJV)라는 본문이 이어집니다. 하나님
의 얼굴빛은 우리의 도움이시고, 하나님 자신은 우리의 얼굴빛을 건강하게 하시
는 분이라는 것입니다. 사람이 환난의 때에 얻을 수 있는 최고의 도움은 하나님
의 얼굴빛입니다. 사람이 하나님의 사랑을 누리고 있고 하나님께 열납되고 있다
고 느낀다면, 그는 즉시 그 어떤 것이라도 감당하고 행할 수 있을 정도로 강건해
집니다. 하나님의 임재가 하나님의 자녀인 여러분과 함께 하시기를 구하십시오.
일단 하나님의 임재가 함께 하면, 여러분은 사자 굴에 들어갈 수도 있고 용광로
속을 거닐 수도 있으며 사망의 철문도 통과할 수 있습니다. 하나님이 지켜보시
는 것은 하나님의 백성에게 생명이자 힘입니다. 5절에 대해서는 이 정도로 마치
고, 이제 5절에 비추어서 11절을 살펴보겠습니다. 하나님의 얼굴빛으로부터 오
는 이 도우심은 대개 신자들의 얼굴빛이 건강하게 되는 것을 통해서 옵니다. 우
리의 짐을 줄이는 것은 하나님이 기뻐하시는 것이 아닐 수 있지만, 하나님이 우

리에게 힘을 더해 주시면 그 효과는 동일합니다. 하나님께서 자신의 군사를 전쟁터에서 물러나게 하지는 않으시지만, 그 군사의 사기를 북돋워 주시고 힘을 더해주신다면, 그것이 그 군사에게는 더 좋을 수 있습니다. "사람의 심령은 그의 병을 능히 이기려니와 심령이 상하면 그것을 누가 일으키겠느냐"(잠 18:14). 어떤 사람의 얼굴빛을 건강하게 해주면, 이전 같았으면 자기를 무참하게 짓밟고도 남았을 자가 공격해 와도 여유 있게 웃을 수 있습니다. 메뚜기조차 부담이 되는 때도 있지만, 불굴의 용기가 치솟아서 "큰 산아 네가 무엇이냐 네가 스룹바벨 앞에서 평지가 되리라"(슥 4:7)고 말할 수 있는 때도 있습니다. 모든 것은 그 사람의 상태에 달려 있습니다. 병든 눈에는 아름다운 것이 없습니다. 입맛을 잃은 혀에는 달콤한 것이란 더 이상 존재하지 않습니다. 아무것도 듣지 못하는 귀에는 아름다운 화음도 정적(靜寂)일 뿐입니다. 우리의 행복은 주변 환경보다는 우리 자신의 상태에 달려 있습니다. 우리 모두가 원해야 하는 큰 것은 우리의 영과 혼과 몸이 온전해지는 것, 즉 거룩해지는 것입니다. 왜냐하면, 거룩하다는 것은 우리가 인간으로서 온전하다는 것이기 때문입니다. 죄는 병이고, 의로움은 건강함입니다. 우리는 모두 고침을 받아야 합니다. 고침을 받았을 때에 우리는 건강해질 수 있습니다. 하나님이 우리를 회복시키시면, 우리의 본성은 온전히 건강해질 수 있습니다. 인류의 타락과 우리 자신의 죄로 말미암아 우리는 각양각색의 병들의 먹잇감이 되었기 때문에, 하나님이 처음에 사람을 창조하셨을 때의 거룩하고 건강한 본성으로 되돌아가기 위해서는 하나님의 능력이 필요합니다. 하나님께서 세상을 창조하시고 사람을 자신의 형상을 따라 지으신 후 그 세상 속에 두시고 나서 "그 모든 것을 보시니 보시기에 심히 좋았더라"(창 1:31)고 성경은 말씀합니다. 이 아침에 나는 우리가 온전한 사람이 되었을 때의 건강함에 대하여 말씀을 전하고자 합니다. 내가 말씀을 전하는 동안에, 하나님께서 우리 모두로 하여금 하나님이 우리의 얼굴빛을 건강하게 하시는 분이요 우리의 하나님이시라는 것을 알게 해주시기를 빕니다.

1. 첫째로, 온전한 건강은 큰 복입니다.

우리가 가장 먼저 살펴볼 것은 본문에서 자연스럽게 도출되는 내용으로서, 아주 진부해 보일 수도 있겠지만, 온전한 건강은 큰 복이라는 것입니다. 나는 단지 육체가 건강한 것을 말하는 것이 아닙니다. 왜냐하면, 육체가 건강한 것이 복이라고 말하는 것은 누구도 이의를 제기하지 않을 너무나 뻔한 말을 하는 것이기 때문입니다. 사람은 육체 이상의 존재입니다. 사람은 생령(living soul)이기도 합니다. 한 걸음 더 나아가서, 중생한 사람 속에는 육과 혼과 영으로 이루어진 세 본성이 존재합니다. 여러분이 중생하지 않았다고 하더라도 여러분 속에는 육과 혼이라는 두 본성이 있습니다. 나는 여러분이 거듭나서 세 본성을 지니고 있어서 하나님으로부터 난 더 고귀한 요소가 여러분에게 있기를 바라지만, 어쨌든 여러분 모두의 존재는 단지 육체로만 되어 있는 것은 아닙니다. 그리고 내가 여러분이 건강하다고 말할 때, 그것은 여러분의 존재 전체가 건강하다는 것을 의미합니다. 온전한 건강은 영과 혼과 육이 올바른 상태에 있는 것입니다. 우리의 몸이 죽은 자 가운데서 부활하여 썩지 않는 몸이 되고, 우리의 혼이 모든 더러움으로부터 깨끗하게 되며, 우리의 거듭난 영이 온선하게 되어시, 우리의 전 존재가 영화롭게 될 때에 천국에서 우리는 온전히 건강해질 것입니다.

우리의 존재가 이렇게 온전히 건강해지는 것은 이루 말할 수 없이 귀한 일입니다. 왜냐하면, 그것은 우리 인류가 처음으로 지음을 받아 에덴 동산에 있었던 때의 상태였기 때문입니다. 인간이 에덴 동산에서 행복했던 것은 단지 그 기쁨의 동산에서 향기로운 꽃들이 만발하였고 맛있는 과실들이 지천으로 널려 있었기 때문만이 아니라, 죄라는 병이 인간 본성의 그 어떤 부분도 아직 물들이지 않았기 때문이었습니다. 그때에는 인간의 육체의 소욕들은 정신적인 기능들을 지배하지도 않았고, 정신적인 능력들이 다른 기능들을 짓밟지도 않았으며, 지식으로 인한 교만이 크신 아버지 하나님을 경배하는 어린아이 같은 영을 밀어내지도 않았습니다. 인간이라는 존재는 잘 균형이 잡혀 있었고, 그의 모든 능력들은 온전한 상태에 있었습니다. 아담은 모든 면에서 하나님이 본래 창조하고자 하셨던 그 모습을 지니고 있었습니다. 왜냐하면, 아담은 하나님이 실제로 창조하신 모습 그대로였기 때문입니다. 제작자의 손에서 지금 만들어져 나온 완벽한 시계의 톱니바퀴들이 태엽을 중심으로 서로 잘 맞물려 돌아가는 것과 마찬가지로, 아담의 본성도 온전한 질서 속에서 그런 식으로 작동을 하였습니다. 하지만 슬프고 안타깝게도 지금 우리는 전혀 그렇지가 않습니다!

온전한 건강은 우리 인류가 최초에 누렸던 행복이었던 것과 마찬가지로 우리가 마지막에 영원히 누리게 될 행복이 될 것입니다. 왜냐하면, 천국은 단지 황금 거리들과 감미로운 선율이 흘러나오는 수금들, 놀랍고 기이한 빛을 발하는 날개 있는 피조물들이 있는 곳일 뿐만 아니라, 온전함이 실현되어 있는 곳이기도 하기 때문입니다. 타락과 부패의 허물이 벗겨진 영혼은 원래의 모습으로 되돌아와서, 사람은 "그의 살이 청년보다 부드러워지며 젊음을 회복하게"(욥 33:25) 될 것입니다. 그러므로 첫 번째 낙원은 영적인 건강이었고, 우리는 그 영적인 건강의 회복 없이는 두 번째 낙원에 결코 이를 수 없습니다. 죄 사함, 의의 전가, 믿음으로 의롭게 되는 것이 만약 내적인 변화와 아무 상관이 없다면, 사람은 자신의 영혼이 열망하는 행복을 얻을 수 없을 것입니다. 건강이 우리의 내면을 지배해야 합니다. 그렇지 않으면, 우리가 천국의 보좌에 앉게 되리라는 말은 공허한 말이 되고 맙니다.

어느 정도의 건강은 오늘 우리의 행복에도 필수적입니다. 이 땅에서 정욕으로 활활 타오르는 사람은 그 누구도 행복한 사람이 될 수 없습니다. 그는 육정(肉情)이 활활 타오를 때에는 행복하다고 느낄 수 있을지 모르지만, 육정의 불길이 지나가고 으스스한 가책이 찾아오면 괴로움과 참담함이 그의 몫이라는 것을 감히 부정하지 못할 것입니다. 분노, 시기, 앙심, 탐욕, 불만족, 교만, 고집 등은 모두 행복에 치명적인 해를 끼치는 질병들입니다. 자기 자신을 완전히 세상에 내주어서, 무감각에 사로잡힌 사람들도 있을 것입니다. 그런 사람들은 무감각 속으로 들어가서 그 어떤 고통도 느끼지 않고, 영적인 사망의 무감각 속에서 행복감을 발견합니다. 하나님께서 여러분을 이 무시무시한 편안함, 이 끔찍한 혼수상태로부터 건져 주시기를 빕니다. 왜냐하면, 그것은 참된 행복이 아니라 영원한 사망의 전조이기 때문입니다. 철저한 검증에서 살아남을 수 있는 절대적인 행복, 즉 참된 기쁨과 평안과 복락은 어떤 사람의 본성이 서로 불화하는 동안에는 결코 그 사람에게 주어질 수 없습니다. 참된 행복을 얻으려면, 사람은 자신의 내면에서 화목을 이루지 않으면 안 됩니다. 인간 본성의 중심인 믿음이라는 태양, 행성들인 감정들, 유성들에 비견될 수 있는 생각들이 각각 제자리를 잡고 잘 운행하게 될 때에야 비로소 인간 본성이라는 소우주는 서로가 잘 조화되어서 함께 노래할 수 있게 됩니다. 그때에야 그것들은 천체처럼 하나님의 영광을 선포하게 되고, 만사가 형통하게 될 것입니다. 우리는 영적으로 건강하여야 하고, 그렇지 않으면 결코 행복할 수 없습니다.

이 건강의 결핍이 만병의 원인입니다. 우리는 세상살이가 힘들다고 자주 푸념을 늘어놓지만, 만약 이 세상이 죄의 무대이기를 그친다면, 이 세상은 더 이상 고

해(苦海)가 되지 않을 것입니다. 만약 사람이 하나님이 원래 만드신 모습을 되찾는다면, 이 세상은 곧 그 아름다움을 회복하게 될 것이고, 사막에도 꽃이 피게 될 것입니다. 만약 사람이 죄인이기를 그친다면, 사람이 고통 받는 일도 그칠 것입니다. 만약 사람이 자기 안에 가시나무를, 자신의 마음속에 엉겅퀴를 가지고 있지 않다면, 가시나무와 엉겅퀴는 더 이상 저주가 아니라 아름다운 꽃들로 여겨지게 될 것입니다. 거룩함의 길에는 사자나 사나운 짐승이 올라올 수 없습니다. 왜냐하면, 온전한 사람에 대해서 성경은 "들에 있는 돌이 너와 언약을 맺겠고 들 짐승이 너와 화목하게 살 것이니라"(욥 5:23)고 말씀하기 때문입니다. 죄를 내쫓으십시오. 그러면 그것은 여러분이, 그 끈적끈적한 분비물로 이 세상을 이토록 더럽고 추악하게 만들어온 뱀을 내쫓은 것이 됩니다. 이 유퍼스 나무(upas, 독화살에 쓰이는 독을 내는 열대 아시아에서 자라는 나무 — 역주)를 살라내십시오. 그러면 무수한 슬픔과 고통들이 더 이상 인류에게 뚝뚝 떨어지는 일이 없게 될 것입니다.

건강은 돈 주고 살 수 없다는 것을 기억할 때, 우리는 건강이 얼마나 소중한 것인지를 알게 됩니다. 여러분은 육체의 질병에서 건짐 받는 것을 돈 주고 해결할 수 없습니다. 만약 그것이 가능하다면, 우리가 건강해지기 위해서 무엇인들 내주지 않겠습니까? 그럴 수만 있다면, 우리는 돈이 아무리 많이 들어도 어떻게든 명의를 찾아내고자 할 것이고, 그에게서 치료를 받아 병에서 낫기 위하여 그의 손에 금덩이를 쥐어주는 일도 마다하지 않을 것입니다. 그러나 그렇게 해서 되는 일이 아닙니다. 하나님이 징계하시면, 회초리는 가만있지 않습니다. 영혼의 건강은 어떻습니까? 금광업자가 자신의 금고를 다 털어서 갖고 있는 금덩어리를 몽땅 내놓는다고 하여도 영혼의 건강은 단 일초도 살 수 없습니다. 아니, 그 사람이 그렇게 해서 영혼의 건강을 얻기를 원하는 것 자체가 질병입니다. 왜냐하면, 재물을 의지하고 자기의(自己義)를 의지하는 것은 교만의 두 형태인 까닭에, 그것 자체가 가장 치명적인 질병들 중의 하나이기 때문입니다. 여러분은 자신의 본성의 건강을 돈 주고 살 수 없습니다. 아무리 울어도 여러분의 본성은 건강해질 수 없습니다. 선행과 회개와 기도를 아무리 많이 한다고 해도, 하나님 없이는 여러분의 본성은 건강해질 수 없습니다. 오직 하나님만이 여러분의 얼굴빛을 건강하게 해주실 수 있는 분입니다. 그런 하나님을 찬송합니다. 만약 하나님의 얼굴빛이 없다면, 여러분의 머리 전체는 계속해서 아플 것이고, 여러분의 마음은 심약할 것입니다. 그런 질병들에는 길르앗의 연고도, 그 어떤 명의도 소용이 없습니다. 오직 하나님만이 영혼의 치유자이시고, 인도의 보석과 캘리포니아의 금으로도 살 수 없는 것을 거저 주셔서 우리의 영혼을 치유해 주십니다.

우리에게 영혼의 건강이 없다면, 영혼의 건강을 잃은 것을 대신해 줄 수 있는 것은 아무것도 없습니다. 병을 앓아본 분들은 그 병으로 인한 고통이나 팔 다리를 움직일 수 없는 비참함으로부터 오는 괴로움을 그 어떤 것으로도 대신할 수 없다는 것을 압니다. 그 힘겹고 고통스러운 나날들은 금이나 은을 주어도 보상이 될 수 없습니다. 마찬가지로, 여러분의 영혼이 하나님과 화목하게 되지 않는다면, 여러분의 영혼은 그 어떤 것으로도 보상 받을 수 없습니다. 여러분은 신앙의 옷을 입고 있을 것입니다. 여러분은 그리스도인다운 음성과 태도를 배워서 익혔을 것입니다. 여러분은 성도의 노래들을 부르고 있을 것입니다. 여러분은 천사들의 노래를 할 수 있다고 생각할 것입니다. 그러나 "여러분은 거듭나지 않으면 안 됩니다." 여러분은 죄라는 치명적인 질병으로부터 회복되지 않으면 안 됩니다. 여러분은 악의 더러운 나병으로부터 깨끗해지지 않으면 안 됩니다. 왜냐하면, 여러분은 더럽혀져 있고, 거기에서 회복될 때까지는 여호와의 장막에 들어갈 수도 없고, 하나님의 거룩한 성소에 설 수도 없기 때문입니다. 온전함 또는 건강의 다른 말인 거룩함이 없이는 그 누구도 하나님을 뵈올 수 없습니다.

이 건강이 우리에게서 발견되지 않는다면, 그것은 우리가 영원한 지옥에 있다는 경고라는 것을 알아야 합니다. 지옥이 무엇입니까? 지옥은 죄가 완성되어 있는 곳이 아닙니까? 정죄 받은 자들의 족쇄라는 것이 그들 자신의 포악한 혈기와 육정이 아니고 무엇이겠습니까? 활활 타오르는데도 다른 것을 태우지 않는 불이라는 것이 그들 속에 있는 영원히 채워지지 않는 욕망들이 아니고 무엇이겠습니까? 결코 죽지 않는 구더기라는 것이 그들을 괴롭히는 양심이 아니고 무엇이겠습니까? 그 사람 자신이 바로 그 사람의 지옥인 것입니다! 또한, 그런 것 외에도 하나님의 손길로부터 오는 징벌들이 있을 수 있습니다. 우리가 저 무시무시한 지옥의 감옥의 비밀들을 머리로라도 알고 있다면, 우리는 어떠하겠습니까? 하나님의 손길로부터 오는 어떤 징벌들이 우리에게 가해지지 않는다고 해도, 우리는 절망 속에서 비참함을 느끼고 스스로 자책하며 엄청난 괴로움을 느끼게 됩니다. 만약 어떤 사람이 천국으로 들어올려져서, 복된 자들이 기쁨으로 노래하고 있는 복된 곳의 한복판에 서게 된다고 해도, 그의 가슴속에는 하나님에 대한 적개심이 사무쳐 있고 그의 마음은 사납고 강렬한 혈기로 충천해 있기 때문에, 그는 거기에서도 증오심을 불태우며 이를 갈며 소리소리 지르며 울 것입니다. 우리의 내면은 천국이든지, 아니면 지옥일 수밖에 없습니다. 여러분 앞에는 시급히 해결해야 할 일이 있습니다. 여러분은 병들어 있고, 그 병을 고침 받아야 합니다. 그렇지 않으면, 여러분은 저주를 받아 지옥에 떨어지게 될 것입니다. 왜냐하면, 여러분의 병은 지옥의 시작이기 때문입니다. 여러분은 날 때부터 암을 가지고 태어났고, 그 암은 언젠가는 여러분의 본성 전체에 퍼져서, 여러분의 모습은 정말 끔찍한 모습이 되고 말 것입니다. 그때에는 여러분의 참상이 그대로 다 드러나게 될 것입니다. 여러분은 고침 받아야 합니다. 그렇지 않으면, 말로 다 표현할 수 없는 파멸이 여러분을 기다리고 있습니다.

이것으로 나는 사람의 온전한 건강이 가장 큰 복이라는 것을 충분히 여러분에게 보여드렸다고 생각하기 때문에, 다음 대지로 넘어가고자 합니다.

2. 둘째로, 하나님이 우리의 건강입니다.

본문에서 시편 기자는 하나님이 우리의 건강이시라는 것을 즐거운 마음으로 선언합니다: "내 영혼아 너는 하나님께 소망을 두라 내 얼굴빛을 건강하게 하시는 분이요 나의 하나님이신 그를 내가 여전히 찬송하리로다." 하나님은 우리를 건강하게 하시는 분입니다. 하나님은 여러 가지 의미에서 그런 분이십니다. 무엇보다도 먼저 하나님은 사람이 한때 누렸던 건강을 주셨던 분입니다. 태초에 지면에는 한 온전한 사람, 아니 한 온전한 부부가 있었습니다. 거룩하신 하나님이 그들을 온전하게 또는 거룩하게 지으셨기 때문에, 그들은 총체적인 건강함을 지니고 있었습니다. 그들이 지음 받은 때로부터 죄가 그들 속에서 발견되는 날까지 그들의 행사(行事)는 온전했습니다. 그들은 천사보다 조금 못하게 지음 받았지만, 다른 모든 하급의 피조물들로 하여금 그들의 명령에 복종하게 만든 영광과 존귀를 지니고 있었습니다. 그들의 장점이었던 거룩함은 그들을 고귀하게 지으시고 자신의 얼굴빛을 그들에게 비추서서 건강하게 하신 하나님의 역사였습니다. 첫 사람을 순전하게 하신 하나님이 우리를 순전하게 하시지 않으면, 우리는 결코 순전해질 수 없습니다.

또한, 하나님이 우리의 얼굴빛을 건강하게 해주시는 분인 것은 하나님에 대한 우리의 관계가 우리의 건강의 시금석이기 때문입니다. 여러분이 하나님에 대하여 어떤 존재인가 하는 것이 바로 여러분의 진짜 모습입니다. 여러분의 동료들인 사람들과 잘 지내는 것은 좋은 일입니다. 이웃을 여러분 자신 같이 사랑하는 것은 옳고 합당한 일입니다. 그러나 우리를 지으신 하나님이 우리에 대하여 우선권을 가지고 계십니다. 무엇보다도 먼저 우리를 지으신 하나님이 우리 마음의 사랑과 충성의 대상이 되는 것이 마땅합니다. 하나님이 우리 생각을 지배하는 주된 존재이지 않다면, 그 정도에 따라 우리는 그 만큼 잘못되어 있는 것입니다. 다른 사람들에 대한 우리의 관계가 어떠하든지 간에, 하나님에 대한 우리의 관계가 틀어져 있다면, 우리는 크게 잘못되어 있는 것입니다. 여러분이 하나님을 사랑하지 않는다면, 가장 거룩하시고 순전하시고 선하신 분을 사랑하지 않는 것입니다. 여러분이 하나님을 사랑하지 않는다면, 그것은 본질적인 선과 진리와 정의와 순전함을 사랑하지 않는다는 증거입니다. 여러분은 하나님의 성품이 여러분이 감당할 수 없을 정도로 고귀하다고 푸념합니다. 그렇다고 해서 여러분의 성품이 저질이어야 하는 것입니까? 여러분은 하나님이 여러분의 아버지라는 생각이 도무지 들지 않는다고 말합니다. 그렇다면 나는 어떤 자녀에게 자신의 아버지가 아버지라는 생각이 도무지 들지 않는다면, 그 자녀의 마음은 아버지에게서 완전히 떠나 있는 것임을 상기시켜드리고자 합니다. 여러분은 늘 여러분 자신을 하나님과 관련시켜서 생각하고 판단하십니까? 사람들은 거의 그렇게 하지 않습니다. 사람들은 하나님과의 관계에 관한 표현들을 대체로 잘못 사용합니다. 전에 이 자리에 나는 우리가 어떤 사람을 죄인이라고 불러도 그는 우리에게 화를 내지 않는다고 말한 적이 있습니다. 왜냐하면, 그것은 단지 그 사람이 하나님의 법에 불순종하고 있다는 것을 의미할 뿐이기 때문입니다. 그러나 우리가 그 사람을 범죄자라고 부르면, 그는 화를 냅니다. 왜냐하면, 그렇게 부르는 것은 그가 사람의 법을 어겼다는 것을 의미하기 때문입니다. 이것은 우리에게 있어서 사람들에 대한 관계가 하나님에 대한 관계보다 훨씬 더 중요시되고 있다는 것을 보여주는 것이기 때문에 참으로 안타까운 일입니다. 하나님 앞에 섰을 때에 그 사람은 불의한 자입니다. 이것은 거듭나지 않은 심령이 본질적으로 불의하다는 것을 보여줍니다. 왜냐하면, 어떤 사람의 마음이 올바르게 되어 있으면, 그 사람은 하나님을 한 번 화나시게 하느니 차라리 사람들을 천 번 화나게 하는 쪽을 택할 것이기 때문입니다. 따라서 여러분은 자신의 영적 건강을 하나님과의 관계에 비추어서 판단할 수 있습니다. 여러분은 하나님을 사랑하십니까? 하나님을 신뢰하십니까? 하나님과 대화하고 계십니까? 하나님께 기도합니까? 하나님이 여러분의 친구이십니까? 하나님이 여러분의 기쁨이십니까? 하나님의 뜻이 곧 여러분의 뜻입니까? 여러분은 하나님을 기쁘시게 해드리는 일을 기뻐하십니까? 여러분의 삶은 하나님의 삶을 따라가고 있습니까? 여러분이 그렇게 하고 계시다면, 여러분은 제대로 되어 있는 것입니다. 여러분이 그렇게 되기를 원하고 계신다면, 여러분은 제대로 되어가는 도중에 있는 것입니다. 그러나 반대로 하나님의 뜻은 여기에 있는데 여러분의 뜻은 저기에 있다면, 하나님이 잘못하고 계시는 것일 수는 없기 때문에 분명히 여러분이 잘못하고 있는 것입니다. 하나님은 거룩하십니다. 천사들은 "거룩하다 거룩하다 거룩하다"(사 6:3)고 서로 화답합니다. 여러분이 하나님과 같지 않다면, 여러분은 거룩하지 않은 것입니다. 즉, 여러분은 온전하지 않고 영적으로 건강하지 않은 것입니다. 여러분의 본성은 병들어 있습니다. 그러므로 하나님이 우리를 건강하게 해주시는 분이신 것은 하나님에 대한 관계가 우리의 건강의 시금석이기 때문입니다.

하나님은 건강의 모델 그 자체라는 것을 다시 한 번 기억하십시오. 모든 온전한 것들은 하나님께로 수렴됩니다. 하나님의 본성 속에는 모든 탁월한 속성들이 다 조화를 이루고 있습니다. 여러분은 하나님의 성품에 대해서 "하나님은 이런 탁월한 속성을 지니고 계셔서 다른 탁월한 속성들은 배제되거나 희미해질 수밖에 없다"라고 말할 수 없습니다. 하나님은 사랑이시지만, 또한 소멸하시는 불이십니다. 하나님은 긍휼에 풍성하신 분이지만, 또한 참되십니다. 하나님은 크시지만, 또한 선하십니다. 모든 탁월한 속성들이 하나님 안에서 온전히 조화를 이루며 존재합니다. 그러므로 여러분이 하나님과 같은지를 살펴보십시오. 왜냐하면, 여러분이 그렇지 않다면, 여러분은 건강의 모델과 같지 않은 것이기 때문입니다. 여러분의 건강 상태를 보여주는 징후들이 하나님이 지니신 특성들과 다르다면, 여러분은 건강하지 않은 것입니다. 하나님은 온전한 거룩의 표준입니다.

본문은 하나님이 우리 각자에게 우리의 영적 건강을 회복시켜 주시는 분이라고 가르칩니다. 우리가 건강을 회복하고자 한다면, 하나님이 우리를 회복시켜 주셔야 합니다. 의의 해가 우리에게 고침을 가져다주셔야 하고, 성령의 신령한 바람이 죄라는 역병을 휘몰아가 버리셔야 합니다. 생명수가 우리의 치료약으로 사용되어야 하고, 거듭남의 식물이 우리의 연고가 되어 주어야 합니다. 인간의 병은 하나님이라는 의사를 필요로 합니다. 오직 전능자의 지혜만이 사람을 건강하게 할 수 있고 사람의 건강을 지켜줄 수 있습니다. 우리 인간의 몸은 아주 복잡해서 수

많은 뼈와 세포와 근육과 신경과 세포 조직과 혈관들로 구성되어 있기 때문에, 우리 인간이 살아가고 있다는 것 자체가 이 땅에서 가장 큰 기적이고, 우리 인간이 건강하게 살아가고 있다는 것은 더 큰 기적입니다. 와츠 박사가 이것에 대해 잘 노래했습니다: "수천 개의 현으로 된 수금이 이토록 오랜 세월 동안 음이 잘 맞는다는 것이 기적입니다." 그러나 사람의 영혼을 생각하면, 그것은 사람의 육체보다도 훨씬 더 큰 신비입니다. 사람의 영혼이 하나님의 뜻을 알아서 거기에 맞춰서 제대로 살아간다는 것은 생리학자가 육체를 해부해서 발견할 수 있는 그 어떤 것보다도 더 놀라운 일입니다. 오, 하나님, 오직 당신만이 사람을 지으셨고, 오직 당신만이 사람을 망쳐놓은 악들로부터 사람을 건지셔서 본래의 모습으로 회복시켜 놓으실 수 있습니다. 하나님 외에 그 누구도 이 일에 감히 손댈 수 없습니다. 물로 씻어 중생할 수 있다고 자랑하는 자들은 큰 실수를 하고 있는 것입니다. 아니, 그들은 큰 실수가 아니라 거짓말을 하고 있는 것입니다. 오직 하나님만이 영혼을 거듭나게 하실 수 있고, 하나님의 성령이 구속주를 죽은 자 가운데서 다시 일으키셨던 저 동일한 권능으로 그 일을 하셔야 합니다. 오직 전능자만이 우리를 타고난 질병으로부터 일으키셔서 영적으로 건강하게 하실 수 있습니다.

하나님이 우리에게 오실 때에 영적인 건강이 생겨납니다. 왜냐하면, 병든 영혼을 위한 유일한 약은 하나님이 주시는 어떤 것이 아니라 하나님 자신이기 때문입니다. 하나님은 자기 아들을 우리에게 주셔야만 우리를 고치실 수 있으셨고, 그 아들은 자기 자신을 우리에게 주시고 나서야 비로소 우리를 고치실 수 있으셨습니다. 오늘날 우리의 영혼을 건강하게 해주는 양식은 예수의 살과 피이고, 영원한 성령의 내주만이 우리가 죄로 다시 돌아가는 것을 막아줍니다. 우리의 성육신 하신 하나님, 우리 안에 계시는 우리 하나님, 영광의 보좌에서 굽어보시고 "내가 그들 가운데 거하며 두루 행하여 나는 그들의 하나님이 되고 그들은 나의 백성이 되리라"(고후 6:16)고 말씀하시는 우리 하나님이 바로 우리를 건강하게 하시는 분이십니다. 하나님이여, "여호와 로피," 여러분을 고치시는 하나님, 이것이 바로 당신의 이름입니다. 우리가 그 이름을 인하여 당신을 경배하나이다.

3. 셋째로, 이 건강을 보여주는 가시적인 징후들이 있습니다.

"하나님은 내 얼굴빛을 건강하게 하시는 분이요." 사람이 건강한지 여부는 주로 그 얼굴을 보고 판단합니다. 물론, 걸음걸이를 보고도 그 사람이 건강한지를 어느 정도 알 수 있고, 육체의 여러 기관들도 건강상태를 다소간 보여주지만, 얼굴빛은 영혼의 창이고 본성을 드러내 주는 거울입니다. 하나님과의 관계에서 진정으로 건강하거나 은혜의 역사 가운데서 그 건강이 시작되면, 그 징후는 그대로 나타납니다. 그것은 사람이 볼 수 없는 완전히 감춰진 비밀인 것이 아니라 징후로 드러납니다. 사람이 구원 받았는지 그렇지 않은지는 알 수 없다는 생각이 널리 퍼져 있습니다. 사람은 무의식 속에서 하나님에 대하여 살아 있을 수 있다는 것입니다. 그런 사람은 자기도 모르는 사이에 예수의 피로 씻음을 받았기 때문에 자기가 구원 받은 것도 모른 채로 살아가다가 죽을 때에야 사제의 도움으로 그 사실을 알게 될 수도 있다는 것입니다. 하지만 하나님의 말씀 속에는 그런 말씀이 없습니다! 바티칸이 사용하는 성경에는 그런 말이 있겠지만, 새 예루살렘이 사용하는 성경에는 그런 말씀이 없습니다. 성경을 읽어 보십시오. 그러면 여러분은 사람들이 "구원 받은 우리"라고 말하고 있는 것을 보게 될 것입니다. 여러분은 사람들이 우리 주 예수 그리스도로 말미암아 믿음으로 의롭게 되어서 하나님과 화목을 누리고 있다고 선언하는 것을 발견할 수 있습니다.

　주 예수 그리스도께서 어떤 사람을 고치시면, 그 사람의 얼굴빛이 달라집니다. 내가 얼굴빛이라고 할 때, 그 단어는 단지 육체적인 의미에서의 얼굴빛만을 의미하는 것이 아니라, 다윗이 얘기했던 바로 그 얼굴빛, 즉 사람들이 볼 수 있는 우리의 본성의 저 일부를 의미합니다. 우리의 내면에서 하나님이 행하신 역사는 외적인 증거들로 나타납니다. 그러면 어떤 징후들이 그 증거들입니까? 하나님은 우리의 얼굴에서 죄의 검버섯들을 제거하십니다. 내가 어떤 사람의 영적인 얼굴을 볼 때, 나는 그 얼굴에서 술주정뱅이의 얼굴, 정욕이 가득한 얼굴, 분노에 찬 얼굴, 잔인하고 완고한 얼굴, 비열하고 인색한 얼굴을 보게 되는데, 그런 것들이 바로 사람들에게 무수히 많은 검버섯들입니다. 하나님의 은혜가 사람의 마음속으로 들어가면 그러한 일그러진 것들을 제거해서 그 본성을 아름답게 합니다. 주 예수께서 우리를 고치시기 시작하실 때에 우리의 얼굴빛에서 절망으로 인한 공허감을 제거하십니다. 여러분은 그런 공허감을 보신 적이 있습니까? 나는 그런 공허감을 가시적인 형태로 똑똑히 보는데, 그것은 정말 끔찍한 모습입니다. 그러나 "십자가의 사랑과 거저 주시는 은혜"의 아름다운 종소리를 듣게 될 때, 그 사람은 자신의 죄가 사함 받았고 자기가 그리스도 예수 안에서 받아들여졌다는 것을 알게 되는데, 그때에 절망은 말끔히 사라집니다. 옛 용의 날개 그림자는 그 얼굴로부터 제거되고, 평안의 비둘기가 날아와서 그 얼굴에 은빛 광명을 비춰 줍니다. 위대한 의사이신 분이 사람들을 고치실 때, 사람들의 두려워 떠는 창백한 얼굴이 사라집니다. 왜냐하면, 사람들은 장차 임할 진노를 두려워할 때에 그 얼굴이 창백해지기 때문입니다. 사람들은 자신의 죄 가운데서 죽게 될까봐 두려워 떱니다. 죄 사함을 받게 되는 순간 그 창백함은 사라지고, 뺨에는 다시 홍조가 번집니다. 그리스도께서 온전하게 하시면, 슬픔과 우울도 사라집니다:

> "내겐 더 이상 슬퍼할 이유가 없다네.
> 죽임을 당하신 구주를 믿는 내게는.
> 나의 피난처인 십자가 그늘 아래에서 안전히 거하니
> 나는 더 이상 요동치 않으리."

하나님께서 은혜의 역사로 치유를 계속해나가시면, 기이하게도 우리의 얼굴에서 곤고함의 주름들이 없어집니다. 그리스도와 은혜를 찾지만 찾지를 못해서 탄식하며 지내는 많은 사람은 주려서 야윈 얼굴을 하고 있습니다. 그러나 그리스도께서 오시면, 그 영혼이 만족해서 골수가 윤택해지고 마음의 얼굴빛이 기쁨으로 빛나게 됩니다.

하지만 나는 주 예수께서 병자들의 이마에서 염려의 주름을 펴주신다는 것을 증명하지 못하는 그리스도인들도 일부 있다는 것을 염려합니다. 하나님의 은혜 아래 있는 그리스도인들은 염려를 하지 않습니다. 그들은 자신의 염려를 맡아 주시는 그리스도께 모든 염려를 맡깁니다. 그들은 자기가 할 수 있는 작은 일을 하고 나머지는 다 그리스도께 맡깁니다. 그들의 삶은 평화롭고, 만사가 잘 되어 갑니다. 이렇게 고침을 받은 사람은 참으로 복된 자입니다. 어떤 사람은 "나는 죄에서 고침을 받았다는 것을 믿지만, 그 정도까지 고침 받지는 않았습니다"라고 말합니다. 형제여, 선하신 의사이신 주님께서는 지금 수술을 진행하고 계시는 것입니다. 여러분이 아직 온전히 고침 받지 못했다면, 그것은 주님의 잘못이 아니라 여러분의 잘못입니다. 왜냐하면, 여러분이 주님을 믿고 의지하기만 하면, 주님에게는 슬픔과 두려움과 절망과 의심과 염려를 다 제거하실 수 있는 능력이 있기 때문입니다. 그렇게 고침 받은 사람은 이렇게 찬송하게 될 것입니다:

　　　　"이제 내게 남은 모든 것은
　　　　　천사들이 와서 나를 왕이신 이에게 데려다줄 때까지
　　　　　사랑하고 찬송하며 기다리는 것뿐이라네."

　　여러분이 그런 상태에 있다면, 머지않아 천사들이 와서 여러분을 왕이신 이에게 데려다줄 것입니다. 오직 악한 농부들만이 자신의 알곡을 밭에 너무 오랫동안 내버려 둡니다. 그러나 우리 주님은 결코 그렇게 하지 않으셨습니다. 곡식이 다 익어서 추수하여 곳간에 들여야 할 때가 될 때마다 주님은 반드시 추수하여 곳간에 들이십니다. 온전한 사람마다 천국으로 들어갑니다. 여러분이 영적으로 건강하고 영적인 건강검진을 받아보니 병이 없는 것으로 판명되었다면, 주님이 여러분을 천국 밖에 두실 이유가 없지 않겠습니까? 주님은 여러분을 자기가 있는 곳에서 함께 있고 싶어 하는 마음이 간절하십니다.

　　우리는 주 예수께서 우리 속에서 이루어 내신 건강을 우리의 영적 얼굴빛 속에서 여러 모로 볼 수 있습니다. 첫째, 우리가 영적으로 건강해지면 눈이 밝아집니다. 의심과 두려움으로 가득하거나 야심이나 세상의 사랑을 얻기 위해서 안달이 난 사람은 밝고 빛나는 소망들을 가질 수 없습니다. 그러나 예수를 믿는 사람에게는 세월이 흐르면 자기가 예수께서 계시는 천국에 함께 있게 되리라는 소망이 있습니다. 나는 종종 그 소망이 밀려오면 눈물이 하염없이 흘러내려서 내 육신의 눈은 침침해져서 거의 앞이 안 보일 지경이 된다는 것을 고백하지 않을 수 없습니다. 내가 주님의 얼굴을 뵈옵고 그 발 앞에 면류관을 바치게 되는 그런 일이 일어날까요? 나는 그렇게 될 것입니다. 나는 그렇게 될 것임을 압니다. 그러나 그 일은 너무나 좋아서 현실이 아닌 것 같아 보입니다. 육신의 눈이 이렇게 침침해질 때, 영적인 눈은 그토록 기쁜 소망으로 얼마나 밝아지겠습니까!

　　영적인 건강은 사람의 용모 전체를 아름답게 해줍니다. 아가서에서 신부가 자신의 아름다움을 어떻게 묘사하는지를 생각해 보십시오. 그녀는 세상에 노출되어 햇볕에 탔기 때문에 "내가 비록 검으나"라고 말할 수밖에 없지만, "아름다우니"라는 말을 덧붙입니다(아 1:5). 그녀는 자신의 아름다움을 알 수 없지만 주님은 그것을 아실 것이라고 느꼈고, 실제로 주님은 그녀를 그렇게 보았습니다:

　　　　"우리 자신을 볼 때

> 우리는 게달의 장막처럼 검을지라도
> 우리가 주님의 아름다움을 입었으니
> 솔로몬의 궁전처럼 아름답다네."

그리스도께서 보시기에 이 세상에서 그의 교회보다 더 아름다운 것은 없습니다. 아가서에는 왕이 "나의 사랑 너는 어여쁘고 아무 흠이 없구나"(아 4:7)라고 감탄하는 구절이 나옵니다. 사실, 그런 아름다움을 보는 왕은 사랑의 눈으로 보는 것입니다. 그렇지만 은혜는 그리스도인을 이루 말할 수 없이 아름답게 만듭니다. 영광은 그리스도인을 지극히 사랑스럽게 만듭니다. 우리는 장차 점이나 흠이나 주름진 것이 없이 하나님의 보좌 앞에 서게 될 것입니다.

은혜가 능력으로 역사할 때, 우리의 영적인 이마(forehead)의 모습은 완전히 달라집니다. 태어날 때부터 우리의 이마는 놋쇠와 같이 완고하고 뻔뻔하며 주제 넘지만, 은혜가 그것을 어떤 모습으로 바꾸어 놓는지를 보십시오. "머리카락 속의 네 미간은 석류 한 쪽 같구나"(아 4:3 KJV, 한글개역개정에는 "너울 속의 네 뺨은 석류 한 쪽 같구나"로 되어 있음). 석류는 쪼개 보면 붉은 색과 흰 색으로 되어 있습니다. 그리스도인의 이마는 염치를 아는 거룩한 홍조를 가득 띱니다. 아가서는 마치 그 이마가 거룩한 두려움 속에 감쳐져 있다는 듯이 "머리카락 속의 네 미간"이라고 말하지만, 그녀의 이마는 주님의 임재 앞에서 염치와 거룩한 사랑의 홍조를 띤 붉고 흰 색으로 되어 있습니다. 여러분 중에서 최근에 회심한 분들은 거룩한 염치가 무엇을 의미하는지를 알게 되시기를 기도합니다. 그리스도에 대한 확신은 훌륭한 것이지만, 뻔뻔스러움과 자만이 아닙니다. 나는 별안간 그리스도에 대하여 너무나 확신에 차서 자신만만하여 죄의 짐조차 느끼지 못하는 사람들이 있을까 염려합니다. 여러분은 그리스도를 붙드는 동안에 부끄러워하고 당혹스러워하여야 합니다. 왜냐하면, 주님이 여러분에게 더 많은 은혜를 주실수록 여러분은 그런 은혜를 받을 자격이 없다는 것을 알고서 어쩔 줄 몰라 하는 것이 마땅하기 때문입니다. 여러분이 진짜 은혜를 제대로 받았는지를 알아보려면, 여러분이 자기 자신을 얼마나 혐오하고 역겨워하는지를 보시면 됩니다. 또한, 아가서에서 신랑은 자신의 사랑하는 이의 입술을 이렇게 묘사합니다: "네 입술은 홍색 실 같고 네 입은 어여쁘고." 그녀의 건강이 회복되기 전에는 그녀의 입술은 흙빛이었습니다. 그녀가 위로를 받기 전에는 그녀의 입술은 두려움으로 창백해져 있었습니다. 그러나 이제 그녀의 입술은 건강한 붉은 빛을 띠고 있고 주님께 사랑스럽고 어여쁩니다. 사랑하는 친구들이여, 여러분의 입술은 어떻습니까? 지금 여러분의 입술은 기도하는 입술, 찬송하는 입술, 고백하는 입술입니까? 여러분은 구속주를 찬양하고, 그의 사랑이 여러분을 위해 무엇을 해왔는지를 말할 때마다 기뻐하고 즐거워합니까? 우리의 얼굴빛 전체가 거룩함으로 빛날 때, 우리 주님은 "네 두 뺨은 땋은 머리털로, 네 목은 구슬 꿰미로 아름답구나"(아 1:10)라고 말씀하십니다.

하나님이 우리를 건강하게 해주실 때, 우리의 얼굴빛 전체가 밝아집니다. 아가서는 "아침 빛 같이 뚜렷하고 달 같이 아름답고 해 같이 맑고 깃발을 세운 군대 같이 당당한 여자가 누구인가"(아 6:10)라고 말씀합니다. 신자의 얼굴빛은 밝고 맑아집니다. 그는 구원 받았고, 그것을 압니다. 신자의 얼굴빛은 다른 사람들이 보기에 아름답습니다. 왜냐하면, 사람들은 그의 탁월한 성품을 보고 놀라기 때문입니다. 태양의 눈부신 광채 때문에 사람들이 태양을 제대로 볼 수 없듯이, 신자의 얼굴빛은 눈부셔서 그의 대적들을 어질어질하게 만듭니다. 거룩함은 대적들에게 "깃발을 세운 군대 같이 당당하고" 위엄이 있습니다.

나는 여러분 중에서 최근에 위대한 의사이신 주님으로부터 고침을 받은 분들이 예수의 능력을 드러내고 선포할 수 있게 되기를 바랍니다. 여러분을 사랑하시는 이가 "네 소리를 듣게 하라 네 소리는 부드럽고 네 얼굴은 아름답구나"(아 2:14)라고 외치십니다. 그리스도께서 여러분을 고치셨다면, 여러분이 그리스도의 역사를 숨기실 이유는 하나도 없지 않습니까? 아가서에서 순찰하는 자들이 신부에게 했던 대로 나는 여러분에게 하고 싶습니다: "그들이 나를 쳐서 나의 수건을 벗겼도다"(아 5:7 KJV, 한글개역개정에는 "나를 쳐서 나의 겉옷을 벗겨 가졌도다"로 되어 있음). 나는 여러분을 심하게 때리고 싶은 것이 아니라, 여러분에게서 "수건"을 벗겨내서, 교회가 여러분을 볼 수 있게 하고, 여러분이 구주께서 여러분을 위해 행하신 일들을 보고 기뻐할 수 있게 하고 싶은 것입니다. 다윗은 "하나님은 내 얼굴빛을 건강하게 하시는 분"이라고 말합니다. 다윗은 하나님이 "단지 내 마음이나 내면만을 건강하게 하시는 분"이라고 말하지 않습니다. 하나님께서 여러분을 위해 큰 일들을 행하셨기 때문에, 그것을 널리 선포하여 예루살렘 거리에 감사 찬송이 울려 퍼지게 하십시오.

4. 넷째로, 본문은 우리 중에서 가장 병든 영혼조차도 소망을 갖게 해줍니다.

"내 영혼아 너는 하나님께 소망을 두라 내 얼굴빛을 건강하게 하시는 분이요 나의 하나님이신 그를 내가 여전히 찬송하리로다." 영적인 건강의 원천이 되시는 분을 바라보십시오. 만약 다윗이 "나는 강골로 태어났으니 곧 회복될 것이고, 나의 원기가 넘치니 이 병이 금방 물러가리라"고 말하였다면, 그런 자신만만한 말은 여러분에게 힘이 되지 못했을 것입니다. 그렇지 않습니까? 여러분의 경우에는 머리 전체가 병들고 마음 전체가 허약해 있는데, 여러분이 어떻게 그렇게 큰소리를 칠 수 있겠습니까? 여러분에게는 악을 행할 때 외에는 기력이 없습니다. 죄라는 질병이 여러분의 골수까지 침투해서, 여러분의 마음은 밀랍처럼 녹아 버렸습니다. 그러므로 여러분이 고침 받는 것이 여러분이 타고난 체질에 있지 않게 하신 하나님을 찬송하십시오.

다음으로, 다윗이 자기가 할 수 있는 어떤 일에 의지해서 고침 받기를 기대하고 있지 않다는 것을 주목하십시오. 그는 "내가 내 힘으로 이러저러하게 해서 병을 털고 일어나리라"고 말하지 않습니다. 결코 그렇게 말하지 않습니다. 만약 다윗이 그렇게 말했다면, 그것은 여러분에게는 절망일 것입니다. 여러분은 그렇게 할 수 없을 테니까요. 여러분이 어떤 선한 일을 할 수 있습니까? 여러분의 손가락들은 검게 그을려 있어서, 여러분이 흰색 세마포를 짓고자 한다면, 물레에서 그 옷감을 지을 때에 그 세마포는 검게 되어 버릴 것입니다. 여러분은 스스로의 힘으로 구원을 얻을 수 없고, 또한 그렇게 할 필요도 없습니다. 다윗의 얼굴빛과 마찬가지로 여러분의 얼굴빛을 건강하게 해주는 것도 여러분이 하는 일이나 공로에 있는 것이 아니라 하나님의 구원하심에 있습니다.

또한, 다윗이 이것을 긴 과정이라고 말하지 않고 있다는 것에 주목하십시오. "내 얼굴빛을 건강하게 하시는 분인 그를 내가 여전히 찬송하리로다." 일부 설교자들이 전하는 것과는 달리, 여기에서는 기다려야 한다거나 지체될 것이라거나 빈둥거린다거나 늑장부리는 기미가 전혀 보이지 않습니다. 우리와 마찬가지로, 다윗은 "땅의 모든 끝이여 나를 바라보고 구원을 받으라"(사 45:22 KJV, 한글개역개정에는 "땅의 모든 끝이여 내게로 돌이켜 구원을 받으라"로 되어 있음)는 가르침을 이해하고 있었습니다. 주 예수 그리스도를 믿는 자는 누구나 그 믿음의 돌이킴으로 말미암아 즉시 작동하는 건강의 원소를 받게 되어서, 결국에는 모든 영적인 병들이 그에게서 다 퇴치될 것입니다. 우리의 소망이 우리 자신이 아니라 하나님께 있다는 것을 아는 것은 복된 일입니다.

　나는 특히 고침을 받고자 하는 분들에게 주님이 누구신지, 여러분을 영적으로 건강하게 해주실 주님 안에서 여러분이 바라보아야 할 것이 무엇인지를 생각해 보시기를 권합니다. 죄는 여러분이 걸린 병이고, 여기에 그 병을 고쳐줄 무한한 긍휼과 은혜가 있습니다. 여러분은 모든 면에서 악을 행해 왔고, 그것보다 더 큰 문제는 여러분의 본성 자체가 악하다는 것입니다. 그러나 죄를 사하여 주시기를 기뻐하시고 무한히 은혜로우시며 죄악과 허물을 덮어 주시는 것에서 행복을 발견하시는 하나님이 계십니다. 그러니 하나님을 바라보십시오. 여러분의 모든 죄는 다 거기에 익사하여 죽게 될 것입니다. 왜냐하면, 그리스도 예수 안에서의 하나님의 사랑은 해저도 없고 해변도 없는 바다이기 때문입니다. 거기에서 여러분의 질병은 온전히 고침 받을 수 있습니다. 왜냐하면, 무한하신 긍휼을 지니신 분은 한번 마음먹으시면 실패하는 일이 없으신 분이기 때문입니다.

　또한, 여기에 무한한 속죄가 준비되어 있습니다. 하나님은 기꺼이 죄를 사하실 준비가 되어 계실 뿐만 아니라, 공의에 어긋나지 않게 그렇게 하실 수 있습니다. 왜냐하면, 그의 사랑하는 아들이 피를 흘리시고 죽으셨기 때문입니다. 내가 십자가 위에서 피 흘리신 하나님의 아들로 눈을 돌릴 때, 그의 희생제사는 내 눈에 너무나 영광스러운 것이어서, 나는 무수한 세상이 있고 거기에 죄인들이 가득 차 있다고 할지라도 그리스도의 죽으심 속에는 하나님이 원하시기만 한다면 그 모두를 구원하시기에 충분한 공로가 있을 수밖에 없다는 결론을 내리게 됩니다. 우리는 하나님의 아들의 죽으심의 공로에 그 어떤 한계가 있다는 것을 생각할 수조차 없습니다. 성육신하신 하나님이 공의의 채찍으로 맞으셨고 심장이 뚫리셨으며 죽임을 당하셨다가 무덤에서 사흘 동안 계셨습니다. 그 장엄한 희생제사에 한도 없고 헤아릴 수도 없는 엄청난 능력이 있을 것임은 두말 할 필요가 없습니다. 영혼들이여, 고침 받고 싶다면 나아오십시오. 이 희생제사 앞에서 고침 받을 수 없는 질병은 하나도 없습니다. 무한한 속죄로 무장한 무한하신 긍휼은 모든 것을 이루실 수 있습니다. 하나님, 당신은 진정으로 내 얼굴빛을 건강하게 해주실 수 있으신 분입니다. 죄 가운데서 죽었던 내가 당신으로 말미암아 다시 소생하였습니다.

　그러므로 우리를 고치시기 위하여 하나님의 권능이 준비되어 있고, 전능자는 모든 것을 하실 수 있다는 것을 기억하십시오. 에스겔서에 나오는 어떤 사람은

"이 뼈들이 능히 살 수 있겠느냐"(겔 37:3)고 말했지만, 마른 뼈들은 살 수 있었습니다. 죽은 자들이 다시 살아났고, 지금 이 시간에도 사람에게 불가능한 일들이 하나님에게는 가능합니다. 영원하신 성령은 지금 당장 사랑의 이적을 베푸실 준비를 다 해놓으시고 기다리고 계십니다. 부패한 본성의 그 어떤 성향도 전능자를 당해낼 만큼 강한 것은 없습니다. 이보시오, 당신 안에 분노의 사자가 살고 있습니까? 이 삼손이 그 사자를 마치 꼬마를 다루듯이 찢어죽일 수 있습니다. 당신 안에 악한 혈기가 가득하고, 두려움은 옛적의 미디안 사람들만큼 강합니까? 보십시오. 옛적의 기손 강보다 더 거세고 강력한 하나님의 사랑이라는 이 거룩한 격류는 그 모든 것들을 다 쓸어 버릴 수 있습니다. 사탄이 군대 마귀를 이끌고 당신 속으로 들어갔습니까? 지옥이 당신의 본성 속에 수많은 알을 낳아서 끔찍한 축제를 열고 있습니까? 예수께서는 어떤 사람에게서는 일곱 귀신을 쫓아내셨고, 또 어떤 사람에게서는 군대 마귀를 내쫓으셨습니다. 예수께로 나아오십시오. 귀신들은 지금도 여전히 그의 권능 앞에서 두려워 떱니다. 예수께서는 여러분에게서 원수를 내쫓으실 수 있습니다. 하나님의 모든 힘이 여러분을 고치시기 위하여 대기하고 있습니다. "묘성과 삼성을 만드시며 사망의 그늘을 아침으로 바꾸시고 낮을 어두운 밤으로 바꾸시며 바닷물을 불러 지면에 쏟으시는 이를 찾으라 그의 이름은 여호와시니라"(암 5:8). 하나님의 저항할 수 없는 은혜의 강한 팔에 버틸 수 있는 것은 아무것도 없습니다.

한 가지만 더 말씀드리고 말씀을 끝맺고자 합니다. 우리의 얼굴빛을 건강하게 해주시는 분인 하나님 안에는 **결코 변할 수 없는 사랑**이 있다는 것입니다. 하나님이 여러분을 고치기 시작하셨다면 뜻을 이루실 때까지 결코 그 일을 포기하지 않으실 것입니다. 그리스도의 삶 속에는 반쯤 고치다가 만 일이 단 한 번도 없습니다. 성경에서 나는 예수께서 쫓아내신 귀신들이 나갔다가 다시 들어왔다거나 고침 받은 나병환자들이 다시 재발했다는 얘기를 한 번도 읽은 적이 없습니다. 내가 여러분에게 전하는 구원은 여러분 자신의 선행에 기초한 것이 아니기 때문에 도중에 잃어버릴 염려가 없는 그런 구원입니다. 내가 전하는 죄 사함은 결코 취소될 수 없는 것이고, 사랑하는 자 그리스도 안에서 하나님께 받아들여진 것이 무효가 되는 일도 없으며, 여러분의 양자됨의 효력은 영원히 지속됩니다. 여러분 자신을 예수께 맡기십시오. 그러면 예수께서는 결코 낡아서 해지지 않을 은혜의 옷, 결코 좀이나 녹이 슬지 않을 사랑의 보화, 모든 사람이 다 자신의 죄악을 사함 받았기 때문에 결코 "내가 병들었다"고 말하는 사람이 단 한 명도 없을 그런 도성으로 여러분을 인도해줄 건강을 여러분에게 주실 것입니다.

하나님 자신이 친히 고쳐 주시는 것이기 때문에 우리 중에서 최악의 병에 걸린 자들에게도 소망이 있습니다. 우리 중 많은 사람으로 하여금 다윗처럼 이 진리를 깨닫게 하신 하나님께 찬송을 드립니다. 우리는 그리스도 예수 안에서 하나님이 우리의 얼굴빛을 건강하게 해주시는 분이라고 여러분에게 정직하게 말했기 때문에, 여러분이 우리의 말을 믿고서 스스로 하나님을 찾게 되실 것이라고 믿습니다. 하나님이 예수 그리스도 안에서 주시는 이 고치심은 죄라는 병에 걸린 모든 영혼이 이용할 수 있습니다. 당신이 누구이든지 간에, 오늘 당신이 병에 걸려 있다면, 하나님은 자기 아들 예수 그리스도로 말미암아 당신을 기꺼이 고치시고자 하시고, 또한 고치실 수 있습니다. 하나님이 과연 고치실 수 있을까, 또는 고쳐 주시고자 하실까 의심하여 망설이지 마시고 나아오십시오. 하나님은 당신을 반갑게 맞아주실 것입니다. 지금 즉시 나아오십시오.

자기는 병들지 않았다고 생각하는 사람들에게는 치유에 관한 나의 설교가 아무 소용이 없을 것입니다. 예수께서는 의인들을 부르러 오신 것이 아니라, 죄인들을 불러 회개시키기 위하여 오셨습니다. 자기가 병들었다고 생각하는 사람들에게는 이것은 기쁜 소식이 될 것입니다. 나는 이것을 아주 분명하게 표현해서, 성령의 가르치심을 따라 그런 사람들이 반드시 깨닫게 하고 싶습니다. 여러분 각자의 본성은 치명적인 질병에 걸려 있습니다. 여러분 중에서 어떤 분들에게는 이 질병이 아주 섬뜩한 모습을 띠고 있을 수 있지만, 창기와 강도의 마음속에서 곪아터져가고 있는 바로 그 동일한 질병이 어엿한 신사와 숙녀이신 분들의 마음속에서도 곪아터져가고 있다는 것을 여러분은 아셔야 합니다. 이 질병이 밖으로 나타난 형태는 사람마다 다릅니다. 어떤 사람들에게서는 환경에 의해서 그 질병이 밖으로 더 많이 노출됩니다. 아마도 여러분이 그런 사람들의 처지가 되었더라면, 여러분에게서도 그들에게서와 똑같이 질병이 끔찍하고 섬뜩한 모습으로 노출되었을 것입니다. 오늘 이 질병이 여러분 속에 만들어놓은 무시무시한 참상이 느껴지신다면, 그것은 희망적인 징후이기 때문에 아주 좋은 일입니다. 대제사장이 나병환자로 의심되는 사람들을 살펴보았을 때, 한 사람이 이렇게 말했다고 합시다: "내 이마에 아주 악성인 반점이 있긴 하지만, 내 가슴 근처에는 흰 딱지가 전혀 앉지 않은 깨끗한 살점이 있는 것으로 보아, 다른 곳은 악성이지만, 내 마음은 괜찮습니다." 그러면 제사장은 "이런, 당신은 부정하니, 내가 당신을 격리시켜야 하겠습니다"라고 말할 것입니다. 또 다른 사람이 "내 입술에 흰 반점이 있는 건 사실이지만, 나를 검사해 보시면, 내 몸의 절반은 그 질병으로부터 깨끗한 걸 아실 겁니다"라고 말했다고 합시다. 그러면 제사장은 "당신도 영문 밖으로 나가야 하겠습니다"라고 말할 것입니다. 마지막으로 한 사람이 와서는 두려워 떨며 제사장에게 이렇게 말했다고 합시다: "내 몸은 온통 나병환자입니다. 내 몸에는 바늘 하나 들어갈 만큼도 깨끗한 곳이 없습니다. 나는 발바닥부터 정수리까지 나병환자입니다." 그러면 제사장은 그 사람에게 안수하고, "당신은 깨끗합니다"라고 말할 것입니다. 여러분은 그 사람이 얼마나 놀랐을지 짐작이 가십니까!

절망 중에 있는 영혼이여, 당신도 그렇게 놀라게 될 것입니다. 당신이 죄인이고, 오직 정죄 받고 멸망 받아 마땅한 죄인일 뿐이라는 것을 시인하고 구원을 얻기 위해 주 예수 그리스도를 바라본다면, 당신은 모든 점에서 깨끗하다는 선언을 듣게 될 것입니다. 우리의 영혼 전체가 완벽하게 파산하고 가난해져서, 지갑을 다 털어보아도 동전 한 푼 남아 있지 않게 되었을 때, 바로 그때 그리스도와 그의 은혜의 모든 보화는 우리의 것이 됩니다. 여러분이 절망의 가장 낮고 깊은 곳으로 가게 되시기를 빕니다. 바로 그곳이 소망의 문이기 때문입니다. 여러분의 잔이 반쯤 채워져 있는 동안에는 그리스도께서 그 잔에 자신의 포도주를 부어주지 않으십니다. 여러분의 잔을 가져와서 "주여, 바닥에 조금 선한 것이 있는데, 이것이면 되겠습니까?"라고 말해 보십시오. 그래 보아야 아무 소용이 없습니다. 여러분의 잔이 바닥까지 다 비워지고 설거지하듯이 깨끗하게 되어 있을 때까지는 하나님은 그 나라의 새 포도주를 그 잔에 결코 부어주지 않으실 것입니다. 그러나 여러분이 완전히 비워졌을 때, 하나님은 여러분의 본성의 잔이 넘칠 때까지 그의 사랑을 부어 주실 것입니다. 하나님께서 여러분으로 하여금 자신이 죽을 정도까지 병들었다는 것을 느끼게 해주시기를 빕니다. 그때에 비로소 여러분은 예수께서 "부활이요 생명"(요 11:25)이시라는 것을 알게 될 것입니다.

-끝-